W9-AXA-011

BARRON'S
FOREIGN LANGUAGE GUIDES

501
FRENCH
VERBS

SEVENTH EDITION

**Fully conjugated in all the tenses in a new,
easy-to-learn format, alphabetically arranged**

by

Christopher Kendris
B.S., M.S., Columbia University
M.A., Ph.D., Northwestern University
Diplômé, Faculté des Lettres, Sorbonne

Former Chairman,
Department of Foreign Languages
Farmingdale High School
Farmingdale, New York

**and
Theodore Kendris**
B.A., Union College
M.A., Northwestern University
Ph.D., Université Laval

Former Adjunct Instructor
Penn State University, Hazleton Campus

BARRON'S

All inquiries should be addressed to:
Barron's Educational Series, Inc.
250 Wireless Boulevard
Hauppauge, New York 11788
www.barronseduc.com

Library of Congress Catalog Card No. 2015934507

ISBN: 978-1-4380-7520-4 (book and CD/CD-ROM package)

PRINTED IN CANADA

9 8 7 6 5 4 3 2

Contents

*To St. Sophia Greek Orthodox Church
of Albany, New York, our parish*

and

*to the eternal memory of our beloved
YOLANDA KENDRIS
who is always by our side*

With love

About the Authors

Dr. Christopher Kendris has worked as interpreter and translator of French for the
U.S. State Department at the American Embassy in Paris. He earned his B.S. and
M.S. degrees at Columbia University in the City of New York, where he held a New
York State Scholarship, and his M.A. and Ph.D. degrees at Northwestern University
in Evanston, Illinois, where he held a Teaching Assistantship and Tutorial Fellowship
during four years. He also earned two diplomas with *Mention très Honorable* at the
Université de Paris (en Sorbonne), Faculté des Lettres, École Supérieure de Préparation
et de Perfectionnement des Professeurs de Français à l'Étranger, and at the Institut de
Phonétique, Paris. In 1986 he was one of 95 teachers in the United States awarded a
Rockefeller Foundation Fellowship for Teachers of Foreign Languages in American High
Schools. He has taught French at the College of the University of Chicago as visiting
summer lecturer, at Colby College, Duke University, Rutgers—The State University of
New Jersey, and the State University of New York at Albany. He was Chairman of the
Department of Foreign Languages and Supervisor of 16 foreign language teachers on the
secondary level at Farmingdale High School, Farmingdale, New York, where he was also
a teacher of all levels of French and Spanish, and prepared students for the New York
State French and Spanish Regents, SAT exams, and AP tests. Dr. Kendris is the author
of 22 school and college books, workbooks, and other language guides of French and
Spanish. He is listed in *Contemporary Authors* and the *Directory of American Scholars*.

Dr. Theodore Kendris earned his B.A. degree in Modern Languages at Union College,
Schenectady, New York, where he received the Thomas J. Judson Memorial Award for
modern language study. He went on to earn his M.A. degree in French Language and
Literature at Northwestern University, Evanston, Illinois, where he held a Teaching Assistantship. He earned his Ph.D. degree in French Literature at Université Laval in Quebec
City, where he studied the Middle Ages and Renaissance. While at Université Laval he
taught French writing skills as a *chargé de cours* in the French as a Second
Language program and, in 1997, he was awarded a doctoral scholarship by the *Fondation
de l'Université Laval*. He has also taught in the Department of English and Foreign Languages at the University of St. Francis in Joliet, and in the Department of Languages and
Cultures at Bloomsburg University in Bloomsburg, Pennsylvania. He has also taught at
the Hazleton Campus of Penn State University.

Preface to the Seventh Edition

This new edition of *501 French Verbs* has been revised to help you find the information that you need more quickly. We have also added features to help you learn more about French conjugation so that you will benefit most from your study of French language. First of all, we have updated the verb lists to account for the ever-changing technological advances that have taken place over the past several years, as well as the increased globalization and social change in the 21st century. We have therefore added to both the French-English and English-French lists of verbs conjugated like model verbs. The model verbs themselves have been revised and include extra material for certain Essential Verbs. These are verbs that we believe will be helpful to students because they represent an important conjugation group or because they are useful in many everyday situations and idiomatic expressions.

If you have used *501 French Verbs* in the past, you will notice that you can now find all the learning material before the list of 501 fully conjugated verbs. We have also placed the defective and impersonal verbs in a separate section immediately following the 501 fully conjugated verbs. The numerous verb lists can be found in the back part of the book with handy tabs to help you save time as you study. Don't forget to take advantage of the verb drills and tests with answers explained beginning on page 50. You will need a lot of practice in French verb forms and tenses in a variety of tests to determine your strengths and weaknesses and to make some things clearer in your mind. There are even more activities in the *501 French Verbs* CD-ROM, which you will find in the back of the book. Have some fun while you practice conjugating French verbs! You should also review the section on definitions of basic grammatical terms. Many students who study a foreign language are at a disadvantage because they do not understand certain grammatical terms. If you understand these terms, you will be able to study more effectively and communicate better in French.

The new audio CD, which is packaged along with the CD-ROM at the end of the book, provides a helpful review of the basic conjugations and pronunciation of verb forms. Another new feature is the addition of synonyms and antonyms for the verbs in the main list. This will help you to explore shades of meaning so that you can develop your spoken and written expression in French. When the synonym or antonym is not in the main list, a model verb is given in parentheses.

If you can't remember the French verb you need to use, don't forget to refer to the English-French index, which starts on page 705. We have made it more comprehensive so that you will rarely need to look elsewhere for what you need.

We hope that you will make full use of all the features in this new edition and that *501 French Verbs* will continue to provide the guidance that students and travelers like you have come to expect over the years.

C.K. and T.K.

Introduction

This self-teaching book of 501 commonly used French verbs for students and travelers provides fingertip access to correct verb forms.

Verb conjugations are usually found scattered in French grammar books and they are difficult to find quickly when needed. Verbs have always been a major problem for students no matter what system or approach the teacher uses. You will master French verb forms if you study this book a few minutes every day.

This book has been compiled in order to help make your work easier and at the same time to teach you French verb forms systematically. It is a useful book because it provides a quick and easy way to find the full conjugation of many French verbs. By using this book as a tool for studying French verbs—and by using the tests in the book and on the CD-ROM—you will eventually be able to conjugate on your own.

The 501 verbs included here are arranged alphabetically by infinitive at the top of each page. The book contains many common verbs of high frequency, both reflexive and non-reflexive, which you need to know. It also contains many other frequently used verbs that are irregular in some way. We have also placed the defective and impersonal verbs in a separate section beginning on page 665. Beginning on page 733 you can find an additional 2,700 French verbs that are conjugated in the same way as model verbs among the 501. If the verb you have in mind is not given among the 501, consult this list.

The subject pronouns have been omitted from the conjugations in order to emphasize the verb forms. You can find the subject pronouns on page 103. Turn to that page now and become acquainted with them.

The first thing to do when you use this book is to become familiar with it from cover to cover—in particular, the front and back pages where you will find valuable and useful information to make your work easier and more enjoyable. Take a minute right now and familiarize yourself with the following features:

(a)   On page 6 there is an explanation of which verbs are conjugated with *avoir* or *être* to form a compound tense. Study page 6 and refer to it frequently until you master those verbs.

(b)   On page 3 you will find how to form a present participle regularly in French and we give you examples. We also give you the common irregular present participles.

(c)   On page 3 we do the same for past participles, with examples. The present and past participles of each verb are at the top of the page where verb forms are given for a particular verb.

(d)   On page 7 you will find the principal parts of some important verbs, which, in French, are called *Les Temps primitifs*. This is useful because if you know these you can easily form all the tenses and moods from them.

(e)   On pages 4 and 5 there are two tables showing the derivation of tenses of a typical verb conjugated with *avoir* and another conjugated with *être*. These are presented as in a picture so that you can see what tenses are derived from the principal parts.

(f)   On pages 8 and 9 a sample English verb conjugation gives you an idea of the way a verb is expressed in the English tenses. Many people do not know one tense from another because they have never learned the use of verb tenses in a systematic and organized way—not even in English! How can you know, for example, that you need the conditional form of a verb in French when you want to say "*I would go* to the movies if . . ." or the pluperfect tense in French if you want to say "*I had gone* . . ."? The sample

1

English verb conjugation with the names of the tenses and their numerical ranking will help you to distinguish one tense from another so that you will know what tense you need to express a verb in French.

(g) Beginning on page 10 is a summary of meanings and uses of French verb tenses and moods as related to English verb tenses and moods. That section is very important and useful because the seven simple tenses are separated from the seven compound tenses. The name of each tense is given in French and English starting with the present indicative, which is called tense No. 1, because it is the tense most frequently used. A number is assigned to each tense name so that you can fix each one in your mind and associate the tense names and numbers in their logical order. There is a brief explanation of what each tense is and when you use it, and there are examples using verbs in sentences in French and English.

(h) On page 21 is a summary of all the fourteen tenses in French with English equivalents, which have been divided into the seven simple tenses and the seven compound tenses. After referring to that summary frequently, you will soon know that tense No. 1 is the present indicative, tense No. 2 is the imperfect indicative, and so on.

(i) On page 22 you are shown how to form the seven simple tenses for regular verbs and here, again, the same number has been assigned to each tense name. We also explain how each compound tense is based on each simple tense in the table on page 23 and on page 24. Try to see these two divisions as two frames, two pictures, with the seven simple tenses in one frame and the seven compound tenses in another frame. Place them side by side in your mind, and you will see how tense No. 8 is related to tense No. 1, tense No. 9 to tense No. 2, and so on. If you study the numerical arrangement of each of the seven simple tenses and associate the tense number with the tense name, you will find it very easy to learn the names of the seven compound tenses, how they rank numerically according to use, how they are formed, and when they are used. Spend at least ten minutes every day studying these preliminary pages to help you understand better the fourteen tenses in French.

Finally, in the back pages of this book there are useful indexes, an additional 2,700 French verbs that are conjugated like model verbs among the 501, as well as verbs that require certain prepositions. If you refer to these each time you look up verb tense forms for a particular verb, you will increase your knowledge of French vocabulary by leaps and bounds.

Note that each verb that is listed in the Alphabetical Listing of 501 French Verbs is followed by a number in parentheses. This number is the verb number, which you can use for easy cross-referencing in the book. For example, when you look up *to ski* in the English-French verb index you will see a number in parentheses after the French infinitive **skier**. That number (129) will send you to **crier**, which is verb 129. **Skier**, *to ski*, is conjugated in the same way as **crier**, *to shout*. You will also find verb numbers listed in the synonyms and antonyms that are provided at the bottom of each verb page.

We sincerely hope that this book will be of some help to you in learning and using French verbs.

Christopher Kendris and Theodore Kendris

Present and past participles in French—Formation

Formation of the present participle in French

The present participle is regularly formed in the following way. Take the **nous** form of the present indicative of the verb you have in mind, drop the ending **-ons** and add **-ant**. That ending is the equivalent to *-ing* in English. Examples:

chantons, chantant   **vendons, vendant**   **allons, allant**
finissons, finissant   **mangeons, mangeant**   **travaillons, travaillant**

Common irregular present participles

The three common irregular present participles are: **ayant** from **avoir**; **étant** from **être**; **sachant** from **savoir**.

Formation of the past participle in French

The past participle is regularly formed from the infinitive:

-er ending verbs, drop the **-er** and add **é:**   **donner, donné**
-ir ending verbs, drop the **-ir** and add **i:**   **finir, fini**
-re ending verbs, drop the **-re** and add **u:**   **vendre, vendu**

Common irregular past participles

INFINITIVE	PAST PARTICIPLE	INFINITIVE	PAST PARTICIPLE
apprendre	**appris**	naître	**né**
asseoir	**assis**	offrir	**offert**
avoir	**eu**	ouvrir	**ouvert**
boire	**bu**	paraître	**paru**
comprendre	**compris**	permettre	**permis**
conduire	**conduit**	plaire	**plu**
connaître	**connu**	pleuvoir	**plu**
construire	**construit**	pouvoir	**pu**
courir	**couru**	prendre	**pris**
couvrir	**couvert**	promettre	**promis**
craindre	**craint**	recevoir	**reçu**
croire	**cru**	revenir	**revenu**
devenir	**devenu**	rire	**ri**
devoir	**dû, due**	savoir	**su**
dire	**dit**	suivre	**suivi**
écrire	**écrit**	taire	**tu**
être	**été**	tenir	**tenu**
faire	**fait**	valoir	**valu**
falloir	**fallu**	venir	**venu**
lire	**lu**	vivre	**vécu**
mettre	**mis**	voir	**vu**
mourir	**mort**	vouloir	**voulu**

Derivation of tenses: Verbs conjugated with *avoir* and *être*

Verbs Conjugated with *avoir*

INFINITIF	PARTICIPE PRÉSENT	PARTICIPE PASSÉ	PRÉSENT DE L'INDICATIF	PASSÉ SIMPLE
donner	donnant	donné	je donne	je donnai

FUTUR	IMPARFAIT DE L'INDICATIF	PASSÉ COMPOSÉ	PRÉSENT DE L'INDICATIF	PASSÉ SIMPLE
donnerai		ai donné		donnai
donneras	donnais	as donné	donne	donnas
donnera	donnais	a donné	donnes	donna
donnerons	donnait	avons donné	donne	donnâmes
donnerez	donnions	avez donné	donnons	donnâtes
donneront	donniez	ont donné	donnez	donnèrent
	donnaient		donnent	

CONDITIONNEL		PLUS-QUE-PARFAIT DE L'INDICATIF	IMPÉRATIF	IMPARFAIT DU SUBJONCTIF
donnerais		avais donné	donne	donnasse
donnerais		avais donné	donnons	donnasses
donnerait		avait donné	donnez	donnât
donnerions		avions donné		donnassions
donneriez		aviez donné	PRÉSENT DU SUBJONCTIF	donnassiez
donneraient		avaient donné		donnassent
			donne	
		PASSÉ ANTÉRIEUR	donnes	
		eus donné	donne	
		eus donné	donnions	
		eut donné	donniez	
		eûmes donné	donnent	
		eûtes donné		
		eurent donné		

FUTUR ANTÉRIEUR	CONDITIONNEL PASSÉ	PASSÉ DU SUBJONCTIF	PLUS-QUE-PARFAIT DU SUBJONCTIF
aurai donné	aurais donné	aie donné	eusse donné
auras donné	aurais donné	aies donné	eusses donné
aura donné	aurait donné	ait donné	eût donné
aurons donné	aurions donné	ayons donné	eussions donné
aurez donné	auriez donné	ayez donné	eussiez donné
auront donné	auraient donné	aient donné	eussent donné

Tenses of Verbs Conjugated with *être*

INFINITIF	PARTICIPE PRÉSENT	PARTICIPE PASSÉ	PRÉSENT DE L'INDICATIF	PASSÉ SIMPLE
arriver	arrivant	arrivé	j'arrive	j'arrivai

FUTUR	IMPARFAIT DE L'INDICATIF	PASSÉ COMPOSÉ	PRÉSENT DE L'INDICATIF	PASSÉ SIMPLE
arriverai		suis arrivé(e)		arrivai
arriveras	arrivais	es arrivé(e)	arrive	arrivas
arrivera	arrivais	est arrivé(e)	arrives	arriva
arriverons	arrivait	sommes arrivé(e)s	arrive	arrivâmes
arriverez	arrivions	êtes arrivé(e)(s)	arrivons	arrivâtes
arriveront	arriviez	sont arrivé(e)s	arrivez	arrivèrent
	arrivaient		arrivent	

CONDITIONNEL		PLUS-QUE-PARFAIT DE L'INDICATIF	IMPÉRATIF	IMPARFAIT DU SUBJONCTIF
arriverais		étais arrivé(e)	arrive	arrivasse
arriverais		étais arrivé(e)	arrivons	arrivasses
arriverait		était arrivé(e)	arrivez	arrivât
arriverions		étions arrivé(e)s		arrivassions
arriveriez		étiez arrivé(e)(s)		arrivassiez
arriveraient		étaient arrivé(e)s	PRÉSENT DU SUBJONCTIF	arrivassent
			arrive	
		PASSÉ ANTÉRIEUR	arrives	
		fus arrivé(e)	arrive	
		fus arrivé(e)	arrivions	
		fut arrivé(e)	arriviez	
		fûmes arrivé(e)s	arrivent	
		fûtes arrivé(e)(s)		
		furent arrivé(e)s		

FUTUR ANTÉRIEUR	CONDITIONNEL PASSÉ	PASSÉ DU SUBJONCTIF	PLUS-QUE-PARFAIT DU SUBJONCTIF
serai arrivé(e)	serais arrivé(e)	sois arrivé(e)	fusse arrivé(e)
seras arrivé(e)	serais arrivé(e)	sois arrivé(e)	fusses arrivé(e)
sera arrivé(e)	serait arrivé(e)	soit arrivé(e)	fût arrivé(e)
serons arrivé(e)s	serions arrivé(e)s	soyons arrivé(e)s	fussions arrivé(e)s
serez arrivé(e)(s)	seriez arrivé(e)(s)	soyez arrivé(e)(s)	fussiez arrivé(e)(s)
seront arrivé(e)s	seraient arrivé(e)s	soient arrivé(e)s	fussent arrivé(e)s

Verbs conjugated with *avoir* or *être* to form a compound tense

(a) Generally speaking, a French verb is conjugated with *avoir* to form a compound tense.

(b) All reflexive verbs, for example, *se laver*, are conjugated with *être*.

(c) The following is a list of common non-reflexive verbs that are conjugated with *être*. The verbs marked with asterisks (*) are conjugated with *avoir* when used with a direct object.

1. **aller** to go
   Elle est allée au cinéma.
2. **arriver** to arrive
   Elle est arrivée à une heure.
3. ***descendre** to go down, come down
   Elle est descendue vite. *She came down quickly.*
   BUT: ***Elle a descendu la valise.** *She brought down the suitcase.*
4. **devenir** to become
   Elle est devenue docteur.
5. **entrer** to enter, go in, come in
   Elle est entrée dans l'école. *She entered the school.*
   BUT: ***Elle a entré la clé dans la serrure.** *She put the key in the lock.*
6. ***monter** to go up, come up
   Elle est montée vite. *She went up quickly.*
   BUT: ***Elle a monté l'escalier.** *She went up the stairs.*
7. **mourir** to die
   Elle est morte hier.
8. **naître** to be born
   Elle est née hier.
9. **partir** to leave
   Elle est partie vite.
10. ***passer** to go by, to pass by
    Elle est passée chez moi. *She came by my house.*
    BUT: ***Elle m'a passé le sel.** *She passed me the salt.*
    AND: ***Elle a passé un examen.** *She took an exam.*
11. ***rentrer** to go in again, to return (home)
    Elle est rentrée tôt. *She returned home early.*
    BUT: ***Elle a rentré le chat dans la maison.** *She brought (took) the cat into the house.*
12. **rester** to remain, to stay
    Elle est restée chez elle.

13. ***retourner** to return, to go back
    Elle est retournée à sa place.
    Quand Jean a retourné la pierre, il a trouvé ses clés. *When John turned over the stone, he found his keys.*
14. **revenir** to come back
    Elle est revenue hier.
15. ***sortir** to go out
    Elle est sortie hier soir. *She went out last night.*
    BUT: ***Elle a sorti son mouchoir.** *She took out her handkerchief.*
16. **tomber** to fall
    Elle est tombée.
17. **venir** to come
    Elle est venue ce matin.

While studying the passé composé, it may be helpful to break the list of verbs that use être as a helping verb into smaller groups. Here is one way that we have found useful. When you look at the first letter of each group, you will see the word APEMAN. You may come up with another grouping that works for you. Notice that the following groups or pairs are related in some way.

Aller/Venir-Devenir-Revenir (**Aller** and **Venir** are antonyms; **Devenir** and **Revenir** are based on **Venir**)

Passer/Rester (These two verbs can be considered antonyms. Be careful when **Passer** is used with a direct object.)

Entrer-Rentrer/Sortir (**Rentrer** is based on **Entrer** and **Entrer** is the antonym of **Sortir**.)

Monter/Descendre/Tomber (**Monter** and **Descendre** are antonyms. **Tomber** and **Descendre** have a similar downward movement.)

Arriver/Partir/Retourner (These verbs are used for arrivals and departures.)

Naître/Mourir (These verbs are also used for arrivals and departures...from life.)

Principal parts of some important verbs
(*Les Temps primitifs de quelques verbes importants*)

The principal parts of a verb are very important to know because from them you can easily form all the tenses. See the previous pages where two tables are given, one showing the derivation of tenses of a verb conjugated with **avoir** and the other with **être**. Note that the headings at the top of each column are the same as the following headings.

INFINITIF	PARTICIPE PRÉSENT	PARTICIPE PASSÉ	PRÉSENT DE L'INDICATIF	PASSÉ SIMPLE
aller	allant	allé	je vais	j'allai
avoir	ayant	eu	j'ai	j'eus
battre	battant	battu	je bats	je battis
boire	buvant	bu	je bois	je bus
craindre	craignant	craint	je crains	je craignis
croire	croyant	cru	je crois	je crus
devoir	devant	dû, due	je dois	je dus
dire	disant	dit	je dis	je dis
écrire	écrivant	écrit	j'écris	j'écrivis
être	étant	été	je suis	je fus
faire	faisant	fait	je fais	je fis
lire	lisant	lu	je lis	je lus
mettre	mettant	mis	je mets	je mis
mourir	mourant	mort	je meurs	je mourus
naître	naissant	né	je nais	je naquis
ouvrir	ouvrant	ouvert	j'ouvre	j'ouvris
porter	portant	porté	je porte	je portai
pouvoir	pouvant	pu	je peux *or* je puis	je pus
prendre	prenant	pris	je prends	je pris
recevoir	recevant	reçu	je reçois	je reçus
savoir	sachant	su	je sais	je sus
venir	venant	venu	je viens	je vins
vivre	vivant	vécu	je vis	je vécus
voir	voyant	vu	je vois	je vis
voler	volant	volé	je vole	je volai

Tip

In the Present indicative (*Présent de l'indicatif*) and the simple past (*Passé simple*) columns above, only the 1st person singular (**je**) forms are given just to get you started. If you cannot recall the remaining verb forms in the *Présent de l'indicatif* and the *Passé simple* of the verbs listed above in the first column under Infinitive (*Infinitif*), please practice them by looking them up in this book, where the infinitive form of the verb is listed alphabetically at the top of each page from verb 1 to 501. When you find them, say them aloud at the same time you practice writing them in French. This is a very useful exercise to do.

Sample English verb conjugation

INFINITIVE   to go—aller
PRESENT PARTICIPLE   **going**   PAST PARTICIPLE   **gone**

Tense no.	The seven simple tenses
1 *Present indicative*	I go, you go, he (she, it) goes; we go, you go, they go
	or: I do go, you do go, he (she, it) does go; we do go, you do go, they do go
	or: I am going, you are going, he (she, it) is going; we are going, you are going, they are going
2 *Imperfect indicative*	I was going, you were going, he (she, it) was going; we were going, you were going, they were going
	or: I went, you went, he (she, it) went; we went, you went, they went
	or: I used to go, you used to go, he (she, it) used to go; we used to go, you used to go, they used to go
3 *Passé simple* (Simple past)	I went, you went, he (she, it) went; we went, you went, they went
	or: I did go, you did go, he (she, it) did go; we did go, you did go, they did go
4 *Future*	I shall (will) go, you will go, he (she, it) will go; we shall (will) go, you will go, they will go
5 *Conditional*	I would go, you would go, he (she, it) would go; we would go, you would go, they would go
6 *Present subjunctive*	that I may go, that you may go, that he (she, it) may go; that we may go, that you may go, that they may go
7 *Imperfect subjunctive*	that I might go, that you might go, that he (she, it) might go; that we might go, that you might go, that they might go

INFINITIVE to go—aller
PRESENT PARTICIPLE going   *PAST PARTICIPLE* gone

Tense no.	The seven compound tenses
8 *Passé compose* (Compound past)	I have gone, you have gone, he (she, it) has gone; we have gone, you have gone, they have gone
	or: I went, you went, he (she, it) went; we went, you went, they went
	or: I did go, you did go, he (she, it) did go; we did go, you did go, they did go
9 *Pluperfect or Past perfect indicative*	I had gone, you had gone, he (she, it) had gone; we had gone, you had gone, they had gone
10 *Past anterior*	I had gone, you had gone, he (she, it) had gone; we had gone, you had gone, they had gone
11 *Future perfect or Future anterior*	I shall (will) have gone, you will have gone, he (she, it) will have gone; we shall (will) have gone, you will have gone, they will have gone
12 *Conditional perfect*	I would have gone, you would have gone, he (she, it) would have gone; we would have gone, you would have gone, they would have gone
13 *Past subjunctive*	that I may have gone, that you may have gone, that he (she, it) may have gone; that we may have gone, that you may have gone, that they may have gone
14 *Pluperfect or Past perfect subjunctive*	that I might have gone, that you might have gone, that he (she, it) might have gone; that we might have gone, that you might have gone, that they might have gone
Imperative (Command)	Go! (sing.) Let's go! Go! (pl.)

A summary of French verb tenses and moods

A verb is where the action is! A verb is a word that expresses an action (like *go*, *eat*, *write*) or a state of being (like *think*, *believe*, *be*). Tense means time. French and English verb tenses are divided into three main groups of time: past, present, and future. A verb tense shows if an action or state of being took place, is taking place, or will take place.

French and English verbs are also used in three moods (or modes). Mood has to do with the *way* a person regards an action or a state. For example, a person may merely make a statement or ask a question—this is the Indicative Mood, which we use most of the time in French and English. A person may say that he *would do* something if something else were possible or that he *would have done* something if something else had been possible—this is the Conditional Tense. A person may use a verb *in such a way* to indicate a wish, a fear, a regret, a supposition, or something of this sort—this is the Subjunctive Mood. The Subjunctive Mood is used in French much more than in English. A person may command that something be done—this is the Imperative Mood. (There is also the Infinitive Mood, but we are not concerned with that here.)

There are six tenses in English: Present, Past, Future, Present Perfect, Past Perfect, and Future Perfect. The first three are simple tenses. The other three are compound tenses and are based on the simple tenses. In French, however, there are fourteen tenses, seven of which are simple and seven of which are compound.

In the pages that follow, the tenses and moods are given in French and the equivalent name or names in English are given in parentheses. Each tense name has been numbered for easy reference and recognition. Although some of the names given in English are not considered to be tenses (there are only six), they are given for the purpose of identification as they are related to the French names. The comparison includes only the essential points you need to know about the meanings and uses of French verb tenses and moods as related to English usage.

The examples serve to illustrate their meanings and uses. See page 22 for the formation of the seven simple tenses for regular verbs.

THE SEVEN SIMPLE TENSES

Tense No. 1 Le Présent de l'indicatif
              (Present indicative)

This tense is used most of the time in French and English. It indicates:

(a) An action or a state of being at the present time.
    EXAMPLES:
    1. Je vais à l'école maintenant. I *am going* to school now.
    2. Je pense; donc, je suis. I *think*; therefore, I *am*.

(b) Habitual action.

EXAMPLE:

1. Je **vais** à la bibliothéque tous les jours.
2. I *go* to the library every day, or I *do go* to the library every day.

(c) A general truth, something which is permanently true.

EXAMPLES:

1. Deux et deux **font** quatre. Two and two *are* four.
2. Voir c'**est** croire. Seeing *is* believing.

(d) Vividness when talking or writing about past events. This is called the *historical present*.

EXAMPLE:

Marie-Antoinette **est** condamnée à mort. Elle **monte** dans la charrette et **est** en route pour la guillotine.

Marie-Antoinette *is* condemned to death. She *gets* into the cart and *is* on her way to the guillotine.

(e) A near future.

EXAMPLE:

Mon frère **arrive** demain. My brother *arrives* tomorrow.

(f) An action or state of being that occurred in the past and *continues up to the present.* In English, this tense is the Present Perfect, which is formed with the present tense of *to have* (*have* or *has*) plus the past participle of the verb you are using.

EXAMPLES:

1. Je **suis** ici depuis dix minutes.
   I *have been* here for ten minutes. (I am still here at present)
2. Elle **est** malade depuis trois jours.
   She *has been* sick for three days. (She is still sick at present)
3. J'**attends** l'autobus depuis dix minutes.
   I *have been waiting* for the bus for ten minutes.

NOTE: In this last example the formation of the English verb tense is slightly different from the other two examples in English. The present participle (*waiting*) is used instead of the past participle (*waited*).

NOTE ALSO: For the formation of this tense for regular verbs see page 22.

Tense No. 2   L'Imparfait de l'indicatif
(Imperfect indicative)

This is a past tense. It is used to indicate:

(a) An action that was going on in the past at the same time as another action.

EXAMPLE:

Il **lisait** pendant que j'**écrivais**. He *was reading* while I *was writing.*

(b) An action that was going on in the past when another action occurred.

EXAMPLE:

Il **lisait** quand je suis entré. He *was reading* when I came in.

(c) An action that a person did habitually in the past.

EXAMPLE:

Nous **allions** à la plage tous les jours. We *used to go* to the beach every day.

OR:

We *would go* to the beach every day.

(d) A description of a mental or physical condition in the past.

EXAMPLES :

(mental condition)   Il **était** triste quand je l'ai vu.
         He *was* sad when I saw him.

(physical condition)   Quand ma mère **était** jeune, elle **était** belle.
         When my mother *was* young, she *was* beautiful.

(e) An action or state of being that occurred in the past and *lasted for a certain length of time* prior to another past action. In English, it is usually translated as a pluperfect tense and is formed with *had been* plus the present participle of the verb you are using. It is like the special use of the **Présent de l'indicatif** described in the above section (Tense No. 1) in paragraph (f), except that the action or state of being no longer exists at present.

EXAMPLE:

J'**attendais** l'autobus depuis dix minutes quand il est arrivé.

I *had been waiting* for the bus for ten minutes when it arrived.

     NOTE: For the formation of this tense for regular verbs see page 22.

Tense No. 3   Le Passé simple
(Past definite or Simple past)

This past tense is not ordinarily used in conversational French or in informal writing. It is a literary tense. It is used in formal writing, such as history and literature. You should be able merely to recognize this tense when you see it in your French readings. It should be noted that French writers use the **Passé simple** less and less these days. The **Passé composé** (Tense No. 8) is taking its place in literature, except for **avoir** and **être**, which you must know in this tense.

EXAMPLES:

(a) Il **alla** en Afrique. He *went* to Africa.
(b) Il **voyagea** en Amérique. He *traveled* to America.
(c) Elle **fut** heureuse. She *was* happy.
(d) Elle **eut** un grand bonheur. She *had* great happiness.

NOTE: For the formation of this tense for regular verbs see page 22.

Tense No. 4   Le Futur
(Future)

In French and English this tense is used to express an action or a state of being that will take place at some time in the future.

EXAMPLES:

(a) J'**irai** en France l'été prochain.
     I *shall go* to France next summer.
     OR:
     I *will go* to France next summer.

(c) Je **partirai** dès qu'il arrivera.
     I *shall leave* as soon as he arrives

(d) Je te **dirai** tout quand tu seras ici.
     I *shall tell* you all when you are here.

(b) J'y **penserai**.
I *shall think* about it.
OR:
I *will think* about it.

If the action of the verb you are using is not past or present and if future time is implied, the future tense is used when the clause begins with any of the following conjunctions: **aussitôt que** (as soon as), **dès que** (as soon as), **quand** (when), **lorsque** (when), and **tant que** (as long as).

NOTE: For the formation of this tense for regular verbs see page 22.

Another way to express the future is **le Futur proche** (the Near Future). As one may guess, the **Futur proche** is used when talking about something that will take place in the near future. In French, the near future is formed by using **aller** with the infinitive of the verb that you want to use. In English you use *to go* with the infinitive of the verb that you want to use.

Demain, je **vais acheter** un ordinateur.
Tomorrow I *am going to buy* a computer.
Nous **allons manger** en ville.
We are *going to eat* downtown.

Tense No. 5   Le Conditionnel présent
(Conditional)

The Conditional is used in French and English to express:
  (a) An action that you would do if something else were possible.
      EXAMPLE:
      Je **ferais** le travail si j'avais le temps.
      I *would do* the work if I had the time.

  (b) A conditional desire. This is the Conditional of courtesy in French.
      EXAMPLES:
      J'**aimerais** du thé. I *would like* some tea.
      Je **voudrais** du café. I *would like* some coffee.

  (c) An obligation or duty.
      EXAMPLE:
      Je **devrais** étudier pour l'examen. I *should* study for the examination.
      OR: I *ought* to study for the examination.

      NOTE (1): The French verb **devoir** plus the infinitive is used to express the idea of *should* when you mean *ought to*.

      NOTE (2): When the Conditional of the verb **pouvoir** is used in French, it is translated into English as *could* or *would be able*.
      EXAMPLE:
      Je **pourrais** venir après le dîner. I *could come* after dinner.
      OR: I *would be able* to come after dinner.

      NOTE: For the formation of this tense for regular verbs see page 22.

Tense No. 6   Le Présent du subjonctif
(Present subjunctive)

The Subjunctive Mood is used in French much more than in English. It is disappearing in English, except for the following major uses:

(a) The Subjunctive is used in French and English to express a command.
EXAMPLE:
Soyez à l'heure! *Be* on time!
NOTE: In English, the form in the Subjunctive applies mainly to the verb *to be*. Also, note that all verbs in French are not in the Subjunctive when expressing a command. See l'**Impératif** on pages 20–21.

(b) The Subjunctive is commonly used in English to express a condition that is contrary to fact.
EXAMPLE:
If I *were* you, I would not do it.
NOTE: In French the Subjunctive is not used in this instance. Instead, the **Imparfait de l'indicatif** is used if what precedes is *si* (*if*). Same example in French: Si j'**étais** vous, je ne le ferais pas.

(c) The Present subjunctive is used in French and English after a verb that expresses some kind of insistence, preference, or suggestion.
EXAMPLES:
1. Je préfère qu'il **fasse** le travail maintenant. I prefer that *he do* the work now.
2. J'exige qu'il **soit** puni. I demand that *he be* punished.

(d) The Subjunctive is used in French after a verb that expresses doubt, fear, joy, sorrow, or some other emotion. Notice in the following examples that the Subjunctive is not used in English but it is in French.
EXAMPLES:
1. Je doute qu'il **vienne**.
    I doubt that he *is coming*.   OR: I doubt that he *will come*.
2. Je suis heureux qu'il **vienne**.
    I'm happy that he *is coming*.
3. Je regrette qu'il **soit** malade.
    I'm sorry that he *is* sick.
4. J'ai peur qu'il ne **soit** malade.
    I'm afraid that he *is* sick.
NOTE: After a verb that expresses fear (used in the affirmative), you should add *ne* before the verb that is in the subjunctive. If the statement is negative, do not add *ne*.

(e) The Present subjunctive is used in French after certain conjunctions. Notice, however, that the Subjunctive is not always used in English.
EXAMPLES:
1. Je resterai **jusqu'à ce qu'il vienne**.
    I shall stay until he *comes*.
2. **Quoiqu'elle soit** belle, il ne l'aime pas.
    Although she *is* beautiful, he does not love her.
3. Je l'explique **pour qu'elle comprenne**.
    I'm explaining it *so that she may understand*.
4. Je partirai à **moins qu'il ne vienne**.
    I shall leave unless he *comes*.
NOTE: After a verb that expresses the possibility of an obstacle (or of a precaution), you may add *ne* before the verb that is in the subjunctive.

(f) The Present subjunctive is used in French after certain impersonal expressions that show a need, doubt, possibility or impossibility. Notice, however, that the Subjunctive is not always used in English in the following examples:

1. Il est urgent qu'il **vienne**.
   It is urgent that he *come*.
2. Il vaut mieux qu'il **vienne**.
   It is better that he *come*.
3. Il est possible qu'il **vienne**.
   It is possible that he *will come*.
4. Il est douteux qu'il **vienne**.
   It is doubtful that he *will come*.
5. Il est nécessaire qu'il **vienne**.
   It is necessary that he *come*. OR: He must come.
6. Il faut qu'il **vienne**.
   It is necessary that he *come*. OR: He must come.
7. Il est important que vous **fassiez** le travail.
   It is important that you *do* the work.
8. Il est indispensable qu'elle **fasse** le travail.
   It is required that she *do* the work.

NOTE: For the formation of this tense for regular verbs see page 23.
See also the note about the Subjunctive which begins on page 26.

Tense No. 7 L'Imparfait du subjonctif
(Imperfect subjunctive)

L'Imparfait du subjonctif is used for the same reasons as the **Présent du subjonctif**—that is, after certain verbs, conjunctions, and impersonal expressions which were used in examples above under the section, **le Présent du subjonctif**. The main difference between these two is the time of the action. If present, use the **Présent du subjonctif** (Tense No. 6). If the action is related to the past, the **Imparfait du subjonctif** (this tense) is used, provided that the action was *not* completed. If the action was completed, the **Plus-que-parfait du subjonctif** is used. See below under the section, **Plus-que-parfait du subjonctif** (Tense No. 14).

Since the Subjunctive Mood is troublesome in French and English, you may be pleased to know that this tense is rarely used in English. It is used in French, however, but only in formal writing and in literature. For that reason, you should merely be familiar with it so you can recognize it when you see it in your French readings. In conversational French and in informal writing, **l'Imparfait du subjonctif** is avoided. Use, instead, the **Présent du subjonctif**.

Notice that the **Imparfait du subjonctif** is used in French in both of the following examples, but is used in English only in the second example (b):

EXAMPLES:
(a) Je voulais qu'il **vînt**. I wanted him to come.
   (action not completed; he did not come while I wanted him to come)
   NOTE: The Subjunctive of **venir** is used because the verb that precedes is one that requires the Subjunctive *after* it—in this example it is **vouloir**. In conversational French and informal writing, the **Imparfait du subjonctif** is avoided. Use, instead, the **Présent du subjonctif**:
   Je voulais qu'il **vienne**.

(b) Je le lui expliquais **pour qu'elle le comprît.**

I was explaining it to her *so that she might understand it.*

(action not completed; the understanding was not completed at the time of the explaining)

NOTE: The Subjunctive of **comprendre** is used because the conjunction that precedes is one that requires the Subjunctive *after* it—in this example it is **pour que.** In conversational French and informal writing, the **Imparfait du subjonctif** is avoided. Use, instead, the **Présent du subjonctif:** Je le lui expliquais pour qu'elle le **comprenne.**

NOTE: For the formation of this tense for regular verbs see page 23.
See also the note about the Subjunctive which begins on page 26.

THE SEVEN COMPOUND TENSES

Tense No. 8   Le Passé composé
(Past indefinite or Compound past)

The past tense is used in conversational French, correspondence, and other informal writing. The **Passé composé** is used more and more in literature these days and is taking the place of the **Passé simple** (Tense No. 3). It is a compound tense because it is formed with the **Présent de l'indicatif** (Tense No. 1) of *avoir* or *être* (depending on which of these two auxiliaries is required to form a compound tense) plus the past participle. See page 6 for the distinction made between verbs conjugated with *avoir* or *être*.

EXAMPLES:

1. Il **est allé** à l'école. He *went* to school.
2. Il **est allé** à l'école. He *did go* to school.
3. Il **est allé** à l'école. He *has gone* to school.
4. J'**ai mangé** dans ce restaurant beaucoup de fois.
   I *have eaten* in this restaurant many times.

NOTE: In examples 3 and 4 in English the verb is formed with the Present tense of *to have* (*have* or *has*) plus the past participle of the verb you are using. In English, this form is called the Present Perfect.

5. J'**ai parlé** au garçon. I *spoke* to the boy. OR: I *have spoken* to the boy.
   OR: I *did speak* to the boy.

Tense No. 9   Le Plus-que-parfait de l'indicatif
(Pluperfect or Past perfect indicative)

In French and English this tense is used to express an action which happened in the past *before* another past action. Since it is used in relation to another past action, the other past action is expressed in either the **Passé composé** (Tense No. 8) or the **Imparfait de l'indicatif** (Tense No. 2) in French. This tense is used in formal writing and literature as well as in conversational French and informal writing. The correct use of this tense is strictly observed in French. In English, however, too often we neglect to use it correctly. It is a compound tense because it is formed with the **Imparfait de l'indicatif** of *avoir* or *être* (depending on which of these two auxiliaries is required to form a compound tense) plus the past participle. See page 6 for the distinction made between verbs conjugated with *avoir* or *être*. In English, this tense is formed with the Past Tense of *to have* (*had*) plus the past participle of the verb you are using.

EXAMPLES:

(a) Je me suis rappelé que j'**avais oublié** de le lui dire.
I remembered that I *had forgotten* to tell him.

NOTE: It would be incorrect in English to say: I remembered that I *forgot* to tell him. The point here is that *first* I forgot; then, I remembered. Both actions are in the past. The action that occurred in the past *before* the other past action is in the Pluperfect. And in this example it is *I had forgotten* (j'avais oublié).

(b) J'**avais étudié** la leçon que le professeur a expliquée.
I *had studied* the lesson which the teacher explained.

NOTE: *First* I studied the lesson; then, the teacher explained it. Both actions are in the past. The action that occurred in the past *before* the other past action is in the Pluperfect. And in this example it is *I had studied* (j'avais étudié). If you say **J'ai étudié la leçon que le professeur avait expliquée**, you are saying that you *studied* the lesson which the teacher *had explained*. In other words, the teacher explained the lesson first and then you studied it.

(c) J'étais fatigué ce matin parce que je n'**avais pas dormi**.
I was tired this morning because I *had* not *slept*.

Tense No. 10   Le Passé antérieur
(Past anterior)

This tense is similar to the **Plus-que-parfait de l'indicatif** (Tense No. 9). The main difference is that in French it is a literary tense; that is, it is used in formal writing, such as history and literature. More and more French writers today use the **Plus-que-parfait de l'indicatif** instead of this tense. Generally speaking, the **Passé antérieur** is to the **Plus-que-parfait** what the **Passé simple** is to the **Passé composé**. The **Passé antérieur** is a compound tense. In French, it is formed with the **Passé simple** of *avoir* or *être* (depending on which of these two auxiliaries is required to form a compound tense—see page 6) plus the past participle. In English, it is formed in the same way as the Pluperfect or Past Perfect. This tense is ordinarily introduced by conjunctions of time: **après que, aussitôt que, dès que, lorsque, quand**.

EXAMPLE:

Quand il **eut mangé** son dessert, il partit. When he *had eaten* his dessert, he left.

NOTE: In conversational French and informal writing, the **Plus-que-parfait de l'indicatif** is used instead: Quand il **avait mangé** son dessert, il est parti. The translation into English is the same.

Tense No. 11   Le Futur antérieur
(Future perfect or Future anterior)

In French and English this tense is used to express an action which will happen in the future *before* another future action. Since it is used in relation to another future action, the other future action is expressed in the simple Future in French, but not always in the simple Future in English. In French, it is used in conversation and informal writing as well as in formal writing and in literature. It is a compound tense because it is formed with the **Futur** of *avoir* or *être* (depending on which of these two auxiliaries is required to form a compound tense—see page 6) plus the past participle of the verb you are using. In English, it is formed by using *shall have* or *will have* plus the past participle of the verb you are using.

EXAMPLES:
(a) Elle arrivera demain et j'**aurai fini** le travail.
She will arrive tomorrow and I *shall have finished* the work.

NOTE: First, I shall finish the work; then, she will arrive. The action that will occur in the future *before* the other future action is in the **Futur antérieur**.

(b) Quand elle arrivera demain, j'**aurai fini** le travail.
When she arrives tomorrow, I *shall have finished* the work.

NOTE: The idea of future time here is the same as in example (a) above. In English, the Present tense is used (*When she arrives* . . .) to express a near future. In French, the **Futur** is used (**Quand elle arrivera** . . .) because **quand** precedes and the action will take place in the future. Study Tense No. 4 on pages 12–13.

Tense No. 12   Le Conditionnel passé
(Conditional perfect)

This is used in French and English to express an action that you *would have done* if something else had been possible; that is, you would have done something *on condition* that something else had been possible. It is a compound tense because it is formed with the **Conditionnel présent** of *avoir* or *être* plus the past participle of the verb you are using. In English, it is formed by using *would have* plus the past participle. Observe the difference between the following examples and the one given for the use of the **Conditionnel présent** which was explained and illustrated in Tense No. 5 above.

EXAMPLES:
(a) J'**aurais fait** le travail si j'avais étudié.
I *would have done* the work if I had studied.

(b) J'**aurais fait** le travail si j'avais eu le temps.
I *would have done* the work if I had had the time.

NOTE: Review the **Plus-que-parfait de l'indicatif** which was explained above in Tense No. 9 in order to understand the use of *if I had studied* (si j'avais étudié) and *if I had had the time* (si j'avais eu le temps).

The French verb **devoir** plus the infinitive is used to express the idea of *should* when you mean *ought to*. The past participle of **devoir** is **dû**. It is conjugated with **avoir**.

EXAMPLE:
J'**aurais dû** étudier.
I *should have* studied. OR: I *ought to have* studied.

Tense No. 13   Le Passé du subjonctif
(Past or Perfect subjunctive)

This tense is used to express an action which took place in the past in relation to the present time. It is like the **Passé composé**, except that the auxiliary verb (*avoir* or *être*) is in the **Présent du subjonctif**. The Subjunctive is used (as was noted in the previous sections of verb tenses in the Subjunctive) because what precedes is a certain verb, a certain conjunction, or a certain impersonal expression. The **Passé du subjonctif** is also used in relation to a future time when another action will be completed. This tense is rarely used in English. In French, however, this tense is used in formal writing and in literature as well as in conversational French and informal writing. It is a compound tense because it is formed with the **Présent du subjonctif** of *avoir* or *être* as the auxiliary plus the past participle of the verb you are using.

EXAMPLES:
(a) A past action in relation to the present
Il est possible qu'elle **soit partie**.
It is possible that she *may have left*. OR: It is possible that she *has left*.
Je doute qu'il **ait fait** cela.
I doubt that he *did* that.

(b) An action that will take place in the future

J'insiste que vous **soyez rentré** avant dix heures.
I insist that you *be back* before ten o'clock.

See also the note about the Subjunctive which begins on page 26.

Tense No. 14   Le Plus-que-parfait du subjonctif
(Pluperfect or Past perfect subjunctive)

This tense is used for the same reasons as the **Imparfait du subjonctif** (Tense No. 7)—that is, after certain verbs, conjunctions, and impersonal expressions which were used in examples previously under le **Présent du subjonctif**. The main difference between the **Imparfait du subjonctif** and this tense is the time of the action in the past. If the action was *not* completed, the **Imparfait du subjonctif** is used. If the action was completed, this tense is used. It is rarely used in English. In French, it is used only in formal writing and in literature. For that reason, you should merely be familiar with it so you can recognize it in your readings in French literature. In conversational French and in informal writing, this tense is avoided. Use, instead, the **Passé du subjonctif** (Tense No. 13).

This is a compound tense. It is formed by using the **Imparfait du subjonctif** of *avoir* or *être* plus the past participle. This tense is like the **Plus-que-parfait de l'indicatif**, except that the auxiliary verb (*avoir* or *être*) is in the **Imparfait du subjonctif**. Review the uses of the Subjunctive Mood in Tense No. 6.

EXAMPLES:

(a) Il était possible qu'elle **fût partie**.
It was possible that she *might have left*.

NOTE: Avoid this tense in conversational and informal French. Use, instead, le **Passé du subjonctif**:
Il était possible qu'elle **soit partie**.

(b) Je ne croyais pas qu'elle **eût dit** cela.
I did not believe that she *had said* that.

NOTE: Avoid this tense in conversational and informal French. Use, instead, le **Passé du subjonctif**:
Je ne croyais pas qu'elle **ait dit** cela.

(c) Je n'ai pas cru qu'elle **eût dit** cela.
I did not believe that she *had said* that.

NOTE: Avoid this tense in conversational and informal French. Use, instead, le **Passé du subjonctif**:
Je n'ai pas cru qu'elle **ait dit** cela.

(d) J'ai craint que vous ne **fussiez tombé**.
I was afraid that you *had fallen*.

NOTE: Avoid this tense in conversational and informal French. Use, instead, le **Passé du subjonctif**:
J'ai craint que vous ne **soyez tombé**.

NOTE: After a verb that expresses fear (used in the affirmative), you should add *ne* before the verb that is in the subjunctive. If the statement is negative, do not add *ne*.

See also the note about the Subjunctive which begins on page 26.

L'Impératif
(Imperative or Command)

The Imperative Mood is used in French and English to express a command or a request. It is also used to express an indirect request made in the third person, as in (e) and (f) below. In both languages it is formed by dropping the subject pronoun and using the present tense. Remember that you must drop the final *s* in the second person singular of an *-er* verb (**Tu danses—Danse!**) There are a few exceptions in both languages when the **Présent du subjonctif** is used.

EXAMPLES:

(a) **Sortez!** Get out!

(b) **Entrez!** Come in!

(c) **Buvons!** Let's drink!

(d) **Soyez** à l'heure! *Be* on time! (Subjunctive is used.)

(e) Dieu le **veuille!** May God *grant* it! or *God willing!* (Subjunctive is used.)

(f) Qu'ils **mangent** du gâteau! Let them *eat* cake! (Subjunctive is used.)

To form the negative of the imperative, place **ne** in front of the verb and **pas** after it, just as you would to put a present indicative sentence in the negative.

(g) **Ne parlez pas!** Don't speak!

(h) **Ne parle pas!** Don't speak! (As noted above, you must drop the final *s* in the second person singular of an *-er* verb.)

(i) **Asseyez-vous!** Sit down!

(j) **Levez-vous!** Get up!

(k) **Ne vous asseyez pas!** Don't sit down!

(l) **Ne vous levez pas!** Don't get up!

(m) **Ne te lève pas!** Don't get up! Note that the reflexive pronoun **te** is used in the negative.

NOTE: The Imperative is not a tense. It is a mood.

NOTE FURTHER: If you use a reflexive verb in the Imperative, drop the subject pronoun but keep the reflexive pronoun. Examples: **Lavez-vous!** Wash yourself! **Lave-toi!** Wash yourself! Note that **te** becomes **toi** when it is placed after the verb (with a hyphen). See also examples (i) through (l).

Summary of verb tenses and moods in French with English equivalents

Les sept temps simples *The seven simple tenses*		Les sept temps composés *The seven compound tenses*	
Tense No.	Tense Name	Tense No.	Tense Name
1	**Présent de l'indicatif** *Present indicative*	8	**Passé composé** *Past indefinite or Compound past*
2	**Imparfait de l'indicatif** *Imperfect indicative*	9	**Plus-que-parfait de l'indicatif** *Pluperfect indicative*
3	**Passé simple** *Past definite or Simple past*	10	**Passé antérieur** *Past anterior*
4	**Futur** *Future*	11	**Futur antérieur** *Future perfect*
5	**Conditionnel** *Conditional*	12	**Conditionnel passé** *Conditional perfect*
6	**Présent du subjonctif** *Present subjunctive*	13	**Passé du subjonctif** *Past subjunctive*
7	**Imparfait du subjonctif** *Imperfect subjunctive*	14	**Plus-que-parfait du subjonctif** *Pluperfect subjunctive*

The imperative is not a tense; it is a mood.

Formation of the tenses

In French there are seven simple tenses and seven compound tenses. A simple tense means that the verb form consists of one word. A compound tense is a verb form that consists of two words (the auxiliary verb and the past participle). The auxiliary verb is also called a helping verb and in French it is any of the seven simple tenses of **avoir** or **être**.

FORMATION OF THE SEVEN SIMPLE TENSES FOR REGULAR VERBS

Tense No. 1   Présent de l'indicatif
             (Present indicative)

-**er** verbs: drop -**er** and add **e, es, e; ons, ez, ent**

-**ir** verbs: drop -**ir** and add **is, is, it; issons, issez, issent**

-**re** verbs: drop -**re** and add **s, s, -; ons, ez, ent**

Tense No. 2   Imparfait de l'indicatif
             (Imperfect indicative)

For -**er**, -**ir**, -**re** verbs, take the "**nous**" form in the present indicative of the verb you have in mind, drop the ending -**ons** and add: **ais, ais, ait; ions, iez, aient**

Tense No. 3   Passé simple
             (Past definite or Simple past)

For all -**er** verbs, drop -**er** and add **ai, as, a; âmes, âtes, èrent**
For -**ir** and -**re** verbs, drop the ending of the Infinitive and add **is, is, it; îmes, îtes, irent**

Tense No. 4   Futur
             (Future)

Add the following endings to the whole infinitive, but for -**re** verbs drop **e** in -**re** before adding the future endings, which are: **ai, as, a; ons, ez, ont**. Note that these endings are based on the Present indicative of **avoir**.

Tense No. 5   Conditionnel
             (Conditional)

Add the following endings to the whole infinitive, but for -**re** verbs drop **e** in -**re** before adding the conditional endings, which are: **ais, ais, ait; ions, iez, aient**. Note that these endings are the same as those for the Imperfect indicative (Tense No. 2).

Tense No. 6   Présent du subjonctif
(Present subjunctive)

Drop -ant ending of the present participle of the verb you have in mind and add **e, es, e;
ions, iez, ent**

Tense No. 7   Imparfait du subjonctif
(Imperfect subjunctive)

There is a shortcut to finding the forms of this difficult tense. Go straight to the 3d person, singular, **Passé simple** tense of the verb you have in mind. If the ending is **-a**, as in **parla (parler)**, drop **-a** and add **-asse, -asses, -ât; -assions, -assiez, -assent**. If the ending is **-it**, as in **finit (finir)** or **vendit (vendre)**, drop **-it** and add **-isse, -isses, -ît; -issions, -issiez, -issent**. If you find the ending **-ut**, as in many irregular **-re** verbs (**lire/lut**), drop **-ut** and add **-usse, -usses, -ût; -ussions, -ussiez, -ussent**. Note the accent mark (^) on **-ât, -ît**, and **-ût**.

NOTE:
(a) For the forms of irregular verbs, *e.g.*, **avoir, être, faire, aller**, and many others, turn to the page where the verb you have in mind is given in this book. All verbs are listed alphabetically at the top of each page.
(b) For the uses of the seven simple tenses, see pages 10–16.
(c) For the formation of the seven compound tenses and their uses, see pages 16–20 and the section below.

FORMATION OF THE SEVEN COMPOUND TENSES

An Easy Way to Form the Seven Compound Tenses in French

avoir or être* in the following simple tenses **+** PLUS the past participle of the verb you have in mind** **=** EQUALS the following compound tenses

1. **Présent de l'indicatif**	8. **Passé composé**
2. **Imparfait de l'indicatif**	9. **Plus-que-parfait de l'indicatif**
3. **Passé simple**	10. **Passé antérieur**
4. **Futur**	11. **Futur antérieur**
5. **Conditionnel**	12. **Conditionnel passé**
6. **Présent du subjonctif**	13. **Passé du subjonctif**
7. **Imparfait du subjonctif**	14. **Plus-que-parfait du subjonctif**

* To know if avoir or être is required, see page 6.
** To know how to form a past participle, see page 3.

Each compound tense is based on each simple tense. The fourteen tenses given on page 23 are arranged in a logical order, which is numerical.

Here is how you form each of the seven compound tenses:

Tense No. 8 is based on Tense No. 1 of **avoir** or **être**; in other words, you form the **Passé composé** by using the auxiliary **avoir** or **être** (whichever is appropriate) in the **Présent de l'indicatif** plus the past participle of the verb you have in mind. Examples: **j'ai parlé**; **je suis allé(e)**.

Tense No. 9 is based on Tense No. 2 of **avoir** or **être**; in other words, you form the **Plus-que-parfait de l'indicatif** by using the auxiliary **avoir** or **être** (whichever is appropriate) in the **Imparfait de l'indicatif** plus the past participle of the verb you have in mind. Examples: **j'avais parlé**; **j'étais allé(e)**.

Tense No. 10 is based on Tense No. 3 of **avoir** or **être**; in other words, you form the **Passé antérieur** by using the auxiliary **avoir** or **être** (whichever is appropriate) in the **Passé simple** plus the past participle of the verb you have in mind. Examples: **j'eus parlé**; **je fus allé(e)**.

Tense No. 11 is based on Tense No. 4 of **avoir** or **être**; in other words, you form the **Futur antérieur** by using the auxiliary **avoir** or **être** (whichever is appropriate) in the **Futur** plus the past participle of the verb you have in mind. Examples: **j'aurai parlé**; **je serai allé(e)**.

Tense No. 12 is based on Tense No. 5 of **avoir** or **être**; in other words, you form the **Conditionnel passé** by using the auxiliary **avoir** or **être** (whichever is appropriate) in the **Conditionnel** plus the past participle of the verb you have in mind. Examples: **j'aurais parlé**; **je serais allé(e)**.

Tense No. 13 is based on Tense No. 6 of **avoir** or **être**; in other words, you form the **Passé du subjonctif** by using the auxiliary **avoir** or **être** (whichever is appropriate) in the **Présent du subjonctif** plus the past participle of the verb you have in mind. Examples: **que j'aie parlé**; **que je sois allé(e)**. This tense is like the **Passé composé** (tense number 8), except that the auxiliary verb **avoir** or **être** is in the present subjunctive.

Tense No. 14 is based on Tense No. 7 of **avoir** or **être**; in other words, you form the **Plus-que-parfait du subjonctif** by using the auxiliary **avoir** or **être** (whichever is appropriate) in the **Imparfait du subjonctif** plus the past participle of the verb you have in mind. Examples: **que j'eusse parlé**; **que je fusse allé(e)**.

If you ever expect to know or even recognize the meaning of any of the seven compound tenses, or to know how to form them, you certainly have to know **avoir** and **être** in the seven simple tenses. If you do not, you cannot form the seven compound tenses—and they are the easiest to form. This is one perfect example to illustrate that learning French verb forms is a cumulative experience because in order to know the seven compound tenses, you must first know the forms of **avoir** and **être** in the seven simple tenses. They are verbs 62 and 211 in this book.

To know which verbs are conjugated with **avoir** or **être** to form the seven compound tenses, see page 6. To understand the uses of the seven simple tenses, see pages 10–16. To understand the uses of the seven compound tenses, see pages 16–20. To know the translation of all fourteen tenses into English, see pages 8–9.

A Note about the *Passé surcomposé* verb tense

There is another verb tense in French but it is rarely used. It is called *le Passé surcomposé*. It gets its name from the fact that the auxiliary (helping) verb is already stated in a *Passé composé* form. In other words, it is "extra" passé composé, just as **surchauffé** means *overheated* or **surnatural** means *supernatural*. The *Surcomposé* contains two auxiliary verbs and it is used in the subordinate clause when the verb of the main clause is in a compound tense. Examples: **j'ai eu** (*I have had*, or *I had*); **j'ai été** (*I have been*, or *I was*). To change the compound form into a *Surcomposé*, the past participle of the verb you have in mind is stated with the double helping verb. Examples: **Mon ami est arrivé quand j'ai eu fini la leçon** / *My friend arrived when I (have had) finished the lesson*. The verb form in the subordinate clause with a double helping verb (**j'ai eu fini**) is what makes the form *Surcomposé*. In English, some people call it *double* or *super compound*. It has also been used in other compound tenses with **avoir** or **être** as the helping verb. Nowadays, one hardly ever hears this unusual verb form, but it's worth being aware of in case you come across it in your readings in French literature.

A summary of sequence of verb tenses— *Si* clauses

WHEN THE VERB IN THE
SI CLAUSE IS: THE VERB IN THE MAIN OR RESULT CLAUSE IS:

(a) present indicative   present indicative, or future, or imperative
(b) imperfect indicative   conditional
(c) pluperfect indicative   conditional perfect

NOTE: By si we mean *if*. Sometimes si can mean *whether,* and in that case this summary of what tenses are used does not apply. When si means *whether,* there are no restrictions about the tenses. By the way, the sequence of tenses with a si clause in French is the same as it is in English with an *if* clause.

Example:
(a) Si elle arrive, je pars.   If she arrives, I'm leaving.
     Si elle arrive, je partirai.   If she arrives, I will leave.
     Si elle arrive, partez!   If she arrives, leave!

(b) Si elle arrivait, je partirais.   If she arrived, I would leave.

(c) Si elle était arrivée, je serais parti.   If she had arrived, I would have left.

The Subjunctive

The subjunctive is not a tense; it is a mood, or mode. Usually, when we speak in French or English, we use the indicative mood. We use the subjunctive mood in French for certain reasons. The following are the principal reasons.

After certain conjunctions
When the following conjunctions introduce a new clause, the verb in that new clause is normally in the subjunctive mood:

à condition que   on condition that; **Je vous prêterai l'argent à condition que vous me le rendiez le plutôt possible.**
à moins que   unless; **Je pars à six heures précises à moins qu'il (n') y ait un orage.** [Expletive ne is optional]
afin que   in order that, so that; **Je vous explique clairement afin que vous compreniez.**
attendre que   to wait until; **Attendez que je finisse mon dîner.**
au cas que   in case; **Au cas qu'il vienne, je pars tout de suite.**
autant que   **Autant que je le sache ...**   As far as I know ...
avant que   before; **Ne me dites rien avant qu'il vienne.** [Expletive ne is optional]
bien que   although; **Bien que Madame Cartier soit malade, elle a toujours bon appétit.**
de crainte que   for fear that; **La mère a dit à sa petite fille de rester dans la maison de crainte qu'elle ne se fasse mal dans la rue.** [Expletive ne is required]

de façon que   so that, in a way that, in such a way that; **Barbara étudie de façon qu'elle puisse réussir.**

de manière que   so that, in a way that, in such a way that; **Joseph travaille dans la salle de classe de manière qu'il puisse réussir.**

de peur que   for fear that; **Je vous dis de rester dans la maison aujourd'hui de peur que vous ne glissiez sur la glace.** [Expletive ne is required]

de sorte que   so that, in a way that, in such a way that; **Nettoyez la chambre de sorte que tout soit propre.**

en attendant que   until; **Nous allons rester ici en attendant qu'elle vienne.**

jusqu'à ce que   until; **Je vais attendre jusqu'à ce que vous finissiez.**

malgré que   although; **Malgré que Madame Cartier soit malade, elle a toujours bon appétit.** (NOTE: It is preferable to use **bien que**, as in the example given with **bien que** above on this list)

pour autant que   as far as, as much as; **Pour autant que je me souvienne . . .** As far as I remember (NOTE: It is preferable to use **autant que**, as in the example given with **autant que** above on this list)

pour que   in order that, so that; **Expliquez-vous mieux, s'il vous plaît, pour que je comprenne.**

pourvu que   provided that; **Vous pouvez parler librement pourvu que vous me laissiez faire de même.**

que . . . ou non   whether . . . or not; **Qu'il vienne ou non, cela m'est égal.**

quoique   although; **Quoiqu'il soit vieux, il a l'agilité d'un jeune homme.**

sans que . . . ou que   whether . . . or; either . . . or; **Soit qu'elle comprenne ou qu'elle ne comprenne pas, cela m'est égal.**

soit que . . . soit que   whether . . . or whether; **Soit que vous le fassiez, soit que vous ne le fassiez pas, cela m'est égal.**

tâcher que   to try to, to attempt to; **Tâchez que le bébé soit bien nourri.**

veiller à ce que   to see to it that; **Veillez à ce que la porte soit fermée à clef pendant mon absence.**

After indefinite expressions

où que   wherever; **Où que vous alliez, cela ne m'importe pas.**

quel que   whatever; **Je vous aiderai, quelles que soient vos ambitions** / I will help you, whatever your ambitions may be. (NOTE that the appropriate form of **quel** is needed in this indefinite expression because you are dealing with a noun (**ambitions**) and **quel** functions as an adjective)

qui que   whoever; **Qui que vous soyez, je ne veux pas vous écouter** / Whoever you are (Whoever you may be), I don't want to listen to you.

quoi que   whatever, no matter what; **Quoi que cet homme dise, je ne le crois pas** / No matter what this man says, I do not believe him.

Si + adj. + que   however; **Si bavarde qu'elle soit, elle ne dit jamais de bêtises** / However talkative she may be, she never says anything stupid.

After an indefinite antecedent

The reason why the subjunctive is needed after an indefinite antecedent is that the person or thing desired may possibly not exist; or, if it does exist, you may never find it.

(a) **Je cherche une personne qui soit honnête** / I am looking for a person who is honest.

(b) **Je cherche un appartement qui ne soit pas trop cher** / I am looking for an apartment that is not too expensive.

(c) **Connaissez-vous quelqu'un qui puisse réparer mon téléviseur une fois pour toutes?** / Do you know someone who can repair my TV set once and for all?

(d) **Y a-t-il un élève qui comprenne le subjonctif?** / Is there a student who understands the subjunctive?

BUT IF THE PERSON OR THING YOU ARE LOOKING FOR DOES EXIST, USE THE INDICATIVE MOOD:

(a) **J'ai trouvé une personne qui est honnête.**

(b) **J'ai un appartement qui n'est pas trop cher.**

(c) **Je connais une personne qui peut réparer votre téléviseur.**

After a superlative expressing an opinion

Those superlatives expressing an opinion are commonly: **le seul, la seule** (the only), **le premier, la première** (the first), **le dernier, la dernière** (the last), **le plus petit, la plus petite** (the smallest), **le plus grand, la plus grande**, *etc.*

(a) **A mon avis, Marie est la seule étudiante qui comprenne le subjonctif parfaitement.**

(b) **A mon opinion, Henriette est la plus jolie élève que j'aie jamais vue.**

After **Que**, meaning *let* or *may* to express a wish, an order, a command in the 3d person singular or plural

(a) **Qu'il parte!** / Let him leave!

(b) **Que Dieu nous pardonne!** / May God forgive us! (NOTE that the form *pardonne* is the same in the 3d pers. subjunctive as in the indicative)

(c) **Qu'ils s'en aillent!** / Let them go away!
(NOTE that what is understood in front of **Que** here is (**Je veux**) **que . . .**)

After certain impersonal expressions

c'est dommage que it's a pity that; it's too bad that; **C'est dommage qu'elle soit morte.**

il est à souhaiter que it is to be desired that; **Il est à souhaiter qu'elle soit guérie.**

il est bizarre que it is odd that; **Il est bizarre qu'il soit parti sans rien dire.**

il est bon que it is good that; **Il est bon que vous restiez au lit.**

il est convenable que it is fitting (proper) that; **Il est convenable qu'il vienne me voir.**

il est douteux que it is doubtful that; **Il est douteux qu'il soit présent au concert ce soir.**

il est essentiel que it is essential that; **Il est essentiel que vous veniez me voir le plus tôt possible.**

il est étonnant que   it is astonishing that; Il est étonnant qu'elle soit sortie sans rien dire.

il est étrange que   it is strange that; Il est étrange qu'il n'ait pas répondu à ta lettre.

il est faux que   it is false (it is not true) that; Il est faux que vous ayez vu ma soeur dans ce cabaret.

il est heureux que   it is fortunate that; Il est très heureux que Madame Piquet soit guérie.

il est honteux que   it is shameful (a shame) that; Il est honteux que vous trichiez.

il est important que   it is important that; Il est important que vous arriviez à l'heure.

il est impossible que   it is impossible that; Il est impossible que je sois chez vous avant trois heures.

il est juste que   it is right that; Il est juste que le criminel soit puni pour son crime.

il est naturel que   it is natural that; Il est naturel qu'on ait peur dans un moment dangereux.

il est nécessaire que   it is necessary that; Il est nécessaire que tu finisses la leçon de français avant d'aller au cinéma.

il est possible que   it is possible that; Il est possible que Madame Paquet soit déjà partie.

il est rare que   it is rare that; Il est rare qu'elle sorte.

il est regrettable que   it is regrettable that; Il est regrettable que cet homme riche ait perdu tout au jeu.

il est surprenant que   it is surprising that; Il est surprenant que tu n'aies pas fait ton devoir aujourd'hui.

il est temps que   it is time that; Il est temps que tu fasses tes devoirs tous les jours.

il est urgent que   it is urgent that; Il est urgent que le docteur vienne immédiatement.

il faut que   it is necessary that; Il faut que tu sois ici à neuf heures précises.

il importe que   it is important that; Il importe que tu me dises toute la vérité.

il se peut que   it may be that; Il se peut qu'elle soit sortie.

il semble que   it seems that, it appears that; Il semble que Madame Gervaise soit déjà partie.

il suffit que   it is enough that, it suffices that; Il suffit qu'il soit informé tout simplement.

il vaut mieux que   it is better that; Il vaut mieux que vous soyez présent quand le docteur est ici.

After the following impersonal expressions (in English, the subject is *It*) used in the negative or interrogative because they suggest some kind of doubt, uncertainty, hesitation . . .

Il ne me semble pas que . . .   Il ne paraît pas que . . .
Me semble-t-il que . . . ?   Paraît-il que . . . ?

Il n'est pas clair que . . .   Il n'est pas vrai que . . .
Est-il clair que . . . ?   Est-il vrai que . . . ?

Il n'est pas évident que ...
Est-il évident que ... ?

Il n'est pas sûr que ...
Est-il sûr que ... ?

Il n'est pas certain que ...
Est-il certain que ... ?

Il n'est pas probable que ...
Est-il probable que ... ?

After certain verbs expressing doubt, emotion, wishing

aimer que ...
   to like that ...
aimer mieux que ...
   to prefer that ...
s'attendre à ce que ...
   to expect that ...
avoir peur que ...
   to be afraid that ...
   [expletive ne is required]
craindre que ...
   to fear that ...
   [expletive ne is required]
défendre que ...
   to forbid that ...
désirer que ...
   to desire that ...
douter que ...
   to doubt that ...
empêcher que ...
   to prevent that ...
s'étonner que ...
   to be astonished that ...
s'étonner de ce que ...
   to be astonished at the fact that ...
être bien aise que ...
   to be pleased that ...
être content que ...
   to be glad that ...
être désolé que ...
   to be distressed that ...
être étonné que ...
   to be astonished that ...

être heureux que ...
   to be happy that ...
être joyeux que ...
   to be joyful that ...
être malheureux que ...
   to be unhappy that ...
être ravi que ...
   to be delighted that ...
être surpris que ...
   to be surprised that ...
être triste que ...
   to be sad that ...
exiger que ...
   to demand that ...
se fâcher que ...
   to be angry that ...
ordonner que ...
   to order that ...
préférer que ...
   to prefer that ...
regretter que ...
   to regret that ...
souhaiter que ...
   to wish that ...
tenir à ce que ...
   to insist upon ...
trembler que ...
   to tremble that ...
   [expletive ne is required]
vouloir que ...
   to want that ...

SOME EXAMPLES:
   J'aimerais que vous restiez ici / I would like you to stay here.
   J'aime mieux que vous restiez ici / I prefer that you stay here.
   Je m'attends à ce qu'elle vienne immédiatement / I expect her to come
     immediately.

J'ai peur qu'il ne soit malade / I am afraid that he may be sick. [expletive **ne** is required]

Je crains qu'elle ne soit gravement malade / I fear that she may be seriously ill. [expletive **ne** is required]

Je m'étonne qu'elle ne soit pas venue me voir / I am astonished that she has not come to see me.

Je m'étonne de ce qu'il ne soit pas parti / I am astonished (at the fact that) he has not left.

Ta mère est contente que tu sois heureux / Your mother is glad that you are happy.

Madame Poulet est désolée que son mari ait perdu toute sa fortune / Mrs. Poulet is distressed that her husband has lost his entire fortune.

After verbs of believing and thinking, such as **croire, penser, trouver** (meaning *to think, to have an impression*), and **espérer** when used in the negative OR interrogative but not when both interrogative AND negative . . .

EXAMPLES:

Je ne pense pas qu'il soit coupable / I don't think that he is guilty. **Croyez-vous qu'il dise la vérité?** / Do you believe he is telling the truth?

BUT: **Ne croyez-vous pas qu'il dit la vérité?** / Don't you think that he is telling the truth?

Trouvez-vous qu'il y ait beaucoup de crimes dans la société d'aujourd'hui? Do you find (think) that there are many crimes in today's society?

BUT: **Ne trouvez-vous pas que ce livre est intéressant?** / Don't you think (*or:* Don't you find) that this book is interesting?

Note: The subjunctive forms in Tense No. 6 (**présent du subjonctif**), Tense No. 7 (**imparfait du subjonctif**), Tense No. 13 (**passé du subjonctif**), and Tense No. 14 (**plus-que-parfait du subjonctif**) of any verb are normally preceded by **que** (that); for example, **que je sois** / that I may be, **que tu ailles** / that you may go.

Orthographically changing verbs— verb forms that change in spelling

Verbs that end in -cer in the infinitive form change c to ç when in front of the vowels a, o or u in order to keep the s sound in the infinitive form and retain its identity. That little mark under the c (ç) is called **une cédille**. Actually it is the lower part of the letter s which is used in order to tell the reader that the ç should be pronounced as an s. Without that mark, the letter c in front of the vowels a, o and u must be pronounced as a k sound. Since the c in the ending -cer is pronounced like an s, the same sound must be retained in all its forms.

(1) Some common verbs that end in -cer in the infinitive form are:

annoncer / to announce	lancer / to launch, to hurl
avancer / to advance	menacer / to threaten
commencer / to begin, to start	placer / to place, to set
divorcer / to divorce	prononcer / to pronounce
effacer / to erase, to efface	remplacer / to replace

(2) Examples of when this change occurs:

Present indicative: nous annonçons, nous avançons, nous commençons, nous divorçons, nous effaçons, nous lançons, nous menaçons, nous prononçons, nous remplaçons.

Imperfect indicative: j'annonçais, tu annonçais, il (elle, on) annonçait; ils (elles) annonçaient [You do the same for the other -cer type verbs given above in (1).]

Passé simple: j'annonçai, tu annonças, il (elle, on) annonça; nous annonçâmes, vous annonçâtes [You do the same for the other -cer type verbs given above in (1).]

Imperfect subjunctive: que j'annonçasse, que tu annonçasses, qu'il (qu'elle, qu'on) annonçât; que nous annonçassions, que vous annonçassiez, qu'ils (qu'elles) annonçassent [Now you do the same for the other -cer type verbs given above in (1).]

(3) Verbs that end in -ger in the infinitive form change g to ge in front of the vowels a, o or u in order to keep the soft sound of g in the infinitive form and retain its identity; otherwise, g in front of a, o or u is normally pronounced hard, as in go.

(4) Some common verbs that end in -ger in the infinitive form are:

arranger / to arrange	obliger / to oblige
changer / to change	partager / to divide, to share
corriger / to correct	plonger / to dive, to plunge
déranger / to disturb	ranger / to arrange by row, put in order
manger / to eat	
nager / to swim	songer / to think, to dream
neiger / to snow	voyager / to travel

(5) Examples of when this change occurs:

Present indicative: nous arrangeons, nous changeons, nous corrigeons, nous dérangeons [Now you do the same for the other -ger type verbs given above in (4).]

Imperfect indicative: j'arrangeais, tu arrangeais, il (elle, on) arrangeait; ils (elles) arrangeaient [Now you do the same for the other -ger type verbs given above in (4).]

Passé simple: j'arrangeai, tu arrangeas, il (elle, on) arrangea; nous arrangeâmes, vous arrangeâtes [Now you do the same for the other -ger type verbs given above in (4).]

Imperfect subjunctive: que j'arrangeasse, que tu arrangeasses, qu'il (qu'elle, qu'on) arrangeât; que nous arrangeassions, que vous arrangeassiez, qu'ils (qu'elles) arrangeassent [Just for the fun of it, do the same for the other -ger type verbs given above.]

(6) Verbs that end in -oyer or -uyer in the infinitive form must change y to i in front of mute e.

(7) Common verbs that end in -oyer or -uyer in the infinitive form are:

-OYER	-UYER
choyer / to fondle, to coddle	ennuyer / to bore, to annoy
employer / to employ, to use	essuyer / to wipe
envoyer / to send	
nettoyer / to clean	

(8) Verbs that end in -AYER in the infinitive form may change y to i or may keep y in front of mute e.

Two common verbs that end in -ayer in the infinitive form are: essayer / to try, to try on; and payer / to pay, to pay for.

(9) Examples of when this change occurs:

Present indicative: j'emploie, tu emploies, il (elle, on) emploie; ils (elles) emploient.

Future: j'emploierai, tu emploieras, il (elle, on) emploiera; nous emploierons, vous emploierez, ils (elles) emploieront.

Conditional: j'emploierais, tu emploierais, il (elle, on) emploierait; nous emploierions, vous emploieriez, ils (elles) emploieraient.

Present subjunctive: que j'emploie, que tu emploies, qu'il (qu'elle, qu'on) emploie; qu'ils (qu'elles) emploient.

(10) Verbs that contain a mute e in the syllable before the infinitive ending -er:

acheter / to buy	lever / to raise, to lift
achever / to complete	se lever / to get up
amener / to bring, to lead	mener / to lead
élever / to raise	peser / to weigh
emmener / to lead away, to take away	promener / to walk (a person or an animal)
enlever / to remove, to take off	se promener / to take a walk (for yourself)
geler / to freeze	

(11) These verbs, given above in (10), change mute e to è when, in a verb form, the syllable after it contains another mute e.

(12) This change occurs because that mute **e** in the stem of the infinitive now becomes pronounced clearly in some verb forms. Examples:

Present indicative: j'achète, tu achètes, il (elle, on) achète; ils (elles) achètent.

Future: j'achèterai, tu achèteras, il (elle, on) achètera; nous achèterons, vous achèterez, ils (elles) achèteront.

Conditional: j'achèterais, tu achèterais, il (elle, on) achèterait; nous achèterions, vous achèteriez, ils (elles) achèteraient.

Present subjunctive: que j'achète, que tu achètes, qu'il (qu'elle, qu'on) achète; qu'ils (qu'elles) achètent.

(13) Instead of changing like the verbs above in (10)–(12) the following verbs double the consonant in the syllable that contains the mute **e** in the stem:

appeler / to call	jeter / to throw
rappeler / to recall	rejeter / to throw again, to throw back
se rappeler / to remember	

Examples of when this spelling change occurs:

Present indicative: je m'appelle, tu t'appelles, il (elle, on) s'appelle; ils (elles) s'appellent.

Future: je m'appellerai, tu t'appelleras, il (elle, on) s'appellera; nous nous appellerons, vous vous appellerez, ils (elles) s'appelleront.

Conditional: je m'appellerais, tu t'appellerais, il (elle, on) s'appellerait; nous nous appellerions, vous vous appelleriez, ils (elles) s'appelleraient.

Present subjunctive: que je m'appelle, que tu t'appelles, qu'il (qu'elle, qu'on) s'appelle; qu'ils (qu'elles) s'appellent.

(14) Verbs that contain **é** in the syllable before the infinitive ending -er:

céder / to cede, to yield, to give up	posséder / to possess, to own
célébrer / to celebrate	préférer / to prefer
concéder / to concede, to give up	protéger / to protect
considérer / to consider	répéter / to repeat
espérer / to hope	suggérer / to suggest

(15) These verbs, given above in (14), change **é** to **è** when, in a verb form, the syllable after it contains mute **e**.

Examples of when this spelling change occurs:

Present indicative: je préfère, tu préfères, il (elle, on) préfère: ils (elles) préfèrent.

Present subjunctive: que je préfère, que tu préfères, qu'il (qu'elle, qu'on) préfère; qu'ils (qu'elles) préfèrent.

Definitions of basic grammatical terms with examples

active voice   When we speak or write in the active voice, the subject of the verb performs the action. The action falls on the direct object.

Everyone loves Janine / Tout le monde aime Janine.

The subject is *everyone*. The verb is *loves*. The direct object is *Janine*. See also *passive voice* in this list. Compare the above sentence with the example in the passive voice.

adjective   An adjective is a word that modifies a noun or a pronoun. In grammar, to modify a word means to describe, limit, expand, or make the meaning particular.

a beautiful garden / un beau jardin; she is pretty / elle est jolie.

The adjective *beautiful/beau* modifies the noun *garden/jardin*. The adjective *pretty/jolie* modifies the pronoun *she/elle*. In French there are different kinds of adjectives. *See also* comparative adjective, demonstrative adjective, descriptive adjective, interrogative adjective, limiting adjective, possessive adjective, superlative adjective.

adverb   An adverb is a word that modifies a verb, an adjective, or another adverb. An adverb says something about how, when, where, to what extent, or in what way.

Jane runs swiftly / Jeanne court rapidement.

The adverb *swiftly/rapidement* modifies the verb *runs/court*. The adverb shows *how* she runs.

Jack is a very good friend / Jacques est un très bon ami.

The adverb *very/très* modifies the adjective *good/bon*. The adverb shows *how good* a friend he is.

The boy is eating too fast now / Le garçon mange trop vite maintenant.

The adverb *too/trop* modifies the adverb *fast/vite*. The adverb shows *to what extent* he is eating *fast*. The adverb *now/maintenant* tells us *when*.

The post office is there / Le bureau de poste est là.

The adverb *there/là* modifies the verb *is/est*. It tells us *where* the post office is.

Mary writes carefully / Marie écrit soigneusement.

The adverb *carefully/soigneusement* modifies the verb *writes/écrit*. It tells us *in what way* she writes.

affirmative statement, negative statement   A statement in the affirmative is expressed positively. To negate an affirmative statement is to make it negative.

Affirmative: *I like chocolate ice cream / J'aime la glace au chocolat.*

Negative: *I do not like chocolate ice cream / Je n'aime pas la glace au chocolat.*

agreement of adjective with noun   Agreement is made on the adjective with the noun it modifies in gender (masculine or feminine) and number (singular or plural).

a white house / une maison blanche.

The adjective **blanche** is feminine singular because the noun **une maison** is feminine singular.

two white houses / deux maisons blanches.

The adjective **blanches** is feminine plural because the noun **maisons** is feminine plural.

agreement of past participle of a reflexive verb with its reflexive pronoun
Agreement is made on the past participle of a reflexive verb with its reflexive pronoun

in gender (masculine or feminine) and number (singular or plural) if that pronoun is the *direct object* of the verb. The agreement is determined by looking at the subject to see its gender and number, which is the same as its reflexive pronoun. If the reflexive pronoun is the *indirect object*, an agreement is *not* made. *See* se laver and se lever.

She washed herself / Elle s'est lavée.

There is a feminine agreement on the past participle lavée (added e) with the reflexive pronoun se (here, s') because it serves as a direct object pronoun. What or whom did she wash? Herself, which is expressed in se (s').

But:

She washed her hair / Elle s'est lavé les cheveux.

There is no feminine agreement on the past participle lavé here because the reflexive pronoun (se, here, s') serves as an *indirect object*. The direct object is les cheveux and it is stated *after* the verb. What did she wash? She washed her hair *on herself* (s'). *See also* reflexive pronoun and reflexive verb.

agreement of past participle with its direct object   Agreement is made on the past participle with its direct object in gender (masculine or feminine) and number (singular or plural) when the verb is conjugated with avoir in the compound tenses. Agreement is made when the direct object, if there is one, *precedes* the verb.

Where are the little cakes? Paul ate them / Où sont les petits gâteaux?
Paul les a mangés.

The verb a mangés is in the *passé composé*; manger is conjugated with avoir. There is a plural agreement on the past participle mangés (added s) because the *preceding* direct object *them/les* is masculine plural, referring to *les petits gâteaux*, which is masculine plural.

Who wrote the letters? Robert wrote them / Qui a écrit les lettres?
Robert les a écrites.

The verb a écrites is in the *passé composé*; écrire is conjugated with avoir. There is a feminine plural agreement on the past participle écrites (added e and s) because the *preceding*-direct object *them/les* is feminine plural, referring to *les lettres*, which is feminine plural. A past participle functions as an adjective.

An agreement in gender and number is *not* made with *an indirect object*. *See* indirect object noun, indirect object pronoun. Review the regular formation of past participles and irregular past participles on page 3. *See also* direct object noun, direct object pronoun.

agreement of past participle with the subject   Agreement is made on the past participle with the subject in gender (masculine or feminine) and number (singular or plural) when the verb is conjugated with être in the compound tenses.

She went to Paris / Elle est allée à Paris.

The verb est allée is in the *passé composé*; aller is conjugated with être. There is a feminine agreement on the past participle allée (added e) because the subject elle is feminine singular.

The boys have arrived / Les garçons sont arrivés.

The verb sont arrivés is in the *passé composé*; arriver is conjugated with être. There is a plural agreement on the past participle arrivés (added s) because the subject les garçons is masculine plural.

Review page 6 to find out about verbs conjugated with either avoir or être to form the seven compound tenses. *See* aller and arriver. *See also* past participle and subject.

agreement of verb with its subject A verb agrees in person (1st, 2d, or 3d) and in number (singular or plural) with its subject.

Does he always tell the truth? / Dit-il toujours la vérité?

The verb **dit** (of **dire**) is 3d person singular because the subject *il/he* is 3d person singular.

Where are they going? / Où vont-ils?

The verb **vont** (of **aller**) is 3d person plural because the subject *ils/they* is 3d person plural. For subject pronouns in the singular and plural, review page 103.

antecedent An antecedent is a word to which a relative pronoun refers. It comes *before* the pronoun.

The girl who is laughing over there is my sister /
La jeune fille qui rit là-bas est ma soeur.

The antecedent is *girl/la jeune fille*. The relative pronoun *who/qui* refers to the girl.

The car that I bought is expensive / La voiture que j'ai achetée est chère.

The antecedent is *car/la voiture*. The relative pronoun *that/que* refers to the car. Note also that the past participle *achetée* is fem. sing. because it refers to *la voiture* (fem. sing.), which precedes the verb. Review **acheter** and **rire**. *See also* relative pronoun.

auxiliary verb An auxiliary verb is a helping verb. In English grammar it is *to have*. In French grammar it is **avoir** (to have) or **être** (to be). An auxiliary verb is used to help form the seven compound tenses.

I have eaten /J'ai mangé; she has left / elle est partie.

Review page 6 to find out about verbs conjugated with **avoir** or **être** as helping verbs. Also, review **manger** and **partir**.

cardinal number A cardinal number is a number that expresses an amount, such as *one*, *two*, *three*, and so on. *See also* ordinal number.

causative faire In English grammar a causative verb causes something to be done. In French grammar the idea is the same. The subject of the verb causes the action expressed in the verb to be carried out by someone else.

Mrs. Roth makes her students work in French class /
Madame Roth fait travailler ses élèves dans la classe de français.

Mr. Smith is having a house built / Monsieur Smith fait construire une maison.

Review **construire**, **faire**, and **travailler**.

clause A clause is a group of words that contains a subject and a predicate. A predicate may contain more than one word. A conjugated verb form is revealed in the predicate.

Mrs. Coty lives in a small apartment /
Madame Coty demeure dans un petit appartement.

The subject is *Mrs. Coty/Madame Coty*. The predicate is *lives in a small apartment/ demeure dans un petit appartement*. The verb is *lives/demeure*. *See also* dependent clause, independent clause.

comparative adjective When making a comparison between two persons or things, an adjective is used to express the degree of comparison in the following ways.
Same degree of comparison:

Raymond is as tall as his father / Raymond est aussi grand que son père.

Lesser degree of comparison:

Monique is less intelligent than her sister / Monique est moins intelligente que sa soeur.

Higher degree of comparison:

> *This apple is more delicious than that apple /*
> *Cette pomme-ci est plus délicieuse que cette pomme-là.*

See also superlative adjective.

comparative adverb   An adverb is compared in the same way as an adjective is compared. *See* comparative adjective.

Same degree of comparison:

> *Mr. Bernard speaks as fast as Mr. Claude /*
> *Monsieur Bernard parle aussi vite que Monsieur Claude.*

Lesser degree of comparison:

> *Alice studies less seriously than her sister /*
> *Alice étudie moins sérieusement que sa soeur.*

Higher degree of comparison:

> *Albert works more slowly than his brother /*
> *Albert travaille plus lentement que son frère.*

See also superlative adverb.

complex sentence   A complex sentence contains one independent clause and one or more dependent clauses.

One independent clause and one dependent clause:
Jack is handsome but his brother isn't / Jacques est beau mais son frère ne l'est pas.
The independent clause is *Jack is handsome*. It makes sense when it stands alone because it expresses a complete thought. The dependent clause is *but his brother isn't*. The dependent clause, which is introduced by the conjunction *but*, does not make complete sense when it stands alone because it *depends* on the thought expressed in the independent clause.

One independent clause and two dependent clauses:

> *Mary gets good grades in school because she studies but her sister never studies /*
> *Marie reçoit de bonnes notes à l'école parce*
> *qu'elle étudie mais sa soeur n'étudie jamais.*

The independent clause is *Mary gets good grades in school*. It makes sense when it stands alone because it expresses a complete thought. The first dependent clause is *because she studies*. This dependent clause, which is introduced by the conjunction *because*, does not make complete sense when it stands alone because it *depends* on the thought expressed in the independent clause. The second dependent clause is *but her sister never studies*. That dependent clause, which is introduced by the conjunction *but*, does not make complete sense either when it stands alone because it *depends* on the thought expressed in the independent clause. *See also* dependent clause, independent clause.

compound sentence   A compound sentence contains two or more independent clauses.

> *Mrs. Dubois went to the supermarket, she bought some groceries, and then*
> *she returned home / Madame Dubois est allée au supermarché, elle a acheté des*
> *provisions, et puis elle est rentrée chez elle.*

This compound sentence contains three independent clauses. They are independent because they make sense when they stand alone. Review the *passé composé* on page 16. *See also* independent clause.

conditional perfect tense   In French grammar the conditional used to be considered a mood. Grammarians now regard it as a tense of the indicative mood. This tense is defined with examples on pages 18 and 19.

conditional present tense   In French grammar the conditional used to be considered a mood. Grammarians now regard it as a tense of the indicative mood. This tense is defined with examples on page 13.

conjugation   The conjugation of a verb is the fixed order of all its forms showing their inflections (changes) in the three persons of the singular and plural in a particular tense.

conjunction   A conjunction is a word that connects words or groups of words.
and/et, or/ou, but/mais
You and I are going downtown / Toi et moi, nous allons en ville.
You can stay home or you can come with us /
Tu peux rester à la maison ou tu peux venir avec nous.

declarative sentence   A declarative sentence makes a statement.
I have finished the work / J'ai fini le travail.
Review **finir**.

definite article   The definite article in French has four forms and they all mean *the*. They are: **le, la, l', les**, as in:
le livre/the book, la maison/the house, l'école/the school,
les enfants/the children
The definite articles are also used as direct object pronouns. *See* direct object pronoun.

demonstrative adjective   A demonstrative adjective is an adjective that points out. It is placed in front of a noun.
this book/ce livre; this hotel/cet hôtel; this child/cet enfant; this house/cette maison;
these flowers/ces fleurs

demonstrative pronoun   A demonstrative pronoun is a pronoun that points out. It takes the place of a noun. It agrees in gender and number with the noun it replaces.
I have two apples; do you prefer this one or that one?
J'ai deux pommes; préférez-vous celle-ci ou celle-là?
Sorry, but I prefer those / Je regrette, mais je préfère celles-là.
Do you like the ones that are on the table? / Aimez-vous celles qui sont sur la table?
For demonstrative pronouns that are neuter, *see* neuter.

dependent clause   A dependent clause is a group of words that contains a subject and a predicate. It does not express a complete thought when it stands alone. It is called *dependent* because it depends on the independent clause for a complete meaning. Subordinate clause is another term for dependent clause.
Mary is absent today because she is sick /
Marie est absente aujourd'hui parce qu'elle est malade.
The independent clause is *Mary is absent today*. The dependent clause is *because she is sick*.
See also clause, independent clause.

descriptive adjective   A descriptive adjective is an adjective that describes a person, place, or thing.
a pretty girl/une jolie jeune fille; a handsome boy/un beau garçon;
a small house/une petite maison; a big city/une grande ville;
an expensive car/une voiture chère.
See also adjective.

direct object noun   A direct object noun receives the action of the verb *directly*. That is why it is called a direct object, as opposed to an indirect object. A direct object noun is normally placed *after* the verb.

I am writing a letter / J'écris une lettre.

The subject is *I/Je*. The verb is *am writing/écris*. The direct object is the noun *letter/ une lettre*. *See also* direct object pronoun.

direct object pronoun   A direct object pronoun receives the action of the verb *directly*. It takes the place of a direct object noun. In French a pronoun that is a direct object of a verb is ordinarily placed *in front of* the verb.

I am reading it [the letter] / Je la lis.

A direct object pronoun is placed *after* the verb and joined with a hyphen *in the affirmative imperative*.

Write it [the letter] now / Écrivez-la maintenant.

The direct object pronouns are:

Person	Singular	Plural
1st	*me (m') me*	*nous us*
2d	*te (t') you (fam.)*	*vous you (sing. polite or pl.)*
3d	*le (l') him, it (person or thing)* *la (l') her, it (person or thing)*	*les them (persons or things)*

Review écrire and lire. *See also* imperative.

disjunctive pronoun   In French grammar a disjunctive pronoun is a pronoun that is stressed; in other words, emphasis is placed on it.

I speak well; he does not speak well / Moi, je parle bien; lui, il ne parle pas bien.

Talk to me / Parlez-moi.

A disjunctive pronoun is also object of a preposition:

She is talking with me / Elle parle avec moi.

I always think of you / Je pense toujours à toi.

The disjunctive pronouns are:

Person	Singular	Plural
1st	*moi me, I*	*nous us, we*
2d	*toi you (fam.)*	*vous you (sing. polite or pl.)*
3d	*soi oneself* *lui him, he* *elle her, she*	*eux them, they (m.)* *elles them, they (f.)*

ending of a verb   In French grammar the ending of a verb form changes according to the person and number of the subject and the tense of the verb.

For example, to form the present indicative tense of a regular -er type verb like **parler**, drop **er** of the infinitive and add the following endings: **-e, -es, -e** for the 1st, 2d, and 3d persons of the singular; **-ons, -ez, -ent** for the 1st, 2d, and 3d persons of the plural. You then get:

je parle, tu parles, il (elle, on) parle;
nous parlons, vous parlez, ils (elles) parlent

Review pages 22 and 23. *See also* stem of a verb.

feminine   In French grammar the gender of a noun, pronoun, or adjective is feminine or masculine, not male or female.

Masculine			Feminine		
noun	pronoun	adjective	noun	pronoun	adjective
le garçon	*il*	*grand*	*la femme*	*elle*	*grande*
the boy	*he*	*tall*	*the woman*	*she*	*tall*
le livre	*il*	*petit*	*la voiture*	*elle*	*petite*
the book	*it*	*small*	*the car*	*it*	*small*

See also gender.

futur proche, le   In English the **futur proche** is called the near future. As one may guess, the near future is used when talking about something that will take place in the near future. The formation is similar in French and English. In French, the near future is formed by using **aller** with the infinitive of the verb that you want to use. In English, you use *to go* with the infinitive of the verb that you want to use.

Demain, je **vais acheter** un ordinateur.
Tomorrow, I *am going to buy* a computer.

future perfect tense   This tense is defined with examples on page 18.

future tense   This tense is defined with examples on pages 12–13.

gender   In French grammar gender means masculine or feminine.

Masculine: *the boy/le garçon; he, it/il; the rooster/le coq; the book/le livre*
Feminine: *the girl/la jeune fille; she, it/elle;*
the hen/la poule; the house/la maison

gerund   In English grammar a gerund is a word formed from a verb. It ends in *ing*. Actually, it is the present participle of a verb. But it is not used as a verb. It is used as a noun.

Seeing is believing / Voir c'est croire.

However, in French grammar the infinitive form of the verb is used, as in the above example, when the verb is used as a noun. In French, *seeing is believing* is expressed as *to see is to believe.*

The French gerund is also a word formed from a verb. It ends in *ant*. It is also the present participle of a verb. As a gerund, it is normally preceded by the preposition **en**.

En partant, il a fait ses excuses / While leaving, he made his excuses.

See also present participle.

if (si) clause   An "if" clause is defined with examples at the top of page 26. *See also* clause.

imperative The imperative is a mood, not a tense. It is used to express a command. In French it is used in the 2d person of the singular (**tu**), the 2d person of the plural (**vous**), and in the 1st person of the plural (**nous**). Review the imperative with examples on pages 20 and 21. Also review the three imperative forms of **donner**. *See also* person (1st, 2d, 3d).

imperfect indicative tense This tense is defined with examples on pages 11 and 12.

imperfect subjunctive tense This tense is defined with examples on pages 15 and 16.

indefinite article In English the indefinite articles are *a*, *an*, as in *a book*, *an apple*. They are indefinite because they do not refer to any definite or particular noun.

In French there are two indefinite articles in the singular: one in the masculine form (**un**) and one in the feminine form (**une**).

Masculine singular: *un ami/a friend*

Feminine singular: *une pomme/an apple*

In French they both change to **des** in the plural.

I have a brother/J'ai un frère; I have brothers/J'ai des frères.

I have a sister/J'ai une soeur; I have sisters/J'ai des soeurs.

I have an apple/J'ai une pomme; I have apples/J'ai des pommes.

See also definite article.

indefinite pronoun An indefinite pronoun is a pronoun that does not refer to any definite or particular noun.

something/quelque chose; someone, somebody/quelqu'un, quelqu'une; each one/chacun, chacune; anything/n'importe quoi

independent clause An independent clause is a group of words that contains a subject and a predicate. It expresses a complete thought when it stands alone.

The cat is sleeping under the bed / Le chat dort sous le lit.

See also clause, dependent clause, predicate.

indicative mood The indicative mood is used in sentences that make a statement or ask a question. The indicative mood is used most of the time when we speak or write in English or French.

I am going home now/Je vais chez moi maintenant.

Where are you going?/Où allez-vous?

indirect object noun An indirect object noun receives the action of the verb *indirectly*. *I am writing a letter to Mary* or *I am writing Mary a letter / J'écris une lettre à Marie.* The subject is *I/Je*. The verb is *am writing/écris*. The direct object noun is *a letter/une lettre*. The indirect object noun is *Mary/Marie*. An agreement is not made with an indirect object noun. *See also* indirect object pronoun, direct object noun, direct object pronoun.

indirect object pronoun An indirect object pronoun takes the place of an indirect object noun. It receives the action of the verb *indirectly*. In French a pronoun that is the indirect object of a verb is ordinarily placed *in front of* the verb.

I am writing a letter to her or *I am writing her a letter / Je lui écris une lettre.*

The indirect object pronoun is *(to) her/lui*. An agreement is not made with an indirect object pronoun.

An indirect object pronoun is placed *after* the verb and joined with a hyphen *in the affirmative imperative.*

Write to her now / Écris-lui maintenant.

The indirect object pronouns are:

Person	Singular	Plural
1st	*me (m') to me*	*nous to us*
2d	*te (t') to you (fam.)*	*vous to you (sing. polite or pl.)*
3d	*lui to him, to her*	*leur to them*

See also indirect object noun.

infinitive   An infinitive is a verb form. In English it is normally stated with the preposition *to*, as in *to talk, to finish, to sell*. In French the infinitive form of a verb consists of three major types: those of the 1st conjugation that end in **-er**, those of the 2d conjugation that end in **-ir**, and those of the 3d conjugation that end in **-re**.

> *parler*/to talk, to speak; *finir*/to finish; *vendre*/to sell

All the verbs in this book are given in the infinitive form at the top of each page where they are arranged alphabetically.

interjection   An interjection is a word that expresses emotion, a feeling of joy, of sadness, an exclamation of surprise, and other exclamations consisting of one or two words.

> *Ah!/Ah! Oh!/Oh! Darn it!/Zut! Whew!/Ouf! My God!/Mon Dieu!*

interrogative adjective   An interrogative adjective is an adjective that is used in a question. It agrees in gender and number with the noun it modifies.

> *What book do you want? / Quel livre désirez-vous?*
> *What time is it? / Quelle heure est-il?*

interrogative adverb   An interrogative adverb is an adverb that introduces a question. As an adverb, it modifies the verb.

> *How are you? / Comment allez-vous?*
> *How much does this book cost? / Combien coûte ce livre?*
> *When will you arrive? / Quand arriverez-vous?*

interrogative pronoun   An interrogative pronoun is a pronoun that asks a question. There are interrogative pronouns that refer to persons and those that refer to things.

> *Who is on the phone? / Qui est à l'appareil?*
> *What are you saying? / Que dites-vous?*

interrogative sentence   An interrogative sentence asks a question.

> *What are you doing? / Que faites-vous?*

intransitive verb   An intransitive verb is a verb that does not take a direct object.

> *The professor is talking loudly / Le professeur parle fort.*

An intransitive verb takes an indirect object.

> *The professor is talking to us / Le professeur nous parle.*

See also indirect object pronoun.

irregular verb   An irregular verb is a verb that does not follow a fixed pattern in its conjugation in the various verb tenses.

Basic irregular verbs in French:

aller/to go   avoir/to have   être/to be   faire/to do, to make

Review these verbs. *See also* conjugation, regular verb.

limiting adjective   A limiting adjective is an adjective that limits a quantity.

three tickets/trois billets; a few candies/quelques bonbons

main clause   Main clause is another term for independent clause. *See* independent clause.

masculine   In French grammar the gender of a noun, pronoun, or adjective is masculine or feminine, not male or female. *See also* gender and feminine.

mood of verbs   Some grammarians use the term *the mode* instead of *the mood* of a verb. Either term means *the manner or way* a verb is expressed. In English and in French grammar a verb expresses an action or state of being in the following three moods (modes, *ways*): the indicative mood, the imperative mood, and the subjunctive mood. In French grammar there is also the infinitive mood when the whole infinitive is used, *e.g.*, **voir, croire**, as in **Voir c'est croire**/*Seeing is believing (to see is to believe)*. Most of the time, in English and French, we speak and write in the indicative mood.

near future   See *futur proche, le.*

negative statement, affirmative statement
see affirmative statement, negative statement

neuter   A word that is neuter is neither masculine nor feminine. Common neuter demonstrative pronouns are **ce (c')**/*it*, **ceci**/*this*, **cela**/*that*, **ça**/*that*. They are invariable, which means they do not change in gender and number.

It's not true/Ce n'est pas vrai; it is true/c'est vrai; this is true/ceci est vrai; that is true/ cela est vrai; what is that?/qu'est-ce que c'est que ça?

For demonstrative pronouns that are not neuter, *see* demonstrative pronoun. There is also the neuter pronoun **le**, as in: *Je le crois / I believe it; Je le pense / I think so.*

noun   A noun is a word that names a person, animal, place, thing, condition or state, or quality.

*the man/l'homme, the woman/la femme, the horse/le cheval, the house/la maison
the book/le livre, happiness/le bonheur, excellence/l'excellence*

In French the noun **le nom** is the word for name and noun.

number   In English and French grammar, number means singular or plural.
Masc. sing.:

the boy/le garçon; the arm/le bras; the eye/l'oeil

Masc. pl.:

the boys/les garçons; the arms/les bras; the eyes/les yeux

Fem. sing.:

the girl/la jeune fille; the house/la maison; the hen/la poule

Fem. pl.:

the girls/les jeunes filles; the houses/les maisons; the hens/les poules

ordinal number   An ordinal number is a number that expresses position in a series, such as *first, second, third,* and so on. In English and French grammar we talk about 1st person, 2d person, 3d person singular or plural regarding subjects and verbs. *See also* cardinal number and person (1st, 2d, 3d).

orthographical changes in verb forms   An orthographical change in a verb form is a change in spelling.

The second letter c in the verb *commencer/to begin* changes to ç if the letter after it is **a**, **o**, or **u**, as in *nous commençons/we begin*. The reason for this spelling change is to preserve the sound of *s* as it is pronounced in the infinitive form **commencer**. When **a**, **o**, or **u** follow the letter c, the c is pronounced as in the sound of **k**. The mark under the letter ç is called *une cédille/cedilla*. Some linguists say it is the lower part of the letter **s** and it tells you to pronounce ç as an **s** sound. Other linguists say that ç was borrowed from the Greek alphabet, which represents the sound of **s** when it is the last letter of a Greek word.

The verb *s'appeler/to call oneself, to be named* contains a single **l**. When a verb form is stressed on the syllable containing one **l**, it doubles, as in *je m'appelle . . ./I call myself . . . , my name is . . . .*

partitive   In French grammar the partitive denotes a *part* of a whole. In English we express the partitive by saying *some* or *any* in front of the noun. In French we use the following partitive forms in front of the noun:

Masculine singular: **du** or **de l'**   Feminine singular: **de la** or **de l'**

Masculine or feminine plural: **des**

I have some coffee / J'ai du café.

I'd like some water / J'aimerais de l'eau.

I'd like some meat / J'aimerais de la viande.

Do you have any candies? / Avez-vous des bonbons?

In the negative, these partitive forms change to **de** or **d'**:

I don't have any coffee / Je n'ai pas de café.

I don't want any water / Je ne veux pas d'eau.

I wouldn't like any meat / Je n'aimerais pas de viande.

No, I don't have any candies / Non, je n'ai pas de bonbons.

passive voice   When we speak or write in the active voice and change to the passive voice, the direct object becomes the subject, the subject becomes the object of a preposition, and the verb becomes *to be* plus the past participle of the active verb. The past participle functions as an adjective.

Janine is loved by everyone / Janine est aimée de tout le monde.

The subject is *Janine.* The verb is *is/est.* The object of the preposition *by/de* is *everyone/tout le monde. See also* active voice. Compare the above sentence with the example in the active voice.

past anterior tense   This tense is defined with examples on page 17.

past definite or simple past tense   This tense is defined with examples on page 12. In French it is the *passé simple.*

past indefinite tense   This tense is defined with examples on page 16. In French it is the *passé composé.*

past participle   A past participle is derived from a verb. It is used to form the compound tenses. Its auxiliary verb in English is *to have.* In French the auxiliary verb is **avoir**/to *have* or **être**/to *be.* It is part of the verb tense.

With **avoir** as the auxiliary verb: *Elle a mangé / She has eaten.*

The subject is *elle/she*. The verb is *a mangé/has eaten*. The tense of the verb is the *passé composé*. The auxiliary verb is *a/has*. The past participle is *mangé/eaten*.

   With être as the auxiliary verb: *Elle est arrivée / She has arrived.*
The verb is *est arrivée/has arrived*. The tense of the verb is the *passé composé*.
The auxiliary verb is *est*. The past participle is *arrivée/arrived*.

   Review page 3 for the regular formation of a past participle and a list of basic irregular past participles. Review page 6 to find out about verbs conjugated with either avoir or être. *See also* auxiliary verb and agreement of past participle with the subject.

past perfect tense   This tense is also called the pluperfect indicative tense. Review pages 16 and 17 for a definition with examples.

past simple tense   This tense is defined with examples on page 12. It is also called the simple past tense or past definite tense. In French it is the *passé simple*.

past subjunctive tense   This tense is also called the perfect subjunctive tense. It is defined with examples on page 19.

person (1st, 2d, 3d)   Verb forms in a particular tense are learned systematically according to person (1st, 2d, 3d) and number (singular, plural).
   Present indicative tense of the verb aller/to go:

Singular	Plural
1st person: *je vais*	1st person: *nous allons*
2d person: *tu vas*	2d person: *vous allez*
3d person: *il, elle, on va*	3d person: *ils, elles vont*

personal pronoun   A personal pronoun refers to a person. The pronoun *it/il* or *elle* is in this category. Review the subject pronouns on page 103. For examples of other types of pronouns, *see also* demonstrative pronoun, direct object pronoun, disjunctive pronoun, indefinite pronoun, indirect object pronoun, interrogative pronoun, possessive pronoun, reflexive pronoun, relative pronoun.

pluperfect indicative tense   This tense is also called the past perfect indicative tense. It is defined with examples on pages 16–17.

pluperfect subjunctive tense   This tense is also called the past perfect subjunctive tense. It is defined with examples on pages 19–20.

plural   Plural means more than one. *See also* person (1st, 2d, 3d) and singular.

possessive adjective   A possessive adjective is an adjective that is placed in front of a noun to show possession. In French their forms change in gender (masculine or feminine) and number (singular or plural) to agree with the noun they modify.
   my book/mon livre   my books/mes livres   my dress/ma robe

possessive pronoun   A possessive pronoun is a pronoun that shows possession. It takes the place of a possessive adjective with the noun. Its form agrees in gender (masculine or feminine) and number (singular or plural) with what it is replacing.

English:

   mine, yours, his, hers, its, ours, theirs

French:

Possessive adjective	Possessive pronoun
my book/mon livre	*mine/le mien*
my dress/ma robe	*mine/la mienne*
my shoes/mes chaussures	*mine/les miennes*

predicate   The predicate is that part of the sentence that tells us something about the subject. The main word of the predicate is the verb.

The tourists are waiting for the tour bus / Les touristes attendent l'autocar.
The subject is *the tourists/les touristes*. The predicate is *are waiting for the tour bus/ attendent l'autocar.* The verb is *are waiting/attendent.* The direct object is *the tour bus/l'autocar.*

preposition   A preposition is a word that establishes a rapport between words.
English:

with, in, on, at, between

French:

with me/avec moi; in the drawer/dans le tiroir; on the table/sur la table
at six o'clock/à six heures; between him and her/entre lui et elle
Review verbs with prepositions beginning on page 690.

present indicative tense   This tense is defined with examples on pages 10 and 11.

present participle   A present participle is derived from a verb form. In French it is regularly formed like this: take the **nous** form of the present indicative tense of the verb you have in mind, then drop the ending **ons** and add **ant**. In English a present participle ends in *ing*.

Infinitive	Present Indicative **nous** form	Present participle
chanter	*nous chantons*	*chantant*
to sing	*we sing*	*singing*
finir	*nous finissons*	*finissant*
to finish	*we finish*	*finishing*
vendre	*nous vendons*	*vendant*
to sell	*we sell*	*selling*

For the regular formation of present participles and to find out what the three common irregular present participles are, review page 3.

present subjunctive tense   This tense is defined with examples on pages 14 and 15.

pronoun   A pronoun is a word that takes the place of a noun.

l'homme/il	*la femme/elle*	*l'arbre/il*	*la voiture/elle*
the man/he	*the woman/she*	*the tree/it*	*the car/it*

reflexive pronoun and reflexive verb   In English a reflexive pronoun is a personal pronoun that contains *self* or *selves*. In French and English a reflexive pronoun is used with a verb that is called reflexive because the action of the verb falls on the reflexive pronoun.

In French there is a required set of reflexive pronouns for a reflexive verb.

se laver	*Je me lave.*	*Se blesser*	*Elle s'est blessée.*
to wash oneself	*I wash myself.*	*to hurt oneself*	*She hurt herself.*

In French a reflexive verb is conjugated with **être** to form the compound tenses. The French term for a reflexive verb is **un verbe pronominal** because a pronoun goes with the verb. Review the reflexive verbs s'appeler (verb 39), **se blesser** (verb 74), **se laver** (verb 277), and **se lever** (verb 279). *See also* agreement of past participle of a reflexive verb with its reflexive pronoun.

regular verb   A regular verb is a verb that is conjugated in the various tenses according to a fixed pattern. For examples, review pages 22 to 25. *See also* conjugation, irregular verb.

relative pronoun   A relative pronoun is a pronoun that refers to its antecedent.
>*The girl who is laughing over there is my sister /*
>*La jeune fille qui rit là-bas est ma soeur.*

The antecedent is *girl/jeune fille*. The relative pronoun *who/qui* refers to the girl. *See also* antecedent.

sentence   A sentence is a group of words that contains a subject and a predicate. The verb is contained in the predicate. A sentence expresses a complete thought.
>*The train leaves from the North Station at two o'clock in the afternoon /*
>*Le train part de la Gare du Nord à deux heures de l'après-midi.*

The subject is *train/le train*. The predicate is *leaves from the North Station at two o'clock in the afternoon/part de la Gare du Nord à deux heures de l'après-midi*. The verb is *leaves/part*. *See also* complex sentence, compound sentence, simple sentence.

simple sentence   A simple sentence is a sentence that contains one subject and one predicate. The verb is the core of the predicate. The verb is the most important word in a sentence because it tells us what the subject is doing.
>*Mary is eating an apple from her garden / Marie mange une pomme de son jardin.*

The subject is *Mary/Marie*. The predicate is *is eating an apple from her garden/mange une pomme de son jardin*. The verb is *is eating/mange*. The direct object is *an apple/une pomme*. *From her garden/de son jardin* is an adverbial phrase. It tells you from where the apple came. *See also* complex sentence, compound sentence.

singular   Singular means one. *See also* plural.

stem of a verb   The stem of a verb is what is left after we drop the ending of its infinitive form. It is necessary to add to it the required endings of a regular verb in a particular verb tense.

Infinitive	Ending of infinitive	Stem
donner/to give	*er*	*donn*
choisir/to choose	*ir*	*chois*
vendre/to sell	*re*	*vend*

See also ending of a verb.

subject   A subject is that part of a sentence that is related to its verb. The verb says something about the subject.
>*Clara and Isabel are beautiful / Clara et Isabel sont belles.*

subjunctive mood   The subjunctive mood is the mood of a verb that is used in specific cases, *e.g.*, after certain verbs expressing a wish, doubt, emotion, fear, joy, uncertainty, an indefinite expression, an indefinite antecedent, certain conjunctions, and others. The subjunctive mood is used more frequently in French than in English. Review the uses of the subjunctive mood with examples on pages 26 to 31. *See also* mood of verbs.

subordinate clause   Subordinate clause is another term for dependent clause. *See* dependent clause.

superlative adjective   A superlative adjective is an adjective that expresses the highest degree when making a comparison of more than two persons or things.

Adjective	Comparative	Superlative
bon/good	*meilleur/better*	*le meilleur/best*
mauvais/bad	*plus mauvais/worse*	*le plus mauvais/worst*

See also comparative adjective.

superlative adverb   A superlative adverb is an adverb that expresses the highest degree when making a comparison of more than two persons or things.

Adverb	Comparative	Superlative
vite/quickly	*plus vite/more quickly*	*le plus vite/most quickly*
	moins vite/less quickly	*le moins vite/least quickly*

See also comparative adverb.

tense of verb   In English and French grammar, tense means time. The tense of the verb indicates the time of the action or state of being. The three major segments of time are past, present, and future. In French there are fourteen verb tenses, of which seven are simple tenses and seven are compound. Review pages 21 through 23 for the names of the fourteen tenses in French and English.

transitive verb   A transitive verb is a verb that takes a direct object.

I am closing the window / Je ferme la fenêtre.

The subject is *I/Je*. The verb is *am closing / ferme*. The direct object is *the window/la fenêtre*.

See also intransitive verb.

verb   A verb is a word that expresses action or a state of being.

Action: *Les oiseaux volent / The birds are flying.*

The verb is *volent/are flying*.

State of being: *La jeune fille est heureuse / The girl is happy.*

The verb is *est/is*.

Verb drills and tests with answers explained

The hundreds of verb forms in this part of the book will immerse you in the practice and improvement of your knowledge of French verb forms, tenses, and uses. You will find a variety of types of questions to make your experience interesting, challenging, and rewarding. All verb forms used in the drills and tests are found in the preliminary pages, among the 501 verbs, and in the back pages of this book.

The answers and explanations begin on page 81. The explanations are brief and to the point, including references to pages in this book for study and review.

Tips: To figure out the correct verb form of the required tense, examine each sentence carefully. Take a good look at the subject of the verb. Is it 1st, 2d, or 3d person? Is it singular or plural? Is it masculine or feminine? Look for a possible preceding noun or pronoun direct object, agreement on the past participle if necessary, and key elements that precede or follow the verb to determine the verb form and tense.

Also, look for other key words, such as yesterday, last week, today, at this moment, tomorrow, next year, certain conjunctions, and other key elements that indicate the need for the indicative or subjunctive moods in the required tense. The correct verb form depends on the sense and grammatical structure of the sentence. The best way to learn irregular forms in the seven simple tenses is from study, practice, and experience. For the formation of present and past participles, including irregulars, consult page 3. As for the formation of regular verb forms, consult pages 22 to 25. From time to time study and review pages 10 to 21.

Verb Test 1

SENTENCE COMPLETION

Directions: Each of the following sentences contains a missing verb form. From the choices given, select the verb form of the tense that is required, according to the sense of the sentence, and write the letter of your choice on the line. At times, only the infinitive form is needed or a present or past participle. Answers and explanations begin on page 81.

1. Hier, Marguerite _____ allée au théâtre avec ses amis.
   A. a   B. est   C. avait   D. était

2. Madame Céléstine ne _____ pas lire parce qu'elle a besoin de ses lunettes.
   A. pouvons   B. peuvent   C. peux   D. peut

3. Quand j'étais enfant, j' _____ beaucoup de camarades à l'école.
   A. ai   B. eus   C. avais   D. aurai

4. La petite fille _____ parce qu'elle est heureuse.
   A. sourit   B. souris   C. ait souri   D. eût souri

5. Hier soir, j'ai bien ri pendant que je _____ un film comique à la télé.
   A. regardait   B. regardais   C. ai regardé   D. regarderais

6. À cause du grand bruit qui vient de la rue, je ne peux pas _____ .
   A. dormir   B. dors   C. dormant   D. dormirai

7. Asseyez-vous, s'il vous plaît. Le docteur _____ d'arriver.
   A. viens   B. vient   C. est venu   D. était venu

8. Robert, je te demande de _____ ta chambre parce qu'elle est bien sale.
   A. nettoie   B. nettoyant   C. nettoyer   D. nettoyez

9. Le tonnerre va _____ peur aux enfants.
   A. faire   B. faisant   C. fait   D. font

10. Il commence à pleuvoir et Hélène a _____ son parapluie.
    A. oublié   B. oubliée   C. oublie   D. oublia

11. Chéri, aimes-tu les chaussures que j'ai _____ aujourd'hui?
    A. acheté   B. achetée   C. achetés   D. achetées

12. La semaine prochaine j' _____ en France.
    A. irai   B. alla   C. allais   D. irais

13. Si j'avais assez d'argent, j' _____ en Italie.
    A. irai   B. irais   C. allais   D. aille

14. Si j'ai assez d'argent, j' _____ au Canada.
    A. irai   B. irais   C. allais   D. aille

15. Ce matin Paulette _____ .
    A. s'est lavé   B. s'est lavée   C. se sont lavés   D. se sont lavées

16. Ce matin Gertrude _____ les cheveux.
    A. s'est lavé   B. s'est lavée   C. se sont lavés   D. se sont lavées

17. Je _____ à l'école en ce moment.
    A. suis allé   B. étais allé   C. vais   D. serais allé

18. Je _____ à la bibliothèque tous les jours.
    A. vais   B. étais allé   C. serai allé   D. serais allé

19. Deux et deux _____ quatre.
    A. fait   B. font   C. feraient   D. faisaient

20. Depuis combien de temps êtes-vous ici? Moi? Je _____ ici depuis dix minutes.
    A. étais   B. serai   C. serais   D. suis

DIALOGUE

Directions: *In the following dialogue there are blank spaces indicating missing verb forms. Select the appropriate verb form according to the sense of what the speakers are saying and write the letter of your choice on the line. The situation is given below. First, read the entire selection once. During the second reading, make your choices.*

Situation: You just got off an airplane. You go to the baggage room to claim your suitcase but you can't find it. An employee talks to you.

L'employé: Y a-t-il quelque chose qui ne va pas, mademoiselle?
Vous: Je ne _____ pas ma valise.

1. A. trouve   B. trouverai   C. trouverais   D. trouvais

L'employé: Donnez-moi votre ticket de bagages, s'il vous plaît.
Vous: Une seconde, s'il vous plaît. _____ qu'il est dans ma poche.

2. A. J'ai cru   B. Je croirai   C. Je croirais   D. Je crois

L'employé: Une minute. Je vais voir ce qui se passe.
Vous: J' _____ que ma valise n'est pas perdue!

3. A. espère   B. espérer   C. espères   D. espérais

L'employé: Votre valise est dans l'avion qui arrive cet après-midi.
Vous: _____ bien contente.

4. A. J'ai été   B. J'avais été   C. J'aurais été   D. Je suis

L'employé: Votre valise sera ici vers cinq heures, mademoiselle.
Vous: Je _____ la chercher. Merci bien, monsieur.

5. A. viendrai   B. suis venue   C. suis venu   D. viendrais

PATTERN RESPONSES

Directions: *Answer the following questions in French in complete sentences in the affirmative, using a pronoun for the subject. Add* ***aussi*** *(also).*

Model: **François apprend bien. Et vos frères?**
You write: **Ils apprennent bien aussi.**

1. Pierre comprend bien. Et vos frères?

2. Robert écrit bien. Et vos soeurs?

3. Anne va bien. Et ses amis?

4. Juliette lit un livre dans le lit. Et toi?

5. Catherine voit bien. Et tes amis?

6. Richard est allé au cinéma. Et Suzanne?

7. Jean a bien mangé. Et nous?

8. Jeanne s'est assise. Et les autres jeunes filles?

9. Monsieur Dufy s'est lavé. Et sa femme?

10. Monsieur Durand s'est lavé les cheveux. Et sa femme?

11. Tu as rougi. Et les enfants?

12. Monsieur Bertrand choisit une auto. Et Monsieur et Madame Duval?

13. Tu finis la leçon. Et Pierre?

14. Les enfants ont fait les devoirs. Et toi?

15. Ce soldat défend la patrie. Et les autres soldats?

16. Vous répondez à la question. Et Jacques?

_____

17. Vous vous couchez à dix heures. Et vos parents?

_____

18. Les enfants se sont amusés. Et Marie?

_____

19. Jacqueline s'est reposée. Et vous?

_____

20. Annie s'est levée tôt. Et nous?

_____

Verb Test 4

SENTENCE COMPLETION

Directions: _Each of the following sentences contains a missing verb form. From the choices given, select the verb form of the tense that is required, according to the sense of the sentence, and write the letter of your choice on the line._

1. Je partirai quand mon amie _____ .
A. arrive   B. arrivera   C. est arrivé   D. est arrivée

2. Je voudrais vous _____ ces fleurs.
A. donnez   B. donner   C. donnerais   D. donnerez

3. Avez-vous lu les deux livres que je vous ai _____ la semaine dernière?
A. donner   B. donné   C. donnés   D. donnez

4. Voici la lettre que _____ hier.
A. je reçois   B. j'ai reçu   C. je recevrais   D. j'ai reçue

5. Hier _____ une lettre à des amis en France.
A. j'ai envoyé   B. j'ai envoyée   C. j'enverrai   D. j'enverrais

6. J'irais en France si _____ assez d'argent.
A. j'ai   B. j'aurais   C. j'aurai   D. j'avais

7. J'irai en France quand _____ assez d'argent.
A. j'aurai   B. j'aurais   C. j'ai eu   D. j'avais

8. J'insiste que tu _____ ici avant cinq heures.
A. es   B. sois   C. soit   D. soyez

9. Quand un enfant grandit, cela _____ dire qu'il devient plus grand.

    A. veuille   B. voulût   C. veux   D. veut

10. Pour bien apprendre dans la classe de français, _____ faire attention.

    A. il faut   B. il est   C. il pleut   D. il fend

11. Mon frère lisait pendant que j' _____ .

    A. écris   B. écrive   C. ai écrit   D. écrivais

12. Les étudiants lisaient quand _____ dans la salle de classe.

    A. je suis entré   B. j'entre   C. j'étais entré   D. j'entrerai

13. Quand j'étais petit, ma famille et moi _____ à la plage en été.

    A. allons   B. allions   C. allaient   D. irons

14. Richard _____ triste quand je l'ai vu.

    A. est   B. sera   C. était   D. serait

15. Quand ma mère était jeune, elle _____ jolie.

    A. était   B. est   C. a été   D. serait

16. À minuit, Pierre _____ et il a dit à son frère: "Lève-toi!

    A. se réveille   B. s'est réveillé   C. s'est réveillée   D. se réveillera

17. J'entends _____ quelqu'un en bas dans la salle à manger!

    A. marchant   B. marché   C. marcher   D. a marché

18. En général, on _____ froid en hiver.

    A. est   B. fait   C. tient   D. a

19. L'année dernière nous _____ en France.

    A. est allé   B. est allée   C. sommes allés   D. irons

20. Voici les livres que vous avez _____ .

    A. désiré   B. désirée   C. désirés   D. désirer

Verb Test 5

DIALOGUE

Directions: *In the following dialogue there are blank spaces indicating missing verb forms. Select the appropriate verb form according to the sense of what the speakers are saying and write the letter of your choice on the line. The conversation is taking place at the present time. First, read the entire selection once. During the second reading, make your choices.*

Situation: It's the morning of the year-end French exam in school. You and Jeanne are talking about the exams and your plans for summer vacation.

Jeanne: Il me reste encore un examen pour demain, puis les vacances vont commencer.
Vous: Mon dernier examen _____ lieu après-demain.

1. A. est   B. sera   C. aura   D. avait

Jeanne: J'espère réussir à tous mes examens.
Vous: Il n'y _____ rien à craindre. Tu reçois toujours de bonnes notes.

2. A. ait   B. soit   C. a eu   D. a

Jeanne: Ma famille et moi nous allons faire un voyage à Québec en juillet.
Vous: Moi, je devrai _____ ici à travailler.

3. A. reste   B. rester   C. restera   D. resterai

Jeanne: L'été passé nous sommes allés dans les montagnes.
Vous: Alors, tu _____ faire un voyage tous les étés!

4. A. pouvez   B. puis   C. peux   D. put

Jeanne: Alors, je te souhaite bonne chance dans tes examens.
Vous: Merci. Et je te _____ la même chose!

5. A. souhaite   B. souhaites   C. souhaité   D. souhaitai

Verb Test 6

CHANGING FROM ONE VERB TO ANOTHER

Directions: The verb forms in the following statements are all in the imperative. Change each sentence by replacing the verb with the proper form of the verb in parentheses, keeping the imperative form. The verb form you write must be in the same person as the one you are replacing. In other words, you must recognize if the given verb form is 2d person singular (tu), 1st person plural (nous), or 2d person plural, polite singular (vous). See the index of common irregular French verb forms, in the Appendixes, for irregular verb forms that you cannot identify.

Model: **Prononcez le mot. (écrire)**

You write: Écrivez le mot.

1. Lisez la phrase. (dire)

_____

2. Prends le lait. (boire)

_____

3. Venez tout de suite. (partir)

_____

4. Ouvre la fenêtre. (fermer)

5. Mets la valise là-bas. (prendre)

6. Lisons la lettre. (écrire)

7. Apprenez le poème. (lire)

8. Partons maintenant. (sortir)

9. Soyez à l'heure! (revenir)

10. Voyons la leçon. (faire)

11. Asseyez-vous, s'il vous plaît. (se lever)

12. Accepte l'argent. (refuser)

13. Vends le vélo. (acheter)

14. Venez à l'heure. (être)

15. Reste dans la maison. (aller)

16. Lave-toi. (se lever)

17. Cachons-nous. (se dépêcher)

18. Arrête-toi. (s'amuser)

19. Vends la maison. (acheter)

20. Mange. (venir)

CHANGING FROM ONE TENSE TO ANOTHER

Directions: *The following verb forms are all in the **future tense**. Change them to the* **conditional**, *keeping the same subject. See the index of common irregular French verb forms, in the Appendixes, for irregular verb forms that you cannot identify.*

Model: **J'aurai**   You write: **J'aurais**

1. J'irai _____
2. Je partirai _____
3. J'aurai _____
4. Je serai _____
5. Tu aimeras _____
6. Tu feras _____
7. Il aura _____
8. Il sera _____
9. Il ira _____
10. On dira _____
11. Vous serez _____
12. Elle lira _____
13. J'ouvrirai _____
14. Nous saurons _____
15. Ils viendront _____

16. On boira _____
17. Ils courront _____
18. Ils liront _____
19. Elle mettra _____
20. Il apprendra _____
21. Je couvrirai _____
22. Il deviendra _____
23. Nous devrons _____
24. Vous direz _____
25. Vous irez _____
26. J'aimerai _____
27. Il faudra _____
28. Ils seront _____
29. Elles feront _____
30. On choisira _____

PATTERN RESPONSES

Directions: *Answer the following questions in the negative in complete French sentences. In answer (a), use* non. *In answer (b), use* non plus *(either). Study models (a) and (b) carefully. Use a pronoun as subject in your answers. Place* non plus *at the end of the sentence.*

Models: (a) **Est-ce que vous dansez?**
(Do you dance?)

You write: (a) **Non, je ne danse pas.**
(No, I don't dance.)

(b) **Et Charles?**
(And Charles?)

You write: (b) **Il ne danse pas non plus.**
(He doesn't dance either.)

1. (a) Est-ce que vous travaillez?

_____

(b) Et Paul?

_____

2. (a) Est-ce que Jacqueline étudie?

_____

(b) Et les grands garçons?

_____

3. (a) Est-ce qu'Anne va au match?

_____

(b) Et toi?

_____

4. (a) Est-ce que les enfants crient?

_____

(b) Et toi et tes amis?

_____

5. (a) Est-ce que l'avion arrive?

_____

(b) Et les trains?

_____

6. (a) Est-ce que tu es occupé?

_____

(b) Et tes parents?

_____

7. (a) As-tu fermé la fenêtre?

_____

(b) Et Pierre?

_____

8. (a) Avez-vous assisté à la conférence?

_____

(b) Et vos amis?

_____

9. (a) Monsieur Durand est-il allé au supermarché?

_____

(b) Et sa femme?

_____

10. (a) Madame Coty est-elle allée à la piscine?

_____

(b) Et les enfants?

_____

Verb Test 9

DIALOGUE

Directions: _In the following dialogue there are blank spaces indicating missing verb forms. Select the appropriate verb form according to the sense of what the speakers are saying and write the letter of your choice on the line. The situation is given below. The conversation is taking place at the present time. First, read the entire selection once. During the second reading, make your choices._

Situation: You are seated in a train about to leave for Paris. A young man approaches and asks if he can sit next to you.

Le jeune homme: Vous permettez?
Vous: Mais, bien sûr! Je vous en _____ .

1. A. prie B. priez C. pries D. prions

Le jeune homme: J'espère que nous _____ un voyage agréable.

2. A. faisons B. fassions C. avons fait D. ferons

Vous: Je l' _____ bien aussi.

3. A. espérer B. ai espéré C. avais espéré D. espère

Le jeune homme: Savez-vous à quelle heure le train _____ à Paris?

4. A. est arrivé B. arriverait C. arrivera D. arrivait

60 Verb drills and tests

Vous: Vers une heure et quart.
Le jeune homme: Il semble qu'il _____ beau temps.

5.   A. a fait   B. va faire   C. faisait   D. fasse

Vous: Oui, on _____ une belle journée pour aujourd'hui.

6.   A. prévoit   B. prévois   C. prévoira   D. prévoie

Le jeune homme: Je suppose que le train _____ bientôt.

7.   A. est parti   B. sera parti   C. va partir   D. partir

Vous: En effet, je _____ que nous sommes déjà en route.

8.   A. crus   B. croit   C. croyais   D. crois

Verb Test 10

SENTENCE COMPLETION

Directions: Each of the following sentences contains a missing verb form. From the choices given, select the verb form of the tense that is required, according to the sense of the sentence, and write the letter of your choice on the line. At times, only the infinitive form is needed or a present or past participle.

1. J'ai besoin de _____ mais je n'ai pas de savon.
   A. laver   B. se laver   C. me laver   D. me laverai

2. Quand Lisa _____ dans le salon, elle a vu un vase de jolies fleurs.
   A. entre   B. entrera   C. est entré   D. est entrée

3. Si j'ai le temps, _____ le travail.
   A. j'ai fait   B. je ferai   C. je ferais   D. je faisais

4. Si j'avais le temps, _____ le travail.
   A. je ferais   B. je ferai   C. j'aurais fait   D. j'ai fait

5. Si j'avais eu le temps, _____ le travail.
   A. j'ai fait   B. j'aurai fait   C. j'aurais fait   D. je faisais

6. Mademoiselle, un café pour mon ami, s'il vous plaît. Moi, _____ un thé.
   A. j'aimerais   B. j'ai aimé   C. j'aimai   D. j'aimais

7. À quelle heure pourriez-vous venir? Je _____ venir après le dîner.
   A. pouvais   B. pourrais   C. pouvons   D. puisse

8. Si j'étais vous, je ne le _____ pas.
   A. ferai   B. ferais   C. faisais   D. fasse

9. Je doute que Jeanne _____ ce soir.
   A. viendra   B. vienne   C. viendrait   D. vient

10. J'ai peur qu'il ne _____ malade.
    A. sois   B. soit   C. sera   D. serait

11. Je regrette que tu _____ malade.
    A. es   B. est   C. soit   D. sois

12. Je partirai à moins qu'il ne _____ .
    A. vienne   B. viennent   C. viendra   D. vient

13. Quoiqu'elle _____ belle, il ne l'aime pas.
    A. est   B. soit   C. serait   D. sera

14. Je le lui explique pour qu'elle _____ .
    A. comprendra   B. comprenne   C. comprennent   D. comprend

15. Je partirai dès qu'elle _____ .
    A. arrive   B. arrivera   C. arriverait   D. est arrivée

16. Il est urgent que vous _____ .
    A. pars   B. partez   C. partiez   D. partirez

17. Tout d'un coup, je me suis rappelé que _____ de le lui dire.
    A. j'ai oublié   B. j'oublie   C. j'oublierai   D. j'avais oublié

18. J'étais fatigué ce matin parce que _____ dormi.
    A. je n'ai pas   B. je n'aurai pas C. je n'avais pas   D. j'ai

19. Je suis fatigué maintenant parce que _____ dormi.
    A. j'ai   B. je n'ai pas   C. je vais   D. je n'avais pas

20. Quand elle arrivera demain _____ le travail.
    A. j'aurai fini B. j'ai fini   C. j'avais fini   D. je finisse

CHANGING FROM ONE TENSE TO ANOTHER

Directions: The following verb forms are all in the present indicative tense. Change them to the passé composé, keeping the same subject. Consult the index of common irregular French verb forms, in the Appendixes, for irregular verb forms that you cannot identify. Keep in mind that to form the passé composé you need to use the present indicative tense of either avoir or être (depending on which of the two helping verbs is required) plus the past participle of the verb you are working with. If you feel uncertain about this, consult page 6 about when to use avoir or être as a helping verb.

Model: Elle mange.

You write: Elle a mangé.

1. Elle va. _____

2. Il a. _____

3. Je m'assieds. _____

4. Ils ont. _____

5. Tu es. _____

6. Il va. _____

7. Nous allons. _____

8. Nous avons. _____

9. Je parle. _____

10. Elles viennent. _____

11. Je bois. _____

12. Ils boivent. _____

13. Vous buvez. _____

14. Je crois. _____

15. Tu dis. _____

16. Je peux. _____

17. Il faut. _____

18. Vous lisez. _____

19. Vous dites. _____

20. Tu mets. _____

21. Elle naît. _____

22. Elle meurt. _____

23. Elle vend. _____

24. Ils s'amusent. _____

25. Elle entre. _____

26. On finit. _____

27. Elles courent. _____

28. Ils prennent. _____

29. On apprend. _____

30. Elles arrivent. _____

COMPLETION OF VERB FORMS
(in the Seven Simple Tenses)

Directions: *Complete each verb form in the tenses indicated by writing the correct letter or letters on the blank lines.*

Présent de l'indicatif (Tense No. 1)

1. (aimer) J'aim _____
2. (chanter) Tu chant _____
3. (étudier)Il/elle/on étudi _____
4. (choisir) Janine chois _____
5. (entendre) J'entend _____
6. (attendre) Nous attend _____
7. (manger) Vous mang _____
8. (vendre) Ils/elles vend _____
9. (finir) Richard et moi fin _____
10. (donner) Marie et Jeanne donn _____

Imparfait de l'indicatif (Tense No. 2)

1. (parler) Je parl _____
2. (finir) Tu finiss _____
3. (vendre) Il/elle/on vend _____
4. (être) Madeleine ét _____
5. (avoir) Il/elle/on av _____
6. (venir) Nous ven _____
7. (faire) Vous fais _____
8. (aller) Ils/elles all _____
9. (jouer) Paul et Henri jou _____
10. (donner) Tu donn _____

Passé simple (Tense No. 3)
(*This tense is not used in conversation. It is used in literary style.*)

1. (parler) Je parl _____
2. (finir) Tu fin _____
3. (vendre) Il/elle/on vend _____
4. (écrire) Catherine écriv _____
5. (aller) Ils/elles all _____
6. (donner) Nous donn _____
7. (choisir) Vous chois _____
8. (comprendre) Ils/elles compr _____
9. (désirer) Hélène et Raymond désir _____
10. (danser) Il/elle/on dans _____

Futur (Tense No. 4)

1. (manger) Je manger _____
2. (finir) Tu finir _____
3. (vendre) Il/elle/on vendr _____
4. (écrire) La femme écrir _____
5. (aller) J'ir _____
6. (donner) Nous donner _____
7. (choisir) Vous choisir _____
8. (comprendre) Ils/elles comprendr _____
9. (jouer) Les garçons jouer _____
10. (avoir) J'aur _____

Conditionnel (Tense No. 5)

1. (aller) J'ir _____
2. (finir) Tu finir _____
3. (faire) Il/elle/on fer _____
4. (manger) Je manger _____
5. (pouvoir) Vous pourr _____
6. (parler) Nous parler _____
7. (être) Vous ser _____
8. (avoir) Ils/elles aur _____
9. (prendre) Je prendr _____
10. (dîner) Vous dîner _____

Présent du subjonctif (Tense No. 6)

1. (parler) que je parl _____
2. (donner) que tu donn _____
3. (oser) qu'il/elle/on os _____
4. (choisir) que je choisiss _____
5. (manger) que tu mang _____
6. (partir) que nous part _____
7. (vendre) que vous vend _____
8. (prendre) qu'ils/elles prenn _____
9. (finir) que nous finiss _____
10. (fermer) qu'il/elle/on ferm _____

Imparfait du subjonctif (Tense No. 7)

1. (parler) que je parl _____
2. (donner) que tu donn _____
3. (ouvrir) qu'il/elle/on ouvr _____
4. (partir) que nous part _____
5. (vouloir) que vous voul _____
6. (finir) qu'ils/elles fin _____

Verb Test 13

PAST PARTICIPLES

Directions: *In this crossword puzzle (mots-croisés) write the past participle for each of the verbs given below. Most of them are irregular. Past participles are important to know because they are needed to form the seven compound tenses, for example, the passé composé.*

Horizontalement
1. donner
5. pouvoir
7. fuir
8. rire
9. devoir (*backwards*)
10. taire
11. savoir
13. lire
15. savoir
18. naître
19. rire (*backwards*)
21. taire
22. tuer

Verticalement
1. devoir
2. naître
3. lire
4. vendre
5. prendre
6. dire
7. falloir
12. user
14. finir
16. mourir
17. être
20. avoir

Verb Test 14

DRILLING THE VERB *AVOIR*
(in the Seven Simple Tenses)

Note: You definitely must know the verb **avoir** in the seven simple tenses because they are needed to form the seven compound tenses of verbs conjugated with **avoir**, for example, the **passé composé** (Tense No. 8), as in **j'ai mangé** (I have eaten). Practice these by writing them every day until you know them thoroughly. If you don't know them, see verb 62. Also, read about **avoir** verbs on page 6. Review pages 23 to 25.

Directions: Write the verb forms of *avoir* in the seven simple tenses indicated.

1. Présent de l'indicatif (Tense No. 1)

<u>Singular</u>   <u>Plural</u>

j' _____   nous _____
tu _____   vous _____
il/elle/on/(*or a noun*) _____   ils/elles/(*or a noun*) _____

2. Imparfait de l'indicatif (Tense No. 2)

j' _____   nous _____
tu _____   vous _____
il/elle/on/(*or a noun*) _____   ils/elles/(*or a noun*) _____

3. Passé simple (Tense No. 3)

j' _____   nous _____
tu _____   vous _____
il/elle/on/(*or a noun*) _____   ils/elles/(*or a noun*) _____

4. Futur (Tense No. 4)

j' _____   nous _____
tu _____   vous _____
il/elle/on/(*or a noun*) _____   ils/elles/(*or a noun*) _____

5. Conditionnel (Tense No. 5)

j' _____   nous _____
tu _____   vous _____
il/elle/on/(*or a noun*) _____   ils/elles/(*or a noun*) _____

6. Présent du subjonctif (Tense No. 6)

que j' _____   que nous _____
que tu _____   que vous _____
qu'il/elle/on/(*or a noun*) _____   qu'ils/elles/(*or a noun*) _____

7. Imparfait du subjonctif (Tense No. 7)

que j' _____   que nous _____
que tu _____   que vous _____
qu'il/elle/on/(*or a noun*) _____   qu'ils/elles/(*or a noun*) _____

DRILLING THE VERB *ÊTRE*
(in the Seven Simple Tenses)

Note: You must know the verb **être** in the seven simple tenses because they are needed to form the seven compound tenses of verbs conjugated with **être**, for example, the **passé composé** (Tense No. 8), as in **elle est arrivée** (she has arrived). Practice these by writing them every day until you know them thoroughly. If you don't know them, see verb 211. Also, read about **être** verbs on page 6. Review pages 23 to 25.

Directions: Write the verb forms of être in the seven simple tenses indicated.

1. Présent de l'indicatif (Tense No. 1)

Singular   Plural

je —————————————— nous ————————————————

tu —————————————— vous ————————————————

il/elle/on/(*or a noun*) —————— ils/elles/(*or a noun*) ——————————

2. Imparfait de l'indicatif (Tense No. 2)

j' —————————————— nous ————————————————

tu —————————————— vous ————————————————

il/elle/on/(*or a noun*) —————— ils/elles/(*or a noun*) ——————————

3. Passé simple (Tense No. 3)

je —————————————— nous ————————————————

tu —————————————— vous ————————————————

il/elle/on/(*or a noun*) —————— ils/elles/(*or a noun*) ——————————

4. Futur (Tense No. 4)

je —————————————— nous ————————————————

tu —————————————— vous ————————————————

il/elle/on/(*or a noun*) —————— ils/elles/(*or a noun*) ——————————

5. Conditionnel (Tense No. 5)

je —————————————— nous ————————————————

tu —————————————— vous ————————————————

il/elle/on/(*or a noun*) —————— ils/elles/(*or a noun*) ——————————

6. Présent du subjonctif (Tense No. 6)

que je _____   que nous _____
que tu _____   que vous _____
qu'il/elle/on/(*or a noun*) _____   qu'ils/elles/(*or a noun*) _____

7. Imparfait du subjonctif (Tense No. 7)

que je _____   que nous _____
que tu _____   que vous _____
qu'il/elle/on/(*or a noun*) _____   qu'ils/elles/(*or a noun*) _____

Verb Test 16

CHANGING FROM ONE TENSE TO ANOTHER

Directions: *The following verb forms are all in the passé composé (Tense No. 8). Change them to the plus-que-parfait de l'indicatif (Tense No. 9), keeping the same subject. Keep in mind that to form the plus-que-parfait de l'indicatif you need to use the imperfect indicative tense of either avoir or être (depending on which of the two helping verbs is required) plus the past participle of the verb you are working with. If you feel uncertain about this, consult page 6 about when to use avoir or être as a helping verb. Review the formation of the past participles on page 3. Also, review Verb Tests 14 and 15.*

Passé composé   Plus-que-parfait de l'indicatif

Model: **Elle a mangé.**   You write: **Elle avait mangé.**
   (She has eaten.)   (She had eaten.)
Elle est arrivée.   **Elle était arrivée.**
   (She has arrived.)   (She had arrived.)

1. Elle est allée. _____   16. J'ai pu. _____
2. Il a eu. _____   17. Il a fallu. _____
3. Je me suis assis. _____   18. Vous avez lu. _____
4. Ils ont eu. _____   19. Vous avez dit. _____
5. Tu as été. _____   20. Tu as mis. _____
6. Il est allé. _____   21. Elle est née. _____
7. Nous sommes allés. _____   22. Elle est morte. _____
8. Nous avons eu. _____   23. Elle s'est lavée. _____
9. J'ai parlé. _____   24. Elles se sont lavées. _____
10. Elle est venue. _____   25. Je suis entré. _____
11. J'ai bu. _____   26. On a parlé. _____
12. Ils se sont tus. _____   27. Ils ont couru. _____
13. J'ai fait. _____   28. Ils ont pris. _____
14. Tu as dû. _____   29. On a dit. _____
15. Vous avez dit. _____   30. J'ai compris. _____

SENTENCE COMPLETION

Directions: *Each of the following sentences contains a missing verb form. From the choices given, select the verb form of the tense that is required, according to the sense of the sentence, and write the letter of your choice on the line. At times only the infinitive form is needed or a present or past participle.*

1. Il est possible qu'elle _____ partie.
   A. est   B. soit   C. a   D. ait

2. Je doute que Laurent _____ fait cela.
   A. a   B. est   C. ait   D. soit

3. Je ne peux pas _____ maintenant parce qu'll fait un temps affreux.
   A. sort   B. sortant   C. sortir   D. sors

4. Joséphine est tombée en _____ dans la cuisine.
   A. entrer   B. entrant   C. entrée   D. entre

5. Simone a _____ la table.
   A. essuyer   B. essuyé   C. essuyée   D. essuyant

6. Françoise s'est _____ à écrire une lettre à sa tante.
   A. mis   B. mise   C. mettre   D. mettant

7. Les enfants _____ dire bonsoir aux invités.
   A. vouloir   B. voulu   C. voulus   D. veulent

8. Voici les fleurs que j'ai _____ .
   A. acheté   B. achetés   C. achetées   D. acheter

9. Quand Raymond eut mangé, il _____ .
   A. partit   B. partis   C. partir   D. partira

10. J' _____ fait le travail si j'avais eu le temps.
    A. aurait   B. aurais   C. avais   D. ai

PRESENT PARTICIPLES

Directions: *In this word puzzle, find the present participle of each of the verbs listed below and draw a line around each one. To get you started, the first verb on the list (aller), whose present participle is allant, is already done. The present participles are written horizontally, vertically, or backwards.*

aller
avoir
chanter
choisir
croire
dire
être
faire
finir

C	H	A	N	T	A	N	T	A	T
H	F	Y	T	N	V	E	A	P	N
O	A	A	N	A	E	F	V	R	A
I	I	N	A	N	A	I	E	E	Y
S	S	T	Y	E	N	N	N	N	O
I	A	A	O	T	T	I	D	A	V
S	N	N	R	D	I	S	A	N	T
S	T	T	C	T	E	S	N	T	N
A	L	L	A	N	T	A	T	O	A
N	A	I	S	S	A	N	T	S	N
T	N	O	S	A	N	T	F	A	E
L	I	S	A	N	T	T	A	N	V

lire
naître
oser
prendre
tenir
vendre
venir
voir

DIALOGUE

Directions: *In the following dialogue there are blank spaces indicating missing verb forms. Select the appropriate verb form according to the sense of what the speakers are saying and write the letter of your choice on the line. The situation is given below.*

Situation: You are a tourist in Paris. You are talking with the desk clerk in a hotel about a room.

L'employé: Bonjour. Vous désirez une chambre?
Vous: Oui, je désire _____ une petite chambre avec salle de bains.
1. 　　A. louer 　　　　B. loué 　　　　C. louée 　　　　D. louant

L'employé: C'est pour combien de personnes, s'il vous plaît?
Vous: _____ pour moi seulement.
2. 　　A. C'était 　　　B. C'est 　　　　C. Ce fut 　　　　D. Ce fût

L'employé: Il me reste seulement une chambre à 150 euros la nuit, petit déjeuner compris.
Vous: D'accord. Je la _____ .
3. 　　A. prend 　　　　B. prends 　　　　C. pris 　　　　D. prenne

L'employé: C'est pour combien de temps?
Vous: Probablement pour une semaine, je _____ .
4.   A. croit   B. crus   C. croie   D. crois

L'employé: Bon. Signez ici et _____-moi votre passeport, s'il vous plaît.
5.   A. montres   B. montez   C. montrez   D. montrerez

Verb Test 20

CHANGING FROM ONE VERB TO ANOTHER

Directions: *The verb forms in the following statements are all in the passé composé. Change each sentence by replacing the verb in the sentence with the proper form of the verb in parentheses. Keep the passé composé, of course. Rewrite the statement in French.*

Models: Madeleine *est arrivée.* **(partir)**   **You write: Madeleine** *est partie.*
         Simone *a mangé* **le gâteau. (faire)**   **Simone** *a fait* **le gâteau.**

1. Richard *a appris* la leçon. (écrire)

_____

2. Elle *s'est assise.* (se lever)

_____

3. J'*ai écrit* la lettre. (lire)

_____

4. Elle *a fermé* la fenêtre. (ouvrir)

_____

5. Hélène *est arrivée.* (mourir)

_____

6. *Avez-vous acheté* un cadeau? (offrir)

_____

7. Marguerite *est sortie.* (venir)

_____

8. *Nous avons écouté* l'histoire. (croire)

_____

9. *Ils ont visité* Paris. (voir)

_____

10. Les enfants *ont pleuré.* (rire)

_____

11. *As-tu commandé* les frites? (prendre)

_____

12. *Ils sont allés* à Paris. (rester)

_____

13. L'étudiant *n'a pas compris* la réponse. (savoir)

_____

14. L'enfant *a mangé* un bon repas. (avoir)

_____

15. J'*ai envoyé* la lettre. (recevoir)

_____

16. *Avez-vous voyagé* en France? (être)

_____

17. *A-t-il ouvert* la boîte? (couvrir)

_____

18. Les enfants *se sont lavés.* (se taire)

_____

19. Louise *a désiré* venir chez moi. (vouloir)

_____

20. Qui *a entendu* le bruit? (faire)

_____

Verb Test 21

TRANSLATING VERB FORMS OF *ALLER*

Directions: Translate the following verb forms of aller with their subjects into English. Keep in mind that some verb tenses can be translanted into English in more than one way. For example, depending on the thought expressed in a particular situation, Je vais can mean I go, I do go, or I am going.

1. Nous allons	_____	**8.** Elle est allée	_____
2. Tu allais	_____	**9.** Elles étaient allées	_____
3. Il alla	_____	**10.** Nous fûmes allés	_____
4. Nous irons	_____	**11.** Tu seras allé	_____
5. Vous iriez	_____	**12.** Vous seriez allé	_____
6. Que j'aille	_____	**13.** Qu'il soit allé	_____
7. Que j'allasse	_____	**14.** Qu'elle fût allée	_____

Now, let's try a few other verbs. The infinitive form is given in parentheses in case you do not recognize the verb form. Remember that all verb forms used in these drills and tests are in this book among the 501 French verbs, in the preliminary pages, and in the back pages.

15. (savoir) Je sais _____	**23.** (faire) Nous ferons _____
16. (être) Il fut _____	**24.** (venir) Je serais venu _____
17. (avoir) Elle aura _____	**25.** (s'en aller) Allez-vous-en! _____
18. (avoir) Nous aurions _____	**26.** (vendre) Vous avez vendu _____
19. (être) que je sois _____	**27.** (finir) Nous aurons fini _____
20. (avoir) Il eut _____	**28.** (boire) Tu avais bu _____
21. (avoir) J'ai eu _____	**29.** (monter) Elle est montée _____
22. (mettre) J'ai mis _____	**30.** (rester) Nous sommes restés _____

Verb Test 22

PRESENT INDICATIVE

Directions: *In this word puzzle, find the verb form in the present indicative tense for each infinitive given in parentheses in the sentences below. When you find them, draw a line around each one. The verb form in the present tense of faire in the first statement given below is faites. It has already been done to get you started. The words are written horizontally, vertically, diagonally, or backwards.*

- Que (**faire**)-vous ce soir?
- Que me (**dire**)-vous?
- J' (**aimer**) danser.
- Moi, je (**aller**) chez moi.
- Les garçons (**avoir**)-ils assez d'argent pour aller au cinéma?
- Nous (**aller**) en France l'été prochain.
- Quand (**partir**)-tu?
- Et vous, (**être**)-vous heureux?
- Tes parents (**pouvoir**)-ils venir avec nous?
- Que (**devoir**)-tu faire maintenant?
- Pourquoi (**courir**)-tu?
- (**Vendre**)-ils leur maison?
- Est-ce que nous (**finir**) le travail aujourd'hui?

A	I	M	E	B	A	L	I	T	A
C	D	A	L	O	S	E	T	I	D
O	O	E	F	I	O	A	E	G	I
U	I	E	A	A	L	L	O	N	S
R	S	V	S	I	O	U	E	A	U
S	A	I	R	E	U	Ê	T	E	S
I	L	N	A	P	S	U	V	L	O
A	E	I	P	E	U	V	E	N	T
E	O	N	T	N	E	D	N	E	V
L	U	I	A	L	L	E	Z	O	N
F	A	T	E	Z	V	A	V	A	I
F	I	N	I	S	S	O	N	S	S

TRANSLATING VERB FORMS
(from English into French)

Directions: *Translate the following verb forms with their subjects into French. In Test 21 you did the opposite. This is good practice because it helps you to master verb forms in French and English.*

1. We are going

2. You (*tu*) were going

3. He went (*Tense No. 3*)

4. We will go

5. You (*vous*) would go

6. that I may go

7. that I might go (*Tense No. 7*)

8. She has gone

9. They (*fem.*) had gone

10. We had gone (*Tense No. 10*)

11. You (*tu*) will have gone

12. You (*vous*) would have gone

13. that he may have gone

14. that she might have gone (*Tense No. 14*)

15. I know (*savoir*)

16. He was (*Tense No. 3*)

17. She will have

18. We would have

19. that I may be

20. He had (*Tense No. 3*)

21. I have had

22. I have put

23. We will do

24. I would have come

25. Go away! (*vous*)

26. You (*vous*) sold

27. We will have finished

28. You (*tu*) had drunk

29. She went up

30. We stayed

DRILLING THE VERB *AVOIR* AGAIN
(in the Seven Simple Tenses)

Note: In Test 14 you drilled the verb **avoir** in the seven simple tenses. Now, do it again here because you must know them in order to form the seven compound tenses of verbs conjugated with **avoir**. Practice these by writing them every day until you know them thoroughly. If you don't know them yet, see verb 62. Also, read about **avoir** verbs on page 6. Review pages 23 to 25 again.

Directions: Write the verb forms of *avoir* in the tenses indicated.

Singular   Plural

1. Présent de l'indicatif (Tense No. 1)

j' _____ nous _____
tu _____ vous _____
il/elle/on/(*or a noun*) _____ ils/elles/(*or a noun*) _____

2. Imparfait de l'indicatif (Tense No. 2)

j' _____ nous _____
tu _____ vous _____
il/elle/on/(*or a noun*) _____ ils/elles/(*or a noun*) _____

3. Passé simple (Tense No. 3)

j' _____ nous _____
tu _____ vous _____
il/elle/on/(*or a noun*) _____ ils/elles/(*or a noun*) _____

4. Futur (Tense No. 4)

j' _____ nous _____
tu _____ vous _____
il/elle/on/(*or a noun*) _____ ils/elles/(*or a noun*) _____

5. Conditionnel (Tense No. 5)

j' _____ nous _____
tu _____ vous _____
il/elle/on/(*or a noun*) _____ ils/elles/(*or a noun*) _____

6. Présent du subjonctif (Tense No. 6)

que j' _____   que nous _____
que tu _____   que vous _____
qu'il/elle/on/(*or a noun*) _____   qu'ils/elles/(*or a noun*) _____

7. Imparfait du subjonctif (Tense No. 7)

que j' _____   que nous _____
que tu _____   que vous _____
qu'il/elle/on/(*or a noun*) _____   qu'ils/elles/(*or a noun*) _____

Verb Test 25

DRILLING THE VERB *TRE* AGAIN
(in the Seven Simple Tenses)

Note: In Test 15 you drilled the verb être in the seven simple tenses. We would like you to do it again here because you must know them in order to form the seven compound tenses of verbs conjugated with être. Practice these by writing them every day until you know them thoroughly. If you don't know them yet, see verb 211. Also, read the statement about être verbs on page 6. Review again pages 23 to 25.

Directions: *Write the verb forms of être in the tenses indicated.*

1. Présent de l'indicatif (Tense No. 1)

Singular	Plural

je _____   nous _____
tu _____   vous _____
il/elle/on/(*or a noun*) _____   ils/elles/(*or a noun*) _____

2. Imparfait de l'indicatif (Tense No. 2)

j' _____   nous _____
tu _____   vous _____
il/elle/on/(*or a noun*) _____   ils/elles/(*or a noun*) _____

3. Passé simple (Tense No. 3)

je _____   nous _____
tu _____   vous _____
il/elle/on/(*or a noun*) _____   ils/elles/(*or a noun*) _____

4. Futur (Tense No. 4)

je _____   nous _____
tu _____   vous _____
il/elle/on/(*or a noun*) _____   ils/elles/(*or a noun*) _____

5. Conditionnel (Tense No. 5)

je _____   nous _____
tu _____   vous _____
il/elle/on/(*or a noun*) _____   ils/elles/(*or a noun*) _____

6. Présent du subjonctif (Tense No. 6)

que je _____   que nous _____
que tu _____   que vous _____
qu'il/elle/on/(*or a noun*) _____   qu'ils/elles/(*or a noun*) _____

7. Imparfait du subjonctif (Tense No. 7)

que je _____   que nous _____
que tu _____   que vous _____
qu'il/elle/on/(*or a noun*) _____   qu'ils/elles/(*or a noun*) _____

LE PASSÉ COMPOSÉ

Directions: *This crossword puzzle (mots-croisés) tests your knowledge of the passé composé. The missing words in the sentences below are the present tense of avoir or être, or the correct form of the past participle, or a subject pronoun.*

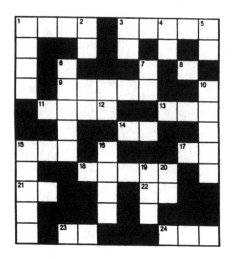

Horizontalement

1. Hier, je _____ allé au cinéma.
3. Marie est _____ (aller) à Paris.
8. Pierre _____ lu un livre.
9. Ils ont _____ (vouloir) partir.
11. _____ avez bien parlé.
13. La lettre? Je l'ai _____ (lire).
14. Paul s'est _____ (taire).
15. J'ai _____ (mettre) du sucre dans le café.
17. J'ai _____ (devoir) (*backwards*) partir.
18. Les lettres? Je les ai _____ (mettre) sur le bureau.
21. Nous avons bien _____ (rire).
22. Avez-vous _____ (savoir) la réponse?
23. Victor a-t- _____ compris?
24. Qu'a-t-elle _____ (dire)?

Verticalement

1. Je _____ tombé en montant l'escalier.
2. J'ai _____ (savoir) la réponse.
3. Hier soir, j' _____ beaucoup mangé.
4. Simone a _____ (lire) un livre.
5. Ce matin j'ai _____ (avoir) un petit accident.
6. Nous _____ pris le train.
7. Les enfants ont _____ (pouvoir) venir.
10. Nous avons _____ (vendre) la maison.
12. A-t-il _____ (savoir) (*backwards*) la réponse?
15. Madame Durand est _____ (mourir) hier soir.
16. Tu as _____ (finir) la leçon?
19. Jacqueline _____ restée à la maison.
20. Tu as _____ (savoir) cela, n'est-ce pas?

IDENTIFYING VERB FORMS
(in a Passage from French Literature)

Directions: *Read the following literary passage twice. Then, identify the verb forms with their subjects printed in **bold face** by giving (a) the infinitive of the verb form, (b) the name of the tense in French, and (c) the person and number of the verb form.*

Example: je vois   You write: (a) voir
  (b) présent de l'indicatif
  (c) 1st person singular

Pourquoi donc ne vous **vois-je** pas, mon cher ami? **Je suis** inquiète de vous. **Vous** m'**aviez** tant **promis** de ne faire qu'aller et venir de l'Hermitage ici! Sur cela **je** vous **ai laissé** libre; et point du tout, **vous laissez** passer huit jours. Si **on** ne m'**avait** pas **dit** que **vous étiez** en bonne santé, **je** vous **croirais** malade. **Je** vous **attendais** avant-hier ou hier, et **je** ne vous **vois** point arriver.

Mon Dieu! qu'**avez-vous** donc? **Vous** n'**avez** point d'affaires; **vous** n'**avez** pas non plus de chagrins, car **je me flatte** que **vous seriez venu** sur-le-champ me les confier. **Vous êtes** donc malade! **Tirez**-moi d'inquiétude bien vite, **je** vous en **prie**. Adieu, mon cher ami.

Lettre de Madame d'Épinay à Jean-Jacques Rousseau,
Selection from *Les Confessions* by Jean-Jacques Rousseau

1. vois-je

(a) _____

(b) _____

(c) _____

2. je suis

(a) _____

(b) _____

(c) _____

3. vous aviez promis

(a) _____

(b) _____

(c) _____

4. j'ai laissé

(a) _____

(b) _____

(c) _____

5. vous laissez

(a) _____

(b) _____

(c) _____

6. on avait dit

(a) _____

(b) _____

(c) _____

7. vous étiez

(a) _____

(b) _____

(c) _____

8. je croirais

(a) _____

(b) _____

(c) _____

9. vous avez

(a) _____

(b) _____

(c) _____

10. j'attendais

(a) _____

(b) _____

(c) _____

11. je vois

(a) _____

(b) _____

(c) _____

12. avez-vous

(a) _____

(b) _____

(c) _____

13. vous avez

(a) _____

(b) _____

(c) _____

14. je me flatte

(a) _____

(b) _____

(c) _____

15. vous seriez venu

(a) _____

(b) _____

(c) _____

16. vous êtes

(a) _____

(b) _____

(c) _____

17. tirez

(a) _____

(b) _____

(c) _____

18. je prie

(a) _____

(b) _____

(c) _____

Answers to verb tests with explanations

Test 1

1. B The verb **aller** is conjugated with **être** to form a compound tense. Review page 6. A and C are not correct because they are forms of **avoir**. You need the *passé composé* because of **hier**/yesterday. In D, **était** is imperfect indicative, which makes the verb form **était allée** pluperfect indicative. Review the uses of the *passé composé* on page 16 and the *plus-que-parfait de l'indicatif* on pages 16 to 17. Review **aller**.

2. D The subject is 3d person sing. In D, **peut** is 3d person sing. A, B, and C are not 3d person sing. Review **pouvoir**.

3. C The tenses of **avoir** in A, B, and D would not make sense here because you need the imperfect indicative, which is in C. Review the imperfect tense on pages 11 and 12. Review **avoir**.

4. A You need the 3d person sing., present tense, of **sourire** because the subject is 3d person sing. The tenses in C and D do not make any sense here because there is nothing in the sentence to require the subjunctive. The verb form in B is not 3d person sing. Review **sourire**.

5. B The tenses of **regarder** in C and D would not make sense here because you need the imperfect indicative, which is in B. The verb form in A is 3d person sing. and you are dealing with the subject **je**, which is 1st person, sing. Besides, C is not a good choice because **je** would be **j'** in front of **ai regardé**. Review the uses of the imperfect indicative tense on pages 11 and 12. Review **regarder**.

6. A You need the infinitive form **dormir** because it is right after the verb form **peux** in **je ne peux pas** (I am not able to sleep). The forms in B, C, and D would make no sense. Review those forms of **dormir**.

7. B The situation is in the present. The subject, **le docteur**, is 3d person sing. and so is **vient** in B. In A, **viens** is not 3d person sing. C and D are not in the present tense. Review **venir** and **venir de**. Also review *Verbs with prepositions* in the Appendixes, specifically **venir de + inf.**

8. C The infinitive **nettoyer** is needed because of the preposition **de** in front of it. Review *Verbs with prepositions* in the Appendixes, specifically **demander de + inf.** Review the other forms of **nettoyer** in A, B, and D.

9. A The infinitive **faire** is needed because **va** (a form of **aller**) precedes it. Review **aller + inf.** in the section on *Verbs with prepositions* in the Appendixes, and the other forms of **faire** in B, C, and D.

10. A You need the past participle to complete the *passé composé* where you see the helping verb **a** in front of the blank space. The past participle in B is feminine but there is no preceding feminine direct object. Review the forms of **oublier** in C and D.

11. D You need the fem. pl. form of the past participle (**achetées**) because there is a preceding fem. pl. direct object noun (**les chaussures**). The other past participles are masc. sing. in A, fem. sing. in B, and masc. pl. in C.

12. A The subject is 1st pers. sing. **j'** and it requires **irai**, the future of **aller**. **La semaine prochaine** indicates future time. Review the other tenses of **aller** in B, C, and D.

13. B You need the 1st pers. sing. conditional of **aller** because the subordinate clause begins with **si** (if) and the verb in that clause is imperfect indicative (**j'avais**). Review **si** clauses, a summary of sequence of verb tenses at the top of page 26 where there are examples. Review the other tenses of **aller** in A, C, and D. Study, practice, and experience will help you recognize French verb forms and tenses.

14. A You need the 1st pers. sing. future of **aller** because the subordinate clause begins with **si** (if) and the verb in that clause is present indicative (**j'ai**). Review **si** clauses, a summary of sequence of verb tenses at the top of page 26 where there are examples. Review the other tenses of **aller** in B, C, and D.

15. B You need the fem. sing. form of the past participle (**lavée**) because the verb is reflexive (**se laver**/to wash oneself) and the fem. sing. agreement on the past participle is made with the reflexive pronoun s' (herself). We know it's fem. because the subject is **Paulette**. The reflexive pronoun s' in this sentence serves as a preceding direct object because Paulette washed *herself.* However, if there were a direct object *after* the verb, e.g., her feet, hair (as in sentence 16 below), there would be no agreement on the past participle. The other past participles in this sentence are masc. sing. in A, masc. pl. in C, and fem. pl. in D. Review also page 6.

16. A You need the masc. sing. form of the past participle (**lavé**) because in this sentence the reflexive pronoun s' in **s'est lavé** is an indirect object, not a direct object. A past participle never agrees in gender (masc. or fem.) or number (sing. or pl.) with an indirect object. In other words, Gertrude washed her hair (**les cheveux**), which is *on herself.* Compare this sentence with number 15 above.

17. C You need the present indicative of **aller** because the sentence states **en ce moment**/at this moment. Review the other tenses of **aller** in A, B, and D. Review the uses of the present indicative tense and the examples on pages 10 and 11.

18. A You need the present indicative of **aller** because the sentence states **tous les jours** (every day), which is habitual action. Review the uses of the present indicative tense and the examples on page 10, in particular, the example in (b) at the top of page 11.

19. B You need the present tense, 3d person pl. of **faire** because the subject is 3d person pl. Review the examples in (c) at the top of page 11. Also, review the other tenses of **faire** in A, C, and D.

20. D You need the present tense, 1st person sing. of **être** because the subject is 1st person sing. Review the examples in (f) on page 11. Also, review the other tenses of **être** in A, B, and C.

Test 2

1. A The situation is in the present. Review the other tenses of **trouver** in B, C, and D.

2. D You need the present tense because the action is going on in the present. Do you recognize the other tenses in A, B, and C? Review **croire**.

3. A Again, the present tense. Review the forms of **espérer**.

4. D If you cannot identify the tenses, review **être**.

5. A You need the future tense of **venir** because the clerk says that the suitcase will be available around five o'clock. You will come to get it at that time. Review the tenses of **venir**.

Test 3

1. **Ils comprennent bien aussi.** Study the forms of **comprendre**.
2. **Elles écrivent bien aussi.** Study the forms of **écrire**.
3. **Ils vont bien aussi.** Study the forms of **aller**.
4. **Je lis un livre dans le lit aussi.** Study the forms of **lire**.
5. **Ils voient bien aussi.** Study the forms of **voir**.
6. **Elle est allée au cinéma aussi.** You need to add **e** on the past participle for fem. agreement with the subject **elle**. Study the nonreflexive verbs conjugated with **être** to form the compound tenses on page 6. Also, study the forms of **aller**.
7. **Nous avons bien mangé aussi.** Study the *passé composé* of **manger**.
8. **Elles se sont assises aussi.** You need the fem. pl. agreement on the past participle of this reflexive verb **s'asseoir** because the reflexive pronoun **se** is a preceding direct object and the subject is **elles**. In other words, they *sat themselves*. Review the explanation in number 15 in Test 1. Review the forms of **s'asseoir**.
9. **Elle s'est lavée aussi.** Review the explanation in number 15 in Test 1. It's the same idea here. Review the *passé composé* of **se laver**.
10. **Elle s'est lavé les cheveux aussi.** Review the explanation in number 16 in Test 1. It's the same idea here.
11. **Ils ont rougi aussi.** Review the *passé composé* of **rougir**.
12. **Ils choisissent une auto aussi.** Study the present tense of **choisir**.
13. **Il finit la leçon aussi.** Study the present tense of **finir**.
14. **J'ai fait les devoirs aussi.** Study the *passé composé* of **faire**.
15. **Ils défendent la patrie aussi.** Study the present tense of **défendre**.
16. **Il répond à la question aussi.** Study the present tense of **répondre** and **répondre à** + noun, in the section on *Verbs with prepositions* in the Appendixes.
17. **Ils se couchent à dix heures aussi.** Study the forms of the reflexive verb **se coucher**.
18. **Elle s'est amusée aussi.** She amused *herself*. Review the explanation in number 15 in Test 1. It's the same idea here. Also, study the *passé composé* of the reflexive verb **s'amuser**.
19. **Je me suis reposé(e) aussi. Je** tells you if it is fem. or masc., depending on the context. If **me** (myself) is fem., add **e** to the past participle for fem. agreement with it. The idea here is the same as in the explanation in number 15 in Test 1. Study the *passé composé* of **se reposer**.
20. **Nous nous sommes levés tôt aussi.** Same idea here as in number 19 above. Review **se lever**.

Test 4

1. B   You need the future tense because **quand** introduces the clause and the verb in the main clause is future tense. Review the uses and examples of the future tense on pages 12–13 and the formation of the future on page 22. Study the verb forms of **arriver** in A, C, and D.
2. B   You need the infinitive form because there is no subject preceding the blank space. Here, **vous** is an indirect object pronoun meaning *to you*. (I would like to give these flowers to you.) Study the verb forms of **donner** in A, C, and D.

3. C You need the masc. pl. form of the past participle because **donner** is conjugated with **avoir** to form the *passé composé*, a compound tense, and it must agree with the preceding direct object **livres**. Here, **que** is a relative pronoun (*that* or *which*) and it refers to **les deux livres**. In other words, *Did you read the two books that I gave (to) you last week?*

4. D Same idea here as in number 3 above. Do you think you understand this construction by now? You need the fem. sing. form of the past participle because it refers to **que**, which relates to **la lettre**. In other words, *Here is the letter that I received yesterday.* Review the forms of **recevoir**.

5. A You need the *passé composé* because the sentence begins with **hier**/yesterday. In B the past participle is fem. because of the added **e**. There is no need for a fem. past participle because there is no *preceding* fem. direct object. The direct object is **une lettre**, which comes *after* the verb. Review the verb forms in C and D of **envoyer**.

6. D The clause where a verb form is needed begins with **si**/if. The verb in the main clause is conditional (**j'irais**/I would go). For those two reasons you need the imperfect indicative in D. Review **si** clauses where there are examples at the top of page 26. If you reversed the two clauses, the idea would be the same: **Si j'avais assez d'argent j'irais en France**/If I had enough money I would go to France. Review the verb forms in A, B, and C of **avoir**.

7. A You need the future tense of **avoir** because **quand** (when) precedes the required verb form and the verb in the main clause is future (**j'irai**). Review the uses and examples of the future on pages 12–13, in particular, example (d). Also, review the other forms of **avoir** in B, C, and D.

8. B You need the present subjunctive of **être** (**que tu** *sois*) because the verb in the preceding main clause is **j'insiste**. Here, the need for the subjunctive is the same in English, too, when we say: *I insist that you be here before five o'clock.* Review the uses and examples of the present subjunctive on page 14, especially example (c). Study the other forms of **être** in A, C, and D.

9. D You need the 3d person sing. present tense **veut** because the subject (**cela**/that) is 3d person sing. The form **veux** in C is 1st or 2d person sing. present tense of **vouloir.** There is nothing in the sentence to require the present subjunctive in A or the imperfect subjunctive in B. Review the forms of **vouloir.**

10. A You must know the impersonal expression **il faut**/it is necessary. Review the forms of **falloir** in the section on *Defective and impersonal verbs* in the Appendixes, and the expressions on the bottom of that page. Also, review the section on *Verbs with prepositions* in the Appendixes, in particular, **falloir** + inf. In B review **être.** In C review **il pleut (pleuvoir)** in the section on *Defective and impersonal verbs*, in the Appendixes, and the examples on the bottom of that page. In D review **il fend (fendre)**.

11. D The conjunction **pendant que** (while) precedes the subject and required verb form. This indicates that two actions were going on at the same time in the past: *My brother was reading while I was writing.* For that reason the imperfect indicative is needed. Review the imperfect tense on pages 11 and 12, especially example (a). Also, review the other forms of **écrire** in A, B, and C. See page 22 for the regular formation of the imperfect.

12. A An action was going on in the past when another action occurred: *The students were reading when I entered the classroom.* Review the imperfect tense on pages 11 and 12, especially example (b). Review the other forms of **entrer** in B, C, and D.

13. B You need the imperfect indicative tense because a habitual action took place in the past: *When I was little, my family and I used to go to the beach in the summer.* Review the imperfect tense on pages 11 and 12, especially example (c). Review the other forms of **aller** in A, C, and D.

14. C You need the imperfect indicative tense because the sentence contains a description in the past: *Richard was sad when I saw him.* Review the imperfect tense on pages 11 and 12, especially example (d). Also, review the other forms of **être** in A, B, and D.

15. A The reason for the imperfect indicative tense here is the same as in number 14 above. Do you think you understand this construction now?

16. B You need the *passé composé* because the action took place in the past: *At midnight, Peter woke up and said to his brother: "Get up!"* In C the past participle is fem. sing., but there is no need for it because the subject is masc. Review agreement on the past participle of a reflexive verb in numbers 15 and 16, Test 1. Review the other forms of **se réveiller** in A, C, and D.

17. C You need the infinitive form **marcher** because it is right after the verb **entendre**. Review **entendre** + inf. in the section on *Verbs with prepositions* in the Appendixes. Review the other forms of **marcher** in A, B, and D.

18. D You are dealing with **avoir froid**/to feel cold. Review the verb **avoir**. Review the forms of **avoir**. In A review **être**, **faire** in B, **tenir** in C, and the idiomatic expressions on the bottom of those pages.

19. C The subject of the verb is **nous**, 1st person pl. You need the *passé composé* because of **l'année dernière**/last year. The plural s is needed on **allés** because it is conjugated with **être** and the subject is plural. Review the other forms of **aller** in A, B, and D. Also, review page 6.

20. C The explanation here is the same as in numbers 3 and 4 above in this test.

Test 5

1. C You are dealing with **avoir lieu**/to take place. Review the verb **avoir**, especially **avoir lieu**. You need the future of **avoir** because the exam will take place after tomorrow. Review **avoir** and the forms of **être** in A and B.

2. D You are dealing with **avoir** in the idiomatic expression **il y a**/there is . . ., there are: *There is nothing to fear.* Review the verb **avoir**, especially **il y a**. Review the other forms of **avoir** in A and C. Review also **être** for **soit** in B.

3. B You need the infinitive form **rester** because it is right after the verb **devrai** (devoir). Review **devoir** and **devoir** + inf. in the section on *Verbs with prepositions* in the Appendixes. See **rester** for the other forms in A, C, and D.

4. C Review **pouvoir** for the forms in A, B, C, and D.

5. A Review **souhaiter** for the forms in A, B, C, and D.

Test 6

Note: In this test, the verb form you are given in each sentence is the imperative (command) mood. Review the *impératif* on pages 20 and 21. The forms of the imperative are given near the bottom of each page among the 501 verbs fully conjugated in all the tenses in this book. They are the *tu*, *nous*, and *vous* forms; for example: **donne!**/give! (*tu* understood), **donnons!**/let's give! (*nous* understood), **donnez!**/give! (*vous* understood). You have to look at the ending of the verb form to see if the subject understood is 2d person sing. (*tu*), 1st person pl. (*nous*), or 2d person pl., polite sing. (*vous*).

In the imperative, er verbs, like **donner**, drop the s in the 2d person sing. (*tu* form) of the present indicative, for example: **Marie, donne-moi le chocolat!**/Marie, give me the chocolate! But the s remains if the word that follows is en or y to facilitate a liaison in pronunciation, making the s sound as z, for example: **Robert, donnes-en aux enfants!**/ Robert, give some to the children! If you need to improve your pronunciation of French— in particular, verb forms—consult the audio CD that is packaged with this book as well as Barron's book *Pronounce It Perfectly in French*.

1. **Dites la phrase.** Study the forms of **lire** and **dire.**
2. **Bois le lait.** Study the forms of **prendre** and **boire.**
3. **Partez tout de suite.** Study the forms of **venir** and **partir.**
4. **Ferme la fenêtre.** Study the forms of **ouvrir** and **fermer.**
5. **Prends la valise là-bas.** Study the forms of **mettre** and **prendre.**
6. **Écrivons la lettre.** Study the forms of **lire** and **écrire.**
7. **Lisez le poème.** Study the forms of **apprendre** and **lire.**
8. **Sortons maintenant.** Study the forms of **partir** and **sortir.**
9. **Revenez à l'heure!** Study the forms of **être** (for *soyez*) and **revenir.** Note that in the imperative **être** uses the forms of the present subjunctive. See example (d) at the bottom of page 20.
10. **Faisons la leçon.** Study the forms of **voir** and **faire.**
11. **Levez-vous, s'il vous plaît.** Study the forms of the reflexive verb **s'asseoir** and **se lever.** Note that when you use a reflexive verb in the imperative, drop the subject pronoun, of course, but keep the reflexive pronoun **nous** or **vous**, placing it after the verb with a hyphen. **Tu** changes to **toi** in the affirmative imperative; for example: **Lève-toi!**/Get up! Under the *Impératif* for these two verbs note where the reflexive pronoun is placed when the imperative is negative.
12. **Refuse l'argent.** Study the forms of **accepter** and **refuser.**
13. **Achète le vélo.** Study the forms of **vendre** and **acheter.** Read the note above for an explanation of when s drops or is kept on er verbs in the *tu* form of the imperative.
14. **Soyez à l'heure.** Study the forms of **venir** and **être** (for *soyez*). Note that in the imperative **être** uses the forms of the present subjunctive. See example (d) at the bottom of page 20.
15. **Va dans la maison.** Study the forms of **aller** and **rester.** Note that s drops in the 2d person sing. (*tu* form) of the present indicative of **aller** when used in the imperative. But the s remains if the word that follows is y to facilitate a liaison in pronunciation, making the s sound as z, for example: **Robert, vas-y!**/ Robert, go to it!
16. **Lève-toi.** Study the forms of **se laver** in the imperative and **se lever.** Read our note of explanation in sentence number 11 above.

17. Dépêchons-nous. Study the forms of the imperative of **se cacher** and **se dépêcher.**

18. Amuse-toi. Study the forms of the imperative of **s'arrêter** and **s'amuser.** Read the explanation about reflexive verbs in the imperative, affirmative, and negative, above in number 11.

19. Achète la maison. Study the forms of the imperative of **vendre** and **acheter.** Review the explanation in number 13 above.

20. Viens. Study the imperative of **manger** and **venir.**

Test 7

Note: For all verb forms in this test, review the uses and examples of the future and conditional on pages 12–13. For the formation of the future and conditional of regular verbs, review page 22.

Also, review the future and conditional of each of the verbs given below.

1. **J'irais.** See aller.
2. **Je partirais.** See partir.
3. **J'aurais.** See avoir.
4. **Je serais.** See être.
5. **Tu aimerais.** See aimer.
6. **Tu ferais.** See faire.
7. **Il aurait.** See avoir.
8. **Il serait.** See être.
9. **Il irait.** See aller.
10. **On dirait.** See dire.
11. **Vous seriez.** See être.
12. **Elle lirait.** See lire.
13. **J'ouvrirais.** See ouvrir.
14. **Nous saurions.** See savoir.
15. **Ils viendraient.** See venir.

16. **On boirait.** See boire.
17. **Ils courraient.** See courir.
18. **Ils liraient.** See lire.
19. **Elle mettrait.** See mettre.
20. **Il apprendrait.** See apprendre.
21. **Je couvrirais.** See couvrir.
22. **Il deviendrait.** See devenir.
23. **Nous devrions.** See devoir.
24. **Vous diriez.** See dire.
25. **Vous iriez.** See aller.
26. **J'aimerais.** See aimer.
27. **Il faudrait.** See falloir.
28. **Ils seraient.** See être.
29. **Elles feraient.** See faire.
30. **On choisirait.** See choisir.

Test 8

Note: For the formation of the present indicative tense of regular verbs, review pages 22 and 23. For the formation of the *passé composé* and other compound tenses, review pages 23 to 25. Note the position of **ne** and **pas** in the following negative sentences.

1. (a) **Non, je ne travaille pas.** (b) **Il ne travaille pas non plus.**
   Review the present indicative of **travailler.**
2. (a) **Non, elle n'étudie pas.** (b) **Ils n'étudient pas non plus.**
   Review the present indicative of **étudier.**
3. (a) **Non, elle ne va pas au match.** (b) **Je ne vais pas au match non plus.**
   Review the present indicative of **aller.**
4. (a) **Non, ils ne crient pas.** (b) **Nous ne crions pas non plus.**
   Review the present indicative of **crier.**
5. (a) **Non, il n'arrive pas.** (b) **Ils n'arrivent pas non plus.**
   Review the present indicative of **arriver.**

6. (a) **Non, je ne suis pas occupé.** (b) **Ils ne sont pas occupés non plus.**
   Review the present indicative of **être**. Note the expression **être occupé** (to be busy)
   under the verb **occuper**. Note also that **occupés** contains s to make it masc. pl.
   because it is an adjective that describes the subject **ils**, which is masc. pl. If the
   subject were **elles**, the sentence would be **elles ne sont pas occupées non plus.**
7. (a) **Non, je n'ai pas fermé la fenêtre.** (b) **Il n'a pas fermé la fenêtre non plus.**
   Review the *passé composé* of **fermer**. Note the position of **ne** and **pas** in a compound
   tense.
8. (a) **Non, je n'ai pas assisté à la conférence.** (b) **Ils n'ont pas assisté à la
   conférence non plus.**
   Review the *passé composé* of **assister** and note the expression **assister à**. Note also
   the position of **ne** and **pas** in a compound tense. Also review the use of **assister à**.
9. (a) **Non, il n'est pas allé au supermarché.** (b) **Elle n'est pas allée au supermarché
   non plus.**
   Review the *passé composé* of **aller**. Note the need for the addition of e on the past
   participle **allée**. The fem. sing. agreement must be made on it because **aller** is conjugated with **être** to form a compound tense. The agreement is made with the subject,
   which is **elle**, fem. sing. Review page 6.
10. (a) **Non, elle n'est pas allée à la piscine.** (b) **Ils ne sont pas allés à la piscine non
    plus.**
    Read the explanation in number 9 above. It's the same idea here.

Test 9

Note: From time to time practice the formation of the seven simple tenses for regular
verbs on pages 22 and 23 and the formation of the seven compound tenses on
pages 23 to 25.

1. A   The subject is **je**; therefore, you need the 1st person sing. of **prier**. Review the
        forms of **prier** in the present indicative tense and the words and expressions
        related to that verb.
2. D   You need the 1st person pl. of **faire** because the subject is **nous**. The future tense
        is needed because of the sense of the statement. The other verb forms in A, B, and
        C would not make any sense here. If you do not recognize those forms, review
        faire.
3. D   You need the 1st person sing. of **espérer** because the subject is **je**. The tenses of
        espérer in B and C would make no sense here. In A the infinitive form of the verb
        cannot be used here because there is a subject. Review **espérer**. If you want to
        know why the *accent aigu* on **espérer** sometimes changes to *accent grave*, as in
        j'espère, review the section on orthographically changing verbs (those that change
        in spelling) on pages 32–34, in particular, examples (14) and (15) on page 34.
4. C   You need the 3d person sing. because the subject is **le train**, 3d person sing. The
        future tense is needed because the tenses in A, B, and D would make no sense. A
        is the *passé composé*. B is the conditional. D is the imperfect indicative. Can you
        recognize those tenses from the endings of the verb forms? If not, review them on
        pages 11–13, and under **arriver**. Also, if you are not sure of how they are trans-
        lated into English, review pages 8 and 9 where you will find English translations
        of all the tenses using the verb *to go* as an example. Just substitute the verb *to
        arrive* in place of *to go*.

5. B The only sensible verb tense here is in B: *It seems that it is going to be beautiful weather*. A is the *passé composé* of **faire** but the speakers are not talking about what the weather was like in the past. C is the imperfect indicative of **faire** but the speakers are not talking about what the weather was like at any particular time in the past. D is the present subjunctive of **faire** and there is nothing in the sentence that requires the subjunctive. Review the tenses of **faire** and the expressions regarding weather on the bottom of that page.

6. A The subject is **on**, 3d person sing. The verb form in A is also 3d person sing. As for the tenses of the verb forms in B, C, and D, review the verb **prévoir**.

7. C You cannot use the infinitive form in D because **le train**, 3d person sing., is the subject. As for the tenses of the verb forms in A and B, review the verb **partir**. The speaker supposes that the train *is going to leave* soon.

8. D You need the 1st person sing. of **croire** because the subject is **je**. B is 3d person sing. A is the *passé simple*, which is not used in conversation. C is the imperfect indicative of **croire**, which is a past tense, and the speakers are talking about things happening now. Review the verb forms of **croire**.

Test 10

1. C You need the infinitive form of the reflexive verb **se laver** because the preposition **de** is in front of the blank space where a verb form is required. For that reason, D is not a correct choice because it is not an infinitive. In C the form *me laver* (to wash myself) is needed because the subject is **je**. A is not a reflexive verb. B is reflexive but you cannot use **se laver** because the subject is **je**. When you use a reflexive verb, its pronoun (**me, te, se, nous, vous, se**) must agree with the subject; for example: **je me . . . , tu te . . . , il se . . .** and so on. Review the forms of **se laver**. Also, review **avoir besoin de** under **avoir**.

2. D You need the *passé composé* of **entrer** because of the sense of the statement and the use of **a vu** (*passé composé* of **voir**) in the sentence. When Lisa entered the living room, she saw a vase of pretty flowers. In D the past participle **entrée** is fem. sing. because the verb is conjugated with **être** and the subject is fem. sing. Review page 6. In C the past participle **entré** is masc. sing. A is the present tense and B is the future, neither of which makes any sense from the point of view of time because the action is in the past. Review the forms of **entrer**.

3. B The sentence means *If I have the time, I will do the work*. Review the verb tenses in **si** (if) clauses at the top of page 26, example (a). Review the verb **faire** where you will find the *passé composé* in choice A, the future in B, the conditional in C, and the imperfect indicative in D.

4. A The sentence means *If I had the time, I would do the work*. Review the verb tenses in **si** (if) clauses at the top of page 26, example (b). Review the verb **faire** where you will find the conditional in A, the future in B, the conditional perfect in C, and the *passé composé* in D.

5. C The sentence means *If I had had the time, I would have done the work*. Review the verb tenses in **si** (if) clauses at the top of page 26, example (c). Review the verb **faire** where you will find the *passé composé* in A, the future perfect in B, the conditional perfect in C, and the imperfect indicative in D. Also, see page 18, example (b) on the bottom of the page where the uses of the conditional perfect are explained with examples.

6. A This is the conditional of courtesy. See page 13, example (b) on the bottom of the page where the uses of the conditional are explained with examples. Review the verb **aimer** where you will find the conditional in A, the *passé composé* in B, the *passé simple* in C, and the imperfect indicative in D.

7. B At what time *would you be able* to come? The reply to the question contains the same verb (**pouvoir**) in the same tense. Review the English translation of the conditional on page 8. See also the explanation on the bottom of page 13 in note (2) with the example. Study the verb forms of **pouvoir**.

8. B The verb in the si (if) clause is imperfect indicative of **être**; for that reason, the verb form in the other clause must be conditional. See the note in example (b) on page 14. See also example (b) at the top of page 26. Review **faire** for the other forms in A, C, and D.

9. B **Je doute** expresses doubt and it requires the subjunctive of **venir** in the clause that follows. Review the subjunctive that begins in the middle of page 26, specifically **douter que** on page 30. Review **venir** for the other forms in A, C, and D.

10. B **Avoir peur** expresses fear and it requires the subjunctive of **être** in the clause that follows. Review the subjunctive that begins in the middle of page 26, specifically **avoir peur que** on page 30, and the last example on the bottom of that page. Review **être** for the other forms in A, C, and D. Review idiomatic expressions with **avoir** under that verb.

11. D **Je regrette** expresses regret and it requires the subjunctive of the verb in the following clause. Review the subjunctive that begins in the middle of page 26, specifically **regretter que** on page 30. Review **être** for the other forms in A, B, and C.

12. A The conjunction **à moins que** (unless) requires the subjunctive of the verb in the clause it introduces. Review the subjunctive that begins in the middle of page 26, specifically **à moins que** listed under certain conjunctions on that page. Review **venir** for the other forms in B, C, and D.

13. B The conjunction **quoique** (although) requires the subjunctive of the verb in the clause it introduces. Review the subjunctive that begins in the middle of page 26, specifically **quoique** listed under certain conjunctions on page 27. Review **être** for the other forms in A, C, and D.

14. B The conjunction **pour que** (in order that, so that) requires the subjunctive of the verb in the clause it introduces. Review the subjunctive that begins in the middle of page 26, specifically **pour que** listed under certain conjunctions on page 27. Review **comprendre** for the other forms in A, C, and D.

15. B The conjunction **dès que** requires the future of the verb in the clause it introduces, provided that the verb in the main clause implies future time. In this sentence, **je partirai** is future. Review the future tense on pages 12–13 and the example in (c). Review **arriver** for the forms in A, B, C, and D.

16. C The impersonal expression **il est urgent que** . . . (it is urgent that . . .) requires the subjunctive of the verb in the clause it introduces. Review the subjunctive that begins in the middle of page 26, specifically **il est urgent que** on page 29. Review **partir** for the forms in A, B, C, and D.

17. D You need the pluperfect indicative tense of **oublier** because this past action occurred *before* the other past action in the sentence (*I remembered that I had forgotten*). Review the explanation and uses of the pluperfect indicative tense on the bottom of page 16 to page 17. Review **oublier** for the forms in A, B, C, and D. Also, review **se rappeler**.

18. C You need the pluperfect indicative tense of **dormir**. Review, again, the explanation and uses of the pluperfect indicative tense on the bottom of page 16 to page 17. Review **dormir**.

19. B You need the *passé composé* of **dormir**. You are saying that you are tired *now* (**maintenant**) because you did not sleep. Review the explanation and uses of the *passé composé* with examples on page 16.

20. A You need the future perfect of **finir** because the verb in the other clause is in the future (**elle arrivera**) and it is introduced by the conjunction **quand** (when). Both actions will take place in the future. The action that will happen in the future *before* another future action is in the future perfect tense. Review the explanation and uses of the future perfect, with examples, on page 18. Review the verb forms of **finir**. If you did not recognize **arrivera** as future, review **arriver**.

Test 11

Note: For all verb forms in this test, review the uses and examples of the present indicative on pages 10 and 11 and the *passé composé* on page 16. For the formation of the present indicative of regular verbs, review page 22. For the formation of the *passé composé*, review the bottom of page 23 and Tense No. 8 at the top of page 24.

For the formation of regular and irregular past participles, see page 3.

Also, review the present indicative and the *passé composé* of the verbs given below.

1. Elle est allée. See aller.	**11.** J'ai bu. See boire.	**21.** Elle est née. See naître.
2. Il a eu. See avoir.	**12.** Ils ont bu. See boire.	**22.** Elle est morte. See mourir.
3. Je me suis assis. See s'asseoir.	**13.** Vous avez bu. See boire.	**23.** Elle a vendu. See vendre.
4. Ils ont eu. See avoir.	**14.** J'ai cru. See croire.	**24.** Ils se sont amusés. See s'amuser.
5. Tu as été. See être.	**15.** Tu as dit. See dire.	**25.** Elle est entrée. See entrer.
6. Il est allé. See aller.	**16.** J'ai pu. See pouvoir.	**26.** On a fini. See finir.
7. Nous sommes allés. See aller.	**17.** Il a fallu. See falloir.	**27.** Elles ont couru. See courir.
8. Nous avons eu. See avoir.	**18.** Vous avez lu. See lire.	**28.** Ils ont pris. See prendre.
9. J'ai parlé. See parler.	**19.** Vous avez dit. See dire.	**29.** On a appris. See apprendre.
10. Elles sont venues. See venir.	**20.** Tu as mis. See mettre.	**30.** Elles sont arrivées. See arriver.

Test 12

Note: This test is a good exercise to practice the formation of the seven simple tenses by using the required endings for regular -er, -ir, and -re verbs. The explanations and endings are on pages 22 and 23. For irregular verbs, see the verbs arranged alphabetically at the top of each page among the 501 verbs fully conjugated in all the tenses in this book.

Présent de l'indicatif (Tense No. 1)
1. J'aime.
2. Tu chantes.
3. Il/elle/on étudie.
4. Janine choisit.
5. J'entends.
6. Nous attendons.
7. Vous mangez.
8. Ils/elles vendent.
9. Richard et moi finissons.
10. Marie et Jeanne donnent.

Imparfait de l'indicatif (Tense No. 2)
1. Je parlais.
2. Tu finissais.
3. Il/elle/on vendait.
4. Madeleine était.
5. Il/elle/on avait.
6. Nous venions.
7. Vous faisiez.
8. Ils/elles allaient.
9. Paul et Henri jouaient.
10. Tu donnais.

Passé simple (Tense No. 3)
1. Je parlai.
2. Tu finis.
3. Il/elle/on vendit.
4. Catherine écrivit.
5. Ils/elles allèrent.
6. Nous donnâmes.
7. Vous choisîtes.
8. Ils/elles comprirent.
9. Hélène et Raymond désirèrent.
10. Il/elle/on dansa.

Futur (Tense No. 4)
1. Je mangerai.
2. Tu finiras.
3. Il/elle/on vendra.
4. La femme écrira.
5. J'irai.
6. Nous donnerons.
7. Vous choisirez.
8. Ils/elles comprendront.
9. Les garçons joueront.
10. J'aurai.

Conditionnel (Tense No. 5)
1. J'irais.
2. Tu finirais.
3. Il/elle/on ferait.
4. Je mangerais.
5. Vous pourriez.
6. Nous parlerions.
7. Vous seriez.
8. Ils/elles auraient.
9. Je prendrais.
10. Vous dîneriez.

Présent du subjonctif (Tense No. 6)
1. que je parle
2. que tu donnes
3. qu'il/elle/on ose
4. que je choisisse
5. que tu manges
6. que nous partions
7. que vous vendiez
8. qu'ils/elles prennent
9. que nous finissions
10. qu'il/elle/on ferme

Imparfait du subjonctif (Tense No. 7)

1. que je parlasse
2. que tu donnasses
3. qu'il/elle/on ouvrît

4. que nous partissions
5. que vous voulussiez
6. qu'ils/elles finissent

Test 13

Note: Review the regular and irregular past participles on page 3.

Test 14

Note: You must know the verb **avoir** in the seven simple tenses because they are needed to form the seven compound tenses of verbs conjugated with **avoir**. If you did not do well on this test, study them and write them for practice until you are sure that you know them. Review the seven compound tenses of a verb conjugated with **avoir**, for example, **parler**. If you drop the past participle **parlé**, you will see that what is left is the verb **avoir** in the seven simple tenses.

1. **Présent de l'indicatif**
   (Tense No. 1)

j'ai	nous avons
tu as	vous avez
il/elle/on a	ils/elles ont

2. **Imparfait de l'indicatif**
   (Tense No. 2)

j'avais	nous avions
tu avais	vous aviez
il/elle/on avait	ils/elles avaient

3. **Passé simple**
   (Tense No. 3)

j'eus	nous eûmes
tu eus	vous eûtes
il/elle/on eut	ils/elles eurent

4. **Futur**
   (Tense No. 4)

j'aurai	nous aurons
tu auras	vous aurez
il/elle/on aura	ils/elles auront

5. Conditionnel
(Tense No. 5)

j'aurais	nous aurions
tu aurais	vous auriez
il/elle/on aurait	ils/elles auraient

6. Présent du subjonctif
(Tense No. 6)

que j'aie	que nous ayons
que tu aies	que vous ayez
qu'il/elle/on ait	qu'ils/elles aient

7. Imparfait du subjonctif
(Tense No. 7)

que j'eusse	que nous eussions
que tu eusses	que vous eussiez
qu'il/elle/on eût	qu'ils/elles eussent

Test 15

Note: You must know the verb être in the seven simple tenses because they are needed to form the seven compound tenses of verbs conjugated with être. If you did not do well on this test, study them and write them for practice until you are sure that you know them. Review the seven compound tenses of a verb conjugated with être, for example, aller. If you drop the past participle allé, you will see that what is left is the verb être in the seven simple tenses.

1. Présent de l'indicatif
(Tense No. 1)

je suis	nous sommes
tu es	vous êtes
il/elle/on est	ils/elles sont

2. Imparfait de l'indicatif
(Tense No. 2)

j'étais	nous étions
tu étais	vous étiez
il/elle/on était	ils/elles étaient

3. Passé simple
(Tense No. 3)

je fus	nous fûmes
tu fus	vous fûtes
il/elle/on fut	ils/elles furent

4. Futur
(Tense No. 4)

je serai	nous serons
tu seras	vous serez
il/elle/on sera	ils/elles seront

5. Conditionnel
(Tense No. 5)

je serais	nous serions
tu serais	vous seriez
il/elle/on serait	ils/elles seraient

6. Présent du subjonctif
(Tense No. 6)

que je sois	que nous soyons
que tu sois	que vous soyez
qu'il/elle/on soit	qu'ils/elles soient

7. Imparfait du subjonctif
(Tense No. 7)

que je fusse	que nous fussions
que tu fusses	que vous fussiez
qu'il/elle/on fût	qu'ils/elles fussent

Test 16

Note: This test is another example to show that it is very important for you to know the present indicative of **avoir** and **être** so that you can form the *passé composé*. It also shows that you must know the imperfect indicative of **avoir** and **être** so that you can form the pluperfect indicative (*le plus-que-parfait de l'indicatif*). For the English translations of both these tenses, review the *passé composé* and the *plus-que-parfait de l'indicatif* on pages 16–17, where you will find explanations and examples in French and English.

Review the *passé composé* and the *plus-que-parfait de l'indicatif* of the verbs given below.

1. Elle était allée.
   See aller.
2. Il avait eu.
   See avoir.
3. Je m'étais assis.
   See s'asseoir.
4. Ils avaient eu.
   See avoir.
5. Tu avais été.
   See être.
6. Il était allé.
   See aller.
7. Nous étions allés.
   See aller.
8. Nous avions eu.
   See avoir.
9. J'avais parlé.
   See parler.
10. Elle était venue.
    See venir.

11. J'avais bu.
    See boire.
12. Ils s'étaient tus.
    See se taire.
13. J'avais fait.
    See faire.
14. Tu avais dû.
    See devoir.
15. Vous aviez dit.
    See dire.
16. J'avais pu.
    See pouvoir.
17. Il avait fallu.
    See falloir.
18. Vous aviez lu.
    See lire.
19. Vous aviez dit.
    See dire.
20. Tu avais mis.
    See mettre.

21. Elle était née.
    See naître.
22. Elle était morte.
    See mourir.
23. Elle s'était lavée.
    See se laver.
24. Elles s'étaient lavées.
    See se laver.
25. J'étais entré.
    See entrer.
26. On avait parlé.
    See parler.
27. Ils avaient couru.
    See courir.
28. Ils avaient pris.
    See prendre.
29. On avait dit.
    See dire.
30. J'avais compris.
    See comprendre.

Test 17

1. **B** **Partir** is conjugated with **être** to form a compound tense, so C and D are not appropriate choices because they are forms of **avoir**. You need the present subjunctive of **être** in B because of the impersonal expression **il est possible que** in the beginning of the sentence. Review the section on the uses of the subjunctive that begins in the middle of page 26, in particular, **il est possible que** on page 29. Review also **partir** in the *passé du subjonctif* (Tense No. 13). Refresh your memory by reading about the *passé du subjonctif* with explanations and examples in French and English on page 19.

2. **C** **Faire** is conjugated with **avoir** to form a compound tense; so B and D are not appropriate choices because they are forms of **être**. You need the present subjunctive of **avoir** in C because the verb in the main clause is **douter**. Review the section on the uses of the subjunctive that begins in the middle of page 26, in particular, **douter que** on page 30. Review also **faire** in the *passé du subjonctif* (Tense No. 13). Refresh your memory by reading about the *passé du subjonctif* with explanations and examples in French and English on page 19.

3. C In front of the blank space there is a verb form (**je ne peux pas**/I can't). That is why you need the infinitive form in C (*I am not able to go out*). Review **pouvoir** + inf. in the section on *Verbs with prepositions* in the Appendixes. Review the other forms of **sortir** in A, B, and D. As for **il fait un temps affreux**, review *Verbs used in weather expressions* in the Appendixes, specifically (b), on page 688.

4. B You need the present participle **entrant** because it is preceded by **en**. Josephine fell *while entering* (*en entrant*) the kitchen. Review regular and irregular present participles on page 3. Review the other forms of **entrer** in A, C, and D.

5. B Simone wiped the table. You need the past participle **essuyé** to complete the *passé composé*. There is no need for the fem. agreement in C because there is no fem. sing. direct object that *precedes* the verb. A is the infinitive form. D is the present participle. Review **essuyer**.

6. B To complete the *passé composé* you need **mise**, which is fem. sing. because the reflexive pronoun s' (se/herself) serves as the preceding direct object pronoun and it refers to **Françoise**, the subject, which is fem. sing. Review **se mettre à** + inf. in the section on *Verbs with prepositions* in the Appendixes. Review the forms of **se mettre** and the examples on the bottom of that page.

7. D The subject, **les enfants**, is 3d person pl. The only verb form that is also 3d person pl. among the choices is in D. Review the forms of **vouloir**.

8. C To complete the *passé composé* you need **achetées**, which is fem. pl. because the relative pronoun **que** (which or that) refers to the preceding direct object, **les fleurs**, which is fem. pl. The past participle in A is masc. sing. In B it is masc. pl. The infinitive in D cannot be used because you must complete the *passé composé*. Review **acheter** and the examples on the bottom of that page.

9. A The verb form in the clause beginning with **quand** is in the *passé antérieur* (past anterior), which is used in literary style. Review the explanation and examples of that tense on page 17. Since that tense is used in the subordinate clause, you need to use the *passé simple* in the main clause, which is in choice A. You need the 3d person sing. (**partit**) because the subject (**il**) is 3d person sing. Review the uses and explanation of the *passé simple* on page 12 and the examples in French and English. Also, review the *passé antérieur* (Tense No. 10) of **manger** and the *passé simple* (Tense No. 3) of **partir** as well as the other forms in the choices. Remember that the *passé simple* and the *passé antérieur* are literary tenses. They are not normally used in conversational French. These two tenses are occasionally used in these tests so you can become aware of them when reading French literature.

10. B To complete the *conditionnel passé* (Tense No. 12) of **faire**, you need the conditional (Tense No. 5) of **avoir**, which is **aurais**, 1st person sing., since the subject **je** is 1st person sing. As for **j'aurais fait** (I would have done), review the uses and explanation of the *conditionnel passé* on page 18 and the examples in French and English, as well as Tense No. 12 of **faire**. As for **j'avais eu** (I had had) review the *plus-que-parfait de l'indicatif* (Tense No. 9) on pages 16–17, and under the verb **avoir**. Also, review **si** (if) clauses at the top of page 26.

Test 18

Note: Review the regular and irregular present participles on page 3.

C	H	A	N	T	A	N	T	A	T
H	F	Y	T	N	V	E	A	P	N
O	A	A	N	A	E	F	V	R	A
I	I	N	A	N	A	I	E	E	Y
S	S	T	Y	E	N	N	N	N	O
I	A	A	O	T	T	I	D	A	V
S	N	N	R	O	I	S	A	N	T
S	T	T	C	T	É	S	N	T	N
A	L	L	A	N	T	A	T	O	A
N	A	I	S	S	A	N	T	S	N
T	N	O	S	A	N	T	F	A	E
L	I	S	A	N	T	T	A	N	V

Test 19

Note: From time to time practice the formation of the seven simple tenses for regular verbs on pages 22 and 23 and the formation of the seven compound tenses on pages 23 to 25.

1. A The infinitive form is needed because the blank space is preceded by a verb form and a subject (**Je désire**). Review **désirer** + inf. in the section on *Verbs with prepositions* in the Appendixes. In B, **loué** is a masc. sing. past participle. In C, **louée** is a fem. sing. past participle. There is no need for a past participle here because there is no helping verb in the sentence to require the completion of a compound tense. In D, **louant** is a present participle and there is no need for that because it would make no sense. Review **louer**.

2. B You need the present indicative tense (**C'est**/It is) because the conversation is taking place right now. Review the other forms of **être** in A, C, and D.

3. B By now we hope that you are able to recognize the ending of a verb form that agrees with the subject in person (1st, 2d, or 3d) and number (sing. or pl.). For example: **je prends, tu prends, il prend**, and so forth. There is nothing in the sentence to require the present subjunctive **prenne**. Review the verb forms and tenses of **prendre**.

4. D Same here. The ending of a verb form agrees with the subject in person and number. See number 3 above. There is nothing in the sentence to require the present subjunctive **croie**. Review the verb forms and tenses of **croire**.

5. C The clerk at the hotel desk started the conversation by using the polite **vous** form while talking to you. That is why you need the **vous** form, **montrez**, in C. The clerk also tells you "**Signez**" in the same statement. You are dealing with the imperative (command) because he is telling you to do something. In the imperative the subject is not stated. Review the imperative on pages 20 and 21. In B the infinitive of the verb form **montez** is **monter**/to go up. Review the forms of **montrer**.

Answers to verb tests with explanations 97

Test 20

Note: Review page 6. Review regular and irregular past participles on page 3. Study the formation and uses of the *passé composé* with examples in French and English on page 16. Also, review the *passé composé* of the verbs given after each answer.

1. **Richard a écrit la leçon.** Review **apprendre** and **écrire.**
2. **Elle s'est levée.** Review **s'asseoir** and **se lever.**
3. **J'ai lu la lettre.** Review **écrire** and **lire.**
4. **Elle a ouvert la fenêtre.** Review **fermer** and **ouvrir.**
5. **Hélène est morte.** Review **arriver** and **mourir.**
6. **Avez-vous offert un cadeau?** Review **acheter** and **offrir.**
7. **Marguerite est venue.** Review **sortir** and **venir.**
8. **Nous avons cru l'histoire.** Review **écouter** and **croire.**
9. **Ils ont vu Paris.** Review **visiter** and **voir.**
10. **Les enfants ont ri.** Review **pleurer** and **rire.**
11. **As-tu pris les frites?** Review **commander** and **prendre.**
12. **Ils sont restés à Paris.** Review **aller** and **rester.**
13. **L'étudiant n'a pas su la réponse.** Review **comprendre** and **savoir.**
14. **L'enfant a eu un bon repas.** Review **manger** and **avoir.**
15. **J'ai reçu la lettre.** Review **envoyer** and **recevoir.**
16. **Avez-vous été en France?** Review **voyager** and **être.**
17. **A-t-il couvert la boîte?** Review **ouvrir** and **couvrir.**
18. **Les enfants se sont tus.** Review **se laver** and **se taire.**
19. **Louise a voulu venir chez moi.** Review **désirer** and **vouloir.**
20. **Qui a fait le bruit?** Review **entendre** and **faire.**

Test 21

Note: Review the two-page spread on pages 8 and 9 to be sure you can translate into English the seven simple tenses, the seven compound tenses, and the imperative. The model verb on those two pages is *to go* (*aller*). Keep those two pages open flat and flip back and forth to **aller**, where you see all the forms in all the tenses of **aller**. Compare the forms in English and French. As a guide, follow the tense No. and the name of the tense in both languages as you make your comparison. For practice, you can apply this procedure to other verbs by merely substituting an English verb for a French one, e.g., *to drink* (*boire*).

The asterisks in front of each of the English verb forms below designate the following:
*The French verb forms in Tense No. 3 (*le passé simple*) are used in literary style, formal writing. In French conversation and informal writing use the *passé composé* (Tense No. 8) instead of this tense.
**The French verb forms in Tense No. 7 (*l'imparfait du subjonctif*) are used in literary style, formal writing. In French conversation and informal writing use the *présent du subjonctif* (Tense No. 6) instead of this tense.
***The French verb forms in Tense No. 10 (*le passé antérieur*) are used in literary style, formal writing. In French conversation and informal writing, use *le plus-que-parfait de l'indicatif* (Tense No. 9) instead of this tense.

****The French verb forms in Tense No. 14 (*le plus-que-parfait du subjonctif*) are used in literary style, formal writing. In French conversation and informal writing, use *le passé du subjonctif* (Tense No. 13) instead of this tense.

1. we go, we do go, we are going
2. you were going, you went, you used to go
*3. he went, he did go
4. we shall go, we will go
5. you would go
6. that I may go
**7. that I might go
8. she has gone, she went, she did go
9. they had gone
***10. we had gone
11. you will have gone

12. you would have gone
13. that he may have gone
****14. that she might have gone

15. I know, I do know

*16. he was
17. she will have

18. we would have
19. that I may be
*20. he had
21. I have had, I had, I did have
22. I put, I have put, I did put
23. we will do, we will make
24. I would have come
25. Go away!
26. You have sold, you sold, you did sell
27. We will have finished
28. You had drunk
29. She has gone up, she went up, she did go up
30. We have stayed, we stayed, we did stay

Test 22

Note: Verify the verb forms in the present indicative tense by looking up the verbs in this test on the pages where they appear among the 501 verbs in this book.

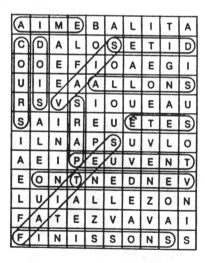

Test 23

Note: In Test 21 you translated verb forms in a variety of tenses from French to English. In this test you are translating English verb forms in a variety of tenses back into French.

1. Nous allons
2. Tu allais
3. Il alla
4. Nous irons
5. Vous iriez
6. Que j'aille
7. Que j'allasse
8. Elle est allée
9. Elles étaient allées
10. Nous fûmes allés
11. Tu seras allé
12. Vous seriez allé
13. Qu'il soit allé
14. Qu'elle fût allée
15. Je sais

16. Il fut
17. Elle aura
18. Nous aurions
19. Que je sois
20. Il eut
21. J'ai eu
22. J'ai mis
23. Nous ferons
24. Je serais venu
25. Allez-vous-en!
26. Vous avez vendu
27. Nous aurons fini
28. Tu avais bu
29. Elle est montée
30. Nous sommes restés

Test 24

Note: This is a repeat of Test 14 because you must know thoroughly the verb forms of **avoir** in the seven simple tenses. They are needed to form the seven compound tenses. Go to Test 14 in this answers section and correct your work. Also, review the verb **avoir** where you will find all the forms. Review again the formation of the seven compound tenses on pages 23 to 25.

Test 25

Note: This is a repeat of Test 15 because you must know thoroughly the verb forms of **être** in the seven simple tenses. They are needed to form the seven compound tenses. Go to Test 15 in this answers section and correct your work. Also, review the verb **être** where you will find all the forms. Review again the formation of the seven compound tenses on pages 23 to 25.

Test 26

Note: Verify the verb forms in the *passé composé* by looking up the verbs in this test on the pages where they appear among the 501 verbs in this book.

1. (a) voir
   (b) présent de l'indicatif
   (c) 1st pers., sing.
2. (a) être
   (b) présent de l'indicatif
   (c) 1st pers., sing.
3. (a) promettre
   (b) plus-que-parfait de l'indicatif
   (c) 2d pers., pl.
4. (a) laisser
   (b) passé composé
   (c) 1st pers., sing.
5. (a) laisser
   (b) présent de l'indicatif
   (c) 2d pers., pl.
6. (a) dire
   (b) plus-que-parfait de l'indicatif
   (c) 3d pers., sing.
7. (a) être
   (b) imparfait de l'indicatif
   (c) 2d pers., pl.
8. (a) croire
   (b) conditionnel
   (c) 1st pers., sing.
9. (a) avoir
   (b) présent de l'indicatif
   (c) 2d pers., pl.

10. (a) attendre
    (b) imparfait de l'indicatif
    (c) 1st pers., sing.
11. (a) voir
    (b) présent de l'indicatif
    (c) 1st pers., sing.
12. (a) avoir
    (b) présent de l'indicatif
    (c) 2d pers., pl.
13. (a) avoir
    (b) présent de l'indicatif
    (c) 2d pers., pl.
14. (a) se flatter
    (b) présent de l'indicatif
    (c) 1st pers., sing.
15. (a) venir
    (b) conditionnel passé
    (c) 2d pers., pl.
16. (a) être
    (b) présent de l'indicatif
    (c) 2d pers., pl.
17. (a) tirer
    (b) impératif
    (c) 2d pers., pl.
18. (a) prier
    (b) présent de l'indicatif
    (c) 1st pers., sing.

Essential 55 verb list

Beginning students should pay careful attention to the verbs in this list. We have chosen them because they represent important spelling changes and popular usage. If you study these key verbs you will be able to conjugate just about any verb you come across and express yourself in correct idiomatic French.

acheter	garder
aimer	jouer
aller/s'en aller	laver/se laver
(Verb Pair)	*(Verb Pair)*
apprendre	se lever
attendre	lire
avoir	manger
boire	mettre/se mettre
chanter	*(Verb Pair)*
choisir	monter
commencer	parler
connaître	partir
courir	payer
couvrir	perdre
se débrouiller	pouvoir
devoir	prendre
dire	rendre
donner	rentrer
dormir	savoir
écrire	sentir
entendre	sortir
entrer	tenir
envoyer	tomber
éteindre	vendre
être	venir
étudier	voir
faire	vouloir
finir	

Subject Pronouns

A. The subject pronouns for all verb forms on the following pages have been omitted in order to emphasize the verb forms, which is what this book is all about.

B. The subject pronouns that have been omitted are, as you know, as follows:

singular	**plural**
je *or* j'	nous
tu	vous
il, elle, on	ils, elles

C. You realize, of course, that when you use a verb form in the Imperative (Command) you do not use the subject pronoun with it, as is also done in English. Example: Parlez! *Speak!* If you use a reflexive verb in the Imperative, drop the subject pronoun but keep the reflexive pronoun. Example: Lavez-vous! *Wash yourself!*

Abbreviations

adj. adjectif, *adjective*
adv. adverbe, *adverb*
ant. antérieur, *anterior*
art. article
comp. computer
cond. conditionnel, *conditional*
def. défini, *definite*
dir. direct
e.g. for example
f. or *fem.* féminin, *feminine*
fam. familiar
fut. futur, *future*
i.e. that is, that is to say
imp. imparfait, *imperfect*
ind. indicatif, *indicative*
inf. infinitif, *infinitive*
m. or *masc.* masculin, *masculine*
n. nom, *noun*
obj. objet, *object*
p. page
pp. pages
part. participe, *participle*
pl. pluriel, *plural*
plpf. plus-que-parfait, *pluperfect*
pr or *prés.* présent, *present*
prep. préposition, *preposition*
pron. pronom, *pronoun*
qqch quelque chose, *something*
qqn quelqu'un, *someone, somebody*
refl. reflexive
s. or *sing.* singulier, *singular*
subj. subjonctif, *subjunctive*
v. verbe, *verb*

Alphabetical Listing of 501 French Verbs Fully Conjugated in All the Tenses and Moods

Note on Synonyms and Antonyms

We have provided a new feature in this edition. At the bottom of each verb page you will find common synonyms and antonyms. Many of the synonyms and antonyms are somewhere else in the main verb section (aimer, boire, se lever, etc.). When the synonym or antonym is not in the main verb section, we give a verb number in parentheses. This number will send you to a verb that is conjugated in the same way as the synonym or antonym you want to use.

For example, on page 186 you will find blesser, to injure, which is verb number 73 in the book. At the bottom of the page you will find guérir, to heal, which is an antonym of blesser. Guérir is listed alphabetically in the main verb section. You will also find soigner, to heal, which is another antonym of blesser. However, soigner is not in the main verb section. It is conjugated in the same way as accompagner, which is verb number 10. This verb number is placed in parentheses after the English definition. We use this same verb number system in the lists at the end of the book.

Syn. = Synonym (The verb has a similar meaning.)
Ant. = Antonym (The verb has roughly the opposite meaning.)
Def. and Imp. = Defective and impersonal verbs (This section begins on page 665.)

Regular **-er** verb   to lower, to reduce, to humiliate, to humble

The Seven Simple Tenses		The Seven Compound Tenses	
Singular	Plural	Singular	Plural

A

1 présent de l'indicatif		8 passé composé	
abaisse	abaissons	ai abaissé	avons abaissé
abaisses	abaissez	as abaissé	avez abaissé
abaisse	abaissent	a abaissé	ont abaissé

2 imparfait de l'indicatif		9 plus-que-parfait de l'indicatif	
abaissais	abaissions	avais abaissé	avions abaissé
abaissais	abaissiez	avais abaissé	aviez abaissé
abaissait	abaissaient	avait abaissé	avaient abaissé

3 passé simple		10 passé antérieur	
abaissai	abaissâmes	eus abaissé	eûmes abaissé
abaissas	abaissâtes	eus abaissé	eûtes abaissé
abaissa	abaissèrent	eut abaissé	eurent abaissé

4 futur		11 futur antérieur	
abaisserai	abaisserons	aurai abaissé	aurons abaissé
abaisseras	abaisserez	auras abaissé	aurez abaissé
abaissera	abaisseront	aura abaissé	auront abaissé

5 conditionnel		12 conditionnel passé	
abaisserais	abaisserions	aurais abaissé	aurions abaissé
abaisserais	abaisseriez	aurais abaissé	auriez abaissé
abaisserait	abaisseraient	aurait abaissé	auraient abaissé

6 présent du subjonctif		13 passé du subjonctif	
abaisse	abaissions	aie abaissé	ayons abaissé
abaisses	abaissiez	aies abaissé	ayez abaissé
abaisse	abaissent	ait abaissé	aient abaissé

7 imparfait du subjonctif		14 plus-que-parfait du subjonctif	
abaissasse	abaissassions	eusse abaissé	eussions abaissé
abaissasses	abaissassiez	eusses abaissé	eussiez abaissé
abaissât	abaissassent	eût abaissé	eussent abaissé

Impératif
abaisse
abaissons
abaissez

Words and expressions related to this verb

abaisser le store to pull down the (venetian) blind, shade
abaisser les yeux to cast one's eyes down, to look down
un abaissement abasement, lowering
abaisser qqn to humiliate someone
abaisser la valeur de qqch to bring down the value of something
un abaisse-langue tongue depressor

See also s'abaisser and baisser.

un rabais reduction
vendre au rabais to sell at a discount
Il est important d'abaisser votre taux de cholestérol. It's important to lower your cholesterol level.

Syn.: diminuer to diminish; humilier to humiliate (212); minimiser to minimize (486); rabaisser to reduce (63)
Ant.: augmenter to increase; élever to raise; glorifier to glorify (212)

The subject pronouns are found on page 103.

s'abaisser (2)

Part. pr. **s'abaissant**   Part. passé **abaissé**

to humble oneself, to lower oneself,
to condescend, to slope downward

Reflexive regular **-er** verb

The Seven Simple Tenses		The Seven Compound Tenses	
Singular	Plural	Singular	Plural
1 présent de l'indicatif		**8 passé composé**	
m'abaisse	nous abaissons	me suis abaissé(e)	nous sommes abaissé(e)s
t'abaisses	vous abaissez	t'es abaissé(e)	vous êtes abaissé(e)(s)
s'abaisse	s'abaissent	s'est abaissé(e)	se sont abaissé(e)s
2 imparfait de l'indicatif		**9 plus-que-parfait de l'indicatif**	
m'abaissais	nous abaissions	m'étais abaissé(e)	nous étions abaissé(e)s
t'abaissais	vous abaissiez	t'étais abaissé(e)	vous étiez abaissé(e)(s)
s'abaissait	s'abaissaient	s'était abaissé(e)	s'étaient abaissé(e)s
3 passé simple		**10 passé antérieur**	
m'abaissai	nous abaissâmes	me fus abaissé(e)	nous fûmes abaissé(e)s
t'abaissas	vous abaissâtes	te fus abaissé(e)	vous fûtes abaissé(e)(s)
s'abaissa	s'abaissèrent	se fut abaissé(e)	se furent abaissé(e)s
4 futur		**11 futur antérieur**	
m'abaisserai	nous abaisserons	me serai abaissé(e)	nous serons abaissé(e)s
t'abaisseras	vous abaisserez	te seras abaissé(e)	vous serez abaissé(e)(s)
s'abaissera	s'abaisseront	se sera abaissé(e)	se seront abaissé(e)s
5 conditionnel		**12 conditionnel passé**	
m'abaisserais	nous abaisserions	me serais abaissé(e)	nous serions abaissé(e)s
t'abaisserais	vous abaisseriez	te serais abaissé(e)	vous seriez abaissé(e)(s)
s'abaisserait	s'abaisseraient	se serait abaissé(e)	se seraient abaissé(e)s
6 présent du subjonctif		**13 passé du subjonctif**	
m'abaisse	nous abaissions	me sois abaissé(e)	nous soyons abaissé(e)s
t'abaisses	vous abaissiez	te sois abaissé(e)	vous soyez abaissé(e)(s)
s'abaisse	s'abaissent	se soit abaissé(e)	se soient abaissé(e)s
7 imparfait du subjonctif		**14 plus-que-parfait du subjonctif**	
m'abaissasse	nous abaissassions	me fusse abaissé(e)	nous fussions abaissé(e)s
t'abaissasses	vous abaissassiez	te fusses abaissé(e)	vous fussiez abaissé(e)(s)
s'abaissât	s'abaissassent	se fût abaissé(e)	se fussent abaissé(e)s

Impératif
abaisse-toi; ne t'abaisse pas
abaissons-nous; ne nous abaissons pas
abaissez-vous; ne vous abaissez pas

Words and expressions related to this verb

s'abaisser to decline, to go down
s'abaisser à to stoop to
s'abaisser devant qqn to humble oneself
before someone
Le taux de chômage **s'est abaissé.** The
unemployment rate declined.
Car quiconque **s'élève** sera **abaissé,** et celui
qui **s'abaisse** sera **élevé.** For whoever exalts

himself will be humbled, and he who humbles
himself will be exalted. (Luke 14:11)

See also **abaisser** and **baisser.**

Syn.: **condescendre à** to condescend to (394);
s'humilier to humble oneself (2, 212)
Ant.: **se hisser** to hoist oneself (83); **se
glorifier de** to glory in (2, 212)

Part. pr. **abasourdissant**   Part. passé **abasourdi**   **abasourdir** (3)

Regular **-ir** verb   to daze, to deafen, to stun, to bewilder, to stupefy

The Seven Simple Tenses | The Seven Compound Tenses

Singular	Plural	Singular	Plural	**A**

1 présent de l'indicatif
abasourdis	abasourdissons
abasourdis	abasourdissez
abasourdit	abasourdissent

8 passé composé
ai abasourdi	avons abasourdi
as abasourdi	avez abasourdi
a abasourdi	ont abasourdi

2 imparfait de l'indicatif
abasourdissais	abasourdissions
abasourdissais	abasourdissiez
abasourdissait	abasourdissaient

9 plus-que-parfait de l'indicatif
avais abasourdi	avions abasourdi
avais abasourdi	aviez abasourdi
avait abasourdi	avaient abasourdi

3 passé simple
abasourdis	abasourdîmes
abasourdis	abasourdîtes
abasourdit	abasourdirent

10 passé antérieur
eus abasourdi	eûmes abasourdi
eus abasourdi	eûtes abasourdi
eut abasourdi	eurent abasourdi

4 futur
abasourdirai	abasourdirons
abasourdiras	abasourdirez
abasourdira	abasourdiront

11 futur antérieur
aurai abasourdi	aurons abasourdi
auras abasourdi	aurez abasourdi
aura abasourdi	auront abasourdi

5 conditionnel
abasourdirais	abasourdirions
abasourdirais	abasourdiriez
abasourdirait	abasourdiraient

12 conditionnel passé
aurais abasourdi	aurions abasourdi
aurais abasourdi	auriez abasourdi
aurait abasourdi	auraient abasourdi

6 présent du subjonctif
abasourdisse	abasourdissions
abasourdisses	abasourdissiez
abasourdisse	abasourdissent

13 passé du subjonctif
aie abasourdi	ayons abasourdi
aies abasourdi	ayez abasourdi
ait abasourdi	aient abasourdi

7 imparfait du subjonctif
abasourdisse	abasourdissions
abasourdisses	abasourdissiez
abasourdît	abasourdissent

14 plus-que-parfait du subjonctif
eusse abasourdi	eussions abasourdi
eusses abasourdi	eussiez abasourdi
eût abasourdi	eussent abasourdi

Impératif
abasourdis
abasourdissons
abasourdissez

Words and expressions related to this verb

assourdir to deafen, to deaden a sound, to muffle
s'assourdir to soften the sound of a consonant, to unvoice a consonant
abasourdissant, abasourdissante astounding, amazing
sourd, sourde deaf

Syn.: **étourdir** to daze, to bewilder; **étonner** to amaze, to stun Ant.: **éveiller** to awaken (109); **calmer** to calm (27)

devenir sourd to become deaf
faire la sourde oreille to turn a deaf ear, not to listen
être sourd à to be deaf to
la surdité deafness
un abasourdissement amazement, astonishment, bewilderment
Ce que j'ai vu à la télé m'a abasourdi. I was stunned by what I saw on TV.

The *s* in **abasourdir** is pronounced as if it were written *z*.

The subject pronouns are found on page 103.

abattre (4)

Part. pr. **abattant**   Part. passé **abattu**

to dishearten, to strike down, to cut down,
to knock down, to slaughter

Irregular verb in 1s, 2s,
3s present indicative

The Seven Simple Tenses		The Seven Compound Tenses	
Singular	Plural	Singular	Plural
1 présent de l'indicatif		**8 passé composé**	
abats	abattons	ai abattu	avons abattu
abats	abattez	as abattu	avez abattu
abat	abattent	a abattu	ont abattu
2 imparfait de l'indicatif		**9 plus-que-parfait de l'indicatif**	
abattais	abattions	avais abattu	avions abattu
abattais	abattiez	avais abattu	aviez abattu
abattait	abattaient	avait abattu	avaient abattu
3 passé simple		**10 passé antérieur**	
abattis	abattîmes	eus abattu	eûmes abattu
abattis	abattîtes	eus abattu	eûtes abattu
abattit	abattirent	eut abattu	eurent abattu
4 futur		**11 futur antérieur**	
abattrai	abattrons	aurai abattu	aurons abattu
abattras	abattrez	auras abattu	aurez abattu
abattra	abattront	aura abattu	auront abattu
5 conditionnel		**12 conditionnel passé**	
abattrais	abattrions	aurais abattu	aurions abattu
abattrais	abattriez	aurais abattu	auriez abattu
abattrait	abattraient	aurait abattu	auraient abattu
6 présent du subjonctif		**13 passé du subjonctif**	
abatte	abattions	aie abattu	ayons abattu
abattes	abattiez	aies abattu	ayez abattu
abatte	abattent	ait abattu	aient abattu
7 imparfait du subjonctif		**14 plus-que-parfait du subjonctif**	
abattisse	abattissions	eusse abattu	eussions abattu
abattisses	abattissiez	eusses abattu	eussiez abattu
abattît	abattissent	eût abattu	eussent abattu

Impératif
abats
abattons
abattez

Words and expressions related to this verb

l'**abattage** *m.* slaughtering of animals
un **abattoir** slaughterhouse
rabattre to pull down, to turn down, to knock
  down, to beat down
un **rabat-joie** killjoy, "wet blanket"; (des
  rabat-joie)
un **abatteur** slaughterer of animals
à **bas!** down with! à **bas les devoirs!** down
  with homework!
un **abat-jour** lampshade
un **abat-son** louver

Le gangster fut abattu dans la rue. The
  gangster was struck down (killed) in
  the street.

See also **battre**, **se battre**, and **combattre**.

Syn.: **démolir** to demolish; **couper** to cut;
renverser to knock over (492); **accabler** to
overwhelm (407)
Ant.: **bâtir** to build; **remonter** to go up again
(298); **élever** to raise

The Seven Simple Tenses		The Seven Compound Tenses	
Singular	Plural	Singular	Plural

A

1 présent de l'indicatif		8 passé composé	
abolis	**abolissons**	**ai aboli**	**avons aboli**
abolis	**abolissez**	**as aboli**	**avez aboli**
abolit	**abolissent**	**a aboli**	**ont aboli**
2 imparfait de l'indicatif		9 plus-que-parfait de l'indicatif	
abolissais	**abolissions**	**avais aboli**	**avions aboli**
abolissais	**abolissiez**	**avais aboli**	**aviez aboli**
abolissait	**abolissaient**	**avait aboli**	**avaient aboli**
3 passé simple		10 passé antérieur	
abolis	**abolîmes**	**eus aboli**	**eûmes aboli**
abolis	**abolîtes**	**eus aboli**	**eûtes aboli**
abolit	**abolirent**	**eut aboli**	**eurent aboli**
4 futur		11 futur antérieur	
abolirai	**abolirons**	**aurai aboli**	**aurons aboli**
aboliras	**abolirez**	**auras aboli**	**aurez aboli**
abolira	**aboliront**	**aura aboli**	**auront aboli**
5 conditionnel		12 conditionnel passé	
abolirais	**abolirions**	**aurais aboli**	**aurions aboli**
abolirais	**aboliriez**	**aurais aboli**	**auriez aboli**
abolirait	**aboliraient**	**aurait aboli**	**auraient aboli**
6 présent du subjonctif		13 passé du subjonctif	
abolisse	**abolissions**	**aie aboli**	**ayons aboli**
abolisses	**abolissiez**	**aies aboli**	**ayez aboli**
abolisse	**abolissent**	**ait aboli**	**aient aboli**
7 imparfait du subjonctif		14 plus-que-parfait du subjonctif	
abolisse	**abolissions**	**eusse aboli**	**eussions aboli**
abolisses	**abolissiez**	**eusses aboli**	**eussiez aboli**
abolît	**abolissent**	**eût aboli**	**eussent aboli**

Impératif
abolis
abolissons
abolissez

Sentences using this verb and words related to this verb

Le législateur a soumis un projet de loi abolissant la peine de mort. The legislator submitted a bill abolishing the death penalty.
l'abolition *f.* abolition
l'abolitionnisme *m.* abolitionism
abolitionniste abolitionist

Les abolitionnistes ont réussi à éliminer l'esclavage.   The abolitionists succeeded in eliminating slavery.

Syn.: **annuler** to annul (81); **supprimer** to suppress (220); **abroger** to repeal (263); **révoquer** to revoke (219)
Ant.: **maintenir** to maintain (463); **promulguer** to promulgate (307)

The subject pronouns are found on page 103.   **111**

absoudre (6)

Part. pr. absolvant   **Part. passé absous (absoute)**

to absolve

Irregular verb *Tense Nos. 3 and 7 of this verb are rarely used.

The Seven Simple Tenses		The Seven Compound Tenses	
Singular	Plural	Singular	Plural
1 présent de l'indicatif		**8 passé composé**	
absous	absolvons	ai absous	avons absous
absous	absolvez	as absous	avez absous
absout	absolvent	a absous	ont absous
2 imparfait de l'indicatif		**9 plus-que-parfait de l'indicatif**	
absolvais	absolvions	avais absous	avions absous
absolvais	absolviez	avais absous	aviez absous
absolvait	absolvaient	avait absous	avaient absous
*3 passé simple		**10 passé antérieur**	
absolus	absolûmes	eus absous	eûmes absous
absolus	absolûtes	eus absous	eûtes absous
absolut	absolurent	eut absous	eurent absous
4 futur		**11 futur antérieur**	
absoudrai	absoudrons	aurai absous	aurons absous
absoudras	absoudrez	auras absous	aurez absous
absoudra	absoudront	aura absous	auront absous
5 conditionnel		**12 conditionnel passé**	
absoudrais	absoudrions	aurais absous	aurions absous
absoudrais	absoudriez	aurais absous	auriez absous
absoudrait	absoudraient	aurait absous	auraient absous
6 présent du subjonctif		**13 passé du subjonctif**	
absolve	absolvions	aie absous	ayons absous
absolves	absolviez	aies absous	ayez absous
absolve	absolvent	ait absous	aient absous
*7 imparfait du subjonctif		**14 plus-que-parfait du subjonctif**	
absolusse	absolussions	eusse absous	eussions absous
absolusses	absolussiez	eusses absous	eussiez absous
absolût	absolussent	eût absous	eussent absous

Impératif
absous
absolvons
absolvez

Words and expressions related to this verb

une absolution absolution (of a sin)
donner l'absolution à un pécheur to absolve a sinner (of his sins)
une absoute recitation of prayers for the dead
absolument absolutely; **Je le veux absolument.** I really insist upon it.
une confiance absolue complete confidence
un refus absolu absolute (flat) refusal

absolument pas! certainly not!
absolument rien! absolutely nothing!

The *b* in **absoudre** is pronounced as if it were written *p*. See also **résoudre**.

Syn.: **disculper** to exonerate (27); **excuser** to excuse; **innocenter de** to clear of (90); **pardonner** to pardon
Ant.: **accuser** to accuse; **condamner** to condemn (98); **inculper de** to charge with (27)

The Seven Simple Tenses		The Seven Compound Tenses	
Singular	Plural	Singular	Plural

A

1 présent de l'indicatif		8 passé composé	
m'abstiens	**nous abstenons**	**me suis abstenu(e)**	**nous sommes abstenu(e)s**
t'abstiens	**vous abstenez**	**t'es abstenu(e)**	**vous êtes abstenu(e)(s)**
s'abstient	**s'abstiennent**	**s'est abstenu(e)**	**se sont abstenu(e)s**

2 imparfait de l'indicatif		9 plus-que-parfait de l'indicatif	
m'abstenais	**nous abstenions**	**m'étais abstenu(e)**	**nous étions abstenu(e)s**
t'abstenais	**vous absteniez**	**t'étais abstenu(e)**	**vous étiez abstenu(e)(s)**
s'abstenait	**s'abstenaient**	**s'était abstenu(e)**	**s'étaient abstenu(e)s**

3 passé simple		10 passé antérieur	
m'abstins	**nous abstînmes**	**me fus abstenu(e)**	**nous fûmes abstenu(e)s**
t'abstins	**vous abstîntes**	**te fus abstenu(e)**	**vous fûtes abstenu(e)(s)**
s'abstint	**s'abstinrent**	**se fut abstenu(e)**	**se furent abstenu(e)s**

4 futur		11 futur antérieur	
m'abstiendrai	**nous abstiendrons**	**me serai abstenu(e)**	**nous serons abstenu(e)s**
t'abstiendras	**vous abstiendrez**	**te seras abstenu(e)**	**vous serez abstenu(e)(s)**
s'abstiendra	**s'abstiendront**	**se sera abstenu(e)**	**se seront abstenu(e)s**

5 conditionnel		12 conditionnel passé	
m'abstiendrais	**nous abstiendrions**	**me serais abstenu(e)**	**nous serions abstenu(e)s**
t'abstiendrais	**vous abstiendriez**	**te serais abstenu(e)**	**vous seriez abstenu(e)(s)**
s'abstiendrait	**s'abstiendraient**	**se serait abstenu(e)**	**se seraient absttenu(e)s**

6 présent du subjonctif		13 passé du subjonctif	
m'abstienne	**nous abstenions**	**me sois abstenu(e)**	**nous soyons abstenu(e)s**
t'abstiennes	**vous absteniez**	**te sois abstenu(e)**	**vous soyez abstenu(e)(s)**
s'abstienne	**s'abstiennent**	**se soit abstenu(e)**	**se soient abstenu(e)s**

7 imparfait du subjonctif		14 plus-que-parfait du subjonctif	
m'abstinsse	**nous abstinssions**	**me fusse abstenu(e)**	**nous fussions abstenu(e)s**
t'abstinsses	**vous abstinssiez**	**te fusses abstenu(e)**	**vous fussiez abstenu(e)(s)**
s'abstînt	**s'abstinssent**	**se fût abstenu(e)**	**se fussent abstenu(e)s**

Impératif
abstiens-toi; ne t'abstiens pas
abstenons-nous; ne nous abstenons pas
abstenez-vous; ne vous abstenez pas

Words and expressions related to this verb

s'abstenir de to abstain from, to refrain from
l'abstinence *f.* abstinence

Syn.: **se garder de** to be careful not to (240, 33); **se refuser** to deny oneself (384, 122); **se priver de** to do without (277); **renoncer à** to renounce (371)
Ant.: **se permettre de** to take the liberty (339, 33); **participer à** to participate in (251)

l'abstention *f.* abstention
abstinent, abstinente abstinent
faire abstinence de to abstain from
un abstentionniste abstentionist
s'abstenir de faire to refrain from doing
Je m'abstiens d'envoyer les SMS au volant.
  I refrain from texting while driving (lit.: at the wheel).

The *b* in **s'abstenir** is pronounced as if it were written *p*.

The subject pronouns are found on page 103.

accepter (8)

to accept

Part. pr. **acceptant**　　Part. passé **accepté**

Regular **-er** verb

The Seven Simple Tenses		The Seven Compound Tenses	
Singular	Plural	Singular	Plural
1 présent de l'indicatif		**8 passé composé**	
accepte	acceptons	ai accepté	avons accepté
acceptes	acceptez	as accepté	avez accepté
accepte	acceptent	a accepté	ont accepté
2 imparfait de l'indicatif		**9 plus-que-parfait de l'indicatif**	
acceptais	acceptions	avais accepté	avions accepté
acceptais	acceptiez	avais accepté	aviez accepté
acceptait	acceptaient	avait accepté	avaient accepté
3 passé simple		**10 passé antérieur**	
acceptai	acceptâmes	eus accepté	eûmes accepté
acceptas	acceptâtes	eus accepté	eûtes accepté
accepta	acceptèrent	eut accepté	eurent accepté
4 futur		**11 futur antérieur**	
accepterai	accepterons	aurai accepté	aurons accepté
accepteras	accepterez	auras accepté	aurez accepté
acceptera	accepteront	aura accepté	auront accepté
5 conditionnel		**12 conditionnel passé**	
accepterais	accepterions	aurais accepté	aurions accepté
accepterais	accepteriez	aurais accepté	auriez accepté
accepterait	accepteraient	aurait accepté	auraient accepté
6 présent du subjonctif		**13 passé du subjonctif**	
accepte	acceptions	aie accepté	ayons accepté
acceptes	acceptiez	aies accepté	ayez accepté
accepte	acceptent	ait accepté	aient accepté
7 imparfait du subjonctif		**14 plus-que-parfait du subjonctif**	
acceptasse	acceptassions	eusse accepté	eussions accepté
acceptasses	acceptassiez	eusses accepté	eussiez accepté
acceptât	acceptassent	eût accepté	eussent accepté

Impératif
accepte
acceptons
acceptez

Words and expressions related to this verb

acceptable acceptable, satisfactory
une acceptation acceptance
accepter une invitation to accept an invitation
l'acception *f.* sense, meaning
accepter de fair qqch to agree to do something

Michel a accepté de travailler dimanche prochain. Michael agreed to work next Sunday.
Acceptez-vous les cartes bancaires? Do you accept credit cards?

Syn.: **admettre** to admit; **recevoir** to receive; **accueillir** to welcome
Ant.: **refuser** to refuse; **rejeter** to reject (267)

The Seven Simple Tenses		The Seven Compound Tenses	
Singular	Plural	Singular	Plural

1 présent de l'indicatif

		8 passé composé	
acclame	acclamons	ai acclamé	avons acclamé
acclames	acclamez	as acclamé	avez acclamé
acclame	acclament	a acclamé	ont acclamé

2 imparfait de l'indicatif

		9 plus-que-parfait de l'indicatif	
acclamais	acclamions	avais acclamé	avions acclamé
acclamais	acclamiez	avais acclamé	aviez acclamé
acclamait	acclamaient	avait acclamé	avaient acclamé

3 passé simple

		10 passé antérieur	
acclamai	acclamâmes	eus acclamé	eûmes acclamé
acclamas	acclamâtes	eus acclamé	eûtes acclamé
acclama	acclamèrent	eut acclamé	eurent acclamé

4 futur

		11 futur antérieur	
acclamerai	acclamerons	aurai acclamé	aurons acclamé
acclameras	acclamerez	auras acclamé	aurez acclamé
acclamera	acclameront	aura acclamé	auront acclamé

5 conditionnel

		12 conditionnel passé	
acclamerais	acclamerions	aurais acclamé	aurions acclamé
acclamerais	acclameriez	aurais acclamé	auriez acclamé
acclamerait	acclameraient	aurait acclamé	auraient acclamé

6 présent du subjonctif

		13 passé du subjonctif	
acclame	acclamions	aie acclamé	ayons acclamé
acclames	acclamiez	aies acclamé	ayez acclamé
acclame	acclament	ait acclamé	aient acclamé

7 imparfait du subjonctif

		14 plus-que-parfait du subjonctif	
acclamasse	acclamassions	eusse acclamé	eussions acclamé
acclamasses	acclamassiez	eusses acclamé	eussiez acclamé
acclamât	acclamassent	eût acclamé	eussent acclamé

Impératif
acclame
acclamons
acclamez

Words and expressions related to this verb

l'acclamation *f.* acclamation, cheering
nommer par acclamation to name by acclamation
réclamer to demand, to ask for
une réclame advertisement, commercial
élire par acclamation to elect by acclamation
se faire acclamer to be cheered, hailed

une réclamation complaint
Jean-Claude a été acclamé pour tout ce qu'il avait fait pour l'équipe. Jean-Claude was cheered for all that he had done for the team.

Syn.: applaudir de to applaud for (229); ovationner to give an ovation (171)
Ant.: huer to boo (483)

It's important that you be familiar with the subjunctive. See pages 26–31.

accompagner (10)   Part. pr. accompagnant   Part. passé accompagné

to accompany

The Seven Simple Tenses		The Seven Compound Tenses	
Singular	Plural	Singular	Plural

1 présent de l'indicatif

		8 passé composé	
accompagne	accompagnons	ai accompagné	avons accompagné
accompagnes	accompagnez	as accompagné	avez accompagné
accompagne	accompagnent	a accompagné	ont accompagné

2 imparfait de l'indicatif

		9 plus-que-parfait de l'indicatif	
accompagnais	accompagnions	avais accompagné	avions accompagné
accompagnais	accompagniez	avais accompagné	aviez accompagné
accompagnait	accompagnaient	avait accompagné	avaient accompagné

3 passé simple

		10 passé antérieur	
accompagnai	accompagnâmes	eus accompagné	eûmes accompagné
accompagnas	accompagnâtes	eus accompagné	eûtes accompagné
accompagna	accompagnèrent	eut accompagné	eurent accompagné

4 futur

		11 futur antérieur	
accompagnerai	accompagnerons	aurai accompagné	aurons accompagné
accompagneras	accompagnerez	auras accompagné	aurez accompagné
accompagnera	accompagneront	aura accompagné	auront accompagné

5 conditionnel

		12 conditionnel passé	
accompagnerais	accompagnerions	aurais accompagné	aurions accompagné
accompagnerais	accompagneriez	aurais accompagné	auriez accompagné
accompagnerait	accompagneraient	aurait accompagné	auraient accompagné

6 présent du subjonctif

		13 passé du subjonctif	
accompagne	accompagnions	aie accompagné	ayons accompagné
accompagnes	accompagniez	aies accompagné	ayez accompagné
accompagne	accompagnent	ait accompagné	aient accompagné

7 imparfait du subjonctif

		14 plus-que-parfait du subjonctif	
accompagnasse	accompagnassions	eusse accompagné	eussions accompagné
accompagnasses	accompagnassiez	eusses accompagné	eussiez accompagné
accompagnât	accompagnassent	eût accompagné	eussent accompagné

Impératif
accompagne
accompagnons
accompagnez

Words and expressions related to this verb

une compagnie company, theatrical troupe
raccompagner quelqu'un to see someone out,
  see someone off
un animal de compagnie (animal domestique)
  a pet
s'accompagner de to be accompanied by
un accompagnement accompanying,
  accompaniment (music)

un accompagnateur, une accompagnatrice
  accompanist (music)
un compagnon, une compagne companion

Syn.: **chaperonner** to chaperone (171);
escorter to escort (349); **raccompagner** to
see someone home (10)
Ant.: **quitter** to leave; **abandonner** to
abandon (171)

116

to accord, to grant, to reconcile, to admit

The Seven Simple Tenses | The Seven Compound Tenses

A

Singular	Plural	Singular	Plural
1 présent de l'indicatif		**8 passé composé**	
accorde	accordons	ai accordé	avons accordé
accordes	accordez	as accordé	avez accordé
accorde	accordent	a accordé	ont accordé
2 imparfait de l'indicatif		**9 plus-que-parfait de l'indicatif**	
accordais	accordions	avais accordé	avions accordé
accordais	accordiez	avais accordé	aviez accordé
accordait	accordaient	avait accordé	avaient accordé
3 passé simple		**10 passé antérieur**	
accordai	accordâmes	eus accordé	eûmes accordé
accordas	accordâtes	eus accordé	eûtes accordé
accorda	accordèrent	eut accordé	eurent accordé
4 futur		**11 futur antérieur**	
accorderai	accorderons	aurai accordé	aurons accordé
accorderas	accorderez	auras accordé	aurez accordé
accordera	accorderont	aura accordé	auront accordé
5 conditionnel		**12 conditionnel passé**	
accorderais	accorderions	aurais accordé	aurions accordé
accorderais	accorderiez	aurais accordé	auriez accordé
accorderait	accorderaient	aurait accordé	auraient accordé
6 présent du subjonctif		**13 passé du subjonctif**	
accorde	accordions	aie accordé	ayons accordé
accordes	accordiez	aies accordé	ayez accordé
accorde	accordent	ait accordé	aient accordé
7 imparfait du subjonctif		**14 plus-que-parfait du subjonctif**	
accordasse	accordassions	eusse accordé	eussions accordé
accordasses	accordassiez	eusses accordé	eussiez accordé
accordât	accordassent	eût accordé	eussent accordé

Impératif
accorde
accordons
accordez

Words and expressions related to this verb

un **accord** agreement, consent
d'accord agreed, okay
mettre d'accord to reconcile
se mettre d'accord to come to an agreement
l'accord entre le sujet et le verbe subject-verb agreement
une **concordance** similarity, concordance
un **accordage** tuning (music)
un **accordéon** accordion (music)
un, une accordéoniste accordionist

s'accorder to be on good terms; to come to terms, to agree
cordialement cordially, heartily
donner son accord to agree, consent
Le verbe s'accorde en personne et en nombre avec le sujet. The verb agrees in person and number with the subject.

Syn.: **réconcilier** to reconcile (212); **permettre** to permit; **consentir** (à) to consent
Ant.: **opposer** to oppose (350); **refuser** to refuse

The subject pronouns are found on page 103.   **117**

accourir (12)

Part. pr. accourant   **Part. passé** accouru

to run to, to run up to, to come (go) running to   Irregular verb

This verb is conjugated with either **avoir** or **être** to form the compound tenses.

The Seven Simple Tenses		The Seven Compound Tenses	
Singular	Plural	Singular	Plural
1 présent de l'indicatif		**8 passé composé**	
accours	accourons	ai accouru	avons accouru
accours	accourez	as accouru	avez accouru
accourt	accourent	a accouru	ont accouru
2 imparfait de l'indicatif		**9 plus-que-parfait de l'indicatif**	
accourais	accourions	avais accouru	avions accouru
accourais	accouriez	avais accouru	aviez accouru
accourait	accouraient	avait accouru	avaient accouru
3 passé simple		**10 passé antérieur**	
accourus	accourûmes	eus accouru	eûmes accouru
accourus	accourûtes	eus accouru	eûtes accouru
accourut	accoururent	eut accouru	eurent accouru
4 futur		**11 futur antérieur**	
accourrai	accourrons	aurai accouru	aurons accouru
accourras	accourrez	auras accouru	aurez accouru
accourra	accourront	aura accouru	auront accouru
5 conditionnel		**12 conditionnel passé**	
accourrais	accourrions	aurais accouru	aurions accouru
accourrais	accourriez	aurais accouru	auriez accouru
accourrait	accourraient	aurait accouru	auraient accouru
6 présent du subjonctif		**13 passé du subjonctif**	
accoure	accourions	aie accouru	ayons accouru
accoures	accouriez	aies accouru	ayez accouru
accoure	accourent	ait accouru	aient accouru
7 imparfait du subjonctif		**14 plus-que-parfait du subjonctif**	
accourusse	accourussions	eusse accouru	eussions accouru
accourusses	accourussiez	eusses accouru	eussiez accouru
accourût	accourussent	eût accouru	eussent accouru

Impératif
accours
accourons
accourez

Words and expressions related to this verb

accourir vers qqn to go (come) running toward someone

J'ai accouru vers la pauvre vieille dame pour l'aider à se relever. I went running up to the poor old lady to help her get on her feet.

courir to run
concourir to compete
encourir to incur
secourir to aid, help

la course et la marche running and walking
la course au pouvoir the race for power
Le bon Samaritain a accouru pour aider les victimes de l'accident. The good Samaritan ran to help the accident victims.

See also courir.

Syn.: se presser to rush; se dépêcher to hurry
Ant.: arrêter to stop; fuir to flee

Regular **-er** verb   to hang (up), to hook (on a hanger, nail, *e.g.*, a coat)

The Seven Simple Tenses		The Seven Compound Tenses	
Singular	Plural	Singular	Plural

A

1 présent de l'indicatif		8 passé composé	
accroche	accrochons	ai accroché	avons accroché
accroches	accrochez	as accroché	avez accroché
accroche	accrochent	a accroché	ont accroché

2 imparfait de l'indicatif		9 plus-que-parfait de l'indicatif	
accrochais	accrochions	avais accroché	avions accroché
accrochais	accrochiez	avais accroché	aviez accroché
accrochait	accrochaient	avait accroché	avaient accroché

3 passé simple		10 passé antérieur	
accrochai	accrochâmes	eus accroché	eûmes accroché
accrochas	accrochâtes	eus accroché	eûtes accroché
accrocha	accrochèrent	eut accroché	eurent accroché

4 futur		11 futur antérieur	
accrocherai	accrocherons	aurai accroché	aurons accroché
accrocheras	accrocherez	auras accroché	aurez accroché
accrochera	accrocheront	aura accroché	auront accroché

5 conditionnel		12 conditionnel passé	
accrocherais	accrocherions	aurais accroché	aurions accroché
accrocherais	accrocheriez	aurais accroché	auriez accroché
accrocherait	accrocheraient	aurait accroché	auraient accroché

6 présent du subjonctif		13 passé du subjonctif	
accroche	accrochions	aie accroché	ayons accroché
accroches	accrochiez	aies accroché	ayez accroché
accroche	accrochent	ait accroché	aient accroché

7 imparfait du subjonctif		14 plus-que-parfait du subjonctif	
accrochasse	accrochassions	eusse accroché	eussions accroché
accrochasses	accrochassiez	eusses accroché	eussiez accroché
accrochât	accrochassent	eût accroché	eussent accroché

Impératif
accroche
accrochons
accrochez

Words and expressions related to this verb

accrocher son manteau to hang up one's coat
un accrocheur, une accrocheuse leech (a person who clings, "hangs on" to another person, and is difficult to shake off)
un accroche-plat plate hanger

Syn.: **pendre** to hang; **suspendre** to suspend; **fixer** to fix, to fasten (27); **attacher** to tie up (82)
Ant.: **décrocher** to unhook, to pick up a phone receiver (13); **détacher** to detach (285)

un accroche-coeur curl of hair against the temple of one's head (kiss curl); **des accroche-coeurs**
Accroche-toi! Hang on! Hang in there!
raccrocher to hang up a telephone
décrocher une bonne place to land a soft job
le décrochage unhooking
un crochet hook, hanger
crocheter to hook in, to pick a lock
faire du crochet to crochet
Félicité a accroché le chapeau au miroir Felicity hung the hat on the mirror.

The subject pronouns are found on page 103.

accroître (14)

Part. pr. **accroissant**   Part. passé **accru**

to increase, to make greater, to enlarge

The Seven Simple Tenses		The Seven Compound Tenses	
Singular	Plural	Singular	Plural
1 présent de l'indicatif		**8 passé composé**	
accrois	accroissons	ai accru	avons accru
accrois	accroissez	as accru	avez accru
accroît	accroissent	a accru	ont accru
2 imparfait de l'indicatif		**9 plus-que-parfait de l'indicatif**	
accroissais	accroissions	avais accru	avions accru
accroissais	accroissiez	avais accru	aviez accru
accroissait	accroissaient	avait accru	avaient accru
3 passé simple		**10 passé antérieur**	
accrus	accrûmes	eus accru	eûmes accru
accrus	accrûtes	eus accru	eûtes accru
accrut	accrurent	eut accru	eurent accru
4 futur		**11 futur antérieur**	
accroîtrai	accroîtrons	aurai accru	aurons accru
accroîtras	accroîtrez	auras accru	aurez accru
accroîtra	accroîtront	aura accru	auront accru
5 conditionnel		**12 conditionnel passé**	
accroîtrais	accroîtrions	aurais accru	aurions accru
accroîtrais	accroîtriez	aurais accru	auriez accru
accroîtrait	accroîtraient	aurait accru	auraient accru
6 présent du subjonctif		**13 passé du subjonctif**	
accroisse	accroissions	aie accru	ayons accru
accroisses	accroissiez	aies accru	ayez accru
accroisse	accroissent	ait accru	aient accru
7 imparfait du subjonctif		**14 plus-que-parfait du subjonctif**	
accrusse	accrussions	eusse accru	eussions accru
accrusses	accrussiez	eusses accru	eussiez accru
accrût	accrussent	eût accru	eussent accru

Impératif
accrois
accroissons
accroissez

Words related to this verb

un accroissement growth, increase, accumulation, accretion
une accrue increase, accretion
s'accroître to accrue, to increase
accroître son pouvoir to increase one's power
accroître sa production to increase one's production
Note: **Accroître** is not conjugated exactly like **croître**. In many of the simple tenses **croître**

has an added circumflex accent to distinguish it from **croire** (to believe): **je croîs (croître), je crois (croire)**.

See also **croître** and **décroître**.

Syn.: **augmenter** to increase; **agrandir** to enlarge (245); **grossir** to get bigger (282)
Ant.: **diminuer** to diminish; **amoindrir** to lessen (229); **abaisser** to reduce; **décroître** to decrease

The Seven Simple Tenses

The Seven Compound Tenses

A

Singular	Plural	Singular	Plural
1 présent de l'indicatif		8 passé composé	
accueille	**accueillons**	**ai accueilli**	**avons accueilli**
accueilles	**accueillez**	**as accueilli**	**avez accueilli**
accueille	**accueillent**	**a accueilli**	**ont accueilli**
2 imparfait de l'indicatif		9 plus-que-parfait de l'indicatif	
accueillais	**accueillions**	**avais accueilli**	**avions accueilli**
accueillais	**accueilliez**	**avais accueilli**	**aviez accueilli**
accueillait	**accueillaient**	**avait accueilli**	**avaient accueilli**
3 passé simple		10 passé antérieur	
accueillis	**accueillîmes**	**eus accueilli**	**eûmes accueilli**
accueillis	**accueillîtes**	**eus accueilli**	**eûtes accueilli**
accueillit	**accueillirent**	**eut accueilli**	**eurent accueilli**
4 futur		11 futur antérieur	
accueillerai	**accueillerons**	**aurai accueilli**	**aurons accueilli**
accueilleras	**accueillerez**	**auras accueilli**	**aurez accueilli**
accueillera	**accueilleront**	**aura accueilli**	**auront accueilli**
5 conditionnel		12 conditionnel passé	
accueillerais	**accueillerions**	**aurais accueilli**	**aurions accueilli**
accueillerais	**accueilleriez**	**aurais accueilli**	**auriez accueilli**
accueillerait	**accueilleraient**	**aurait accueilli**	**auraient accueilli**
6 présent du subjonctif		13 passé du subjonctif	
accueille	**accueillions**	**aie accueilli**	**ayons accueilli**
accueilles	**accueilliez**	**aies accueilli**	**ayez accueilli**
accueille	**accueillent**	**ait accueilli**	**aient accueilli**
7 imparfait du subjonctif		14 plus-que-parfait du subjonctif	
accueillisse	**accueillissions**	**eusse accueilli**	**eussions accueilli**
accueillisses	**accueillissiez**	**eusses accueilli**	**eussiez accueilli**
accueillît	**accueillissent**	**eût accueilli**	**eussent accueilli**

Impératif
accueille
accueillons
accueillez

Words and expressions related to this verb

accueillir chaleureusement to give a warm welcome
accueillir froidement to give a cool reception
faire bon accueil to give a warm welcome
l'accueil *m.*/**le bureau d'accueil** reception desk
un accueil welcome, reception;
 un accueil chaleureux warm welcome

accueillant, accueillante hospitable; **l'accueil des touristes** accommodating the tourists
Ma grand-mère m'accueille toujours aimablement. My grandmother always welcomes me kindly.

For other words and expressions related to this verb, see **cueillir**.

Grammar putting you in a tense mood?
Review the definitions of basic grammatical terms with examples on pages 35–49.

Syn.: **recevoir** to receive; **accepter** to accept
Ant.: **repousser** to push away (353); **rejeter** to reject (267)

The subject pronouns are found on page 103.

accuser (16)   Part. pr. **accusant**   Part. passé **accusé**

to accuse   Regular **-er** verb

The Seven Simple Tenses		The Seven Compound Tenses	
Singular	Plural	Singular	Plural
1 présent de l'indicatif		8 passé composé	
accuse	accusons	ai accusé	avons accusé
accuses	accusez	as accusé	avez accusé
accuse	accusent	a accusé	ont accusé
2 imparfait de l'indicatif		9 plus-que-parfait de l'indicatif	
accusais	accusions	avais accusé	avions accusé
accusais	accusiez	avais accusé	aviez accusé
accusait	accusaient	avait accusé	avaient accusé
3 passé simple		10 passé antérieur	
accusai	accusâmes	eus accusé	eûmes accusé
accusas	accusâtes	eus accusé	eûtes accusé
accusa	accusèrent	eut accusé	eurent accusé
4 futur		11 futur antérieur	
accuserai	accuserons	aurai accusé	aurons accusé
accuseras	accuserez	auras accusé	aurez accusé
accusera	accuseront	aura accusé	auront accusé
5 conditionnel		12 conditionnel passé	
accuserais	accuserions	aurais accusé	aurions accusé
accuserais	accuseriez	aurais accusé	auriez accusé
accuserait	accuseraient	aurait accusé	auraient accusé
6 présent du subjonctif		13 passé du subjonctif	
accuse	accusions	aie accusé	ayons accusé
accuses	accusiez	aies accusé	ayez accusé
accuse	accusent	ait accusé	aient accusé
7 imparfait du subjonctif		14 plus-que-parfait du subjonctif	
accusasse	accusassions	eusse accusé	eussions accusé
accusasses	accusassiez	eusses accusé	eussiez accusé
accusât	accusassent	eût accusé	eussent accusé

Impératif
accuse
accusons
accusez

Words and expressions related to this verb

accuser réception de qqch to acknowledge receipt of something
une accusation accusation, charge, indictment
porter une accusation contre to bring charges against
un accusateur, une accusatrice accuser; **l'accusateur public** public prosecutor
s'accuser de to accuse oneself of
un accusé de réception acknowledgment/ confirmation of receipt

J'accuse! I accuse! (Émile Zola, 19th-century French writer in an open letter concerning the Dreyfus affair)

Proverb: **Qui s'excuse, s'accuse.** A guilty conscience needs no accuser.

Syn.: **inculper** to charge (27); **blâmer** to blame; **dénoncer** to denounce (34)
Ant.: **absoudre** to absolve; **innocenter de** to clear of (90); **disculper** to exonerate (27); **excuser** to excuse; **pardonner** to pardon

Regular **-er** verb endings; spelling change:
e changes to **è** before syllable with mute **e**

to buy, to purchase

The Seven Simple Tenses		The Seven Compound Tenses	
Singular	Plural	Singular	Plural

A

1 présent de l'indicatif		8 passé composé	
achète	**achetons**	**ai acheté**	**avons acheté**
achètes	**achetez**	**as acheté**	**avez acheté**
achète	**achètent**	**a acheté**	**ont acheté**

2 imparfait de l'indicatif		9 plus-que-parfait de l'indicatif	
achetais	**achetions**	**avais acheté**	**avions acheté**
achetais	**achetiez**	**avais acheté**	**aviez acheté**
achetait	**achetaient**	**avait acheté**	**avaient acheté**

3 passé simple		10 passé antérieur	
achetai	**achetâmes**	**eus acheté**	**eûmes acheté**
achetas	**achetâtes**	**eus acheté**	**eûtes acheté**
acheta	**achetèrent**	**eut acheté**	**eurent acheté**

4 futur		11 futur antérieur	
achèterai	**achèterons**	**aurai acheté**	**aurons acheté**
achèteras	**achèterez**	**auras acheté**	**aurez acheté**
achètera	**achèteront**	**aura acheté**	**auront acheté**

5 conditionnel		12 conditionnel passé	
achèterais	**achèterions**	**aurais acheté**	**aurions acheté**
achèterais	**achèteriez**	**aurais acheté**	**auriez acheté**
achèterait	**achèteraient**	**aurait acheté**	**auraient acheté**

6 présent du subjonctif		13 passé du subjonctif	
achète	**achetions**	**aie acheté**	**ayons acheté**
achètes	**achetiez**	**aies acheté**	**ayez acheté**
achète	**achètent**	**ait acheté**	**aient acheté**

7 imparfait du subjonctif		14 plus-que-parfait du subjonctif	
achetasse	**achetassions**	**eusse acheté**	**eussions acheté**
achetasses	**achetassiez**	**eusses acheté**	**eussiez acheté**
achetât	**achetassent**	**eût acheté**	**eussent acheté**

Impératif
achète
achetons
achetez

Acheter is an essential verb for beginning students because it is useful in many situations and in a number of idiomatic expressions.

Sentences using acheter

Je voudrais acheter des aspirines et des pastilles contre la toux. I would like to buy some aspirin and some cough drops.

J'aimerais acheter quelques pâtisseries. I would like to buy some pastries.

J'achète ce journal et ce magazine. I'm buying this newspaper and this magazine.

Ce vélo? Je l'ai acheté à Michel. This bike? I bought it from Michael.

L'amitié ne s'achète pas. Friendship cannot be bought.

Achetons une nouvelle voiture! Let's buy a new car!

Achetez deux et recevez-en un troisième gratuitement! Buy two and get the third one free!

Le criminel s'est racheté en aidant les pauvres. The criminal redeemed himself by helping the poor.

Il y a plus d'acheteurs que de connaisseurs. There are more buyers than connoisseurs..

Words and expressions related to this verb

un achat **purchase**

faire un achat **to make a purchase**

un achat en ligne **on-line purchase**

un achat électronique **electronic purchase (Internet)**

acheter qqch à qqn **to buy something from someone**

acheter comptant **to buy for cash**

acheter à crédit **to buy on credit**

un acheteur, une acheteuse **buyer, purchaser**

achetable **purchasable**

Syn.: **acquérir** to acquire; **obtenir** to obtain; **se procurer** to obtain (122, 54)
Ant.: **vendre** to sell

Acheter has a tricky spelling change before a syllable with a mute **e**. If you can conjugate **acheter** you can also conjugate the following verbs.

corseter **to corset, constrict**

fureter **to ferret out, pry into, snoop, search**

haleter **(aspirate h) to pant, gasp**

racheter **to buy more, buy back, ransom, redeem, atone**

se racheter **to redeem oneself (helping verb être)**

Regular **-er** verb endings; spelling change:
e changes to **è** before syllable with mute **e**

to achieve, to finish,
to complete, to end

The Seven Simple Tenses | The Seven Compound Tenses

A

Singular	Plural	Singular	Plural
1 présent de l'indicatif		8 passé composé	
achève	achevons	ai achevé	avons achevé
achèves	achevez	as achevé	avez achevé
achève	achèvent	a achevé	ont achevé
2 imparfait de l'indicatif		9 plus-que-parfait de l'indicatif	
achevais	achevions	avais achevé	avions achevé
achevais	acheviez	avais achevé	aviez achevé
achevait	achevaient	avait achevé	avaient achevé
3 passé simple		10 passé antérieur	
achevai	achevâmes	eus achevé	eûmes achevé
achevas	achevâtes	eus achevé	eûtes achevé
acheva	achevèrent	eut achevé	eurent achevé
4 futur		11 futur antérieur	
achèverai	achèverons	aurai achevé	aurons achevé
achèveras	achèverez	auras achevé	aurez achevé
achèvera	achèveront	aura achevé	auront achevé
5 conditionnel		12 conditionnel passé	
achèverais	achèverions	aurais achevé	aurions achevé
achèverais	achèveriez	aurais achevé	auriez achevé
achèverait	achèveraient	aurait achevé	auraient achevé
6 présent du subjonctif		13 passé du subjonctif	
achève	achevions	aie achevé	ayons achevé
achèves	acheviez	aies achevé	ayez achevé
achève	achèvent	ait achevé	aient achevé
7 imparfait du subjonctif		14 plus-que-parfait du subjonctif	
achevasse	achevassions	eusse achevé	eussions achevé
achevasses	achevassiez	eusses achevé	eussiez achevé
achevât	achevassent	eût achevé	eussent achevé

Impératif
achève
achevons
achevez

Words and expressions related to this verb

achever de faire qqch to finish doing
something
s'achever to come to an end, to close, to be
fulfilled
un idiot achevé, une idiote achevée a complete
idiot
un achèvement completion, end, conclusion;
l'achèvement du travail completion of the
work

**Pierre a commencé son roman en 1980, et il
l'a achevé vingt ans plus tard.** Peter started
his novel in 1980, and he finished it twenty
years later.

Syn.: **finir** to finish; **terminer** to terminate;
conclure to conclude
Ant.: **commencer** to begin; **entreprendre** to
undertake

The subject pronouns are found on page 103.

acquérir (19)

Part. pr. acquérant   **Part. passé acquis**

to acquire, to obtain

The Seven Simple Tenses		The Seven Compound Tenses	
Singular	Plural	Singular	Plural
1 présent de l'indicatif		**8 passé composé**	
acquiers	acquérons	ai acquis	avons acquis
acquiers	acquérez	as acquis	avez acquis
acquiert	acquièrent	a acquis	ont acquis
2 imparfait de l'indicatif		**9 plus-que-parfait de l'indicatif**	
acquérais	acquérions	avais acquis	avions acquis
acquérais	acquériez	avais acquis	aviez acquis
acquérait	acquéraient	avait acquis	avaient acquis
3 passé simple		**10 passé antérieur**	
acquis	acquîmes	eus acquis	eûmes acquis
acquis	acquîtes	eus acquis	eûtes acquis
acquit	acquirent	eut acquis	eurent acquis
4 futur		**11 futur antérieur**	
acquerrai	acquerrons	aurai acquis	aurons acquis
acquerras	acquerrez	auras acquis	aurez acquis
acquerra	acquerront	aura acquis	auront acquis
5 conditionnel		**12 conditionnel passé**	
acquerrais	acquerrions	aurais acquis	aurions acquis
acquerrais	acquerriez	aurais acquis	auriez acquis
acquerrait	acquerraient	aurait acquis	auraient acquis
6 présent du subjonctif		**13 passé du subjonctif**	
acquière	acquérions	aie acquis	ayons acquis
acquières	acquériez	aies acquis	ayez acquis
acquière	acquièrent	ait acquis	aient acquis
7 imparfait du subjonctif		**14 plus-que-parfait du subjonctif**	
acquisse	acquissions	eusse acquis	eussions acquis
acquisses	acquissiez	eusses acquis	eussiez acquis
acquît	acquissent	eût acquis	eussent acquis

Impératif
acquiers
acquérons
acquérez

Words and expressions related to this verb

s'acquérir to accrue; to improve; to be gained or obtained

une acquisition acquisition, purchase; **faire l'acquisition de** to acquire

un acquit receipt; release

acquis, acquise acquired

conquérir to conquer

tenir quelque chose pour acquis to take something for granted

Il ne faut rien prendre/tenir pour acquis. One must not take anything for granted.

Get acquainted with what preposition goes with what verb. See *Verbs with prepositions* in the Appendixes.

Syn.: **obtenir** to obtain; **acheter** to buy; **gagner** to win
Ant.: **céder** to cede; **donner** to give; **perdre** to lose; **vendre** to sell

The Seven Simple Tenses		The Seven Compound Tenses	
Singular	Plural	Singular	Plural

1 présent de l'indicatif		8 passé composé	
admets	admettons	ai admis	avons admis
admets	admettez	as admis	avez admis
admet	admettent	a admis	ont admis

2 imparfait de l'indicatif		9 plus-que-parfait de l'indicatif	
admettais	admettions	avais admis	avions admis
admettais	admettiez	avais admis	aviez admis
admettait	admettaient	avait admis	avaient admis

3 passé simple		10 passé antérieur	
admis	admîmes	eus admis	eûmes admis
admis	admîtes	eus admis	eûtes admis
admit	admirent	eut admis	eurent admis

4 futur		11 futur antérieur	
admettrai	admettrons	aurai admis	aurons admis
admettras	admettrez	auras admis	aurez admis
admettra	admettront	aura admis	auront admis

5 conditionnel		12 conditionnel passé	
admettrais	admettrions	aurais admis	aurions admis
admettrais	admettriez	aurais admis	auriez admis
admettrait	admettraient	aurait admis	auraient admis

6 présent du subjonctif		13 passé du subjonctif	
admette	admettions	aie admis	ayons admis
admettes	admettiez	aies admis	ayez admis
admette	admettent	ait admis	aient admis

7 imparfait du subjonctif		14 plus-que-parfait du subjonctif	
admisse	admissions	eusse admis	eussions admis
admisses	admissiez	eusses admis	eussiez admis
admît	admissent	eût admis	eussent admis

Impératif
admets
admettons
admettez

Words and expressions related to this verb

admis, admise admitted, accepted
une admission admission, admittance
l'admissibilité *f.* acceptability
se faire admettre dans un club to be admitted to a club
admissible acceptable
C'est une idée folle, je l'admets. It's a crazy idea, I admit it.

See also **commettre, mettre, permettre, promettre, remettre,** and **soumettre.**

Syn.: **accepter** to accept; **avouer** to admit (269); **consentir** to consent, to agree
Ant.: **contredire** to contradict; **nier** to deny; **rejeter** to reject (267)

The subject pronouns are found on page 103.

admirer (21)

Part. pr. admirant
Part. passé admiré

to admire

The Seven Simple Tenses		The Seven Compound Tenses	
Singular	Plural	Singular	Plural
1 présent de l'indicatif		**8 passé composé**	
admire	admirons	ai admiré	avons admiré
admires	admirez	as admiré	avez admiré
admire	admirent	a admiré	ont admiré
2 imparfait de l'indicatif		**9 plus-que-parfait de l'indicatif**	
admirais	admirions	avais admiré	avions admiré
admirais	admiriez	avais admiré	aviez admiré
admirait	admiraient	avait admiré	avaient admiré
3 passé simple		**10 passé antérieur**	
admirai	admirâmes	eus admiré	eûmes admiré
admiras	admirâtes	eus admiré	eûtes admiré
admira	admirèrent	eut admiré	eurent admiré
4 futur		**11 futur antérieur**	
admirerai	admirerons	aurai admiré	aurons admiré
admireras	admirerez	auras admiré	aurez admiré
admirera	admireront	aura admiré	auront admiré
5 conditionnel		**12 conditionnel passé**	
admirerais	admirerions	aurais admiré	aurions admiré
admirerais	admireriez	aurais admiré	auriez admiré
admirerait	admireraient	aurait admiré	auraient admiré
6 présent du subjonctif		**13 passé du subjonctif**	
admire	admirions	aie admiré	ayons admiré
admires	admiriez	aies admiré	ayez admiré
admire	admirent	ait admiré	aient admiré
7 imparfait du subjonctif		**14 plus-que-parfait du subjonctif**	
admirasse	admirassions	eusse admiré	eussions admiré
admirasses	admirassiez	eusses admiré	eussiez admiré
admirât	admirassent	eût admiré	eussent admiré

Impératif
admire
admirons
admirez

Words and expressions related to this verb

une admiration admiration, wonder
admirativement admiringly
admiratif, admirative admiring
un admirateur, une admiratrice admirer
un mirage mirage, illusion
un miroir mirror
remplir quelqu'un d'admiration to fill someone with admiration

être admirable de courage to show great courage
admirablement admirably, wonderfully
être en admiration devant to be filled with admiration for

See also **mirer.**

Syn.: **apprécier** to appreciate
Ant.: **mépriser** to despise (486)

The Seven Simple Tenses		The Seven Compound Tenses	
Singular	Plural	Singular	Plural

A

1 présent de l'indicatif

		8 passé composé	
adore	adorons	ai adoré	avons adoré
adores	adorez	as adoré	avez adoré
adore	adorent	a adoré	ont adoré

2 imparfait de l'indicatif

		9 plus-que-parfait de l'indicatif	
adorais	adorions	avais adoré	avions adoré
adorais	adoriez	avais adoré	aviez adoré
adorait	adoraient	avait adoré	avaient adoré

3 passé simple

		10 passé antérieur	
adorai	adorâmes	eus adoré	eûmes adoré
adoras	adorâtes	eus adoré	eûtes adoré
adora	adorèrent	eut adoré	eurent adoré

4 futur

		11 futur antérieur	
adorerai	adorerons	aurai adoré	aurons adoré
adoreras	adorerez	auras adoré	aurez adoré
adorera	adoreront	aura adoré	auront adoré

5 conditionnel

		12 conditionnel passé	
adorerais	adorerions	aurais adoré	aurions adoré
adorerais	adoreriez	aurais adoré	auriez adoré
adorerait	adoreraient	aurait adoré	auraient adoré

6 présent du subjonctif

		13 passé du subjonctif	
adore	adorions	aie adoré	ayons adoré
adores	adoriez	aies adoré	ayez adoré
adore	adorent	ait adoré	aient adoré

7 imparfait du subjonctif

		14 plus-que-parfait du subjonctif	
adorasse	adorassions	eusse adoré	eussions adoré
adorasses	adorassiez	eusses adoré	eussiez adoré
adorât	adorassent	eût adoré	eussent adoré

Impératif
adore
adorons
adorez

Sentences using this verb and words related to it

Laure adore sa nièce. Laura adores her niece.
**Madeleine est une fille adorable. Elle adore
écouter la musique québécoise.**
   Madeleine is an adorable girl. She adores
   listening to Québécois music.
une adoration adoration, worship
adorablement adorably
un adorateur, une adoratrice adorer,
   worshipper

adorable adorable, charming, delightful
un village adorable delightful village
une robe adorable lovely dress

Syn.: **aimer** to love; **vénérer** to venerate
(356)
Ant.: **détester** to detest; **haïr** to hate (aspirate
h; no liaison); **maudire** to curse

The subject pronouns are found on page 103.   **129**

adresser (23)

Part. pr. adressant **Part. passé adressé**

to address

The Seven Simple Tenses		The Seven Compound Tenses	
Singular	Plural	Singular	Plural
1 présent de l'indicatif		**8 passé composé**	
adresse	adressons	ai adressé	avons adressé
adresses	adressez	as adressé	avez adressé
adresse	adressent	a adressé	ont adressé
2 imparfait de l'indicatif		**9 plus-que-parfait de l'indicatif**	
adressais	adressions	avais adressé	avions adressé
adressais	adressiez	avais adressé	aviez adressé
adressait	adressaient	avait adressé	avaient adressé
3 passé simple		**10 passé antérieur**	
adressai	adressâmes	eus adressé	eûmes adressé
adressas	adressâtes	eus adressé	eûtes adressé
adressa	adressèrent	eut adressé	eurent adressé
4 futur		**11 futur antérieur**	
adresserai	adresserons	aurai adressé	aurons adressé
adresseras	adresserez	auras adressé	aurez adressé
adressera	adresseront	aura adressé	auront adressé
5 conditionnel		**12 conditionnel passé**	
adresserais	adresserions	aurais adressé	aurions adressé
adresserais	adresseriez	aurais adressé	auriez adressé
adresserait	adresseraient	aurait adressé	auraient adressé
6 présent du subjonctif		**13 passé du subjonctif**	
adresse	adressions	aie adressé	ayons adressé
adresses	adressiez	aies adressé	ayez adressé
adresse	adressent	ait adressé	aient adressé
7 imparfait du subjonctif		**14 plus-que-parfait du subjonctif**	
adressasse	adressassions	eusse adressé	eussions adressé
adressasses	adressassiez	eusses adressé	eussiez adressé
adressât	adressassent	eût adressé	eussent adressé

Impératif
adresse
adressons
adressez

Words and expressions related to this verb

une adresse address; skill, adroitness
adresser qqn à to refer someone to
adresser la parole à to direct your words to, to
speak to
s'adresser à to apply to, to talk to; Syn.: **parler**
to talk
un tour d'adresse feat of skill
avec adresse skillfully

dresser to tame, to erect
redresser to straighten up
une adresse électronique e-mail address
**Pour d'autres renseignements, adressez-
vous au service à la clientèle.** For more
information, talk to customer service.

Syn.: **envoyer** to send; **expédier** to send
(212)

Regular **-er** verb endings; spelling change:
c changes to **ç** before **a** or **o** to keep **s** sound

to annoy, to irritate,
to pester, to vex

The Seven Simple Tenses | The Seven Compound Tenses

A

Singular	Plural	Singular	Plural
1 présent de l'indicatif		**8 passé composé**	
agace	agaçons	ai agacé	avons agacé
agaces	agacez	as agacé	avez agacé
agace	agacent	a agacé	ont agacé
2 imparfait de l'indicatif		**9 plus-que-parfait de l'indicatif**	
agaçais	agacions	avais agacé	avions agacé
agaçais	agaciez	avais agacé	aviez agacé
agaçait	agaçaient	avait agacé	avaient agacé
3 passé simple		**10 passé antérieur**	
agaçai	agaçâmes	eus agacé	eûmes agacé
agaças	agaçâtes	eus agacé	eûtes agacé
agaça	agacèrent	eut agacé	eurent agacé
4 futur		**11 futur antérieur**	
agacerai	agacerons	aurai agacé	aurons agacé
agaceras	agacerez	auras agacé	aurez agacé
agacera	agaceront	aura agacé	auront agacé
5 conditionnel		**12 conditionnel passé**	
agacerais	agacerions	aurais agacé	aurions agacé
agacerais	agaceriez	aurais agacé	auriez agacé
agacerait	agaceraient	aurait agacé	auraient agacé
6 présent du subjonctif		**13 passé du subjonctif**	
agace	agacions	aie agacé	ayons agacé
agaces	agaciez	aies agacé	ayez agacé
agace	agacent	ait agacé	aient agacé
7 imparfait du subjonctif		**14 plus-que-parfait du subjonctif**	
agaçasse	agaçassions	eusse agacé	eussions agacé
agaçasses	agaçassiez	eusses agacé	eussiez agacé
agaçât	agaçassent	eût agacé	eussent agacé

Impératif
agace
agaçons
agacez

Words and expressions related to this verb

un agacement irritation
Cela est agaçant! That's irritating!
agacer les nerfs de qqn to get on someone's
  nerves
s'agacer to get annoyed, irritated
Cela m'agace! It's getting on my nerves!
Tu m'agaces! You're getting on my nerves!

Syn.: **embêter** to annoy (47); **énerver** to
annoy (276); **irriter** to irritate (266)
Ant.: **adoucir** to soften (229); **calmer** to calm
(27)

The subject pronouns are found on page 103.

to act, to behave, to take effect

Regular **-ir** verb

The Seven Simple Tenses		The Seven Compound Tenses	
Singular	Plural	Singular	Plural
1 présent de l'indicatif		**8 passé composé**	
agis	agissons	ai agi	avons agi
agis	agissez	as agi	avez agi
agit	agissent	a agi	ont agi
2 imparfait de l'indicatif		**9 plus-que-parfait de l'indicatif**	
agissais	agissions	avais agi	avions agi
agissais	agissiez	avais agi	aviez agi
agissait	agissaient	avait agi	avaient agi
3 passé simple		**10 passé antérieur**	
agis	agîmes	eus agi	eûmes agi
agis	agîtes	eus agi	eûtes agi
agit	agirent	eut agi	eurent agi
4 futur		**11 futur antérieur**	
agirai	agirons	aurai agi	aurons agi
agiras	agirez	auras agi	aurez agi
agira	agiront	aura agi	auront agi
5 conditionnel		**12 conditionnel passé**	
agirais	agirions	aurais agi	aurions agi
agirais	agiriez	aurais agi	auriez agi
agirait	agiraient	aurait agi	auraient agi
6 présent du subjonctif		**13 passé du subjonctif**	
agisse	agissions	aie agi	ayons agi
agisses	agissiez	aies agi	ayez agi
agisse	agissent	ait agi	aient agi
7 imparfait du subjonctif		**14 plus-que-parfait du subjonctif**	
agisse	agissions	eusse agi	eussions agi
agisses	agissiez	eusses agi	eussiez agi
agît	agissent	eût agi	eussent agi

Impératif
agis
agissons
agissez

Words and expressions related to this verb

faire agir to set in motion, to call into action
bien agir to behave well; **mal agir** to behave badly
agir sur to bear upon, to influence, to act upon
agir contre to sue, to take action against
faire agir la loi to put the law into effect
un agitateur, une agitatrice agitator
agiter to rouse, to stir up; to agitate, to shake
réagir to react

agir à la légère to act thoughtlessly

See also **s'agir** in the *Defective and impersonal verb* section.

Syn.: **se comporter** to behave (80, 349);
entreprendre to undertake; **influer (sur)** to have an influence on (114, 122)
Ant.: **omettre** to omit; **traîner** to lag behind (167)

The Seven Simple Tenses		The Seven Compound Tenses	
Singular	Plural	Singular	Plural
1 présent de l'indicatif		**8 passé composé**	
aide	aidons	ai aidé	avons aidé
aides	aidez	as aidé	avez aidé
aide	aident	a aidé	ont aidé
2 imparfait de l'indicatif		**9 plus-que-parfait de l'indicatif**	
aidais	aidions	avais aidé	avions aidé
aidais	aidiez	avais aidé	aviez aidé
aidait	aidaient	avait aidé	avaient aidé
3 passé simple		**10 passé antérieur**	
aidai	aidâmes	eus aidé	eûmes aidé
aidas	aidâtes	eus aidé	eûtes aidé
aida	aidèrent	eut aidé	eurent aidé
4 futur		**11 futur antérieur**	
aiderai	aiderons	aurai aidé	aurons aidé
aideras	aiderez	auras aidé	aurez aidé
aidera	aideront	aura aidé	auront aidé
5 conditionnel		**12 conditionnel passé**	
aiderais	aiderions	aurais aidé	aurions aidé
aiderais	aideriez	aurais aidé	auriez aidé
aiderait	aideraient	aurait aidé	auraient aidé
6 présent du subjonctif		**13 passé du subjonctif**	
aide	aidions	aie aidé	ayons aidé
aides	aidiez	aies aidé	ayez aidé
aide	aident	ait aidé	aient aidé
7 imparfait du subjonctif		**14 plus-que-parfait du subjonctif**	
aidasse	aidassions	eusse aidé	eussions aidé
aidasses	aidassiez	eusses aidé	eussiez aidé
aidât	aidassent	eût aidé	eussent aidé

Impératif
aide
aidons
aidez

Sentences using this verb and words related to it

Tous les soirs Daniel aide Matthieu, son petit frère, à faire ses devoirs. Every evening Daniel helps his little brother Matthew do his homework.

Matthieu demande: —Après cette leçon, veux-tu m'aider à ranger ma chambre? Matthew asks: After this lesson, would you like to help me straighten up my room?

—Aide-toi et le ciel t'aidera, lui répond Daniel. Heaven helps those who help themselves, answers Daniel.

s'aider to help oneself; to help each other

aider qqn à faire qqch to help someone do something

une aide aid, assistance, help; **à l'aide de** with the help of

un aide-mémoire handbook, memory aid

À l'aide tout de suite! Get help right away!

Je peux vous aider? May I help you?

s'entraider to help each other

Syn.: **appuyer** to support (192); **assister** to assist, to attend; **soutenir** to support (463)
Ant.: **abandonner** to abandon (171); **contrarier** to frustrate (41)

Note that **se servir** should be used when speaking of food or drink: **Sers-toi!** (Help yourself!) **Servez-vous!** (Help yourself/yourselves!) See also **servir** and **se servir**.

The subject pronouns are found on page 103.

aimer (27)

Part. pr. aimant

Part. passé aimé

to love, to like

Regular **-er** verb

The Seven Simple Tenses		The Seven Compound Tenses	
Singular	Plural	Singular	Plural
1 présent de l'indicatif		**8 passé composé**	
aime	aimons	ai aimé	avons aimé
aimes	aimez	as aimé	avez aimé
aime	aiment	a aimé	ont aimé
2 imparfait de l'indicatif		**9 plus-que-parfait de l'indicatif**	
aimais	aimions	avais aimé	avions aimé
aimais	aimiez	avais aimé	aviez aimé
aimait	aimaient	avait aimé	avaient aimé
3 passé simple		**10 passé antérieur**	
aimai	aimâmes	eus aimé	eûmes aimé
aimas	aimâtes	eus aimé	eûtes aimé
aima	aimèrent	eut aimé	eurent aimé
4 futur		**11 futur antérieur**	
aimerai	aimerons	aurai aimé	aurons aimé
aimeras	aimerez	auras aimé	aurez aimé
aimera	aimeront	aura aimé	auront aimé
5 conditionnel		**12 conditionnel passé**	
aimerais	aimerions	aurais aimé	aurions aimé
aimerais	aimeriez	aurais aimé	auriez aimé
aimerait	aimeraient	aurait aimé	auraient aimé
6 présent du subjonctif		**13 passé du subjonctif**	
aime	aimions	aie aimé	ayons aimé
aimes	aimiez	aies aimé	ayez aimé
aime	aiment	ait aimé	aient aimé
7 imparfait du subjonctif		**14 plus-que-parfait du subjonctif**	
aimasse	aimassions	eusse aimé	eussions aimé
aimasses	aimassiez	eusses aimé	eussiez aimé
aimât	aimassent	eût aimé	eussent aimé

Impératif
aime
aimons
aimez

AN ESSENTIAL
55 VERB

AN ESSENTIAL 55 VERB

Aimer is a very useful verb. It has often been thought of as the model of a regular -er verb.

Sentences using aimer and related words

Greg aime faire du vélo. Greg loves to bike.

Est-ce que David aime les cigarettes?
Does David like cigarettes?

Je n'aime pas les ascenseurs! Je préfère monter l'escalier. I don't like elevators! I prefer to walk up the stairs.

Vous êtes bien aimable. You are very kind.

J'aimerais acheter quelques pâtisseries. I would like to buy some pastries.

Moi, je n'aime pas le poulet. Je préfère un steak bien cuit. As for me, I don't like chicken. I prefer a steak well-done.

Veuillez avoir l'amabilité de . . . Please be so kind as to . . .

Je t'aimais, je t'aime et je t'aimerai. I loved you, I love you and I will love you. (Francis Cabrel, French singer)

Required sentence
J'aime le français. I love French.

Words and expressions related to this verb

amour *m.* **love**

une chanson d'amour **love song (song of love)**

aimer bien qqn **to like somebody**

aimer (à) faire qqch **to enjoy doing something**

aimer mieux **to prefer, to like better**

s'entr'aimer **to love each other**

l'amabilité *f.* **kindness**

aimable **friendly, amiable, pleasant**

un amant, une amante **lover**

amoureux, amoureuse de **in love with**

tomber amoureux, amoureuse **to fall in love**

Syn.: adorer to adore; chérir to cherish; vénérer to venerate (356)
Ant.: abhorrer to abhor (27); détester to detest; haïr to hate

Proverb

Choisissez un travail que vous aimez et vous n'aurez pas à travailler un seul jour de votre vie. **Choose a job you love and you will never have to work a day in your life. (Confucius)**

The subject pronouns are found on page 103.

to add

Regular **-er** verb

The Seven Simple Tenses		The Seven Compound Tenses	
Singular	Plural	Singular	Plural
1 présent de l'indicatif		**8 passé composé**	
ajoute	ajoutons	ai ajouté	avons ajouté
ajoutes	ajoutez	as ajouté	avez ajouté
ajoute	ajoutent	a ajouté	ont ajouté
2 imparfait de l'indicatif		**9 plus-que-parfait de l'indicatif**	
ajoutais	ajoutions	avais ajouté	avions ajouté
ajoutais	ajoutiez	avais ajouté	aviez ajouté
ajoutait	ajoutaient	avait ajouté	avaient ajouté
3 passé simple		**10 passé antérieur**	
ajoutai	ajoutâmes	eus ajouté	eûmes ajouté
ajoutas	ajoutâtes	eus ajouté	eûtes ajouté
ajouta	ajoutèrent	eut ajouté	eurent ajouté
4 futur		**11 futur antérieur**	
ajouterai	ajouterons	aurai ajouté	aurons ajouté
ajouteras	ajouterez	auras ajouté	aurez ajouté
ajoutera	ajouteront	aura ajouté	auront ajouté
5 conditionnel		**12 conditionnel passé**	
ajouterais	ajouterions	aurais ajouté	aurions ajouté
ajouterais	ajouteriez	aurais ajouté	auriez ajouté
ajouterait	ajouteraient	aurait ajouté	auraient ajouté
6 présent du subjonctif		**13 passé du subjonctif**	
ajoute	ajoutions	aie ajouté	ayons ajouté
ajoutes	ajoutiez	aies ajouté	ayez ajouté
ajoute	ajoutent	ait ajouté	aient ajouté
7 imparfait du subjonctif		**14 plus-que-parfait du subjonctif**	
ajoutasse	ajoutassions	eusse ajouté	eussions ajouté
ajoutasses	ajoutassiez	eusses ajouté	eussiez ajouté
ajoutât	ajoutassent	eût ajouté	eussent ajouté

Impératif
ajoute
ajoutons
ajoutez

Sentences using this verb and words related to it

Une gousse d'ail ajoute du goût à votre ragoût. A clove of garlic adds flavor to your ragout.
un ajout addition (of words in a manuscript or page proofs)
ajouter foi à to add credence to, to give credence to

jouter to tilt, to joust; to dispute, to fight
une joute contest, tournament
un rajout an addition

Syn.: **additionner** to add (171); **augmenter** to increase; **rajouter** to add more (28)
Ant.: **déduire** to deduct; **enlever** to remove; **ôter** to remove (498); **soustraire** to subtract (474) (no *passé simple* or imp. subj.)

The Seven Simple Tenses		The Seven Compound Tenses	
Singular	Plural	Singular	Plural
1 présent de l'indicatif		**8 passé composé**	
vais	allons	suis allé(e)	sommes allé(e)s
vas	allez	es allé(e)	êtes allé(e)(s)
va	vont	est allé(e)	sont allé(e)s
2 imparfait de l'indicatif		**9 plus-que-parfait de l'indicatif**	
allais	allions	étais allé(e)	étions allé(e)s
allais	alliez	étais allé(e)	étiez allé(e)(s)
allait	allaient	était allé(e)	étaient allé(e)s
3 passé simple		**10 passé antérieur**	
allai	allâmes	fus allé(e)	fûmes allé(e)s
allas	allâtes	fus allé(e)	fûtes allé(e)(s)
alla	allèrent	fut allé(e)	furent allé(e)s
4 futur		**11 futur antérieur**	
irai	irons	serai allé(e)	serons allé(e)s
iras	irez	seras allé(e)	serez allé(e)(s)
ira	iront	sera allé(e)	seront allé(e)s
5 conditionnel		**12 conditionnel passé**	
irais	irions	serais allé(e)	serions allé(e)s
irais	iriez	serais allé(e)	seriez allé(e)(s)
irait	iraient	serait allé(e)	seraient allé(e)s
6 présent du subjonctif		**13 passé du subjonctif**	
aille	allions	sois allé(e)	soyons allé(e)s
ailles	alliez	sois allé(e)	soyez allé(e)(s)
aille	aillent	soit allé(e)	soient allé(e)s
7 imparfait du subjonctif		**14 plus-que-parfait du subjonctif**	
allasse	allassions	fusse allé(e)	fussions allé(e)s
allasses	allassiez	fusses allé(e)	fussiez allé(e)(s)
allât	allassent	fût allé(e)	fussent allé(e)s

Impératif
va
allons
allez

AN ESSENTIAL
55 VERB

Can't recognize an irregular verb form? Check out the index of common irregular French verb forms in the Appendixes.

The subject pronouns are found on page 103.   **137**

Aller and s'en aller

Aller and **s'en aller** are an essential pair of verbs for beginning students. They are used in many everyday situations and common idiomatic expressions.

Sentences using aller and related words

Comment allez-vous? How are you?

Je vais bien, merci. I'm fine, thank you.

Je vais mal. I'm not well.

Je vais mieux maintenant. I'm feeling better now.

Ça va? Is everything O.K.?

Oui, ça va! Yes, everything's O.K.!

Ça va sans dire. That goes without saying.

Allez-y! (polite) Vas-y! (familiar) Go ahead!

Allons donc! Come on, now! Nonsense!

S'il te plaît, pourrais-tu aller chercher Madeleine à l'école? Could you please go get Madeleine at school?

Est-ce que je vais tout droit pour arriver au Château Frontenac? Do I go straight ahead to arrive at the Château Frontenac?

The verb **s'en aller** has the following idiomatic meaning: to move away (from one residence to another), to die, to pass away, to steal away.

Monsieur et Madame Moreau n'habitent plus ici. Ils s'en sont allés. Je crois qu'ils sont maintenant à Bordeaux. Mr. and Mrs. Moreau don't live here anymore. They went away. I believe that they are in Bordeaux now.

Madame Morel est gravement malade; elle s'en va. Mrs. Morel is gravely ill; she's dying.

Le cambrioleur s'en est allé furtivement avec l'argent et les bijoux. The burglar went away stealthily with the money and the jewelry.

Idiomatic expressions related to these verbs

aller à la chasse **to go hunting**
aller à la pêche **to go fishing**
aller à la rencontre de quelqu'un **to go to meet someone**
aller au-devant de quelqu'un **to go to meet someone**
aller à pied **to walk, to go on foot**
aller à quelqu'un **to be becoming, to fit, to suit someone**
aller au fond des choses **to get to the bottom of things**
aller aux urnes **to vote**
aller avec quelque chose **to match something**
aller chercher **to go get**
aller de pair avec . . . **to go hand in hand with . . .**
aller de soi **to go without saying, to be obvious**
aller en voiture **to ride in a car**
aller sans dire **to go without saying**
aller tout droit **to go straight ahead**
aller-retour **round-trip**
aller simple **one-way**
un billet aller-retour **a round-trip ticket**

Aller is often used to express the future (instead of Tense No. 4):

Nous allons dîner en ville. We are going to have dinner downtown.

aller
Syn.: avancer to go forward; fonctionner to function (171); marcher to walk, to function
Ant.: arrêter to stop; revenir to come back; venir to come

s'en aller
Syn.: partir to leave; quitter to leave
Ant.: revenir to come back

The Seven Simple Tenses		The Seven Compound Tenses	

Singular	Plural	Singular	Plural
1 présent de l'indicatif		**8 passé composé**	
m'en vais	**nous en allons**	**m'en suis allé(e)**	**nous en sommes allé(e)s**
t'en vas	**vous en allez**	**t'en es allé(e)**	**vous en êtes allé(e)(s)**
s'en va	**s'en vont**	**s'en est allé(e)**	**s'en sont allé(e)s**
2 imparfait de l'indicatif		**9 plus-que-parfait de l'indicatif**	
m'en allais	**nous en allions**	**m'en étais allé(e)**	**nous en étions allé(e)s**
t'en allais	**vous en alliez**	**t'en étais allé(e)**	**vous en étiez allé(e)(s)**
s'en allait	**s'en allaient**	**s'en était allé(e)**	**s'en étaient allé(e)s**
3 passé simple		**10 passé antérieur**	
m'en allai	**nous en allâmes**	**m'en fus allé(e)**	**nous en fûmes allé(e)s**
t'en allas	**vous en allâtes**	**t'en fus allé(e)**	**vous en fûtes allé(e)(s)**
s'en alla	**s'en allèrent**	**s'en fut allé(e)**	**s'en furent allé(e)s**
4 futur		**11 futur antérieur**	
m'en irai	**nous en irons**	**m'en serai allé(e)**	**nous en serons allé(e)s**
t'en iras	**vous en irez**	**t'en seras allé(e)**	**vous en serez allé(e)(s)**
s'en ira	**s'en iront**	**s'en sera allé(e)**	**s'en seront allé(e)s**
5 conditionnel		**12 conditionnel passé**	
m'en irais	**nous en irions**	**m'en serais allé(e)**	**nous en serions allé(e)s**
t'en irais	**vous en iriez**	**t'en serais allé(e)**	**vous en seriez allé(e)(s)**
s'en irait	**s'en iraient**	**s'en serait allé(e)**	**s'en seraient allé(e)s**
6 présent du subjonctif		**13 passé du subjonctif**	
m'en aille	**nous en allions**	**m'en sois allé(e)**	**nous en soyons allé(e)s**
t'en ailles	**vous en alliez**	**t'en sois allé(e)**	**vous en soyez allé(e)(s)**
s'en aille	**s'en aillent**	**s'en soit allé(e)**	**s'en soient allé(e)s**
7 imparfait du subjonctif		**14 plus-que-parfait du subjonctif**	
m'en allasse	**nous en allassions**	**m'en fusse allé(e)**	**nous en fussions allé(e)s**
t'en allasses	**vous en allassiez**	**t'en fusses allé(e)**	**vous en fussiez allé(e)(s)**
s'en allât	**s'en allassent**	**s'en fût allé(e)**	**s'en fussent allé(e)s**

Impératif
va-t'en; ne t'en va pas
allons-nous-en; ne nous en allons pas
allez-vous-en; ne vous en allez pas

AN ESSENTIAL
55 VERB

The subject pronouns are found on page 103.

amener (31)

Part. pr. amenant　　　**Part. passé amené**

to bring, to lead

Regular **-er** verb endings; spelling change:
e changes to **è** before syllable with mute **e**

The Seven Simple Tenses		The Seven Compound Tenses	
Singular	Plural	Singular	Plural
1 présent de l'indicatif		**8 passé composé**	
amène	amenons	ai amené	avons amené
amènes	amenez	as amené	avez amené
amène	amènent	a amené	ont amené
2 imparfait de l'indicatif		**9 plus-que-parfait de l'indicatif**	
amenais	amenions	avais amené	avions amené
amenais	ameniez	avais amené	aviez amené
amenait	amenaient	avait amené	avaient amené
3 passé simple		**10 passé antérieur**	
amenai	amenâmes	eus amené	eûmes amené
amenas	amenâtes	eus amené	eûtes amené
amena	amenèrent	eut amené	eurent amené
4 futur		**11 futur antérieur**	
amènerai	amènerons	aurai amené	aurons amené
amèneras	amènerez	auras amené	aurez amené
amènera	amèneront	aura amené	auront amené
5 conditionnel		**12 conditionnel passé**	
amènerais	amènerions	aurais amené	aurions amené
amènerais	amèneriez	aurais amené	auriez amené
amènerait	amèneraient	aurait amené	auraient amené
6 présent du subjonctif		**13 passé du subjonctif**	
amène	amenions	aie amené	ayons amené
amènes	ameniez	aies amené	ayez amené
amène	amènent	ait amené	aient amené
7 imparfait du subjonctif		**14 plus-que-parfait du subjonctif**	
amenasse	amenassions	eusse amené	eussions amené
amenasses	amenassiez	eusses amené	eussiez amené
amenât	amenassent	eût amené	eussent amené

Impératif
amène
amenons
amenez

Sentences using this verb and words related to it

J'ai amené ma petite soeur chez le dentiste. I took my little sister to the dentist.

Quel bon vent vous amène ici? To what do we owe the pleasure? (Lit.: What good wind brings you here?)

amener une conversation to direct, lead a conversation

amène pleasant, agreeable

des propos peu amènes unkind words

un exemple bien amené well-introduced example

See also **emmener** and **mener**.

Syn.: **apporter** to bring; **conduire** to lead, to conduct; **mener** to lead
Ant.: **éloigner (de)** to move away from; **emmener** to lead away; **repousser** to push away (353)

Regular **-er** verb   to amuse, to entertain

The Seven Simple Tenses		The Seven Compound Tenses	
Singular	Plural	Singular	Plural
1 présent de l'indicatif		8 passé composé	
amuse	amusons	ai amusé	avons amusé
amuses	amusez	as amusé	avez amusé
amuse	amusent	a amusé	ont amusé
2 imparfait de l'indicatif		9 plus-que-parfait de l'indicatif	
amusais	amusions	avais amusé	avions amusé
amusais	amusiez	avais amusé	aviez amusé
amusait	amusaient	avait amusé	avaient amusé
3 passé simple		10 passé antérieur	
amusai	amusâmes	eus amusé	eûmes amusé
amusas	amusâtes	eus amusé	eûtes amusé
amusa	amusèrent	eut amusé	eurent amusé
4 futur		11 futur antérieur	
amuserai	amuserons	aurai amusé	aurons amusé
amuseras	amuserez	auras amusé	aurez amusé
amusera	amuseront	aura amusé	auront amusé
5 conditionnel		12 conditionnel passé	
amuserais	amuserions	aurais amusé	aurions amusé
amuserais	amuseriez	aurais amusé	auriez amusé
amuserait	amuseraient	aurait amusé	auraient amusé
6 présent du subjonctif		13 passé du subjonctif	
amuse	amusions	aie amusé	ayons amusé
amuses	amusiez	aies amusé	ayez amusé
amuse	amusent	ait amusé	aient amusé
7 imparfait du subjonctif		14 plus-que-parfait du subjonctif	
amusasse	amusassions	eusse amusé	eussions amusé
amusasses	amusassiez	eusses amusé	eussiez amusé
amusât	amusassent	eût amusé	eussent amusé

Impératif
amuse
amusons
amusez

Sentences using this verb and words related to it
Mes parents ont engagé un clown pour amuser les enfants à la fête d'anniversaire de mon frère. My parents hired a clown to amuse the children at my brother's birthday party.
amusant, amusante amusing
un amuseur amuser, entertainer
un amuse-gueule, un amuse-bouche tidbit, titbit, snack
une amusette diversion, pastime, idle pleasure
un amusement amusement, entertainment

Tes remarques ne m'amusent pas. Your remarks don't amuse me.
C'est pour l'amusement des enfants. It's for the children's entertainment.
le museau muzzle, snout

See also s'**amuser**.

Syn.: **distraire** to entertain (474); **divertir** to amuse, to entertain (210)
Ant.: **attrister** to sadden (28); **ennuyer** to bore, to annoy

s'amuser (33)

Part. pr. s'amusant   **Part. Passé** amusé(e)(s)

to have a good time, to amuse
oneself, to enjoy oneself

Reflexive regular **-er** verb

The Seven Simple Tenses | The Seven Compound Tenses

Singular	Plural	Singular	Plural
1 présent de l'indicatif		**8 passé composé**	
m'amuse	nous amusons	me suis amusé(e)	nous sommes amusé(e)s
t'amuses	vous amusez	t'es amusé(e)	vous êtes amusé(e)(s)
s'amuse	s'amusent	s'est amusé(e)	se sont amusé(e)s
2 imparfait de l'indicatif		**9 plus-que-parfait de l'indicatif**	
m'amusais	nous amusions	m'étais amusé(e)	nous étions amusé(e)s
t'amusais	vous amusiez	t'étais amusé(e)	vous étiez amusé(e)(s)
s'amusait	s'amusaient	s'était amusé(e)	s'étaient amusé(e)s
3 passé simple		**10 passé antérieur**	
m'amusai	nous amusâmes	me fus amusé(e)	nous fûmes amusé(e)s
t'amusas	vous amusâtes	te fus amusé(e)	vous fûtes amusé(e)(s)
s'amusa	s'amusèrent	se fut amusé(e)	se furent amusé(e)s
4 futur		**11 futur antérieur**	
m'amuserai	nous amuserons	me serai amusé(e)	nous serons amusé(e)s
t'amuseras	vous amuserez	te seras amusé(e)	vous serez amusé(e)(s)
s'amusera	s'amuseront	se sera amusé(e)	se seront amusé(e)s
5 conditionnel		**12 conditionnel passé**	
m'amuserais	nous amuserions	me serais amusé(e)	nous serions amusé(e)s
t'amuserais	vous amuseriez	te serais amusé(e)	vous seriez amusé(e)(s)
s'amuserait	s'amuseraient	se serait amusé(e)	se seraient amusé(e)s
6 présent du subjonctif		**13 passé du subjonctif**	
m'amuse	nous amusions	me sois amusé(e)	nous soyons amusé(e)s
t'amuses	vous amusiez	te sois amusé(e)	vous soyez amusé(e)(s)
s'amuse	s'amusent	se soit amusé(e)	se soient amusé(e)s
7 imparfait du subjonctif		**14 plus-que-parfait du subjonctif**	
m'amusasse	nous amusassions	me fusse amusé(e)	nous fussions amusé(e)s
t'amusasses	vous amusassiez	te fusses amusé(e)	vous fussiez amusé(e)(s)
s'amusât	s'amusassent	se fût amusé(e)	se fussent amusé(e)s

Impératif
amuse-toi; ne t'amuse pas
amusons-nous; ne nous amusons pas
amusez-vous; ne vous amusez pas

Sentences using this verb and words related to it

Est-ce que vous vous amusez dans la classe de français? Do you enjoy yourself in the French class?

Françoise et moi, nous nous sommes bien amusés au cinéma. Françoise and I had a good time at the movies.

Amuse-toi bien! Have a great time!

s'amuser à + inf. to enjoy oneself + pres. part.
s'amuser de to make fun of
s'amuser avec to play with

See also **amuser**.

Syn.: **se distraire** to amuse oneself (474) (aux. être); **se divertir** to have fun (210, 214); **se récréer** to amuse oneself (83, 128)
Ant.: **s'ennuyer** to be bored

Regular **-er** verb endings; spelling change: **c** changes   to announce
to **ç** before **a** or **o** to keep **s** sound

The Seven Simple Tenses		The Seven Compound Tenses	
Singular	Plural	Singular	Plural

A

1 présent de l'indicatif		8 passé composé	
annonce	**annonçons**	**ai annoncé**	**avons annoncé**
annonces	**annoncez**	**as annoncé**	**avez annoncé**
annonce	**annoncent**	**a annoncé**	**ont annoncé**
2 imparfait de l'indicatif		9 plus-que-parfait de l'indicatif	
annonçais	**annoncions**	**avais annoncé**	**avions annoncé**
annonçais	**annonciez**	**avais annoncé**	**aviez annoncé**
annonçait	**annonçaient**	**avait annoncé**	**avaient annoncé**
3 passé simple		10 passé antérieur	
annonçai	**annonçâmes**	**eus annoncé**	**eûmes annoncé**
annonças	**annonçâtes**	**eus annoncé**	**eûtes annoncé**
annonça	**annoncèrent**	**eut annoncé**	**eurent annoncé**
4 futur		11 futur antérieur	
annoncerai	**annoncerons**	**aurai annoncé**	**aurons annoncé**
annonceras	**annoncerez**	**auras annoncé**	**aurez annoncé**
annoncera	**annonceront**	**aura annoncé**	**auront annoncé**
5 conditionnel		12 conditionnel passé	
annoncerais	**annoncerions**	**aurais annoncé**	**aurions annoncé**
annoncerais	**annonceriez**	**aurais annoncé**	**auriez annoncé**
annoncerait	**annonceraient**	**aurait annoncé**	**auraient annoncé**
6 présent du subjonctif		13 passé du subjonctif	
annonce	**annoncions**	**aie annoncé**	**ayons annoncé**
annonces	**annonciez**	**aies annoncé**	**ayez annoncé**
annonce	**annoncent**	**ait annoncé**	**aient annoncé**
7 imparfait du subjonctif		14 plus-que-parfait du subjonctif	
annonçasse	**annonçassions**	**eusse annoncé**	**eussions annoncé**
annonçasses	**annonçassiez**	**eusses annoncé**	**eussiez annoncé**
annonçât	**annonçassent**	**eût annoncé**	**eussent annoncé**

Impératif
annonce
annonçons
annoncez

Words and expressions related to this verb
une annonce announcement, notification
demander par annonce to advertise for
un annonceur advertiser, announcer, speaker
un annoncier, une annoncière advertising
  manager
s'annoncer bien to look promising;
  Cela s'annonce bien That looks promising
les petites annonces d'un journal newspaper
  classified advertisements

s'annoncer to announce (introduce) oneself

See also **prononcer.**

Syn.: **aviser** to notify (32); **communiquer** to
communicate (219); **notifier** to notify (322);
signaler to point out
Ant.: **cacher** to hide; **dissimuler** to conceal
(81); **taire** to conceal (345); **se taire** to be
silent

Note that **annoncer** can also mean to predict (weather, event): **J'ai amené mon parapluie parce
qu'ils avaient annoncé de la pluie.** I brought my umbrella because rain had been predicted.

The subject pronouns are found on page 103.   **143**

apercevoir (35)

to perceive

Irregular verb with spelling change: **c** changes to **ç** before **o** or **u** to keep **s** sound

The Seven Simple Tenses		The Seven Compound Tenses	
Singular	Plural	Singular	Plural

1 présent de l'indicatif

		8 passé composé	
aperçois	apercevons	ai aperçu	avons aperçu
aperçois	apercevez	as aperçu	avez aperçu
aperçoit	aperçoivent	a aperçu	ont aperçu

2 imparfait de l'indicatif

		9 plus-que-parfait de l'indicatif	
apercevais	apercevions	avais aperçu	avions aperçu
apercevais	aperceviez	avais aperçu	aviez aperçu
apercevait	apercevaient	avait aperçu	avaient aperçu

3 passé simple

		10 passé antérieur	
aperçus	aperçûmes	eus aperçu	eûmes aperçu
aperçus	aperçûtes	eus aperçu	eûtes aperçu
aperçut	aperçurent	eut aperçu	eurent aperçu

4 futur

		11 futur antérieur	
apercevrai	apercevrons	aurai aperçu	aurons aperçu
apercevras	apercevrez	auras aperçu	aurez aperçu
apercevra	apercevront	aura aperçu	auront aperçu

5 conditionnel

		12 conditionnel passé	
apercevrais	apercevrions	aurais aperçu	aurions aperçu
apercevrais	apercevriez	aurais aperçu	auriez aperçu
apercevrait	apercevraient	aurait aperçu	auraient aperçu

6 présent du subjonctif

		13 passé du subjonctif	
aperçoive	apercevions	aie aperçu	ayons aperçu
aperçoives	aperceviez	aies aperçu	ayez aperçu
aperçoive	aperçoivent	ait aperçu	aient aperçu

7 imparfait du subjonctif

		14 plus-que-parfait du subjonctif	
aperçusse	aperçussions	eusse aperçu	eussions aperçu
aperçusses	aperçussiez	eusse aperçu	eussiez aperçu
aperçût	aperçussent	eût aperçu	eussent aperçu

Impératif
aperçois
apercevons
apercevez

Words and expressions related to this verb

sans s'en apercevoir without taking any notice (of it)
la perception perception, collection (tax)
perceptiblement perceptibly
à peine perceptible scarcely perceptible
un aperçu glimpse, glance, outline
s'apercevoir de to become aware of, to notice
la perceptibilité perceptibility

perceptif, perceptive perceptive
entr'apercevoir to glimpse
percevoir to perceive, to sense

Syn.: **percevoir** to notice, perceive (35); **remarquer** to notice; **repérer** to locate, to discover (203)
Ant.: **ignorer** to be unaware of (22)

The Seven Simple Tenses		The Seven Compound Tenses	
Singular	Plural	Singular	Plural
1 présent de l'indicatif		8 passé composé	
apparais	apparaissons	ai apparu	avons apparu
apparais	apparaissez	as apparu	avez apparu
apparaît	apparaissent	a apparu	ont apparu
2 imparfait de l'indicatif		9 plus-que-parfait de l'indicatif	
apparaissais	apparaissions	avais apparu	avions apparu
apparaissais	apparaissiez	avais apparu	aviez apparu
apparaissait	apparaissaient	avait apparu	avaient apparu
3 passé simple		10 passé antérieur	
apparus	apparûmes	eus apparu	eûmes apparu
apparus	apparûtes	eus apparu	eûtes apparu
apparut	apparurent	eut apparu	eurent apparu
4 futur		11 futur antérieur	
apparaîtrai	apparaîtrons	aurai apparu	aurons apparu
apparaîtras	apparaîtrez	auras apparu	aurez apparu
apparaîtra	apparaîtront	aura apparu	auront apparu
5 conditionnel		12 conditionnel passé	
apparaîtrais	apparaîtrions	aurais apparu	aurions apparu
apparaîtrais	apparaîtriez	aurais apparu	auriez apparu
apparaîtrait	apparaîtraient	aurait apparu	auraient apparu
6 présent du subjonctif		13 passé du subjonctif	
apparaisse	apparaissions	aie apparu	ayons apparu
apparaisses	apparaissiez	aies apparu	ayez apparu
apparaisse	apparaissent	ait apparu	aient apparu
7 imparfait du subjonctif		14 plus-que-parfait du subjonctif	
apparusse	apparussions	eusse apparu	eussions apparu
apparusses	apparussiez	eusses apparu	eussiez apparu
apparût	apparussent	eût apparu	eussent apparu

Impératif
apparais
apparaissons
apparaissez

Words and expressions related to this verb

apparemment apparently   **une apparition** apparition
apparent, apparente apparent   **une apparence** appearance

This verb can be conjugated with *avoir* or *être* to form the seven compound tenses (Nos. 8 to 14) above. The seven simple tense forms (1 to 7) remain as they are above. The past participle remains *apparu*. Just use the appropriate forms of *être* as the auxiliary instead of *avoir* and make the required agreements in gender (masc. or fem.) and number (s. or pl.) as you would when you conjugate the verb *aller*. Example, Tense No. 8: elle a apparu *or* elle est apparue. Summary: this verb is conjugated with *avoir* when it expresses an action; it is conjugated with *être* when it expresses the state resulting from the accomplished action.

See also **paraître**, **disparaître**, and **reparaître**.

Syn.: **se montrer** to show oneself (299, 83); **survenir** to arise, to occur (491)
Ant.: **se cacher** to hide oneself; **disparaître** to disappear

The subject pronouns are found on page 103.   **145**

appartenir (37)

to belong, to pertain

Irregular verb

The Seven Simple Tenses		The Seven Compound Tenses	
Singular	Plural	Singular	Plural
1 présent de l'indicatif		**8 passé composé**	
appartiens	appartenons	ai appartenu	avons appartenu
appartiens	appartenez	as appartenu	avez appartenu
appartient	appartiennent	a appartenu	ont appartenu
2 imparfait de l'indicatif		**9 plus-que-parfait de l'indicatif**	
appartenais	appartenions	avais appartenu	avions appartenu
appartenais	apparteniez	avais appartenu	aviez appartenu
appartenait	appartenaient	avait appartenu	avaient appartenu
3 passé simple		**10 passé antérieur**	
appartins	appartînmes	eus appartenu	eûmes appartenu
appartins	appartîntes	eus appartenu	eûtes appartenu
appartint	appartinrent	eut appartenu	eurent appartenu
4 futur		**11 futur antérieur**	
appartiendrai	appartiendrons	aurai appartenu	aurons appartenu
appartiendras	appartiendrez	auras appartenu	aurez appartenu
appartiendra	appartiendront	aura appartenu	auront appartenu
5 conditionnel		**12 conditionnel passé**	
appartiendrais	appartiendrions	aurais appartenu	aurions appartenu
appartiendrais	appartiendriez	aurais appartenu	auriez appartenu
appartiendrait	appartiendraient	aurait appartenu	auraient appartenu
6 présent du subjonctif		**13 passé du subjonctif**	
appartienne	appartenions	aie appartenu	ayons appartenu
appartiennes	apparteniez	aies appartenu	ayez appartenu
appartienne	appartiennent	ait appartenu	aient appartenu
7 imparfait du subjonctif		**14 plus-que-parfait du subjonctif**	
appartinsse	appartinssions	eusse appartenu	eussions appartenu
appartinsses	appartinssiez	eusses appartenu	eussiez appartenu
appartînt	appartinssent	eût appartenu	eussent appartenu

Impératif
appartiens
appartenons
appartenez

Words and expressions related to this verb

appartenir à to belong to, to pertain to, to appertain to
Il appartient que . . . It is fitting that . . .
appartenir à qqn de + inf. to behoove someone to; **Il lui appartient de dire la vérité.**
une appartenance appurtenance; **appartenant, appartenante** appertaining, belonging
un sentiment d'appartenance feeling of belonging

**A TOUS CEUX QU'IL APPARTIENDRA
TO WHOM IT MAY CONCERN**
s'appartenir to be independent
appartenir à qqn de faire qqch to be up to someone to do something

Syn.: **être (à)** to belong to; **relever de** to be a matter (of) (278)

Regular **-er** verb endings; spelling change:
l becomes **ll** before syllable with a mute **e**

to call, to name, to appeal

The Seven Simple Tenses		The Seven Compound Tenses	
Singular	Plural	Singular	Plural

1 présent de l'indicatif		8 passé composé	
appelle	**appelons**	**ai appelé**	**avons appelé**
appelles	**appelez**	**as appelé**	**avez appelé**
appelle	**appellent**	**a appelé**	**ont appelé**

2 imparfait de l'indicatif		9 plus-que-parfait de l'indicatif	
appelais	**appelions**	**avais appelé**	**avions appelé**
appelais	**appeliez**	**avais appelé**	**aviez appelé**
appelait	**appelaient**	**avait appelé**	**avaient appelé**

3 passé simple		10 passé antérieur	
appelai	**appelâmes**	**eus appelé**	**eûmes appelé**
appelas	**appelâtes**	**eus appelé**	**eûtes appelé**
appela	**appelèrent**	**eut appelé**	**eurent appelé**

4 futur		11 futur antérieur	
appellerai	**appellerons**	**aurai appelé**	**aurons appelé**
appelleras	**appellerez**	**auras appelé**	**aurez appelé**
appellera	**appelleront**	**aura appelé**	**auront appelé**

5 conditionnel		12 conditionnel passé	
appellerais	**appellerions**	**aurais appelé**	**aurions appelé**
appellerais	**appelleriez**	**aurais appelé**	**auriez appelé**
appellerait	**appelleraient**	**aurait appelé**	**auraient appelé**

6 présent du subjonctif		13 passé du subjonctif	
appelle	**appelions**	**aie appelé**	**ayons appelé**
appelles	**appeliez**	**aies appelé**	**ayez appelé**
appelle	**appellent**	**ait appelé**	**aient appelé**

7 imparfait du subjonctif		14 plus-que-parfait du subjonctif	
appelasse	**appelassions**	**eusse appelé**	**eussions appelé**
appelasses	**appelassiez**	**eusses appelé**	**eussiez appelé**
appelât	**appelassent**	**eût appelé**	**eussent appelé**

Impératif
appelle
appelons
appelez

Sentences using this verb and words related to it

Quand Timothée est tombé dans le puits, j'ai appelé au secours. When Timothy fell in the well, I called for help.
une appellation appellation; **un appel** appeal, call
en appeler à qqn to appeal to someone
rappeler to call back, to remind, to recall
appellation contrôlée French government approval of the quality of a wine or cheese
un appel call; **appel téléphonique** telephone call; **faire l'appel** to call the roll

faire un appel de phares to flash the high beams (of a vehicle)
être appelé à qqch to be destined for something, to have a calling (vocation, career)
Appelez un taxi, s'il vous plaît. Please call a taxi.

See also **s'appeler**.

Syn.: **convoquer** to summon (219); **héler** to hail, to call to (87) (aspirate *h*; no liaison); **nommer** to name
Ant.: **congédier** to dismiss (212); **ignorer** not to know (22); **renvoyer** to send back (200)

The subject pronouns are found on page 103.

s'appeler (39)

Part. pr. **s'appelant**   Part. passé **appelé(e)(s)**

to be named, to
call oneself

Reflexive verb; regular **-er** verb endings; spelling change: **l** becomes **ll** before syllable with a mute **e**

The Seven Simple Tenses		The Seven Compound Tenses	
Singular	Plural	Singular	Plural
1 présent de l'indicatif		**8 passé composé**	
m'appelle	nous appelons	me suis appelé(e)	nous sommes appelé(e)s
t'appelles	vous appelez	t'es appelé(e)	vous êtes appelé(e)(s)
s'appelle	s'appellent	s'est appelé(e)	se sont appelé(e)s
2 imparfait de l'indicatif		**9 plus-que-parfait de l'indicatif**	
m'appelais	nous appelions	m'étais appelé(e)	nous étions appelé(e)s
t'appelais	vous appeliez	t'étais appelé(e)	vous étiez appelé(e)(s)
s'appelait	s'appelaient	s'était appelé(e)	s'étaient appelé(e)s
3 passé simple		**10 passé antérieur**	
m'appelai	nous appelâmes	me fus appelé(e)	nous fûmes appelé(e)s
t'appelas	vous appelâtes	te fus appelé(e)	vous fûtes appelé(e)(s)
s'appela	s'appelèrent	se fut appelé(e)	se furent appelé(e)s
4 futur		**11 futur antérieur**	
m'appellerai	nous appellerons	me serai appelé(e)	nous serons appelé(e)s
t'appelleras	vous appellerez	te seras appelé(e)	vous serez appelé(e)(s)
s'appellera	s'appelleront	se sera appelé(e)	se seront appelé(e)s
5 conditionnel		**12 conditionnel passé**	
m'appellerais	nous appellerions	me serais appelé(e)	nous serions appelé(e)s
t'appellerais	vous appelleriez	te serais appelé(e)	vous seriez appelé(e)(s)
s'appellerait	s'appelleraient	se serait appelé(e)	se seraient appelé(e)s
6 présent du subjonctif		**13 passé du subjonctif**	
m'appelle	nous appelions	me sois appelé(e)	nous soyons appelé(e)s
t'appelles	vous appeliez	te sois appelé(e)	vous soyez appelé(e)(s)
s'appelle	s'appellent	se soit appelé(e)	se soient appelé(e)s
7 imparfait du subjonctif		**14 plus-que-parfait du subjonctif**	
m'appelasse	nous appelassions	me fusse appelé(e)	nous fussions appelé(e)s
t'appelasses	vous appelassiez	te fusses appelé(e)	vous fussiez appelé(e)(s)
s'appelât	s'appelassent	se fût appelé(e)	se fussent appelé(e)s

Impératif
appelle-toi; ne t'appelle pas
appelons-nous; ne nous appelons pas
appelez-vous; ne vous appelez pas

Sentences using this verb and words related to it

—**Bonjour, mon enfant. Comment t'appelles-tu?** Hello, my child. What is your name?

—**Je m'appelle Hugo.** My name is Hugo.

—**As-tu des frères et des soeurs?** Do you have brothers and sisters?

—**J'ai un frère et une soeur. Ils s'appellent Victor et Collette.** I have a brother and a sister. They're named Victor and Collette.

Permettez-moi de me présenter. Je m'appelle . . . Please allow me to introduce myself. My name is . . .

For other words and expressions related to this verb, see **appeler, rappeler,** and **se rappeler.**

Syn.: **se nommer** to be called (310, 83)

The Seven Simple Tenses		The Seven Compound Tenses	
Singular	Plural	Singular	Plural
1 présent de l'indicatif		**8 passé composé**	
apporte	apportons	ai apporté	avons apporté
apportes	apportez	as apporté	avez apporté
apporte	apportent	a apporté	ont apporté
2 imparfait de l'indicatif		**9 plus-que-parfait de l'indicatif**	
apportais	apportions	avais apporté	avions apporté
apportais	apportiez	avais apporté	aviez apporté
apportait	apportaient	avait apporté	avaient apporté
3 passé simple		**10 passé antérieur**	
apportai	apportâmes	eus apporté	eûmes apporté
apportas	apportâtes	eus apporté	eûtes apporté
apporta	apportèrent	eut apporté	eurent apporté
4 futur		**11 futur antérieur**	
apporterai	apporterons	aurai apporté	aurons apporté
apporteras	apporterez	auras apporté	aurez apporté
apportera	apporteront	aura apporté	auront apporté
5 conditionnel		**12 conditionnel passé**	
apporterais	apporterions	aurais apporté	aurions apporté
apporterais	apporteriez	aurais apporté	auriez apporté
apporterait	apporteraient	aurait apporté	auraient apporté
6 présent du subjonctif		**13 passé du subjonctif**	
apporte	apportions	aie apporté	ayons apporté
apportes	apportiez	aies apporté	ayez apporté
apporte	apportent	ait apporté	aient apporté
7 imparfait du subjonctif		**14 plus-que-parfait du subjonctif**	
apportasse	apportassions	eusse apporté	eussions apporté
apportasses	apportassiez	eusses apporté	eussiez apporté
apportât	apportassent	eût apporté	eussent apporté

Impératif
apporte
apportons
apportez

Sentences using this verb and words related to it

Apportez-moi du pain, s'il vous plaît...et n'oubliez pas de m'apporter un verre de vin rouge. Bring me some bread, please...and don't forget to bring me a glass of red wine.

un apport something brought; **un apport dotal** wife's dowry

un apporteur a person who brings something (usually news); **un apporteur de bonnes nouvelles** bearer of good news

See also **porter** and **supporter**.

Syn.: **amener** to bring
Ant.: **éloigner** to take away, to move away (194); **emporter** to carry away (349)

The subject pronouns are found on page 103.
                                                                    149

apprécier (41)

to appreciate

The Seven Simple Tenses		The Seven Compound Tenses	
Singular	Plural	Singular	Plural
1 présent de l'indicatif		8 passé composé	
apprécie	apprécions	ai apprécié	avons apprécié
apprécies	appréciez	as apprécié	avez apprécié
apprécie	apprécient	a apprécié	ont apprécié
2 imparfait de l'indicatif		9 plus-que-parfait de l'indicatif	
appréciais	appréciions	avais apprécié	avions apprécié
appréciais	appréciiez	avais apprécié	aviez apprécié
appréciait	appréciaient	avait apprécié	avaient apprécié
3 passé simple		10 passé antérieur	
appréciai	appréciâmes	eus apprécié	eûmes apprécié
apprécias	appréciâtes	eus apprécié	eûtes apprécié
apprécia	apprécièrent	eut apprécié	eurent apprécié
4 futur		11 futur antérieur	
apprécierai	apprécierons	aurai apprécié	aurons apprécié
apprécieras	apprécierez	auras apprécié	aurez apprécié
appréciera	apprécieront	aura apprécié	auront apprécié
5 conditionnel		12 conditionnel passé	
apprécierais	apprécierions	aurais apprécié	aurions apprécié
apprécierais	apprécieriez	aurais apprécié	auriez apprécié
apprécierait	apprécieraient	aurait apprécié	auraient apprécié
6 présent du subjonctif		13 passé du subjonctif	
apprécie	appréciions	aie apprécié	ayons apprécié
apprécies	appréciiez	aies apprécié	ayez apprécié
apprécie	apprécient	ait apprécié	aient apprécié
7 imparfait du subjonctif		14 plus-que-parfait du subjonctif	
appréciasse	appréciassions	eusse apprécié	eussions apprécié
appréciasses	appréciassiez	eusses apprécié	eussiez apprécié
appréciât	appréciassent	eût apprécié	eussent apprécié

Impératif
apprécie
apprécions
appréciez

Sentences using this verb and words related to it

Simon n'apprécie pas le goût de ce fromage.
Simon does not appreciate (like) the taste of
this cheese.
**Il n'y a pas de différence appréciable
entre ces deux ordinateurs.** There isn't an
appreciable difference between these two
computers.

Words and expressions related to this verb

appréciable appreciable
appréciation *f.* appreciation, assessment
déprécier to depreciate
dépréciation depreciation

Syn.: **estimer** to esteem (27); **évaluer** to
evaluate, to appraise
Ant.: **dédaigner** to disdain (10); **mépriser** to
despise (486)

Note: To say that you are grateful, use the adjective **reconnaissant/reconnaissante. Merci de
m'avoir aidé. J'en suis très reconnaissant.** Thank you for helping me. I'm very grateful for it.
(I appreciate it.)

The Seven Simple Tenses | The Seven Compound Tenses

A

Singular	Plural	Singular	Plural
1 présent de l'indicatif		**8 passé composé**	
apprends	apprenons	ai appris	avons appris
apprends	apprenez	as appris	avez appris
apprend	apprennent	a appris	ont appris
2 imparfait de l'indicatif		**9 plus-que-parfait de l'indicatif**	
apprenais	apprenions	avais appris	avions appris
apprenais	appreniez	avais appris	aviez appris
apprenait	apprenaient	avait appris	avaient appris
3 passé simple		**10 passé antérieur**	
appris	apprîmes	eus appris	eûmes appris
appris	apprîtes	eus appris	eûtes appris
apprit	apprirent	eut appris	eurent appris
4 futur		**11 futur antérieur**	
apprendrai	apprendrons	aurai appris	aurons appris
apprendras	apprendrez	auras appris	aurez appris
apprendra	apprendront	aura appris	auront appris
5 conditionnel		**12 conditionnel passé**	
apprendrais	apprendrions	aurais appris	aurions appris
apprendrais	apprendriez	aurais appris	auriez appris
apprendrait	apprendraient	aurait appris	auraient appris
6 présent du subjonctif		**13 passé du subjonctif**	
apprenne	apprenions	aie appris	ayons appris
apprennes	appreniez	aies appris	ayez appris
apprenne	apprennent	ait appris	aient appris
7 imparfait du subjonctif		**14 plus-que-parfait du subjonctif**	
apprisse	apprissions	eusse appris	eussions appris
apprisses	apprissiez	eusses appris	eussiez appris
apprît	apprissent	eût appris	eussent appris

Impératif
apprends
apprenons
apprenez

AN ESSENTIAL
55 VERB

Apprendre is an important verb for beginning students because it is used in many everyday situations and idiomatic expressions. **Apprendre** is also useful for talking about school.

Sentences using apprendre and related words

J'aime bien ce poème de Verlaine. Je l'ai appris par coeur. I like this poem by Verlaine. I learned it by heart (memorized it).

À l'école j'apprends à lire en français. In school I am learning to read in French.

Tu apprends à écrire et à parler? Formidable! You're learning to write and speak? Wonderful!

Demain nous apprendrons la conjugaison du verbe *apprendre*. Tomorrow we will learn the conjugation of the verb *apprendre*.

François m'a appris à réparer ma voiture. Francis taught me to fix my car.

Sais-tu que Roland est malade? Je l'ai appris ce matin. Did you know that Roland is sick? I found out this morning.

Enseigner, c'est apprendre deux fois. To teach is to learn two times. (Joseph Joubert)

Words and expressions related to this verb

apprendre par coeur **to learn by heart, memorize**

apprendre à qqn à faire qqch **to teach somebody to do something**

apprendre qqch à qqn **to inform someone of something; to teach someone something**

apprendre à faire qqch **to learn to do something**

un apprentissage **apprenticeship, learning**

un apprenti, une apprentie **apprentice**

See also **comprendre, entreprendre, se méprendre, prendre, reprendre,** and **surprendre.**

Syn.: s'informer to find out; s'instruire to teach oneself (260, 262)
Synonyms for apprendre à qqn (to teach someone): enseigner to teach; informer to inform (227)
Ant.: cacher to hide; ignorer not to know (22); oublier to forget

Regular **-er** verb   to approach, to come near, to bring near

The Seven Simple Tenses | The Seven Compound Tenses

Singular	Plural	Singular	Plural

A

1 présent de l'indicatif

approche	approchons
approches	approchez
approche	approchent

8 passé composé

ai approché	avons approché
as approché	avez approché
a approché	ont approché

2 imparfait de l'indicatif

approchais	approchions
approchais	approchiez
approchait	approchaient

9 plus-que-parfait de l'indicatif

avais approché	avions approché
avais approché	aviez approché
avait approché	avaient approché

3 passé simple

approchai	approchâmes
approchas	approchâtes
approcha	approchèrent

10 passé antérieur

eus approché	eûmes approché
eus approché	eûtes approché
eut approché	eurent approché

4 futur

approcherai	approcherons
approcheras	approcherez
approchera	approcheront

11 futur antérieur

aurai approché	aurons approché
auras approché	aurez approché
aura approché	auront approché

5 conditionnel

approcherais	approcherions
approcherais	approcheriez
approcherait	approcheraient

12 conditionnel passé

aurais approché	aurions approché
aurais approché	auriez approché
aurait approché	auraient approché

6 présent du subjonctif

approche	approchions
approches	approchiez
approche	approchent

13 passé du subjonctif

aie approché	ayons approché
aies approché	ayez approché
ait approché	aient approché

7 imparfait du subjonctif

approchasse	approchassions
approchasses	approchassiez
approchât	approchassent

14 plus-que-parfait du subjonctif

eusse approché	eussions approché
eusses approché	eussiez approché
eût approché	eussent approché

Impératif
approche
approchons
approchez

Words and expressions related to this verb

s'approcher de qqn ou qqch to approach someone or something
se rapprocher de to come closer to
rapprocher to bring closer, nearer
reprocher qqch à qqn to reproach someone with something; **un reproche** reproach; **faire des reproches à** to reproach; **sans reproche** without blame, blameless

proche close, near; **la pharmacie la plus proche** the nearest pharmacy
prochain, prochaine next; **la semaine prochaine** next week; **la prochaine fois** the next time

Syn.: **aborder** to approach (26); **accoster** to accost (160)
Ant.: **écarter** to separate, to spread apart (69); **éloigner** to move away (194)

The subject pronouns are found on page 103.
153

approuver (44)

Part. pr. **approuvant**   Part. passé **approuvé**

to approve (of)

The Seven Simple Tenses		The Seven Compound Tenses	
Singular	Plural	Singular	Plural
1 présent de l'indicatif		**8 passé composé**	
approuve	approuvons	ai approuvé	avons approuvé
approuves	approuvez	as approuvé	avez approuvé
approuve	approuvent	a approuvé	ont approuvé
2 imparfait de l'indicatif		**9 plus-que-parfait de l'indicatif**	
approuvais	approuvions	avais approuvé	avions approuvé
approuvais	approuviez	avais approuvé	aviez approuvé
approuvait	approuvaient	avait approuvé	avaient approuvé
3 passé simple		**10 passé antérieur**	
approuvai	approuvâmes	eus approuvé	eûmes approuvé
approuvas	approuvâtes	eus approuvé	eûtes approuvé
approuva	approuvèrent	eut approuvé	eurent approuvé
4 futur		**11 futur antérieur**	
approuverai	approuverons	aurai approuvé	aurons approuvé
approuveras	approuverez	auras approuvé	aurez approuvé
approuvera	approuveront	aura approuvé	auront approuvé
5 conditionnel		**12 conditionnel passé**	
approuverais	approuverions	aurais approuvé	aurions approuvé
approuverais	approuveriez	aurais approuvé	auriez approuvé
approuverait	approuveraient	aurait approuvé	auraient approuvé
6 présent du subjonctif		**13 passé du subjonctif**	
approuve	approuvions	aie approuvé	ayons approuvé
approuves	approuviez	aies approuvé	ayez approuvé
approuve	approuvent	ait approuvé	aient approuvé
7 imparfait du subjonctif		**14 plus-que-parfait du subjonctif**	
approuvasse	approuvassions	eusse approuvé	eussions approuvé
approuvasses	approuvassiez	eusses approuvé	eussiez approuvé
approuvât	approuvassent	eût approuvé	eussent approuvé

Impératif
approuve
approuvons
approuvez

Words and expressions related to this verb

approuver qqn de faire qqch to approve of someone's doing something
acheter à condition to buy on approval
avec approbation approvingly
la désapprobation disapproval, disapprobation
J'approuve votre décision de continuer l'étude de la langue française.
l'approbation *f.* approval

un approbateur, une approbatrice approver
désapprouver to disapprove, to disapprove of

See also **éprouver** and **prouver**.

Syn.: **accepter** to accept; **accorder** to grant, to admit; **autoriser** to authorize (16); **permettre** to permit, to allow
Ant.: **censurer** to censure (54); **condamner** to condemn (98); **refuser** to refuse; **reprocher** to blame (43)

arracher (45)

Regular **-er** verb

to pull up, to pull out, to uproot

The Seven Simple Tenses		The Seven Compound Tenses	
Singular	Plural	Singular	Plural

A

1 présent de l'indicatif		8 passé composé	
arrache	arrachons	ai arraché	avons arraché
arraches	arrachez	as arraché	avez arraché
arrache	arrachent	a arraché	ont arraché

2 imparfait de l'indicatif		9 plus-que-parfait de l'indicatif	
arrachais	arrachions	avais arraché	avions arraché
arrachais	arrachiez	avais arraché	aviez arraché
arrachait	arrachaient	avait arraché	avaient arraché

3 passé simple		10 passé antérieur	
arrachai	arrachâmes	eus arraché	eûmes arraché
arrachas	arrachâtes	eus arraché	eûtes arraché
arracha	arrachèrent	eut arraché	eurent arraché

4 futur		11 futur antérieur	
arracherai	arracherons	aurai arraché	aurons arraché
arracheras	arracherez	auras arraché	aurez arraché
arrachera	arracheront	aura arraché	auront arraché

5 conditionnel		12 conditionnel passé	
arracherais	arracherions	aurais arraché	aurions arraché
arracherais	arracheriez	aurais arraché	auriez arraché
arracherait	arracheraient	aurait arraché	auraient arraché

6 présent du subjonctif		13 passé du subjonctif	
arrache	arrachions	aie arraché	ayons arraché
arraches	arrachiez	aies arraché	ayez arraché
arrache	arrachent	ait arraché	aient arraché

7 imparfait du subjonctif		14 plus-que-parfait du subjonctif	
arrachasse	arrachassions	eusse arraché	eussions arraché
arrachasses	arrachassiez	eusses arraché	eussiez arraché
arrachât	arrachassent	eût arraché	eussent arraché

Impératif
arrache
arrachons
arrachez

Common idiomatic expressions using this verb
and words related to it

arracher qqch des mains de qqn to grab
something out of someone's hands
faire qqch d'arrache-pied to do something
without interruption
s'arracher à to tear oneself away from
un arrache-clou nail puller (extractor) (**des
arrache-clous**)

s'arracher les yeux to have a violent quarrel
(to scratch each other's eyes out)
d'arrache-pied relentlessly

Syn.: **déraciner** to uproot (159); **extraire** to
extract (474); **ôter** to remove (498)
Ant.: **planter** to plant (90)

The subject pronouns are found on page 103.

155

arranger (46)

Part. pr. arrangeant   **Part. passé** arrangé

to arrange, to settle

Regular **-er** verb endings; spelling change: retain the **ge** before **a** or **o** to keep the soft **g** sound of the verb

The Seven Simple Tenses		The Seven Compound Tenses	
Singular	Plural	Singular	Plural
1 présent de l'indicatif		**8 passé composé**	
arrange	arrangeons	ai arrangé	avons arrangé
arranges	arrangez	as arrangé	avez arrangé
arrange	arrangent	a arrangé	ont arrangé
2 imparfait de l'indicatif		**9 plus-que-parfait de l'indicatif**	
arrangeais	arrangions	avais arrangé	avions arrangé
arrangeais	arrangiez	avais arrangé	aviez arrangé
arrangeait	arrangeaient	avait arrangé	avaient arrangé
3 passé simple		**10 passé antérieur**	
arrangeai	arrangeâmes	eus arrangé	eûmes arrangé
arrangeas	arrangeâtes	eus arrangé	eûtes arrangé
arrangea	arrangèrent	eut arrangé	eurent arrangé
4 futur		**11 futur antérieur**	
arrangerai	arrangerons	aurai arrangé	aurons arrangé
arrangeras	arrangerez	auras arrangé	aurez arrangé
arrangera	arrangeront	aura arrangé	auront arrangé
5 conditionnel		**12 conditionnel passé**	
arrangerais	arrangerions	aurais arrangé	aurions arrangé
arrangerais	arrangeriez	aurais arrangé	auriez arrangé
arrangerait	arrangeraient	aurait arrangé	auraient arrangé
6 présent du subjonctif		**13 passé du subjonctif**	
arrange	arrangions	aie arrangé	ayons arrangé
arranges	arrangiez	aies arrangé	ayez arrangé
arrange	arrangent	ait arrangé	aient arrangé
7 imparfait du subjonctif		**14 plus-que-parfait du subjonctif**	
arrangeasse	arrangeassions	eusse arrangé	eussions arrangé
arrangeasses	arrangeassiez	eusses arrangé	eussiez arrangé
arrangeât	arrangeassent	eût arrangé	eussent arrangé

Impératif
arrange
arrangeons
arrangez

Sentences using this verb and words related to it

Quand mon père apporte des fleurs à ma mère, nous les arrangeons dans un joli vase. When my father brings flowers to my mother, we arrange them in a pretty vase.
arranger qqch to arrange, contrive something
arranger l'affaire to straighten out a matter
s'arranger to come to an agreement

arranger qqn to accommodate, suit someone; **Ça m'arrange bien** That suits me fine; **Ça s'arrangera** It will turn out all right.

Syn.: **aménager** to set up (305); **disposer** to arrange (350); **ordonner** to arrange, to organize (171); **organiser** to organize (486) Ant.: **déranger** to disturb; **désorganiser** to disorganize (486); **troubler** to confuse (407)

Regular **-er** verb   to arrest, to stop (someone or something), to halt

The Seven Simple Tenses		The Seven Compound Tenses	
Singular	Plural	Singular	Plural

1 présent de l'indicatif

		8 passé composé	
arrête	**arrêtons**	**ai arrêté**	**avons arrêté**
arrêtes	**arrêtez**	**as arrêté**	**avez arrêté**
arrête	**arrêtent**	**a arrêté**	**ont arrêté**

2 imparfait de l'indicatif		**9 plus-que-parfait de l'indicatif**	
arrêtais	**arrêtions**	**avais arrêté**	**avions arrêté**
arrêtais	**arrêtiez**	**avais arrêté**	**aviez arrêté**
arrêtait	**arrêtaient**	**avait arrêté**	**avaient arrêté**

3 passé simple		**10 passé antérieur**	
arrêtai	**arrêtâmes**	**eus arrêté**	**eûmes arrêté**
arrêtas	**arrêtâtes**	**eus arrêté**	**eûtes arrêté**
arrêta	**arrêtèrent**	**eut arrêté**	**eurent arrêté**

4 futur		**11 futur antérieur**	
arrêterai	**arrêterons**	**aurai arrêté**	**aurons arrêté**
arrêteras	**arrêterez**	**auras arrêté**	**aurez arrêté**
arrêtera	**arrêteront**	**aura arrêté**	**auront arrêté**

5 conditionnel		**12 conditionnel passé**	
arrêterais	**arrêterions**	**aurais arrêté**	**aurions arrêté**
arrêterais	**arrêteriez**	**aurais arrêté**	**auriez arrêté**
arrêterait	**arrêteraient**	**aurait arrêté**	**auraient arrêté**

6 présent du subjonctif		**13 passé du subjonctif**	
arrête	**arrêtions**	**aie arrêté**	**ayons arrêté**
arrêtes	**arrêtiez**	**aies arrêté**	**ayez arrêté**
arrête	**arrêtent**	**ait arrêté**	**aient arrêté**

7 imparfait du subjonctif		**14 plus-que-parfait du subjonctif**	
arrêtasse	**arrêtassions**	**eusse arrêté**	**eussions arrêté**
arrêtasses	**arrêtassiez**	**eusses arrêté**	**eussiez arrêté**
arrêtât	**arrêtassent**	**eût arrêté**	**eussent arrêté**

Impératif
arrête
arrêtons
arrêtez

Sentences using this verb and words related to it

L'agent de police a arrêté les voitures pour laisser les piétons traverser la rue. Il a crié:—Arrêtez! Arrêtez! The police officer stopped the cars to let the pedestrians cross the street. He shouted: Stop! Stop!
Arrêtez-la/le/les! Stop her/him/them!

un arrêt halt, stop, arrest; **sans arrêt** continually
arrêt d'autobus bus stop
un arrêté ministériel decree

arrêter qqn de faire qqch to stop someone from doing something
une arrestation arrest, apprehension; **être en état d'arrestation** to be under arrest
arrêter un jour to set a date; **arrêter un marché** to make a deal

See also **s'arrêter.**

Syn.: **appréhender** to apprehend (27); **immobiliser** to immobilize (486)
Ant.: **aller** to go; **continuer** to continue

The subject pronouns are found on page 103.   **157**

s'arrêter (48)

Part. pr. **s'arrêtant**

Part. passé **arrêté(e)(s)**

to stop (oneself, itself), to pause

Reflexive regular **-er** verb

The Seven Simple Tenses		The Seven Compound Tenses	
Singular	Plural	Singular	Plural
1 présent de l'indicatif		**8 passé composé**	
m'arrête	nous arrêtons	me suis arrêté(e)	nous sommes arrêté(e)s
t'arrêtes	vous arrêtez	t'es arrêté(e)	vous êtes arrêté(e)(s)
s'arrête	s'arrêtent	s'est arrêté(e)	se sont arrêté(e)s
2 imparfait de l'indicatif		**9 plus-que-parfait de l'indicatif**	
m'arrêtais	nous arrêtions	m'étais arrêté(e)	nous étions arrêté(e)s
t'arrêtais	vous arrêtiez	t'étais arrêté(e)	vous étiez arrêté(e)(s)
s'arrêtait	s'arrêtaient	s'était arrêté(e)	s'étaient arrêté(e)s
3 passé simple		**10 passé antérieur**	
m'arrêtai	nous arrêtâmes	me fus arrêté(e)	nous fûmes arrêté(e)s
t'arrêtas	vous arrêtâtes	te fus arrêté(e)	vous fûtes arrêté(e)(s)
s'arrêta	s'arrêtèrent	se fut arrêté(e)	se furent arrêté(e)s
4 futur		**11 futur antérieur**	
m'arrêterai	nous arrêterons	me serai arrêté(e)	nous serons arrêté(e)s
t'arrêteras	vous arrêterez	te seras arrêté(e)	vous serez arrêté(e)(s)
s'arrêtera	s'arrêteront	se sera arrêté(e)	se seront arrêté(e)s
5 conditionnel		**12 conditionnel passé**	
m'arrêterais	nous arrêterions	me serais arrêté(e)	nous serions arrêté(e)s
t'arrêterais	vous arrêteriez	te serais arrêté(e)	vous seriez arrêté(e)(s)
s'arrêterait	s'arrêteraient	se serait arrêté(e)	se seraient arrêté(e)s
6 présent du subjonctif		**13 passé du subjonctif**	
m'arrête	nous arrêtions	me sois arrêté(e)	nous soyons arrêté(e)s
t'arrêtes	vous arrêtiez	te sois arrêté(e)	vous soyez arrêté(e)(s)
s'arrête	s'arrêtent	se soit arrêté(e)	se soient arrêté(e)s
7 imparfait du subjonctif		**14 plus-que-parfait du subjonctif**	
m'arrêtasse	nous arrêtassions	me fusse arrêté(e)	nous fussions arrêté(e)s
t'arrêtasses	vous arrêtassiez	te fusses arrêté(e)	vous fussiez arrêté(e)(s)
s'arrêtât	s'arrêtassent	se fût arrêté(e)	se fussent arrêté(e)s

Impératif
arrête-toi; ne t'arrête pas
arrêtons-nous; ne nous arrêtons pas
arrêtez-vous; ne vous arrêtez pas

Sentences using this verb and words related to it

Quelle frousse! Le taxi s'est arrêté juste à côté de moi! What a fright! The taxi stopped right next to me!

s'arrêter de faire qqch to desist from doing something
s'arrêter de fumer to stop smoking

sans s'arrêter without stopping
Madame Martin s'est arrêtée pour se reposer. Mrs. Martin stopped to rest.

See also **arrêter.**

Syn.: **s'immobiliser** to stop (486, 33)
Ant.: **se hâter** to hurry oneself (74, 241)

The Seven Simple Tenses		The Seven Compound Tenses	
Singular	Plural	Singular	Plural

A

1 présent de l'indicatif		8 passé composé	
arrive	arrivons	suis arrivé(e)	sommes arrivé(e)s
arrives	arrivez	es arrivé(e)	êtes arrivé(e)(s)
arrive	arrivent	est arrivé(e)	sont arrivé(e)s

2 imparfait de l'indicatif		9 plus-que-parfait de l'indicatif	
arrivais	arrivions	étais arrivé(e)	étions arrivé(e)s
arrivais	arriviez	étais arrivé(e)	étiez arrivé(e)(s)
arrivait	arrivaient	était arrivé(e)	étaient arrivé(e)s

3 passé simple		10 passé antérieur	
arrivai	arrivâmes	fus arrivé(e)	fûmes arrivé(e)s
arrivas	arrivâtes	fus arrivé(e)	fûtes arrivé(e)(s)
arriva	arrivèrent	fut arrivé(e)	furent arrivé(e)s

4 futur		11 futur antérieur	
arriverai	arriverons	serai arrivé(e)	serons arrivé(e)s
arriveras	arriverez	seras arrivé(e)	serez arrivé(e)(s)
arrivera	arriveront	sera arrivé(e)	seront arrivé(e)s

5 conditionnel		12 conditionnel passé	
arriverais	arriverions	serais arrivé(e)	serions arrivé(e)s
arriverais	arriveriez	serais arrivé(e)	seriez arrivé(e)(s)
arriverait	arriveraient	serait arrivé(e)	seraient arrivé(e)s

6 présent du subjonctif		13 passé du subjonctif	
arrive	arrivions	sois arrivé(e)	soyons arrivé(e)s
arrives	arriviez	sois arrivé(e)	soyez arrivé(e)(s)
arrive	arrivent	soit arrivé(e)	soient arrivé(e)s

7 imparfait du subjonctif		14 plus-que-parfait du subjonctif	
arrivasse	arrivassions	fusse arrivé(e)	fussions arrivé(e)s
arrivasses	arrivassiez	fusses arrivé(e)	fussiez arrivé(e)(s)
arrivât	arrivassent	fût arrivé(e)	fussent arrivé(e)s

	Impératif		
	arrive		
	arrivons		
	arrivez		

Sentences using this verb and words related to it

À quelle heure est-ce que l'avion arrive à Paris? At what time does the plane arrive in Paris?

Le train pour Québec arrivera à 15h22. The train to Québec will arrive at 3:22 P.M.

Qu'est-ce qui arrive? What's happening? What's going on?

Qu'est-ce qui est arrivé? What happened?

Quoi qu'il arrive . . . Come what may . . .

arriver à faire qqch to succeed in + pres. part.; to manage to do something

arriver à to happen to; **Cela n'arrive qu'à moi!** It's just my luck! That would happen to me!

J'arrive! I'm coming!

Syn.: **se produire** to happen (367, 122); **survenir** to occur (491); **venir** to come
Ant.: **s'en aller** to go away; **partir** to leave

The subject pronouns are found on page 103.

159

assaillir (50)

Part. pr. assaillant   **Part. passé** assailli

to attack, to beset, to assail

Irregular verb

The Seven Simple Tenses		The Seven Compound Tenses	
Singular	Plural	Singular	Plural
1 présent de l'indicatif		**8 passé composé**	
assaille	assaillons	ai assailli	avons assailli
assailles	assaillez	as assailli	avez assailli
assaille	assaillent	a assailli	ont assailli
2 imparfait de l'indicatif		**9 plus-que-parfait de l'indicatif**	
assaillais	assaillions	avais assailli	avions assailli
assaillais	assailliez	avais assailli	aviez assailli
assaillait	assaillaient	avait assailli	avaient assailli
3 passé simple		**10 passé antérieur**	
assaillis	assaillîmes	eus assailli	eûmes assailli
assaillis	assaillîtes	eus assailli	eûtes assailli
assaillit	assaillirent	eut assailli	eurent assailli
4 futur		**11 futur antérieur**	
assaillirai	assaillirons	aurai assailli	aurons assailli
assailliras	assaillirez	auras assailli	aurez assailli
assaillira	assailliront	aura assailli	auront assailli
5 conditionnel		**12 conditionnel passé**	
assaillirais	assaillirions	aurais assailli	aurions assailli
assaillirais	assailliriez	aurais assailli	auriez assailli
assaillirait	assailliraient	aurait assailli	auraient assailli
6 présent du subjonctif		**13 passé du subjonctif**	
assaille	assaillions	aie assailli	ayons assailli
assailles	assailliez	aies assailli	ayez assailli
assaille	assaillent	ait assailli	aient assailli
7 imparfait du subjonctif		**14 plus-que-parfait du subjonctif**	
assaillisse	assaillissions	eusse assailli	eussions assailli
assaillisses	assaillissiez	eusses assailli	eussiez assailli
assaillît	assaillissent	eût assailli	eussent assailli

Impératif
assaille
assaillons
assaillez

Sentences using this verb and words related to it

Leurs ennemis les ont assaillis pendant la nuit. Their enemies attacked them during the night.

Le coup de tonnerre m'a fait tressaillir. The thunderclap made me jump.

Words and expressions related to this verb

un assaillant, une assaillante assailant

saillir to project (conj. like assaillir, 3ᵈ person and infinitive); to mate (conj. like finir, 3ᵈ person and present participle)
saillant, saillante protruding, prominent
une saillie projection, ledge
tressaillir to jump, flinch

Syn.: **agresser** to attack (23); **assiéger** to besiege; **attaquer** to attack (219); **harceler** to harass (297) (aspirate *h*; no liaison)
Ant.: **aider** to help; **défendre** to defend (also to prohibit); **protéger** to protect (52)

A

The Seven Simple Tenses		The Seven Compound Tenses	
Singular	Plural	Singular	Plural
1 présent de l'indicatif		**8 passé composé**	
m'assieds	nous asseyons	me suis assis(e)	nous sommes assis(es)
t'assieds	vous asseyez	t'es assis(e)	vous êtes assis(e)(es)
s'assied	s'asseyent	s'est assis(e)	se sont assis(es)
2 imparfait de l'indicatif		**9 plus-que-parfait de l'indicatif**	
m'asseyais	nous asseyions	m'étais assis(e)	nous étions assis(es)
t'asseyais	vous asseyiez	t'étais assis(e)	vous étiez assis(e)(es)
s'asseyait	s'asseyaient	s'était assis(e)	s'étaient assis(es)
3 passé simple		**10 passé antérieur**	
m'assis	nous assîmes	me fus assis(e)	nous fûmes assis(es)
t'assis	vous assîtes	te fus assis(e)	vous fûtes assis(e)(es)
s'assit	s'assirent	se fut assis(e)	se furent assis(es)
4 futur		**11 futur antérieur**	
m'assiérai	nous assiérons	me serai assis(e)	nous serons assis(es)
t'assiéras	vous assiérez	te seras assis(e)	vous serez assis(e)(es)
s'assiéra	s'assiéront	se sera assis(e)	se seront assis(es)
5 conditionnel		**12 conditionnel passé**	
m'assiérais	nous assiérions	me serais assis(e)	nous serions assis(es)
t'assiérais	vous assiériez	te serais assis(e)	vous seriez assis(e)(es)
s'assiérait	s'assiéraient	se serait assis(e)	se seraient assis(es)
6 présent du subjonctif		**13 passé du subjonctif**	
m'asseye	nous asseyions	me sois assis(e)	nous soyons assis(es)
t'asseyes	vous asseyiez	te sois assis(e)	vous soyez assis(e)(es)
s'asseye	s'asseyent	se soit assis(e)	se soient assis(es)
7 imparfait du subjonctif		**14 plus-que-parfait du subjonctif**	
m'assisse	nous assissions	me fusse assis(e)	nous fussions assis(es)
t'assisses	vous assissiez	te fusses assis(e)	vous fussiez assis(e)(es)
s'assît	s'assissent	se fût assis(e)	se fussent assis(es)

Impératif
**assieds-toi; ne t'assieds pas
asseyons-nous; ne nous asseyons pas
asseyez-vous; ne vous asseyez pas**

Common idiomatic expressions using this verb
and words related to it

**Quand je voyage en train, je m'assieds
toujours près d'une fenêtre si c'est
possible.** When I travel by train, I always sit
near a window, if possible.

—**Puis-je m'asseoir ici? Est-ce que cette
place est libre?** May I sit here? Is this seat
available?

—**Certainement. Asseyez-vous, je vous en
prie.** Certainly. Sit down, please. (Lit.: I beg
of you.)

asseoir qqn to seat someone
rasseoir to seat again, to reseat; **se rasseoir** to
sit down again
s'asseoir à califourchon to sit astride
See also **seoir**.

Syn.: **s'accroupir** to squat (214); **s'installer**
to install (27, 257)
Ant.: **se dresser** to stand up (23, 122);
s'élever to go up, to rise up (279); **se lever** to
get up

The subject pronouns are found on page 103.

assiéger (52)

to besiege, to
lay siege to

Regular **-er** verb endings; spelling changes: retain the **ge** before **a** or **o** to keep the
soft **g** sound of the verb; **e** changes to **è** before syllable with mute **e**

The Seven Simple Tenses		The Seven Compound Tenses	
Singular	Plural	Singular	Plural
1 présent de l'indicatif		8 passé composé	
assiège	assiégeons	ai assiégé	avons assiégé
assièges	assiégez	as assiégé	avez assiégé
assiège	assiègent	a assiégé	ont assiégé
2 imparfait de l'indicatif		9 plus-que-parfait de l'indicatif	
assiégeais	assiégions	avais assiégé	avions assiégé
assiégeais	assiégiez	avais assiégé	aviez assiégé
assiégeait	assiégeaient	avait assiégé	avaient assiégé
3 passé simple		10 passé antérieur	
assiégeai	assiégeâmes	eus assiégé	eûmes assiégé
assiégeas	assiégeâtes	eus assiégé	eûtes assiégé
assiégea	assiégèrent	eut assiégé	eurent assiégé
4 futur		11 futur antérieur	
assiégerai	assiégerons	aurai assiégé	aurons assiégé
assiégeras	assiégerez	auras assiégé	aurez assiégé
assiégera	assiégeront	aura assiégé	auront assiégé
5 conditionnel		12 conditionnel passé	
assiégerais	assiégerions	aurais assiégé	aurions assiégé
assiégerais	assiégeriez	aurais assiégé	auriez assiégé
assiégerait	assiégeraient	aurait assiégé	auraient assiégé
6 présent du subjonctif		13 passé du subjonctif	
assiège	assiégions	aie assiégé	ayons assiégé
assièges	assiégiez	aies assiégé	ayez assiégé
assiège	assiègent	ait assiégé	aient assiégé
7 imparfait du subjonctif		14 plus-que-parfait du subjonctif	
assiégeasse	assiégeassions	eusse assiégé	eussions assiégé
assiégeasses	assiégeassiez	eusses assiégé	eussiez assiégé
assiégeât	assiégeassent	eût assiégé	eussent assiégé

Impératif
assiège
assiégeons
assiégez

Words and expressions related to this verb

assiégeant, assiégeante *adj.* besieging
le siège seat, siege
siéger to sit (committee, government)

Syn.: **encercler** to encircle (27); **entourer** to
surround (21); **tourmenter** to torment (425);
assaillir to beset
Ant.: **abandonner** to abandon (171); **libérer**
to liberate (203)

**Les barbares nous assiègent. Ils sont aux
portes de la ville.** The barbarians are laying
siege to us. They are at the gates of the city.

If you can conjugate **assiéger** you can also
conjugate:

abréger to shorten
alléger to lighten
agréger to agglomerate
piéger to trap

Regular **-er** verb

to assist (at), to be present (at), to attend

The Seven Simple Tenses | The Seven Compound Tenses

Singular	Plural	Singular	Plural
1 présent de l'indicatif		8 passé composé	
assiste	**assistons**	**ai assisté**	**avons assisté**
assistes	**assistez**	**as assisté**	**avez assisté**
assiste	**assistent**	**a assisté**	**ont assisté**
2 imparfait de l'indicatif		9 plus-que-parfait de l'indicatif	
assistais	**assistions**	**avais assisté**	**avions assisté**
assistais	**assistiez**	**avais assisté**	**aviez assisté**
assistait	**assistaient**	**avait assisté**	**avaient assisté**
3 passé simple		10 passé antérieur	
assistai	**assistâmes**	**eus assisté**	**eûmes assisté**
assistas	**assistâtes**	**eus assisté**	**eûtes assisté**
assista	**assistèrent**	**eut assisté**	**eurent assisté**
4 futur		11 futur antérieur	
assisterai	**assisterons**	**aurai assisté**	**aurons assisté**
assisteras	**assisterez**	**auras assisté**	**aurez assisté**
assistera	**assisteront**	**aura assisté**	**auront assisté**
5 conditionnel		12 conditionnel passé	
assisterais	**assisterions**	**aurais assisté**	**aurions assisté**
assisterais	**assisteriez**	**aurais assisté**	**auriez assisté**
assisterait	**assisteraient**	**aurait assisté**	**auraient assisté**
6 présent du subjonctif		13 passé du subjonctif	
assiste	**assistions**	**aie assisté**	**ayons assisté**
assistes	**assistiez**	**aies assisté**	**ayez assisté**
assiste	**assistent**	**ait assisté**	**aient assisté**
7 imparfait du subjonctif		14 plus-que-parfait du subjonctif	
assistasse	**assistassions**	**eusse assisté**	**eussions assisté**
assistasses	**assistassiez**	**eusses assisté**	**eussiez assisté**
assistât	**assistassent**	**eût assisté**	**eussent assisté**

Impératif
assiste
assistons
assistez

Sentences using this verb

Lundi prochain, j'assisterai à une conférence de presse. Next Monday, I will attend a press conference.

L'année dernière j'ai assisté à la même conférence de presse et il y avait beaucoup de monde. Last year I attended the same press conference and there were a lot of people.

Words and expressions using this verb

assistance *f.* assistance, help; attendance; audience

assister à to be present at, to attend

les services de l'Assistance publique health and social security services

les assistants those present; spectators

Syn.: **accompagner** to accompany; **aider** to assist; **être présent** to be present; **participer** to participate (251)
Ant.: **abandonner** to abandon (171); **manquer** to miss

The subject pronouns are found on page 103.

assurer (54)

Part. pr. **assurant**

Part. passé **assuré**

to assure, to ensure, to insure, to guarantee

Regular **-er** verb

The Seven Simple Tenses		The Seven Compound Tenses	
Singular	Plural	Singular	Plural
1 présent de l'indicatif		**8 passé composé**	
assure	assurons	ai assuré	avons assuré
assures	assurez	as assuré	avez assuré
assure	assurent	a assuré	ont assuré
2 imparfait de l'indicatif		**9 plus-que-parfait de l'indicatif**	
assurais	assurions	avais assuré	avions assuré
assurais	assuriez	avais assuré	aviez assuré
assurait	assuraient	avait assuré	avaient assuré
3 passé simple		**10 passé antérieur**	
assurai	assurâmes	eus assuré	eûmes assuré
assuras	assurâtes	eus assuré	eûtes assuré
assura	assurèrent	eut assuré	eurent assuré
4 futur		**11 futur antérieur**	
assurerai	assurerons	aurai assuré	aurons assuré
assureras	assurerez	auras assuré	aurez assuré
assurera	assureront	aura assuré	auront assuré
5 conditionnel		**12 conditionnel passé**	
assurerais	assurerions	aurais assuré	aurions assuré
assurerais	assureriez	aurais assuré	auriez assuré
assurerait	assureraient	aurait assuré	auraient assuré
6 présent du subjonctif		**13 passé du subjonctif**	
assure	assurions	aie assuré	ayons assuré
assures	assuriez	aies assuré	ayez assuré
assure	assurent	ait assuré	aient assuré
7 imparfait du subjonctif		**14 plus-que-parfait du subjonctif**	
assurasse	assurassions	eusse assuré	eussions assuré
assurasses	assurassiez	eusses assuré	eussiez assuré
assurât	assurassent	eût assuré	eussent assuré

Impératif
assure
assurons
assurez

Words and expressions related to this verb
assurer qqn de qqch to assure someone of
something; **sûr, sûre** sure
assurable insurable, assurable; **sûrement**
surely; **sûrement pas** certainly not
rassurer to reassure; **la sûreté** safety
se rassurer to be reassured
assuré, assurée certain

See also **s'assurer.**

Syn.: **affirmer** to affirm (227); **attester** to
testify (160); **garantir** to guarantee (229)
Ant.: **contester** to dispute (160); **douter** to
doubt; **nier** to deny

Reflexive regular **-er** verb

to make sure, to assure oneself,
to insure oneself

The Seven Simple Tenses		The Seven Compound Tenses	
Singular	Plural	Singular	Plural

1 présent de l'indicatif		8 passé composé	
m'assure	nous assurons	me suis assuré(e)	nous sommes assuré(e)s
t'assures	vous assurez	t'es assuré(e)	vous êtes assuré(e)(s)
s'assure	s'assurent	s'est assuré(e)	se sont assuré(e)s

2 imparfait de l'indicatif		9 plus-que-parfait de l'indicatif	
m'assurais	nous assurions	m'étais assuré(e)	nous étions assuré(e)s
t'assurais	vous assuriez	t'étais assuré(e)	vous étiez assuré(e)(s)
s'assurait	s'assuraient	s'était assuré(e)	s'étaient assuré(e)s

3 passé simple		10 passé antérieur	
m'assurai	nous assurâmes	me fus assuré(e)	nous fûmes assuré(e)s
t'assuras	vous assurâtes	te fus assuré(e)	vous fûtes assuré(e)(s)
s'assura	s'assurèrent	se fut assuré(e)	se furent assuré(e)s

4 futur		11 futur antérieur	
m'assurerai	nous assurerons	me serai assuré(e)	nous serons assuré(e)s
t'assureras	vous assurerez	te seras assuré(e)	vous serez assuré(e)(s)
s'assurera	s'assureront	se sera assuré(e)	se seront assuré(e)s

5 conditionnel		12 conditionnel passé	
m'assurerais	nous assurerions	me serais assuré(e)	nous serions assuré(e)s
t'assurerais	vous assureriez	te serais assuré(e)	vous seriez assuré(e)(s)
s'assurerait	s'assureraient	se serait assuré(e)	se seraient assuré(e)s

6 présent du subjonctif		13 passé du subjonctif	
m'assure	nous assurions	me sois assuré(e)	nous soyons assuré(e)s
t'assures	vous assuriez	te sois assuré(e)	vous soyez assuré(e)(s)
s'assure	s'assurent	se soit assuré(e)	se soient assuré(e)s

7 imparfait du subjonctif		14 plus-que-parfait du subjonctif	
m'assurasse	nous assurassions	me fusse assuré(e)	nous fussions assuré(e)s
t'assurasses	vous assurassiez	te fusses assuré(e)	vous fussiez assuré(e)(s)
s'assurât	s'assurassent	se fût assuré(e)	se fussent assuré(e)s

Impératif
assure-toi; ne t'assure pas
assurons-nous; ne nous assurons pas
assurez-vous; ne vous assurez pas

Sentences using this verb and words related to it

Quand je quitte la maison, je m'assure que la porte est fermée à clé. When I leave the house, I make sure that the door is locked.

Assurez-vous de fermer votre portable avant de prendre le volant. Make sure that you turn off your cell phone before you take the wheel.

assurément assuredly

assurance *f.* assurance, insurance

un assureur insurer

s'assurer de la protection de qqn to secure someone's protection

l'assurance-vie *f.* life insurance, life assurance

l'assurance automobile *f.* car insurance

See also **assurer.**

Syn.: **se protéger** to protect oneself (52, 55); **vérifier** to verify (212)
Ant.: **douter** to doubt; **hésiter** to hesitate; **risquer** to risk (219)

The subject pronouns are found on page 103.

atteindre (56)

to attain

Part. pr. atteignant

Part. passé atteint

Irregular verb

The Seven Simple Tenses		The Seven Compound Tenses	
Singular	Plural	Singular	Plural
1 présent de l'indicatif		**8 passé composé**	
atteins	atteignons	ai atteint	avons atteint
atteins	atteignez	as atteint	avez atteint
atteint	atteignent	a atteint	ont atteint
2 imparfait de l'indicatif		**9 plus-que-parfait de l'indicatif**	
atteignais	atteignions	avais atteint	avions atteint
atteignais	atteigniez	avais atteint	aviez atteint
atteignait	atteignaient	avait atteint	avaient atteint
3 passé simple		**10 passé antérieur**	
atteignis	atteignîmes	eus atteint	eûmes atteint
atteignis	atteignîtes	eus atteint	eûtes atteint
atteignit	atteignirent	eut atteint	eurent atteint
4 futur		**11 futur antérieur**	
atteindrai	atteindrons	aurai atteint	aurons atteint
atteindras	atteindrez	auras atteint	aurez atteint
atteindra	atteindront	aura atteint	auront atteint
5 conditionnel		**12 conditionnel passé**	
atteindrais	atteindrions	aurais atteint	aurions atteint
atteindrais	atteindriez	aurais atteint	auriez atteint
atteindrait	atteindraient	aurait atteint	auraient atteint
6 présent du subjonctif		**13 passé du subjonctif**	
atteigne	atteignions	aie atteint	ayons atteint
atteignes	atteigniez	aies atteint	ayez atteint
atteigne	atteignent	ait atteint	aient atteint
7 imparfait du subjonctif		**14 plus-que-parfait du subjonctif**	
atteignisse	atteignissions	eusse atteint	eussions atteint
atteignisses	atteignissiez	eusses atteint	eussiez atteint
atteignît	atteignissent	eût atteint	eussent atteint

Impératif
atteins
atteignons
atteignez

Words and expressions related to this verb

atteindre le but/la cible to hit the target
atteindre à to reach
une atteinte reach; attack
hors d'atteinte beyond reach
être atteint (atteinte) de to suffer from

Syn.: **arriver** (à) to arrive (at); **parvenir** (à) to reach (491); **réaliser** to carry out, to realize (486)
Ant.: **échouer** to fail; **manquer** to miss; **rater** to miss (241)

attendre (57)

Regular **-re** verb

to wait, to wait for, to expect

A

The Seven Simple Tenses		The Seven Compound Tenses	
Singular	Plural	Singular	Plural
1 présent de l'indicatif		**8 passé composé**	
attends	**attendons**	**ai attendu**	**avons attendu**
attends	**attendez**	**as attendu**	**avez attendu**
attend	**attendent**	**a attendu**	**ont attendu**
2 imparfait de l'indicatif		**9 plus-que-parfait de l'indicatif**	
attendais	**attendions**	**avais attendu**	**avions attendu**
attendais	**attendiez**	**avais attendu**	**aviez attendu**
attendait	**attendaient**	**avait attendu**	**avaient attendu**
3 passé simple		**10 passé antérieur**	
attendis	**attendîmes**	**eus attendu**	**eûmes attendu**
attendis	**attendîtes**	**eus attendu**	**eûtes attendu**
attendit	**attendirent**	**eut attendu**	**eurent attendu**
4 futur		**11 futur antérieur**	
attendrai	**attendrons**	**aurai attendu**	**aurons attendu**
attendras	**attendrez**	**auras attendu**	**aurez attendu**
attendra	**attendront**	**aura attendu**	**auront attendu**
5 conditionnel		**12 conditionnel passé**	
attendrais	**attendrions**	**aurais attendu**	**aurions attendu**
attendrais	**attendriez**	**aurais attendu**	**auriez attendu**
attendrait	**attendraient**	**aurait attendu**	**auraient attendu**
6 présent du subjonctif		**13 passé du subjonctif**	
attende	**attendions**	**aie attendu**	**ayons attendu**
attendes	**attendiez**	**aies attendu**	**ayez attendu**
attende	**attendent**	**ait attendu**	**aient attendu**
7 imparfait du subjonctif		**14 plus-que-parfait du subjonctif**	
attendisse	**attendissions**	**eusse attendu**	**eussions attendu**
attendisses	**attendissiez**	**eusses attendu**	**eussiez attendu**
attendît	**attendissent**	**eût attendu**	**eussent attendu**

Impératif
attends
attendons
attendez

AN ESSENTIAL
55 VERB

The subject pronouns are found on page 103.

Attendre is a regular **-re** verb that is used in many everyday situations and expressions.

Sentences using attendre and related words

J'attends l'autobus depuis vingt minutes! I have been waiting for the bus for twenty minutes!

Hier, j'ai attendu dix minutes. Yesterday, I waited for ten minutes.

Quand le bus arrivera, je m'attendrai à trouver une place libre. When the bus arrives, I will expect to find an empty seat.

Georges ne s'attendait pas à gagner. George wasn't expecting to win.

Cela peut attendre! It can wait!

Sa réaction était complètement inattendu. His reaction was completely unexpected.

M. Godot n'est pas encore arrivé. En attendant, prenons un café. Mr. Godot hasn't arrived yet. In the meantime, let's have a coffee.

Manon a manqué le bus. Il faut qu'elle attende le prochain. Manon missed the bus. She has to wait for the next one.

Michel et Michelle attendent un enfant. Michael and Michelle are expecting a child

Words and expressions related to this verb

l'attente *f.* **wait, waiting**

une salle d'attente waiting room

faire attendre qqch à qqn to make someone wait for something; to keep someone waiting for something

en attendant meanwhile, in the meantime

s'attendre à to expect

inattendu, inattendue *adj.* **unexpected**

Syn.: **anticiper** to anticipate (329); **espérer** to hope; **guetter** to watch out for (386)
Ant.: **s'en aller** to go away; **hâter** to hurry oneself (aspirate *h*; no liaison); **partir** to leave

If you can conjugate **attendre** you can also conjugate the following verbs:,

détendre to relax, loosen	**prétendre** to claim
se détendre to relax (use **être** for auxiliary)	**retendre** to retighten
distendre to stretch	**sous-tendre** to underlie, subtend
entendre to hear	**tendre** to tighten, offer
étendre to spread	

Regular **-er** verb

to attract, to allure

The Seven Simple Tenses		The Seven Compound Tenses	
Singular	Plural	Singular	Plural

A

1 présent de l'indicatif		8 passé composé	
attire	attirons	ai attiré	avons attiré
attires	attirez	as attiré	avez attiré
attire	attirent	a attiré	ont attiré

2 imparfait de l'indicatif		9 plus-que-parfait de l'indicatif	
attirais	attirions	avais attiré	avions attiré
attirais	attiriez	avais attiré	aviez attiré
attirait	attiraient	avait attiré	avaient attiré

3 passé simple		10 passé antérieur	
attirai	attirâmes	eus attiré	eûmes attiré
attiras	attirâtes	eus attiré	eûtes attiré
attira	attirèrent	eut attiré	eurent attiré

4 futur		11 futur antérieur	
attirerai	attirerons	aurai attiré	aurons attiré
attireras	attirerez	auras attiré	aurez attiré
attirera	attireront	aura attiré	auront attiré

5 conditionnel		12 conditionnel passé	
attirerais	attirerions	aurais attiré	aurions attiré
attirerais	attireriez	aurais attiré	auriez attiré
attirerait	attireraient	aurait attiré	auraient attiré

6 présent du subjonctif		13 passé du subjonctif	
attire	attirions	aie attiré	ayons attiré
attires	attiriez	aies attiré	ayez attiré
attire	attirent	ait attiré	aient attiré

7 imparfait du subjonctif		14 plus-que-parfait du subjonctif	
attirasse	attirassions	eusse attiré	eussions attiré
attirasses	attirassiez	eusses attiré	eussiez attiré
attirât	attirassent	eût attiré	eussent attiré

Impératif
attire
attirons
attirez

Common idiomatic expressions using this verb and words related to it

attirant, attirante attractive
le tirage drawing, pulling; printing of a publication
premier tirage first printing
à gros tirage large number of copies printed
une attraction attraction
tirer to pull
un tirage limité limited number of copies
les attraits *m.* charms, beauty

Do not confuse **un tirage** with **un triage**, which means sorting, selecting (from **trier** to sort, to select).

See also **retirer, se retirer,** and **tirer.**

Syn.: **amener** to bring; **appeler** to call; **séduire** to seduce
Ant.: **éloigner** to move away (194); **repousser** to push away (353)

The subject pronouns are found on page 103.

attraper (59)

to catch

Regular **-er** verb

The Seven Simple Tenses		The Seven Compound Tenses	
Singular	Plural	Singular	Plural
1 présent de l'indicatif		**8 passé composé**	
attrape	attrapons	ai attrapé	avons attrapé
attrapes	attrapez	as attrapé	avez attrapé
attrape	attrapent	a attrapé	ont attrapé
2 imparfait de l'indicatif		**9 plus-que-parfait de l'indicatif**	
attrapais	attrapions	avais attrapé	avions attrapé
attrapais	attrapiez	avais attrapé	aviez attrapé
attrapait	attrapaient	avait attrapé	avaient attrapé
3 passé simple		**10 passé antérieur**	
attrapai	attrapâmes	eus attrapé	eûmes attrapé
attrapas	attrapâtes	eus attrapé	eûtes attrapé
attrapa	attrapèrent	eut attrapé	eurent attrapé
4 futur		**11 futur antérieur**	
attraperai	attraperons	aurai attrapé	aurons attrapé
attraperas	attraperez	auras attrapé	aurez attrapé
attrapera	attraperont	aura attrapé	auront attrapé
5 conditionnel		**12 conditionnel passé**	
attraperais	attraperions	aurais attrapé	aurions attrapé
attraperais	attraperiez	aurais attrapé	auriez attrapé
attraperait	attraperaient	aurait attrapé	auraient attrapé
6 présent du subjonctif		**13 passé du subjonctif**	
attrape	attrapions	aie attrapé	ayons attrapé
attrapes	attrapiez	aies attrapé	ayez attrapé
attrape	attrapent	ait attrapé	aient attrapé
7 imparfait du subjonctif		**14 plus-que-parfait du subjonctif**	
attrapasse	attrapassions	eusse attrapé	eussions attrapé
attrapasses	attrapassiez	eusses attrapé	eussiez attrapé
attrapât	attrapassent	eût attrapé	eussent attrapé

Impératif
attrape
attrapons
attrapez

Common idiomatic expressions using this verb

—**Si tu ne veux pas attraper un rhume, mets ton manteau parce qu'il fait froid dehors.** If you don't want to catch cold, put on your coat because it's cold outside.

—**Je n'ai pas le temps maintenant, maman— je dois attraper l'autobus.** I don't have the time right now, Mom—I have to catch the bus.

attraper un rhume to catch cold
attraper qqn à qqch to catch someone at something (to surprise)

s'attraper to be catching, infectious
une attrape trick
un attrape-mouche flypaper (sticky paper to catch flies), fly trap
une trappe trap

Syn.: **prendre** to take; **saisir** to seize
Ant.: **échapper** to escape; **fuir** to flee; **manquer** to miss

Regular **-er** verb   to augment, to increase

The Seven Simple Tenses		The Seven Compound Tenses	
Singular	Plural	Singular	Plural
1 présent de l'indicatif		**8 passé composé**	
augmente	augmentons	ai augmenté	avons augmenté
augmentes	augmentez	as augmenté	avez augmenté
augmente	augmentent	a augmenté	ont augmenté
2 imparfait de l'indicatif		**9 plus-que-parfait de l'indicatif**	
augmentais	augmentions	avais augmenté	avions augmenté
augmentais	augmentiez	avais augmenté	aviez augmenté
augmentait	augmentaient	avait augmenté	avaient augmenté
3 passé simple		**10 passé antérieur**	
augmentai	augmentâmes	eus augmenté	eûmes augmenté
augmentas	augmentâtes	eus augmenté	eûtes augmenté
augmenta	augmentèrent	eut augmenté	eurent augmenté
4 futur		**11 futur antérieur**	
augmenterai	augmenterons	aurai augmenté	aurons augmenté
augmenteras	augmenterez	auras augmenté	aurez augmenté
augmentera	augmenteront	aura augmenté	auront augmenté
5 conditionnel		**12 conditionnel passé**	
augmenterais	augmenterions	aurais augmenté	aurions augmenté
augmenterais	augmenteriez	aurais augmenté	auriez augmenté
augmenterait	augmenteraient	aurait augmenté	auraient augmenté
6 présent du subjonctif		**13 passé du subjonctif**	
augmente	augmentions	aie augmenté	ayons augmenté
augmentes	augmentiez	aies augmenté	ayez augmenté
augmente	augmentent	ait augmenté	aient augmenté
7 imparfait du subjonctif		**14 plus-que-parfait du subjonctif**	
augmentasse	augmentassions	eusse augmenté	eussions augmenté
augmentasses	augmentassiez	eusses augmenté	eussiez augmenté
augmentât	augmentassent	eût augmenté	eussent augmenté

Impératif
augmente
augmentons
augmentez

Words and expressions related to this verb

augmentation *f.* increase, augmentation;
    augmentation de salaire increase in salary
l'augmentation de la mémoire vive RAM
    increase (computer)
une augmentation des impôts tax increase

augmenter une douleur to aggravate a pain
augmenter les prix to increase prices

Syn.: **accroître** to increase; **agrandir** to enlarge (245); **grossir** to get bigger (282); **multiplier** to multiply (454)
Ant.: **amoindrir** to lessen (229); **décroître** to decrease; **diminuer** to decrease

avancer (61)

to advance, to
go forward

Regular **-er** verb endings; spelling change:
c changes to **ç** before **a** or **o** to keep **s** sound

The Seven Simple Tenses		The Seven Compound Tenses	
Singular	Plural	Singular	Plural

1 présent de l'indicatif

avance	avançons		
avances	avancez		
avance	avancent		

8 passé composé

ai avancé		avons avancé	
as avancé		avez avancé	
a avancé		ont avancé	

2 imparfait de l'indicatif

avançais	avancions
avançais	avanciez
avançait	avançaient

9 plus-que-parfait de l'indicatif

avais avancé	avions avancé
avais avancé	aviez avancé
avait avancé	avaient avancé

3 passé simple

avançai	avançâmes
avanças	avançâtes
avança	avancèrent

10 passé antérieur

eus avancé	eûmes avancé
eus avancé	eûtes avancé
eut avancé	eurent avancé

4 futur

avancerai	avancerons
avanceras	avancerez
avancera	avanceront

11 futur antérieur

aurai avancé	aurons avancé
auras avancé	aurez avancé
aura avancé	auront avancé

5 conditionnel

avancerais	avancerions
avancerais	avanceriez
avancerait	avanceraient

12 conditionnel passé

aurais avancé	aurions avancé
aurais avancé	auriez avancé
aurait avancé	auraient avancé

6 présent du subjonctif

avance	avancions
avances	avanciez
avance	avancent

13 passé du subjonctif

aie avancé	ayons avancé
aies avancé	ayez avancé
ait avancé	aient avancé

7 imparfait du subjonctif

avançasse	avançassions
avançasses	avançassiez
avançât	avançassent

14 plus-que-parfait du subjonctif

eusse avancé	eussions avancé
eusses avancé	eussiez avancé
eût avancé	eussent avancé

Impératif
avance
avançons
avancez

Sentences using this verb and words related to it

Comment avance le travail? How is the work coming along?

Ça avance très bien, merci. It's going very well, thank you.

une avance advance; **faire des avances à qqn** to make advances to somebody

à l'avance, d'avance in advance, beforehand

arriver en avance to arrive early

s'avancer to advance (oneself)

l'avant *m.* front

Ta montre avance. Your watch is fast.

avancer une théorie to promote a theory

une avance sur salaire a salary advance

en avant ahead, in front

devancer to arrive ahead

Syn.: **aller** to go; **progresser** to progress (73)
Ant.: **reculer** to move back (81); **retarder** to delay (240)

A

The Seven Simple Tenses		The Seven Compound Tenses	
Singular	Plural	Singular	Plural
1 présent de l'indicatif		**8 passé composé**	
ai	avons	ai eu	avons eu
as	avez	as eu	avez eu
a	ont	a eu	ont eu
2 imparfait de l'indicatif		**9 plus-que-parfait de l'indicatif**	
avais	avions	avais eu	avions eu
avais	aviez	avais eu	aviez eu
avait	avaient	avait eu	avaient eu
3 passé simple		**10 passé antérieur**	
eus	eûmes	eus eu	eûmes eu
eus	eûtes	eus eu	eûtes eu
eut	eurent	eut eu	eurent eu
4 futur		**11 futur antérieur**	
aurai	aurons	aurai eu	aurons eu
auras	aurez	auras eu	aurez eu
aura	auront	aura eu	auront eu
5 conditionnel		**12 conditionnel passé**	
aurais	aurions	aurais eu	aurions eu
aurais	auriez	aurais eu	auriez eu
aurait	auraient	aurait eu	auraient eu
6 présent du subjonctif		**13 passé du subjonctif**	
aie	ayons	aie eu	ayons eu
aies	ayez	aies eu	ayez eu
ait	aient	ait eu	aient eu
7 imparfait du subjonctif		**14 plus-que-parfait du subjonctif**	
eusse	eussions	eusse eu	eussions eu
eusses	eussiez	eusses eu	eussiez eu
eût	eussent	eût eu	eussent eu

Impératif
aie
ayons
ayez

AN ESSENTIAL 55 VERB

AN ESSENTIAL 55 VERB

Avoir

Avoir is a very important verb. First of all, it is used as the auxiliary for the compound tenses of most French verbs. So, if you can conjugate avoir in the seven simple tenses (1–7) all you need is a verb's past participle and you can create the seven compound tenses (8–14). Secondly, avoir is used in a vast number of idiomatic expressions. That's why avoir gets an extra page of examples!

Avoir is used in a great number of idiomatic expressions. Here are a few of the more useful ones with sample sentences:

Avoir by itself can mean to have something the matter.
Qu'est-ce que vous avez? What's the matter with you?
Qu'est-ce qu'il y a? What's the matter?

avoir ... ans to be ... years old
Quel âge avez-vous? How old are you?
J'ai seize ans. I'm sixteen.

avoir à + inf. to have to, to be obliged to + inf.
J'ai quelque chose à vous dire. I have something to tell you.

avoir beau + inf. to be useless + inf., to do something in vain
Vous avez beau parler; je ne vous écoute pas. You're talking in vain (uselessly); I'm not listening to you.

avoir besoin de to need, to have need of
Vous avez l'air fatigué; vous avez besoin de repos. You look tired; you need some rest.

avoir bonne mine to look well, to look good (persons)
Joseph a bonne mine aujourd'hui, ne trouvez-vous pas? Joseph looks good today, don't you think so?

avoir chaud to be (feel) warm (persons)
J'ai chaud; ouvrez la fenêtre, s'il vous plaît. I feel warm; open the window, please.

avoir congé to have a day off, a holiday from work or school
Demain nous avons congé et nous allons à la plage. Tomorrow we have the day off and we're going to the beach.

avoir de la chance to be lucky
Tu as trouvé une pièce de monnaie?! Tu as de la chance! You found a coin?! You're lucky!

avoir de quoi + inf. to have the material, means, enough + inf.
As-tu de quoi manger? Have you something (enough) to eat?

avoir envie de to feel like, to have a desire to
Madame Loisel a toujours envie de danser. Mrs. Loisel always feels like dancing.

avoir faim to be hungry
As-tu faim, Anne? Bon, alors je vais te donner à manger. Are you hungry, Anne? Good, then I'm going to give you something to eat.

avoir froid to be (feel) cold (persons)
J'ai froid; fermez la fenêtre, s'il vous plaît. I feel cold; close the window, please.

avoir l'air + adj. to seem, to appear, to look + adj.
Vous avez l'air malade; asseyez-vous. You look sick; sit down.

Expressions using *avoir*

Qui ne risque rien n'a rien.
Nothing ventured, nothing gained.

Les murs ont des oreilles.
The walls have ears.

Syn.: détenir to hold (463); posséder to possess, to own; tenir to hold
Ant.: perdre to lose

174

avoir l'air de + inf. to appear + inf.
Vous avez l'air d'être malade; couchez-vous. You appear to be sick; lie down.

avoir l'habitude de + inf. to be accustomed to, to be in the habit of
J'ai l'habitude de faire mes devoirs avant le dîner. I'm in the habit of doing my homework before dinner.

avoir lieu to take place
Le match aura lieu demain. The game will take place tomorrow.

avoir mal to feel sick
Qu'est-ce que tu as, Robert? What's the matter, Robert?
J'ai mal. I feel sick.

avoir mal à + (place where it hurts) to have a pain or ache in . . .
J'ai mal à la jambe. My leg hurts.
J'ai mal à la tête. I have a headache.

avoir mauvaise mine to look ill, not to look well
Qu'est-ce que tu as, Janine? What's the matter, Janine?
Tu as mauvaise mine. You don't look well.

avoir qqn to get the better of someone
Je t'ai eu! I got you!

en avoir marre to be fed up, to be bored stiff, to be sick and tired of something
J'en ai marre! I'm fed up! I've had it!

en avoir par-dessus la tête to have enough of it, to be sick and tired of it, to have it up to here
J'en ai par-dessus la tête! I've had it up to here!

il y a + length of time ago
Madame Duclos est partie il y a un mois. Mrs. Duclos left a month ago.
Il y a dix minutes que j'attends l'autobus. I have been waiting for the bus for ten minutes.
Il n'y a pas de quoi. You're welcome.

n'avoir qu'à + inf. to have only + inf.
Tu n'as qu'à appuyer sur le bouton et la machine se met en marche. All you have to do is press the button and the machine starts itself.

More idiomatic expressions using avoir

avoir affaire à quelqu'un **to deal with someone**
avoir des nouvelles **to receive news, to hear (from someone)**
avoir droit à **to be entitled to**
avoir du savoir-faire **to have tact**
avoir du savoir-vivre **to have good manners, etiquette**
avoir hâte **to be in a hurry**
avoir hâte de faire qqch **to be anxious to do something, to look forward to doing something**
avoir honte **to be (feel) ashamed**
avoir l'idée de + inf. **to have a notion + inf.**
avoir l'impression **to be under the impression**
avoir l'intention de **to intend + inf.**
avoir l'occasion de + inf. **to have the opportunity + inf.**
avoir l'occasion de faire qqch **to have the opportunity to do something**
avoir la bonté de + inf. **to have the kindness + inf.**
avoir la langue bien pendue **to have the gift of gab**
avoir la parole **to have the floor (to speak)**
avoir le cafard **to feel downhearted (downcast), to have the blues**
avoir le coeur gros **to be heartbroken**
avoir le droit de faire qqch **to be entitled (have the right) to do something**
avoir le temps de + inf. **to have (the) time + inf.**
avoir mal au coeur **to feel nauseous**
avoir peine à + inf. **to have difficulty in + pres. part.**
avoir peur de **to be afraid of**
avoir raison **to be right (persons)**
avoir rendez-vous avec qqn **to have a date (appointment) with someone**
avoir soif **to be thirsty**
avoir sommeil **to be (feel) sleepy**
avoir son mot à dire **to have one's way**
avoir tendance à faire qqch **to tend to do something**
avoir tort **to be wrong (persons)**
avoir trait à qqch **to have to do with something**
avoir une faim de loup **to be starving**
en avoir assez **to have enough of it**
il y a . . . **there is . . ., there are . . .**
il y avait . . . **there was . . ., there were . . .**
il y a eu . . . **there was . . ., there were . . .**
il y aura . . . **there will be . . .**
il y aurait . . . **there would be . . .**
Il y a lieu de croire que . . . **There is reason to believe that . . .**

The subject pronouns are found on page 103.

A

baisser (63)

to lower, to sink

Regular **-er** verb

The Seven Simple Tenses		The Seven Compound Tenses	
Singular	Plural	Singular	Plural
1 présent de l'indicatif		**8 passé composé**	
baisse	baissons	ai baissé	avons baissé
baisses	baissez	as baissé	avez baissé
baisse	baissent	a baissé	ont baissé
2 imparfait de l'indicatif		**9 plus-que-parfait de l'indicatif**	
baissais	baissions	avais baissé	avions baissé
baissais	baissiez	avais baissé	aviez baissé
baissait	baissaient	avait baissé	avaient baissé
3 passé simple		**10 passé antérieur**	
baissai	baissâmes	eus baissé	eûmes baissé
baissas	baissâtes	eus baissé	eûtes baissé
baissa	baissèrent	eut baissé	eurent baissé
4 futur		**11 futur antérieur**	
baisserai	baisserons	aurai baissé	aurons baissé
baisseras	baisserez	auras baissé	aurez baissé
baissera	baisseront	aura baissé	auront baissé
5 conditionnel		**12 conditionnel passé**	
baisserais	baisserions	aurais baissé	aurions baissé
baisserais	baisseriez	aurais baissé	auriez baissé
baisserait	baisseraient	aurait baissé	auraient baissé
6 présent du subjonctif		**13 passé du subjonctif**	
baisse	baissions	aie baissé	ayons baissé
baisses	baissiez	aies baissé	ayez baissé
baisse	baissent	ait baissé	aient baissé
7 imparfait du subjonctif		**14 plus-que-parfait du subjonctif**	
baissasse	baissassions	eusse baissé	eussions baissé
baissasses	baissassiez	eusses baissé	eussiez baissé
baissât	baissassent	eût baissé	eussent baissé

Impératif
baisse
baissons
baissez

Common idiomatic expressions using this verb

baisser la voix to lower one's voice
baisser les yeux to look down, cast one's eyes
    down
baisser les bras to admit defeat, to give in
se jeter tête baissée dans qqch to do
    something blindly, headlong
se baisser to bend (stoop) down
rabaisser to depreciate, to humble, to lower
un rabais discount

See also **abaisser** and **s'abaisser**.

Syn.: **abaisser** to lower; **décroître** to
decrease; **descendre** to go down; **diminuer**
to decrease
Ant.: **élever** to raise; **hausser** to raise (92)
(aspirate *h*; no liaison); **lever** to raise; **monter**
to go up

balancer (64)

Regular **-er** verb endings; spelling change:
c changes to **ç** before **a** or **o** to keep **s** sound

to balance, to sway, to swing,
to weigh, to throw away

The Seven Simple Tenses		The Seven Compound Tenses	
Singular	Plural	Singular	Plural
1 présent de l'indicatif		8 passé composé	
balance	balançons	ai balancé	avons balancé
balances	balancez	as balancé	avez balancé
balance	balancent	a balancé	ont balancé
2 imparfait de l'indicatif		9 plus-que-parfait de l'indicatif	
balançais	balancions	avais balancé	avions balancé
balançais	balanciez	avais balancé	aviez balancé
balançait	balançaient	avait balancé	avaient balancé
3 passé simple		10 passé antérieur	
balançai	balançâmes	eus balancé	eûmes balancé
baldanças	balançâtes	eus balancé	eûtes balancé
balança	balancèrent	eut balancé	eurent balancé
4 futur		11 futur antérieur	
balancerai	balancerons	aurai balancé	aurons balancé
balanceras	balancerez	auras balancé	aurez balancé
balancera	balanceront	aura balancé	auront balancé
5 conditionnel		12 conditionnel passé	
balancerais	balancerions	aurais balancé	aurions balancé
balancerais	balanceriez	aurais balancé	auriez balancé
balancerait	balanceraient	aurait balancé	auraient balancé
6 présent du subjonctif		13 passé du subjonctif	
balance	balancions	aie balancé	ayons balancé
balances	balanciez	aies balancé	ayez balancé
balance	balancent	ait balancé	aient balancé
7 imparfait du subjonctif		14 plus-que-parfait du subjonctif	
balançasse	balançassions	eusse balancé	eussions balancé
balançasses	balançassiez	eusses balancé	eussiez balancé
balançât	balançassent	eût balancé	eussent balancé

Impératif
balance
balançons
balancez

Words and expressions related to this verb

une balançoire see-saw, swing
une balance weight scale
la balance des pouvoirs the balance of powers
le balancement balancing, rocking
Il a balancé la bouteille par la vitre de l'auto. He tossed the bottle out of the car window.

faire pencher la balance to favor someone
balancer le pour et le contre to weigh the pros and cons

Syn.: **bercer** to rock (99); **équilibrer** to balance (158); **peser** to weigh
Ant.: **déséquilibrer** to unbalance (158)

The subject pronouns are found on page 103.

balayer (65)

to sweep

Regular -er verb endings; spelling change: -ayer verbs may change y to i in front of a mute e or may keep y

The Seven Simple Tenses		The Seven Compound Tenses	
Singular	Plural	Singular	Plural

1 présent de l'indicatif

		8 passé composé	
balaye	balayons	ai balayé	avons balayé
balayes	balayez	as balayé	avez balayé
balaye	balayent	a balayé	ont balayé

2 imparfait de l'indicatif

		9 plus-que-parfait de l'indicatif	
balayais	balayions	avais balayé	avions balayé
balayais	balayiez	avais balayé	aviez balayé
balayait	balayaient	avait balayé	avaient balayé

3 passé simple

		10 passé antérieur	
balayai	balayâmes	eus balayé	eûmes balayé
balayas	balayâtes	eus balayé	eûtes balayé
balaya	balayèrent	eut balayé	eurent balayé

4 futur

		11 futur antérieur	
balayerai	balayerons	aurai balayé	aurons balayé
balayeras	balayerez	auras balayé	aurez balayé
balayera	balayeront	aura balayé	auront balayé

5 conditionnel

		12 conditionnel passé	
balayerais	balayerions	aurais balayé	aurions balayé
balayerais	balayeriez	aurais balayé	auriez balayé
balayerait	balayeraient	aurait balayé	auraient balayé

6 présent du subjonctif

		13 passé du subjonctif	
balaye	balayions	aie balayé	ayons balayé
balayes	balayiez	aies balayé	ayez balayé
balaye	balayent	ait balayé	aient balayé

7 imparfait du subjonctif

		14 plus-que-parfait du subjonctif	
balayasse	balayassions	eusse balayé	eussions balayé
balayasses	balayassiez	eusses balayé	eussiez balayé
balayât	balayassent	eût balayé	eussent balayé

Impératif
balaye
balayons
balayez

Sentences using this verb and words related to it

J'ai balayé le plancher de la cuisine avant de le cirer. I swept the kitchen floor before waxing it.

un balai broom; **une balayette** small brush, whiskbroom; **un balayeur, une balayeuse** sweeper

un balai d'essuie-glace windshield wiper blade

balayer devant sa porte to take care of one's own business (Lit.: to sweep in front of one's own door)

Syn.: **brosser** to brush; **épousseter** to dust (267)
Ant.: **salir** to dirty

B

The Seven Simple Tenses		The Seven Compound Tenses	
Singular	Plural	Singular	Plural
1 présent de l'indicatif		**8 passé composé**	
bâtis	bâtissons	ai bâti	avons bâti
bâtis	bâtissez	as bâti	avez bâti
bâtit	bâtissent	a bâti	ont bâti
2 imparfait de l'indicatif		**9 plus-que-parfait de l'indicatif**	
bâtissais	bâtissions	avais bâti	avions bâti
bâtissais	bâtissiez	avais bâti	aviez bâti
bâtissait	bâtissaient	avait bâti	avaient bâti
3 passé simple		**10 passé antérieur**	
bâtis	bâtîmes	eus bâti	eûmes bâti
bâtis	bâtîtes	eus bâti	eûtes bâti
bâtit	bâtirent	eut bâti	eurent bâti
4 futur		**11 futur antérieur**	
bâtirai	bâtirons	aurai bâti	aurons bâti
bâtiras	bâtirez	auras bâti	aurez bâti
bâtira	bâtiront	aura bâti	auront bâti
5 conditionnel		**12 conditionnel passé**	
bâtirais	bâtirions	aurais bâti	aurions bâti
bâtirais	bâtiriez	aurais bâti	auriez bâti
bâtirait	bâtiraient	aurait bâti	auraient bâti
6 présent du subjonctif		**13 passé du subjonctif**	
bâtisse	bâtissions	aie bâti	ayons bâti
bâtisses	bâtissiez	aies bâti	ayez bâti
bâtisse	bâtissent	ait bâti	aient bâti
7 imparfait du subjonctif		**14 plus-que-parfait du subjonctif**	
bâtisse	bâtissions	eusse bâti	eussions bâti
bâtisses	bâtissiez	eusses bâti	eussiez bâti
bâtît	bâtissent	eût bâti	eussent bâti

Impératif
bâtis
bâtissons
bâtissez

Words and expressions related to this verb

un bâtiment building, edifice, ship; **un bâtisseur** builder
bâtir to baste (sewing term; when basting food, use **arroser**); **du fil à bâtir** basting thread
un bâtiment de guerre warship
rebâtir to rebuild
bâtir des châteaux en Espagne to build castles in the air
bâtir sur le sable to build on sand

bien bâti, bien bâtie well built
Sergio est bien bâti parce qu'il est culturiste. Sergio is well built because he is a bodybuilder.

Syn.: **construire** to build; **créer** to create; **édifier** to build (41)
Ant.: **abattre** to knock down; **démolir** to demolish; **détruire** to destroy; **raser** to raze (86)

The subject pronouns are found on page 103.   **179**

battre (67)

to beat, to hit, to strike

Irregular verb in 1s, 2s, 3s present indicative

The Seven Simple Tenses		The Seven Compound Tenses	
Singular	Plural	Singular	Plural
1 présent de l'indicatif		**8 passé composé**	
bats	**battons**	**ai battu**	**avons battu**
bats	**battez**	**as battu**	**avez battu**
bat	**battent**	**a battu**	**ont battu**
2 imparfait de l'indicatif		**9 plus-que-parfait de l'indicatif**	
battais	**battions**	**avais battu**	**avions battu**
battais	**battiez**	**avais battu**	**aviez battu**
battait	**battaient**	**avait battu**	**avaient battu**
3 passé simple		**10 passé antérieur**	
battis	**battîmes**	**eus battu**	**eûmes battu**
battis	**battîtes**	**eus battu**	**eûtes battu**
battit	**battirent**	**eut battu**	**eurent battu**
4 futur		**11 futur antérieur**	
battrai	**battrons**	**aurai battu**	**aurons battu**
battras	**battrez**	**auras battu**	**aurez battu**
battra	**battront**	**aura battu**	**auront battu**
5 conditionnel		**12 conditionnel passé**	
battrais	**battrions**	**aurais battu**	**aurions battu**
battrais	**battriez**	**aurais battu**	**auriez battu**
battrait	**battraient**	**aurait battu**	**auraient battu**
6 présent du subjonctif		**13 passé du subjonctif**	
batte	**battions**	**aie battu**	**ayons battu**
battes	**battiez**	**aies battu**	**ayez battu**
batte	**battent**	**ait battu**	**aient battu**
7 imparfait du subjonctif		**14 plus-que-parfait du subjonctif**	
battisse	**battissions**	**eusse battu**	**eussions battu**
battisses	**battissiez**	**eusses battu**	**eussiez battu**
battît	**battissent**	**eût battu**	**eussent battu**

Impératif
bats
battons
battez

Sentences using this verb and words related to it

Il faut battre le fer quand il est chaud. You have to strike while the iron is hot.

battre des mains to clap, to applaud
battre la campagne to scour the countryside
le battant leaf, flap (of a table)
une porte à deux battants double door
une batte bat, beater
le battement banging (of a door); throbbing, flutter, beating

un batteur whisk, beater
le battage beating

See also **abattre, se battre**, and **combattre**.

Syn.: **assommer** to knock out (310); **cogner** to hit (10); **frapper** to hit (235); **gifler** to slap (439); **vaincre** to vanquish
Ant.: **capituler** to capitulate, to surrender (81); **caresser** to caress (353); **protéger** to protect (52)

The Seven Simple Tenses		The Seven Compound Tenses	
Singular	Plural	Singular	Plural
1 présent de l'indicatif		8 passé composé	
me bats	**nous battons**	**me suis battu(e)**	**nous sommes battu(e)s**
te bats	**vous battez**	**t'es battu(e)**	**vous êtes battu(e)(s)**
se bat	**se battent**	**s'est battu(e)**	**se sont battu(e)s**
2 imparfait de l'indicatif		9 plus-que-parfait de l'indicatif	
me battais	**nous battions**	**m'étais battu(e)**	**nous étions battu(e)s**
te battais	**vous battiez**	**t'étais battu(e)**	**vous étiez battu(e)(s)**
se battait	**se battaient**	**s'était battu(e)**	**s'étaient battu(e)s**
3 passé simple		10 passé antérieur	
me battis	**nous battîmes**	**me fus battu(e)**	**nous fûmes battu(e)s**
te battis	**vous battîtes**	**te fus battu(e)**	**vous fûtes battu(e)(s)**
se battit	**se battirent**	**se fut battu(e)**	**se furent battu(e)s**
4 futur		11 futur antérieur	
me battrai	**nous battrons**	**me serai battu(e)**	**nous serons battu(e)s**
te battras	**vous battrez**	**te seras battu(e)**	**vous serez battu(e)(s)**
se battra	**se battront**	**se sera battu(e)**	**se seront battu(e)s**
5 conditionnel		12 conditionnel passé	
me battrais	**nous battrions**	**me serais battu(e)**	**nous serions battu(e)s**
te battrais	**vous battriez**	**te serais battu(e)**	**vous seriez battu(e)(s)**
se battrait	**se battraient**	**se serait battu(e)**	**se seraient battu(e)s**
6 présent du subjonctif		13 passé du subjonctif	
me batte	**nous battions**	**me sois battu(e)**	**nous soyons battu(e)s**
te battes	**vous battiez**	**te sois battu(e)**	**vous soyez battu(e)(s)**
se batte	**se battent**	**se soit battu(e)**	**se soient battu(e)s**
7 imparfait du subjonctif		14 plus-que-parfait du subjonctif	
me battisse	**nous battissions**	**me fusse battu(e)**	**nous fussions battu(e)s**
te battisses	**vous battissiez**	**te fusses battu(e)**	**vous fussiez battu(e)(s)**
se battît	**se battissent**	**se fût battu(e)**	**se fussent battu(e)s**

Impératif
bats-toi; ne te bats pas
battons-nous; ne nous battons pas
battez-vous; ne vous battez pas

Sentences using this verb and words related to it

Ecoutez! Nos voisins commencent à se battre. Ils se battent toujours. La dernière fois ils se sont battus à coups de poings. Listen! Our neighbors are begininng to fight. They're always fighting. The last time, they had a fist fight.

For other words and expressions related to this verb, see **abattre, battre,** and **combattre.**

Syn.: **combattre** to fight; **lutter** to struggle (425)
Ant.: **abandonner** to abandon (171); **se rendre** to surrender (394, aux. **être**)

The subject pronouns are found on page 103.

bavarder (69)

Part. pr. **bavardant**   Part. passé **bavardé**

to chat, to chatter, to babble, to gossip

Regular **-er** verb

The Seven Simple Tenses		The Seven Compound Tenses	
Singular	Plural	Singular	Plural
1 présent de l'indicatif		**8 passé composé**	
bavarde	bavardons	ai bavardé	avons bavardé
bavardes	bavardez	as bavardé	avez bavardé
bavarde	bavardent	a bavardé	ont bavardé
2 imparfait de l'indicatif		**9 plus-que-parfait de l'indicatif**	
bavardais	bavardions	avais bavardé	avions bavardé
bavardais	bavardiez	avais bavardé	aviez bavardé
bavardait	bavardaient	avait bavardé	avaient bavardé
3 passé simple		**10 passé antérieur**	
bavardai	bavardâmes	eus bavardé	eûmes bavardé
bavardas	bavardâtes	eus bavardé	eûtes bavardé
bavarda	bavardèrent	eut bavardé	eurent bavardé
4 futur		**11 futur antérieur**	
bavarderai	bavarderons	aurai bavardé	aurons bavardé
bavarderas	bavarderez	auras bavardé	aurez bavardé
bavardera	bavarderont	aura bavardé	auront bavardé
5 conditionnel		**12 conditionnel passé**	
bavarderais	bavarderions	aurais bavardé	aurions bavardé
bavarderais	bavarderiez	aurais bavardé	auriez bavardé
bavarderait	bavarderaient	aurait bavardé	auraient bavardé
6 présent du subjonctif		**13 passé du subjonctif**	
bavarde	bavardions	aie bavardé	ayons bavardé
bavardes	bavardiez	aies bavardé	ayez bavardé
bavarde	bavardent	ait bavardé	aient bavardé
7 imparfait du subjonctif		**14 plus-que-parfait du subjonctif**	
bavardasse	bavardassions	eusse bavardé	eussions bavardé
bavardasses	bavardassiez	eusses bavardé	eussiez bavardé
bavardât	bavardassent	eût bavardé	eussent bavardé

Impératif
bavarde
bavardons
bavardez

Sentences using this verb and words related to it

Aimez-vous les personnes qui bavardent tout le temps? Je connais un homme qui est bavard. Sa femme est bavarde aussi. Do you like people who babble all the time? I know a man who is talkative. His wife is talkative too.

le **bavardage** chitchat, chattering, talkativeness
bavard, bavarde talkative, loquacious, garrulous

perdre son temps à **bavarder** to waste one's time babbling
la **bave** drool, dribble
baver to drool
le **clavardage** chat (Internet); combination of le **clavier** (keyboard) and le **bavardage**
clavarder to chat (Internet)

Syn.: **babiller sur** to gossip about (27); **causer** to chat; **jaser** to chatter (84)
Ant.: **se taire** not to speak

to bless, to consecrate

B

The Seven Simple Tenses | The Seven Compound Tenses

Singular	Plural	Singular	Plural
1 présent de l'indicatif		8 passé composé	
bénis	**bénissons**	**ai béni**	**avons béni**
bénis	**bénissez**	**as béni**	**avez béni**
bénit	**bénissent**	**a béni**	**ont béni**
2 imparfait de l'indicatif		9 plus-que-parfait de l'indicatif	
bénissais	**bénissions**	**avais béni**	**avions béni**
bénissais	**bénissiez**	**avais béni**	**aviez béni**
bénissait	**bénissaient**	**avait béni**	**avaient béni**
3 passé simple		10 passé antérieur	
bénis	**bénîmes**	**eus béni**	**eûmes béni**
bénis	**bénîtes**	**eus béni**	**eûtes béni**
bénit	**bénirent**	**eut béni**	**eurent béni**
4 futur		11 futur antérieur	
bénirai	**bénirons**	**aurai béni**	**aurons béni**
béniras	**bénirez**	**auras béni**	**aurez béni**
bénira	**béniront**	**aura béni**	**auront béni**
5 conditionnel		12 conditionnel passé	
bénirais	**bénirions**	**aurais béni**	**aurions béni**
bénirais	**béniriez**	**aurais béni**	**auriez béni**
bénirait	**béniraient**	**aurait béni**	**auraient béni**
6 présent du subjonctif		13 passé du subjonctif	
bénisse	**bénissions**	**aie béni**	**ayons béni**
bénisses	**bénissiez**	**aies béni**	**ayez béni**
bénisse	**bénissent**	**ait béni**	**aient béni**
7 imparfait du subjonctif		14 plus-que-parfait du subjonctif	
bénisse	**bénissions**	**eusse béni**	**eussions béni**
bénisses	**bénissiez**	**eusses béni**	**eussiez béni**
bénît	**bénissent**	**eût béni**	**eussent béni**

Impératif
bénis
bénissons
bénissez

Words and expressions related to this verb

de l'eau **bénite** holy (blessed) water; **du pain
bénit** holy (blessed) bread
le **bénitier** holy water font
une **bénédiction** blessing
dire le **bénédicité** to say grace (before a meal)

Syn.: **consacrer** to consecrate (54); **sacrer** to consecrate, to swear (22)
Ant.: **condamner** to condemn (98); **maudire** to curse

Do not confuse **bénir** with **blesser**, which means *to wound*.

The subject pronouns are found on page 103.

blâmer (71)

to blame

The Seven Simple Tenses		The Seven Compound Tenses	
Singular	Plural	Singular	Plural
1 présent de l'indicatif		**8 passé composé**	
blâme	blâmons	ai blâmé	avons blâmé
blâmes	blâmez	as blâmé	avez blâmé
blâme	blâment	a blâmé	ont blâmé
2 imparfait de l'indicatif		**9 plus-que-parfait de l'indicatif**	
blâmais	blâmions	avais blâmé	avions blâmé
blâmais	blâmiez	avais blâmé	aviez blâmé
blâmait	blâmaient	avait blâmé	avaient blâmé
3 passé simple		**10 passé antérieur**	
blâmai	blâmâmes	eus blâmé	eûmes blâmé
blâmas	blâmâtes	eus blâmé	eûtes blâmé
blâma	blâmèrent	eut blâmé	eurent blâmé
4 futur		**11 futur antérieur**	
blâmerai	blâmerons	aurai blâmé	aurons blâmé
blâmeras	blâmerez	auras blâmé	aurez blâmé
blâmera	blâmeront	aura blâmé	auront blâmé
5 conditionnel		**12 conditionnel passé**	
blâmerais	blâmerions	aurais blâmé	aurions blâmé
blâmerais	blâmeriez	aurais blâmé	auriez blâmé
blâmerait	blâmeraient	aurait blâmé	auraient blâmé
6 présent du subjonctif		**13 passé du subjonctif**	
blâme	blâmions	aie blâmé	ayons blâmé
blâmes	blâmiez	aies blâmé	ayez blâmé
blâme	blâment	ait blâmé	aient blâmé
7 imparfait du subjonctif		**14 plus-que-parfait du subjonctif**	
blâmasse	blâmassions	eusse blâmé	eussions blâmé
blâmasses	blâmassiez	eusses blâmé	eussiez blâmé
blâmât	blâmassent	eût blâmé	eussent blâmé

Impératif
blâme
blâmons
blâmez

Words and expressions related to this verb

être blâmé (blâmée) to be blamed
le blâme blame
blasphémer to blaspheme
se blâmer to blame oneself
blâmable blameworthy, blamable
le blasphème blasphemy

Syn.: **condamner** to condemn (98);
réprimander to reprimand; **reprocher qqch**
à qqn to blame someone for something (43)
Ant.: **approuver** to approve (of); **défendre** to
defend, to forbid; **disculper** to exonerate (27);
excuser to excuse

The Seven Simple Tenses		The Seven Compound Tenses	
Singular	Plural	Singular	Plural
1 présent de l'indicatif		8 passé composé	
blanchis	**blanchissons**	**ai blanchi**	**avons blanchi**
blanchis	**blanchissez**	**as blanchi**	**avez blanchi**
blanchit	**blanchissent**	**a blanchi**	**ont blanchi**
2 imparfait de l'indicatif		9 plus-que-parfait de l'indicatif	
blanchissais	**blanchissions**	**avais blanchi**	**avions blanchi**
blanchissais	**blanchissiez**	**avais blanchi**	**aviez blanchi**
blanchissait	**blanchissaient**	**avait blanchi**	**avaient blanchi**
3 passé simple		10 passé antérieur	
blanchis	**blanchîmes**	**eus blanchi**	**eûmes blanchi**
blanchis	**blanchîtes**	**eus blanchi**	**eûtes blanchi**
blanchit	**blanchirent**	**eut blanchi**	**eurent blanchi**
4 futur		11 futur antérieur	
blanchirai	**blanchirons**	**aurai blanchi**	**aurons blanchi**
blanchiras	**blanchirez**	**auras blanchi**	**aurez blanchi**
blanchira	**blanchiront**	**aura blanchi**	**auront blanchi**
5 conditionnel		12 conditionnel passé	
blanchirais	**blanchirions**	**aurais blanchi**	**aurions blanchi**
blanchirais	**blanchiriez**	**aurais blanchi**	**auriez blanchi**
blanchirait	**blanchiraient**	**aurait blanchi**	**auraient blanchi**
6 présent du subjonctif		13 passé du subjonctif	
blanchisse	**blanchissions**	**aie blanchi**	**ayons blanchi**
blanchisses	**blanchissiez**	**aies blanchi**	**ayez blanchi**
blanchisse	**blanchissent**	**ait blanchi**	**aient blanchi**
7 imparfait du subjonctif		14 plus-que-parfait du subjonctif	
blanchisse	**blanchissions**	**eusse blanchi**	**eussions blanchi**
blanchisses	**blanchissiez**	**eusses blanchi**	**eussiez blanchi**
blanchît	**blanchissent**	**eût blanchi**	**eussent blanchi**

Impératif
blanchis
blanchissons
blanchissez

Common idiomatic expressions using this verb and words related to it

le blanc white
le blanc d'oeil the white of the eye
la bille blanche white billiard ball
du vin blanc white wine
la blanchisserie laundry (store where clothes are washed)
carte blanche unlimited privileges and authority
blanc comme neige as white as snow
Blanche-Neige Snow White
un chèque en blanc blank check

un verre de blanc a glass of white wine
le blanchissage washing
Le maire a été blanchi des accusations de corruption. The mayor was cleared of the charges of corruption.

Syn.: **disculper** to exonerate (27); **éclaircir** to clear up (229); **innocenter** to clear of (90); **laver** to wash
Ant.: **accuser** to accuse; **noircir** to blacken (229); **salir** to soil; **tacher** to stain (82)

The subject pronouns are found on page 103.

blesser (73)

Part. pr. **blessant**   Part. passé **blessé**

to harm, to hurt, to injure, to wound, to offend

Regular **-er** verb

The Seven Simple Tenses		The Seven Compound Tenses	
Singular	Plural	Singular	Plural
1 présent de l'indicatif		**8 passé composé**	
blesse	blessons	ai blessé	avons blessé
blesses	blessez	as blessé	avez blessé
blesse	blessent	a blessé	ont blessé
2 imparfait de l'indicatif		**9 plus-que-parfait de l'indicatif**	
blessais	blessions	avais blessé	avions blessé
blessais	blessiez	avais blessé	aviez blessé
blessait	blessaient	avait blessé	avaient blessé
3 passé simple		**10 passé antérieur**	
blessai	blessâmes	eus blessé	eûmes blessé
blessas	blessâtes	eus blessé	eûtes blessé
blessa	blessèrent	eut blessé	eurent blessé
4 futur		**11 futur antérieur**	
blesserai	blesserons	aurai blessé	aurons blessé
blesseras	blesserez	auras blessé	aurez blessé
blessera	blesseront	aura blessé	auront blessé
5 conditionnel		**12 conditionnel passé**	
blesserais	blesserions	aurais blessé	aurions blessé
blesserais	blesseriez	aurais blessé	auriez blessé
blesserait	blesseraient	aurait blessé	auraient blessé
6 présent du subjonctif		**13 passé du subjonctif**	
blesse	blessions	aie blessé	ayons blessé
blesses	blessiez	aies blessé	ayez blessé
blesse	blessent	ait blessé	aient blessé
7 imparfait du subjonctif		**14 plus-que-parfait du subjonctif**	
blessasse	blessassions	eusse blessé	eussions blessé
blessasses	blessassiez	eusses blessé	eussiez blessé
blessât	blessassent	eût blessé	eussent blessé

Impératif
blesse
blessons
blessez

Sentences using this verb and words related to it

Ma soeur se promenait sur la plage quand une noix de coco lui est tombée sur la tête. My sister was taking a walk on the beach when a coconut fell on her head.

La noix de coco l'a blessée légèrement à la tête. The coconut injured her head slightly.

blesser à mort to wound mortally

Do not confuse **blesser** with **bénir,** which means *to bless.*

une blessure wound, injury

une parole blessante a cutting word

être blessé à la jambe (au bras) to be injured in the leg (in the arm)

See also **se blesser.**

*The verb form **fut** is the **passé simple** of **être.**

Syn.: **contusionner** to bruise (171); **léser** to injure (87); **meurtrir** to bruise (249); **offenser** to offend (336)
Ant.: **guérir** to heal; **soigner qqn** to take care of someone (10)

Reflexive regular **-er** verb   to hurt oneself, to injure oneself, to wound oneself

The Seven Simple Tenses		The Seven Compound Tenses	
Singular	Plural	Singular	Plural
1 présent de l'indicatif		**8 passé composé**	
me blesse	nous blessons	me suis blessé(e)	nous sommes blessé(e)s
te blesses	vous blessez	t'es blessé(e)	vous êtes blessé(e)(s)
se blesse	se blessent	s'est blessé(e)	se sont blessé(e)s
2 imparfait de l'indicatif		**9 plus-que-parfait de l'indicatif**	
me blessais	nous blessions	m'étais blessé(e)	nous étions blessé(e)s
te blessais	vous blessiez	t'étais blessé(e)	vous étiez blessé(e)(s)
se blessait	se blessaient	s'était blessé(e)	s'étaient blessé(e)s
3 passé simple		**10 passé antérieur**	
me blessai	nous blessâmes	me fus blessé(e)	nous fûmes blessé(e)s
te blessas	vous blessâtes	te fus blessé(e)	vous fûtes blessé(e)(s)
se blessa	se blessèrent	se fut blessé(e)	se furent blessé(e)s
4 futur		**11 futur antérieur**	
me blesserai	nous blesserons	me serai blessé(e)	nous serons blessé(e)s
te blesseras	vous blesserez	te seras blessé(e)	vous serez blessé(e)(s)
se blessera	se blesseront	se sera blessé(e)	se seront blessé(e)s
5 conditionnel		**12 conditionnel passé**	
me blesserais	nous blesserions	me serais blessé(e)	nous serions blessé(e)s
te blesserais	vous blesseriez	te serais blessé(e)	vous seriez blessé(e)(s)
se blesserait	se blesseraient	se serait blessé(e)	se seraient blessé(e)s
6 présent du subjonctif		**13 passé du subjonctif**	
me blesse	nous blessions	me sois blessé(e)	nous soyons blessé(e)s
te blesses	vous blessiez	te sois blessé(e)	vous soyez blessé(e)(s)
se blesse	se blessent	se soit blessé(e)	se soient blessé(e)s
7 imparfait du subjonctif		**14 plus-que-parfait du subjonctif**	
me blessasse	nous blessassions	me fusse blessé(e)	nous fussions blessé(e)s
te blessasses	vous blessassiez	te fusses blessé(e)	vous fussiez blessé(e)(s)
se blessât	se blessassent	se fût blessé(e)	se fussent blessé(e)s

Impératif
blesse-toi; ne te blesse pas
blessons-nous; ne nous blessons pas
blessez-vous; ne vous blessez pas

Sentences using this verb and words related to it

Madame Leblanc est tombée dans la rue et elle s'est blessée au genou. Mrs. Leblanc fell in the street and she hurt her knee.
se blesser de to take offense at
se blesser pour un rien to be easily offended

For other words and expressions related to this verb, see **blesser.**

Syn.: **se faire mal** to hurt oneself (Reflexive, aux. être)
Ant.: **se rétablir** to recover (206, 122)

Do not confuse **blesser** and **se blesser** with **bénir,** which means *to bless.*

boire (75)

to drink

The Seven Simple Tenses		The Seven Compound Tenses	
Singular	Plural	Singular	Plural
1 présent de l'indicatif		**8 passé composé**	
bois	buvons	ai bu	avons bu
bois	buvez	as bu	avez bu
boit	boivent	a bu	ont bu
2 imparfait de l'indicatif		**9 plus-que-parfait de l'indicatif**	
buvais	buvions	avais bu	avions bu
buvais	buviez	avais bu	aviez bu
buvait	buvaient	avait bu	avaient bu
3 passé simple		**10 passé antérieur**	
bus	bûmes	eus bu	eûmes bu
bus	bûtes	eus bu	eûtes bu
but	burent	eut bu	eurent bu
4 futur		**11 futur antérieur**	
boirai	boirons	aurai bu	aurons bu
boiras	boirez	auras bu	aurez bu
boira	boiront	aura bu	auront bu
5 conditionnel		**12 conditionnel passé**	
boirais	boirions	aurais bu	aurions bu
boirais	boiriez	aurais bu	auriez bu
boirait	boiraient	aurait bu	auraient bu
6 présent du subjonctif		**13 passé du subjonctif**	
boive	buvions	aie bu	ayons bu
boives	buviez	aies bu	ayez bu
boive	boivent	ait bu	aient bu
7 imparfait du subjonctif		**14 plus-que-parfait du subjonctif**	
busse	bussions	eusse bu	eussions bu
busses	bussiez	eusses bu	eussiez bu
bût	bussent	eût bu	eussent bu

Impératif
bois
buvons
buvez

AN ESSENTIAL
55 VERB

188

AN ESSENTIAL 55 VERB

Boire

Boire is a very useful verb for a beginning French student. Pay attention to its irregular conjugation pattern.

Sentences using boire and related words

Boire un petit coup, c'est agréable! It's pleasant to have a little drink. (French song)

Il pleut à boire debout! It's raining hard! (It's raining so hard you could drink standing up.)

—René, as-tu bu ton lait?
—Non, maman, je ne l'ai pas bu.
—Bois-le tout de suite, je te dis.
—Tous les jours je bois du lait. N'y a-t-il pas d'autres boissons dans la maison?
—Si, il y a d'autres boissons dans la maison mais les bons garçons comme toi boivent du lait.

(Note that si is used instead of oui for *yes* in answer to a question in the negative.)

—René, did you drink your milk?
—No, Mother, I didn't drink it.
—I'm telling you: drink it right away.
—I drink milk every day. Aren't there other drinks in the house?
—Yes, there are other drinks in the house, but good boys like you drink milk.

Words and expressions related to this verb

boire à la santé de qqn **to drink to someone's health**

boire à la bouteille **to drink right out of the bottle**

boire à sa soif **to drink to one's heart's content**

boire comme un trou **to drink too much (alcohol)**

un buveur, une buveuse **drinker**

une buvette **bar**

un buvard **ink blotter**

boire un coup **to have a drink**

une boisson **drink**

une boisson gazeuse **carbonated drink**

un breuvage **beverage**

Syn.: avaler to swallow (27); se désaltérer to quench one's thirst (356, 122); étancher sa soif to quench one's thirst (78); siroter to sip (96)
Ant.: s'abstenir to abstain; vomir to vomit (229)

The subject pronouns are found on page 103.

bouger (76)

Part. pr. bougeant   **Part. passé bougé**

to budge, to move

Regular **-er** verb endings; spelling change: retain the **ge** before **a** or **o** to keep the soft **g** sound of the verb

The Seven Simple Tenses		The Seven Compound Tenses	
Singular	Plural	Singular	Plural
1 présent de l'indicatif		**8 passé composé**	
bouge	bougeons	ai bougé	avons bougé
bouges	bougez	as bougé	avez bougé
bouge	bougent	a bougé	ont bougé
2 imparfait de l'indicatif		**9 plus-que-parfait de l'indicatif**	
bougeais	bougions	avais bougé	avions bougé
bougeais	bougiez	avais bougé	aviez bougé
bougeait	bougeaient	avait bougé	avaient bougé
3 passé simple		**10 passé antérieur**	
bougeai	bougeâmes	eus bougé	eûmes bougé
bougeas	bougeâtes	eus bougé	eûtes bougé
bougea	bougèrent	eut bougé	eurent bougé
4 futur		**11 futur antérieur**	
bougerai	bougerons	aurai bougé	aurons bougé
bougeras	bougerez	auras bougé	aurez bougé
bougera	bougeront	aura bougé	auront bougé
5 conditionnel		**12 conditionnel passé**	
bougerais	bougerions	aurais bougé	aurions bougé
bougerais	bougeriez	aurais bougé	auriez bougé
bougerait	bougeraient	aurait bougé	auraient bougé
6 présent du subjonctif		**13 passé du subjonctif**	
bouge	bougions	aie bougé	ayons bougé
bouges	bougiez	aies bougé	ayez bougé
bouge	bougent	ait bougé	aient bougé
7 imparfait du subjonctif		**14 plus-que-parfait du subjonctif**	
bougeasse	bougeassions	eusse bougé	eussions bougé
bougeasses	bougeassiez	eusses bougé	eussiez bougé
bougeât	bougeassent	eût bougé	eussent bougé

Impératif
bouge
bougeons
bougez

Words and expressions related to this verb

avoir la bougeotte to be on the move; to be restless, to move about restlessly; to be fidgety
La terre a bougé. The ground shook.
ne pas bouger not to make a move;
   Personne n'a bougé. Nobody moved.

Syn.: **se déplacer** to move, to travel (342, 122); **se mouvoir** to move (304, 122); **remuer** to move (483)
Ant.: **s'arrêter** to stop; **s'immobiliser** to stop oneself (486, 33); **rester** to remain

Don't miss orthographically changing verbs on pages 32–34.

The Seven Simple Tenses		The Seven Compound Tenses	
Singular	Plural	Singular	Plural

B

1 présent de l'indicatif		8 passé composé	
bous	bouillons	ai bouilli	avons bouilli
bous	bouillez	as bouilli	avez bouilli
bout	bouillent	a bouilli	ont bouilli

2 imparfait de l'indicatif		9 plus-que-parfait de l'indicatif	
bouillais	bouillions	avais bouilli	avions bouilli
bouillais	bouilliez	avais bouilli	aviez bouilli
bouillait	bouillaient	avait bouilli	avaient bouilli

3 passé simple		10 passé antérieur	
bouillis	bouillîmes	eus bouilli	eûmes bouilli
bouillis	bouillîtes	eus bouilli	eûtes bouilli
bouillit	bouillirent	eut bouilli	eurent bouilli

4 futur		11 futur antérieur	
bouillirai	bouillirons	aurai bouilli	aurons bouilli
bouilliras	bouillirez	auras bouilli	aurez bouilli
bouillira	bouilliront	aura bouilli	auront bouilli

5 conditionnel		12 conditionnel passé	
bouillirais	bouillirions	aurais bouilli	aurions bouilli
bouillirais	bouilliriez	aurais bouilli	auriez bouilli
bouillirait	bouilliraient	aurait bouilli	auraient bouilli

6 présent du subjonctif		13 passé du subjonctif	
bouille	bouillions	aie bouilli	ayons bouilli
bouilles	bouilliez	aies bouilli	ayez bouilli
bouille	bouillent	ait bouilli	aient bouilli

7 imparfait du subjonctif		14 plus-que-parfait du subjonctif	
bouillisse	bouillissions	eusse bouilli	eussions bouilli
bouillisses	bouillissiez	eusses bouilli	eussiez bouilli
bouillît	bouillissent	eût bouilli	eussent bouilli

Impératif
bous
bouillons
bouillez

Words and expressions related to this verb

faire bouillir to boil
le bouillon broth; bubble
une bulle bubble, blister
faire des bulles to blow bubbles
la bouillabaisse fish soup (chowder)
le bouillonnement bubbling, boiling
faire donner un bouillon to bring to boil
une bulle de savon soap bubble

une bouilloire kettle
réduire en bouillie to beat to a pulp
la bouillie baby food, cereal, porridge
manger de la bouillie to speak badly, mumble

Syn.: **bouillonner** to bubble (171); **chauffer**
to heat up (235)
Ant.: **geler** to freeze; **glacer** to freeze (342);
refroidir to cool (229)

The subject pronouns are found on page 103.   **191**

brancher (78)

to plug in, to connect

Part. pr. **branchant**   Part. passé **branché**

Regular **-er** verb

The Seven Simple Tenses		The Seven Compound Tenses	
Singular	Plural	Singular	Plural
1 présent de l'indicatif		**8 passé composé**	
branche	branchons	ai branché	avons branché
branches	branchez	as branché	avez branché
branche	branchent	a branché	ont branché
2 imparfait de l'indicatif		**9 plus-que-parfait de l'indicatif**	
branchais	branchions	avais branché	avions branché
branchais	branchiez	avais branché	aviez branché
branchait	branchaient	avait branché	avaient branché
3 passé simple		**10 passé antérieur**	
branchai	branchâmes	eus branché	eûmes branché
branchas	branchâtes	eus branché	eûtes branché
brancha	branchèrent	eut branché	eurent branché
4 futur		**11 futur antérieur**	
brancherai	brancherons	aurai branché	aurons branché
brancheras	brancherez	auras branché	aurez branché
branchera	brancheront	aura branché	auront branché
5 conditionnel		**12 conditionnel passé**	
brancherais	brancherions	aurais branché	aurions branché
brancherais	brancheriez	aurais branché	auriez branché
brancherait	brancheraient	aurait branché	auraient branché
6 présent du subjonctif		**13 passé du subjonctif**	
branche	branchions	aie branché	ayons branché
branches	branchiez	aies branché	ayez branché
branche	branchent	ait branché	aient branché
7 imparfait du subjonctif		**14 plus-que-parfait du subjonctif**	
branchasse	branchassions	eusse branché	eussions branché
branchasses	branchassiez	eusses branché	eussiez branché
branchât	branchassent	eût branché	eussent branché

Impératif
branche
branchons
branchez

Sentences using this verb and words related to it

Pierre est branché sur le jardinage. Pierre is into gardening.

Branche ton modem sur le bon port de ton ordinateur. Plug your modem into the correct port on your computer.

Words and expressions related to this verb

débrancher to unplug, disconnect
une branche branch
ma vieille branche my old friend

Syn.: **connecter** to connect (349); **rattacher** to link together (82)
Ant.: **couper** to cut, to switch off; **débrancher** to disconnect (78); **isoler** to insulate (498)

Regular **-er** verb

to brush

The Seven Simple Tenses		The Seven Compound Tenses	
Singular	Plural	Singular	Plural

1 présent de l'indicatif

brosse	brossons
brosses	brossez
brosse	brossent

8 passé composé

ai brossé	avons brossé
as brossé	avez brossé
a brossé	ont brossé

2 imparfait de l'indicatif

brossais	brossions
brossais	brossiez
brossait	brossaient

9 plus-que-parfait de l'indicatif

avais brossé	avions brossé
avais brossé	aviez brossé
avait brossé	avaient brossé

3 passé simple

brossai	brossâmes
brossas	brossâtes
brossa	brossèrent

10 passé antérieur

eus brossé	eûmes brossé
eus brossé	eûtes brossé
eut brossé	eurent brossé

4 futur

brosserai	brosserons
brosseras	brosserez
brossera	brosseront

11 futur antérieur

aurai brossé	aurons brossé
auras brossé	aurez brossé
aura brossé	auront brossé

5 conditionnel

brosserais	brosserions
brosserais	brosseriez
brosserait	brosseraient

12 conditionnel passé

aurais brossé	aurions brossé
aurais brossé	auriez brossé
aurait brossé	auraient brossé

6 présent du subjonctif

brosse	brossions
brosses	brossiez
brosse	brossent

13 passé du subjonctif

aie brossé	ayons brossé
aies brossé	ayez brossé
ait brossé	aient brossé

7 imparfait du subjonctif

brossasse	brossassions
brossasses	brossassiez
brossât	brossassent

14 plus-que-parfait du subjonctif

eusse brossé	eussions brossé
eusses brossé	eussiez brossé
eût brossé	eussent brossé

Impératif
brosse
brossons
brossez

Sentences using this verb and words related to it

Madeleine, as-tu brossé ton cheval?
    Madeleine, did you brush your horse?
Non, maman, je ne l'ai pas brossé. No,
    mother, I did not brush it.
Et pourquoi pas? And why not?
Parce que je n'ai pas de brosse de pansage.
    Because I don't have a horse brush.
une brosse brush; **brosse à**
    chaussures shoebrush; **brosse à dents**
    toothbrush; **brosse à ongles** nailbrush

donner un coup de brosse to brush
le brossage brushing

See also **se brosser.**

Syn.: **balayer** to sweep; **frotter** to scrub (79)
Ant.: **dépeigner** to muss (hair) (10);
empoussiérer to make something dusty
(356); **salir** to dirty

The subject pronouns are found on page 103.

se brosser (80)

to brush oneself

Part. pr. **se brossant**   Part. passé **brossé(e)(s)**

Reflexive regular **-er** verb

The Seven Simple Tenses		The Seven Compound Tenses	
Singular	Plural	Singular	Plural
1 présent de l'indicatif		**8 passé composé**	
me brosse	nous brossons	me suis brossé(e)	nous sommes brossé(e)s
te brosses	vous brossez	t'es brossé(e)	vous êtes brossé(e)(s)
se brosse	se brossent	s'est brossé(e)	se sont brossé(e)s
2 imparfait de l'indicatif		**9 plus-que-parfait de l'indicatif**	
me brossais	nous brossions	m'étais brossé(e)	nous étions brossé(e)s
te brossais	vous brossiez	t'étais brossé(e)	vous étiez brossé(e)(s)
se brossait	se brossaient	s'était brossé(e)	s'étaient brossé(e)s
3 passé simple		**10 passé antérieur**	
me brossai	nous brossâmes	me fus brossé(e)	nous fûmes brossé(e)s
te brossas	vous brossâtes	te fus brossé(e)	vous fûtes brossé(e)(s)
se brossa	se brossèrent	se fut brossé(e)	se furent brossé(e)s
4 futur		**11 futur antérieur**	
me brosserai	nous brosserons	me serai brossé(e)	nous serons brossé(e)s
te brosseras	vous brosserez	te seras brossé(e)	vous serez brossé(e)(s)
se brossera	se brosseront	se sera brossé(e)	se seront brossé(e)s
5 conditionnel		**12 conditionnel passé**	
me brosserais	nous brosserions	me serais brossé(e)	nous serions brossé(e)s
te brosserais	vous brosseriez	te serais brossé(e)	vous seriez brossé(e)(s)
se brosserait	se brosseraient	se serait brossé(e)	se seraient brossé(e)s
6 présent du subjonctif		**13 passé du subjonctif**	
me brosse	nous brossions	me sois brossé(e)	nous soyons brossé(e)s
te brosses	vous brossiez	te sois brossé(e)	vous soyez brossé(e)(s)
se brosse	se brossent	se soit brossé(e)	se soient brossé(e)s
7 imparfait du subjonctif		**14 plus-que-parfait du subjonctif**	
me brossasse	nous brossassions	me fusse brossé(e)	nous fussions brossé(e)s
te brossasses	vous brossassiez	te fusses brossé(e)	vous fussiez brossé(e)(s)
se brossât	se brossassent	se fût brossé(e)	se fussent brossé(e)s

Impératif
brosse-toi; ne te brosse pas
brossons-nous; ne nous brossons pas
brossez-vous; ne vous brossez pas

Sentences using this verb and words related to it

—**Tina Marie, est-ce que tu t'es brossée?** Tina Marie, did you brush yourself?
—**Non, maman, je ne me suis pas brossée.** No, mother, I did not brush myself.
—**Nous partons bientôt. Brosse-toi vite!** We're leaving soon. Brush yourself quickly.
—**Mais je n'ai pas de brosse à cheveux et je n'ai pas de brosse à dents non plus.** I don't have a hair brush and I don't have a toothbrush either.

—**Mets un chapeau et prends un bonbon à la menthe. Le bus arrive!** Put on a hat and take a breath mint. The bus is coming!

se brosser les dents, les cheveux, etc. to brush one's teeth, hair, etc.

For other words and expressions related to this verb, see **brosser.**

Syn.: **se démêler** to comb out (hair) (82, 122); **se peigner** to comb one's hair
Ant.: **dépeigner** to muss (hair) (10); **emmêler** to tangle (hair) (82)

Regular **-er** verb   to burn

The Seven Simple Tenses		The Seven Compound Tenses	
Singular	Plural	Singular	Plural

B

1 présent de l'indicatif		8 passé composé	
brûle	brûlons	ai brûlé	avons brûlé
brûles	brûlez	as brûlé	avez brûlé
brûle	brûlent	a brûlé	ont brûlé

2 imparfait de l'indicatif		9 plus-que-parfait de l'indicatif	
brûlais	brûlions	avais brûlé	avions brûlé
brûlais	brûliez	avais brûlé	aviez brûlé
brûlait	brûlaient	avait brûlé	avaient brûlé

3 passé simple		10 passé antérieur	
brûlai	brûlâmes	eus brûlé	eûmes brûlé
brûlas	brûlâtes	eus brûlé	eûtes brûlé
brûla	brûlèrent	eut brûlé	eurent brûlé

4 futur		11 futur antérieur	
brûlerai	brûlerons	aurai brûlé	aurons brûlé
brûleras	brûlerez	auras brûlé	aurez brûlé
brûlera	brûleront	aura brûlé	auront brûlé

5 conditionnel		12 conditionnel passé	
brûlerais	brûlerions	aurais brûlé	aurions brûlé
brûlerais	brûleriez	aurais brûlé	auriez brûlé
brûlerait	brûleraient	aurait brûlé	auraient brûlé

6 présent du subjonctif		13 passé du subjonctif	
brûle	brûlions	aie brûlé	ayons brûlé
brûles	brûliez	aies brûlé	ayez brûlé
brûle	brûlent	ait brûlé	aient brûlé

7 imparfait du subjonctif		14 plus-que-parfait du subjonctif	
brûlasse	brûlassions	eusse brûlé	eussions brûlé
brûlasses	brûlassiez	eusses brûlé	eussiez brûlé
brûlât	brûlassent	eût brûlé	eussent brûlé

Impératif
brûle
brûlons
brûlez

Sentences using this verb and words related to it

—**Françoise, avez-vous brûlé les vieilles paperasses que je vous ai données?**
Françoise, did you burn the old papers that I gave you?

—**Oui, madame, et je me suis brûlé la main!**
Yes, ma'am, and I burned my hand!

une brûlure burn
un brûleur burner, roaster
brûler d'amour to be madly in love

brûler de faire qqch to be eager to do something
brûler un feu rouge to pass through a red traffic light
une crème brûlée a crème brûlée (dessert)

Syn.: **calciner** to char (329); **carboniser** to burn up (486); **enflammer** to set fire to (310); **incendier** to set on fire (212)
Ant.: **éteindre** to extinguish; **refroidir** to cool (229)

The subject pronouns are found on page 103.   **195**

cacher (82)

to hide

Regular **-er** verb

The Seven Simple Tenses		The Seven Compound Tenses	
Singular	Plural	Singular	Plural

1 présent de l'indicatif

cache	cachons	
caches	cachez	
cache	cachent	

8 passé composé

ai caché	avons caché
as caché	avez caché
a caché	ont caché

2 imparfait de l'indicatif

cachais	cachions
cachais	cachiez
cachait	cachaient

9 plus-que-parfait de l'indicatif

avais caché	avions caché
avais caché	aviez caché
avait caché	avaient caché

3 passé simple

cachai	cachâmes
cachas	cachâtes
cacha	cachèrent

10 passé antérieur

eus caché	eûmes caché
eus caché	eûtes caché
eut caché	eurent caché

4 futur

cacherai	cacherons
cacheras	cacherez
cachera	cacheront

11 futur antérieur

aurai caché	aurons caché
auras caché	aurez caché
aura caché	auront caché

5 conditionnel

cacherais	cacherions
cacherais	cacheriez
cacherait	cacheraient

12 conditionnel passé

aurais caché	aurions caché
aurais caché	auriez caché
aurait caché	auraient caché

6 présent du subjonctif

cache	cachions
caches	cachiez
cache	cachent

13 passé du subjonctif

aie caché	ayons caché
aies caché	ayez caché
ait caché	aient caché

7 imparfait du subjonctif

cachasse	cachassions
cachasses	cachassiez
cachât	cachassent

14 plus-que-parfait du subjonctif

eusse caché	eussions caché
eusses caché	eussiez caché
eût caché	eussent caché

Impératif
cache
cachons
cachez

Sentences using this verb and words related to it

—Le candidat a perdu l'élection parce qu'il avait caché la vérité. The candidate lost the election because he had hidden the truth.

une cache, une cachette hiding place
la cache cache (computer)
un cachet seal, mark
un cachetage sealing
cacheter to seal up
le cache-cache hide-and-seek
le vin cacheté vintage wine

cacher qqch à qqn to hide something from someone
un cache-nez muffler
en cachette in secret
un cache-oreilles earmuffs

See also **se cacher.**

Syn.: **celer** to conceal (297); **déguiser** to disguise (486); **dissimuler** to conceal (81); **masquer** to mask (219)
Ant.: **déceler** to discover (297); **manifester** to show (299); **montrer** to show; **révéler** to reveal (356)

Reflexive regular **-er** verb

to hide oneself

The Seven Simple Tenses		The Seven Compound Tenses	
Singular	Plural	Singular	Plural
1 présent de l'indicatif		**8 passé composé**	
me cache	**nous cachons**	**me suis caché(e)**	**nous sommes caché(e)s**
te caches	**vous cachez**	**t'es caché(e)**	**vous êtes caché(e)(s)**
se cache	**se cachent**	**s'est caché(e)**	**se sont caché(e)s**
2 imparfait de l'indicatif		**9 plus-que-parfait de l'indicatif**	
me cachais	**nous cachions**	**m'étais caché(e)**	**nous étions caché(e)s**
te cachais	**vous cachiez**	**t'étais caché(e)**	**vous étiez caché(e)(s)**
se cachait	**se cachaient**	**s'était caché(e)**	**s'étaient caché(e)s**
3 passé simple		**10 passé antérieur**	
me cachai	**nous cachâmes**	**me fus caché(e)**	**nous fûmes caché(e)s**
te cachas	**vous cachâtes**	**te fus caché(e)**	**vous fûtes caché(e)(s)**
se cacha	**se cachèrent**	**se fut caché(e)**	**se furent caché(e)s**
4 futur		**11 futur antérieur**	
me cacherai	**nous cacherons**	**me serai caché(e)**	**nous serons caché(e)s**
te cacheras	**vous cacherez**	**te seras caché(e)**	**vous serez caché(e)(s)**
se cachera	**se cacheront**	**se sera caché(e)**	**se seront caché(e)s**
5 conditionnel		**12 conditionnel passé**	
me cacherais	**nous cacherions**	**me serais caché(e)**	**nous serions caché(e)s**
te cacherais	**vous cacheriez**	**te serais caché(e)**	**vous seriez caché(e)(s)**
se cacherait	**se cacheraient**	**se serait caché(e)**	**se seraient caché(e)s**
6 présent du subjonctif		**13 passé du subjonctif**	
me cache	**nous cachions**	**me sois caché(e)**	**nous soyons caché(e)s**
te caches	**vous cachiez**	**te sois caché(e)**	**vous soyez caché(e)(s)**
se cache	**se cachent**	**se soit caché(e)**	**se soient caché(e)s**
7 imparfait du subjonctif		**14 plus-que-parfait du subjonctif**	
me cachasse	**nous cachassions**	**me fusse caché(e)**	**nous fussions caché(e)s**
te cachasses	**vous cachassiez**	**te fusses caché(e)**	**vous fussiez caché(e)(s)**
se cachât	**se cachassent**	**se fût caché(e)**	**se fussent caché(e)s**

Impératif
cache-toi; ne te cache pas
cachons-nous; ne nous cachons pas
cachez-vous; ne vous cachez pas

Sentences using this verb and words related to it

Mon petit chien aime jouer à cache-cache.
  Une fois, il s'est caché sous le chapeau
  de mon père. My little dog likes to play
  hide-and-seek. One time, he hid under my
  father's hat.
une cache, une cachette hiding place
un cachet seal, mark
un cachetage sealing
se cacher de qqn to hide from someone
cacheter to seal up

le cache-cache hide-and-seek
le vin cacheté vintage wine
un cachot cell, prison; dungeon
en cachette de qqn behind someone's back

See also **cacher.**

Syn.: **disparaître** to disappear; **se tapir** to
hide away (66) (aux. **être**)
Ant.: **apparaître** to appear; **se montrer** to
show oneself, to appear (299, 83); **paraître**
to appear

The subject pronouns are found on page 103.

The Seven Simple Tenses		The Seven Compound Tenses	
Singular	Plural	Singular	Plural
1 présent de l'indicatif		**8 passé composé**	
casse	cassons	ai cassé	avons cassé
casses	cassez	as cassé	avez cassé
casse	cassent	a cassé	ont cassé
2 imparfait de l'indicatif		**9 plus-que-parfait de l'indicatif**	
cassais	cassions	avais cassé	avions cassé
cassais	cassiez	avais cassé	aviez cassé
cassait	cassaient	avait cassé	avaient cassé
3 passé simple		**10 passé antérieur**	
cassai	cassâmes	eus cassé	eûmes cassé
cassas	cassâtes	eus cassé	eûtes cassé
cassa	cassèrent	eut cassé	eurent cassé
4 futur		**11 futur antérieur**	
casserai	casserons	aurai cassé	aurons cassé
casseras	casserez	auras cassé	aurez cassé
cassera	casseront	aura cassé	auront cassé
5 conditionnel		**12 conditionnel passé**	
casserais	casserions	aurais cassé	aurions cassé
casserais	casseriez	aurais cassé	auriez cassé
casserait	casseraient	aurait cassé	auraient cassé
6 présent du subjonctif		**13 passé du subjonctif**	
casse	cassions	aie cassé	ayons cassé
casses	cassiez	aies cassé	ayez cassé
casse	cassent	ait cassé	aient cassé
7 imparfait du subjonctif		**14 plus-que-parfait du subjonctif**	
cassasse	cassassions	eusse cassé	eussions cassé
cassasses	cassassiez	eusses cassé	eussiez cassé
cassât	cassassent	eût cassé	eussent cassé

Impératif
casse
cassons
cassez

Sentences using this verb and words related to it

Proverb: **Qui casse les verres les paie.**
  Whoever breaks the glasses pays for them.

une **casse** breakage, damage
un **casse-croûte** snack
un **casse-noisettes, un casse-noix** nutcracker
casser la croûte to have a snack
un **casse-pieds** a bore, a pain in the neck
un **cassement de tête** puzzle, worry
un **casse-tête** puzzle
concasser to crush (cereal, sugar lumps, stones)

casser la tête à qqn to pester someone
casser les oreilles à qqn to bore someone stiff
  (by talking too much)
casser les pieds à qqn to be a pain in the neck
  to someone

See also **se casser**.

Syn.: **briser** to break (32); **détruire** to
destroy; **rompre** to break
Ant.: **raccommoder** to mend (147); **réparer**
to repair

Reflexive regular **-er** verb

to break (a part of one's body, *e.g.*, leg, arm, nose)

The Seven Simple Tenses		The Seven Compound Tenses	
Singular	Plural	Singular	Plural

C

1 présent de l'indicatif		8 passé composé	
me casse	nous cassons	me suis cassé(e)	nous sommes cassé(e)s
te casses	vous cassez	t'es cassé(e)	vous êtes cassé(e)(s)
se casse	se cassent	s'est cassé(e)	se sont cassé(e)s

2 imparfait de l'indicatif		9 plus-que-parfait de l'indicatif	
me cassais	nous cassions	m'étais cassé(e)	nous étions cassé(e)s
te cassais	vous cassiez	t'étais cassé(e)	vous étiez cassé(e)(s)
se cassait	se cassaient	s'était cassé(e)	s'étaient cassé(e)s

3 passé simple		10 passé antérieur	
me cassai	nous cassâmes	me fus cassé(e)	nous fûmes cassé(e)s
te cassas	vous cassâtes	te fus cassé(e)	vous fûtes cassé(e)(s)
se cassa	se cassèrent	se fut cassé(e)	se furent cassé(e)s

4 futur		11 futur antérieur	
me casserai	nous casserons	me serai cassé(e)	nous serons cassé(e)s
te casseras	vous casserez	te seras cassé(e)	vous serez cassé(e)(s)
se cassera	se casseront	se sera cassé(e)	se seront cassé(e)s

5 conditionnel		12 conditionnel passé	
me casserais	nous casserions	me serais cassé(e)	nous serions cassé(e)s
te casserais	vous casseriez	te serais cassé(e)	vous seriez cassé(e)(s)
se casserait	se casseraient	se serait cassé(e)	se seraient cassé(e)s

6 présent du subjonctif		13 passé du subjonctif	
me casse	nous cassions	me sois cassé(e)	nous soyons cassé(e)s
te casses	vous cassiez	te sois cassé(e)	vous soyez cassé(e)(s)
se casse	se cassent	se soit cassé(e)	se soient cassé(e)s

7 imparfait du subjonctif		14 plus-que-parfait du subjonctif	
me cassasse	nous cassassions	me fusse cassé(e)	nous fussions cassé(e)s
te cassasses	vous cassassiez	te fusses cassé(e)	vous fussiez cassé(e)(s)
se cassât	se cassassent	se fût cassé(e)	se fussent cassé(e)s

Impératif
casse-toi . . . ; ne te casse pas . . .
cassons-nous . . . ; ne nous cassons pas . . .
cassez-vous . . . ; ne vous cassez pas . . .

Sentences using this verb and words related do it

Pendant les vacances d'hiver, nous sommes allés faire du ski dans les montagnes. Mon père s'est cassé le bras, ma mère s'est cassé la jambe, et moi, je me suis cassé le pied. During winter vacation we went skiing in the mountains. My father broke his arm, my mother broke her leg, and I broke my foot.

se casser la tête to rack one's brains
se casser le nez to find nobody answering the door

casser la tête à qqn to annoy someone; un casse-cou daredevil, reckless person

See also **casser.**

Syn.: **se briser** to break (32, 85); **se rompre** to break (419) (aux. **être**)
Ant.: **guérir** to heal; **se rétablir** to recover (206, 122)

The subject pronouns are found on page 103.

to cause, to chat

Regular **-er** verb

The Seven Simple Tenses		The Seven Compound Tenses	
Singular	Plural	Singular	Plural

1 présent de l'indicatif		8 passé composé	
cause	causons	ai causé	avons causé
causes	causez	as causé	avez causé
cause	causent	a causé	ont causé

2 imparfait de l'indicatif		9 plus-que-parfait de l'indicatif	
causais	causions	avais causé	avions causé
causais	causiez	avais causé	aviez causé
causait	causaient	avait causé	avaient causé

3 passé simple		10 passé antérieur	
causai	causâmes	eus causé	eûmes causé
causas	causâtes	eus causé	eûtes causé
causa	causèrent	eut causé	eurent causé

4 futur		11 futur antérieur	
causerai	causerons	aurai causé	aurons causé
causeras	causerez	auras causé	aurez causé
causera	causeront	aura causé	auront causé

5 conditionnel		12 conditionnel passé	
causerais	causerions	aurais causé	aurions causé
causerais	causeriez	aurais causé	auriez causé
causerait	causeraient	aurait causé	auraient causé

6 présent du subjonctif		13 passé du subjonctif	
cause	causions	aie causé	ayons causé
causes	causiez	aies causé	ayez causé
cause	causent	ait causé	aient causé

7 imparfait du subjonctif		14 plus-que-parfait du subjonctif	
causasse	causassions	eusse causé	eussions causé
causasses	causassiez	eusses causé	eussiez causé
causât	causassent	eût causé	eussent causé

Impératif
cause
causons
causez

Sentences using this verb and words related to it

Le lundi après-midi, Jim et Jules se réunissent au café, où ils prennent un express et ils causent de la pluie et du beau temps. Every Monday afternoon, Jim and Julius meet at the café, where they have an espresso and chat about the weather.

causant, causante talkative
causatif, causative causative
une cause cause, reason
causer de la pluie et du beau temps to chat about the weather

une causette chat
une cause célèbre famous trial
une causerie chat, informal talk
causeur, causeuse talkative
une causeuse love seat
causer de la peine à qqn to hurt someone

Syn.: **amener** to bring; **bavarder** to chat, to gossip; **provoquer** to provoke (219)
Ant.: **se taire** not to speak; **résulter de** to result from (27)

Regular **-er** verb endings; spelling change:
é changes to **è** before syllable with mute **e**

to yield, to cede

The Seven Simple Tenses		The Seven Compound Tenses	
Singular	Plural	Singular	Plural
1 présent de l'indicatif		**8 passé composé**	
cède	**cédons**	**ai cédé**	**avons cédé**
cèdes	**cédez**	**as cédé**	**avez cédé**
cède	**cèdent**	**a cédé**	**ont cédé**
2 imparfait de l'indicatif		**9 plus-que-parfait de l'indicatif**	
cédais	**cédions**	**avais cédé**	**avions cédé**
cédais	**cédiez**	**avais cédé**	**aviez cédé**
cédait	**cédaient**	**avait cédé**	**avaient cédé**
3 passé simple		**10 passé antérieur**	
cédai	**cédâmes**	**eus cédé**	**eûmes cédé**
cédas	**cédâtes**	**eus cédé**	**eûtes cédé**
céda	**cédèrent**	**eut cédé**	**eurent cédé**
4 futur		**11 futur antérieur**	
céderai	**céderons**	**aurai cédé**	**aurons cédé**
céderas	**céderez**	**auras cédé**	**aurez cédé**
cédera	**céderont**	**aura cédé**	**auront cédé**
5 conditionnel		**12 conditionnel passé**	
céderais	**céderions**	**aurais cédé**	**aurions cédé**
céderais	**céderiez**	**aurais cédé**	**auriez cédé**
céderait	**céderaient**	**aurait cédé**	**auraient cédé**
6 présent du subjonctif		**13 passé du subjonctif**	
cède	**cédions**	**aie cédé**	**ayons cédé**
cèdes	**cédiez**	**aies cédé**	**ayez cédé**
cède	**cèdent**	**ait cédé**	**aient cédé**
7 imparfait du subjonctif		**14 plus-que-parfait du subjonctif**	
cédasse	**cédassions**	**eusse cédé**	**eussions cédé**
cédasses	**cédassiez**	**eusses cédé**	**eussiez cédé**
cédât	**cédassent**	**eût cédé**	**eussent cédé**

Impératif
cède
cédons
cédez

Sentences using this verb and words related to it

Alexandre est très respectueux. Quand une personne âgée monte dans l'autobus, Alexandre lui cède sa place. Alexandre is very respectful. When an elderly person gets on the bus he gives him (or her) his seat.
céder à to give up, give in, yield to

accéder à to accede to, to comply with
concéder à to concede to, to grant
décéder to pass away
céder le pas à qqn to give way to someone
céder qqch à qqn to let somebody have something

Syn.: **abandonner** to abandon (171); **livrer à** to deliver to (27); **se rendre** to surrender (394) (aux. **être**)
Ant.: **garder** to keep; **refuser** to refuse; **tenir** to hold

NOTE: The Académie française now allows the accent grave (`) in the future (*e.g.*, **je cèderai**) and conditional (*e.g.*, **je cèderais**) of this verb.

The subject pronouns are found on page 103.

The Seven Simple Tenses		The Seven Compound Tenses	
Singular	Plural	Singular	Plural
1 présent de l'indicatif		**8 passé composé**	
cesse	cessons	ai cessé	avons cessé
cesses	cessez	as cessé	avez cessé
cesse	cessent	a cessé	ont cessé
2 imparfait de l'indicatif		**9 plus-que-parfait de l'indicatif**	
cessais	cessions	avais cessé	avions cessé
cessais	cessiez	avais cessé	aviez cessé
cessait	cessaient	avait cessé	avaient cessé
3 passé simple		**10 passé antérieur**	
cessai	cessâmes	eus cessé	eûmes cessé
cessas	cessâtes	eus cessé	eûtes cessé
cessa	cessèrent	eut cessé	eurent cessé
4 futur		**11 futur antérieur**	
cesserai	cesserons	aurai cessé	aurons cessé
cesseras	cesserez	auras cessé	aurez cessé
cessera	cesseront	aura cessé	auront cessé
5 conditionnel		**12 conditionnel passé**	
cesserais	cesserions	aurais cessé	aurions cessé
cesserais	cesseriez	aurais cessé	auriez cessé
cesserait	cesseraient	aurait cessé	auraient cessé
6 présent du subjonctif		**13 passé du subjonctif**	
cesse	cessions	aie cessé	ayons cessé
cesses	cessiez	aies cessé	ayez cessé
cesse	cessent	ait cessé	aient cessé
7 imparfait du subjonctif		**14 plus-que-parfait du subjonctif**	
cessasse	cessassions	eusse cessé	eussions cessé
cessasses	cessassiez	eusses cessé	eussiez cessé
cessât	cessassent	eût cessé	eussent cessé

Impératif
cesse
cessons
cessez

Sentences using this verb and words related to it

Proverb: **Quand le sage est en colère, il cesse d'être sage.** When the wise man is angry, he stops being wise.

une cesse cease, ceasing; **cesser de faire qqch** to stop doing something
sans cesse constantly
incessant incessant, ceaseless

cesser de se voir to stop seeing each other; **Il n'a pas cessé de neiger depuis hier.** It has not stopped snowing since yesterday.
cesser le feu to cease fire; **un cessez-le-feu** cease-fire

Syn.: **arrêter** to stop; **finir** to finish
Ant.: **continuer** to continue; **persister** to persist (259)

Regular **-er** verb endings; spelling change: retain the
ge before **a** or **o** to keep the soft **g** sound of the verb

to change

The Seven Simple Tenses		The Seven Compound Tenses	
Singular	Plural	Singular	Plural

C

1 présent de l'indicatif		8 passé composé	
change	changeons	ai changé	avons changé
changes	changez	as changé	avez changé
change	changent	a changé	ont changé

2 imparfait de l'indicatif		9 plus-que-parfait de l'indicatif	
changeais	changions	avais changé	avions changé
changeais	changiez	avais changé	aviez changé
changeait	changeaient	avait changé	avaient changé

3 passé simple		10 passé antérieur	
changeai	changeâmes	eus changé	eûmes changé
changeas	changeâtes	eus changé	eûtes changé
changea	changèrent	eut changé	eurent changé

4 futur		11 futur antérieur	
changerai	changerons	aurai changé	aurons changé
changeras	changerez	auras changé	aurez changé
changera	changeront	aura changé	auront changé

5 conditionnel		12 conditionnel passé	
changerais	changerions	aurais changé	aurions changé
changerais	changeriez	aurais changé	auriez changé
changerait	changeraient	aurait changé	auraient changé

6 présent du subjonctif		13 passé du subjonctif	
change	changions	aie changé	ayons changé
changes	changiez	aies changé	ayez changé
change	changent	ait changé	aient changé

7 imparfait du subjonctif		14 plus-que-parfait du subjonctif	
changeasse	changeassions	eusse changé	eussions changé
changeasses	changeassiez	eusses changé	eussiez changé
changeât	changeassent	eût changé	eussent changé

Impératif
change
changeons
changez

Common idiomatic expressions using this verb

changer d'avis to change one's mind
changer de route to take another road
un changement soudain a sudden change
une pièce/un pneu de rechange spare part/tire
échanger to exchange
Plus ça change, plus c'est la même chose. The more things change, the more they remain the same.
changer de train to change trains
changer de vêtements to change clothes
changer de l'argent to exchange some money

le bureau de change money exchange desk (office)
Je désire changer de l'argent. I would like to exchange some money.

Syn.: **convertir** to convert (229); **échanger** to exchange (89); **modifier** to modify (389); **remplacer** to replace; **troquer** to swap, to trade (219)
Ant.: **conserver** to preserve (27); **garder** to keep

The subject pronouns are found on page 103.

chanter (90)

to sing

Part. pr. chantant   **Part. passé chanté**

Regular **-er** verb

The Seven Simple Tenses		The Seven Compound Tenses	
Singular	Plural	Singular	Plural
1 présent de l'indicatif		**8 passé composé**	
chante	chantons	ai chanté	avons chanté
chantes	chantez	as chanté	avez chanté
chante	chantent	a chanté	ont chanté
2 imparfait de l'indicatif		**9 plus-que-parfait de l'indicatif**	
chantais	chantions	avais chanté	avions chanté
chantais	chantiez	avais chanté	aviez chanté
chantait	chantaient	avait chanté	avaient chanté
3 passé simple		**10 passé antérieur**	
chantai	chantâmes	eus chanté	eûmes chanté
chantas	chantâtes	eus chanté	eûtes chanté
chanta	chantèrent	eut chanté	eurent chanté
4 futur		**11 futur antérieur**	
chanterai	chanterons	aurai chanté	aurons chanté
chanteras	chanterez	auras chanté	aurez chanté
chantera	chanteront	aura chanté	auront chanté
5 conditionnel		**12 conditionnel passé**	
chanterais	chanterions	aurais chanté	aurions chanté
chanterais	chanteriez	aurais chanté	auriez chanté
chanterait	chanteraient	aurait chanté	auraient chanté
6 présent du subjonctif		**13 passé du subjonctif**	
chante	chantions	aie chanté	ayons chanté
chantes	chantiez	aies chanté	ayez chanté
chante	chantent	ait chanté	aient chanté
7 imparfait du subjonctif		**14 plus-que-parfait du subjonctif**	
chantasse	chantassions	eusse chanté	eussions chanté
chantasses	chantassiez	eusses chanté	eussiez chanté
chantât	chantassent	eût chanté	eussent chanté

Impératif
chante
chantons
chantez

AN ESSENTIAL
55 VERB

Chanter

Chanter is a regular **-er** verb that is used in many common expressions and situations. If you can conjugate **chanter**, you can conjugate any regular **-er** verb.

Sentences using chanter and words related to it

Madame Chanteclaire aime bien chanter en jouant du piano. Mrs. Chanteclaire likes to sing while playing the piano.

Marie donne des leçons de chant. Mary gives singing lessons.

C'est une autre chanson! That's another story!

Mais qu'est-ce que vous chantez là? What are you talking about?

Demain, je vais me lever au chant du coq pour attraper le bus. Tomorrow I'm going to get up at the crack of dawn to catch the bus.

Claire a étudié l'ancien français pour lire les chansons de geste. Claire studied Old French in order to read epic poems.

Proverbs

C'est la poule qui chante qui a fait l'oeuf. **It's the hen who sings who made (laid) the egg.**

Vous chantiez? j'en suis fort aise: Eh bien! dansez maintenant. **You were singing? I'm very delighted about it. Well! Now dance. (La Fontaine, *La Cigale et la Fourmi*)**

Words and expressions related to this verb

une chanson **song**

une chanson d'amour **love song**

une chanson de geste **epic poem**

chansons! **nonsense! fiddlesticks!**

Si ça vous chante . . . **If you are in the mood for it . . .**

Ça ne me chante pas. **I'm not in the mood.**

un chant **carol, chant, singing**

le chantage **blackmail**

faire chanter qqn **to blackmail someone**

un chanteur, une chanteuse **singer**

chanter ô ma belle **to cry out in pain (Antilles)**

enchanter **to enchant**

Enchanté! **Pleased to meet you!**

au chant du coq **at the crack of dawn (when the rooster crows)**

Syn.: chantonner to sing to oneself (171); vocaliser to vocalize (486)
Ant.: se taire to be silent

Don't forget to check the list of 2,700 additional verbs keyed to the 501 model verbs. It's in the Appendixes!

The subject pronouns are found on page 103.

charger (91)

Part. pr. **chargeant** Part. passé **chargé**

to burden, to
charge, to load

Regular **-er** verb endings; spelling change: retain the **ge** before **a** or **o** to keep the soft **g** sound of the verb

The Seven Simple Tenses		The Seven Compound Tenses	
Singular	Plural	Singular	Plural
1 présent de l'indicatif		**8 passé composé**	
charge	chargeons	ai chargé	avons chargé
charges	chargez	as chargé	avez chargé
charge	chargent	a chargé	ont chargé
2 imparfait de l'indicatif		**9 plus-que-parfait de l'indicatif**	
chargeais	chargions	avais chargé	avions chargé
chargeais	chargiez	avais chargé	aviez chargé
chargeait	chargeaient	avait chargé	avaient chargé
3 passé simple		**10 passé antérieur**	
chargeai	chargeâmes	eus chargé	eûmes chargé
chargeas	chargeâtes	eus chargé	eûtes chargé
chargea	chargèrent	eut chargé	eurent chargé
4 futur		**11 futur antérieur**	
chargerai	chargerons	aurai chargé	aurons chargé
chargeras	chargerez	auras chargé	aurez chargé
chargera	chargeront	aura chargé	auront chargé
5 conditionnel		**12 conditionnel passé**	
chargerais	chargerions	aurais chargé	aurions chargé
chargerais	chargeriez	aurais chargé	auriez chargé
chargerait	chargeraient	aurait chargé	auraient chargé
6 présent du subjonctif		**13 passé du subjonctif**	
charge	chargions	aie chargé	ayons chargé
charges	chargiez	aies chargé	ayez chargé
charge	chargent	ait chargé	aient chargé
7 imparfait du subjonctif		**14 plus-que-parfait du subjonctif**	
chargeasse	chargeassions	eusse chargé	eussions chargé
chargeasses	chargeassiez	eusses chargé	eussiez chargé
chargeât	chargeassent	eût chargé	eussent chargé

Impératif
charge
chargeons
chargez

Common idiomatic expressions using this verb

—J'ai l'emploi du temps très chargé aujourd'hui. Pourriez-vous, s'il vous plaît, prendre notre prochain client en charge? I have a very busy schedule today. Would you please take care of our next client?
—Je m'en charge! I'll take care of it!

une charge a load, burden
chargé d'impôts heavily taxed
un chargé d'affaires envoy
télécharger to download (computer)

charger de malédictions to curse
charger de louanges to overwhelm with praises
un chargeur de batterie battery charger
décharger to unload
prendre en charge to take charge of, to take care of

Syn.: **accabler** to overwhelm (407); **accuser** to accuse; **encombrer** to burden, to encumber (22)
Ant.: **alléger** to lighten (52); **décharger** to unload (91); **soulager** to relieve (305)

206

Regular **-er** verb   to hunt, to pursue, to chase, to drive out

The Seven Simple Tenses		The Seven Compound Tenses	
Singular	Plural	Singular	Plural
1 présent de l'indicatif		**8 passé composé**	
chasse	chassons	ai chassé	avons chassé
chasses	chassez	as chassé	avez chassé
chasse	chassent	a chassé	ont chassé
2 imparfait de l'indicatif		**9 plus-que-parfait de l'indicatif**	
chassais	chassions	avais chassé	avions chassé
chassais	chassiez	avais chassé	aviez chassé
chassait	chassaient	avait chassé	avaient chassé
3 passé simple		**10 passé antérieur**	
chassai	chassâmes	eus chassé	eûmes chassé
chassas	chassâtes	eus chassé	eûtes chassé
chassa	chassèrent	eut chassé	eurent chassé
4 futur		**11 futur antérieur**	
chasserai	chasserons	aurai chassé	aurons chassé
chasseras	chasserez	auras chassé	aurez chassé
chassera	chasseront	aura chassé	auront chassé
5 conditionnel		**12 conditionnel passé**	
chasserais	chasserions	aurais chassé	aurions chassé
chasserais	chasseriez	aurais chassé	auriez chassé
chasserait	chasseraient	aurait chassé	auraient chassé
6 présent du subjonctif		**13 passé du subjonctif**	
chasse	chassions	aie chassé	ayons chassé
chasses	chassiez	aies chassé	ayez chassé
chasse	chassent	ait chassé	aient chassé
7 imparfait du subjonctif		**14 plus-que-parfait du subjonctif**	
chassasse	chassassions	eusse chassé	eussions chassé
chassasses	chassassiez	eusses chassé	eussiez chassé
chassât	chassassent	eût chassé	eussent chassé

Impératif
chasse
chassons
chassez

Words and expressions related to this verb

pourchasser to chase, pursue
un chasse-neige snowplow
un chasse-mouches fly swatter
tirer la chasse d'eau to flush the toilet

Syn.: **braconner** to poach (hunting) (171); **expulser** to expel (336); **poursuivre** to pursue
Ant.: **accueillir** to welcome; **attirer** to attract

Proverb: **Je chasse toujours les arcs-en-ciel.**
  I'm always chasing rainbows.

Pronounce out loud this tongue twister as fast as you can: **Le chasseur, sachant* chasser sans son chien, chassera.** (The hunter, knowing how to hunt without his dog, will hunt.)
*Sachant is the pres. part. of **savoir**.

The subject pronouns are found on page 103.
                                                                                        207

chercher (93)

Part. pr. cherchant   **Part. passé cherché**

to look for, to search, to seek

Regular **-er** verb

The Seven Simple Tenses		The Seven Compound Tenses	
Singular	Plural	Singular	Plural
1 présent de l'indicatif		**8 passé composé**	
cherche	cherchons	ai cherché	avons cherché
cherches	cherchez	as cherché	avez cherché
cherche	cherchent	a cherché	ont cherché
2 imparfait de l'indicatif		**9 plus-que-parfait de l'indicatif**	
cherchais	cherchions	avais cherché	avions cherché
cherchais	cherchiez	avais cherché	aviez cherché
cherchait	cherchaient	avait cherché	avaient cherché
3 passé simple		**10 passé antérieur**	
cherchai	cherchâmes	eus cherché	eûmes cherché
cherchas	cherchâtes	eus cherché	eûtes cherché
chercha	cherchèrent	eut cherché	eurent cherché
4 futur		**11 futur antérieur**	
chercherai	chercherons	aurai cherché	aurons cherché
chercheras	chercherez	auras cherché	aurez cherché
cherchera	chercheront	aura cherché	auront cherché
5 conditionnel		**12 conditionnel passé**	
chercherais	chercherions	aurais cherché	aurions cherché
chercherais	chercheriez	aurais cherché	auriez cherché
chercherait	chercheraient	aurait cherché	auraient cherché
6 présent du subjonctif		**13 passé du subjonctif**	
cherche	cherchions	aie cherché	ayons cherché
cherches	cherchiez	aies cherché	ayez cherché
cherche	cherchent	ait cherché	aient cherché
7 imparfait du subjonctif		**14 plus-que-parfait du subjonctif**	
cherchasse	cherchassions	eusse cherché	eussions cherché
cherchasses	cherchassiez	eusses cherché	eussiez cherché
cherchât	cherchassent	eût cherché	eussent cherché

Impératif
cherche
cherchons
cherchez

Sentences using this verb and words related to it

Cherchez, et vous trouverez. Seek, and ye shall find. (Matt. 7:7)
se chercher to look for one another
chercheur seeker, investigator, researcher
aller chercher to go and get
chercher à to attempt to, try to
aller chercher qqn ou qqch to go get someone or something
chercher midi à quatorze heures to make things complicated (Lit.: to look for noon at 2 PM)

faire des travaux de recherches to carry out research work
envoyer chercher to send for
un moteur de recherche search engine (Internet)
Je vais envoyer chercher le médecin. I am going to send for the doctor.

Syn.: **fouiller** to search; **rechercher** to investigate, to seek, to look for again (93); **scruter** to scrutinize (32)
Ant.: **trouver** to find

The Seven Simple Tenses			The Seven Compound Tenses
Singular	Plural		Singular	Plural

Singular	Plural	Singular	Plural
1 présent de l'indicatif		**8 passé composé**	
chéris	chérissons	ai chéri	avons chéri
chéris	chérissez	as chéri	avez chéri
chérit	chérissent	a chéri	ont chéri
2 imparfait de l'indicatif		**9 plus-que-parfait de l'indicatif**	
chérissais	chérissions	avais chéri	avions chéri
chérissais	chérissiez	avais chéri	aviez chéri
chérissait	chérissaient	avait chéri	avaient chéri
3 passé simple		**10 passé antérieur**	
chéris	chérîmes	eus chéri	eûmes chéri
chéris	chérîtes	eus chéri	eûtes chéri
chérit	chérirent	eut chéri	eurent chéri
4 futur		**11 futur antérieur**	
chérirai	chérirons	aurai chéri	aurons chéri
chériras	chérirez	auras chéri	aurez chéri
chérira	chériront	aura chéri	auront chéri
5 conditionnel		**12 conditionnel passé**	
chérirais	chéririons	aurais chéri	aurions chéri
chérirais	chéririez	aurais chéri	auriez chéri
chérirait	chériraient	aurait chéri	auraient chéri
6 présent du subjonctif		**13 passé du subjonctif**	
chérisse	chérissions	aie chéri	ayons chéri
chérisses	chérissiez	aies chéri	ayez chéri
chérisse	chérissent	ait chéri	aient chéri
7 imparfait du subjonctif		**14 plus-que-parfait du subjonctif**	
chérisse	chérissions	eusse chéri	eussions chéri
chérisses	chérissiez	eusses chéri	eussiez chéri
chérît	chérissent	eût chéri	eussent chéri

Impératif
chéris
chérissons
chérissez

Words and expressions related to this verb

cher, chère dear; expensive
Ça coûte cher! That costs a lot!
chéri, chérie darling, dear
chèrement dearly
renchérir to go up in cost, to make a higher bid
acheter cher to buy at a high price
vendre cher to sell at a high price

Vous me le paierez cher! You will pay dearly for it!
un renchérissement increase

Syn.: **adorer** to adore; **aimer** to like, to love; **préférer** to prefer
Ant.: **abhorrer** to abhor, to loathe (27); **détester** to detest; **haïr** to hate (aspirate *h*; no liaison)

The subject pronouns are found on page 103.   **209**

choisir (95)

Part. pr. choisissant   **Part. passé choisi**

to choose, to select, to pick

Regular **-ir** verb

The Seven Simple Tenses		The Seven Compound Tenses	
Singular	Plural	Singular	Plural

1 présent de l'indicatif

choisis	choisissons	
choisis	choisissez	
choisit	choisissent	

8 passé composé

ai choisi	avons choisi
as choisi	avez choisi
a choisi	ont choisi

2 imparfait de l'indicatif

choisissais	choisissions
choisissais	choisissiez
choisissait	choisissaient

9 plus-que-parfait de l'indicatif

avais choisi	avions choisi
avais choisi	aviez choisi
avait choisi	avaient choisi

3 passé simple

choisis	choisîmes
choisis	choisîtes
choisit	choisirent

10 passé antérieur

eus choisi	eûmes choisi
eus choisi	eûtes choisi
eut choisi	eurent choisi

4 futur

choisirai	choisirons
choisiras	choisirez
choisira	choisiront

11 futur antérieur

aurai choisi	aurons choisi
auras choisi	aurez choisi
aura choisi	auront choisi

5 conditionnel

choisirais	choisirions
choisirais	choisiriez
choisirait	choisiraient

12 conditionnel passé

aurais choisi	aurions choisi
aurais choisi	auriez choisi
aurait choisi	auraient choisi

6 présent du subjonctif

choisisse	choisissions
choisisses	choisissiez
choisisse	choisissent

13 passé du subjonctif

aie choisi	ayons choisi
aies choisi	ayez choisi
ait choisi	aient choisi

7 imparfait du subjonctif

choisisse	choisissions
choisisses	choisissiez
choisît	choisissent

14 plus-que-parfait du subjonctif

eusse choisi	eussions choisi
eusses choisi	eussiez choisi
eût choisi	eussent choisi

Impératif
choisis
choisissons
choisissez

AN ESSENTIAL
55 VERB

AN ESSENTIAL 55 VERB

We have chosen **choisir** as an essential verb because it is a regular **-ir** verb and because **choisir** is used in numerous everyday situations and idiomatic expressions.

Sentences using choisir and related words

Au restaurant français j'ai choisi la crêpe Suzette et Raymond a choisi le filet mignon. Joseph a choisi d'aller au fast-food quand il a vu les prix. At the French restaurant I chose the crêpe suzette and Raymond chose the filet mignon. Joseph chose to go to the fast food restaurant when he saw the prices.

Il n'y a pas grand choix.
There's not much choice.

Choisissez bien vos amis.
Choose your friends well.

Words and expressions related to this verb

un choix **choice**

faire un bon choix **to make a good choice**

faire un mauvais choix **to make a bad choice**

faire choix de **to make choice of**

l'embarras du choix **too much to choose from**

savoir choisir ses amis **to know how to choose one's friends**

au choix **optional, elective**

If you can conjugate **choisir** you can also conjugate the following verbs (and many others):

adoucir **to reduce, soften, mellow**

grossir **to gain weight, grow larger**

moisir **to get moldy**

radoucir **to soften**

réussir **to succeed**

Proverb

Choisissez un travail que vous aimez et vous n'aurez pas à travailler un seul jour de votre vie. **Choose a job you love and you will never have to work a day in your life. (Confucius)**

Syn.: **adopter** to adopt (8); **élire** to elect, to choose; **nommer** to name; **préférer** to prefer; **sélectionner** to select (171)
Ant.: **s'abstenir** to abstain; **hésiter** to hesitate; **refuser** to refuse

Don't forget to check the list of 2,700 additional verbs keyed to the 501 model verbs. It's in the Appendixes!

The subject pronouns are found on page 103.

chuchoter (96)

to whisper

Part. pr. **chuchotant** Part. passé **chuchoté**

Regular **-er** verb

The Seven Simple Tenses		The Seven Compound Tenses	
Singular	Plural	Singular	Plural
1 présent de l'indicatif		**8 passé composé**	
chuchote	chuchotons	ai chuchoté	avons chuchoté
chuchotes	chuchotez	as chuchoté	avez chuchoté
chuchote	chuchotent	a chuchoté	ont chuchoté
2 imparfait de l'indicatif		**9 plus-que-parfait de l'indicatif**	
chuchotais	chuchotions	avais chuchoté	avions chuchoté
chuchotais	chuchotiez	avais chuchoté	aviez chuchoté
chuchotait	chuchotaient	avait chuchoté	avaient chuchoté
3 passé simple		**10 passé antérieur**	
chuchotai	chuchotâmes	eus chuchoté	eûmes chuchoté
chuchotas	chuchotâtes	eus chuchoté	eûtes chuchoté
chuchota	chuchotèrent	eut chuchoté	eurent chuchoté
4 futur		**11 futur antérieur**	
chuchoterai	chuchoterons	aurai chuchoté	aurons chuchoté
chuchoteras	chuchoterez	auras chuchoté	aurez chuchoté
chuchotera	chuchoteront	aura chuchoté	auront chuchoté
5 conditionnel		**12 conditionnel passé**	
chuchoterais	chuchoterions	aurais chuchoté	aurions chuchoté
chuchoterais	chuchoteriez	aurais chuchoté	auriez chuchoté
chuchoterait	chuchoteraient	aurait chuchoté	auraient chuchoté
6 présent du subjonctif		**13 passé du subjonctif**	
chuchote	chuchotions	aie chuchoté	ayons chuchoté
chuchotes	chuchotiez	aies chuchoté	ayez chuchoté
chuchote	chuchotent	ait chuchoté	aient chuchoté
7 imparfait du subjonctif		**14 plus-que-parfait du subjonctif**	
chuchotasse	chuchotassions	eusse chuchoté	eussions chuchoté
chuchotasses	chuchotassiez	eusses chuchoté	eussiez chuchoté
chuchotât	chuchotassent	eût chuchoté	eussent chuchoté

Impératif
chuchote
chuchotons
chuchotez

Common idiomatic expressions using this verb
and words related to it

un chuchoteur, une chuchoteuse whisperer
chuchoter à l'oreille de qqn to whisper in
  someone's ear
souffler to prompt (in a stage whisper)

le chuchotement whispering
une chuchoterie a conversation in whispering
  tones so that others may not hear

Syn.: **murmurer** to murmur (54)
Ant.: **crier** to shout; **hurler** to yell (326)
(aspirate *h*; no liaison)

The Seven Simple Tenses		The Seven Compound Tenses	
Singular	Plural	Singular	Plural
1 présent de l'indicatif		**8 passé composé**	
combats	combattons	ai combattu	avons combattu
combats	combattez	as combattu	avez combattu
combat	combattent	a combattu	ont combattu
2 imparfait de l'indicatif		**9 plus-que-parfait de l'indicatif**	
combattais	combattions	avais combattu	avions combattu
combattais	combattiez	avais combattu	aviez combattu
combattait	combattaient	avait combattu	avaient combattu
3 passé simple		**10 passé antérieur**	
combattis	combattîmes	eus combattu	eûmes combattu
combattis	combattîtes	eus combattu	eûtes combattu
combattit	combattirent	eut combattu	eurent combattu
4 futur		**11 futur antérieur**	
combattrai	combattrons	aurai combattu	aurons combattu
combattras	combattrez	auras combattu	aurez combattu
combattra	combattront	aura combattu	auront combattu
5 conditionnel		**12 conditionnel passé**	
combattrais	combattrions	aurais combattu	aurions combattu
combattrais	combattriez	aurais combattu	auriez combattu
combattrait	combattraient	aurait combattu	auraient combattu
6 présent du subjonctif		**13 passé du subjonctif**	
combatte	combattions	aie combattu	ayons combattu
combattes	combattiez	aies combattu	ayez combattu
combatte	combattent	ait combattu	aient combattu
7 imparfait du subjonctif		**14 plus-que-parfait du subjonctif**	
combattisse	combattissions	eusse combattu	eussions combattu
combattisses	combattissiez	eusses combattu	eussiez combattu
combattît	combattissent	eût combattu	eussent combattu

Impératif
combats
combattons
combattez

Words and expressions related to this verb

un combat fight, struggle
hors de combat out of the fight
combattant, combattante fighting
un non-combattant, une non-combattante
noncombatant
un combat aérien aerial combat
combatif, combative pugnacious, aggressive

For other words and expressions related to this verb, see **abattre**, **battre**, and **se battre**.

Syn.: **assaillir** to attack; **attaquer** to attack (219); **se battre** to fight; **lutter** to struggle (425)
Ant.: **aider** to help; **calmer** to calm (27); **pacifier** to pacify (389)

The subject pronouns are found on page 103.

The Seven Simple Tenses		The Seven Compound Tenses	
Singular	Plural	Singular	Plural
1 présent de l'indicatif		**8 passé composé**	
commande	commandons	ai commandé	avons commandé
commandes	commandez	as commandé	avez commandé
commande	commandent	a commandé	ont commandé
2 imparfait de l'indicatif		**9 plus-que-parfait de l'indicatif**	
commandais	commandions	avais commandé	avions commandé
commandais	commandiez	avais commandé	aviez commandé
commandait	commandaient	avait commandé	avaient commandé
3 passé simple		**10 passé antérieur**	
commandai	commandâmes	eus commandé	eûmes commandé
commandas	commandâtes	eus commandé	eûtes commandé
commanda	commandèrent	eut commandé	eurent commandé
4 futur		**11 futur antérieur**	
commanderai	commanderons	aurai commandé	aurons commandé
commanderas	commanderez	auras commandé	aurez commandé
commandera	commanderont	aura commandé	auront commandé
5 conditionnel		**12 conditionnel passé**	
commanderais	commanderions	aurais commandé	aurions commandé
commanderais	commanderiez	aurais commandé	auriez commandé
commanderait	commanderaient	aurait commandé	auraient commandé
6 présent du subjonctif		**13 passé du subjonctif**	
commande	commandions	aie commandé	ayons commandé
commandes	commandiez	aies commandé	ayez commandé
commande	commandent	ait commandé	aient commandé
7 imparfait du subjonctif		**14 plus-que-parfait du subjonctif**	
commandasse	commandassions	eusse commandé	eussions commandé
commandasses	commandassiez	eusses commandé	eussiez commandé
commandât	commandassent	eût commandé	eussent commandé

Impératif
commande
commandons
commandez

Common idiomatic expressions using this verb

—**Monsieur!** Waiter!

—**Oui, monsieur.** Yes, sir.

—**J'ai commandé la surprise du chef et vous m'avez apporté un sandwich au beurre de cacahuètes et anchois.** I ordered the chef's surprise and you brought me a peanut butter and anchovy sandwich.

—**Surprise!** Surprise!

un **commandant** commanding officer
une **commande** an order

commander à qqn de faire qqch to order someone to do something

recommander to recommend; **recommander à qqn de faire qqch** to advise someone to do something

décommander un rendez-vous to cancel a date, an appointment

Syn.: **dicter** to dictate (253); **diriger** to direct (119); **gouverner** to govern (167); **ordonner** to order (171)
Ant.: **obéir** to obey; **se soumettre à** to submit to (449) (aux. **être**); **suivre** to follow

Regular **-er** verb endings; spelling change:
c changes to **ç** before **a** or **o** to keep **s** sound

to begin, to start,
to commence

The Seven Simple Tenses		The Seven Compound Tenses	
Singular	Plural	Singular	Plural

1 présent de l'indicatif

commence	commençons
commences	commencez
commence	commencent

8 passé composé

ai commencé	avons commencé
as commencé	avez commencé
a commencé	ont commencé

2 imparfait de l'indicatif

commençais	commencions
commençais	commenciez
commençait	commençaient

9 plus-que-parfait de l'indicatif

avais commencé	avions commencé
avais commencé	aviez commencé
avait commencé	avaient commencé

3 passé simple

commençai	commençâmes
commenças	commençâtes
commença	commencèrent

10 passé antérieur

eus commencé	eûmes commencé
eus commencé	eûtes commencé
eut commencé	eurent commencé

4 futur

commencerai	commencerons
commenceras	commencerez
commencera	commenceront

11 futur antérieur

aurai commencé	aurons commencé
auras commencé	aurez commencé
aura commencé	auront commencé

5 conditionnel

commencerais	commencerions
commencerais	commenceriez
commencerait	commenceraient

12 conditionnel passé

aurais commencé	aurions commencé
aurais commencé	auriez commencé
aurait commencé	auraient commencé

6 présent du subjonctif

commence	commencions
commences	commenciez
commence	commencent

13 passé du subjonctif

aie commencé	ayons commencé
aies commencé	ayez commencé
ait commencé	aient commencé

7 imparfait du subjonctif

commençasse	commençassions
commençasses	commençassiez
commençât	commençassent

14 plus-que-parfait du subjonctif

eusse commencé	eussions commencé
eusses commencé	eussiez commencé
eût commencé	eussent commencé

Impératif
commence
commençons
commencez

AN ESSENTIAL
55 VERB

Get acquainted with what preposition goes with what verb. See *Verbs with prepositions*
in the Appendixes.

The subject pronouns are found on page 103.

Commencer

Commencer is an essential verb for beginning students because of its spelling change and because it is used in a number of everyday situations.

Sentences using commencer and related words

Dépêche-toi! Le film commence à midi! Hurry up! The movie starts at noon!

Nous commençons à nous inquiéter parce que Marie-Ève n'est pas encore revenue. We are beginning to worry because Marie-Eve hasn't come back yet.

Commençons au commencement. Let's begin at the beginning.

—Alexandre, as-tu commencé tes devoirs pour la classe de français?
—Non, maman, pas encore. Je vais faire une promenade maintenant.
—Tu ne vas pas faire une promenade parce qu'il commence à pleuvoir. Commence à faire tes devoirs tout de suite!

—Alexander, have you begun your homework for French class?
—No, Mother, not yet. I'm going to take a walk now.
—You are not going to take a walk because it is beginning to rain. Start to do your homework immediately!

Words and expressions related to this verb

commencer à + inf. **to begin + inf.**

le commencement **the beginning**

au commencement **in the beginning**

du commencement à la fin **from beginning to end**

pour commencer **to begin with**

commencer par **to begin by**

recommencer à **to begin again + inf.**

un recommencement **a new start**

Syn.: débuter to begin (173); démarrer to start out (27); entamer to begin (71); entreprendre to undertake
Ant.: accomplir to accomplish (392); achever to achieve, to finish; compléter to complete (87); conclure to conclude; finir to finish; terminer to terminate, to end

The **c** before the -er ending in **commencer** takes a cedilla before the letters **a** and **o**. This is done to retain the sound of **s** in -**cer**. Otherwise, **c** before **a** would sound like **k** as in **camion** (truck) and **coûter** (to cost). If you can conjugate **commencer** you can also conjugate:

annoncer **to announce**	financer **to finance**
balancer **to balance**	lancer **to throw**
cadencer **to give rhythm, cadence**	prononcer **to pronounce**
concurrencer **to compete**	recommencer **to begin again**
dénoncer **to denounce**	

| C |

The Seven Simple Tenses

Singular	Plural
1 présent de l'indicatif	
commets	commettons
commets	commettez
commet	commettent
2 imparfait de l'indicatif	
commettais	commettions
commettais	commettiez
commettait	commettaient
3 passé simple	
commis	commîmes
commis	commîtes
commit	commirent
4 futur	
commettrai	commettrons
commettras	commettrez
commettra	commettront
5 conditionnel	
commettrais	commettrions
commettrais	commettriez
commettrait	commettraient
6 présent du subjonctif	
commette	commettions
commettes	commettiez
commette	commettent
7 imparfait du subjonctif	
commisse	commissions
commisses	commissiez
commît	commissent

The Seven Compound Tenses

Singular	Plural
8 passé composé	
ai commis	avons commis
as commis	avez commis
a commis	ont commis
9 plus-que-parfait de l'indicatif	
avais commis	avions commis
avais commis	aviez commis
avait commis	avaient commis
10 passé antérieur	
eus commis	eûmes commis
eus commis	eûtes commis
eut commis	eurent commis
11 futur antérieur	
aurai commis	aurons commis
auras commis	aurez commis
aura commis	auront commis
12 conditionnel passé	
aurais commis	aurions commis
aurais commis	auriez commis
aurait commis	auraient commis
13 passé du subjonctif	
aie commis	ayons commis
aies commis	ayez commis
ait commis	aient commis
14 plus-que-parfait du subjonctif	
eusse commis	eussions commis
eusses commis	eussiez commis
eût commis	eussent commis

Impératif
commets
commettons
commettez

Words and expressions related to this verb

commettre un péché to commit a sin
être commis à to be committed to
commis aux soins de to be placed under the care of
se commettre to commit oneself
commettre qqch à qqn to entrust something to someone
commettre qqn à qqn to entrust someone to someone, to place someone under someone's care

See also **mettre, permettre, promettre, remettre, soumettre,** and **transmettre.**

Syn.: **exécuter** to carry out, to execute (169); **faire** to do, to make; **perpétrer** to perpetrate (356)
Ant.: **éviter** to avoid; **fuir** to flee, to shun; **refuser** to refuse

The subject pronouns are found on page 103.

to compare

Regular **-er** verb

The Seven Simple Tenses		The Seven Compound Tenses	
Singular	Plural	Singular	Plural
1 présent de l'indicatif		**8 passé composé**	
compare	comparons	ai comparé	avons comparé
compares	comparez	as comparé	avez comparé
compare	comparent	a comparé	ont comparé
2 imparfait de l'indicatif		**9 plus-que-parfait de l'indicatif**	
comparais	comparions	avais comparé	avions comparé
comparais	compariez	avais comparé	aviez comparé
comparait	comparaient	avait comparé	avaient comparé
3 passé simple		**10 passé antérieur**	
comparai	comparâmes	eus comparé	eûmes comparé
comparas	comparâtes	eus comparé	eûtes comparé
compara	comparèrent	eut comparé	eurent comparé
4 futur		**11 futur antérieur**	
comparerai	comparerons	aurai comparé	aurons comparé
compareras	comparerez	auras comparé	aurez comparé
comparera	compareront	aura comparé	auront comparé
5 conditionnel		**12 conditionnel passé**	
comparerais	comparerions	aurais comparé	aurions comparé
comparerais	compareriez	aurais comparé	auriez comparé
comparerait	compareraient	aurait comparé	auraient comparé
6 présent du subjonctif		**13 passé du subjonctif**	
compare	comparions	aie comparé	ayons comparé
compares	compariez	aies comparé	ayez comparé
compare	comparent	ait comparé	aient comparé
7 imparfait du subjonctif		**14 plus-que-parfait du subjonctif**	
comparasse	comparassions	eusse comparé	eussions comparé
comparasses	comparassiez	eusses comparé	eussiez comparé
comparât	comparassent	eût comparé	eussent comparé

Impératif
compare
comparons
comparez

Words and expressions related to this verb

comparer à to compare to (when some equality exists between the two compared)

comparer avec to compare with (when one is considered to be of a higher degree than the rest)

sans comparaison without comparison

une comparaison comparison

comparativement comparatively

comparatif, comparative comparative

par comparaison avec comparatively to

comparable à comparable to

en comparaison de in comparison with

Syn.: **analyser** to analyze (32); **évaluer** to evaluate; **examiner** to examine (465); **mesurer** to measure (54); **rapprocher** to bring closer (43)

Ant.: **excepter** to except (8); **exclure** to exclude (105)

The Seven Simple Tenses		The Seven Compound Tenses	
Singular	Plural	Singular	Plural

1 présent de l'indicatif

comprends	comprenons
comprends	comprenez
comprend	comprennent

8 passé composé

ai compris	avons compris
as compris	avez compris
a compris	ont compris

2 imparfait de l'indicatif

comprenais	comprenions
comprenais	compreniez
comprenait	comprenaient

9 plus-que-parfait de l'indicatif

avais compris	avions compris
avais compris	aviez compris
avait compris	avaient compris

3 passé simple

compris	comprîmes
compris	comprîtes
comprit	comprirent

10 passé antérieur

eus compris	eûmes compris
eus compris	eûtes compris
eut compris	eurent compris

4 futur

comprendrai	comprendrons
comprendras	comprendrez
comprendra	comprendront

11 futur antérieur

aurai compris	aurons compris
auras compris	aurez compris
aura compris	auront compris

5 conditionnel

comprendrais	comprendrions
comprendrais	comprendriez
comprendrait	comprendraient

12 conditionnel passé

aurais compris	aurions compris
aurais compris	auriez compris
aurait compris	auraient compris

6 présent du subjonctif

comprenne	comprenions
comprennes	compreniez
comprenne	comprennent

13 passé du subjonctif

aie compris	ayons compris
aies compris	ayez compris
ait compris	aient compris

7 imparfait du subjonctif

comprisse	comprissions
comprisses	comprissiez
comprît	comprissent

14 plus-que-parfait du subjonctif

eusse compris	eussions compris
eusses compris	eussiez compris
eût compris	eussent compris

Impératif
comprends
comprenons
comprenez

Sentences using this verb and expressions related to it

**Je ne comprends jamais le prof de biologie.
Je n'ai pas compris la leçon d'hier, je ne comprends pas la leçon d'aujourd'hui, et je ne comprendrai jamais rien!** I never understand the biology teacher. I didn't understand yesterday's lesson, I don't understand today's lesson, and I'll never understand anything!
faire comprendre à qqn que . . . to make it clear to someone that . . .
la compréhension comprehension, understanding
Ça se comprend. Of course; That is understood.
y compris included, including; **y compris la taxe** tax included

service compris, y compris le service service included (no tip necessary)
Est-ce que le service est compris? Is the service (tip) included?
compréhensif, compréhensive *adj.* understanding

See also **apprendre, entreprendre, se méprendre, prendre, reprendre,** and **surprendre.**

Syn.: **comporter** to comprise (349); **concevoir** to conceive; **entendre** to hear, to understand; **incorporer** to incorporate (22); **saisir** to grasp, to comprehend; **voir** to see
Ant.: **ignorer** not to know (22); **méconnaître** to misunderstand; **omettre** to omit

The subject pronouns are found on page 103.

219

to count, to intend, to expect to

The Seven Simple Tenses		The Seven Compound Tenses	
Singular	Plural	Singular	Plural
1 présent de l'indicatif		**8 passé composé**	
compte	comptons	ai compté	avons compté
comptes	comptez	as compté	avez compté
compte	comptent	a compté	ont compté
2 imparfait de l'indicatif		**9 plus-que-parfait de l'indicatif**	
comptais	comptions	avais compté	avions compté
comptais	comptiez	avais compté	aviez compté
comptait	comptaient	avait compté	avaient compté
3 passé simple		**10 passé antérieur**	
comptai	comptâmes	eus compté	eûmes compté
comptas	comptâtes	eus compté	eûtes compté
compta	comptèrent	eut compté	eurent compté
4 futur		**11 futur antérieur**	
compterai	compterons	aurai compté	aurons compté
compteras	compterez	auras compté	aurez compté
comptera	compteront	aura compté	auront compté
5 conditionnel		**12 conditionnel passé**	
compterais	compterions	aurais compté	aurions compté
compterais	compteriez	aurais compté	auriez compté
compterait	compteraient	aurait compté	auraient compté
6 présent du subjonctif		**13 passé du subjonctif**	
compte	comptions	aie compté	ayons compté
comptes	comptiez	aies compté	ayez compté
compte	comptent	ait compté	aient compté
7 imparfait du subjonctif		**14 plus-que-parfait du subjonctif**	
comptasse	comptassions	eusse compté	eussions compté
comptasses	comptassiez	eusses compté	eussiez compté
comptât	comptassent	eût compté	eussent compté

Impératif
compte
comptons
comptez

Common idiomatic expressions using this verb

**Je compte aller en France l'été prochain avec
ma femme pour voir nos amis français.** I
intend to go to France next summer with my
wife to visit our French friends.
la comptabilité bookkeeping, accounting
comptable accountable
le comptage counting
payer comptant to pay cash
compter faire qqch to expect to do something
compter sur to count (rely) on; **Puis-je y
compter?** Can I depend on it?

escompter to discount; **un escompte** a discount
donner sans compter to give generously
sans compter . . . to say nothing of . . .
le comptoir counter (in a store)
le compte à rebours countdown; **faire le
compte à rebours** to count down

Syn.: **calculer** to calculate (81); **dénombrer**
to count (407); **espérer** to hope; **estimer** to
estimate (27); **penser** to think
Ant.: **exclure** to exclude (105)

Irregular verb with spelling change:
c changes to **ç** before **o** or **u** to keep **s** sound

to conceive

The Seven Simple Tenses		The Seven Compound Tenses	
Singular	Plural	Singular	Plural
1 présent de l'indicatif		8 passé composé	
conçois	concevons	ai conçu	avons conçu
conçois	concevez	as conçu	avez conçu
conçoit	conçoivent	a conçu	ont conçu
2 imparfait de l'indicatif		9 plus-que-parfait de l'indicatif	
concevais	concevions	avais conçu	avions conçu
concevais	conceviez	avais conçu	aviez conçu
concevait	concevaient	avait conçu	avaient conçu
3 passé simple		10 passé antérieur	
conçus	conçûmes	eus conçu	eûmes conçu
conçus	conçûtes	eus conçu	eûtes conçu
conçut	conçurent	eut conçu	eurent conçu
4 futur		11 futur antérieur	
concevrai	concevrons	aurai conçu	aurons conçu
concevras	concevrez	auras conçu	aurez conçu
concevra	concevront	aura conçu	auront conçu
5 conditionnel		12 conditionnel passé	
concevrais	concevrions	aurais conçu	aurions conçu
concevrais	concevriez	aurais conçu	auriez conçu
concevrait	concevraient	aurait conçu	auraient conçu
6 présent du subjonctif		13 passé du subjonctif	
conçoive	concevions	aie conçu	ayons conçu
conçoives	conceviez	aies conçu	ayez conçu
conçoive	conçoivent	ait conçu	aient conçu
7 imparfait du subjonctif		14 plus-que-parfait du subjonctif	
conçusse	conçussions	eusse conçu	eussions conçu
conçusses	conçussiez	eusses conçu	eussiez conçu
conçût	conçussent	eût conçu	eussent conçu

Impératif
conçois
concevons
concevez

Words and expressions related to this verb

concevoir des idées to form ideas
concevable conceivable
une conception concept, idea
un concepteur, une conceptrice designer
ainsi conçu written as follows
Je ne peux même pas concevoir . . . I just can't
  even imagine . . .

Syn.: **comprendre** to understand; **engendrer**
to beget (299); **entendre** to understand, to
hear; **imaginer** to imagine (329)

The subject pronouns are found on page 103.

conclure (105)

to conclude

The Seven Simple Tenses		The Seven Compound Tenses	
Singular	Plural	Singular	Plural
1 présent de l'indicatif		**8 passé composé**	
conclus	concluons	ai conclu	avons conclu
conclus	concluez	as conclu	avez conclu
conclut	concluent	a conclu	ont conclu
2 imparfait de l'indicatif		**9 plus-que-parfait de l'indicatif**	
concluais	concluions	avais conclu	avions conclu
concluais	concluiez	avais conclu	aviez conclu
concluait	concluaient	avait conclu	avaient conclu
3 passé simple		**10 passé antérieur**	
conclus	conclûmes	eus conclu	eûmes conclu
conclus	conclûtes	eus conclu	eûtes conclu
conclut	conclurent	eut conclu	eurent conclu
4 futur		**11 futur antérieur**	
conclurai	conclurons	aurai conclu	aurons conclu
concluras	conclurez	auras conclu	aurez conclu
conclura	concluront	aura conclu	auront conclu
5 conditionnel		**12 conditionnel passé**	
conclurais	conclurions	aurais conclu	aurions conclu
conclurais	concluriez	aurais conclu	auriez conclu
conclurait	concluraient	aurait conclu	auraient conclu
6 présent du subjonctif		**13 passé du subjonctif**	
conclue	concluions	aie conclu	ayons conclu
conclues	concluiez	aies conclu	ayez conclu
conclue	concluent	ait conclu	aient conclu
7 imparfait du subjonctif		**14 plus-que-parfait du subjonctif**	
conclusse	conclussions	eusse conclu	eussions conclu
conclusses	conclussiez	eusses conclu	eussiez conclu
conclût	conclussent	eût conclu	eussent conclu

Impératif
conclus
concluons
concluez

Words and expressions related to this verb

la conclusion conclusion
en conclusion in conclusion
exclure to exclude
exclu, exclue excluded
un film en exclusivité a first-run motion picture
inclure to enclose, to include (part. passé:
  inclus, incluse); une photo ci-incluse
  a photo enclosed herewith; jusqu'à la page
  100 incluse up to and including page 100

See also **inclure.**

Syn.: **arrêter** to stop; **déduire** to infer, to deduce; **finir** to finish; **inférer** to infer (356); **terminer** to terminate, to end
Ant.: **commencer** to begin, to commence; **entreprendre** to engage upon, to undertake

Irregular verb   to lead, to drive, to conduct, to manage

The Seven Simple Tenses		The Seven Compound Tenses	
Singular	Plural	Singular	Plural

1 présent de l'indicatif

		8 passé composé	
conduis	conduisons	ai conduit	avons conduit
conduis	conduisez	as conduit	avez conduit
conduit	conduisent	a conduit	ont conduit

2 imparfait de l'indicatif

		9 plus-que-parfait de l'indicatif	
conduisais	conduisions	avais conduit	avions conduit
conduisais	conduisiez	avais conduit	aviez conduit
conduisait	conduisaient	avait conduit	avaient conduit

3 passé simple

		10 passé antérieur	
conduisis	conduisîmes	eus conduit	eûmes conduit
conduisis	conduisîtes	eus conduit	eûtes conduit
conduisit	conduisirent	eut conduit	eurent conduit

4 futur

		11 futur antérieur	
conduirai	conduirons	aurai conduit	aurons conduit
conduiras	conduirez	auras conduit	aurez conduit
conduira	conduiront	aura conduit	auront conduit

5 conditionnel

		12 conditionnel passé	
conduirais	conduirions	aurais conduit	aurions conduit
conduirais	conduiriez	aurais conduit	auriez conduit
conduirait	conduiraient	aurait conduit	auraient conduit

6 présent du subjonctif

		13 passé du subjonctif	
conduise	conduisions	aie conduit	ayons conduit
conduises	conduisiez	aies conduit	ayez conduit
conduise	conduisent	ait conduit	aient conduit

7 imparfait du subjonctif

		14 plus-que-parfait du subjonctif	
conduisisse	conduisissions	eusse conduit	eussions conduit
conduisisses	conduisissiez	eusses conduit	eussiez conduit
conduisît	conduisissent	eût conduit	eussent conduit

Impératif
conduis
conduisons
conduisez

Sentences using this verb and words related to it

Mon ami Enzo conduit comme un fou. La semaine dernière, il a été arrêté et conduit à la préfecture de police. My friend Enzo drives like a madman. Last week he was arrested and taken (driven) to the police station.

un conducteur, une conductrice driver
la conduite conduct, behavior
induire to induce
induire en to lead into
conduire une voiture to drive a car
se conduire to conduct (behave) oneself

The subject pronouns are found on page 103.

un permis de conduire driver's license
enduire to coat, spread

See also **déduire, introduire, produire, réduire, reproduire, séduire,** and **traduire.**

Syn.: **diriger** to direct (119); **guider** to guide (26); **mener** to lead; **inspirer** to inspire (466); **piloter** to pilot (96)
Ant.: **arrêter** to stop; **empêcher** to hinder; **obéir** to obey

223

connaître (107)

Part. pr. connaissant **Part. passé connu**

to know, to be acquainted with, to make the acquaintance of

Irregular verb

The Seven Simple Tenses

The Seven Compound Tenses

Singular	Plural	Singular	Plural
1 présent de l'indicatif		**8 passé composé**	
connais	connaissons	ai connu	avons connu
connais	connaissez	as connu	avez connu
connaît	connaissent	a connu	ont connu
2 imparfait de l'indicatif		**9 plus-que-parfait de l'indicatif**	
connaissais	connaissions	avais connu	avions connu
connaissais	connaissiez	avais connu	aviez connu
connaissait	connaissaient	avait connu	avaient connu
3 passé simple		**10 passé antérieur**	
connus	connûmes	eus connu	eûmes connu
connus	connûtes	eus connu	eûtes connu
connut	connurent	eut connu	eurent connu
4 futur		**11 futur antérieur**	
connaîtrai	connaîtrons	aurai connu	aurons connu
connaîtras	connaîtrez	auras connu	aurez connu
connaîtra	connaîtront	aura connu	auront connu
5 conditionnel		**12 conditionnel passé**	
connaîtrais	connaîtrions	aurais connu	aurions connu
connaîtrais	connaîtriez	aurais connu	auriez connu
connaîtrait	connaîtraient	aurait connu	auraient connu
6 présent du subjonctif		**13 passé du subjonctif**	
connaisse	connaissions	aie connu	ayons connu
connaisses	connaissiez	aies connu	ayez connu
connaisse	connaissent	ait connu	aient connu
7 imparfait du subjonctif		**14 plus-que-parfait du subjonctif**	
connusse	connussions	eusse connu	eussions connu
connusses	connussiez	eusses connu	eussiez connu
connût	connussent	eût connu	eussent connu

Impératif
connais
connaissons
connaissez

AN ESSENTIAL 55 VERB

AN ESSENTIAL 55 VERB

C

Connaître is an important verb to know. It is used in a number of expressions and in many everyday situations.

Sample sentences using connaître

—Connaissez-vous quelqu'un qui puisse m'aider?
—Je suis touriste et je ne connais pas cette ville.
—Non, je ne connais personne. Je suis touriste aussi.
—Voulez-vous aller prendre un café? Nous pouvons faire connaissance.
—Pas du tout! Je ne vous connais pas!

—Do you know someone who can help me?
—I am a tourist and I don't know this city.
—No, I don't know anyone. I'm a tourist too.
—Would you like to go have a coffee? We could get acquainted.
—Not at all! I don't know you!

À ma connaissance, il est impossible de dépasser la vitesse de la lumière. As far as I know, it is impossible to go beyond the speed of light.

Michel et Dorothea sont de vrais connaisseurs en vin. Michael and Dorothy are real wine connoisseurs.

Il a connu beaucoup de difficultés pendant son adolescence. He experienced many difficulties (problems) during his adolescence.

Ce film a connu un grand succès en Europe. This movie was very successful (well received) in Europe.

Ça me connaît! I know that well!/I know about that! (Note: This is a rare construction.)

Mon père a connu ma mère à New York.
My father met my mother in New York.

Words and expressions related to this verb

la connaissance **knowledge, understanding, acquaintance**

à ma connaissance **as far as I know**

connaisseur, connaisseuse *adj.* **expert**

un connaisseur, une connaisseuse **connoisseur**

se connaître **to know each other, to know oneself**

faire connaissance **to get acquainted**

avoir des connaissances en **to be knowledgeable in**

Syn.: **savoir** to know (how) (Study **savoir** so that you will know the differences between **connaître** and **savoir**.); **jouir de** to enjoy; **se rencontrer** to meet each other (393) (aux. **être**)
Ant.: **ignorer** not to know (22); **méconnaître** to misunderstand, not to know

The subject pronouns are found on page 103.

225

conquérir (108)

Part. pr. conquérant   **Part. passé conquis**

to conquer

The Seven Simple Tenses		The Seven Compound Tenses	
Singular	Plural	Singular	Plural
1 présent de l'indicatif		**8 passé composé**	
conquiers	conquérons	ai conquis	avons conquis
conquiers	conquérez	as conquis	avez conquis
conquiert	conquièrent	a conquis	ont conquis
2 imparfait de l'indicatif		**9 plus-que-parfait de l'indicatif**	
conquérais	conquérions	avais conquis	avions conquis
conquérais	conquériez	avais conquis	aviez conquis
conquérait	conquéraient	avait conquis	avaient conquis
3 passé simple		**10 passé antérieur**	
conquis	conquîmes	eus conquis	eûmes conquis
conquis	conquîtes	eus conquis	eûtes conquis
conquit	conquirent	eut conquis	eurent conquis
4 futur		**11 futur antérieur**	
conquerrai	conquerrons	aurai conquis	aurons conquis
conquerras	conquerrez	auras conquis	aurez conquis
conquerra	conquerront	aura conquis	auront conquis
5 conditionnel		**12 conditionnel passé**	
conquerrais	conquerrions	aurais conquis	aurions conquis
conquerrais	conquerriez	aurais conquis	auriez conquis
conquerrait	conquerraient	aurait conquis	auraient conquis
6 présent du subjonctif		**13 passé du subjonctif**	
conquière	conquérions	aie conquis	ayons conquis
conquières	conquériez	aies conquis	ayez conquis
conquière	conquièrent	ait conquis	aient conquis
7 imparfait du subjonctif		**14 plus-que-parfait du subjonctif**	
conquisse	conquissions	eusse conquis	eussions conquis
conquisses	conquissiez	eusses conquis	eussiez conquis
conquît	conquissent	eût conquis	eussent conquis

Impératif
conquiers
conquérons
conquérez

Words and expressions related to this verb

conquérir l'affection de qqn to win someone's affection
conquérir une femme to win over a woman; **conquérir un homme** to win over a man
la **conquête** conquest; la **conquête du pouvoir** conquest of power
avoir un air conquérant to seem pretentious
Guillaume le Conquérant William the Conqueror

Syn.: **gagner** to win; **soumettre** to submit; **subjuguer** to subjugate, to enthrall (307); **vaincre** to vanquish
Ant.: **abandonner** to abandon (171); **perdre** to lose

Regular **-er** verb   to advise, to counsel, to recommend

The Seven Simple Tenses		The Seven Compound Tenses	
Singular	Plural	Singular	Plural
1 présent de l'indicatif		**8 passé composé**	
conseille	**conseillons**	**ai conseillé**	**avons conseillé**
conseilles	**conseillez**	**as conseillé**	**avez conseillé**
conseille	**conseillent**	**a conseillé**	**ont conseillé**
2 imparfait de l'indicatif		**9 plus-que-parfait de l'indicatif**	
conseillais	**conseillions**	**avais conseillé**	**avions conseillé**
conseillais	**conseilliez**	**avais conseillé**	**aviez conseillé**
conseillait	**conseillaient**	**avait conseillé**	**avaient conseillé**
3 passé simple		**10 passé antérieur**	
conseillai	**conseillâmes**	**eus conseillé**	**eûmes conseillé**
conseillas	**conseillâtes**	**eus conseillé**	**eûtes conseillé**
conseilla	**conseillèrent**	**eut conseillé**	**eurent conseillé**
4 futur		**11 futur antérieur**	
conseillerai	**conseillerons**	**aurai conseillé**	**aurons conseillé**
conseilleras	**conseillerez**	**auras conseillé**	**aurez conseillé**
conseillera	**conseilleront**	**aura conseillé**	**auront conseillé**
5 conditionnel		**12 conditionnel passé**	
conseillerais	**conseillerions**	**aurais conseillé**	**aurions conseillé**
conseillerais	**conseilleriez**	**aurais conseillé**	**auriez conseillé**
conseillerait	**conseilleraient**	**aurait conseillé**	**auraient conseillé**
6 présent du subjonctif		**13 passé du subjonctif**	
conseille	**conseillions**	**aie conseillé**	**ayons conseillé**
conseilles	**conseilliez**	**aies conseillé**	**ayez conseillé**
conseille	**conseillent**	**ait conseillé**	**aient conseillé**
7 imparfait du subjonctif		**14 plus-que-parfait du subjonctif**	
conseillasse	**conseillassions**	**eusse conseillé**	**eussions conseillé**
conseillasses	**conseillassiez**	**eusses conseillé**	**eussiez conseillé**
conseillât	**conseillassent**	**eût conseillé**	**eussent conseillé**

Impératif
conseille
conseillons
conseillez

Words and expressions related to this verb

conseiller qqch à qqn to recommend
  something to someone
conseiller à qqn de faire qqch to advise
  someone to do something
**un conseiller (un conseilleur), une conseillère
  (une conseilleuse)** counselor, adviser
un conseil counsel, advice; **sur le conseil de**
  on the advice of

déconseiller to advise, warn against;
  déconseiller qqch à qqn to advise someone
  against something

Syn.: **aviser** to notify (32); **influencer** to
influence (99); **recommander** to recommend
(98); **suggérer** to suggest (356)
Ant.: **consulter** to consult (375); **déconseiller**
to advise against (109); **dissuader** to dissuade
(340)

We recommend that you try the verb drills and
tests with answers explained on pages 50–101.

The subject pronouns are found on page 103.

consentir (110)

to consent, to agree

Part. pr. **consentant**   Part. passé **consenti**

Irregular verb

The Seven Simple Tenses		The Seven Compound Tenses	
Singular	Plural	Singular	Plural
1 présent de l'indicatif		**8 passé composé**	
consens	consentons	ai consenti	avons consenti
consens	consentez	as consenti	avez consenti
consent	consentent	a consenti	ont consenti
2 imparfait de l'indicatif		**9 plus-que-parfait de l'indicatif**	
consentais	consentions	avais consenti	avions consenti
consentais	consentiez	avais consenti	aviez consenti
consentait	consentaient	avait consenti	avaient consenti
3 passé simple		**10 passé antérieur**	
consentis	consentîmes	eus consenti	eûmes consenti
consentis	consentîtes	eus consenti	eûtes consenti
consentit	consentirent	eut consenti	eurent consenti
4 futur		**11 futur antérieur**	
consentirai	consentirons	aurai consenti	aurons consenti
consentiras	consentirez	auras consenti	aurez consenti
consentira	consentiront	aura consenti	auront consenti
5 conditionnel		**12 conditionnel passé**	
consentirais	consentirions	aurais consenti	aurions consenti
consentirais	consentiriez	aurais consenti	auriez consenti
consentirait	consentiraient	aurait consenti	auraient consenti
6 présent du subjonctif		**13 passé du subjonctif**	
consente	consentions	aie consenti	ayons consenti
consentes	consentiez	aies consenti	ayez consenti
consente	consentent	ait consenti	aient consenti
7 imparfait du subjonctif		**14 plus-que-parfait du subjonctif**	
consentisse	consentissions	eusse consenti	eussions consenti
consentisses	consentissiez	eusses consenti	eussiez consenti
consentît	consentissent	eût consenti	eussent consenti

Impératif
consens
consentons
consentez

Words and expressions related to this verb

consentir à faire qqch to agree to do
  something
le consentement consent, approval
consentant, consentante agreeable, willing
consentir à qqch to consent to something
consentir au mariage to consent to marriage
donner son consentement to give one's
  consent, agreement

See also **sentir**.

Syn.: **accepter** to accept; **accorder** to
grant; **s'accorder** to agree (11) (aux. **être**);
approuver to approve (of); **permettre** to
permit, to allow
Ant.: **défendre** to forbid; **interdire** to forbid,
to prohibit; **opposer** to oppose (350); **refuser**
to refuse

The Seven Simple Tenses		The Seven Compound Tenses	
Singular	Plural	Singular	Plural
1 présent de l'indicatif		**8 passé composé**	
construis	construisons	ai construit	avons construit
construis	construisez	as construit	avez construit
construit	construisent	a construit	ont construit
2 imparfait de l'indicatif		**9 plus-que-parfait de l'indicatif**	
construisais	construisions	avais construit	avions construit
construisais	construisiez	avais construit	aviez construit
construisait	construisaient	avait construit	avaient construit
3 passé simple		**10 passé antérieur**	
construisis	construisîmes	eus construit	eûmes construit
construisis	construisîtes	eus construit	eûtes construit
construisit	construisirent	eut construit	eurent construit
4 futur		**11 futur antérieur**	
construirai	construirons	aurai construit	aurons construit
construiras	construirez	auras construit	aurez construit
construira	construiront	aura construit	auront construit
5 conditionnel		**12 conditionnel passé**	
construirais	construirions	aurais construit	aurions construit
construirais	construiriez	aurais construit	auriez construit
construirait	construiraient	aurait construit	auraient construit
6 présent du subjonctif		**13 passé du subjonctif**	
construise	construisions	aie construit	ayons construit
construises	construisiez	aies construit	ayez construit
construise	construisent	ait construit	aient construit
7 imparfait du subjonctif		**14 plus-que-parfait du subjonctif**	
construisisse	construisissions	eusse construit	eussions construit
construisisses	construisissiez	eusses construit	eussiez construit
construisît	construisissent	eût construit	eussent construit

Impératif
construis
construisons
construisez

Sentences using this verb and words related to it

J'ai construit une maquette de la Tour Eiffel avec trente mille allumettes. I built a model of the Eiffel Tower with thirty thousand matchsticks.

un constructeur a manufacturer, builder, constructor

une construction construction, building

reconstruire to reconstruct, to rebuild;
  en construction under construction

Syn.: **bâtir** to build, to construct; **créer** to create; **édifier** to build (41)
Ant.: **abattre** to knock down; **défaire** to undo; **démolir** to demolish; **détruire** to destroy

The subject pronouns are found on page 103.

contenir (112)

Part. pr. contenant   **Part. passé contenu**

to contain

The Seven Simple Tenses		The Seven Compound Tenses	
Singular	Plural	Singular	Plural
1 présent de l'indicatif		**8 passé composé**	
contiens	contenons	ai contenu	avons contenu
contiens	contenez	as contenu	avez contenu
contient	contiennent	a contenu	ont contenu
2 imparfait de l'indicatif		**9 plus-que-parfait de l'indicatif**	
contenais	contenions	avais contenu	avions contenu
contenais	conteniez	avais contenu	aviez contenu
contenait	contenaient	avait contenu	avaient contenu
3 passé simple		**10 passé antérieur**	
contins	contînmes	eus contenu	eûmes contenu
contins	contîntes	eus contenu	eûtes contenu
contint	continrent	eut contenu	eurent contenu
4 futur		**11 futur antérieur**	
contiendrai	contiendrons	aurai contenu	aurons contenu
contiendras	contiendrez	auras contenu	aurez contenu
contiendra	contiendront	aura contenu	auront contenu
5 conditionnel		**12 conditionnel passé**	
contiendrais	contiendrions	aurais contenu	aurions contenu
contiendrais	contiendriez	aurais contenu	auriez contenu
contiendrait	contiendraient	aurait contenu	auraient contenu
6 présent du subjonctif		**13 passé du subjonctif**	
contienne	contenions	aie contenu	ayons contenu
contiennes	conteniez	aies contenu	ayez contenu
contienne	contiennent	ait contenu	aient contenu
7 imparfait du subjonctif		**14 plus-que-parfait du subjonctif**	
continsse	continssions	eusse contenu	eussions contenu
continsses	continssiez	eusses contenu	eussiez contenu
contînt	continssent	eût contenu	eussent contenu

Impératif
contiens
contenons
contenez

Common idiomatic expressions using this verb and words related to it

contenir ses émotions to contain (dominate) one's emotions
être content (contente) to be content, satisfied
être content (contente) des autres to be content (satisfied) with others
se contenir to contain oneself, to dominate (control) oneself
un contenant container
le contenu contents

être content (contente) de soi to be self-satisfied
avoir l'air content to seem pleased

See also **obtenir, retenir,** and **tenir.**

Syn.: **comporter** to comprise (349); **comprendre** to include, to understand; **inclure** to include; **renfermer** to enclose, to contain (227)
Ant.: **exclure** to exclude (105)

Regular **-er** verb   to relate, to narrate

C

The Seven Simple Tenses		The Seven Compound Tenses	
Singular	Plural	Singular	Plural

1 présent de l'indicatif		8 passé composé	
conte	contons	ai conté	avons conté
contes	contez	as conté	avez conté
conte	content	a conté	ont conté

2 imparfait de l'indicatif		9 plus-que-parfait de l'indicatif	
contais	contions	avais conté	avions conté
contais	contiez	avais conté	aviez conté
contait	contaient	avait conté	avaient conté

3 passé simple		10 passé antérieur	
contai	contâmes	eus conté	eûmes conté
contas	contâtes	eus conté	eûtes conté
conta	contèrent	eut conté	eurent conté

4 futur		11 futur antérieur	
conterai	conterons	aurai conté	aurons conté
conteras	conterez	auras conté	aurez conté
contera	conteront	aura conté	auront conté

5 conditionnel		12 conditionnel passé	
conterais	conterions	aurais conté	aurions conté
conterais	conteriez	aurais conté	auriez conté
conterait	conteraient	aurait conté	auraient conté

6 présent du subjonctif		13 passé du subjonctif	
conte	contions	aie conté	ayons conté
contes	contiez	aies conté	ayez conté
conte	content	ait conté	aient conté

7 imparfait du subjonctif		14 plus-que-parfait du subjonctif	
contasse	contassions	eusse conté	eussions conté
contasses	contassiez	eusses conté	eussiez conté
contât	contassent	eût conté	eussent conté

Impératif
conte
contons
contez

Sentences using this verb and words related to it

Notre professeur de littérature nous conte toujours des histoires drôles. Son roman favori est *Le Comte de Monte-Cristo* **d'Alexandre Dumas. Son conte préféré est** *Un Coeur Simple* **de Flaubert.** Our literature professor always tells us funny stories. His favorite novel is *The Count of Monte Cristo* by Alexander Dumas. His favorite story is *A Simple Heart* by Flaubert.

un conte a story, tale
un conte de fées fairy tale

un conte à dormir debout cock-and-bull story
un conteur, une conteuse writer of short stories
Contez-moi vos malheurs. Tell me about your troubles.

See also **raconter**.

Syn.: **décrire** to describe; **narrer** to narrate (22); **raconter** to tell a story; **rapporter** to report, to bring back (40)
Ant.: **cacher** to hide; **celer** to conceal (297); **se taire** to be silent, not to speak

The subject pronouns are found on page 103.

continuer (114)

Part. pr. **continuant**   Part. passé **continué**

to continue

Regular **-er** verb

The Seven Simple Tenses		The Seven Compound Tenses	
Singular	Plural	Singular	Plural
1 présent de l'indicatif		**8 passé composé**	
continue	continuons	ai continué	avons continué
continues	continuez	as continué	avez continué
continue	continuent	a continué	ont continué
2 imparfait de l'indicatif		**9 plus-que-parfait de l'indicatif**	
continuais	continuions	avais continué	avions continué
continuais	continuiez	avais continué	aviez continué
continuait	continuaient	avait continué	avaient continué
3 passé simple		**10 passé antérieur**	
continuai	continuâmes	eus continué	eûmes continué
continuas	continuâtes	eus continué	eûtes continué
continua	continuèrent	eut continué	eurent continué
4 futur		**11 futur antérieur**	
continuerai	continuerons	aurai continué	aurons continué
continueras	continuerez	auras continué	aurez continué
continuera	continueront	aura continué	auront continué
5 conditionnel		**12 conditionnel passé**	
continuerais	continuerions	aurais continué	aurions continué
continuerais	continueriez	aurais continué	auriez continué
continuerait	continueraient	aurait continué	auraient continué
6 présent du subjonctif		**13 passé du subjonctif**	
continue	continuions	aie continué	ayons continué
continues	continuiez	aies continué	ayez continué
continue	continuent	ait continué	aient continué
7 imparfait du subjonctif		**14 plus-que-parfait du subjonctif**	
continuasse	continuassions	eusse continué	eussions continué
continuasses	continuassiez	eusses continué	eussiez continué
continuât	continuassent	eût continué	eussent continué

Impératif
continue
continuons
continuez

Sentences using this verb and words related to it

M. Martin m'a salué et il a continué son bonhomme de chemin. Mr. Martin greeted me and continued on his (merry) way.

la **continuation** continuation
continuel, continuelle continual
continuellement continually
continuer **à + inf.** to continue + inf.

continuer **de + inf.** to continue (persist) in; **Cet ivrogne continue de boire.** This drunkard persists in drinking (habit).

Syn.: **durer** to last (272); **persister** to persist (259); **prolonger** to prolong (442)
Ant.: **arrêter** to stop; **cesser** to cease; **finir** to finish, to end; **terminer** to terminate, to end

Irregular verb to constrain, to restrain, to compel

The Seven Simple Tenses		The Seven Compound Tenses	
Singular	Plural	Singular	Plural
1 présent de l'indicatif		**8 passé composé**	
contrains	**contraignons**	**ai contraint**	**avons contraint**
contrains	**contraignez**	**as contraint**	**avez contraint**
contraint	**contraignent**	**a contraint**	**ont contraint**
2 imparfait de l'indicatif		**9 plus-que-parfait de l'indicatif**	
contraignais	**contraignions**	**avais contraint**	**avions contraint**
contraignais	**contraigniez**	**avais contraint**	**aviez contraint**
contraignait	**contraignaient**	**avait contraint**	**avaient contraint**
3 passé simple		**10 passé antérieur**	
contraignis	**contraignîmes**	**eus contraint**	**eûmes contraint**
contraignis	**contraignîtes**	**eus contraint**	**eûtes contraint**
contraignit	**contraignirent**	**eut contraint**	**eurent contraint**
4 futur		**11 futur antérieur**	
contraindrai	**contraindrons**	**aurai contraint**	**aurons contraint**
contraindras	**contraindrez**	**auras contraint**	**aurez contraint**
contraindra	**contraindront**	**aura contraint**	**auront contraint**
5 conditionnel		**12 conditionnel passé**	
contraindrais	**contraindrions**	**aurais contraint**	**aurions contraint**
contraindrais	**contraindriez**	**aurais contraint**	**auriez contraint**
contraindrait	**contraindraient**	**aurait contraint**	**auraient contraint**
6 présent du subjonctif		**13 passé du subjonctif**	
contraigne	**contraignions**	**aie contraint**	**ayons contraint**
contraignes	**contraigniez**	**aies contraint**	**ayez contraint**
contraigne	**contraignent**	**ait contraint**	**aient contraint**
7 imparfait du subjonctif		**14 plus-que-parfait du subjonctif**	
contraignisse	**contraignissions**	**eusse contraint**	**eussions contraint**
contraignisses	**contraignissiez**	**eusses contraint**	**eussiez contraint**
contraignît	**contraignissent**	**eût contraint**	**eussent contraint**

Impératif
contrains
contraignons
contraignez

Words and expressions related to this verb

se contraindre à faire qqch to constrain oneself from doing something
avoir l'air contraint to have a constrained expression (on one's face)
parler sans contrainte to speak freely
contraint, contrainte constrained, forced
être contraint (contrainte) à faire qqch to be constrained to doing something

la contrainte constraint
tenir qqn dans la contrainte to hold someone in constraint

Syn.: **obliger** to oblige; **retenir** to retain
Ant.: **libérer** to liberate (203); **permettre** to permit

The subject pronouns are found on page 103. **233**

contredire (116)

Part. pr. **contredisant**   Part. passé **contredit**

to contradict

Irregular verb

The Seven Simple Tenses		The Seven Compound Tenses	
Singular	Plural	Singular	Plural
1 présent de l'indicatif		**8 passé composé**	
contredis	contredisons	ai contredit	avons contredit
contredis	contredisez	as contredit	avez contredit
contredit	contredisent	a contredit	ont contredit
2 imparfait de l'indicatif		**9 plus-que-parfait de l'indicatif**	
contredisais	contredisions	avais contredit	avions contredit
contredisais	contredisiez	avais contredit	aviez contredit
contredisait	contredisaient	avait contredit	avaient contredit
3 passé simple		**10 passé antérieur**	
contredis	contredîmes	eus contredit	eûmes contredit
contredis	contredîtes	eus contredit	eûtes contredit
contredit	contredirent	eut contredit	eurent contredit
4 futur		**11 futur antérieur**	
contredirai	contredirons	aurai contredit	aurons contredit
contrediras	contredirez	auras contredit	aurez contredit
contredira	contrediront	aura contredit	auront contredit
5 conditionnel		**12 conditionnel passé**	
contredirais	contredirions	aurais contredit	aurions contredit
contredirais	contrediriez	aurais contredit	auriez contredit
contredirait	contrediraient	aurait contredit	auraient contredit
6 présent du subjonctif		**13 passé du subjonctif**	
contredise	contredisions	aie contredit	ayons contredit
contredises	contredisiez	aies contredit	ayez contredit
contredise	contredisent	ait contredit	aient contredit
7 imparfait du subjonctif		**14 plus-que-parfait du subjonctif**	
contredisse	contredissions	eusse contredit	eussions contredit
contredisses	contredissiez	eusses contredit	eussiez contredit
contredît	contredissent	eût contredit	eussent contredit

Impératif
contredis
contredisons
contredisez

Words and expressions related to this verb

se **contredire** to contradict oneself, to
contradict each other (one another)
un **contredit** contradiction; **sans
contredit** unquestionably
une **contradiction** contradiction
contradictoire contradictory
contradicteur, contradictrice contradictor
contradictoirement contradictorily
en **contradiction avec** inconsistent with

See also **dire, interdire, maudire, médire,** and
prédire.

Syn.: **contrarier** to frustrate (41); **démentir**
to deny, to refute (291); **désavouer** to
disavow, to repudiate (269); **opposer** to
oppose (350); **réfuter** to refute (425)
Ant.: **accepter** to accept; **admettre** to admit;
confirmer to confirm (227); **corroborer** to
corroborate (27)

Irregular verb   to convince

C

The Seven Simple Tenses		The Seven Compound Tenses	
Singular	Plural	Singular	Plural
1 présent de l'indicatif		**8 passé composé**	
convaincs	**convainquons**	**ai convaincu**	**avons convaincu**
convaincs	**convainquez**	**as convaincu**	**avez convaincu**
convainc	**convainquent**	**a convaincu**	**ont convaincu**
2 imparfait de l'indicatif		**9 plus-que-parfait de l'indicatif**	
convainquais	**convainquions**	**avais convaincu**	**avions convaincu**
convainquais	**convainquiez**	**avais convaincu**	**aviez convaincu**
convainquait	**convainquaient**	**avait convaincu**	**avaient convaincu**
3 passé simple		**10 passé antérieur**	
convainquis	**convainquîmes**	**eus convaincu**	**eûmes convaincu**
convainquis	**convainquîtes**	**eus convaincu**	**eûtes convaincu**
convainquit	**convainquirent**	**eut convaincu**	**eurent convaincu**
4 futur		**11 futur antérieur**	
convaincrai	**convaincrons**	**aurai convaincu**	**aurons convaincu**
convaincras	**convaincrez**	**auras convaincu**	**aurez convaincu**
convaincra	**convaincront**	**aura convaincu**	**auront convaincu**
5 conditionnel		**12 conditionnel passé**	
convaincrais	**convaincrions**	**aurais convaincu**	**aurions convaincu**
convaincrais	**convaincriez**	**aurais convaincu**	**auriez convaincu**
convaincrait	**convaincraient**	**aurait convaincu**	**auraient convaincu**
6 présent du subjonctif		**13 passé du subjonctif**	
convainque	**convainquions**	**aie convaincu**	**ayons convaincu**
convainques	**convainquiez**	**aies convaincu**	**ayez convaincu**
convainque	**convainquent**	**ait convaincu**	**aient convaincu**
7 imparfait du subjonctif		**14 plus-que-parfait du subjonctif**	
convainquisse	**convainquissions**	**eusse convaincu**	**eussions convaincu**
convainquisses	**convainquissiez**	**eusses convaincu**	**eussiez convaincu**
convainquît	**convainquissent**	**eût convaincu**	**eussent convaincu**

Impératif
convaincs
convainquons
convainquez

Words and expressions related to this verb

convaincre qqn de qqch to convince
(persuade) someone of something
se laisser convaincre to allow oneself to be
persuaded
d'un ton convaincu in a convincing tone
convaincant, convaincante convincing
se convaincre to convince oneself, to realize

See also **vaincre**.

Syn.: **démontrer** to demonstrate (299);
persuader to persuade, to convince; **prouver**
to prove
Ant.: **dissuader** to dissuade (340)

The subject pronouns are found on page 103.

convenir (118)

Part. pr. convenant   **Part. passé convenu**

to suit, to be suitable, to be appropriate,
to agree, to acknowledge

Irregular verb

The Seven Simple Tenses		The Seven Compound Tenses	
Singular	Plural	Singular	Plural
1 présent de l'indicatif		**8 passé composé**	
conviens	convenons	ai convenu	avons convenu
conviens	convenez	as convenu	avez convenu
convient	conviennent	a convenu	ont convenu
2 imparfait de l'indicatif		**9 plus-que-parfait de l'indicatif**	
convenais	convenions	avais convenu	avions convenu
convenais	conveniez	avais convenu	aviez convenu
convenait	convenaient	avait convenu	avaient convenu
3 passé simple		**10 passé antérieur**	
convins	convînmes	eus convenu	eûmes convenu
convins	convîntes	eus convenu	eûtes convenu
convint	convinrent	eut convenu	eurent convenu
4 futur		**11 futur antérieur**	
conviendrai	conviendrons	aurai convenu	aurons convenu
conviendras	conviendrez	auras convenu	aurez convenu
conviendra	conviendront	aura convenu	auront convenu
5 conditionnel		**12 conditionnel passé**	
conviendrais	conviendrions	aurais convenu	aurions convenu
conviendrais	conviendriez	aurais convenu	auriez convenu
conviendrait	conviendraient	aurait convenu	auraient convenu
6 présent du subjonctif		**13 passé du subjonctif**	
convienne	convenions	aie convenu	ayons convenu
conviennes	conveniez	aies convenu	ayez convenu
convienne	conviennent	ait convenu	aient convenu
7 imparfait du subjonctif		**14 plus-que-parfait du subjonctif**	
convinsse	convinssions	eusse convenu	eussions convenu
convinsses	convinssiez	eusses convenu	eussiez convenu
convînt	convinssent	eût convenu	eussent convenu

Impératif
conviens
convenons
convenez

Common idiomatic expressions using this verb

convenir à to please, to suit (conjugated with avoir); **Cela lui a convenu.** That suited him.
convenir de qqch to agree on something (conjugated with être); **Ils sont convenus d'aller au cinéma.** They agreed to go to the movies.
J'en conviens. I agree to it.
Ce n'est pas convenable. That's not appropriate.
Faites ce qui convient. Do what is suitable.
convenir de faire qqch to agree to do something; **Mon père et moi, nous avons convenu de venir chez vous à 8 h. du soir.** My father and I agreed to come to your place at 8 in the evening.

Il faut convenir que vous avez raison. Admittedly, you are right (One must admit that you are right).
Cela ne me convient pas. That does not suit me.

See also **devenir, prévenir, revenir, se souvenir,** and **venir.**

Syn.: **s'accorder** to agree (11) (aux. **être**); **concorder avec** to agree with (11); **correspondre** to correspond (401); **s'entendre avec** to get along with (195) (aux. **être**)
Ant.: **contester** to dispute (160); **s'opposer** to conflict, to clash (350) (aux. **être**)

Regular **-er** verb endings; spelling change: retain the
ge before **a** or **o** to keep the soft **g** sound of the verb

to correct

The Seven Simple Tenses		The Seven Compound Tenses	
Singular	Plural	Singular	Plural

C

1 présent de l'indicatif		8 passé composé	
corrige	corrigeons	ai corrigé	avons corrigé
corriges	corrigez	as corrigé	avez corrigé
corrige	corrigent	a corrigé	ont corrigé

2 imparfait de l'indicatif		9 plus-que-parfait de l'indicatif	
corrigeais	corrigions	avais corrigé	avions corrigé
corrigeais	corrigiez	avais corrigé	aviez corrigé
corrigeait	corrigeaient	avait corrigé	avaient corrigé

3 passé simple		10 passé antérieur	
corrigeai	corrigeâmes	eus corrigé	eûmes corrigé
corrigeas	corrigeâtes	eus corrigé	eûtes corrigé
corrigea	corrigèrent	eut corrigé	eurent corrigé

4 futur		11 futur antérieur	
corrigerai	corrigerons	aurai corrigé	aurons corrigé
corrigeras	corrigerez	auras corrigé	aurez corrigé
corrigera	corrigeront	aura corrigé	auront corrigé

5 conditionnel		12 conditionnel passé	
corrigerais	corrigerions	aurais corrigé	aurions corrigé
corrigerais	corrigeriez	aurais corrigé	auriez corrigé
corrigerait	corrigeraient	aurait corrigé	auraient corrigé

6 présent du subjonctif		13 passé du subjonctif	
corrige	corrigions	aie corrigé	ayons corrigé
corriges	corrigiez	aies corrigé	ayez corrigé
corrige	corrigent	ait corrigé	aient corrigé

7 imparfait du subjonctif		14 plus-que-parfait du subjonctif	
corrigeasse	corrigeassions	eusse corrigé	eussions corrigé
corrigeasses	corrigeassiez	eusses corrigé	eussiez corrigé
corrigeât	corrigeassent	eût corrigé	eussent corrigé

Impératif
corrige
corrigeons
corrigez

Sentences using this verb and words related to it

Dans la classe de français nous corrigeons toujours nos devoirs en classe. In French class, we always correct our homework in class.

une correction correction; **la correction** accuracy, correctness; **recorriger** to correct again
corriger qqn de to correct someone of
se corriger de to correct one's ways
corrigible corrigible; **incorrigible** incorrigible

incorrectement inaccurately, incorrectly
la correction automatique automatic correction (comp.)
un correcteur, une correctrice proofreader

Syn.: **améliorer** to improve (22); **amender** to amend, to correct (27); **punir** to punish; **rectifier** to rectify, to correct (389); **réviser** to revise (486)
Ant.: **détériorer** to deteriorate (27); **gâter** to spoil, to damage

The subject pronouns are found on page 103.

corrompre (120)

Part. pr. corrompant   **Part. passé corrompu**

to corrupt

Regular -**re** verb endings; spelling change:
3rd person sing. of Tense No. 1 adds **t**

The Seven Simple Tenses		The Seven Compound Tenses	
Singular	Plural	Singular	Plural
1 présent de l'indicatif		**8 passé composé**	
corromps	corrompons	ai corrompu	avons corrompu
corromps	corrompez	as corrompu	avez corrompu
corrompt	corrompent	a corrompu	ont corrompu
2 imparfait de l'indicatif		**9 plus-que-parfait de l'indicatif**	
corrompais	corrompions	avais corrompu	avions corrompu
corrompais	corrompiez	avais corrompu	aviez corrompu
corrompait	corrompaient	avait corrompu	avaient corrompu
3 passé simple		**10 passé antérieur**	
corrompis	corrompîmes	eus corrompu	eûmes corrompu
corrompis	corrompîtes	eus corrompu	eûtes corrompu
corrompit	corrompirent	eut corrompu	eurent corrompu
4 futur		**11 futur antérieur**	
corromprai	corromprons	aurai corrompu	aurons corrompu
corrompras	corromprez	auras corrompu	aurez corrompu
corrompra	corrompront	aura corrompu	auront corrompu
5 conditionnel		**12 conditionnel passé**	
corromprais	corromprions	aurais corrompu	aurions corrompu
corromprais	corrompriez	aurais corrompu	auriez corrompu
corromprait	corrompraient	aurait corrompu	auraient corrompu
6 présent du subjonctif		**13 passé du subjonctif**	
corrompe	corrompions	aie corrompu	ayons corrompu
corrompes	corrompiez	aies corrompu	ayez corrompu
corrompe	corrompent	ait corrompu	aient corrompu
7 imparfait du subjonctif		**14 plus-que-parfait du subjonctif**	
corrompisse	corrompissions	eusse corrompu	eussions corrompu
corrompisses	corrompissiez	eusses corrompu	eussiez corrompu
corrompît	corrompissent	eût corrompu	eussent corrompu

Impératif
corromps
corrompons
corrompez

Sentences using this verb and words related to it

corrompre qqch to corrupt something;
Je connais un élève qui corrompt la
prononciation de la langue française.
I know a student who corrupts the
pronunciation of the French language.
corruptible corruptible
se laisser corrompre to allow oneself to be
corrupted
corrompre qqn to corrupt someone;
Les spectacles ignobles à la télévision
corrompent la jeunesse de ce pays. The

disgraceful shows on television corrupt the
youth of this country.
la corruption corruption
un corrupteur, une corruptrice corrupter

See also **interrompre** and **rompre**.

Syn.: **abîmer** to damage, to spoil (27);
contaminer to contaminate (329); **pourrir** to
spoil (249); **pervertir** to pervert (66)
Ant.: **améliorer** to improve (22); **corriger**
to correct; **perfectionner** to perfect (171);
purifier to purify (212)

Regular **-er** verb

to put to bed, to lay, to flatten

The Seven Simple Tenses		The Seven Compound Tenses	
Singular	Plural	Singular	Plural
1 présent de l'indicatif		**8 passé composé**	
couche	couchons	ai couché	avons couché
couches	couchez	as couché	avez couché
couche	couchent	a couché	ont couché
2 imparfait de l'indicatif		**9 plus-que-parfait de l'indicatif**	
couchais	couchions	avais couché	avions couché
couchais	couchiez	avais couché	aviez couché
couchait	couchaient	avait couché	avaient couché
3 passé simple		**10 passé antérieur**	
couchai	couchâmes	eus couché	eûmes couché
couchas	couchâtes	eus couché	eûtes couché
coucha	couchèrent	eut couché	eurent couché
4 futur		**11 futur antérieur**	
coucherai	coucherons	aurai couché	aurons couché
coucheras	coucherez	auras couché	aurez couché
couchera	coucheront	aura couché	auront couché
5 conditionnel		**12 conditionnel passé**	
coucherais	coucherions	aurais couché	aurions couché
coucherais	coucheriez	aurais couché	auriez couché
coucherait	coucheraient	aurait couché	auraient couché
6 présent du subjonctif		**13 passé du subjonctif**	
couche	couchions	aie couché	ayons couché
couches	couchiez	aies couché	ayez couché
couche	couchent	ait couché	aient couché
7 imparfait du subjonctif		**14 plus-que-parfait du subjonctif**	
couchasse	couchassions	eusse couché	eussions couché
couchasses	couchassiez	eusses couché	eussiez couché
couchât	couchassent	eût couché	eussent couché

Impératif
couche
couchons
couchez

Words and expressions related to this verb

C'est l'heure du coucher. It's time for bed.
le coucher et la nourriture bed and board
au coucher du soleil at sunset
découcher to sleep somewhere other than in one's own bed
coucher à l'hôtel to sleep in a hotel
accoucher de to give birth to a child; **Elle a accouché d'une fille.** She has given birth to a girl.

recoucher to put back to bed
Ils couchent ensemble. They sleep together.

See also **se coucher.**

Syn.: **aliter** to put to bed, to confine to bed (251); **allonger** to stretch out (442); **incliner** to incline (329)
Ant.: **dresser** to raise, to erect (23); **élever** to raise

The subject pronouns are found on page 103.

to go to bed, to lie down   Reflexive regular **-er** verb

The Seven Simple Tenses		The Seven Compound Tenses	
Singular	Plural	Singular	Plural
1 présent de l'indicatif		**8 passé composé**	
me couche	nous couchons	me suis couché(e)	nous sommes couché(e)s
te couches	vous couchez	t'es couché(e)	vous êtes couché(e)(s)
se couche	se couchent	s'est couché(e)	se sont couché(e)s
2 imparfait de l'indicatif		**9 plus-que-parfait de l'indicatif**	
me couchais	nous couchions	m'étais couché(e)	nous étions couché(e)s
te couchais	vous couchiez	t'étais couché(e)	vous étiez couché(e)(s)
se couchait	se couchaient	s'était couché(e)	s'étaient couché(e)s
3 passé simple		**10 passé antérieur**	
me couchai	nous couchâmes	me fus couché(e)	nous fûmes couché(e)s
te couchas	vous couchâtes	te fus couché(e)	vous fûtes couché(e)(s)
se coucha	se couchèrent	se fut couché(e)	se furent couché(e)s
4 futur		**11 futur antérieur**	
me coucherai	nous coucherons	me serai couché(e)	nous serons couché(e)s
te coucheras	vous coucherez	te seras couché(e)	vous serez couché(e)(s)
se couchera	se coucheront	se sera couché(e)	se seront couché(e)s
5 conditionnel		**12 conditionnel passé**	
me coucherais	nous coucherions	me serais couché(e)	nous serions couché(e)s
te coucherais	vous coucheriez	te serais couché(e)	vous seriez couché(e)(s)
se coucherait	se coucheraient	se serait couché(e)	se seraient couché(e)s
6 présent du subjonctif		**13 passé du subjonctif**	
me couche	nous couchions	me sois couché(e)	nous soyons couché(e)s
te couches	vous couchiez	te sois couché(e)	vous soyez couché(e)(s)
se couche	se couchent	se soit couché(e)	se soient couché(e)s
7 imparfait du subjonctif		**14 plus-que-parfait du subjonctif**	
me couchasse	nous couchassions	me fusse couché(e)	nous fussions couché(e)s
te couchasses	vous couchassiez	te fusses couché(e)	vous fussiez couché(e)(s)
se couchât	se couchassent	se fût couché(e)	se fussent couché(e)s

Impératif
couche-toi; ne te couche pas
couchons-nous; ne nous couchons pas
couchez-vous; ne vous couchez pas

Sentences using this verb and words related to it

—Couche-toi, Hélène! Il est minuit. Hier soir tu t'es couchée tard. Go to bed, Helen! It's midnight. Last night you went to bed late.

le coucher du soleil sunset
une couche a layer
une couchette bunk, cot
Le soleil se couche. The sun is setting.
se recoucher to go back to bed

se coucher tôt to go to bed early
Comme on fait son lit on se couche! You've made your bed; now lie in it!
un sac de couchage sleeping bag
un couche-tard night owl

See also **coucher.**

> Syn.: **s'aliter** to take/confine oneself to bed (251, 122); **s'étendre** to stretch out, to lie down
> Ant.: **se lever** to get up

Irregular verb   to sew, to stitch

The Seven Simple Tenses		The Seven Compound Tenses	
Singular	Plural	Singular	Plural
1 présent de l'indicatif		8 passé composé	
couds	**cousons**	**ai cousu**	**avons cousu**
couds	**cousez**	**as cousu**	**avez cousu**
coud	**cousent**	**a cousu**	**ont cousu**
2 imparfait de l'indicatif		9 plus-que-parfait de l'indicatif	
cousais	**cousions**	**avais cousu**	**avions cousu**
cousais	**cousiez**	**avais cousu**	**aviez cousu**
cousait	**cousaient**	**avait cousu**	**avaient cousu**
3 passé simple		10 passé antérieur	
cousis	**cousîmes**	**eus cousu**	**eûmes cousu**
cousis	**cousîtes**	**eus cousu**	**eûtes cousu**
cousit	**cousirent**	**eut cousu**	**eurent cousu**
4 futur		11 futur antérieur	
coudrai	**coudrons**	**aurai cousu**	**aurons cousu**
coudras	**coudrez**	**auras cousu**	**aurez cousu**
coudra	**coudront**	**aura cousu**	**auront cousu**
5 conditionnel		12 conditionnel passé	
coudrais	**coudrions**	**aurais cousu**	**aurions cousu**
coudrais	**coudriez**	**aurais cousu**	**auriez cousu**
coudrait	**coudraient**	**aurait cousu**	**auraient cousu**
6 présent du subjonctif		13 passé du subjonctif	
couse	**cousions**	**aie cousu**	**ayons cousu**
couses	**cousiez**	**aies cousu**	**ayez cousu**
couse	**cousent**	**ait cousu**	**aient cousu**
7 imparfait du subjonctif		14 plus-que-parfait du subjonctif	
cousisse	**cousissions**	**eusse cousu**	**eussions cousu**
cousisses	**cousissiez**	**eusses cousu**	**eussiez cousu**
cousît	**cousissent**	**eût cousu**	**eussent cousu**

Impératif
couds
cousons
cousez

Words and expressions related to this verb

recoudre to sew again, to sew up
la couture sewing; dressmaking
la couture à la machine machine sewing
découdre to unstitch, to rip up some sewing
une machine à coudre sewing machine
un couturier, une couturière fashion designer
la haute couture high fashion

décousu, décousue unstitched, unsewn; incoherent **Mon professeur d'algèbre explique les leçons d'une manière décousue.**

Syn.: **brocher** to stitch (285); **joindre** to join; **raccommoder** to mend (147); **suturer** to suture (54)
Ant.: **découdre** to unstitch (123); **défaire** to undo; **disjoindre** to separate (268)

The subject pronouns are found on page 103.

to cut, to switch off

The Seven Simple Tenses		The Seven Compound Tenses	
Singular	Plural	Singular	Plural
1 présent de l'indicatif		**8 passé composé**	
coupe	coupons	ai coupé	avons coupé
coupes	coupez	as coupé	avez coupé
coupe	coupent	a coupé	ont coupé
2 imparfait de l'indicatif		**9 plus-que-parfait de l'indicatif**	
coupais	coupions	avais coupé	avions coupé
coupais	coupiez	avais coupé	aviez coupé
coupait	coupaient	avait coupé	avaient coupé
3 passé simple		**10 passé antérieur**	
coupai	coupâmes	eus coupé	eûmes coupé
coupas	coupâtes	eus coupé	eûtes coupé
coupa	coupèrent	eut coupé	eurent coupé
4 futur		**11 futur antérieur**	
couperai	couperons	aurai coupé	aurons coupé
couperas	couperez	auras coupé	aurez coupé
coupera	couperont	aura coupé	auront coupé
5 conditionnel		**12 conditionnel passé**	
couperais	couperions	aurais coupé	aurions coupé
couperais	couperiez	aurais coupé	auriez coupé
couperait	couperaient	aurait coupé	auraient coupé
6 présent du subjonctif		**13 passé du subjonctif**	
coupe	coupions	aie coupé	ayons coupé
coupes	coupiez	aies coupé	ayez coupé
coupe	coupent	ait coupé	aient coupé
7 imparfait du subjonctif		**14 plus-que-parfait du subjonctif**	
coupasse	coupassions	eusse coupé	eussions coupé
coupasses	coupassiez	eusses coupé	eussiez coupé
coupât	coupassent	eût coupé	eussent coupé

Impératif
coupe
coupons
coupez

Common idiomatic expressions using this verb

L'ambiance à la table m'a coupé l'appétit.
The atmosphere at the table spoiled my
appetite (Lit.: cut my appetite).
un coupon coupon
une coupure cut, gash, crack
couper les cheveux en quatre to split hairs
se faire couper les cheveux to have one's hair
cut
Aïe! Je me suis coupé le doigt! Ouch! I cut my
finger!
découper to cut out

entrecouper to interrupt
couper la fièvre to reduce the fever
une coupe (de cheveux) haircut
une coupe croisée crosscut

Syn.: **découper** to cut up (124); **diviser**
to divide (32); **écourter** to shorten (160);
interrompre to interrupt; **séparer** to separate;
tailler to cut, to trim (477); **trancher** to slice
(78)
Ant.: **ajouter** to add; **continuer** to continue;
greffer to graft (439); **joindre** to join; **unir** to
unite, to join

The Seven Simple Tenses		The Seven Compound Tenses	
Singular	Plural	Singular	Plural
1 présent de l'indicatif		**8 passé composé**	
cours	**courons**	**ai couru**	**avons couru**
cours	**courez**	**as couru**	**avez couru**
court	**courent**	**a couru**	**ont couru**
2 imparfait de l'indicatif		**9 plus-que-parfait de l'indicatif**	
courais	**courions**	**avais couru**	**avions couru**
courais	**couriez**	**avais couru**	**aviez couru**
courait	**couraient**	**avait couru**	**avaient couru**
3 passé simple		**10 passé antérieur**	
courus	**courûmes**	**eus couru**	**eûmes couru**
courus	**courûtes**	**eus couru**	**eûtes couru**
courut	**coururent**	**eut couru**	**eurent couru**
4 futur		**11 futur antérieur**	
courrai	**courrons**	**aurai couru**	**aurons couru**
courras	**courrez**	**auras couru**	**aurez couru**
courra	**courront**	**aura couru**	**auront couru**
5 conditionnel		**12 conditionnel passé**	
courrais	**courrions**	**aurais couru**	**aurions couru**
courrais	**courriez**	**aurais couru**	**auriez couru**
courrait	**courraient**	**aurait couru**	**auraient couru**
6 présent du subjonctif		**13 passé du subjonctif**	
coure	**courions**	**aie couru**	**ayons couru**
coures	**couriez**	**aies couru**	**ayez couru**
coure	**courent**	**ait couru**	**aient couru**
7 imparfait du subjonctif		**14 plus-que-parfait du subjonctif**	
courusse	**courussions**	**eusse couru**	**eussions couru**
courusses	**courussiez**	**eusses couru**	**eussiez couru**
courût	**courussent**	**eût couru**	**eussent couru**

Impératif
cours
courons
courez

AN ESSENTIAL
55 VERB

Courir is an important verb for a beginning student because, even though it is considered to be an irregular verb, there are several verbs that are conjugated like it.

Sentences using courir

Les enfants sont toujours prêts à courir.
Children are always ready to run.

Quand on est jeune, on court sans se
fatiguer. When you're young (one is young),
you run (one runs) without getting tired.

Michel a couru de la maison jusqu'à
l'école. Michael ran from home to school.

Si tu cours dans la maison tu cours le risque de te
faire mal. If you run in the house you run
the risk of hurting yourself.

Rien ne sert de courir; il faut partir à point.
(La Fontaine, *Le Lièvre et la Tortue*) It's no use
running; you have to leave at the right moment.
(La Fontaine, *The Tortoise and the Hare*)

Le facteur est arrivé en courant pour nous livrer
notre courrier, mais le courrier électronique
est toujours plus rapide. The mail carrier
arrived in a hurry to deliver our mail to us, but
e-mail is still faster.

If you can conjugate **courir** you can also
conjugate these verbs:

accourir **to come running**

concourir **to compete**

discourir **to discourse, talk at length**

encourir **to incur**

parcourir **to go through, to travel through, to cover (distance), to skim (reading)**

recourir **to run again**

secourir **to help**

Words and expressions related to this verb

un coureur, une coureuse **runner**

faire courir un bruit **to spread a rumor**

courir une course **to run a race**

courir le monde **to roam all over the world**

recourir à qqn **to turn to someone (for help)**

recourir à qqch **to resort to something**

accourir vers **to come running toward**

courir les rues **to run about the streets**

par le temps qui court **these days, nowadays**

faire les courses **to do the shopping**

un cheval de course **racehorse**

le courrier **mail, messenger, courier**

le courriel, le courrier électronique **e-mail, electronic mail**

courir le risque, courir un risque **to run the risk, to run a risk, to risk**

Cela/Ça court les rues. **That's common/dull.**

Cela/Ça ne court pas les rues. **That's unusual/uncommon.**

Syn.: se dépêcher to hurry; filer to run
off (27); galoper to gallop (163); se hâter
to hurry oneself (74, 241); poursuivre to
pursue
Ant.: arrêter to stop; éviter to avoid;
marcher to walk; piétiner to stand
around, to trample (329)

The Seven Simple Tenses		The Seven Compound Tenses	
Singular	Plural	Singular	Plural

1 présent de l'indicatif

couvre	couvrons	ai couvert	avons couvert
couvres	couvrez	as couvert	avez couvert
couvre	couvrent	a couvert	ont couvert

8 passé composé (Singular header)

C

2 imparfait de l'indicatif — **9 plus-que-parfait de l'indicatif**

couvrais	couvrions	avais couvert	avions couvert
couvrais	couvriez	avais couvert	aviez couvert
couvrait	couvraient	avait couvert	avaient couvert

3 passé simple — **10 passé antérieur**

couvris	couvrîmes	eus couvert	eûmes couvert
couvris	couvrîtes	eus couvert	eûtes couvert
couvrit	couvrirent	eut couvert	eurent couvert

4 futur — **11 futur antérieur**

couvrirai	couvrirons	aurai couvert	aurons couvert
couvriras	couvrirez	auras couvert	aurez couvert
couvrira	couvriront	aura couvert	auront couvert

5 conditionnel — **12 conditionnel passé**

couvrirais	couvririons	aurais couvert	aurions couvert
couvrirais	couvririez	aurais couvert	auriez couvert
couvrirait	couvriraient	aurait couvert	auraient couvert

6 présent du subjonctif — **13 passé du subjonctif**

couvre	couvrions	aie couvert	ayons couvert
couvres	couvriez	aies couvert	ayez couvert
couvre	couvrent	ait couvert	aient couvert

7 imparfait du subjonctif — **14 plus-que-parfait du subjonctif**

couvrisse	couvrissions	eusse couvert	eussions couvert
couvrisses	couvrissiez	eusses couvert	eussiez couvert
couvrît	couvrissent	eût couvert	eussent couvert

Impératif
couvre
couvrons
couvrez

AN ESSENTIAL
55 VERB

AN ESSENTIAL 55 VERB

Couvrir

Couvrir is an important verb for you to study because, even though it is considered to be irregular, there are many verbs that are conjugated in the same way. Pay special attention to the past participle, which ends in **-ert**.

Sentences using couvrir **and related words**

Le temps se couvre aujourd'hui. It's getting overcast today.

Le ciel est couvert aujourd'hui. The sky is overcast today.

Avant de quitter la maison, Madame Champlain a couvert le lit d'un couvre-lit. Before leaving the house, Mrs. Champlain covered the bed with a bedspread.

Dans ce cours nous couvrirons l'histoire du monde, de l'an mil jusqu'à présent. In this course we will cover the history of the world, from the year one thousand to the present.

Couvre-toi. Il pleut aujourd'hui. Put on your hat. It's raining today.

À cause des émeutes la police a imposé un couvre-feu. Because of the riots the police imposed a curfew.

J'ai couvert la marmite pour laisser le ragoût mijoter. I covered the cooking pot to let the stew simmer.

N'oublie pas de mettre le couvert. Don't forget to set the table.

Syn.: abriter to shelter (251); cacher to hide; celer to conceal (297); protéger to protect (52); voiler to veil (27)
Ant.: déceler to reveal (297); découvrir to uncover, to discover; dévoiler to unveil (498); révéler to reveal (356)

Words and expressions related to this verb

le couvre-feu **curfew**

un couvre-lit **bedspread**

une couverture **blanket**

un couvert **place setting (spoon, knife, fork, etc.)**

acheter des couverts **to buy cutlery**

se couvrir **to cover oneself, to put on one's hat**

If you can conjugate couvrir you can also conjugate these verbs:

découvrir **to discover, to disclose, to uncover**

entrouvrir **to open halfway**

ouvrir **to open**

recouvrir **to cover, to cover again**

rouvrir **to reopen, to open again**

C

The Seven Simple Tenses

Singular	Plural
1 présent de l'indicatif	
crains	craignons
crains	craignez
craint	craignent
2 imparfait de l'indicatif	
craignais	craignions
craignais	craigniez
craignait	craignaient
3 passé simple	
craignis	craignîmes
craignis	craignîtes
craignit	craignirent
4 futur	
craindrai	craindrons
craindras	craindrez
craindra	craindront
5 conditionnel	
craindrais	craindrions
craindrais	craindriez
craindrait	craindraient
6 présent du subjonctif	
craigne	craignions
craignes	craigniez
craigne	craignent
7 imparfait du subjonctif	
craignisse	craignissions
craignisses	craignissiez
craignît	craignissent

The Seven Compound Tenses

Singular	Plural
8 passé composé	
ai craint	avons craint
as craint	avez craint
a craint	ont craint
9 plus-que-parfait de l'indicatif	
avais craint	avions craint
avais craint	aviez craint
avait craint	avaient craint
10 passé antérieur	
eus craint	eûmes craint
eus craint	eûtes craint
eut craint	eurent craint
11 futur antérieur	
aurai craint	aurons craint
auras craint	aurez craint
aura craint	auront craint
12 conditionnel passé	
aurais craint	aurions craint
aurais craint	auriez craint
aurait craint	auraient craint
13 passé du subjonctif	
aie craint	ayons craint
aies craint	ayez craint
ait craint	aient craint
14 plus-que-parfait du subjonctif	
eusse craint	eussions craint
eusses craint	eussiez craint
eût craint	eussent craint

Impératif
crains
craignons
craignez

Sentences using this verb and words related to it

**Robert me défend de vivre en ville parce que
je suis trop craintif. Je crains les taxis,
je crains les bus, je crains les gens que
je croise dans la rue, je crains tout. Bob**
forbids me to live downtown because I'm too
fearful. I'm afraid of the taxis, I'm afraid of
the buses, I'm afraid of the people I meet on
the street, I'm afraid of everything.
une crainte fear, dread
craindre pour sa vie to be in fear of one's life
sans crainte fearless

The subject pronouns are found on page 103.

craintif, craintive fearful
craintivement, avec crainte fearfully
de crainte que + subj. for fear that, for fear of
**Kevin a mis ses lunettes de soleil, de crainte
qu'on ne le reconnaisse.** Kevin put on
his sunglasses, for fear that someone might
recognize him.

Syn.: **avoir peur** to be afraid; **redouter** to
dread, to fear (173); **respecter** to respect (8)
Ant.: **braver** to defy (276); **oser** to dare;
risquer to risk (219)

créer (128)   Part. pr. **créant**   Part. passé **créé**

to create   Regular **-er** verb

The Seven Simple Tenses		The Seven Compound Tenses	
Singular	Plural	Singular	Plural
1 présent de l'indicatif		**8 passé composé**	
crée	créons	ai créé	avons créé
crées	créez	as créé	avez créé
crée	créent	a créé	ont créé
2 imparfait de l'indicatif		**9 plus-que-parfait de l'indicatif**	
créais	créions	avais créé	avions créé
créais	créiez	avais créé	aviez créé
créait	créaient	avait créé	avaient créé
3 passé simple		**10 passé antérieur**	
créai	créâmes	eus créé	eûmes créé
créas	créâtes	eus créé	eûtes créé
créa	créèrent	eut créé	eurent créé
4 futur		**11 futur antérieur**	
créerai	créerons	aurai créé	aurons créé
créeras	créerez	auras créé	aurez créé
créera	créeront	aura créé	auront créé
5 conditionnel		**12 conditionnel passé**	
créerais	créerions	aurais créé	aurions créé
créerais	créeriez	aurais créé	auriez créé
créerait	créeraient	aurait créé	auraient créé
6 présent du subjonctif		**13 passé du subjonctif**	
crée	créions	aie créé	ayons créé
crées	créiez	aies créé	ayez créé
crée	créent	ait créé	aient créé
7 imparfait du subjonctif		**14 plus-que-parfait du subjonctif**	
créasse	créassions	eusse créé	eussions créé
créasses	créassiez	eusses créé	eussiez créé
créât	créassent	eût créé	eussent créé

Impératif
crée
créons
créez

Sentences using this verb and words related to it

Les peintures de la Grotte de Lascaux ont été créées il y a plus de dix-sept mille ans. The Lascaux Cave paintings were created more than seventeen thousand years ago.

la **création** creation; **depuis la création du monde** since the creation of the world

la **créativité** creativity; la **récréation** recreation

une **créature** creature

recréer to create again; **récréer** to enliven un **créateur**, une **créatrice** creator

Syn.: **composer** to compose (350); **concevoir** to conceive ; **construire** to build, to construct; **fabriquer** to manufacture (219); **faire** to do, to make; **produire** to produce
Ant.: **abolir** to abolish; **anéantir** to annihilate (229); **détruire** to destroy; **supprimer** to suppress (220)

Regular **-er** verb   to shout, to cry out

The Seven Simple Tenses

Singular	Plural
1 présent de l'indicatif	
crie	crions
cries	criez
crie	crient
2 imparfait de l'indicatif	
criais	criions
criais	criiez
criait	criaient
3 passé simple	
criai	criâmes
crias	criâtes
cria	crièrent
4 futur	
crierai	crierons
crieras	crierez
criera	crieront
5 conditionnel	
crierais	crierions
crierais	crieriez
crierait	crieraient
6 présent du subjonctif	
crie	criions
cries	criiez
crie	crient
7 imparfait du subjonctif	
criasse	criassions
criasses	criassiez
criât	criassent

The Seven Compound Tenses

Singular	Plural
8 passé composé	
ai crié	avons crié
as crié	avez crié
a crié	ont crié
9 plus-que-parfait de l'indicatif	
avais crié	avions crié
avais crié	aviez crié
avait crié	avaient crié
10 passé antérieur	
eus crié	eûmes crié
eus crié	eûtes crié
eut crié	eurent crié
11 futur antérieur	
aurai crié	aurons crié
auras crié	aurez crié
aura crié	auront crié
12 conditionnel passé	
aurais crié	aurions crié
aurais crié	auriez crié
aurait crié	auraient crié
13 passé du subjonctif	
aie crié	ayons crié
aies crié	ayez crié
ait crié	aient crié
14 plus-que-parfait du subjonctif	
eusse crié	eussions crié
eusses crié	eussiez crié
eût crié	eussent crié

Impératif
crie
crions
criez

Words and expressions related to this verb

un cri a shout, a cry
pousser un cri to utter a cry
crier à tue-tête to shout one's head off
un crieur hawker
un crieur de journaux newsboy
décrier to decry, criticize
un criailleur, une criailleuse nagger
un criard, une criarde someone who constantly shouts, nags, scolds; screecher

un portrait criant de vérité a portrait strikingly true to life

Syn.: **gueuler** to yell (421); **hurler** to howl, to yell (326) (aspirate *h*; no liaison); **vociférer** to yell (356)
Ant.: **chuchoter** to whisper; **murmurer** to murmur (54); **se taire** to be silent

The subject pronouns are found on page 103.

croire (130) Part. pr. **croyant** Part. passé **cru**

to believe Irregular verb

The Seven Simple Tenses		The Seven Compound Tenses	
Singular	Plural	Singular	Plural
1 présent de l'indicatif		8 passé composé	
crois	croyons	ai cru	avons cru
crois	croyez	as cru	avez cru
croit	croient	a cru	ont cru
2 imparfait de l'indicatif		9 plus-que-parfait de l'indicatif	
croyais	croyions	avais cru	avions cru
croyais	croyiez	avais cru	aviez cru
croyait	croyaient	avait cru	avaient cru
3 passé simple		10 passé antérieur	
crus	crûmes	eus cru	eûmes cru
crus	crûtes	eus cru	eûtes cru
crut	crurent	eut cru	eurent cru
4 futur		11 futur antérieur	
croirai	croirons	aurai cru	aurons cru
croiras	croirez	auras cru	aurez cru
croira	croiront	aura cru	auront cru
5 conditionnel		12 conditionnel passé	
croirais	croirions	aurais cru	aurions cru
croirais	croiriez	aurais cru	auriez cru
croirait	croiraient	aurait cru	auraient cru
6 présent du subjonctif		13 passé du subjonctif	
croie	croyions	aie cru	ayons cru
croies	croyiez	aies cru	ayez cru
croie	croient	ait cru	aient cru
7 imparfait du subjonctif		14 plus-que-parfait du subjonctif	
crusse	crussions	eusse cru	eussions cru
crusses	crussiez	eusses cru	eussiez cru
crût	crussent	eût cru	eussent cru

Impératif
crois
croyons
croyez

Sentences using this verb and words related to it

Est-ce que vous croyez tout ce que vous entendez? Avez-vous cru l'histoire que je vous ai racontée? Do you believe all that you hear? Did you believe the story that I told you?
Croyez-m'en! Take my word for it!
se croire to think oneself; to consider oneself
Paul se croit beau. Paul thinks himself handsome.
croyable believable
incroyable unbelievable

croire à qqch to believe in something
croire en qqn to believe in someone
croire en Dieu to believe in God
Je crois que oui. I think so.
Je crois que non. I don't think so.

Syn.: accepter to accept; se fier à to depend on; penser to think
Ant.: contester to dispute (160); contredire to contradict; démentir to deny (291); se méfier de to mistrust; nier to deny; soupçonner to suspect (443)

The Seven Simple Tenses		The Seven Compound Tenses	
Singular	Plural	Singular	Plural
1 présent de l'indicatif		8 passé composé	
croîs	croissons	ai crû	avons crû
croîs	croissez	as crû	avez crû
croît	croissent	a crû	ont crû
2 imparfait de l'indicatif		9 plus-que-parfait de l'indicatif	
croissais	croissions	avais crû	avions crû
croissais	croissiez	avais crû	aviez crû
croissait	croissaient	avait crû	avaient crû
3 passé simple		10 passé antérieur	
crûs	crûmes	eus crû	eûmes crû
crûs	crûtes	eus crû	eûtes crû
crût	crûrent	eut crû	eurent crû
4 futur		11 futur antérieur	
croîtrai	croîtrons	aurai crû	aurons crû
croîtras	croîtrez	auras crû	aurez crû
croîtra	croîtront	aura crû	auront crû
5 conditionnel		12 conditionnel passé	
croîtrais	croîtrions	aurais crû	aurions crû
croîtrais	croîtriez	aurais crû	auriez crû
croîtrait	croîtraient	aurait crû	auraient crû
6 présent du subjonctif		13 passé du subjonctif	
croisse	croissions	aie crû	ayons crû
croisses	croissiez	aies crû	ayez crû
croisse	croissent	ait crû	aient crû
7 imparfait du subjonctif		14 plus-que-parfait du subjonctif	
crûsse	crûssions	eusse crû	eussions crû
crûsses	crûssiez	eusses crû	eussiez crû
crût	crûssent	eût crû	eussent crû

Impératif
croîs
croissons
croissez

Words and expressions related to this verb

un croissant crescent (shape of moon); name of a pastry in crescent shape

la croissance growth; **un accroissement** increase

crescendo crescendo (progressive increase in intensity of sound in music; an Italian word related to **croître**).

Note: In many of the simple tenses **croître** has an added circumflex accent to distinguish it from **croire** (to believe): **je croîs (croître), je crois (croire).**

Après trois ans en baisse, le PNB (produit national brut) croît enfin. After three years of decreasing, the GNP (gross national product) is finally increasing.

See also **accroître** and **décroître.**

Syn.: **augmenter** to increase; **grandir** to increase; **grossir** to get bigger (282); **monter** to go up
Ant.: **amoindrir** to lessen (229); **baisser** to lower; **décroître** to decrease; **diminuer** to decrease

cueillir (132)

Part. pr. cueillant **Part. passé cueilli**

to gather, to pick

Irregular verb

The Seven Simple Tenses		The Seven Compound Tenses	
Singular	Plural	Singular	Plural

1 présent de l'indicatif

cueille	cueillons		
cueilles	cueillez		
cueille	cueillent		

8 passé composé

ai cueilli	avons cueilli		
as cueilli	avez cueilli		
a cueilli	ont cueilli		

2 imparfait de l'indicatif

cueillais	cueillions
cueillais	cueilliez
cueillait	cueillaient

9 plus-que-parfait de l'indicatif

avais cueilli	avions cueilli
avais cueilli	aviez cueilli
avait cueilli	avaient cueilli

3 passé simple

cueillis	cueillîmes
cueillis	cueillîtes
cueillit	cueillirent

10 passé antérieur

eus cueilli	eûmes cueilli
eus cueilli	eûtes cueilli
eut cueilli	eurent cueilli

4 futur

cueillerai	cueillerons
cueilleras	cueillerez
cueillera	cueilleront

11 futur antérieur

aurai cueilli	aurons cueilli
auras cueilli	aurez cueilli
aura cueilli	auront ceuilli

5 conditionnel

cueillerais	cueillerions
cueillerais	cueilleriez
cueillerait	cueilleraient

12 conditionnel passé

aurais cueilli	aurions cueilli
aurais cueilli	auriez cueilli
aurait cueilli	auraient cueilli

6 présent du subjonctif

cueille	cueillions
cueilles	cueilliez
cueille	cueillent

13 passé du subjonctif

aie cueilli	ayons cueilli
aies cueilli	ayez cueilli
ait cueilli	aient cueilli

7 imparfait du subjonctif

cueillisse	cueillissions
cueillisses	cueillissiez
cueillît	cueillissent

14 plus-que-parfait du subjonctif

eusse cueilli	eussions cueilli
eusses cueilli	eussiez cueilli
eût cueilli	eussent cueilli

Impératif
cueille
cueillons
cueillez

Sentences using this verb and words related to it

Je vois que tu cueilles des fleurs. As-tu cueilli toutes les fleurs qui sont dans ce vase?
I see that you are picking flowers. Did you pick the flowers that are in this vase?
un cueilleur, une cueilleuse gatherer, picker
la cueillaison, la cueillette gathering, picking
un cueilloir basket for picking fruit; instrument for picking fruit on high branches

Cueillez, cueillez votre jeunesse. (Ronsard: Make the most of your youth.) Seize the day. (Horace: *Carpe diem*)

For other words related to this verb, see **accueillir** and **recueillir**.

Syn.: **ramasser** to pick up (92); **récolter** to harvest, to gather (27); **recueillir** to gather, to harvest; **vendanger** to harvest (grapes) (283)
Ant.: **disperser** to disperse (478); **éparpiller** to scatter (477)

C

The Seven Simple Tenses

Singular	Plural
1 présent de l'indicatif	
cuis	**cuisons**
cuis	**cuisez**
cuit	**cuisent**
2 imparfait de l'indicatif	
cuisais	**cuisions**
cuisais	**cuisiez**
cuisait	**cuisaient**
3 passé simple	
cuisis	**cuisîmes**
cuisis	**cuisîtes**
cuisit	**cuisirent**
4 futur	
cuirai	**cuirons**
cuiras	**cuirez**
cuira	**cuiront**
5 conditionnel	
cuirais	**cuirions**
cuirais	**cuiriez**
cuirait	**cuiraient**
6 présent du subjonctif	
cuise	**cuisions**
cuises	**cuisiez**
cuise	**cuisent**
7 imparfait du subjonctif	
cuisisse	**cuisissions**
cuisisses	**cuisissiez**
cuisît	**cuisissent**

The Seven Compound Tenses

Singular	Plural
8 passé composé	
ai cuit	**avons cuit**
as cuit	**avez cuit**
a cuit	**ont cuit**
9 plus-que-parfait de l'indicatif	
avais cuit	**avions cuit**
avais cuit	**aviez cuit**
avait cuit	**avaient cuit**
10 passé antérieur	
eus cuit	**eûmes cuit**
eus cuit	**eûtes cuit**
eut cuit	**eurent cuit**
11 futur antérieur	
aurai cuit	**aurons cuit**
auras cuit	**aurez cuit**
aura cuit	**auront cuit**
12 conditionnel passé	
aurais cuit	**aurions cuit**
aurais cuit	**auriez cuit**
aurait cuit	**auraient cuit**
13 passé du subjonctif	
aie cuit	**ayons cuit**
aies cuit	**ayez cuit**
ait cuit	**aient cuit**
14 plus-que-parfait du subjonctif	
eusse cuit	**eussions cuit**
eusses cuit	**eussiez cuit**
eût cuit	**eussent cuit**

Impératif
cuis
cuisons
cuisez

Sentences using this verb and words related to it

Va te faire cuire un oeuf! Go fry (cook) an egg!
**Moi, je n'aime pas le poulet. Je préfère un
    steak bien cuit.** As for me, I don't like
    chicken. I prefer a steak well-done.
la cuisine   kitchen
cuisinier, cuisinière   cook
faire cuire à la poêle   to pan fry
Il est cuit. He's done for; His goose is cooked.
une cuisinière   kitchen range (stove)

un cuiseur   pressure cooker
trop cuit   overcooked, overdone
la cuisson   cooking (time)
bien cuit   well done

Syn.: **bouillir** to boil; **braiser** to braise (486);
chauffer to heat (235); **frire** to fry (Def. and
Imp.); **griller** to grill, to toast (477); **rôtir** to
roast (229)
Ant.: **congeler** to freeze (242); **refroidir** to
cool (229)

The subject pronouns are found on page 103.

danser (134)

Part. pr. dansant   **Part. passé dansé**

to dance

Regular **-er** verb

The Seven Simple Tenses		The Seven Compound Tenses	
Singular	Plural	Singular	Plural
1 présent de l'indicatif		**8 passé composé**	
danse	dansons	ai dansé	avons dansé
danses	dansez	as dansé	avez dansé
danse	dansent	a dansé	ont dansé
2 imparfait de l'indicatif		**9 plus-que-parfait de l'indicatif**	
dansais	dansions	avais dansé	avions dansé
dansais	dansiez	avais dansé	aviez dansé
dansait	dansaient	avait dansé	avaient dansé
3 passé simple		**10 passé antérieur**	
dansai	dansâmes	eus dansé	eûmes dansé
dansas	dansâtes	eus dansé	eûtes dansé
dansa	dansèrent	eut dansé	eurent dansé
4 futur		**11 futur antérieur**	
danserai	danserons	aurai dansé	aurons dansé
denseras	danserez	auras dansé	aurez dansé
dansera	danseront	aura dansé	auront dansé
5 conditionnel		**12 conditionnel passé**	
danserais	danserions	aurais dansé	aurions dansé
danserais	danseriez	aurais dansé	auriez dansé
danserait	danseraient	aurait dansé	auraient dansé
6 présent du subjonctif		**13 passé du subjonctif**	
danse	dansions	aie dansé	ayons dansé
danses	dansiez	aies dansé	ayez dansé
danse	dansent	ait dansé	aient dansé
7 imparfait du subjonctif		**14 plus-que-parfait du subjonctif**	
dansasse	dansassions	eusse dansé	eussions dansé
dansasses	dansassiez	eusses dansé	eussiez dansé
dansât	dansassent	eût dansé	eussent dansé

Impératif
danse
dansons
dansez

Sentences using this verb and words related to it

Leslie Caron dansait comme un ange. C'était une danseuse superbe. Leslie Caron danced like an angel. She was a superb dancer.
danser de joie to dance for joy
une soirée dansante evening dancing party
un thé dansant dancing at teatime (usually 5 o'clock); tea dance
Le chat parti, les souris dansent. When the cat's away the mice will play.

un danseur, une danseuse dancer
une danse dance; **un bal** ball (dance)
danseur, danseuse de claquettes tap dancer
la danse macabre dance of death
Dansons! Let's dance!

Syn.: **gambader** to leap about (26); **valser** to waltz (492)

Reflexive regular **-er** verb   to manage, to improvise, to get by

The Seven Simple Tenses		The Seven Compound Tenses	
Singular	Plural	Singular	Plural

1 présent de l'indicatif

me débrouille	nous débrouillons		
te débrouilles	vous débrouillez		
se débrouille	se débrouillent		

8 passé composé

me suis débrouillé(e)	nous sommes débrouillé(e)s		
t'es débrouillé(e)	vous êtes débrouillé(e)(s)		
s'est débrouillé(e)	se sont débrouillé(e)s		

2 imparfait de l'indicatif

me débrouillais	nous débrouillions
te débrouillais	vous débrouilliez
se débrouillait	se débrouillaient

9 plus-que-parfait de l'indicatif

m'étais débrouillé(e)	nous étions débrouillé(e)s
t'étais débrouillé(e)	vous étiez débrouillé(e)(s)
s'était débrouillé(e)	s'étaient débrouillé(e)s

3 passé simple

me débrouillai	nous débrouillâmes
te débrouillas	vous débrouillâtes
se débrouilla	se débrouillèrent

10 passé antérieur

me fus débrouillé(e)	nous fûmes débrouillé(e)s
te fus débrouillé(e)	vous fûtes débrouillé(e)(s)
se fut débrouillé(e)	se furent débrouillé(e)s

4 futur

me débrouillerai	nous débrouillerons
te débrouilleras	vous débrouillerez
se débrouillera	se débrouilleront

11 futur antérieur

me serai débrouillé(e)	nous serons débrouillé(e)s
te seras débrouillé(e)	vous serez débrouillé(e)(s)
se sera débrouillé(e)	se seront débrouillé(e)s

5 conditionnel

me débrouillerais	nous débrouillerions
te débrouillerais	vous débrouilleriez
se débrouillerait	se débrouilleraient

12 conditionnel passé

me serais débrouillé(e)	nous serions débrouillé(e)s
te serais débrouillé(e)	vous seriez débrouillé(e)(s)
se serait débrouillé(e)	se seraient débrouillé(e)s

6 présent du subjonctif

me débrouille	nous débrouillions
te débrouilles	vous débrouilliez
se débrouille	se débrouillent

13 passé du subjonctif

me sois débrouillé(e)	nous soyons débrouillé(e)s
te sois débrouillé(e)	vous soyez débrouillé(e)(s)
se soit débrouillé(e)	se soient débrouillé(e)s

7 imparfait du subjonctif

me débrouillasse	nous débrouillassions
te débrouillasses	vous débrouillassiez
se débrouillât	se débrouillassent

14 plus-que-parfait du subjonctif

me fusse débrouillé(e)	nous fussions débrouillé(e)s
te fusses débrouillé(e)	vous fussiez débrouillé(e)(s)
se fût débrouillé(e)	se fussent débrouillé(e)s

Impératif
débrouille-toi; ne te débrouille pas
débrouillons-nous; ne nous débrouillons pas
débrouillez-vous; ne vous débrouillez pas

Se débrouiller

Se débrouiller is an essential verb because it is used in many everyday expressions and situations. The "Système D" has long been an important part of French culture and it is known throughout the francophone world.

Sentences using se débrouiller

Jean-Claude est très débrouillard. Jean-Claude is very resourceful.

Je ne parle pas japonais, mais je me débrouille. I don't know Japanese, but I get by.

C'est ton problème. Débrouille-toi! It's your problem. Straighten it out yourself!

Mon oncle a acheté les billets, grâce au Système D. My uncle bought the tickets, thanks to his ability to work around the system.

Laisse-le se débrouiller tout seul. Let him manage alone.

Syn.: s'arranger to come to an agreement (33, 46); s'en sortir to get out of (a situation) (aux. être); s'en tirer to pull through (aux. être)
Ant.: s'emmêler to get tangled up (33)

Words and expressions related to this verb

brouiller **to mix up, confuse, cloud, scramble (eggs)**

le brouillard **fog, mist**

débrouiller **to disentangle**

embrouiller **to tangle, complicate**

débrouillard **resourceful**

un débrouillard, une débrouillarde **a resourceful person**

le système D (le système des débrouillards) **resourcefulness, ability to work around the system**

la débrouillardise **resourcefulness**

le débrouillage **untangling**

Can't find the verb you're looking for? Check the back pages of this book for a list of over 2,700 additional verbs!

Irregular verb; spelling change: **c** changes   to deceive, to disappoint
to **ç** before **o** or **u** to keep **s** sound

The Seven Simple Tenses		The Seven Compound Tenses	
Singular	Plural	Singular	Plural
1 présent de l'indicatif		8 passé composé	
déçois	**décevons**	**ai déçu**	**avons déçu**
déçois	**décevez**	**as déçu**	**avez déçu**
déçoit	**déçoivent**	**a déçu**	**ont déçu**
2 imparfait de l'indicatif		9 plus-que-parfait de l'indicatif	
décevais	**décevions**	**avais déçu**	**avions déçu**
décevais	**déceviez**	**avais déçu**	**aviez déçu**
décevait	**décevaient**	**avait déçu**	**avaient déçu**
3 passé simple		10 passé antérieur	
déçus	**déçûmes**	**eus déçu**	**eûmes déçu**
déçus	**déçûtes**	**eus déçu**	**eûtes déçu**
déçut	**déçurent**	**eut déçu**	**eurent déçu**
4 futur		11 futur antérieur	
décevrai	**décevrons**	**aurai déçu**	**aurons déçu**
décevras	**décevrez**	**auras déçu**	**aurez déçu**
décevra	**décevront**	**aura déçu**	**auront déçu**
5 conditionnel		12 conditionnel passé	
décevrais	**décevrions**	**aurais déçu**	**aurions déçu**
décevrais	**décevriez**	**aurais déçu**	**auriez déçu**
décevrait	**décevraient**	**aurait déçu**	**auraient déçu**
6 présent du subjonctif		13 passé du subjonctif	
déçoive	**décevions**	**aie déçu**	**ayons déçu**
déçoives	**déceviez**	**aies déçu**	**ayez déçu**
déçoive	**déçoivent**	**ait déçu**	**aient déçu**
7 imparfait du subjonctif		14 plus-que-parfait du subjonctif	
déçusse	**déçussions**	**eusse déçu**	**eussions déçu**
déçusses	**déçussiez**	**eusses déçu**	**eussiez déçu**
déçût	**déçussent**	**eût déçu**	**eussent déçu**

Impératif
déçois
décevons
décevez

Words and expressions related to this verb

décevoir la confiance de qqn to deceive
    someone's confidence (trust)
décevant, décevante disappointing, deceptive
être déçu to be disappointed
décevoir les espoirs de qqn to disappoint
    someone's hopes
la déception disappointment; **la tromperie**
    deceit

Vous m'avez déçu. You have disappointed me.
Quelle déception! What a disappointment!

Syn.: **désappointer** to disappoint (464);
mécontenter to displease (464); **tromper** to
deceive (247) (see verb 480)
Ant.: **contenter** to content (464); **enchanter**
to enchant (90); **satisfaire** to satisfy

The subject pronouns are found on page 103.   **257**

déchirer (137)

to rip, to tear, to rend   Regular **-er** verb

The Seven Simple Tenses		The Seven Compound Tenses	
Singular	Plural	Singular	Plural
1 présent de l'indicatif		**8 passé composé**	
déchire	déchirons	ai déchiré	avons déchiré
déchires	déchirez	as déchiré	avez déchiré
déchire	déchirent	a déchiré	ont déchiré
2 imparfait de l'indicatif		**9 plus-que-parfait de l'indicatif**	
déchirais	déchirions	avais déchiré	avions déchiré
déchirais	déchiriez	avais déchiré	aviez déchiré
déchirait	déchiraient	avait déchiré	avaient déchiré
3 passé simple		**10 passé antérieur**	
déchirai	déchirâmes	eus déchiré	eûmes déchiré
déchiras	déchirâtes	eus déchiré	eûtes déchiré
déchira	déchirèrent	eut déchiré	eurent déchiré
4 futur		**11 futur antérieur**	
déchirerai	déchirerons	aurai déchiré	aurons déchiré
déchireras	déchirerez	auras déchiré	aurez déchiré
déchirera	déchireront	aura déchiré	auront déchiré
5 conditionnel		**12 conditionnel passé**	
déchirerais	déchirerions	aurais déchiré	aurions déchiré
déchirerais	déchireriez	aurais déchiré	auriez déchiré
déchirerait	déchireraient	aurait déchiré	auraient déchiré
6 présent du subjonctif		**13 passé du subjonctif**	
déchire	déchirions	aie déchiré	ayons déchiré
déchires	déchiriez	aies déchiré	ayez déchiré
déchire	déchirent	ait déchiré	aient déchiré
7 imparfait du subjonctif		**14 plus-que-parfait du subjonctif**	
déchirasse	déchirassions	eusse déchiré	eussions déchiré
déchirasses	déchirassiez	eusses déchiré	eussiez déchiré
déchirât	déchirassent	eût déchiré	eussent déchiré

Impératif
déchire
déchirons
déchirez

Words and expressions related to this verb

déchirer qqn à belles dents to tear someone apart

déchirer le voile to discover the truth

une déchirure laceration, tear

une déchiqueteuse de papier paper shredder

déchirer en lambeaux to tear into shreds

se déchirer to tear each other apart

un déchirement tearing; **un déchirement du coeur** heartbreak

déchiqueter to cut to pieces

Syn.: **déchiqueter** to cut to pieces, to shred (267); **défaire** to undo; **diviser** to divide (32); **fendre** to split

Ant.: **attacher** to attach (82); **coudre** to sew; **rattacher** to attach again (82); **recoudre** to sew up again (123)

D

The Seven Simple Tenses

The Seven Compound Tenses

Singular	Plural	Singular	Plural
1 présent de l'indicatif		**8 passé composé**	
décide	décidons	ai décidé	avons décidé
décides	décidez	as décidé	avez décidé
décide	décident	a décidé	ont décidé
2 imparfait de l'indicatif		**9 plus-que-parfait de l'indicatif**	
décidais	décidions	avais décidé	avions décidé
décidais	décidiez	avais décidé	aviez décidé
décidait	décidaient	avait décidé	avaient décidé
3 passé simple		**10 passé antérieur**	
décidai	décidâmes	eus décidé	eûmes décidé
décidas	décidâtes	eus décidé	eûtes décidé
décida	décidèrent	eut décidé	eurent décidé
4 futur		**11 futur antérieur**	
déciderai	déciderons	aurai décidé	aurons décidé
décideras	déciderez	auras décidé	aurez décidé
décidera	décideront	aura décidé	auront décidé
5 conditionnel		**12 conditionnel passé**	
déciderais	déciderions	aurais décidé	aurions décidé
déciderais	décideriez	aurais décidé	auriez décidé
déciderait	décideraient	aurait décidé	auraient décidé
6 présent du subjonctif		**13 passé du subjonctif**	
décide	décidions	aie décidé	ayons décidé
décides	décidiez	aies décidé	ayez décidé
décide	décident	ait décidé	aient décidé
7 imparfait du subjonctif		**14 plus-que-parfait du subjonctif**	
décidasse	décidassions	eusse décidé	eussions décidé
décidasses	décidassiez	eusses décidé	eussiez décidé
décidât	décidassent	eût décidé	eussent décidé

Impératif
décide
décidons
décidez

Words and expressions related to this verb

une décision decision; **prendre une décision** to make (come to) a decision
décidément decidedly
décider de faire qqch to decide to do something; **J'ai décidé de partir.** I decided to leave.

se décider à faire qqch to make up one's mind, to resolve to do something; **Le docteur Malaise s'est décidé à faire l'opération.** **Décidez-vous!** Make up your mind!

Syn.: **arbitrer** to arbitrate (27); **convaincre** to convince; **déterminer** to determine (329); **résoudre** to resolve, to solve
Ant.: **hésiter** to hesitate; **tergiverser** to hesitate

The subject pronouns are found on page 103.

découvrir (139)

Part. pr. **découvrant**
Part. passé **découvert**

to discover, to uncover

The Seven Simple Tenses		The Seven Compound Tenses	
Singular	Plural	Singular	Plural
1 présent de l'indicatif		**8 passé composé**	
découvre	découvrons	ai découvert	avons découvert
découvres	découvrez	as découvert	avez découvert
découvre	découvrent	a découvert	ont découvert
2 imparfait de l'indicatif		**9 plus-que-parfait de l'indicatif**	
découvrais	découvrions	avais découvert	avions découvert
découvrais	découvriez	avais découvert	aviez découvert
découvrait	découvraient	avait découvert	avaient découvert
3 passé simple		**10 passé antérieur**	
découvris	découvrîmes	eus découvert	eûmes découvert
découvris	découvrîtes	eus découvert	eûtes découvert
découvrit	découvrirent	eut découvert	eurent découvert
4 futur		**11 futur antérieur**	
découvrirai	découvrirons	aurai découvert	aurons découvert
découvriras	découvrirez	auras découvert	aurez découvert
découvrira	découvriront	aura découvert	auront découvert
5 conditionnel		**12 conditionnel passé**	
découvrirais	découvririons	aurais découvert	aurions découvert
découvrirais	découvririez	aurais découvert	auriez découvert
découvrirait	découvriraient	aurait découvert	auraient découvert
6 présent du subjonctif		**13 passé du subjonctif**	
découvre	découvrions	aie découvert	ayons découvert
découvres	découvriez	aies découvert	ayez découvert
découvre	découvrent	ait découvert	aient découvert
7 imparfait du subjonctif		**14 plus-que-parfait du subjonctif**	
découvrisse	découvrissions	eusse découvert	eussions découvert
découvrisses	découvrissiez	eusses découvert	eussiez découvert
découvrît	découvrissent	eût découvert	eussent découvert

Impératif
découvre
découvrons
découvrez

Sentences using this verb and words related to it

Ce matin j'ai couvert ce panier de fruits et maintenant il est découvert. Qui l'a découvert? This morning I covered this basket of fruit and now it is uncovered. Who uncovered it?

un **découvreur** discoverer
une **découverte** a discovery, invention
un **découvert** overdraft
se **découvrir** to take off one's clothes; to take off one's hat

aller à la **découverte** to explore
Découvrir saint Pierre pour couvrir saint Paul. To rob Peter to pay Paul.

See also **couvrir**.

Syn.: **apprendre** to learn; **déceler** to discover (297); **dévoiler** to unveil (498); **apercevoir** to perceive; **révéler** to reveal (356); **trouver** to find
Ant.: **cacher** to hide; **couvrir** to cover; **dissimuler** to conceal, to hide (81)

The Seven Simple Tenses		The Seven Compound Tenses	
Singular	Plural	Singular	Plural
1 présent de l'indicatif		8 passé composé	
décris	**décrivons**	**ai décrit**	**avons décrit**
décris	**décrivez**	**as décrit**	**avez décrit**
décrit	**décrivent**	**a décrit**	**ont décrit**
2 imparfait de l'indicatif		9 plus-que-parfait de l'indicatif	
décrivais	**décrivions**	**avais décrit**	**avions décrit**
décrivais	**décriviez**	**avais décrit**	**aviez décrit**
décrivait	**décrivaient**	**avait décrit**	**avaient décrit**
3 passé simple		10 passé antérieur	
décrivis	**décrivîmes**	**eus décrit**	**eûmes décrit**
décrivis	**décrivîtes**	**eus décrit**	**eûtes décrit**
décrivit	**décrivirent**	**eut décrit**	**eurent décrit**
4 futur		11 futur antérieur	
décrirai	**décrirons**	**aurai décrit**	**aurons décrit**
décriras	**décrirez**	**auras décrit**	**aurez décrit**
décrira	**décriront**	**aura décrit**	**auront décrit**
5 conditionnel		12 conditionnel passé	
décrirais	**décririons**	**aurais décrit**	**aurions décrit**
décrirais	**décririez**	**aurais décrit**	**auriez décrit**
décrirait	**décriraient**	**aurait décrit**	**auraient décrit**
6 présent du subjonctif		13 passé du subjonctif	
décrive	**décrivions**	**aie décrit**	**ayons décrit**
décrives	**décriviez**	**aies décrit**	**ayez décrit**
décrive	**décrivent**	**ait décrit**	**aient décrit**
7 imparfait du subjonctif		14 plus-que-parfait du subjonctif	
décrivisse	**décrivissions**	**eusse décrit**	**eussions décrit**
décrivisses	**décrivissiez**	**eusses décrit**	**eussiez décrit**
décrivît	**décrivissent**	**eût décrit**	**eussent décrit**

Impératif
décris
décrivons
décrivez

Sentences using this verb and words related to it

Quel beau croissant! Je le décrirai sur mon réseau social préféré. Je ferai une description en détail. What a beautiful croissant! I will describe it on my favorite social network. I will make a detailed description.

une description description
indescriptible indescribable
écrire to write
proscrire to proscribe

prescrire to prescribe, stipulate
une prescription prescription (medical prescription: **une ordonnance**)

See also **écrire**.

Syn.: **dépeindre** to describe, to portray; **peindre** to paint, to portray; **raconter** to relate, to tell about
Ant.: **cacher** to hide; **dissimuler** to conceal, to hide (81)

The subject pronouns are found on page 103.

décroître (141)

Part. pr. décroissant   **Part. passé décru**

to decrease, to diminish

Irregular verb

The Seven Simple Tenses		The Seven Compound Tenses	
Singular	Plural	Singular	Plural
1 présent de l'indicatif		**8 passé composé**	
décrois	décroissons	ai décru	avons décru
décrois	décroissez	as décru	avez décru
décroît	décroissent	a décru	ont décru
2 imparfait de l'indicatif		**9 plus-que-parfait de l'indicatif**	
décroissais	décroissions	avais décru	avions décru
décroissais	décroissiez	avais décru	aviez décru
décroissait	décroissaient	avait décru	avaient décru
3 passé simple		**10 passé antérieur**	
décrus	décrûmes	eus décru	eûmes décru
décrus	décrûtes	eus décru	eûtes décru
décrut	décrurent	eut décru	eurent décru
4 futur		**11 futur antérieur**	
décroîtrai	décroîtrons	aurai décru	aurons décru
décroîtras	décroîtrez	auras décru	aurez décru
décroîtra	décroîtront	aura décru	auront décru
5 conditionnel		**12 conditionnel passé**	
décroîtrais	décroîtrions	aurais décru	aurions décru
décroîtrais	décroîtriez	aurais décru	auriez décru
décroîtrait	décroîtraient	aurait décru	auraient décru
6 présent du subjonctif		**13 passé du subjonctif**	
décroisse	décroissions	aie décru	ayons décru
décroisses	décroissiez	aies décru	ayez décru
décroisse	décroissent	ait décru	aient décru
7 imparfait du subjonctif		**14 plus-que-parfait du subjonctif**	
décrusse	décrussions	eusse décru	eussions décru
décrusses	décrussiez	eusses décru	eussiez décru
décrût	décrussent	eût décru	eussent décru

Impératif
décrois
décroissons
décroissez

Words and expressions related to this verb

le décroît de la lune waning of the moon
la décroissance decrease
être en décroissance to be diminishing
une décrue decrease (water level)
décroissant, décroissante decreasing, diminishing
un croissant crescent shaped roll; crescent (of the moon)
la croissance increase, growth
croître to grow, to increase

See also **accroître** and **croître**.

Note: **Décroître** is not conjugated exactly like **croître**. In many of the simple tenses **croître** has an added circumflex accent to distinguish it from **croire** (to believe): **je croîs (croître), je crois (croire).**

Syn.: **s'amoindrir** to diminish, to weaken (229) (aux. **être**); **baisser** to lower; **décliner** to decline (465); **diminuer** to decrease
Ant.: **s'accroître** to accrue, to increase (14) (aux. **être**); **augmenter** to increase; **croître** to grow, to increase; **grandir** to grow, to increase; **grossir** to get bigger (282)

262

Part. pr. **déduisant**   Part. passé **déduit**   **déduire (142)**
Irregular verb   to deduce, to infer, to deduct

The Seven Simple Tenses		The Seven Compound Tenses	
Singular	Plural	Singular	Plural
1 présent de l'indicatif		8 passé composé	
déduis	déduisons	ai déduit	avons déduit
déduis	déduisez	as déduit	avez déduit
déduit	déduisent	a déduit	ont déduit
2 imparfait de l'indicatif		9 plus-que-parfait de l'indicatif	
déduisais	déduisions	avais déduit	avions déduit
déduisais	déduisiez	avais déduit	aviez déduit
déduisait	déduisaient	avait déduit	avaient déduit
3 passé simple		10 passé antérieur	
déduisis	déduisîmes	eus déduit	eûmes déduit
déduisis	déduisîtes	eus déduit	eûtes déduit
déduisit	déduisirent	eut déduit	eurent déduit
4 futur		11 futur antérieur	
déduirai	déduirons	aurai déduit	aurons déduit
déduiras	déduirez	auras déduit	aurez déduit
déduira	déduiront	aura déduit	auront déduit
5 conditionnel		12 conditionnel passé	
déduirais	déduirions	aurais déduit	aurions déduit
déduirais	déduiriez	aurais déduit	auriez déduit
déduirait	déduiraient	aurait déduit	auraient déduit
6 présent du subjonctif		13 passé du subjonctif	
déduise	déduisions	aie déduit	ayons déduit
déduises	déduisiez	aies déduit	ayez déduit
déduise	déduisent	ait déduit	aient déduit
7 imparfait du subjonctif		14 plus-que-parfait du subjonctif	
déduisisse	déduisissions	eusse déduit	eussions déduit
déduisisses	déduisissiez	eusses déduit	eussiez déduit
déduisît	déduisissent	eût déduit	eussent déduit

Impératif
déduis
déduisons
déduisez

Words and expressions related to this verb

une déduction deduction, inference; allowance
déductif, déductive deductive
se déduire to be deduced
une réduction reduction
réduire to reduce
à prix réduit at a reduced price
déductible deductible

See also **conduire, introduire, produire, réduire, reproduire, séduire,** and **traduire.**

Syn.: **conclure** to conclude; **enlever** to take away; **inférer de** to infer from (356); **ôter** to remove (498); **raisonner** to reason (443)
Ant.: **additionner** to add, to add up (171); **induire** to induce (by inductive reasoning) (106)

défaire (143)

to undo, to untie

Part. passé **défait**

Irregular verb

The Seven Simple Tenses

Singular	Plural
1 présent de l'indicatif	
défais	défaisons
défais	défaites
défait	défont
2 imparfait de l'indicatif	
défaisais	défaisions
défaisais	défaisiez
défaisait	défaisaient
3 passé simple	
défis	défîmes
défis	défîtes
défit	défirent
4 futur	
déferai	déferons
déferas	déferez
défera	déferont
5 conditionnel	
déferais	déferions
déferais	déferiez
déferait	déferaient
6 présent du subjonctif	
défasse	défassions
défasses	défassiez
défasse	défassent
7 imparfait du subjonctif	
défisse	défissions
défisses	défissiez
défît	défissent

The Seven Compound Tenses

Singular	Plural
8 passé composé	
ai défait	avons défait
as défait	avez défait
a défait	ont défait
9 plus-que-parfait de l'indicatif	
avais défait	avions défait
avais défait	aviez défait
avait défait	avaient défait
10 passé antérieur	
eus défait	eûmes défait
eus défait	eûtes défait
eut défait	eurent défait
11 futur antérieur	
aurai défait	aurons défait
auras défait	aurez défait
aura défait	auront défait
12 conditionnel passé	
aurais défait	aurions défait
aurais défait	auriez défait
aurait défait	auraient défait
13 passé du subjonctif	
aie défait	ayons défait
aies défait	ayez défait
ait défait	aient défait
14 plus-que-parfait du subjonctif	
eusse défait	eussions défait
eusses défait	eussiez défait
eût défait	eussent défait

Impératif
défais
défaisons
défaites

Common idiomatic expressions using this verb
and words related to it

défaire un lit to strip a bed
défaire une malle, une valise, etc. to unpack a
    trunk, suitcase, etc.
une défaite (military) defeat
avoir le visage défait to look pale
défaire les boutons to unbutton, to undo the
    buttons
défaire la table to clear the table
se défaire de qqch to rid oneself of something
se défaire d'une habitude to break a habit

le défaitisme defeatism
des cheveux défaits dishevelled hair

See also faire and satisfaire.

Syn.: abattre to knock down; abolir to
abolish; démolir to demolish; détruire to
destroy ; rompre to break, to shatter; vaincre
to vanquish
Ant.: assembler to assemble (407);
construire to build, to construct; fabriquer to
manufacture (219); faire to do, to make

The Seven Simple Tenses		The Seven Compound Tenses	
Singular	Plural	Singular	Plural
1 présent de l'indicatif		**8 passé composé**	
défends	**défendons**	**ai défendu**	**avons défendu**
défends	**défendez**	**as défendu**	**avez défendu**
défend	**défendent**	**a défendu**	**ont défendu**
2 imparfait de l'indicatif		**9 plus-que-parfait de l'indicatif**	
défendais	**défendions**	**avais défendu**	**avions défendu**
défendais	**défendiez**	**avais défendu**	**aviez défendu**
défendait	**défendaient**	**avait défendu**	**avaient défendu**
3 passé simple		**10 passé antérieur**	
défendis	**défendîmes**	**eus défendu**	**eûmes défendu**
défendis	**défendîtes**	**eus défendu**	**eûtes défendu**
défendit	**défendirent**	**eut défendu**	**eurent défendu**
4 futur		**11 futur antérieur**	
défendrai	**défendrons**	**aurai défendu**	**aurons défendu**
défendras	**défendrez**	**auras défendu**	**aurez défendu**
défendra	**défendront**	**aura défendu**	**auront défendu**
5 conditionnel		**12 conditionnel passé**	
défendrais	**défendrions**	**aurais défendu**	**aurions défendu**
défendrais	**défendriez**	**aurais défendu**	**auriez défendu**
défendrait	**défendraient**	**aurait défendu**	**auraient défendu**
6 présent du subjonctif		**13 passé du subjonctif**	
défende	**défendions**	**aie défendu**	**ayons défendu**
défendes	**défendiez**	**aies défendu**	**ayez défendu**
défende	**défendent**	**ait défendu**	**aient défendu**
7 imparfait du subjonctif		**14 plus-que-parfait du subjonctif**	
défendisse	**défendissions**	**eusse défendu**	**eussions défendu**
défendisses	**défendissiez**	**eusses défendu**	**eussiez défendu**
défendît	**défendissent**	**eût défendu**	**eussent défendu**

Impératif
défends
défendons
défendez

Sentences using this verb and words related to it

Le père: Je te défends de fumer. C'est une mauvaise habitude. Father: I forbid you to smoke. It's a bad habit.
Le fils: Alors, pourquoi fumes-tu, papa? Son: Then why do you smoke, Dad?
une **défense** defense
Défense de . . . No . . . Allowed
Défense d'afficher Post No Bills (signs)
Défense d'entrer Keep Out/No Entry
Défense de fumer No Smoking
défendable justifiable

défendre qqch à qqn to forbid someone something
se **défendre** to defend oneself
défensif, défensive defensive
défensivement defensively
se **défendre d'avoir fait qqch** to deny having done something

Syn.: **interdire** to forbid; **prohiber** to prohibit (251); **protéger** to protect (52)
Ant.: **attaquer** to attack (219); **autoriser** to authorize (16); **permettre** to permit, to allow; **tolérer** to tolerate (356)

The subject pronouns are found on page 103.

dégager (145)

to free, to clear (out), to remove, to give off, to emit

Regular **-er** verb endings; spelling change: retain the **ge** before **a** or **o** to keep the soft **g** sound of the verb

The Seven Simple Tenses		The Seven Compound Tenses	
Singular	Plural	Singular	Plural

1 présent de l'indicatif

		8 passé composé	
dégage	dégageons	ai dégagé	avons dégagé
dégages	dégagez	as dégagé	avez dégagé
dégage	dégagent	a dégagé	ont dégagé

2 imparfait de l'indicatif

		9 plus-que-parfait de l'indicatif	
dégageais	dégagions	avais dégagé	avions dégagé
dégageais	dégagiez	avais dégagé	aviez dégagé
dégageait	dégageaient	avait dégagé	avaient dégagé

3 passé simple

		10 passé antérieur	
dégageai	dégageâmes	eus dégagé	eûmes dégagé
dégageas	dégageâtes	eus dégagé	eûtes dégagé
dégagea	dégagèrent	eut dégagé	eurent dégagé

4 futur

		11 futur antérieur	
dégagerai	dégagerons	aurai dégagé	aurons dégagé
dégageras	dégagerez	auras dégagé	aurez dégagé
dégagera	dégageront	aura dégagé	auront dégagé

5 conditionnel

		12 conditionnel passé	
dégagerais	dégagerions	aurais dégagé	aurions dégagé
dégagerais	dégageriez	aurais dégagé	auriez dégagé
dégagerait	dégageraient	aurait dégagé	auraient dégagé

6 présent du subjonctif

		13 passé du subjonctif	
dégage	dégagions	aie dégagé	ayons dégagé
dégages	dégagiez	aies dégagé	ayez dégagé
dégage	dégagent	ait dégagé	aient dégagé

7 imparfait du subjonctif

		14 plus-que-parfait du subjonctif	
dégageasse	dégageassions	eusse dégagé	eussions dégagé
dégageasses	dégageassiez	eusses dégagé	eussiez dégagé
dégageât	dégageassent	eût dégagé	eussent dégagé

Impératif
dégage
dégageons
dégagez

Sentences using this verb and words related to it

Paul m'a répondu d'un ton dégagé. Paul answered me casually.
Dégage! Go away! Take off!
Nous ne pouvons pas partir; ils n'ont pas encore dégagé la route. We can't leave; they haven't cleared the road yet.
Stéphane, il y a une odeur désagréable qui se dégage de ta chambre. Steven, there's an unpleasant odor emanating from your room.
On annonce un ciel dégagé cet après-midi. They're predicting a clear sky this afternoon.

Words and expressions related to this verb

d'un air dégagé, d'un ton dégagé *adv.* casually
engager to commit, to begin, to hire, to insert
s'engager to begin, to commit
le dégagement release, clearing (out)

Syn.: **débarasser** to clear off (183); **émettre** to emit (294); **produire** to produce
Ant.: **absorber** to absorb (385); **bloquer** to block up (219)

Regular **-er** verb   to lunch, to have lunch, breakfast

The Seven Simple Tenses		The Seven Compound Tenses	
Singular	Plural	Singular	Plural
1 présent de l'indicatif		**8 passé composé**	
déjeune	déjeunons	ai déjeuné	avons déjeuné
déjeunes	déjeunez	as déjeuné	avez déjeuné
déjeune	déjeunent	a déjeuné	ont déjeuné
2 imparfait de l'indicatif		**9 plus-que-parfait de l'indicatif**	
déjeunais	déjeunions	avais déjeuné	avions déjeuné
déjeunais	déjeuniez	avais déjeuné	aviez déjeuné
déjeunait	déjeunaient	avait déjeuné	avaient déjeuné
3 passé simple		**10 passé antérieur**	
déjeunai	déjeunâmes	eus déjeuné	eûmes déjeuné
déjeunas	déjeunâtes	eus déjeuné	eûtes déjeuné
déjeuna	déjeunèrent	eut déjeuné	eurent déjeuné
4 futur		**11 futur antérieur**	
déjeunerai	déjeunerons	aurai déjeuné	aurons déjeuné
déjeuneras	déjeunerez	auras déjeuné	aurez déjeuné
déjeunera	déjeuneront	aura déjeuné	auront déjeuné
5 conditionnel		**12 conditionnel passé**	
déjeunerais	déjeunerions	aurais déjeuné	aurions déjeuné
déjeunerais	déjeuneriez	aurais déjeuné	auriez déjeuné
déjeunerait	déjeuneraient	aurait déjeuné	auraient déjeuné
6 présent du subjonctif		**13 passé du subjonctif**	
déjeune	déjeunions	aie déjeuné	ayons déjeuné
déjeunes	déjeuniez	aies déjeuné	ayez déjeuné
déjeune	déjeunent	ait déjeuné	aient déjeuné
7 imparfait du subjonctif		**14 plus-que-parfait du subjonctif**	
déjeunasse	déjeunassions	eusse déjeuné	eussions déjeuné
déjeunasses	déjeunassiez	eusses déjeuné	eussiez déjeuné
déjeunât	déjeunassent	eût déjeuné	eussent déjeuné

Impératif
déjeune
déjeunons
déjeunez

Sentences using this verb and words related to it

Tous les matins je me lève et je prends mon petit déjeuner à sept heures et demie. A midi je déjeune avec mes camarades à l'école. Avec qui déjeunez-vous? Every morning I get up and I have breakfast at seven thirty. At noon I have lunch with my friends at school. With whom do you have lunch?

le déjeuner lunch
le petit déjeuner breakfast
jeûner to fast   **le jeûne** fast, fasting
rompre le jeûne to break one's fast
un jour de jeûne a day of fasting
le déjeuner sur l'herbe picnic lunch (on the grass)

NOTE: The French tend to say **le petit déjeuner** (breakfast), **le déjeuner** (lunch), and **le dîner** (evening meal) or **le souper** (late evening snack). However, in some French-speaking regions, the meals one eats during the day are **le déjeuner** (breakfast), **le dîner** (lunch), and **le souper** (supper).

Syn.: **s'alimenter** to eat, to feed oneself (60) (aux. **être**); **manger** to eat; **se nourrir** to feed oneself (311) (aux. **être**)
Ant.: **jeûner** to fast (146); **vomir** to vomit (229)

The subject pronouns are found on page 103.   **267**

demander (147)

to ask (for), to request

Regular **-er** verb

The Seven Simple Tenses		The Seven Compound Tenses	
Singular	Plural	Singular	Plural
1 présent de l'indicatif		**8 passé composé**	
demande	demandons	ai demandé	avons demandé
demandes	demandez	as demandé	avez demandé
demande	demandent	a demandé	ont demandé
2 imparfait de l'indicatif		**9 plus-que-parfait de l'indicatif**	
demandais	demandions	avais demandé	avions demandé
demandais	demandiez	avais demandé	aviez demandé
demandait	demandaient	avait demandé	avaient demandé
3 passé simple		**10 passé antérieur**	
demandai	demandâmes	eus demandé	eûmes demandé
demandas	demandâtes	eus demandé	eûtes demandé
demanda	demandèrent	eut demandé	eurent demandé
4 futur		**11 futur antérieur**	
demanderai	demanderons	aurai demandé	aurons demandé
demanderas	demanderez	auras demandé	aurez demandé
demandera	demanderont	aura demandé	auront demandé
5 conditionnel		**12 conditionnel passé**	
demanderais	demanderions	aurais demandé	aurions demandé
demanderais	demanderiez	aurais demandé	auriez demandé
demanderait	demanderaient	aurait demandé	auraient demandé
6 présent du subjonctif		**13 passé du subjonctif**	
demande	demandions	aie demandé	ayons demandé
demandes	demandiez	aies demandé	ayez demandé
demande	demandent	ait demandé	aient demandé
7 imparfait du subjonctif		**14 plus-que-parfait du subjonctif**	
demandasse	demandassions	eusse demandé	eussions demandé
demandasses	demandassiez	eusses demandé	eussiez demandé
demandât	demandassent	eût demandé	eussent demandé

Impératif
demande
demandons
demandez

Sentences using this verb and words related to it

J'ai demandé à une passante où s'arrête l'autobus. Elle m'a répondu:—Je ne sais pas, monsieur. Demandez à l'agent de police. I asked a passerby where the bus stops. She answered me:—I don't know, Sir. Ask the police officer.

une demande a request
sur demande on request, on application
faire une demande de to apply for
Si votre fils demande un morceau de pain, lui donnerez-vous une pierre? If your son asks for a piece of bread, will you give him a stone? (Matthew 7:9) See "if" clauses, top of page 26.

se demander to wonder
mander to send word by letter
un mandat mandate; **un mandat-lettre** letter money order; **un mandat-poste** postal money order
une demande d'emploi job application

Syn.: **commander** to command, to order; **interroger** to question; **prier** to request, to pray; **réclamer** to ask for (71); **solliciter** to solicit (251)
Ant.: **décommander** to cancel an order (98); **obtenir** to obtain, to get; **recevoir** to receive; **répondre** to answer, to respond

Regular **-er** verb   to reside, to live, to remain, to stay

The Seven Simple Tenses		The Seven Compound Tenses	
Singular	Plural	Singular	Plural
1 présent de l'indicatif		**8 passé composé**	
demeure	demeurons	ai demeuré	avons demeuré
demeures	demeurez	as demeuré	avez demeuré
demeure	demeurent	a demeuré	ont demeuré
2 imparfait de l'indicatif		**9 plus-que-parfait de l'indicatif**	
demeurais	demeurions	avais demeuré	avions demeuré
demeurais	demeuriez	avais demeuré	aviez demeuré
demeurait	demeuraient	avait demeuré	avaient demeuré
3 passé simple		**10 passé antérieur**	
demeurai	demeurâmes	eus demeuré	eûmes demeuré
demeuras	demeurâtes	eus demeuré	eûtes demeuré
demeura	demeurèrent	eut demeuré	eurent demeuré
4 futur		**11 futur antérieur**	
demeurerai	demeurerons	aurai demeuré	aurons demeuré
demeureras	demeurerez	auras demeuré	aurez demeuré
demeurera	demeureront	aura demeuré	auront demeuré
5 conditionnel		**12 conditionnel passé**	
demeurerais	demeurerions	aurais demeuré	aurions demeuré
demeurerais	demeureriez	aurais demeuré	auriez demeuré
demeurerait	demeureraient	aurait demeuré	auraient demeuré
6 présent du subjonctif		**13 passé du subjonctif**	
demeure	demeurions	aie demeuré	ayons demeuré
demeures	demeuriez	aies demeuré	ayez demeuré
demeure	demeurent	ait demeuré	aient demeuré
7 imparfait du subjonctif		**14 plus-que-parfait du subjonctif**	
demeurasse	demeurassions	eusse demeuré	eussions demeuré
demeurasses	demeurassiez	eusses demeuré	eussiez demeuré
demeurât	demeurassent	eût demeuré	eussent demeuré

D

Impératif
demeure
demeurons
demeurez

Sentences using this verb and words related to it

—**Où demeurez-vous?** Where do you reside?
—**Je demeure dans un appartement, rue des Jardins.** I live in an apartment, on Garden Street.
une demeure dwelling, residence
au demeurant incidentally
demeurer couché to stay in bed
demeurer court to stop short
demeurer à un hôtel to stay at a hotel
une mise en demeure injunction

Syn.: **durer** to last (272); **habiter** to live (in), to dwell (in); **loger** (chez) to live (with) (263); **résider** to reside (251); **rester** to remain, to stay
Ant.: **changer** to change; **disparaître** to disappear; **partir** to leave; **quitter** to leave

demeurer fidèle to remain faithful
When **demeurer** means "to remain" or "to stay" the auxiliary is être.
Marcel est demeuré muet devant les accusations. Marcel remained silent in the face of the charges.

The subject pronouns are found on page 103.

démolir (149)

to demolish

Part. pr. **démolissant**   Part. passé **démoli**

Regular **-ir** verb

The Seven Simple Tenses		The Seven Compound Tenses	
Singular	Plural	Singular	Plural
1 présent de l'indicatif		**8 passé composé**	
démolis	démolissons	ai démoli	avons démoli
démolis	démolissez	as démoli	avez démoli
démolit	démolissent	a démoli	ont démoli
2 imparfait de l'indicatif		**9 plus-que-parfait de l'indicatif**	
démolissais	démolissions	avais démoli	avions démoli
démolissais	démolissiez	avais démoli	aviez démoli
démolissait	démolissaient	avait démoli	avaient démoli
3 passé simple		**10 passé antérieur**	
démolis	démolîmes	eus démoli	eûmes démoli
démolis	démolîtes	eus démoli	eûtes démoli
démolit	démolirent	eut démoli	eurent démoli
4 futur		**11 futur antérieur**	
démolirai	démolirons	aurai démoli	aurons démoli
démoliras	démolirez	auras démoli	aurez démoli
démolira	démoliront	aura démoli	auront démoli
5 conditionnel		**12 conditionnel passé**	
démolirais	démolirions	aurais démoli	aurions démoli
démolirais	démoliriez	aurais démoli	auriez démoli
démolirait	démoliraient	aurait démoli	auraient démoli
6 présent du subjonctif		**13 passé du subjonctif**	
démolisse	démolissions	aie démoli	ayons démoli
démolisses	démolissiez	aies démoli	ayez démoli
démolisse	démolissent	ait démoli	aient démoli
7 imparfait du subjonctif		**14 plus-que-parfait du subjonctif**	
démolisse	démolissions	eusse démoli	eussions démoli
démolisses	démolissiez	eusses démoli	eussiez démoli
démolît	démolissent	eût démoli	eussent démoli

Impératif
démolis
démolissons
démolissez

Words and expressions related to this verb

une démolition demolition
un démolisseur, une démolisseuse demolisher
se démolir to fall apart, to fall to pieces
démolir l'estomac to ruin one's stomach

Syn.: **abattre** to knock down; **abîmer** to damage (27); **briser** to break, to smash (32); **défaire** to undo; **démonter** to dismantle (298) (aux. **avoir**); **détruire** to destroy; **raser** to raze (86); **renverser** to knock over (492) Ant.: **bâtir** to build; **créer** to create; **construire** to construct, to build; **ériger** to erect (119); **fonder** to found, to establish; **réparer** to repair

Regular **-er** verb   to pass, to go past, to go beyond, to exceed

The Seven Simple Tenses		The Seven Compound Tenses	
Singular	Plural	Singular	Plural
1 présent de l'indicatif		**8 passé composé**	
dépasse	dépassons	ai dépassé	avons dépassé
dépasses	dépassez	as dépassé	avez dépassé
dépasse	dépassent	a dépassé	ont dépassé
2 imparfait de l'indicatif		**9 plus-que-parfait de l'indicatif**	
dépassais	dépassions	avais dépassé	avions dépassé
dépassais	dépassiez	avais dépassé	aviez dépassé
dépassait	dépassaient	avait dépassé	avaient dépassé
3 passé simple		**10 passé antérieur**	
dépassai	dépassâmes	eus dépassé	eûmes dépassé
dépassas	dépassâtes	eus dépassé	eûtes dépassé
dépassa	dépassèrent	eut dépassé	eurent dépassé
4 futur		**11 futur antérieur**	
dépasserai	dépasserons	aurai dépassé	aurons dépassé
dépasseras	dépasserez	auras dépassé	aurez dépassé
dépassera	dépasseront	aura dépassé	auront dépassé
5 conditionnel		**12 conditionnel passé**	
dépasserais	dépasserions	aurais dépassé	aurions dépassé
dépasserais	dépasseriez	aurais dépassé	auriez dépassé
dépasserait	dépasseraient	aurait dépassé	auraient dépassé
6 présent du subjonctif		**13 passé du subjonctif**	
dépasse	dépassions	aie dépassé	ayons dépassé
dépasses	dépassiez	aies dépassé	ayez dépassé
dépasse	dépassent	ait dépassé	aient dépassé
7 imparfait du subjonctif		**14 plus-que-parfait du subjonctif**	
dépassasse	dépassassions	eusse dépassé	eussions dépassé
dépassasses	dépassassiez	eusses dépassé	eussiez dépassé
dépassât	dépassassent	eût dépassé	eussent dépassé

Impératif
dépasse
dépassons
dépassez

Words and expressions related to this verb

le **dépassement** passing, exceeding
dépassé, dépassée outdated
se **dépasser** to outdo oneself
passer to pass, to spend (time)
passable passable, adequate
une **passoire** colander

Fais attention! Tu dépasses la limite de vitesse! Watch out! You're going over the speed limit!

Syn.: **doubler** to pass (auto); **excéder** to exceed (87); **outrepasser** to exceed, to go beyond (150); **passer** to pass; **surpasser** to surpass (150)
Ant.: **égaler** to equal (326); **suivre** to follow

The subject pronouns are found on page 103.   **271**

se dépêcher (151) Part. pr. se dépêchant Part. passé dépêché(e)(s)

to hurry, to hasten

Reflexive regular **-er** verb

The Seven Simple Tenses		The Seven Compound Tenses	
Singular	Plural	Singular	Plural
1 présent de l'indicatif		**8 passé composé**	
me dépêche	nous dépêchons	me suis dépêché(e)	nous sommes dépêché(e)s
te dépêches	vous dépêchez	t'es dépêché(e)	vous êtes dépêché(e)(s)
se dépêche	se dépêchent	s'est dépêché(e)	se sont dépêché(e)s
2 imparfait de l'indicatif		**9 plus-que-parfait de l'indicatif**	
me dépêchais	nous dépêchions	m'étais dépêché(e)	nous étions dépêché(e)s
te dépêchais	vous dépêchiez	t'étais dépêché(e)	vous étiez dépêché(e)(s)
se dépêchait	se dépêchaient	s'était dépêché(e)	s'étaient dépêché(e)s
3 passé simple		**10 passé antérieur**	
me dépêchai	nous dépêchâmes	me fus dépêché(e)	nous fûmes dépêché(e)s
te dépêchas	vous dépêchâtes	te fus dépêché(e)	vous fûtes dépêché(e)(s)
se dépêcha	se dépêchèrent	se fut dépêché(e)	se furent dépêché(e)s
4 futur		**11 futur antérieur**	
me dépêcherai	nous dépêcherons	me serai dépêché(e)	nous serons dépêché(e)s
te dépêcheras	vous dépêcherez	te seras dépêché(e)	vous serez dépêché(e)(s)
se dépêchera	se dépêcheront	se sera dépêché(e)	se seront dépêché(e)s
5 conditionnel		**12 conditionnel passé**	
me dépêcherais	nous dépêcherions	me serais dépêché(e)	nous serions dépêché(e)s
te dépêcherais	vous dépêcheriez	te serais dépêché(e)	vous seriez dépêché(e)(s)
se dépêcherait	se dépêcheraient	se serait dépêché(e)	se seraient dépêché(e)s
6 présent du subjonctif		**13 passé du subjonctif**	
me dépêche	nous dépêchions	me sois dépêché(e)	nous soyons dépêché(e)s
te dépêches	vous dépêchiez	te sois dépêché(e)	vous soyez dépêché(e)(s)
se dépêche	se dépêchent	se soit dépêché(e)	se soient dépêché(e)s
7 imparfait du subjonctif		**14 plus-que-parfait du subjonctif**	
me dépêchasse	nous dépêchassions	me fusse dépêché(e)	nous fussions dépêché(e)s
te dépêchasses	vous dépêchassiez	te fusses dépêché(e)	vous fussiez dépêché(e)(s)
se dépêchât	se dépêchassent	se fût dépêché(e)	se fussent dépêché(e)s

Impératif
dépêche-toi; ne te dépêche pas
dépêchons-nous; ne nous dépêchons pas
dépêchez-vous; ne vous dépêchez pas

Sentences using this verb and words related to it

En me dépêchant pour attraper l'autobus, je suis tombé et je me suis fait mal au genou. Je me dépêchais de vous rendre visite à l'hôpital. While hurrying to catch the bus, I fell and hurt my knee. I was hurrying to visit you in the hospital.

une dépêche a telegram, a dispatch
dépêcher to dispatch

faire les courses en se dépêchant to do the shopping hurriedly

See also empêcher.

Syn.: s'empresser to make haste, to hasten (361); se hâter to hurry oneself (74, 241) (aspirate *h*; no liaison); se presser to be in a hurry, to rush
Ant.: ralentir to slow down (95); traîner to lag behind (167)

The Seven Simple Tenses		The Seven Compound Tenses

Singular	Plural	Singular	Plural
1 présent de l'indicatif		**8 passé composé**	
dépeins	dépeignons	ai dépeint	avons dépeint
dépeins	dépeignez	as dépeint	avez dépeint
dépeint	dépeignent	a dépeint	ont dépeint
2 imparfait de l'indicatif		**9 plus-que-parfait de l'indicatif**	
dépeignais	dépeignions	avais dépeint	avions dépeint
dépeignais	dépeigniez	avais dépeint	aviez dépeint
dépeignait	dépeignaient	avait dépeint	avaient dépeint
3 passé simple		**10 passé antérieur**	
dépeignis	dépeignîmes	eus dépeint	eûmes dépeint
dépeignis	dépeignîtes	eus dépeint	eûtes dépeint
dépeignit	dépeignirent	eut dépeint	eurent dépeint
4 futur		**11 futur antérieur**	
dépeindrai	dépeindrons	aurai dépeint	aurons dépeint
dépeindras	dépeindrez	auras dépeint	aurez dépeint
dépeindra	dépeindront	aura dépeint	auront dépeint
5 conditionnel		**12 conditionnel passé**	
dépeindrais	dépeindrions	aurais dépeint	aurions dépeint
dépeindrais	dépeindriez	aurais dépeint	auriez dépeint
dépeindrait	dépeindraient	aurait dépeint	auraient dépeint
6 présent du subjonctif		**13 passé du subjonctif**	
dépeigne	dépeignions	aie dépeint	ayons dépeint
dépeignes	dépeigniez	aies dépeint	ayez dépeint
dépeigne	dépeignent	ait dépeint	aient dépeint
7 imparfait du subjonctif		**14 plus-que-parfait du subjonctif**	
dépeignisse	dépeignissions	eusse dépeint	eussions dépeint
dépeignisses	dépeignissiez	eusses dépeint	eussiez dépeint
dépeignît	dépeignissent	eût dépeint	eussent dépeint

Impératif
dépeins
dépeignons
dépeignez

Words and expressions related to this verb

dépeindre une scène to depict a scene
peindre to paint
une peinture à l'huile oil painting
la peinture painting
peinturer to daub
un peintre painter; **une femme peintre** woman artist
repeindre to repaint

For other words and expressions related to this verb, see **peindre.**

Syn.: **décrire** to describe; **peindre** to paint, to portray; **raconter** to relate, to tell about
Ant.: **cacher** to hide; **dissimuler** to hide (81)

The subject pronouns are found on page 103.   **273**

dépendre (153)

Part. pr. dépendant **Part. passé dépendu**

to depend (on), to be dependent (on), to
take down (something that is hanging)

Regular **-re** verb

The Seven Simple Tenses		The Seven Compound Tenses	
Singular	Plural	Singular	Plural
1 présent de l'indicatif		**8 passé composé**	
dépends	dépendons	ai dépendu	avons dépendu
dépends	dépendez	as dépendu	avez dépendu
dépend	dépendent	a dépendu	ont dépendu
2 imparfait de l'indicatif		**9 plus-que-parfait de l'indicatif**	
dépendais	dépendions	avais dépendu	avions dépendu
dépendais	dépendiez	avais dépendu	aviez dépendu
dépendait	dépendaient	avait dépendu	avaient dépendu
3 passé simple		**10 passé antérieur**	
dépendis	dépendîmes	eus dépendu	eûmes dépendu
dépendis	dépendîtes	eus dépendu	eûtes dépendu
dépendit	dépendirent	eut dépendu	eurent dépendu
4 futur		**11 futur antérieur**	
dépendrai	dépendrons	aurai dépendu	aurons dépendu
dépendras	dépendrez	auras dépendu	aurez dépendu
dépendra	dépendront	aura dépendu	auront dépendu
5 conditionnel		**12 conditionnel passé**	
dépendrais	dépendrions	aurais dépendu	aurions dépendu
dépendrais	dépendriez	aurais dépendu	auriez dépendu
dépendrait	dépendraient	aurait dépendu	auraient dépendu
6 présent du subjonctif		**13 passé du subjonctif**	
dépende	dépendions	aie dépendu	ayons dépendu
dépendes	dépendiez	aies dépendu	ayez dépendu
dépende	dépendent	ait dépendu	aient dépendu
7 imparfait du subjonctif		**14 plus-que-parfait du subjonctif**	
dépendisse	dépendissions	eusse dépendu	eussions dépendu
dépendisses	dépendissiez	eusses dépendu	eussiez dépendu
dépendît	dépendissent	eût dépendu	eussent dépendu

Impératif
dépends
dépendons
dépendez

Common idiomatic expressions using this verb
and words related to it

dépendre de to depend on, to be dependent on
la dépendance dependence
l'indépendance independence
être sous la dépendance de to be dependent on
Il dépend de vous de + inf. It depends on you
  + inf.
indépendamment de independently of

dépendant de depending on, subject to
indépendant, indépendante independent
Cela dépend! That depends!

See also **pendre** (to hang) and **suspendre**.

Syn.: **appartenir à** to pertain to (37); **reposer
sur** to rest upon, to depend upon (350)
Ant.: **être indépendant** to be independent

274

The Seven Simple Tenses		The Seven Compound Tenses	
Singular	Plural	Singular	Plural
1 présent de l'indicatif		**8 passé composé**	
dépense	dépensons	ai dépensé	avons dépensé
dépenses	dépensez	as dépensé	avez dépensé
dépense	dépensent	a dépensé	ont dépensé
2 imparfait de l'indicatif		**9 plus-que-parfait de l'indicatif**	
dépensais	dépensions	avais dépensé	avions dépensé
dépensais	dépensiez	avais dépensé	aviez dépensé
dépensait	dépensaient	avait dépensé	avaient dépensé
3 passé simple		**10 passé antérieur**	
dépensai	dépensâmes	eus dépensé	eûmes dépensé
dépensas	dépensâtes	eus dépensé	eûtes dépensé
dépensa	dépensèrent	eut dépensé	eurent dépensé
4 futur		**11 futur antérieur**	
dépenserai	dépenserons	aurai dépensé	aurons dépensé
dépenseras	dépenserez	auras dépensé	aurez dépensé
dépensera	dépenseront	aura dépensé	auront dépensé
5 conditionnel		**12 conditionnel passé**	
dépenserais	dépenserions	aurais dépensé	aurions dépensé
dépenserais	dépenseriez	aurais dépensé	auriez dépensé
dépenserait	dépenseraient	aurait dépensé	auraient dépensé
6 présent du subjonctif		**13 passé du subjonctif**	
dépense	dépensions	aie dépensé	ayons dépensé
dépenses	dépensiez	aies dépensé	ayez dépensé
dépense	dépensent	ait dépensé	aient dépensé
7 imparfait du subjonctif		**14 plus-que-parfait du subjonctif**	
dépensasse	dépensassions	eusse dépensé	eussions dépensé
dépensasses	dépensassiez	eusses dépensé	eussiez dépensé
dépensât	dépensassent	eût dépensé	eussent dépensé

Impératif
dépense
dépensons
dépensez

Sentences using this verb and words related to it

Mon père m'a dit que je dépense sottement.
Je lui ai répondu que je n'ai rien dépensé
cette semaine. My father told me that I spend
foolishly. I answered him that I haven't spent
anything this week.

dépensier, dépensière extravagant, unthrifty,
spendthrift

dépenser sottement to spend money foolishly

aux dépens de quelqu'un at someone's
expense
les dépenses du ménage household expenses

Syn.: **débourser** to spend (27); **gaspiller** to
waste (477); **payer** to pay
Ant.: **amasser** to amass (92); **conserver**
to preserve (27); **économiser** to save, to
economize (486)

The subject pronouns are found on page 103.

déplaire (155)

to displease

The Seven Simple Tenses

Singular	Plural
1 présent de l'indicatif	
déplais	déplaisons
déplais	déplaisez
déplaît	déplaisent
2 imparfait de l'indicatif	
déplaisais	déplaisions
déplaisais	déplaisiez
déplaisait	déplaisaient
3 passé simple	
déplus	déplûmes
déplus	déplûtes
déplut	déplurent
4 futur	
déplairai	déplairons
déplairas	déplairez
déplaira	déplairont
5 conditionnel	
déplairais	déplairions
déplairais	déplairiez
déplairait	déplairaient
6 présent du subjonctif	
déplaise	déplaisions
déplaises	déplaisiez
déplaise	déplaisent
7 imparfait du subjonctif	
déplusse	déplussions
déplusses	déplussiez
déplût	déplussent

The Seven Compound Tenses

Singular	Plural
8 passé composé	
ai déplu	avons déplu
as déplu	avez déplu
a déplu	ont déplu
9 plus-que-parfait de l'indicatif	
avais déplu	avions déplu
avais déplu	aviez déplu
avait déplu	avaient déplu
10 passé antérieur	
eus déplu	eûmes déplu
eus déplu	eûtes déplu
eut déplu	eurent déplu
11 futur antérieur	
aurai déplu	aurons déplu
auras déplu	aurez déplu
aura déplu	auront déplu
12 conditionnel passé	
aurais déplu	aurions déplu
aurais déplu	auriez déplu
aurait déplu	auraient déplu
13 passé du subjonctif	
aie déplu	ayons déplu
aies déplu	ayez déplu
ait déplu	aient déplu
14 plus-que-parfait du subjonctif	
eusse déplu	eussions déplu
eusses déplu	eussiez déplu
eût déplu	eussent déplu

Impératif
déplais
déplaisons
déplaisez

Common idiomatic expressions using this verb

Cela me déplaît I don't like that.
Il me déplaît de + inf. I don't like + inf.
Plaise à Dieu . . . May God grant that . . .
le plaisir pleasure
le déplaisir displeasure
plaire à qqn to please someone
A Dieu ne plaise! God forbid!
Plaît-il? Pardon me? I beg your pardon?
   What did you say?

déplaisant, déplaisante displeasing, offensive
déplaire à qqn to displease someone

See also **plaire.**

Syn.: **dégoûter** to disgust (244); **ennuyer** to bore, to annoy; **fâcher qqn** to annoy someone (82) (See 216; aux. **avoir**); **irriter** to irritate (266)
Ant.: **apaiser** to calm down (27); **plaire** to please

déranger (156)

Regular **-er** verb endings; spelling change: retain the **ge** before **a** or **o** to keep the soft **g** sound of the verb

to disturb, to derange

D

The Seven Simple Tenses		The Seven Compound Tenses	
Singular	Plural	Singular	Plural
1 présent de l'indicatif		**8 passé composé**	
dérange	dérangeons	ai dérangé	avons dérangé
déranges	dérangez	as dérangé	avez dérangé
dérange	dérangent	a dérangé	ont dérangé
2 imparfait de l'indicatif		**9 plus-que-parfait de l'indicatif**	
dérangeais	dérangions	avais dérangé	avions dérangé
dérangeais	dérangiez	avais dérangé	aviez dérangé
dérangeait	dérangeaient	avait dérangé	avaient dérangé
3 passé simple		**10 passé antérieur**	
dérangeai	dérangeâmes	eus dérangé	eûmes dérangé
dérangeas	dérangeâtes	eus dérangé	eûtes dérangé
dérangea	dérangèrent	eut dérangé	eurent dérangé
4 futur		**11 futur antérieur**	
dérangerai	dérangerons	aurai dérangé	aurons dérangé
dérangeras	dérangerez	auras dérangé	aurez dérangé
dérangera	dérangeront	aura dérangé	auront dérangé
5 conditionnel		**12 conditionnel passé**	
dérangerais	dérangerions	aurais dérangé	aurions dérangé
dérangerais	dérangeriez	aurais dérangé	auriez dérangé
dérangerait	dérangeraient	aurait dérangé	auraient dérangé
6 présent du subjonctif		**13 passé du subjonctif**	
dérange	dérangions	aie dérangé	ayons dérangé
déranges	dérangiez	aies dérangé	ayez dérangé
dérange	dérangent	ait dérangé	aient dérangé
7 imparfait du subjonctif		**14 plus-que-parfait du subjonctif**	
dérangeasse	dérangeassions	eusse dérangé	eussions dérangé
dérangeasses	dérangeassiez	eusses dérangé	eussiez dérangé
dérangeât	dérangeassent	eût dérangé	eussent dérangé

Impératif
dérange
dérangeons
dérangez

Sentences using this verb and words related to it

Le professeur: Entrez!

L'élève: Excusez-moi, monsieur. Est-ce que je vous dérange?

Le professeur: Non, tu ne me déranges pas. Qu'est-ce que tu veux?

L'élève: Je veux savoir si nous avons un jour de congé demain.

NE PAS DÉRANGER DO NOT DISTURB

dérangé, dérangée upset, out of order, broken down

une personne dérangée a deranged person

un dérangement disarrangement, disorder, inconvenience

se déranger to inconvenience oneself

Je vous en prie, ne vous dérangez pas! I beg you (please), don't trouble yourself!

Syn.: **détraquer** to put out of order (219); **perturber** to disrupt, to trouble (385); **troubler** to disturb, to trouble (407)
Ant.: **arranger** to arrange, to settle; **équilibrer** to balance (158); **ranger** to set in order

The subject pronouns are found on page 103.

descendre (157) Part. pr. **descendant** Part. passé **descendu(e)(s)**

to go down, to descend, to take down, to bring down   Regular **-re** verb

The Seven Simple Tenses		The Seven Compound Tenses	
Singular	Plural	Singular	Plural
1 présent de l'indicatif		**8 passé composé**	
descends	descendons	suis descendu(e)	sommes descendu(e)s
descends	descendez	es descendu(e)	êtes descendu(e)(s)
descend	descendent	est descendu(e)	sont descendu(e)s
2 imparfait de l'indicatif		**9 plus-que-parfait de l'indicatif**	
descendais	descendions	étais descendu(e)	étions descendu(e)s
descendais	descendiez	étais descendu(e)	étiez descendu(e)(s)
descendait	descendaient	était descendu(e)	étaient descendu(e)s
3 passé simple		**10 passé antérieur**	
descendis	descendîmes	fus descendu(e)	fûmes descendu(e)s
descendis	descendîtes	fus descendu(e)	fûtes descendu(e)(s)
descendit	descendirent	fut descendu(e)	furent descendu(e)s
4 futur		**11 futur antérieur**	
descendrai	descendrons	serai descendu(e)	serons descendu(e)s
descendras	descendrez	seras descendu(e)	serez descendu(e)(s)
descendra	descendront	sera descendu(e)	seront descendu(e)s
5 conditionnel		**12 conditionnel passé**	
descendrais	descendrions	serais descendu(e)	serions descendu(e)s
descendrais	descendriez	serais descendu(e)	seriez descendu(e)(s)
descendrait	descendraient	serait descendu(e)	seraient descendu(e)s
6 présent du subjonctif		**13 passé du subjonctif**	
descende	descendions	sois descendu(e)	soyons descendu(e)s
descendes	descendiez	sois descendu(e)	soyez descendu(e)(s)
descende	descendent	soit descendu(e)	soient descendu(e)s
7 imparfait du subjonctif		**14 plus-que-parfait du subjonctif**	
descendisse	descendissions	fusse descendu(e)	fussions descendu(e)s
descendisses	descendissiez	fusses descendu(e)	fussiez descendu(e)(s)
descendît	descendissent	fût descendu(e)	fussent descendu(e)s

Impératif
descends
descendons
descendez

Words and expressions related to this verb

descendre à un hôtel to stop (stay over) at a hotel

descendre le store to pull down the window shade

une descente slope

Aidez-moi à descendre mes bagages, s'il vous plaît. Please help me bring down my luggage.

See also the verb **monter**.

This verb is conjugated with *avoir* when it has a direct object.

Examples: **J'ai descendu l'escalier**
I went down the stairs.
J'ai descendu les valises
I brought down the suitcases.
BUT: **Elle est descendue vite**
She came down quickly.

Syn.: **s'abaisser** to lower oneself; **abattre** to strike down; **dévaler** to tumble down (27); **incliner** to incline (329); **tomber** to fall
Ant.: **s'élever** to go up, to rise up (279); **grimper** to climb; **hausser** to raise (92) (aspirate *h*; no liaison); **lever** to lift, to raise; **monter** to go up, to bring up; **remonter** to go up again (298)

The Seven Simple Tenses		The Seven Compound Tenses	
Singular	Plural	Singular	Plural

1 présent de l'indicatif

		8 passé composé	
désire	désirons	ai désiré	avons désiré
désires	désirez	as désiré	avez désiré
désire	désirent	a désiré	ont désiré

2 imparfait de l'indicatif

		9 plus-que-parfait de l'indicatif	
désirais	désirions	avais désiré	avions désiré
désirais	désiriez	avais désiré	aviez désiré
désirait	désiraient	avait désiré	avaient désiré

3 passé simple

		10 passé antérieur	
désirai	désirâmes	eus désiré	eûmes désiré
désiras	désirâtes	eus désiré	eûtes désiré
désira	désirèrent	eut désiré	eurent désiré

4 futur

		11 futur antérieur	
désirerai	désirerons	aurai désiré	aurons désiré
désireras	désirerez	auras désiré	aurez désiré
désirera	désireront	aura désiré	auront désiré

5 conditionnel

		12 conditionnel passé	
désirerais	désirerions	aurais désiré	aurions désiré
désirerais	désireriez	aurais désiré	auriez désiré
désirerait	désireraient	aurait désiré	auraient désiré

6 présent du subjonctif

		13 passé du subjonctif	
désire	désirions	aie désiré	ayons désiré
désires	désiriez	aies désiré	ayez désiré
désire	désirent	ait désiré	aient désiré

7 imparfait du subjonctif

		14 plus-que-parfait du subjonctif	
désirasse	désirassions	eusse désiré	eussions désiré
désirasses	désirassiez	eusses désiré	eussiez désiré
désirât	désirassent	eût désiré	eussent désiré

Impératif
désire
désirons
désirez

Sentences using this verb and words related to it

Le serveur: **Bonjour, monsieur. Vous désirez?**
Waiter: Hello, sir. Can I help you?
Le client: **Je voudrais un café crème, s'il vous plaît.** Customer: I would like a coffee with cream, please.
un **désir** desire, wish; la **désirabilité** desirability
désirable desirable; **désireux, désireuse** desirous
indésirable undesirable
un **désir de plaire** a desire to please

laisser à désirer to leave much to be desired;
le **désir de faire qqch** the desire to do something
Je désire changer de l'argent. I would like to exchange some money.
Combien désirez-vous changer? How much do you want to exchange?

Syn.: **espérer** to hope; **souhaiter** to wish; **vouloir** to want
Ant.: **craindre** to fear; **refuser** to refuse; **renoncer à** to renounce (371)

The subject pronouns are found on page 103.

dessiner (159)

to draw, to sketch

Part. pr. **dessinant**

Part. passé **dessiné**

Regular **-er** verb

The Seven Simple Tenses		The Seven Compound Tenses	
Singular	Plural	Singular	Plural
1 présent de l'indicatif		**8 passé composé**	
dessine	dessinons	ai dessiné	avons dessiné
dessines	dessinez	as dessiné	avez dessiné
dessine	dessinent	a dessiné	ont dessiné
2 imparfait de l'indicatif		**9 plus-que-parfait de l'indicatif**	
dessinais	dessinions	avais dessiné	avions dessiné
dessinais	dessiniez	avais dessiné	aviez dessiné
dessinait	dessinaient	avait dessiné	avaient dessiné
3 passé simple		**10 passé antérieur**	
dessinai	dessinâmes	eus dessiné	eûmes dessiné
dessinas	dessinâtes	eus dessiné	eûtes dessiné
dessina	dessinèrent	eut dessiné	eurent dessiné
4 futur		**11 futur antérieur**	
dessinerai	dessinerons	aurai dessiné	aurons dessiné
dessineras	dessinerez	auras dessiné	aurez dessiné
dessinera	dessineront	aura dessiné	auront dessiné
5 conditionnel		**12 conditionnel passé**	
dessinerais	dessinerions	aurais dessiné	aurions dessiné
dessinerais	dessineriez	aurais dessiné	auriez dessiné
dessinerait	dessineraient	aurait dessiné	auraient dessiné
6 présent du subjonctif		**13 passé du subjonctif**	
dessine	dessinions	aie dessiné	ayons dessiné
dessines	dessiniez	aies dessiné	ayez dessiné
dessine	dessinent	ait dessiné	aient dessiné
7 imparfait du subjonctif		**14 plus-que-parfait du subjonctif**	
dessinasse	dessinassions	eusse dessiné	eussions dessiné
dessinasses	dessinassiez	eusses dessiné	eussiez dessiné
dessinât	dessinassent	eût dessiné	eussent dessiné

Impératif
dessine
dessinons
dessinez

Words and expressions related to this verb

dessiner au crayon to draw with a pencil
un dessinateur, une dessinatrice sketcher;
 — de journal cartoonist; **— de modes**
 dress designer; **— de dessins**
 animés cartoonist
une bande dessinée comic strip

un dessin animé cartoon
dessiner très vite to do a quick sketch
se dessiner to take shape, to stand out
un dessin drawing, sketch
un dessin à la plume pen and ink sketch
le dessin assisté par ordinateur CAD
 (computer-aided design)

Do not confuse **un dessin** (sketch, drawing)
with **un dessein** (plan, project, purpose).

Syn.: **esquisser** to sketch (183); **représenter**
to represent (60); **tracer** to trace (342)
Ant.: **effacer** to erase (342)

The Seven Simple Tenses

The Seven Compound Tenses

Singular	Plural	Singular	Plural
1 présent de l'indicatif		**8 passé composé**	
déteste	**détestons**	**ai détesté**	**avons détesté**
détestes	**détestez**	**as détesté**	**avez détesté**
déteste	**détestent**	**a détesté**	**ont détesté**
2 imparfait de l'indicatif		**9 plus-que-parfait de l'indicatif**	
détestais	**détestions**	**avais détesté**	**avions détesté**
détestais	**détestiez**	**avais détesté**	**aviez détesté**
détestait	**détestaient**	**avait détesté**	**avaient détesté**
3 passé simple		**10 passé antérieur**	
détestai	**détestâmes**	**eus détesté**	**eûmes détesté**
détestas	**détestâtes**	**eus détesté**	**eûtes détesté**
détesta	**détestèrent**	**eut détesté**	**eurent détesté**
4 futur		**11 futur antérieur**	
détesterai	**détesterons**	**aurai détesté**	**aurons détesté**
détesteras	**détesterez**	**auras détesté**	**aurez détesté**
détestera	**détesteront**	**aura détesté**	**auront détesté**
5 conditionnel		**12 conditionnel passé**	
détesterais	**détesterions**	**aurais détesté**	**aurions détesté**
détesterais	**détesteriez**	**aurais détesté**	**auriez détesté**
détesterait	**détesteraient**	**aurait détesté**	**auraient détesté**
6 présent du subjonctif		**13 passé du subjonctif**	
déteste	**détestions**	**aie détesté**	**ayons détesté**
détestes	**détestiez**	**aies détesté**	**ayez détesté**
déteste	**détestent**	**ait détesté**	**aient détesté**
7 imparfait du subjonctif		**14 plus-que-parfait du subjonctif**	
détestasse	**détestassions**	**eusse détesté**	**eussions détesté**
détestasses	**détestassiez**	**eusses détesté**	**eussiez détesté**
détestât	**détestassent**	**eût détesté**	**eussent détesté**

Impératif
déteste
détestons
détestez

Sentences using this verb and words related to it

Je déteste la médiocrité, je déteste le mensonge, et je déteste la calomnie. Ce sont des choses détestables. I detest mediocrity, I detest lying, and I detest slander. These are dreadful things.
détestable loathsome, hateful, dreadful
détestablement detestably

Syn.: **abhorrer** to abhor, to loathe (27); **exécrer** to abhor, to destest (203); **haïr** to hate (aspirate *h*; no liaison)
Ant.: **admirer** to admire; **adorer** to adore; **aimer** to like, to love

The subject pronouns are found on page 103.

détourner (161)

Part. pr. détournant **Part. passé détourné**

to turn aside, to turn away, to divert

Regular -er verb

The Seven Simple Tenses		The Seven Compound Tenses	
Singular	Plural	Singular	Plural
1 présent de l'indicatif		**8 passé composé**	
détourne	détournons	ai détourné	avons détourné
détournes	détournez	as détourné	avez détourné
détourne	détournent	a détourné	ont détourné
2 imparfait de l'indicatif		**9 plus-que-parfait de l'indicatif**	
détournais	détournions	avais détourné	avions détourné
détournais	détourniez	avais détourné	aviez détourné
détournait	détournaient	avait détourné	avaient détourné
3 passé simple		**10 passé antérieur**	
détournai	détournâmes	eus détourné	eûmes détourné
détournas	détournâtes	eus détourné	eûtes détourné
détourna	détournèrent	eut détourné	eurent détourné
4 futur		**11 futur antérieur**	
détournerai	détournerons	aurai détourné	aurons détourné
détourneras	détournerez	auras détourné	aurez détourné
détournera	détourneront	aura détourné	auront détourné
5 conditionnel		**12 conditionnel passé**	
détournerais	détournerions	aurais détourné	aurions détourné
détournerais	détourneriez	aurais détourné	auriez détourné
détournerait	détourneraient	aurait détourné	auraient détourné
6 présent du subjonctif		**13 passé du subjonctif**	
détourne	détournions	aie détourné	ayons détourné
détournes	détourniez	aies détourné	ayez détourné
détourne	détournent	ait détourné	aient détourné
7 imparfait du subjonctif		**14 plus-que-parfait du subjonctif**	
détournasse	détournassions	eusse détourné	eussions détourné
détournasses	détournassiez	eusses détourné	eussiez détourné
détournât	détournassent	eût détourné	eussent détourné

Impératif
détourne
détournons
détournez

Words and expressions related to this verb

détourner les yeux to look away
détourner qqn de faire qqch to discourage
  someone from doing something
un chemin détourné side road
se détourner de to turn oneself away from
un détour detour; **faire un détour** to make a
  detour
tourner to turn

See also **retourner** and **tourner**.

Syn.: **dérouter** to reroute (28); **dévier** to
deviate (41); **dissuader de** to dissuade from
(340)
Ant.: **encourager** to encourage; **orienter** to
orient, to direct towards (113); **redresser** to
straighten out (353)

The Seven Simple Tenses | The Seven Compound Tenses

Singular	Plural	Singular	Plural

1 présent de l'indicatif
détruis — **détruisons**
détruis — **détruisez**
détruit — **détruisent**

8 passé composé
ai détruit — **avons détruit**
as détruit — **avez détruit**
a détruit — **ont détruit**

D

2 imparfait de l'indicatif
détruisais — **détruisions**
détruisais — **détruisiez**
détruisait — **détruisaient**

9 plus-que-parfait de l'indicatif
avais détruit — **avions détruit**
avais détruit — **aviez détruit**
avait détruit — **avaient détruit**

3 passé simple
détruisis — **détruisîmes**
détruisis — **détruisîtes**
détruisit — **détruisirent**

10 passé antérieur
eus détruit — **eûmes détruit**
eus détruit — **eûtes détruit**
eut détruit — **eurent détruit**

4 futur
détruirai — **détruirons**
détruiras — **détruirez**
détruira — **détruiront**

11 futur antérieur
aurai détruit — **aurons détruit**
auras détruit — **aurez détruit**
aura détruit — **auront détruit**

5 conditionnel
détruirais — **détruirions**
détruirais — **détruiriez**
détruirait — **détruiraient**

12 conditionnel passé
aurais détruit — **aurions détruit**
aurais détruit — **auriez détruit**
aurait détruit — **auraient détruit**

6 présent du subjonctif
détruise — **détruisions**
détruises — **détruisiez**
détruise — **détruisent**

13 passé du subjonctif
aie détruit — **ayons détruit**
aies détruit — **ayez détruit**
ait détruit — **aient détruit**

7 imparfait du subjonctif
détruisisse — **détruisissions**
détruisisses — **détruisissiez**
détruisît — **détruisissent**

14 plus-que-parfait du subjonctif
eusse détruit — **eussions détruit**
eusses détruit — **eussiez détruit**
eût détruit — **eussent détruit**

Impératif
détruis
détruisons
détruisez

Words related to this verb

la destruction destruction
destructif, destructive destructive
destructeur, destructrice *adj.* destructive;
   n. destroyer
la destructivité destructiveness
destructible destructible
se détruire to destroy (to do away with)
   oneself

Les drogues ont détruit sa vie. Drugs
   destroyed his/her life.

Syn.: **abattre** to knock down; **défaire** to
undo; **démolir** to demolish; **dévaster** to
devastate (259); **massacrer** to massacre
(299); **raser** to raze (86)
Ant.: **bâtir** to build; **construire** to construct;
créer to create; **établir** to set up, to establish;
faire to do, to make

The subject pronouns are found on page 103.

développer (163)   Part. pr. **développant**   Part. passé **développé**

to develop, to spread out   Regular **-er** verb

The Seven Simple Tenses		The Seven Compound Tenses	
Singular	Plural	Singular	Plural
1 présent de l'indicatif		**8 passé composé**	
développe	développons	ai développé	avons développé
développes	développez	as développé	avez développé
développe	développent	a développé	ont développé
2 imparfait de l'indicatif		**9 plus-que-parfait de l'indicatif**	
développais	développions	avais développé	avions développé
développais	développiez	avais développé	aviez développé
développait	développaient	avait développé	avaient développé
3 passé simple		**10 passé antérieur**	
développai	développâmes	eus développé	eûmes développé
développas	développâtes	eus développé	eûtes développé
développa	développèrent	eut développé	eurent développé
4 futur		**11 futur antérieur**	
développerai	développerons	aurai développé	aurons développé
développeras	développerez	auras développé	aurez développé
développera	développeront	aura développé	auront développé
5 conditionnel		**12 conditionnel passé**	
développerais	développerions	aurais développé	aurions développé
développerais	développeriez	aurais développé	auriez développé
développerait	développeraient	aurait développé	auraient développé
6 présent du subjonctif		**13 passé du subjonctif**	
développe	développions	aie développé	ayons développé
développes	développiez	aies développé	ayez développé
développe	développent	ait développé	aient développé
7 imparfait du subjonctif		**14 plus-que-parfait du subjonctif**	
développasse	développassions	eusse développé	eussions développé
développasses	développassiez	eusses développé	eussiez développé
développât	développassent	eût développé	eussent développé

Impératif
développe
développons
développez

Words related to this verb

un développement development
un enveloppement envelopment, wrapping up;
    enveloppement sinapisé mustard poultice
envelopper to envelop, to wrap up
une enveloppe envelope
développer une pellicule to develop film

Syn.: **déployer** to spread out, to deploy (187); **étendre** to spread out (462); **exposer** to expose (350); **progresser** to progress (73) Ant.: **réduire** to reduce, to decrease; **restreindre** to restrict (334) to become

The Seven Simple Tenses		The Seven Compound Tenses	
Singular	Plural	Singular	Plural

1 présent de l'indicatif

deviens	devenons	
deviens	devenez	
devient	deviennent	

8 passé composé

suis devenu(e)	sommes devenu(e)s
es devenu(e)	êtes devenu(e)(s)
est devenu(e)	sont devenu(e)s

2 imparfait de l'indicatif

devenais	devenions
devenais	deveniez
devenait	devenaient

9 plus-que-parfait de l'indicatif

étais devenu(e)	étions devenu(e)s
étais devenu(e)	étiez devenu(e)(s)
était devenu(e)	étaient devenu(e)s

3 passé simple

devins	devînmes
devins	devîntes
devint	devinrent

10 passé antérieur

fus devenu(e)	fûmes devenu(e)s
fus devenu(e)	fûtes devenu(e)(s)
fut devenu(e)	furent devenu(e)s

4 futur

deviendrai	deviendrons
deviendras	deviendrez
deviendra	deviendront

11 futur antérieur

serai devenu(e)	serons devenu(e)s
seras devenu(e)	serez devenu(e)(s)
sera devenu(e)	seront devenu(e)s

5 conditionnel

deviendrais	deviendrions
deviendrais	deviendriez
deviendrait	deviendraient

12 conditionnel passé

serais devenu(e)	serions devenu(e)s
serais devenu(e)	seriez devenu(e)(s)
serait devenu(e)	seraient devenu(e)s

6 présent du subjonctif

devienne	devenions
deviennes	deveniez
devienne	deviennent

13 passé du subjonctif

sois devenu(e)	soyons devenu(e)s
sois devenu(e)	soyez devenu(e)(s)
soit devenu(e)	soient devenu(e)s

7 imparfait du subjonctif

devinsse	devinssions
devinsses	devinssiez
devînt	devinssent

14 plus-que-parfait du subjonctif

fusse devenu(e)	fussions devenu(e)s
fusses devenu(e)	fussiez devenu(e)(s)
fût devenu(e)	fussent devenu(e)s

Impératif
deviens
devenons
devenez

Common idiomatic expressions using this verb

J'ai entendu dire que Claudette est devenue docteur. Et vous, qu'est-ce que vous voulez devenir? I heard that Claudette became a doctor. And you, what do you want to become?

devenir fou, devenir folle to go mad, crazy; **devenir vieux/grand** to grow old/tall

Qu'est devenue votre soeur? What has become of your sister?

See also **convenir, prévenir, revenir, se souvenir,** and **venir.**

Syn.: **métamorphoser** to transform (321); **se transformer** to change (227) (aux. **être**)
Ant.: **rester le même** to stay the same

The subject pronouns are found on page 103.

devoir (165)

Part. pr. devant **Part. passé dû (due)**

to have to, must, ought, owe, should

Irregular verb

The Seven Simple Tenses		The Seven Compound Tenses	
Singular	Plural	Singular	Plural
1 présent de l'indicatif		**8 passé composé**	
dois	**devons**	**ai dû**	**avons dû**
dois	**devez**	**as dû**	**avez dû**
doit	**doivent**	**a dû**	**ont dû**
2 imparfait de l'indicatif		**9 plus-que-parfait de l'indicatif**	
devais	**devions**	**avais dû**	**avions dû**
devais	**deviez**	**avais dû**	**aviez dû**
devait	**devaient**	**avait dû**	**avaient dû**
3 passé simple		**10 passé antérieur**	
dus	**dûmes**	**eus dû**	**eûmes dû**
dus	**dûtes**	**eus dû**	**eûtes dû**
dut	**durent**	**eut dû**	**eurent dû**
4 futur		**11 futur antérieur**	
devrai	**devrons**	**aurai dû**	**aurons dû**
devras	**devrez**	**auras dû**	**aurez dû**
devra	**devront**	**aura dû**	**auront dû**
5 conditionnel		**12 conditionnel passé**	
devrais	**devrions**	**aurais dû**	**aurions dû**
devrais	**devriez**	**aurais dû**	**auriez dû**
devrait	**devraient**	**aurait dû**	**auraient dû**
6 présent du subjonctif		**13 passé du subjonctif**	
doive	**devions**	**aie dû**	**ayons dû**
doives	**deviez**	**aies dû**	**ayez dû**
doive	**doivent**	**ait dû**	**aient dû**
7 imparfait du subjonctif		**14 plus-que-parfait du subjonctif**	
dusse	**dussions**	**eusse dû**	**eussions dû**
dusses	**dussiez**	**eusses dû**	**eussiez dû**
dût	**dussent**	**eût dû**	**eussent dû**

Impératif
dois
devons
devez

AN ESSENTIAL 55 VERB

Devoir is a verb that you ought to know. It is useful in numerous everyday situations.

D

Sentences using devoir and words related to it

Cette grosse somme d'argent est due lundi. This large amount of money is due Monday.

Combien je vous dois? How much do I owe you?

Vous me devez cent euros. You owe me 100 euros.

J'ai dû attendre deux heures! I had to wait two hours!

Avant quelle heure dois-je quitter la chambre? Before what time must I leave (check out of) the room?

Hier soir, je suis allé au cinéma avec mes amis. Vous auriez dû venir avec nous. Le film était excellent. Yesterday evening I went to the movies with my friends. You should have come with us. The film was excellent.

—Où sont tes devoirs, Robert?
—Un lézard a mangé mes devoirs!
—Tu dois arrêter de dire des bêtises, Robert!

—Where is your homework, Robert?
—A lizard ate my homework!
—You should stop talking nonsense, Robert!

Words and expressions related to this verb

le devoir **duty, obligation**

les devoirs **homework**

faire ses devoirs **to do one's homework**

Syn.: **avoir à + inf.** to have to + inf.; **être obligé(e) à** to be obliged to; **falloir** to be necessary, must (Def. and Imp.)

Don't forget to check the list of 2,700 additional verbs keyed to the 501 model verbs. It's in the Appendixes!

The subject pronouns are found on page 103.

diminuer (166)

Part. pr. **diminuant** Part. passé **diminué**

to diminish, to decrease, to lessen

Regular **-er** verb

The Seven Simple Tenses		The Seven Compound Tenses	
Singular	Plural	Singular	Plural
1 présent de l'indicatif		**8 passé composé**	
diminue	diminuons	ai diminué	avons diminué
diminues	diminuez	as diminué	avez diminué
diminue	diminuent	a diminué	ont diminué
2 imparfait de l'indicatif		**9 plus-que-parfait de l'indicatif**	
diminuais	diminuions	avais diminué	avions diminué
diminuais	diminuiez	avais diminué	aviez diminué
diminuait	diminuaient	avait diminué	avaient diminué
3 passé simple		**10 passé antérieur**	
diminuai	diminuâmes	eus diminué	eûmes diminué
diminuas	diminuâtes	eus diminué	eûtes diminué
diminua	diminuèrent	eut diminué	eurent diminué
4 futur		**11 futur antérieur**	
diminuerai	diminuerons	aurai diminué	aurons diminué
diminueras	diminuerez	auras diminué	aurez diminué
diminuera	diminueront	aura diminué	auront diminué
5 conditionnel		**12 conditionnel passé**	
diminuerais	diminuerions	aurais diminué	aurions diminué
diminuerais	diminueriez	aurais diminué	auriez diminué
diminuerait	diminueraient	aurait diminué	auraient diminué
6 présent du subjonctif		**13 passé du subjonctif**	
diminue	diminuions	aie diminué	ayons diminué
diminues	diminuiez	aies diminué	ayez diminué
diminue	diminuent	ait diminué	aient diminué
7 imparfait du subjonctif		**14 plus-que-parfait du subjonctif**	
diminuasse	diminuassions	eusse diminué	eussions diminué
diminuasses	diminuassiez	eusses diminué	eussiez diminué
diminuât	diminuassent	eût diminué	eussent diminué

Impératif
diminue
diminuons
diminuez

Words and expressions related to this verb

une diminution decrease, diminution, reduction
Le prix du café n'a pas diminué. The price of coffee has not gone down.
Votre travail a diminué de moitié. Your work has decreased by half.
diminutif, diminutive diminutive
faire diminuer to lower, to decrease

la diminution d'un prix lowering of a price
se diminuer to lower oneself

Syn.: **abaisser** to reduce; **amoindrir** to lessen (229); **baisser** to lower; **décroître** to decrease, to diminish; **réduire** to reduce, to diminish
Ant.: **accroître** to increase; **augmenter** to increase; **croître** to increase, to grow; **monter** to go up

Regular **-er** verb   to dine, to have dinner

The Seven Simple Tenses		The Seven Compound Tenses	
Singular	Plural	Singular	Plural
1 présent de l'indicatif		8 passé composé	
dîne	**dînons**	**ai dîné**	**avons dîné**
dînes	**dînez**	**as dîné**	**avez dîné**
dîne	**dînent**	**a dîné**	**ont dîné**
2 imparfait de l'indicatif		9 plus-que-parfait de l'indicatif	
dînais	**dînions**	**avais dîné**	**avions dîné**
dînais	**dîniez**	**avais dîné**	**aviez dîné**
dînait	**dînaient**	**avait dîné**	**avaient dîné**
3 passé simple		10 passé antérieur	
dînai	**dînâmes**	**eus dîné**	**eûmes dîné**
dînas	**dînâtes**	**eus dîné**	**eûtes dîné**
dîna	**dînèrent**	**eut dîné**	**eurent dîné**
4 futur		11 futur antérieur	
dînerai	**dînerons**	**aurai dîné**	**aurons dîné**
dîneras	**dînerez**	**auras dîné**	**aurez dîné**
dînera	**dîneront**	**aura dîné**	**auront dîné**
5 conditionnel		12 conditionnel passé	
dînerais	**dînerions**	**aurais dîné**	**aurions dîné**
dînerais	**dîneriez**	**aurais dîné**	**auriez dîné**
dînerait	**dîneraient**	**aurait dîné**	**auraient dîné**
6 présent du subjonctif		13 passé du subjonctif	
dîne	**dînions**	**aie dîné**	**ayons dîné**
dînes	**dîniez**	**aies dîné**	**ayez dîné**
dîne	**dînent**	**ait dîné**	**aient dîné**
7 imparfait du subjonctif		14 plus-que-parfait du subjonctif	
dînasse	**dînassions**	**eusse dîné**	**eussions dîné**
dînasses	**dînassiez**	**eusses dîné**	**eussiez dîné**
dînât	**dînassent**	**eût dîné**	**eussent dîné**

Impératif
dîne
dînons
dînez

Common idiomatic expressions using this verb

Lundi j'ai dîné chez des amis. Mardi tu as dîné chez moi. Mercredi nous avons dîné chez Pierre. J'aurais dû dîner seul. On Monday I dined at my friends' home. On Tuesday you dined at my home. On Wednesday we dined at Pierre's home. I should have dined alone.

le dîner dinner
une dînette child's tea party
l'heure du dîner dinner time
j'aurais dû I should have
un dîneur diner
donner un dîner to give a dinner
dîner en ville to dine out
J'aurais dû dîner. I should have had dinner.

Try reading aloud this play on sounds (the letter **d**) as fast as you can:
Denis a dîné du dos d'un dindon dodu.
Dennis dined on (ate) the back of a plump turkey.

Syn.: **manger** to eat; **souper** to have supper (124)
Ant.: **jeûner** to fast (146); **vomir** to throw up (229)

dire (168)

to say, to tell

Part. pr. **disant**   Part. passé **dit**

Irregular verb

The Seven Simple Tenses		The Seven Compound Tenses	
Singular	Plural	Singular	Plural
1 présent de l'indicatif		**8 passé composé**	
dis	disons	ai dit	avons dit
dis	dites	as dit	avez dit
dit	disent	a dit	ont dit
2 imparfait de l'indicatif		**9 plus-que-parfait de l'indicatif**	
disais	disions	avais dit	avions dit
disais	disiez	avais dit	aviez dit
disait	disaient	avait dit	avaient dit
3 passé simple		**10 passé antérieur**	
dis	dîmes	eus dit	eûmes dit
dis	dîtes	eus dit	eûtes dit
dit	dirent	eut dit	eurent dit
4 futur		**11 futur antérieur**	
dirai	dirons	aurai dit	aurons dit
diras	direz	auras dit	aurez dit
dira	diront	aura dit	auront dit
5 conditionnel		**12 conditionnel passé**	
dirais	dirions	aurais dit	aurions dit
dirais	diriez	aurais dit	auriez dit
dirait	diraient	aurait dit	auraient dit
6 présent du subjonctif		**13 passé du subjonctif**	
dise	disions	aie dit	ayons dit
dises	disiez	aies dit	ayez dit
dise	disent	ait dit	aient dit
7 imparfait du subjonctif		**14 plus-que-parfait du subjonctif**	
disse	dissions	eusse dit	eussions dit
disses	dissiez	eusses dit	eussiez dit
dît	dissent	eût dit	eussent dit

Impératif
dis
disons
dites

See also **contredire, interdire, maudire, médire, prédire,** and note the different *vous* form in the *présent de l'indicatif* and the *impératif*.

AN ESSENTIAL
55 VERB

Dire is an important verb for a beginning student because it is useful in many idiomatic expressions and situations and because there are many verbs conjugated like it.

Sentences using dire

J'entends dire que Tina s'est mariée avec Alexandre. I hear that Tina married Alexander.

Qu'est-ce que vous avez dit? What did you say?

Dites-moi comment ouvrir cette porte, s'il vous plaît. Please tell me how to open this door.

Qui l'aurait dit? Who would have thought so?

Que veut dire ce mot? What does this word mean?

Cela va sans dire. That goes without saying.

Cela me dit qqch. That rings a bell.

Syn.: **annoncer** to announce; **déclamer** to declaim (71); **déclarer** to declare (69); **informer** to inform, to advise (227); **narrer** to narrate (22); **parler** to talk; **raconter** to tell about; **rapporter** to report (40)
Ant.: **cacher** to hide; **écouter** to listen; **entendre** to hear; **se taire** not to speak

If you can conjugate **dire** you can also conjugate the following verbs:

contredire to contradict (except for **Vous contredisez.**)

se dédire to retract, to go back on one's word (**être** for compound tenses)

interdire to forbid

maudire to curse

médire de to speak ill (badly) of

prédire to predict

redire to repeat, to say again

Words and expressions related to this verb

à ce qu'on dit . . . **according to what they say . . .**

à vrai dire **to tell the truth**

aussitôt dit, aussitôt fait **no sooner said than done**

avoir son mot à dire **to have one's say (in something)**

c'est-à-dire **that is, that is to say**

dire du bien de **to speak well of**

dire du mal de **to speak ill of**

Dis donc . . . **Say now . . .; Hey . . .**

entendre dire que **to hear it said that, to hear tell that**

soi-disant **so-called**

vouloir dire **to mean**

Proverbs

Dis-moi ce que tu manges, je te dirai ce que tu es. **(Brillat-Savarin) Tell me what you eat and I will tell you what you are.**

Bien faire et laisser dire. **Do your work well and never mind the critics.**

Qui ne dit mot consent. **If you don't speak up you agree.**

The subject pronouns are found on page 103.

discuter (169)

to discuss, to argue

Part. pr. discutant   **Part. passé discuté**

Regular **-er** verb

The Seven Simple Tenses		The Seven Compound Tenses	
Singular	Plural	Singular	Plural
1 présent de l'indicatif		**8 passé composé**	
discute	discutons	ai discuté	avons discuté
discutes	discutez	as discuté	avez discuté
discute	discutent	a discuté	ont discuté
2 imparfait de l'indicatif		**9 plus-que-parfait de l'indicatif**	
discutais	discutions	avais discuté	avions discuté
discutais	discutiez	avais discuté	aviez discuté
discutait	discutaient	avait discuté	avaient discuté
3 passé simple		**10 passé antérieur**	
discutai	discutâmes	eus discuté	eûmes discuté
discutas	discutâtes	eus discuté	eûtes discuté
discuta	discutèrent	eut discuté	eurent discuté
4 futur		**11 futur antérieur**	
discuterai	discuterons	aurai discuté	aurons discuté
discuteras	discuterez	auras discuté	aurez discuté
discutera	discuteront	aura discuté	auront discuté
5 conditionnel		**12 conditionnel passé**	
discuterais	discuterions	aurais discuté	aurions discuté
discuterais	discuteriez	aurais discuté	auriez discuté
discuterait	discuteraient	aurait discuté	auraient discuté
6 présent du subjonctif		**13 passé du subjonctif**	
discute	discutions	aie discuté	ayons discuté
discutes	discutiez	aies discuté	ayez discuté
discute	discutent	ait discuté	aient discuté
7 imparfait du subjonctif		**14 plus-que-parfait du subjonctif**	
discutasse	discutassions	eusse discuté	eussions discuté
discutasses	discutassiez	eusses discuté	eussiez discuté
discutât	discutassent	eût discuté	eussent discuté

Impératif
discute
discutons
discutez

Words and expressions related to this verb

une discussion discussion
discutable disputable, questionable
discuter avec to argue with; **discuter de** to argue about
un groupe de discussion newsgroup (Internet)

Syn.: **conférer** to hold talks (356); **débattre** to discuss (67); **parler de** to talk about; **négocier** to negotiate (389)
Ant.: **accepter** to accept; **admettre** to admit; **croire** to believe

The Seven Simple Tenses		The Seven Compound Tenses	
Singular	Plural	Singular	Plural
1 présent de l'indicatif		**8 passé composé**	
disparais	disparaissons	ai disparu	avons disparu
disparais	disparaissez	as disparu	avez disparu
disparaît	disparaissent	a disparu	ont disparu
2 imparfait de l'indicatif		**9 plus-que-parfait de l'indicatif**	
disparaissais	disparaissions	avais disparu	avions disparu
disparaissais	disparaissiez	avais disparu	aviez disparu
disparaissait	disparaissaient	avait disparu	avaient disparu
3 passé simple		**10 passé antérieur**	
disparus	disparûmes	eus disparu	eûmes disparu
disparus	disparûtes	eus disparu	eûtes disparu
disparut	disparurent	eut disparu	eurent disparu
4 futur		**11 futur antérieur**	
disparaîtrai	disparaîtrons	aurai disparu	aurons disparu
disparaîtras	disparaîtrez	auras disparu	aurez disparu
disparaîtra	disparaîtront	aura disparu	auront disparu
5 conditionnel		**12 conditionnel passé**	
disparaîtrais	disparaîtrions	aurais disparu	aurions disparu
disparaîtrais	disparaîtriez	aurais disparu	auriez disparu
disparaîtrait	disparaîtraient	aurait disparu	auraient disparu
6 présent du subjonctif		**13 passé du subjonctif**	
disparaisse	disparaissions	aie disparu	ayons disparu
disparaisses	disparaissiez	aies disparu	ayez disparu
disparaisse	disparaissent	ait disparu	aient disparu
7 imparfait du subjonctif		**14 plus-que-parfait du subjonctif**	
disparusse	disparussions	eusse disparu	eussions disparu
disparusses	disparussiez	eusses disparu	eussiez disparu
disparût	disparussent	eût disparu	eussent disparu

Impératif
disparais
disparaissons
disparaissez

Words and expressions related to this verb

faire disparaître aux regards to hide from
   sight
**notre cher ami disparu (notre chère amie
   disparue)** our dear departed friend
la disparition disappearance, disappearing
disparu, disparue en mer lost at sea
être porté disparu to be declared missing
un disparu missing person

See also **apparaître, paraître,** and **reparaître.**

Syn.: **s'en aller** to go away; **se cacher** to hide
oneself; **s'effacer** to fade away (342) (aux.
être); **mourir** to die
Ant.: **apparaître** to appear; **se manifester** to
appear (299) (aux. **être**); **se montrer** to show
oneself (299, 83); **naître** to be born; **paraître**
to appear

The subject pronouns are found on page 103.

Part. pr. donnant   **Part. passé donné**

to give   Regular **-er** verb

The Seven Simple Tenses		The Seven Compound Tenses	
Singular	Plural	Singular	Plural
1 présent de l'indicatif		**8 passé composé**	
donne	donnons	ai donné	avons donné
donnes	donnez	as donné	avez donné
donne	donnent	a donné	ont donné
2 imparfait de l'indicatif		**9 plus-que-parfait de l'indicatif**	
donnais	donnions	avais donné	avions donné
donnais	donniez	avais donné	aviez donné
donnait	donnaient	avait donné	avaient donné
3 passé simple		**10 passé antérieur**	
donnai	donnâmes	eus donné	eûmes donné
donnas	donnâtes	eus donné	eûtes donné
donna	donnèrent	eut donné	eurent donné
4 futur		**11 futur antérieur**	
donnerai	donnerons	aurai donné	aurons donné
donneras	donnerez	auras donné	aurez donné
donnera	donneront	aura donné	auront donné
5 conditionnel		**12 conditionnel passé**	
donnerais	donnerions	aurais donné	aurions donné
donnerais	donneriez	aurais donné	auriez donné
donnerait	donneraient	aurait donné	auraient donné
6 présent du subjonctif		**13 passé du subjonctif**	
donne	donnions	aie donné	ayons donné
donnes	donniez	aies donné	ayez donné
donne	donnent	ait donné	aient donné
7 imparfait du subjonctif		**14 plus-que-parfait du subjonctif**	
donnasse	donnassions	eusse donné	eussions donné
donnasses	donnassiez	eusses donné	eussiez donné
donnât	donnassent	eût donné	eussent donné

Impératif
donne
donnons
donnez

AN ESSENTIAL 55 VERB

Donner is an important verb for you to know because it is used in many everyday situations and idiomatic expressions. It is a regular **-er** verb.

D

Sentences using donner

La salle à manger donne sur le jardin. The dining room looks out on (faces) the garden.

Donnez-moi, s'il vous plaît, cet éclair et deux beignets aux pommes. Please give me this eclair and two apple fritters.

J'aimerais une chambre qui donne sur la rue. I would like a room that looks out on the street.

Proverbs and expressions

Il y a plus de bonheur à donner qu'à recevoir. It is better to give than to receive.

Ce qui est donné est donné. What is given is given. (Never take back what you have given.)

La façon de donner vaut mieux que ce qu'on donne. (Corneille) The way you give is worth more than what you give.

Words and expressions related to this verb

donner rendez-vous à qqn **to make an appointment (a date) with someone**

donner sur **to look out on**

donner à boire à qqn **to give someone something to drink**

donner à manger à qqn **to give someone something to eat**

donner congé à **to grant leave to**

donner du chagrin à qqn **to give someone grief**

donner un cours **to give a course, to lecture**

une base de données **database (computer)**

If you can conjugate **donner** you can also conjugate the following verbs (and any regular **-er** verb):

abandonner **to abandon**

amidonner **to starch**

se désabonner **to cancel a subscription (helping verb** être**)**

ordonner **to order, to prescribe**

pardonner **to pardon, to forgive**

randonner **to hike**

rognonner **to grumble**

ronronner **to purr**

Syn.: **allouer** to grant (281); **céder** to cede; **livrer** to deliver (27); **offrir** to offer; **transmettre** to transmit, to transfer
Ant.: **accepter** to accept; **conserver** to preserve (27); **prendre** to take; **recevoir** to receive, to get

The subject pronouns are found on page 103.

dormir (172)

to sleep

Part. pr. **dormant** Part. passé **dormi**

Irregular verb

The Seven Simple Tenses		The Seven Compound Tenses	
Singular	Plural	Singular	Plural
1 présent de l'indicatif		**8 passé composé**	
dors	dormons	ai dormi	avons dormi
dors	dormez	as dormi	avez dormi
dort	dorment	a dormi	ont dormi
2 imparfait de l'indicatif		**9 plus-que-parfait de l'indicatif**	
dormais	dormions	avais dormi	avions dormi
dormais	dormiez	avais dormi	aviez dormi
dormait	dormaient	avait dormi	avaient dormi
3 passé simple		**10 passé antérieur**	
dormis	dormîmes	eus dormi	eûmes dormi
dormis	dormîtes	eus dormi	eûtes dormi
dormit	dormirent	eut dormi	eurent dormi
4 futur		**11 futur antérieur**	
dormirai	dormirons	aurai dormi	aurons dormi
dormiras	dormirez	auras dormi	aurez dormi
dormira	dormiront	aura dormi	auront dormi
5 conditionnel		**12 conditionnel passé**	
dormirais	dormirions	aurais dormi	aurions dormi
dormirais	dormiriez	aurais dormi	auriez dormi
dormirait	dormiraient	aurait dormi	auraient dormi
6 présent du subjonctif		**13 passé du subjonctif**	
dorme	dormions	aie dormi	ayons dormi
dormes	dormiez	aies dormi	ayez dormi
dorme	dorment	ait dormi	aient dormi
7 imparfait du subjonctif		**14 plus-que-parfait du subjonctif**	
dormisse	dormissions	eusse dormi	eussions dormi
dormisses	dormissiez	eusses dormi	eussiez dormi
dormît	dormissent	eût dormi	eussent dormi

Impératif
dors
dormons
dormez

AN ESSENTIAL
55 VERB

AN ESSENTIAL 55 VERB

Dormir is an important verb for you to know because, although it is irregular, several verbs are conjugated like it. **Dormir** is also used in many idiomatic expressions and situations.

Sentences using dormir

As-tu bien dormi, chéri? Did you sleep well, darling?

J'ai acheté des bouche-oreilles et maintenant je dors comme une bûche. I bought some earplugs and now I sleep like a log.

La semaine prochaine nous allons faire du camping. J'aime bien dormir à la belle étoile. Next week we are going camping. I like to sleep outdoors.

Madeleine s'est endormie à une heure du matin. Madeleine fell asleep at one o'clock in the morning.

Syn.: se coucher to go to bed; faire dodo to go to sleep (baby talk); se reposer to rest; sommeiller to doze (109)
Ant.: s'éveiller to wake up (109) (aux. être); se réveiller to wake up; veiller to stay up (109)

Proverb

Bon dîneur, mauvais dormeur. **If you eat too much you won't sleep well.**

Words and expressions related to this verb

dormir toute la nuit **to sleep through the night**

parler en dormant **to talk in one's sleep**

empêcher de dormir **to keep from sleeping**

la dormition **dormition (falling asleep)**

le dortoir **dormitory**

dormir à la belle étoile **to sleep outdoors**

dormir sur les deux oreilles **to sleep soundly**

dormir comme une bûche **to sleep like a log**

avoir envie de dormir **to feel like sleeping**

un conte à dormir debout **a cock-and-bull story**

If you can conjugate **dormir** you can also conjugate:

endormir **to put to sleep**

s'endormir **to fall asleep (helping verb être)**

redormir **to sleep again, to sleep a little more**

rendormir **to put to sleep again**

se rendormir **to fall asleep again (helping verb être)**

The subject pronouns are found on page 103.

douter (173)

to doubt

The Seven Simple Tenses		The Seven Compound Tenses	
Singular	Plural	Singular	Plural
1 présent de l'indicatif		**8 passé composé**	
doute	doutons	ai douté	avons douté
doutes	doutez	as douté	avez douté
doute	doutent	a douté	ont douté
2 imparfait de l'indicatif		**9 plus-que-parfait de l'indicatif**	
doutais	doutions	avais douté	avions douté
doutais	doutiez	avais douté	aviez douté
doutait	doutaient	avait douté	avaient douté
3 passé simple		**10 passé antérieur**	
doutai	doutâmes	eus douté	eûmes douté
doutas	doutâtes	eus douté	eûtes douté
douta	doutèrent	eut douté	eurent douté
4 futur		**11 futur antérieur**	
douterai	douterons	aurai douté	aurons douté
douteras	douterez	auras douté	aurez douté
doutera	douteront	aura douté	auront douté
5 conditionnel		**12 conditionnel passé**	
douterais	douterions	aurais douté	aurions douté
douterais	douteriez	aurais douté	auriez douté
douterait	douteraient	aurait douté	auraient douté
6 présent du subjonctif		**13 passé du subjonctif**	
doute	doutions	aie douté	ayons douté
doutes	doutiez	aies douté	ayez douté
doute	doutent	ait douté	aient douté
7 imparfait du subjonctif		**14 plus-que-parfait du subjonctif**	
doutasse	doutassions	eusse douté	eussions douté
doutasses	doutassiez	eusses douté	eussiez douté
doutât	doutassent	eût douté	eussent douté

Impératif
doute
doutons
doutez

Common idiomatic expressions using this verb

Je doute que cet homme soit coupable. Il n'y a pas de doute qu'il est innocent. I doubt that this man is guilty. There is no doubt that he is innocent.

le doute doubt
sans doute no doubt
sans aucun doute undoubtedly
d'un air de doute dubiously
redouter to dread, to fear

ne douter de rien to doubt nothing, to be too credulous
ne se douter de rien to suspect nothing
se douter de to suspect
douteux, douteuse doubtful

Syn.: **être incrédule** to be incredulous; **se méfier** to beware, to mistrust; **soupçonner** to suspect (443)
Ant.: **croire** to believe; **espérer** to hope

Regular **-er** verb

to escape, to avoid

The Seven Simple Tenses

Singular	Plural
1 présent de l'indicatif	
échappe	échappons
échappes	échappez
échappe	échappent
2 imparfait de l'indicatif	
échappais	échappions
échappais	échappiez
échappait	échappaient
3 passé simple	
échappai	échappâmes
échappas	échappâtes
échappa	échappèrent
4 futur	
échapperai	échapperons
échapperas	échapperez
échappera	échapperont
5 conditionnel	
échapperais	échapperions
échapperais	échapperiez
échapperait	échapperaient
6 présent du subjonctif	
échappe	échappions
échappes	échappiez
échappe	échappent
7 imparfait du subjonctif	
échappasse	échappassions
échappasses	échappassiez
échappât	échappassent

The Seven Compound Tenses

Singular	Plural
8 passé composé	
ai échappé	avons échappé
as échappé	avez échappé
a échappé	ont échappé
9 plus-que-parfait de l'indicatif	
avais échappé	avions échappé
avais échappé	aviez échappé
avait échappé	avaient échappé
10 passé antérieur	
eus échappé	eûmes échappé
eus échappé	eûtes échappé
eut échappé	eurent échappé
11 futur antérieur	
aurai échappé	aurons échappé
auras échappé	aurez échappé
aura échappé	auront échappé
12 conditionnel passé	
aurais échappé	aurions échappé
aurais échappé	auriez échappé
aurait échappé	auraient échappé
13 passé du subjonctif	
aie échappé	ayons échappé
aies échappé	ayez échappé
ait échappé	aient échappé
14 plus-que-parfait du subjonctif	
eusse échappé	eussions échappé
eusses échappé	eussiez échappé
eût échappé	eussent échappé

E

Impératif
échappe
échappons
échappez

Words and expressions related to this verb

échapper à to avoid; **échapper de** to escape from

l'échapper belle to have a narrow escape; **Je l'ai échappé belle.** I had a narrow escape.

Cela m'a échappé. I did not notice it.

Cela m'est échappé. It slipped my mind (I forgot it).

laisser échapper to let slip, to overlook

s'échapper de to escape from

une échappée de lumière a glimmer of light

l'échappement *m.* exhaust

le pot d'échappement muffler (auto)

Syn.: **éluder** to elude (32); **éviter** to avoid; **fuir** to flee
Ant.: **affronter** to confront (113); **approcher** to approach

The subject pronouns are found on page 103.

échouer (175)

to fail, to run aground

Regular **-er** verb

The Seven Simple Tenses		The Seven Compound Tenses	
Singular	Plural	Singular	Plural
1 présent de l'indicatif		**8 passé composé**	
échoue	échouons	ai échoué	avons échoué
échoues	échouez	as échoué	avez échoué
échoue	échouent	a échoué	ont échoué
2 imparfait de l'indicatif		**9 plus-que-parfait de l'indicatif**	
échouais	échouions	avais échoué	avions échoué
échouais	échouiez	avais échoué	aviez échoué
échouait	échouaient	avait échoué	avaient échoué
3 passé simple		**10 passé antérieur**	
échouai	échouâmes	eus échoué	eûmes échoué
échouas	échouâtes	eus échoué	eûtes échoué
échoua	échouèrent	eut échoué	eurent échoué
4 futur		**11 futur antérieur**	
échouerai	échouerons	aurai échoué	aurons échoué
échoueras	échouerez	auras échoué	aurez échoué
échouera	échoueront	aura échoué	auront échoué
5 conditionnel		**12 conditionnel passé**	
échouerais	échouerions	aurais échoué	aurions échoué
échouerais	échoueriez	aurais échoué	auriez échoué
échouerait	échoueraient	aurait échoué	auraient échoué
6 présent du subjonctif		**13 passé du subjonctif**	
échoue	échouions	aie échoué	ayons échoué
échoues	échouiez	aies échoué	ayez échoué
échoue	échouent	ait échoué	aient échoué
7 imparfait du subjonctif		**14 plus-que-parfait du subjonctif**	
échouasse	échouassions	eusse échoué	eussions échoué
échouasses	échouassiez	eusses échoué	eussiez échoué
échouât	échouassent	eût échoué	eussent échoué

Impératif
échoue
échouons
échouez

Common idiomatic expressions using this verb

échouer à qqch to fail (flunk) at something
échouer à un examen to flunk an exam
échouer to touch bottom (accidentally), to fail
Tous mes espoirs ont échoué. All my hopes
  have touched bottom (have failed).
Le bateau a échoué sur un banc de sable. The
  ship ran aground on a shoal.

Syn.: **manquer** to miss, to lack; **rater** to
miss, to fail (241)
Ant.: **gagner** to win; **réussir** to succeed

Regular **-er** verb

to listen (to)

The Seven Simple Tenses		The Seven Compound Tenses	
Singular	Plural	Singular	Plural
1 présent de l'indicatif		**8 passé composé**	
écoute	écoutons	ai écouté	avons écouté
écoutes	écoutez	as écouté	avez écouté
écoute	écoutent	a écouté	ont écouté
2 imparfait de l'indicatif		**9 plus-que-parfait de l'indicatif**	
écoutais	écoutions	avais écouté	avions écouté
écoutais	écoutiez	avais écouté	aviez écouté
écoutait	écoutaient	avait écouté	avaient écouté
3 passé simple		**10 passé antérieur**	
écoutai	écoutâmes	eus écouté	eûmes écouté
écoutas	écoutâtes	eus écouté	eûtes écouté
écouta	écoutèrent	eut écouté	eurent écouté
4 futur		**11 futur antérieur**	
écouterai	écouterons	aurai écouté	aurons écouté
écouteras	écouterez	auras écouté	aurez écouté
écoutera	écouteront	aura écouté	auront écouté
5 conditionnel		**12 conditionnel passé**	
écouterais	écouterions	aurais écouté	aurions écouté
écouterais	écouteriez	aurais écouté	auriez écouté
écouterait	écouteraient	aurait écouté	auraient écouté
6 présent du subjonctif		**13 passé du subjonctif**	
écoute	écoutions	aie écouté	ayons écouté
écoutes	écoutiez	aies écouté	ayez écouté
écoute	écoutent	ait écouté	aient écouté
7 imparfait du subjonctif		**14 plus-que-parfait du subjonctif**	
écoutasse	écoutassions	eusse écouté	eussions écouté
écoutasses	écoutassiez	eusses écouté	eussiez écouté
écoutât	écoutassent	eût écouté	eussent écouté

Impératif
écoute
écoutons
écoutez

Common idiomatic expressions using this verb and words related to it

Écoutez-vous la professeure quand elle explique la leçon? L'avez-vous écoutée ce matin en classe? Do you listen to the teacher when she explains the lesson? Did you listen to her this morning in class?
aimer à s'écouter parler to love to hear one's own voice
un écouteur telephone receiver (earpiece)
être à l'écoute to be listening in
être aux écoutes to be on the watch, to eavesdrop

n'écouter personne not to heed anyone
savoir écouter to be a good listener
écouter aux portes to eavesdrop, to listen secretly
Ecoutez-moi. Listen to me.
Je vous écoute. I'm listening to you.
Parlez donc! Speak up!

Syn.: **ausculter** to auscultate, to listen to someone's chest (28); **entendre** to hear; **obéir** to obey; **ouïr** to hear (used in the infinitive and in the expression **J'ai ouï dire.** I've heard it said.)
Ant.: **désobéir** to disobey (314); **parler** to talk

The subject pronouns are found on page 103.

The Seven Simple Tenses		The Seven Compound Tenses	
Singular	Plural	Singular	Plural
1 présent de l'indicatif		**8 passé composé**	
écris	écrivons	ai écrit	avons écrit
écris	écrivez	as écrit	avez écrit
écrit	écrivent	a écrit	ont écrit
2 imparfait de l'indicatif		**9 plus-que-parfait de l'indicatif**	
écrivais	écrivions	avais écrit	avions écrit
écrivais	écriviez	avais écrit	aviez écrit
écrivait	écrivaient	avait écrit	avaient écrit
3 passé simple		**10 passé antérieur**	
écrivis	écrivîmes	eus écrit	eûmes écrit
écrivis	écrivîtes	eus écrit	eûtes écrit
écrivit	écrivirent	eut écrit	eurent écrit
4 futur		**11 futur antérieur**	
écrirai	écrirons	aurai écrit	aurons écrit
écriras	écrirez	auras écrit	aurez écrit
écrira	écriront	aura écrit	auront écrit
5 conditionnel		**12 conditionnel passé**	
écrirais	écririons	aurais écrit	aurions écrit
écrirais	écririez	aurais écrit	auriez écrit
écrirait	écriraient	aurait écrit	auraient écrit
6 présent du subjonctif		**13 passé du subjonctif**	
écrive	écrivions	aie écrit	ayons écrit
écrives	écriviez	aies écrit	ayez écrit
écrive	écrivent	ait écrit	aient écrit
7 imparfait du subjonctif		**14 plus-que-parfait du subjonctif**	
écrivisse	écrivissions	eusse écrit	eussions écrit
écrivisses	écrivissiez	eusses écrit	eussiez écrit
écrivît	écrivissent	eût écrit	eussent écrit

Impératif
écris
écrivons
écrivez

AN ESSENTIAL
55 VERB

Écrire is a very useful verb for a beginning French student. There are several verbs that are conjugated like écrire.

Sentences using écrire

Jean: As-tu écrit ta composition pour la classe de français?
Jeanne: Non, je ne l'ai pas écrite.
Jean: Écris-la tout de suite!

John: Did you write your composition for French class?
Jean: No, I didn't write it.
John: Write it right away!

J'ai oublié mon stylo. Pourrais-tu me prêter de quoi écrire? I forgot my pen. Could you lend me something to write with?

C'est un nom bizarre. Comment est-ce que cela s'écrit? That's a strange name. How is it written (spelled)?

Avant donc d'écrire, apprenez à penser. (Boileau) Before writing, learn to think.

Words and expressions related to this verb

un écrivain **writer**

une femme écrivain **female writer;** une écrivaine **(Québec) female writer**

écriture f. **handwriting, writing**

par écrit **in writing**

écrivasser **to write badly**

une machine à écrire **a typewriter**

de quoi écrire **something to write with**

écrire un petit mot à qqn **to write a note to someone**

s'écrire **to be spelled, to write to one another**

If you can conjugate écrire you can also conjugate these verbs:

circonscrire **to limit, circumscribe**	récrire, réécrire **to rewrite**
décrire **to describe**	retranscrire **to retranscribe**
inscrire **to inscribe, write down**	souscrire à **to subscribe to**
prescrire **to prescribe**	transcrire **to transcribe**
proscrire **to proscribe, ban, outlaw**	

Syn.: calligraphier to write calligraphy (212); composer to compose (350); écrivasser to write badly (84); inscrire to inscribe, to write down (177); marquer to mark (219); noter to note (176); publier to publish (212); rédiger to write (218)
Ant.: biffer to cross out (439); effacer to erase (342); rayer to cross out (330)

The subject pronouns are found on page 103.
303

effrayer (178)

Part. pr. **effrayant**   Part. passé **effrayé**

to frighten

Regular **-er** verb endings; spelling change: **-ayer** verbs may change **y** to **i** in front of a mute **e** or may keep **y**

The Seven Simple Tenses		The Seven Compound Tenses	
Singular	Plural	Singular	Plural
1 présent de l'indicatif		**8 passé composé**	
effraye	effrayons	ai effrayé	avons effrayé
effrayes	effrayez	as effrayé	avez effrayé
effraye	effrayent	a effrayé	ont effrayé
2 imparfait de l'indicatif		**9 plus-que-parfait de l'indicatif**	
effrayais	effrayions	avais effrayé	avions effrayé
effrayais	effrayiez	avais effrayé	aviez effrayé
effrayait	effrayaient	avait effrayé	avaient effrayé
3 passé simple		**10 passé antérieur**	
effrayai	effrayâmes	eus effrayé	eûmes effrayé
effrayas	effrayâtes	eus effrayé	eûtes effrayé
effraya	effrayèrent	eut effrayé	eurent effrayé
4 futur		**11 futur antérieur**	
effrayerai	effrayerons	aurai effrayé	aurons effrayé
effrayeras	effrayerez	auras effrayé	aurez effrayé
effrayera	effrayeront	aura effrayé	auront effrayé
5 conditionnel		**12 conditionnel passé**	
effrayerais	effrayerions	aurais effrayé	aurions effrayé
effrayerais	effrayeriez	aurais effrayé	auriez effrayé
effrayerait	effrayeraient	aurait effrayé	auraient effrayé
6 présent du subjonctif		**13 passé du subjonctif**	
effraye	effrayions	aie effrayé	ayons effrayé
effrayes	effrayiez	aies effrayé	ayez effrayé
effraye	effrayent	ait effrayé	aient effrayé
7 imparfait du subjonctif		**14 plus-que-parfait du subjonctif**	
effrayasse	effrayassions	eusse effrayé	eussions effrayé
effrayasses	effrayassiez	eusses effrayé	eussiez effrayé
effrayât	effrayassent	eût effrayé	eussent effrayé

Impératif
effraye
effrayons
effrayez

Sentences using this verb and words related to it

Le tigre a effrayé l'enfant. L'enfant a effrayé le singe. Le singe effraiera le bébé. C'est effrayant! The tiger frightened the child. The child frightened the monkey. The monkey will frighten the baby. It's frightful!

effrayant, effrayante frightful, awful
effrayé, effrayée frightened
l'effroi *m.* fright, terror

effroyable dreadful, fearful
effroyablement dreadfully, fearfully

Syn.: **apeurer** to frighten (347); **effaroucher** to scare away (285); **épouvanter** to terrify (90); **faire peur** to frighten; **inquiéter qqn** to disturb someone (87) (See 258); **terrifier** to terrify (212); **traumatiser** to traumatize (486) Ant.: **apaiser** to calm down (27); **calmer** to calm (27); **rassurer** to reassure (54); **tranquilliser** to reassure (486)

Regular **-er** verb endings; spelling change: **-ayer** verbs
may change **y** to **i** in front of a mute **e** or may keep **y**

to amuse, to cheer up,
to enliven, to entertain

The Seven Simple Tenses		The Seven Compound Tenses	
Singular	Plural	Singular	Plural
1 présent de l'indicatif		**8 passé composé**	
égaye	égayons	ai égayé	avons égayé
égayes	égayez	as égayé	avez égayé
égaye	égayent	a égayé	ont égayé
2 imparfait de l'indicatif		**9 plus-que-parfait de l'indicatif**	
égayais	égayions	avais égayé	avions égayé
égayais	égayiez	avais égayé	aviez égayé
égayait	égayaient	avait égayé	avaient égayé
3 passé simple		**10 passé antérieur**	
égayai	égayâmes	eus égayé	eûmes égayé
égayas	égayâtes	eus égayé	eûtes égayé
égaya	égayèrent	eut égayé	eurent égayé
4 futur		**11 futur antérieur**	
égayerai	égayerons	aurai égayé	aurons égayé
égayeras	égayerez	auras égayé	aurez égayé
égayera	égayeront	aura égayé	auront égayé
5 conditionnel		**12 conditionnel passé**	
égayerais	égayerions	aurais égayé	aurions égayé
égayerais	égayeriez	aurais égayé	auriez égayé
égayerait	égayeraient	aurait égayé	auraient égayé
6 présent du subjonctif		**13 passé du subjonctif**	
égaye	égayions	aie égayé	ayons égayé
égayes	égayiez	aies égayé	ayez égayé
égaye	égayent	ait égayé	aient égayé
7 imparfait du subjonctif		**14 plus-que-parfait du subjonctif**	
égayasse	égayassions	eusse égayé	eussions égayé
égayasses	égayassiez	eusses égayé	eussiez égayé
égayât	égayassent	eût égayé	eussent égayé

E

Impératif
égaye
égayons
égayez

Words related to this verb

égayant, égayante lively
un égaiement amusement
s'égayer aux dépens de to amuse oneself at
   someone's expense
gai, gaie gay, cheerful, merry
gaiement gaily, cheerfully

Syn.: **amuser** to amuse, to entertain;
distraire to distract, to entertain (474);
divertir to amuse, to entertain (210)
Ant.: **attrister** to sadden (28); **chagriner** to
grieve, to distress (329); **ennuyer** to bore, to
annoy

élever (180)

to raise, to rear, to bring up

Regular **-er** verb endings; spelling change:
e changes to **è** before syllable with mute **e**

The Seven Simple Tenses		The Seven Compound Tenses	
Singular	Plural	Singular	Plural

1 présent de l'indicatif

		8 passé composé	
élève	élevons	ai élevé	avons élevé
élèves	élevez	as élevé	avez élevé
élève	élèvent	a élevé	ont élevé

2 imparfait de l'indicatif

		9 plus-que-parfait de l'indicatif	
élevais	élevions	avais élevé	avions élevé
élevais	éleviez	avais élevé	aviez élevé
élevait	élevaient	avait élevé	avaient élevé

3 passé simple

		10 passé antérieur	
élevai	élevâmes	eus élevé	eûmes élevé
élevas	élevâtes	eus élevé	eûtes élevé
éleva	élevèrent	eut élevé	eurent élevé

4 futur

		11 futur antérieur	
élèverai	élèverons	aurai élevé	aurons élevé
élèveras	élèverez	auras élevé	aurez élevé
élèvera	élèveront	aura élevé	auront élevé

5 conditionnel

		12 conditionnel passé	
élèverais	élèverions	aurais élevé	aurions élevé
élèverais	élèveriez	aurais élevé	auriez élevé
élèverait	élèveraient	aurait élevé	auraient élevé

6 présent du subjonctif

		13 passé du subjonctif	
élève	élevions	aie élevé	ayons élevé
élèves	éleviez	aies élevé	ayez élevé
élève	élèvent	ait élevé	aient élevé

7 imparfait du subjonctif

		14 plus-que-parfait du subjonctif	
élevasse	élevassions	eusse élevé	eussions élevé
élevasses	élevassiez	eusses élevé	eussiez élevé
élevât	élevassent	eût élevé	eussent élevé

Impératif
élève
élevons
élevez

Words and expressions related to this verb

un, une élève pupil, student; **un, une élève professeur** student teacher

élevage *m.* breeding, rearing; **occuper une position élevée** to hold a high position

s'élever to go up, to rise up

élévation *f.* elevation, raising; **La musique élève l'âme.** Music uplifts the soul.

bien élevé well-bred, well brought up

mal élevé ill-bred, badly brought up

See also **enlever** and **lever**.

Car quiconque s'élève sera abaissé, et celui qui s'abaisse sera élevé. For whoever exalts himself will be humbled, and he who humbles himself will be exalted. (Luke 14:11)

Syn.: **bâtir** to build; **construire** to construct; **dresser** to erect; **hausser** to raise (92) (aspirate *h*; no liaison); **hisser** to hoist (84) (aspirate *h*; no liaison); **lever** to lift, to raise; **monter** to go up, to take up; **relever** to raise again (278); **soulever** to raise (278)

Ant.: **abaisser** to lower; **abattre** to knock down; **baisser** to lower; **descendre** to go down, to take down

The Seven Simple Tenses		The Seven Compound Tenses	
Singular	Plural	Singular	Plural

1 présent de l'indicatif

élis	élisons		
élis	élisez		
élit	élisent		

8 passé composé

ai élu	avons élu
as élu	avez élu
a élu	ont élu

2 imparfait de l'indicatif

élisais	élisions
élisais	élisiez
élisait	élisaient

9 plus-que-parfait de l'indicatif

avais élu	avions élu
avais élu	aviez élu
avait élu	avaient élu

3 passé simple

élus	élûmes
élus	élûtes
élut	élurent

10 passé antérieur

eus élu	eûmes élu
eus élu	eûtes élu
eut élu	eurent élu

4 futur

élirai	élirons
éliras	élirez
élira	éliront

11 futur antérieur

aurai élu	aurons élu
auras élu	aurez élu
aura élu	auront élu

5 conditionnel

élirais	élirions
élirais	éliriez
élirait	éliraient

12 conditionnel passé

aurais élu	aurions élu
aurais élu	auriez élu
aurait élu	auraient élu

6 présent du subjonctif

élise	élisions
élises	élisiez
élise	élisent

13 passé du subjonctif

aie élu	ayons élu
aies élu	ayez élu
ait élu	aient élu

7 imparfait du subjonctif

élusse	élussions
élusses	élussiez
élût	élussent

14 plus-que-parfait du subjonctif

eusse élu	eussions élu
eusses élu	eussiez élu
eût élu	eussent élu

Impératif
élis
élisons
élisez

Words and expressions related to this verb

Car il y a beaucoup d'appelés mais peu d'élus. For many are called but few are chosen. (Matthew 22:14)
une élection election, choice
le jour des élections election day
électif, élective elective
un électeur, une électrice voter
se rendre aux urnes to vote, go to the polls

Syn.: **adopter** to adopt (8); **choisir** to choose, to select; **nommer** to name, to appoint
Ant.: **blackbouler** to blackball (421); **éliminer** to eliminate (465); **rejeter** to reject (267)

The subject pronouns are found on page 103.

to move away, to go away, to withdraw,
to step back, to keep back, to keep away

Reflexive regular **-er** verb

The Seven Simple Tenses		The Seven Compound Tenses	
Singular	Plural	Singular	Plural

1 présent de l'indicatif

		8 passé composé	
m'éloigne	nous éloignons	me suis éloigné(e)	nous sommes éloigné(e)s
t'éloignes	vous éloignez	t'es éloigné(e)	vous êtes éloigné(e)(s)
s'éloigne	s'éloignent	s'est éloigné(e)	se sont éloigné(e)s

2 imparfait de l'indicatif

		9 plus-que-parfait de l'indicatif	
m'éloignais	nous éloignions	m'étais éloigné(e)	nous étions éloigné(e)s
t'éloignais	vous éloigniez	t'étais éloigné(e)	vous étiez éloigné(e)(s)
s'éloignait	s'éloignaient	s'était éloigné(e)	s'étaient éloigné(e)s

3 passé simple

		10 passé antérieur	
m'éloignai	nous éloignâmes	me fus éloigné(e)	nous fûmes éloigné(e)s
t'éloignas	vous éloignâtes	te fus éloigné(e)	vous fûtes éloigné(e)(s)
s'éloigna	s'éloignèrent	se fut éloigné(e)	se furent éloigné(e)s

4 futur

		11 futur antérieur	
m'éloignerai	nous éloignerons	me serai éloigné(e)	nous serons éloigné(e)s
t'éloigneras	vous éloignerez	te seras éloigné(e)	vous serez éloigné(e)(s)
s'éloignera	s'éloigneront	se sera éloigné(e)	se seront éloigné(e)s

5 conditionnel

		12 conditionnel passé	
m'éloignerais	nous éloignerions	me serais éloigné(e)	nous serions éloigné(e)s
t'éloignerais	vous éloigneriez	te serais éloigné(e)	vous seriez éloigné(e)(s)
s'éloignerait	s'éloigneraient	se serait éloigné(e)	se seraient éloigné(e)s

6 présent du subjonctif

		13 passé du subjonctif	
m'éloigne	nous éloignions	me sois éloigné(e)	nous soyons éloigné(e)s
t'éloignes	vous éloigniez	te sois éloigné(e)	vous soyez éloigné(e)(s)
s'éloigne	s'éloignent	se soit éloigné(e)	se soient éloigné(e)s

7 imparfait du subjonctif

		14 plus-que-parfait du subjonctif	
m'éloignasse	nous éloignassions	me fusse éloigné(e)	nous fussions éloigné(e)s
t'éloignasses	vous éloignassiez	te fusses éloigné(e)	vous fussiez éloigné(e)(s)
s'éloignât	s'éloignassent	se fût éloigné(e)	se fussent éloigné(e)s

Impératif
éloigne-toi; ne t'éloigne pas
éloignons-nous; ne nous éloignons pas
éloignez-vous; ne vous éloignez pas

Words and expressions related to this verb

éloigner de to keep away from, to keep at a distance
s'éloigner de to keep one's distance from, to move away from
s'éloigner en courant to run away, to move away while running
loin far; **lointain, lointaine** distant
loin de là, loin de ça far from it
Loin des yeux, loin du coeur. Out of sight, out of mind.

Eloignez-vous, s'il vous plaît! Stay back! Keep your distance, please!
l'éloignement *m.* distance

Syn.: **s'en aller** to go away; **s'écarter** to move away (69) (aux. **être**); **s'enfuir** to run away
Ant.: **se joindre** to come together again (268) (aux. **être**); **se rapprocher** to move closer (33, 43); **se réunir** to join, to meet (485) (aux. **être**)

The Seven Simple Tenses		The Seven Compound Tenses	
Singular	Plural	Singular	Plural
1 présent de l'indicatif		**8 passé composé**	
embrasse	embrassons	ai embrassé	avons embrassé
embrasses	embrassez	as embrassé	avez embrassé
embrasse	embrassent	a embrassé	ont embrassé
2 imparfait de l'indicatif		**9 plus-que-parfait de l'indicatif**	
embrassais	embrassions	avais embrassé	avions embrassé
embrassais	embrassiez	avais embrassé	aviez embrassé
embrassait	embrassaient	avait embrassé	avaient embrassé
3 passé simple		**10 passé antérieur**	
embrassai	embrassâmes	eus embrassé	eûmes embrassé
embrassas	embrassâtes	eus embrassé	eûtes embrassé
embrassa	embrassèrent	eut embrassé	eurent embrassé
4 futur		**11 futur antérieur**	
embrasserai	embrasserons	aurai embrassé	aurons embrassé
embrasseras	embrasserez	auras embrassé	aurez embrassé
embrassera	embrasseront	aura embrassé	auront embrassé
5 conditionnel		**12 conditionnel passé**	
embrasserais	embrasserions	aurais embrassé	aurions embrassé
embrasserais	embrasseriez	aurais embrassé	auriez embrassé
embrasserait	embrasseraient	aurait embrassé	auraient embrassé
6 présent du subjonctif		**13 passé du subjonctif**	
embrasse	embrassions	aie embrassé	ayons embrassé
embrasses	embrassiez	aies embrassé	ayez embrassé
embrasse	embrassent	ait embrassé	aient embrassé
7 imparfait du subjonctif		**14 plus-que-parfait du subjonctif**	
embrassasse	embrassassions	eusse embrassé	eussions embrassé
embrassasses	embrassassiez	eusses embrassé	eussiez embrassé
embrassât	embrassassent	eût embrassé	eussent embrassé

E

Impératif
embrasse
embrassons
embrassez

Sentences using this verb and words related to it

Embrasse-moi. Kiss me.
Je t'embrasse. I kiss you. Kisses *or* love (when signing a note).
une embrassade, des embrassades a hug and a kiss, hugs and kisses
le bras arm
un embrassement embracement, embrace
s'embrasser to embrace each other, to hug each other

Syn.: **baiser** (27) (Be careful! This verb can have vulgar connotations. Unless you're kissing someone's cheek or hand, use **embrasser**); **étreindre** to embrace, to hug (334)
Ant.: **rejeter** to reject (267); **repousser** to push away (353)

The subject pronouns are found on page 103.   **309**

emmener (184)

Part. pr. emmenant **Part. passé** emmené

to lead, to lead away,
to take away (persons)

Regular **-er** verb endings; spelling change:
e changes to **è** before syllable with mute **e**

The Seven Simple Tenses		The Seven Compound Tenses	
Singular	Plural	Singular	Plural

1 présent de l'indicatif

emmène	emmenons
emmènes	emmenez
emmène	emmènent

8 passé composé

ai emmené	avons emmené
as emmené	avez emmené
a emmené	ont emmené

2 imparfait de l'indicatif

emmenais	emmenions
emmenais	emmeniez
emmenait	emmenaient

9 plus-que-parfait de l'indicatif

avais emmené	avions emmené
avais emmené	aviez emmené
avait emmené	avaient emmené

3 passé simple

emmenai	emmenâmes
emmenas	emmenâtes
emmena	emmenèrent

10 passé antérieur

eus emmené	eûmes emmené
eus emmené	eûtes emmené
eut emmené	eurent emmené

4 futur

emmènerai	emmènerons
emmèneras	emmènerez
emmènera	emmèneront

11 futur antérieur

aurai emmené	aurons emmené
auras emmené	aurez emmené
aura emmené	auront emmené

5 conditionnel

emmènerais	emmènerions
emmènerais	emmèneriez
emmènerait	emmèneraient

12 conditionnel passé

aurais emmené	aurions emmené
aurais emmené	auriez emmené
aurait emmené	auraient emmené

6 présent du subjonctif

emmène	emmenions
emmènes	emmeniez
emmène	emmènent

13 passé du subjonctif

aie emmené	ayons emmené
aies emmené	ayez emmené
ait emmené	aient emmené

7 imparfait du subjonctif

emmenasse	emmenassions
emmenasses	emmenassiez
emmenât	emmenassent

14 plus-que-parfait du subjonctif

eusse emmené	eussions emmené
eusses emmené	eussiez emmené
eût emmené	eussent emmené

Impératif
emmène
emmenons
emmenez

Sentences using this verb and words related to it

Samedi dernier, mon père nous a emmenés au cinéma. Last Saturday, my father took us to the movies.
Le train m'a emmené à Paris. The train took me to Paris.
Un agent de police a emmené l'assassin. A policeman took away the assassin.

See also **mener** and **amener**.

Syn.: **conduire** to lead, to drive; **emporter** to carry away (349); **mener** to lead
Ant.: **amener** to bring, to lead (Note: not in the same direction as **emmener**, which implies a movement away); **chasser** to drive out

The Seven Simple Tenses | The Seven Compound Tenses

Singular	Plural	Singular	Plural
1 présent de l'indicatif		**8 passé composé**	
émeus	émouvons	ai ému	avons ému
émeus	émouvez	as ému	avez ému
émeut	émeuvent	a ému	ont ému
2 imparfait de l'indicatif		**9 plus-que-parfait de l'indicatif**	
émouvais	émouvions	avais ému	avions ému
émouvais	émouviez	avais ému	aviez ému
émouvait	émouvaient	avait ému	avaient ému
3 passé simple		**10 passé antérieur**	
émus	émûmes	eus ému	eûmes ému
émus	émûtes	eus ému	eûtes ému
émut	émurent	eut ému	eurent ému
4 futur		**11 futur antérieur**	
émouvrai	émouvrons	aurai ému	aurons ému
émouvras	émouvrez	auras ému	aurez ému
émouvra	émouvront	aura ému	auront ému
5 conditionnel		**12 conditionnel passé**	
émouvrais	émouvrions	aurais ému	aurions ému
émouvrais	émouvriez	aurais ému	auriez ému
émouvrait	émouvraient	aurait ému	auraient ému
6 présent du subjonctif		**13 passé du subjonctif**	
émeuve	émouvions	aie ému	ayons ému
émeuves	émouviez	aies ému	ayez ému
émeuve	émeuvent	ait ému	aient ému
7 imparfait du subjonctif		**14 plus-que-parfait du subjonctif**	
émusse	émussions	eusse ému	eussions ému
émusses	émussiez	eusses ému	eussiez ému
émût	émussent	eût ému	eussent ému

E

Impératif
émeus
émouvons
émouvez

Words and expressions related to this verb

s'**émouvoir de** to be moved (touched) by
une **émeute** insurrection, insurgency
un **émeutier, une émeutière** insurrectionist,
   insurgent, rioter
être **ému(e)** to be moved
émouvant, émouvante moving, touching
fort émouvant thrilling

émouvoir la pitié de qqn to move someone to
   pity
l'**émotion** f. feeling

Syn.: **attendrir** to inspire pity (229); **attrister**
to sadden (28); **bouleverser** to overwhelm
(492); **toucher** to affect, to touch
Ant.: **apaiser** to calm down (27); **calmer** to
calm (27)

to hinder, to prevent

The Seven Simple Tenses		The Seven Compound Tenses	
Singular	Plural	Singular	Plural
1 présent de l'indicatif		**8 passé composé**	
empêche	empêchons	ai empêché	avons empêché
empêches	empêchez	as empêché	avez empêché
empêche	empêchent	a empêché	ont empêché
2 imparfait de l'indicatif		**9 plus-que-parfait de l'indicatif**	
empêchais	empêchions	avais empêché	avions empêché
empêchais	empêchiez	avais empêché	aviez empêché
empêchait	empêchaient	avait empêché	avaient empêché
3 passé simple		**10 passé antérieur**	
empêchai	empêchâmes	eus empêché	eûmes empêché
empêchas	empêchâtes	eus empêché	eûtes empêché
empêcha	empêchèrent	eut empêché	eurent empêché
4 futur		**11 futur antérieur**	
empêcherai	empêcherons	aurai empêché	aurons empêché
empêcheras	empêcherez	auras empêché	aurez empêché
empêchera	empêcheront	aura empêché	auront empêché
5 conditionnel		**12 conditionnel passé**	
empêcherais	empêcherions	aurais empêché	aurions empêché
empêcherais	empêcheriez	aurais empêché	auriez empêché
empêcherait	empêcheraient	aurait empêché	auraient empêché
6 présent du subjonctif		**13 passé du subjonctif**	
empêche	empêchions	aie empêché	ayons empêché
empêches	empêchiez	aies empêché	ayez empêché
empêche	empêchent	ait empêché	aient empêché
7 imparfait du subjonctif		**14 plus-que-parfait du subjonctif**	
empêchasse	empêchassions	eusse empêché	eussions empêché
empêchasses	empêchassiez	eusses empêché	eussiez empêché
empêchât	empêchassent	eût empêché	eussent empêché

Impératif
empêche
empêchons
empêchez

Sentences using this verb and words related to it

Georgette a empêché son frère de finir ses devoirs parce qu'elle jouait du cor d'harmonie en même temps. Georgette prevented her brother from finishing his homework because she was playing the French horn at the same time.

un empêchement impediment, hindrance
en cas d'empêchement in case of prevention
empêcher qqn de faire qqch to prevent someone from doing something
empêcher d'entrer to keep from entering

s'empêcher de faire qqch to refrain from doing something
Je n'ai pas pu m'empêcher de rire. I couldn't help laughing.

See also **dépêcher**.

Syn.: **arrêter** to stop; **contrarier** to frustrate (41); **défendre** to prohibit; **entraver** to hinder (276); **s'opposer** to conflict (350) (aux. **être**); **paralyser** to paralyze (32); **prévenir** to forestall
Ant.: **aider** to help; **encourager** to encourage; **permettre** to allow, to permit

Regular **-er** verb endings; spelling change: **-oyer** verbs must
change **y** to **i** in front of a mute **e**   to use, to employ

The Seven Simple Tenses		The Seven Compound Tenses	
Singular	Plural	Singular	Plural

1 présent de l'indicatif

		8 passé composé	
emploie	employons	ai employé	avons employé
emploies	employez	as employé	avez employé
emploie	emploient	a employé	ont employé

2 imparfait de l'indicatif

		9 plus-que-parfait de l'indicatif	
employais	employions	avais employé	avions employé
employais	employiez	avais employé	aviez employé
employait	employaient	avait employé	avaient employé

3 passé simple

		10 passé antérieur	
employai	employâmes	eus employé	eûmes employé
employas	employâtes	eus employé	eûtes employé
employa	employèrent	eut employé	eurent employé

4 futur

		11 futur antérieur	
emploierai	emploierons	aurai employé	aurons employé
emploieras	emploierez	auras employé	aurez employé
emploiera	emploieront	aura employé	auront employé

5 conditionnel

		12 conditionnel passé	
emploierais	emploierions	aurais employé	aurions employé
emploierais	emploieriez	aurais employé	auriez employé
emploierait	emploieraient	aurait employé	auraient employé

6 présent du subjonctif

		13 passé du subjonctif	
emploie	employions	aie employé	ayons employé
emploies	employiez	aies employé	ayez employé
emploie	emploient	ait employé	aient employé

7 imparfait du subjonctif

		14 plus-que-parfait du subjonctif	
employasse	employassions	eusse employé	eussions employé
employasses	employassiez	eusses employé	eussiez employé
employât	employassent	eût employé	eussent employé

Impératif
emploie
employons
employez

Words and expressions related to this verb

un **employé**, une **employée** employee
un **employeur**, une **employeuse** employer
sans **emploi** jobless
un **emploi** employment
une demande d'**emploi** job application
s'**employer** à faire qqch to occupy oneself
  doing something

employer son temps to spend one's time
un **emploi** nouveau a new use

Syn.: **engager** to hire (305); **se servir de
qqch** to use something; **user** to use up (32);
utiliser to utilize, to use
Ant.: **négliger** to neglect (119); **refuser** to
refuse

emprunter (188)

to borrow

Part. pr. empruntant **Part. passé emprunté**

The Seven Simple Tenses		The Seven Compound Tenses	
Singular	Plural	Singular	Plural
1 présent de l'indicatif		**8 passé composé**	
emprunte	empruntons	ai emprunté	avons emprunté
empruntes	empruntez	as emprunté	avez emprunté
emprunte	empruntent	a emprunté	ont emprunté
2 imparfait de l'indicatif		**9 plus-que-parfait de l'indicatif**	
empruntais	empruntions	avais emprunté	avions emprunté
empruntais	empruntiez	avais emprunté	aviez emprunté
empruntait	empruntaient	avait emprunté	avaient emprunté
3 passé simple		**10 passé antérieur**	
empruntai	empruntâmes	eus emprunté	eûmes emprunté
empruntas	empruntâtes	eus emprunté	eûtes emprunté
emprunta	empruntèrent	eut emprunté	eurent emprunté
4 futur		**11 futur antérieur**	
emprunterai	emprunterons	aurai emprunté	aurons emprunté
emprunteras	emprunterez	auras emprunté	aurez emprunté
empruntera	emprunteront	aura emprunté	auront emprunté
5 conditionnel		**12 conditionnel passé**	
emprunterais	emprunterions	aurais emprunté	aurions emprunté
emprunterais	emprunteriez	aurais emprunté	auriez emprunté
emprunterait	emprunteraient	aurait emprunté	auraient emprunté
6 présent du subjonctif		**13 passé du subjonctif**	
emprunte	empruntions	aie emprunté	ayons emprunté
empruntes	empruntiez	aies emprunté	ayez emprunté
emprunte	empruntent	ait emprunté	aient emprunté
7 imparfait du subjonctif		**14 plus-que-parfait du subjonctif**	
empruntasse	empruntassions	eusse emprunté	eussions emprunté
empruntasses	empruntassiez	eusses emprunté	eussiez emprunté
empruntât	empruntassent	eût emprunté	eussent emprunté

Impératif
emprunte
empruntons
empruntez

Words related to this verb
un emprunteur, une emprunteuse a person who makes a habit of borrowing, a borrower
un emprunt loan, borrowing
emprunter quelque chose à quelqu'un to borrow something from someone
Monsieur Leblanc a emprunté de l'argent à mon père. Mr. Leblanc borrowed some money from my father.

faire un emprunt pour payer ses dettes de jeu to take out a loan to pay one's gambling debts

Syn.: **se faire prêter qqch** to have something borrowed (conjugate **faire**)
Ant.: **devoir** to owe; **prêter** to lend; **rendre** to return something

Don't confuse **emprunter** with **prêter** (*to lend*).

Regular **-er** verb endings; spelling change: retain the   to encourage
ge before **a** or **o** to keep the soft **g** sound of the verb

The Seven Simple Tenses		The Seven Compound Tenses	
Singular	Plural	Singular	Plural
1 présent de l'indicatif		**8 passé composé**	
encourage	**encourageons**	**ai encouragé**	**avons encouragé**
encourages	**encouragez**	**as encouragé**	**avez encouragé**
encourage	**encouragent**	**a encouragé**	**ont encouragé**
2 imparfait de l'indicatif		**9 plus-que-parfait de l'indicatif**	
encourageais	**encouragions**	**avais encouragé**	**avions encouragé**
encourageais	**encouragiez**	**avais encouragé**	**aviez encouragé**
encourageait	**encourageaient**	**avait encouragé**	**avaient encouragé**
3 passé simple		**10 passé antérieur**	
encourageai	**encourageâmes**	**eus encouragé**	**eûmes encouragé**
encourageas	**encourageâtes**	**eus encouragé**	**eûtes encouragé**
encouragea	**encouragèrent**	**eut encouragé**	**eurent encouragé**
4 futur		**11 futur antérieur**	
encouragerai	**encouragerons**	**aurai encouragé**	**aurons encouragé**
encourageras	**encouragerez**	**auras encouragé**	**aurez encouragé**
encouragera	**encourageront**	**aura encouragé**	**auront encouragé**
5 conditionnel		**12 conditionnel passé**	
encouragerais	**encouragerions**	**aurais encouragé**	**aurions encouragé**
encouragerais	**encourageriez**	**aurais encouragé**	**auriez encouragé**
encouragerait	**encourageraient**	**aurait encouragé**	**auraient encouragé**
6 présent du subjonctif		**13 passé du subjonctif**	
encourage	**encouragions**	**aie encouragé**	**ayons encouragé**
encourages	**encouragiez**	**aies encouragé**	**ayez encouragé**
encourage	**encouragent**	**ait encouragé**	**aient encouragé**
7 imparfait du subjonctif		**14 plus-que-parfait du subjonctif**	
encourageasse	**encourageassions**	**eusse encouragé**	**eussions encouragé**
encourageasses	**encourageassiez**	**eusses encouragé**	**eussiez encouragé**
encourageât	**encourageassent**	**eût encouragé**	**eussent encouragé**

Impératif
encourage
encourageons
encouragez

Words and expressions related to this verb

encourager qqn à faire qqch to encourage
    someone to do something
encourageant, encourageante encouraging;
    des paroles encourageantes encouraging
    words
Bon courage! Good luck! (Take heart!)
l'encouragement *m.* encouragement
le découragement discouragement
le courage courage

décourager to discourage
se décourager to become discouraged

Syn.: **animer** to animate, to liven up (27);
inciter to incite (251); **pousser** to push;
réconforter to comfort (349); **soutenir** to
support (463)
Ant.: **décourager** to discourage (305);
détourner to divert (470); **empêcher** to
hinder

The subject pronouns are found on page 103.   **315**

s'enfuir (190)

to run away, to slip away,
to escape, to flee, to fly away

The Seven Simple Tenses | The Seven Compound Tenses

Singular	Plural	Singular	Plural
1 présent de l'indicatif		**8 passé composé**	
m'enfuis	nous enfuyons	me suis enfui(e)	nous sommes enfui(e)s
t'enfuis	vous enfuyez	t'es enfui(e)	vous êtes enfui(e)(s)
s'enfuit	s'enfuient	s'est enfui(e)	se sont enfui(e)s
2 imparfait de l'indicatif		**9 plus-que-parfait de l'indicatif**	
m'enfuyais	nous enfuyions	m'étais enfui(e)	nous étions enfui(e)s
t'enfuyais	vous enfuyiez	t'étais enfui(e)	vous étiez enfui(e)(s)
s'enfuyait	s'enfuyaient	s'était enfui(e)	s'étaient enfui(e)s
3 passé simple		**10 passé antérieur**	
m'enfuis	nous enfuîmes	me fus enfui(e)	nous fûmes enfui(e)s
t'enfuis	vous enfuîtes	te fus enfui(e)	vous fûtes enfui(e)(s)
s'enfuit	s'enfuirent	se fut enfui(e)	se furent enfui(e)s
4 futur		**11 futur antérieur**	
m'enfuirai	nous enfuirons	me serai enfui(e)	nous serons enfui(e)s
t'enfuiras	vous enfuirez	te seras enfui(e)	vous serez enfui(e)(s)
s'enfuira	s'enfuiront	se sera enfui(e)	se seront enfui(e)s
5 conditionnel		**12 conditionnel passé**	
m'enfuirais	nous enfuirions	me serais enfui(e)	nous serions enfui(e)s
t'enfuirais	vous enfuiriez	te serais enfui(e)	vous seriez enfui(e)(s)
s'enfuirait	s'enfuiraient	se serait enfui(e)	se seraient enfui(e)s
6 présent du subjonctif		**13 passé du subjonctif**	
m'enfuie	nous enfuyions	me sois enfui(e)	nous soyons enfui(e)s
t'enfuies	vous enfuyiez	te sois enfui(e)	vous soyez enfui(e)(s)
s'enfuie	s'enfuient	se soit enfui(e)	se soient enfui(e)s
7 imparfait du subjonctif		**14 plus-que-parfait du subjonctif**	
m'enfuisse	nous enfuissions	me fusse enfui(e)	nous fussions enfui(e)s
t'enfuisses	vous enfuissiez	te fusses enfui(e)	vous fussiez enfui(e)(s)
s'enfuît	s'enfuissent	se fût enfui(e)	se fussent enfui(e)s

Impératif
enfuis-toi; ne t'enfuis pas
enfuyons-nous; ne nous enfuyons pas
enfuyez-vous; ne vous enfuyez pas

Common idiomatic expressions using this verb
and words related to it

s'enfuir d'un endroit to flee from a place
prendre la fuite to take to flight
laid à faire fuir ugly enough to make you
  run off
fuir to flee
faire fuir to put to flight
la fuite flight

fuir devant un danger to run away from
  danger
Le temps fuit. Time flies.

See also **fuir.**

Syn.: **s'en aller** to go away; **s'échapper** to
escape (27, 33); **s'éloigner** to go away, to
withdraw; **s'évader de** to escape from (26,
33); **se sauver** to escape, to run away
Ant.: **faire face à** to face up to; **rechercher**
to search, to hunt for (93); **rester** to remain,
to stay

Regular **-er** verb endings; spelling change: to carry away, to take away,
e changes to **è** before syllable with mute **e**   to take off, to remove

The Seven Simple Tenses		The Seven Compound Tenses	
Singular	Plural	Singular	Plural

1 présent de l'indicatif
		8 passé composé	
enlève	enlevons	ai enlevé	avons enlevé
enlèves	enlevez	as enlevé	avez enlevé
enlève	enlèvent	a enlevé	ont enlevé

2 imparfait de l'indicatif
		9 plus-que-parfait de l'indicatif	
enlevais	enlevions	avais enlevé	avons enlevé
enlevais	enleviez	avais enlevé	aviez enlevé
enlevait	enlevaient	avait enlevé	avaient enlevé

3 passé simple
		10 passé antérieur	
enlevai	enlevâmes	eus enlevé	eûmes enlevé
enlevas	enlevâtes	eus enlevé	eûtes enlevé
enleva	enlevèrent	eut enlevé	eurent enlevé

4 futur
		11 futur antérieur	
enlèverai	enlèverons	aurai enlevé	aurons enlevé
enlèveras	enlèverez	auras enlevé	aurez enlevé
enlèvera	enlèveront	aura enlevé	auront enlevé

5 conditionnel
		12 conditionnel passé	
enlèverais	enlèverions	aurais enlevé	aurions enlevé
enlèverais	enlèveriez	aurais enlevé	auriez enlevé
enlèverait	enlèveraient	aurait enlevé	auraient enlevé

6 présent du subjonctif
		13 passé du subjonctif	
enlève	enlevions	aie enlevé	ayons enlevé
enlèves	enleviez	aies enlevé	ayez enlevé
enlève	enlèvent	ait enlevé	aient enlevé

7 imparfait du subjonctif
		14 plus-que-parfait du subjonctif	
enlevasse	enlevassions	eusse enlevé	eussions enlevé
enlevasses	enlevassiez	eusses enlevé	eussiez enlevé
enlevât	enlevassent	eût enlevé	eussent enlevé

Impératif
enlève
enlevons
enlevez

Sentences using this verb and words related to it

Madame Dubac a enlevé son chapeau, son manteau et ses gants. Mrs. Dubac took off her hat, her coat, and her gloves.
enlever les ordures to take the garbage out
un enlèvement lifting, carrying off, removal
enlèvement d'un enfant baby snatching, kidnapping
un enlevage spurt (sports)

See also **élever** and **lever.**

Syn.: **déduire** to deduct; **ôter** to take off, to remove (498); **prendre** to take; **retirer** to take out, to take off; **soustraire** to subtract (474); **voler** to steal
Ant.: **ajouter** to add; **donner** to give; **laisser** to leave; **mettre** to put, to put on (clothing); **remettre** to put on again, to put back

ennuyer (192)

Part. pr. **ennuyant**   Part. passé **ennuyé**

to bore, to annoy, to weary

Regular **-er** verb endings; spelling change: **-uyer** verbs must change **y** to **i** in front of mute **e**

The Seven Simple Tenses		The Seven Compound Tenses	
Singular	Plural	Singular	Plural
1 présent de l'indicatif		**8 passé composé**	
ennuie	ennuyons	ai ennuyé	avons ennuyé
ennuies	ennuyez	as ennuyé	avez ennuyé
ennuie	ennuient	a ennuyé	ont ennuyé
2 imparfait de l'indicatif		**9 plus-que-parfait de l'indicatif**	
ennuyais	ennuyions	avais ennuyé	avions ennuyé
ennuyais	ennuyiez	avais ennuyé	aviez ennuyé
ennuyait	ennuyaient	avait ennuyé	avaient ennuyé
3 passé simple		**10 passé antérieur**	
ennuyai	ennuyâmes	eus ennuyé	eûmes ennuyé
ennuyas	ennuyâtes	eus ennuyé	eûtes ennuyé
ennuya	ennuyèrent	eut ennuyé	eurent ennuyé
4 futur		**11 futur antérieur**	
ennuierai	ennuierons	aurai ennuyé	aurons ennuyé
ennuieras	ennuierez	auras ennuyé	aurez ennuyé
ennuiera	ennuieront	aura ennuyé	auront ennuyé
5 conditionnel		**12 conditionnel passé**	
ennuierais	ennuierions	aurais ennuyé	aurions ennuyé
ennuierais	ennuieriez	aurais ennuyé	auriez ennuyé
ennuierait	ennuieraient	aurait ennuyé	auraient ennuyé
6 présent du subjonctif		**13 passé du subjonctif**	
ennuie	ennuyions	aie ennuyé	ayons ennuyé
ennuies	ennuyiez	aies ennuyé	ayez ennuyé
ennuie	ennuient	ait ennuyé	aient ennuyé
7 imparfait du subjonctif		**14 plus-que-parfait du subjonctif**	
ennuyasse	ennuyassions	eusse ennuyé	eussions ennuyé
ennuyasses	ennuyassiez	eusses ennuyé	eussiez ennuyé
ennuyât	ennuyassent	eût ennuyé	eussent ennuyé

Impératif
ennuie
ennuyons
ennuyez

Sentences using this verb and words related to it

—**Est-ce que je vous ennuie?** — Am I boring you?

—**Oui, vous m'ennuyez. Allez-vous-en!** — Yes, you're boring me. Go away!

un ennui weariness, boredom, ennui
des ennuis worries, troubles
ennuyeux, ennuyeuse boring
s'ennuyer de quelqu'un to miss someone

mourir d'ennui to be bored to tears
s'ennuyer to become bored, to get bored
Quel ennui! What a nuisance!

Syn.: **agacer** to annoy, to irritate;
importuner to bother (32); **fatiguer** to tire
(307); **tanner qqn** to pester someone (171)
Ant.: **amuser** to amuse, to entertain; **distraire**
to distract, to entertain (474)

Reflexive verb; regular **-er** verb endings; spelling change:
-uyer verbs must change **y** to **i** in front of mute **e**

to be bored

The Seven Simple Tenses		The Seven Compound Tenses	
Singular	Plural	Singular	Plural
1 présent de l'indicatif		**8 passé composé**	
m'ennuie	nous ennuyons	me suis ennuyé(e)	nous sommes ennuyé(e)s
t'ennuies	vous ennuyez	t'es ennuyé(e)	vous êtes ennuyé(e)(s)
s'ennuie	se ennuient	s'est ennuyé(e)	se sont ennuyé(e)s
2 imparfait de l'indicatif		**9 plus-que-parfait de l'indicatif**	
m'ennuyais	nous ennuyions	m'étais ennuyé(e)	nous étions ennuyé(e)s
t'ennuyais	vous ennuyiez	t'étais ennuyé(e)	vous étiez ennuyé(e)(s)
s'ennuyait	s'ennuyaient	s'était ennuyé(e)	s'étaient ennuyé(e)s
3 passé simple		**10 passé antérieur**	
m'ennuyai	nous ennuyâmes	me fus ennuyé(e)	nous fûmes ennuyé(e)s
t'ennuyas	vous ennuyâtes	te fus ennuyé(e)	vous fûtes ennuyé(e)(s)
s'ennuya	s'ennuyèrent	se fut ennuyé(e)	se furent ennuyé(e)s
4 futur		**11 futur antérieur**	
m'ennuierai	nous ennuierons	me serai ennuyé(e)	nous serons ennuyé(e)s
t'ennuieras	vous ennuierez	te seras ennuyé(e)	vous serez ennuyé(e)(s)
s'ennuiera	s'ennuieront	se sera ennuyé(e)	se seront ennuyé(e)s
5 conditionnel		**12 conditionnel passé**	
m'ennuierais	nous ennuierions	me serais ennuyé(e)	nous serions ennuyé(e)s
t'ennuierais	vous ennuieriez	te serais ennuyé(e)	vous seriez ennuyé(e)(s)
s'ennuierait	s'ennuieraient	se serait ennuyé(e)	se seraient ennuyé(e)s
6 présent du subjonctif		**13 passé du subjonctif**	
m'ennuie	nous ennuyions	me sois ennuyé(e)	nous soyons ennuyé(e)s
t'ennuies	vous ennuyiez	te sois ennuyé(e)	vous soyez ennuyé(e)(s)
s'ennuie	s'ennuient	se soit ennuyé(e)	se soient ennuyé(e)s
7 imparfait du subjonctif		**14 plus-que-parfait du subjonctif**	
m'ennuyasse	nous ennuyassions	me fusse ennuyé(e)	nous fussions ennuyé(e)s
t'ennuyasses	vous ennuyassiez	te fusses ennuyé(e)	vous fussiez ennuyé(e)(s)
s'ennuyât	s'ennuyassent	se fût ennuyé(e)	se fussent ennuyé(e)s

E

Impératif
ennuie-toi; ne t'ennuie pas
ennuyons-nous; ne nous ennuyons pas
ennuyez-vous; ne vous ennuyez pas

Sentences using this verb and words related to it

Quelle barbe! On s'ennuie à 100 sous de l'heure dans cette classe! How boring! We're really bored in this class!
Je m'ennuie de toi. I miss you.
Proverb: **Un ennui ne vient jamais seul.** (Similar to: **Jamais deux sans trois.**) Bad luck comes in threes.

Words and expressions related to this verb

s'ennuyer de qqn to miss someone
l'ennui *m.* boredom, trouble

The subject pronouns are found on page 103.

s'ennuyer à 100 sous de l'heure to be very bored (Literally, to be bored at 100 cents per hour. One hundred sous used to make up five francs; **un franc** was the former monetary unit in France, replaced by **un euro**.)
ennuyeux, ennuyeuse *adj.* boring

Syn.: **avoir le cafard** to have the blues; **s'embêter** to be bored (47, 33)
Ant.: **s'amuser** to enjoy oneself; **se distraire** to amuse oneself (474) (aux. **être**)

The Seven Simple Tenses		The Seven Compound Tenses	
Singular	Plural	Singular	Plural

1 présent de l'indicatif

enseigne	enseignons		
enseignes	enseignez		
enseigne	enseignent		

8 passé composé

ai enseigné	avons enseigné		
as enseigné	avez enseigné		
a enseigné	ont enseigné		

2 imparfait de l'indicatif

enseignais	enseignions
enseignais	enseigniez
enseignait	enseignaient

9 plus-que-parfait de l'indicatif

avais enseigné	avions enseigné
avais enseigné	aviez enseigné
avait enseigné	avaient enseigné

3 passé simple

enseignai	enseignâmes
enseignas	enseignâtes
enseigna	enseignèrent

10 passé antérieur

eus enseigné	eûmes enseigné
eus enseigné	eûtes enseigné
eut enseigné	eurent enseigné

4 futur

enseignerai	enseignerons
enseigneras	enseignerez
enseignera	enseigneront

11 futur antérieur

aurai enseigné	aurons enseigné
auras enseigné	aurez enseigné
aura enseigné	auront enseigné

5 conditionnel

enseignerais	enseignerions
enseignerais	enseigneriez
enseignerait	enseigneraient

12 conditionnel passé

aurais enseigné	aurions enseigné
aurais enseigné	auriez enseigné
aurait enseigné	auraient enseigné

6 présent du subjonctif

enseigne	enseignions
enseignes	enseigniez
enseigne	enseignent

13 passé du subjonctif

aie enseigné	ayons enseigné
aies enseigné	ayez enseigné
ait enseigné	aient enseigné

7 imparfait du subjonctif

enseignasse	enseignassions
enseignasses	enseignassiez
enseignât	enseignassent

14 plus-que-parfait du subjonctif

eusse enseigné	eussions enseigné
eusses enseigné	eussiez enseigné
eût enseigné	eussent enseigné

Impératif
enseigne
enseignons
enseignez

Sentences using this verb and words and expressions related to it

J'enseigne aux élèves à lire en français.
L'enseignement est une belle profession.
I teach students how to read in French.
Teaching is a fine profession.

enseigner quelque chose à quelqu'un to teach something to someone

une enseigne sign; une enseigne lumineuse neon sign

l'enseignement m. teaching

l'enseignement à distance distance education

les enseignements du Christ/de Moïse/de Mahomet/du Bouddha the teachings of Christ/of Moses/of Mohammed/of Buddha

renseigner qqn de qqch to inform someone about something

se renseigner to get information, to inquire

un renseignement, des renseignements information

Syn.: apprendre à qqn to teach someone; éclairer to explain, to enlighten (21); expliquer to explain; initier to initiate (389); instruire to instruct
Ant.: apprendre to learn; étudier to study

The Seven Simple Tenses		The Seven Compound Tenses	
Singular	Plural	Singular	Plural
1 présent de l'indicatif		**8 passé composé**	
entends	entendons	ai entendu	avons entendu
entends	entendez	as entendu	avez entendu
entend	entendent	a entendu	ont entendu
2 imparfait de l'indicatif		**9 plus-que-parfait de l'indicatif**	
entendais	entendions	avais entendu	avions entendu
entendais	entendiez	avais entendu	aviez entendu
entendait	entendaient	avait entendu	avaient entendu
3 passé simple		**10 passé antérieur**	
entendis	entendîmes	eus entendu	eûmes entendu
entendis	entendîtes	eus entendu	eûtes entendu
entendit	entendirent	eut entendu	eurent entendu
4 futur		**11 futur antérieur**	
entendrai	entendrons	aurai entendu	aurons entendu
entendras	entendrez	auras entendu	aurez entendu
entendra	entendront	aura entendu	auront entendu
5 conditionnel		**12 conditionnel passé**	
entendrais	entendrions	aurais entendu	aurions entendu
entendrais	entendriez	aurais entendu	auriez entendu
entendrait	entendraient	aurait entendu	auraient entendu
6 présent du subjonctif		**13 passé du subjonctif**	
entende	entendions	aie entendu	ayons entendu
entendes	entendiez	aies entendu	ayez entendu
entende	entendent	ait entendu	aient entendu
7 imparfait du subjonctif		**14 plus-que-parfait du subjonctif**	
entendisse	entendissions	eusse entendu	eussions entendu
entendisses	entendissiez	eusses entendu	eussiez entendu
entendît	entendissent	eût entendu	eussent entendu

E

Impératif
entends
entendons
entendez

AN ESSENTIAL 55 VERB

Entendre is a very useful verb for a beginning French student. Entendre is a regular -re verb so many verbs are conjugated like it.

Sentences using entendre

—As-tu entendu quelque chose?
—Non, chéri, je n'ai rien entendu.
—J'ai entendu un bruit . . . de la cuisine . . . silence . . . je l'entends encore. C'est un cambrioleur!
—Non, chéri, c'est notre chien que tu entends.

—Did you hear something?
—No, dear, I didn't hear anything.
—I heard a noise . . . from the kitchen . . . quiet . . . I still hear it. It's a burglar!
—No, dear, it's our dog that you hear.

C'est entendu! It's understood! Agreed!

Je m'entends bien avec ma soeur. I get along well with my sister.

J'ai entendu dire qu'on mange bien dans ce restaurant. I've heard that a person can have a good meal in this restaurant.

Qu'entendez-vous par là?! What do you mean by that?!

J'ai entendu parler d'un grand changement dans l'administration de cette école. I've heard about a big change in the administration of this school.

Je ne peux pas vous entendre. Parlez plus fort, s'il vous plaît. I can't hear you. Please speak more loudly.

Syn.: écouter to listen to; comprendre to understand; ouïr to hear (used in the infinitive and in the expression J'ai ouï dire. I've heard it said.); saisir to comprehend, to seize
Ant.: être sourd to be deaf

Words and expressions related to this verb

un entendement **understanding**

une entente **understanding**

une mésentente **disagreement**

malentendant, malentendante **hard of hearing**

bien entendu **of course**

laisser entendre **to hint**

entendre raison **to listen to reason**

ne pas entendre malice **not to mean any harm**

entendre parler de **to hear about, to hear of**

un sous-entendu **innuendo**

s'entendre avec qqn **to get along with someone, to understand each other**

s'entendre à merveille **to get along with each other marvelously**

sous-entendre **to imply**

The Seven Simple Tenses		The Seven Compound Tenses	
Singular	Plural	Singular	Plural
1 présent de l'indicatif		**8 passé composé**	
enterre	enterrons	ai enterré	avons enterré
enterres	enterrez	as enterré	avez enterré
enterre	enterrent	a enterré	ont enterré
2 imparfait de l'indicatif		**9 plus-que-parfait de l'indicatif**	
enterrais	enterrions	avais enterré	avions enterré
enterrais	enterriez	avais enterré	aviez enterré
enterrait	enterraient	avait enterré	avaient enterré
3 passé simple		**10 passé antérieur**	
enterrai	enterrâmes	eus enterré	eûmes enterré
enterras	enterrâtes	eus enterré	eûtes enterré
enterra	enterrèrent	eut enterré	eurent enterré
4 futur		**11 futur antérieur**	
enterrerai	enterrerons	aurai enterré	aurons enterré
enterreras	enterrerez	auras enterré	aurez enterré
enterrera	enterreront	aura enterré	auront enterré
5 conditionnel		**12 conditionnel passé**	
enterrerais	enterrerions	aurais enterré	aurions enterré
enterrerais	enterreriez	aurais enterré	auriez enterré
enterrerait	enterreraient	aurait enterré	auraient enterré
6 présent du subjonctif		**13 passé du subjonctif**	
enterre	enterrions	aie enterré	ayons enterré
enterres	enterriez	aies enterré	ayez enterré
enterre	enterrent	ait enterré	aient enterré
7 imparfait du subjonctif		**14 plus-que-parfait du subjonctif**	
enterrasse	enterrassions	eusse enterré	eussions enterré
enterrasses	enterrassiez	eusses enterré	eussiez enterré
enterrât	enterrassent	eût enterré	eussent enterré

Impératif
enterre
enterrons
enterrez

Words and expressions related to this verb

enterrer un cadavre to bury a corpse
s'enterrer to bury oneself
enterrer une affaire to abandon a matter
enterrer sa vie de garçon to hold a bachelor's
party (for a man about to be married)
la terre earth, soil
enterrer une chose to bury something, to forget
about something, to shelve something
un enterrement burial, interment

s'enterrer dans un endroit to bury oneself in
a place, to isolate oneself from the rest of the
world

Syn.: **cacher** to hide; **enfouir** to bury (270);
ensevelir to bury (229); **inhumer** to bury
(238)
Ant.: **déterrer** to dig up, to unearth (196);
exhumer to exhume (238)

The subject pronouns are found on page 103.

to undertake, to engage upon   Irregular verb

The Seven Simple Tenses		The Seven Compound Tenses	
Singular	Plural	Singular	Plural
1 présent de l'indicatif		**8 passé composé**	
entreprends	entreprenons	ai entrepris	avons entrepris
entreprends	entreprenez	as entrepris	avez entrepris
entreprend	entreprennent	a entrepris	ont entrepris
2 imparfait de l'indicatif		**9 plus-que-parfait de l'indicatif**	
entreprenais	entreprenions	avais entrepris	avions entrepris
entreprenais	entrepreniez	avais entrepris	aviez entrepris
entreprenait	entreprenaient	avait entrepris	avaient entrepris
3 passé simple		**10 passé antérieur**	
entrepris	entreprîmes	eus entrepris	eûmes entrepris
entrepris	entreprîtes	eus entrepris	eûtes entrepris
entreprit	entreprirent	eut entrepris	eurent entrepris
4 futur		**11 futur antérieur**	
entreprendrai	entreprendrons	aurai entrepris	aurons entrepris
entreprendras	entreprendrez	auras entrepris	aurez entrepris
entreprendra	entreprendront	aura entrepris	auront entrepris
5 conditionnel		**12 conditionnel passé**	
entreprendrais	entreprendrions	aurais entrepris	aurions entrepris
entreprendrais	entreprendriez	aurais entrepris	auriez entrepris
entreprendrait	entreprendraient	aurait entrepris	auraient entrepris
6 présent du subjonctif		**13 passé du subjonctif**	
entreprenne	entreprenions	aie entrepris	ayons entrepris
entreprennes	entrepreniez	aies entrepris	ayez entrepris
entreprenne	entreprennent	ait entrepris	aient entrepris
7 imparfait du subjonctif		**14 plus-que-parfait du subjonctif**	
entreprisse	entreprissions	eusse entrepris	eussions entrepris
entreprisses	entreprissiez	eusses entrepris	eussiez entrepris
entreprît	entreprissent	eût entrepris	eussent entrepris

Impératif
entreprends
entreprenons
entreprenez

Words and expressions related to this verb

entreprendre de faire qqch to undertake to do something
avoir un esprit entreprenant to be bold, daring, enterprising
une entreprise enterprise; **une entreprise rémunératrice** profitable enterprise
entreprenant, entreprenante enterprising
un entrepreneur, une entrepreneuse contractor

une entreprise de déménagement moving company

See also **apprendre, comprendre, se méprendre, prendre, reprendre,** and **surprendre.**

Syn.: **commencer** to begin, to start; **entamer** to begin, to start (71)
Ant.: **accomplir** to accomplish (392); **achever** to finish, to complete; **finir** to finish; **terminer** to finish, to terminate

E

The Seven Simple Tenses		The Seven Compound Tenses	
Singular	Plural	Singular	Plural

1 présent de l'indicatif

entre	entrons		
entres	entrez		
entre	entrent		

8 passé composé

suis entré(e)	sommes entré(e)s
es entré(e)	êtes entré(e)(s)
est entré(e)	sont entré(e)s

2 imparfait de l'indicatif

entrais	entrions
entrais	entriez
entrait	entraient

9 plus-que-parfait de l'indicatif

étais entré(e)	étions entré(e)s
étais entré(e)	étiez entré(e)(s)
était entré(e)	étaient entré(e)s

3 passé simple

entrai	entrâmes
entras	entrâtes
entra	entrèrent

10 passé antérieur

fus entré(e)	fûmes entré(e)s
fus entré(e)	fûtes entré(e)(s)
fut entré(e)	furent entré(e)s

4 futur

entrerai	entrerons
entreras	entrerez
entrera	entreront

11 futur antérieur

serai entré(e)	serons entré(e)s
seras entré(e)	serez entré(e)(s)
sera entré(e)	seront entré(e)s

5 conditionnel

entrerais	entrerions
entrerais	entreriez
entrerait	entreraient

12 conditionnel passé

serais entré(e)	serions entré(e)s
serais entré(e)	seriez entré(e)(s)
serait entré(e)	seraient entré(e)s

6 présent du subjonctif

entre	entrions
entres	entriez
entre	entrent

13 passé du subjonctif

sois entré(e)	soyons entré(e)s
sois entré(e)	soyez entré(e)(s)
soit entré(e)	soient entré(e)s

7 imparfait du subjonctif

entrasse	entrassions
entrasses	entrassiez
entrât	entrassent

14 plus-que-parfait du subjonctif

fusse entré(e)	fussions entré(e)s
fusses entré(e)	fussiez entré(e)(s)
fût entré(e)	fussent entré(e)s

Impératif
entre
entrons
entrez

AN ESSENTIAL
55 VERB

AN ESSENTIAL 55 VERB

Entrer is an essential verb for a beginning student of French. Pay attention to the choice of helping verb when you use **entrer** in the compound tenses. It is usually conjugated with *être*, unless there is a direct object. In that case, you should use *avoir*, as noted below.

Sentences using entrer

Le cambrioleur est entré par la fenêtre.
The burglar entered through the window.

Entrez donc!
Do come in!

Entrons voir.
Let's go in and see.

This verb is conjugated with *avoir* when it has a direct object.

Example:
Ma mère a entré la clé dans la serrure pour ouvrir la porte.
My mother put the key in the lock to open the door.

BUT:
Ma mère est entrée dans la maison.
My mother went in the house.

Syn.: **envahir** to invade (229); **pénétrer** to penetrate (356)
Ant.: **partir** to depart, to leave; **sortir** to leave, to go out

Words and expressions related to this verb

l'entrée *f.* **entrance**

entrée interdite **no entry**

l'entrée *f.* des données **data input, data entry**

entrer par la fenêtre **to enter through the window**

entrer dans + noun **to enter (into) + noun**

entrer dans le décor **to drive off the road and have an accident (le décor/scenery)**

une entrée gratuite **free admission**

entrer des données **to enter/input data (computer)**

faire entrer qqn **to show somebody in**

entrer comme dans un moulin **to have free access**

entrer dans le vif du sujet **to get to the heart of the matter**

entrer dans une famille **to marry into a family**

entrer dans les détails **to go into the details**

Can't find the verb you're looking for? Check the back pages of this book for a list of over 2,700 additional verbs!

Reflexive regular **-er** verb

to fly off, to fly away, to take flight, to take wing (birds), to take off (airplane)

The Seven Simple Tenses		The Seven Compound Tenses	
Singular	Plural	Singular	Plural

1 présent de l'indicatif		8 passé composé	
m'envole	**nous envolons**	**me suis envolé(e)**	**nous sommes envolé(e)s**
t'envoles	**vous envolez**	**t'es envolé(e)**	**vous êtes envolé(e)(s)**
s'envole	**s'envolent**	**s'est envolé(e)**	**se sont envolé(e)s**

2 imparfait de l'indicatif		9 plus-que-parfait de l'indicatif	
m'envolais	**nous envolions**	**m'étais envolé(e)**	**nous étions envolé(e)s**
t'envolais	**vous envoliez**	**t'étais envolé(e)**	**vous étiez envolé(e)(s)**
s'envolait	**s'envolaient**	**s'était envolé(e)**	**s'étaient envolé(e)s**

3 passé simple		10 passé antérieur	
m'envolai	**nous envolâmes**	**me fus envolé(e)**	**nous fûmes envolé(e)s**
t'envolas	**vous envolâtes**	**te fus envolé(e)**	**vous fûtes envolé(e)(s)**
s'envola	**s'envolèrent**	**se fut envolé(e)**	**se furent envolé(e)s**

4 futur		11 futur antérieur	
m'envolerai	**nous envolerons**	**me serai envolé(e)**	**nous serons envolé(e)s**
t'envoleras	**vous envolerez**	**te seras envolé(e)**	**vous serez envolé(e)(s)**
s'envolera	**s'envoleront**	**se sera envolé(e)**	**se seront envolé(e)s**

5 conditionnel		12 conditionnel passé	
m'envolerais	**nous envolerions**	**me serais envolé(e)**	**nous serions envolé(e)s**
t'envolerais	**vous envoleriez**	**te serais envolé(e)**	**vous seriez envolé(e)(s)**
s'envolerait	**s'envoleraient**	**se serait envolé(e)**	**se seraient envolé(e)s**

6 présent du subjonctif		13 passé du subjonctif	
m'envole	**nous envolions**	**me sois envolé(e)**	**nous soyons envolé(e)s**
t'envoles	**vous envoliez**	**te sois envolé(e)**	**vous soyez envolé(e)(s)**
s'envole	**s'envolent**	**se soit envolé(e)**	**se soient envolé(e)s**

7 imparfait du subjonctif		14 plus-que-parfait du subjonctif	
m'envolasse	**nous envolassions**	**me fusse envolé(e)**	**nous fussions envolé(e)s**
t'envolasses	**vous envolassiez**	**te fusses envolé(e)**	**vous fussiez envolé(e)(s)**
s'envolât	**s'envolassent**	**se fût envolé(e)**	**se fussent envolé(e)s**

Impératif
envole-toi; ne t'envole pas
envolons-nous; ne nous envolons pas
envolez-vous; ne vous envolez pas

Words and expressions related to this verb

une envolée flying off
un envol flight of a bird; take-off of an airplane
voler to fly, to steal
le vol flight, theft
Les paroles s'envolent. Spoken words fly away.

See also **voler**.

Syn.: **s'en aller** to go away; **décoller** to take off (airplane) (385); **partir** to depart, to leave; **voler** to fly
Ant.: **atterrir** to land (229); **arriver** to arrive; **se poser** to alight, to land (350, 83); **rester** to stay

envoyer (200)

to send   Regular **-er** verb endings; spelling change: **-oyer** verbs must change **y** to **i** in front of a mute **e**; future and conditional stem is **enverr-**

The Seven Simple Tenses		The Seven Compound Tenses	
Singular	Plural	Singular	Plural
1 présent de l'indicatif		**8 passé composé**	
envoie	envoyons	ai envoyé	avons envoyé
envoies	envoyez	as envoyé	avez envoyé
envoie	envoient	a envoyé	ont envoyé
2 imparfait de l'indicatif		**9 plus-que-parfait de l'indicatif**	
envoyais	envoyions	avais envoyé	avions envoyé
envoyais	envoyiez	avais envoyé	aviez envoyé
envoyait	envoyaient	avait envoyé	avaient envoyé
3 passé simple		**10 passé antérieur**	
envoyai	envoyâmes	eus envoyé	eûmes envoyé
envoyas	envoyâtes	eus envoyé	eûtes envoyé
envoya	envoyèrent	eut envoyé	eurent envoyé
4 futur		**11 futur antérieur**	
enverrai	enverrons	aurai envoyé	aurons envoyé
enverras	enverrez	auras envoyé	aurez envoyé
enverra	enverront	aura envoyé	auront envoyé
5 conditionnel		**12 conditionnel passé**	
enverrais	enverrions	aurais envoyé	aurions envoyé
enverrais	enverriez	aurais envoyé	auriez envoyé
enverrait	enverraient	aurait envoyé	auraient envoyé
6 présent du subjonctif		**13 passé du subjonctif**	
envoie	envoyions	aie envoyé	ayons envoyé
envoies	envoyiez	aies envoyé	ayez envoyé
envoie	envoient	ait envoyé	aient envoyé
7 imparfait du subjonctif		**14 plus-que-parfait du subjonctif**	
envoyasse	envoyassions	eusse envoyé	eussions envoyé
envoyasses	envoyassiez	eusses envoyé	eussiez envoyé
envoyât	envoyassent	eût envoyé	eussent envoyé

Impératif
envoie
envoyons
envoyez

AN ESSENTIAL
55 VERB

Envoyer is an important verb because it has an interesting spelling change and because it is very useful for a beginning French student.

Sentences using envoyer and related words and expressions

Hier j'ai envoyé une lettre à des amis en France. Yesterday I sent a letter to some friends in France.

Demain j'enverrai une lettre à mes amis au Canada. Tomorrow I will send a letter to my friends in Canada.

J'enverrais une lettre en Italie mais je ne connais personne dans ce pays. I would send a letter to Italy but I don't know anyone in that country.

Mon père a envoyé chercher le docteur parce que mon petit frère est malade. My father sent for the doctor because my little brother is sick.

Où est-ce que je peux envoyer un courriel/un courrier électronique? Where can I send an e-mail?

Marc a été renvoyé de l'école. Mark was kicked out of school.

Words and expressions related to this verb

envoyer chercher to send for

un envoi envoi (poetry), sending

envoyer promener qqn to send someone packing

envoyeur, envoyeuse sender

un envoyé, une envoyée envoy, messenger

envoyer un courriel/un courrier électronique to send an e-mail, to e-mail

envoyer un texto/un SMS (from English: short message service) to send a text, to text

le renvoi return, call forwarding

renvoyer to send away (back), to discharge someone, to sack someone

Syn.: **dépêcher** to dispatch (27); **expédier** to send (212); **lancer** to launch, to throw; **transmettre** to transmit
Ant.: **apporter** to bring; **faire venir qqn** to have someone come (conjugate **faire**); **recevoir** to receive

Don't forget to study the section on defective and impersonal verbs. It's right after this main list.

The subject pronouns are found on page 103.

épouser (201)

Part. pr. **épousant**   Part. passé **épousé**

to marry, to wed

The Seven Simple Tenses		The Seven Compound Tenses	
Singular	Plural	Singular	Plural
1 présent de l'indicatif		**8 passé composé**	
épouse	épousons	ai épousé	avons épousé
épouses	épousez	as épousé	avez épousé
épouse	épousent	a épousé	ont épousé
2 imparfait de l'indicatif		**9 plus-que-parfait de l'indicatif**	
épousais	épousions	avais épousé	avions épousé
épousais	épousiez	avais épousé	aviez épousé
épousait	épousaient	avait épousé	avaient épousé
3 passé simple		**10 passé antérieur**	
épousai	épousâmes	eus épousé	eûmes épousé
épousas	épousâtes	eus épousé	eûtes épousé
épousa	épousèrent	eut épousé	eurent épousé
4 futur		**11 futur antérieur**	
épouserai	épouserons	aurai épousé	aurons épousé
épouseras	épouserez	auras épousé	aurez épousé
épousera	épouseront	aura épousé	auront épousé
5 conditionnel		**12 conditionnel passé**	
épouserais	épouserions	aurais épousé	aurions épousé
épouserais	épouseriez	aurais épousé	auriez épousé
épouserait	épouseraient	aurait épousé	auraient épousé
6 présent du subjonctif		**13 passé du subjonctif**	
épouse	épousions	aie épousé	ayons épousé
épouses	épousiez	aies épousé	ayez épousé
épouse	épousent	ait épousé	aient épousé
7 imparfait du subjonctif		**14 plus-que-parfait du subjonctif**	
épousasse	épousassions	eusse épousé	eussions épousé
épousasses	épousassiez	eusses épousé	eussiez épousé
épousât	épousassent	eût épousé	eussent épousé

Impératif
épouse
épousons
épousez

Sentences using this verb and words related to it

Mon frère a épousé une avocate. My brother married a lawyer.

un époux husband, spouse
une épouse wife, spouse
les nouveaux mariés the newlyweds
épouser une grosse fortune to marry into money

Syn.: **se marier avec qqn** to get married to someone (122); **s'unir** to marry, to join together (485) (aux. **être**)
Ant.: **divorcer** to divorce, to get divorced (342) (aux. **avoir** or **être**)

Regular **-er** verb   to try, to test, to put to the test, to feel, to experience

The Seven Simple Tenses		The Seven Compound Tenses	
Singular	Plural	Singular	Plural
1 présent de l'indicatif		8 passé composé	
éprouve	éprouvons	ai éprouvé	avons éprouvé
éprouves	éprouvez	as éprouvé	avez éprouvé
éprouve	éprouvent	a éprouvé	ont éprouvé
2 imparfait de l'indicatif		9 plus-que-parfait de l'indicatif	
éprouvais	éprouvions	avais éprouvé	avions éprouvé
éprouvais	éprouviez	avais éprouvé	aviez éprouvé
éprouvait	éprouvaient	avait éprouvé	avaient éprouvé
3 passé simple		10 passé antérieur	
éprouvai	éprouvâmes	eus éprouvé	eûmes éprouvé
éprouvas	éprouvâtes	eus éprouvé	eûtes éprouvé
éprouva	éprouvèrent	eut éprouvé	eurent éprouvé
4 futur		11 futur antérieur	
éprouverai	éprouverons	aurai éprouvé	aurons éprouvé
éprouveras	éprouverez	auras éprouvé	aurez éprouvé
éprouvera	éprouveront	aura éprouvé	auront éprouvé
5 conditionnel		12 conditionnel passé	
éprouverais	éprouverions	aurais éprouvé	aurions éprouvé
éprouverais	éprouveriez	aurais éprouvé	auriez éprouvé
éprouverait	éprouveraient	aurait éprouvé	auraient éprouvé
6 présent du subjonctif		13 passé du subjonctif	
éprouve	éprouvions	aie éprouvé	ayons éprouvé
éprouves	éprouviez	aies éprouvé	ayez éprouvé
éprouve	éprouvent	ait éprouvé	aient éprouvé
7 imparfait du subjonctif		14 plus-que-parfait du subjonctif	
éprouvasse	éprouvassions	eusse éprouvé	eussions éprouvé
éprouvasses	éprouvassiez	eusses éprouvé	eussiez éprouvé
éprouvât	éprouvassent	eût éprouvé	eussent éprouvé

Impératif
éprouve
éprouvons
éprouvez

Common idiomatic expressions using this verb and words related to it

éprouver des doutes to have doubts, to feel doubtful
éprouver qqn to put someone to the test
mettre qqn à l'épreuve to put someone to the test
éprouver un regret to feel a regret
éprouver de la sympathie pour qqn to feel sympathy for someone

mettre à l'épreuve to put to the test
une épreuve test, proof, page proof
une épreuve écrite written test
une épreuve orale oral test
éprouver de la honte to experience shame

Syn.: **essayer** to try; **expérimenter** to test (464); **sentir** to feel; **souffrir** to suffer; **tenter** to try, to attempt

The subject pronouns are found on page 103.   **331**

to hope

Regular **-er** verb endings; spelling change:
é changes to **è** before syllable with mute **e**

The Seven Simple Tenses		The Seven Compound Tenses	
Singular	Plural	Singular	Plural
1 présent de l'indicatif		**8 passé composé**	
espère	espérons	ai espéré	avons espéré
espères	espérez	as espéré	avez espéré
espère	espèrent	a espéré	ont espéré
2 imparfait de l'indicatif		**9 plus-que-parfait de l'indicatif**	
espérais	espérions	avais espéré	avions espéré
espérais	espériez	avais espéré	aviez espéré
espérait	espéraient	avait espéré	avaient espéré
3 passé simple		**10 passé antérieur**	
espérai	espérâmes	eus espéré	eûmes espéré
espéras	espérâtes	eus espéré	eûtes espéré
espéra	espérèrent	eut espéré	eurent espéré
4 futur		**11 futur antérieur**	
espérerai	espérerons	aurai espéré	aurons espéré
espéreras	espérerez	auras espéré	aurez espéré
espérera	espéreront	aura espéré	auront espéré
5 conditionnel		**12 conditionnel passé**	
espérerais	espérerions	aurais espéré	aurions espéré
espérerais	espéreriez	aurais espéré	auriez espéré
espérerait	espéreraient	aurait espéré	auraient espéré
6 présent du subjonctif		**13 passé du subjonctif**	
espère	espérions	aie espéré	ayons espéré
espères	espériez	aies espéré	ayez espéré
espère	espèrent	ait espéré	aient espéré
7 imparfait du subjonctif		**14 plus-que-parfait du subjonctif**	
espérasse	espérassions	eusse espéré	eussions espéré
espérasses	espérassiez	eusses espéré	eussiez espéré
espérât	espérassent	eût espéré	eussent espéré

Impératif
espère
espérons
espérez

Sentences using this verb and words and expressions related to it

J'espère que Paul viendra mais je n'espère pas que son frère vienne. I hope that Paul will come but I don't hope that his brother comes. (Note: **vienne** is the present subjunctive mood of venir. See p. 31 for the use of the subjunctive mood when **espérer** is in the negative.)

l'espérance *f.* hope, expectation
plein d'espérance hopeful, full of hope

l'espoir *m.* hope
avoir bon espoir de réussir to have good hopes of succeeding
désespérer de to despair of; **se désespérer** to be in despair
le désespoir despair; **un désespoir d'amour** disappointed love

Syn.: **attendre** to wait for, to expect; **souhaiter** to wish
Ant.: **craindre** to fear; **désespérer** to despair (203); **douter** to doubt

Regular **-er** verb endings; spelling change: **-ayer** verbs may change **y** to **i** in front of a mute **e** or may keep **y**

to try, to try on

The Seven Simple Tenses		The Seven Compound Tenses	
Singular	Plural	Singular	Plural
1 présent de l'indicatif		**8 passé composé**	
essaye	essayons	ai essayé	avons essayé
essayes	essayez	as essayé	avez essayé
essaye	essayent	a essayé	ont essayé
2 imparfait de l'indicatif		**9 plus-que-parfait de l'indicatif**	
essayais	essayions	avais essayé	avions essayé
essayais	essayiez	avais essayé	aviez essayé
essayait	essayaient	avait essayé	avaient essayé
3 passé simple		**10 passé antérieur**	
essayai	essayâmes	eus essayé	eûmes essayé
essayas	essayâtes	eus essayé	eûtes essayé
essaya	essayèrent	eut essayé	eurent essayé
4 futur		**11 futur antérieur**	
essayerai	essayerons	aurai essayé	aurons essayé
essayeras	essayerez	auras essayé	aurez essayé
essayera	essayeront	aura essayé	auront essayé
5 conditionnel		**12 conditionnel passé**	
essayerais	essayerions	aurais essayé	aurions essayé
essayerais	essayeriez	aurais essayé	auriez essayé
essayerait	essayeraient	aurait essayé	auraient essayé
6 présent du subjonctif		**13 passé du subjonctif**	
essaye	essayions	aie essayé	ayons essayé
essayes	essayiez	aies essayé	ayez essayé
essaye	essayent	ait essayé	aient essayé
7 imparfait du subjonctif		**14 plus-que-parfait du subjonctif**	
essayasse	essayassions	eusse essayé	eussions essayé
essayasses	essayassiez	eusses essayé	eussiez essayé
essayât	essayassent	eût essayé	eussent essayé

Impératif
essaye
essayons
essayez

Sentences using this verb and words related to it

Marcel a essayé de trouver le mot juste, mais il est demeuré muet. Marcel tried to find the right word, but he remained silent.

Puis-je essayer cette robe? May I try on this dress?

un essai essay

essayiste essayist

essayer de faire qqch to try to do something

une salle/un salon d'essayage fitting room
essayeur, essayeuse fitter (clothing)
essayage m. fitting (clothing)

Syn.: **éprouver** to try, to test; **expérimenter** to test (464); **sonder** to sound, to probe (27); **tenter** to try; **tester** to test (160)
Ant.: **renoncer** à to renounce, to give up (371); **réussir** à to succeed at

The subject pronouns are found on page 103.

essuyer (205)

Part. pr. essuyant **Part. passé essuyé**

to wipe, to suffer (defeat)

Regular **-er** verb endings; spelling change: **-uyer** verbs must change **y** to **i** in front of a mute **e**

The Seven Simple Tenses		The Seven Compound Tenses	
Singular	Plural	Singular	Plural
1 présent de l'indicatif		**8 passé composé**	
essuie	essuyons	ai essuyé	avons essuyé
essuies	essuyez	as essuyé	avez essuyé
essuie	essuient	a essuyé	ont essuyé
2 imparfait de l'indicatif		**9 plus-que-parfait de l'indicatif**	
essuyais	essuyions	avais essuyé	avions essuyé
essuyais	essuyiez	avais essuyé	aviez essuyé
essuyait	essuyaient	avait essuyé	avaient essuyé
3 passé simple		**10 passé antérieur**	
essuyai	essuyâmes	eus essuyé	eûmes essuyé
essuyas	essuyâtes	eus essuyé	eûtes essuyé
essuya	essuyèrent	eut essuyé	eurent essuyé
4 futur		**11 futur antérieur**	
essuierai	essuierons	aurai essuyé	aurons essuyé
essuieras	essuierez	auras essuyé	aurez essuyé
essuiera	essuieront	aura essuyé	auront essuyé
5 conditionnel		**12 conditionnel passé**	
essuierais	essuierions	aurais essuyé	aurions essuyé
essuierais	essuieriez	aurais essuyé	auriez essuyé
essuierait	essuieraient	aurait essuyé	auraient essuyé
6 présent du subjonctif		**13 passé du subjonctif**	
essuie	essuyions	aie essuyé	ayons essuyé
essuies	essuyiez	aies essuyé	ayez essuyé
essuie	essuient	ait essuyé	aient essuyé
7 imparfait du subjonctif		**14 plus-que-parfait du subjonctif**	
essuyasse	essuyassions	eusse essuyé	eussions essuyé
essuyasses	essuyassiez	eusses essuyé	eussiez essuyé
essuyât	essuyassent	eût essuyé	eussent essuyé

Impératif
essuie
essuyons
essuyez

Words and expressions related to this verb

un **essuie-mains** hand towel
un **essuie-glace** windshield wiper
l'**essuyage** *m.* wiping
un **essuie-verres** glass cloth
s'**essuyer** to wipe oneself
s'**essuyer le front** to wipe one's brow
S'il vous plaît, **essuyez vos pieds** avant d'entrer. Please wipe your feet before entering.

Notre équipe a essuyé une défaite dans le championnat. Our team suffered a defeat in the championship. (Note: This does not mean "wiped defeat.")

Syn.: **dépoussiérer** to dust (off) (87 or 356); **frotter** to scrub (79); **nettoyer** to clean; **subir** to suffer (95)
Ant.: **humecter** to dampen, to moisten (425); **salir** to soil; **souiller** to soil; **tremper** to soak (247)

Regular **-ir** verb

to establish, to set up, to draw up

The Seven Simple Tenses		The Seven Compound Tenses	
Singular	Plural	Singular	Plural

1 présent de l'indicatif

		8 passé composé	
établis	établissons	ai établi	avons établi
établis	établissez	as établi	avez établi
établit	établissent	a établi	ont établi

2 imparfait de l'indicatif

		9 plus-que-parfait de l'indicatif	
établissais	établissions	avais établi	avions établi
établissais	établissiez	avais établi	aviez établi
établissait	établissaient	avait établi	avaient établi

3 passé simple

		10 passé antérieur	
établis	établîmes	eus établi	eûmes établi
établis	établîtes	eus établi	eûtes établi
établit	établirent	eut établi	eurent établi

4 futur

		11 futur antérieur	
établirai	établirons	aurai établi	aurons établi
établiras	établirez	auras établi	aurez établi
établira	établiront	aura établi	auront établi

5 conditionnel

		12 conditionnel passé	
établirais	établirions	aurais établi	aurions établi
établirais	établiriez	aurais établi	auriez établi
établirait	établiraient	aurait établi	auraient établi

6 présent du subjonctif

		13 passé du subjonctif	
établisse	établissions	aie établi	ayons établi
établisses	établissiez	aies établi	ayez établi
établisse	établissent	ait établi	aient établi

7 imparfait du subjonctif

		14 plus-que-parfait du subjonctif	
établisse	établissions	eusse établi	eussions établi
établisses	établissiez	eusses établi	eussiez établi
établît	établissent	eût établi	eussent établi

Impératif
établis
établissons
établissez

Words related to this verb

rétablir to reestablish, to restore
s'établir to settle down, to start a business
se rétablir to recover one's health
un établissement establishment
Bon rétablissement! Get well soon!

Syn.: **bâtir** to build; **constituer** to constitute, to make up (483); **construire** to construct; **créer** to create; **fonder** to establish, to found; **installer** to install (27); **placer** to place
Ant.: **abolir** to abolish; **démolir** to demolish; **détruire** to destroy; **supprimer** to suppress (220)

Part. pr. **éteignant**   Part. passé **éteint**

to extinguish, to shut down (computer), to turn off

The Seven Simple Tenses		The Seven Compound Tenses	
Singular	Plural	Singular	Plural
1 présent de l'indicatif		**8 passé composé**	
éteins	éteignons	ai éteint	avons éteint
éteins	éteignez	as éteint	avez éteint
éteint	éteignent	a éteint	ont éteint
2 imparfait de l'indicatif		**9 plus-que-parfait de l'indicatif**	
éteignais	éteignions	avais éteint	avions éteint
éteignais	éteigniez	avais éteint	aviez éteint
éteignait	éteignaient	avait éteint	avaient éteint
3 passé simple		**10 passé antérieur**	
éteignis	éteignîmes	eus éteint	eûmes éteint
éteignis	éteignîtes	eus éteint	eûtes éteint
éteignit	éteignirent	eut éteint	eurent éteint
4 futur		**11 futur antérieur**	
éteindrai	éteindrons	aurai éteint	aurons éteint
éteindras	éteindrez	auras éteint	aurez éteint
éteindra	éteindront	aura éteint	auront éteint
5 conditionnel		**12 conditionnel passé**	
éteindrais	éteindrions	aurais éteint	aurions éteint
éteindrais	éteindriez	aurais éteint	auriez éteint
éteindrait	éteindraient	aurait éteint	auraient éteint
6 présent du subjonctif		**13 passé du subjonctif**	
éteigne	éteignions	aie éteint	ayons éteint
éteignes	éteigniez	aies éteint	ayez éteint
éteigne	éteignent	ait éteint	aient éteint
7 imparfait du subjonctif		**14 plus-que-parfait du subjonctif**	
éteignisse	éteignissions	eusse éteint	eussions éteint
éteignisses	éteignissiez	eusses éteint	eussiez éteint
éteignît	éteignissent	eût éteint	eussent éteint

Impératif
éteins
éteignons
éteignez

Éteindre is an important verb for you to know because, although it is irregular, there are a number of verbs that are conjugated like it. Pay attention to the past participle.

E

Sentences using éteindre

J'éteins la lumière. Bonne nuit! I'm turning out the light. Good night!

N'oublie pas d'enregistrer (sauver) le document que tu as créé avant d'éteindre ton ordinateur. Don't forget to save the document you created before shutting down your computer.

Julie est triste parce que sa tante s'est éteinte hier. Julie is sad because her aunt passed away yesterday.

On pourra m'ôter cette vie, mais on n'éteindra pas mon chant. (Aragon) You can take this life from me, but you will not kill my song.

Les pompiers ont éteint l'incendie après une lutte de trois heures. The firemen put out the fire after a three-hour struggle.

Words and expressions related to this verb

éteint, éteinte **extinct, extinguished**

un éteignoir **snuffer, extinguisher**

s'éteindre **to flicker out, to die out, to die** (Syn.: mourir to die)

éteindre le feu **to put out the fire**

éteindre la lumière **to turn off the light**

un extincteur **fire extinguisher**

Arriver pour éteindre les cierges. **To arrive in time to put out the altar candles. (To arrive too late. To arrive after the church service.)**

If you can conjugate éteindre you can also conjugate the following verbs:

étreindre **to hug**

restreindre **to restrict**

déteindre **to rub off, lose color**

reteindre **to dye again**

Syn.: annuler to annul, to cancel (81); arrêter to stop; étouffer to suffocate (353); fermer to close
Ant.: allumer to light (238); animer to animate (27); brûler to burn; démarrer to boot up (computer) (27); éclairer to light (21); provoquer to provoke (219)

s'étendre (208)

Part. pr. s'étendant **Part. passé** étendu(e)(s)

to stretch oneself, to stretch out, to lie down

Reflexive regular **-re** verb

The Seven Simple Tenses		The Seven Compound Tenses	
Singular	Plural	Singular	Plural
1 présent de l'indicatif		**8 passé composé**	
m'étends	nous étendons	me suis étendu(e)	nous sommes étendu(e)s
t'étends	vous étendez	t'es étendu(e)	vous êtes étendu(e)(s)
s'étend	s'étendent	s'est étendu(e)	se sont étendu(e)s
2 imparfait de l'indicatif		**9 plus-que-parfait de l'indicatif**	
m'étendais	nous étendions	m'étais étendu(e)	nous étions étendu(e)s
t'étendais	vous étendiez	t'étais étendu(e)	vous étiez étendu(e)(s)
s'étendait	s'étendaient	s'était étendu(e)	s'étaient étendu(e)s
3 passé simple		**10 passé antérieur**	
m'étendis	nous étendîmes	me fus étendu(e)	nous fûmes étendu(e)s
t'étendis	vous étendîtes	te fus étendu(e)	vous fûtes étendu(e)(s)
s'étendit	s'étendirent	se fut étendu(e)	se furent étendu(e)s
4 futur		**11 futur antérieur**	
m'étendrai	nous étendrons	me serai étendu(e)	nous serons étendu(e)s
t'étendras	vous étendrez	te seras étendu(e)	vous serez étendu(e)(s)
s'étendra	s'étendront	se sera étendu(e)	se seront étendu(e)s
5 conditionnel		**12 conditionnel passé**	
m'étendrais	nous étendrions	me serais étendu(e)	nous serions étendu(e)s
t'étendrais	vous étendriez	te serais étendu(e)	vous seriez étendu(e)(s)
s'étendrait	s'étendraient	se serait étendu(e)	se seraient étendu(e)s
6 présent du subjonctif		**13 passé du subjonctif**	
m'étende	nous étendions	me sois étendu(e)	nous soyons étendu(e)s
t'étendes	vous étendiez	te sois étendu(e)	vous soyez étendu(e)(s)
s'étende	s'étendent	se soit étendu(e)	se soient étendu(e)s
7 imparfait du subjonctif		**14 plus-que-parfait du subjonctif**	
m'étendisse	nous étendissions	me fusse étendu(e)	nous fussions étendu(e)s
t'étendisses	vous étendissiez	te fusses étendu(e)	vous fussiez étendu(e)(s)
s'étendît	s'étendissent	se fût étendu(e)	se fussent étendu(e)s

Impératif
étends-toi; ne t'étends pas
étendons-nous; ne nous étendons pas
étendez-vous; ne vous étendez pas

Sentences using this verb and words and expressions related to it

Ma mère était si fatiguée quand elle est rentrée du travail qu'elle est allée directement au lit et elle s'est étendue. My mother was so tired when she got home from work that she went straight to bed and lay down.
étendre le linge to hang out the wash
étendre d'eau to water down

s'étendre sur qqch to dwell on something
l'étendue *f.* area, extent
s'étendre to stretch

Syn.: **s'allonger** to stretch (oneself) out (442, 2); **se coucher** to lie down
Ant.: **se limiter** à to be limited to, to be restricted to (83); **se raccourcir** to shorten (95) (aux. **être**)

Regular **-er** verb

to amaze, to astonish, to stun, to surprise

The Seven Simple Tenses		The Seven Compound Tenses	
Singular	Plural	Singular	Plural

1 présent de l'indicatif		8 passé composé	
étonne	étonnons	ai étonné	avons étonné
étonnes	étonnez	as étonné	avez étonné
étonne	étonnent	a étonné	ont étonné

2 imparfait de l'indicatif		9 plus-que-parfait de l'indicatif	
étonnais	étonnions	avais étonné	avions étonné
étonnais	étonniez	avais étonné	aviez étonné
étonnait	étonnaient	avait étonné	avaient étonné

3 passé simple		10 passé antérieur	
étonnai	étonnâmes	eus étonné	eûmes étonné
étonnas	étonnâtes	eus étonné	eûtes étonné
étonna	étonnèrent	eut étonné	eurent étonné

4 futur		11 futur antérieur	
étonnerai	étonnerons	aurai étonné	aurons étonné
étonneras	étonnerez	auras étonné	aurez étonné
étonnera	étonneront	aura étonné	auront étonné

5 conditionnel		12 conditionnel passé	
étonnerais	étonnerions	aurais étonné	aurions étonné
étonnerais	étonneriez	aurais étonné	auriez étonné
étonnerait	étonneraient	aurait étonné	auraient étonné

6 présent du subjonctif		13 passé du subjonctif	
étonne	étonnions	aie étonné	ayons étonné
étonnes	étonniez	aies étonné	ayez étonné
étonne	étonnent	ait étonné	aient étonné

7 imparfait du subjonctif		14 plus-que-parfait du subjonctif	
étonnasse	étonnassions	eusse étonné	eussions étonné
étonnasses	étonnassiez	eusses étonné	eussiez étonné
étonnât	étonnassent	eût étonné	eussent étonné

Impératif
étonne
étonnons
étonnez

Words related to this verb

étonnant, étonnante astonishing
C'est bien étonnant! It's quite astonishing!
l'étonnement *m.* astonishment, amazement
s'étonner de to be astonished at
Cela m'étonne! That astonishes me!
Cela ne m'étonne pas! That does not surprise
  me!

Syn.: **abasourdir** to daze, to stun;
bouleverser to overwhelm (492); **ébahir**
to stun (95); **étourdir** to stun; **stupéfier** to
stupefy, to stun (212); **surprendre** to surprise
Ant.: **calmer** to calm (27); **laisser indifférent**
to leave indifferent, to not hold someone's
interest (conjugate **laisser**); **pacifier** to pacify
(389)

The subject pronouns are found on page 103.

339

étourdir (210)

to daze, to stun, to make dizzy, to deafen, to bewilder

The Seven Simple Tenses		The Seven Compound Tenses	
Singular	Plural	Singular	Plural
1 présent de l'indicatif		**8 passé composé**	
étourdis	étourdissons	ai étourdi	avons étourdi
étourdis	étourdissez	as étourdi	avez étourdi
étourdit	étourdissent	a étourdi	ont étourdi
2 imparfait de l'indicatif		**9 plus-que-parfait de l'indicatif**	
étourdissais	étourdissions	avais étourdi	avions étourdi
étourdissais	étourdissiez	avais étourdi	aviez étourdi
étourdissait	étourdissaient	avait étourdi	avaient étourdi
3 passé simple		**10 passé antérieur**	
étourdis	étourdîmes	eus étourdi	eûmes étourdi
étourdis	étourdîtes	eus étourdi	eûtes étourdi
étourdit	étourdirent	eut étourdi	eurent étourdi
4 futur		**11 futur antérieur**	
étourdirai	étourdirons	aurai étourdi	aurons étourdi
étourdiras	étourdirez	auras étourdi	aurez étourdi
étourdira	étourdiront	aura étourdi	auront étourdi
5 conditionnel		**12 conditionnel passé**	
étourdirais	étourdirions	aurais étourdi	aurions étourdi
étourdirais	étourdiriez	aurais étourdi	auriez étourdi
étourdirait	étourdiraient	aurait étourdi	auraient étourdi
6 présent du subjonctif		**13 passé du subjonctif**	
étourdisse	étourdissions	aie étourdi	ayons étourdi
étourdisses	étourdissiez	aies étourdi	ayez étourdi
étourdisse	étourdissent	ait étourdi	aient étourdi
7 imparfait du subjonctif		**14 plus-que-parfait du subjonctif**	
étourdisse	étourdissions	eusse étourdi	eussions étourdi
étourdisses	étourdissiez	eusses étourdi	eussiez étourdi
étourdît	étourdissent	eût étourdi	eussent étourdi

Impératif
étourdis
étourdissons
étourdissez

Words and expressions related to this verb

s'étourdir to lose one's senses in some kind of outlet
une étourderie thoughtlessness, carelessness
un étourdissement giddiness; temporary loss of one's senses
étourdiment thoughtlessly
étourdi, étourdie thoughtless, giddy
par étourderie by an oversight

étourdissant, étourdissante staggering, deafening

Syn.: abasourdir to daze, to stun; abrutir to exhaust (229); assommer to knock out, to stun (310); ébranler to shake (326); étonner to stun, to amaze
Ant.: réveiller to awaken (109) (see 414); stimuler to stimulate (81)

The Seven Simple Tenses		The Seven Compound Tenses	
Singular	Plural	Singular	Plural
1 présent de l'indicatif		8 passé composé	
suis	**sommes**	**ai été**	**avons été**
es	**êtes**	**as été**	**avez été**
est	**sont**	**a été**	**ont été**
2 imparfait de l'indicatif		9 plus-que-parfait de l'indicatif	
étais	**étions**	**avais été**	**avions été**
étais	**étiez**	**avais été**	**aviez été**
était	**étaient**	**avait été**	**avaient été**
3 passé simple		10 passé antérieur	
fus	**fûmes**	**eus été**	**eûmes été**
fus	**fûtes**	**eus été**	**eûtes été**
fut	**furent**	**eut été**	**eurent été**
4 futur		11 futur antérieur	
serai	**serons**	**aurai été**	**aurons été**
seras	**serez**	**auras été**	**aurez été**
sera	**seront**	**aura été**	**auront été**
5 conditionnel		12 conditionnel passé	
serais	**serions**	**aurais été**	**aurions été**
serais	**seriez**	**aurais été**	**auriez été**
serait	**seraient**	**aurait été**	**auraient été**
6 présent du subjonctif		13 passé du subjonctif	
sois	**soyons**	**aie été**	**ayons été**
sois	**soyez**	**aies été**	**ayez été**
soit	**soient**	**ait été**	**aient été**
7 imparfait du subjonctif		14 plus-que-parfait du subjonctif	
fusse	**fussions**	**eusse été**	**eussions été**
fusses	**fussiez**	**eusses été**	**eussiez été**
fût	**fussent**	**eût été**	**eussent été**

E

Impératif
sois
soyons
soyez

AN ESSENTIAL
55 VERB

Être is an obvious choice to be an essential verb. It is used as an auxiliary in compound tenses for a number of verbs (see page 6) and it is used in a seemingly endless list of idiomatic expressions.

Sentences using être

Ma soeur est en train d'écrire un courriel à son petit ami. My sister is busy writing an e-mail to her boyfriend.

Je suis à vous. I am at your service.

Madame Paquet est toujours bien mise. Mrs. Paquet is always well dressed.

Je ne suis pas dans mon assiette aujourd'hui. I'm not feeling up to par (quite myself) today.

À quelle heure ta mère sera-t-elle de retour? At what time will your mother be back?

Ma mère est très malade; elle n'est pas en état de vous parler maintenant. My mother is very sick; she isn't able to talk to you now.

Vous êtes toujours le bienvenu chez nous. You are always welcome in our home.

Dépêchons-nous parce que le train est sur le point de partir. Let's hurry because the train is about to leave.

—**Quelle heure est-il?** What time is it?

—**Il est une heure.** It is one o'clock.

—**Il est trois heures.** It is three o'clock.

Ça y est! That's it!

—**À qui est ce livre?** Whose book is this?

—**Ce livre est à moi.** This book is mine.

Madame Beaupuy est au courant de tout. Mrs. Beaupuy is informed on (knows about) everything.

Est-ce que vous êtes bien dans cette chaise? Are you comfortable in this chair?

Ainsi soit-il! So be it!

Syn.: **avoir lieu** to take place; **exister** to exist (349); **vivre** to live; **se trouver** to be located
Ant.: **disparaître** to disappear, to die; **mourir** to die; **s'éteindre** to die (Idiomatic expression; see **éteindre**) (aux. **être**)

Words and expressions using this verb

le bien-être well-being
être à qqn to belong to someone
être à l'heure to be on time
être à temps to be in time
être au courant de to be informed about
être bien to be comfortable
être bien aise (de) to be very glad (to)
être bien mis (mise) to be well dressed
être d'accord avec to agree with
être dans son assiette to feel up to par
être de bonne (mauvaise) humeur to be in a good (bad) mood
être de retour to be back
être en (bonne) forme to be in (good) shape
être en état de + inf. to be able + inf.
être en panne to be broken down, out of order (machine, auto)
être pressé, être pressée to be in a hurry
être en retard to be late
être en train de + inf. to be in the act of + pres. part., to be in the process of, to be busy + pres. part.
être en vacances to be on vacation
être en vie to be alive
être enrhumé to have a cold
être hors de soi to be beside oneself, to be upset
être le bienvenu (la bienvenue) to be welcome
être sur le point de + inf. to be about + inf.
être temps de + inf. to be time to + inf.
De quelle couleur est (sont) . . .? What color is (are) . . .?
Il était une fois . . . Once upon a time there was . . .
un être humain human being

The Seven Simple Tenses		The Seven Compound Tenses	
Singular	Plural	Singular	Plural
1 présent de l'indicatif		**8 passé composé**	
étudie	étudions	ai étudié	avons étudié
étudies	étudiez	as étudié	avez étudié
étudie	étudient	a étudié	ont étudié
2 imparfait de l'indicatif		**9 plus-que-parfait de l'indicatif**	
étudiais	étudiions	avais étudié	avions étudié
étudiais	étudiiez	avais étudié	aviez étudié
étudiait	étudiaient	avait étudié	avaient étudié
3 passé simple		**10 passé antérieur**	
étudiai	étudiâmes	eus étudié	eûmes étudié
étudias	étudiâtes	eus étudié	eûtes étudié
étudia	étudièrent	eut étudié	eurent étudié
4 futur		**11 futur antérieur**	
étudierai	étudierons	aurai étudié	aurons étudié
étudieras	étudierez	auras étudié	aurez étudié
étudiera	étudieront	aura étudié	auront étudié
5 conditionnel		**12 conditionnel passé**	
étudierais	étudierions	aurais étudié	aurions étudié
étudierais	étudieriez	aurais étudié	auriez étudié
étudierait	étudieraient	aurait étudié	auraient étudié
6 présent du subjonctif		**13 passé du subjonctif**	
étudie	étudiions	aie étudié	ayons étudié
étudies	étudiiez	aies étudié	ayez étudié
étudie	étudient	ait étudié	aient étudié
7 imparfait du subjonctif		**14 plus-que-parfait du subjonctif**	
étudiasse	étudiassions	eusse étudié	eussions étudié
étudiasses	étudiassiez	eusses étudié	eussiez étudié
étudiât	étudiassent	eût étudié	eussent étudié

Impératif
étudie
étudions
étudiez

AN ESSENTIAL
55 VERB

The subject pronouns are found on page 103.

Étudier is a very useful verb for a beginning French student. As you study this verb, be careful about the **ii** in the **nous** and **vous** forms of the **imparfait** and the **présent du subjonctif**.

Sentences using étudier and related words

Ma tante étudie le piano depuis dix ans. My aunt has been studying piano for ten years.

Le dossier de Monsieur Pompier est à l'étude. Mr. Pompier's file is under study.

Thomas fait ses études à l'Université de Grenoble. Thomas is studying at the University of Grenoble.

—Depuis combien de temps étudiez-vous le français? How long have you been studying French?

—J'étudie le français depuis deux ans. I have been studying French for two years.

Syn.: **analyser** to analyze (32); **apprendre** to learn; **s'instruire** to teach oneself (260, 262) Ant.: **ignorer** not to know (22); **négliger** to neglect (119)

Words and expressions using this verb

un étudiant, une étudiante **student**

l'étude *f.* **study**

les études *f.* **studies**

une salle d'études **study hall**

étudier à fond **to study thoroughly**

faire ses études **to study, to go to school**

à l'étude **under consideration, under study**

s'étudier **to analyze oneself**

étudier qqch de près **to study something closely**

s'amuser au lieu d'étudier **to have a good time instead of studying**

If you can conjugate **étudier** you can also conjugate these verbs:

apprécier **to appreciate**	copier **to copy**
balbutier **to stammer**	identifier **to identify**
certifier **to guarantee**	justifier **to justify**
clarifier **to clarify**	planifier **to plan**
classifier **to classify**	skier **to ski**

Regular **-er** verb

to evaluate, to appraise, to assess, to estimate

The Seven Simple Tenses		The Seven Compound Tenses	
Singular	Plural	Singular	Plural
1 présent de l'indicatif		**8 passé composé**	
évalue	évaluons	ai évalué	avons évalué
évalues	évaluez	as évalué	avez évalué
évalue	évaluent	a évalué	ont évalué
2 imparfait de l'indicatif		**9 plus-que-parfait de l'indicatif**	
évaluais	évaluions	avais évalué	avions évalué
évaluais	évaluiez	avais évalué	aviez évalué
évaluait	évaluaient	avait évalué	avaient évalué
3 passé simple		**10 passé antérieur**	
évaluai	évaluâmes	eus évalué	eûmes évalué
évaluas	évaluâtes	eus évalué	eûtes évalué
évalua	évaluèrent	eut évalué	eurent évalué
4 futur		**11 futur antérieur**	
évaluerai	évaluerons	aurai évalué	aurons évalué
évalueras	évaluerez	auras évalué	aurez évalué
évaluera	évalueront	aura évalué	auront évalué
5 conditionnel		**12 conditionnel passé**	
évaluerais	évaluerions	aurais évalué	aurions évalué
évaluerais	évalueriez	aurais évalué	auriez évalué
évaluerait	évalueraient	aurait évalué	auraient évalué
6 présent du subjonctif		**13 passé du subjonctif**	
évalue	évaluions	aie évalué	ayons évalué
évalues	évaluiez	aies évalué	ayez évalué
évalue	évaluent	ait évalué	aient évalué
7 imparfait du subjonctif		**14 plus-que-parfait du subjonctif**	
évaluasse	évaluassions	eusse évalué	eussions évalué
évaluasses	évaluassiez	eusses évalué	eussiez évalué
évaluât	évaluassent	eût évalué	eussent évalué

E

Impératif
évalue
évaluons
évaluez

Words and expressions related to this verb

une évaluation evaluation, estimate, assessment
de valeur valuable, of value
valable valid
mettre en valeur to emphasize, to enhance
faire évaluer qqch par un expert to have something appraised by an expert
valablement validly

valeureusement valorously
la valeur value, valor

Syn.: **apprécier** to appreciate; **estimer** to estimate (27); **juger** to judge; **mesurer** to measure (54); **priser** to value (486)
Ant.: **mépriser** to despise (486); **mésestimer** to underestimate (27)

The subject pronouns are found on page 103.

to faint, to lose consciousness,
to swoon, to vanish

Reflexive regular **-ir** verb

The Seven Simple Tenses		The Seven Compound Tenses	
Singular	Plural	Singular	Plural
1 présent de l'indicatif		**8 passé composé**	
m'évanouis	nous évanouissons	me suis évanoui(e)	nous sommes évanoui(e)s
t'évanouis	vous évanouissez	t'es évanoui(e)	vous êtes évanoui(e)(s)
s'évanouit	s'évanouissent	s'est évanoui(e)	se sont évanoui(e)s
2 imparfait de l'indicatif		**9 plus-que-parfait de l'indicatif**	
m'évanouissais	nous évanouissions	m'étais évanoui(e)	nous étions évanoui(e)s
t'évanouissais	vous évanouissiez	t'étais évanoui(e)	vous étiez évanoui(e)(s)
s'évanouissait	s'évanouissaient	s'était évanoui(e)	s'étaient évanoui(e)s
3 passé simple		**10 passé antérieur**	
m'évanouis	nous évanouîmes	me fus évanoui(e)	nous fûmes évanoui(e)s
t'évanouis	vous évanouîtes	te fus évanoui(e)	vous fûtes évanoui(e)(s)
s'évanouit	s'évanouirent	se fut évanoui(e)	se furent évanoui(e)s
4 futur		**11 futur antérieur**	
m'évanouirai	nous évanouirons	me serai évanoui(e)	nous serons évanoui(e)s
t'évanouiras	vous évanouirez	te seras évanoui(e)	vous serez évanoui(e)(s)
s'évanouira	s'évanouiront	se sera évanoui(e)	se seront évanoui(e)s
5 conditionnel		**12 conditionnel passé**	
m'évanouirais	nous évanouirions	me serais évanoui(e)	nous serions évanoui(e)s
t'évanouirais	vous évanouiriez	te serais évanoui(e)	vous seriez évanoui(e)(s)
s'évanouirait	s'évanouiraient	se serait évanoui(e)	se seraient évanoui(e)s
6 présent du subjonctif		**13 passé du subjonctif**	
m'évanouisse	nous évanouissions	me sois évanoui(e)	nous soyons évanoui(e)s
t'évanouisses	vous évanouissiez	te sois évanoui(e)	vous soyez évanoui(e)(s)
s'évanouisse	s'évanouissent	se soit évanoui(e)	se soient évanoui(e)s
7 imparfait du subjonctif		**14 plus-que-parfait du subjonctif**	
m'évanouisse	nous évanouissions	me fusse évanoui(e)	nous fussions évanoui(e)s
t'évanouisses	vous évanouissiez	te fusses évanoui(e)	vous fussiez évanoui(e)(s)
s'évanouît	s'évanouissent	se fût évanoui(e)	se fussent évanoui(e)s

Impératif
évanouis-toi; ne t'évanouis pas
évanouissons-nous; ne nous évanouissons pas
évanouissez-vous; ne vous évanouissez pas

Words and expressions related to this verb

un évanouissement faint, fading
un rêve évanoui vanished dream
tomber évanoui, évanouie to faint, to pass out
évanoui, évanouie unconscious, fainted, in a
   faint; vanished
revenir d'un évanouissement to come out of
   a faint

Syn.: **disparaître** to disappear; **se pâmer** to
swoon (71, 122); **perdre connaissance** to
faint; **tomber dans les pommes** to faint, to
pass out (Lit.: to fall in the apples); **tomber
en pâmoison** to swoon
Ant.: **apparaître** to appear; **se montrer** to
appear, to show oneself (299, 83); **revenir à
soi** to come to

Regular **-er** verb   to avoid

The Seven Simple Tenses		The Seven Compound Tenses	
Singular	Plural	Singular	Plural

1 présent de l'indicatif

évite	évitons	
évites	évitez	
évite	évitent	

8 passé composé

ai évité	avons évité
as évité	avez évité
a évité	ont évité

2 imparfait de l'indicatif

évitais	évitions
évitais	évitiez
évitait	évitaient

9 plus-que-parfait de l'indicatif

avais évité	avions évité
avais évité	aviez évité
avait évité	avaient évité

E

3 passé simple

évitai	évitâmes
évitas	évitâtes
évita	évitèrent

10 passé antérieur

eus évité	eûmes évité
eus évité	eûtes évité
eut évité	eurent évité

4 futur

éviterai	éviterons
éviteras	éviterez
évitera	éviteront

11 futur antérieur

aurai évité	aurons évité
auras évité	aurez évité
aura évité	auront évité

5 conditionnel

éviterais	éviterions
éviterais	éviteriez
éviterait	éviteraient

12 conditionnel passé

aurais évité	aurions évité
aurais évité	auriez évité
aurait évité	auraient évité

6 présent du subjonctif

évite	évitions
évites	évitiez
évite	évitent

13 passé du subjonctif

aie évité	ayons évité
aies évité	ayez évité
ait évité	aient évité

7 imparfait du subjonctif

évitasse	évitassions
évitasses	évitassiez
évitât	évitassent

14 plus-que-parfait du subjonctif

eusse évité	eussions évité
eusses évité	eussiez évité
eût évité	eussent évité

Impératif
évite
évitons
évitez

Words and expressions related to this verb

éviter de faire qqch to avoid doing something
éviter à qqn la peine de faire qqch to spare
    someone the trouble of doing something
évitable avoidable
inévitable inevitable, unavoidable
inévitablement inevitably, unavoidably

Syn.: **détourner** to divert, to turn aside;
échapper à to avoid; **éluder** to elude
(32); **esquiver** to avoid (276); **fuir** to flee;
prévenir to forestall, to warn
Ant.: **affronter** to confront (113); **braver**
to defy (276); **chercher** to look for, to seek;
poursuivre to pursue

excuser (216)

to excuse

Regular **-er** verb

The Seven Simple Tenses		The Seven Compound Tenses	
Singular	Plural	Singular	Plural
1 présent de l'indicatif		**8 passé composé**	
excuse	excusons	ai excusé	avons excusé
excuses	excusez	as excusé	avez excusé
excuse	excusent	a excusé	ont excusé
2 imparfait de l'indicatif		**9 plus-que-parfait de l'indicatif**	
excusais	excusions	avais excusé	avions excusé
excusais	excusiez	avais excusé	aviez excusé
excusait	excusaient	avait excusé	avaient excusé
3 passé simple		**10 passé antérieur**	
excusai	excusâmes	eus excusé	eûmes excusé
excusas	excusâtes	eus excusé	eûtes excusé
excusa	excusèrent	eut excusé	eurent excusé
4 futur		**11 futur antérieur**	
excuserai	excuserons	aurai excusé	aurons excusé
excuseras	excuserez	auras excusé	aurez excusé
excusera	excuseront	aura excusé	auront excusé
5 conditionnel		**12 conditionnel passé**	
excuserais	excuserions	aurais excusé	aurions excusé
excuserais	excuseriez	aurais excusé	auriez excusé
excuserait	excuseraient	aurait excusé	auraient excusé
6 présent du subjonctif		**13 passé du subjonctif**	
excuse	excusions	aie excusé	ayons excusé
excuses	excusiez	aies excusé	ayez excusé
excuse	excusent	ait excusé	aient excusé
7 imparfait du subjonctif		**14 plus-que-parfait du subjonctif**	
excusasse	excusassions	eusse excusé	eussions excusé
excusasses	excusassiez	eusses excusé	eussiez excusé
excusât	excusassent	eût excusé	eussent excusé

Impératif
excuse
excusons
excusez

Words and expressions related to this verb

excuser de to excuse from (for)

excuser qqn de faire qqch to excuse someone from doing something; to excuse someone's doing something

se faire excuser to ask to be excused

une excuse excuse

faire ses excuses à qqn pour qqch to apologize to someone for something

Mille excuses! Excuse me! (a thousand pardons)

See also s'**excuser**.

Syn.: **absoudre** to absolve; **blanchir** to exonerate; **disculper** to exonerate (27); **justifier** to justify (389); **pardonner** to pardon, to forgive
Ant.: **accuser** to accuse; **blâmer** to blame

Reflexive regular **-er** verb   to excuse oneself, to apologize

The Seven Simple Tenses		The Seven Compound Tenses	
Singular	Plural	Singular	Plural
1 présent de l'indicatif		**8 passé composé**	
m'excuse	nous excusons	me suis excusé(e)	nous sommes excusé(e)s
t'excuses	vous excusez	t'es excusé(e)	vous êtes excusé(e)(s)
s'excuse	s'excusent	s'est excusé(e)	se sont excusé(e)s
2 imparfait de l'indicatif		**9 plus-que-parfait de l'indicatif**	
m'excusais	nous excusions	m'étais excusé(e)	nous étions excusé(e)s
t'excusais	vous excusiez	t'étais excusé(e)	vous étiez excusé(e)(s)
s'excusait	s'excusaient	s'était excusé(e)	s'étaient excusé(e)s
3 passé simple		**10 passé antérieur**	
m'excusai	nous excusâmes	me fus excusé(e)	nous fûmes excusé(e)s
t'excusas	vous excusâtes	te fus excusé(e)	vous fûtes excusé(e)(s)
s'excusa	s'excusèrent	se fut excusé(e)	se furent excusé(e)s
4 futur		**11 futur antérieur**	
m'excuserai	nous excuserons	me serai excusé(e)	nous serons excusé(e)s
t'excuseras	vous excuserez	te seras excusé(e)	vous serez excusé(e)(s)
s'excusera	s'excuseront	se sera excusé(e)	se seront excusé(e)s
5 conditionnel		**12 conditionnel passé**	
m'excuserais	nous excuserions	me serais excusé(e)	nous serions excusé(e)s
t'excuserais	vous excuseriez	te serais excusé(e)	vous seriez excusé(e)(s)
s'excuserait	s'excuseraient	se serait excusé(e)	se seraient excusé(e)s
6 présent du subjonctif		**13 passé du subjonctif**	
m'excuse	nous excusions	me sois excusé(e)	nous soyons excusé(e)s
t'excuses	vous excusiez	te sois excusé(e)	vous soyez excusé(e)(s)
s'excuse	s'excusent	se soit excusé(e)	se soient excusé(e)s
7 imparfait du subjonctif		**14 plus-que-parfait du subjonctif**	
m'excusasse	nous excusassions	me fusse excusé(e)	nous fussions excusé(e)s
t'excusasses	vous excusassiez	te fusses excusé(e)	vous fussiez excusé(e)(s)
s'excusât	s'excusassent	se fût excusé(e)	se fussent excusé(e)s

E

Impératif
excuse-toi; ne t'excuse pas
excusons-nous; ne nous excusons pas
excusez-vous; ne vous excusez pas

Sentences using this verb and words and expressions related to it

Excusez-moi. Pardon me. Excuse me.
Je m'excuse de vous déranger. I apologize for disturbing you.
s'excuser de to apologize for
Veuillez m'excuser. Please (Be good enough to) excuse me.

Qui s'excuse s'accuse. A guilty conscience needs no accuser.

Syn.: **se défendre** to defend oneself (144) (aux. **être**); **demander pardon** to ask forgiveness
Ant.: **accepter** to accept; **se blâmer** to blame oneself (71) (aux. **être**)

The subject pronouns are found on page 103.
349

exiger (218)

to demand, to require | Regular **-er** verb endings; spelling change: retain the **ge** before **a** or **o** to keep the soft **g** sound of the verb

The Seven Simple Tenses		The Seven Compound Tenses	
Singular	Plural	Singular	Plural
1 présent de l'indicatif		**8 passé composé**	
exige	exigeons	ai exigé	avons exigé
exiges	exigez	as exigé	avez exigé
exige	exigent	a exigé	ont exigé
2 imparfait de l'indicatif		**9 plus-que-parfait de l'indicatif**	
exigeais	exigions	avais exigé	avions exigé
exigeais	exigiez	avais exigé	aviez exigé
exigeait	exigeaient	avait exigé	avaient exigé
3 passé simple		**10 passé antérieur**	
exigeai	exigeâmes	eus exigé	eûmes exigé
exigeas	exigeâtes	eus exigé	eûtes exigé
exigea	exigèrent	eut exigé	eurent exigé
4 futur		**11 futur antérieur**	
exigerai	exigerons	aurai exigé	aurons exigé
exigeras	exigerez	auras exigé	aurez exigé
exigera	exigeront	aura exigé	auront exigé
5 conditionnel		**12 conditionnel passé**	
exigerais	exigerions	aurais exigé	aurions exigé
exigerais	exigeriez	aurais exigé	auriez exigé
exigerait	exigeraient	aurait exigé	auraient exigé
6 présent du subjonctif		**13 passé du subjonctif**	
exige	exigions	aie exigé	ayons exigé
exiges	exigiez	aies exigé	ayez exigé
exige	exigent	ait exigé	aient exigé
7 imparfait du subjonctif		**14 plus-que-parfait du subjonctif**	
exigeasse	exigeassions	eusse exigé	eussions exigé
exigeasses	exigeassiez	eusses exigé	eussiez exigé
exigeât	exigeassent	eût exigé	eussent exigé

Impératif
exige
exigeons
exigez

Sentences using this verb and words related to it

Mon professeur de français est très exigeant! Il exige que je refasse mon travail s'il y a trop de fautes. My French teacher is very demanding! He requires that I redo my work if there are too many errors.

exigeant, exigeante exacting, demanding
l'exigence *f.* exigency, requirement

exiger des soins attentifs to demand great care
les exigences requirements

Syn.: **demander** to request; **contraindre** to compel; **imposer** to impose; **obliger** to oblige; **nécessiter** to require (251); **vouloir** to want
Ant.: **exempter** to exempt (464); **permettre** to allow, to permit

Part. pr. **expliquant**   Part. passé **expliqué**   **expliquer (219)**

Regular **-er** verb   to explain

The Seven Simple Tenses		The Seven Compound Tenses	
Singular	Plural	Singular	Plural
1 présent de l'indicatif		**8 passé composé**	
explique	expliquons	ai expliqué	avons expliqué
expliques	expliquez	as expliqué	avez expliqué
explique	expliquent	a expliqué	ont expliqué
2 imparfait de l'indicatif		**9 plus-que-parfait de l'indicatif**	
expliquais	expliquions	avais expliqué	avions expliqué
expliquais	expliquiez	avais expliqué	aviez expliqué
expliquait	expliquaient	avait expliqué	avaient expliqué
3 passé simple		**10 passé antérieur**	
expliquai	expliquâmes	eus expliqué	eûmes expliqué
expliquas	expliquâtes	eus expliqué	eûtes expliqué
expliqua	expliquèrent	eut expliqué	eurent expliqué
4 futur		**11 futur antérieur**	
expliquerai	expliquerons	aurai expliqué	aurons expliqué
expliqueras	expliquerez	auras expliqué	aurez expliqué
expliquera	expliqueront	aura expliqué	auront expliqué
5 conditionnel		**12 conditionnel passé**	
expliquerais	expliquerions	aurais expliqué	aurions expliqué
expliquerais	expliqueriez	aurais expliqué	auriez expliqué
expliquerait	expliqueraient	aurait expliqué	auraient expliqué
6 présent du subjonctif		**13 passé du subjonctif**	
explique	expliquions	aie expliqué	ayons expliqué
expliques	expliquiez	aies expliqué	ayez expliqué
explique	expliquent	ait expliqué	aient expliqué
7 imparfait du subjonctif		**14 plus-que-parfait du subjonctif**	
expliquasse	expliquassions	eusse expliqué	eussions expliqué
expliquasses	expliquassiez	eusses expliqué	eussiez expliqué
expliquât	expliquassent	eût expliqué	eussent expliqué

Impératif
explique
expliquons
expliquez

Words related to this verb

explicite explicit
explicitement explicitly
l'explication *f.* explanation

une explication de texte interpretation, critical analysis of a text
explicable explainable
explicatif, explicative explanatory
s'expliciter to be explicit

Note the difference in meaning in the following two sentences. See page 17 (b).

J'ai étudié la leçon que le professeur avait expliquée. I studied the lesson that the teacher had explained.
J'avais étudié la leçon que le professeur a expliquée. I had studied the lesson that the teacher explained.

Syn.: **éclaircir** to clarify, to clear up (229); **éclairer** to explain, to enlighten (21); **interpréter** to interpret (87); **justifier** to justify (389); **montrer** to show, to point out; **prouver** to prove
Ant.: **embrouiller** to complicate (233); **obscurcir** to make obscure (229)

The Seven Simple Tenses		The Seven Compound Tenses	
Singular	Plural	Singular	Plural

1 présent de l'indicatif		8 passé composé	
exprime	exprimons	ai exprimé	avons exprimé
exprimes	exprimez	as exprimé	avez exprimé
exprime	expriment	a exprimé	ont exprimé

2 imparfait de l'indicatif		9 plus-que-parfait de l'indicatif	
exprimais	exprimions	avais exprimé	avions exprimé
exprimais	exprimiez	avais exprimé	aviez exprimé
exprimait	exprimaient	avait exprimé	avaient exprimé

3 passé simple		10 passé antérieur	
exprimai	exprimâmes	eus exprimé	eûmes exprimé
exprimas	exprimâtes	eus exprimé	eûtes exprimé
exprima	exprimèrent	eut exprimé	eurent exprimé

4 futur		11 futur antérieur	
exprimerai	exprimerons	aurai exprimé	aurons exprimé
exprimeras	exprimerez	auras exprimé	aurez exprimé
exprimera	exprimeront	aura exprimé	auront exprimé

5 conditionnel		12 conditionnel passé	
exprimerais	exprimerions	aurais exprimé	aurions exprimé
exprimerais	exprimeriez	aurais exprimé	auriez exprimé
exprimerait	exprimeraient	aurait exprimé	auraient exprimé

6 présent du subjonctif		13 passé du subjonctif	
exprime	exprimions	aie exprimé	ayons exprimé
exprimes	exprimiez	aies exprimé	ayez exprimé
exprime	expriment	ait exprimé	aient exprimé

7 imparfait du subjonctif		14 plus-que-parfait du subjonctif	
exprimasse	exprimassions	eusse exprimé	eussions exprimé
exprimasses	exprimassiez	eusses exprimé	eussiez exprimé
exprimât	exprimassent	eût exprimé	eussent exprimé

Impératif
exprime
exprimons
exprimez

Words and expressions related to this verb

exprimer ses vœux to express (convey) one's wishes
exprimable expressible
une expression expression; **expression des sentiments** expression of feelings

Closing of letter:

Agréez, Monsieur (Madame), l'expression de mes sentiments distingués Sincerely
s'exprimer to express oneself
s'exprimer par gestes to express oneself with gestures

Syn.: **dire** to say, to tell; **peindre** to portray, to paint; **représenter** to represent (60)
Ant.: **cacher** to hide; **se taire** to be silent, not to speak

Reflexive regular **-er** verb   to become angry, to get angry

The Seven Simple Tenses		The Seven Compound Tenses	
Singular	Plural	Singular	Plural

1 présent de l'indicatif

		8 passé composé	
me fâche	nous fâchons	me suis fâché(e)	nous sommes fâché(e)s
te fâches	vous fâchez	t'es fâché(e)	vous êtes fâché(e)(s)
se fâche	se fâchent	s'est fâché(e)	se sont fâché(e)s

2 imparfait de l'indicatif

		9 plus-que-parfait de l'indicatif	
me fâchais	nous fâchions	m'étais fâché(e)	nous étions fâché(e)s
te fâchais	vous fâchiez	t'étais fâché(e)	vous étiez fâché(e)(s)
se fâchait	se fâchaient	s'était fâché(e)	s'étaient fâché(e)s

3 passé simple

		10 passé antérieur	
me fâchai	nous fâchâmes	me fus fâché(e)	nous fûmes fâché(e)s
te fâchas	vous fâchâtes	te fus fâché(e)	vous fûtes fâché(e)(s)
se fâcha	se fâchèrent	se fut fâché(e)	se furent fâché(e)s

4 futur

		11 futur antérieur	
me fâcherai	nous fâcherons	me serai fâché(e)	nous serons fâché(e)s
te fâcheras	vous fâcherez	te seras fâché(e)	vous serez fâché(e)(s)
se fâchera	se fâcheront	se sera fâché(e)	se seront fâché(e)s

5 conditionnel

		12 conditionnel passé	
me fâcherais	nous fâcherions	me serais fâché(e)	nous serions fâché(e)s
te fâcherais	vous fâcheriez	te serais fâché(e)	vous seriez fâché(e)(s)
se fâcherait	se fâcheraient	se serait fâché(e)	se seraient fâché(e)s

6 présent du subjonctif

		13 passé du subjonctif	
me fâche	nous fâchions	me sois fâché(e)	nous soyons fâché(e)s
te fâches	vous fâchiez	te sois fâché(e)	vous soyez fâché(e)(s)
se fâche	se fâchent	se soit fâché(e)	se soient fâché(e)s

7 imparfait du subjonctif

		14 plus-que-parfait du subjonctif	
me fâchasse	nous fâchassions	me fusse fâché(e)	nous fussions fâché(e)s
te fâchasses	vous fâchassiez	te fusses fâché(e)	vous fussiez fâché(e)(s)
se fâchât	se fâchassent	se fût fâché(e)	se fussent fâché(e)s

Impératif
fâche-toi; ne te fâche pas
fâchons-nous; ne nous fâchons pas
fâchez-vous; ne vous fâchez pas

Words and expressions related to this verb

fâcher qqn to anger someone, to offend
  someone
se fâcher contre qqn to become angry at
  someone
une fâcherie tiff, quarrel
C'est fâcheux! It's a nuisance! It's annoying!
fâcheusement awkwardly, unfortunately
se fâcher tout rouge to turn red with anger

Syn.: **s'irriter** to get irritated (266, 33); **se mettre en colère** to get angry; **se vexer** to get upset (27, 122)
Ant.: **se calmer** to calm down (27, 122); **se réconcilier** to make up (212, 122)

The subject pronouns are found on page 103.   **353**

faillir (222)

Part. pr. **faillant**   Part. passé **failli**

to fail, to almost (do something)

Irregular verb

The Seven Simple Tenses		The Seven Compound Tenses	
Singular	Plural	Singular	Plural
1 présent de l'indicatif		**8 passé composé**	
faux	faillons	ai failli	avons failli
faux	faillez	as failli	avez failli
faut	faillent	a failli	ont failli
2 imparfait de l'indicatif		**9 plus-que-parfait de l'indicatif**	
faillais	faillions	avais failli	avions failli
faillais	failliez	avais failli	aviez failli
faillait	faillaient	avait failli	avaient failli
3 passé simple		**10 passé antérieur**	
faillis	faillîmes	eus failli	eûmes failli
faillis	faillîtes	eus failli	eûtes failli
faillit	faillirent	eut failli	eurent failli
4 futur		**11 futur antérieur**	
faillirai or faudrai	faillirons or faudrons	aurai failli	aurons failli
failliras or faudras	faillirez or faudrez	auras failli	aurez failli
faillira or faudra	failliront or faudront	aura failli	auront failli
5 conditionnel		**12 conditionnel passé**	
faillirais or faudrais	faillirions or faudrions	aurais failli	aurions failli
faillirais or faudrais	failliriez or faudriez	aurais failli	auriez failli
faillirait or faudrait	failliraient or faudraient	aurait failli	auraient failli
6 présent du subjonctif		**13 passé du subjonctif**	
faille	faillions	aie failli	ayons failli
failles	failliez	aies failli	ayez failli
faille	faillent	ait failli	aient failli
7 imparfait du subjonctif		**14 plus-que-parfait du subjonctif**	
faillisse	faillissions	eusse failli	eussions failli
faillisses	faillissiez	eusses failli	eussiez failli
faillît	faillissent	eût failli	eussent failli

Impératif
[not in use]

Words and expressions related to this verb

la faillite bankruptcy, failure
failli, faillie bankrupt
faillir + inf. to almost do something
J'ai failli tomber. I almost fell.

faire faillite to go bankrupt
défaillir to weaken, to faint
défaillant, défaillante feeble
une défaillance faint (swoon)
être en faillite to be bankrupt

> The conjugated forms of this verb are used most of the time in the **passé simple** and compound tenses. The other terms are rarely used.

Syn.: échouer to fail; louper to miss, to fail (124); manquer à to lack; rater to miss, to fail (241)
Ant.: réussir to succeed

F

The Seven Simple Tenses		The Seven Compound Tenses

Singular	Plural	Singular	Plural
1 présent de l'indicatif		**8 passé composé**	
fais	**faisons**	**ai fait**	**avons fait**
fais	**faites**	**as fait**	**avez fait**
fait	**font**	**a fait**	**ont fait**
2 imparfait de l'indicatif		**9 plus-que-parfait de l'indicatif**	
faisais	**faisions**	**avais fait**	**avions fait**
faisais	**faisiez**	**avais fait**	**aviez fait**
faisait	**faisaient**	**avait fait**	**avaient fait**
3 passé simple		**10 passé antérieur**	
fis	**fîmes**	**eus fait**	**eûmes fait**
fis	**fîtes**	**eus fait**	**eûtes fait**
fit	**firent**	**eut fait**	**eurent fait**
4 futur		**11 futur antérieur**	
ferai	**ferons**	**aurai fait**	**aurons fait**
feras	**ferez**	**auras fait**	**aurez fait**
fera	**feront**	**aura fait**	**auront fait**
5 conditionnel		**12 conditionnel passé**	
ferais	**ferions**	**aurais fait**	**aurions fait**
ferais	**feriez**	**aurais fait**	**auriez fait**
ferait	**feraient**	**aurait fait**	**auraient fait**
6 présent du subjonctif		**13 passé du subjonctif**	
fasse	**fassions**	**aie fait**	**ayons fait**
fasses	**fassiez**	**aies fait**	**ayez fait**
fasse	**fassent**	**ait fait**	**aient fait**
7 imparfait du subjonctif		**14 plus-que-parfait du subjonctif**	
fisse	**fissions**	**eusse fait**	**eussions fait**
fisses	**fissiez**	**eusses fait**	**eussiez fait**
fît	**fissent**	**eût fait**	**eussent fait**

Impératif
fais
faisons
faites

Faire is a verb that a beginning French student should find very useful. It is so useful that we have given it an extra page!

Sentences using faire

Cela ne fait rien. That doesn't matter. That makes no difference.

Ma mère a fait faire une jolie robe. My mother had a pretty dress made.

Quel temps fait-il? What's the weather like?

Il fait beau aujourd'hui. The weather's nice today.

Il fait très froid ce matin. It's very cold this morning.

Il a fait très chaud hier. It was very warm yesterday.

Faites comme chez vous! (formal, plural) Make yourself/yourselves at home!

Fais comme chez toi! (informal) Make yourself at home!

Cela lui fera du bien. That will do her (him) some good.

Que faire? What is to be done?

Mon père a fait venir le médecin parce que ma mère est malade. My father had the doctor come because my mother is sick.

Faisons le tour du parc. Let's go around the park.

Ce grand garçon-là a fait mal à mon petit frère. That big boy hurt my little brother.

Je leur ai fait part du mariage de mon fils. I notified them of the marriage of my son.

Faites suivre mes lettres, s'il vous plaît. Forward my letters please.

Ma fille fait ses études à l'Université de Montréal. My daughter is studying at the University of Montreal.

Syn.: **accomplir** to accomplish (392); **créer** to create; **fabriquer** to manufacture (219); **produire** to produce; **réaliser** to carry out, to realize (486)
Ant.: **défaire** to undo; **détruire** to destroy

Est-il nécessaire de faire la correspondance? Dans quelle direction? Is it necessary to transfer (change trains)? In what direction?

Proverb

Bien faire et laisser dire. **Do your work well and never mind the critics.**

Words and expressions related to this verb

aussitôt dit aussitôt fait (aussitôt dit que fait) **no sooner said than done**

Comment se fait-il . . .? **How come . . .?**

en faire autant **to do the same, to do as much**

faire + inf. **to have something done**

Note: When you use faire with another verb, this is the causative faire (see page 37). Example: Mon père fait peindre la maison. My father is having the house painted. [That is, someone else does the action.]

faire faire **to have something made (done)**

faire à sa tête **to have one's way**

faire attention (à) **to pay attention (to)**

faire beau **to be pleasant, nice weather**

faire mauvais **to be bad weather**

faire bon accueil **to welcome**

faire chaud **to be warm (weather)**

(Continued on next page)

faire comme chez soi **to make oneself at home**

faire d'une pierre deux coups **to kill two birds with one stone**

faire de l'autostop, faire du pouce **to hitchhike**

faire de la peine à qqn **to hurt someone (morally, emotionally)**

faire de son mieux **to do one's best**

faire des châteaux en Espagne **to build castles in the air**

faire des cours **to give courses, to lecture**

faire dodo **to go to sleep (baby talk)**

faire des emplettes, faire des courses, faire des achats, faire du shopping **to go shopping**

faire des progrès **to make progress**

faire du bien à qqn **to do good for someone**

faire du ski **to ski**

faire du sport **to play sports**

faire du vélo **to ride a bike**

faire exprès **to do on purpose**

faire face à **to oppose, to face up to**

faire fi **to scorn**

faire froid **to be cold (weather)**

faire jour **to be daylight**

faire la bête **to act like a fool**

faire la connaissance de qqn **to make the acquaintance of someone, to meet someone for the first time**

faire la cuisine **to do the cooking**

faire la grasse matinée **to sleep late in the morning**

faire la lessive **to do the laundry**

faire la malle **to pack the trunk**

faire la queue **to line up, to get in line, to stand in line, to queue up**

faire la sourde oreille **to turn a deaf ear, to pretend not to hear**

faire la vaisselle **to do (wash) the dishes**

faire le ménage **to do housework**

faire le tour de **to take a stroll, to go around**

faire les bagages **to pack the baggage, luggage**

faire les valises **to pack the suitcases, valises**

faire mal à qqn **to hurt, to harm someone**

se faire mal **to hurt oneself (Reflexive; aux. être)**

faire mon affaire **to suit me, to be just the thing for me**

faire nuit **to be night(time)**

faire part à qqn **to inform someone**

faire part de qqch à qqn **to let someone know about something, to inform, to notify someone of something**

faire partie de **to be a part of**

faire peur à qqn **to frighten someone**

faire plaisir à qqn **to please someone**

faire sa toilette **to wash up**

faire savoir qqch à qqn **to inform someone of something**

faire semblant de + inf. **to pretend + inf.**

faire ses adieux **to say goodbye**

faire ses amitiés à qqn **to give one's regards to someone**

faire ses études à **to study at**

faire son lit **to make one's bed**

faire son possible **to do one's best (utmost)**

faire suivre **to forward mail**

faire un appel (téléphonique) **to make a (telephone) call**

faire un cours **to give a course, to lecture**

faire un tour **to go for a stroll**

faire un voyage **to take a trip**

faire une partie de **to play a game of**

faire une plainte **to make a complaint**

faire une promenade **to take a walk**

faire une promenade en voiture **to go for a drive**

faire une question **to ask (to pose) a question**

faire une réclamation **to make a complaint**

faire une visite **to pay a visit**

faire venir qqn **to have someone come**

faire venir l'eau à la bouche **to make one's mouth water**

s'en faire **to worry** Ne t'en fais pas. **Don't worry.**

F

The subject pronouns are found on page 103.

feindre (224)

to feign, to make believe, to pretend, to simulate

Irregular verb

The Seven Simple Tenses		The Seven Compound Tenses	
Singular	Plural	Singular	Plural
1 présent de l'indicatif		**8 passé composé**	
feins	feignons	ai feint	avons feint
feins	feignez	as feint	avez feint
feint	feignent	a feint	ont feint
2 imparfait de l'indicatif		**9 plus-que-parfait de l'indicatif**	
feignais	feignions	avais feint	avions feint
feignais	feigniez	avais feint	aviez feint
feignait	feignaient	avait feint	avaient feint
3 passé simple		**10 passé antérieur**	
feignis	feignîmes	eus feint	eûmes feint
feignis	feignîtes	eus feint	eûtes feint
feignit	feignirent	eut feint	eurent feint
4 futur		**11 futur antérieur**	
feindrai	feindrons	aurai feint	aurons feint
feindras	feindrez	auras feint	aurez feint
feindra	feindront	aura feint	auront feint
5 conditionnel		**12 conditionnel passé**	
feindrais	feindrions	aurais feint	aurions feint
feindrais	feindriez	aurais feint	auriez feint
feindrait	feindraient	aurait feint	auraient feint
6 présent du subjonctif		**13 passé du subjonctif**	
feigne	feignions	aie feint	ayons feint
feignes	feigniez	aies feint	ayez feint
feigne	feignent	ait feint	aient feint
7 imparfait du subjonctif		**14 plus-que-parfait du subjonctif**	
feignisse	feignissions	eusse feint	eussions feint
feignisses	feignissiez	eusses feint	eussiez feint
feignît	feignissent	eût feint	eussent feint

Impératif
feins
feignons
feignez

Words and expressions related to this verb

feint, feinte feigned, pretended
la feinte pretense, sham
feinter to feint, to fake
feindre la colère to pretend to be angry
feignant, feignante lazy
fainéant, fainéante lazy
sans feinte without pretense

feinter qqn to fool someone
faire une feinte à qqn to fool someone

Syn.: **contrefaire** to counterfeit (223);
déguiser to disguise (486); **faire semblant** to
pretend; **imiter** to imitate (251); **simuler** to
simulate (81)
Ant.: **accomplir** to accomplish (392);
produire to produce

The Seven Simple Tenses		The Seven Compound Tenses	
Singular	Plural	Singular	Plural
1 présent de l'indicatif		**8 passé composé**	
félicite	**félicitons**	**ai félicité**	**avons félicité**
félicites	**félicitez**	**as félicité**	**avez félicité**
félicite	**félicitent**	**a félicité**	**ont félicité**
2 imparfait de l'indicatif		**9 plus-que-parfait de l'indicatif**	
félicitais	**félicitions**	**avais félicité**	**avions félicité**
félicitais	**félicitiez**	**avais félicité**	**aviez félicité**
félicitait	**félicitaient**	**avait félicité**	**avaient félicité**
3 passé simple		**10 passé antérieur**	
félicitai	**félicitâmes**	**eus félicité**	**eûmes félicité**
félicitas	**félicitâtes**	**eus félicité**	**eûtes félicité**
félicita	**félicitèrent**	**eut félicité**	**eurent félicité**
4 futur		**11 futur antérieur**	
féliciterai	**féliciterons**	**aurai félicité**	**aurons félicité**
féliciteras	**féliciterez**	**auras félicité**	**aurez félicité**
félicitera	**féliciteront**	**aura félicité**	**auront félicité**
5 conditionnel		**12 conditionnel passé**	
féliciterais	**féliciterions**	**aurais félicité**	**aurions félicité**
féliciterais	**féliciteriez**	**aurais félicité**	**auriez félicité**
féliciterait	**féliciteraient**	**aurait félicité**	**auraient félicité**
6 présent du subjonctif		**13 passé du subjonctif**	
félicite	**félicitions**	**aie félicité**	**ayons félicité**
félicites	**félicitiez**	**aies félicité**	**ayez félicité**
félicite	**félicitent**	**ait félicité**	**aient félicité**
7 imparfait du subjonctif		**14 plus-que-parfait du subjonctif**	
félicitasse	**félicitassions**	**eusse félicité**	**eussions félicité**
félicitasses	**félicitassiez**	**eusses félicité**	**eussiez félicité**
félicitât	**félicitassent**	**eût félicité**	**eussent félicité**

Impératif
félicite
félicitons
félicitez

Words and expressions related to this verb

féliciter qqn de qqch to congratulate someone
   for something
Je vous félicite! I congratulate you!
la félicitation congratulation
Félicitations! Congratulations!
se féliciter de qqch to congratulate oneself
   about something
la félicité bliss, felicity, happiness

Syn.: **applaudir de** to applaud for (229);
approuver to approve of; **complimenter** to
compliment (60); **louer** to praise
Ant.: **censurer** to censure (54); **critiquer** to
criticize (219); **déplorer** to deplore (22)

The subject pronouns are found on page 103.

fendre (226)

to split, to crack, to cleave

Regular **-re** verb

The Seven Simple Tenses		The Seven Compound Tenses	
Singular	Plural	Singular	Plural
1 présent de l'indicatif		**8 passé composé**	
fends	fendons	ai fendu	avons fendu
fends	fendez	as fendu	avez fendu
fend	fendent	a fendu	ont fendu
2 imparfait de l'indicatif		**9 plus-que-parfait de l'indicatif**	
fendais	fendions	avais fendu	avions fendu
fendais	fendiez	avais fendu	aviez fendu
fendait	fendaient	avait fendu	avaient fendu
3 passé simple		**10 passé antérieur**	
fendis	fendîmes	eus fendu	eûmes fendu
fendis	fendîtes	eus fendu	eûtes fendu
fendit	fendirent	eut fendu	eurent fendu
4 futur		**11 futur antérieur**	
fendrai	fendrons	aurai fendu	aurons fendu
fendras	fendrez	auras fendu	aurez fendu
fendra	fendront	aura fendu	auront fendu
5 conditionnel		**12 conditionnel passé**	
fendrais	fendrions	aurais fendu	aurions fendu
fendrais	fendriez	aurais fendu	auriez fendu
fendrait	fendraient	aurait fendu	auraient fendu
6 présent du subjonctif		**13 passé du subjonctif**	
fende	fendions	aie fendu	ayons fendu
fendes	fendiez	aies fendu	ayez fendu
fende	fendent	ait fendu	aient fendu
7 imparfait du subjonctif		**14 plus-que-parfait du subjonctif**	
fendisse	fendissions	eusse fendu	eussions fendu
fendisses	fendissiez	eusses fendu	eussiez fendu
fendît	fendissent	eût fendu	eussent fendu

Impératif
fends
fendons
fendez

Common idiomatic expressions using this verb and words related to it

fendre un mur to make a crack in a wall
une fente crack, split, slot
se fendre de chagrin to feel heartbroken
fendre du bois to split wood
fendre son coeur to break one's heart

un fendoir cleaver
à fendre l'âme enough to break one's spirit, to crush one's heart

Syn.: **couper** to cut; **déchirer** to rend, to tear; **diviser** to divide (32); **écarter** to separate, to spread apart (69); **séparer** to separate
Ant.: **joindre** to join; **lier** to connect, to tie (129); **réunir** to reunite (485)

Regular **-er** verb   to close

The Seven Simple Tenses | | The Seven Compound Tenses

Singular	Plural	Singular	Plural
1 présent de l'indicatif		**8 passé composé**	
ferme	fermons	ai fermé	avons fermé
fermes	fermez	as fermé	avez fermé
ferme	ferment	a fermé	ont fermé
2 imparfait de l'indicatif		**9 plus-que-parfait de l'indicatif**	
fermais	fermions	avais fermé	avions fermé
fermais	fermiez	avais fermé	aviez fermé
fermait	fermaient	avait fermé	avaient fermé
3 passé simple		**10 passé antérieur**	
fermai	fermâmes	eus fermé	eûmes fermé
fermas	fermâtes	eus fermé	eûtes fermé
ferma	fermèrent	eut fermé	eurent fermé
4 futur		**11 futur antérieur**	
fermerai	fermerons	aurai fermé	aurons fermé
fermeras	fermerez	auras fermé	aurez fermé
fermera	fermeront	aura fermé	auront fermé
5 conditionnel		**12 conditionnel passé**	
fermerais	fermerions	aurais fermé	aurions fermé
fermerais	fermeriez	aurais fermé	auriez fermé
fermerait	fermeraient	aurait fermé	auraient fermé
6 présent du subjonctif		**13 passé du subjonctif**	
ferme	fermions	aie fermé	ayons fermé
fermes	fermiez	aies fermé	ayez fermé
ferme	ferment	ait fermé	aient fermé
7 imparfait du subjonctif		**14 plus-que-parfait du subjonctif**	
fermasse	fermassions	eusse fermé	eussions fermé
fermasses	fermassiez	eusses fermé	eussiez fermé
fermât	fermassent	eût fermé	eussent fermé

F

Impératif
ferme
fermons
fermez

Sentences using this verb and words and expressions related to it

Je fermais la porte quand j'ai entendu le téléphone sonner. I was closing the door when I heard the phone ring.

Fermez la porte, s'il vous plaît. Please close the door.

Syn.: **boucher** to block up (469); **clore** to close, to shut (Def. and Imp.); **éteindre** to shut down (computer); **verrouiller** to lock (233)
Ant.: **dégager** to clear out; **déverrouiller** to unlock (233); **ouvrir** to open

enfermer to shut in
fermer à clef to lock
fermer au verrou to bolt
Ferme-la! Shut up! Zip it!
fermer le robinet to turn off the tap
fermer un programme to close a program (computer)
renfermer to enclose
Ça sent le renfermé. It's musty in here.
une fermeture closing, shutting
une fermeture éclair, une fermeture à glissière zipper
l'heure de fermer closing time

The subject pronouns are found on page 103.   **361**

se fier (228)

Part. pr. se fiant   **Part. passé fié(e)(s)**

to depend on, to rely on, to trust in

Reflexive regular **-er** verb

The Seven Simple Tenses		The Seven Compound Tenses	
Singular	Plural	Singular	Plural
1 présent de l'indicatif		**8 passé composé**	
me fie	nous fions	me suis fié(e)	nous sommes fié(e)s
te fies	vous fiez	t'es fié(e)	vous êtes fié(e)(s)
se fie	se fient	s'est fié(e)	se sont fié(e)s
2 imparfait de l'indicatif		**9 plus-que-parfait de l'indicatif**	
me fiais	nous fiions	m'étais fié(e)	nous étions fié(e)s
te fiais	vous fiiez	t'étais fié(e)	vous étiez fié(e)(s)
se fiait	se fiaient	s'était fié(e)	s'étaient fié(e)s
3 passé simple		**10 passé antérieur**	
me fiai	nous fiâmes	me fus fié(e)	nous fûmes fié(e)s
te fias	vous fiâtes	te fus fié(e)	vous fûtes fié(e)(s)
se fia	se fièrent	se fut fié(e)	se furent fié(e)s
4 futur		**11 futur antérieur**	
me fierai	nous fierons	me serai fié(e)	nous serons fié(e)s
te fieras	vous fierez	te seras fié(e)	vous serez fié(e)(s)
se fiera	se fieront	se sera fié(e)	se seront fié(e)s
5 conditionnel		**12 conditionnel passé**	
me fierais	nous fierions	me serais fié(e)	nous serions fié(e)s
te fierais	vous fieriez	te serais fié(e)	vous seriez fié(e)(s)
se fierait	se fieraient	se serait fié(e)	se seraient fié(e)s
6 présent du subjonctif		**13 passé du subjonctif**	
me fie	nous fiions	me sois fié(e)	nous soyons fié(e)s
te fies	vous fiiez	te sois fié(e)	vous soyez fié(e)(s)
se fie	se fient	se soit fié(e)	se soient fié(e)s
7 imparfait du subjonctif		**14 plus-que-parfait du subjonctif**	
me fiasse	nous fiassions	me fusse fié(e)	nous fussions fié(e)s
te fiasses	vous fiassiez	te fusses fié(e)	vous fussiez fié(e)(s)
se fiât	se fiassent	se fût fié(e)	se fussent fié(e)s

Impératif
fie-toi; ne te fie pas
fions-nous; ne nous fions pas
fiez-vous; ne vous fiez pas

Words and expressions related to this verb

la confiance confidence, trust
avoir confiance en soi to be self-confident
confier à to confide to
se méfier de to mistrust, to distrust, to beware
  of
fiable reliable, trustworthy
la méfiance mistrust, distrust
se fier à to depend on, to trust in, to rely on

se confier à to trust to, to confide in
Ne vous fiez pas aux apparences. Don't trust
  appearances.

Syn.: **avoir confiance** to trust; **compter sur**
to count on, to rely on; **croire** to believe
Ant.: **se défier de** to mistrust (289); **douter**
de to doubt; **se méfier** to mistrust

Regular **-ir** verb   to finish, to end, to terminate, to complete

The Seven Simple Tenses		The Seven Compound Tenses	
Singular	Plural	Singular	Plural
1 présent de l'indicatif		**8 passé composé**	
finis	finissons	ai fini	avons fini
finis	finissez	as fini	avez fini
finit	finissent	a fini	ont fini
2 imparfait de l'indicatif		**9 plus-que-parfait de l'indicatif**	
finissais	finissions	avais fini	avions fini
finissais	finissiez	avais fini	aviez fini
finissait	finissaient	avait fini	avaient fini
3 passé simple		**10 passé antérieur**	
finis	finîmes	eus fini	eûmes fini
finis	finîtes	eus fini	eûtes fini
finit	finirent	eut fini	eurent fini
4 futur		**11 futur antérieur**	
finirai	finirons	aurai fini	aurons fini
finiras	finirez	auras fini	aurez fini
finira	finiront	aura fini	auront fini
5 conditionnel		**12 conditionnel passé**	
finirais	finirions	aurais fini	aurions fini
finirais	finiriez	aurais fini	auriez fini
finirait	finiraient	aurait fini	auraient fini
6 présent du subjonctif		**13 passé du subjonctif**	
finisse	finissions	aie fini	ayons fini
finisses	finissiez	aies fini	ayez fini
finisse	finissent	ait fini	aient fini
7 imparfait du subjonctif		**14 plus-que-parfait du subjonctif**	
finisse	finissions	eusse fini	eussions fini
finisses	finissiez	eusses fini	eussiez fini
finît	finissent	eût fini	eussent fini

F

Impératif
finis
finissons
finissez

AN ESSENTIAL
55 VERB

Finir is a very useful verb because it is a regular -ir verb and many -ir verbs are conjugated like it. There are also many common words and expressions related to **finir**.

Sentences using finir

J'ai fini de travailler pour aujourd'hui. I have finished working for today.

Robert a quitté la faculté de droit et il a fini par devenir journaliste. Robert left law school and ended up by becoming a journalist.

Tout est bien qui finit bien. All's well that ends well.

Le psychologue a aidé ce pauvre homme qui voulait mettre fin à ses jours. The psychologist helped this poor man who wanted to put an end to his days.

Finissons-en avec la pauvreté! Let's put an end to poverty!

La fin justifie les moyens. The end justifies the means.

C'est fini! It's all over!

Words and expressions related to this verb

finir de + inf. **to finish + pr. part.**

finir par + inf. **to end up by + pr. part.**

la fin **the end**

la fin de semaine **weekend**

afin de **in order to**

enfin **finally**

finalement **finally**

mettre fin à **to put an end to**

en finir avec qqch **to get something over with**

en finir avec qqn **to be finished/done with someone**

final, finale **final**

la finition **finish (of a piece of work)**

If you can conjugate **finir** you can also conjugate these verbs (and any regular -ir verb):

définir **to define**

redéfinir **to redefine**

Syn.: achever to finish, to end; s'arrêter to stop; cesser to cease; compléter to complete (87); conclure to conclude; prendre fin to come to an end; terminer to finish, to end
Ant.: commencer to begin; débuter to begin (173); entamer to begin, to start (71)

Regular **-er** verb

to found, to establish, to lay the foundation

The Seven Simple Tenses		The Seven Compound Tenses	
Singular	Plural	Singular	Plural

1 présent de l'indicatif

fonde	fondons
fondes	fondez
fonde	fondent

8 passé composé

ai fondé	avons fondé
as fondé	avez fondé
a fondé	ont fondé

2 imparfait de l'indicatif

fondais	fondions
fondais	fondiez
fondait	fondaient

9 plus-que-parfait de l'indicatif

avais fondé	avions fondé
avais fondé	aviez fondé
avait fondé	avaient fondé

3 passé simple

fondai	fondâmes
fondas	fondâtes
fonda	fondèrent

10 passé antérieur

eus fondé	eûmes fondé
eus fondé	eûtes fondé
eut fondé	eurent fondé

4 futur

fonderai	fonderons
fonderas	fonderez
fondera	fonderont

11 futur antérieur

aurai fondé	aurons fondé
auras fondé	aurez fondé
aura fondé	auront fondé

5 conditionnel

fonderais	fonderions
fonderais	fonderiez
fonderait	fonderaient

12 conditionnel passé

aurais fondé	aurions fondé
aurais fondé	auriez fondé
aurait fondé	auraient fondé

6 présent du subjonctif

fonde	fondions
fondes	fondiez
fonde	fondent

13 passé du subjonctif

aie fondé	ayons fondé
aies fondé	ayez fondé
ait fondé	aient fondé

7 imparfait du subjonctif

fondasse	fondassions
fondasses	fondassiez
fondât	fondassent

14 plus-que-parfait du subjonctif

eusse fondé	eussions fondé
eusses fondé	eussiez fondé
eût fondé	eussent fondé

Impératif
fonde
fondons
fondez

Common idiomatic expressions using this verb and words related to it

se fonder sur to be based on
un fondateur, une fondatrice founder
le fond bottom; background
à fond thoroughly
du fond du cœur from the bottom of one's heart
de fond en comble from top to bottom (from bottom to top)
le fondement foundation of a building
la fondation foundation, endowment

bien fondé well founded; **mal fondé** ill founded
au fond in the bottom, in the back, in the rear; at bottom, after all
manquer de fond to be shallow

Syn.: **baser sur** to base upon (32); **bâtir** to build; **créer** to create; **établir** to establish
Ant.: **abolir** to abolish; **défaire** to undo; **détruire** to destroy; **renverser** to knock over (492)

The subject pronouns are found on page 103.

fondre (231)

to melt, to dissolve, to mix colors

Part. pr. **fondant**   Part. passé **fondu**

Regular **-re** verb.

The Seven Simple Tenses		The Seven Compound Tenses	
Singular	Plural	Singular	Plural

1 présent de l'indicatif

		8 passé composé	
fonds	fondons	ai fondu	avons fondu
fonds	fondez	as fondu	avez fondu
fond	fondent	a fondu	ont fondu

2 imparfait de l'indicatif

		9 plus-que-parfait de l'indicatif	
fondais	fondions	avais fondu	avions fondu
fondais	fondiez	avais fondu	aviez fondu
fondait	fondaient	avait fondu	avaient fondu

3 passé simple

		10 passé antérieur	
fondis	fondîmes	eus fondu	eûmes fondu
fondis	fondîtes	eus fondu	eûtes fondu
fondit	fondirent	eut fondu	eurent fondu

4 futur

		11 futur antérieur	
fondrai	fondrons	aurai fondu	aurons fondu
fondras	fondrez	auras fondu	aurez fondu
fondra	fondront	aura fondu	auront fondu

5 conditionnel

		12 conditionnel passé	
fondrais	fondrions	aurais fondu	aurions fondu
fondrais	fondriez	aurais fondu	auriez fondu
fondrait	fondraient	aurait fondu	auraient fondu

6 présent du subjonctif

		13 passé du subjonctif	
fonde	fondions	aie fondu	ayons fondu
fondes	fondiez	aies fondu	ayez fondu
fonde	fondent	ait fondu	aient fondu

7 imparfait du subjonctif

		14 plus-que-parfait du subjonctif	
fondisse	fondissions	eusse fondu	eussions fondu
fondisses	fondissiez	eusses fondu	eussiez fondu
fondît	fondissent	eût fondu	eussent fondu

Impératif
fonds
fondons
fondez

Words and expressions related to this verb

confondre to confound, to confuse; **se confondre** to merge, to mingle
refondre to recast, to remelt; **se fondre** to melt, to dissolve
la refonte recasting, remelting of metal
du beurre fondu melted butter; **du fromage fondu** melted cheese
fondre en larmes to burst into tears (**pleurer**)

Syn.: **dégeler** to thaw (242); **dissoudre** to dissolve (6); **liquéfier** to liquefy (41)
Ant.: **coaguler** to coagulate (81); **geler** to freeze; **solidifier** to solidify (212)

Regular **-er** verb endings; spelling change: **c** changes
to **ç** before **a** or **o** to keep **s** sound

to force

The Seven Simple Tenses		The Seven Compound Tenses	
Singular	Plural	Singular	Plural
1 présent de l'indicatif		**8 passé composé**	
force	forçons	ai forcé	avons forcé
forces	forcez	as forcé	avez forcé
force	forcent	a forcé	ont forcé
2 imparfait de l'indicatif		**9 plus-que-parfait de l'indicatif**	
forçais	forcions	avais forcé	avions forcé
forçais	forciez	avais forcé	aviez forcé
forçait	forçaient	avait forcé	avaient forcé
3 passé simple		**10 passé antérieur**	
forçai	forçâmes	eus forcé	eûmes forcé
forças	forçâtes	eus forcé	eûtes forcé
força	forcèrent	eut forcé	eurent forcé
4 futur		**11 futur antérieur**	
forcerai	forcerons	aurai forcé	aurons forcé
forceras	forcerez	auras forcé	aurez forcé
forcera	forceront	aura forcé	auront forcé
5 conditionnel		**12 conditionnel passé**	
forcerais	forcerions	aurais forcé	aurions forcé
forcerais	forceriez	aurais forcé	auriez forcé
forcerait	forceraient	aurait forcé	auraient forcé
6 présent du subjonctif		**13 passé du subjonctif**	
force	forcions	aie forcé	ayons forcé
forces	forciez	aies forcé	ayez forcé
force	forcent	ait forcé	aient forcé
7 imparfait du subjonctif		**14 plus-que-parfait du subjonctif**	
forçasse	forçassions	eusse forcé	eussions forcé
forçasses	forçassiez	eusses forcé	eussiez forcé
forçât	forçassent	eût forcé	eussent forcé

Impératif
force
forçons
forcez

Words and expressions related to this verb

forcer la porte de qqn to force one's way into someone's house

être forcé de faire qqch to be obliged to do something

se forcer la voix to strain one's voice

à force de by dint of, by means of

A force d'essayer, il a réussi. By dint of trying, he succeeded.

la force strength, force; **avec force** forcefully, with force

forcément necessarily, inevitably

forcer qqn à faire qqch to force someone to do something

un forçat a convict

Syn.: **contraindre** to compel; **obliger** to oblige
Ant.: **faciliter** to facilitate (225); **tolérer** to tolerate (356); **modérer** to moderate, to reduce

The subject pronouns are found on page 103.

fouiller (233)

to dig deeply, to excavate, to go deep into, to search

The Seven Simple Tenses		The Seven Compound Tenses	
Singular	Plural	Singular	Plural
1 présent de l'indicatif		**8 passé composé**	
fouille	fouillons	ai fouillé	avons fouillé
fouilles	fouillez	as fouillé	avez fouillé
fouille	fouillent	a fouillé	ont fouillé
2 imparfait de l'indicatif		**9 plus-que-parfait de l'indicatif**	
fouillais	fouillions	avais fouillé	avions fouillé
fouillais	fouilliez	avais fouillé	aviez fouillé
fouillait	fouillaient	avait fouillé	avaient fouillé
3 passé simple		**10 passé antérieur**	
fouillai	fouillâmes	eus fouillé	eûmes fouillé
fouillas	fouillâtes	eus fouillé	eûtes fouillé
fouilla	fouillèrent	eut fouillé	eurent fouillé
4 futur		**11 futur antérieur**	
fouillerai	fouillerons	aurai fouillé	aurons fouillé
fouilleras	fouillerez	auras fouillé	aurez fouillé
fouillera	fouilleront	aura fouillé	auront fouillé
5 conditionnel		**12 conditionnel passé**	
fouillerais	fouillerions	aurais fouillé	aurions fouillé
fouillerais	fouilleriez	aurais fouillé	auriez fouillé
fouillerait	fouilleraient	aurait fouillé	auraient fouillé
6 présent du subjonctif		**13 passé du subjonctif**	
fouille	fouillions	aie fouillé	ayons fouillé
fouilles	fouilliez	aies fouillé	ayez fouillé
fouille	fouillent	ait fouillé	aient fouillé
7 imparfait du subjonctif		**14 plus-que-parfait du subjonctif**	
fouillasse	fouillassions	eusse fouillé	eussions fouillé
fouillasses	fouillassiez	eusses fouillé	eussiez fouillé
fouillât	fouillassent	eût fouillé	eussent fouillé

Impératif
fouille
fouillons
fouillez

Words and expressions related to this verb

fouiller la maision to search the house
fouiller dans les poches to search around
   (to rummage) in one's pockets
fouiller qqn to frisk (search) someone
la fouille excavation
un fouilleur, une fouilleuse searcher

Syn.: **approfondir** to deepen (229); **chercher**
to search; **creuser** to dig (32); **explorer** to
explore (22); **inspecter** to inspect (113);
rechercher to search for (93)
Ant.: **trouver** to find

The Seven Simple Tenses		The Seven Compound Tenses	
Singular	Plural	Singular	Plural
1 présent de l'indicatif		**8 passé composé**	
fournis	**fournissons**	**ai fourni**	**avons fourni**
fournis	**fournissez**	**as fourni**	**avez fourni**
fournit	**fournissent**	**a fourni**	**ont fourni**
2 imparfait de l'indicatif		**9 plus-que-parfait de l'indicatif**	
fournissais	**fournissions**	**avais fourni**	**avions fourni**
fournissais	**fournissiez**	**avais fourni**	**aviez fourni**
fournissait	**fournissaient**	**avait fourni**	**avaient fourni**
3 passé simple		**10 passé antérieur**	
fournis	**fournîmes**	**eus fourni**	**eûmes fourni**
fournis	**fournîtes**	**eus fourni**	**eûtes fourni**
fournit	**fournirent**	**eut fourni**	**eurent fourni**
4 futur		**11 futur antérieur**	
fournirai	**fournirons**	**aurai fourni**	**aurons fourni**
fourniras	**fournirez**	**auras fourni**	**aurez fourni**
fournira	**fourniront**	**aura fourni**	**auront fourni**
5 conditionnel		**12 conditionnel passé**	
fournirais	**fournirions**	**aurais fourni**	**aurions fourni**
fournirais	**fourniriez**	**aurais fourni**	**auriez fourni**
fournirait	**fourniraient**	**aurait fourni**	**auraient fourni**
6 présent du subjonctif		**13 passé du subjonctif**	
fournisse	**fournissions**	**aie fourni**	**ayons fourni**
fournisses	**fournissiez**	**aies fourni**	**ayez fourni**
fournisse	**fournissent**	**ait fourni**	**aient fourni**
7 imparfait du subjonctif		**14 plus-que-parfait du subjonctif**	
fournisse	**fournissions**	**eusse fourni**	**eussions fourni**
fournisses	**fournissiez**	**eusses fourni**	**eussiez fourni**
fournît	**fournissent**	**eût fourni**	**eussent fourni**

Impératif
fournis
fournissons
fournissez

Words and expressions related to this verb

fournir qqch à qqn to supply somebody with something
se **fournir de** to provide oneself with
un **fournisseur** supplier
fournir à to provide for; **fournir de** to furnish with
la **fourniture** supplying; les **fournitures** supplies

Syn.: **alimenter** to feed, to supply (60); **approvisionner** to supply (171); **donner** to give; **équiper** to equip (215); **munir de** to supply with (229); **pourvoir** to provide (497; see notes in Index); **subvenir à** to provide for (491)

Ant.: **démunir** to deprive (229); **dépouiller** to despoil (233); **enlever** to remove; **ôter** to remove (498); **retirer** to take out

The subject pronouns are found on page 103.

frapper (235)

to knock, to hit, to frap, to rap, to strike (hit)

The Seven Simple Tenses		The Seven Compound Tenses	
Singular	Plural	Singular	Plural

1 présent de l'indicatif

frappe	frappons	ai frappé	avons frappé
frappes	frappez	as frappé	avez frappé
frappe	frappent	a frappé	ont frappé

2 imparfait de l'indicatif   **9 plus-que-parfait de l'indicatif**

frappais	frappions	avais frappé	avions frappé
frappais	frappiez	avais frappé	aviez frappé
frappait	frappaient	avait frappé	avaient frappé

3 passé simple   **10 passé antérieur**

frappai	frappâmes	eus frappé	eûmes frappé
frappas	frappâtes	eus frappé	eûtes frappé
frappa	frappèrent	eut frappé	eurent frappé

4 futur   **11 futur antérieur**

frapperai	frapperons	aurai frappé	aurons frappé
frapperas	frapperez	auras frappé	aurez frappé
frappera	frapperont	aura frappé	auront frappé

5 conditionnel   **12 conditionnel passé**

frapperais	frapperions	aurais frappé	aurions frappé
frapperais	frapperiez	aurais frappé	auriez frappé
frapperait	frapperaient	aurait frappé	auraient frappé

6 présent du subjonctif   **13 passé du subjonctif**

frappe	frappions	aie frappé	ayons frappé
frappes	frappiez	aies frappé	ayez frappé
frappe	frappent	ait frappé	aient frappé

7 imparfait du subjonctif   **14 plus-que-parfait du subjonctif**

frappasse	frappassions	eusse frappé	eussions frappé
frappasses	frappassiez	eusses frappé	eussiez frappé
frappât	frappassent	eût frappé	eussent frappé

Impératif
frappe
frappons
frappez

Common idiomatic expressions using this verb
and words related to it

se frapper la poitrine to beat one's chest
le frappage striking (medals, coins)
une faute de frappe a typing mistake
frapper à la porte to knock on the door
frapper du pied to stamp one's foot
entrer sans frapper enter without knocking
C'est frappant! It's striking!
frappé (frappée) de stricken with

le frappement beating, striking
frappé à mort mortally wounded
un lait frappé milkshake

Syn.: **battre** to hit; **cogner** to hit (10);
émouvoir to touch, to move (emotionally);
heurter to hit, to bump (246) (aspirate *h*; no
liaison); **impressionner** to impress (171);
taper to slap, to strike, to tap (235)
Ant.: **caresser** to caress (353); **protéger** to
protect (52)

Regular **-ir** verb   to shudder, to quiver, to tremble

The Seven Simple Tenses		The Seven Compound Tenses	
Singular	Plural	Singular	Plural
1 présent de l'indicatif		8 passé composé	
frémis	**frémissons**	**ai frémi**	**avons frémi**
frémis	**frémissez**	**as frémi**	**avez frémi**
frémit	**frémissent**	**a frémi**	**ont frémi**
2 imparfait de l'indicatif		9 plus-que-parfait de l'indicatif	
frémissais	**frémissions**	**avais frémi**	**avions frémi**
frémissais	**frémissiez**	**avais frémi**	**aviez frémi**
frémissait	**frémissaient**	**avait frémi**	**avaient frémi**
3 passé simple		10 passé antérieur	
frémis	**frémîmes**	**eus frémi**	**eûmes frémi**
frémis	**frémîtes**	**eus frémi**	**eûtes frémi**
frémit	**frémirent**	**eut frémi**	**eurent frémi**
4 futur		11 futur antérieur	
frémirai	**frémirons**	**aurai frémi**	**aurons frémi**
frémiras	**frémirez**	**auras frémi**	**aurez frémi**
frémira	**frémiront**	**aura frémi**	**auront frémi**
5 conditionnel		12 conditionnel passé	
frémirais	**frémirions**	**aurais frémi**	**aurions frémi**
frémirais	**frémiriez**	**aurais frémi**	**auriez frémi**
frémirait	**frémiraient**	**aurait frémi**	**auraient frémi**
6 présent du subjonctif		13 passé du subjonctif	
frémisse	**frémissions**	**aie frémi**	**ayons frémi**
frémisses	**frémissiez**	**aies frémi**	**ayez frémi**
frémisse	**frémissent**	**ait frémi**	**aient frémi**
7 imparfait du subjonctif		14 plus-que-parfait du subjonctif	
frémisse	**frémissions**	**eusse frémi**	**eussions frémi**
frémisses	**frémissiez**	**eusses frémi**	**eussiez frémi**
frémît	**frémissent**	**eût frémi**	**eussent frémi**

Impératif
frémis
frémissons
frémissez

Words and expressions related to this verb

frémir de colère to shake with anger
le frémissement quivering, rustling, shuddering; **le frémissement des feuilles** rustling of leaves
faire frémir qqn to give someone the shivers
une histoire à faire frémir a horror story, a chiller thriller

frémissant, frémissante rustling, quivering, shuddering
de l'eau frémissante simmering water

Syn.: **frissonner** to shiver (171); **trembler** to tremble (407); **vibrer** to vibrate (22)
Ant.: **s'enhardir** to make oneself bold (210) (aux. être); **rester impassible** to remain impassive/imperturbable

fuir (237)

Part. pr. **fuyant**   Part. passé **fui**

to flee, to fly off, to shun, to leak

Irregular verb

The Seven Simple Tenses		The Seven Compound Tenses	
Singular	Plural	Singular	Plural
1 présent de l'indicatif		**8 passé composé**	
fuis	**fuyons**	**ai fui**	**avons fui**
fuis	**fuyez**	**as fui**	**avez fui**
fuit	**fuient**	**a fui**	**ont fui**
2 imparfait de l'indicatif		**9 plus-que-parfait de l'indicatif**	
fuyais	**fuyions**	**avais fui**	**avions fui**
fuyais	**fuyiez**	**avais fui**	**aviez fui**
fuyait	**fuyaient**	**avait fui**	**avaient fui**
3 passé simple		**10 passé antérieur**	
fuis	**fuîmes**	**eus fui**	**eûmes fui**
fuis	**fuîtes**	**eus fui**	**eûtes fui**
fuit	**fuirent**	**eut fui**	**eurent fui**
4 futur		**11 futur antérieur**	
fuirai	**fuirons**	**aurai fui**	**aurons fui**
fuiras	**fuirez**	**auras fui**	**aurez fui**
fuira	**fuiront**	**aura fui**	**auront fui**
5 conditionnel		**12 conditionnel passé**	
fuirais	**fuirions**	**aurais fui**	**aurions fui**
fuirais	**fuiriez**	**aurais fui**	**auriez fui**
fuirait	**fuiraient**	**aurait fui**	**auraient fui**
6 présent du subjonctif		**13 passé du subjonctif**	
fuie	**fuyions**	**aie fui**	**ayons fui**
fuies	**fuyiez**	**aies fui**	**ayez fui**
fuie	**fuient**	**ait fui**	**aient fui**
7 imparfait du subjonctif		**14 plus-que-parfait du subjonctif**	
fuisse	**fuissions**	**eusse fui**	**eussions fui**
fuisses	**fuissiez**	**eusses fui**	**eussiez fui**
fuît	**fuissent**	**eût fui**	**eussent fui**

Impératif
fuis
fuyons
fuyez

Common idiomatic expressions using this verb

faire fuir to put to flight
la fuite flight, escape
prendre la fuite to take to flight
une fuite de gaz gas leak
s'enfuir de to flee from, to run away from
fugitif, fugitive fugitive, fleeting, runaway
fugitivement fugitively

une fuite d'huile oil leak
faire une fugue to run away, to elope

See also s'enfuir.

Syn.: **déguerpir** to run away (95); **s'enfuir** to run away; **esquiver** to avoid (276); **éviter** to avoid; **filer** to run off (27)
Ant.: **affronter** to confront (113); **braver** to defy (276); **rester** to remain, to stay

The Seven Simple Tenses		The Seven Compound Tenses	
Singular	Plural	Singular	Plural

1 présent de l'indicatif		8 passé composé	
fume	fumons	ai fumé	avons fumé
fumes	fumez	as fumé	avez fumé
fume	fument	a fumé	ont fumé

2 imparfait de l'indicatif		9 plus-que-parfait de l'indicatif	
fumais	fumions	avais fumé	avions fumé
fumais	fumiez	avais fumé	aviez fumé
fumait	fumaient	avait fumé	avaient fumé

3 passé simple		10 passé antérieur	
fumai	fumâmes	eus fumé	eûmes fumé
fumas	fumâtes	eus fumé	eûtes fumé
fuma	fumèrent	eut fumé	eurent fumé

4 futur		11 futur antérieur	
fumerai	fumerons	aurai fumé	aurons fumé
fumeras	fumerez	auras fumé	aurez fumé
fumera	fumeront	aura fumé	auront fumé

5 conditionnel		12 conditionnel passé	
fumerais	fumerions	aurais fumé	aurions fumé
fumerais	fumeriez	aurais fumé	auriez fumé
fumerait	fumeraient	aurait fumé	auraient fumé

6 présent du subjonctif		13 passé du subjonctif	
fume	fumions	aie fumé	ayons fumé
fumes	fumiez	aies fumé	ayez fumé
fume	fument	ait fumé	aient fumé

7 imparfait du subjonctif		14 plus-que-parfait du subjonctif	
fumasse	fumassions	eusse fumé	eussions fumé
fumasses	fumassiez	eusses fumé	eussiez fumé
fumât	fumassent	eût fumé	eussent fumé

Impératif
fume
fumons
fumez

Sentences using this verb and words related to it

Le père: **Je te défends de fumer. C'est une mauvaise habitude.** I forbid you to smoke. It's a bad habit.

Le fils: **Alors, pourquoi fumes-tu, papa?** Then why do you smoke, Dad?

Il n'y a pas de fumée sans feu. Where there's smoke, there's fire.

Défense de fumer No smoking allowed
la fumée smoke
un rideau de fumée smoke screen

parfumer to perfume
non-fumeur nonsmoking
fumeux, fumeuse smoky
un fume-cigare cigar holder
un fume-cigarette cigarette holder
un fumeur, une fumeuse smoker (person who smokes)

Syn.: **brûler** to burn; **être en colère** to be angry; **griller** to smoke a cigarette, to grill (477)
Ant.: **éteindre** to extinguish

The subject pronouns are found on page 103.

gagner (239)   Part. pr. **gagnant**   Part. passé **gagné**

to win, to earn, to gain

Regular **-er** verb

The Seven Simple Tenses		The Seven Compound Tenses	
Singular	Plural	Singular	Plural

1 présent de l'indicatif

		8 passé composé	
gagne	gagnons	ai gagné	avons gagné
gagnes	gagnez	as gagné	avez gagné
gagne	gagnent	a gagné	ont gagné

2 imparfait de l'indicatif

		9 plus-que-parfait de l'indicatif	
gagnais	gagnions	avais gagné	avions gagné
gagnais	gagniez	avais gagné	aviez gagné
gagnait	gagnaient	avait gagné	avaient gagné

3 passé simple

		10 passé antérieur	
gagnai	gagnâmes	eus gagné	eûmes gagné
gagnas	gagnâtes	eus gagné	eûtes gagné
gagna	gagnèrent	eut gagné	eurent gagné

4 futur

		11 futur antérieur	
gagnerai	gagnerons	aurai gagné	aurons gagné
gagneras	gagnerez	auras gagné	aurez gagné
gagnera	gagneront	aura gagné	auront gagné

5 conditionnel

		12 conditionnel passé	
gagnerais	gagnerions	aurais gagné	aurions gagné
gagnerais	gagneriez	aurais gagné	auriez gagné
gagnerait	gagneraient	aurait gagné	auraient gagné

6 présent du subjonctif

		13 passé du subjonctif	
gagne	gagnions	aie gagné	ayons gagné
gagnes	gagniez	aies gagné	ayez gagné
gagne	gagnent	ait gagné	aient gagné

7 imparfait du subjonctif

		14 plus-que-parfait du subjonctif	
gagnasse	gagnassions	eusse gagné	eussions gagné
gagnasses	gagnassiez	eusses gagné	eussiez gagné
gagnât	gagnassent	eût gagné	eussent gagné

Impératif
gagne
gagnons
gagnez

Common idiomatic expressions using this verb and words related to it

gagner sa vie to earn one's living
gagner du poids to gain weight
gagner de l'argent to earn money
gagnable obtainable
gagner du temps to save time
regagner to regain, to recover, to win back
regagner le temps perdu to make up (to recover) lost time

un gagne-pain a job
un gagnant, une gagnante a winner

Syn.: **conquérir** to conquer; **obtenir** to get, to obtain; **persuader** to persuade, to convince; **prendre** to take; **réussir** to succeed; **vaincre** to vanquish, to conquer
Ant.: **échouer** to fail; **perdre** to lose

Regular **-er** verb   to guard, to keep, to retain

The Seven Simple Tenses		The Seven Compound Tenses	
Singular	Plural	Singular	Plural
1 présent de l'indicatif		8 passé composé	
garde	gardons	ai gardé	avons gardé
gardes	gardez	as gardé	avez gardé
garde	gardent	a gardé	ont gardé
2 imparfait de l'indicatif		9 plus-que-parfait de l'indicatif	
gardais	gardions	avais gardé	avions gardé
gardais	gardiez	avais gardé	aviez gardé
gardait	gardaient	avait gardé	avaient gardé
3 passé simple		10 passé antérieur	
gardai	gardâmes	eus gardé	eûmes gardé
gardas	gardâtes	eus gardé	eûtes gardé
garda	gardèrent	eut gardé	eurent gardé
4 futur		11 futur antérieur	
garderai	garderons	aurai gardé	aurons gardé
garderas	garderez	auras gardé	aurez gardé
gardera	garderont	aura gardé	auront gardé
5 conditionnel		12 conditionnel passé	
garderais	garderions	aurais gardé	aurions gardé
garderais	garderiez	aurais gardé	auriez gardé
garderait	garderaient	aurait gardé	auraient gardé
6 présent du subjonctif		13 passé du subjonctif	
garde	gardions	aie gardé	ayons gardé
gardes	gardiez	aies gardé	ayez gardé
garde	gardent	ait gardé	aient gardé
7 imparfait du subjonctif		14 plus-que-parfait du subjonctif	
gardasse	gardassions	eusse gardé	eussions gardé
gardasses	gardassiez	eusses gardé	eussiez gardé
gardât	gardassent	eût gardé	eussent gardé

G

Impératif
garde
gardons
gardez

AN ESSENTIAL
55 VERB

Garder is an essential French verb because it is used in many everyday situations and idiomatic expressions.

Sentences using garder

Madame Dupont a mis son enfant chez une gardienne d'enfants parce qu'elle va travailler aujourd'hui. Mrs. Dupont left her child with a babysitter because she is going to work today.

Françoise a besoin d'acheter une nouvelle garde-robe. Françoise needs to buy a new wardrobe.

Garde-à-vous! Attention! (military)

Dieu m'en garde! God forbid!

Raoul garde tout son argent dans son matelas. Ralph keeps all his money in his mattress.

Je garde de très beaux souvenirs de cette ville. I have many beautiful memories of this city.

Syn.: **conserver** to preserve (27); **détenir** to detain (463); **préserver** to preserve (426); **protéger** to protect (52); **retenir** to retain, to keep; **surveiller** to watch (109)
Ant.: **abandonner** to abandon (171); **céder** to cede, to yield; **donner** to give; **perdre** to lose; **rendre** to give back, to return something

Words and expressions related to this verb

se garder de tomber **to take care not to fall**

un gardien, une gardienne **guardian**

un gardien de but, une gardienne de but **goalie**

une gardienne d'enfants **babysitter**

la garderie **day care**

une garde-robe **wardrobe (closet)**

un garde-fou **guardrail**

un garde-manger **pantry**

un garde-vue **eyeshade (visor)**

un chien de garde, une chienne de garde **guard dog**

à bien des égards **in many regards/respects**

sans égard pour **without regard for**

If you can conjugate **garder** you can also conjugate the following verbs (along with other regular -**er** verbs):

se garder **to protect oneself (Use être as auxiliary)**

regarder **to look at, to watch, to consider, to regard**

se regarder **to look at oneself, each other (Use être as auxiliary)**

sauvegarder **to protect, to save (computer)**

The Seven Simple Tenses		The Seven Compound Tenses	
Singular	Plural	Singular	Plural
1 présent de l'indicatif		**8 passé composé**	
gâte	gâtons	ai gâté	avons gâté
gâtes	gâtez	as gâté	avez gâté
gâte	gâtent	a gâté	ont gâté
2 imparfait de l'indicatif		**9 plus-que-parfait de l'indicatif**	
gâtais	gâtions	avais gâté	avions gâté
gâtais	gâtiez	avais gâté	aviez gâté
gâtait	gâtaient	avait gâté	avaient gâté
3 passé simple		**10 passé antérieur**	
gâtai	gâtâmes	eus gâté	eûmes gâté
gâtas	gâtâtes	eus gâté	eûtes gâté
gâta	gâtèrent	eut gâté	eurent gâté
4 futur		**11 futur antérieur**	
gâterai	gâterons	aurai gâté	aurons gâté
gâteras	gâterez	auras gâté	aurez gâté
gâtera	gâteront	aura gâté	auront gâté
5 conditionnel		**12 conditionnel passé**	
gâterais	gâterions	aurais gâté	aurions gâté
gâterais	gâteriez	aurais gâté	auriez gâté
gâterait	gâteraient	aurait gâté	auraient gâté
6 présent du subjonctif		**13 passé du subjonctif**	
gâte	gâtions	aie gâté	ayons gâté
gâtes	gâtiez	aies gâté	ayez gâté
gâte	gâtent	ait gâté	aient gâté
7 imparfait du subjonctif		**14 plus-que-parfait du subjonctif**	
gâtasse	gâtassions	eusse gâté	eussions gâté
gâtasses	gâtassiez	eusses gâté	eussiez gâté
gâtât	gâtassent	eût gâté	eussent gâté

G

Impératif
gâte
gâtons
gâtez

Sentences using this verb and words related to it

Marcel est un enfant gâté. Je n'aime pas jouer avec lui. Il gâte tout. Il demande toujours des gâteries. Marcel is a spoiled child. I don't like to play with him. He spoils everything. He's always asking for treats.
gâter un enfant to spoil a child
se gâter to pamper oneself
faire des dégâts to cause damage

un enfant gâté a spoiled child
une gâterie a treat

Syn.: **contrarier** to annoy, to bother (41); **déranger** to disturb; **embarrasser** to embarrass, to hinder (84); **importuner** to bother (32); **incommoder** to bother, to inconvenience (96)
Ant.: **aider** to help; **mettre à l'aise** to make comfortable; **soulager** to relieve (305)

The subject pronouns are found on page 103.

geler (242)

Part. pr. **gelant**   Part. passé **gelé**

to freeze

Regular **-er** verb endings; spelling change:
e changes to **è** before syllable with mute **e**

The Seven Simple Tenses		The Seven Compound Tenses	
Singular	Plural	Singular	Plural
1 présent de l'indicatif		**8 passé composé**	
gèle	gelons	ai gelé	avons gelé
gèles	gelez	as gelé	avez gelé
gèle	gèlent	a gelé	ont gelé
2 imparfait de l'indicatif		**9 plus-que-parfait de l'indicatif**	
gelais	gelions	avais gelé	avions gelé
gelais	geliez	avais gelé	aviez gelé
gelait	gelaient	avait gelé	avaient gelé
3 passé simple		**10 passé antérieur**	
gelai	gelâmes	eus gelé	eûmes gelé
gelas	gelâtes	eus gelé	eûtes gelé
gela	gelèrent	eut gelé	eurent gelé
4 futur		**11 futur antérieur**	
gèlerai	gèlerons	aurai gelé	aurons gelé
gèleras	gèlerez	auras gelé	aurez gelé
gèlera	gèleront	aura gelé	auront gelé
5 conditionnel		**12 conditionnel passé**	
gèlerais	gèlerions	aurais gelé	aurions gelé
gèlerais	gèleriez	aurais gelé	auriez gelé
gèlerait	gèleraient	aurait gelé	auraient gelé
6 présent du subjonctif		**13 passé du subjonctif**	
gèle	gelions	aie gelé	ayons gelé
gèles	geliez	aies gelé	ayez gelé
gèle	gèlent	ait gelé	aient gelé
7 imparfait du subjonctif		**14 plus-que-parfait du subjonctif**	
gelasse	gelassions	eusse gelé	eussions gelé
gelasses	gelassiez	eusses gelé	eussiez gelé
gelât	gelassent	eût gelé	eussent gelé

Impératif
gèle
gelons
gelez

Sentences using this verb and words related to it

Qu'est-ce qu'il gèle aujourd'hui! Ce matin, j'ai regardé par la fenêtre et j'ai vu de la gelée partout. Boy is it freezing today! This morning I looked out the window and I saw frost everywhere.
Il gèle! It's freezing!
Qu'il gèle! Let it freeze!
le gel frost, freezing
la gelée frost; jello; jelly

congeler to congeal, to freeze
la congélation congelation, freezing, icing
le point de congélation freezing point
à la gelée jellied
le congélateur freezer

Syn.: **congeler** to freeze (242); **givrer** to frost (466); **glacer** to freeze (342); **réfrigérer** to refrigerate (203); **refroidir** to cool (229)
Ant.: **bouillir** to boil; **chauffer** to warm up (235); **dégeler** to thaw (242); **fondre** to melt; **réchauffer** to reheat (235)

Regular **-er** verb

to bother, to hamper, to constrict, to embarrass,
to hinder, to impede, to inconvenience

The Seven Simple Tenses		The Seven Compound Tenses	
Singular	Plural	Singular	Plural

1 présent de l'indicatif		8 passé composé	
gêne	gênons	ai gêné	avons gêné
gênes	gênez	as gêné	avez gêné
gêne	gênent	a gêné	ont gêné

2 imparfait de l'indicatif		9 plus-que-parfait de l'indicatif	
gênais	gênions	avais gêné	avions gêné
gênais	gêniez	avais gêné	aviez gêné
gênait	gênaient	avait gêné	avaient gêné

3 passé simple		10 passé antérieur	
gênai	gênâmes	eus gêné	eûmes gêné
gênas	gênâtes	eus gêné	eûtes gêné
gêna	gênèrent	eut gêné	eurent gêné

4 futur		11 futur antérieur	
gênerai	gênerons	aurai gêné	aurons gêné
gêneras	gênerez	auras gêné	aurez gêné
gênera	gêneront	aura gêné	auront gêné

5 conditionnel		12 conditionnel passé	
gênerais	gênerions	aurais gêné	aurions gêné
gênerais	gêneriez	aurais gêné	auriez gêné
gênerait	gêneraient	aurait gêné	auraient gêné

6 présent du subjonctif		13 passé du subjonctif	
gêne	gênions	aie gêné	ayons gêné
gênes	gêniez	aies gêné	ayez gêné
gêne	gênent	ait gêné	aient gêné

7 imparfait du subjonctif		14 plus-que-parfait du subjonctif	
gênasse	gênassions	eusse gêné	eussions gêné
gênasses	gênassiez	eusses gêné	eussiez gêné
gênât	gênassent	eût gêné	eussent gêné

Impératif
gêne
gênons
gênez

Words and expressions related to this verb

se **gêner** to inconvenience oneself
Ne vous gênez pas! Put yourself at ease! Don't
trouble yourself!
gêné, gênée bothered, uncomfortable
un gêneur, une gêneuse nuisance (person)
C'est gênant! It's bothersome!
Cela vous gêne? Does that bother you?
la gêne embarrassment, discomfort
sans gêne inconsiderate

Syn.: **contrarier** to annoy, to bother (41);
déranger to disturb; **embarrasser** to
embarrass, to hinder (84); **importuner**
to bother (32); **incommoder** to bother, to
inconvenience (96)
Ant.: **aider** to help; **mettre à l'aise** to make
comfortable; **soulager** to relieve (305)

The subject pronouns are found on page 103.

goûter (244)

Part. pr. **goûtant**   Part. passé **goûté**

to taste, to have a snack, to enjoy

Regular **-er** verb

The Seven Simple Tenses		The Seven Compound Tenses	
Singular	Plural	Singular	Plural
1 présent de l'indicatif		**8 passé composé**	
goûte	goûtons	ai goûté	avons goûté
goûtes	goûtez	as goûté	avez goûté
goûte	goûtent	a goûté	ont goûté
2 imparfait de l'indicatif		**9 plus-que-parfait de l'indicatif**	
goûtais	goûtions	avais goûté	avions goûté
goûtais	goûtiez	avais goûté	aviez goûté
goûtait	goûtaient	avait goûté	avaient goûté
3 passé simple		**10 passé antérieur**	
goûtai	goûtâmes	eus goûté	eûmes goûté
goûtas	goûtâtes	eus goûté	eûtes goûté
goûta	goûtèrent	eut goûté	eurent goûté
4 futur		**11 futur antérieur**	
goûterai	goûterons	aurai goûté	aurons goûté
goûteras	goûterez	auras goûté	aurez goûté
goûtera	goûteront	aura goûté	auront goûté
5 conditionnel		**12 conditionnel passé**	
goûterais	goûterions	aurais goûté	aurions goûté
goûterais	goûteriez	aurais goûté	auriez goûté
goûterait	goûteraient	aurait goûté	auraient goûté
6 présent du subjonctif		**13 passé du subjonctif**	
goûte	goûtions	aie goûté	ayons goûté
goûtes	goûtiez	aies goûté	ayez goûté
goûte	goûtent	ait goûté	aient goûté
7 imparfait du subjonctif		**14 plus-que-parfait du subjonctif**	
goûtasse	goûtassions	eusse goûté	eussions goûté
goûtasses	goûtassiez	eusses goûté	eussiez goûté
goûtât	goûtassent	eût goûté	eussent goûté

Impératif
goûte
goûtons
goûtez

Common idiomatic expressions using this verb

—Veux-tu goûter du sandwich aux anchois que j'ai préparé pour notre goûter? Do you want to taste the anchovy sandwich that I made for our snack?

—Berk! C'est dégoûtant! Yecch! It's disgusting!
le goûter snack, bite to eat
goûter sur l'herbe to have a picnic
à chacun son goût To each his own

goûter à to drink or eat only a small quantity
le goût taste
de mauvais goût in bad taste
avoir un goût de to taste like
goûter de to eat or drink something for the first time
dégoûter to disgust
C'est dégoûtant! It's disgusting!

Syn.: **déguster** to taste food, to sample (53); **essayer** to try; **savourer** to savor, to enjoy (272)
Ant.: **détester** to dislike; **refuser** to refuse

The Seven Simple Tenses		The Seven Compound Tenses	
Singular	Plural	Singular	Plural

1 présent de l'indicatif

		8 passé composé	
grandis	grandissons	ai grandi	avons grandi
grandis	grandissez	as grandi	avez grandi
grandit	grandissent	a grandi	ont grandi

2 imparfait de l'indicatif

		9 plus-que-parfait de l'indicatif	
grandissais	grandissions	avais grandi	avions grandi
grandissais	grandissiez	avais grandi	aviez grandi
grandissait	grandissaient	avait grandi	avaient grandi

3 passé simple

		10 passé antérieur	
grandis	grandîmes	eus grandi	eûmes grandi
grandis	grandîtes	eus grandi	eûtes grandi
grandit	grandirent	eut grandi	eurent grandi

4 futur

		11 futur antérieur	
grandirai	grandirons	aurai grandi	aurons grandi
grandiras	grandirez	auras grandi	aurez grandi
grandira	grandiront	aura grandi	auront grandi

5 conditionnel

		12 conditionnel passé	
grandirais	grandirions	aurais grandi	aurions grandi
grandirais	grandiriez	aurais grandi	auriez grandi
grandirait	grandiraient	aurait grandi	auraient grandi

6 présent du subjonctif

		13 passé du subjonctif	
grandisse	grandissions	aie grandi	ayons grandi
grandisses	grandissiez	aies grandi	ayez grandi
grandisse	grandissent	ait grandi	aient grandi

7 imparfait du subjonctif

		14 plus-que-parfait du subjonctif	
grandisse	grandissions	eusse grandi	eussions grandi
grandisses	grandissiez	eusses grandi	eussiez grandi
grandît	grandissent	eût grandi	eussent grandi

G

Impératif
grandis
grandissons
grandissez

Sentences using this verb and words related to it

Comme les enfants grandissent vite! Joseph et Joséphine ont beaucoup grandi depuis l'année dernière! How quickly children grow! Joseph and Josephine grew a lot since last year!

le grandissement growth
grandiose grandiose, grand
grand, grande tall
la grandeur size, greatness, grandeur
grandiosement grandiosely

agrandir to expand, to enlarge
un agrandissement enlargement, extension, aggrandizement
un enfant grandi trop vite a lanky child (grew tall too fast)

Syn.: **agrandir** to enlarge (245); **augmenter** to increase; **croître** to grow; **grossir** to get bigger (282)
Ant.: **amoindrir** to lessen (229); **décroître** to decrease; **diminuer** to diminish, to decrease; **réduire** to reduce, to diminish

The subject pronouns are found on page 103.

gratter (246)

Part. pr. **grattant**   Part. passé **gratté**

to grate, to scrape, to scratch

Regular **-er** verb

The Seven Simple Tenses		The Seven Compound Tenses	
Singular	Plural	Singular	Plural
1 présent de l'indicatif		**8 passé composé**	
gratte	grattons	ai gratté	avons gratté
grattes	grattez	as gratté	avez gratté
gratte	grattent	a gratté	ont gratté
2 imparfait de l'indicatif		**9 plus-que-parfait de l'indicatif**	
grattais	grattions	avais gratté	avions gratté
grattais	grattiez	avais gratté	aviez gratté
grattait	grattaient	avait gratté	avaient gratté
3 passé simple		**10 passé antérieur**	
grattai	grattâmes	eus gratté	eûmes gratté
grattas	grattâtes	eus gratté	eûtes gratté
gratta	grattèrent	eut gratté	eurent gratté
4 futur		**11 futur antérieur**	
gratterai	gratterons	aurai gratté	aurons gratté
gratteras	gratterez	auras gratté	aurez gratté
grattera	gratteront	aura gratté	auront gratté
5 conditionnel		**12 conditionnel passé**	
gratterais	gratterions	aurais gratté	aurions gratté
gratterais	gratteriez	aurais gratté	auriez gratté
gratterait	gratteraient	aurait gratté	auraient gratté
6 présent du subjonctif		**13 passé du subjonctif**	
gratte	grattions	aie gratté	ayons gratté
grattes	grattiez	aies gratté	ayez gratté
gratte	grattent	ait gratté	aient gratté
7 imparfait du subjonctif		**14 plus-que-parfait du subjonctif**	
grattasse	grattassions	eusse gratté	eussions gratté
grattasses	grattassiez	eusses gratté	eussiez gratté
grattât	grattassent	eût gratté	eussent gratté

Impératif
gratte
grattons
grattez

Words and expressions related to this verb

le **grattement** scratching
un **gratte-ciel** skyscraper (**des gratte-ciel**)
un **gratte-dos** back scratcher (**des gratte-dos**)
le **grattage** scratching, scraping
un **grattoir** scraper, grater
se **gratter** to scratch oneself

Syn.: **frotter** to rub, to scrub (79); **racler** to scrape (326)

The Seven Simple Tenses		The Seven Compound Tenses	
Singular	Plural	Singular	Plural
1 présent de l'indicatif		**8 passé composé**	
grimpe	grimpons	ai grimpé	avons grimpé
grimpes	grimpez	as grimpé	avez grimpé
grimpe	grimpent	a grimpé	ont grimpé
2 imparfait de l'indicatif		**9 plus-que-parfait de l'indicatif**	
grimpais	grimpions	avais grimpé	avions grimpé
grimpais	grimpiez	avais grimpé	aviez grimpé
grimpait	grimpaient	avait grimpé	avaient grimpé
3 passé simple		**10 passé antérieur**	
grimpai	grimpâmes	eus grimpé	eûmes grimpé
grimpas	grimpâtes	eus grimpé	eûtes grimpé
grimpa	grimpèrent	eut grimpé	eurent grimpé
4 futur		**11 futur antérieur**	
grimperai	grimperons	aurai grimpé	aurons grimpé
grimperas	grimperez	auras grimpé	aurez grimpé
grimpera	grimperont	aura grimpé	auront grimpé
5 conditionnel		**12 conditionnel passé**	
grimperais	grimperions	aurais grimpé	aurions grimpé
grimperais	grimperiez	aurais grimpé	auriez grimpé
grimperait	grimperaient	aurait grimpé	auraient grimpé
6 présent du subjonctif		**13 passé du subjonctif**	
grimpe	grimpions	aie grimpé	ayons grimpé
grimpes	grimpiez	aies grimpé	ayez grimpé
grimpe	grimpent	ait grimpé	aient grimpé
7 imparfait du subjonctif		**14 plus-que-parfait du subjonctif**	
grimpasse	grimpassions	eusse grimpé	eussions grimpé
grimpasses	grimpassiez	eusses grimpé	eussiez grimpé
grimpât	grimpassent	eût grimpé	eussent grimpé

Impératif
grimpe
grimpons
grimpez

Words and expressions related to this verb

grimper à l'échelle to climb a ladder
une plante grimpante climbing plant
une grimpée, une grimpette steep climb
un grimpeur, une grimpeuse climber
grimper aux arbres to climb trees

Syn.: **augmenter** to increase; **s'élever** to go up, to rise up (279); **escalader** to climb, to scale (26); **gravir** to climb (95); **monter** to go up
Ant.: **descendre** to go down; **dévaler** to tumble down (27); **tomber** to fall

Use the guide to French pronunciation. It's in the Appendixes.

gronder (248)

Part. pr. **grondant**   Part. passé **grondé**

to chide, to reprimand, to scold

Regular **-er** verb

The Seven Simple Tenses		The Seven Compound Tenses	
Singular	Plural	Singular	Plural
1 présent de l'indicatif		**8 passé composé**	
gronde	grondons	ai grondé	avons grondé
grondes	grondez	as grondé	avez grondé
gronde	grondent	a grondé	ont grondé
2 imparfait de l'indicatif		**9 plus-que-parfait de l'indicatif**	
grondais	grondions	avais grondé	avions grondé
grondais	grondiez	avais grondé	aviez grondé
grondait	grondaient	avait grondé	avaient grondé
3 passé simple		**10 passé antérieur**	
grondai	grondâmes	eus grondé	eûmes grondé
grondas	grondâtes	eus grondé	eûtes grondé
gronda	grondèrent	eut grondé	eurent grondé
4 futur		**11 futur antérieur**	
gronderai	gronderons	aurai grondé	aurons grondé
gronderas	gronderez	auras grondé	aurez grondé
grondera	gronderont	aura grondé	auront grondé
5 conditionnel		**12 conditionnel passé**	
gronderais	gronderions	aurais grondé	aurions grondé
gronderais	gronderiez	aurais grondé	auriez grondé
gronderait	gronderaient	aurait grondé	auraient grondé
6 présent du subjonctif		**13 passé du subjonctif**	
gronde	grondions	aie grondé	ayons grondé
grondes	grondiez	aies grondé	ayez grondé
gronde	grondent	ait grondé	aient grondé
7 imparfait du subjonctif		**14 plus-que-parfait du subjonctif**	
grondasse	grondassions	eusse grondé	eussions grondé
grondasses	grondassiez	eusses grondé	eussiez grondé
grondât	grondassent	eût grondé	eussent grondé

Impératif
gronde
grondons
grondez

Sentences using this verb and words related to it

Mon père m'a grondé parce que j'avais reçu une contravention. My father scolded me because I had gotten a parking ticket.
grondeur, grondeuse *adj. m., f.* scolding
une gronderie a scolding
un grondement growling, rumbling

Syn.: **corriger** to correct; **réprimander** to reprimand; **sermonner** to sermonize (171)
Ant.: **encourager** to encourage; **féliciter** to congratulate; **louer** to praise

Regular **-ir** verb   to cure, to heal, to remedy, to recover

The Seven Simple Tenses		The Seven Compound Tenses	
Singular	Plural	Singular	Plural

1 présent de l'indicatif

		8 passé composé	
guéris	guérissons	ai guéri	avons guéri
guéris	guérissez	as guéri	avez guéri
guérit	guérissent	a guéri	ont guéri

2 imparfait de l'indicatif

		9 plus-que-parfait de l'indicatif	
guérissais	guérissions	avais guéri	avions guéri
guérissais	guérissiez	avais guéri	aviez guéri
guérissait	guérissaient	avait guéri	avaient guéri

3 passé simple

		10 passé antérieur	
guéris	guérîmes	eus guéri	eûmes guéri
guéris	guérîtes	eus guéri	eûtes guéri
guérit	guérirent	eut guéri	eurent guéri

4 futur

		11 futur antérieur	
guérirai	guérirons	aurai guéri	aurons guéri
guériras	guérirez	auras guéri	aurez guéri
guérira	guériront	aura guéri	auront guéri

5 conditionnel

		12 conditionnel passé	
guérirais	guéririons	aurais guéri	aurions guéri
guérirais	guéririez	aurais guéri	auriez guéri
guérirait	guériraient	aurait guéri	auraient guéri

6 présent du subjonctif

		13 passé du subjonctif	
guérisse	guérissions	aie guéri	ayons guéri
guérisses	guérissiez	aies guéri	ayez guéri
guérisse	guérissent	ait guéri	aient guéri

7 imparfait du subjonctif

		14 plus-que-parfait du subjonctif	
guérisse	guérissions	eusse guéri	eussions guéri
guérisses	guérissiez	eusses guéri	eussiez guéri
guérît	guérissent	eût guéri	eussent guéri

Impératif
guéris
guérissons
guérissez

Sentences using this verb and words related to it

Madame Gérard s'est fait mal au genou. Elle est allée chez un bon chirurgien et maintenant elle est guérie. Mrs. Gérard hurt her knee. She went to a good surgeon and now she is healed.

Quand je suis enrhumé, je me guéris par le repos et la soupe au poulet. When I have a cold, I cure myself with rest and chicken soup.

une guérison healing, cure
guérisseur, guérisseuse healer

guérissable curable
guérir de to recover from, to cure of
la guérison par la foi faith healing
se guérir to heal oneself, to cure oneself

Syn.: **pallier** to alleviate (212); **remédier à** to remedy (212); **se remettre de** to recover from (390) (aux. **être**); **se rétablir** to recover (206, 122); **soigner qqn** to take care of someone (10)
Ant.: **aggraver** to make worse (276); **blesser** to injure, to hurt; **mourir** to die; **tomber malade** to fall sick

The subject pronouns are found on page 103.   **385**

s'habiller (250)

Part. pr. s'habillant   **Part. passé habillé(e)(s)**

to get dressed, to dress (oneself)

Reflexive regular **-er** verb

The Seven Simple Tenses		The Seven Compound Tenses	
Singular	Plural	Singular	Plural
1 présent de l'indicatif		**8 passé composé**	
m'habille	nous habillons	me suis habillé(e)	nous sommes habillé(e)s
t'habilles	vous habillez	t'es habillé(e)	vous êtes habillé(e)(s)
s'habille	s'habillent	s'est habillé(e)	se sont habillé(e)s
2 imparfait de l'indicatif		**9 plus-que-parfait de l'indicatif**	
m'habillais	nous habillions	m'étais habillé(e)	nous étions habillé(e)s
t'habillais	vous habilliez	t'étais habillé(e)	vous étiez habillé(e)(s)
s'habillait	s'habillaient	s'était habillé(e)	s'étaient habillé(e)s
3 passé simple		**10 passé antérieur**	
m'habillai	nous habillâmes	me fus habillé(e)	nous fûmes habillé(e)s
t'habillas	vous habillâtes	te fus habillé(e)	vous fûtes habillé(e)(s)
s'habilla	s'habillèrent	se fut habillé(e)	se furent habillé(e)s
4 futur		**11 futur antérieur**	
m'habillerai	nous habillerons	me serai habillé(e)	nous serons habillé(e)s
t'habilleras	vous habillerez	te seras habillé(e)	vous serez habillé(e)(s)
s'habillera	s'habilleront	se sera habillé(e)	se seront habillé(e)s
5 conditionnel		**12 conditionnel passé**	
m'habillerais	nous habillerions	me serais habillé(e)	nous serions habillé(e)s
t'habillerais	vous habilleriez	te serais habillé(e)	vous seriez habillé(e)(s)
s'habillerait	s'habilleraient	se serait habillé(e)	se seraient habillé(e)s
6 présent du subjonctif		**13 passé du subjonctif**	
m'habille	nous habillions	me sois habillé(e)	nous soyons habillé(e)s
t'habilles	vous habilliez	te sois habillé(e)	vous soyez habillé(e)(s)
s'habille	s'habillent	se soit habillé(e)	se soient habillé(e)s
7 imparfait du subjonctif		**14 plus-que-parfait du subjonctif**	
m'habillasse	nous habillassions	me fusse habillé(e)	nous fussions habillé(e)s
t'habillasses	vous habillassiez	te fusses habillé(e)	vous fussiez habillé(e)(s)
s'habillât	s'habillassent	se fût habillé(e)	se fussent habillé(e)s

Impératif
habille-toi; ne t'habille pas
habillons-nous; ne nous habillons pas
habillez-vous; ne vous habillez pas

Sentences using this verb and words related to it

un habit costume, outfit
les habits clothes
habiller qqn to dress someone
habillement *m.* garment, wearing apparel
L'habit ne fait pas le moine. Clothes don't
  make the person (the monk).
déshabiller to undress
habiller de to clothe with

l'habit de gala formal wear
l'habit militaire military dress

See also **vêtir.**

Syn.: **se vêtir** to dress oneself (250, 493)
Ant.: **se déshabiller** to undress oneself, to get
undressed (250); **se dévêtir** to undress oneself
(250, 493)

habiter (251)

Regular **-er** verb

to live (in), to dwell (in), to inhabit

The Seven Simple Tenses		The Seven Compound Tenses	
Singular	Plural	Singular	Plural
1 présent de l'indicatif		**8 passé composé**	
habite	habitons	ai habité	avons habité
habites	habitez	as habité	avez habité
habite	habitent	a habité	ont habité
2 imparfait de l'indicatif		**9 plus-que-parfait de l'indicatif**	
habitais	habitions	avais habité	avions habité
habitais	habitiez	avais habité	aviez habité
habitait	habitaient	avait habité	avaient habité
3 passé simple		**10 passé antérieur**	
habitai	habitâmes	eus habité	eûmes habité
habitas	habitâtes	eus habité	eûtes habité
habita	habitèrent	eut habité	eurent habité
4 futur		**11 futur antérieur**	
habiterai	habiterons	aurai habité	aurons habité
habiteras	habiterez	auras habité	aurez habité
habitera	habiteront	aura habité	auront habité
5 conditionnel		**12 conditionnel passé**	
habiterais	habiterions	aurais habité	aurions habité
habiterais	habiteriez	aurais habité	auriez habité
habiterait	habiteraient	aurait habité	auraient habité
6 présent du subjonctif		**13 passé du subjonctif**	
habite	habitions	aie habité	ayons habité
habites	habitiez	aies habité	ayez habité
habite	habitent	ait habité	aient habité
7 imparfait du subjonctif		**14 plus-que-parfait du subjonctif**	
habitasse	habitassions	eusse habité	eussions habité
habitasses	habitassiez	eusses habité	eussiez habité
habitât	habitassent	eût habité	eussent habité

H

Impératif
habite
habitons
habitez

Sentences using this verb and words related to it

—**Où habitez-vous?** Where do you live?
—**J'habite 27 avenue Leclerc.** I live at 27 Leclerc Avenue.
une habitation dwelling, residence, abode
un habitat habitat
un habitant inhabitant
H.L.M. (habitation à loyer modéré) lodging at a moderate rental

l'amélioration de l'habitat improvement of living conditions
habiter à la campagne to live in the country
habiter la banlieue to live in the suburbs

Syn.: **demeurer** to live, to reside; **loger chez** to live with (263); **rester** to stay; **résider** to reside (251); **vivre** to live
Ant.: **s'en aller** to go away; **déloger** to move out, to dislodge (305); **déménager** to move (from one residence to another) (305)

Be careful! **Habitable** means *habitable* or *inhabitable*. But **inhabitable** means *uninhabitable*.

The subject pronouns are found on page 103.

haïr (252)

Part. pr. haïssant **Part. passé haï**

to hate

The Seven Simple Tenses		The Seven Compound Tenses	
Singular	Plural	Singular	Plural
1 présent de l'indicatif		**8 passé composé**	
hais	haïssons	ai haï	avons haï
hais	haïssez	as haï	avez haï
hait	haïssent	a haï	ont haï
2 imparfait de l'indicatif		**9 plus-que-parfait de l'indicatif**	
haïssais	haïssions	avais haï	avions haï
haïssais	haïssiez	avais haï	aviez haï
haïssait	haïssaient	avait haï	avaient haï
3 passé simple		**10 passé antérieur**	
haïs	haïmes	eus haï	eûmes haï
haïs	haïtes	eus haï	eûtes haï
haït	haïrent	eut haï	eurent haï
4 futur		**11 futur antérieur**	
haïrai	haïrons	aurai haï	aurons haï
haïras	haïrez	auras haï	aurez haï
haïra	haïront	aura haï	auront haï
5 conditionnel		**12 conditionnel passé**	
haïrais	haïrions	aurais haï	aurions haï
haïrais	haïriez	aurais haï	auriez haï
haïrait	haïraient	aurait haï	auraient haï
6 présent du subjonctif		**13 passé du subjonctif**	
haïsse	haïssions	aie haï	ayons haï
haïsses	haïssiez	aies haï	ayez haï
haïsse	haïssent	ait haï	aient haï
7 imparfait du subjonctif		**14 plus-que-parfait du subjonctif**	
haïsse	haïssions	eusse haï	eussions haï
haïsses	haïssiez	eusses haï	eussiez haï
haït	haïssent	eût haï	eussent haï

Impératif
hais
haïssons
haïssez

Sentences using this verb and words related to it

Va, je ne te hais point. Go, I do not hate you at all. Pierre Corneille, French playwright (1606-1684); line from *Le Cid*

haïssable detestable, hateful

la haine hatred, hate

> This verb begins with aspirate *h*; make no liaison and use *je* instead of *j'*.

haineux, haineuse hateful, heinous

haïr qqn comme la peste to hate somebody like poison

des haines mesquines petty hatreds

> Syn.: **abhorrer** to abhor (27); **abominer** to loathe (465); **détester** to detest, to hate; **maudire** to curse
> Ant.: **adorer** to adore; **aimer** to like, to love; **bénir** to bless; **chérir** to cherish

The Seven Simple Tenses		The Seven Compound Tenses	
Singular	Plural	Singular	Plural
1 présent de l'indicatif		**8 passé composé**	
hésite	hésitons	ai hésité	avons hésité
hésites	hésitez	as hésité	avez hésité
hésite	hésitent	a hésité	ont hésité
2 imparfait de l'indicatif		**9 plus-que-parfait de l'indicatif**	
hésitais	hésitions	avais hésité	avions hésité
hésitais	hésitiez	avais hésité	aviez hésité
hésitait	hésitaient	avait hésité	avaient hésité
3 passé simple		**10 passé antérieur**	
hésitai	hésitâmes	eus hésité	eûmes hésité
hésitas	hésitâtes	eus hésité	eûtes hésité
hésita	hésitèrent	eut hésité	eurent hésité
4 futur		**11 futur antérieur**	
hésiterai	hésiterons	aurai hésité	aurons hésité
hésiteras	hésiterez	auras hésité	aurez hésité
hésitera	hésiteront	aura hésité	auront hésité
5 conditionnel		**12 conditionnel passé**	
hésiterais	hésiterions	aurais hésité	aurions hésité
hésiterais	hésiteriez	aurais hésité	auriez hésité
hésiterait	hésiteraient	aurait hésité	auraient hésité
6 présent du subjonctif		**13 passé du subjonctif**	
hésite	hésitions	aie hésité	ayons hésité
hésites	hésitiez	aies hésité	ayez hésité
hésite	hésitent	ait hésité	aient hésité
7 imparfait du subjonctif		**14 plus-que-parfait du subjonctif**	
hésitasse	hésitassions	eusse hésité	eussions hésité
hésitasses	hésitassiez	eusses hésité	eussiez hésité
hésitât	hésitassent	eût hésité	eussent hésité

Impératif
hésite
hésitons
hésitez

Words and expressions related to this verb

hésiter à faire qqch to hesitate to do something
une hésitation hesitation
hésitant, hésitante undecided, hesitating
sans hésitation unhesitatingly, without
  hesitation

Syn.: **balbutier** to stammer (212); **chanceler** to stagger (38); **délibérer** to deliberate (356) Ant.: **agir** to act; **articuler** to articulate (81); **se décider** to make up one's mind (138) (aux. **être**)

The subject pronouns are found on page 103.

imposer (254)

to impose

The Seven Simple Tenses		The Seven Compound Tenses	
Singular	Plural	Singular	Plural

1 présent de l'indicatif		8 passé composé	
impose	imposons	ai imposé	avons imposé
imposes	imposez	as imposé	avez imposé
impose	imposent	a imposé	ont imposé

2 imparfait de l'indicatif		9 plus-que-parfait de l'indicatif	
imposais	imposions	avais imposé	avions imposé
imposais	imposiez	avais imposé	aviez imposé
imposait	imposaient	avait imposé	avaient imposé

3 passé simple		10 passé antérieur	
imposai	imposâmes	eus imposé	eûmes imposé
imposas	imposâtes	eus imposé	eûtes imposé
imposa	imposèrent	eut imposé	eurent imposé

4 futur		11 futur antérieur	
imposerai	imposerons	aurai imposé	aurons imposé
imposeras	imposerez	auras imposé	aurez imposé
imposera	imposeront	aura imposé	auront imposé

5 conditionnel		12 conditionnel passé	
imposerais	imposerions	aurais imposé	aurions imposé
imposerais	imposeriez	aurais imposé	auriez imposé
imposerait	imposeraient	aurait imposé	auraient imposé

6 présent du subjonctif		13 passé du subjonctif	
impose	imposions	aie imposé	ayons imposé
imposes	imposiez	aies imposé	ayez impoé
impose	imposent	ait imposé	aient imposé

7 imparfait du subjonctif		14 plus-que-parfait du subjonctif	
imposasse	imposassions	eusse imposé	eussions imposé
imposasses	imposassiez	eusses imposé	eussiez imposé
imposât	imposassent	eût imposé	eussent imposé

Impératif
impose
imposons
imposez

Words and expressions related to this verb

s'imposer to assert oneself
s'imposer à to intrude on
imposable taxable
un impôt tax; **l'impôt sur le revenu** income tax
une imposition imposition
imposant, imposante imposing, impressive

imposer le respect to compel respect
imposer une règle to lay down a rule

Syn.: **exiger** to demand; **forcer** to force; **obliger** to oblige; **prescrire** to prescribe (177); **taxer** to tax (27)
Ant.: **affranchir** to set free (72); **inspirer** to inspire (466); **libérer** to liberate (203); **permettre** to permit

The Seven Simple Tenses		The Seven Compound Tenses	
Singular	Plural	Singular	Plural
1 présent de l'indicatif		8 passé composé	
inclus	**incluons**	**ai inclus**	**avons inclus**
inclus	**incluez**	**as inclus**	**avez inclus**
inclut	**incluent**	**a inclus**	**ont inclus**
2 imparfait de l'indicatif		9 plus-que-parfait de l'indicatif	
incluais	**incluions**	**avais inclus**	**avions inclus**
incluais	**incluiez**	**avais inclus**	**aviez inclus**
incluait	**incluaient**	**avait inclus**	**avaient inclus**
3 passé simple		10 passé antérieur	
inclus	**inclûmes**	**eus inclus**	**eûmes inclus**
inclus	**inclûtes**	**eus inclus**	**eûtes inclus**
inclut	**inclurent**	**eut inclus**	**eurent inclus**
4 futur		11 futur antérieur	
inclurai	**inclurons**	**aurai inclus**	**aurons inclus**
incluras	**inclurez**	**auras inclus**	**aurez inclus**
inclura	**incluront**	**aura inclus**	**auront inclus**
5 conditionnel		12 conditionnel passé	
inclurais	**inclurions**	**aurais inclus**	**aurions inclus**
inclurais	**incluriez**	**aurais inclus**	**auriez inclus**
inclurait	**incluraient**	**aurait inclus**	**auraient inclus**
6 présent du subjonctif		13 passé du subjonctif	
inclue	**incluions**	**aie inclus**	**ayons inclus**
inclues	**incluiez**	**aies inclus**	**ayez inclus**
inclue	**incluent**	**ait inclus**	**aient inclus**
7 imparfait du subjonctif		14 plus-que-parfait du subjonctif	
inclusse	**inclussions**	**eusse inclus**	**eussions inclus**
inclusses	**inclussiez**	**eusses inclus**	**eussiez inclus**
inclût	**inclussent**	**eût inclus**	**eussent inclus**

Impératif
inclus
incluons
incluez

Words and expressions related to this verb

la lettre ci-incluse the letter enclosed herewith
l'argent ci-inclus the money enclosed herewith
une inclusion inclusion
inclusif, inclusive inclusive
inclusivement inclusively
service inclus service included (no tip necessary)
exclure to exclude
exclusivement exclusively
exclusif, exclusive exclusive

une exclusion exclusion
exclu, exclue excluded

See also **conclure.**

Syn.: **comprendre** to include, to understand;
contenir to contain; **renfermer** to enclose, to
contain (227)
Ant.: **écarter** to separate (69); **excepter** to
except (8); **exclure** to exclude (105)

indiquer (256)

to indicate, to point out, to show

Part. pr. **indiquant**   Part. passé **indiqué**

Regular **-er** verb

The Seven Simple Tenses		The Seven Compound Tenses	
Singular	Plural	Singular	Plural
1 présent de l'indicatif		**8 passé composé**	
indique	indiquons	ai indiqué	avons indiqué
indiques	indiquez	as indiqué	avez indiqué
indique	indiquent	a indiqué	ont indiqué
2 imparfait de l'indicatif		**9 plus-que-parfait de l'indicatif**	
indiquais	indiquions	avais indiqué	avions indiqué
indiquais	indiquiez	avais indiqué	aviez indiqué
indiquait	indiquaient	avait indiqué	avaient indiqué
3 passé simple		**10 passé antérieur**	
indiquai	indiquâmes	eus indiqué	eûmes indiqué
indiquas	indiquâtes	eus indiqué	eûtes indiqué
indiqua	indiquèrent	eut indiqué	eurent indiqué
4 futur		**11 futur antérieur**	
indiquerai	indiquerons	aurai indiqué	aurons indiqué
indiqueras	indiquerez	auras indiqué	aurez indiqué
indiquera	indiqueront	aura indiqué	auront indiqué
5 conditionnel		**12 conditionnel passé**	
indiquerais	indiquerions	aurais indiqué	aurions indiqué
indiquerais	indiqueriez	aurais indiqué	auriez indiqué
indiquerait	indiqueraient	aurait indiqué	auraient indiqué
6 présent du subjonctif		**13 passé du subjonctif**	
indique	indiquions	aie indiqué	ayons indiqué
indiques	indiquiez	aies indiqué	ayez indiqué
indique	indiquent	ait indiqué	aient indiqué
7 imparfait du subjonctif		**14 plus-que-parfait du subjonctif**	
indiquasse	indiquassions	eusse indiqué	eussions indiqué
indiquasses	indiquassiez	eusses indiqué	eussiez indiqué
indiquât	indiquassent	eût indiqué	eussent indiqué

Impératif
indique
indiquons
indiquez

Words and expressions related to this verb

indiquer du doigt to point out (with one's finger)
indiquer un bon médecin to recommend a good doctor
une indication indication
indicatif, indicative indicative
un indice index
indicateur, indicatrice indicator
un indicateur de vitesse speedometer

Syn.: **démontrer** to demonstrate (299); **désigner** to designate, to point out (441); **marquer** to mark (219); **montrer** to show, to point out; **signaler** to point out, to signal
Ant.: **cacher** to hide; **dissimuler** to conceal (81)

Reflexive regular -er verb

to find out, to inquire, to make
inquiries, to inform oneself

The Seven Simple Tenses		The Seven Compound Tenses	
Singular	Plural	Singular	Plural
1 présent de l'indicatif		**8 passé composé**	
m'informe	nous informons	me suis informé(e)	nous sommes informé(e)s
t'informes	vous informez	t'es informé(e)	vous êtes informé(e)(s)
s'informe	s'informent	s'est informé(e)	se sont informé(e)s
2 imparfait de l'indicatif		**9 plus-que-parfait de l'indicatif**	
m'informais	nous informions	m'étais informé(e)	nous étions informé(e)s
t'informais	vous informiez	t'étais informé(e)	vous étiez informé(e)(s)
s'informait	s'informaient	s'était informé(e)	s'étaient informé(e)s
3 passé simple		**10 passé antérieur**	
m'informai	nous informâmes	me fus informé(e)	nous fûmes informé(e)s
t'informas	vous informâtes	te fus informé(e)	vous fûtes informé(e)(s)
s'informa	s'informèrent	se fut informé(e)	se furent informé(e)s
4 futur		**11 futur antérieur**	
m'informerai	nous informerons	me serai informé(e)	nous serons informé(e)s
t'informeras	vous informerez	te seras informé(e)	vous serez informé(e)(s)
s'informera	s'informeront	se sera informé(e)	se seront informé(e)s
5 conditionnel		**12 conditionnel passé**	
m'informerais	nous informerions	me serais informé(e)	nous serions informé(e)s
t'informerais	vous informeriez	te serais informé(e)	vous seriez informé(e)(s)
s'informerait	s'informeraient	se serait informé(e)	se seraient informé(e)s
6 présent du subjonctif		**13 passé du subjonctif**	
m'informe	nous informions	me sois informé(e)	nous soyons informé(e)s
t'informes	vous informiez	te sois informé(e)	vous soyez informé(e)(s)
s'informe	s'informent	se soit informé(e)	se soient informé(e)s
7 imparfait du subjonctif		**14 plus-que-parfait du subjonctif**	
m'informasse	nous informassions	me fusse informé(e)	nous fussions informé(e)s
t'informasses	vous informassiez	te fusses informé(e)	vous fussiez informé(e)(s)
s'informât	s'informassent	se fût informé(e)	se fussent informé(e)s

Impératif
informe-toi; ne t'informe pas
informons-nous; ne nous informons pas
informez-vous; ne vous informez pas

Words and expressions related to this verb

informer to inform, to advise
Je vous informe que . . . I am informing you
  that . . .
les **informations** *f.* news items, news bulletins
informatif, informative informative
informationnel,
  informationnelle informational
l'**informatique** *f.* computer science
s'informer de to inquire about
prendre des informations sur qqn to make
  inquiries about someone

un **informateur, une informatrice** informer,
  informant
une **information officielle** official investigation
former to form
un **informaticien, une**
  informaticienne computer scientist

Syn.: **apprendre** to learn; **s'aviser** to become
aware (32, 33); **enquêter** to investigate (47);
se renseigner to inquire, to get information
(194) (aux. **être**)
Ant.: **se tromper** to be mistaken

The subject pronouns are found on page 103.

s'inquiéter (258)

Part. pr. s'inquiétant   **Part. passé** inquiété(e)(s)

to worry, to be upset

Reflexive regular **-er** verb endings; spelling change:
é changes to **è** before syllable with mute **e**

The Seven Simple Tenses		The Seven Compound Tenses	
Singular	Plural	Singular	Plural
1 présent de l'indicatif		**8 passé composé**	
m'inquiète	nous inquiétons	me suis inquiété(e)	nous sommes inquiété(e)s
t'inquiètes	vous inquiétez	t'es inquiété(e)	vous êtes inquiété(e)(s)
s'inquiète	s'inquiètent	s'est inquiété(e)	se sont inquiété(e)s
2 imparfait de l'indicatif		**9 plus-que-parfait de l'indicatif**	
m'inquiétais	nous inquiétions	m'étais inquiété(e)	nous étions inquiété(e)s
t'inquiétais	vous inquiétiez	t'étais inquiété(e)	vous étiez inquiété(e)(s)
s'inquiétait	s'inquiétaient	s'était inquiété(e)	s'étaient inquiété(e)s
3 passé simple		**10 passé antérieur**	
m'inquiétai	nous inquiétâmes	me fus inquiété(e)	nous fûmes inquiété(e)s
t'inquiétas	vous inquiétâtes	te fus inquiété(e)	vous fûtes inquiété(e)(s)
s'inquiéta	s'inquiétèrent	se fut inquiété(e)	se furent inquiété(e)s
4 futur		**11 futur antérieur**	
m'inquiéterai	nous inquiéterons	me serai inquiété(e)	nous serons inquiété(e)s
t'inquiéteras	vous inquiéterez	te seras inquiété(e)	vous serez inquiété(e)(s)
s'inquiétera	s'inquiéteront	se sera inquiété(e)	se seront inquiété(e)s
5 conditionnel		**12 conditionnel passé**	
m'inquiéterais	nous inquiéterions	me serais inquiété(e)	nous serions inquiété(e)s
t'inquiéterais	vous inquiéteriez	te serais inquiété(e)	vous seriez inquiété(e)(s)
s'inquiéterait	s'inquiéteraient	se serait inquiété(e)	se seraient inquiété(e)s
6 présent du subjonctif		**13 passé du subjonctif**	
m'inquiète	nous inquiétions	me sois inquiété(e)	nous soyons inquiété(e)s
t'inquiètes	vous inquiétiez	te sois inquiété(e)	vous soyez inquiété(e)(s)
s'inquiète	s'inquiètent	se soit inquiété(e)	se soient inquiété(e)s
7 imparfait du subjonctif		**14 plus-que-parfait du subjonctif**	
m'inquiétasse	nous inquiétassions	me fusse inquiété(e)	nous fussions inquiété(e)s
t'inquiétasses	vous inquiétassiez	te fusses inquiété(e)	vous fussiez inquiété(e)(s)
s'inquiétât	s'inquiétassent	se fût inquiété(e)	se fussent inquiété(e)s

Impératif
inquiète-toi; ne t'inquiète pas
inquiétons-nous; ne nous inquiétons pas
inquiétez-vous; ne vous inquiétez pas

Words related to this verb

s'inquiéter de to worry about
inquiéter to trouble, to worry
une inquiétude restlessness, anxiety, uneasiness
inquiétant, inquiétante disturbing, alarming
inquiet, inquiète restless, alarmed, disturbed, worried

Syn.: **s'alarmer** to get alarmed (310, 33); **se préoccuper de** to worry about (317, 83); **se soucier de** to care about (41) (aux. **être**)
Ant.: **se calmer** to calm down (27, 122); **se rassurer** to reassure oneself (54) (aux. **être**); **se tranquilliser** to reassure oneself (486) (aux. **être**)

The Seven Simple Tenses		The Seven Compound Tenses	
Singular	Plural	Singular	Plural
1 présent de l'indicatif		8 passé composé	
insiste	**insistons**	**ai insisté**	**avons insisté**
insistes	**insistez**	**as insisté**	**avez insisté**
insiste	**insistent**	**a insisté**	**ont insisté**
2 imparfait de l'indicatif		9 plus-que-parfait de l'indicatif	
insistais	**insistions**	**avais insisté**	**avions insisté**
insistais	**insistiez**	**avais insisté**	**aviez insisté**
insistait	**insistaient**	**avait insisté**	**avaient insisté**
3 passé simple		10 passé antérieur	
insistai	**insistâmes**	**eus insisté**	**eûmes insisté**
insistas	**insistâtes**	**eus insisté**	**eûtes insisté**
insista	**insistèrent**	**eut insisté**	**eurent insisté**
4 futur		11 futur antérieur	
insisterai	**insisterons**	**aurai insisté**	**aurons insisté**
insisteras	**insisterez**	**auras insisté**	**aurez insisté**
insistera	**insisteront**	**aura insisté**	**auront insisté**
5 conditionnel		12 conditionnel passé	
insisterais	**insisterions**	**aurais insisté**	**aurions insisté**
insisterais	**insisteriez**	**aurais insisté**	**auriez insisté**
insisterait	**insisteraient**	**aurait insisté**	**auraient insisté**
6 présent du subjonctif		13 passé du subjonctif	
insiste	**insistions**	**aie insisté**	**ayons insisté**
insistes	**insistiez**	**aies insisté**	**ayez insisté**
insiste	**insistent**	**ait insisté**	**aient insisté**
7 imparfait du subjonctif		14 plus-que-parfait du subjonctif	
insistasse	**insistassions**	**eusse insisté**	**eussions insisté**
insistasses	**insistassiez**	**eusses insisté**	**eussiez insisté**
insistât	**insistassent**	**eût insisté**	**eussent insisté**

Impératif
insiste
insistons
insistez

Sentences using this verb and words related to it

**Madame Albertine, directrice, insiste
beaucoup sur le succès des étudiants dans
cette école.** Mrs. Albertine, the principal,
insists a great deal on the success of the
students in this school.
insistant, insistante insistent, persistent
insister sur to insist on
inutile d'insister useless to insist
l'insistance *f.* insistence

Syn.: **mettre l'accent sur** to emphasize, to
stress; **souligner** to underline (10)
Ant.: **renoncer** à to give up, to renounce
(371)

The subject pronouns are found on page 103.

395

instruire (260)

to instruct

Part. pr. **instruisant**   Part. passé **instruit**

Irregular verb

The Seven Simple Tenses		The Seven Compound Tenses	
Singular	Plural	Singular	Plural
1 présent de l'indicatif		**8 passé composé**	
instruis	instruisons	ai instruit	avons instruit
instruis	instruisez	as instruit	avez instruit
instruit	instruisent	a instruit	ont instruit
2 imparfait de l'indicatif		**9 plus-que-parfait de l'indicatif**	
instruisais	instruisions	avais instruit	avions instruit
instruisais	instruisiez	avais instruit	aviez instruit
instruisait	instruisaient	avait instruit	avaient instruit
3 passé simple		**10 passé antérieur**	
instruisis	instruisîmes	eus instruit	eûmes instruit
instruisis	instruisîtes	eus instruit	eûtes instruit
instruisit	instruisirent	eut instruit	eurent instruit
4 futur		**11 futur antérieur**	
instruirai	instruirons	aurai instruit	aurons instruit
instruiras	instruirez	auras instruit	aurez instruit
instruira	instruiront	aura instruit	auront instruit
5 conditionnel		**12 conditionnel passé**	
instruirais	instruirions	aurais instruit	aurions instruit
instruirais	instruiriez	aurais instruit	auriez instruit
instruirait	instruiraient	aurait instruit	auraient instruit
6 présent du subjonctif		**13 passé du subjonctif**	
instruise	instruisions	aie instruit	ayons instruit
instruises	instruisiez	aies instruit	ayez instruit
instruise	instruisent	ait instruit	aient instruit
7 imparfait du subjonctif		**14 plus-que-parfait du subjonctif**	
instruisisse	instruisissions	eusse instruit	eussions instruit
instruisisses	instruisissiez	eusses instruit	eussiez instruit
instruisît	instruisissent	eût instruit	eussent instruit

Impératif
instruis
instruisons
instruisez

Words and expressions related to this verb

instruit, instruite educated
instruction *f.* instruction, teaching
sans instruction uneducated
instructeur, instructrice instructor
instructif, instructive instructive
les instructions instructions
s'instruire to teach oneself, to educate oneself
l'instruction publique public education

bien instruit (instruite), fort instruit (instruite) well educated

Syn.: **apprendre à qqn** to teach somebody; **éclairer** to explain (21); **éduquer** to educate (219); **enseigner** to teach; **former** to form, to train (227); **intitier à** to intitiate into (389)
Ant.: **masquer** to conceal; **taire** to conceal (345); **tromper** to deceive (247) (See 480)

The Seven Simple Tenses		The Seven Compound Tenses	
Singular	Plural	Singular	Plural

1 présent de l'indicatif		8 passé composé	
interdis	**interdisons**	**ai interdit**	**avons interdit**
interdis	**interdisez**	**as interdit**	**avez interdit**
interdit	**interdisent**	**a interdit**	**ont interdit**

2 imparfait de l'indicatif		9 plus-que-parfait de l'indicatif	
interdisais	**interdisions**	**avais interdit**	**avions interdit**
interdisais	**interdisiez**	**avais interdit**	**aviez interdit**
interdisait	**interdisaient**	**avait interdit**	**avaient interdit**

3 passé simple		10 passé antérieur	
interdis	**interdîmes**	**eus interdit**	**eûmes interdit**
interdis	**interdîtes**	**eus interdit**	**eûtes interdit**
interdit	**interdirent**	**eut interdit**	**eurent interdit**

4 futur		11 futur antérieur	
interdirai	**interdirons**	**aurai interdit**	**aurons interdit**
interdiras	**interdirez**	**auras interdit**	**aurez interdit**
interdira	**interdiront**	**aura interdit**	**auront interdit**

5 conditionnel		12 conditionnel passé	
interdirais	**interdirions**	**aurais interdit**	**aurions interdit**
interdirais	**interdiriez**	**aurais interdit**	**auriez interdit**
interdirait	**interdiraient**	**aurait interdit**	**auraient interdit**

6 présent du subjonctif		13 passé du subjonctif	
interdise	**interdisions**	**aie interdit**	**ayons interdit**
interdises	**interdisiez**	**aies interdit**	**ayez interdit**
interdise	**interdisent**	**ait interdit**	**aient interdit**

7 imparfait du subjonctif		14 plus-que-parfait du subjonctif	
interdisse	**interdissions**	**eusse interdit**	**eussions interdit**
interdisses	**interdissiez**	**eusses interdit**	**eussiez interdit**
interdît	**interdissent**	**eût interdit**	**eussent interdit**

Impératif
interdis
interdisons
interdisez

Sentences using this verb and words and expressions related to it

Je vous interdis de m'interrompre constam-ment. I forbid you to interrupt me constantly.

Syn.: **défendre** to forbid, to prohibit; **empêcher** to prevent; **s'opposer** to conflict (350) (aux. **être**); **prohiber** to prohibit (251) Ant.: **accepter** to accept; **approuver** to approve; **autoriser** to authorize (16); **encourager** to encourage; **permettre** to permit; **tolérer** to tolerate (356)

interdire qqch à qqn to forbid someone something
l'interdit *m.* interdict; *adj.* **les jeux interdits** forbidden games
l'interdiction *f.* interdiction, prohibition
interdire à qqn de faire qqch to forbid someone from doing something
STATIONNEMENT INTERDIT NO PARKING; **interdit(e)** *adj.* forbidden, prohibited

See also **contredire, dire, maudire, médire,** and **prédire.**

The subject pronouns are found on page 103.

s'intéresser (262)

Part. pr. s'intéressant **Part. passé intéressé(e)(s)**

to be interested in

Reflexive regular **-er** verb

The Seven Simple Tenses		The Seven Compound Tenses	
Singular	Plural	Singular	Plural
1 présent de l'indicatif		8 passé composé	
m'intéresse	nous intéressons	me suis intéressé(e)	nous sommes intéressé(e)s
t'intéresses	vous intéressez	t'es intéressé(e)	vous êtes intéressé(e)(s)
s'intéresse	s'intéressent	s'est intéressé(e)	se sont intéressé(e)s
2 imparfait de l'indicatif		9 plus-que-parfait de l'indicatif	
m'intéressais	nous intéressions	m'étais intéressé(e)	nous étions intéressé(e)s
t'intéressais	vous intéressiez	t'étais intéressé(e)	vous étiez intéressé(e)(s)
s'intéressait	s'intéressaient	s'était intéressé(e)	s'étaient intéressé(e)s
3 passé simple		10 passé antérieur	
m'intéressai	nous intéressâmes	me fus intéressé(e)	nous fûmes intéressé(e)s
t'intéressas	vous intéressâtes	te fus intéressé(e)	vous fûtes intéressé(e)(s)
s'intéressa	s'intéressèrent	se fut intéressé(e)	se furent intéressé(e)s
4 futur		11 futur antérieur	
m'intéresserai	nous intéresserons	me serai intéressé(e)	nous serons intéressé(e)s
t'intéresseras	vous intéresserez	te seras intéressé(e)	vous serez intéressé(e)(s)
s'intéressera	s'intéresseront	se sera intéressé(e)	se seront intéressé(e)s
5 conditionnel		12 conditionnel passé	
m'intéresserais	nous intéresserions	me serais intéressé(e)	nous serions intéressé(e)s
t'intéresserais	vous intéresseriez	te serais intéressé(e)	vous seriez intéressé(e)(s)
s'intéresserait	s'intéresseraient	se serait intéressé(e)	se seraient intéressé(e)s
6 présent du subjonctif		13 passé du subjonctif	
m'intéresse	nous intéressions	me sois intéressé(e)	nous soyons intéressé(e)s
t'intéresses	vous intéressiez	te sois intéressé(e)	vous soyez intéressé(e)(s)
s'intéresse	s'intéressent	se soit intéressé(e)	se soient intéressé(e)s
7 imparfait du subjonctif		14 plus-que-parfait du subjonctif	
m'intéressasse	nous intéressassions	me fusse intéressé(e)	nous fussions intéressé(e)s
t'intéressasses	vous intéressassiez	te fusses intéressé(e)	vous fussiez intéressé(e)(s)
s'intéressât	s'intéressassent	se fût intéressé(e)	se fussent intéressé(e)s

Impératif
intéresse-toi; ne t'intéresse pas
intéressons-nous; ne nous intéressons pas
intéressez-vous; ne vous intéressez pas

Words and expressions related to this verb

s'intéresser à qqch to be interested in something, to concern oneself with
Je m'intéresse aux sports. I am interested in sports.
s'intéresser à qqn to be interested in someone
Janine s'intéresse à lui. Janine is interested in him.
intéresser qqn à qqch to interest someone in something

Cela ne m'intéresse pas du tout. That does not interest me at all.
un intérêt interest
intéressant, intéressante interesting
Rien ne m'intéresse. Nothing interests me.

Syn.: **aimer** to like; **se préoccuper** to worry about, to care about (317, 83); **se soucier de** to care about (41) (aux. **être**)
Ant.: **se désintéresser** to lose interest (262); **s'ennuyer** to be bored; **se ficher de** not to give a darn (83; p.part. **fichu**); **négliger** to neglect (119)

Regular **-er** verb endings; spelling change: retain the
ge before **a** or **o** to keep the soft **g** sound of the verb

to interrogate,
to question

The Seven Simple Tenses		The Seven Compound Tenses	
Singular	Plural	Singular	Plural
1 présent de l'indicatif		8 passé composé	
interroge	interrogeons	ai interrogé	avons interrogé
interroges	interrogez	as interrogé	avez interrogé
interroge	interrogent	a interrogé	ont interrogé
2 imparfait de l'indicatif		9 plus-que-parfait de l'indicatif	
interrogeais	interrogions	avais interrogé	avions interrogé
interrogeais	interrogiez	avais interrogé	aviez interrogé
interrogeait	interrogeaient	avait interrogé	avaient interrogé
3 passé simple		10 passé antérieur	
interrogeai	interrogeâmes	eus interrogé	eûmes interrogé
interrogeas	interrogeâtes	eus interrogé	eûtes interrogé
interrogea	interrogèrent	eut interrogé	eurent interrogé
4 futur		11 futur antérieur	
interrogerai	interrogerons	aurai interrogé	aurons interrogé
interrogeras	interrogerez	auras interrogé	aurez interrogé
interrogera	interrogeront	aura interrogé	auront interrogé
5 conditionnel		12 conditionnel passé	
interrogerais	interrogerions	aurais interrogé	aurions interrogé
interrogerais	interrogeriez	aurais interrogé	auriez interrogé
interrogerait	interrogeraient	aurait interrogé	auraient interrogé
6 présent du subjonctif		13 passé du subjonctif	
interroge	interrogions	aie interrogé	ayons interrogé
interroges	interrogiez	aies interrogé	ayez interrogé
interroge	interrogent	ait interrogé	aient interrogé
7 imparfait du subjonctif		14 plus-que-parfait du subjonctif	
interrogeasse	interrogeassions	eusse interrogé	eussions interrogé
interrogeasses	interrogeassiez	eusses interrogé	eussiez interrogé
interrogeât	interrogeassent	eût interrogé	eussent interrogé

Impératif
interroge
interrogeons
interrogez

Words and expressions related to this verb
une interrogation interrogation, questioning
un point d'interrogation question mark
un interrogateur, une
   interrogatrice interrogator
interrogatif, interrogative interrogative
interrogativement interrogatively
un interrogatoire interrogation
dérogatoire derogatory

The subject pronouns are found on page 103.

interrompre (264)

to interrupt

Part. pr. interrompant   **Part. passé** interrompu

Regular **-re** verb endings; spelling change:
3d person sing. of Tense No. 1 adds **t**

The Seven Simple Tenses		The Seven Compound Tenses	
Singular	Plural	Singular	Plural

1 présent de l'indicatif

		8 passé composé	
interromps	interrompons	ai interrompu	avons interrompu
interromps	interrompez	as interrompu	avez interrompu
interrompt	interrompent	a interrompu	ont interrompu

2 imparfait de l'indicatif

		9 plus-que-parfait de l'indicatif	
interrompais	interrompions	avais interrompu	avions interrompu
interrompais	interrompiez	avais interrompu	aviez interrompu
interrompait	interrompaient	avait interrompu	avaient interrompu

3 passé simple

		10 passé antérieur	
interrompis	interrompîmes	eus interrompu	eûmes interrompu
interrompis	interrompîtes	eus interrompu	eûtes interrompu
interrompit	interrompirent	eut interrompu	eurent interrompu

4 futur

		11 futur antérieur	
interromprai	interromprons	aurai interrompu	aurons interrompu
interrompras	interromprez	auras interrompu	aurez interrompu
interrompra	interrompront	aura interrompu	auront interrompu

5 conditionnel

		12 conditionnel passé	
interromprais	interromprions	aurais interrompu	aurions interrompu
interromprais	interrompriez	aurais interrompu	auriez interrompu
interromprait	interrompraient	aurait interrompu	auraient interrompu

6 présent du subjonctif

		13 passé du subjonctif	
interrompe	interrompions	aie interrompu	ayons interrompu
interrompes	interrompiez	aies interrompu	ayez interrompu
interrompe	interrompent	ait interrompu	aient interrompu

7 imparfait du subjonctif

		14 plus-que-parfait du subjonctif	
interrompisse	interrompissions	eusse interrompu	eussions interrompu
interrompisses	interrompissiez	eusses interrompu	eussiez interrompu
interrompît	interrompissent	eût interrompu	eussent interrompu

Impératif
interromps
interrompons
interrompez

Sentences using this verb and words related to it

**Marcel, tu m'interromps sans cesse. Silence,
s'il te plaît!** Marcel, you interrupt me
constantly. Quiet, please!
une interruption interruption
interrompu, interrompue interrupted
un interrupteur, une interruptrice interrupter
un interrupteur light switch

See also **corrompre** and **rompre**.

Syn.: **arrêter** to stop; **couper la parole à qqn**
to cut someone off; **rompre** to break, to break
off; **suspendre** to suspend
Ant.: **achever** to finish; **commencer** to begin;
continuer to continue; **poursuivre** to pursue,
to continue

Irregular verb

to introduce, to show in

The Seven Simple Tenses

The Seven Compound Tenses

Singular	Plural	Singular	Plural
1 présent de l'indicatif		8 passé composé	
introduis	**introduisons**	**ai introduit**	**avons introduit**
introduis	**introduisez**	**as introduit**	**avez introduit**
introduit	**introduisent**	**a introduit**	**ont introduit**
2 imparfait de l'indicatif		9 plus-que-parfait de l'indicatif	
introduisais	**introduisions**	**avais introduit**	**avions introduit**
introduisais	**introduisiez**	**avais introduit**	**aviez introduit**
introduisait	**introduisaient**	**avait introduit**	**avaient introduit**
3 passé simple		10 passé antérieur	
introduisis	**introduisîmes**	**eus introduit**	**eûmes introduit**
introduisis	**introduisîtes**	**eus introduit**	**eûtes introduit**
introduisit	**introduisirent**	**eut introduit**	**eurent introduit**
4 futur		11 futur antérieur	
introduirai	**introduirons**	**aurai introduit**	**aurons introduit**
introduiras	**introduirez**	**auras introduit**	**aurez introduit**
introduira	**introduiront**	**aura introduit**	**auront introduit**
5 conditionnel		12 conditionnel passé	
introduirais	**introduirions**	**aurais introduit**	**aurions introduit**
introduirais	**introduiriez**	**aurais introduit**	**auriez introduit**
introduirait	**introduiraient**	**aurait introduit**	**auraient introduit**
6 présent du subjonctif		13 passé du subjonctif	
introduise	**introduisions**	**aie introduit**	**ayons introduit**
introduises	**introduisiez**	**aies introduit**	**ayez introduit**
introduise	**introduisent**	**ait introduit**	**aient introduit**
7 imparfait du subjonctif		14 plus-que-parfait du subjonctif	
introduisisse	**introduisissions**	**eusse introduit**	**eussions introduit**
introduisisses	**introduisissiez**	**eusses introduit**	**eussiez introduit**
introduisît	**introduisissent**	**eût introduit**	**eussent introduit**

Impératif
introduis
introduisons
introduisez

Words related to this verb
introducteur, introductrice introducer,
  initiator
introductif, introductive introductory
introduction *f.* introduction; **les paroles
  d'introduction** introductory words

Syn.: **faire entrer qqn** to let someone in
(Conjugate **faire**); **insérer** to insert (203)
Ant.: **reconduire qqn** to show someone out
(106)

See also **conduire, déduire, produire, réduire,
  reproduire, séduire,** and **traduire.**

The subject pronouns are found on page 103.

inviter (266)

to invite

Part. pr. **invitant**   Part. passé **invité**

Regular **-er** verb

The Seven Simple Tenses		The Seven Compound Tenses	
Singular	Plural	Singular	Plural

1 présent de l'indicatif

invite	invitons
invites	invitez
invite	invitent

8 passé composé

ai invité	avons invité
as invité	avez invité
a invité	ont invité

2 imparfait de l'indicatif

invitais	invitions
invitais	invitiez
invitait	invitaient

9 plus-que-parfait de l'indicatif

avais invité	avions invité
avais invité	aviez invité
avait invité	avaient invité

3 passé simple

invitai	invitâmes
invitas	invitâtes
invita	invitèrent

10 passé antérieur

eus invité	eûmes invité
eus invité	eûtes invité
eut invité	eurent invité

4 futur

inviterai	inviterons
inviteras	inviterez
invitera	inviteront

11 futur antérieur

aurai invité	aurons invité
auras invité	aurez invité
aura invité	auront invité

5 conditionnel

inviterais	inviterions
inviterais	inviteriez
inviterait	inviteraient

12 conditionnel passé

aurais invité	aurions invité
aurais invité	auriez invité
aurait invité	auraient invité

6 présent du subjonctif

invite	invitions
invites	invitiez
invite	invitent

13 passé du subjonctif

aie invité	ayons invité
aies invité	ayez invité
ait invité	aient invité

7 imparfait du subjonctif

invitasse	invitassions
invitasses	invitassiez
invitât	invitassent

14 plus-que-parfait du subjonctif

eusse invité	eussions invité
eusses invité	eussiez invité
eût invité	eussent invité

Impératif
invite
invitons
invitez

Sentences using this verb and words related to it

Elle s'est invitée. She invited herself.
C'est moi qui invite! My treat!
l'invitation *f.* invitation
les invités the guests
sur l'invitation de at the invitation of
sans invitation without invitation, uninvited
inviter qqn à faire qqch to invite someone to do something

Syn.: **appeler** to call; **attirer** to attract, to allure; **convoquer** to summon
Ant.: **refuser** to refuse; **renvoyer** to send back (200); **repousser** to push away (353)

Regular **-er** verb endings; spelling change: to throw, to cast
t becomes **tt** before syllable with mute **e**

The Seven Simple Tenses		The Seven Compound Tenses	
Singular	Plural	Singular	Plural
1 présent de l'indicatif		**8 passé composé**	
jette	jetons	ai jeté	avons jeté
jettes	jetez	as jeté	avez jeté
jette	jettent	a jeté	ont jeté
2 imparfait de l'indicatif		**9 plus-que-parfait de l'indicatif**	
jetais	jetions	avais jeté	avions jeté
jetais	jetiez	avais jeté	aviez jeté
jetait	jetaient	avait jeté	avaient jeté
3 passé simple		**10 passé antérieur**	
jetai	jetâmes	eus jeté	eûmes jeté
jetas	jetâtes	eus jeté	eûtes jeté
jeta	jetèrent	eut jeté	eurent jeté
4 futur		**11 futur antérieur**	
jetterai	jetterons	aurai jeté	aurons jeté
jetteras	jetterez	auras jeté	aurez jeté
jettera	jetteront	aura jeté	auront jeté
5 conditionnel		**12 conditionnel passé**	
jetterais	jetterions	aurais jeté	aurions jeté
jetterais	jetteriez	aurais jeté	auriez jeté
jetterait	jetteraient	aurait jeté	auraient jeté
6 présent du subjonctif		**13 passé du subjonctif**	
jette	jetions	aie jeté	ayons jeté
jettes	jetiez	aies jeté	ayez jeté
jette	jettent	ait jeté	aient jeté
7 imparfait du subjonctif		**14 plus-que-parfait du subjonctif**	
jetasse	jetassions	eusse jeté	eussions jeté
jetasses	jetassiez	eusses jeté	eussiez jeté
jetât	jetassent	eût jeté	eussent jeté

Impératif
jette
jetons
jetez

Common idiomatic expressions using this verb

jeter un cri to utter a cry
jeter son argent par la fenêtre to throw one's
   money out the window
se jeter sur (contre) to throw oneself at
   (against)
un jeton de téléphone telephone slug, token
une jetée jetty
un jet d'eau fountain
jeter un coup d'oeil à to glance at; **se jeter au
   cou de qqn** to throw oneself at somebody

rejeter to reject, to throw back
jetable disposable
Ne jetez rien par la fenêtre. Do not throw
   anything out the window.

Syn.: **envoyer** to send; **lancer** to launch, to
throw; **projeter** to project, to plan (267)
Ant.: **attraper** to catch; **recevoir** to receive;
saisir to grasp, to seize

joindre (268)

Part. pr. **joignant**   Part. passé **joint**

to join, to contact

Irregular verb

The Seven Simple Tenses		The Seven Compound Tenses	
Singular	Plural	Singular	Plural
1 présent de l'indicatif		**8 passé composé**	
joins	joignons	ai joint	avons joint
joins	joignez	as joint	avez joint
joint	joignent	a joint	ont joint
2 imparfait de l'indicatif		**9 plus-que-parfait de l'indicatif**	
joignais	joignions	avais joint	avions joint
joignais	joigniez	avais joint	aviez joint
joignait	joignaient	avait joint	avaient joint
3 passé simple		**10 passé antérieur**	
joignis	joignîmes	eus joint	eûmes joint
joignis	joignîtes	eus joint	eûtes joint
joignit	joignirent	eut joint	eurent joint
4 futur		**11 futur antérieur**	
joindrai	joindrons	aurai joint	aurons joint
joindras	joindrez	auras joint	aurez joint
joindra	joindront	aura joint	auront joint
5 conditionnel		**12 conditionnel passé**	
joindrais	joindrions	aurais joint	aurions joint
joindrais	joindriez	aurais joint	auriez joint
joindrait	joindraient	aurait joint	auraient joint
6 présent du subjonctif		**13 passé du subjonctif**	
joigne	joignions	aie joint	ayons joint
joignes	joigniez	aies joint	ayez joint
joigne	joignent	ait joint	aient joint
7 imparfait du subjonctif		**14 plus-que-parfait du subjonctif**	
joignisse	joignissions	eusse joint	eussions joint
joignisses	joignissiez	eusses joint	eussiez joint
joignît	joignissent	eût joint	eussent joint

Impératif
joins
joignons
joignez

Common idiomatic expressions using this verb
and words related to it

joindre les deux bouts to make ends meet
les jointures des doigts knuckles
joint, jointe joined
les talons joints heels together
ci-joint herewith, attached
joindre à to join to, to add to
rejoindre to rejoin, to join together
se rejoindre to meet, to come together again

se joindre à la discussion to join in the
  discussion
joindre par téléphone to reach by telephone

Syn.: **accoupler** to couple (27); **allier** to tie
together (41); **attacher** to attach, to tie up
(82); **connecter** to connect (349); **lier** to tie,
to connect (129); **unir** to join, to unite
Ant.: **couper** to cut; **détacher** to detach,
to untie (82); **disjoindre** to separate (268);
diviser to divide (32); **séparer** to separate

Regular **-er** verb

to play, to act (in a play), to gamble

The Seven Simple Tenses		The Seven Compound Tenses	
Singular	Plural	Singular	Plural

1 présent de l'indicatif

		8 passé composé	
joue	jouons	ai joué	avons joué
joues	jouez	as joué	avez joué
joue	jouent	a joué	ont joué

2 imparfait de l'indicatif

		9 plus-que-parfait de l'indicatif	
jouais	jouions	avais joué	avions joué
jouais	jouiez	avais joué	aviez joué
jouait	jouaient	avait joué	avaient joué

3 passé simple

		10 passé antérieur	
jouai	jouâmes	eus joué	eûmes joué
jouas	jouâtes	eus joué	eûtes joué
joua	jouèrent	eut joué	eurent joué

4 futur

		11 futur antérieur	
jouerai	jouerons	aurai joué	aurons joué
joueras	jouerez	auras joué	aurez joué
jouera	joueront	aura joué	auront joué

5 conditionnel

		12 conditionnel passé	
jouerais	jouerions	aurais joué	aurions joué
jouerais	joueriez	aurais joué	auriez joué
jouerait	joueraient	aurait joué	auraient joué

6 présent du subjonctif

		13 passé du subjonctif	
joue	jouions	aie joué	ayons joué
joues	jouiez	aies joué	ayez joué
joue	jouent	ait joué	aient joué

7 imparfait du subjonctif

		14 plus-que-parfait du subjonctif	
jouasse	jouassions	eusse joué	eussions joué
jouasses	jouassiez	eusses joué	eussiez joué
jouât	jouassent	eût joué	eussent joué

Impératif
joue
jouons
jouez

J

AN ESSENTIAL
55 VERB

The subject pronouns are found on page 103.

Jouer is an essential French verb because it is very useful for a student, especially when talking about sports and music.

Sentences using jouer

Madeleine a joué un tour au voisin. Madeleine played a trick on the neighbor.

Cela va se jouer ce soir. That will be settled tonight.

Tu dois arrêter de fumer. Ta santé est en jeu! You must stop smoking. Your health is at stake!

Sports

Paul et ses frères jouent au foot tous les jours. Paul and his brothers play soccer every day.

Claire jouait au tennis quand elle est tombée. Claire was playing tennis when she fell down.

Fred et moi, nous jouons au squash demain soir. Tomorrow evening Fred and I will play squash.

James jouera dans le championnat du polo. James will play in the polo championship.

Music

Ma tante joue du piano. My aunt plays the piano.

Jean a joué de la flûte dans un concert à New York. John played the flute in a concert in New York.

Paul joue de la guitare après l'école. Paul plays guitar after school.

Syn.: **s'amuser** to have a good time, to enjoy oneself; **se divertir** to have fun (210, 214); **interpréter** to interpret, to play (role, piece of music) (87); **se moquer de** to make fun of; **pratiquer** to practice (219)

Words and expressions related to this verb

jouer un tour à qqn to play a trick on someone
un jouet toy, plaything
un joueur, une joueuse player, gambler
jouer sur les mots to play with words
un jeu de mots word play, pun
jouer un rôle to play a part
se jouer de to make fun of, deride
un joujou, des joujoux toy, toys (child's language)
jouer gros jeu to play for high stakes
un jeu a game
un jeu vidéo video game
en jeu at stake
enjoué, enjouée playful
un jeu de cartes a deck of cards
un jeu d'outils a set of tools
déjouer to baffle, thwart
rejouer to replay, play again

Sports and recreation
jouer au tennis to play tennis
jouer au squash to play squash
jouer au golf to play golf
jouer au foot to play soccer
jouer aux cartes to play cards

Music
jouer d'un instrument to play an instrument
jouer de la flûte to play the flute
jouer du piano to play the piano
jouer du violon to play the violin

Regular **-ir** verb   to enjoy

The Seven Simple Tenses		The Seven Compound Tenses	
Singular	Plural	Singular	Plural
1 présent de l'indicatif		**8 passé composé**	
jouis	jouissons	ai joui	avons joui
jouis	jouissez	as joui	avez joui
jouit	jouissent	a joui	ont joui
2 imparfait de l'indicatif		**9 plus-que-parfait de l'indicatif**	
jouissais	jouissions	avais joui	avions joui
jouissais	jouissiez	avais joui	aviez joui
jouissait	jouissaient	avait joui	avaient joui
3 passé simple		**10 passé antérieur**	
jouis	jouîmes	eus joui	eûmes joui
jouis	jouîtes	eus joui	eûtes joui
jouit	jouirent	eut joui	eurent joui
4 futur		**11 futur antérieur**	
jouirai	jouirons	aurai joui	aurons joui
jouiras	jouirez	auras joui	aurez joui
jouira	jouiront	aura joui	auront joui
5 conditionnel		**12 conditionnel passé**	
jouirais	jouirions	aurais joui	aurions joui
jouirais	jouiriez	aurais joui	auriez joui
jouirait	jouiraient	aurait joui	auraient joui
6 présent du subjonctif		**13 passé du subjonctif**	
jouisse	jouissions	aie joui	ayons joui
jouisses	jouissiez	aies joui	ayez joui
jouisse	jouissent	ait joui	aient joui
7 imparfait du subjonctif		**14 plus-que-parfait du subjonctif**	
jouisse	jouissions	eusse joui	eussions joui
jouisses	jouissiez	eusses joui	eussiez joui
jouît	jouissent	eût joui	eussent joui

J

Impératif
jouis
jouissons
jouissez

Words and expressions related to this verb

jouir de qqch to enjoy something
la jouissance delight, enjoyment
la joie joy; **la joie de vivre** joy of living; **avec joie** gladly
la réjouissance rejoicing
réjouir to cheer up, to gladden, to rejoice
réjouir la vue to be pleasing to the eye
réjouir le coeur to gladden the heart
réjouissant, réjouissante entertaining, amusing

Syn.: **apprécier** to appreciate; **bénéficier de** to profit from (389); **déguster** to savor, to enjoy (53); **se réjouir de** to be delighted in, to rejoice in (270) (aux. **être**)
Ant.: **s'attrister** to be saddened (28) (aux. **être**); **souffrir** to suffer

The subject pronouns are found on page 103.   **407**

to judge, to deem

Regular **-er** verb endings; spelling change: retain the **ge** before **a** or **o** to keep the soft **g** sound of the verb

The Seven Simple Tenses		The Seven Compound Tenses	
Singular	Plural	Singular	Plural
1 présent de l'indicatif		8 passé composé	
juge	jugeons	ai jugé	avons jugé
juges	jugez	as jugé	avez jugé
juge	jugent	a jugé	ont jugé
2 imparfait de l'indicatif		9 plus-que-parfait de l'indicatif	
jugeais	jugions	avais jugé	avions jugé
jugeais	jugiez	avais jugé	aviez jugé
jugeait	jugeaient	avait jugé	avaient jugé
3 passé simple		10 passé antérieur	
jugeai	jugeâmes	eus jugé	eûmes jugé
jugeas	jugeâtes	eus jugé	eûtes jugé
jugea	jugèrent	eut jugé	eurent jugé
4 futur		11 futur antérieur	
jugerai	jugerons	aurai jugé	aurons jugé
jugeras	jugerez	auras jugé	aurez jugé
jugera	jugeront	aura jugé	auront jugé
5 conditionnel		12 conditionnel passé	
jugerais	jugerions	aurais jugé	aurions jugé
jugerais	jugeriez	aurais jugé	auriez jugé
jugerait	jugeraient	aurait jugé	auraient jugé
6 présent du subjonctif		13 passé du subjonctif	
juge	jugions	aie jugé	ayons jugé
juges	jugiez	aies jugé	ayez jugé
juge	jugent	ait jugé	aient jugé
7 imparfait du subjonctif		14 plus-que-parfait du subjonctif	
jugeasse	jugeassions	eusse jugé	eussions jugé
jugeasses	jugeassiez	eusses jugé	eussiez jugé
jugeât	jugeassent	eût jugé	eussent jugé

Impératif
juge
jugeons
jugez

Words and expressions related to this verb

juger de to judge (of); **Jugez de ma joie!** You can imagine my joy!
à en juger par . . . judging by . . .
juger par . . . to judge by . . .
mal juger qqn to misjudge someone
juger bon de faire qqch to think it wise to do something

un juge judge, magistrate; **un juge de paix** justice of the peace
un jugement judgment

Syn.: **arbitrer** to arbitrate, to referee (27); **conclure** to conclude; **décider** to decide; **évaluer** to evaluate, to estimate; **peser** to weigh, to think out, to consider

The Seven Simple Tenses		The Seven Compound Tenses	
Singular	Plural	Singular	Plural
1 présent de l'indicatif		8 passé composé	
jure	jurons	ai juré	avons juré
jures	jurez	as juré	avez juré
jure	jurent	a juré	ont juré
2 imparfait de l'indicatif		9 plus-que-parfait de l'indicatif	
jurais	jurions	avais juré	avions juré
jurais	juriez	avais juré	aviez juré
jurait	juraient	avait juré	avaient juré
3 passé simple		10 passé antérieur	
jurai	jurâmes	eus juré	eûmes juré
juras	jurâtes	eus juré	eûtes juré
jura	jurèrent	eut juré	eurent juré
4 futur		11 futur antérieur	
jurerai	jurerons	aurai juré	aurons juré
jureras	jurerez	auras juré	aurez juré
jurera	jureront	aura juré	auront juré
5 conditionnel		12 conditionnel passé	
jurerais	jurerions	aurais juré	aurions juré
jurerais	jureriez	aurais juré	auriez juré
jurerait	jureraient	aurait juré	auraient juré
6 présent du subjonctif		13 passé du subjonctif	
jure	jurions	aie juré	ayons juré
jures	juriez	aies juré	ayez juré
jure	jurent	ait juré	aient juré
7 imparfait du subjonctif		14 plus-que-parfait du subjonctif	
jurasse	jurassions	eusse juré	eussions juré
jurasses	jurassiez	eusses juré	eussiez juré
jurât	jurassent	eût juré	eussent juré

Impératif
jure
jurons
jurez

Words and expressions related to this verb

jurer sur la Bible to swear on the Bible
un juriste jurist
la jurisprudence jurisprudence
un jureur swearer
jurer contre to swear against
abjurer to abjure, renounce
un juron curse, oath
un jury jury
un jurisconsulte legal expert

Je vous le jure! I swear it!
dire des jurons to swear, to curse

Syn.: **affirmer** to affirm (227); **certifier** to certify (212); **déclarer** to declare (69); **sacrer** to swear (22)
Ant.: **abjurer** to abjure, to renounce (148); **bénir** to bless; **contester** to dispute (160); **démentir** to deny, to refute (291); **nier** to deny; **réfuter** to refute (425)

The subject pronouns are found on page 103.

lâcher (273)

to loosen, to unleash, to let go

Part. pr. **lâchant**   Part. passé **lâché**

Regular **-er** verb

The Seven Simple Tenses		The Seven Compound Tenses	
Singular	Plural	Singular	Plural
1 présent de l'indicatif		**8 passé composé**	
lâche	lâchons	ai lâché	avons lâché
lâches	lâchez	as lâché	avez lâché
lâche	lâchent	a lâché	ont lâché
2 imparfait de l'indicatif		**9 plus-que-parfait de l'indicatif**	
lâchais	lâchions	avais lâché	avions lâché
lâchais	lâchiez	avais lâché	aviez lâché
lâchait	lâchaient	avait lâché	avaient lâché
3 passé simple		**10 passé antérieur**	
lâchai	lâchâmes	eus lâché	eûmes lâché
lâchas	lâchâtes	eus lâché	eûtes lâché
lâcha	lâchèrent	eut lâché	eurent lâché
4 futur		**11 futur antérieur**	
lâcherai	lâcherons	aurai lâché	aurons lâché
lâcheras	lâcherez	auras lâché	aurez lâché
lâchera	lâcheront	aura lâché	auront lâché
5 conditionnel		**12 conditionnel passé**	
lâcherais	lâcherions	aurais lâché	aurions lâché
lâcherais	lâcheriez	aurais lâché	auriez lâché
lâcherait	lâcheraient	aurait lâché	auraient lâché
6 présent du subjonctif		**13 passé du subjonctif**	
lâche	lâchions	aie lâché	ayons lâché
lâches	lâchiez	aies lâché	ayez lâché
lâche	lâchent	ait lâché	aient lâché
7 imparfait du subjonctif		**14 plus-que-parfait du subjonctif**	
lâchasse	lâchassions	eusse lâché	eussions lâché
lâchasses	lâchassiez	eusses lâché	eussiez lâché
lâchât	lâchassent	eût lâché	eussent lâché

Impératif
lâche
lâchons
lâchez

Words and expressions related to this verb

lâcher prise to let go
un lâcheur, une lâcheuse quitter
lâche cowardly; **lâchement** in a cowardly way
la lâcheté cowardice
un vêtement lâche flowing, loose garment
une relâche rest, relaxation, respite, temporary
   closing of a theater

relâcher to abate, to loosen, to relax, to slacken
Lâchez-moi! Let go of me!

Syn.: **abandonner** to abandon (171);
desserrer to loosen, to relax (436); **larguer** to
release, to let out (307)
Ant.: **prendre** to take; **saisir** to grasp, to
seize; **serrer** to grasp; **tenir** to hold, to grasp

Regular **-er** verb   to let, to allow, to leave

The Seven Simple Tenses		The Seven Compound Tenses	
Singular	Plural	Singular	Plural

1 présent de l'indicatif		8 passé composé	
laisse	**laissons**	**ai laissé**	**avons laissé**
laisses	**laissez**	**as laissé**	**avez laissé**
laisse	**laissent**	**a laissé**	**ont laissé**

2 imparfait de l'indicatif		9 plus-que-parfait de l'indicatif	
laissais	**laissions**	**avais laissé**	**avions laissé**
laissais	**laissiez**	**avais laissé**	**aviez laissé**
laissait	**laissaient**	**avait laissé**	**avaient laissé**

3 passé simple		10 passé antérieur	
laissai	**laissâmes**	**eus laissé**	**eûmes laissé**
laissas	**laissâtes**	**eus laissé**	**eûtes laissé**
laissa	**laissèrent**	**eut laissé**	**eurent laissé**

4 futur		11 futur antérieur	
laisserai	**laisserons**	**aurai laissé**	**aurons laissé**
laisseras	**laisserez**	**auras laissé**	**aurez laissé**
laissera	**laisseront**	**aura laissé**	**auront laissé**

5 conditionnel		12 conditionnel passé	
laisserais	**laisserions**	**aurais laissé**	**aurions laissé**
laisserais	**laisseriez**	**aurais laissé**	**auriez laissé**
laisserait	**laisseraient**	**aurait laissé**	**auraient laissé**

6 présent du subjonctif		13 passé du subjonctif	
laisse	**laissions**	**aie laissé**	**ayons laissé**
laisses	**laissiez**	**aies laissé**	**ayez laissé**
laisse	**laissent**	**ait laissé**	**aient laissé**

7 imparfait du subjonctif		14 plus-que-parfait du subjonctif	
laissasse	**laissassions**	**eusse laissé**	**eussions laissé**
laissasses	**laissassiez**	**eusses laissé**	**eussiez laissé**
laissât	**laissassent**	**eût laissé**	**eussent laissé**

Impératif
laisse
laissons
laissez

Sentences using this verb and words related to it

J'ai laissé mes devoirs chez moi. I left my homework at home.
Laissez-moi tranquille! Leave me alone!
Laissez-moi passer, s'il vous plaît. Please let me get by.
le **laisser-faire** laissez-faire (Economics); **Laissez-moi faire.** Let me do as I please.
une **laisse** a leash; **laisser indifférent** to leave indifferent, not to hold someone's interest

laisser entrer to let in, to allow to enter; **laisser tomber** to drop
se **laisser aller** to let oneself go; le **laisser-aller** sloppiness
délaisser to abandon, to forsake

Syn.: **abandonner** to abandon (171); **livrer** to deliver (27); **permettre** to allow, to permit; **quitter** to leave
Ant.: **garder** to keep; **maintenir** to maintain (463); **prendre** to take

The subject pronouns are found on page 103.   **411**

lancer (275)

to hurl, to launch, to throw

Regular **-er** verb endings; spelling change:
c changes to **ç** before **a** or **o** to keep **s** sound

The Seven Simple Tenses		The Seven Compound Tenses	
Singular	Plural	Singular	Plural

1 présent de l'indicatif

		8 passé composé	
lance	lançons	ai lancé	avons lancé
lances	lancez	as lancé	avez lancé
lance	lancent	a lancé	ont lancé

2 imparfait de l'indicatif

		9 plus-que-parfait de l'indicatif	
lançais	lancions	avais lancé	avions lancé
lançais	lanciez	avais lancé	aviez lancé
lançait	lançaient	avait lancé	avaient lancé

3 passé simple

		10 passé antérieur	
lançai	lançâmes	eus lancé	eûmes lancé
lanças	lançâtes	eus lancé	eûtes lancé
lança	lancèrent	eut lancé	eurent lancé

4 futur

		11 futur antérieur	
lancerai	lancerons	aurai lancé	aurons lancé
lanceras	lancerez	auras lancé	aurez lancé
lancera	lanceront	aura lancé	auront lancé

5 conditionnel

		12 conditionnel passé	
lancerais	lancerions	aurais lancé	aurions lancé
lancerais	lanceriez	aurais lancé	auriez lancé
lancerait	lanceraient	aurait lancé	auraient lancé

6 présent du subjonctif

		13 passé du subjonctif	
lance	lancions	aie lancé	ayons lancé
lances	lanciez	aies lancé	ayez lancé
lance	lancent	ait lancé	aient lancé

7 imparfait du subjonctif

		14 plus-que-parfait du subjonctif	
lançasse	lançassions	eusse lancé	eussions lancé
lançasses	lançassiez	eusses lancé	eussiez lancé
lançât	lançassent	eût lancé	eussent lancé

Impératif
lance
lançons
lancez

Words and expressions related to this verb

se lancer contre to throw oneself at, against
un départ lancé a flying start (sports)
une lance a spear
le lancement d'un disque, d'un livre,
    etc. ceremony to launch a new record,
    book, etc.
un lancement hurling, casting
un lanceur thrower, pitcher (sports)

lancer un cri to cry out
une rampe de lancement launching pad

Syn.: **déclencher** to set off, to trigger (285);
entamer to begin, to start (71); **envoyer** to
send; **jeter** to throw; **projeter** to project (267)
Ant.: **arrêter** to stop; **attraper** to catch;
empêcher to hinder; **freiner** to brake, to slow
(329); **recevoir** to receive

The Seven Simple Tenses		The Seven Compound Tenses	
Singular	Plural	Singular	Plural
1 présent de l'indicatif		**8 passé composé**	
lave	lavons	ai lavé	avons lavé
laves	lavez	as lavé	avez lavé
lave	lavent	a lavé	ont lavé
2 imparfait de l'indicatif		**9 plus-que-parfait de l'indicatif**	
lavais	lavions	avais lavé	avions lavé
lavais	laviez	avais lavé	aviez lavé
lavait	lavaient	avait lavé	avaient lavé
3 passé simple		**10 passé antérieur**	
lavai	lavâmes	eus lavé	eûmes lavé
lavas	lavâtes	eus lavé	eûtes lavé
lava	lavèrent	eut lavé	eurent lavé
4 futur		**11 futur antérieur**	
laverai	laverons	aurai lavé	aurons lavé
laveras	laverez	auras lavé	aurez lavé
lavera	laveront	aura lavé	auront lavé
5 conditionnel		**12 conditionnel passé**	
laverais	laverions	aurais lavé	aurions lavé
laverais	laveriez	aurais lavé	auriez lavé
laverait	laveraient	aurait lavé	auraient lavé
6 présent du subjonctif		**13 passé du subjonctif**	
lave	lavions	aie lavé	ayons lavé
laves	laviez	aies lavé	ayez lavé
lave	lavent	ait lavé	aient lavé
7 imparfait du subjonctif		**14 plus-que-parfait du subjonctif**	
lavasse	lavassions	eusse lavé	eussions lavé
lavasses	lavassiez	eusses lavé	eussiez lavé
lavât	lavassent	eût lavé	eussent lavé

L

Impératif
lave
lavons
lavez

AN ESSENTIAL
55 VERB

The subject pronouns are found on page 103.

413

Laver and se laver are essential verbs for you to learn because they can help you to understand the agreement of past participles.

Examples in the *présent*

Marie lave la voiture. (Marie is washing the car.)
Note: la voiture is the direct object.

Marie se lave. (Marie is washing herself.) Note: se is the direct object pronoun.

Marie se lave les mains. (Marie is washing her hands.) Note: les mains is the direct object; se is an indirect object in this case.

Examples in the *passé composé*

Marie a lavé la voiture. (Marie washed the car.)
Note: la voiture is the direct object.

Marie l'a lavée. (Marie washed it.) Note: l' stands for la voiture, so lavée agrees with the preceding direct object pronoun.

Marie s'est lavée. (Marie washed herself.) Note: s' is the direct object. What did Marie wash? She washed herself.

Marie s'est lavé les mains. (Marie washed her hands.) Note: les mains is the direct object; there is no feminine agreement on lavé because the direct object comes after; there is no preceding direct object pronoun. What did Marie wash? She washed her hands.

Sentences using se laver

—Henriette, est-ce que tu t'es bien lavée? Henrietta, did you wash yourself well?

—Oui, maman, je me suis lavée! Je me suis bien lavé les mains! Yes, Mother, I washed myself! I washed my hands well!

Lave-toi les mains, Marie. On va manger. Wash your hands, Marie. We're going to eat.

Syn.: débarbouiller to wash (usually with a washcloth) (233); faire sa toilette to wash (conjugate faire); nettoyer to clean
Ant.: salir to soil; souiller to dirty, to soil; tacher to stain (82)

Words and expressions related to these verbs

un lavabo **washbasin, sink**

une douche **shower**

la salle de bains **bathroom**

se laver les mains de qqch **to wash one's hands of something**

lavable (en machine) **(machine) washable**

un lave-auto **car wash**

une laverie **laundry (room), launderette**

le lave-glace **windshield washer**

un lave-vaisselle **dishwasher**

une machine à laver, un lave-linge **washing machine**

laver en machine **to machine wash**

laver à la main **to hand wash**

un laveur, une laveuse **washer**

un raton laveur **raccoon**

se laver les dents (se brosser les dents) **to clean/brush one's teeth**

la lessive **laundry, laundry detergent**

le lavage **washing**

le lavement **enema**

la lavette **dish mop**

la lavure **dishwater**

For more information on **agreement of past participles**, read the entries in the section on definitions of basic grammatical terms with examples on pages 35–49.

se laver (277)

Reflexive regular **-er** verb

to wash oneself

The Seven Simple Tenses		The Seven Compound Tenses	
Singular	Plural	Singular	Plural
1 présent de l'indicatif		**8 passé composé**	
me lave	**nous lavons**	**me suis lavé(e)**	**nous sommes lavé(e)s**
te laves	**vous lavez**	**t'es lavé(e)**	**vous êtes lavé(e)(s)**
se lave	**se lavent**	**s'est lavé(e)**	**se sont lavé(e)s**
2 imparfait de l'indicatif		**9 plus-que-parfait de l'indicatif**	
me lavais	**nous lavions**	**m'étais lavé(e)**	**nous étions lavé(e)s**
te lavais	**vous laviez**	**t'étais lavé(e)**	**vous étiez lavé(e)(s)**
se lavait	**se lavaient**	**s'était lavé(e)**	**s'étaient lavé(e)s**
3 passé simple		**10 passé antérieur**	
me lavai	**nous lavâmes**	**me fus lavé(e)**	**nous fûmes lavé(e)s**
te lavas	**vous lavâtes**	**te fus lavé(e)**	**vous fûtes lavé(e)(s)**
se lava	**se lavèrent**	**se fut lavé(e)**	**se furent lavé(e)s**
4 futur		**11 futur antérieur**	
me laverai	**nous laverons**	**me serai lavé(e)**	**nous serons lavé(e)s**
te laveras	**vous laverez**	**te seras lavé(e)**	**vous serez lavé(e)(s)**
se lavera	**se laveront**	**se sera lavé(e)**	**se seront lavé(e)s**
5 conditionnel		**12 conditionnel passé**	
me laverais	**nous laverions**	**me serais lavé(e)**	**nous serions lavé(e)s**
te laverais	**vous laveriez**	**te serais lavé(e)**	**vous seriez lavé(e)(s)**
se laverait	**se laveraient**	**se serait lavé(e)**	**se seraient lavé(e)s**
6 présent du subjonctif		**13 passé du subjonctif**	
me lave	**nous lavions**	**me sois lavé(e)**	**nous soyons lavé(e)s**
te laves	**vous laviez**	**te sois lavé(e)**	**vous soyez lavé(e)(s)**
se lave	**se lavent**	**se soit lavé(e)**	**se soient lavé(e)s**
7 imparfait du subjonctif		**14 plus-que-parfait du subjonctif**	
me lavasse	**nous lavassions**	**me fusse lavé(e)**	**nous fussions lavé(e)s**
te lavasses	**vous lavassiez**	**te fusses lavé(e)**	**vous fussiez lavé(e)(s)**
se lavât	**se lavassent**	**se fût lavé(e)**	**se fussent lavé(e)s**

Impératif
lave-toi; ne te lave pas
lavons-nous; ne nous lavons pas
lavez-vous; ne vous lavez pas

AN ESSENTIAL
55 VERB

lever (278)

to lift, to raise

Regular **-er** verb; spelling change: **e**
changes to **è** before syllable with mute **e**

The Seven Simple Tenses		The Seven Compound Tenses	
Singular	Plural	Singular	Plural
1 présent de l'indicatif		**8 passé composé**	
lève	levons	ai levé	avons levé
lèves	levez	as levé	avez levé
lève	lèvent	a levé	ont levé
2 imparfait de l'indicatif		**9 plus-que-parfait de l'indicatif**	
levais	levions	avais levé	avions levé
levais	leviez	avais levé	aviez levé
levait	levaient	avait levé	avaient levé
3 passé simple		**10 passé antérieur**	
levai	levâmes	eus levé	eûmes levé
levas	levâtes	eus levé	eûtes levé
leva	levèrent	eut levé	eurent levé
4 futur		**11 futur antérieur**	
lèverai	lèverons	aurai levé	aurons levé
lèveras	lèverez	auras levé	aurez levé
lèvera	lèveront	aura levé	auront levé
5 conditionnel		**12 conditionnel passé**	
lèverais	lèverions	aurais levé	aurions levé
lèverais	lèveriez	aurais levé	auriez levé
lèverait	lèveraient	aurait levé	auraient levé
6 présent du subjonctif		**13 passé du subjonctif**	
lève	levions	aie levé	ayons levé
lèves	leviez	aies levé	ayez levé
lève	lèvent	ait levé	aient levé
7 imparfait du subjonctif		**14 plus-que-parfait du subjonctif**	
levasse	levassions	eusse levé	eussions levé
levasses	levassiez	eusses levé	eussiez levé
levât	levassent	eût levé	eussent levé

Impératif
lève
levons
levez

Words and expressions related to this verb

voter à main levée to vote by a show of hands
le levage raising, lifting
faire lever qqn to get someone out of bed
le levant the East
le levain leaven
du pain sans levain unleavened bread
le lever du soleil sunrise
se relever to get up on one's feet
lever la main to raise one's hand
élever to raise, to rear, to bring up

enlever to remove
relever to raise again, to pick up
La séance est levée. The meeting is adjourned.
prélever to take a sample, to withdraw

See also **élever**, **enlever**, and **se lever**.

Syn.: **élever** to raise; **hausser** to arise (92)
(aspirate *h*; no liaison); **monter** to bring up,
to go up
Ant.: **abaisser** to lower; **baisser** to lower;
descendre to take down, to go down; **dresser**
to draw up, to erect

Reflexive verb; regular **-er** verb endings; spelling change: to get up
e changes to **è** before syllable with mute **e**

The Seven Simple Tenses		The Seven Compound Tenses	
Singular	Plural	Singular	Plural
1 présent de l'indicatif		**8 passé composé**	
me lève	nous levons	me suis levé(e)	nous sommes levé(e)s
te lèves	vous levez	t'es levé(e)	vous êtes levé(e)(s)
se lève	se lèvent	s'est levé(e)	se sont levé(e)s
2 imparfait de l'indicatif		**9 plus-que-parfait de l'indicatif**	
me levais	nous levions	m'étais levé(e)	nous étions levé(e)s
te levais	vous leviez	t'étais levé(e)	vous étiez levé(e)(s)
se levait	se levaient	s'était levé(e)	s'étaient levé(e)s
3 passé simple		**10 passé antérieur**	
me levai	nous levâmes	me fus levé(e)	nous fûmes levé(e)s
te levas	vous levâtes	te fus levé(e)	vous fûtes levé(e)(s)
se leva	se levèrent	se fut levé(e)	se furent levé(e)s
4 futur		**11 futur antérieur**	
me lèverai	nous lèverons	me serai levé(e)	nous serons levé(e)s
te lèveras	vous lèverez	te seras levé(e)	vous serez levé(e)(s)
se lèvera	se lèveront	se sera levé(e)	se seront levé(e)s
5 conditionnel		**12 conditionnel passé**	
me lèverais	nous lèverions	me serais levé(e)	nous serions levé(e)s
te lèverais	vous lèveriez	te serais levé(e)	vous seriez levé(e)(s)
se lèverait	se lèveraient	se serait levé(e)	se seraient levé(e)s
6 présent du subjonctif		**13 passé du subjonctif**	
me lève	nous levions	me sois levé(e)	nous soyons levé(e)s
te lèves	vous leviez	te sois levé(e)	vous soyez levé(e)(s)
se lève	se lèvent	se soit levé(e)	se soient levé(e)s
7 imparfait du subjonctif		**14 plus-que-parfait du subjonctif**	
me levasse	nous levassions	me fusse levé(e)	nous fussions levé(e)s
te levasses	vous levassiez	te fusses levé(e)	vous fussiez levé(e)(s)
se levât	se levassent	se fût levé(e)	se fussent levé(e)s

Impératif
lève-toi; ne te lève pas
levons-nous; ne nous levons pas
levez-vous; ne vous levez pas

AN ESSENTIAL
55 VERB

Se lever is a very useful reflexive verb with a tricky spelling change.

Sentences using se lever

Caroline s'est levée après le petit déjeuner. Caroline got up after breakfast.

Après s'être levée, elle a quitté la maison. After getting up, she left the house.

Lève-toi! Il est temps de partir! Get up! It's time to leave!

Le soleil se lève aussi. The sun also rises.

Mon camarade de chambre est un lève-tôt. Moi, je fais souvent la grasse matinée. Je suis un lève-tard. My roommate is an early riser. As for me, I often sleep in. I'm a late riser.

Il faut que tu te lèves de bonne heure demain. You must get up early tomorrow.

Syn.: se dresser to stand up (23, 122); se mettre debout to stand up (conjugate mettre)
Ant.: s'asseoir to sit down; se coucher to lie down

Words and expressions related to this verb

le lever du soleil **sunrise**

un lève-tôt, une lève-tôt **early riser**

un lève-tard, une lève-tard **late riser**

se lever de bonne heure **to get up early**

If you can conjugate se lever you can also conjugate the following verbs:

s'élever **to rise, go up (use être as auxiliary)**

enlever **to remove**

relever **to raise**

se relever **to rise again (use être as auxiliary)**

élever **to raise, bring up**

soulever **to lift up**

Review the entry **agreement of past participle of a reflexive verb with its reflexive pronoun** in the section on definitions of basic grammatical terms with examples on pages 35–49.

The Seven Simple Tenses		The Seven Compound Tenses	
Singular	Plural	Singular	Plural
1 présent de l'indicatif		**8 passé composé**	
lis	lisons	ai lu	avons lu
lis	lisez	as lu	avez lu
lit	lisent	a lu	ont lu
2 imparfait de l'indicatif		**9 plus-que-parfait de l'indicatif**	
lisais	lisions	avais lu	avions lu
lisais	lisiez	avais lu	aviez lu
lisait	lisaient	avait lu	avaient lu
3 passé simple		**10 passé antérieur**	
lus	lûmes	eus lu	eûmes lu
lus	lûtes	eus lu	eûtes lu
lut	lurent	eut lu	eurent lu
4 futur		**11 futur antérieur**	
lirai	lirons	aurai lu	aurons lu
liras	lirez	auras lu	aurez lu
lira	liront	aura lu	auront lu
5 conditionnel		**12 conditionnel passé**	
lirais	lirions	aurais lu	aurions lu
lirais	liriez	aurais lu	auriez lu
lirait	liraient	aurait lu	auraient lu
6 présent du subjonctif		**13 passé du subjonctif**	
lise	lisions	aie lu	ayons lu
lises	lisiez	aies lu	ayez lu
lise	lisent	ait lu	aient lu
7 imparfait du subjonctif		**14 plus-que-parfait du subjonctif**	
lusse	lussions	eusse lu	eussions lu
lusses	lussiez	eusses lu	eussiez lu
lût	lussent	eût lu	eussent lu

L

Impératif
lis
lisons
lisez

AN ESSENTIAL
55 VERB

The subject pronouns are found on page 103.

Lire is used in many everyday situations and idiomatic expressions. It is a very useful verb for a beginning French student.

Sentences using lire

C'est un livre à lire. It's a book worth reading.

Frédéric, lis la prochaine phrase dans le livre. Lis-la à haute voix. Frederick, read the next sentence in the book. Read it aloud.

Guillaume, cette composition est complètement illisible. William, this essay is completely unreadable.

Lily lit un livre dans son lit. Lily is reading a book in her bed.

Anne lisait le journal quand Marie a frappé à la porte. Anne was reading the newspaper when Marie knocked on the door..

Syn.: déchiffrer to decipher (27); feuilleter to leaf through (267); parcourir to skim (125)

If you can conjugate lire you can also conjugate the following verbs:

élire to elect

réélire to reelect

relire to reread

Words and expressions related to this verb

lisible **legible, readable**

la lisibilité **legibility**

lisiblement **legibly**

illisible **illegible**

l'illisibilité *f.* **illegibility**

lecteur, lectrice **reader (a person who reads)**

un lecteur d'épreuves, une lectrice d'épreuves **proofreader**

la lecture **reading**

le livre **book**

livres pour la jeunesse **books for young readers**

Dans l'espoir de vous lire . . . **Hoping to receive a letter from you soon . . .**

lire à haute voix **to read aloud**

lire à voix basse **to read in a low voice**

lire tout bas **to read to oneself**

le lectorat **readership**

le lutrin **lectern**

The Seven Simple Tenses		The Seven Compound Tenses	
Singular	Plural	Singular	Plural

1 présent de l'indicatif		8 passé composé	
loue	**louons**	**ai loué**	**avons loué**
loues	**louez**	**as loué**	**avez loué**
loue	**louent**	**a loué**	**ont loué**

2 imparfait de l'indicatif		9 plus-que-parfait de l'indicatif	
louais	**louions**	**avais loué**	**avions loué**
louais	**louiez**	**avais loué**	**aviez loué**
louait	**louaient**	**avait loué**	**avaient loué**

3 passé simple		10 passé antérieur	
louai	**louâmes**	**eus loué**	**eûmes loué**
louas	**louâtes**	**eus loué**	**eûtes loué**
loua	**louèrent**	**eut loué**	**eurent loué**

4 futur		11 futur antérieur	
louerai	**louerons**	**aurai loué**	**aurons loué**
loueras	**louerez**	**auras loué**	**aurez loué**
louera	**loueront**	**aura loué**	**auront loué**

5 conditionnel		12 conditionnel passé	
louerais	**louerions**	**aurais loué**	**aurions loué**
louerais	**loueriez**	**aurais loué**	**auriez loué**
louerait	**loueraient**	**aurait loué**	**auraient loué**

6 présent du subjonctif		13 passé du subjonctif	
loue	**louions**	**aie loué**	**ayons loué**
loues	**louiez**	**aies loué**	**ayez loué**
loue	**louent**	**ait loué**	**aient loué**

7 imparfait du subjonctif		14 plus-que-parfait du subjonctif	
louasse	**louassions**	**eusse loué**	**eussions loué**
louasses	**louassiez**	**eusses loué**	**eussiez loué**
louât	**louassent**	**eût loué**	**eussent loué**

Impératif
loue
louons
louez

L

Words and expressions related to this verb

maison à louer house for rent (to let)
se louer de to congratulate oneself on
allouer to allot, to allocate
Dieu soit loué! God be praised!
la location rental
le loyer rent; **le/la locataire** renter

un loueur, une loueuse a person who rents
  something to someone
un loueur de voitures car rental agent
le louage renting, hiring out
la louange praise

This verb has two very different meanings
because it developed from two different
Latin verbs: **locāre** (to lend) and **laudāre** (to
praise).

Syn.: **applaudir de** to applaud for (229);
approuver to approve (of); **célébrer** to
celebrate (356); **flatter** to flatter (27); **mettre
en location** to rent out (conjugate **mettre**);
prendre en location to rent (conjugate
prendre)
Ant.: **critiquer** to criticize (219); **désapprouver** to disapprove of (44)

The subject pronouns are found on page 103.

maigrir (282)

Part. pr. **maigrissant**   Part. passé **maigri**

to reduce (one's weight), to grow thin, to lose weight

Regular **-ir** verb

The Seven Simple Tenses		The Seven Compound Tenses	
Singular	Plural	Singular	Plural
1 présent de l'indicatif		**8 passé composé**	
maigris	maigrissons	ai maigri	avons maigri
maigris	maigrissez	as maigri	avez maigri
maigrit	maigrissent	a maigri	ont maigri
2 imparfait de l'indicatif		**9 plus-que-parfait de l'indicatif**	
maigrissais	maigrissions	avais maigri	avions maigri
maigrissais	maigrissiez	avais maigri	aviez maigri
maigrissait	maigrissaient	avait maigri	avaient maigri
3 passé simple		**10 passé antérieur**	
maigris	maigrîmes	eus maigri	eûmes maigri
maigris	maigrîtes	eus maigri	eûtes maigri
maigrit	maigrirent	eut maigri	eurent maigri
4 futur		**11 futur antérieur**	
maigrirai	maigrirons	aurai maigri	aurons maigri
maigriras	maigrirez	auras maigri	aurez maigri
maigrira	maigriront	aura maigri	auront maigri
5 conditionnel		**12 conditionnel passé**	
maigrirais	maigririons	aurais maigri	aurions maigri
maigrirais	maigririez	aurais maigri	auriez maigri
maigrirait	maigriraient	aurait maigri	auraient maigri
6 présent du subjonctif		**13 passé du subjonctif**	
maigrisse	maigrissions	aie maigri	ayons maigri
maigrisses	maigrissiez	aies maigri	ayez maigri
maigrisse	maigrissent	ait maigri	aient maigri
7 imparfait du subjonctif		**14 plus-que-parfait du subjonctif**	
maigrisse	maigrissions	eusse maigri	eussions maigri
maigrisses	maigrissiez	eusses maigri	eussiez maigri
maigrît	maigrissent	eût maigri	eussent maigri

Impératif
maigris
maigrissons
maigrissez

Words and expressions related to this verb

maigre thin
la maigreur thinness
maigrement meagerly
se faire maigrir to slim down one's weight
être au régime pour maigrir to be on a diet to
    lose weight
s'amaigrir to lose weight
maigre comme un clou as thin as a nail
faire maigre to abstain from meat

un gamin maigrelet a skinny kid
amaigri, amaigrie gaunt
amaigrissant reducing

Syn.: **s'amincir** to slim down (296, 2);
perdre du poids to lose weight (conjugate
perdre); **mincir** to get slimmer
Ant.: **engraisser** to fatten (274); **grossir** to
put on weight (282); **prendre du poids** to
gain weight (conjugate **prendre**)

Regular **-er** verb endings; spelling change: retain the
ge before **a** or **o** to keep the soft **g** sound of the verb

to eat

The Seven Simple Tenses		The Seven Compound Tenses	
Singular	Plural	Singular	Plural

1 présent de l'indicatif		8 passé composé	
mange	mangeons	ai mangé	avons mangé
manges	mangez	as mangé	avez mangé
mange	mangent	a mangé	ont mangé

2 imparfait de l'indicatif		9 plus-que-parfait de l'indicatif	
mangeais	mangions	avais mangé	avions mangé
mangeais	mangiez	avais mangé	aviez mangé
mangeait	mangeaient	avait mangé	avaient mangé

3 passé simple		10 passé antérieur	
mangeai	mangeâmes	eus mangé	eûmes mangé
mangeas	mangeâtes	eus mangé	eûtes mangé
mangea	mangèrent	eut mangé	eurent mangé

4 futur		11 futur antérieur	
mangerai	mangerons	aurai mangé	aurons mangé
mangeras	mangerez	auras mangé	aurez mangé
mangera	mangeront	aura mangé	auront mangé

5 conditionnel		12 conditionnel passé	
mangerais	mangerions	aurais mangé	aurions mangé
mangerais	mangeriez	aurais mangé	auriez mangé
mangerait	mangeraient	aurait mangé	auraient mangé

6 présent du subjonctif		13 passé du subjonctif	
mange	mangions	aie mangé	ayons mangé
manges	mangiez	aies mangé	ayez mangé
mange	mangent	ait mangé	aient mangé

7 imparfait du subjonctif		14 plus-que-parfait du subjonctif	
mangeasse	mangeassions	eusse mangé	eussions mangé
mangeasses	mangeassiez	eusses mangé	eussiez mangé
mangeât	mangeassent	eût mangé	eussent mangé

M

Impératif
mange
mangeons
mangez

AN ESSENTIAL
55 VERB

AN ESSENTIAL 55 VERB

Manger is an essential verb for beginning French students because it has an important spelling change that also appears in several other verbs. You must keep the **e** after the **g** in order to retain the soft sound of **g** in the infinitive.

Sentences using manger

Y a-t-il de quoi manger? Is there something to eat?

Avez-vous quelque chose pour une démangeaison? Do you have something for an itch?

Dis-moi ce que tu manges, je te dirai ce que tu es. (Brillat-Savarin) Tell me what you eat, I'll tell you what you are.

Il faut manger pour vivre, et non pas vivre pour manger. (Molière) It is necessary to eat to live, and not to live to eat.

Proverbs

L'appétit vient en mangeant. **The more you have, the more you want. (Literally: Appetite comes while eating.)**

Les loups ne se mangent pas entre eux. **Wolves do not eat each other.**

If you can conjugate **manger** you can also conjugate the following verbs:

allonger **to lengthen**

démanger **to itch**

déménager **to move**

échanger **to exchange**

engranger **to gather, store**

mélanger **to mix**

Words and expressions related to this verb

la salle à manger **dining room**

une démangeaison **itch**

de quoi manger **something to eat**

le manger **food**

gros mangeur **big eater**

manger de l'argent **to spend money foolishly**

ne pas manger à sa faim **not to have much to eat**

manger à sa faim **to eat until filled**

manger comme quatre **to eat like a horse**

une mangeoire **manger**

mangeable **edible, eatable**

la mangeaille **disgusting food**

immangeable **inedible**

manger comme un oiseau **to eat like a bird**

Syn.: s'alimenter to eat (60) (aux. être); déjeuner to have lunch, breakfast; dévorer to devour (27); dîner to dine; éroder to erode (96); grignoter to snack (96); se nourrir to feed oneself (311) (aux. être); ronger to gnaw (442); souper to have supper (124)
Ant.: jeûner to fast (146); se priver to do without (277); rendre to vomit, to return; vomir to throw up, to vomit (229)

Regular **-er** verb   to miss, to lack

The Seven Simple Tenses		The Seven Compound Tenses	
Singular	Plural	Singular	Plural
1 présent de l'indicatif		**8 passé composé**	
manque	manquons	ai manqué	avons manqué
manques	manquez	as manqué	avez manqué
manque	manquent	a manqué	ont manqué
2 imparfait de l'indicatif		**9 plus-que-parfait de l'indicatif**	
manquais	manquions	avais manqué	avions manqué
manquais	manquiez	avais manqué	aviez manqué
manquait	manquaient	avait manqué	avaient manqué
3 passé simple		**10 passé antérieur**	
manquai	manquâmes	eus manqué	eûmes manqué
manquas	manquâtes	eus manqué	eûtes manqué
manqua	manquèrent	eut manqué	eurent manqué
4 futur		**11 futur antérieur**	
manquerai	manquerons	aurai manqué	aurons manqué
manqueras	manquerez	auras manqué	aurez manqué
manquera	manqueront	aura manqué	auront manqué
5 conditionnel		**12 conditionnel passé**	
manquerais	manquerions	aurais manqué	aurions manqué
manquerais	manqueriez	aurais manqué	auriez manqué
manquerait	manqueraient	aurait manqué	auraient manqué
6 présent du subjonctif		**13 passé du subjonctif**	
manque	manquions	aie manqué	ayons manqué
manques	manquiez	aies manqué	ayez manqué
manque	manquent	ait manqué	aient manqué
7 imparfait du subjonctif		**14 plus-que-parfait du subjonctif**	
manquasse	manquassions	eusse manqué	eussions manqué
manquasses	manquassiez	eusses manqué	eussiez manqué
manquât	manquassent	eût manqué	eussent manqué

M

Impératif	
manque	
manquons	
manquez	

Common idiomatic expressions using this verb

manquer à to lack; **Le courage lui manque.**
  He lacks courage.
Elle me manque. I miss her.
Est-ce que je te manque? Do you miss me?
manquer de qqch to be lacking something;
  manquer de sucre to be out of sugar
Ne manquez pas de venir. Don't fail to come.
un mariage manqué a broken engagement
un héros manqué a would-be hero
Il me manque un euro I am lacking (I need)
  one euro.

The subject pronouns are found on page 103.

manquer de + inf. to fail to, to almost do
  something
J'ai manqué de tomber. I almost fell.
Paul a manqué de venir. Paul failed to come.
manquer à sa parole to go back on one's word

Syn.: **échouer** to fail; **faillir** to fail, to almost
do something; **louper** to miss, to fail (124);
rater to miss, to fail (241)
Ant.: **atteindre** to attain; **réussir** to succeed

marcher (285)

Part. pr. **marchant**   Part. passé **marché**

to walk, to march, to run (machine), to function

Regular **-er** verb

The Seven Simple Tenses		The Seven Compound Tenses	
Singular	Plural	Singular	Plural
1 présent de l'indicatif		**8 passé composé**	
marche	marchons	ai marché	avons marché
marches	marchez	as marché	avez marché
marche	marchent	a marché	ont marché
2 imparfait de l'indicatif		**9 plus-que-parfait de l'indicatif**	
marchais	marchions	avais marché	avions marché
marchais	marchiez	avais marché	aviez marché
marchait	marchaient	avait marché	avaient marché
3 passé simple		**10 passé antérieur**	
marchai	marchâmes	eus marché	eûmes marché
marchas	marchâtes	eus marché	eûtes marché
marcha	marchèrent	eut marché	eurent marché
4 futur		**11 futur antérieur**	
marcherai	marcherons	aurai marché	aurons marché
marcheras	marcherez	auras marché	aurez marché
marchera	marcheront	aura marché	auront marché
5 conditionnel		**12 conditionnel passé**	
marcherais	marcherions	aurais marché	aurions marché
marcherais	marcheriez	aurais marché	auriez marché
marcherait	marcheraient	aurait marché	auraient marché
6 présent du subjonctif		**13 passé du subjonctif**	
marche	marchions	aie marché	ayons marché
marches	marchiez	aies marché	ayez marché
marche	marchent	ait marché	aient marché
7 imparfait du subjonctif		**14 plus-que-parfait du subjonctif**	
marchasse	marchassions	eusse marché	eussions marché
marchasses	marchassiez	eusses marché	eussiez marché
marchât	marchassent	eût marché	eussent marché

Impératif
marche
marchons
marchez

Words and expressions related to this verb

la marche march, walking
ralentir sa marche to slow down one's pace
le marché market
le marché aux fleurs flower market
le marché aux puces flea market
à bon marché cheap
faire marcher qqn to put someone on
une démarche gait, walk
faire une démarche to take a step

marcher bien to function (go, run, work) well
marcher sur les pas de qqn to follow in someone's footsteps
faire marcher qqch to make something go (run, function)
Ça ne marche pas. It's out of order.
la course et la marche running and walking

Syn.: **aller** to go; **fonctionner** to function (171); **se promener** to stroll, to take a walk
Ant.: **arrêter** to stop, to halt; **s'arrêter** to stop oneself

The Seven Simple Tenses		The Seven Compound Tenses	
Singular	Plural	Singular	Plural
1 présent de l'indicatif		**8 passé composé**	
maudis	maudissons	ai maudit	avons maudit
maudis	maudissez	as maudit	avez maudit
maudit	maudissent	a maudit	ont maudit
2 imparfait de l'indicatif		**9 plus-que-parfait de l'indicatif**	
maudissais	maudissions	avais maudit	avions maudit
maudissais	maudissiez	avais maudit	aviez maudit
maudissait	maudissaient	avait maudit	avaient maudit
3 passé simple		**10 passé antérieur**	
maudis	maudîmes	eus maudit	eûmes maudit
maudis	maudîtes	eus maudit	eûtes maudit
maudit	maudirent	eut maudit	eurent maudit
4 futur		**11 futur antérieur**	
maudirai	maudirons	aurai maudit	aurons maudit
maudiras	maudirez	auras maudit	aurez maudit
maudira	maudiront	aura maudit	auront maudit
5 conditionnel		**12 conditionnel passé**	
maudirais	maudirions	aurais maudit	aurions maudit
maudirais	maudiriez	aurais maudit	auriez maudit
maudirait	maudiraient	aurait maudit	auraient maudit
6 présent du subjonctif		**13 passé du subjonctif**	
maudisse	maudissions	aie maudit	ayons maudit
maudisses	maudissiez	aies maudit	ayez maudit
maudisse	maudissent	ait maudit	aient maudit
7 imparfait du subjonctif		**14 plus-que-parfait du subjonctif**	
maudisse	maudissions	eusse maudit	eussions maudit
maudisses	maudissiez	eusses maudit	eussiez maudit
maudît	maudissent	eût maudit	eussent maudit

M

Impératif
maudis
maudissons
maudissez

Words and expressions related to this verb

maudit, maudite cursed
Quel maudit temps! What rotten weather!
maudire un ennemi to curse an enemy
les maudits the damned

le Maudit Demon
dire to say, to tell; **dire du mal de qqn** to say something evil about someone

Careful! Although **maudire** looks like it should be conjugated like **dire**, it is conjugated like a regular **-ir** verb—and its past participle has a **t** added to it: **maudit**.

Syn.: **condamner** to condemn (98); **exécrer** to abhor, to detest (203); **haïr** to hate
Ant.: **adorer** to adore; **aimer** to like, to love; **bénir** to bless; **chérir** to cherish; **exalter** to exalt (28)

The subject pronouns are found on page 103.

méconnaître (287)

Part. pr. méconnaissant   **Part. passé** méconnu

to misjudge, to misunderstand, not to know, not to recognize   Irregular verb

The Seven Simple Tenses		The Seven Compound Tenses	
Singular	Plural	Singular	Plural
1 présent de l'indicatif		**8 passé composé**	
méconnais	méconnaissons	ai méconnu	avons méconnu
méconnais	méconnaissez	as méconnu	avez méconnu
méconnaît	méconnaissent	a méconnu	ont méconnu
2 imparfait de l'indicatif		**9 plus-que-parfait de l'indicatif**	
méconnaissais	méconnaissions	avais méconnu	avions méconnu
méconnaissais	méconnaissiez	avais méconnu	aviez méconnu
méconnaissait	méconnaissaient	avait méconnu	avaient méconnu
3 passé simple		**10 passé antérieur**	
méconnus	méconnûmes	eus méconnu	eûmes méconnu
méconnus	méconnûtes	eus méconnu	eûtes méconnu
méconnut	méconnurent	eut méconnu	eurent méconnu
4 futur		**11 futur antérieur**	
méconnaîtrai	méconnaîtrons	aurai méconnu	aurons méconnu
méconnaîtras	méconnaîtrez	auras méconnu	aurez méconnu
méconnaîtra	méconnaîtront	aura méconnu	auront méconnu
5 conditionnel		**12 conditionnel passé**	
méconnaîtrais	méconnaîtrions	aurais méconnu	aurions méconnu
méconnaîtrais	méconnaîtriez	aurais méconnu	auriez méconnu
méconnaîtrait	méconnaîtraient	aurait méconnu	auraient méconnu
6 présent du subjonctif		**13 passé du subjonctif**	
méconnaisse	méconnaissions	aie méconnu	ayons méconnu
méconnaisses	méconnaissiez	aies méconnu	ayez méconnu
méconnaisse	méconnaissent	ait méconnu	aient méconnu
7 imparfait du subjonctif		**14 plus-que-parfait du subjonctif**	
méconnusse	méconnussions	eusse méconnu	eussions méconnu
méconnusses	méconnussiez	eusses méconnu	eussiez méconnu
méconnût	méconnussent	eût méconnu	eussent méconnu

Impératif
méconnais
méconnaissons
méconnaissez

Words related to this verb

méconnaissable unrecognizable
méconnu, méconnue misunderstood
la méconnaissance misappreciation
se méconnaître to underrate (underestimate) oneself

See also **connaître** and **reconnaître**.

Syn.: **ignorer** not to know (22); **mésestimer** to underestimate (27); **négliger** to neglect (119); **sous-estimer** to underestimate (27); **se tromper** to be wrong
Ant.: **apprécier** to appreciate; **connaître** to know, to be acquainted with; **reconnaître** to recognize; **savoir** to know

The Seven Simple Tenses		The Seven Compound Tenses	
Singular	Plural	Singular	Plural

1 présent de l'indicatif

		8 passé composé	
médis	**médisons**	**ai médit**	**avons médit**
médis	**médisez**	**as médit**	**avez médit**
médit	**médisent**	**a médit**	**ont médit**

2 imparfait de l'indicatif

		9 plus-que-parfait de l'indicatif	
médisais	**médisions**	**avais médit**	**avions médit**
médisais	**médisiez**	**avais médit**	**aviez médit**
médisait	**médisaient**	**avait médit**	**avaient médit**

3 passé simple

		10 passé antérieur	
médis	**médîmes**	**eus médit**	**eûmes médit**
médis	**médîtes**	**eus médit**	**eûtes médit**
médit	**médirent**	**eut médit**	**eurent médit**

4 futur

		11 futur antérieur	
médirai	**médirons**	**aurai médit**	**aurons médit**
médiras	**médirez**	**auras médit**	**aurez médit**
médira	**médiront**	**aura médit**	**auront médit**

5 conditionnel

		12 conditionnel passé	
médirais	**médirions**	**aurais médit**	**aurions médit**
médirais	**médiriez**	**aurais médit**	**auriez médit**
médirait	**médiraient**	**aurait médit**	**auraient médit**

6 présent du subjonctif

		13 passé du subjonctif	
médise	**médisions**	**aie médit**	**ayons médit**
médises	**médisiez**	**aies médit**	**ayez médit**
médise	**médisent**	**ait médit**	**aient médit**

7 imparfait du subjonctif

		14 plus-que-parfait du subjonctif	
médisse	**médissions**	**eusse médit**	**eussions médit**
médisses	**médissiez**	**eusses médit**	**eussiez médit**
médît	**médissent**	**eût médit**	**eussent médit**

Impératif
médis
médisons
médisez

Words and expressions related to this verb
la médisance slander
dire des médisances to say scandalous things
un médisant, une médisante slanderer
médire de to speak ill of, to slander

Careful! Although **médire** is conjugated like **dire**, the present tense **vous** form is **médisez** and the imperative for **vous** is: **médisez**.

See also **contredire, dire, interdire, maudire,** and **prédire.**

Syn.: **critiquer** to criticize (219); **décrier** to decry (129); **diffamer** to defame, to slander (71)
Ant.: **défendre** to defend; **louanger** to praise (283); **louer** to praise

The subject pronouns are found on page 103.

se méfier (289)

to beware, to distrust, to mistrust

The Seven Simple Tenses		The Seven Compound Tenses	
Singular	Plural	Singular	Plural
1 présent de l'indicatif		**8 passé composé**	
me méfie	nous méfions	me suis méfié(e)	nous sommes méfié(e)s
te méfies	vous méfiez	t'es méfié(e)	vous êtes méfié(e)(s)
se méfie	se méfient	s'est méfié(e)	se sont méfié(e)s
2 imparfait de l'indicatif		**9 plus-que-parfait de l'indicatif**	
me méfiais	nous méfiions	m'étais méfié(e)	nous étions méfié(e)s
te méfiais	vous méfiiez	t'étais méfié(e)	vous étiez méfié(e)(s)
se méfiait	se méfiaient	s'était méfié(e)	s'étaient méfié(e)s
3 passé simple		**10 passé antérieur**	
me méfiai	nous méfiâmes	me fus méfié(e)	nous fûmes méfié(e)s
te méfias	vous méfiâtes	te fus méfié(e)	vous fûtes méfié(e)(s)
se méfia	se méfièrent	se fut méfié(e)	se furent méfié(e)s
4 futur		**11 futur antérieur**	
me méfierai	nous méfierons	me serai méfié(e)	nous serons méfié(e)s
te méfieras	vous méfierez	te seras méfié(e)	vous serez méfié(e)(s)
se méfiera	se méfieront	se sera méfié(e)	se seront méfié(e)s
5 conditionnel		**12 conditionnel passé**	
me méfierais	nous méfierions	me serais méfié(e)	nous serions méfié(e)s
te méfierais	vous méfieriez	te serais méfié(e)	vous seriez méfié(e)(s)
se méfierait	se méfieraient	se serait méfié(e)	se seraient méfié(e)s
6 présent du subjonctif		**13 passé du subjonctif**	
me méfie	nous méfiions	me sois méfié(e)	nous soyons méfié(e)s
te méfies	vous méfiiez	te sois méfié(e)	vous soyez méfié(e)(s)
se méfie	se méfient	se soit méfié(e)	se soient méfié(e)s
7 imparfait du subjonctif		**14 plus-que-parfait du subjonctif**	
me méfiasse	nous méfiassions	me fusse méfié(e)	nous fussions méfié(e)s
te méfiasses	vous méfiassiez	te fusses méfié(e)	vous fussiez méfié(e)(s)
se méfiât	se méfiassent	se fût méfié(e)	se fussent méfié(e)s

Impératif
méfie-toi; ne te méfie pas
méfions-nous; ne nous méfions pas
méfiez-vous; ne vous méfiez pas

Words and expressions related to this verb

se méfier de   to distrust, to mistrust
Méfiez-vous! Watch out!
méfiant, méfiante distrustful
la méfiance distrust, mistrust
un méfait misdeed, wrongdoing
Il faut vous méfier. You must be careful.
être sans méfiance to be completely trusting

Méfiez-vous de lui (d'elle). Do not trust him (her).
avoir de la méfiance envers quelqu'un to distrust someone

Syn.: craindre to fear; douter de to doubt; redouter de to dread (173); soupçonner de to suspect of (443)
Ant.: avoir confiance en to trust (conjugate avoir); se fier to trust in

Regular **-er** verb; spelling change: **e** changes   to lead, to control
to **è** before syllable with mute **e**

The Seven Simple Tenses		The Seven Compound Tenses	
Singular	Plural	Singular	Plural
1 présent de l'indicatif		**8 passé composé**	
mène	menons	ai mené	avons mené
mènes	menez	as mené	avez mené
mène	mènent	a mené	ont mené
2 imparfait de l'indicatif		**9 plus-que-parfait de l'indicatif**	
menais	menions	avais mené	avions mené
menais	meniez	avais mené	aviez mené
menait	menaient	avait mené	avaient mené
3 passé simple		**10 passé antérieur**	
menai	menâmes	eus mené	eûmes mené
menas	menâtes	eus mené	eûtes mené
mena	menèrent	eut mené	eurent mené
4 futur		**11 futur antérieur**	
mènerai	mènerons	aurai mené	aurons mené
mèneras	mènerez	auras mené	aurez mené
mènera	mèneront	aura mené	auront mené
5 conditionnel		**12 conditionnel passé**	
mènerais	mènerions	aurais mené	aurions mené
mènerais	mèneriez	aurais mené	auriez mené
mènerait	mèneraient	aurait mené	auraient mené
6 présent du subjonctif		**13 passé du subjonctif**	
mène	menions	aie mené	ayons mené
mènes	meniez	aies mené	ayez mené
mène	mènent	ait mené	aient mené
7 imparfait du subjonctif		**14 plus-que-parfait du subjonctif**	
menasse	menassions	eusse mené	eussions mené
menasses	menassiez	eusses mené	eussiez mené
menât	menassent	eût mené	eussent mené

M

Impératif
mène
menons
menez

Words and expressions related to this verb

un meneur, une meneuse leader
Cela ne mène à rien. That leads to nothing.
mener qqn par le bout du nez to lead someone
  around by the nose
mener une vie vagabonde to lead a vagabond
  life
mener tout le monde to be bossy with
  everyone
mener la bande to lead the group

Cela vous mènera loin. That will take you a
  long way.
malmener to bully

See also **amener, emmener,** and **promener.**

Syn.: **amener** to lead, to bring; **commander**
to order; **conduire** to lead, to conduct; **diriger**
to direct (119)
Ant.: **abandonner** to abandon (171); **suivre**
to follow

mentir (291)

to lie, to tell a lie

The Seven Simple Tenses		The Seven Compound Tenses	
Singular	Plural	Singular	Plural
1 présent de l'indicatif		**8 passé composé**	
mens	mentons	ai menti	avons menti
mens	mentez	as menti	avez menti
ment	mentent	a menti	ont menti
2 imparfait de l'indicatif		**9 plus-que-parfait de l'indicatif**	
mentais	mentions	avais menti	avions menti
mentais	mentiez	avais menti	aviez menti
mentait	mentaient	avait menti	avaient menti
3 passé simple		**10 passé antérieur**	
mentis	mentîmes	eus menti	eûmes menti
mentis	mentîtes	eus menti	eûtes menti
mentit	mentirent	eut menti	eurent menti
4 futur		**11 futur antérieur**	
mentirai	mentirons	aurai menti	aurons menti
mentiras	mentirez	auras menti	aurez menti
mentira	mentiront	aura menti	auront menti
5 conditionnel		**12 conditionnel passé**	
mentirais	mentirions	aurais menti	aurions menti
mentirais	mentiriez	aurais menti	auriez menti
mentirait	mentiraient	aurait menti	auraient menti
6 présent du subjonctif		**13 passé du subjonctif**	
mente	mentions	aie menti	ayons menti
mentes	mentiez	aies menti	ayez menti
mente	mentent	ait menti	aient menti
7 imparfait du subjonctif		**14 plus-que-parfait du subjonctif**	
mentisse	mentissions	eusse menti	eussions menti
mentisses	mentissiez	eusses menti	eussiez menti
mentît	mentissent	eût menti	eussent menti

Impératif
mens
mentons
mentez

Words and expressions related to this verb

un mensonge a lie
dire des mensonges to tell lies
un menteur, une menteuse a liar
Elle vit dans le mensonge. Her whole life is
  a lie.
Ce sont des mensonges. It's all a pack of lies.
Tu mens! You're a liar!
sans mentir quite honestly

démentir to belie, to deny, to falsify, to refute
une menterie fib

Syn.: **dissimuler** to conceal, to hide (81);
trahir to betray; **tricher** to cheat, to trick;
tromper to deceive (247) (See 480)
Ant.: **détromper** to free from misconception
(317) (See 480); **dire la vérité** to tell the truth
(conjugate **dire**)

The Seven Simple Tenses		The Seven Compound Tenses

Singular	Plural	Singular	Plural
1 présent de l'indicatif		**8 passé composé**	
me méprends	nous méprenons	me suis mépris(e)	nous sommes mépris(es)
te méprends	vous méprenez	t'es mépris(e)	vous êtes mépris(e)(es)
se méprend	se méprennent	s'est mépris(e)	se sont mépris(es)
2 imparfait de l'indicatif		**9 plus-que-parfait de l'indicatif**	
me méprenais	nous méprenions	m'étais mépris(e)	nous étions mépris(es)
te méprenais	vous mépreniez	t'étais mépris(e)	vous étiez mépris(e)(es)
se méprenait	se méprenaient	s'était mépris(e)	s'étaient mépris(es)
3 passé simple		**10 passé antérieur**	
me mépris	nous méprîmes	me fus mépris(e)	nous fûmes mépris(es)
te mépris	vous méprîtes	te fus mépris(e)	vous fûtes mépris(e)(es)
se méprit	se méprirent	se fut mépris(e)	se furent mépris(es)
4 futur		**11 futur antérieur**	
me méprendrai	nous méprendrons	me serai mépris(e)	nous serons mépris(es)
te méprendras	vous méprendrez	te seras mépris(e)	vous serez mépris(e)(es)
se méprendra	se méprendront	se sera mépris(e)	se seront mépris(es)
5 conditionnel		**12 conditionnel passé**	
me méprendrais	nous méprendrions	me serais mépris(e)	nous serions mépris(es)
te méprendrais	vous méprendriez	te serais mépris(e)	vous seriez mépris(es)
se méprendrait	se méprendraient	se serait mépris(e)	se seraient mépris(es)
6 présent du subjonctif		**13 passé du subjonctif**	
me méprenne	nous méprenions	me sois mépris(e)	nous soyons mépris(es)
te méprennes	vous mépreniez	te sois mépris(e)	vous soyez mépris(e)(es)
se méprenne	se méprennent	se soit mépris(e)	se soient mépris(es)
7 imparfait du subjonctif		**14 plus-que-parfait du subjonctif**	
me méprisse	nous méprissions	me fusse mépris(e)	nous fussions mépris(es)
te méprisses	vous méprissiez	te fusses mépris(e)	vous fussiez mépris(e)(es)
se méprît	se méprissent	se fût mépris(e)	se fussent mépris(es)

M

Impératif
méprends-toi; ne te méprends pas
méprenons-nous; ne nous méprenons pas
méprenez-vous; ne vous méprenez pas

Common idiomatic expressions using this verb

se méprendre sur qqn to be mistaken about someone; to take someone for someone else
se méprendre au sujet de qqch to be mistaken about something; to take something for something else

Do not confuse **se méprendre** with **mépriser** to despise, to scorn.

See also **apprendre, comprendre, entreprendre, prendre, reprendre,** and **surprendre.**

Syn.: **errer** to err, to wander (27); **faire erreur** to be wrong (conjugate **faire**); **méconnaître** to misunderstand; **se tromper** to be mistaken, to be wrong
Ant.: **avoir raison** to be right (conjugate **avoir**)

The subject pronouns are found on page 103.
                                                                                433

mériter (293)

Part. pr. **méritant**   Part. passé **mérité**

to merit, to deserve

Regular **-er** verb

The Seven Simple Tenses		The Seven Compound Tenses	
Singular	Plural	Singular	Plural
1 présent de l'indicatif		**8 passé composé**	
mérite	méritons	ai mérité	avons mérité
mérites	méritez	as mérité	avez mérité
mérite	méritent	a mérité	ont mérité
2 imparfait de l'indicatif		**9 plus-que-parfait de l'indicatif**	
méritais	méritions	avais mérité	avions mérité
méritais	méritiez	avais mérité	aviez mérité
méritait	méritaient	avait mérité	avaient mérité
3 passé simple		**10 passé antérieur**	
méritai	méritâmes	eus mérité	eûmes mérité
méritas	méritâtes	eus mérité	eûtes mérité
mérita	méritèrent	eut mérité	eurent mérité
4 futur		**11 futur antérieur**	
mériterai	mériterons	aurai mérité	aurons mérité
mériteras	mériterez	auras mérité	aurez mérité
méritera	mériteront	aura mérité	auront mérité
5 conditionnel		**12 conditionnel passé**	
mériterais	mériterions	aurais mérité	aurions mérité
mériterais	mériteriez	aurais mérité	auriez mérité
mériterait	mériteraient	aurait mérité	auraient mérité
6 présent du subjonctif		**13 passé du subjonctif**	
mérite	méritions	aie mérité	ayons mérité
mérites	méritiez	aies mérité	ayez mérité
mérite	méritent	ait mérité	aient mérité
7 imparfait du subjonctif		**14 plus-que-parfait du subjonctif**	
méritasse	méritassions	eusse mérité	eussions mérité
méritasses	méritassiez	eusses mérité	eussiez mérité
méritât	méritassent	eût mérité	eussent mérité

Impératif
mérite
méritons
méritez

Words and expressions related to this verb

un mérite merit, worthiness
méritant, méritante deserving (person)
une femme de mérite, un homme de mérite
  a woman, a man of merit

Don't forget to study the section on defective and impersonal verbs. It's right after this main list.

méritoire meritorious, commendable, deserving
  (things, acts, deeds)
sans mérite undeserving

Syn.: **gagner** to earn, to win; **valoir** to deserve, to merit, to be worth (Def. and Imp.)
Ant.: **démériter de** to show oneself unworthy of (293)

Irregular verb

to put, to place, to put on (clothing)

The Seven Simple Tenses		The Seven Compound Tenses	
Singular	Plural	Singular	Plural

1 présent de l'indicatif		8 passé composé	
mets	mettons	ai mis	avons mis
mets	mettez	as mis	avez mis
met	mettent	a mis	ont mis

2 imparfait de l'indicatif		9 plus-que-parfait de l'indicatif	
mettais	mettions	avais mis	avions mis
mettais	mettiez	avais mis	aviez mis
mettait	mettaient	avait mis	avaient mis

3 passé simple		10 passé antérieur	
mis	mîmes	eus mis	eûmes mis
mis	mîtes	eus mis	eûtes mis
mit	mirent	eut mis	eurent mis

4 futur		11 futur antérieur	
mettrai	mettrons	aurai mis	aurons mis
mettras	mettrez	auras mis	aurez mis
mettra	mettront	aura mis	auront mis

5 conditionnel		12 conditionnel passé	
mettrais	mettrions	aurais mis	aurions mis
mettrais	mettriez	aurais mis	auriez mis
mettrait	mettraient	aurait mis	auraient mis

6 présent du subjonctif		13 passé du subjonctif	
mette	mettions	aie mis	ayons mis
mettes	mettiez	aies mis	ayez mis
mette	mettent	ait mis	aient mis

7 imparfait du subjonctif		14 plus-que-parfait du subjonctif	
misse	missions	eusse mis	eussions mis
misses	missiez	eusses mis	eussiez mis
mît	missent	eût mis	eussent mis

Impératif
mets
mettons
mettez

AN ESSENTIAL
55 VERB

Mettre and se mettre

Mettre and **se mettre** are a very useful pair of French verbs because there are many expressions related to them. Pay special attention to the differences between these two verbs.

Sentences using mettre

Mimi a mis ses souliers blancs. Mimi put on her white shoes.

Roger était si fâché contre Julie qu'il a mis sa lettre en morceaux. Roger was so angry at Julie that he tore her letter to pieces.

Mme Petrie n'était pas contente parce que Paul avait mis douze ans pour finir ses études. Mrs. Petrie was not pleased because Paul had taken twelve years to finish his studies.

Ne remets pas à demain ce que tu peux faire après-demain. (Alphonse Allais) Don't put off until tomorrow what you can do the day after tomorrow.

M. Dupont a mis la table et a annoncé: Venez, tout le monde; mettez-vous à table!
Mr. Dupont set the table and announced: Come, everybody; sit down at the table!

Proverb

Il ne faut pas se mettre à l'eau de peur de la pluie. One shouldn't jump in the water out of fear of the rain.

Syn.: appose to affix (350); s'habiller to get dressed; placer to place, to put; poser to put, to place, to set; se vêtir to get dressed (aux. être) Ant.: se déshabiller to undress oneself (250); se dévêtir to undress oneself (493) (aux. être); enlever to remove; ôter to take off, to remove (498)

Words and expressions related to these verbs

mettre la table **to set the table**
mettre le couvert **to set the table**
mettre de côté **to lay aside, to save**
mettre en cause **to question**
mettre qqn à la porte **to kick somebody out (the door)**
mettre au courant (de) **to inform (about)**
mettre l'accent sur **to emphasize, to stress**
mettre au point **to make clear**
mettre en pièces **to tear to pieces, to break into pieces**
mettre en scène **to stage**
un metteur en scène **director of a film**
mettre la télé **to turn on the TV**
mettre la radio **to turn on the radio**
mettre à la poste **to mail, post**
mettre fin à qqch **to put an end to something**
se mettre à + inf. **to begin, to start + inf.**
se mettre à table **to go sit at the table**
se mettre debout **to stand up**
se mettre en colère **to get angry**
se mettre en grande toilette **to dress for an occasion**
se mettre en smoking **to put on a dinner jacket**

Can't remember the French verb you need? Check the back pages of this book for the English-French verb index!

Reflexive irregular verb

to begin, to start, to place oneself

The Seven Simple Tenses		The Seven Compound Tenses	
Singular	Plural	Singular	Plural
1 présent de l'indicatif		**8 passé composé**	
me mets	**nous mettons**	**me suis mis(e)**	**nous sommes mis(es)**
te mets	**vous mettez**	**t'es mis(e)**	**vous êtes mis(e)(es)**
se met	**se mettent**	**s'est mis(e)**	**se sont mis(es)**
2 imparfait de l'indicatif		**9 plus-que-parfait de l'indicatif**	
me mettais	**nous mettions**	**m'étais mis(e)**	**nous étions mis(es)**
te mettais	**vous mettiez**	**t'étais mis(e)**	**vous étiez mis(e)(es)**
se mettait	**se mettaient**	**s'était mis(e)**	**s'étaient mis(es)**
3 passé simple		**10 passé antérieur**	
me mis	**nous mîmes**	**me fus mis(e)**	**nous fûmes mis(es)**
te mis	**vous mîtes**	**te fus mis(e)**	**vous fûtes mis(e)(es)**
se mit	**se mirent**	**se fut mis(e)**	**se furent mis(es)**
4 futur		**11 futur antérieur**	
me mettrai	**nous mettrons**	**me serai mis(e)**	**nous serons mis(es)**
te mettras	**vous mettrez**	**te seras mis(e)**	**vous serez mis(e)(es)**
se mettra	**se mettront**	**se sera mis(e)**	**se seront mis(es)**
5 conditionnel		**12 conditionnel passé**	
me mettrais	**nous mettrions**	**me serais mis(e)**	**nous serions mis(es)**
te mettrais	**vous mettriez**	**te serais mis(e)**	**vous seriez mis(e)(es)**
se mettrait	**se mettraient**	**se serait mis(e)**	**se seraient mis(es)**
6 présent du subjonctif		**13 passé du subjonctif**	
me mette	**nous mettions**	**me sois mis(e)**	**nous soyons mis(es)**
te mettes	**vous mettiez**	**te sois mis(e)**	**vous soyez mis(e)(es)**
se mette	**se mettent**	**se soit mis(e)**	**se soient mis(es)**
7 imparfait du subjonctif		**14 plus-que-parfait du subjonctif**	
me misse	**nous missions**	**me fusse mis(e)**	**nous fussions mis(es)**
te misses	**vous missiez**	**te fusses mis(e)**	**vous fussiez mis(e)(es)**
se mît	**se missent**	**se fût mis(e)**	**se fussent mis(es)**

M

Impératif
mets-toi; ne te mets pas
mettons-nous; ne nous mettons pas
mettez-vous; ne vous mettez pas

See also **admettre, commetre, mettre, omettre, permettre, promettre, soumettre,**
and **transmettre**.

AN ESSENTIAL
55 VERB

to get slimmer, to get thinner

Regular **-ir** verb

The Seven Simple Tenses		The Seven Compound Tenses	
Singular	Plural	Singular	Plural
1 présent de l'indicatif		**8 passé composé**	
mincis	mincissons	ai minci	avons minci
mincis	mincissez	as minci	avez minci
mincit	mincissent	a minci	ont minci
2 imparfait de l'indicatif		**9 plus-que-parfait de l'indicatif**	
mincissais	mincissions	avais minci	avions minci
mincissais	mincissiez	avais minci	aviez minci
mincissait	mincissaient	avait minci	avaient minci
3 passé simple		**10 passé antérieur**	
mincis	mincîmes	eus minci	eûmes minci
mincis	mincîtes	eus minci	eûtes minci
mincit	mincirent	eut minci	eurent minci
4 futur		**11 futur antérieur**	
mincirai	mincirons	aurai minci	aurons minci
minciras	mincirez	auras minci	aurez minci
mincira	minciront	aura minci	auront minci
5 conditionnel		**12 conditionnel passé**	
mincirais	mincirions	aurais minci	aurions minci
mincirais	minciriez	aurais minci	auriez minci
mincirait	minciraient	aurait minci	auraient minci
6 présent du subjonctif		**13 passé du subjonctif**	
mincisse	mincissions	aie minci	ayons minci
mincisses	mincissiez	aies minci	ayez minci
mincisse	mincissent	ait minci	aient minci
7 imparfait du subjonctif		**14 plus-que-parfait du subjonctif**	
mincisse	mincissions	eusse minci	eussions minci
mincisses	mincissiez	eusses minci	eussiez minci
mincît	mincissent	eût minci	eussent minci

Impératif
mincis
mincissons
mincissez

Words and expressions related to this verb

mince thin; être mince to be thin, slim
Ce n'est pas une mince affaire. It's no easy matter.
la minceur slimness, thinness
un régime minceur a slimming diet
Mince! Darn!
amincir to make thinner

Syn.: **diminuer** to decrease; **maigrir** to grow thin, to lose weight; **perdre du poids** to lose weight (conjugate **perdre**)
Ant.: **engraisser** to fatten (274); **grossir** to put on weight (282)

modeler (297)

Regular **-er** verb endings; spelling change:
e changes to **è** before syllable with mute **e**

to model, to shape

The Seven Simple Tenses		The Seven Compound Tenses	
Singular	Plural	Singular	Plural

1 présent de l'indicatif

modèle	**modelons**		
modèles	**modelez**		
modèle	**modèlent**		

8 passé composé

ai modelé	**avons modelé**		
as modelé	**avez modelé**		
a modelé	**ont modelé**		

2 imparfait de l'indicatif

modelais	**modelions**
modelais	**modeliez**
modelait	**modelaient**

9 plus-que-parfait de l'indicatif

avais modelé	**avions modelé**
avais modelé	**aviez modelé**
avait modelé	**avaient modelé**

3 passé simple

modelai	**modelâmes**
modelas	**modelâtes**
modela	**modelèrent**

10 passé antérieur

eus modelé	**eûmes modelé**
eus modelé	**eûtes modelé**
eut modelé	**eurent modelé**

4 futur

modèlerai	**modèlerons**
modèleras	**modèlerez**
modèlera	**modèleront**

11 futur antérieur

aurai modelé	**aurons modelé**
auras modelé	**aurez modelé**
aura modelé	**auront modelé**

5 conditionnel

modèlerais	**modèlerions**
modèlerais	**modèleriez**
modèlerait	**modèleraient**

12 conditionnel passé

aurais modelé	**aurions modelé**
aurais modelé	**auriez modelé**
aurait modelé	**auraient modelé**

6 présent du subjonctif

modèle	**modelions**
modèles	**modeliez**
modèle	**modèlent**

13 passé du subjonctif

aie modelé	**ayons modelé**
aies modelé	**ayez modelé**
ait modelé	**aient modelé**

7 imparfait du subjonctif

modelasse	**modelassions**
modelasses	**modelassiez**
modelât	**modelassent**

14 plus-que-parfait du subjonctif

eusse modelé	**eussions modelé**
eusses modelé	**eussiez modelé**
eût modelé	**eussent modelé**

Impératif
modèle
modelons
modelez

Sentences using this verb

**J'aime bien ta voiture, mais le nouveau
modèle est plus économique.** I like your car,
but the new model is more economical.
**La ville de Washington est modelée sur la
ville de Paris.** Washington, D.C., is modeled
after the city of Paris.

Words and expressions related to this verb

le **modelage** modeling
le **modèle** model, example

un **mannequin** fashion model
un **modèle réduit** scale model
la **pâte à modeler** modeling clay
se **modeler sur** to model oneself on
un **modéliste**, une **modéliste** model maker

Syn.: **façonner** to shape, to fashion (171);
former to form (227); **sculpter** to sculpt (8)

The subject pronouns are found on page 103.

439

to go up, to ascend, to take up, to bring up, to mount

Regular **-er** verb

The Seven Simple Tenses		The Seven Compound Tenses	
Singular	Plural	Singular	Plural
1 présent de l'indicatif		**8 passé composé**	
monte	montons	suis monté(e)	sommes monté(e)s
montes	montez	es monté(e)	êtes monté(e)(s)
monte	montent	est monté(e)	sont monté(e)s
2 imparfait de l'indicatif		**9 plus-que-parfait de l'indicatif**	
montais	montions	étais monté(e)	étions monté(e)s
montais	montiez	étais monté(e)	étiez monté(e)(s)
montait	montaient	était monté(e)	étaient monté(e)s
3 passé simple		**10 passé antérieur**	
montai	montâmes	fus monté(e)	fûmes monté(e)s
montas	montâtes	fus monté(e)	fûtes monté(e)(s)
monta	montèrent	fut monté(e)	furent monté(e)s
4 futur		**11 futur antérieur**	
monterai	monterons	serai monté(e)	serons monté(e)s
monteras	monterez	seras monté(e)	serez monté(e)(s)
montera	monteront	sera monté(e)	seront monté(e)s
5 conditionnel		**12 conditionnel passé**	
monterais	monterions	serais monté(e)	serions monté(e)s
monterais	monteriez	serais monté(e)	seriez monté(e)(s)
monterait	monteraient	serait monté(e)	seraient monté(e)s
6 présent du subjonctif		**13 passé du subjonctif**	
monte	montions	sois monté(e)	soyons monté(e)s
montes	montiez	sois monté(e)	soyez monté(e)(s)
monte	montent	soit monté(e)	soient monté(e)s
7 imparfait du subjonctif		**14 plus-que-parfait du subjonctif**	
montasse	montassions	fusse monté(e)	fussions monté(e)s
montasses	montassiez	fusses monté(e)	fussiez monté(e)(s)
montât	montassent	fût monté(e)	fussent monté(e)s

Impératif
monte
montons
montez

AN ESSENTIAL
55 VERB

Monter is a very important verb for you to learn because it can take either **avoir** or **être** as auxiliary in the compound tenses (tenses 8–14).

> This verb is conjugated with *avoir* when it has a direct object.
>
> Examples: **J'ai monté l'escalier.** I went up the stairs.
>
> **J'ai monté les valises.** I brought up the suitcases.
>
> BUT: **Elle est montée vite.** She went up quickly.

Sentences using monter and related words

La température va remonter au cours de la semaine. The temperature will go back up during the week.

J'ai pris l'ascenseur pour monter. I took the elevator to go up.

Le prix de l'essence est monté en flèche pendant l'été. The price of gasoline shot up during the summer.

Les enfants ont monté une pièce de théâtre dans le garage. The children put on a play in the garage.

Words and expressions related to this verb

M

monter à bicyclette to ride a bicycle

monter dans un train to get on a train

monter une pièce de théâtre to stage a play

monter à cheval to mount a horse

monter à bord d'un navire to get on board a ship

monter les prix to push prices up

monter en flèche to shoot up (like an arrow)

If you can conjugate **monter** you can also conjugate the following verbs (as well as other regular **-er** verbs):

démonter to dismantle

remonter to go back up

surmonter to overcome

Syn.: **assembler** to assemble (407); **élever** to raise; **gravir** to climb (95); **grimper** to climb
Ant.: **baisser** to lower; **démonter** to dismantle (298) (aux. **avoir**); **défaire** to undo; **descendre** to descend, to go down

Can't find the verb you're looking for? Check the back pages of this book for a list of over 2,700 additional verbs!

The subject pronouns are found on page 103.

montrer (299)

to show, to display, to exhibit, to point out

The Seven Simple Tenses		The Seven Compound Tenses	
Singular	Plural	Singular	Plural
1 présent de l'indicatif		**8 passé composé**	
montre	montrons	ai montré	avons montré
montres	montrez	as montré	avez montré
montre	montrent	a montré	ont montré
2 imparfait de l'indicatif		**9 plus-que-parfait de l'indicatif**	
montrais	montrions	avais montré	avions montré
montrais	montriez	avais montré	aviez montré
montrait	montraient	avait montré	avaient montré
3 passé simple		**10 passé antérieur**	
montrai	montrâmes	eus montré	eûmes montré
montras	montrâtes	eus montré	eûtes montré
montra	montrèrent	eut montré	eurent montré
4 futur		**11 futur antérieur**	
montrerai	montrerons	aurai montré	aurons montré
montreras	montrerez	auras montré	aurez montré
montrera	montreront	aura montré	auront montré
5 conditionnel		**12 conditionnel passé**	
montrerais	montrerions	aurais montré	aurions montré
montrerais	montreriez	aurais montré	auriez montré
montrerait	montreraient	aurait montré	auraient montré
6 présent du subjonctif		**13 passé du subjonctif**	
montre	montrions	aie montré	ayons montré
montres	montriez	aies montré	ayez montré
montre	montrent	ait montré	aient montré
7 imparfait du subjonctif		**14 plus-que-parfait du subjonctif**	
montrasse	montrassions	eusse montré	eussions montré
montrasses	montrassiez	eusses montré	eussiez montré
montrât	montrassent	eût montré	eussent montré

Impératif
montre
montrons
montrez

Words and expressions related to this verb

une montre a watch, display
une montre-bracelet wristwatch
faire montre de sa richesse to display, to show off one's wealth
Quelle heure est-il à votre montre? What time is it on your watch?
se faire montrer la porte to be put out the door, to be shown out the door
démontrer to demonstrate

se démontrer to be proved
se montrer to show oneself, to appear
montrer du doigt to point out, to show, to indicate by pointing

Syn.: **démontrer** to demonstrate (299); **dévoiler** to unveil (498); **étaler** to display, to spread out (326); **exhiber** to exhibit (251); **indiquer** to point out, to show; **présenter** to present; **prouver** to prove
Ant.: **cacher** to hide; **dissimuler** to conceal (81); **masquer** to mask (219); **voiler** to veil (27)

Reflexive regular **-er** verb   to make fun

The Seven Simple Tenses		The Seven Compound Tenses	
Singular	Plural	Singular	Plural
1 présent de l'indicatif		**8 passé composé**	
me moque	**nous moquons**	**me suis moqué(e)**	**nous sommes moqué(e)s**
te moques	**vous moquez**	**t'es moqué(e)**	**vous êtes moqué(e)(s)**
se moque	**se moquent**	**s'est moqué(e)**	**se sont moqué(e)s**
2 imparfait de l'indicatif		**9 plus-que-parfait de l'indicatif**	
me moquais	**nous moquions**	**m'étais moqué(e)**	**nous étions moqué(e)s**
te moquais	**vous moquiez**	**t'étais moqué(e)**	**vous étiez moqué(e)(s)**
se moquais	**se moquaient**	**s'était moqué(e)**	**s'étaient moqué(e)s**
3 passé simple		**10 passé antérieur**	
me moquai	**nous moquâmes**	**me fus moqué(e)**	**nous fûmes moqué(e)s**
te moquas	**vous moquâtes**	**te fus moqué(e)**	**vous fûtes moqué(e)(s)**
se moqua	**se moquèrent**	**se fut moqué(e)**	**se furent moqué(e)s**
4 futur		**11 futur antérieur**	
me moquerai	**nous moquerons**	**me serai moqué(e)**	**nous serons moqué(e)s**
te moqueras	**vous moquerez**	**te seras moqué(e)**	**vous serez moqué(e)(s)**
se moquera	**se moqueront**	**se sera moqué(e)**	**se seront moqué(e)s**
5 conditionnel		**12 conditionnel passé**	
me moquerais	**nous moquerions**	**me serais moqué(e)**	**nous serions moqué(e)s**
te moquerais	**vous moqueriez**	**te serais moqué(e)**	**vous seriez moqué(e)(s)**
se moquerait	**se moqueraient**	**se serait moqué(e)**	**se seraient moqué(e)s**
6 présent du subjonctif		**13 passé du subjonctif**	
me moque	**nous moquions**	**me sois moqué(e)**	**nous soyons moqué(e)s**
te moques	**vous moquiez**	**te sois moqué(e)**	**vous soyez moqué(e)(s)**
se moque	**se moquent**	**se soit moqué(e)**	**se soient moqué(e)s**
7 imparfait du subjonctif		**14 plus-que-parfait du subjonctif**	
me moquasse	**nous moquassions**	**me fusse moqué(e)**	**nous fussions moqué(e)s**
te moquasses	**vous moquassiez**	**te fusses moqué(e)**	**vous fussiez moqué(e)(s)**
se moquât	**se moquassent**	**se fût moqué(e)**	**se fussent moqué(e)s**

M

Impératif
moque-toi; ne te moque pas
moquons-nous; ne nous moquons pas
moquez-vous; ne vous moquez pas

Words and expressions related to this verb

se moquer de to make fun of, to laugh at
Je m'en moque! I don't give a hoot!
moquer to mock
d'un ton moqueur in a mocking way
une moquerie mockery
un moqueur, une moqueuse mocker
moqueusement mockingly

Syn.: **ironiser** to be ironic or sarcastic (486); **parodier** to parody (212); **persifler** to mock (439); **ridiculiser** to ridicule (486); **rire de** to make fun of
Ant.: **admirer** to admire; **flatter** to flatter (27); **respecter** to respect (8); **sympathiser avec** to get along well with (486)

The subject pronouns are found on page 103.
                                                                443

mordre (301)

Part. pr. **mordant**   Part. passé **mordu**

to bite

The Seven Simple Tenses		The Seven Compound Tenses	
Singular	Plural	Singular	Plural
1 présent de l'indicatif		**8 passé composé**	
mords	mordons	ai mordu	avons mordu
mords	mordez	as mordu	avez mordu
mord	mordent	a mordu	ont mordu
2 imparfait de l'indicatif		**9 plus-que-parfait de l'indicatif**	
mordais	mordions	avais mordu	avions mordu
mordais	mordiez	avais mordu	aviez mordu
mordait	mordaient	avait mordu	avaient mordu
3 passé simple		**10 passé antérieur**	
mordis	mordîmes	eus mordu	eûmes mordu
mordis	mordîtes	eus mordu	eûtes mordu
mordit	mordirent	eut mordu	eurent mordu
4 futur		**11 futur antérieur**	
mordrai	mordrons	aurai mordu	aurons mordu
mordras	mordrez	auras mordu	aurez mordu
mordra	mordront	aura mordu	auront mordu
5 conditionnel		**12 conditionnel passé**	
mordrais	mordrions	aurais mordu	aurions mordu
mordrais	mordriez	aurais mordu	auriez mordu
mordrait	mordraient	aurait mordu	auraient mordu
6 présent du subjonctif		**13 passé du subjonctif**	
morde	mordions	aie mordu	ayons mordu
mordes	mordiez	aies mordu	ayez mordu
morde	mordent	ait mordu	aient mordu
7 imparfait du subjonctif		**14 plus-que-parfait du subjonctif**	
mordisse	mordissions	eusse mordu	eussions mordu
mordisses	mordissiez	eusses mordu	eussiez mordu
mordît	mordissent	eût mordu	eussent mordu

Impératif
mords
mordons
mordez

Words and expressions related to this verb

Chien qui aboie ne mord pas. A barking dog does not bite. (His bark is worse than his bite.)
Tous les chiens qui aboient ne mordent pas. All dogs that bark do not bite.
mordre la poussière to bite the dust
se mordre les lèvres to bite one's lips
mordeur, mordeuse biter (one who bites)
mordiller to bite playfully, to nibble
mordant, mordante biting, trenchant

une morsure bite
mordre dans une pomme to bite into an apple
un mordu de l'ordinateur a computer fanatic, buff
un mordu de... a fan of..., a buff
    Mon ami Guillaume est un mordu de science-fiction. My friend William is a science fiction buff.

Syn.: **croquer** to crunch (219); **déchiqueter** to cut, to pieces (267); **ronger** to gnaw (442)

The Seven Simple Tenses		The Seven Compound Tenses	
Singular	Plural	Singular	Plural

1 présent de l'indicatif		8 passé composé	
mouds	moulons	ai moulu	avons moulu
mouds	moulez	as moulu	avez moulu
moud	moulent	a moulu	ont moulu

2 imparfait de l'indicatif		9 plus-que-parfait de l'indicatif	
moulais	moulions	avais moulu	avions moulu
moulais	mouliez	avais moulu	aviez moulu
moulait	moulaient	avait moulu	avaient moulu

3 passé simple		10 passé antérieur	
moulus	moulûmes	eus moulu	eûmes moulu
moulus	moulûtes	eus moulu	eûtes moulu
moulut	moulurent	eut moulu	eurent moulu

4 futur		11 futur antérieur	
moudrai	moudrons	aurai moulu	aurons moulu
moudras	moudrez	auras moulu	aurez moulu
moudra	moudront	aura moulu	auront moulu

5 conditionnel		12 conditionnel passé	
moudrais	moudrions	aurais moulu	aurions moulu
moudrais	moudriez	aurais moulu	auriez moulu
moudrait	moudraient	aurait moulu	auraient moulu

6 présent du subjonctif		13 passé du subjonctif	
moule	moulions	aie moulu	ayons moulu
moules	mouliez	aies moulu	ayez moulu
moule	moulent	ait moulu	aient moulu

7 imparfait du subjonctif		14 plus-que-parfait du subjonctif	
moulusse	moulussions	eusse moulu	eussions moulu
moulusses	moulussiez	eusses moulu	eussiez moulu
moulût	moulussent	eût moulu	eussent moulu

Impératif
mouds
moulons
moulez

Words and expressions related to this verb

moudre du café to grind coffee; **moudre du poivre** to grind pepper
un moulin à café coffee mill, coffee grinder
un petit moulin à légumes vegetable blender
un moulin mill; **un moulin à eau** watermill; **un moulin à vent** windmill; **un moulin rouge** red mill

un moulin à paroles person who talks constantly without ever stopping; excessively talkative; chatterbox

Syn.: **écraser** to crush (183); **briser** to break, to smash (32); **pulvériser** to pulverize (486)

mourir (303)

to die

The Seven Simple Tenses		The Seven Compound Tenses	
Singular	Plural	Singular	Plural
1 présent de l'indicatif		**8 passé composé**	
meurs	mourons	suis mort(e)	sommes mort(e)s
meurs	mourez	es mort(e)	êtes mort(e)(s)
meurt	meurent	est mort(e)	sont mort(e)s
2 imparfait de l'indicatif		**9 plus-que-parfait de l'indicatif**	
mourais	mourions	étais mort(e)	étions mort(e)s
mourais	mouriez	étais mort(e)	étiez mort(e)(s)
mourait	mouraient	était mort(e)	étaient mort(e)s
3 passé simple		**10 passé antérieur**	
mourus	mourûmes	fus mort(e)	fûmes mort(e)s
mourus	mourûtes	fus mort(e)	fûtes mort(e)(s)
mourut	moururent	fut mort(e)	furent mort(e)s
4 futur		**11 futur antérieur**	
mourrai	mourrons	serai mort(e)	serons mort(e)s
mourras	mourrez	seras mort(e)	serez mort(e)(s)
mourra	mourront	sera mort(e)	seront mort(e)s
5 conditionnel		**12 conditionnel passé**	
mourrais	mourrions	serais mort(e)	serions mort(e)s
mourrais	mourriez	serais mort(e)	seriez mort(e)(s)
mourrait	mourraient	serait mort(e)	seraient mort(e)s
6 présent du subjonctif		**13 passé du subjonctif**	
meure	mourions	sois mort(e)	soyons mort(e)s
meures	mouriez	sois mort(e)	soyez mort(e)(s)
meure	meurent	soit mort(e)	soient mort(e)s
7 imparfait du subjonctif		**14 plus-que-parfait du subjonctif**	
mourusse	mourussions	fusse mort(e)	fussions mort(e)s
mourusses	mourussiez	fusses mort(e)	fussiez mort(e)(s)
mourût	mourussent	fût mort(e)	fussent mort(e)s

Impératif
meurs
mourons
mourez

Words and expressions related to this verb

mourir de faim to starve to death; **mourir de soif** to die of thirst; **mourir de rire** to die laughing
la mort death
Elle est mourante. She is dying; **Elle se meurt.** She is dying.
mourir d'ennui to be bored to tears
mourir de chagrin to die of a broken heart

mourir d'envie de faire qqch to be very eager to do something
C'est triste à mourir. It's horribly sad.

Syn.: **crever** to die, to burst (278); **décéder** to pass away (87); **disparaître** to disappear, to die; **s'éteindre** to die, to flicker out (Idiomatic expression; see **éteindre**) (aux. **être**); **expirer** to expire, to die (466); **périr** to perish, to die; **trépasser** to pass away (84) (aux. **être** or **avoir**)
Ant.: **exister** to exist (349); **naître** to be born; **vivre** to live

The Seven Simple Tenses		The Seven Compound Tenses	
Singular	Plural	Singular	Plural

1 présent de l'indicatif		8 passé composé	
meus	**mouvons**	**ai mû**	**avons mû**
meus	**mouvez**	**as mû**	**avez mû**
meut	**meuvent**	**a mû**	**ont mû**

2 imparfait de l'indicatif		9 plus-que-parfait de l'indicatif	
mouvais	**mouvions**	**avais mû**	**avions mû**
mouvais	**mouviez**	**avais mû**	**aviez mû**
mouvait	**mouvaient**	**avait mû**	**avaient mû**

3 passé simple		10 passé antérieur	
mus	**mûmes**	**eus mû**	**eûmes mû**
mus	**mûtes**	**eus mû**	**eûtes mû**
mut	**murent**	**eut mû**	**eurent mû**

4 futur		11 futur antérieur	
mouvrai	**mouvrons**	**aurai mû**	**aurons mû**
mouvras	**mouvrez**	**auras mû**	**aurez mû**
mouvra	**mouvront**	**aura mû**	**auront mû**

5 conditionnel		12 conditionnel passé	
mouvrais	**mouvrions**	**aurais mû**	**aurions mû**
mouvrais	**mouvriez**	**aurais mû**	**auriez mû**
mouvrait	**mouvraient**	**aurait mû**	**auraient mû**

6 présent du subjonctif		13 passé du subjonctif	
meuve	**mouvions**	**aie mû**	**ayons mû**
meuves	**mouviez**	**aies mû**	**ayez mû**
meuve	**meuvent**	**ait mû**	**aient mû**

7 imparfait du subjonctif		14 plus-que-parfait du subjonctif	
musse	**mussions**	**eusse mû**	**eussions mû**
musses	**mussiez**	**eusses mû**	**eussiez mû**
mût	**mussent**	**eût mû**	**eussent mû**

Impératif
meus
mouvons
mouvez

M

Words and expressions related to this verb

émouvoir to move, to affect (emotionally)
s'émouvoir to be moved, to be touched, to be
    affected (emotionally)
faire mouvoir to move, to set in motion

promouvoir to promote
se mouvoir to move (oneself)

Syn.: **actionner** to activate (171); **agir** to act;
bouger to budge, to move; **déplacer** to move,
to displace (342); **émouvoir** to move
Ant.: **arrêter** to stop; **cesser** to cease; **freiner**
to brake, to slow (329); **immobiliser** to
immobilize (486)

Do not confuse this verb with **déménager**,
which means to move from one dwelling to
another or from one city to another.

The subject pronouns are found on page 103.
                                                      447

nager (305)

to swim

Regular **-er** verb endings; spelling change: retain the **ge** before **a** or **o** to keep the soft **g** sound of the verb

The Seven Simple Tenses		The Seven Compound Tenses	
Singular	Plural	Singular	Plural
1 présent de l'indicatif		**8 passé composé**	
nage	nageons	ai nagé	avons nagé
nages	nagez	as nagé	avez nagé
nage	nagent	a nagé	ont nagé
2 imparfait de l'indicatif		**9 plus-que-parfait de l'indicatif**	
nageais	nagions	avais nagé	avions nagé
nageais	nagiez	avais nagé	aviez nagé
nageait	nageaient	avait nagé	avaient nagé
3 passé simple		**10 passé antérieur**	
nageai	nageâmes	eus nagé	eûmes nagé
nageas	nageâtes	eus nagé	eûtes nagé
nagea	nagèrent	eut nagé	eurent nagé
4 futur		**11 futur antérieur**	
nagerai	nagerons	aurai nagé	aurons nagé
nageras	nagerez	auras nagé	aurez nagé
nagera	nageront	aura nagé	auront nagé
5 conditionnel		**12 conditionnel passé**	
nagerais	nagerions	aurais nagé	aurions nagé
nagerais	nageriez	aurais nagé	auriez nagé
nagerait	nageraient	aurait nagé	auraient nagé
6 présent du subjonctif		**13 passé du subjonctif**	
nage	nagions	aie nagé	ayons nagé
nages	nagiez	aies nagé	ayez nagé
nage	nagent	ait nagé	aient nagé
7 imparfait du subjonctif		**14 plus-que-parfait du subjonctif**	
nageasse	nageassions	eusse nagé	eussions nagé
nageasses	nageassiez	eusses nagé	eussiez nagé
nageât	nageassent	eût nagé	eussent nagé

Impératif
nage
nageons
nagez

Words and expressions related to this verb

un nageur, une nageuse swimmer
la piscine swimming pool
savoir nager to know how to swim
la natation swimming
nager entre deux eaux to sit on the fence
la nage swimming; **la nage libre** free style
swimming
se sauver à la nage to swim to safety
nager sous l'eau to swim underwater

Il nage dans ses vêtements. His clothes are too big on him.
un maillot de bain swimsuit
nager comme un poisson to swim like a fish
nager dans l'opulence to be rolling in money
aller nager to go swimming

Syn.: **se baigner** to go swimming (10, 74); **faire de la natation** to swim (conjugate **faire**); **flotter** to float (79)
Ant.: **couler** to sink, to flow (421); **immerger** to immerse (91); **se noyer** to drown

The Seven Simple Tenses		The Seven Compound Tenses	
Singular	Plural	Singular	Plural

1 présent de l'indicatif

		8 passé composé	
nais	**naissons**	**suis né(e)**	**sommes né(e)s**
nais	**naissez**	**es né(e)**	**êtes né(e)(s)**
naît	**naissent**	**est né(e)**	**sont né(e)s**

2 imparfait de l'indicatif

		9 plus-que-parfait de l'indicatif	
naissais	**naissions**	**étais né(e)**	**étions né(e)s**
naissais	**naissiez**	**étais né(e)**	**étiez né(e)(s)**
naissait	**naissaient**	**était né(e)**	**étaient né(e)s**

3 passé simple

		10 passé antérieur	
naquis	**naquîmes**	**fus né(e)**	**fûmes né(e)s**
naquis	**naquîtes**	**fus né(e)**	**fûtes né(e)(s)**
naquit	**naquirent**	**fut né(e)**	**furent né(e)s**

4 futur

		11 futur antérieur	
naîtrai	**naîtrons**	**serai né(e)**	**serons né(e)s**
naîtras	**naîtrez**	**seras né(e)**	**serez né(e)(s)**
naîtra	**naîtront**	**sera né(e)**	**seront né(e)s**

5 conditionnel

		12 conditionnel passé	
naîtrais	**naîtrions**	**serais né(e)**	**serions né(e)s**
naîtrais	**naîtriez**	**serais né(e)**	**seriez né(e)(s)**
naîtrait	**naîtraient**	**serait né(e)**	**seraient né(e)s**

6 présent du subjonctif

		13 passé du subjonctif	
naisse	**naissions**	**sois né(e)**	**soyons né(e)s**
naisses	**naissiez**	**sois né(e)**	**soyez né(e)(s)**
naisse	**naissent**	**soit né(e)**	**soient né(e)s**

7 imparfait du subjonctif

		14 plus-que-parfait du subjonctif	
naquisse	**naquissions**	**fusse né(e)**	**fussions né(e)s**
naquisses	**naquissiez**	**fusses né(e)**	**fussiez né(e)(s)**
naquît	**naquissent**	**fût né(e)**	**fussent né(e)s**

Impératif
nais
naissons
naissez

N

Words and expressions related to this verb

la naissance birth

un anniversaire de naissance a birthday anniversary

donner naissance à to give birth to; **la naissance du monde** beginning of the world

Anne est Française de naissance. Anne was born French.

renaître to be born again

faire naître to cause, to give rise to

Je ne suis pas né(e) d'hier! I wasn't born yesterday!

la Nativité Nativity

Syn.: **apparaître** to appear; **commencer** to begin; **voir le jour** to be born (conjugate **voir**)

Ant.: **disparaître** to disappear, to die; **expirer** to expire, to die (466); **finir** to finish, to terminate; **mourir** to die

The subject pronouns are found on page 103.

naviguer (307)

to navigate, to sail; to browse, to surf (Internet)

Regular **-er** verb

The Seven Simple Tenses		The Seven Compound Tenses	
Singular	Plural	Singular	Plural
1 présent de l'indicatif		**8 passé composé**	
navigue	naviguons	ai navigué	avons navigué
navigues	naviguez	as navigué	avez navigué
navigue	naviguent	a navigué	ont navigué
2 imparfait de l'indicatif		**9 plus-que-parfait de l'indicatif**	
naviguais	naviguions	avais navigué	avions navigué
naviguais	naviguiez	avais navigué	aviez navigué
naviguait	naviguaient	avait navigué	avaient navigué
3 passé simple		**10 passé antérieur**	
naviguai	naviguâmes	eus navigué	eûmes navigué
naviguas	naviguâtes	eus navigué	eûtes navigué
navigua	naviguèrent	eut navigué	eurent navigué
4 futur		**11 futur antérieur**	
naviguerai	naviguerons	aurai navigué	aurons navigué
navigueras	naviguerez	auras navigué	aurez navigué
naviguera	navigueront	aura navigué	auront navigué
5 conditionnel		**12 conditionnel passé**	
naviguerais	naviguerions	aurais navigué	aurions navigué
naviguerais	navigueriez	aurais navigué	auriez navigué
naviguerait	navigueraient	aurait navigué	auraient navigué
6 présent du subjonctif		**13 passé du subjonctif**	
navigue	naviguions	aie navigué	ayons navigué
navigues	naviguiez	aies navigué	ayez navigué
navigue	naviguent	ait navigué	aient navigué
7 imparfait du subjonctif		**14 plus-que-parfait du subjonctif**	
naviguasse	naviguassions	eusse navigué	eussions navigué
naviguasses	naviguassiez	eusses navigué	eussiez navigué
naviguât	naviguassent	eût navigué	eussent navigué

Impératif
navigue
naviguons
naviguez

Sentences using this verb and words related to it

Je naviguais sur le Web quand mon ordinateur est tombé en panne. I was surfing the Web when my computer crashed.

Jacques Cartier est le navigateur qui a découvert le Saint-Laurent. Jacques Cartier is the navigator who discovered the Saint Lawrence River.

Syn.: **bourlinguer** to sail (307); **sillonner** to crisscross (travel) (171); **voyager** to travel

Words and expressions related to this verb

un navigateur, une navigatrice navigator, sailor
un navigateur Web Web browser
la navigation navigation, sailing
navigable *adj.* navigable
naviguer sur Internet, naviguer sur le Web to surf the Internet (You can also use **surfer**.)
un navire ship
naviguer à vue to fly visually (VFR)

Regular **-er** verb endings; spelling change: **-oyer**   to clean
verbs must change **y** to **i** in front of a mute **e**

The Seven Simple Tenses		The Seven Compound Tenses	
Singular	Plural	Singular	Plural
1 présent de l'indicatif		8 passé composé	
nettoie	nettoyons	ai nettoyé	avons nettoyé
nettoies	nettoyez	as nettoyé	avez nettoyé
nettoie	nettoient	a nettoyé	ont nettoyé
2 imparfait de l'indicatif		9 plus-que-parfait de l'indicatif	
nettoyais	nettoyions	avais nettoyé	avions nettoyé
nettoyais	nettoyiez	avais nettoyé	aviez nettoyé
nettoyait	nettoyaient	avait nettoyé	avaient nettoyé
3 passé simple		10 passé antérieur	
nettoyai	nettoyâmes	eus nettoyé	eûmes nettoyé
nettoyas	nettoyâtes	eus nettoyé	eûtes nettoyé
nettoya	nettoyèrent	eut nettoyé	eurent nettoyé
4 futur		11 futur antérieur	
nettoierai	nettoierons	aurai nettoyé	aurons nettoyé
nettoieras	nettoierez	auras nettoyé	aurez nettoyé
nettoiera	nettoieront	aura nettoyé	auront nettoyé
5 conditionnel		12 conditionnel passé	
nettoierais	nettoierions	aurais nettoyé	aurions nettoyé
nettoierais	nettoieriez	aurais nettoyé	auriez nettoyé
nettoierait	nettoieraient	aurait nettoyé	auraient nettoyé
6 présent du subjonctif		13 passé du subjonctif	
nettoie	nettoyions	aie nettoyé	ayons nettoyé
nettoies	nettoyiez	aies nettoyé	ayez nettoyé
nettoie	nettoient	ait nettoyé	aient nettoyé
7 imparfait du subjonctif		14 plus-que-parfait du subjonctif	
nettoyasse	nettoyassions	eusse nettoyé	eussions nettoyé
nettoyasses	nettoyassiez	eusses nettoyé	eussiez nettoyé
nettoyât	nettoyassent	eût nettoyé	eussent nettoyé

Impératif
nettoie
nettoyons
nettoyez

Words and expressions related to this verb

le nettoyage cleaning; **le nettoyage à sec** dry
   cleaning
nettoyer à sec to dry clean
une nettoyeuse cleaning machine
un nettoyant cleanser
un nettoyeur de fenêtres window cleaner
Elle refuse nettement. She flatly refuses.
se faire nettoyer au jeu to be cleaned out at
   gambling

Syn.: **balayer** to sweep; **brosser** to brush;
essuyer to wipe; **frotter** to scrub (79); **laver**
to wash; **purifier** to purify (212)
Ant.: **maculer** to stain (81); **salir** to dirty, to
soil; **souiller** to dirty, to soil; **tacher** to stain
(82)

The subject pronouns are found on page 103.

to deny

The Seven Simple Tenses		The Seven Compound Tenses	
Singular	Plural	Singular	Plural
1 présent de l'indicatif		**8 passé composé**	
nie	nions	ai nié	avons nié
nies	niez	as nié	avez nié
nie	nient	a nié	ont nié
2 imparfait de l'indicatif		**9 plus-que-parfait de l'indicatif**	
niais	niions	avais nié	avions nié
niais	niiez	avais nié	aviez nié
niait	niaient	avait nié	avaient nié
3 passé simple		**10 passé antérieur**	
niai	niâmes	eus nié	eûmes nié
nias	niâtes	eus nié	eûtes nié
nia	nièrent	eut nié	eurent nié
4 futur		**11 futur antérieur**	
nierai	nierons	aurai nié	aurons nié
nieras	nierez	auras nié	aurez nié
niera	nieront	aura nié	auront nié
5 conditionnel		**12 conditionnel passé**	
nierais	nierions	aurais nié	aurions nié
nierais	nieriez	aurais nié	auriez nié
nierait	nieraient	aurait nié	auraient nié
6 présent du subjonctif		**13 passé du subjonctif**	
nie	niions	aie nié	ayons nié
nies	niiez	aies nié	ayez nié
nie	nient	ait nié	aient nié
7 imparfait du subjonctif		**14 plus-que-parfait du subjonctif**	
niasse	niassions	eusse nié	eussions nié
niasses	niassiez	eusses nié	eussiez nié
niât	niassent	eût nié	eussent nié

Impératif
nie
nions
niez

Words and expressions related to this verb

nier un fait to deny a fact
dénier qqch à qqn to deny someone something, to refuse someone something
un déni denial; **un déni de justice** denial of justice
renier to deny openly, to reject
renier un ami to reject a friend
renier sa promesse to go back on, to break one's promise

un renégat, une renégate renegade
un reniement denial
indéniable undeniable

Syn.: **contester** to dispute (160); **contredire** to contradict; **démentir** to deny, to refute (291); **désavouer** to disavow (269)
Ant.: **affirmer** to affirm (227); **avouer** to admit (269); **certifier** to certify (212); **confirmer** to confirm (227); **reconnaître** to recognize, to acknowledge

The Seven Simple Tenses		The Seven Compound Tenses	
Singular	Plural	Singular	Plural

1 présent de l'indicatif		8 passé composé	
nomme	nommons	ai nommé	avons nommé
nommes	nommez	as nommé	avez nommé
nomme	nomment	a nommé	ont nommé

2 imparfait de l'indicatif		9 plus-que-parfait de l'indicatif	
nommais	nommions	avais nommé	avions nommé
nommais	nommiez	avais nommé	aviez nommé
nommait	nommaient	avait nommé	avaient nommé

3 passé simple		10 passé antérieur	
nommai	nommâmes	eus nommé	eûmes nommé
nommas	nommâtes	eus nommé	eûtes nommé
nomma	nommèrent	eut nommé	eurent nommé

4 futur		11 futur antérieur	
nommerai	nommerons	aurai nommé	aurons nommé
nommeras	nommerez	auras nommé	aurez nommé
nommera	nommeront	aura nommé	auront nommé

5 conditionnel		12 conditionnel passé	
nommerais	nommerions	aurais nommé	aurions nommé
nommerais	nommeriez	aurais nommé	auriez nommé
nommerait	nommeraient	aurait nommé	auraient nommé

6 présent du subjonctif		13 passé du subjonctif	
nomme	nommions	aie nommé	ayons nommé
nommes	nommiez	aies nommé	ayez nommé
nomme	nomment	ait nommé	aient nommé

7 imparfait du subjonctif		14 plus-que-parfait du subjonctif	
nommasse	nommassions	eusse nommé	eussions nommé
nommasses	nommassiez	eusses nommé	eussiez nommé
nommât	nommassent	eût nommé	eussent nommé

Impératif
nomme
nommons
nommez

Common idiomatic expressions using this verb and words related to it

nommément namely, by name
un pronom a pronoun
un pseudonyme pseudonym
un nom de théâtre stage name
le petit nom a person's first name
appeler les choses par leur nom to call a spade a spade
anonyme anonymous
un nom de plume pen name (a name used by an author other than the real name)
un nom de guerre false (assumed) name
The subject pronouns are found on page 103.

nominalement nominally
au nom du Père, du Fils, et du Saint-Esprit in the name of the Father, the Son, and the Holy Spirit
le renom renown

Syn.: **appeler** to call, to name; **citer** to quote, to name (251); **dénommer** to name (310); **désigner** to designate (441); **faire mention de** to mention (conjugate **faire**); **mentionner** to mention (171)
Ant.: **cacher** to hide; **taire** to conceal (345)

nourrir (311)

to feed, to nourish

Part. pr. **nourrissant**   Part. passé **nourri**

Regular **-ir** verb

The Seven Simple Tenses		The Seven Compound Tenses	
Singular	Plural	Singular	Plural
1 présent de l'indicatif		**8 passé composé**	
nourris	nourrissons	ai nourri	avons nourri
nourris	nourrissez	as nourri	avez nourri
nourrit	nourrissent	a nourri	ont nourri
2 imparfait de l'indicatif		**9 plus-que-parfait de l'indicatif**	
nourrissais	nourrissions	avais nourri	avions nourri
nourrissais	nourrissiez	avais nourri	aviez nourri
nourrissait	nourrissaient	avait nourri	avaient nourri
3 passé simple		**10 passé antérieur**	
nourris	nourrîmes	eus nourri	eûmes nourri
nourris	nourrîtes	eus nourri	eûtes nourri
nourrit	nourrirent	eut nourri	eurent nourri
4 futur		**11 futur antérieur**	
nourrirai	nourrirons	aurai nourri	aurons nourri
nourriras	nourrirez	auras nourri	aurez nourri
nourrira	nourriront	aura nourri	auront nourri
5 conditionnel		**12 conditionnel passé**	
nourrirais	nourririons	aurais nourri	aurions nourri
nourrirais	nourririez	aurais nourri	auriez nourri
nourrirait	nourriraient	aurait nourri	auraient nourri
6 présent du subjonctif		**13 passé du subjonctif**	
nourrisse	nourrissions	aie nourri	ayons nourri
nourrisses	nourrissiez	aies nourri	ayez nourri
nourrisse	nourrissent	ait nourri	aient nourri
7 imparfait du subjonctif		**14 plus-que-parfait du subjonctif**	
nourrisse	nourrissions	eusse nourri	eussions nourri
nourrisses	nourrissiez	eusses nourri	eussiez nourri
nourrît	nourrissent	eût nourri	eussent nourri

Impératif
nourris
nourrissons
nourrissez

Words and expressions related to this verb

la nourriture nourishment, food
une nourrice wet nurse
bien nourri well fed
mal nourri poorly fed
nourrissant, nourrissante nourishing
un nourrisson infant
nourricier, nourricière nutritious
une mère nourricière foster mother

un père nourricier foster father
se nourrir to feed oneself (Syn.: **manger** to eat;
  Ant. **jeûner** to fast)

Syn.: **alimenter** to feed (60); **rassasier** to
satisfy (appetite) (212); **ravitailler** to supply
(477)
Ant.: **affamer** to starve (71); **priver** to
deprive (276)

Part. pr. **se noyant**   Part. passé **noyé(e)(s)**

se noyer (312)

to drown

Reflexive verb; regular **-er** verb endings; spelling change:
-oyer verbs must change **y** to **i** in front of a mute **e**

The Seven Simple Tenses

The Seven Compound Tenses

Singular	Plural	Singular	Plural
1 présent de l'indicatif		**8 passé composé**	
me noie	nous noyons	me suis noyé(e)	nous sommes noyé(e)s
te noies	vous noyez	t'es noyé(e)	vous êtes noyé(e)(s)
se noie	se noient	s'est noyé(e)	se sont noyé(e)s
2 imparfait de l'indicatif		**9 plus-que-parfait de l'indicatif**	
me noyais	nous noyions	m'étais noyé(e)	nous étions noyé(e)s
te noyais	vous noyiez	t'étais noyé(e)	vous étiez noyé(e)(s)
se noyait	se noyaient	s'était noyé(e)	s'étaient noyé(e)s
3 passé simple		**10 passé antérieur**	
me noyai	nous noyâmes	me fus noyé(e)	nous fûmes noyé(e)s
te noyas	vous noyâtes	te fus noyé(e)	vous fûtes noyé(e)(s)
se noya	se noyèrent	se fut noyé(e)	se furent noyé(e)s
4 futur		**11 futur antérieur**	
me noierai	nous noierons	me serai noyé(e)	nous serons noyé(e)s
te noieras	vous noierez	te seras noyé(e)	vous serez noyé(e)(s)
se noiera	se noieront	se sera noyé(e)	se seront noyé(e)s
5 conditionnel		**12 conditionnel passé**	
me noierais	nous noierions	me serais noyé(e)	nous serions noyé(e)s
te noierais	vous noieriez	te serais noyé(e)	vous seriez noyé(e)(s)
se noierait	se noieraient	se serait noyé(e)	se seraient noyé(e)s
6 présent du subjonctif		**13 passé du subjonctif**	
me noie	nous noyions	me sois noyé(e)	nous soyons noyé(e)s
te noies	vous noyiez	te sois noyé(e)	vous soyez noyé(e)(s)
se noie	se noient	se soit noyé(e)	se soient noyé(e)s
7 imparfait du subjonctif		**14 plus-que-parfait du subjonctif**	
me noyasse	nous noyassions	me fusse noyé(e)	nous fussions noyé(e)s
te noyasses	vous noyassiez	te fusses noyé(e)	vous fussiez noyé(e)(s)
se noyât	se noyassent	se fût noyé(e)	se fussent noyé(e)s

Impératif
noie-toi; ne te noie pas
noyons-nous; ne nous noyons pas
noyez-vous; ne vous noyez pas

Words and expressions related to this verb

Suzanne se noyait quand le maître-nageur est arrivé lui sauver la vie. Suzanne was drowning when the lifeguard arrived to save her life.
une **noyade** drowning
noyer to drown (an animal or person), to water down (liquid)

se **noyer dans** to get bogged down in
le **noyé**, la **noyée** drowned person

Syn.: **s'asphyxier** to suffocate (41) (aux. être); **périr** to perish; **sombrer** to sink (22)
Ant.: **flotter** to float (79); **nager** to swim

N

Part. pr. **nuisant**   Part. passé **nui**

to harm, to hinder

The Seven Simple Tenses		The Seven Compound Tenses	
Singular	Plural	Singular	Plural
1 présent de l'indicatif		8 passé composé	
nuis	nuisons	ai nui	avons nui
nuis	nuisez	as nui	avez nui
nuit	nuisent	a nui	ont nui
2 imparfait de l'indicatif		9 plus-que-parfait de l'indicatif	
nuisais	nuisions	avais nui	avions nui
nuisais	nuisiez	avais nui	aviez nui
nuisait	nuisaient	avait nui	avaient nui
3 passé simple		10 passé antérieur	
nuisis	nuisîmes	eus nui	eûmes nui
nuisis	nuisîtes	eus nui	eûtes nui
nuisit	nuisirent	eut nui	eurent nui
4 futur		11 futur antérieur	
nuirai	nuirons	aurai nui	aurons nui
nuiras	nuirez	auras nui	aurez nui
nuira	nuiront	aura nui	auront nui
5 conditionnel		12 conditionnel passé	
nuirais	nuirions	aurais nui	aurions nui
nuirais	nuiriez	aurais nui	auriez nui
nuirait	nuiraient	aurait nui	auraient nui
6 présent du subjonctif		13 passé du subjonctif	
nuise	nuisions	aie nui	ayons nui
nuises	nuisiez	aies nui	ayez nui
nuise	nuisent	ait nui	aient nui
7 imparfait du subjonctif		14 plus-que-parfait du subjonctif	
nuisisse	nuisissions	eusse nui	eussions nui
nuisisses	nuisissiez	eusses nui	eussiez nui
nuisît	nuisissent	eût nui	eussent nui

Impératif
nuis
nuisons
nuisez

Words and expressions related to this verb

la nuisance nuisance
les nuisances sonores noise pollution
nuisible harmful
nuire à to do harm to, to be injurious to, to be
   harmful to
Cela peut nuire à la réputation de votre
   famille. That may harm the reputation of
   your family.

Syn.: **abîmer** to damage (27); **compromettre** to compromise (294); **endommager** to damage (305); **entraver** to hinder (276); **gêner** to hamper, to hinder
Ant.: **aider** to help; **favoriser** to favor (486); **protéger** to protect (52); **réparer** to repair

The Seven Simple Tenses | The Seven Compound Tenses

Singular	Plural	Singular	Plural
1 présent de l'indicatif		**8 passé composé**	
obéis	obéissons	ai obéi	avons obéi
obéis	obéissez	as obéi	avez obéi
obéit	obéissent	a obéi	ont obéi
2 imparfait de l'indicatif		**9 plus-que-parfait de l'indicatif**	
obéissais	obéissions	avais obéi	avions obéi
obéissais	obéissiez	avais obéi	aviez obéi
obéissait	obéissaient	avait obéi	avaient obéi
3 passé simple		**10 passé antérieur**	
obéis	obéîmes	eus obéi	eûmes obéi
obéis	obéîtes	eus obéi	eûtes obéi
obéit	obéirent	eut obéi	eurent obéi
4 futur		**11 futur antérieur**	
obéirai	obéirons	aurai obéi	aurons obéi
obéiras	obéirez	auras obéi	aurez obéi
obéira	obéiront	aura obéi	auront obéi
5 conditionnel		**12 conditionnel passé**	
obéirais	obéirions	aurais obéi	aurions obéi
obéirais	obéiriez	aurais obéi	auriez obéi
obéirait	obéiraient	aurait obéi	auraient obéi
6 présent du subjonctif		**13 passé du subjonctif**	
obéisse	obéissions	aie obéi	ayons obéi
obéisses	obéissiez	aies obéi	ayez obéi
obéisse	obéissent	ait obéi	aient obéi
7 imparfait du subjonctif		**14 plus-que-parfait du subjonctif**	
obéisse	obéissions	eusse obéi	eussions obéi
obéisses	obéissiez	eusses obéi	eussiez obéi
obéît	obéissent	eût obéi	eussent obéi

O

Impératif
obéis
obéissons
obéissez

Words and expressions related to this verb

obéir à qqn to obey someone
désobéir à qqn to disobey someone
l'obéissance f. obedience
obéissant, obéissante obedient
désobéissant, désobéissante disobedient
obéir à ses instincts to obey one's instincts

Syn.: **céder** to yield, to cede; **respecter** to respect (8); **se soumettre à** to submit to (449) (aux. **être**); **suivre** to follow
Ant.: **désobéir à** to disobey (314); **diriger** to direct (119); **s'opposer** to clash, to conflict (350) (aux. **être**); **ordonner** to order (171); **refuser** to refuse

to oblige

Regular **-er** verb endings; spelling change: retain the **ge** before **a** or **o** to keep the soft **g** sound of the verb

The Seven Simple Tenses		The Seven Compound Tenses	
Singular	Plural	Singular	Plural

1 présent de l'indicatif		8 passé composé	
oblige	obligeons	ai obligé	avons obligé
obliges	obligez	as obligé	avez obligé
oblige	obligent	a obligé	ont obligé

2 imparfait de l'indicatif		9 plus-que-parfait de l'indicatif	
obligeais	obligions	avais obligé	avions obligé
obligeais	obligiez	avais obligé	aviez obligé
obligeait	obligeaient	avait obligé	avaient obligé

3 passé simple		10 passé antérieur	
obligeai	obligeâmes	eus obligé	eûmes obligé
obligeas	obligeâtes	eus obligé	eûtes obligé
obligea	obligèrent	eut obligé	eurent obligé

4 futur		11 futur antérieur	
obligerai	obligerons	aurai obligé	aurons obligé
obligeras	obligerez	auras obligé	aurez obligé
obligera	obligeront	aura obligé	auront obligé

5 conditionnel		12 conditionnel passé	
obligerais	obligerions	aurais obligé	aurions obligé
obligerais	obligeriez	aurais obligé	auriez obligé
obligerait	obligeraient	aurait obligé	auraient obligé

6 présent du subjonctif		13 passé du subjonctif	
oblige	obligions	aie obligé	ayons obligé
obliges	obligiez	aies obligé	ayez obligé
oblige	obligent	ait obligé	aient obligé

7 imparfait du subjonctif		14 plus-que-parfait du subjonctif	
obligeasse	obligeassions	eusse obligé	eussions obligé
obligeasses	obligeassiez	eusses obligé	eussiez obligé
obligeât	obligeassent	eût obligé	eussent obligé

Impératif
oblige
obligeons
obligez

Words and expressions related to this verb

obligatoire obligatory
l'obligation *f.* obligation
avoir beaucoup d'obligation à qqn to be much obliged to someone
obligeant, obligeante obliging
se montrer obligeant envers qqn to show kindness to someone
obligé, obligée obliged

Noblesse oblige. Nobility obliges. (*i.e.*, the moral obligation of a highborn person is to show honorable conduct)

Syn.: **contraindre** to compel; **exiger** to require; **forcer** to force; **imposer** to impose (350); **nécessiter** to require (251)
Ant.: **épargner** to save, to spare (10); **exempter** to exempt (8); **libérer** to liberate (203)

The Seven Simple Tenses		The Seven Compound Tenses	
Singular	Plural	Singular	Plural

1 présent de l'indicatif

obtiens	obtenons		
obtiens	obtenez		
obtient	obtiennent		

8 passé composé

ai obtenu	avons obtenu
as obtenu	avez obtenu
a obtenu	ont obtenu

2 imparfait de l'indicatif

obtenais	obtenions
obtenais	obteniez
obtenait	obtenaient

9 plus-que-parfait de l'indicatif

avais obtenu	avions obtenu
avais obtenu	aviez obtenu
avait obtenu	avaient obtenu

3 passé simple

obtins	obtînmes
obtins	obtîntes
obtint	obtinrent

10 passé antérieur

eus obtenu	eûmes obtenu
eus obtenu	eûtes obtenu
eut obtenu	eurent obtenu

4 futur

obtiendrai	obtiendrons
obtiendras	obtiendrez
obtiendra	obtiendront

11 futur antérieur

aurai obtenu	aurons obtenu
auras obtenu	aurez obtenu
aura obtenu	auront obtenu

5 conditionnel

obtiendrais	obtiendrions
obtiendrais	obtiendriez
obtiendrait	obtiendraient

12 conditionnel passé

aurais obtenu	aurions obtenu
aurais obtenu	auriez obtenu
aurait obtenu	auraient obtenu

6 présent du subjonctif

obtienne	obtenions
obtiennes	obteniez
obtienne	obtiennent

13 passé du subjonctif

aie obtenu	ayons obtenu
aies obtenu	ayez obtenu
ait obtenu	aient obtenu

7 imparfait du subjonctif

obtinsse	obtinssions
obtinsses	obtinssiez
obtînt	obtinssent

14 plus-que-parfait du subjonctif

eusse obtenu	eussions obtenu
eusses obtenu	eussiez obtenu
eût obtenu	eussent obtenu

Impératif
obtiens
obtenons
obtenez

O

Words and expressions related to this verb

l'**obtention** *f.* obtainment

obtenir de qqn qqch de force to get something out of someone by force

s'obtenir de to be obtained from

See also **contenir, retenir,** and **tenir.**

The *b* in **obtenir** is pronounced as if it were written *p*.

Syn.: **acheter** to buy; **acquérir** to acquire, to obtain; **prendre** to take; **se procurer** to obtain (122, 54)
Ant.: **donner** to give; **perdre** to lose

The subject pronouns are found on page 103.

occuper (317)

to occupy

Part. pr. **occupant**   Part. passé **occupé**

Regular **-er** verb

The Seven Simple Tenses		The Seven Compound Tenses	
Singular	Plural	Singular	Plural
1 présent de l'indicatif		**8 passé composé**	
occupe	occupons	ai occupé	avons occupé
occupes	occupez	as occupé	avez occupé
occupe	occupent	a occupé	ont occupé
2 imparfait de l'indicatif		**9 plus-que-parfait de l'indicatif**	
occupais	occupions	avais occupé	avions occupé
occupais	occupiez	avais occupé	aviez occupé
occupait	occupaient	avait occupé	avaient occupé
3 passé simple		**10 passé antérieur**	
occupai	occupâmes	eus occupé	eûmes occupé
occupas	occupâtes	eus occupé	eûtes occupé
occupa	occupèrent	eut occupé	eurent occupé
4 futur		**11 futur antérieur**	
occuperai	occuperons	aurai occupé	aurons occupé
occuperas	occuperez	auras occupé	aurez occupé
occupera	occuperont	aura occupé	auront occupé
5 conditionnel		**12 conditionnel passé**	
occuperais	occuperions	aurais occupé	aurions occupé
occuperais	occuperiez	aurais occupé	auriez occupé
occuperait	occuperaient	aurait occupé	auraient occupé
6 présent du subjonctif		**13 passé du subjonctif**	
occupe	occupions	aie occupé	ayons occupé
occupes	occupiez	aies occupé	ayez occupé
occupe	occupent	ait occupé	aient occupé
7 imparfait du subjonctif		**14 plus-que-parfait du subjonctif**	
occupasse	occupassions	eusse occupé	eussions occupé
occupasses	occupassiez	eusses occupé	eussiez occupé
occupât	occupassent	eût occupé	eussent occupé

Impératif
occupe
occupons
occupez

Words and expressions related to this verb

l'occupation *f.* occupation
être occupé(e) to be busy
La ligne est occupée. The line is busy.
occuper qqn to keep someone busy
occuper trop de place to take up too much room
occupant, occupante occupying; **du travail occupant** engrossing work

occuper l'attention de qqn to hold someone's attention
préoccuper to preoccupy; **une préoccupation** preoccupation

See also **s'occuper.**

Syn.: **capturer** to capture (27); **envahir** to invade (229); **saisir** to seize
Ant.: **abandonner** to abandon (171); **évacuer** to evacuate (114); **négliger** to neglect (119)

Reflexive regular **-er** verb   to be busy, to keep oneself busy

The Seven Simple Tenses		The Seven Compound Tenses	
Singular	Plural	Singular	Plural

1 présent de l'indicatif

m'occupe	nous occupons	me suis occupé(e)	nous sommes occupé(e)s
t'occupes	vous occupez	t'es occupé(e)	vous êtes occupé(e)(s)
s'occupe	s'occupent	s'est occupé(e)	se sont occupé(e)s

8 passé composé (heading above right column)

2 imparfait de l'indicatif

m'occupais	nous occupions	m'étais occupé(e)	nous étions occupé(e)s
t'occupais	vous occupiez	t'étais occupé(e)	vous étiez occupé(e)(s)
s'occupait	s'occupaient	s'était occupé(e)	s'étaient occupé(e)s

9 plus-que-parfait de l'indicatif

3 passé simple

m'occupai	nous occupâmes	me fus occupé(e)	nous fûmes occupé(e)s
t'occupas	vous occupâtes	te fus occupé(e)	vous fûtes occupé(e)(s)
s'occupa	s'occupèrent	se fut occupé(e)	se furent occupé(e)s

10 passé antérieur

4 futur

m'occuperai	nous occuperons	me serai occupé(e)	nous serons occupé(e)s
t'occuperas	vous occuperez	te seras occupé(e)	vous serez occupé(e)(s)
s'occupera	s'occuperont	se sera occupé(e)	se seront occupé(e)s

11 futur antérieur

5 conditionnel

m'occuperais	nous occuperions	me serais occupé(e)	nous serions occupé(e)s
t'occuperais	vous occuperiez	te serais occupé(e)	vous seriez occupé(e)(s)
s'occuperait	s'occuperaient	se serait occupé(e)	se seraient occupé(e)s

12 conditionnel passé

6 présent du subjonctif

m'occupe	nous occupions	me sois occupé(e)	nous soyons occupé(e)s
t'occupes	vous occupiez	te sois occupé(e)	vous soyez occupé(e)(s)
s'occupe	s'occupent	se soit occupé(e)	se soient occupé(e)s

13 passé du subjonctif

7 imparfait du subjonctif

m'occupasse	nous occupassions	me fusse occupé(e)	nous fussions occupé(e)s
t'occupasses	vous occupassiez	te fusses occupé(e)	vous fussiez occupé(e)(s)
s'occupât	s'occupassent	se fût occupé(e)	se fussent occupé(e)s

14 plus-que-parfait du subjonctif

Impératif
occupe-toi; ne t'occupe pas
occupons-nous; ne nous occupons pas
occupez-vous; ne vous occupez pas

Words and expressions related to this verb
s'occuper de ses affaires to mind one's own business
Je m'occupe de mes affaires. I mind my own business.
s'occuper des enfants to look after children
s'occuper de to look after, to tend to
s'occuper à to be engaged in
Occupez-vous de vos affaires! Mind your own business!
Ne vous occupez pas de mes affaires! Don't mind my business!

Est-ce qu'on s'occupe de vous? Is someone helping you?

See also the verb **occuper.**

Syn.: **s'appliquer** to apply oneself, to make an effort (219, 2); **s'intéresser** to be interested in; **travailler** to work
Ant.: **se distraire** to amuse oneself (474) (aux. **être**)

The subject pronouns are found on page 103.   **461**

The Seven Simple Tenses		The Seven Compound Tenses	
Singular	Plural	Singular	Plural
1 présent de l'indicatif		**8 passé composé**	
offre	offrons	ai offert	avons offert
offres	offrez	as offert	avez offert
offre	offrent	a offert	ont offert
2 imparfait de l'indicatif		**9 plus-que-parfait de l'indicatif**	
offrais	offrions	avais offert	avions offert
offrais	offriez	avais offert	aviez offert
offrait	offraient	avait offert	avaient offert
3 passé simple		**10 passé antérieur**	
offris	offrîmes	eus offert	eûmes offert
offris	offrîtes	eus offert	eûtes offert
offrit	offrirent	eut offert	eurent offert
4 futur		**11 futur antérieur**	
offrirai	offrirons	aurai offert	aurons offert
offriras	offrirez	auras offert	aurez offert
offrira	offriront	aura offert	auront offert
5 conditionnel		**12 conditionnel passé**	
offrirais	offririons	aurais offert	aurions offert
offrirais	offririez	aurais offert	auriez offert
offrirait	offriraient	aurait offert	auraient offert
6 présent du subjonctif		**13 passé du subjonctif**	
offre	offrions	aie offert	ayons offert
offres	offriez	aies offert	ayez offert
offre	offrent	ait offert	aient offert
7 imparfait du subjonctif		**14 plus-que-parfait du subjonctif**	
offrisse	offrissions	eusse offert	eussions offert
offrisses	offrissiez	eusses offert	eussiez offert
offrît	offrissent	eût offert	eussent offert

Impératif
offre
offrons
offrez

Words and expressions related to this verb

offrir qqch à qqn to offer (to present) something to someone
une offre an offer, a proposal
une offrande gift, offering
l'offre et la demande supply and demand
une offre d'emploi a job offer
les offres d'emploi employment opportunities
C'est pour offrir? Is it to give as a gift?

Syn.: **donner** to give; **présenter** to present; **proposer** to propose (350)
Ant.: **accepter** to accept; **demander** to ask for; **recevoir** to receive, to get

The Seven Simple Tenses		The Seven Compound Tenses	
Singular	Plural	Singular	Plural
1 présent de l'indicatif		**8 passé composé**	
omets	**omettons**	**ai omis**	**avons omis**
omets	**omettez**	**as omis**	**avez omis**
omet	**omettent**	**a omis**	**ont omis**
2 imparfait de l'indicatif		**9 plus-que-parfait de l'indicatif**	
omettais	**omettions**	**avais omis**	**avions omis**
omettais	**omettiez**	**avais omis**	**aviez omis**
omettait	**omettaient**	**avait omis**	**avaient omis**
3 passé simple		**10 passé antérieur**	
omis	**omîmes**	**eus omis**	**eûmes omis**
omis	**omîtes**	**eus omis**	**eûtes omis**
omit	**omirent**	**eut omis**	**eurent omis**
4 futur		**11 futur antérieur**	
omettrai	**omettrons**	**aurai omis**	**aurons omis**
omettras	**omettrez**	**auras omis**	**aurez omis**
omettra	**omettront**	**aura omis**	**auront omis**
5 conditionnel		**12 conditionnel passé**	
omettrais	**omettrions**	**aurais omis**	**aurions omis**
omettrais	**omettriez**	**aurais omis**	**auriez omis**
omettrait	**omettraient**	**aurait omis**	**auraient omis**
6 présent du subjonctif		**13 passé du subjonctif**	
omette	**omettions**	**aie omis**	**ayons omis**
omettes	**omettiez**	**aies omis**	**ayez omis**
omette	**omettent**	**ait omis**	**aient omis**
7 imparfait du subjonctif		**14 plus-que-parfait du subjonctif**	
omisse	**omissions**	**eusse omis**	**eussions omis**
omisses	**omissiez**	**eusses omis**	**eussiez omis**
omît	**omissent**	**eût omis**	**eussent omis**

Impératif
omets
omettons
omettez

Words and expressions related to this verb

omettre de faire qqch to neglect to do
   something
une omission an omission
omis, omise omitted
commettre to commit

See also **admettre, commettre, mettre,
permettre, promettre, remettre, soumettre,**
and **transmettre.**

Syn.: **s'abstenir** to abstain; **manquer** to lack;
négliger to neglect (119); **oublier** to forget
Ant.: **dire** to say; **mentionner** to mention
(171)

The subject pronouns are found on page 103.

463

The Seven Simple Tenses		The Seven Compound Tenses	
Singular	Plural	Singular	Plural
1 présent de l'indicatif		**8 passé composé**	
ose	osons	ai osé	avons osé
oses	osez	as osé	avez osé
ose	osent	a osé	ont osé
2 imparfait de l'indicatif		**9 plus-que-parfait de l'indicatif**	
osais	osions	avais osé	avions osé
osais	osiez	avais osé	aviez osé
osait	osaient	avait osé	avaient osé
3 passé simple		**10 passé antérieur**	
osai	osâmes	eus osé	eûmes osé
osas	osâtes	eus osé	eûtes osé
osa	osèrent	eut osé	eurent osé
4 futur		**11 futur antérieur**	
oserai	oserons	aurai osé	aurons osé
oseras	oserez	auras osé	aurez osé
osera	oseront	aura osé	auront osé
5 conditionnel		**12 conditionnel passé**	
oserais	oserions	aurais osé	aurions osé
oserais	oseriez	aurais osé	auriez osé
oserait	oseraient	aurait osé	auraient osé
6 présent du subjonctif		**13 passé du subjonctif**	
ose	osions	aie osé	ayons osé
oses	osiez	aies osé	ayez osé
ose	osent	ait osé	aient osé
7 imparfait du subjonctif		**14 plus-que-parfait du subjonctif**	
osasse	osassions	eusse osé	eussions osé
osasses	osassiez	eusses osé	eussiez osé
osât	osassent	eût osé	eussent osé

	Impératif
	ose
	osons
	osez

Words and expressions related to this verb

Si j'ose dire . . . If I may be so bold as to say . . .
Je n'ose le dire. I dare not say so.
oser faire qqch to dare to do something; to have the courage, audacity to do something
Je n'ose rien dire. I don't dare say anything.
osé, osée bold, daring

Syn.: **braver** to defy (276); **défier** to challenge (212); **risquer** to risk (219); **tenter** to attempt, to tempt
Ant.: **craindre** to be afraid; **hésiter** to hesitate; **tergiverser** to hesitate (492)

The Seven Simple Tenses		The Seven Compound Tenses	
Singular	Plural	Singular	Plural
1 présent de l'indicatif		8 passé composé	
oublie	oublions	ai oublié	avons oublié
oublies	oubliez	as oublié	avez oublié
oublie	oublient	a oublié	ont oublié
2 imparfait de l'indicatif		9 plus-que-parfait de l'indicatif	
oubliais	oubliions	avais oublié	avions oublié
oubliais	oubliiez	avais oublié	aviez oublié
oubliait	oubliaient	avait oublié	avaient oublié
3 passé simple		10 passé antérieur	
oubliai	oubliâmes	eus oublié	eûmes oublié
oublias	oubliâtes	eus oublié	eûtes oublié
oublia	oublièrent	eut oublié	eurent oublié
4 futur		11 futur antérieur	
oublierai	oublierons	aurai oublié	aurons oublié
oublieras	oublierez	auras oublié	aurez oublié
oubliera	oublieront	aura oublié	auront oublié
5 conditionnel		12 conditionnel passé	
oublierais	oublierions	aurais oublié	aurions oublié
oublierais	oublieriez	aurais oublié	auriez oublié
oublierait	oublieraient	aurait oublié	auraient oublié
6 présent du subjonctif		13 passé du subjonctif	
oublie	oubliions	aie oublié	ayons oublié
oublies	oubliiez	aies oublié	ayez oublié
oublie	oublient	ait oublié	aient oublié
7 imparfait du subjonctif		14 plus-que-parfait du subjonctif	
oubliasse	oubliassions	eusse oublié	eussions oublié
oubliasses	oubliassiez	eusses oublié	eussiez oublié
oubliât	oubliassent	eût oublié	eussent oublié

Impératif
oublie
oublions
oubliez

O

Words and expressions related to this verb

un oubli oversight; oblivion
tomber dans l'oubli to be forgotten (over time)
oubliable forgettable
inoubliable unforgettable
s'oublier to forget oneself, to be unmindful of oneself
oublier de faire qqch to forget to do something
oublieux, oublieuse oblivious; **oublieux de** unmindful of; forgetful

Nous n'oublierons jamais. We will never forget.

Syn.: **abandonner** to abandon (171); **laisser** to leave; **négliger** to neglect (119); **omettre** to omit; **passer** to pass
Ant.: **se rappeler** to remember; **retenir** to retain; **se souvenir** to remember

The subject pronouns are found on page 103.

to open

The Seven Simple Tenses		The Seven Compound Tenses	
Singular	Plural	Singular	Plural
1 présent de l'indicatif		**8 passé composé**	
ouvre	ouvrons	ai ouvert	avons ouvert
ouvres	ouvrez	as ouvert	avez ouvert
ouvre	ouvrent	a ouvert	ont ouvert
2 imparfait de l'indicatif		**9 plus-que-parfait de l'indicatif**	
ouvrais	ouvrions	avais ouvert	avions ouvert
ouvrais	ouvriez	avais ouvert	aviez ouvert
ouvrait	ouvraient	avait ouvert	avaient ouvert
3 passé simple		**10 passé antérieur**	
ouvris	ouvrîmes	eus ouvert	eûmes ouvert
ouvris	ouvrîtes	eus ouvert	eûtes ouvert
ouvrit	ouvrirent	eut ouvert	eurent ouvert
4 futur		**11 futur antérieur**	
ouvrirai	ouvrirons	aurai ouvert	aurons ouvert
ouvriras	ouvrirez	auras ouvert	aurez ouvert
ouvrira	ouvriront	aura ouvert	auront ouvert
5 conditionnel		**12 conditionnel passé**	
ouvrirais	ouvririons	aurais ouvert	aurions ouvert
ouvrirais	ouvririez	aurais ouvert	auriez ouvert
ouvrirait	ouvriraient	aurait ouvert	auraient ouvert
6 présent du subjonctif		**13 passé du subjonctif**	
ouvre	ouvrions	aie ouvert	ayons ouvert
ouvres	ouvriez	aies ouvert	ayez ouvert
ouvre	ouvrent	ait ouvert	aient ouvert
7 imparfait du subjonctif		**14 plus-que-parfait du subjonctif**	
ouvrisse	ouvrissions	eusse ouvert	eussions ouvert
ouvrisses	ouvrissiez	eusses ouvert	eussiez ouvert
ouvrît	ouvrissent	eût ouvert	eussent ouvert

Impératif
ouvre
ouvrons
ouvrez

Words and expressions related to this verb

ouvert, ouverte open
l'ouverture *f.* opening
ouvrir le gaz to turn on the gas
ouvrir de force to force open
un ouvre-boîte (des ouvre-boîtes) can opener
entrouvert, entrouverte ajar
un ouvre-bouteille (des ouvre-bouteilles) bottle opener
rouvrir to reopen, to open again

entrouvrir to open just a bit
s'ouvrir à to confide in
les heures ouvrables business hours
ouvrir une session to log in, log on (computer)

Syn.: **commencer** to begin; **déboucher** to unclog (285); **dégager** to clear out, to free; **déverrouiller** to unlock (233)
Ant.: **barrer** to bar (21); **boucher** to block up (469); **clore** to close (Def. and Imp.); **fermer** to close; **obstruer** to block, to obstruct (114); **obturer** to block (54); **terminer** to end

The Seven Simple Tenses		The Seven Compound Tenses	
Singular	Plural	Singular	Plural
1 présent de l'indicatif		**8 passé composé**	
parais	paraissons	ai paru	avons paru
parais	paraissez	as paru	avez paru
paraît	paraissent	a paru	ont paru
2 imparfait de l'indicatif		**9 plus-que-parfait de l'indicatif**	
paraissais	paraissions	avais paru	avions paru
paraissais	paraissiez	avais paru	aviez paru
paraissait	paraissaient	avait paru	avaient paru
3 passé simple		**10 passé antérieur**	
parus	parûmes	eus paru	eûmes paru
parus	parûtes	eus paru	eûtes paru
parut	parurent	eut paru	eurent paru
4 futur		**11 futur antérieur**	
paraîtrai	paraîtrons	aurai paru	aurons paru
paraîtras	paraîtrez	auras paru	aurez paru
paraîtra	paraîtront	aura paru	auront paru
5 conditionnel		**12 conditionnel passé**	
paraîtrais	paraîtrions	aurais paru	aurions paru
paraîtrais	paraîtriez	aurais paru	auriez paru
paraîtrait	paraîtraient	aurait paru	auraient paru
6 présent du subjonctif		**13 passé du subjonctif**	
paraisse	paraissions	aie paru	ayons paru
paraisses	paraissiez	aies paru	ayez paru
paraisse	paraissent	ait paru	aient paru
7 imparfait du subjonctif		**14 plus-que-parfait du subjonctif**	
parusse	parussions	eusse paru	eussions paru
parusses	parussiez	eusses paru	eussiez paru
parût	parussent	eût paru	eussent paru

Impératif
parais
paraissons
paraissez

P

Words and expressions related to this verb

l'apparition *f.* apparition, appearance
Cela me paraît incroyable. That seems
  unbelievable to me.
Le jour paraît. Day is breaking.
réapparaître to reappear
Ce livre vient de paraître. This book has just
  been published.
la parution (act of) publication

See also **apparaître, disparaître,** and
reparaître.

Syn.: **apparaître** to appear, to come
into view; **avoir l'air** to seem, to appear
(conjugate **avoir**); **se manifester** to appear
(299) (aux. **être**); **se montrer** to show
oneself, to appear (299, 83); **sembler** to seem
(Def. and Imp.)
Ant.: **se cacher** to hide oneself; **disparaître**
to disappear

The subject pronouns are found on page 103.

pardonner (325)

Part. pr. pardonnant **Part. passé pardonné**

to pardon, to forgive

Regular **-er** verb

The Seven Simple Tenses		The Seven Compound Tenses	
Singular	Plural	Singular	Plural
1 présent de l'indicatif		**8 passé composé**	
pardonne	pardonnons	ai pardonné	avons pardonné
pardonnes	pardonnez	as pardonné	avez pardonné
pardonne	pardonnent	a pardonné	ont pardonné
2 imparfait de l'indicatif		**9 plus-que-parfait de l'indicatif**	
pardonnais	pardonnions	avais pardonné	avions pardonné
pardonnais	pardonniez	avais pardonné	aviez pardonné
pardonnait	pardonnaient	avait pardonné	avaient pardonné
3 passé simple		**10 passé antérieur**	
pardonnai	pardonnâmes	eus pardonné	eûmes pardonné
pardonnas	pardonnâtes	eus pardonné	eûtes pardonné
pardonna	pardonnèrent	eut pardonné	eurent pardonné
4 futur		**11 futur antérieur**	
pardonnerai	pardonnerons	aurai pardonné	aurons pardonné
pardonneras	pardonnerez	auras pardonné	aurez pardonné
pardonnera	pardonneront	aura pardonné	auront pardonné
5 conditionnel		**12 conditionnel passé**	
pardonnerais	pardonnerions	aurais pardonné	aurions pardonné
pardonnerais	pardonneriez	aurais pardonné	auriez pardonné
pardonnerait	pardonneraient	aurait pardonné	auraient pardonné
6 présent du subjonctif		**13 passé du subjonctif**	
pardonne	pardonnions	aie pardonné	ayons pardonné
pardonnes	pardonniez	aies pardonné	ayez pardonné
pardonne	pardonnent	ait pardonné	aient pardonné
7 imparfait du subjonctif		**14 plus-que-parfait du subjonctif**	
pardonnasse	pardonnassions	eusse pardonné	eussions pardonné
pardonnasses	pardonnassiez	eusses pardonné	eussiez pardonné
pardonnât	pardonnassent	eût pardonné	eussent pardonné

Impératif
pardonne
pardonnons
pardonnez

Sentences using this verb and words related to it

pardonner à qqn de qqch to forgive someone for something

J'ai pardonné à mon ami d'être arrivé en retard. I forgave my friend for having arrived late.

un pardon forgiveness, pardon
un don gift
pardonnable forgivable, pardonable
Pardonnez-moi. Pardon me.

Marie-Thérèse, ce que vous venez de faire est impardonnable. Marie-Thérèse, what you just did is unforgivable.

See also **donner.**

Syn.: **absoudre** to absolve; **disculper** to exonerate (27); **épargner** to spare (10); **excuser** to excuse; **innocenter** to clear (90); **se venger** to avenge oneself (490) (aux. être)
Ant.: **accuser** to accuse; **blâmer** to blame; **condamner** to condemn (98); **punir** to punish

The Seven Simple Tenses		The Seven Compound Tenses	
Singular	Plural	Singular	Plural

1 présent de l'indicatif

parle	parlons
parles	parlez
parle	parlent

8 passé composé

ai parlé	avons parlé
as parlé	avez parlé
a parlé	ont parlé

2 imparfait de l'indicatif

parlais	parlions
parlais	parliez
parlait	parlaient

9 plus-que-parfait de l'indicatif

avais parlé	avions parlé
avais parlé	aviez parlé
avait parlé	avaient parlé

3 passé simple

parlai	parlâmes
parlas	parlâtes
parla	parlèrent

10 passé antérieur

eus parlé	eûmes parlé
eus parlé	eûtes parlé
eut parlé	eurent parlé

4 futur

parlerai	parlerons
parleras	parlerez
parlera	parleront

11 futur antérieur

aurai parlé	aurons parlé
auras parlé	aurez parlé
aura parlé	auront parlé

5 conditionnel

parlerais	parlerions
parlerais	parleriez
parlerait	parleraient

12 conditionnel passé

aurais parlé	aurions parlé
aurais parlé	auriez parlé
aurait parlé	auraient parlé

6 présent du subjonctif

parle	parlions
parles	parliez
parle	parlent

13 passé du subjonctif

aie parlé	ayons parlé
aies parlé	ayez parlé
ait parlé	aient parlé

7 imparfait du subjonctif

parlasse	parlassions
parlasses	parlassiez
parlât	parlassent

14 plus-que-parfait du subjonctif

eusse parlé	eussions parlé
eusses parlé	eussiez parlé
eût parlé	eussent parlé

P

Impératif
parle
parlons
parlez

AN ESSENTIAL
55 VERB

Parler is an essential verb because it is used in many everyday situations and idiomatic expressions. It is an essential verb for a beginning student.

Sentences using parler

Ce n'est qu'une façon de parler. It's just a way of speaking.

Avez-vous jamais entendu parler de cela? Have you ever heard of that?

Je ne peux pas vous entendre. Parlez plus fort, s'il vous plaît. I can't hear you. Please speak more loudly.

Écoutez, le professeur va nous adresser la parole. Listen, the professor is going to speak to us.

Ici on parle français. French is spoken here.

Grand parleur, petit faiseur. All talk no action.

Words and expressions related to this verb

parler à haute voix **to speak in a loud voice**

parler haut **to speak loudly**

parler bas **to speak softly**

la parole **spoken word**

parler à **to talk to**

parler de **to talk about (of)**

le don de la parole **the gift of gab**

les pourparlers **negotiations**

francophone **French-speaking**

anglophone **English-speaking**

hispanophone **Spanish-speaking**

parler affaires **to talk business, to talk shop**

sans parler de . . . **not to mention . . .**

parler pour qqn **to speak for someone**

parler contre qqn **to speak against someone**

un parloir **parlor (room where people talk)**

le franc-parler **outspokenness**

à proprement parler **strictly speaking**

adresser la parole à **to speak to, to direct one's words at**

entendre parler de **to hear about**

reparler **to speak again**

le parleur, la parleuse **talker**

Proverbs and expressions

Il est bon de parler et meilleur de se taire. **(La Fontaine) Speech is silver; silence is golden.**

Toute parole n'est pas bonne à dire. **Not everything is worth saying.**

J'en parlerai à mon cheval. **I don't care what you're talking about. (Literally: I'll talk to my horse about it.)**

Syn.: bavarder to chat; dire to say; discuter to discuss; énoncer to state (371); s'exprimer to express oneself (220) (aux. être)
Ant.: se taire to be silent, not to speak

The Seven Simple Tenses		The Seven Compound Tenses	
Singular	Plural	Singular	Plural
1 présent de l'indicatif		**8 passé composé**	
pars	partons	suis parti(e)	sommes parti(e)s
pars	partez	es parti(e)	êtes parti(e)(s)
part	partent	est parti(e)	sont parti(e)s
2 imparfait de l'indicatif		**9 plus-que-parfaît de l'indicatif**	
partais	partions	étais parti(e)	étions parti(e)s
partais	partiez	étais parti(e)	étiez parti(e)(s)
partait	partaient	était parti(e)	étaient parti(e)s
3 passé simple		**10 passé antérieur**	
partis	partîmes	fus parti(e)	fûmes parti(e)s
partis	partîtes	fus parti(e)	fûtes parti(e)(s)
partit	partirent	fut parti(e)	furent parti(e)s
4 futur		**11 futur antérieur**	
partirai	partirons	serai parti(e)	serons parti(e)s
partiras	partirez	seras parti(e)	serez parti(e)(s)
partira	partiront	sera parti(e)	seront parti(e)s
5 conditionnel		**12 conditionnel passé**	
partirais	partirions	serais parti(e)	serions parti(e)s
partirais	partiriez	serais parti(e)	seriez parti(e)(s)
partirait	partiraient	serait parti(e)	seraient parti(e)s
6 présent du subjonctif		**13 passé du subjonctif**	
parte	partions	sois parti(e)	soyons parti(e)s
partes	partiez	sois parti(e)	soyez parti(e)(s)
parte	partent	soit parti(e)	soient parti(e)s
7 imparfait du subjonctif		**14 plus-que-parfait du subjonctif**	
partisse	partissions	fusse parti(e)	fussions parti(e)s
partisses	partissiez	fusses parti(e)	fussiez parti(e)(s)
partît	partissent	fût parti(e)	fussent parti(e)s

P

Impératif
pars
partons
partez

AN ESSENTIAL
55 VERB

AN ESSENTIAL 55 VERB

Partir

Partir is an important verb for a beginning student because there are many words and idiomatic expressions that are based on it.

Sentences using partir

À quelle heure part le train pour Paris? At what time does the train for Paris leave?

Le train en partance pour Paris est sur la voie deux. The train leaving for Paris is on track two.

Dépêche-toi, Nathalie, nous partons tout de suite. Hurry up, Nathalie, we're leaving right away.

À partir de cet instant, tu vas faire tes devoirs avant de regarder la télévision. From this moment on, you are going to do your homework before watching television.

Je voudrais savoir à quelle heure l'avion part pour Montréal. I would like to know at what time the plane leaves for Montreal.

Proverbs

Le chat parti, les souris dansent. **When the cat is away, the mice will play.**

Rien ne sert de courir; il faut partir à point. **(La Fontaine, *le Lièvre et la Tortue*) There's no point in running; you have to leave at the right moment.**

Words and expressions related to this verb

en partance **due to depart**

à partir de **beginning with**

à partir de maintenant **from now on**

à partir d'aujourd'hui **from today on**

partir en voyage **to go on a trip**

partir en vacances **to leave for a vacation**

un département **department**

départir **to assign (regular -ir verb)**

se départir de **to depart from (Use être as auxiliary)**

repartir **to leave again, to set out again (Use être as auxiliary); to reply (Use avoir as auxiliary)**

Careful! répartir **(to divide up, share) is a regular -ir verb.**

un faux départ **false start**

Syn.: s'en aller to go away; quitter to leave; se sauver to run away; sortir to go out, to leave
Ant.: arriver to arrive; demeurer to remain, to stay; rester to remain, to stay; venir to come

See page 6 for more verbs that take être as auxiliary.

The Seven Simple Tenses		The Seven Compound Tenses	
Singular	Plural	Singular	Plural

1 présent de l'indicatif

passe	passons		
passes	passez		
passe	passent		

8 passé composé

ai passé		avons passé	
as passé		avez passé	
a passé		ont passé	

2 imparfait de l'indicatif

passais	passions		
passais	passiez		
passait	passaient		

9 plus-que-parfait de l'indicatif

avais passé		avions passé	
avais passé		aviez passé	
avait passé		avaient passé	

3 passé simple

passai	passâmes		
passas	passâtes		
passa	passèrent		

10 passé antérieur

eus passé		eûmes passé	
eus passé		eûtes passé	
eut passé		eurent passé	

4 futur

passerai	passerons		
passeras	passerez		
passera	passeront		

11 futur antérieur

aurai passé		aurons passé	
auras passé		aurez passé	
aura passé		auront passé	

5 conditionnel

passerais	passerions		
passerais	passeriez		
passerait	passeraient		

12 conditionnel passé

aurais passé		aurions passé	
aurais passé		auriez passé	
aurait passé		auraient passé	

6 présent du subjonctif

passe	passions		
passes	passiez		
passe	passent		

13 passé du subjonctif

aie passé		ayons passé	
aies passé		ayez passé	
ait passé		aient passé	

7 imparfait du subjonctif

passasse	passassions		
passasses	passassiez		
passât	passassent		

14 plus-que-parfait du subjonctif

eusse passé		eussions passé	
eusses passé		eussiez passé	
eût passé		eussent passé	

Impératif
passe
passons
passez

This verb is conjugated with **être** to indicate a state.

Example: **Ses soupçons sont passés en certitudes.**

This verb is conjugated with **être** when it means *to pass by, go by.*

Example: **Elle est passée chez moi.** She came by my house.

BUT This verb is conjugated with **avoir** when it has a direct object.

Examples: **Elle m'a passé le sel.** She passed me the salt.

Elle a passé un examen. She took an exam.

The subject pronouns are found on page 103.

Passez une bonne journée! Au revoir! Have a nice day! Good bye!

repasser to pass again; to iron

dépasser to protrude, to exceed, to surpass, to pass (a vehicle)

passable acceptable

passer un examen to take an exam

passer chez qqn to drop in on someone

passer un coup de fil à qqn to give someone a ring (a telephone call)

See also **repasser** and **se passer**. Review page 6.

Syn.: **aller** to go
Ant.: **rester** to remain

to skate   Regular **-er** verb

The Seven Simple Tenses		The Seven Compound Tenses	
Singular	Plural	Singular	Plural
1 présent de l'indicatif		**8 passé composé**	
patine	patinons	ai patiné	avons patiné
patines	patinez	as patiné	avez patiné
patine	patinent	a patiné	ont patiné
2 imparfait de l'indicatif		**9 plus-que-parfait de l'indicatif**	
patinais	patinions	avais patiné	avions patiné
patinais	patiniez	avais patiné	aviez patiné
patinait	patinaient	avait patiné	avaient patiné
3 passé simple		**10 passé antérieur**	
patinai	patinâmes	eus patiné	eûmes patiné
patinas	patinâtes	eus patiné	eûtes patiné
patina	patinèrent	eut patiné	eurent patiné
4 futur		**11 futur antérieur**	
patinerai	patinerons	aurai patiné	aurons patiné
patineras	patinerez	auras patiné	aurez patiné
patinera	patineront	aura patiné	auront patiné
5 conditionnel		**12 conditionnel passé**	
patinerais	patinerions	aurais patiné	aurions patiné
patinerais	patineriez	aurais patiné	auriez patiné
patinerait	patineraient	aurait patiné	auraient patiné
6 présent du subjonctif		**13 passé du subjonctif**	
patine	patinions	aie patiné	ayons patiné
patines	patiniez	aies patiné	ayez patiné
patine	patinent	ait patiné	aient patiné
7 imparfait du subjonctif		**14 plus-que-parfait du subjonctif**	
patinasse	patinassions	eusse patiné	eussions patiné
patinasses	patinassiez	eusses patiné	eussiez patiné
patinât	patinassent	eût patiné	eussent patiné

Impératif
patine
patinons
patinez

Words and expressions related to this verb

patiner sur glace to skate on ice
une patinette scooter
un patineur, une patineuse skater
le patinage skating
le patinage artistique figure skating

les patins à roues alignées inline skates
une patinoire skating rink
patiner sur roulettes, patiner à roulettes to roller-skate
le patinage à roulettes roller-skating
le patinage de vitesse speed skating

Soak up some verbs used in weather expressions. There's a list in the Appendixes!

Syn.: **déraper** to skid, to slip (59); **glisser** to glide, to slide (73)

Regular **-er** verb endings; spelling change: **-ayer** verbs
may change **y** to **i** before a mute **e** or may keep **y**   to pay (for)

The Seven Simple Tenses		The Seven Compound Tenses	
Singular	Plural	Singular	Plural
1 présent de l'indicatif		**8 passé composé**	
paie or **paye**	**payons**	**ai payé**	**avons payé**
paies or **payes**	**payez**	**as payé**	**avez payé**
paie or **paye**	**paient** or **payent**	**a payé**	**ont payé**
2 imparfait de l'indicatif		**9 plus-que-parfait de l'indicatif**	
payais	**payions**	**avais payé**	**avions payé**
payais	**payiez**	**avais payé**	**aviez payé**
payait	**payaient**	**avait payé**	**avaient payé**
3 passé simple		**10 passé antérieur**	
payai	**payâmes**	**eus payé**	**eûmes payé**
payas	**payâtes**	**eus payé**	**eûtes payé**
paya	**payèrent**	**eut payé**	**eurent payé**
4 futur		**11 futur antérieur**	
paierai	**paierons**	**aurai payé**	**aurons payé**
paieras	**paierez**	**auras payé**	**aurez payé**
paiera	**paieront**	**aura payé**	**auront payé**
or			
payerai	**payerons**	**12 conditionnel passé**	
payeras	**payerez**	**aurais payé**	**aurions payé**
payera	**payeront**	**aurais payé**	**auriez payé**
		aurait payé	**auraient payé**
5 conditionnel			
paierais	**paierions**	**13 passé du subjonctif**	
paierais	**paieriez**	**aie payé**	**ayons payé**
paierait	**paieraient**	**aies payé**	**ayez payé**
or		**ait payé**	**aient payé**
payerais	**payerions**		
payerais	**payeriez**	**14 plus-que-parfait du subjonctif**	
payerait	**payeraient**	**eusse payé**	**eussions payé**
		eusses payé	**eussiez payé**
6 présent du subjonctif		**eût payé**	**eussent payé**
paie or **paye**	**payions**		
paies or **payes**	**payiez**		
paie or **paye**	**paient** or **payent**		
		Impératif	
7 imparfait du subjonctif		**paie** or **paye**	
payasse	**payassions**	**payons**	
payasses	**payassiez**	**payez**	
payât	**payassent**		

AN ESSENTIAL
55 VERB

Payer

Payer is an important verb for you to know because of its spelling change before a mute **e**. **Payer** is also useful for shopping when you travel!

Sentences using payer **and related words**

Payez à la caisse, s'il vous plaît. Please pay at the cashier.

Nous payons toutes nos factures à la fin du mois. We pay all our bills at the end of the month.

Roland paye par carte bancaire, mais Olivier paye comptant. Roland pays by credit card, but Olivier pays cash.

If you can conjugate **payer** you can also conjugate the following verbs:

> **débrayer to disengage the clutch**
>
> **défrayer to pay expenses**
>
> **repayer to pay again**
>
> **sous-payer to underpay**
>
> **surpayer to overpay**

Syn.: **acquitter** to pay a bill, to acquit (374); **débourser** to spend (27); **dédommager** to compensate (305); **dépenser** to spend money; **régler** to settle (87); **rembourser** to reimburse (27); **verser** to pay
Ant.: **emprunter** to borrow; **encaisser** to cash (274); **garder** to keep; **recevoir** to receive; **vendre** to sell

Words and expressions related to this verb

un paiement (or payement) payment

avoir de quoi payer to have the means to pay

payable payable

se faire payer à dîner par qqn to get your dinner paid for by someone

payer cher to pay a lot

payer peu to pay little

payer comptant, payer en espèces to pay in cash

payer l'addition to pay the check

payer à la caisse to pay at the counter (cashier's desk)

Proverb

Les gens payent bien quand ils payent comptant. People pay well when they pay cash.

Can't find the verb you're looking for? Check the back pages of this book for a list of over 2,700 additional verbs!

Regular **-er** verb endings; spelling change:
é changes to **è** before syllable with mute **e**

to sin, to commit a sin

The Seven Simple Tenses		The Seven Compound Tenses	
Singular	Plural	Singular	Plural

1 présent de l'indicatif		8 passé composé	
pèche	péchons	ai péché	avons péché
pèches	péchez	as péché	avez péché
pèche	pèchent	a péché	ont péché

2 imparfait de l'indicatif		9 plus-que-parfait de l'indicatif	
péchais	péchions	avais péché	avions péché
péchais	péchiez	avais péché	aviez péché
péchait	péchaient	avait péché	avaient péché

3 passé simple		10 passé antérieur	
péchai	péchâmes	eus péché	eûmes péché
péchas	péchâtes	eus péché	eûtes péché
pécha	péchèrent	eut péché	eurent péché

4 futur		11 futur antérieur	
pécherai	pécherons	aurai péché	aurons péché
pécheras	pécherez	auras péché	aurez péché
péchera	pécheront	aura péché	auront péché

5 conditionnel		12 conditionnel passé	
pécherais	pécherions	aurais péché	aurions péché
pécherais	pécheriez	aurais péché	auriez péché
pécherait	pécheraient	aurait péché	auraient péché

6 présent du subjonctif		13 passé du subjonctif	
pèche	péchions	aie péché	ayons péché
pèches	péchiez	aies péché	ayez péché
pèche	pèchent	ait péché	aient péché

7 imparfait du subjonctif		14 plus-que-parfait du subjonctif	
péchasse	péchassions	eusse péché	eussions péché
péchasses	péchassiez	eusses péché	eussiez péché
péchât	péchassent	eût péché	eussent péché

P

Impératif
pèche
péchons
péchez

Words and expressions related to this verb

le péché sin
un pécheur, une pécheresse sinner
à tout péché miséricorde forgiveness for every
  sin
commettre, faire un péché to commit sin
vivre dans le péché to lead a sinful life
les sept péchés capitaux the seven deadly sins

Syn.: **faillir** to fail; **manquer** to miss;
transgresser to transgress (353)
Ant.: **respecter** to respect (8)

Do not confuse this verb with **pêcher,** *to fish.*

The subject pronouns are found on page 103.

pêcher (332)

to fish

The Seven Simple Tenses		The Seven Compound Tenses	
Singular	Plural	Singular	Plural
1 présent de l'indicatif		**8 passé composé**	
pêche	pêchons	ai pêché	avons pêché
pêches	pêchez	as pêché	avez pêché
pêche	pêchent	a pêché	ont pêché
2 imparfait de l'indicatif		**9 plus-que-parfait de l'indicatif**	
pêchais	pêchions	avais pêché	avions pêché
pêchais	pêchiez	avais pêché	aviez pêché
pêchait	pêchaient	avait pêché	avaient pêché
3 passé simple		**10 passé antérieur**	
pêchai	pêchâmes	eus pêché	eûmes pêché
pêchas	pêchâtes	eus pêché	eûtes pêché
pâcha	pêchèrent	eut pêché	eurent pêché
4 futur		**11 futur antérieur**	
pêcherai	pêcherons	aurai pêché	aurons pêché
pêcheras	pêcherez	auras pêché	aurez pêché
pêchera	pêcheront	aura pêché	auront pêché
5 conditionnel		**12 conditionnel passé**	
pêcherais	pêcherions	aurais pêché	aurions pêché
pêcherais	pêcheriez	aurais pêché	auriez pêché
pêcherait	pêcheraient	aurait pêché	auraient pêché
6 présent du subjonctif		**13 passé du subjonctif**	
pêche	pêchions	aie pêché	ayons pêché
pêches	pêchiez	aies pêché	ayez pêché
pêche	pêchent	ait pêché	aient pêché
7 imparfait du subjonctif		**14 plus-que-parfait du subjonctif**	
pêchasse	pêchassions	eusse pêché	eussions pêché
pêchasses	pêchassiez	eusses pêché	eussiez pêché
pêchât	pêchassent	eût pêché	eussent pêché

Impératif
pêche
pêchons
pêchez

Common idiomatic expressions using this verb

Samedi nous irons à la pêche. Saturday we are going fishing.

aller à la pêche to go fishing

un pêcheur fisherman; **une pêcheuse** fisherwoman

un bateau pêcheur fishing boat

le repêchage recovery, (act of) fishing out
la pêche au filet net fishing
un pêcheur de perles pearl diver
repêcher to fish out

Syn.: **attraper** to catch; **repêcher** to fish out (332)

Do not confuse this verb with **pécher**, *to sin*. And do not confuse **une pêche** (*peach*), which is a fruit, with a verb form of **pêcher** and with the noun **la pêche**, which means *fishing*, the sport.

se peigner (333)

Reflexive regular **-er** verb

to comb one's hair

The Seven Simple Tenses		The Seven Compound Tenses	
Singular	Plural	Singular	Plural
1 présent de l'indicatif		**8 passé composé**	
me peigne	nous peignons	me suis peigné(e)	nous sommes peigné(e)s
te peignes	vous peignez	t'es peigné(e)	vous êtes peigné(e)(s)
se peigne	se peignent	s'est peigné(e)	se sont peigné(e)s
2 imparfait de l'indicatif		**9 plus-que-parfait de l'indicatif**	
me peignais	nous peignions	m'étais peigné(e)	nous étions peigné(e)s
te peignais	vous peigniez	t'étais peigné(e)	vous étiez peigné(e)(s)
se peignait	se peignaient	s'était peigné(e)	s'étaient peigné(e)s
3 passé simple		**10 passé antérieur**	
me peignai	nous peignâmes	me fus peigné(e)	nous fûmes peigné(e)s
te peignas	vous peignâtes	te fus peigné(e)	vous fûtes peigné(e)(s)
se peigna	se peignèrent	se fut peigné(e)	se furent peigné(e)s
4 futur		**11 futur antérieur**	
me peignerai	nous peignerons	me serai peigné(e)	nous serons peigné(e)s
te peigneras	vous peignerez	te seras peigné(e)	vous serez peigné(e)(s)
se peignera	se peigneront	se sera peigné(e)	se seront peigné(e)s
5 conditionnel		**12 conditionnel passé**	
me peignerais	nous peignerions	me serais peigné(e)	nous serions peigné(e)s
te peignerais	vous peigneriez	te serais peigné(e)	vous seriez peigné(e)(s)
se peignerait	se peigneraient	se serait peigné(e)	se seraient peigné(e)s
6 présent du subjonctif		**13 passé du subjonctif**	
me peigne	nous peignions	me sois peigné(e)	nous soyons peigné(e)s
te peignes	vous peigniez	te sois peigné(e)	vous soyez peigné(e)(s)
se peigne	se peignent	se soit peigné(e)	se soient peigné(e)s
7 imparfait du subjonctif		**14 plus-que-parfait du subjonctif**	
me peignasse	nous peignassions	me fusse peigné(e)	nous fussions peigné(e)s
te peignasses	vous peignassiez	te fusses peigné(e)	vous fussiez peigné(e)(s)
se peignât	se peignassent	se fût peigné(e)	se fussent peigné(e)s

P

Impératif
peigne-toi; ne te peigne pas
peignons-nous; ne nous peignons pas
peignez-vous; ne vous peignez pas

Sentences using this verb and words related to it

Ma mère a lavé les cheveux de ma petite soeur et elle l'a peignée. My mother washed my little sister's hair and she combed her.
Après cela, elle s'est lavé les cheveux et elle s'est peignée. After that, she washed her hair and combed her hair.
peigner qqn to comb someone
un peigne a comb
un peignoir dressing gown

mal peigné(e)(s) untidy hair, dishevelled
bien peigné(e)(s) well combed
un peignoir de bain bathrobe

Syn.: **se coiffer** to do one's own hair (122); **se démêler** to comb out (82, 122)
Ant.: **décoiffer qqn** to mess up someone's hair (443); **dépeigner** to mess (hair) (10); **écheveler** to dishevel (38)

The subject pronouns are found on page 103.

peindre (334)

to paint, to portray

Part. pr. **peignant**   Part. passé **peint**

The Seven Simple Tenses

Singular	Plural
1 présent de l'indicatif	
peins	peignons
peins	peignez
peint	peignent
2 imparfait de l'indicatif	
peignais	peignions
peignais	peigniez
peignait	peignaient
3 passé simple	
peignis	peignîmes
peignis	peignîtes
peignit	peignirent
4 futur	
peindrai	peindrons
peindras	peindrez
peindra	peindront
5 conditionnel	
peindrais	peindrions
peindrais	peindriez
peindrait	peindraient
6 présent du subjonctif	
peigne	peignions
peignes	peigniez
peigne	peignent
7 imparfait du subjonctif	
peignisse	peignissions
peignisses	peignissiez
peignît	peignissent

The Seven Compound Tenses

Singular	Plural
8 passé composé	
ai peint	avons peint
as peint	avez peint
a peint	ont peint
9 plus-que-parfait de l'indicatif	
avais peint	avions peint
avais peint	aviez peint
avait peint	avaient peint
10 passé antérieur	
eus peint	eûmes peint
eus peint	eûtes peint
eut peint	eurent peint
11 futur antérieur	
aurai peint	aurons peint
auras peint	aurez peint
aura peint	auront peint
12 conditionnel passé	
aurais peint	aurions peint
aurais peint	auriez peint
aurait peint	auraient peint
13 passé du subjonctif	
aie peint	ayons peint
aies peint	ayez peint
ait peint	aient peint
14 plus-que-parfait du subjonctif	
eusse peint	eussions peint
eusses peint	eussiez peint
eût peint	eussent peint

Impératif
peins
peignons
peignez

Sentences using this verb and words related to it

—**Qui a peint ce tableau? Mon fils. Il est artiste peintre.** Who painted this picture? My son. He's an artist.
une peinture painting, picture
un tableau painting, picture
une peinture à l'huile oil painting
peintre en bâtiments house painter
dépeindre to depict, to describe
PEINTURE FRAÎCHE WET PAINT

un peintre painter
un artiste peintre artist
une femme peintre woman artist
une palette de peintre artist's palette
se faire peindre to have one's portrait painted

See also **dépeindre**.

Syn.: **colorer** to color (22); **dépeindre** to portray; **dessiner** to draw, to sketch; **peinturer** to paint (Qc) (272); **représenter** to represent (60)
Ant.: **décaper** to strip paint (235)

The Seven Simple Tenses		The Seven Compound Tenses	
Singular	Plural	Singular	Plural
1 présent de l'indicatif		**8 passé composé**	
pends	pendons	ai pendu	avons pendu
pends	pendez	as pendu	avez pendu
pend	pendent	a pendu	ont pendu
2 imparfait de l'indicatif		**9 plus-que-parfait de l'indicatif**	
pendais	pendions	avais pendu	avions pendu
pendais	pendiez	avais pendu	aviez pendu
pendait	pendaient	avait pendu	avaient pendu
3 passé simple		**10 passé antérieur**	
pendis	pendîmes	eus pendu	eûmes pendu
pendis	pendîtes	eus pendu	eûtes pendu
pendit	pendirent	eut pendu	eurent pendu
4 futur		**11 futur antérieur**	
pendrai	pendrons	aurai pendu	aurons pendu
pendras	pendrez	auras pendu	aurez pendu
pendra	pendront	aura pendu	auront pendu
5 conditionnel		**12 conditionnel passé**	
pendrais	pendrions	aurais pendu	aurions pendu
pendrais	pendriez	aurais pendu	auriez pendu
pendrait	pendraient	aurait pendu	auraient pendu
6 présent du subjonctif		**13 passé du subjonctif**	
pende	pendions	aie pendu	ayons pendu
pendes	pendiez	aies pendu	ayez pendu
pende	pendent	ait pendu	aient pendu
7 imparfait du subjonctif		**14 plus-que-parfait du subjonctif**	
pendisse	pendissions	eusse pendu	eussions pendu
pendisses	pendissiez	eusses pendu	eussiez pendu
pendît	pendissent	eût pendu	eussent pendu

	Impératif
	pends
	pendons
	pendez

P

Words and expressions related to this verb

pendre des rideaux to hang curtains
pendre qqch to hang something
pendre qqn to hang someone
se pendre to hang oneself
dépendre de to depend on
pendant during; **pendant que** while
un pendant pendant, main piece of a necklace, hanging ornament
suspendre un lustre to hang a chandelier (ceiling lighting fixture)
pendu, pendue *adj.* hung (thing); hanged (person)

un pendule pendulum
une pendule clock
un pendant d'oreille pendant earring, drop earring

See also **dépendre** and **suspendre**.

Syn.: **accrocher** to hang up; **attacher** to attach (82); **fixer** to fasten; **lyncher** to lynch (78); **suspendre** to suspend
Ant.: **décrocher** to unhook (13); **dépendre** to take down (something that's hanging), to depend; **détacher** to detach (82)

The subject pronouns are found on page 103.

penser (336)

to think

Regular **-er** verb

The Seven Simple Tenses		The Seven Compound Tenses	
Singular	Plural	Singular	Plural
1 présent de l'indicatif		**8 passé composé**	
pense	pensons	ai pensé	avons pensé
penses	pensez	as pensé	avez pensé
pense	pensent	a pensé	ont pensé
2 imparfait de l'indicatif		**9 plus-que-parfait de l'indicatif**	
pensais	pensions	avais pensé	avions pensé
pensais	pensiez	avais pensé	aviez pensé
pensait	pensaient	avait pensé	avaient pensé
3 passé simple		**10 passé antérieur**	
pensai	pensâmes	eus pensé	eûmes pensé
pensas	pensâtes	eus pensé	eûtes pensé
pensa	pensèrent	eut pensé	eurent pensé
4 futur		**11 futur antérieur**	
penserai	penserons	aurai pensé	aurons pensé
penseras	penserez	auras pensé	aurez pensé
pensera	penseront	aura pensé	auront pensé
5 conditionnel		**12 conditionnel passé**	
penserais	penserions	aurais pensé	aurions pensé
penserais	penseriez	aurais pensé	auriez pensé
penserait	penseraient	aurait pensé	auraient pensé
6 présent du subjonctif		**13 passé du subjonctif**	
pense	pensions	aie pensé	ayons pensé
penses	pensiez	aies pensé	ayez pensé
pense	pensent	ait pensé	aient pensé
7 imparfait du subjonctif		**14 plus-que-parfait du subjonctif**	
pensasse	pensassions	eusse pensé	eussions pensé
pensasses	pensassiez	eusses pensé	eussiez pensé
pensât	pensassent	eût pensé	eussent pensé

Impératif
pense
pensons
pensez

Common idiomatic expressions using this verb

À quoi penses-tu? What are you thinking about?

Je pense aux vacances d'été. I am thinking about summer vacation.

Que pensez-vous de ma nouvelle voiture? What do you think about my new car?

Note: If you want to say that you're making up your mind (reflecting on something) use **réfléchir**.

penser à to think of, to think about; **penser de** to think about (*i.e.*, to have an opinion about); **un pense-bête** reminder (*e.g.*, string around one's finger); **repenser** to rethink

Syn.: **cogiter** to cogitate, to ponder (215); **considérer** to consider (87); **croire** to believe; **juger** to judge; **peser qqch** to weigh something, to think out; **raisonner** to reason 443; **songer** to dream, to think
Ant.: **négliger** to neglect (119); **oublier** to forget

The Seven Simple Tenses		The Seven Compound Tenses	
Singular	Plural	Singular	Plural
1 présent de l'indicatif		**8 passé composé**	
perds	perdons	ai perdu	avons perdu
perds	perdez	as perdu	avez perdu
perd	perdent	a perdu	ont perdu
2 imparfait de l'indicatif		**9 plus-que-parfait de l'indicatif**	
perdais	perdions	avais perdu	avions perdu
perdais	perdiez	avais perdu	aviez perdu
perdait	perdaient	avait perdu	avaient perdu
3 passé simple		**10 passé antérieur**	
perdis	perdîmes	eus perdu	eûmes perdu
perdis	perdîtes	eus perdu	eûtes perdu
perdit	perdirent	eut perdu	eurent perdu
4 futur		**11 futur antérieur**	
perdrai	perdrons	aurai perdu	aurons perdu
perdras	perdrez	auras perdu	aurez perdu
perdra	perdront	aura perdu	auront perdu
5 conditionnel		**12 conditionnel passé**	
perdrais	perdrions	aurais perdu	aurions perdu
perdrais	perdriez	aurais perdu	auriez perdu
perdrait	perdraient	aurait perdu	auraient perdu
6 présent du subjonctif		**13 passé du subjonctif**	
perde	perdions	aie perdu	ayons perdu
perdes	perdiez	aies perdu	ayez perdu
perde	perdent	ait perdu	aient perdu
7 imparfait du subjonctif		**14 plus-que-parfait du subjonctif**	
perdisse	perdissions	eusse perdu	eussions perdu
perdisses	perdissiez	eusses perdu	eussiez perdu
perdît	perdissent	eût perdu	eussent perdu

P

Impératif
perds
perdons
perdez

AN ESSENTIAL
55 VERB

AN ESSENTIAL 55 VERB

Perdre

Perdre is an important verb for a beginning French student because it is a regular -re verb and because it is used in numerous everyday situations and idiomatic expressions.

Sentences using perdre

Vous n'avez rien à perdre. You have nothing to lose.

Je me suis perdu(e). I'm lost. (I lost my way.)

À cause du verglas, le chauffeur a perdu la maîtrise de sa voiture. Because of the black ice, the driver lost control of his car.

Quand on n'a rien à perdre, on peut bien tout risquer. (Jean-Louis Laya) When one has nothing to lose, one can risk everything.

Syn.: **désorienter** to disorientate (113); **échouer** to fail; **oublier** to forget
Ant.: **avoir** to have; **conserver** to preserve (27); **gagner** to win; **garder** to keep; **trouver** to find; **vaincre** to conquer

Words and expressions related to this verb

se perdre **to lose oneself, to lose one's way, to be ruined**

perdre son temps **to waste one's time**

perdre son chemin **to lose one's way**

perdre pied **to lose one's footing**

perdre les pédales **to lose one's head**

perdre le nord, perdre la boule **to go crazy**

perdre connaissance **to faint**

perdre l'esprit **to go out of one's mind**

une perte **loss**

perdre de vue **to lose sight of**

perdre la raison **to take leave of one's senses**

éperdu, éperdue **distraught, overcome**

éperdument **passionately**

reperdre **to lose again**

Can't remember the French verb you need? Check the back pages of this book for the English-French verb index!

Regular **-ir** verb

to perish, to die

The Seven Simple Tenses		The Seven Compound Tenses	
Singular	Plural	Singular	Plural

1 présent de l'indicatif		8 passé composé	
péris	périssons	ai péri	avons péri
péris	périssez	as péri	avez péri
périt	périssent	a péri	ont péri

2 imparfait de l'indicatif		9 plus-que-parfait de l'indicatif	
périssais	périssions	avais péri	avions péri
périssais	périssiez	avais péri	aviez péri
périssait	périssaient	avait péri	avaient péri

3 passé simple		10 passé antérieur	
péris	pérîmes	eus péri	eûmes péri
péris	pérîtes	eus péri	eûtes péri
périt	périrent	eut péri	eurent péri

4 futur		11 futur antérieur	
périrai	périrons	aurai péri	aurons péri
périras	périrez	auras péri	aurez péri
périra	périront	aura péri	auront péri

5 conditionnel		12 conditionnel passé	
périrais	péririons	aurais péri	aurions péri
périrais	péririez	aurais péri	auriez péri
périrait	périraient	aurait péri	auraient péri

6 présent du subjonctif		13 passé du subjonctif	
périsse	périssions	aie péri	ayons péri
périsses	périssiez	aies péri	ayez péri
périsse	périssent	ait péri	aient péri

7 imparfait du subjonctif		14 plus-que-parfait du subjonctif	
périsse	périssions	eusse péri	eussions péri
périsses	périssiez	eusses péri	eussiez péri
pérît	périssent	eût péri	eussent péri

Impératif
péris
périssons
périssez

P

Common idiomatic expressions using this verb
faire périr to kill
s'ennuyer à périr to be bored to death
périssable perishable
périr d'ennui to be bored to death
péri en mer lost at sea
périr de froid to freeze to death
les denrées périssables perishable foods
impérissable imperishable, eternal

Syn.: **décéder** to pass away (87); **disparaître** to die, to disappear; **mourir** to die
Ant.: **exister** to exist (349); **naître** to be born; **vivre** to live

The subject pronouns are found on page 103.

permettre (339)

Part. pr. permettant   **Part. passé permis**

to permit, to allow, to let

The Seven Simple Tenses		The Seven Compound Tenses	
Singular	Plural	Singular	Plural

1 présent de l'indicatif		8 passé composé	
permets	permettons	ai permis	avons permis
permets	permettez	as permis	avez permis
permet	permettent	a permis	ont permis

2 imparfait de l'indicatif		9 plus-que-parfait de l'indicatif	
permettais	permettions	avais permis	avions permis
permettais	permettiez	avais permis	aviez permis
permettait	permettaient	avait permis	avaient permis

3 passé simple		10 passé antérieur	
permis	permîmes	eus permis	eûmes permis
permis	permîtes	eus permis	eûtes permis
permit	permirent	eut permis	eurent permis

4 futur		11 futur antérieur	
permettrai	permettrons	aurai permis	aurons permis
permettras	permettrez	auras permis	aurez permis
permettra	permettront	aura permis	auront permis

5 conditionnel		12 conditionnel passé	
permettrais	permettrions	aurais permis	aurions permis
permettrais	permettriez	aurais permis	auriez permis
permettrait	permettraient	aurait permis	auraient permis

6 présent du subjonctif		13 passé du subjonctif	
permette	permettions	aie permis	ayons permis
permettes	permettiez	aies permis	ayez permis
permette	permettent	ait permis	aient permis

7 imparfait du subjonctif		14 plus-que-parfait du subjonctif	
permisse	permissions	eusse permis	eussions permis
permisses	permissiez	eusses permis	eussiez permis
permît	permissent	eût permis	eussent permis

Impératif
permets
permettons
permettez

Common idiomatic expressions using this verb and words related to it

Ma patronne m'a permis de quitter le travail un peu tôt. My boss allowed me to leave work a bit early.

permettre à qqn de faire qqch to permit (to allow) someone to do something

Vous permettez? May I? Do you mind?

s'il est permis if it is allowed, permitted

un permis permit

un permis de conduire driving license

la permission permission

se permettre de faire qqch to take the liberty to do something; to venture to do something

un permis de construction building permit

See also **commettre, mettre, omettre, promettre, remettre, soumettre,** and **transmettre.**

Syn.: **accorder** to grant, to admit; **admettre** to admit; **autoriser** to authorize (16); **consentir** to consent, to agree
Ant.: **défendre** to forbid, to prohibit; **empêcher** to prevent, to hinder; **interdire** to forbid, to prohibit; **prohiber** to prohibit (251)

Regular **-er** verb   to persuade, to convince, to induce

The Seven Simple Tenses		The Seven Compound Tenses	
Singular	Plural	Singular	Plural
1 présent de l'indicatif		8 passé composé	
persuade	persuadons	ai persuadé	avons persuadé
persuades	persuadez	as persuadé	avez persuadé
persuade	persuadent	a persuadé	ont persuadé
2 imparfait de l'indicatif		9 plus-que-parfait de l'indicatif	
persuadais	persuadions	avais persuadé	avions persuadé
persuadais	persuadiez	avais persuadé	aviez persuadé
persuadait	persuadaient	avait persuadé	avaient persuadé
3 passé simple		10 passé antérieur	
persuadai	persuadâmes	eus persuadé	eûmes persuadé
persuadas	persuadâtes	eus persuadé	eûtes persuadé
persuada	persuadèrent	eut persuadé	eurent persuadé
4 futur		11 futur antérieur	
persuaderai	persuaderons	aurai persuadé	aurons persuadé
persuaderas	persuaderez	auras persuadé	aurez persuadé
persuadera	persuaderont	aura persuadé	auront persuadé
5 conditionnel		12 conditionnel passé	
persuaderais	persuaderions	aurais persuadé	aurions persuadé
persuaderais	persuaderiez	aurais persuadé	auriez persuadé
persuaderait	persuaderaient	aurait persuadé	auraient persuadé
6 présent du subjonctif		13 passé du subjonctif	
persuade	persuadions	aie persuadé	ayons persuadé
persuades	persuadiez	aies persuadé	ayez persuadé
persuade	persuadent	ait persuadé	aient persuadé
7 imparfait du subjonctif		14 plus-que-parfait du subjonctif	
persuadasse	persuadassions	eusse persuadé	eussions persuadé
persuadasses	persuadassiez	eusses persuadé	eussiez persuadé
persuadât	persuadassent	eût persuadé	eussent persuadé

P

Impératif
persuade
persuadons
persuadez

Words and expressions related to this verb

persuader à qqn de faire qqch to induce
someone to do something
persuader qqn de qqch to persuade someone
of something
dissuader de to dissuade from
la persuasion persuasion
persuasif, persuasive persuasive

persuasivement persuasively
se persuader de qqch to persuade (convince)
oneself of something

Syn.: **convaincre** to convince; **décider** to
decide; **séduire** to seduce
Ant.: **déconseiller** to advise against (109);
dissuader de to dissuade from (340)

to weigh

**Regular -er verb endings; spelling change:
e changes to è before syllable with mute e**

The Seven Simple Tenses		The Seven Compound Tenses	
Singular	Plural	Singular	Plural
1 présent de l'indicatif		**8 passé composé**	
pèse	pesons	ai pesé	avons pesé
pèses	pesez	as pesé	avez pesé
pèse	pèsent	a pesé	ont pesé
2 imparfait de l'indicatif		**9 plus-que-parfait de l'indicatif**	
pesais	pesions	avais pesé	avions pesé
pesais	pesiez	avais pesé	aviez pesé
pesait	pesaient	avait pesé	avaient pesé
3 passé simple		**10 passé antérieur**	
pesai	pesâmes	eus pesé	eûmes pesé
pesas	pesâtes	eus pesé	eûtes pesé
pesa	pesèrent	eut pesé	eurent pesé
4 futur		**11 futur antérieur**	
pèserai	pèserons	aurai pesé	aurons pesé
pèseras	pèserez	auras pesé	aurez pesé
pèsera	pèseront	aura pesé	auront pesé
5 conditionnel		**12 conditionnel passé**	
pèserais	pèserions	aurais pesé	aurions pesé
pèserais	pèseriez	aurais pesé	auriez pesé
pèserait	pèseraient	aurait pesé	auraient pesé
6 présent du subjonctif		**13 passé du subjonctif**	
pèse	pesions	aie pesé	ayons pesé
pèses	pesiez	aies pesé	ayez pesé
pèse	pèsent	ait pesé	aient pesé
7 imparfait du subjonctif		**14 plus-que-parfait du subjonctif**	
pesasse	pesassions	eusse pesé	eussions pesé
pesasses	pesassiez	eusses pesé	eussiez pesé
pesât	pesassent	eût pesé	eussent pesé

Impératif
pèse
pesons
pesez

Words and expressions related to this verb

peser qqch to weigh something; to ponder; to
   think out, to consider
peser sur to weigh upon
se peser to weigh oneself
pesamment heavily
un pèse-lettre weight scale for letters
   (**des pèse-lettres**)
le poids weight (measured)
la pesanteur weight, gravity

pesant, pesante heavy, weighty
poids et mesures weights and measures
perdre du poids to lose weight
un pèse-personne a bathroom scale

Syn.: **accabler** to overwhelm (407); **balancer**
to weigh, to balance; **estimer** to estimate (27);
jauger to gauge, to size up (76); **mesurer** to
measure (54)
Ant.: **alléger** to lighten, to ease (52); **soulager**
to relieve (305)

Regular **-er** verb endings; spelling change:
c changes to **ç** before **a** or **o** to keep **s** sound

to place, to put

The Seven Simple Tenses		The Seven Compound Tenses	
Singular	Plural	Singular	Plural
1 présent de l'indicatif		8 passé composé	
place	plaçons	ai placé	avons placé
places	placez	as placé	avez placé
place	placent	a placé	ont placé
2 imparfait de l'indicatif		9 plus-que-parfait de l'indicatif	
plaçais	placions	avais placé	avions placé
plaçais	placiez	avais placé	aviez placé
plaçait	plaçaient	avait placé	avaient placé
3 passé simple		10 passé antérieur	
plaçai	plaçâmes	eus placé	eûmes placé
plaças	plaçâtes	eus placé	eûtes placé
plaça	placèrent	eut placé	eurent placé
4 futur		11 futur antérieur	
placerai	placerons	aurai placé	aurons placé
placeras	placerez	auras placé	aurez placé
placera	placeront	aura placé	auront placé
5 conditionnel		12 conditionnel passé	
placerais	placerions	aurais placé	aurions placé
placerais	placeriez	aurais placé	auriez placé
placerait	placeraient	aurait placé	auraient placé
6 présent du subjonctif		13 passé du subjonctif	
place	placions	aie placé	ayons placé
places	placiez	aies placé	ayez placé
place	placent	ait placé	aient placé
7 imparfait du subjonctif		14 plus-que-parfait du subjonctif	
plaçasse	plaçassions	eusse placé	eussions placé
plaçasses	plaçassiez	eusses placé	eussiez placé
plaçât	plaçassent	eût placé	eussent placé

Impératif
place
plaçons
placez

Sentences using this verb and words related to it

Quand je vais au cinéma, je n'aime pas être placé trop près de l'écran. When I go to the movies, I don't like to be seated too close to the screen.

une place a seat, a place; **placé(e)** seated, situated

chaque chose à sa place everything in its place
un placement placing
un bureau de placement employment agency

se placer to place oneself, to take a seat, to find employment
replacer to replace, put back

See also **remplacer**.

Syn.: **fixer** to set, to arrange; **installer** to install (27); **mettre** to put, to place; **poser** to lay, to put, to pose; **situer** to situate, to locate (483)
Ant.: **déplacer** to displace, to move (342); **déranger** to disturb

P

The subject pronouns are found on page 103.

plaindre (343)

Part. pr. **plaignant**   Part. passé **plaint**

to pity

Irregular verb

The Seven Simple Tenses		The Seven Compound Tenses	
Singular	Plural	Singular	Plural
1 présent de l'indicatif		8 passé composé	
plains	plaignons	ai plaint	avons plaint
plains	plaignez	as plaint	avez plaint
plaint	plaignent	a plaint	ont plaint
2 imparfait de l'indicatif		9 plus-que-parfait de l'indicatif	
plaignais	plaignions	avais plaint	avions plaint
plaignais	plaigniez	avais plaint	aviez plaint
plaignait	plaignaient	avait plaint	avaient plaint
3 passé simple		10 passé antérieur	
plaignis	plaignîmes	eus plaint	eûmes plaint
plaignis	plaignîtes	eus plaint	eûtes plaint
plaignit	plaignirent	eut plaint	eurent plaint
4 futur		11 futur antérieur	
plaindrai	plaindrons	aurai plaint	aurons plaint
plaindras	plaindrez	auras plaint	aurez plaint
plaindra	plaindront	aura plaint	auront plaint
5 conditionnel		12 conditionnel passé	
plaindrais	plaindrions	aurais plaint	aurions plaint
plaindrais	plaindriez	aurais plaint	auriez plaint
plaindrait	plaindraient	aurait plaint	auraient plaint
6 présent du subjonctif		13 passé du subjonctif	
plaigne	plaignions	aie plaint	ayons plaint
plaignes	plaigniez	aies plaint	ayez plaint
plaigne	plaignent	ait plaint	aient plaint
7 imparfait du subjonctif		14 plus-que-parfait du subjonctif	
plaignisse	plaignissions	eusse plaint	eussions plaint
plaignisses	plaignissiez	eusses plaint	eussiez plaint
plaignît	plaignissent	eût plaint	eussent plaint

Impératif
plains
plaignons
plaignez

Sentences using this verb and words related to it

Pauvre Madame Bayou! Elle a des ennuis et je la plains. Poor Mrs. Bayou! She has problems and I pity her.
une plainte groan, moan, protest, complaint
porter plainte contre to bring charges against
déposer/faire une plainte to file a complaint
plaintif, plaintive plaintive
plaintivement plaintively, mournfully

Je te plains. I feel for you; I feel sorry for you; I pity you.
être à plaindre to be pitied
Elle est à plaindre. She is to be pitied.

For additional related words, see **se plaindre.**

Syn.: **s'apitoyer de** to feel sorry for (187) (aux. **être**); **compatir** to sympathize (95)
Ant.: **envier** to envy (212)

Reflexive irregular verb   to complain, to lament, to moan

The Seven Simple Tenses		The Seven Compound Tenses	
Singular	Plural	Singular	Plural

1 présent de l'indicatif

me plains	**nous plaignons**
te plains	**vous plaignez**
se plaint	**se plaignent**

8 passé composé

me suis plaint(e)	**nous sommes plaint(e)s**
t'es plaint(e)	**vous êtes plaint(e)(s)**
s'est plaint(e)	**se sont plaint(e)s**

2 imparfait de l'indicatif

me plaignais	**nous plaignions**
te plaignais	**vous plaigniez**
se plaignait	**se plaignaient**

9 plus-que-parfait de l'indicatif

m'étais plaint(e)	**nous étions plaint(e)s**
t'étais plaint(e)	**vous étiez plaint(e)(s)**
s'était plaint(e)	**s'étaient plaint(e)s**

3 passé simple

me plaignis	**nous plaignîmes**
te plaignis	**vous plaignîtes**
se plaignit	**se plaignirent**

10 passé antérieur

me fus plaint(e)	**nous fûmes plaint(e)s**
te fus plaint(e)	**vous fûtes plaint(e)(s)**
se fut plaint(e)	**se furent plaint(e)s**

4 futur

me plaindrai	**nous plaindrons**
te plaindras	**vous plaindrez**
se plaindra	**se plaindront**

11 futur antérieur

me serai plaint(e)	**nous serons plaint(e)s**
te seras plaint(e)	**vous serez plaint(e)(s)**
se sera plaint(e)	**se seront plaint(e)s**

5 conditionnel

me plaindrais	**nous plaindrions**
te plaindrais	**vous plaindriez**
se plaindrait	**se plaindraient**

12 conditionnel passé

me serais plaint(e)	**nous serions plaint(e)s**
te serais plaint(e)	**vous seriez plaint(e)(s)**
se serait plaint(e)	**se seraient plaint(e)s**

6 présent du subjonctif

me plaigne	**nous plaignions**
te plaignes	**vous plaigniez**
se plaigne	**se plaignent**

13 passé du subjonctif

me sois plaint(e)	**nous soyons plaint(e)s**
te sois plaint(e)	**vous soyez plaint(e)(s)**
se soit plaint(e)	**se soient plaint(e)s**

7 imparfait du subjonctif

me plaignisse	**nous plaignissions**
te plaignisses	**vous plaignissiez**
se plaignît	**se plaignissent**

14 plus-que-parfait du subjonctif

me fusse plaint(e)	**nous fussions plaint(e)s**
te fusses plaint(e)	**vous fussiez plaint(e)(s)**
se fût plaint(e)	**se fussent plaint(e)s**

Impératif
plains-toi; ne te plains pas
plaignons-nous; ne nous plaignons pas
plaignez-vous; ne vous plaignez pas

P

Common idiomatic expressions using this verb

Thomas se plaint constamment. Hier il s'est plaint de son travail. Aujourd'hui il se plaint de son lit, et je suis certain que demain il se plaindra du temps! Thomas complains constantly. Yesterday he moaned about his job. Today he's complaining about his bed and I'm certain that tomorrow he will complain about the weather!
se plaindre du temps to complain about the weather

se plaindre de qqn ou de qqch to complain of, to find fault with, someone or something
avoir bonne raison de se plaindre to have a good reason to complain

For other words related to this verb, see **plaindre**.

Syn.: **se lamenter** to lament (425) (aux. **être**); **pleurer** to cry, to mourn; **protester** to protest (160); **rouspéter** to complain (87)
Ant.: **se contenter de** to content oneself with (464, 277); **souffrir** to endure; **supporter** to endure, to tolerate

The subject pronouns are found on page 103.   **491**

The Seven Simple Tenses		The Seven Compound Tenses	
Singular	Plural	Singular	Plural
1 présent de l'indicatif		8 passé composé	
plais	**plaisons**	**ai plu**	**avons plu**
plais	**plaisez**	**as plu**	**avez plu**
plaît	**plaisent**	**a plu**	**ont plu**
2 imparfait de l'indicatif		9 plus-que-parfait de l'indicatif	
plaisais	**plaisions**	**avais plu**	**avions plu**
plaisais	**plaisiez**	**avais plu**	**aviez plu**
plaisait	**plaisaient**	**avait plu**	**avaient plu**
3 passé simple		10 passé antérieur	
plus	**plûmes**	**eus plu**	**eûmes plu**
plus	**plûtes**	**eus plu**	**eûtes plu**
plut	**plurent**	**eut plu**	**eurent plu**
4 futur		11 futur antérieur	
plairai	**plairons**	**aurai plu**	**aurons plu**
plairas	**plairez**	**auras plu**	**aurez plu**
plaira	**plairont**	**aura plu**	**auront plu**
5 conditionnel		12 conditionnel passé	
plairais	**plairions**	**aurais plu**	**aurions plu**
plairais	**plairiez**	**aurais plu**	**auriez plu**
plairait	**plairaient**	**aurait plu**	**auraient plu**
6 présent du subjonctif		13 passé du subjonctif	
plaise	**plaisions**	**aie plu**	**ayons plu**
plaises	**plaisiez**	**aies plu**	**ayez plu**
plaise	**plaisent**	**ait plu**	**aient plu**
7 imparfait du subjonctif		14 plus-que-parfait du subjonctif	
plusse	**plussions**	**eusse plu**	**eussions plu**
plusses	**plussiez**	**eusses plu**	**eussiez plu**
plût	**plussent**	**eût plu**	**eussent plu**

Impératif
plais
plaisons
plaisez

Common idiomatic expressions using this verb

plaire à qqn to please, to be pleasing to someone; **Son mariage a plu à sa famille.** Her (his) marriage pleased her (his) family. **Est-ce que ce cadeau lui plaira?** Will this present please her (him)? Will this gift be pleasing to her (to him)?

se plaire à to take pleasure in; **Robert se plaît à ennuyer son petit frère.** Robert takes pleasure in bothering his little brother.

le plaisir delight, pleasure

s'il vous plaît; s'il te plaît please (if it is pleasing to you); **avec plaisir** with pleasure

Il a beaucoup plu hier et cela m'a beaucoup plu. It rained a lot yesterday and that pleased me a great deal. (See **pleuvoir**)

See also **déplaire**.

Syn.: **charmer** to charm (238); **complaire à** to try to please (345); **enchanter** to enchant (90); **satisfaire** to satisfy
Ant.: **dégoûter** to disgust (244); **déplaire** to displease; **ennuyer** to annoy, to bore; **offenser** to offend (336)

The Seven Simple Tenses		The Seven Compound Tenses	
Singular	Plural	Singular	Plural
1 présent de l'indicatif		**8 passé composé**	
plaisante	plaisantons	ai plaisanté	avons plaisanté
plaisantes	plaisantez	as plaisanté	avez plaisanté
plaisante	plaisantent	a plaisanté	ont plaisanté
2 imparfait de l'indicatif		**9 plus-que-parfait de l'indicatif**	
plaisantais	plaisantions	avais plaisanté	avions plaisanté
plaisantais	plaisantiez	avais plaisanté	aviez plaisanté
plaisantait	plaisantaient	avait plaisanté	avaient plaisanté
3 passé simple		**10 passé antérieur**	
plaisantai	plaisantâmes	eus plaisanté	eûmes plaisanté
plaisantas	plaisantâtes	eus plaisanté	eûtes plaisanté
plaisanta	plaisantèrent	eut plaisanté	eurent plaisanté
4 futur		**11 futur antérieur**	
plaisanterai	plaisanterons	aurai plaisanté	aurons plaisanté
plaisanteras	plaisanterez	auras plaisanté	aurez plaisanté
plaisantera	plaisanteront	aura plaisanté	auront plaisanté
5 conditionnel		**12 conditionnel passé**	
plaisanterais	plaisanterions	aurais plaisanté	aurions plaisanté
plaisanterais	plaisanteriez	aurais plaisanté	auriez plaisanté
plaisanterait	plaisanteraient	aurait plaisanté	auraient plaisanté
6 présent du subjonctif		**13 passé du subjonctif**	
plaisante	plaisantions	aie plaisanté	ayons plaisanté
plaisantes	plaisantiez	aies plaisanté	ayez plaisanté
plaisante	plaisantent	ait plaisanté	aient plaisanté
7 imparfait du subjonctif		**14 plus-que-parfait du subjonctif**	
plaisantasse	plaisantassions	eusse plaisanté	eussions plaisanté
plaisantasses	plaisantassiez	eusses plaisanté	eussiez plaisanté
plaisantât	plaisantassent	eût plaisanté	eussent plaisanté

Impératif
plaisante
plaisantons
plaisantez

P

Words and expressions related to this verb

pour plaisanter for fun
une plaisanterie joke, joking
dire des plaisanteries to crack jokes
en plaisantant in fun
dire une chose par plaisanterie to say
    something in a joking way
prendre bien une plaisanterie to know how to
    take a joke

Syn.: **blaguer** to joke (307); **jouer** to play; **se moquer** to make fun; **taquiner** to tease (329)
Ant.: **être sérieux** to be serious (conjugate **être**)

pleurer (347)

to cry, to weep, to mourn

Regular **-er** verb

The Seven Simple Tenses		The Seven Compound Tenses	
Singular	Plural	Singular	Plural

1 présent de l'indicatif

		8 passé composé	
pleure	pleurons	ai pleuré	avons pleuré
pleures	pleurez	as pleuré	avez pleuré
pleure	pleurent	a pleuré	ont pleuré

2 imparfait de l'indicatif

		9 plus-que-parfait de l'indicatif	
pleurais	pleurions	avais pleuré	avions pleuré
pleurais	pleuriez	avais pleuré	aviez pleuré
pleurait	pleuraient	avait pleuré	avaient pleuré

3 passé simple

		10 passé antérieur	
pleurai	pleurâmes	eus pleuré	eûmes pleuré
pleuras	pleurâtes	eus pleuré	eûtes pleuré
pleura	pleurèrent	eut pleuré	eurent pleuré

4 futur

		11 futur antérieur	
pleurerai	pleurerons	aurai pleuré	aurons pleuré
pleureras	pleurerez	auras pleuré	aurez pleuré
pleurera	pleureront	aura pleuré	auront pleuré

5 conditionnel

		12 conditionnel passé	
pleurerais	pleurerions	aurais pleuré	aurions pleuré
pleurerais	pleureriez	aurais pleuré	auriez pleuré
pleurerait	pleureraient	aurait pleuré	auraient pleuré

6 présent du subjonctif

		13 passé du subjonctif	
pleure	pleurions	aie pleuré	ayons pleuré
pleures	pleuriez	aies pleuré	ayez pleuré
pleure	pleurent	ait pleuré	aient pleuré

7 imparfait du subjonctif

		14 plus-que-parfait du subjonctif	
pleurasse	pleurassions	eusse pleuré	eussions pleuré
pleurasses	pleurassiez	eusses pleuré	eussiez pleuré
pleurât	pleurassent	eût pleuré	eussent pleuré

Impératif
pleure
pleurons
pleurez

Common idiomatic expressions using this verb
and words related to it

pleurer toutes les larmes de son corps to cry
one's eyes out
une larme a tear
un pleur a tear
pleurard, pleurarde whimpering person
une pièce pleurnicharde soap opera

larmoyant, larmoyante tearful, lachrymose
un pleurnicheur, une pleurnicheuse crybaby

Syn.: **brailler** to bawl, to cry (477); **larmoyer**
to water (eye) (187); **se plaindre** to lament;
pleurnicher to snivel, to whine (285)
Ant.: **s'amuser** to enjoy oneself, to have
fun; **badiner** to jest (167); **se réjouir** to be
delighted (270) (aux. **être**); **rire** to laugh

The Seven Simple Tenses		The Seven Compound Tenses	
Singular	Plural	Singular	Plural
1 présent de l'indicatif		**8 passé composé**	
plie	plions	ai plié	avons plié
plies	pliez	as plié	avez plié
plie	plient	a plié	ont plié
2 imparfait de l'indicatif		**9 plus-que-parfait de l'indicatif**	
pliais	pliions	avais plié	avions plié
pliais	pliiez	avais plié	aviez plié
pliait	pliaient	avait plié	avaient plié
3 passé simple		**10 passé antérieur**	
pliai	pliâmes	eus plié	eûmes plié
plias	pliâtes	eus plié	eûtes plié
plia	plièrent	eut plié	eurent plié
4 futur		**11 futur antérieur**	
plierai	plierons	aurai plié	aurons plié
plieras	plierez	auras plié	aurez plié
pliera	plieront	aura plié	auront plié
5 conditionnel		**12 conditionnel passé**	
plierais	plierions	aurais plié	aurions plié
plierais	plieriez	aurais plié	auriez plié
plierait	plieraient	aurait plié	auraient plié
6 présent du subjonctif		**13 passé du subjonctif**	
plie	pliions	aie plié	ayons plié
plies	pliiez	aies plié	ayez plié
plie	plient	ait plié	aient plié
7 imparfait du subjonctif		**14 plus-que-parfait du subjonctif**	
pliasse	pliassions	eusse plié	eussions plié
pliasses	pliassiez	eusses plié	eussiez plié
pliât	pliassent	eût plié	eussent plié

Impératif
plie
plions
pliez

Sentences using this verb and words related to it

En pliant un morceau de papier ainsi, tu peux faire un petit avion en papier. By folding a piece of paper in this way, you can make a little paper airplane.

Je plie et ne romps pas. (La Fontaine, le roseau dans "Le Chêne et le Roseau") I bend and do not break. (La Fontaine, the reed in "The Oak and the Reed")

Words and expressions related to this verb

plier en deux to double over
un pli fold, wrinkle, crease

sous pli séparé under separate cover
se plier à to submit to
plier devant qqn to submit to someone
un dépliant brochure
plier bagage to pack up, to pack one's bags
un plié plié (ballet)
se replier to fold back

> Syn.: **arquer** to arch, to curve (284); **fléchir** to bend, to flex (383); **plisser** to pleat, to crease (73); **replier** to fold up (129)
> Ant.: **déplier** to unfold (389)

The subject pronouns are found on page 103.

porter (349)

to carry, to wear

Part. pr. portant   **Part. passé porté**

Regular **-er** verb

The Seven Simple Tenses		The Seven Compound Tenses	
Singular	Plural	Singular	Plural
1 présent de l'indicatif		**8 passé composé**	
porte	portons	ai porté	avons porté
portes	portez	as porté	avez porté
porte	portent	a porté	ont porté
2 imparfait de l'indicatif		**9 plus-que-parfait de l'indicatif**	
portais	portions	avais porté	avions porté
portais	portiez	avais porté	aviez porté
portait	portaient	avait porté	avaient porté
3 passé simple		**10 passé antérieur**	
portai	portâmes	eus porté	eûmes porté
portas	portâtes	eus porté	eûtes porté
porta	portèrent	eut porté	eurent porté
4 futur		**11 futur antérieur**	
porterai	porterons	aurai porté	aurons porté
porteras	porterez	auras porté	aurez porté
portera	porteront	aura porté	auront porté
5 conditionnel		**12 conditionnel passé**	
porterais	porterions	aurais porté	aurions porté
porterais	porteriez	aurais porté	auriez porté
porterait	porteraient	aurait porté	auraient porté
6 présent du subjonctif		**13 passé du subjonctif**	
porte	portions	aie porté	ayons porté
portes	portiez	aies porté	ayez porté
porte	portent	ait porté	aient porté
7 imparfait du subjonctif		**14 plus-que-parfait du subjonctif**	
portasse	portassions	eusse porté	eussions porté
portasses	portassiez	eusses porté	eussiez porté
portât	portassent	eût porté	eussent porté

Impératif
porte
portons
portez

Common idiomatic expressions using this verb and words related to it

porter la main sur qqn to raise one's hand against someone
porter son âge to look one's age
se porter to feel (health); **Comment vous portez-vous aujourd'hui?** How do you feel today? (Syn.: **Comment allez-vous aujourd'hui?** See **aller.**)
rapporter to bring back
exporter to export
importer to import; to matter, to be of importance
comporter to comprise

un porte-monnaie change purse (**des porte-monnaie**)
déporter to deport
se comporter to behave
emporter to carry away; *Autant en emporte le vent* (*Gone with the Wind*)
Elle porte de jolies robes. She wears pretty dresses.
un portable cell phone, laptop computer

See also **apporter** and **supporter.**

Syn.: **apporter** to bring; **emporter** to carry away (359); **mettre** to put on (clothing), to put; **transporter** to transport (349)
Ant.: **déposer** to put down (350); **lâcher** to let go, to release (82)

Regular **-er** verb

to lay, to place, to put, to set, to pose

The Seven Simple Tenses		The Seven Compound Tenses	
Singular	Plural	Singular	Plural
1 présent de l'indicatif		**8 passé composé**	
pose	posons	ai posé	avons posé
poses	posez	as posé	avez posé
pose	posent	a posé	ont posé
2 imparfait de l'indicatif		**9 plus-que-parfait de l'indicatif**	
posais	posions	avais posé	avions posé
posais	posiez	avais posé	aviez posé
posait	posaient	avait posé	avaient posé
3 passé simple		**10 passé antérieur**	
posai	posâmes	eus posé	eûmes posé
posas	posâtes	eus posé	eûtes posé
posa	posèrent	eut posé	eurent posé
4 futur		**11 futur antérieur**	
poserai	poserons	aurai posé	aurons posé
poseras	poserez	auras posé	aurez posé
posera	poseront	aura posé	auront posé
5 conditionnel		**12 conditionnel passé**	
poserais	poserions	aurais posé	aurions posé
poserais	poseriez	aurais posé	auriez posé
poserait	poseraient	aurait posé	auraient posé
6 présent du subjonctif		**13 passé du subjonctif**	
pose	posions	aie posé	ayons posé
poses	posiez	aies posé	ayez posé
pose	posent	ait posé	aient posé
7 imparfait du subjonctif		**14 plus-que-parfait du subjonctif**	
posasse	posassions	eusse posé	eussions posé
posasses	posassiez	eusses posé	eussiez posé
posât	posassent	eût posé	eussent posé

P

Impératif
pose
posons
posez

Words and expressions related to this verb

poser une question to ask a question
poser pour son portrait to sit for a portrait painting
faire poser qqn to keep someone waiting
déposer to deposit, to set (put) down
composer to compose
supposer to suppose
opposer to oppose; **s'opposer à** to be opposed to

reposer to set down again; **se reposer** to rest
exposer to exhibit, to expose
se poser to land, to alight (350, 83)

Syn.: **fixer** to set, to arrange (27); **installer** to install (27); **mettre** to put, to place; **placer** to place, to put
Ant.: **enlever** to remove, to take away

The subject pronouns are found on page 103.

posséder (351)

Part. pr. **possédant**   Part. passé **possédé**

to possess, to own, to master

Regular **-er** verb endings; spelling change:
é changes to **è** before syllable with mute **e**

The Seven Simple Tenses		The Seven Compound Tenses	
Singular	Plural	Singular	Plural
1 présent de l'indicatif		**8 passé composé**	
possède	possédons	ai possédé	avons possédé
possèdes	possédez	as possédé	avez possédé
possède	possèdent	a possédé	ont possédé
2 imparfait de l'indicatif		**9 plus-que-parfait de l'indicatif**	
possédais	possédions	avais possédé	avions possédé
possédais	possédiez	avais possédé	aviez possédé
possédait	possédaient	avait possédé	avaient possédé
3 passé simple		**10 passé antérieur**	
possédai	possédâmes	eus possédé	eûmes possédé
possédas	possédâtes	eus possédé	eûtes possédé
posséda	possédèrent	eut possédé	eurent possédé
4 futur		**11 futur antérieur**	
posséderai	posséderons	aurai possédé	aurons possédé
posséderas	posséderez	auras possédé	aurez possédé
possédera	posséderont	aura possédé	auront possédé
5 conditionnel		**12 conditionnel passé**	
posséderais	posséderions	aurais possédé	aurions possédé
posséderais	posséderiez	aurais possédé	auriez possédé
posséderait	posséderaient	aurait possédé	auraient possédé
6 présent du subjonctif		**13 passé du subjonctif**	
possède	possédions	aie possédé	ayons possédé
possèdes	possédiez	aies possédé	ayez possédé
possède	possèdent	ait possédé	aient possédé
7 imparfait du subjonctif		**14 plus-que-parfait du subjonctif**	
possédasse	possédassions	eusse possédé	eussions possédé
possédasses	possédassiez	eusses possédé	eussiez possédé
possédât	possédassent	eût possédé	eussent possédé

Impératif
possède
possédons
possédez

Words and expressions related to this verb

se faire posséder to be taken in
la possession possession, ownership
possessif, possessive possessive
se posséder to have control of oneself
un possesseur possessor, owner; Madame
  Goulu est possesseur d'un grand château.
déposséder de to dispossess of (from)
une dépossession dispossession

Syn.: **avoir** to have; **détenir** to detain, to hold
(463); **maîtriser** to control, to master (486)
Ant.: **déposséder** to deprive, to dispossess
(87)

The Seven Simple Tenses		The Seven Compound Tenses	
Singular	Plural	Singular	Plural
1 présent de l'indicatif		**8 passé composé**	
poursuis	**poursuivons**	**ai poursuivi**	**avons poursuivi**
poursuis	**poursuivez**	**as poursuivi**	**avez poursuivi**
poursuit	**poursuivent**	**a poursuivi**	**ont poursuivi**
2 imparfait de l'indicatif		**9 plus-que-parfait de l'indicatif**	
poursuivais	**poursuivions**	**avais poursuivi**	**avions poursuivi**
poursuivais	**poursuiviez**	**avais poursuivi**	**aviez poursuivi**
poursuivait	**poursuivaient**	**avait poursuivi**	**avaient poursuivi**
3 passé simple		**10 passé antérieur**	
poursuivis	**poursuivîmes**	**eus poursuivi**	**eûmes poursuivi**
poursuivis	**poursuivîtes**	**eus poursuivi**	**eûtes poursuivi**
poursuivit	**poursuivirent**	**eut poursuivi**	**eurent poursuivi**
4 futur		**11 futur antérieur**	
poursuivrai	**poursuivrons**	**aurai poursuivi**	**aurons poursuivi**
poursuivras	**poursuivrez**	**auras poursuivi**	**aurez poursuivi**
poursuivra	**poursuivront**	**aura poursuivi**	**auront poursuivi**
5 conditionnel		**12 conditionnel passé**	
poursuivrais	**poursuivrions**	**aurais poursuivi**	**aurions poursuivi**
poursuivrais	**poursuivriez**	**aurais poursuivi**	**auriez poursuivi**
poursuivrait	**poursuivraient**	**aurait poursuivi**	**auraient poursuivi**
6 présent du subjonctif		**13 passé du subjonctif**	
poursuive	**poursuivions**	**aie poursuivi**	**ayons poursuivi**
poursuives	**poursuiviez**	**aies poursuivi**	**ayez poursuivi**
poursuive	**poursuivent**	**ait poursuivi**	**aient poursuivi**
7 imparfait du subjonctif		**14 plus-que-parfait du subjonctif**	
poursuivisse	**poursuivissions**	**eusse poursuivi**	**eussions poursuivi**
poursuivisses	**poursuivissiez**	**eusses poursuivi**	**eussiez poursuivi**
poursuivît	**poursuivissent**	**eût poursuivi**	**eussent poursuivi**

P

Impératif
poursuis
poursuivons
poursuivez

Words and expressions related to this verb

se **poursuivre** to pursue each other
poursuivre qqn en justice to sue someone, to prosecute
poursuivre ses études to carry on one's studies
une **poursuite** pursuit
à la **poursuite de** in pursuit of
poursuivre son chemin to continue on one's way

See also **suivre**.

Syn.: **accuser** to accuse (law); **chasser** to hunt, to pursue; **continuer** to continue; **persécuter** to persecute (32); **pourchasser** to pursue (92)
Ant.: **abandonner** to abandon (171); **arrêter** to stop; **cesser** to cease; **éviter** to avoid; **finir** to finish; **précéder** to precede (87)

The subject pronouns are found on page 103.

Part. pr. **poussant**   Part. passé **poussé**

to push, to grow

The Seven Simple Tenses		The Seven Compound Tenses	
Singular	Plural	Singular	Plural

1 présent de l'indicatif

		8 passé composé	
pousse	poussons	ai poussé	avons poussé
pousses	poussez	as poussé	avez poussé
pousse	poussent	a poussé	ont poussé

2 imparfait de l'indicatif

		9 plus-que-parfait de l'indicatif	
poussais	poussions	avais poussé	avions poussé
poussais	poussiez	avais poussé	aviez poussé
poussait	poussaient	avait poussé	avaient poussé

3 passé simple

		10 passé antérieur	
poussai	poussâmes	eus poussé	eûmes poussé
poussas	poussâtes	eus poussé	eûtes poussé
poussa	poussèrent	eut poussé	eurent poussé

4 futur

		11 futur antérieur	
pousserai	pousserons	aurai poussé	aurons poussé
pousseras	pousserez	auras poussé	aurez poussé
poussera	pousseront	aura poussé	auront poussé

5 conditionnel

		12 conditionnel passé	
pousserais	pousserions	aurais poussé	aurions poussé
pousserais	pousseriez	aurais poussé	auriez poussé
pousserait	pousseraient	aurait poussé	auraient poussé

6 présent du subjonctif

		13 passé du subjonctif	
pousse	poussions	aie poussé	ayons poussé
pousses	poussiez	aies poussé	ayez poussé
pousse	poussent	ait poussé	aient poussé

7 imparfait du subjonctif

		14 plus-que-parfait du subjonctif	
poussasse	poussassions	eusse poussé	eussions poussé
poussasses	poussassiez	eusses poussé	eussiez poussé
poussât	poussassent	eût poussé	eussent poussé

Impératif
pousse
poussons
poussez

Common idiomatic expressions using this verb

une poussée a push, a thrust
pousser qqn à faire qqch to egg someone on to do something
Robert pousse une barbe. Robert is growing a beard.
pousser un cri to utter a cry; **pousser un soupir** to heave a sigh
repousser to repulse, to drive back; to grow in again, to grow back in

se pousser to push oneself; to push each other
un pousse-pousse rickshaw
pousser qqn à bout to corner someone
une poussette a stroller

Syn.: **avancer** to advance; **croître** to grow; **éloigner** to move away (194); **encourager** to encourage; **grandir** to grow; **lancer** to launch, to throw
Ant.: **amener** to bring; **dissuader** to dissuade (340); **empêcher** to hinder; **freiner** to slow (329); **tirer** to pull

The Seven Simple Tenses		The Seven Compound Tenses	
Singular	Plural	Singular	Plural
1 présent de l'indicatif		**8 passé composé**	
peux *or* **puis**	**pouvons**	**ai pu**	**avons pu**
peux	**pouvez**	**as pu**	**avez pu**
peut	**peuvent**	**a pu**	**ont pu**
2 imparfait de l'indicatif		**9 plus-que-parfait de l'indicatif**	
pouvais	**pouvions**	**avais pu**	**avions pu**
pouvais	**pouviez**	**avais pu**	**aviez pu**
pouvait	**pouvaient**	**avait pu**	**avaient pu**
3 passé simple		**10 passé antérieur**	
pus	**pûmes**	**eus pu**	**eûmes pu**
pus	**pûtes**	**eus pu**	**eûtes pu**
put	**purent**	**eut pu**	**eurent pu**
4 futur		**11 futur antérieur**	
pourrai	**pourrons**	**aurai pu**	**aurons pu**
pourras	**pourrez**	**auras pu**	**aurez pu**
pourra	**pourront**	**aura pu**	**auront pu**
5 conditionnel		**12 conditionnel passé**	
pourrais	**pourrions**	**aurais pu**	**aurions pu**
pourrais	**pourriez**	**aurais pu**	**auriez pu**
pourrait	**pourraient**	**aurait pu**	**auraient pu**
6 présent du subjonctif		**13 passé du subjonctif**	
puisse	**puissions**	**aie pu**	**ayons pu**
puisses	**puissiez**	**aies pu**	**ayez pu**
puisse	**puissent**	**ait pu**	**aient pu**
7 imparfait du subjonctif		**14 plus-que-parfait du subjonctif**	
pusse	**pussions**	**eusse pu**	**eussions pu**
pusses	**pussiez**	**eusses pu**	**eussiez pu**
pût	**pussent**	**eût pu**	**eussent pu**

P

Impératif
[not in use]

AN ESSENTIAL
55 VERB

Pouvoir

Pouvoir is a very important verb for a beginning French student because it is useful in many everyday situations and idiomatic expressions.

Sentences using pouvoir

Que me voulez-vous? What do you want from me?

Je n'y peux rien. I can't help it; I can't do anything about it.

Puis-je entrer?/Est-ce que je peux entrer? May I come in?

Cela se peut. That may be./That's possible.

Sauve qui peut! Run for your life!

Vouloir, c'est pouvoir. Where there's a will, there's a way.

Pouvez-vous me dire où se trouvent les toilettes? Can you tell me where the restrooms are located?

Je ne peux pas vous entendre. Parlez plus fort, s'il vous plaît. I cannot hear you. Please speak more loudly.

Où est-ce que je peux envoyer un courriel? Where can I send an e-mail?

Syn.: **être capable** to be able (conjugate **être**)

Do you need more drills? Have fun with the *501 French Verbs* CD-ROM!

Irregular verb

to predict, to foretell

The Seven Simple Tenses		The Seven Compound Tenses	
Singular	Plural	Singular	Plural

1 présent de l'indicatif		8 passé composé	
prédis	**prédisons**	**ai prédit**	**avons prédit**
prédis	**prédisez**	**as prédit**	**avez prédit**
prédit	**prédisent**	**a prédit**	**ont prédit**

2 imparfait de l'indicatif		9 plus-que-parfait de l'indicatif	
prédisais	**prédisions**	**avais prédit**	**avions prédit**
prédisais	**prédisiez**	**avais prédit**	**aviez prédit**
prédisait	**prédisaient**	**avait prédit**	**avaient prédit**

3 passé simple		10 passé antérieur	
prédis	**prédîmes**	**eus prédit**	**eûmes prédit**
prédis	**prédîtes**	**eus prédit**	**eûtes prédit**
prédit	**prédirent**	**eut prédit**	**eurent prédit**

4 futur		11 futur antérieur	
prédirai	**prédirons**	**aurai prédit**	**aurons prédit**
prédiras	**prédirez**	**auras prédit**	**aurez prédit**
prédira	**prédiront**	**aura prédit**	**auront prédit**

5 conditionnel		12 conditionnel passé	
prédirais	**prédirions**	**aurais prédit**	**aurions prédit**
prédirais	**prédiriez**	**aurais prédit**	**auriez prédit**
prédirait	**prédiraient**	**aurait prédit**	**auraient prédit**

6 présent du subjonctif		13 passé du subjonctif	
prédise	**prédisions**	**aie prédit**	**ayons prédit**
prédises	**prédisiez**	**aies prédit**	**ayez prédit**
prédise	**prédisent**	**ait prédit**	**aient prédit**

7 imparfait du subjonctif		14 plus-que-parfait du subjonctif	
prédisse	**prédissions**	**eusse prédit**	**eussions prédit**
prédisses	**prédissiez**	**eusses prédit**	**eussiez prédit**
prédît	**prédissent**	**eût prédit**	**eussent prédit**

Impératif
prédis
prédisons
prédisez

P

Words related to this verb

une prédiction prediction
prédire l'avenir to predict the future

See also **contredire, dire, interdire, maudire,**
and **médire.**

Compare (**vous**) **prédisez** with (**vous**) **dites** of
dire (verb 168).

Syn.: **annoncer** to announce; **augurer** to
foresee, to augur (272); **présager** to predict
(305); **prévoir** to foresee; **prophétiser** to
prophesy (486)
Ant.: **ignorer** not to know, to be unaware of
(22)

préférer (356)

to prefer

Regular **-er** verb endings; spelling change:
é changes to **è** before syllable with mute **e**

The Seven Simple Tenses		The Seven Compound Tenses	
Singular	Plural	Singular	Plural

1 présent de l'indicatif

préfère	préférons		
préfères	préférez		
préfère	préfèrent		

8 passé composé

ai préféré	avons préféré
as préféré	avez préféré
a préféré	ont préféré

2 imparfait de l'indicatif

préférais	préférions
préférais	préfériez
préférait	préféraient

9 plus-que-parfait de l'indicatif

avais préféré	avions préféré
avais préféré	aviez préféré
avait préféré	avaient préféré

3 passé simple

préférai	préférâmes
préféras	préférâtes
préféra	préférèrent

10 passé antérieur

eus préféré	eûmes préféré
eus préféré	eûtes préféré
eut préféré	eurent préféré

4 futur

préférerai	préférerons
préféreras	préférerez
préférera	préféreront

11 futur antérieur

aurai préféré	aurons préféré
auras préféré	aurez préféré
aura préféré	auront préféré

5 conditionnel

préférerais	préférerions
préférerais	préféreriez
préférerait	préféreraient

12 conditionnel passé

aurais préféré	aurions préféré
aurais préféré	auriez préféré
aurait préféré	auraient préféré

6 présent du subjonctif

préfère	préférions
préfères	préfériez
préfère	préfèrent

13 passé du subjonctif

aie préféré	ayons préféré
aies préféré	ayez préféré
ait préféré	aient préféré

7 imparfait du subjonctif

préférasse	préférassions
préférasses	préférassiez
préférât	préférassent

14 plus-que-parfait du subjonctif

eusse préféré	eussions préféré
eusses préféré	eussiez préféré
eût préféré	eussent préféré

Impératif
préfère
préférons
préférez

Sentences using this verb and words related to it

—Qu'est-ce que vous préférez faire ce soir?
  What do you prefer to do this evening?
—Je préfère aller voir un bon film. I prefer to
  go see a good movie.
Mon père préfère monter l'escalier. Il n'aime
  pas les ascenseurs! My father prefers to walk
  up the stairs. He doesn't like elevators!
une préférence a preference
préférentiel, préférentielle preferential
préférable preferable
préférablement preferably

de préférence à in preference to
Je n'ai pas de préférence. I have no
  preference.
par ordre de préférence in order of preference

Syn.: **aimer mieux** to prefer (conjugate
aimer); **choisir** to choose; **élire** to choose, to
elect; **opter pour** to opt for (113)
Ant.: **détester** to detest, to dislike; **haïr** to
hate (aspirate *h*; no liaison); **rejeter** to reject
(267)

The Seven Simple Tenses		The Seven Compound Tenses	
Singular	Plural	Singular	Plural
1 présent de l'indicatif		**8 passé composé**	
prends	prenons	ai pris	avons pris
prends	prenez	as pris	avez pris
prend	prennent	a pris	ont pris
2 imparfait de l'indicatif		**9 plus-que-parfait de l'indicatif**	
prenais	prenions	avais pris	avions pris
prenais	preniez	avais pris	aviez pris
prenait	prenaient	avait pris	avaient pris
3 passé simple		**10 passé antérieur**	
pris	prîmes	eus pris	eûmes pris
pris	prîtes	eus pris	eûtes pris
prit	prirent	eut pris	eurent pris
4 futur		**11 futur antérieur**	
prendrai	prendrons	aurai pris	aurons pris
prendras	prendrez	auras pris	aurez pris
prendra	prendront	aura pris	auront pris
5 conditionnel		**12 conditionnel passé**	
prendrais	prendrions	aurais pris	aurions pris
prendrais	prendriez	aurais pris	auriez pris
prendrait	prendraient	aurait pris	auraient pris
6 présent du subjonctif		**13 passé du subjonctif**	
prenne	prenions	aie pris	ayons pris
prennes	preniez	aies pris	ayez pris
prenne	prennent	ait pris	aient pris
7 imparfait du subjonctif		**14 plus-que-parfait du subjonctif**	
prisse	prissions	eusse pris	eussions pris
prisses	prissiez	eusses pris	eussiez pris
prît	prissent	eût pris	eussent pris

P

Impératif
prends
prenons
prenez

AN ESSENTIAL
55 VERB

The subject pronouns are found on page 103.

AN ESSENTIAL 55 VERB

Prendre

Prendre is a very useful French verb because, although it is irregular, many verbs are conjugated like it. It is used in numerous everyday situations and idiomatic expressions.

Sentences using prendre

Qu'est-ce qui vous prend? What's got into you?

J'ai pris assez de soleil. Je vais nager maintenant. I've had enough sun. I'm going to swim now.

Prenez garde de ne pas tomber. Take care not to fall.

Prenez garde de tomber. Avoid falling.

C'est à prendre ou à laisser. Take it or leave it.

Je ne sais comment m'y prendre. I don't know how to go about it.

—Qui a pris les fleurs qui étaient sur la table?

—C'est moi qui les ai prises.

—Who took the flowers that were on the table?

—I took them. (It is I who took them.)

Tel est pris qui croyait prendre. (La Fontaine, "Le Rat et l'Huître") He who believed he would take is taken. (That is, one can be hurt by one's own ignorance. La Fontaine, "The Rat and the Oyster")

Syn.: **arracher** to pull out; **boire** to drink; **enlever** to take away, to remove; **manger** to eat; **saisir** to seize; **tenir** to hold, to grasp; **voler** to steal
Ant.: **céder** to cede; **donner** to give; **lâcher** to let go, to release (82); **laisser** to leave; **perdre** to lose; **rendre** to return, to give back

Words and expressions related to this verb

à tout prendre **on the whole, all in all**

un preneur, une preneuse **taker, purchaser**

s'y prendre **to go about it, to handle it, to set about it**

prendre à témoin **to call to witness**

la prise **seize, capture;** La Prise de la Bastille **The Storming of the Bastille (July 14, 1789)**

prendre un bain **to take a bath**

prendre des photos **to take pictures**

prendre un bain de soleil **to sunbathe**

prendre garde de + inf. **to avoid + pres. part., to take care not + inf.**

prendre le parti de + inf. **to decide + inf.**

prendre un billet **to buy a ticket**

prendre fin **to come to an end**

If you can conjugate **prendre** you can also conjugate the following verbs:

apprendre **to learn**

comprendre **to understand**

se déprendre de qqn/qqch **to give up someone/something (Use être as auxiliary)**

désapprendre **to unlearn, forget**

entreprendre **to undertake**

s'éprendre de qqn **to fall for someone (Use être as auxiliary)**

se méprendre **to be mistaken (Use être as auxiliary)**

réapprendre **to relearn, learn again**

reprendre **to take again, take back**

surprendre **to surprise**

The Seven Simple Tenses		The Seven Compound Tenses	
Singular	Plural	Singular	Plural
1 présent de l'indicatif		**8 passé composé**	
prépare	**préparons**	**ai préparé**	**avons préparé**
prépares	**préparez**	**as préparé**	**avez préparé**
prépare	**préparent**	**a préparé**	**ont préparé**
2 imparfait de l'indicatif		**9 plus-que-parfait de l'indicatif**	
préparais	**préparions**	**avais préparé**	**avions préparé**
préparais	**prépariez**	**avais préparé**	**aviez préparé**
préparait	**préparaient**	**avait préparé**	**avaient préparé**
3 passé simple		**10 passé antérieur**	
préparai	**préparâmes**	**eus préparé**	**eûmes préparé**
préparas	**préparâtes**	**eus préparé**	**eûtes préparé**
prépara	**préparèrent**	**eut préparé**	**eurent préparé**
4 futur		**11 futur antérieur**	
préparerai	**préparerons**	**aurai préparé**	**aurons préparé**
prépareras	**préparerez**	**auras préparé**	**aurez préparé**
préparera	**prépareront**	**aura préparé**	**auront préparé**
5 conditionnel		**12 conditionnel passé**	
préparerais	**préparerions**	**aurais préparé**	**aurions préparé**
préparerais	**prépareriez**	**aurais préparé**	**auriez préparé**
préparerait	**prépareraient**	**aurait préparé**	**auraient préparé**
6 présent du subjonctif		**13 passé du subjonctif**	
prépare	**préparions**	**aie préparé**	**ayons préparé**
prépares	**prépariez**	**aies préparé**	**ayez préparé**
prépare	**préparent**	**ait préparé**	**aient préparé**
7 imparfait du subjonctif		**14 plus-que-parfait du subjonctif**	
préparasse	**préparassions**	**eusse préparé**	**eussions préparé**
préparasses	**préparassiez**	**eusses préparé**	**eussiez préparé**
préparât	**préparassent**	**eût préparé**	**eussent préparé**

Impératif
prépare
préparons
préparez

Sentences using this verb and words related to it

Si Robert avait préparé ses devoirs, il aurait reçu une bonne note. If Robert had prepared his homework, he would have received a good grade.
la préparation preparation
les préparatifs *m.* preparations
préparatoire preparatory
se préparer to prepare oneself
préparer un examen to study for an exam

Syn.: **aménager** to set up, to install (305); **apprêter** to get ready, to prepare (363); **disposer** to arrange (350); **former** to form (227); **organiser** to organize (486)
Ant.: **empêcher** to hinder; **improviser** to improvize (486); **terminer** to finish

The subject pronouns are found on page 103.   **507**

présenter (359)

to present, to introduce

Part. pr. **présentant**   Part. passé **présenté**

The Seven Simple Tenses		The Seven Compound Tenses	
Singular	Plural	Singular	Plural
1 présent de l'indicatif		**8 passé composé**	
présente	présentons	ai présenté	avons présenté
présentes	présentez	as présenté	avez présenté
présente	présentent	a présenté	ont présenté
2 imparfait de l'indicatif		**9 plus-que-parfait de l'indicatif**	
présentais	présentions	avais présenté	avions présenté
présentais	présentiez	avais présenté	aviez présenté
présentait	présentaient	avait présenté	avaient présenté
3 passé simple		**10 passé antérieur**	
présentai	présentâmes	eus présenté	eûmes présenté
présentas	présentâtes	eus présenté	eûtes présenté
présenta	présentèrent	eut présenté	eurent présenté
4 futur		**11 futur antérieur**	
présenterai	présenterons	aurai présenté	aurons présenté
présenteras	présenterez	auras présenté	aurez présenté
présentera	présenteront	aura présenté	auront présenté
5 conditionnel		**12 conditionnel passé**	
présenterais	présenterions	aurais présenté	aurions présenté
présenterais	présenteriez	aurais présenté	auriez présenté
présenterait	présenteraient	aurait présenté	auraient présenté
6 présent du subjonctif		**13 passé du subjonctif**	
présente	présentions	aie présenté	ayons présenté
présentes	présentiez	aies présenté	ayez présenté
présente	présentent	ait présenté	aient présenté
7 imparfait du subjonctif		**14 plus-que-parfait du subjonctif**	
présentasse	présentassions	eusse présenté	eussions présenté
présentasses	présentassiez	eusses présenté	eussiez présenté
présentât	présentassent	eût présenté	eussent présenté

Impératif
présente
présentons
présentez

Common idiomatic expressions using this verb

présenter qqn à qqn to introduce someone to someone

Je vous présente à mon professeur de français. May I introduce you to my French teacher?

un présentateur, une présentatrice newscaster, announcer

se présenter to introduce oneself

Permettez-moi de me présenter. Allow me to introduce myself.

présenter bien to make a good impression

présenter mal to make a bad impression

un présentoir display

Syn.: **faire connaître** to make known (conjugate **faire**); **introduire** to introduce; **offrir** to offer; **proposer** to propose (350)
Ant.: **cacher** to hide; **ignorer** not to know (22)

Regular **-er** verb

to press, to squeeze, to urge

The Seven Simple Tenses		The Seven Compound Tenses	
Singular	Plural	Singular	Plural
1 présent de l'indicatif		8 passé composé	
presse	pressons	ai pressé	avons pressé
presses	pressez	as pressé	avez pressé
presse	pressent	a pressé	ont pressé
2 imparfait de l'indicatif		9 plus-que-parfait de l'indicatif	
pressais	pressions	avais pressé	avions pressé
pressais	pressiez	avais pressé	aviez pressé
pressait	pressaient	avait pressé	avaient pressé
3 passé simple		10 passé antérieur	
pressai	pressâmes	eus pressé	eûmes pressé
pressas	pressâtes	eus pressé	eûtes pressé
pressa	pressèrent	eut pressé	eurent pressé
4 futur		11 futur antérieur	
presserai	presserons	aurai pressé	aurons pressé
presseras	presserez	auras pressé	aurez pressé
pressera	presseront	aura pressé	auront pressé
5 conditionnel		12 conditionnel passé	
presserais	presserions	aurais pressé	aurions pressé
presserais	presseriez	aurais pressé	auriez pressé
presserait	presseraient	aurait pressé	auraient pressé
6 présent du subjonctif		13 passé du subjonctif	
presse	pressions	aie pressé	ayons pressé
presses	pressiez	aies pressé	ayez pressé
presse	pressent	ait pressé	aient pressé
7 imparfait du subjonctif		14 plus-que-parfait du subjonctif	
pressasse	pressassions	eusse pressé	eussions pressé
pressasses	pressassiez	eusses pressé	eussiez pressé
pressât	pressassent	eût pressé	eussent pressé

	Impératif
	presse
	pressons
	pressez

P

Words and expressions related to this verb

presser qqn to hurry someone
la pression pressure
un presse-bouton push button (**presse-bouton** *adj. pl.*)
un presse-papiers paperweight (**des presse-papiers**)
un pressoir press
un presseur, une presseuse press worker
presser qqn de se décider to urge someone to make a decision
être sous pression to be under pressure

un presse-citron lemon squeezer (**des presse-citrons**)
faire le coup du presse-citron à qqn to put the squeeze on someone
le pressing steam pressing (dry cleaner's)

Syn.: **comprimer** to compress (220); **écraser** to crush (183); **pressurer** to press (54); **serrer** to press, to squeeze
Ant.: **se dilater** to dilate, to expand (74, 241); **ralentir** to slow down (95)

The subject pronouns are found on page 103.

509

se presser (361)

Part. pr. **se pressant**   Part. passé **pressé(e)(s)**

to be in a hurry, to make haste, to rush, to crowd

Reflexive regular **-er** verb

The Seven Simple Tenses		The Seven Compound Tenses	
Singular	Plural	Singular	Plural
1 présent de l'indicatif		**8 passé composé**	
me presse	nous pressons	me suis pressé(e)	nous sommes pressé(e)s
te presses	vous pressez	t'es pressé(e)	vous êtes pressé(e)(s)
se presse	se pressent	s'est pressé(e)	se sont pressé(e)s
2 imparfait de l'indicatif		**9 plus-que-parfait de l'indicatif**	
me pressais	nous pressions	m'étais pressé(e)	nous étions pressé(e)s
te pressais	vous pressiez	t'étais pressé(e)	vous étiez pressé(e)(s)
se pressait	se pressaient	s'était pressé(e)	s'étaient pressé(e)s
3 passé simple		**10 passé antérieur**	
me pressai	nous pressâmes	me fus pressé(e)	nous fûmes pressé(e)s
te pressas	vous pressâtes	te fus pressé(e)	vous fûtes pressé(e)(s)
se pressa	se pressèrent	se fut pressé(e)	se furent pressé(e)s
4 futur		**11 futur antérieur**	
me presserai	nous presserons	me serai pressé(e)	nous serons pressé(e)s
te presseras	vous presserez	te seras pressé(e)	vous serez pressé(e)(s)
se pressera	se presseront	se sera pressé(e)	se seront pressé(e)s
5 conditionnel		**12 conditionnel passé**	
me presserais	nous presserions	me serais pressé(e)	nous serions pressé(e)s
te presserais	vous presseriez	te serais pressé(e)	vous seriez pressé(e)(s)
se presserait	se presseraient	se serait pressé(e)	se seraient pressé(e)s
6 présent du subjonctif		**13 passé du subjonctif**	
me presse	nous pressions	me sois pressé(e)	nous soyons pressé(e)s
te presses	vous pressiez	te sois pressé(e)	vous soyez pressé(e)(s)
se presse	se pressent	se soit pressé(e)	se soient pressé(e)s
7 imparfait du subjonctif		**14 plus-que-parfait du subjonctif**	
me pressasse	nous pressassions	me fusse pressé(e)	nous fussions pressé(e)s
te pressasses	vous pressassiez	te fusses pressé(e)	vous fussiez pressé(e)(s)
se pressât	se pressassent	se fût pressé(e)	se fussent pressé(e)s

Impératif
presse-toi; ne te presse pas
pressons-nous; ne nous pressons pas
pressez-vous; ne vous pressez pas

Words and expressions related to this verb

se presser contre qqn to press oneself against someone
se presser de faire qqch to hurry to do something
se presser en foule to press against each other in a crowd
presser to press, to squeeze
presser le pas to walk more quickly

presser qqn to urge someone, to hurry someone
une pression pressure
faire pression sur qqn to exert pressure on someone

Syn.: **se dépêcher** to hurry; **s'empresser** de to make haste, to hasten (361); **se hâter** to hurry oneself (74, 241) (aspirate *h*; no liaison)
Ant.: **traîner** to lag behind (167)

prétendre (362)

Regular **-re** verb   to pretend, to claim, to lay claim, to maintain

The Seven Simple Tenses		The Seven Compound Tenses	
Singular	Plural	Singular	Plural
1 présent de l'indicatif		**8 passé composé**	
prétends	prétendons	ai prétendu	avons prétendu
prétends	prétendez	as prétendu	avez prétendu
prétend	prétendent	a prétendu	ont prétendu
2 imparfait de l'indicatif		**9 plus-que-parfait de l'indicatif**	
prétendais	prétendions	avais prétendu	avions prétendu
prétendais	prétendiez	avais prétendu	aviez prétendu
prétendait	prétendaient	avait prétendu	avaient prétendu
3 passé simple		**10 passé antérieur**	
prétendis	prétendîmes	eus prétendu	eûmes prétendu
prétendis	prétendîtes	eus prétendu	eûtes prétendu
prétendit	prétendirent	eut prétendu	eurent prétendu
4 futur		**11 futur antérieur**	
prétendrai	prétendrons	aurai prétendu	aurons prétendu
prétendras	prétendrez	auras prétendu	aurez prétendu
prétendra	prétendront	aura prétendu	auront prétendu
5 conditionnel		**12 conditionnel passé**	
prétendrais	prétendrions	aurais prétendu	aurions prétendu
prétendrais	prétendriez	aurais prétendu	auriez prétendu
prétendrait	prétendraient	aurait prétendu	auraient prétendu
6 présent du subjonctif		**13 passé du subjonctif**	
prétende	prétendions	aie prétendu	ayons prétendu
prétendes	prétendiez	aies prétendu	ayez prétendu
prétende	prétendent	ait prétendu	aient prétendu
7 imparfait du subjonctif		**14 plus-que-parfait du subjonctif**	
prétendisse	prétendissions	eusse prétendu	eussions prétendu
prétendisses	prétendissiez	eusses prétendu	eussiez prétendu
prétendît	prétendissent	eût prétendu	eussent prétendu

Impératif
prétends
prétendons
prétendez

Words and expressions related to this verb

prétendre savoir qqch to claim to know something
prétentieux, prétentieuse pretentious
un prétendu spécialiste self-styled specialist
prétendre à to lay claim to
la prétention pretention
sans prétentions unpretentious, unpretentiously
prétentieusement pretentiously

Syn.: **ambitionner de** to aspire to (171); **aspirer à** to aspire to (21); **déclarer** to declare (69); **présumer** to presume (238)
Ant.: **nier** to deny; **refuser** to refuse; **renoncer à** to renounce, to give up

The subject pronouns are found on page 103.

The Seven Simple Tenses		The Seven Compound Tenses	
Singular	Plural	Singular	Plural
1 présent de l'indicatif		**8 passé composé**	
prête	prêtons	ai prêté	avons prêté
prêtes	prêtez	as prêté	avez prêté
prête	prêtent	a prêté	ont prêté
2 imparfait de l'indicatif		**9 plus-que-parfait de l'indicatif**	
prêtais	prêtions	avais prêté	avions prêté
prêtais	prêtiez	avais prêté	aviez prêté
prêtait	prêtaient	avait prêté	avaient prêté
3 passé simple		**10 passé antérieur**	
prêtai	prêtâmes	eus prêté	eûmes prêté
prêtas	prêtâtes	eus prêté	eûtes prêté
prêta	prêtèrent	eut prêté	eurent prêté
4 futur		**11 futur antérieur**	
prêterai	prêterons	aurai prêté	aurons prêté
prêteras	prêterez	auras prêté	aurez prêté
prêtera	prêteront	aura prêté	auront prêté
5 conditionnel		**12 conditionnel passé**	
prêterais	prêterions	aurais prêté	aurions prêté
prêterais	prêteriez	aurais prêté	auriez prêté
prêterait	prêteraient	aurait prêté	auraient prêté
6 présent du subjonctif		**13 passé du subjonctif**	
prête	prêtions	aie prêté	ayons prêté
prêtes	prêtiez	aies prêté	ayez prêté
prête	prêtent	ait prêté	aient prêté
7 imparfait du subjonctif		**14 plus-que-parfait du subjonctif**	
prêtasse	prêtassions	eusse prêté	eussions prêté
prêtasses	prêtassiez	eusses prêté	eussiez prêté
prêtât	prêtassent	eût prêté	eussent prêté

Impératif
prête
prêtons
prêtez

Common idiomatic expressions using this verb

prêter à intérêt to lend at interest
prêter attention à qqn ou à qqch to pay attention to someone or something
un prêteur sur gages pawnbroker
prêter la main à qqn to give a helping hand to someone

prêter secours à qqn to go to someone's rescue (help)
apprêter to prepare, to get (something) ready
s'apprêter to get oneself ready
prêter l'oreille to listen, to lend an ear

NOTE: Don't confuse **prêter** with **emprunter** (to borrow).

Syn.: **allouer** to allocate, to grant (281); **avancer** to advance; **fournir** to furnish, to supply
Ant.: **emprunter** to borrow; **rendre** to give back, to return

The Seven Simple Tenses		The Seven Compound Tenses	
Singular	Plural	Singular	Plural
1 présent de l'indicatif		8 passé composé	
préviens	prévenons	ai prévenu	avons prévenu
préviens	prévenez	as prévenu	avez prévenu
prévient	préviennent	a prévenu	ont prévenu
2 imparfait de l'indicatif		9 plus-que-parfait de l'indicatif	
prévenais	prévenions	avais prévenu	avions prévenu
prévenais	préveniez	avais prévenu	aviez prévenu
prévenait	prévenaient	avait prévenu	avaient prévenu
3 passé simple		10 passé antérieur	
prévins	prévînmes	eus prévenu	eûmes prévenu
prévins	prévîntes	eus prévenu	eûtes prévenu
prévint	prévinrent	eut prévenu	eurent prévenu
4 futur		11 futur antérieur	
préviendrai	préviendrons	aurai prévenu	aurons prévenu
préviendras	préviendrez	auras prévenu	aurez prévenu
préviendra	préviendront	aura prévenu	auront prévenu
5 conditionnel		12 conditionnel passé	
préviendrais	préviendrions	aurais prévenu	aurions prévenu
préviendrais	préviendriez	aurais prévenu	auriez prévenu
préviendrait	préviendraient	aurait prévenu	auraient prévenu
6 présent du subjonctif		13 passé du subjonctif	
prévienne	prévenions	aie prévenu	ayons prévenu
préviennes	préveniez	aies prévenu	ayez prévenu
prévienne	préviennent	ait prévenu	aient prévenu
7 imparfait du subjonctif		14 plus-que-parfait du subjonctif	
prévinsse	prévinssions	eusse prévenu	eussions prévenu
prévinsses	prévinssiez	eusses prévenu	eussiez prévenu
prévînt	prévinssent	eût prévenu	eussent prévenu

P

Impératif
préviens
prévenons
prévenez

Words and expressions related to this verb

Mieux vaut prévenir que guérir. Prevention is better than cure.

la **prévenance** considerateness, kindness

la **prévention** prevention

prévenant, prévenante considerate, kind, thoughtful

entourer qqn de prévenances to shower someone with kindness, attention

See also **convenir, devenir, revenir, se souvenir,** and **venir.**

Syn.: **alerter de** to warn about (173); **anticiper** to anticipate (329); **avertir de** to warn about (229); **aviser** to notify (32); **informer** to inform (227)
Ant.: **cacher** to hide; **se taire** to be silent, not to speak

The subject pronouns are found on page 103.   **513**

prévoir (365)

to foresee

The Seven Simple Tenses		The Seven Compound Tenses	
Singular	Plural	Singular	Plural
1 présent de l'indicatif		**8 passé composé**	
prévois	prévoyons	ai prévu	avons prévu
prévois	prévoyez	as prévu	avez prévu
prévoit	prévoient	a prévu	ont prévu
2 imparfait de l'indicatif		**9 plus-que-parfait de l'indicatif**	
prévoyais	prévoyions	avais prévu	avions prévu
prévoyais	prévoyiez	avais prévu	aviez prévu
prévoyait	prévoyaient	avait prévu	avaient prévu
3 passé simple		**10 passé antérieur**	
prévis	prévîmes	eus prévu	eûmes prévu
prévis	prévîtes	eus prévu	eûtes prévu
prévit	prévirent	eut prévu	eurent prévu
4 futur		**11 futur antérieur**	
prévoirai	prévoirons	aurai prévu	aurons prévu
prévoiras	prévoirez	auras prévu	aurez prévu
prévoira	prévoiront	aura prévu	auront prévu
5 conditionnel		**12 conditionnel passé**	
prévoirais	prévoirions	aurais prévu	aurions prévu
prévoirais	prévoiriez	aurais prévu	auriez prévu
prévoirait	prévoiraient	aurait prévu	auraient prévu
6 présent du subjonctif		**13 passé du subjonctif**	
prévoie	prévoyions	aie prévu	ayons prévu
prévoies	prévoyiez	aies prévu	ayez prévu
prévoie	prévoient	ait prévu	aient prévu
7 imparfait du subjonctif		**14 plus-que-parfait du subjonctif**	
prévisse	prévissions	eusse prévu	eussions prévu
prévisses	prévissiez	eusses prévu	eussiez prévu
prévît	prévissent	eût prévu	eussent prévu

Impératif
prévois
prévoyons
prévoyez

Words and expressions related to this verb

la prévision forecast
en prévision de in anticipation of
prévisible foreseeable; **visible** visible
la prévoyance foresight
une avant-première preview
prévoir le temps to forecast the weather
les prévisions météorologiques weather
    forecasts

voir to see
prévoyant, prévoyante provident

See also **voir**.

Syn.: **anticiper** to anticipate (329); **prédire** to predict; **présager** to predict (305); **pressentir** to sense (434); **prophétiser** to foretell (486); **pronostiquer** to forecast (219)
Ant.: **ignorer** to be unaware of (22); **improviser** to improvize (486)

Regular **-er** verb   to pray, to supplicate, to entreat, to beg, to request

The Seven Simple Tenses		The Seven Compound Tenses	
Singular	Plural	Singular	Plural
1 présent de l'indicatif		8 passé composé	
prie	**prions**	**ai prié**	**avons prié**
pries	**priez**	**as prié**	**avez prié**
prie	**prient**	**a prié**	**ont prié**
2 imparfait de l'indicatif		9 plus-que-parfait de l'indicatif	
priais	**priions**	**avais prié**	**avions prié**
priais	**priiez**	**avais prié**	**aviez prié**
priait	**priaient**	**avait prié**	**avaient prié**
3 passé simple		10 passé antérieur	
priai	**priâmes**	**eus prié**	**eûmes prié**
prias	**priâtes**	**eus prié**	**eûtes prié**
pria	**prièrent**	**eut prié**	**eurent prié**
4 futur		11 futur antérieur	
prierai	**prierons**	**aurai prié**	**aurons prié**
prieras	**prierez**	**auras prié**	**aurez prié**
priera	**prieront**	**aura prié**	**auront prié**
5 conditionnel		12 conditionnel passé	
prierais	**prierions**	**aurais prié**	**aurions prié**
prierais	**prieriez**	**aurais prié**	**auriez prié**
prierait	**prieraient**	**aurait prié**	**auraient prié**
6 présent du subjonctif		13 passé du subjonctif	
prie	**priions**	**aie prié**	**ayons prié**
pries	**priiez**	**aies prié**	**ayez prié**
prie	**prient**	**ait prié**	**aient prié**
7 imparfait du subjonctif		14 plus-que-parfait du subjonctif	
priasse	**priassions**	**eusse prié**	**eussions prié**
priasses	**priassiez**	**eusses prié**	**eussiez prié**
priât	**priassent**	**eût prié**	**eussent prié**

Impératif
prie
prions
priez

P

Words and expressions related to this verb

prier qqn de faire qqch to beg (entreat, request) someone to do something

Je vous en prie! You're welcome! (Lit. I beg of you!)

On vous prie de + inf. You are requested + inf.

prier qqn à faire qqch to invite someone to do something

une prière prayer

Prière de ne pas fumer. You are requested not to smoke.

Puis-je entrer? May I come in?—**Je vous en prie!** Please do! (I beg you to do so)

The subject pronouns are found on page 103.

vouloir se faire prier to desire to be urged; **Madame Duchemin veut toujours se faire prier.** Mrs. Duchemin always wants to be urged.

sans se faire prier willingly

Syn.: **demander** to ask for; **implorer** to implore (22); **invoquer** to call upon (219); **solliciter** to solicit (251); **supplier** to beg, to implore
Ant.: **blasphémer** to blaspheme (356); **répondre** to respond; **sacrer** to swear (22)

The Seven Simple Tenses		The Seven Compound Tenses	
Singular	Plural	Singular	Plural
1 présent de l'indicatif		8 passé composé	
produis	produisons	ai produit	avons produit
produis	produisez	as produit	avez produit
produit	produisent	a produit	ont produit
2 imparfait de l'indicatif		9 plus-que-parfait de l'indicatif	
produisais	produisions	avais produit	avions produit
produisais	produisiez	avais produit	aviez produit
produisait	produisaient	avait produit	avaient produit
3 passé simple		10 passé antérieur	
produisis	produisîmes	eus produit	eûmes produit
produisis	produisîtes	eus produit	eûtes produit
produisit	produisirent	eut produit	eurent produit
4 futur		11 futur antérieur	
produirai	produirons	aurai produit	aurons produit
produiras	produirez	auras produit	aurez produit
produira	produiront	aura produit	auront produit
5 conditionnel		12 conditionnel passé	
produirais	produirions	aurais produit	aurions produit
produirais	produiriez	aurais produit	auriez produit
produirait	produiraient	aurait produit	auraient produit
6 présent du subjonctif		13 passé du subjonctif	
produise	produisions	aie produit	ayons produit
produises	produisiez	aies produit	ayez produit
produise	produisent	ait produit	aient produit
7 imparfait du subjonctif		14 plus-que-parfait du subjonctif	
produisisse	produisissions	eusse produit	eussions produit
produisisses	produisissiez	eusses produit	eussiez produit
produisît	produisissent	eût produit	eussent produit

Impératif
produis
produisons
produisez

Words related to this verb

un produit product
la production production
productible producible
productif, productive productive
le produit national brut the gross national
  product
la productivité productivity
se produire to happen, to occur, to be brought
  about

les produits alimentaires food products
se produire en public to appear in public

See also **conduire, déduire, introduire,
réduire, reproduire, séduire,** and **traduire.**

Syn.: **causer** to cause; **créer** to create;
fabriquer to manufacture (219); **faire** to do, to
make; **former** to form (227); **manufacturer** to
manufacture (54); **provoquer** to provoke (219)
Ant.: **consommer** to consume (310); **défaire** to
undo; **procéder de** to proceed from (87)

The Seven Simple Tenses		The Seven Compound Tenses	
Singular	Plural	Singular	Plural
1 présent de l'indicatif		**8 passé composé**	
programme	**programmons**	**ai programmé**	**avons programmé**
programmes	**programmez**	**as programmé**	**avez programmé**
programme	**programment**	**a programmé**	**ont programmé**
2 imparfait de l'indicatif		**9 plus-que-parfait de l'indicatif**	
programmais	**programmions**	**avais programmé**	**avions programmé**
programmais	**programmiez**	**avais programmé**	**aviez programmé**
programmait	**programmaient**	**avait programmé**	**avaient programmé**
3 passé simple		**10 passé antérieur**	
programmai	**programmâmes**	**eus programmé**	**eûmes programmé**
programmas	**programmâtes**	**eus programmé**	**eûtes programmé**
programma	**programmèrent**	**eut programmé**	**eurent programmé**
4 futur		**11 futur antérieur**	
programmerai	**programmerons**	**aurai programmé**	**aurons programmé**
programmeras	**programmerez**	**auras programmé**	**aurez programmé**
programmera	**programmeront**	**aura programmé**	**auront programmé**
5 conditionnel		**12 conditionnel passé**	
programmerais	**programmerions**	**aurais programmé**	**aurions programmé**
programmerais	**programmeriez**	**aurais programmé**	**auriez programmé**
programmerait	**programmeraient**	**aurait programmé**	**auraient programmé**
6 présent du subjonctif		**13 passé du subjonctif**	
programme	**programmions**	**aie programmé**	**ayons programmé**
programmes	**programmiez**	**aies programmé**	**ayez programmé**
programme	**programment**	**ait programmé**	**aient programmé**
7 imparfait du subjonctif		**14 plus-que-parfait du subjonctif**	
programmasse	**programmassions**	**eusse programmé**	**eussions programmé**
programmasses	**programmassiez**	**eusses programmé**	**eussiez programmé**
programmât	**programmassent**	**eût programmé**	**eussent programmé**

Impératif
programme
programmons
programmez

P

Sentences using this verb and words related to it

Marie est programmeuse. Elle a créé et programmé un site Web pour son entreprise.
Marie is a programmer. She created and programmed a web site for her company.

Qu'est-ce que tu as au programme demain?
What's on your schedule for tomorrow?

Words and expressions related to this verb
un programmateur, une programmatrice
programmer (radio and television)
un programmeur, une programmeuse
programmer (computer)

un programme program, schedule, curriculum
la programmation programming
déprogrammer to remove from a program, schedule
programmable *adj.* programmable
programmé, programmée computerized
une émission radio, television broadcast
un logiciel software

Syn.: **planifier** to plan (212)
Ant.: **déprogrammer** to remove from the schedule (368)

The subject pronouns are found on page 103.   **517**

se promener (369)

Part. pr. se promenant   **Part. passé** promené(e)(s)

to take a walk, to stroll   Reflexive verb; regular **-er** verb endings; spelling change: **e** changes to **è** before syllable with mute **e**

The Seven Simple Tenses		The Seven Compound Tenses	
Singular	Plural	Singular	Plural
1 présent de l'indicatif		**8 passé composé**	
me promène	nous promenons	me suis promené(e)	nous sommes promené(e)s
te promènes	vous promenez	t'es promené(e)	vous êtes promené(e)(s)
se promène	se promènent	s'est promené(e)	se sont promené(e)s
2 imparfait de l'indicatif		**9 plus-que-parfait de l'indicatif**	
me promenais	nous promenions	m'étais promené(e)	nous étions promené(e)s
te promenais	vous promeniez	t'étais promené(e)	vous étiez promené(e)(s)
se promenait	se promenaient	s'était promené(e)	s'étaient promené(e)s
3 passé simple		**10 passé antérieur**	
me promenai	nous promenâmes	me fus promené(e)	nous fûmes promené(e)s
te promenas	vous promenâtes	te fus promené(e)	vous fûtes promené(e)(s)
se promena	se promenèrent	se fut promené(e)	se furent promené(e)s
4 futur		**11 futur antérieur**	
me promènerai	nous promènerons	me serai promené(e)	nous serons promené(e)s
te promèneras	vous promènerez	te seras promené(e)	vous serez promené(e)(s)
se promènera	se promèneront	se sera promené(e)	se seront promené(e)s
5 conditionnel		**12 conditionnel passé**	
me promènerais	nous promènerions	me serais promené(e)	nous serions promené(e)s
te promènerais	vous promèneriez	te serais promené(e)	vous seriez promené(e)(s)
se promènerait	se promèneraient	se serait promené(e)	se seraient promené(e)s
6 présent du subjonctif		**13 passé du subjonctif**	
me promène	nous promenions	me sois promené(e)	nous soyons promené(e)s
te promènes	vous promeniez	te sois promené(e)	vous soyez promené(e)(s)
se promène	se promènent	se soit promené(e)	se soient promené(e)s
7 imparfait du subjonctif		**14 plus-que-parfait du subjonctif**	
me promenasse	nous promenassions	me fusse promené(e)	nous fussions promené(e)s
te promenasses	vous promenassiez	te fusses promené(e)	vous fussiez promené(e)(s)
se promenât	se promenassent	se fût promené(e)	se fussent promené(e)s

Impératif
promène-toi; ne te promène pas
promenons-nous; ne nous promenons pas
promenez-vous; ne vous promenez pas

Common idiomatic expressions using this verb

Je me promène tous les matins. I take a walk every morning.

Cette promenade est merveilleuse. This walk is marvelous.

Janine et Robert se sont promenés dans le parc. Janine and Robert took a walk in the park.

faire une promenade to take a walk

faire une promenade en voiture to go for a drive

promener son chien to take one's dog out for a walk

promener ses regards sur to cast one's eyes on, to look over

envoyer promener qqn to send someone packing

See also **amener, emmener,** and **mener.**

Syn.: **aller** to go; **se balader** to stroll (26, 122); **déambuler** to stroll, to wander (81); **marcher** to walk
Ant.: **s'arrêter** to stop (oneself); **s'immobiliser** to stop oneself (486, 33); **rester** to remain, to stay

The Seven Simple Tenses		The Seven Compound Tenses	
Singular	Plural	Singular	Plural
1 présent de l'indicatif		**8 passé composé**	
promets	**promettons**	**ai promis**	**avons promis**
promets	**promettez**	**as promis**	**avez promis**
promet	**promettent**	**a promis**	**ont promis**
2 imparfait de l'indicatif		**9 plus-que-parfait de l'indicatif**	
promettais	**promettions**	**avais promis**	**avions promis**
promettais	**promettiez**	**avais promis**	**aviez promis**
promettait	**promettaient**	**avait promis**	**avaient promis**
3 passé simple		**10 passé antérieur**	
promis	**promîmes**	**eus promis**	**eûmes promis**
promis	**promîtes**	**eus promis**	**eûtes promis**
promit	**promirent**	**eut promis**	**eurent promis**
4 futur		**11 futur antérieur**	
promettrai	**promettrons**	**aurai promis**	**aurons promis**
promettras	**promettrez**	**auras promis**	**aurez promis**
promettra	**promettront**	**aura promis**	**auront promis**
5 conditionnel		**12 conditionnel passé**	
promettrais	**promettrions**	**aurais promis**	**aurions promis**
promettrais	**promettriez**	**aurais promis**	**auriez promis**
promettrait	**promettraient**	**aurait promis**	**auraient promis**
6 présent du subjonctif		**13 passé du subjonctif**	
promette	**promettions**	**aie promis**	**ayons promis**
promettes	**promettiez**	**aies promis**	**ayez promis**
promette	**promettent**	**ait promis**	**aient promis**
7 imparfait du subjonctif		**14 plus-que-parfait du subjonctif**	
promisse	**promissions**	**eusse promis**	**eussions promis**
promisses	**promissiez**	**eusses promis**	**eussiez promis**
promît	**promissent**	**eût promis**	**eussent promis**

Impératif
promets
promettons
promettez

P

Common idiomatic expressions using this verb

promettre de faire qqch to promise to do
   something
une promesse promise
tenir sa promesse to keep one's promise
promettre à qqn de faire qqch to promise
   someone to do something
Ça promet! It looks promising!
se promettre to promise oneself
compromettre to compromise

See also **commettre, mettre, se mettre,
omettre, permettre, remettre, soumettre,** and
transmettre.

Syn.: **affirmer** to affirm (227); **assurer** to
assure; **jurer** to swear; **vouer** to vow (269)
Ant.: **refuser** to refuse

The subject pronouns are found on page 103.
                                    519

Part. pr. **prononçant**   Part. passé **prononcé**

to pronounce, to declare

Regular **-er** verb endings; spelling change:
c changes to **ç** before **a** or **o** to keep **s** sound

The Seven Simple Tenses		The Seven Compound Tenses	
Singular	Plural	Singular	Plural

1 présent de l'indicatif

prononce	prononçons	
prononces	prononcez	
prononce	prononcent	

8 passé composé

ai prononcé	avons prononcé
as prononcé	avez prononcé
a prononcé	ont prononcé

2 imparfait de l'indicatif

prononçais	prononcions
prononçais	prononciez
prononçait	prononçaient

9 plus-que-parfait de l'indicatif

avais prononcé	avions prononcé
avais prononcé	aviez prononcé
avait prononcé	avaient prononcé

3 passé simple

prononçai	prononçâmes
prononças	prononçâtes
prononça	prononcèrent

10 passé antérieur

eus prononcé	eûmes prononcé
eus prononcé	eûtes prononcé
eut prononcé	eurent prononcé

4 futur

prononcerai	prononcerons
prononceras	prononcerez
prononcera	prononceront

11 futur antérieur

aurai prononcé	aurons prononcé
auras prononcé	aurez prononcé
aura prononcé	auront prononcé

5 conditionnel

prononcerais	prononcerions
prononcerais	prononceriez
prononcerait	prononceraient

12 conditionnel passé

aurais prononcé	aurions prononcé
aurais prononcé	auriez prononcé
aurait prononcé	auraient prononcé

6 présent du subjonctif

prononce	prononcions
prononces	prononciez
prononce	prononcent

13 passé du subjonctif

aie prononcé	ayons prononcé
aies prononcé	ayez prononcé
ait prononcé	aient prononcé

7 imparfait du subjonctif

prononçasse	prononçassions
prononçasses	prononçassiez
prononçât	prononçassent

14 plus-que-parfait du subjonctif

eusse prononcé	eussions prononcé
eusses prononcé	eussiez prononcé
eût prononcé	eussent prononcé

Impératif
prononce
prononçons
prononcez

Words and expressions related to this verb

prononcer un discours to deliver a speech
la prononciation pronunciation
prononçable pronounceable
se prononcer pour to decide in favor of
énoncer to enunciate
annoncer to announce
dénoncer to denounce
se prononcer to declare, to be pronounced
  (as a word)
se prononcer contre to decide against

See also **annoncer**.

Syn.: **annoncer** to announce; **articuler** to
articulate (81); **déclamer** to declaim (71);
déclarer to declare (69); **dire** to say; **énoncer**
to state (371); **exprimer** to express
Ant.: **écouter** to listen to; **entendre** to hear

The Seven Simple Tenses		The Seven Compound Tenses	
Singular	Plural	Singular	Plural
1 présent de l'indicatif		**8 passé composé**	
prouve	prouvons	ai prouvé	avons prouvé
prouves	prouvez	as prouvé	avez prouvé
prouve	prouvent	a prouvé	ont prouvé
2 imparfait de l'indicatif		**9 plus-que-parfait de l'indicatif**	
prouvais	prouvions	avais prouvé	avions prouvé
prouvais	prouviez	avais prouvé	aviez prouvé
prouvait	prouvaient	avait prouvé	avaient prouvé
3 passé simple		**10 passé antérieur**	
prouvai	prouvâmes	eus prouvé	eûmes prouvé
prouvas	prouvâtes	eus prouvé	eûtes prouvé
prouva	prouvèrent	eut prouvé	eurent prouvé
4 futur		**11 futur antérieur**	
prouverai	prouverons	aurai prouvé	aurons prouvé
prouveras	prouverez	auras prouvé	aurez prouvé
prouvera	prouveront	aura prouvé	auront prouvé
5 conditionnel		**12 conditionnel passé**	
prouverais	prouverions	aurais prouvé	aurions prouvé
prouverais	prouveriez	aurais prouvé	auriez prouvé
prouverait	prouveraient	aurait prouvé	auraient prouvé
6 présent du subjonctif		**13 passé du subjonctif**	
prouve	prouvions	aie prouvé	ayons prouvé
prouves	prouviez	aies prouvé	ayez prouvé
prouve	prouvent	ait prouvé	aient prouvé
7 imparfait du subjonctif		**14 plus-que-parfait du subjonctif**	
prouvasse	prouvassions	eusse prouvé	eussions prouvé
prouvasses	prouvassiez	eusses prouvé	eussiez prouvé
prouvât	prouvassent	eût prouvé	eussent prouvé

Impératif
prouve
prouvons
prouvez

Words and expressions related to this verb

une preuve proof
comme preuve by way of proof
prouvable provable
une épreuve test, proof
faire la preuve de qqch to prove something
éprouver to test, to try, to experience
éprouver de la sympathie pour to feel
  sympathy for
mettre à l'épreuve to put to the test

avoir la preuve de to have proof of
désapprouver to disapprove of

See also **approuver** and **éprouver**.

Syn.: **confirmer** to confirm (227); **démontrer**
to demonstrate (299); **établir** to establish;
montrer to show
Ant.: **démentir** to deny, to refute (291); **nier**
to deny; **réfuter** to refute (425)

The subject pronouns are found on page 103.

The Seven Simple Tenses		The Seven Compound Tenses	
Singular	Plural	Singular	Plural
1 présent de l'indicatif		**8 passé composé**	
punis	punissons	ai puni	avons puni
punis	punissez	as puni	avez puni
punit	punissent	a puni	ont puni
2 imparfait de l'indicatif		**9 plus-que-parfait de l'indicatif**	
punissais	punissions	avais puni	avions puni
punissais	punissiez	avais puni	aviez puni
punissait	punissaient	avait puni	avaient puni
3 passé simple		**10 passé antérieur**	
punis	punîmes	eus puni	eûmes puni
punis	punîtes	eus puni	eûtes puni
punit	punirent	eut puni	eurent puni
4 futur		**11 futur antérieur**	
punirai	punirons	aurai puni	aurons puni
puniras	punirez	auras puni	aurez puni
punira	puniront	aura puni	auront puni
5 conditionnel		**12 conditionnel passé**	
punirais	punirions	aurais puni	aurions puni
punirais	puniriez	aurais puni	auriez puni
punirait	puniraient	aurait puni	auraient puni
6 présent du subjonctif		**13 passé du subjonctif**	
punisse	punissions	aie puni	ayons puni
punisses	punissiez	aies puni	ayez puni
punisse	punissent	ait puni	aient puni
7 imparfait du subjonctif		**14 plus-que-parfait du subjonctif**	
punisse	punissions	eusse puni	eussions puni
punisses	punissiez	eusses puni	eussiez puni
punît	punissent	eût puni	eussent puni

Impératif
punis
punissons
punissez

Words and expressions related to this verb

punisseur, punisseuse punisher
punissable punishable
la punition punishment
punitif, punitive punitive
échapper à la punition to escape punishment
la peine capitale capital punishment
en punition as a punishment

Syn.: **châtier** to punish (212); **condamner** to condemn (98); **sanctionner** to punish, to sanction (443)
Ant.: **épargner** to save, to spare (10); **louanger** to praise (283); **pardonner** to pardon

Regular **-er** verb   to leave

The Seven Simple Tenses		The Seven Compound Tenses	
Singular	Plural	Singular	Plural
1 présent de l'indicatif		**8 passé composé**	
quitte	**quittons**	**ai quitté**	**avons quitté**
quittes	**quittez**	**as quitté**	**avez quitté**
quitte	**quittent**	**a quitté**	**ont quitté**
2 imparfait de l'indicatif		**9 plus-que-parfait de l'indicatif**	
quittais	**quittions**	**avais quitté**	**avions quitté**
quittais	**quittiez**	**avais quitté**	**aviez quitté**
quittait	**quittaient**	**avait quitté**	**avaient quitté**
3 passé simple		**10 passé antérieur**	
quittai	**quittâmes**	**eus quitté**	**eûmes quitté**
quittas	**quittâtes**	**eus quitté**	**eûtes quitté**
quitta	**quittèrent**	**eut quitté**	**eurent quitté**
4 futur		**11 futur antérieur**	
quitterai	**quitterons**	**aurai quitté**	**aurons quitté**
quitteras	**quitterez**	**auras quitté**	**aurez quitté**
quittera	**quitteront**	**aura quitté**	**auront quitté**
5 conditionnel		**12 conditionnel passé**	
quitterais	**quitterions**	**aurais quitté**	**aurions quitté**
quitterais	**quitteriez**	**aurais quitté**	**auriez quitté**
quitterait	**quitteraient**	**aurait quitté**	**auraient quitté**
6 présent du subjonctif		**13 passé du subjonctif**	
quitte	**quittions**	**aie quitté**	**ayons quitté**
quittes	**quittiez**	**aies quitté**	**ayez quitté**
quitte	**quittent**	**ait quitté**	**aient quitté**
7 imparfait du subjonctif		**14 plus-que-parfait du subjonctif**	
quittasse	**quittassions**	**eusse quitté**	**eussions quitté**
quittasses	**quittassiez**	**eusses quitté**	**eussiez quitté**
quittât	**quittassent**	**eût quitté**	**eussent quitté**

Impératif
quitte
quittons
quittez

Words and expressions related to this verb

une quittance acquittance, discharge
quitter son chapeau to take off one's hat
se quitter to separate, to leave each other
Ne quittez pas, s'il vous plaît! Hold the line,
    please! (on the phone)
être quitte to be free of an obligation
quitte ou double double or nothing
Elle a quitté son mari. She left her husband.
Avant quelle heure dois-je quitter la chambre?
    Before what time must I leave the room?

acquitter to acquit
s'acquitter de to fulfill
un acquittement acquittal, payment
Je vous ai payé la dette; maintenant nous
    sommes quittes! I paid you the debt; now
    we're even!
Il a quitté sa femme. He left his wife.

Syn.: **abandonner** to abandon (171); **s'en**
aller to go away; **partir** to leave
Ant.: **rester** to remain; **venir** to come

The subject pronouns are found on page 103.

raconter (375)

to relate, to tell about, to tell (a story)

Part. pr. **racontant**   Part. passé **raconté**

Regular **-er** verb

The Seven Simple Tenses		The Seven Compound Tenses	
Singular	Plural	Singular	Plural
1 présent de l'indicatif		**8 passé composé**	
raconte	racontons	ai raconté	avons raconté
racontes	racontez	as raconté	avez raconté
raconte	racontent	a raconté	ont raconté
2 imparfait de l'indicatif		**9 plus-que-parfait de l'indicatif**	
racontais	racontions	avais raconté	avions raconté
racontais	racontiez	avais raconté	aviez raconté
racontait	racontaient	avait raconté	avaient raconté
3 passé simple		**10 passé antérieur**	
racontai	racontâmes	eus raconté	eûmes raconté
racontas	racontâtes	eus raconté	eûtes raconté
raconta	racontèrent	eut raconté	eurent raconté
4 futur		**11 futur antérieur**	
raconterai	raconterons	aurai raconté	aurons raconté
raconteras	raconterez	auras raconté	aurez raconté
racontera	raconteront	aura raconté	auront raconté
5 conditionnel		**12 conditionnel passé**	
raconterais	raconterions	aurais raconté	aurions raconté
raconterais	raconteriez	aurais raconté	auriez raconté
raconterait	raconteraient	aurait raconté	auraient raconté
6 présent du subjonctif		**13 passé du subjonctif**	
raconte	racontions	aie raconté	ayons raconté
racontes	racontiez	aies raconté	ayez raconté
raconte	racontent	ait raconté	aient raconté
7 imparfait du subjonctif		**14 plus-que-parfait du subjonctif**	
racontasse	racontassions	eusse raconté	eussions raconté
racontasses	racontassiez	eusses raconté	eussiez raconté
racontât	racontassent	eût raconté	eussent raconté

Impératif
raconte
racontons
racontez

Sentences using this verb and words related to it

Notre professeur de français est un très bon raconteur. Hier, il nous a raconté une histoire drôle. Our French teacher is a very good storyteller. Yesterday, he told us a funny story.

un raconteur, une raconteuse storyteller

Qu'est-ce que vous racontez? What are you talking about?

le racontar gossip

raconter sa vie to tell the story of one's life

See also **conter**.

Syn.: **conter** to narrate, to relate; **décrire** to describe; **narrer** to narrate (22); **rapporter** to report (40); **relater** to relate (241)
Ant.: **cacher** to hide; **se taire** not to speak

ranger (376)

Regular **-er** verb endings; spelling change: retain the
ge before **a** or **o** to keep the soft **g** sound of the verb

to set (put) in order,
to tidy up

The Seven Simple Tenses		The Seven Compound Tenses	
Singular	Plural	Singular	Plural
1 présent de l'indicatif		**8 passé composé**	
range	rangeons	ai rangé	avons rangé
ranges	rangez	as rangé	avez rangé
range	rangent	a rangé	ont rangé
2 imparfait de l'indicatif		**9 plus-que-parfait de l'indicatif**	
rangeais	rangions	avais rangé	avions rangé
rangeais	rangiez	avais rangé	aviez rangé
rangeait	rangeaient	avait rangé	avaient rangé
3 passé simple		**10 passé antérieur**	
rangeai	rangeâmes	eus rangé	eûmes rangé
rangeas	rangeâtes	eus rangé	eûtes rangé
rangea	rangèrent	eut rangé	eurent rangé
4 futur		**11 futur antérieur**	
rangerai	rangerons	aurai rangé	aurons rangé
rangeras	rangerez	auras rangé	aurez rangé
rangera	rangeront	aura rangé	auront rangé
5 conditionnel		**12 conditionnel passé**	
rangerais	rangerions	aurais rangé	aurions rangé
rangerais	rangeriez	aurais rangé	auriez rangé
rangerait	rangeraient	aurait rangé	auraient rangé
6 présent du subjonctif		**13 passé du subjonctif**	
range	rangions	aie rangé	ayons rangé
ranges	rangiez	aies rangé	ayez rangé
range	rangent	ait rangé	aient rangé
7 imparfait du subjonctif		**14 plus-que-parfait du subjonctif**	
rangeasse	rangeassions	eusse rangé	eussions rangé
rangeasses	rangeassiez	eusses rangé	eussiez rangé
rangeât	rangeassent	eût rangé	eussent rangé

R

Impératif
range
rangeons
rangez

Words and expressions related to this verb

un rang row; rank
sortir du rang to rise from the ranks
une rangée d'arbres a line of trees
déranger to disturb
se déranger to inconvenience oneself
de premier rang first-rate
se mettre sur les rangs to join the ranks
se ranger to stand back (out of the way)

arranger to arrange; **s'arranger avec** to come to terms with, to come to an agreement with; to manage

Syn.: **classer** to classify (84); **mettre en ordre** to tidy up (conjugate **mettre**); **ordonner** to organize (171); **organiser** to organize (486); **placer** to put, to place
Ant.: **déranger** to disturb; **désorganiser** to disorganize (486)

The subject pronouns are found on page 103.

rappeler (377)

Part. pr. rappelant **Part. passé rappelé**

to call again, to call back,
to recall, to remind

Regular **-er** verb endings; spelling change:
l becomes **ll** before syllable with a mute **e**

The Seven Simple Tenses		The Seven Compound Tenses	
Singular	Plural	Singular	Plural
1 présent de l'indicatif		**8 passé composé**	
rappelle	rappelons	ai rappelé	avons rappelé
rappelles	rappelez	as rappelé	avez rappelé
rappelle	rappellent	a rappelé	ont rappelé
2 imparfait de l'indicatif		**9 plus-que-parfait de l'indicatif**	
rappelais	rappelions	avais rappelé	avions rappelé
rappelais	rappeliez	avais rappelé	aviez rappelé
rappelait	rappelaient	avait rappelé	avaient rappelé
3 passé simple		**10 passé antérieur**	
rappelai	rappelâmes	eus rappelé	eûmes rappelé
rappelas	rappelâtes	eus rappelé	eûtes rappelé
rappela	rappelèrent	eut rappelé	eurent rappelé
4 futur		**11 futur antérieur**	
rappellerai	rappellerons	aurai rappelé	aurons rappelé
rappelleras	rappellerez	auras rappelé	aurez rappelé
rappellera	rappelleront	aura rappelé	auront rappelé
5 conditionnel		**12 conditionnel passé**	
rappellerais	rappellerions	aurais rappelé	aurions rappelé
rappellerais	rappelleriez	aurais rappelé	auriez rappelé
rappellerait	rappelleraient	aurait rappelé	auraient rappelé
6 présent du subjonctif		**13 passé du subjonctif**	
rappelle	rappelions	aie rappelé	ayons rappelé
rappelles	rappeliez	aies rappelé	ayez rappelé
rappelle	rappellent	ait rappelé	aient rappelé
7 imparfait du subjonctif		**14 plus-que-parfait du subjonctif**	
rappelasse	rappelassions	eusse rappelé	eussions rappelé
rappelasses	rappelassiez	eusses rappelé	eussiez rappelé
rappelât	rappelassent	eût rappelé	eussent rappelé

Impératif
rappelle
rappelons
rappelez

Sentences using this verb and words related to it

—Je ne peux pas vous parler maintenant.
 Rappelez-moi demain. I can't talk to you
 now. Call me back tomorrow.
—D'accord. Je vous rappellerai demain.
 Okay. I will call you back tomorrow.

un rappel recall, call back, recalling
rappeler à la vie to restore to life

Rappelez-moi votre nom. Remind me of your
name.
rappeler qqn à l'ordre to call someone to
order

See also appeler, s'appeler, and se rappeler.

Syn.: appeler to call; évoquer to evoke (219)
Ant.: négliger to neglect (119)

Reflexive verb; regular **-er** verb endings; spelling change:
l becomes **ll** before syllable with a mute **e**

to remember, to recall,
to recollect

The Seven Simple Tenses		The Seven Compound Tenses	
Singular	Plural	Singular	Plural
1 présent de l'indicatif		**8 passé composé**	
me rappelle	nous rappelons	me suis rappelé(e)	nous sommes rappelé(e)s
te rappelles	vous rappelez	t'es rappelé(e)	vous êtes rappelé(e)(s)
se rappelle	se rappellent	s'est rappelé(e)	se sont rappelé(e)s
2 imparfait de l'indicatif		**9 plus-que-parfait de l'indicatif**	
me rappelais	nous rappelions	m'étais rappelé(e)	nous étions rappelé(e)s
te rappelais	vous rappeliez	t'étais rappelé(e)	vous étiez rappelé(e)(s)
se rappelait	se rappelaient	s'était rappelé(e)	s'étaient rappelé(e)s
3 passé simple		**10 passé antérieur**	
me rappelai	nous rappelâmes	me fus rappelé(e)	nous fûmes rappelé(e)s
te rappelas	vous rappelâtes	te fus rappelé(e)	vous fûtes rappelé(e)(s)
se rappela	se rappelèrent	se fut rappelé(e)	se furent rappelé(e)s
4 futur		**11 futur antérieur**	
me rappellerai	nous rappellerons	me serai rappelé(e)	nous serons rappelé(e)s
te rappelleras	vous rappellerez	te seras rappelé(e)	vous serez rappelé(e)(s)
se rappellera	se rappelleront	se sera rappelé(e)	se seront rappelé(e)s
5 conditionnel		**12 conditionnel passé**	
me rappellerais	nous rappellerions	me serais rappelé(e)	nous serions rappelé(e)s
te rappellerais	vous rappelleriez	te serais rappelé(e)	vous seriez rappelé(e)(s)
se rappellerait	se rappelleraient	se serait rappelé(e)	se seraient rappelé(e)s
6 présent du subjonctif		**13 passé du subjonctif**	
me rappelle	nous rappelions	me sois rappelé(e)	nous soyons rappelé(e)s
te rappelles	vous rappeliez	te sois rappelé(e)	vous soyez rappelé(e)(s)
se rappelle	se rappellent	se soit rappelé(e)	se soient rappelé(e)s
7 imparfait du subjonctif		**14 plus-que-parfait du subjonctif**	
me rappelasse	nous rappelassions	me fusse rappelé(e)	nous fussions rappelé(e)
te rappelasses	vous rappelassiez	te fusses rappelé(e)	vous fussiez rappelé(e)(s)
se rappelât	se rappelassent	se fût rappelé(e)	se fussent rappelé(e)s

R

Impératif
rappelle-toi; ne te rappelle pas
rappelons-nous; ne nous rappelons pas
rappelez-vous; ne vous rappelez pas

Sentences using this verb and words related to it

Je me rappelle bien le jour où j'ai connu mon mari. I remember well the day when I met my husband.

See also **appeler, s'appeler,** and **rappeler.**

Syn.: **reconnaître** to recognize; **se remémorer** to remember (22, 122); **retenir** to retain; **se souvenir** to remember, to recall
Ant.: **omettre** to omit; **oublier** to forget

recevoir (379)

to receive, to get

Part. pr. **recevant**   Part. passé **reçu**

Irregular verb with spelling change: **c** changes
to **ç** before **a** or **u** to keep **s** sound

The Seven Simple Tenses		The Seven Compound Tenses	
Singular	Plural	Singular	Plural
1 présent de l'indicatif		**8 passé composé**	
reçois	recevons	ai reçu	avons reçu
reçois	recevez	as reçu	avez reçu
reçoit	reçoivent	a reçu	ont reçu
2 imparfait de l'indicatif		**9 plus-que-parfait de l'indicatif**	
recevais	recevions	avais reçu	avions reçu
recevais	receviez	avais reçu	aviez reçu
recevait	recevaient	avait reçu	avaient reçu
3 passé simple		**10 passé antérieur**	
reçus	reçûmes	eus reçu	eûmes reçu
reçus	reçûtes	eus reçu	eûtes reçu
reçut	reçurent	eut reçu	eurent reçu
4 futur		**11 futur antérieur**	
recevrai	recevrons	aurai reçu	aurons reçu
recevras	recevrez	auras reçu	aurez reçu
recevra	recevront	aura reçu	auront reçu
5 conditionnel		**12 conditionnel passé**	
recevrais	recevrions	aurais reçu	aurions reçu
recevrais	recevriez	aurais reçu	auriez reçu
recevrait	recevraient	aurait reçu	auraient reçu
6 présent du subjonctif		**13 passé du subjonctif**	
reçoive	recevions	aie reçu	ayons reçu
reçoives	receviez	aies reçu	ayez reçu
reçoive	reçoivent	ait reçu	aient reçu
7 imparfait du subjonctif		**14 plus-que-parfait du subjonctif**	
reçusse	reçussions	eusse reçu	eussions reçu
reçusses	reçussiez	eusses reçu	eussiez reçu
reçût	reçussent	eût reçu	eussent reçu

Impératif
reçois
recevons
recevez

Words and expressions related to this verb

réceptif, réceptive receptive
une réception reception, welcome
un, une réceptionniste receptionist
un reçu a receipt
au reçu de on receipt of
recevable receivable
un receveur, une receveuse receiver
être reçu à un examen to pass an exam
Est-ce que tu as reçu mon courriel? Did you
   receive my e-mail?

Proverb:
**Il y a plus de bonheur à donner qu'à
recevoir.** It is better to give than to receive.

Syn.: **accepter** to accept; **accueillir** to greet,
to welcome; **acquérir** to acquire; **hériter**
to inherit (293); **obtenir** to obtain, to get;
prendre to take
Ant.: **donner** to give; **offrir** to offer; **payer** to
pay; **refuser** to refuse

The Seven Simple Tenses		The Seven Compound Tenses	
Singular	Plural	Singular	Plural

1 présent de l'indicatif

		8 passé composé	
reconnais	reconnaissons	ai reconnu	avons reconnu
reconnais	reconnaissez	as reconnu	avez reconnu
reconnaît	reconnaissent	a reconnu	ont reconnu

2 imparfait de l'indicatif

		9 plus-que-parfait de l'indicatif	
reconnaissais	reconnaissions	avais reconnu	avions reconnu
reconnaissais	reconnaissiez	avais reconnu	aviez reconnu
reconnaissait	reconnaissaient	avait reconnu	avaient reconnu

3 passé simple

		10 passé antérieur	
reconnus	reconnûmes	eus reconnu	eûmes reconnu
reconnus	reconnûtes	eus reconnu	eûtes reconnu
reconnut	reconnurent	eut reconnu	eurent reconnu

4 futur

		11 futur antérieur	
reconnaîtrai	reconnaîtrons	aurai reconnu	aurons reconnu
reconnaîtras	reconnaîtrez	auras reconnu	aurez reconnu
reconnaîtra	reconnaîtront	aura reconnu	auront reconnu

5 conditionnel

		12 conditionnel passé	
reconnaîtrais	reconnaîtrions	aurais reconnu	aurions reconnu
reconnaîtrais	reconnaîtriez	aurais reconnu	auriez reconnu
reconnaîtrait	reconnaîtraient	aurait reconnu	auraient reconnu

6 présent du subjonctif

		13 passé du subjonctif	
reconnaisse	reconnaissions	aie reconnu	ayons reconnu
reconnaisses	reconnaissiez	aies reconnu	ayez reconnu
reconnaisse	reconnaissent	ait reconnu	aient reconnu

7 imparfait du subjonctif

		14 plus-que-parfait du subjonctif	
reconnusse	reconnussions	eusse reconnu	eussions reconnu
reconnusses	reconnussiez	eusses reconnu	eussiez reconnu
reconnût	reconnussent	eût reconnu	eussent reconnu

R

Impératif
reconnais
reconnaissons
reconnaissez

Words and expressions related to this verb
la **reconnaissance** gratitude, gratefulness,
  recognition
être **reconnaissant à qqn de** to be grateful
  (thankful, obliged) to someone for
la **reconnaissance vocale** speech/voice
  recognition (computer)
se **reconnaître** to recognize oneself, to
  recognize each other
reconnaissable recognizable

See also **connaître** and **méconnaître.**

Syn.: **admettre** to admit; **distinguer** to
distinguish (307); **identifier** to identify (212);
se rappeler to recall; **remercier** to thank
Ant.: **douter** to doubt; **méconnaître** not to
recognize, not to know; **nier** to deny; **oublier**
to forget

The subject pronouns are found on page 103.   **529**

recueillir (381)

to collect, to gather, to harvest

Irregular verb

The Seven Simple Tenses		The Seven Compound Tenses	
Singular	Plural	Singular	Plural
1 présent de l'indicatif		**8 passé composé**	
recueille	recueillons	ai recueilli	avons recueilli
recueilles	recueillez	as recueilli	avez recueilli
recueille	recueillent	a recueilli	ont recueilli
2 imparfait de l'indicatif		**9 plus-que-parfait de l'indicatif**	
recueillais	recueillions	avais recueilli	avions recueilli
recueillais	recueilliez	avais recueilli	aviez recueilli
recueillait	recueillaient	avait recueilli	avaient recueilli
3 passé simple		**10 passé antérieur**	
recueillis	recueillîmes	eus recueilli	eûmes recueilli
recueillis	recueillîtes	eus recueilli	eûtes recueilli
recueillit	recueillirent	eut recueilli	eurent recueilli
4 futur		**11 futur antérieur**	
recueillerai	recueillerons	aurai recueilli	aurons recueilli
recueilleras	recueillerez	auras recueilli	aurez recueilli
recueillera	recueilleront	aura recueilli	auront recueilli
5 conditionnel		**12 conditionnel passé**	
recueillerais	recueillerions	aurais recueilli	aurions recueilli
recueillerais	recueilleriez	aurais recueilli	auriez recueilli
recueillerait	recueilleraient	aurait recueilli	auraient recueilli
6 présent du subjonctif		**13 passé du subjonctif**	
recueille	recueillions	aie recueilli	ayons recueilli
recueilles	recueilliez	aies recueilli	ayez recueilli
recueille	recueillent	ait recueilli	aient recueilli
7 imparfait du subjonctif		**14 plus-que-parfait du subjonctif**	
recueillisse	recueillissions	eusse recueilli	eussions recueilli
recueillisses	recueillissiez	eusses recueilli	eussiez recueilli
recueillît	recueillissent	eût recueilli	eussent recueilli

Impératif
recueille
recueillons
recueillez

Words and expressions related to this verb

recueillir le fruit de son travail to reap the fruit of one's labor
un recueil collection; **un recueil de contes** collection of stories
le recueillement meditation, contemplation
se recueillir to meditate, to collect one's thoughts

Avez-vous jamais lu le poème *Recueillement* **de Charles Baudelaire?** Have you ever read the poem *Recueillement* by Charles Baudelaire?

See also **accueillir** and **cueillir**.

Syn.: **assembler** to assemble (407); **cueillir** to gather, to pick; **recevoir** to receive; **récolter** to harvest, to gather (27); **vendanger** to harvest (grapes) (283)
Ant.: **distribuer** to distribute (114); **éparpiller** to scatter (477); **semer** to sow (341)

réduire (382)

Irregular verb

to reduce, to decrease, to diminish

The Seven Simple Tenses		The Seven Compound Tenses	
Singular	Plural	Singular	Plural
1 présent de l'indicatif		**8 passé composé**	
réduis	réduisons	ai réduit	avons réduit
réduis	réduisez	as réduit	avez réduit
réduit	réduisent	a réduit	ont réduit
2 imparfait de l'indicatif		**9 plus-que-parfait de l'indicatif**	
réduisais	réduisions	avais réduit	avions réduit
réduisais	réduisiez	avais réduit	aviez réduit
réduisait	réduisaient	avait réduit	avaient réduit
3 passé simple		**10 passé antérieur**	
réduisis	réduisîmes	eus réduit	eûmes réduit
réduisis	réduisîtes	eus réduit	eûtes réduit
réduisit	réduisirent	eut réduit	eurent réduit
4 futur		**11 futur antérieur**	
réduirai	réduirons	aurai réduit	aurons réduit
réduiras	réduirez	auras réduit	aurez réduit
réduira	réduiront	aura réduit	auront réduit
5 conditionnel		**12 conditionnel passé**	
réduirais	réduirions	aurais réduit	aurions réduit
réduirais	réduiriez	aurais réduit	auriez réduit
réduirait	réduiraient	aurait réduit	auraient réduit
6 présent du subjonctif		**13 passé du subjonctif**	
réduise	réduisions	aie réduit	ayons réduit
réduises	réduisiez	aies réduit	ayez réduit
réduise	réduisent	ait réduit	aient réduit
7 imparfait du subjonctif		**14 plus-que-parfait du subjonctif**	
réduisisse	réduisissions	eusse réduit	eussions réduit
réduisisses	réduisissiez	eusses réduit	eussiez réduit
réduisît	réduisissent	eût réduit	eussent réduit

Impératif
réduis
réduisons
réduisez

Words and expressions related to this verb

une réduction reduction, decrease
réductible reducible
une tête réduite shrunken head
la réductibilité reductibility
se réduire à to be reduced to
à prix réduit at a reduced price

See also **conduire, déduire, introduire, produire, reproduire, séduire,** and **traduire.**

Syn.: **amoindrir** to lessen (229); **atténuer** to relieve, to ease (114); **diminuer** to diminish; **rabaisser** to reduce, to decrease (63)
Ant.: **accroître** to increase; **ajouter** to add; **augmenter** to increase, to augment; **élargir** to enlarge (229); **grossir** to get bigger (282)

The subject pronouns are found on page 103.

réfléchir (383)

to think, to meditate, to reflect, to ponder

The Seven Simple Tenses		The Seven Compound Tenses	
Singular	Plural	Singular	Plural
1 présent de l'indicatif		**8 passé composé**	
réfléchis	réfléchissons	ai réfléchi	avons réfléchi
réfléchis	réfléchissez	as réfléchi	avez réfléchi
réfléchit	réfléchissent	a réfléchi	ont réfléchi
2 imparfait de l'indicatif		**9 plus-que-parfait de l'indicatif**	
réfléchissais	réfléchissions	avais réfléchi	avions réfléchi
réfléchissais	réfléchissiez	avais réfléchi	aviez réfléchi
réfléchissait	réfléchissaient	avait réfléchi	avaient réfléchi
3 passé simple		**10 passé antérieur**	
réfléchis	réfléchîmes	eus réfléchi	eûmes réfléchi
réfléchis	réfléchîtes	eus réfléchi	eûtes réfléchi
réfléchit	réfléchirent	eut réfléchi	eurent réfléchi
4 futur		**11 futur antérieur**	
réfléchirai	réfléchirons	aurai réfléchi	aurons réfléchi
réfléchiras	réfléchirez	auras réfléchi	aurez réfléchi
réfléchira	réfléchiront	aura réfléchi	auront réfléchi
5 conditionnel		**12 conditionnel passé**	
réfléchirais	réfléchirions	aurais réfléchi	aurions réfléchi
réfléchirais	réfléchiriez	aurais réfléchi	auriez réfléchi
réfléchirait	réfléchiraient	aurait réfléchi	auraient réfléchi
6 présent du subjonctif		**13 passé du subjonctif**	
réfléchisse	réfléchissions	aie réfléchi	ayons réfléchi
réfléchisses	réfléchissiez	aies réfléchi	ayez réfléchi
réfléchisse	réfléchissent	ait réfléchi	aient réfléchi
7 imparfait du subjonctif		**14 plus-que-parfait du subjonctif**	
réfléchisse	réfléchissions	eusse réfléchi	eussions réfléchi
réfléchisses	réfléchissiez	eusses réfléchi	eussiez réfléchi
réfléchît	réfléchissent	eût réfléchi	eussent réfléchi

Impératif
réfléchis
réfléchissons
réfléchissez

Sentences using this verb and expressions related to it

Mathilde: Madeleine, vas-tu au cinéma samedi soir? Madeleine, are you going to the movies Saturday evening?
Madeleine: Je ne sais pas. Je dois y réfléchir. I don't know. I must think about it.
Mathilde: Bon, réfléchis avant de m'appeler. Okay, think before you call me.
réfléchir à qqch to think over (ponder) something

Il faut que j'y réfléchisse. I must think it over.
réfléchir avant de parler to think before speaking
La mer réfléchit le ciel. The sea reflects the sky.
un reflet reflection
tout bien réfléchi after careful thought

Syn.: **cogiter** to cogitate, to ponder (215); **délibérer** to deliberate (356); **penser** to think; **peser** to weigh; **refléter** to reflect (87)

refuser (384)

to refuse, to withhold

The Seven Simple Tenses		The Seven Compound Tenses	
Singular	Plural	Singular	Plural

1 présent de l'indicatif

		8 passé composé	
refuse	refusons	ai refusé	avons refusé
refuses	refusez	as refusé	avez refusé
refuse	refusent	a refusé	ont refusé

2 imparfait de l'indicatif

		9 plus-que-parfait de l'indicatif	
refusais	refusions	avais refusé	avions refusé
refusais	refusiez	avais refusé	aviez refusé
refusait	refusaient	avait refusé	avaient refusé

3 passé simple

		10 passé antérieur	
refusai	refusâmes	eus refusé	eûmes refusé
refusas	refusâtes	eus refusé	eûtes refusé
refusa	refusèrent	eut refusé	eurent refusé

4 futur

		11 futur antérieur	
refuserai	refuserons	aurai refusé	aurons refusé
refuseras	refuserez	auras refusé	aurez refusé
refusera	refuseront	aura refusé	auront refusé

5 conditionnel

		12 conditionnel passé	
refuserais	refuserions	aurais refusé	aurions refusé
refuserais	refuseriez	aurais refusé	auriez refusé
refuserait	refuseraient	aurait refusé	auraient refusé

6 présent du subjonctif

		13 passé du subjonctif	
refuse	refusions	aie refusé	ayons refusé
refuses	refusiez	aies refusé	ayez refusé
refuse	refusent	ait refusé	aient refusé

7 imparfait du subjonctif

		14 plus-que-parfait du subjonctif	
refusasse	refusassions	eusse refusé	eussions refusé
refusasses	refusassiez	eusses refusé	eussiez refusé
refusât	refusassent	eût refusé	eussent refusé

Impératif
refuse
refusons
refusez

Sentences using this verb and words related to it

Je refuse absolument de capituler!
   I absolutely refuse to give in!
refuser de faire qqch to refuse to do something
se refuser qqch to deny oneself something
refusable refusable
un refus refusal
refuser l'entrée à qqn to turn someone away
refuser la vie routinière to refuse a routine life
Elle a été refusée. She was refused.

Syn.: **contester** to dispute (160); **interdire** to prohibit; **rejeter** to reject (267); **renvoyer** to send back (200)
Ant.: **accepter** to accept; **accorder** to admit, to grant; **consentir** to agree, to consent; **permettre** to allow, to permit

The subject pronouns are found on page 103.

regarder (385)

to look (at), to watch

Part. pr. regardant   Part. passé regardé

Regular **-er** verb

The Seven Simple Tenses		The Seven Compound Tenses	
Singular	Plural	Singular	Plural
1 présent de l'indicatif		**8 passé composé**	
regarde	regardons	ai regardé	avons regardé
regardes	regardez	as regardé	avez regardé
regarde	regardent	a regardé	ont regardé
2 imparfait de l'indicatif		**9 plus-que-parfait de l'indicatif**	
regardais	regardions	avais regardé	avions regardé
regardais	regardiez	avais regardé	aviez regardé
regardait	regardaient	avait regardé	avaient regardé
3 passé simple		**10 passé antérieur**	
regardai	regardâmes	eus regardé	eûmes regardé
regardas	regardâtes	eus regardé	eûtes regardé
regarda	regardèrent	eut regardé	eurent regardé
4 futur		**11 futur antérieur**	
regarderai	regarderons	aurai regardé	aurons regardé
regarderas	regarderez	auras regardé	aurez regardé
regardera	regarderont	aura regardé	auront regardé
5 conditionnel		**12 conditionnel passé**	
regarderais	regarderions	aurais regardé	aurions regardé
regarderais	regarderiez	aurais regardé	auriez regardé
regarderait	regarderaient	aurait regardé	auraient regardé
6 présent du subjonctif		**13 passé du subjonctif**	
regarde	regardions	aie regardé	ayons regardé
regardes	regardiez	aies regardé	ayez regardé
regarde	regardent	ait regardé	aient regardé
7 imparfait du subjonctif		**14 plus-que-parfait du subjonctif**	
regardasse	regardassions	eusse regardé	eussions regardé
regardasses	regardassiez	eusses regardé	eussiez regardé
regardât	regardassent	eût regardé	eussent regardé

Impératif
regarde
regardons
regardez

Sentences using this verb and words related to it

—**Qu'est-ce que tu regardes?** What are you looking at?

—**Je regarde la télé.** I'm watching TV.
Cela ne vous regarde pas. That's none of your business.

regarder qqch to look at (to watch) something; **regarder la télé** to watch TV

un regard glance, look; **au regard de** compared to, with regard to

Syn.: **considérer** to consider (87); **consulter** to consult (375); **examiner** to examine (465); **observer** to observe (481); **voir** to see
Ant.: **éviter** to avoid; **fermer les yeux** to close one's eyes (conjugate **fermer**); **ignorer** to ignore (22)

The Seven Simple Tenses		The Seven Compound Tenses	
Singular	Plural	Singular	Plural

1 présent de l'indicatif		8 passé composé	
regrette	**regrettons**	**ai regretté**	**avons regretté**
regrettes	**regrettez**	**as regretté**	**avez regretté**
regrette	**regrettent**	**a regretté**	**ont regretté**

2 imparfait de l'indicatif		9 plus-que-parfait de l'indicatif	
regrettais	**regrettions**	**avais regretté**	**avions regretté**
regrettais	**regrettiez**	**avais regretté**	**aviez regretté**
regrettait	**regrettaient**	**avait regretté**	**avaient regretté**

3 passé simple		10 passé antérieur	
regrettai	**regrettâmes**	**eus regretté**	**eûmes regretté**
regrettas	**regrettâtes**	**eus regretté**	**eûtes regretté**
regretta	**regrettèrent**	**eut regretté**	**eurent regretté**

4 futur		11 futur antérieur	
regretterai	**regretterons**	**aurai regretté**	**aurons regretté**
regretteras	**regretterez**	**auras regretté**	**aurez regretté**
regrettera	**regretteront**	**aura regretté**	**auront regretté**

5 conditionnel		12 conditionnel passé	
regretterais	**regretterions**	**aurais regretté**	**aurions regretté**
regretterais	**regretteriez**	**aurais regretté**	**auriez regretté**
regretterait	**regretteraient**	**aurait regretté**	**auraient regretté**

6 présent du subjonctif		13 passé du subjonctif	
regrette	**regrettions**	**aie regretté**	**ayons regretté**
regrettes	**regrettiez**	**aies regretté**	**ayez regretté**
regrette	**regrettent**	**ait regretté**	**aient regretté**

7 imparfait du subjonctif		14 plus-que-parfait du subjonctif	
regrettasse	**regrettassions**	**eusse regretté**	**eussions regretté**
regrettasses	**regrettassiez**	**eusses regretté**	**eussiez regretté**
regrettât	**regrettassent**	**eût regretté**	**eussent regretté**

R

Impératif
regrette
regrettons
regrettez

Common idiomatic expressions using this verb and words related to it

regretter d'avoir fait qqch to regret (to be sorry for) having done something
regrettable regrettable; **Il est regrettable que + subjunctive** It is regrettable (It is a pity) that . . .
Je ne regrette rien. I regret nothing.
Je le regrette. I'm sorry. (I regret it.)

un regret regret; **avoir regret de qqch** to regret something, to feel sorry about something

Syn.: **s'excuser** to excuse oneself; **se plaindre** to complain, to lament; **pleurer** to cry, to mourn; **se repentir** to repent (434) (aux. **être**)
Ant.: **se réjouir** to be delighted (270) (aux. **être**); **rire** to laugh

The subject pronouns are found on page 103.
535

relire (387)   Part. pr. **relisant**   Part. passé **relu**
to read again, to reread   Irregular verb

The Seven Simple Tenses		The Seven Compound Tenses	
Singular	Plural	Singular	Plural
1 présent de l'indicatif		**8 passé composé**	
relis	relisons	ai relu	avons relu
relis	relisez	as relu	avez relu
relit	relisent	a relu	ont relu
2 imparfait de l'indicatif		**9 plus-que-parfait de l'indicatif**	
relisais	relisions	avais relu	avions relu
relisais	relisiez	avais relu	aviez relu
relisait	relisaient	avait relu	avaient relu
3 passé simple		**10 passé antérieur**	
relus	relûmes	eus relu	eûmes relu
relus	relûtes	eus relu	eûtes relu
relut	relurent	eut relu	eurent relu
4 futur		**11 futur antérieur**	
relirai	relirons	aurai relu	aurons relu
reliras	relirez	auras relu	aurez relu
relira	reliront	aura relu	auront relu
5 conditionnel		**12 conditionnel passé**	
relirais	relirions	aurais relu	aurions relu
relirais	reliriez	aurais relu	auriez relu
relirait	reliraient	aurait relu	auraient relu
6 présent du subjonctif		**13 passé du subjonctif**	
relise	relisions	aie relu	ayons relu
relises	relisiez	aies relu	ayez relu
relise	relisent	ait relu	aient relu
7 imparfait du subjonctif		**14 plus-que-parfait du subjonctif**	
relusse	relussions	eusse relu	eussions relu
relusses	relussiez	eusses relu	eussiez relu
relût	relussent	eût relu	eussent relu

Impératif
relis
relisons
relisez

Words and expressions related to this verb

lire to read
la lecture reading; reading selection
la relecture rereading
relire une composition en vue de la corriger
  to reread a composition for the purpose of
  correcting it

For other words related to this verb see **lire.**

> Grammar putting you in a tense mood?
> Review the definititons of basic grammatical
> terms with exmples on pages 35–49.

Regular **-er** verb   to remark, to notice, to observe, to distinguish

The Seven Simple Tenses		The Seven Compound Tenses	
Singular	Plural	Singular	Plural
1 présent de l'indicatif		8 passé composé	
remarque	remarquons	ai remarqué	avons remarqué
remarques	remarquez	as remarqué	avez remarqué
remarque	remarquent	a remarqué	ont remarqué
2 imparfait de l'indicatif		9 plus-que-parfait de l'indicatif	
remarquais	remarquions	avais remarqué	avions remarqué
remarquais	remarquiez	avais remarqué	aviez remarqué
remarquait	remarquaient	avait remarqué	avaient remarqué
3 passé simple		10 passé antérieur	
remarquai	remarquâmes	eus remarqué	eûmes remarqué
remarquas	remarquâtes	eus remarqué	eûtes remarqué
remarqua	remarquèrent	eut remarqué	eurent remarqué
4 futur		11 futur antérieur	
remarquerai	remarquerons	aurai remarqué	aurons remarqué
remarqueras	remarquerez	auras remarqué	aurez remarqué
remarquera	remarqueront	aura remarqué	auront remarqué
5 conditionnel		12 conditionnel passé	
remarquerais	remarquerions	aurais remarqué	aurions remarqué
remarquerais	remarqueriez	aurais remarqué	auriez remarqué
remarquerait	remarqueraient	aurait remarqué	auraient remarqué
6 présent du subjonctif		13 passé du subjonctif	
remarque	remarquions	aie remarqué	ayons remarqué
remarques	remarquiez	aies remarqué	ayez remarqué
remarque	remarquent	ait remarqué	aient remarqué
7 imparfait du subjonctif		14 plus-que-parfait du subjonctif	
remarquasse	remarquassions	eusse remarqué	eussions remarqué
remarquasses	remarquassiez	eusses remarqué	eussiez remarqué
remarquât	remarquassent	eût remarqué	eussent remarqué

R

Impératif
remarque
remarquons
remarquez

Words and expressions related to this verb

une remarque remark, observation, comment
marquer to mark
faire remarquer qqch à qqn to bring
  something to someone's attention, to point out
  something to someone
se faire remarquer to make oneself noticed,
  draw attention
remarquable remarkable

Syn.: **apercevoir** to perceive; **constater** to
notice (241); **distinguer** to distinguish (307);
noter to note (176); **observer** to observe
(481); **voir** to see
Ant.: **ignorer** to be unaware of (22)

The subject pronouns are found on page 103.   **537**

The Seven Simple Tenses		The Seven Compound Tenses	
Singular	Plural	Singular	Plural
1 présent de l'indicatif		**8 passé composé**	
remercie	remercions	ai remercié	avons remercié
remercies	remerciez	as remercié	avez remercié
remercie	remercient	a remercié	ont remercié
2 imparfait de l'indicatif		**9 plus-que-parfait de l'indicatif**	
remerciais	remerciions	avais remercié	avions remercié
remerciais	remerciiez	avais remercié	aviez remercié
remerciait	remerciaient	avait remercié	avaient remercié
3 passé simple		**10 passé antérieur**	
remerciai	remerciâmes	eus remercié	eûmes remercié
remercias	remerciâtes	eus remercié	eûtes remercié
remercia	remercièrent	eut remercié	eurent remercié
4 futur		**11 futur antérieur**	
remercierai	remercierons	aurai remercié	aurons remercié
remercieras	remercierez	auras remercié	aurez remercié
remerciera	remercieront	aura remercié	auront remercié
5 conditionnel		**12 conditionnel passé**	
remercierais	remercierions	aurais remercié	aurions remercié
remercierais	remercieriez	aurais remercié	auriez remercié
remercierait	remercieraient	aurait remercié	auraient remercié
6 présent du subjonctif		**13 passé du subjonctif**	
remercie	remerciions	aie remercié	ayons remercié
remercies	remerciiez	aies remercié	ayez remercié
remercie	remercient	ait remercié	aient remercié
7 imparfait du subjonctif		**14 plus-que-parfait du subjonctif**	
remerciasse	remerciassions	eusse remercié	eussions remercié
remerciasses	remerciassiez	eusses remercié	eussiez remercié
remerciât	remerciassent	eût remercié	eussent remercié

Impératif
remercie
remercions
remerciez

Common idiomatic expressions using this verb and words related to it

remercier qqn de qqch to thank someone for something; **Je vous remercie de votre aimable invitation.** I thank you for your kind invitation.

un remerciement acknowledgment, thanks
Merci! Thank you!
Merci bien! Thank you very much!

sans merci without mercy, mercilessly
être à la merci de to be at the mercy of;
la merci mercy, good will

Syn.: **être reconnaissant** to be grateful/thankful (conjugate **être**); **rendre grâce à qqn** to give thanks to someone (conjugate **rendre**)

Irregular verb

to put (on) again, to replace, to put back,
to give back, to postpone, to pardon

The Seven Simple Tenses

The Seven Compound Tenses

Singular	Plural	Singular	Plural
1 présent de l'indicatif		8 passé composé	
remets	remettons	ai remis	avons remis
remets	remettez	as remis	avez remis
remet	remettent	a remis	ont remis
2 imparfait de l'indicatif		9 plus-que-parfait de l'indicatif	
remettais	remettions	avais remis	avions remis
remettais	remettiez	avais remis	aviez remis
remettait	remettaient	avait remis	avaient remis
3 passé simple		10 passé antérieur	
remis	remîmes	eus remis	eûmes remis
remis	remîtes	eus remis	eûtes remis
remit	remirent	eut remis	eurent remis
4 futur		11 futur antérieur	
remettrai	remettrons	aurai remis	aurons remis
remettras	remettrez	auras remis	aurez remis
remettra	remettront	aura remis	auront remis
5 conditionnel		12 conditionnel passé	
remettrais	remettrions	aurais remis	aurions remis
remettrais	remettriez	aurais remis	auriez remis
remettrait	remettraient	aurait remis	auraient remis
6 présent du subjonctif		13 passé du subjonctif	
remette	remettions	aie remis	ayons remis
remettes	remettiez	aies remis	ayez remis
remette	remettent	ait remis	aient remis
7 imparfait du subjonctif		14 plus-que-parfait du subjonctif	
remisse	remissions	eusse remis	eussions remis
remisses	remissiez	eusses remis	eussiez remis
remît	remissent	eût remis	eussent remis

Impératif
remets
remettons
remettez

R

Sentences using this verb and words and
expressions related to it

—**Où as-tu remis les outils que je t'ai prêtés?**
Where did you put (back) the tools that I lent
you?

—**Je les ai remis dans ta boîte à outils.** I put
them back in your toolbox.

—**Où est ma boîte à outils?** Where is my
toolbox?

—**Dans la remise!** In the shed!

se remettre de to recover from

se remettre à faire qqch to start to do
something again

s'en remettre à to depend on, to rely on

The subject pronouns are found on page 103.

Remettez-vous! Pull yourself together!
une remise remittance, postponement, discount;
a shed

See also **commettre, mettre, se mettre,
omettre, permettre, promettre, soumettre,**
and **transmettre.**

Syn.: **absoudre** to absolve; **pardonner** to
pardon; **rapporter** to bring back (40); **redonner**
to give back (171); **rendre** to give back; **replacer**
to put back (342); **restituer** to return (483)
Ant.: **emporter** to carry away (349); **enlever**
to take away; **garder** to keep

remplacer (391)

Part. pr. **remplaçant**   Part. passé **remplacé**

to replace

Regular **-er** verb endings; spelling change:
c changes to **ç** before **a** or **o** to keep **s** sound

The Seven Simple Tenses		The Seven Compound Tenses	
Singular	Plural	Singular	Plural
1 présent de l'indicatif		8 passé composé	
remplace	remplaçons	ai remplacé	avons remplacé
remplaces	remplacez	as remplacé	avez remplacé
remplace	remplacent	a remplacé	ont remplacé
2 imparfait de l'indicatif		9 plus-que-parfait de l'indicatif	
remplaçais	remplacions	avais remplacé	avions remplacé
remplaçais	remplaciez	avais remplacé	aviez remplacé
remplaçait	remplaçaient	avait remplacé	avaient remplacé
3 passé simple		10 passé antérieur	
remplaçai	remplaçâmes	eus remplacé	eûmes remplacé
remplaças	remplaçâtes	eus remplacé	eûtes remplacé
remplaça	remplacèrent	eut remplacé	eurent remplacé
4 futur		11 futur antérieur	
remplacerai	remplacerons	aurai remplacé	aurons remplacé
remplaceras	remplacerez	auras remplacé	aurez remplacé
remplacera	remplaceront	aura remplacé	auront remplacé
5 conditionnel		12 conditionnel passé	
remplacerais	remplacerions	aurais remplacé	aurions remplacé
remplacerais	remplaceriez	aurais remplacé	auriez remplacé
remplacerait	remplaceraient	aurait remplacé	auraient remplacé
6 présent du subjonctif		13 passé du subjonctif	
remplace	remplacions	aie remplacé	ayons remplacé
remplaces	remplaciez	aies remplacé	ayez remplacé
remplace	remplacent	ait remplacé	aient remplacé
7 imparfait du subjonctif		14 plus-que-parfait du subjonctif	
remplaçasse	remplaçassions	eusse remplacé	eussions remplacé
remplaçasses	remplaçassiez	eusses remplacé	eussiez remplacé
remplaçât	remplaçassent	eût remplacé	eussent remplacé

Impératif
remplace
remplaçons
remplacez

Words and expressions related to this verb

remplacer par to replace with
un remplacement replacement (thing)
un remplaçant, une remplaçante replacement
  (person), substitute
remplaçable replaceable; **irremplaçable**
  irreplaceable
en remplacement de in place of

See also **placer.**

Syn.: **changer** to change; **doubler** to double
(481); **renouveler** to renew (38); **substituer à**
to substitute for (483)
Ant.: **conserver** to preserve (27); **retenir** to
retain

Regular **-ir** verb

to fill, to fulfill, to fill in, to fill out

The Seven Simple Tenses		The Seven Compound Tenses	
Singular	Plural	Singular	Plural

1 présent de l'indicatif

		8 passé composé	
remplis	remplissons	ai rempli	avons rempli
remplis	remplissez	as rempli	avez rempli
remplit	remplissent	a rempli	ont rempli

2 imparfait de l'indicatif

		9 plus-que-parfait de l'indicatif	
remplissais	remplissions	avais rempli	avions rempli
remplissais	remplissiez	avais rempli	aviez rempli
remplissait	remplissaient	avait rempli	avaient rempli

3 passé simple

		10 passé antérieur	
remplis	remplîmes	eus rempli	eûmes rempli
remplis	remplîtes	eus rempli	eûtes rempli
remplit	remplirent	eut rempli	eurent rempli

4 futur

		11 futur antérieur	
remplirai	remplirons	aurai rempli	aurons rempli
rempliras	remplirez	auras rempli	aurez rempli
remplira	rempliront	aura rempli	auront rempli

5 conditionnel

		12 conditionnel passé	
remplirais	remplirions	aurais rempli	aurions rempli
remplirais	rempliriez	aurais rempli	auriez rempli
remplirait	rempliraient	aurait rempli	auraient rempli

6 présent du subjonctif

		13 passé du subjonctif	
remplisse	remplissions	aie rempli	ayons rempli
remplisses	remplissiez	aies rempli	ayez rempli
remplisse	remplissent	ait rempli	aient rempli

7 imparfait du subjonctif

		14 plus-que-parfait du subjonctif	
remplisse	remplissions	eusse rempli	eussions rempli
remplisses	remplissiez	eusses rempli	eussiez rempli
remplît	remplissent	eût rempli	eussent rempli

Impératif
remplis
remplissons
remplissez

R

Words and expressions related to this verb

remplir de to fill with
remplir qqch de qqch to fill something with something
se remplir to fill up
un remplissage filling up
remplir des conditions to fulfill requirements, conditions
remplir une tâche to carry out (perform) a task

remplir quelqu'un d'admiration to fill someone with admiration

Syn.: **compléter** to complete (87); **emplir** to fill (392); **exécuter** to execute, to carry out (169); **farcir de** to stuff with (229); **satisfaire** to satisfy
Ant.: **évacuer** to evacuate (114); **omettre** to omit; **vider** to empty (251)

The subject pronouns are found on page 103.

rencontrer (393)

to meet, to encounter

Part. pr. **rencontrant**   Part. passé **rencontré**

Regular **-er** verb

The Seven Simple Tenses		The Seven Compound Tenses	
Singular	Plural	Singular	Plural
1 présent de l'indicatif		8 passé composé	
rencontre	rencontrons	ai rencontré	avons rencontré
rencontres	rencontrez	as rencontré	avez rencontré
rencontre	rencontrent	a rencontré	ont rencontré
2 imparfait de l'indicatif		9 plus-que-parfait de l'indicatif	
rencontrais	rencontrions	avais rencontré	avions rencontré
rencontrais	rencontriez	avais rencontré	aviez rencontré
rencontrait	rencontraient	avait rencontré	avaient rencontré
3 passé simple		10 passé antérieur	
rencontrai	rencontrâmes	eus rencontré	eûmes rencontré
rencontras	rencontrâtes	eus rencontré	eûtes rencontré
rencontra	rencontrèrent	eut rencontré	eurent rencontré
4 futur		11 futur antérieur	
rencontrerai	rencontrerons	aurai rencontré	aurons rencontré
rencontreras	rencontrerez	auras rencontré	aurez rencontré
rencontrera	rencontreront	aura rencontré	auront rencontré
5 conditionnel		12 conditionnel passé	
rencontrerais	rencontrerions	aurais rencontré	aurions rencontré
rencontrerais	rencontreriez	aurais rencontré	auriez rencontré
rencontrerait	rencontreraient	aurait rencontré	auraient rencontré
6 présent du subjonctif		13 passé du subjonctif	
rencontre	rencontrions	aie rencontré	ayons rencontré
rencontres	rencontriez	aies rencontré	ayez rencontré
rencontre	rencontrent	ait rencontré	aient rencontré
7 imparfait du subjonctif		14 plus-que-parfait du subjonctif	
rencontrasse	rencontrassions	eusse rencontré	eussions rencontré
rencontrasses	rencontrassiez	eusses rencontré	eussiez rencontré
rencontrât	rencontrassent	eût rencontré	eussent rencontré

Impératif
rencontre
rencontrons
rencontrez

Words and expressions related to this verb

se rencontrer to meet each other
une rencontre encounter, meeting
aller à la rencontre de qqn to go to meet someone
rencontrer par hasard to meet someone by chance (bump into)
une rencontre au sommet summit meeting

faire une rencontre inattendue to have an unexpected encounter
de mauvaises rencontres the wrong sort of people

Syn.: **croiser** to bump into someone (86); **joindre** to join; **trouver** to find; **voir** to see
Ant.: **éviter** to avoid

Regular **-re** verb   to give back, to return (something), to render; to vomit

The Seven Simple Tenses		The Seven Compound Tenses	
Singular	Plural	Singular	Plural

1 présent de l'indicatif

		8 passé composé	
rends	rendons	ai rendu	avons rendu
rends	rendez	as rendu	avez rendu
rend	rendent	a rendu	ont rendu

2 imparfait de l'indicatif

		9 plus-que-parfait de l'indicatif	
rendais	rendions	avais rendu	avions rendu
rendais	rendiez	avais rendu	aviez rendu
rendait	rendaient	avait rendu	avaient rendu

3 passé simple

		10 passé antérieur	
rendis	rendîmes	eus rendu	eûmes rendu
rendis	rendîtes	eus rendu	eûtes rendu
rendit	rendirent	eut rendu	eurent rendu

4 futur

		11 futur antérieur	
rendrai	rendrons	aurai rendu	aurons rendu
rendras	rendrez	auras rendu	aurez rendu
rendra	rendront	aura rendu	auront rendu

5 conditionnel

		12 conditionnel passé	
rendrais	rendrions	aurais rendu	aurions rendu
rendrais	rendriez	aurais rendu	auriez rendu
rendrait	rendraient	aurait rendu	auraient rendu

6 présent du subjonctif

		13 passé du subjonctif	
rende	rendions	aie rendu	ayons rendu
rendes	rendiez	aies rendu	ayez rendu
rende	rendent	ait rendu	aient rendu

7 imparfait du subjonctif

		14 plus-que-parfait du subjonctif	
rendisse	rendissions	eusse rendu	eussions rendu
rendisses	rendissiez	eusses rendu	eussiez rendu
rendît	rendissent	eût rendu	eussent rendu

Impératif
rends
rendons
rendez

R

AN ESSENTIAL
55 VERB

The subject pronouns are found on page 103.
543

Rendre is a very useful verb for beginning students because it is used in numerous everyday situations and idiomatic expressions. It is a regular **-re** verb.

Sentences using rendre

J'ai rendu le livre à la bibliothèque. I returned the book to the library.

Elle a rendu tout ce qu'elle a mangé. She vomited everything she ate.

Prière de rendre la clé de la chambre avant de partir. Please return the room key before leaving. (When going out for the day or checking out of a hotel.)

Tous les citoyens se sont rendus aux urnes afin d'élire un nouveau président. All the citizens voted in order to elect a new president.

Rendez à César ce qui est à César, et à Dieu ce qui est à Dieu. (Luc 20, 25) Render unto Caesar that which is Caesar's, and unto God that which is God's. (Luke 20, 25)

Pendant les vacances nous rendrons visite à notre grand-père. During vacation we will pay a visit to our grandfather.

Syn.: **céder** to cede; **donner** to give; **redonner** to give back (171); **rembourser** to reimburse (27); **représenter** to represent (60); **restituer** to return (483)
Ant.: **conserver** to preserve (27); **garder** to keep

Words and expressions related to this verb

un rendez-vous **appointment, date**

fixer un rendez-vous **to make an appointment, a date**

un compte rendu **report, account**

se rendre à **to go to, to surrender to**

rendre un service à qqn **to do someone a favor**

rendre service à qqn **to be of service to someone**

rendre qqn + adj. **to make someone + adj.**

rendre grâce à qqn **to give thanks to someone**

rendre compte de qqch **to give an account of something**

se rendre compte de **to realize**

rendre justice **to uphold justice**

rendre qqch **to return something**

se rendre aux urnes **to vote**

rendre hommage à qqn/qqch **to pay someone/something homage**

rendre visite à **to pay a visit to**

Can't remember the French verb you need? Check the back pages of this book for the English-French verb index!

Regular **-er** verb   to return

The Seven Simple Tenses		The Seven Compound Tenses	
Singular	Plural	Singular	Plural
1 présent de l'indicatif		**8 passé composé**	
rentre	rentrons	suis rentré(e)	sommes rentré(e)s
rentres	rentrez	es rentré(e)	êtes rentré(e)(s)
rentre	rentrent	est rentré(e)	sont rentré(e)s
2 imparfait de l'indicatif		**9 plus-que-parfait de l'indicatif**	
rentrais	rentrions	étais rentré(e)	étions rentré(e)s
rentrais	rentriez	étais rentré(e)	étiez rentré(e)(s)
rentrait	rentraient	était rentré(e)	étaient rentré(e)s
3 passé simple		**10 passé antérieur**	
rentrai	rentrâmes	fus rentré(e)	fûmes rentré(e)s
rentras	rentrâtes	fus rentré(e)	fûtes rentré(e)(s)
rentra	rentrèrent	fut rentré(e)	furent rentré(e)s
4 futur		**11 futur antérieur**	
rentrerai	rentrerons	serai rentré(e)	serons rentré(e)s
rentreras	rentrerez	seras rentré(e)	serez rentré(e)(s)
rentrera	rentreront	sera rentré(e)	seront rentré(e)s
5 conditionnel		**12 conditionnel passé**	
rentrerais	rentrerions	serais rentré(e)	serions rentré(e)s
rentrerais	rentreriez	serais rentré(e)	seriez rentré(e)(s)
rentrerait	rentreraient	serait rentré(e)	seraient rentré(e)s
6 présent du subjonctif		**13 passé du subjonctif**	
rentre	rentrions	sois rentré(e)	soyons rentré(e)s
rentres	rentriez	sois rentré(e)	soyez rentré(e)(s)
rentre	rentrent	soit rentré(e)	soient rentré(e)s
7 imparfait du subjonctif		**14 plus-que-parfait du subjonctif**	
rentrasse	rentrassions	fusse rentré(e)	fussions rentré(e)s
rentrasses	rentrassiez	fusses rentré(e)	fussiez rentré(e)(s)
rentrât	rentrassent	fût rentré(e)	fussent rentré(e)s

Impératif
rentre
rentrons
rentrez

R

AN ESSENTIAL
55 VERB

The subject pronouns are found on page 103.   **545**

Rentrer is an important verb because it is used in many everyday situations and because it is a non-reflexive verb that takes **être** as an auxiliary (see page 6).

This verb is conjugated with **avoir** when it has a direct object.

Example: **Elle a rentré le chat dans la maison.** She brought (took) the cat into the house.
BUT: **Elle est rentrée tôt.** She returned home early.

Sentences using rentrer

—À quelle heure es-tu rentré à la maison, Alexandre?
—Je suis rentré à dix heures du soir, maman.

—What time did you get home, Alexander?
—I got home at ten in the evening, Mom.

Aide-moi, s'il te plaît, je ne parviens pas à faire rentrer ce téléviseur dans le coffre de ma voiture. Please help me, I cannot manage to make this television set fit in the trunk of my car.

J'ai hâte de voir tous mes amis à la rentrée des classes. I can't wait to see all my friends when we go back to school.

Syn.: **retourner** to return; **revenir** to come back
Ant.: **quitter** to leave; **repartir** to leave again (327) (aux. être); **ressortir** to go out again (444); **sortir** to leave

Words and expressions related to this verb

rentrer chez soi to go back home

rentrer les enfants to take the children home

rentrer ses larmes to hold back one's tears

la rentrée return, homecoming

la rentrée des classes, la rentrée scolaire back to school

rentrer ses griffes to calm down (Literally, to pull in one's claws)

rentrer dans to crash into

Can't find the verb you're looking for? Check the back pages of this book for a list of over 2,700 additional verbs!

Regular **-re** verb   to spread, to scatter, to spill

The Seven Simple Tenses		The Seven Compound Tenses	
Singular	Plural	Singular	Plural
1 présent de l'indicatif		8 passé composé	
répands	**répandons**	**ai répandu**	**avons répandu**
répands	**répandez**	**as répandu**	**avez répandu**
répand	**répandent**	**a répandu**	**ont répandu**
2 imparfait de l'indicatif		9 plus-que-parfait de l'indicatif	
répandais	**répandions**	**avais répandu**	**avions répandu**
répandais	**répandiez**	**avais répandu**	**aviez répandu**
répandait	**répandaient**	**avait répandu**	**avaient répandu**
3 passé simple		10 passé antérieur	
répandis	**répandîmes**	**eus répandu**	**eûmes répandu**
répandis	**répandîtes**	**eus répandu**	**eûtes répandu**
répandit	**répandirent**	**eut répandu**	**eurent répandu**
4 futur		11 futur antérieur	
répandrai	**répandrons**	**aurai répandu**	**aurons répandu**
répandras	**répandrez**	**auras répandu**	**aurez répandu**
répandra	**répandront**	**aura répandu**	**auront répandu**
5 conditionnel		12 conditionnel passé	
répandrais	**répandrions**	**aurais répandu**	**aurions répandu**
répandrais	**répandriez**	**aurais répandu**	**auriez répandu**
répandrait	**répandraient**	**aurait répandu**	**auraient répandu**
6 présent du subjonctif		13 passé du subjonctif	
répande	**répandions**	**aie répandu**	**ayons répandu**
répandes	**répandiez**	**aies répandu**	**ayez répandu**
répande	**répandent**	**ait répandu**	**aient répandu**
7 imparfait du subjonctif		14 plus-que-parfait du subjonctif	
répandisse	**répandissions**	**eusse répandu**	**eussions répandu**
répandisses	**répandissiez**	**eusses répandu**	**eussiez répandu**
répandît	**répandissent**	**eût répandu**	**eussent répandu**

R

Impératif
répands
répandons
répandez

Words and expressions related to this verb

répandre l'effroi to spread fear
une personne répandue widely known person
une opinion répandue widely accepted opinion
répandre du sang to shed blood
répandre une nouvelle to spread news
se répandre en injures to pour out insults
répandre la joie to spread joy

Syn.: **diffuser** to broadcast, to diffuse (32); **éparpiller** to scatter (477); **parsemer** to scatter (341); **semer** to sow (341); **verser** to pour
Ant.: **garder** to keep; **ramasser** to pick up (92); **retenir** to keep, to retain

The subject pronouns are found on page 103.   **547**

reparaître (397)

Part. pr. **reparaissant**   Part. passé **reparu**

to reappear, to appear again

Irregular verb

The Seven Simple Tenses		The Seven Compound Tenses	
Singular	Plural	Singular	Plural
1 présent de l'indicatif		8 passé composé	
reparais	reparaissons	ai reparu	avons reparu
reparais	reparaissez	as reparu	avez reparu
reparaît	reparaissent	a reparu	ont reparu
2 imparfait de l'indicatif		9 plus-que-parfait de l'indicatif	
reparaissais	reparaissions	avais reparu	avions reparu
reparaissais	reparaissiez	avais reparu	aviez reparu
reparaissait	reparaissaient	avait reparu	avaient reparu
3 passé simple		10 passé antérieur	
reparus	reparûmes	eus reparu	eûmes reparu
reparus	reparûtes	eus reparu	eûtes reparu
reparut	reparurent	eut reparu	eurent reparu
4 futur		11 futur antérieur	
reparaîtrai	reparaîtrons	aurai reparu	aurons reparu
reparaîtras	reparaîtrez	auras reparu	aurez reparu
reparaîtra	reparaîtront	aura reparu	auront reparu
5 conditionnel		12 conditionnel passé	
reparaîtrais	reparaîtrions	aurais reparu	aurions reparu
reparaîtrais	reparaîtriez	aurais reparu	auriez reparu
reparaîtrait	reparaîtraient	aurait reparu	auraient reparu
6 présent du subjonctif		13 passé du subjonctif	
reparaisse	reparaissions	aie reparu	ayons reparu
reparaisses	reparaissiez	aies reparu	ayez reparu
reparaisse	reparaissent	ait reparu	aient reparu
7 imparfait du subjonctif		14 plus-que-parfait du subjonctif	
reparusse	reparussions	eusse reparu	eussions reparu
reparusses	reparussiez	eusses reparu	eussiez reparu
reparût	reparussent	eût reparu	eussent reparu

Impératif
reparais
reparaissons
reparaissez

Words related to this verb

paraître to appear, to seem
réapparaître to appear again, to reappear
la réapparition reappearance
disparaître to disappear
apparaître to appear, to come into view

See also **apparaître**, **disparaître**, and **paraître**.

Syn.: **réapparaître** to reappear (324); **revenir** to come back
Ant.: **se cacher** to hide oneself; **disparaître** to disappear

Regular **-er** verb

to repair

The Seven Simple Tenses

The Seven Compound Tenses

Singular	Plural	Singular	Plural
1 présent de l'indicatif		8 passé composé	
répare	**réparons**	**ai réparé**	**avons réparé**
répares	**réparez**	**as réparé**	**avez réparé**
répare	**réparent**	**a réparé**	**ont réparé**
2 imparfait de l'indicatif		9 plus-que-parfait de l'indicatif	
réparais	**réparions**	**avais réparé**	**avions réparé**
réparais	**répariez**	**avais réparé**	**aviez réparé**
réparait	**réparaient**	**avait réparé**	**avaient réparé**
3 passé simple		10 passé antérieur	
réparai	**réparâmes**	**eus réparé**	**eûmes réparé**
réparas	**réparâtes**	**eus réparé**	**eûtes réparé**
répara	**réparèrent**	**eut réparé**	**eurent réparé**
4 futur		11 futur antérieur	
réparerai	**réparerons**	**aurai réparé**	**aurons réparé**
répareras	**réparerez**	**auras réparé**	**aurez réparé**
réparera	**répareront**	**aura réparé**	**auront réparé**
5 conditionnel		12 conditionnel passé	
réparerais	**réparerions**	**aurais réparé**	**aurions réparé**
réparerais	**répareriez**	**aurais réparé**	**auriez réparé**
réparerait	**répareraient**	**aurait réparé**	**auraient réparé**
6 présent du subjonctif		13 passé du subjonctif	
répare	**réparions**	**aie réparé**	**ayons réparé**
répares	**répariez**	**aies réparé**	**ayez réparé**
répare	**réparent**	**ait réparé**	**aient réparé**
7 imparfait du subjonctif		14 plus-que-parfait du subjonctif	
réparasse	**réparassions**	**eusse réparé**	**eussions réparé**
réparasses	**réparassiez**	**eusses réparé**	**eussiez réparé**
réparât	**réparassent**	**eût réparé**	**eussent réparé**

R

Impératif
répare
réparons
réparez

Words and expressions related to this verb

faire réparer ses chaussures to have one's
shoes repaired
un réparateur, une réparatrice repairer
réparable reparable
irréparable irreparable
réparer une maison to restore a house
la réparation repair, repairing; **en réparation**
in repair, under repair

réparer une offense to correct an offense
irréparablement irreparably

Syn.: **corriger** to correct; **rajuster** to adjust
(28); **refaire** to redo (223); **réhabiliter** to
rehabilitate (251); **rénover** to renovate (276);
restaurer to restore (347)
Ant.: **abîmer** to damage (27); **briser** to break
(32); **détruire** to destroy; **ruiner** to ruin (329)

The subject pronouns are found on page 103.

to iron, to pass again, to pass by again

The Seven Simple Tenses		The Seven Compound Tenses	
Singular	Plural	Singular	Plural
1 présent de l'indicatif		**8 passé composé**	
repasse	repassons	ai repassé	avons repassé
repasses	repassez	as repassé	avez repassé
repasse	repassent	a repassé	ont repassé
2 imparfait de l'indicatif		**9 plus-que-parfait de l'indicatif**	
repassais	repassions	avais repassé	avions repassé
repassais	repassiez	avais repassé	aviez repassé
repassait	repassaient	avait repassé	avaient repassé
3 passé simple		**10 passé antérieur**	
repassai	repassâmes	eus repassé	eûmes repassé
repassas	repassâtes	eus repassé	eûtes repassé
repassa	repassèrent	eut repassé	eurent repassé
4 futur		**11 futur antérieur**	
repasserai	repasserons	aurai repassé	aurons repassé
repasseras	repasserez	auras repassé	aurez repassé
repassera	repasseront	aura repassé	auront repassé
5 conditionnel		**12 conditionnel passé**	
repasserais	repasserions	aurais repassé	aurions repassé
repasserais	repasseriez	aurais repassé	auriez repassé
repasserait	repasseraient	aurait repassé	auraient repassé
6 présent du subjonctif		**13 passé du subjonctif**	
repasse	repassions	aie repassé	ayons repassé
repasses	repassiez	aies repassé	ayez repassé
repasse	repassent	ait repassé	aient repassé
7 imparfait du subjonctif		**14 plus-que-parfait du subjonctif**	
repassasse	repassassions	eusse repassé	eussions repassé
repassasses	repassassiez	eusses repassé	eussiez repassé
repassât	repassassent	eût repassé	eussent repassé

Impératif
repasse
repassons
repassez

Common idiomatic expressions using this verb and words related to it

une planche à repasser ironing board
un fer à repasser flat iron (for ironing clothes)
passer un examen to take (sit for) an exam
repasser un examen to take an exam over again
repasser un couteau, des ciseaux to sharpen a knife, scissors
repasser une leçon to review a lesson
repasser une chemise to iron a shirt

repasser un autre jour to stop in again another day
du linge à repasser laundry to iron

See also **passer**.

Syn.: **défriper** to smooth, to remove creases (235); **revenir** to come back
Ant.: **froisser** to crease, to crumple (353)

répéter (400)

Regular **-er** verb endings; spelling change: **é** changes
to **è** before syllable with mute **e**

to repeat, to rehearse

The Seven Simple Tenses		The Seven Compound Tenses	
Singular	Plural	Singular	Plural

1 présent de l'indicatif		8 passé composé	
répète	**répétons**	**ai répété**	**avons répété**
répètes	**répétez**	**as répété**	**avez répété**
répète	**répètent**	**a répété**	**ont répété**

2 imparfait de l'indicatif		9 plus-que-parfait de l'indicatif	
répétais	**répétions**	**avais répété**	**avions répété**
répétais	**répétiez**	**avais répété**	**aviez répété**
répétait	**répétaient**	**avait répété**	**avaient répété**

3 passé simple		10 passé antérieur	
répétai	**répétâmes**	**eus répété**	**eûmes répété**
répétas	**répétâtes**	**eus répété**	**eûtes répété**
répéta	**répétèrent**	**eut répété**	**eurent répété**

4 futur		11 futur antérieur	
répéterai	**répéterons**	**aurai répété**	**aurons répété**
répéteras	**répéterez**	**auras répété**	**aurez répété**
répétera	**répéteront**	**aura répété**	**auront répété**

5 conditionnel		12 conditionnel passé	
répéterais	**répéterions**	**aurais répété**	**aurions répété**
répéterais	**répéteriez**	**aurais répété**	**auriez répété**
répéterait	**répéteraient**	**aurait répété**	**auraient répété**

6 présent du subjonctif		13 passé du subjonctif	
répète	**répétions**	**aie répété**	**ayons répété**
répètes	**répétiez**	**aies répété**	**ayez répété**
répète	**répètent**	**ait répété**	**aient répété**

7 imparfait du subjonctif		14 plus-que-parfait du subjonctif	
répétasse	**répétassions**	**eusse répété**	**eussions répété**
répétasses	**répétassiez**	**eusses répété**	**eussiez répété**
répétât	**répétassent**	**eût répété**	**eussent répété**

Impératif
répète
répétons
répétez

Words and expressions related to this verb

répéter une pièce de théâtre to rehearse a play
une répétition repetition
La pièce est en répétition. The play is in
   rehearsal.
se **répéter** to repeat oneself; to recur

Syn.: **redire** to say again (168); **refaire** to
redo (223)
Ant.: **réitérer** to reiterate (356)

Soak up some verbs used in weather expressions. There's a list in the Appendixes!

The subject pronouns are found on page 103.

répondre (401)

to respond, to reply, to answer

The Seven Simple Tenses		The Seven Compound Tenses	
Singular	Plural	Singular	Plural
1 présent de l'indicatif		**8 passé composé**	
réponds	répondons	ai répondu	avons répondu
réponds	répondez	as répondu	avez répondu
répond	répondent	a répondu	ont répondu
2 imparfait de l'indicatif		**9 plus-que-parfait de l'indicatif**	
répondais	répondions	avais répondu	avions répondu
répondais	répondiez	avais répondu	aviez répondu
répondait	répondaient	avait répondu	avaient répondu
3 passé simple		**10 passé antérieur**	
répondis	répondîmes	eus répondu	eûmes répondu
répondis	répondîtes	eus répondu	eûtes répondu
répondit	répondirent	eut répondu	eurent répondu
4 futur		**11 futur antérieur**	
répondrai	répondrons	aurai répondu	aurons répondu
répondras	répondrez	auras répondu	aurez répondu
répondra	répondront	aura répondu	auront répondu
5 conditionnel		**12 conditionnel passé**	
répondrais	répondrions	aurais répondu	aurions répondu
répondrais	répondriez	aurais répondu	auriez répondu
répondrait	répondraient	aurait répondu	auraient répondu
6 présent du subjonctif		**13 passé du subjonctif**	
réponde	répondions	aie répondu	ayons répondu
répondes	répondiez	aies répondu	ayez répondu
réponde	répondent	ait répondu	aient répondu
7 imparfait du subjonctif		**14 plus-que-parfait du subjonctif**	
répondisse	répondissions	eusse répondu	eussions répondu
répondisses	répondissiez	eusses répondu	eussiez répondu
répondît	répondissent	eût répondu	eussent répondu

Impératif
réponds
répondons
répondez

Words and expressions related to this verb

répondre à qqn to answer someone; to reply to someone

répondre de qqn to be responsible for, to vouch for someone

répondre de qqch to vouch for something, to guarantee something

une réponse answer, reply; **en réponse à votre lettre ...** in reply to your letter ...

pour répondre à la question de ... in answer to the question of ...

un répondeur téléphonique telephone answering machine

Elle m'a répondu en claquant la porte.
   She answered me by slamming the door.

un coupon-réponse reply coupon

> Syn.: **répliquer** to reply, to retort (219); **rétorquer** to retort (284)
> Ant.: **demander** to ask; **interroger** to interrogate, to question; **poser une question** to ask a question (conjugate **poser**); **questionner** to question (171)

The Seven Simple Tenses		The Seven Compound Tenses	
Singular	Plural	Singular	Plural
1 présent de l'indicatif		**8 passé composé**	
me repose	**nous reposons**	**me suis reposé(e)**	**nous sommes reposé(e)s**
te reposes	**vous reposez**	**t'es reposé(e)**	**vous êtes reposé(e)(s)**
se repose	**se reposent**	**s'est reposé(e)**	**se sont reposé(e)s**
2 imparfait de l'indicatif		**9 plus-que-parfait de l'indicatif**	
me reposais	**nous reposions**	**m'étais reposé(e)**	**nous étions reposé(e)s**
te reposais	**vous reposiez**	**t'étais reposé(e)**	**vous étiez reposé(e)(s)**
se reposait	**se reposaient**	**s'était reposé(e)**	**s'étaient reposé(e)s**
3 passé simple		**10 passé antérieur**	
me reposai	**nous reposâmes**	**me fus reposé(e)**	**nous fûmes reposé(e)s**
te reposas	**vous reposâtes**	**te fus reposé(e)**	**vous fûtes reposé(e)(s)**
se reposa	**se reposèrent**	**se fut reposé(e)**	**se furent reposé(e)s**
4 futur		**11 futur antérieur**	
me reposerai	**nous reposerons**	**me serai reposé(e)**	**nous serons reposé(e)s**
te reposeras	**vous reposerez**	**te seras reposé(e)**	**vous serez reposé(e)(s)**
se reposera	**se reposeront**	**se sera reposé(e)**	**se seront reposé(e)s**
5 conditionnel		**12 conditionnel passé**	
me reposerais	**nous reposerions**	**me serais reposé(e)**	**nous serions reposé(e)s**
te reposerais	**vous reposeriez**	**te serais reposé(e)**	**vous seriez reposé(e)(s)**
se reposerait	**se reposeraient**	**se serait reposé(e)**	**se seraient reposé(e)s**
6 présent du subjonctif		**13 passé du subjonctif**	
me repose	**nous reposions**	**me sois reposé(e)**	**nous soyons reposé(e)s**
te reposes	**vous reposiez**	**te sois reposé(e)**	**vous soyez reposé(e)(s)**
se repose	**se reposent**	**se soit reposé(e)**	**se soient reposé(e)s**
7 imparfait du subjonctif		**14 plus-que-parfait du subjonctif**	
me reposasse	**nous reposassions**	**me fusse reposé(e)**	**nous fussions reposé(e)s**
te reposasses	**vous reposassiez**	**te fusses reposé(e)**	**vous fussiez reposé(e)(s)**
se reposât	**se reposassent**	**se fût reposé(e)**	**se fussent reposé(e)s**

R

Impératif
repose-toi; ne te repose pas
reposons-nous; ne nous reposons pas
reposez-vous; ne vous reposez pas

Words and expressions related to this verb

reposer to put down again; **reposer la tête sur** to rest one's head on; **reposer sur** to be based on
le repos rest, repose; **Au repos!** At ease!
se reposer sur qqn, qqch to put one's trust in someone, something

un repose-pied footrest; **un repose-bras** armrest
Je suis fatigué; je vais me reposer. I'm tired; I'm going to rest.

Syn.: **se détendre** to relax (394); **dormir** to sleep; **se relaxer** to relax (27, 122)
Ant.: **fatiguer** to get weary (307); **s'inquiéter** to worry; **travailler** to work

Do you need more drills? Have fun with the *501 French Verbs* CD-ROM!

The subject pronouns are found on page 103.
553

reprendre (403)

Part. pr. **reprenant**   Part. passé **repris**

to take again, to take back, to recover, to resume

Irregular verb

The Seven Simple Tenses		The Seven Compound Tenses	
Singular	Plural	Singular	Plural
1 présent de l'indicatif		**8 passé composé**	
reprends	reprenons	ai repris	avons repris
reprends	reprenez	as repris	avez repris
reprend	reprennent	a repris	ont repris
2 imparfait de l'indicatif		**9 plus-que-parfait de l'indicatif**	
reprenais	reprenions	avais repris	avions repris
reprenais	repreniez	avais repris	aviez repris
reprenait	reprenaient	avait repris	avaient repris
3 passé simple		**10 passé antérieur**	
repris	reprîmes	eus repris	eûmes repris
repris	reprîtes	eus repris	eûtes repris
reprit	reprirent	eut repris	eurent repris
4 futur		**11 futur antérieur**	
reprendrai	reprendrons	aurai repris	aurons repris
reprendras	reprendrez	auras repris	aurez repris
reprendra	reprendront	aura repris	auront repris
5 conditionnel		**12 conditionnel passé**	
reprendrais	reprendrions	aurais repris	aurions repris
reprendrais	reprendriez	aurais repris	auriez repris
reprendrait	reprendraient	aurait repris	auraient repris
6 présent du subjonctif		**13 passé du subjonctif**	
reprenne	reprenions	aie repris	ayons repris
reprennes	repreniez	aies repris	ayez repris
reprenne	reprennent	ait repris	aient repris
7 imparfait du subjonctif		**14 plus-que-parfait du subjonctif**	
reprisse	reprissions	eusse repris	eussions repris
reprisses	reprissiez	eusses repris	eussiez repris
reprît	reprissent	eût repris	eussent repris

Impératif
reprends
reprenons
reprenez

Words and expressions related to this verb

reprendre froid to catch cold again
reprendre ses esprits to recover one's senses
reprendre le dessus to regain the upper hand
reprendre ses forces to recover one's strength
se reprendre to take hold of oneself, to recover oneself
une reprise resumption, renewal, repetition (*music*)
à maintes reprises over and over again

reprendre la parole to go on speaking, to resume speaking

See also **apprendre, comprendre, entreprendre, se méprendre, prendre,** and **surprendre.**

Syn.: **rattraper** to catch up (59); **recouvrer** to recover (466); **retirer** to take out
Ant.: **continuer** to continue; **donner** to give

The Seven Simple Tenses		The Seven Compound Tenses	
Singular	Plural	Singular	Plural

1 présent de l'indicatif

réprimande	réprimandons
réprimandes	réprimandez
réprimande	réprimandent

8 passé composé

ai réprimandé	avons réprimandé
as réprimandé	avez réprimandé
a réprimandé	ont réprimandé

2 imparfait de l'indicatif

réprimandais	réprimandions
réprimandais	réprimandiez
réprimandait	réprimandaient

9 plus-que-parfait de l'indicatif

avais réprimandé	avions réprimandé
avais réprimandé	aviez réprimandé
avait réprimandé	avaient réprimandé

3 passé simple

réprimandai	réprimandâmes
réprimandas	réprimandâtes
réprimanda	réprimandèrent

10 passé antérieur

eus réprimandé	eûmes réprimandé
eus réprimandé	eûtes réprimandé
eut réprimandé	eurent réprimandé

4 futur

réprimanderai	réprimanderons
réprimanderas	réprimanderez
réprimandera	réprimanderont

11 futur antérieur

aurai réprimandé	aurons réprimandé
auras réprimandé	aurez réprimandé
aura réprimandé	auront réprimandé

5 conditionnel

réprimanderais	réprimanderions
réprimanderais	réprimanderiez
réprimanderait	réprimanderaient

12 conditionnel passé

aurais réprimandé	aurions réprimandé
aurais réprimandé	auriez réprimandé
aurait réprimandé	auraient réprimandé

6 présent du subjonctif

réprimande	réprimandions
réprimandes	réprimandiez
réprimande	réprimandent

13 passé du subjonctif

aie réprimandé	ayons réprimandé
aies réprimandé	ayez réprimandé
ait réprimandé	aient réprimandé

7 imparfait du subjonctif

réprimandasse	réprimandassions
réprimandasses	réprimandassiez
réprimandât	réprimandassent

14 plus-que-parfait du subjonctif

eusse réprimandé	eussions réprimandé
eusses réprimandé	eussiez réprimandé
eût réprimandé	eussent réprimandé

R

Impératif
réprimande
réprimandons
réprimandez

Words and expressions related to this verb

une réprimande reprimand, rebuke
faire des réprimandes to make rebukes
réprimandable blameworthy
prononcer une réprimande to issue a
  reprimand

Syn.: **admonester** to admonish (27); **critiquer**
to criticize (219); **désapprouver** to disapprove of (44); **sermonner** to sermonize (171)
Ant.: **approuver** to approve of; **encourager**
to encourage; **féliciter** to congratulate (251);
louanger to praise (283); **louer** to praise

to reproduce

The Seven Simple Tenses		The Seven Compound Tenses	
Singular	Plural	Singular	Plural

1 présent de l'indicatif

		8 passé composé	
reproduis	reproduisons	ai reproduit	avons reproduit
reproduis	reproduisez	as reproduit	avez reproduit
reproduit	reproduisent	a reproduit	ont reproduit

2 imparfait de l'indicatif　　　**9 plus-que-parfait de l'indicatif**

reproduisais	reproduisions	avais reproduit	avions reproduit
reproduisais	reproduisiez	avais reproduit	aviez reproduit
reproduisait	reproduisaient	avait reproduit	avaient reproduit

3 passé simple　　　**10 passé antérieur**

reproduisis	reproduisîmes	eus reproduit	eûmes reproduit
reproduisis	reproduisîtes	eus reproduit	eûtes reproduit
reproduisit	reproduisirent	eut reproduit	eurent reproduit

4 futur　　　**11 futur antérieur**

reproduirai	reproduirons	aurai reproduit	aurons reproduit
reproduiras	reproduirez	auras reproduit	aurez reproduit
reproduira	reproduiront	aura reproduit	auront reproduit

5 conditionnel　　　**12 conditionnel passé**

reproduirais	reproduirions	aurais reproduit	aurions reproduit
reproduirais	reproduiriez	aurais reproduit	auriez reproduit
reproduirait	reproduiraient	aurait reproduit	auraient reproduit

6 présent du subjonctif　　　**13 passé du subjonctif**

reproduise	reproduisions	aie reproduit	ayons reproduit
reproduises	reproduisiez	aies reproduit	ayez reproduit
reproduise	reproduisent	ait reproduit	aient reproduit

7 imparfait du subjonctif　　　**14 plus-que-parfait du subjonctif**

reproduisisse	reproduisissions	eusse reproduit	eussions reproduit
reproduisisses	reproduisissiez	eusses reproduit	eussiez reproduit
reproduisît	reproduisissent	eût reproduit	eussent reproduit

Impératif
reproduis
reproduisons
reproduisez

Words and expressions related to this verb

se reproduire to reproduce itself, to multiply, to recur, to happen again
une reproduction reproduction; **les droits de reproduction** copyright
reproductif, reproductive reproductive
reproductible reproductible
le clonage cloning
cloner to clone

See also **conduire, déduire, introduire, produire, réduire, séduire,** and **traduire.**

Syn.: **calquer** to copy (exactly), to translate literally (219); **contrefaire** to counterfeit (223); **copier** to copy (212); **engendrer** to generate, to beget (299); **rendre** to render; **répéter** to repeat
Ant.: **créer** to create; **innover** to innovate (481)

Part. pr. **résolvant**   Part. passé **résolu (résous)**   # résoudre (406)

Irregular verb   to resolve, to solve

The Seven Simple Tenses		The Seven Compound Tenses	
Singular	Plural	Singular	Plural
1 présent de l'indicatif		8 passé composé	
résous	résolvons	ai résolu	avons résolu
résous	résolvez	as résolu	avez résolu
résout	résolvent	a résolu	ont résolu
2 imparfait de l'indicatif		9 plus-que-parfait de l'indicatif	
résolvais	résolvions	avais résolu	avions résolu
résolvais	résolviez	avais résolu	aviez résolu
résolvait	résolvaient	avait résolu	avaient résolu
3 passé simple		10 passé antérieur	
résolus	résolûmes	eus résolu	eûmes résolu
résolus	résolûtes	eus résolu	eûtes résolu
résolut	résolurent	eut résolu	eurent résolu
4 futur		11 futur antérieur	
résoudrai	résoudrons	aurai résolu	aurons résolu
résoudras	résoudrez	auras résolu	aurez résolu
résoudra	résoudront	aura résolu	auront résolu
5 conditionnel		12 conditionnel passé	
résoudrais	résoudrions	aurais résolu	aurions résolu
résoudrais	résoudriez	aurais résolu	auriez résolu
résoudrait	résoudraient	aurait résolu	auraient résolu
6 présent du subjonctif		13 passé du subjonctif	
résolve	résolvions	aie résolu	ayons résolu
résolves	résolviez	aies résolu	ayez résolu
résolve	résolvent	ait résolu	aient résolu
7 imparfait du subjonctif		14 plus-que-parfait du subjonctif	
résolusse	résolussions	eusse résolu	eussions résolu
résolusses	résolussiez	eusses résolu	eussiez résolu
résolût	résolussent	eût résolu	eussent résolu

Impératif
résous
résolvons
résolvez

Words and expressions related to this verb

se résoudre à to make up one's mind to
résoudre qqn à faire qqch to induce someone to do something
résoudre un problème mathématique to solve a math problem
une résolution resolution
être résolu(e) à faire qqch to be resolved to doing something
Le feu a résous le bois en cendres. The fire has changed the wood into ashes. (The past part.

résous is used for things that have undergone a physical change.)

See also **absoudre**.

Syn.: **décider** to decide; **se décider** to make up one's mind (138) (aux. **être**); **déterminer** to determine (329); **régler** to regulate, to settle (87); **solutionner** to solve (171)
Ant.: **se méprendre** to be mistaken; **tergiverser** to hesitate (492); **se tromper** to be mistaken

The subject pronouns are found on page 103.   **557**

to resemble, to be like, to look like   Regular **-er** verb

The Seven Simple Tenses		The Seven Compound Tenses	
Singular	Plural	Singular	Plural
1 présent de l'indicatif		**8 passé composé**	
ressemble	ressemblons	ai ressemblé	avons ressemblé
ressembles	ressemblez	as ressemblé	avez ressemblé
ressemble	ressemblent	a ressemblé	ont ressemblé
2 imparfait de l'indicatif		**9 plus-que-parfait de l'indicatif**	
ressemblais	ressemblions	avais ressemblé	avions ressemblé
ressemblais	ressembliez	avais ressemblé	aviez ressemblé
ressemblait	ressemblaient	avait ressemblé	avaient ressemblé
3 passé simple		**10 passé antérieur**	
ressemblai	ressemblâmes	eus ressemblé	eûmes ressemblé
ressemblas	ressemblâtes	eus ressemblé	eûtes ressemblé
ressembla	ressemblèrent	eut ressemblé	eurent ressemblé
4 futur		**11 futur antérieur**	
ressemblerai	ressemblerons	aurai ressemblé	aurons ressemblé
ressembleras	ressemblerez	auras ressemblé	aurez ressemblé
ressemblera	ressembleront	aura ressemblé	auront ressemblé
5 conditionnel		**12 conditionnel passé**	
ressemblerais	ressemblerions	aurais ressemblé	aurions ressemblé
ressemblerais	ressembleriez	aurais ressemblé	auriez ressemblé
ressemblerait	ressembleraient	aurait ressemblé	auraient ressemblé
6 présent du subjonctif		**13 passé du subjonctif**	
ressemble	ressemblions	aie ressemblé	ayons ressemblé
ressembles	ressembliez	aies ressemblé	ayez ressemblé
ressemble	ressemblent	ait ressemblé	aient ressemblé
7 imparfait du subjonctif		**14 plus-que-parfait du subjonctif**	
ressemblasse	ressemblassions	eusse ressemblé	eussions ressemblé
ressemblasses	ressemblassiez	eusses ressemblé	eussiez ressemblé
ressemblât	ressemblassent	eût ressemblé	eussent ressemblé

Impératif
ressemble
ressemblons
ressemblez

Words and expressions related to this verb

ressembler à qqn to resemble someone
Paulette ressemble beaucoup à sa mère.
  Paulette looks very much like her mother.
se **ressembler** to resemble each other, to look
  alike
Qui se ressemble s'assemble. Birds of a
  feather flock together.
sembler to seem, to appear
une ressemblance resemblance

Cela ne te ressemble pas! That's not like you!
**Ils se ressemblent comme deux gouttes
  d'eau.** They are as alike as two peas in a pod
  (like two drops of water).

See also **sembler** (Def. and Imp.).

Syn.: **évoquer** to evoke (219); **imiter** to
imitate (251)
Ant.: **contraster avec** to contrast with (160);
différer to differ (203); **diverger** to diverge
(283)

Regular **-er** verb

to remain, to stay; to be left (over)

The Seven Simple Tenses		The Seven Compound Tenses	
Singular	Plural	Singular	Plural
1 présent de l'indicatif		8 passé composé	
reste	**restons**	**suis resté(e)**	**sommes resté(e)s**
restes	**restez**	**es resté(e)**	**êtes resté(e)(s)**
reste	**restent**	**est resté(e)**	**sont resté(e)s**
2 imparfait de l'indicatif		9 plus-que-parfait de l'indicatif	
restais	**restions**	**étais resté(e)**	**étions resté(e)s**
restais	**restiez**	**étais resté(e)**	**étiez resté(e)(s)**
restait	**restaient**	**était resté(e)**	**étaient resté(e)s**
3 passé simple		10 passé antérieur	
restai	**restâmes**	**fus resté(e)**	**fûmes resté(e)s**
restas	**restâtes**	**fus resté(e)**	**fûtes resté(e)(s)**
resta	**restèrent**	**fut resté(e)**	**furent resté(e)s**
4 futur		11 futur antérieur	
resterai	**resterons**	**serai resté(e)**	**serons resté(e)s**
resteras	**resterez**	**seras resté(e)**	**serez resté(e)(s)**
restera	**resteront**	**sera resté(e)**	**seront resté(e)s**
5 conditionnel		12 conditionnel passé	
resterais	**resterions**	**serais resté(e)**	**serions resté(e)s**
resterais	**resteriez**	**serais resté(e)**	**seriez resté(e)(s)**
resterait	**resteraient**	**serait resté(e)**	**seraient resté(e)s**
6 présent du subjonctif		13 passé du subjonctif	
reste	**restions**	**sois resté(e)**	**soyons resté(e)s**
restes	**restiez**	**sois resté(e)**	**soyez resté(e)(s)**
reste	**restent**	**soit resté(e)**	**soient resté(e)s**
7 imparfait du subjonctif		14 plus-que-parfait du subjonctif	
restasse	**restassions**	**fusse resté(e)**	**fussions resté(e)s**
restasses	**restassiez**	**fusses resté(e)**	**fussiez resté(e)(s)**
restât	**restassent**	**fût resté(e)**	**fussent resté(e)s**

R

Impératif
reste
restons
restez

Sentences using this verb and words related to it

Combien d'argent vous reste-t-il? How much money do you have left (over)?

Il me reste deux cents euros. I have two hundred euros left.

Restez là; je reviens tout de suite. Stay there; I'll be right back.

Simone est restée au lit toute la journée. Simone stayed in bed all day.

les restes leftovers; **le reste du temps** the rest of the time

le restant remainder

rester au lit to stay in bed

Syn.: **continuer** to continue; **demeurer** to remain, to stay; **habiter** to live in, to dwell in; **persister** to persist (259)
Ant.: **s'en aller** to go away; **partir** to leave; **quitter** to leave

The subject pronouns are found on page 103.

retenir (409)

Part. pr. retenant   **Part. passé retenu**

to retain, to keep, to detain, to hold back, to remember

The Seven Simple Tenses		The Seven Compound Tenses	
Singular	Plural	Singular	Plural
1 présent de l'indicatif		**8 passé composé**	
retiens	retenons	ai retenu	avons retenu
retiens	retenez	as retenu	avez retenu
retient	retiennent	a retenu	ont retenu
2 imparfait de l'indicatif		**9 plus-que-parfait de l'indicatif**	
retenais	retenions	avais retenu	avions retenu
retenais	reteniez	avais retenu	aviez retenu
retenait	retenaient	avait retenu	avaient retenu
3 passé simple		**10 passé antérieur**	
retins	retînmes	eus retenu	eûmes retenu
retins	retîntes	eus retenu	eûtes retenu
retint	retinrent	eut retenu	eurent retenu
4 futur		**11 futur antérieur**	
retiendrai	retiendrons	aurai retenu	aurons retenu
retiendras	retiendrez	auras retenu	aurez retenu
retiendra	retiendront	aura retenu	auront retenu
5 conditionnel		**12 conditionnel passé**	
retiendrais	retiendrions	aurais retenu	aurions retenu
retiendrais	retiendriez	aurais retenu	auriez retenu
retiendrait	retiendraient	aurait retenu	auraient retenu
6 présent du subjonctif		**13 passé du subjonctif**	
retienne	retenions	aie retenu	ayons retenu
retiennes	reteniez	aies retenu	ayez retenu
retienne	retiennent	ait retenu	aient retenu
7 imparfait du subjonctif		**14 plus-que-parfait du subjonctif**	
retinsse	retinssions	eusse retenu	eussions retenu
retinsses	retinssiez	eusses retenu	eussiez retenu
retînt	retinssent	eût retenu	eussent retenu

Impératif
retiens
retenons
retenez

Words and expressions related to this verb

retenir au lit to confine to bed
retenir qqn to detain someone
se retenir to restrain oneself
retenir une chambre to reserve a room
retenir une place to reserve a place, a seat
une rétention retention
une retenue deduction, detention (in school)

See also **contenir, obtenir,** and **tenir.**

Syn.: **arrêter** to stop; **conserver** to preserve (27); **détenir** to detain (463); **empêcher** to hinder, to prevent; **garder** to keep, to retain; **se souvenir** to remember
Ant.: **abandonner** to abandon (171); **céder** to yield, to cede; **donner** to give; **lâcher** to release (82); **rendre** to give back; **restituer** to return (483)

Regular **-er** verb   to draw (out) again, to pull again, to take out, to take off

The Seven Simple Tenses		The Seven Compound Tenses	
Singular	Plural	Singular	Plural
1 présent de l'indicatif		**8 passé composé**	
retire	retirons	ai retiré	avons retiré
retires	retirez	as retiré	avez retiré
retire	retirent	a retiré	ont retiré
2 imparfait de l'indicatif		**9 plus-que-parfait de l'indicatif**	
retirais	retirions	avais retiré	avions retiré
retirais	retiriez	avais retiré	aviez retiré
retirait	retiraient	avait retiré	avaient retiré
3 passé simple		**10 passé antérieur**	
retirai	retirâmes	eus retiré	eûmes retiré
retiras	retirâtes	eus retiré	eûtes retiré
retira	retirèrent	eut retiré	eurent retiré
4 futur		**11 futur antérieur**	
retirerai	retirerons	aurai retiré	aurons retiré
retireras	retirerez	auras retiré	aurez retiré
retirera	retireront	aura retiré	auront retiré
5 conditionnel		**12 conditionnel passé**	
retirerais	retirerions	aurais retiré	aurions retiré
retirerais	retireriez	aurais retiré	auriez retiré
retirerait	retireraient	aurait retiré	auraient retiré
6 présent du subjonctif		**13 passé du subjonctif**	
retire	retirions	aie retiré	ayons retiré
retires	retiriez	aies retiré	ayez retiré
retire	retirent	ait retiré	aient retiré
7 imparfait du subjonctif		**14 plus-que-parfait du subjonctif**	
retirasse	retirassions	eusse retiré	eussions retiré
retirasses	retirassiez	eusses retiré	eussiez retiré
retirât	retirassent	eût retiré	eussent retiré

	Impératif	
	retire	
	retirons	
	retirez	

R

Words and expressions related to this verb

retirer qqch à qqn to take something back
  from someone
retirer qqn de to take someone out of, to
  withdraw someone from
retirer une promesse to take back a promise
retirer ses chaussures to take off one's shoes
retirer qqch de to take something out of
retirer ses paroles to withdraw, to take back
  one's words
la carte de retrait debit card

See also **attirer, se retirer,** and **tirer.**

Syn.: **enlever** to take away, to remove; **ôter** to
take off, to remove (498); **reprendre** to take
back, to recover
Ant.: **ajouter** to add; **remettre** to put back, to
replace

The subject pronouns are found on page 103.   **561**

se retirer (411)

to retire, to withdraw

Part. pr. **se retirant**   Part. passé **retiré(e)(s)**

Reflexive regular **-er** verb

The Seven Simple Tenses		The Seven Compound Tenses	
Singular	Plural	Singular	Plural
1 présent de l'indicatif		**8 passé composé**	
me retire	nous retirons	me suis retiré(e)	nous sommes retiré(e)s
te retires	vous retirez	t'es retiré(e)	vous êtes retiré(e)(s)
se retire	se retirent	s'est retiré(e)	se sont retiré(e)s
2 imparfait de l'indicatif		**9 plus-que-parfait de l'indicatif**	
me retirais	nous retirions	m'étais retiré(e)	nous étions retiré(e)s
te retirais	vous retiriez	t'étais retiré(e)	vous étiez retiré(e)(s)
se retirait	se retiraient	s'était retiré(e)	s'étaient retiré(e)s
3 passé simple		**10 passé antérieur**	
me retirai	nous retirâmes	me fus retiré(e)	nous fûmes retiré(e)s
te retiras	vous retirâtes	te fus retiré(e)	vous fûtes retiré(e)(s)
se retira	se retirèrent	se fut retiré(e)	se furent retiré(e)s
4 futur		**11 futur antérieur**	
me retirerai	nous retirerons	me serai retiré(e)	nous serons retiré(e)s
te retireras	vous retirerez	te seras retiré(e)	vous serez retiré(e)(s)
se retirera	se retireront	se sera retiré(e)	se seront retiré(e)s
5 conditionnel		**12 conditionnel passé**	
me retirerais	nous retirerions	me serais retiré(e)	nous serions retiré(e)s
te retirerais	vous retireriez	te serais retiré(e)	vous seriez retiré(e)(s)
se retirerait	se retireraient	se serait retiré(e)	se seraient retiré(e)s
6 présent du subjonctif		**13 passé du subjonctif**	
me retire	nous retirions	me sois retiré(e)	nous soyons retiré(e)s
te retires	vous retiriez	te sois retiré(e)	vous soyez retiré(e)(s)
se retire	se retirent	se soit retiré(e)	se soient retiré(e)s
7 imparfait du subjonctif		**14 plus-que-parfait du subjonctif**	
me retirasse	nous retirassions	me fusse retiré(e)	nous fussions retiré(e)s
te retirasses	vous retirassiez	te fusses retiré(e)	vous fussiez retiré(e)(s)
se retirât	se retirassent	se fût retiré(e)	se fussent retiré(e)s

Impératif
retire-toi; ne te retire pas
retirons-nous; ne nous retirons pas
retirez-vous; ne vous retirez pas

Words and expressions related to this verb

se retirer des affaires to retire from business
retraité, retraitée retired, pensioned off
un officier en retraite retired officer
une retraite retreat, retirement; **vivre à la retraite** to live in retirement
un retrait withdrawal; **en retrait** set back; out of line; **un mur en retrait** recess of a wall

See also **attirer, retirer,** and **tirer.**

Syn.: **s'en aller** to go away; **s'éloigner** to move away, to withdraw; **partir** to leave, to depart
Ant.: **demeurer** to stay, to remain; **se montrer** to show oneself (299, 83); **rester** to remain, to stay

Regular **-er** verb   to return, to go back, to turn again

The Seven Simple Tenses		The Seven Compound Tenses	
Singular	Plural	Singular	Plural
1 présent de l'indicatif		8 passé composé	
retourne	**retournons**	**suis retourné(e)**	**sommes retourné(e)s**
retournes	**retournez**	**es retourné(e)**	**êtes retourné(e)(s)**
retourne	**retournent**	**est retourné(e)**	**sont retourné(e)s**
2 imparfait de l'indicatif		9 plus-que-parfait de l'indicatif	
retournais	**retournions**	**étais retourné(e)**	**étions retourné(e)s**
retournais	**retourniez**	**étais retourné(e)**	**étiez retourné(e)(s)**
retournait	**retournaient**	**était retourné(e)**	**étaient retourné(e)s**
3 passé simple		10 passé antérieur	
retournai	**retournâmes**	**fus retourné(e)**	**fûmes retourné(e)s**
retournas	**retournâtes**	**fus retourné(e)**	**fûtes retourné(e)(s)**
retourna	**retournèrent**	**fut retourné(e)**	**furent retourné(e)s**
4 futur		11 futur antérieur	
retournerai	**retournerons**	**serai retourné(e)**	**serons retourné(e)s**
retourneras	**retournerez**	**seras retourné(e)**	**serez retourné(e)(s)**
retournera	**retourneront**	**sera retourné(e)**	**seront retourné(e)s**
5 conditionnel		12 conditionnel passé	
retournerais	**retournerions**	**serais retourné(e)**	**serions retourné(e)s**
retournerais	**retourneriez**	**serais retourné(e)**	**seriez retourné(e)(s)**
retournerait	**retourneraient**	**serait retourné(e)**	**seraient retourné(e)s**
6 présent du subjonctif		13 passé du subjonctif	
retourne	**retournions**	**sois retourné(e)**	**soyons retourné(e)s**
retournes	**retourniez**	**sois retourné(e)**	**soyez retourné(e)(s)**
retourne	**retournent**	**soit retourné(e)**	**soient retourné(e)s**
7 imparfait du subjonctif		14 plus-que-parfait du subjonctif	
retournasse	**retournassions**	**fusse retourné(e)**	**fussions retourné(e)s**
retournasses	**retournassiez**	**fusses retourné(e)**	**fussiez retourné(e)(s)**
retournât	**retournassent**	**fût retourné(e)**	**fussent retourné(e)s**

Impératif
retourne
retournons
retournez

R

Words and expressions related to this verb
retourner une chaussette to turn a sock inside out
retourner un matelas to turn over a mattress
retourner qqn to change someone's mind
se retourner to turn around; **se retourner sur le dos** to turn over on one's back
un retour return; **un billet de retour** return ticket
un billet d'aller et retour a round trip ticket

être de retour to be back; **Madame Dupin sera de retour demain.** Mrs. Dupin will be back tomorrow.

See also **détourner** and **tourner.**

Syn.: **renvoyer** to send back (200); **revenir** to come back
Ant.: **garder** to keep; **rester** to remain, to stay

réussir (413)

to succeed, to result

Part. pr. **réussissant**   Part. passé **réussi**

Regular **-ir** verb

The Seven Simple Tenses		The Seven Compound Tenses	
Singular	Plural	Singular	Plural
1 présent de l'indicatif		8 passé composé	
réussis	réussissons	ai réussi	avons réussi
réussis	réussissez	as réussi	avez réussi
réussit	réussissent	a réussi	ont réussi
2 imparfait de l'indicatif		9 plus-que-parfait de l'indicatif	
réussissais	réussissions	avais réussi	avions réussi
réussissais	réussissiez	avais réussi	aviez réussi
réussissait	réussissaient	avait réussi	avaient réussi
3 passé simple		10 passé antérieur	
réussis	réussîmes	eus réussi	eûmes réussi
réussis	réussîtes	eus réussi	eûtes réussi
réussit	réussirent	eut réussi	eurent réussi
4 futur		11 futur antérieur	
réussirai	réussirons	aurai réussi	aurons réussi
réussiras	réussirez	auras réussi	aurez réussi
réussira	réussiront	aura réussi	auront réussi
5 conditionnel		12 conditionnel passé	
réussirais	réussirions	aurais réussi	aurions réussi
réussirais	réussiriez	aurais réussi	auriez réussi
réussirait	réussiraient	aurait réussi	auraient réussi
6 présent du subjonctif		13 passé du subjonctif	
réussisse	réussissions	aie réussi	ayons réussi
réussisses	réussissiez	aies réussi	ayez réussi
réussisse	réussissent	ait réussi	aient réussi
7 imparfait du subjonctif		14 plus-que-parfait du subjonctif	
réussisse	réussissions	eusse réussi	eussions réussi
réussisses	réussissiez	eusses réussi	eussiez réussi
réussît	réussissent	eût réussi	eussent réussi

Impératif
réussis
réussissons
réussissez

Words and expressions related to this verb

réussir à qqch to succeed in something
réussir à un examen to pass an exam
une réussite success; **une réussite sociale** social success
réussir to result; **Le projet a mal réussi.** The plan turned out badly; **Le projet a bien réussi.** The plan turned out well.
une soirée réussie a successful evening

réussir dans la vie to succeed in life
Les fritures ne me réussissent pas. Fried food doesn't agree with me.

Syn.: **parvenir** à to get to, to reach (491); **prospérer** to prosper (203); **réaliser** to carry out, to realize (486)
Ant.: **échouer** to fail; **manquer** to miss, to lack; **rater** to miss, to fail (241)

Reflexive regular **-er** verb   to wake up

The Seven Simple Tenses		The Seven Compound Tenses	
Singular	Plural	Singular	Plural
1 présent de l'indicatif		**8 passé composé**	
me réveille	nous réveillons	me suis réveillé(e)	nous sommes réveillé(e)s
te réveilles	vous réveillez	t'es réveillé(e)	vous êtes réveillé(e)(s)
se réveille	se réveillent	s'est réveillé(e)	se sont réveillé(e)s
2 imparfait de l'indicatif		**9 plus-que-parfait de l'indicatif**	
me réveillais	nous réveillions	m'étais réveillé(e)	nous étions réveillé(e)s
te réveillais	vous réveilliez	t'étais réveillé(e)	vous étiez réveillé(e)(s)
se réveillait	se réveillaient	s'était réveillé(e)	s'étaient réveillé(e)s
3 passé simple		**10 passé antérieur**	
me réveillai	nous réveillâmes	me fus réveillé(e)	nous fûmes réveillé(e)s
te réveillas	vous réveillâtes	te fus réveillé(e)	vous fûtes réveillé(e)(s)
se réveilla	se réveillèrent	se fut réveillé(e)	se furent réveillé(e)s
4 futur		**11 futur antérieur**	
me réveillerai	nous réveillerons	me serai réveillé(e)	nous serons réveillé(e)s
te réveilleras	vous réveillerez	te seras réveillé(e)	vous serez réveillé(e)(s)
se réveillera	se réveilleront	se sera réveillé(e)	se seront réveillé(e)s
5 conditionnel		**12 conditionnel passé**	
me réveillerais	nous réveillerions	me serais réveillé(e)	nous serions réveillé(e)s
te réveillerais	vous réveilleriez	te serais réveillé(e)	vous seriez réveillé(e)(s)
se réveillerait	se réveilleraient	se serait réveillé(e)	se seraient réveillé(e)s
6 présent du subjonctif		**13 passé du subjonctif**	
me réveille	nous réveillions	me sois réveillé(e)	nous soyons réveillé(e)s
te réveilles	vous réveilliez	te sois réveillé(e)	vous soyez réveillé(e)(s)
se réveille	se réveillent	se soit réveillé(e)	se soient réveillé(e)s
7 imparfait du subjonctif		**14 plus-que-parfait du subjonctif**	
me réveillasse	nous réveillassions	me fusse réveillé(e)	nous fussions réveillé(e)s
te réveillasses	vous réveillassiez	te fusses réveillé(e)	vous fussiez réveillé(e)(s)
se réveillât	se réveillassent	se fût réveillé(e)	se fussent réveillé(e)s

R

Impératif
réveille-toi; ne te réveille pas
réveillons-nous; ne nous réveillons pas
réveillez-vous; ne vous réveillez pas

Words and expressions related to this verb

le **réveillon** Christmas or New Year's Eve party
faire **réveillon** to see the New Year in, to see
  Christmas in on Christmas Eve
un **réveille-matin** alarm clock
éveiller (réveiller) qqn to wake up, awaken
  someone; **éveiller** implies to awaken or wake
  up gently; **réveiller** suggests with some effort
veiller to stay awake; **veiller à** to look after

veiller sur to watch over; **surveiller** to keep an
  eye on
la **veille de Noël** Christmas Eve
La tempête a réveillé le chien. The storm
  woke up the dog.
Marie s'est réveillée à six heures. Mary woke
  up at six o'clock.

Syn.: **s'éveiller** to wake up (109, 257)
Ant.: **s'endormir** to fall asleep (172, 257)

The subject pronouns are found on page 103.   **565**

revenir (415)

Part. pr. revenant   **Part. passé revenu(e)(s)**

to come back

Irregular verb

The Seven Simple Tenses | The Seven Compound Tenses

Singular	Plural	Singular	Plural
1 présent de l'indicatif		**8 passé composé**	
reviens	revenons	suis revenu(e)	sommes revenu(e)s
reviens	revenez	es revenu(e)	êtes revenu(e)(s)
revient	reviennent	est revenu(e)	sont revenu(e)s
2 imparfait de l'indicatif		**9 plus-que-parfait de l'indicatif**	
revenais	revenions	étais revenu(e)	étions revenu(e)s
revenais	reveniez	étais revenu(e)	étiez revenu(e)(s)
revenait	revenaient	était revenu(e)	étaient revenu(e)s
3 passé simple		**10 passé antérieur**	
revins	revînmes	fus revenu(e)	fûmes revenu(e)s
revins	revîntes	fus revenu(e)	fûtes revenu(e)(s)
revint	revinrent	fut revenu(e)	furent revenu(e)s
4 futur		**11 futur antérieur**	
reviendrai	reviendrons	serai revenu(e)	serons revenu(e)s
reviendras	reviendrez	seras revenu(e)	serez revenu(e)(s)
reviendra	reviendront	sera revenu(e)	seront revenu(e)s
5 conditionnel		**12 conditionnel passé**	
reviendrais	reviendrions	serais revenu(e)	serions revenu(e)s
reviendrais	reviendriez	serais revenu(e)	seriez revenu(e)(s)
reviendrait	reviendraient	serait revenu(e)	seraient revenu(e)s
6 présent du subjonctif		**13 passé du subjonctif**	
revienne	revenions	sois revenu(e)	soyons revenu(e)s
reviennes	reveniez	sois revenu(e)	soyez revenu(e)(s)
revienne	reviennent	soit revenu(e)	soient revenu(e)s
7 imparfait du subjonctif		**14 plus-que-parfait du subjonctif**	
revinsse	revinssions	fusse revenu(e)	fussions revenu(e)s
revinsses	revinssiez	fusses revenu(e)	fussiez revenu(e)(s)
revînt	revinssent	fût revenu(e)	fussent revenu(e)s

Impératif
reviens
revenons
revenez

Words and expressions related to this verb

le revenu revenue, income
à revenu fixe fixed interest
revenir d'une erreur to realize one's mistake
revenir au même to amount to the same thing
revenir sur ses pas to retrace one's steps
revenir sur le sujet to get back to the subject
revenir sur sa parole to go back on one's word
Tout revient à ceci . . . It all boils down to this . . .

Il/Elle s'appelle "reviens." Make sure you return it (*m.* or *f.* object that is being lent to someone). (Literally: Its name is "come back.")
revenir à soi to come to

See also **convenir, devenir, prévenir, se souvenir,** and **venir.**

Syn.: **rentrer** to return; **se rétablir** to recover (206, 122); **retourner** to return, to go back
Ant.: **s'en aller** to go away; **partir** to leave, to depart; **repartir** to leave again (327) (aux. **être**)

566

The Seven Simple Tenses		The Seven Compound Tenses	
Singular	Plural	Singular	Plural
1 présent de l'indicatif		**8 passé composé**	
rêve	rêvons	ai rêvé	avons rêvé
rêves	rêvez	as rêvé	avez rêvé
rêve	rêvent	a rêvé	ont rêvé
2 imparfait de l'indicatif		**9 plus-que-parfait de l'indicatif**	
rêvais	rêvions	avais rêvé	avions rêvé
rêvais	rêviez	avais rêvé	aviez rêvé
rêvait	rêvaient	avait rêvé	avaient rêvé
3 passé simple		**10 passé antérieur**	
rêvai	rêvâmes	eus rêvé	eûmes rêvé
rêvas	rêvâtes	eus rêvé	eûtes rêvé
rêva	rêvèrent	eut rêvé	eurent rêvé
4 futur		**11 futur antérieur**	
rêverai	rêverons	aurai rêvé	aurons rêvé
rêveras	rêverez	auras rêvé	aurez rêvé
rêvera	rêveront	aura rêvé	auront rêvé
5 conditionnel		**12 conditionnel passé**	
rêverais	rêverions	aurais rêvé	aurions rêvé
rêverais	rêveriez	aurais rêvé	auriez rêvé
rêverait	rêveraient	aurait rêvé	auraient rêvé
6 présent du subjonctif		**13 passé du subjonctif**	
rêve	rêvions	aie rêvé	ayons rêvé
rêves	rêviez	aies rêvé	ayez rêvé
rêve	rêvent	ait rêvé	aient rêvé
7 imparfait du subjonctif		**14 plus-que-parfait du subjonctif**	
rêvasse	rêvassions	eusse rêvé	eussions rêvé
rêvasses	rêvassiez	eusses rêvé	eussiez rêvé
rêvât	rêvassent	eût rêvé	eussent rêvé

R

Impératif
rêve
rêvons
rêvez

Common idiomatic expressions using this verb and words related to it

rêver de to dream of, to dream about, to yearn for

J'ai rêvé de toi toute la nuit. I dreamt of you all night long.

rêver tout éveillé(e) to daydream

rêver à to imagine, to think vaguely about something, to daydream

Janine, tu ne fais pas attention! A quoi rêves-tu? Janine, you are not paying attention! What are you dreaming about?

un rêveur, une rêveuse dreamer

une rêverie reverie, meditation

un rêve dream

Syn.: **songer** to dream, to think; **souhaiter** to wish
Ant.: **réaliser** to carry out, to realize (486)

The subject pronouns are found on page 103.

revoir (417)

to see again, to see once more, to revise, to review

The Seven Simple Tenses		The Seven Compound Tenses	
Singular	Plural	Singular	Plural
1 présent de l'indicatif		**8 passé composé**	
revois	revoyons	ai revu	avons revu
revois	revoyez	as revu	avez revu
revoit	revoient	a revu	ont revu
2 imparfait de l'indicatif		**9 plus-que-parfait de l'indicatif**	
revoyais	revoyions	avais revu	avions revu
revoyais	revoyiez	avais revu	aviez revu
revoyait	revoyaient	avait revu	avaient revu
3 passé simple		**10 passé antérieur**	
revis	revîmes	eus revu	eûmes revu
revis	revîtes	eus revu	eûtes revu
revit	revirent	eut revu	eurent revu
4 futur		**11 futur antérieur**	
reverrai	reverrons	aurai revu	aurons revu
reverras	reverrez	auras revu	aurez revu
reverra	reverront	aura revu	auront revu
5 conditionnel		**12 conditionnel passé**	
reverrais	reverrions	aurais revu	aurions revu
reverrais	reverriez	aurais revu	auriez revu
reverrait	reverraient	aurait revu	auraient revu
6 présent du subjonctif		**13 passé du subjonctif**	
revoie	revoyions	aie revu	ayons revu
revoies	revoyiez	aies revu	ayez revu
revoie	revoient	ait revu	aient revu
7 imparfait du subjonctif		**14 plus-que-parfait du subjonctif**	
revisse	revissions	eusse revu	eussions revu
revisses	revissiez	eusses revu	eussiez revu
revît	revissent	eût revu	eussent revu

Impératif
revois
revoyons
revoyez

Words and expressions related to this verb

au revoir good-bye, see you again, until we
    meet again
se revoir to see each other again
une revue review, magazine
un, une revuiste a writer of reviews
une révision revision; **à revoir** to be revised
passer en revue to review, look through

See also **prévoir** and **voir**.

Syn.: **améliorer** to improve (22); **corriger**
to correct; **refaire** to redo (223); **regarder**
de nouveau to look at again (conjugate
regarder); **réviser** to revise (486)
Ant.: **empirer** to worsen (466)

The Seven Simple Tenses		The Seven Compound Tenses	
Singular	Plural	Singular	Plural
1 présent de l'indicatif		**8 passé composé**	
ris	**rions**	**ai ri**	**avons ri**
ris	**riez**	**as ri**	**avez ri**
rit	**rient**	**a ri**	**ont ri**
2 imparfait de l'indicatif		**9 plus-que-parfait de l'indicatif**	
riais	**riions**	**avais ri**	**avions ri**
riais	**riiez**	**avais ri**	**aviez ri**
riait	**riaient**	**avait ri**	**avaient ri**
3 passé simple		**10 passé antérieur**	
ris	**rîmes**	**eus ri**	**eûmes ri**
ris	**rîtes**	**eus ri**	**eûtes ri**
rit	**rirent**	**eut ri**	**eurent ri**
4 futur		**11 futur antérieur**	
rirai	**rirons**	**aurai ri**	**aurons ri**
riras	**rirez**	**auras ri**	**aurez ri**
rira	**riront**	**aura ri**	**auront ri**
5 conditionnel		**12 conditionnel passé**	
rirais	**ririons**	**aurais ri**	**aurions ri**
rirais	**ririez**	**aurais ri**	**auriez ri**
rirait	**riraient**	**aurait ri**	**auraient ri**
6 présent du subjonctif		**13 passé du subjonctif**	
rie	**riions**	**aie ri**	**ayons ri**
ries	**riiez**	**aies ri**	**ayez ri**
rie	**rient**	**ait ri**	**aient ri**
7 imparfait du subjonctif		**14 plus-que-parfait du subjonctif**	
risse	**rissions**	**eusse ri**	**eussions ri**
risses	**rissiez**	**eusses ri**	**eussiez ri**
rît	**rissent**	**eût ri**	**eussent ri**

Impératif
ris
rions
riez

R

Words and expressions related to this verb

éclater de rire to burst out laughing; **rire de** to laugh at

dire qqch pour rire to say something just for a laugh

rire au nez de qqn to laugh in someone's face

rire de bon coeur to laugh heartily

le rire laughter; **un sourire** smile; **risible** laughable

le fou rire fit of laughter, giggles

rire aux éclats to roar with laughter

le rire franc a hearty laugh, an open laugh

se rire de to make fun of

la risette a little smile (as a child's smile)

Rira bien qui rira le dernier. Whoever laughs last laughs best.

pour rire as a joke

See also **sourire**.

Syn.: **se bidonner** to roar with laughter (122, 171); **se moquer** to make fun; **plaisanter** to joke; **ricaner** to giggle (27); **rigoler** to laugh, to joke (498); **sourire** to smile
Ant.: **s'ennuyer** to be bored; **pleurer** to cry

rompre (419)

Part. pr. **rompant**   Part. passé **rompu**

to break, to burst,
to shatter, to break off

Regular **-re** verb endings; spelling change:
3rd person sing. of Tense No. 1 adds **t**

The Seven Simple Tenses		The Seven Compound Tenses	
Singular	Plural	Singular	Plural
1 présent de l'indicatif		**8 passé composé**	
romps	rompons	ai rompu	avons rompu
romps	rompez	as rompu	avez rompu
rompt	rompent	a rompu	ont rompu
2 imparfait de l'indicatif		**9 plus-que-parfait de l'indicatif**	
rompais	rompions	avais rompu	avions rompu
rompais	rompiez	avais rompu	aviez rompu
rompait	rompaient	avait rompu	avaient rompu
3 passé simple		**10 passé antérieur**	
rompis	rompîmes	eus rompu	eûmes rompu
rompis	rompîtes	eus rompu	eûtes rompu
rompit	rompirent	eut rompu	eurent rompu
4 futur		**11 futur antérieur**	
romprai	romprons	aurai rompu	aurons rompu
rompras	romprez	auras rompu	aurez rompu
rompra	rompront	aura rompu	auront rompu
5 conditionnel		**12 conditionnel passé**	
romprais	romprions	aurais rompu	aurions rompu
romprais	rompriez	aurais rompu	auriez rompu
romprait	rompraient	aurait rompu	auraient rompu
6 présent du subjonctif		**13 passé du subjonctif**	
rompe	rompions	aie rompu	ayons rompu
rompes	rompiez	aies rompu	ayez rompu
rompe	rompent	ait rompu	aient rompu
7 imparfait du subjonctif		**14 plus-que-parfait du subjonctif**	
rompisse	rompissions	eusse rompu	eussions rompu
rompisses	rompissiez	eusses rompu	eussiez rompu
rompît	rompissent	eût rompu	eussent rompu

Impératif
romps
rompons
rompez

Common idiomatic expressions using this verb
and words related to it

rompu de fatigue worn out
rompu aux affaires experienced in business
se rompre à to get used to
se rompre la tête to rack one's brains
une rupture de contrat breach of contract
corrompre to corrupt
interrompre to interrupt
une rupture rupture, bursting
un rupteur circuit breaker

rompre avec qqn to have a falling out with
someone

See also **corrompre** and **interrompre**.

Syn.: **briser** to break, to smash (32); **casser** to
break; **dissoudre** to dissolve (6); **divorcer** to
divorce (342) (aux **avoir** or **être**); **éclater** to
burst (176)
Ant.: **se réconcilier** to make up (212, 122);
réparer to repair; **rétablir** to reestablish (206)

The Seven Simple Tenses		The Seven Compound Tenses	
Singular	Plural	Singular	Plural
1 présent de l'indicatif		**8 passé composé**	
rougis	**rougissons**	**ai rougi**	**avons rougi**
rougis	**rougissez**	**as rougi**	**avez rougi**
rougit	**rougissent**	**a rougi**	**ont rougi**
2 imparfait de l'indicatif		**9 plus-que-parfait de l'indicatif**	
rougissais	**rougissions**	**avais rougi**	**avions rougi**
rougissais	**rougissiez**	**avais rougi**	**aviez rougi**
rougissait	**rougissaient**	**avait rougi**	**avaient rougi**
3 passé simple		**10 passé antérieur**	
rougis	**rougîmes**	**eus rougi**	**eûmes rougi**
rougis	**rougîtes**	**eus rougi**	**eûtes rougi**
rougit	**rougirent**	**eut rougi**	**eurent rougi**
4 futur		**11 futur antérieur**	
rougirai	**rougirons**	**aurai rougi**	**aurons rougi**
rougiras	**rougirez**	**auras rougi**	**aurez rougi**
rougira	**rougiront**	**aura rougi**	**auront rougi**
5 conditionnel		**12 conditionnel passé**	
rougirais	**rougirions**	**aurais rougi**	**aurions rougi**
rougirais	**rougiriez**	**aurais rougi**	**auriez rougi**
rougirait	**rougiraient**	**aurait rougi**	**auraient rougi**
6 présent du subjonctif		**13 passé du subjonctif**	
rougisse	**rougissions**	**aie rougi**	**ayons rougi**
rougisses	**rougissiez**	**aies rougi**	**ayez rougi**
rougisse	**rougissent**	**ait rougi**	**aient rougi**
7 imparfait du subjonctif		**14 plus-que-parfait du subjonctif**	
rougisse	**rougissions**	**eusse rougi**	**eussions rougi**
rougisses	**rougissiez**	**eusses rougi**	**eussiez rougi**
rougît	**rougissent**	**eût rougi**	**eussent rougi**

Impératif
rougis
rougissons
rougissez

R

Words and expressions related to this verb

faire rougir qqn to make someone blush
le rouge red; **rougeâtre** reddish
un rouge-gorge robin redbreast; **(des rouges-gorges)**
rougir de qqn to feel shame for someone
la rougeole measles
rougeaud, rougeaude ruddy complexion

le rouge à lèvres lipstick; **le rouge à joues** rouge (for cheeks)
voir rouge to see red
une jeune mariée rougissante a blushing bride

Syn.: **rougeoyer** to redden (187)
Ant.: **blanchir** to turn white, ashen; **pâlir** to turn pale (423)

The subject pronouns are found on page 103.
                                                    571

rouler (421)

Part. pr. **roulant**   Part. passé **roulé**

to roll, to roll along, to drive (a car), to ride along

Regular **-er** verb

The Seven Simple Tenses		The Seven Compound Tenses	
Singular	Plural	Singular	Plural
1 présent de l'indicatif		**8 passé composé**	
roule	roulons	ai roulé	avons roulé
roules	roulez	as roulé	avez roulé
roule	roulent	a roulé	ont roulé
2 imparfait de l'indicatif		**9 plus-que-parfait de l'indicatif**	
roulais	roulions	avais roulé	avions roulé
roulais	rouliez	avais roulé	aviez roulé
roulait	roulaient	avait roulé	avaient roulé
3 passé simple		**10 passé antérieur**	
roulai	roulâmes	eus roulé	eûmes roulé
roulas	roulâtes	eus roulé	eûtes roulé
roula	roulèrent	eut roulé	eurent roulé
4 futur		**11 futur antérieur**	
roulerai	roulerons	aurai roulé	aurons roulé
rouleras	roulerez	auras roulé	aurez roulé
roulera	rouleront	aura roulé	auront roulé
5 conditionnel		**12 conditionnel passé**	
roulerais	roulerions	aurais roulé	aurions roulé
roulerais	rouleriez	aurais roulé	auriez roulé
roulerait	rouleraient	aurait roulé	auraient roulé
6 présent du subjonctif		**13 passé du subjonctif**	
roule	roulions	aie roulé	ayons roulé
roules	rouliez	aies roulé	ayez roulé
roule	roulent	ait roulé	aient roulé
7 imparfait du subjonctif		**14 plus-que-parfait du subjonctif**	
roulasse	roulassions	eusse roulé	eussions roulé
roulasses	roulassiez	eusses roulé	eussiez roulé
roulât	roulassent	eût roulé	eussent roulé

Impératif
roule
roulons
roulez

Words and expressions related to this verb

rouler les *r* to roll one's r's
rouler sur l'or to be rolling in dough (money)
se rouler to roll over
dérouler to unroll
un rouleau roll; **un rouleau de papier peint** roll of wallpaper
un rouleau de pièces de monnaie a roll of coins

un rouleau de pellicule roll of film
un rouleau à pâtisserie rolling pin
se dérouler to take place, to develop, to unfold

Syn.: **circuler** to circulate (81); **enrouler** to roll up (421); **voyager** to travel
Ant.: **dérouler** to unwind, to unroll (421)

Regular -**ir** verb   to seize, to grasp, to comprehend

The Seven Simple Tenses		The Seven Compound Tenses	
Singular	Plural	Singular	Plural

1 présent de l'indicatif

		8 passé composé	
saisis	saisissons	ai saisi	avons saisi
saisis	saisissez	as saisi	avez saisi
saisit	saisissent	a saisi	ont saisi

2 imparfait de l'indicatif

		9 plus-que-parfait de l'indicatif	
saisissais	saisissions	avais saisi	avions saisi
saisissais	saisissiez	avais saisi	aviez saisi
saisissait	saisissaient	avait saisi	avaient saisi

3 passé simple

		10 passé antérieur	
saisis	saisîmes	eus saisi	eûmes saisi
saisis	saisîtes	eus saisi	eûtes saisi
saisit	saisirent	eut saisi	eurent saisi

4 futur

		11 futur antérieur	
saisirai	saisirons	aurai saisi	aurons saisi
saisiras	saisirez	auras saisi	aurez saisi
saisira	saisiront	aura saisi	auront saisi

5 conditionnel

		12 conditionnel passé	
saisirais	saisirions	aurais saisi	aurions saisi
saisirais	saisiriez	aurais saisi	auriez saisi
saisirait	saisiraient	aurait saisi	auraient saisi

6 présent du subjonctif

		13 passé du subjonctif	
saisisse	saisissions	aie saisi	ayons saisi
saisisses	saisissiez	aies saisi	ayez saisi
saisisse	saisissent	ait saisi	aient saisi

7 imparfait du subjonctif

		14 plus-que-parfait du subjonctif	
saisisse	saisissions	eusse saisi	eussions saisi
saisisses	saisissiez	eusses saisi	eussiez saisi
saisît	saisissent	eût saisi	eussent saisi

S

Impératif
saisis
saisissons
saisissez

Words and expressions related to this verb

un saisissement shock
saisissable seizable
saisissant, saisissante thrilling, piercing
une saisie seizure
saisir des données to input data (comp.)
la saisie de données data input (comp.)
saisir l'occasion to seize the opportunity
saisi de joie overcome with joy

saisir la signification de qqch to grasp the meaning of something
insaisissable elusive
se saisir de to take possession of

Syn.: **appréhender** to grasp (27); **comprendre** to understand; **empoigner** to grab (441); **prendre** to take
Ant.: **lâcher** to let go, to release (82)

The subject pronouns are found on page 103.
                                                                    573

salir (423)

to soil, to dirty

The Seven Simple Tenses		The Seven Compound Tenses	
Singular	Plural	Singular	Plural
1 présent de l'indicatif		**8 passé composé**	
salis	salissons	ai sali	avons sali
salis	salissez	as sali	avez sali
salit	salissent	a sali	ont sali
2 imparfait de l'indicatif		**9 plus-que-parfait de l'indicatif**	
salissais	salissions	avais sali	avions sali
salissais	salissiez	avais sali	aviez sali
salissait	salissaient	avait sali	avaient sali
3 passé simple		**10 passé antérieur**	
salis	salîmes	eus sali	eûmes sali
salis	salîtes	eus sali	eûtes sali
salit	salirent	eut sali	eurent sali
4 futur		**11 futur antérieur**	
salirai	salirons	aurai sali	aurons sali
saliras	salirez	auras sali	aurez sali
salira	saliront	aura sali	auront sali
5 conditionnel		**12 conditionnel passé**	
salirais	salirions	aurais sali	aurions sali
salirais	saliriez	aurais sali	auriez sali
salirait	saliraient	aurait sali	auraient sali
6 présent du subjonctif		**13 passé du subjonctif**	
salisse	salissions	aie sali	ayons sali
salisses	salissiez	aies sali	ayez sali
salisse	salissent	ait sali	aient sali
7 imparfait du subjonctif		**14 plus-que-parfait du subjonctif**	
salisse	salissions	eusse sali	eussions sali
salisses	salissiez	eusses sali	eussiez sali
salît	salissent	eût sali	eussent sali

Impératif
salis
salissons
salissez

Words and expressions related to this verb

sale dirty, soiled
salement disgustingly
la saleté filth
dire des saletés to use filthy language
se salir to get dirty
une réputation salie a tarnished reputation
les mains sales soiled hands
Avez-vous jamais lu ou vu la pièce de théâtre
Les Mains sales **de Jean-Paul Sartre?**

Syn.: **contaminer** to contaminate (329);
polluer de to pollute with (114); **souiller** to
dirty, to soil
Ant.: **désinfecter** to disinfect (160); **laver** to
wash; **nettoyer** to clean; **purifier** to purify
(212)

574

The Seven Simple Tenses		The Seven Compound Tenses	
Singular	Plural	Singular	Plural
1 présent de l'indicatif		**8 passé composé**	
satisfais	satisfaisons	ai satisfait	avons satisfait
satisfais	satisfaites	as satisfait	avez satisfait
satisfait	satisfont	a satisfait	ont satisfait
2 imparfait de l'indicatif		**9 plus-que-parfait de l'indicatif**	
satisfaisais	satisfaisions	avais satisfait	avions satisfait
satisfaisais	satisfaisiez	avais satisfait	aviez satisfait
satisfaisait	satisfaisaient	avait satisfait	avaient satisfait
3 passé simple		**10 passé antérieur**	
satisfis	satisfîmes	eus satisfait	eûmes satisfait
satisfis	satisfîtes	eus satisfait	eûtes satisfait
satisfit	satisfirent	eut satisfait	eurent satisfait
4 futur		**11 futur antérieur**	
satisferai	satisferons	aurai satisfait	aurons satisfait
satisferas	satisferez	auras satisfait	aurez satisfait
satisfera	satisferont	aura satisfait	auront satisfait
5 conditionnel		**12 conditionnel passé**	
satisferais	satisferions	aurais satisfait	aurions satisfait
satisferais	satisferiez	aurais satisfait	auriez satisfait
satisferait	satisferaient	aurait satisfait	auraient satisfait
6 présent du subjonctif		**13 passé du subjonctif**	
satisfasse	satisfassions	aie satisfait	ayons satisfait
satisfasses	satisfassiez	aies satisfait	ayez satisfait
satisfasse	satisfassent	ait satisfait	aient satisfait
7 imparfait du subjonctif		**14 plus-que-parfait du subjonctif**	
satisfisse	satisfissions	eusse satisfait	eussions satisfait
satisfisses	satisfissiez	eusses satisfait	eussiez satisfait
satisfît	satisfissent	eût satisfait	eussent satisfait

Impératif
satisfais
satisfaisons
satisfaites

Words and expressions related to this verb

satisfaire sa faim to satisfy one's hunger;
   satisfaire sa soif to satisfy one's thirst
satisfaisant, satisfaisante satisfying
la satisfaction satisfaction
demander satisfaction à to demand satisfaction
   from
être satisfait (satisfaite) de to be satisfied with

See also défaire and faire.

Syn.: complaire à to try to please (345);
contenter to content (464); plaire to please;
remplir to fill, to fulfill; répondre to answer
Ant.: frustrer to frustrate (22); manquer to
miss; mécontenter to displease (464)

sauter (425)

to jump, to leap

Regular **-er** verb

The Seven Simple Tenses		The Seven Compound Tenses	
Singular	Plural	Singular	Plural
1 présent de l'indicatif		**8 passé composé**	
saute	sautons	ai sauté	avons sauté
sautes	sautez	as sauté	avez sauté
saute	sautent	a sauté	ont sauté
2 imparfait de l'indicatif		**9 plus-que-parfait de l'indicatif**	
sautais	sautions	avais sauté	avions sauté
sautais	sautiez	avais sauté	aviez sauté
sautait	sautaient	avait sauté	avaient sauté
3 passé simple		**10 passé antérieur**	
sautai	sautâmes	eus sauté	eûmes sauté
sautas	sautâtes	eus sauté	eûtes sauté
sauta	sautèrent	eut sauté	eurent sauté
4 futur		**11 futur antérieur**	
sauterai	sauterons	aurai sauté	aurons sauté
sauteras	sauterez	auras sauté	aurez sauté
sautera	sauteront	aura sauté	auront sauté
5 conditionnel		**12 conditionnel passé**	
sauterais	sauterions	aurais sauté	aurions sauté
sauterais	sauteriez	aurais sauté	auriez sauté
sauterait	sauteraient	aurait sauté	auraient sauté
6 présent du subjonctif		**13 passé du subjonctif**	
saute	sautions	aie sauté	ayons sauté
sautes	sautiez	aies sauté	ayez sauté
saute	sautent	ait sauté	aient sauté
7 imparfait du subjonctif		**14 plus-que-parfait du subjonctif**	
sautasse	sautassions	eusse sauté	eussions sauté
sautasses	sautassiez	eusses sauté	eussiez sauté
sautât	sautassent	eût sauté	eussent sauté

Impératif
saute
sautons
sautez

Words and expressions related to this verb

un **saut** leap, jump
une **sauterelle** grasshopper
sautiller to skip, to hop
sauter à la corde to jump (skip) rope

sauter au bas du lit to jump out of bed
faire sauter une crêpe to toss a pancake
sauter aux yeux to be evident, self-evident
Cela **saute aux yeux**. That's obvious.
sursauter to jump, start

Don't forget to study the section on defective
and impersonal verbs. It's right after this main
list.

Syn.: **bondir** to leap (229); **enjamber** to step
over (240); **sautiller** to skip (477)
Ant.: **reculer** to step back (81)

Regular **-er** verb   to rescue, to save

The Seven Simple Tenses		The Seven Compound Tenses	
Singular	Plural	Singular	Plural
1 présent de l'indicatif		**8 passé composé**	
sauve	**sauvons**	**ai sauvé**	**avons sauvé**
sauves	**sauvez**	**as sauvé**	**avez sauvé**
sauve	**sauvent**	**a sauvé**	**ont sauvé**
2 imparfait de l'indicatif		**9 plus-que-parfait de l'indicatif**	
sauvais	**sauvions**	**avais sauvé**	**avions sauvé**
sauvais	**sauviez**	**avais sauvé**	**aviez sauvé**
sauvait	**sauvaient**	**avait sauvé**	**avaient sauvé**
3 passé simple		**10 passé antérieur**	
sauvai	**sauvâmes**	**eus sauvé**	**eûmes sauvé**
sauvas	**sauvâtes**	**eus sauvé**	**eûtes sauvé**
sauva	**sauvèrent**	**eut sauvé**	**eurent sauvé**
4 futur		**11 futur antérieur**	
sauverai	**sauverons**	**aurai sauvé**	**aurons sauvé**
sauveras	**sauverez**	**auras sauvé**	**aurez sauvé**
sauvera	**sauveront**	**aura sauvé**	**auront sauvé**
5 conditionnel		**12 conditionnel passé**	
sauverais	**sauverions**	**aurais sauvé**	**aurions sauvé**
sauverais	**sauveriez**	**aurais sauvé**	**auriez sauvé**
sauverait	**sauveraient**	**aurait sauvé**	**auraient sauvé**
6 présent du subjonctif		**13 passé du subjonctif**	
sauve	**sauvions**	**aie sauvé**	**ayons sauvé**
sauves	**sauviez**	**aies sauvé**	**ayez sauvé**
sauve	**sauvent**	**ait sauvé**	**aient sauvé**
7 imparfait du subjonctif		**14 plus-que-parfait du subjonctif**	
sauvasse	**sauvassions**	**eusse sauvé**	**eussions sauvé**
sauvasses	**sauvassiez**	**eusses sauvé**	**eussiez sauvé**
sauvât	**sauvassent**	**eût sauvé**	**eussent sauvé**

Impératif
sauve
sauvons
sauvez

Words and expressions related to this verb

sauvegarder to safeguard
le sauvetage life-saving, rescue
Sauve qui peut! Run for your life!
le sauve-qui-peut panic
sauver les apparences to preserve appearances
se sauver to run away, to escape, to rush off
sauver la vie à qqn to save someone's life

une échelle de sauvetage fire escape
un gilet de sauvetage a life jacket

See also **se sauver.**

Syn.: **conserver** to preserve (27); **libérer (de)** to liberate (to free from) (203); **sauvegarder** to safeguard (240)
Ant.: **perdre** to lose

se sauver (427)

Part. pr. **se sauvant**   Part. passé **sauvé(e)(s)**

to run away, to rush off, to escape

Reflexive regular **-er** verb

The Seven Simple Tenses		The Seven Compound Tenses	
Singular	Plural	Singular	Plural
1 présent de l'indicatif		8 passé composé	
me sauve	nous sauvons	me suis sauvé(e)	nous sommes sauvé(e)s
te sauves	vous sauvez	t'es sauvé(e)	vous êtes sauvé(e)(s)
se sauve	se sauvent	s'est sauvé(e)	se sont sauvé(e)s
2 imparfait de l'indicatif		9 plus-que-parfait de l'indicatif	
me sauvais	nous sauvions	m'étais sauvé(e)	nous étions sauvé(e)s
te sauvais	vous sauviez	t'étais sauvé(e)	vous étiez sauvé(e)(s)
se sauvait	se sauvaient	s'était sauvé(e)	s'étaient sauvé(e)s
3 passé simple		10 passé antérieur	
me sauvai	nous sauvâmes	me fus sauvé(e)	nous fûmes sauvé(e)s
te sauvas	vous sauvâtes	te fus sauvé(e)	vous fûtes sauvé(e)(s)
se sauva	se sauvèrent	se fut sauvé(e)	se furent sauvé(e)s
4 futur		11 futur antérieur	
me sauverai	nous sauverons	me serai sauvé(e)	nous serons sauvé(e)s
te sauveras	vous sauverez	te seras sauvé(e)	vous serez sauvé(e)(s)
se sauvera	se sauveront	se sera sauvé(e)	se seront sauvé(e)s
5 conditionnel		12 conditionnel passé	
me sauverais	nous sauverions	me serais sauvé(e)	nous serions sauvé(e)s
te sauverais	vous sauveriez	te serais sauvé(e)	vous seriez sauvé(e)(s)
se sauverait	se sauveraient	se serait sauvé(e)	se seraient sauvé(e)s
6 présent du subjonctif		13 passé du subjonctif	
me sauve	nous sauvions	me sois sauvé(e)	nous soyons sauvé(e)s
te sauves	vous sauviez	te sois sauvé(e)	vous soyez sauvé(e)(s)
se sauve	se sauvent	se soit sauvé(e)	se soient sauvé(e)s
7 imparfait du subjonctif		14 plus-que-parfait du subjonctif	
me sauvasse	nous sauvassions	me fusse sauvé(e)	nous fussions sauvé(e)s
te sauvasses	vous sauvassiez	te fusses sauvé(e)	vous fussiez sauvé(e)(s)
se sauvât	se sauvassent	se fût sauvé(e)	se fussent sauvé(e)s

Impératif
sauve-toi; ne te sauve pas
sauvons-nous; ne nous sauvons pas
sauvez-vous; ne vous sauvez pas

Words and expressions related to this verb

se sauver de prison to get out of prison
sauvegarder to safeguard
le sauvetage life-saving, rescue
Sauve qui peut! Run for your life!
Je me sauve! I'm out of here!
sauver to rescue, to save
sauver la vie à qqn to save someone's life
vendre à la sauvette to peddle in the streets
une vente à la sauvette street peddling

See also **sauver**.

Syn.: **décamper** to decamp, to run away (27); **s'enfuir** to run away; **s'évader de** to escape from (26, 33); **fuir** to flee; **partir** to leave, to depart
Ant.: **demeurer** to remain, to stay; **rester** to remain, to stay

The Seven Simple Tenses		The Seven Compound Tenses	
Singular	Plural	Singular	Plural
1 présent de l'indicatif		**8 passé composé**	
sais	**savons**	**ai su**	**avons su**
sais	**savez**	**as su**	**avez su**
sait	**savent**	**a su**	**ont su**
2 imparfait de l'indicatif		**9 plus-que-parfait de l'indicatif**	
savais	**savions**	**avais su**	**avions su**
savais	**saviez**	**avais su**	**aviez su**
savait	**savaient**	**avait su**	**avaient su**
3 passé simple		**10 passé antérieur**	
sus	**sûmes**	**eus su**	**eûmes su**
sus	**sûtes**	**eus su**	**eûtes su**
sut	**surent**	**eut su**	**eurent su**
4 futur		**11 futur antérieur**	
saurai	**saurons**	**aurai su**	**aurons su**
sauras	**saurez**	**auras su**	**aurez su**
saura	**sauront**	**aura su**	**auront su**
5 conditionnel		**12 conditionnel passé**	
saurais	**saurions**	**aurais su**	**aurions su**
saurais	**sauriez**	**aurais su**	**auriez su**
saurait	**sauraient**	**aurait su**	**auraient su**
6 présent du subjonctif		**13 passé du subjonctif**	
sache	**sachions**	**aie su**	**ayons su**
saches	**sachiez**	**aies su**	**ayez su**
sache	**sachent**	**ait su**	**aient su**
7 imparfait du subjonctif		**14 plus-que-parfait du subjonctif**	
susse	**sussions**	**eusse su**	**eussions su**
susses	**sussiez**	**eusses su**	**eussiez su**
sût	**sussent**	**eût su**	**eussent su**

Impératif
sache
sachons
sachez

AN ESSENTIAL
55 VERB

The subject pronouns are found on page 103.

AN ESSENTIAL 55 VERB

Savoir

Savoir is an important verb to know, especially if you are a beginning student. It is used in many idiomatic expressions and everyday situations.

Sentences using savoir

Savez-vous jouer du piano? Do you know how to play the piano?

C'est à savoir. That remains to be seen.

Pas que je sache. Not to my knowledge.

Je voudrais savoir à quelle heure l'avion va partir pour Toronto. I would like to know at what time the plane is going to leave for Toronto.

—Sais-tu que nous déménageons en Europe?
—Oui, je l'ai su hier.

—Do you know that we're moving to Europe?
—Yes, I found out yesterday.

Généralement, les gens qui savent peu parlent beaucoup, et les gens qui savent beaucoup parlent peu. (Rousseau) In general, people who know little talk a lot, and people who know a lot talk little.

Syn.: **connaître** to know, to be acquainted with (See note below); **pouvoir** to be able
Ant.: **douter** to doubt; **ignorer** not to know (22)

Careful! If you're talking about knowing a person, use connaître:

Je le connais. I know him.

Words and expressions related to this verb

le savoir **knowledge**

le savoir-faire **know-how, tact, ability**

savoir faire qqch **to know how to do something**

avoir le savoir-vivre **to be well-mannered, well-bred**

faire savoir **to inform**

sans le savoir **without knowing it**

savoir bon gré à qqn **to be thankful, grateful to someone**

Proverb

Savoir, c'est pouvoir. **Knowledge is power.**

Tongue Twister

Le chasseur, sachant chasser sans son chien, chassera. **The hunter, knowing how to hunt without his dog, will hunt.**

Can't remember the French verb you need? Check the back pages of this book for the English-French verb index!

Regular **-er** verb endings; spelling change:
é changes to **è** before syllable with mute **e**

to dry

The Seven Simple Tenses		The Seven Compound Tenses	
Singular	Plural	Singular	Plural

1 présent de l'indicatif

		8 passé composé	
sèche	**séchons**	**ai séché**	**avons séché**
sèches	**séchez**	**as séché**	**avez séché**
sèche	**sèchent**	**a séché**	**ont séché**

2 imparfait de l'indicatif

		9 plus-que-parfait de l'indicatif	
séchais	**séchions**	**avais séché**	**avions séché**
séchais	**séchiez**	**avais séché**	**aviez séché**
séchait	**séchaient**	**avait séché**	**avaient séché**

3 passé simple

		10 passé antérieur	
séchai	**séchâmes**	**eus séché**	**eûmes séché**
séchas	**séchâtes**	**eus séché**	**eûtes séché**
sécha	**séchèrent**	**eut séché**	**eurent séché**

4 futur

		11 futur antérieur	
sécherai	**sécherons**	**aurai séché**	**aurons séché**
sécheras	**sécherez**	**auras séché**	**aurez séché**
séchera	**sécheront**	**aura séché**	**auront séché**

5 conditionnel

		12 conditionnel passé	
sécherais	**sécherions**	**aurais séché**	**aurions séché**
sécherais	**sécheriez**	**aurais séché**	**auriez séché**
sécherait	**sécheraient**	**aurait séché**	**auraient séché**

6 présent du subjonctif

		13 passé du subjonctif	
sèche	**séchions**	**aie séché**	**ayons séché**
sèches	**séchiez**	**aies séché**	**ayez séché**
sèche	**sèchent**	**ait séché**	**aient séché**

7 imparfait du subjonctif

		14 plus-que-parfait du subjonctif	
séchasse	**séchassions**	**eusse séché**	**eussions séché**
séchasses	**séchassiez**	**eusses séché**	**eussiez séché**
séchât	**séchassent**	**eût séché**	**eussent séché**

Impératif
sèche
séchons
séchez

S

Sentences using this verb and words related to it

Les fermiers ont perdu la moitié de leur récolte à cause de la sécheresse. The farmers lost half of their harvest because of the drought.

Sèche tes pleurs, sèche tes pleurs, je t'en prie sèche tes pleurs. Dry your tears, dry your tears, please (I beg of you) dry your tears. ("Sèche tes pleurs," song by Daniel Bélanger)

Words and expressions related to this verb

sec, sèche dry
sèchement dryly, tersely
sécher un cours to skip a class

la **sécheresse** dryness, drought
mettre à **sec** to drain, dry up
le **séchage** drying
un **sèche-cheveux,** un **séchoir à cheveux** hair dryer
une **sécheuse** clothes dryer

Syn.: **déshydrater** to dehydrate (241); **dessécher** to dry out (87); **éponger** to sponge (283); **essorer** to dry out (22)
Ant.: **arroser** to water (79); **humecter** to moisten, to dampen (425); **inonder** to flood (336); **mouiller** to wet (233)

The subject pronouns are found on page 103.

secouer (430)

to shake, to shake down (off)

Regular **-er** verb

The Seven Simple Tenses		The Seven Compound Tenses	
Singular	Plural	Singular	Plural
1 présent de l'indicatif		**8 passé composé**	
secoue	secouons	ai secoué	avons secoué
secoues	secouez	as secoué	avez secoué
secoue	secouent	a secoué	ont secoué
2 imparfait de l'indicatif		**9 plus-que-parfait de l'indicatif**	
secouais	secouions	avais secoué	avions secoué
secouais	secouiez	avais secoué	aviez secoué
secouait	secouaient	avait secoué	avaient secoué
3 passé simple		**10 passé antérieur**	
secouai	secouâmes	eus secoué	eûmes secoué
secouas	secouâtes	eus secoué	eûtes secoué
secoua	secouèrent	eut secoué	eurent secoué
4 futur		**11 futur antérieur**	
secouerai	secouerons	aurai secoué	aurons secoué
secoueras	secouerez	auras secoué	aurez secoué
secouera	secoueront	aura secoué	auront secoué
5 conditionnel		**12 conditionnel passé**	
secouerais	secouerions	aurais secoué	aurions secoué
secouerais	secoueriez	aurais secoué	auriez secoué
secouerait	secoueraient	aurait secoué	auraient secoué
6 présent du subjonctif		**13 passé du subjonctif**	
secoue	secouions	aie secoué	ayons secoué
secoues	secouiez	aies secoué	ayez secoué
secoue	secouent	ait secoué	aient secoué
7 imparfait du subjonctif		**14 plus-que-parfait du subjonctif**	
secouasse	secouassions	eusse secoué	eussions secoué
secouasses	secouassiez	eusses secoué	eussiez secoué
secouât	secouassent	eût secoué	eussent secoué

Impératif
secoue
secouons
secouez

Words and expressions related to this verb

secouer **la tête** to shake one's head
le secouement shaking
secouer **la poussière** to shake off the dust
une secousse jolt; **sans secousse** smoothly

Syn.: **agiter** to shake, to wag (251); **bousculer** to bump (81); **ébranler** to shake (326); **mouvoir** to move; **remuer** to move, to stir (483)
Ant.: **calmer** to calm (27); **immobiliser** to immobilize (486); **stabiliser** to stabilize (486)

Do you need more drills? Have fun with the *501 French Verbs* CD-ROM!

Irregular verb   to help, to relieve, to succor

The Seven Simple Tenses		The Seven Compound Tenses	
Singular	Plural	Singular	Plural

1 présent de l'indicatif

		8 passé composé	
secours	secourons	ai secouru	avons secouru
secours	secourez	as secouru	avez secouru
secourt	secourent	a secouru	ont secouru

2 imparfait de l'indicatif

		9 plus-que-parfait de l'indicatif	
secourais	secourions	avais secouru	avions secouru
secourais	secouriez	avais secouru	aviez secouru
secourait	secouraient	avait secouru	avaient secouru

3 passé simple

		10 passé antérieur	
secourus	secourûmes	eus secouru	eûmes secouru
secourus	secourûtes	eus secouru	eûtes secouru
secourut	secoururent	eut secouru	eurent secouru

4 futur

		11 futur antérieur	
secourrai	secourrons	aurai secouru	aurons secouru
secourras	secourrez	auras secouru	aurez secouru
secourra	secourront	aura secouru	auront secouru

5 conditionnel

		12 conditionnel passé	
secourrais	secourrions	aurais secouru	aurions secouru
secourrais	secourriez	aurais secouru	auriez secouru
secourrait	secourraient	aurait secouru	auraient secouru

6 présent du subjonctif

		13 passé du subjonctif	
secoure	secourions	aie secouru	ayons secouru
secoures	secouriez	aies secouru	ayez secouru
secoure	secourent	ait secouru	aient secouru

7 imparfait du subjonctif

		14 plus-que-parfait du subjonctif	
secourusse	secourussions	eusse secouru	eussions secouru
secourusses	secourussiez	eusses secouru	eussiez secouru
secourût	secourussent	eût secouru	eussent secouru

S

Impératif
secours
secourons
secourez

Common idiomatic expressions using this verb
and words related to it

le secours help, assistance
Au secours! Help!
crier au secours to shout for help
une roue de secours spare wheel
une sortie de secours emergency exit
secourir qqn contre un ennemi to help
    someone from an enemy
aller au secours de qqn to go to someone's aid

prêter secours à qqn to go to someone's
    rescue, assistance
une équipe de secours rescue squad
courir to run

Syn.: **aider** to help; **appuyer** to lean, to
support (192); **assister** to assist; **défendre** to
defend; **seconder** to assist (240)
Ant.: **abandonner** to abandon (171); **nuire**
to harm

The subject pronouns are found on page 103.

séduire (432)

to seduce

Part. pr. **séduisant**   Part. passé **séduit**

Irregular verb

The Seven Simple Tenses		The Seven Compound Tenses	
Singular	Plural	Singular	Plural
1 présent de l'indicatif		**8 passé composé**	
séduis	séduisons	ai séduit	avons séduit
séduis	séduisez	as séduit	avez séduit
séduit	séduisent	a séduit	ont séduit
2 imparfait de l'indicatif		**9 plus-que-parfait de l'indicatif**	
séduisais	séduisions	avais séduit	avions séduit
séduisais	séduisiez	avais séduit	aviez séduit
séduisait	séduisaient	avait séduit	avaient séduit
3 passé simple		**10 passé antérieur**	
séduisis	séduisîmes	eus séduit	eûmes séduit
séduisis	séduisîtes	eus séduit	eûtes séduit
séduisit	séduisirent	eut séduit	eurent séduit
4 futur		**11 futur antérieur**	
séduirai	séduirons	aurai séduit	aurons séduit
séduiras	séduirez	auras séduit	aurez séduit
séduira	séduiront	aura séduit	auront séduit
5 conditionnel		**12 conditionnel passé**	
séduirais	séduirions	aurais séduit	aurions séduit
séduirais	séduiriez	aurais séduit	auriez séduit
séduirait	séduiraient	aurait séduit	auraient séduit
6 présent du subjonctif		**13 passé du subjonctif**	
séduise	séduisions	aie séduit	ayons séduit
séduises	séduisiez	aies séduit	ayez séduit
séduise	séduisent	ait séduit	aient séduit
7 imparfait du subjonctif		**14 plus-que-parfait du subjonctif**	
séduisisse	séduisissions	eusse séduit	eussions séduit
séduisisses	séduisissiez	eusses séduit	eussiez séduit
séduisît	séduisissent	eût séduit	eussent séduit

Impératif
séduis
séduisons
séduisez

Words related to this verb

séduisant, séduisante fascinating, seductive,
    attractive
un séducteur, une séductrice tempter
    (temptress), seducer (seductress)
une séduction seduction, enticement

See also **conduire, déduire, introduire,
produire, réduire, reproduire,** and **traduire.**

Syn.: **attirer** to attract, to allure; **captiver**
to captivate (167); **charmer** to charm (238);
fasciner to fascinate (329); **plaire** to please
Ant.: **dégoûter** to disgust (244); **déplaire** to
displease

Regular **-er** verb   to sojourn, to live somewhere temporarily

The Seven Simple Tenses		The Seven Compound Tenses	
Singular	Plural	Singular	Plural
1 présent de l'indicatif		**8 passé composé**	
séjourne	**séjournons**	**ai séjourné**	**avons séjourné**
séjournes	**séjournez**	**as séjourné**	**avez séjourné**
séjourne	**séjournent**	**a séjourné**	**ont séjourné**
2 imparfait de l'indicatif		**9 plus-que-parfait de l'indicatif**	
séjournais	**séjournions**	**avais séjourné**	**avions séjourné**
séjournais	**séjourniez**	**avais séjourné**	**aviez séjourné**
séjournait	**séjournaient**	**avait séjourné**	**avaient séjourné**
3 passé simple		**10 passé antérieur**	
séjournai	**séjournâmes**	**eus séjourné**	**eûmes séjourné**
séjournas	**séjournâtes**	**eus séjourné**	**eûtes séjourné**
séjourna	**séjournèrent**	**eut séjourné**	**eurent séjourné**
4 futur		**11 futur antérieur**	
séjournerai	**séjournerons**	**aurai séjourné**	**aurons séjourné**
séjourneras	**séjournerez**	**auras séjourné**	**aurez séjourné**
séjournera	**séjourneront**	**aura séjourné**	**auront séjourné**
5 conditionnel		**12 conditionnel passé**	
séjournerais	**séjournerions**	**aurais séjourné**	**aurions séjourné**
séjournerais	**séjourneriez**	**aurais séjourné**	**auriez séjourné**
séjournerait	**séjourneraient**	**aurait séjourné**	**auraient séjourné**
6 présent du subjonctif		**13 passé du subjonctif**	
séjourne	**séjournions**	**aie séjourné**	**ayons séjourné**
séjournes	**séjourniez**	**aies séjourné**	**ayez séjourné**
séjourne	**séjournent**	**ait séjourné**	**aient séjourné**
7 imparfait du subjonctif		**14 plus-que-parfait du subjonctif**	
séjournasse	**séjournassions**	**eusse séjourné**	**eussions séjourné**
séjournasses	**séjournassiez**	**eusses séjourné**	**eussiez séjourné**
séjournât	**séjournassent**	**eût séjourné**	**eussent séjourné**

Impératif
séjourne
séjournons
séjournez

Words and expressions related to this verb

séjourner à un hôtel to stay (stop) at a hotel
un séjour sojourn, stay
faire un séjour à la campagne to stay in the country
séjourner chez des amis to stay with friends
le jour day
une salle de séjour living room
un bref séjour a brief stay

Mon séjour dans votre hôtel a été très agréable. My stay in your hotel has been very pleasant.

Syn.: **camper** to camp (235); **demeurer** to reside; **habiter** to dwell in
Ant.: **partir** to leave, to depart; **quitter** to leave

The subject pronouns are found on page 103.

to feel, to smell, to perceive

The Seven Simple Tenses		The Seven Compound Tenses	
Singular	Plural	Singular	Plural
1 présent de l'indicatif		**8 passé composé**	
sens	sentons	ai senti	avons senti
sens	sentez	as senti	avez senti
sent	sentent	a senti	ont senti
2 imparfait de l'indicatif		**9 plus-que-parfait de l'indicatif**	
sentais	sentions	avais senti	avions senti
sentais	sentiez	avais senti	aviez senti
sentait	sentaient	avait senti	avaient senti
3 passé simple		**10 passé antérieur**	
sentis	sentîmes	eus senti	eûmes senti
sentis	sentîtes	eus senti	eûtes senti
sentit	sentirent	eut senti	eurent senti
4 futur		**11 futur antérieur**	
sentirai	sentirons	aurai senti	aurons senti
sentiras	sentirez	auras senti	aurez senti
sentira	sentiront	aura senti	auront senti
5 conditionnel		**12 conditionnel passé**	
sentirais	sentirions	aurais senti	aurions senti
sentirais	sentiriez	aurais senti	auriez senti
sentirait	sentiraient	aurait senti	auraient senti
6 présent du subjonctif		**13 passé du subjonctif**	
sente	sentions	aie senti	ayons senti
sentes	sentiez	aies senti	ayez senti
sente	sentent	ait senti	aient senti
7 imparfait du subjonctif		**14 plus-que-parfait du subjonctif**	
sentisse	sentissions	eusse senti	eussions senti
sentisses	sentissiez	eusses senti	eussiez senti
sentît	sentissent	eût senti	eussent senti

Impératif
sens
sentons
sentez

AN ESSENTIAL 55 VERB

Sentir is a very important verb for a beginning student because, although it is irregular, several useful verbs are conjugated like it. There are also many idiomatic expressions related to sentir.

Sentences using sentir

Qu'est-ce que tu fais pour le dîner? Ça sent bon! What are you making for dinner? That smells good!

Je me sens mal. I feel ill.

Je ne me sens pas bien. I don't feel well.

Ouvre la fenêtre, Claire. Ça sent le renfermé ici! Open the window, Claire. It smells stuffy here!

If you can conjugate sentir you can also conjugate the following verbs:

consentir **to allow;** consentir à **to agree to**

pressentir **to sense**

ressentir **to feel**

Syn.: **flairer** to smell (22); **percevoir** to notice, to perceive (35); **puer** to stink (Def. and Imp.) **renifler** to sniff (439)

Words and expressions related to this verb

un sentiment **feeling, sense, impression**

un sentiment d'appartenance **feeling of membership, belonging**

sentimental, sentimentale **sentimental**

la sentimentalité **sentimentality**

le sentimentalisme **sentimentalism**

sentir le chagrin **to feel sorrow**

se sentir + adj. **to feel + adj.**

le ressentiment **resentment**

sentir bon **to smell good**

sentir mauvais **to smell bad**

faire sentir qqch à qqn **to make someone feel something**

se faire sentir **to make itself felt**

ne se sentir pas bien **not to feel well**

S

Don't forget to study the section on defective and impersonal verbs. It's right after this main list.

The subject pronouns are found on page 103.

séparer (435)

to separate

The Seven Simple Tenses		The Seven Compound Tenses	
Singular	Plural	Singular	Plural
1 présent de l'indicatif		**8 passé composé**	
sépare	séparons	ai séparé	avons séparé
sépares	séparez	as séparé	avez séparé
sépare	séparent	a séparé	ont séparé
2 imparfait de l'indicatif		**9 plus-que-parfait de l'indicatif**	
séparais	séparions	avais séparé	avions séparé
séparais	sépariez	avais séparé	aviez séparé
séparait	séparaient	avait séparé	avaient séparé
3 passé simple		**10 passé antérieur**	
séparai	séparâmes	eus séparé	eûmes séparé
séparas	séparâtes	eus séparé	eûtes séparé
sépara	séparèrent	eut séparé	eurent séparé
4 futur		**11 futur antérieur**	
séparerai	séparerons	aurai séparé	aurons séparé
sépareras	séparerez	auras séparé	aurez séparé
séparera	sépareront	aura séparé	auront séparé
5 conditionnel		**12 conditionnel passé**	
séparerais	séparerions	aurais séparé	aurions séparé
séparerais	sépareriez	aurais séparé	auriez séparé
séparerait	sépareraient	aurait séparé	auraient séparé
6 présent du subjonctif		**13 passé du subjonctif**	
sépare	séparions	aie séparé	ayons séparé
sépares	sépariez	aies séparé	ayez séparé
sépare	séparent	ait séparé	aient séparé
7 imparfait du subjonctif		**14 plus-que-parfait du subjonctif**	
séparasse	séparassions	eusse séparé	eussions séparé
séparasses	séparassiez	eusses séparé	eussiez séparé
séparât	séparassent	eût séparé	eussent séparé

Impératif
sépare
séparons
séparez

Words and expressions related to this verb

séparer de to sever from, to separate from
Les Pyrénées séparent la France et l'Espagne. France is separated from Spain by the Pyrenees.
se séparer de to be separated from, to separate oneself from

Madame Dubois se sépare de son mari.
Mrs. Dubois is separating from her husband.
une séparation separation, parting

Syn.: **couper** to cut; **désunir** to split up (229); **disjoindre** to separate (268); **diviser** to divide (32); **fendre** to split; **rompre** to break
Ant.: **assembler** to assemble (407); **rejoindre** to rejoin (268); **réunir** to reunite (485); **unir** to join, to unite

Regular **-er** verb

to grasp, to press, to squeeze, to shake (hands)

The Seven Simple Tenses		The Seven Compound Tenses	
Singular	Plural	Singular	Plural
1 présent de l'indicatif		8 passé composé	
serre	serrons	ai serré	avons serré
serres	serrez	as serré	avez serré
serre	serrent	a serré	ont serré
2 imparfait de l'indicatif		9 plus-que-parfait de l'indicatif	
serrais	serrions	avais serré	avions serré
serrais	serriez	avais serré	aviez serré
serrait	serraient	avait serré	avaient serré
3 passé simple		10 passé antérieur	
serrai	serrâmes	eus serré	eûmes serré
serras	serrâtes	eus serré	eûtes serré
serra	serrèrent	eut serré	eurent serré
4 futur		11 futur antérieur	
serrerai	serrerons	aurai serré	aurons serré
serreras	serrerez	auras serré	aurez serré
serrera	serreront	aura serré	auront serré
5 conditionnel		12 conditionnel passé	
serrerais	serrerions	aurais serré	aurions serré
serrerais	serreriez	aurais serré	auriez serré
serrerait	serreraient	aurait serré	auraient serré
6 présent du subjonctif		13 passé du subjonctif	
serre	serrions	aie serré	ayons serré
serres	serriez	aies serré	ayez serré
serre	serrent	ait serré	aient serré
7 imparfait du subjonctif		14 plus-que-parfait du subjonctif	
serrasse	serrassions	eusse serré	eussions serré
serrasses	serrassiez	eusses serré	eussiez serré
serrât	serrassent	eût serré	eussent serré

S

Impératif
serre
serrons
serrez

Words and expressions related to this verb

serrer la main à qqn to shake hands with
someone
serrer un noeud to tighten a knot
un serre-livres book end (**des serre-livres**)
serrer les rangs to close up ranks
serrer le coeur to wring one's heart
serrés comme des harengs packed like sardines
une serrure lock; **le trou de la
serrure** keyhole

Serrez à droite./Serrez à gauche. Keep
(Squeeze) right/left.

Syn.: **coincer** to jam (342); **comprimer** to
compress (220); **étreindre** to embrace, to hug
(334); **presser** to press, to squeeze
Ant.: **desserrer** to loosen, to relax (436);
libérer to liberate (203); **lâcher** to loosen, to
release (82)

The subject pronouns are found on page 103.

servir (437)

to serve, to be useful

Irregular verb

The Seven Simple Tenses		The Seven Compound Tenses	
Singular	Plural	Singular	Plural
1 présent de l'indicatif		**8 passé composé**	
sers	servons	ai servi	avons servi
sers	servez	as servi	avez servi
sert	servent	a servi	ont servi
2 imparfait de l'indicatif		**9 plus-que-parfait de l'indicatif**	
servais	servions	avais servi	avions servi
servais	serviez	avais servi	aviez servi
servait	servaient	avait servi	avaient servi
3 passé simple		**10 passé antérieur**	
servis	servîmes	eus servi	eûmes servi
servis	servîtes	eus servi	eûtes servi
servit	servirent	eut servi	eurent servi
4 futur		**11 futur antérieur**	
servirai	servirons	aurai servi	aurons servi
serviras	servirez	auras servi	aurez servi
servira	serviront	aura servi	auront servi
5 conditionnel		**12 conditionnel passé**	
servirais	servirions	aurais servi	aurions servi
servirais	serviriez	aurais servi	auriez servi
servirait	serviraient	aurait servi	auraient servi
6 présent du subjonctif		**13 passé du subjonctif**	
serve	servions	aie servi	ayons servi
serves	serviez	aies servi	ayez servi
serve	servent	ait servi	aient servi
7 imparfait du subjonctif		**14 plus-que-parfait du subjonctif**	
servisse	servissions	eusse servi	eussions servi
servisses	servissiez	eusses servi	eussiez servi
servît	servissent	eût servi	eussent servi

Impératif
sers
servons
servez

Words and expressions related to this verb

le **serveur** waiter
la **serveuse** waitress
le **service** service
une **serviette** napkin
un **serviteur** servant
la **servitude** servitude
desservir to clear off the table
un **serveur** server (computer)
se **servir** to serve oneself, to help oneself

se **servir de qqch** to use something, to avail
   oneself of something, to make use of something
servir à qqch to be of some use
servir à rien to be of no use; **Cela ne sert à
   rien.** That serves no purpose.

See also se **servir.**

Syn.: **aider** to help; **donner** to give; **pourvoir**
to provide (497) (except Tenses 4 & 5, stem:
pourvoir-; Tense 3 **pourvus, pourvus,
pourvut...**; Tense 7 **pourvusse, pourvusses,
pourvût...**)
Ant.: **commander** to order

Reflexive irregular verb   to serve oneself, to help oneself
                                                    (to food and drink)

The Seven Simple Tenses   The Seven Compound Tenses

Singular	Plural	Singular	Plural
1 présent de l'indicatif		**8 passé composé**	
me sers	nous servons	me suis servi(e)	nous sommes servi(e)s
te sers	vous servez	t'es servi(e)	vous êtes servi(e)(s)
se sert	se servent	s'est servi(e)	se sont servi(e)s
2 imparfait de l'indicatif		**9 plus-que-parfait de l'indicatif**	
me servais	nous servions	m'étais servi(e)	nous étions servi(e)s
te servais	vous serviez	t'étais servi(e)	vous étiez servi(e)(s)
se servait	se servaient	s'était servi(e)	s'étaient servi(e)s
3 passé simple		**10 passé antérieur**	
me servis	nous servîmes	me fus servi(e)	nous fûmes servi(e)s
te servis	vous servîtes	te fus servi(e)	vous fûtes servi(e)(s)
se servit	se servirent	se fut servi(e)	se furent servi(e)s
4 futur		**11 futur antérieur**	
me servirai	nous servirons	me serai servi(e)	nous serons servi(e)s
te serviras	vous servirez	te seras servi(e)	vous serez servi(e)(s)
se servira	se serviront	se sera servi(e)	se seront servi(e)s
5 conditionnel		**12 conditionnel passé**	
me servirais	nous servirions	me serais servi(e)	nous serions servi(e)s
te servirais	vous serviriez	te serais servi(e)	vous seriez servi(e)(s)
se servirait	se serviraient	se serait servi(e)	se seraient servi(e)s
6 présent du subjonctif		**13 passé du subjonctif**	
me serve	nous servions	me sois servi(e)	nous soyons servi(e)s
te serves	vous serviez	te sois servi(e)	vous soyez servi(e)(s)
se serve	se servent	se soit servi(e)	se soient servi(e)s
7 imparfait du subjonctif		**14 plus-que-parfait du subjonctif**	
me servisse	nous servissions	me fusse servi(e)	nous fussions servi(e)s
te servisses	vous servissiez	te fusses servi(e)	vous fussiez servi(e)(s)
se servît	se servissent	se fût servi(e)	se fussent servi(e)s

Impératif
sers-toi; ne te sers pas
servons-nous; ne nous servons pas
servez-vous; ne vous servez pas

Words and expressions related to this verb

un serviteur servant
la servitude servitude
le serveur waiter
la serveuse waitress
le service service
une serviette napkin
se servir de qqch to use something, to make
  use of something
Servez-vous, je vous en prie! Help yourself,
  please!

Est-ce qu'on se sert seul dans ce restaurant?
 —**Oui, c'est un restaurant self-service.**

See also **servir.**

Syn.: **employer** to employ, to use; **user de** to
use (32); **utiliser** to utilize, to use

S

siffler (439)

to whistle, to hiss, to boo

Part. pr. sifflant   **Part. passé sifflé**

Regular **-er** verb

The Seven Simple Tenses		The Seven Compound Tenses	
Singular	Plural	Singular	Plural
1 présent de l'indicatif		**8 passé composé**	
siffle	sifflons	ai sifflé	avons sifflé
siffles	sifflez	as sifflé	avez sifflé
siffle	sifflent	a sifflé	ont sifflé
2 imparfait de l'indicatif		**9 plus-que-parfait de l'indicatif**	
sifflais	sifflions	avais sifflé	avions sifflé
sifflais	siffliez	avais sifflé	aviez sifflé
sifflait	sifflaient	avait sifflé	avaient sifflé
3 passé simple		**10 passé antérieur**	
sifflai	sifflâmes	eus sifflé	eûmes sifflé
sifflas	sifflâtes	eus sifflé	eûtes sifflé
siffla	sifflèrent	eut sifflé	eurent sifflé
4 futur		**11 futur antérieur**	
sifflerai	sifflerons	aurai sifflé	aurons sifflé
siffleras	sifflerez	auras sifflé	aurez sifflé
sifflera	siffleront	aura sifflé	auront sifflé
5 conditionnel		**12 conditionnel passé**	
sifflerais	sifflerions	aurais sifflé	aurions sifflé
sifflerais	siffleriez	aurais sifflé	auriez sifflé
sifflerait	siffleraient	aurait sifflé	auraient sifflé
6 présent du subjonctif		**13 passé du subjonctif**	
siffle	sifflions	aie sifflé	ayons sifflé
siffles	siffliez	aies sifflé	ayez sifflé
siffle	sifflent	ait sifflé	aient sifflé
7 imparfait du subjonctif		**14 plus-que-parfait du subjonctif**	
sifflasse	sifflassions	eusse sifflé	eussions sifflé
sifflasses	sifflassiez	eusses sifflé	eussiez sifflé
sifflât	sifflassent	eût sifflé	eussent sifflé

Impératif
siffle
sifflons
sifflez

Words and expressions related to this verb

un sifflet whistle
un sifflet d'alarme alarm whistle
un siffleur, une siffleuse whistler, booer, hisser
le sifflet d'un agent de police policeman's
whistle
le sifflement whistling, hissing

Syn.: **huer** to boo (483) (aspirate *h*; no liaison); **siffloter** to whistle (96)
Ant.: **applaudir de** to applaud for (229)

The Seven Simple Tenses		The Seven Compound Tenses	
Singular	Plural	Singular	Plural

1 présent de l'indicatif

		8 passé composé	
signale	signalons	ai signalé	avons signalé
signales	signalez	as signalé	avez signalé
signale	signalent	a signalé	ont signalé

2 imparfait de l'indicatif

		9 plus-que-parfait de l'indicatif	
signalais	signalions	avais signalé	avions signalé
signalais	signaliez	avais signalé	aviez signalé
signalait	signalaient	avait signalé	avaient signalé

3 passé simple

		10 passé antérieur	
signalai	signalâmes	eus signalé	eûmes signalé
signalas	signalâtes	eus signalé	eûtes signalé
signala	signalèrent	eut signalé	eurent signalé

4 futur

		11 futur antérieur	
signalerai	signalerons	aurai signalé	aurons signalé
signaleras	signalerez	auras signalé	aurez signalé
signalera	signaleront	aura signalé	auront signalé

5 conditionnel

		12 conditionnel passé	
signalerais	signalerions	aurais signalé	aurions signalé
signaierais	signaleriez	aurais signalé	auriez signalé
signalerait	signaleraient	aurait signalé	auraient signalé

6 présent du subjonctif

		13 passé du subjonctif	
signale	signalions	aie signalé	ayons signalé
signales	signaliez	aies signalé	ayez signalé
signale	signalent	ait signalé	aient signalé

7 imparfait du subjonctif

		14 plus-que-parfait du subjonctif	
signalasse	signalassions	eusse signalé	eussions signalé
signalasses	signalassiez	eusses signalé	eussiez signalé
signalât	signalassent	eût signalé	eussent signalé

Impératif
signale
signalons
signalez

S

Words and expressions related to this verb

se signaler to distinguish oneself
un signal signal
le signal d'alarme alarm signal
les signaux de route road signs
signaliser to mark with signs
le signal de détresse distress signal
tirer le signal d'alarme to pull the alarm
les moyens de signalisation means of signaling

Syn.: **annoncer** to announce; **avertir de** to warn about (229); **désigner** to designate, to point out (441); **indiquer** to point out, to indicate; **montrer** to show, to point out
Ant.: **cacher** to hide; **ignorer** not to know (22)

The subject pronouns are found on page 103.

signer (441)

to sign

The Seven Simple Tenses		The Seven Compound Tenses	
Singular	Plural	Singular	Plural
1 présent de l'indicatif		**8 passé composé**	
signe	signons	ai signé	avons signé
signes	signez	as signé	avez signé
signe	signent	a signé	ont signé
2 imparfait de l'indicatif		**9 plus-que-parfait de l'indicatif**	
signais	signions	avais signé	avions signé
signais	signiez	avais signé	aviez signé
signait	signaient	avait signé	avaient signé
3 passé simple		**10 passé antérieur**	
signai	signâmes	eus signé	eûmes signé
signas	signâtes	eus signé	eûtes signé
signa	signèrent	eut signé	eurent signé
4 futur		**11 futur antérieur**	
signerai	signerons	aurai signé	aurons signé
signeras	signerez	auras signé	aurez signé
signera	signeront	aura signé	auront signé
5 conditionnel		**12 conditionnel passé**	
signerais	signerions	aurais signé	aurions signé
signerais	signeriez	aurais signé	auriez signé
signerait	signeraient	aurait signé	auraient signé
6 présent du subjonctif		**13 passé du subjonctif**	
signe	signions	aie signé	ayons signé
signes	signiez	aies signé	ayez signé
signe	signent	ait signé	aient signé
7 imparfait du subjonctif		**14 plus-que-parfait du subjonctif**	
signasse	signassions	eusse signé	eussions signé
signasses	signassiez	eusses signé	eussiez signé
signât	signassent	eût signé	eussent signé

Impératif
signe
signons
signez

Words and expressions related to this verb

se signer to cross oneself (to make the sign of the Cross)
un signe gesture, sign; **un signe de tête** nod
faire le signe de la Croix to make the sign of the Cross
la signature signature, signing
assigner to assign
consigner to deposit (money); to consign (merchandise)

la consignation consignment, deposit
le, la consignataire consignee
le, la signataire signer
les signes de vie signs of life
Veuillez signer le document ici. Please sign the document here.

Syn.: **approuver** to approve of; **certifier** to certify (212); **marquer de** to mark with (219)
Ant.: **désapprouver** to disapprove of (44)

songer (442)

Regular **-er** verb endings; spelling change: retain the
ge before **a** or **o** to keep the soft **g** sound of the verb

The Seven Simple Tenses		The Seven Compound Tenses	
Singular	Plural	Singular	Plural
1 présent de l'indicatif		**8 passé composé**	
songe	songeons	ai songé	avons songé
songes	songez	as songé	avez songé
songe	songent	a songé	ont songé
2 imparfait de l'indicatif		**9 plus-que-parfait de l'indicatif**	
songeais	songions	avais songé	avions songé
songeais	songiez	avais songé	aviez songé
songeait	songeaient	avait songé	avaient songé
3 passé simple		**10 passé antérieur**	
songeai	songeâmes	eus songé	eûmes songé
songeas	songeâtes	eus songé	eûtes songé
songea	songèrent	eut songé	eurent songé
4 futur		**11 futur antérieur**	
songerai	songerons	aurai songé	aurons songé
songeras	songerez	auras songé	aurez songé
songera	songeront	aura songé	auront songé
5 conditionnel		**12 conditionnel passé**	
songerais	songerions	aurais songé	aurions songé
songerais	songeriez	aurais songé	auriez songé
songerait	songeraient	aurait songé	auraient songé
6 présent du subjonctif		**13 passé du subjonctif**	
songe	songions	aie songé	ayons songé
songes	songiez	aies songé	ayez songé
songe	songent	ait songé	aient songé
7 imparfait du subjonctif		**14 plus-que-parfait du subjonctif**	
songeasse	songeassions	eusse songé	eussions songé
songeasses	songeassiez	eusses songé	eussiez songé
songeât	songeassent	eût songé	eussent songé

Impératif
songe
songeons
songez

S

Words and expressions related to this verb

un songe dream
un songeur, une songeuse dreamer
songer à l'avenir to think of the future
faire un songe to have a dream
songer à to think of something, to give thought
to something
Songez-y bien! Think it over carefully!

songer à faire qqch to contemplate doing
something

> Syn.: **envisager** to envisage, to contemplate
> (305); **imaginer** to imagine (329); **penser** to
> think; **rêver** to dream
> Ant.: **réaliser** to carry out, to realize (486)

The subject pronouns are found on page 103.

sonner (443)

to ring

Part. pr. **sonnant**   Part. passé **sonné**

Regular **-er** verb

The Seven Simple Tenses		The Seven Compound Tenses	
Singular	Plural	Singular	Plural
1 présent de l'indicatif		**8 passé composé**	
sonne	sonnons	ai sonné	avons sonné
sonnes	sonnez	as sonné	avez sonné
sonne	sonnent	a sonné	ont sonné
2 imparfait de l'indicatif		**9 plus-que-parfait de l'indicatif**	
sonnais	sonnions	avais sonné	avions sonné
sonnais	sonniez	avais sonné	aviez sonné
sonnait	sonnaient	avait sonné	avaient sonné
3 passé simple		**10 passé antérieur**	
sonnai	sonnâmes	eus sonné	eûmes sonné
sonnas	sonnâtes	eus sonné	eûtes sonné
sonna	sonnèrent	eut sonné	eurent sonné
4 futur		**11 futur antérieur**	
sonnerai	sonnerons	aurai sonné	aurons sonné
sonneras	sonnerez	auras sonné	aurez sonné
sonnera	sonneront	aura sonné	auront sonné
5 conditionnel		**12 conditionnel passé**	
sonnerais	sonnerions	aurais sonné	aurions sonné
sonnerais	sonneriez	aurais sonné	auriez sonné
sonnerait	sonneraient	aurait sonné	auraient sonné
6 présent du subjonctif		**13 passé du subjonctif**	
sonne	sonnions	aie sonné	ayons sonné
sonnes	sonniez	aies sonné	ayez sonné
sonne	sonnent	ait sonné	aient sonné
7 imparfait du subjonctif		**14 plus-que-parfait du subjonctif**	
sonnasse	sonnassions	eusse sonné	eussions sonné
sonnasses	sonnassiez	eusses sonné	eussiez sonné
sonnât	sonnassent	eût sonné	eussent sonné

Impératif
sonne
sonnons
sonnez

Words and expressions related to this verb

une sonnerie ringing, chiming
une sonnette house bell, doorbell
une sonnette électrique electric bell
le son sound, ringing
une sonnette de nuit night bell
sonner creux to sound hollow
une sonnette d'alarme alarm bell
faire sonner un mot to emphasize a word

une clochette hand bell
la sonnerie du téléphone the ringing of the telephone
sonner le glas de qqch to sound the death knell of something

Syn.: **annoncer** to announce; **résonner** to resonate, to resound (443); **retentir** to ring (66); **tinter** to ring (464)

Irregular verb

to go out, to leave, to publish

The Seven Simple Tenses		The Seven Compound Tenses	
Singular	Plural	Singular	Plural

1 présent de l'indicatif		8 passé composé	
sors	**sortons**	**suis sorti(e)**	**sommes sorti(e)s**
sors	**sortez**	**es sorti(e)**	**êtes sorti(e)(s)**
sort	**sortent**	**est sorti(e)**	**sont sorti(e)s**

2 imparfait de l'indicatif		9 plus-que-parfait de l'indicatif	
sortais	**sortions**	**étais sorti(e)**	**étions sorti(e)s**
sortais	**sortiez**	**étais sorti(e)**	**étiez sorti(e)(s)**
sortait	**sortaient**	**était sorti(e)**	**étaient sorti(e)s**

3 passé simple		10 passé antérieur	
sortis	**sortîmes**	**fus sorti(e)**	**fûmes sorti(e)s**
sortis	**sortîtes**	**fus sorti(e)**	**fûtes sorti(e)(s)**
sortit	**sortirent**	**fut sorti(e)**	**furent sorti(e)s**

4 futur		11 futur antérieur	
sortirai	**sortirons**	**serai sorti(e)**	**serons sorti(e)s**
sortiras	**sortirez**	**seras sorti(e)**	**serez sorti(e)(s)**
sortira	**sortiront**	**sera sorti(e)**	**seront sorti(e)s**

5 conditionnel		12 conditionnel passé	
sortirais	**sortirions**	**serais sorti(e)**	**serions sorti(e)s**
sortirais	**sortiriez**	**serais sorti(e)**	**seriez sorti(e)(s)**
sortirait	**sortiraient**	**serait sorti(e)**	**seraient sorti(e)s**

6 présent du subjonctif		13 passé du subjonctif	
sorte	**sortions**	**sois sorti(e)**	**soyons sorti(e)s**
sortes	**sortiez**	**sois sorti(e)**	**soyez sorti(e)(s)**
sorte	**sortent**	**soit sorti(e)**	**soient sorti(e)s**

7 imparfait du subjonctif		14 plus-que-parfait du subjonctif	
sortisse	**sortissions**	**fusse sorti(e)**	**fussions sorti(e)s**
sortisses	**sortissiez**	**fusses sorti(e)**	**fussiez sorti(e)(s)**
sortît	**sortissent**	**fût sorti(e)**	**fussent sorti(e)s**

Impératif
sors
sortons
sortez

S

AN ESSENTIAL
55 VERB

The subject pronouns are found on page 103.

Sortir is useful in many everyday situations and idiomatic expressions. Although sortir is an irregular verb, many verbs are conjugated like it.

> This verb is conjugated with **avoir** when it has a direct object. Review page 6.
>
> Example: **Elle a sorti son mouchoir.** She took out her handkerchief.
> BUT: **Elle est sortie hier soir.** She went out last night.

Sentences using sortir

Le cambrioleur est entré par la fenêtre, mais il est sorti par la porte. The burglar came in through the window, but he left through the door.

René et Nathalie sortent ensemble depuis longtemps. René and Nathalie have been going out for a long time.

Le magicien a sorti un lapin de son chapeau haut-de-forme. The magician took a rabbit out of his top hat.

If you can conjugate **sortir** you can also conjugate the following verbs:

démentir **to contradict**

partir **to leave**

ressortir **to go out again (Note: Ressortir à means "to pertain to." In this usage ressortir is conjugated like a regular -ir verb.)**

Syn.: **se dégager de** to emanate from, to get free from (145) (aux. **être**); **évacuer** to evacuate (114); **extraire** to extract (474); **partir** to leave, to depart; **publier** to publish (212); **tirer** to draw out, to pull
Ant.: **entrer** to enter; **introduire** to introduce, to show in; **rentrer** to return

Words and expressions related to this verb

une sortie **exit**

une sortie de secours **emergency exit**

sortir du lit **to get out of bed**

se sortir d'une situation **to get oneself out of a situation**

sortir d'une bonne famille **to come from a good family**

> **Careful!** Assortir (to match) looks like it should be conjugated like sortir, but it is a regular -ir verb.

Proverb

La faim fait sortir le loup du bois. **Hunger makes the wolf leave the woods.**

> Can't remember the French verb you need? Check the back pages of this book for the English-French verb index!

Regular **-er** verb   to blow, to pant, to prompt (an actor/actress with a cue)

The Seven Simple Tenses		The Seven Compound Tenses	
Singular	Plural	Singular	Plural

1 présent de l'indicatif		8 passé composé	
souffle	soufflons	ai soufflé	avons soufflé
souffles	soufflez	as soufflé	avez soufflé
souffle	soufflent	a soufflé	ont soufflé

2 imparfait de l'indicatif		9 plus-que-parfait de l'indicatif	
soufflais	soufflions	avais soufflé	avions soufflé
soufflais	souffliez	avais soufflé	aviez soufflé
soufflait	soufflaient	avait soufflé	avaient soufflé

3 passé simple		10 passé antérieur	
soufflai	soufflâmes	eus soufflé	eûmes soufflé
soufflas	soufflâtes	eus soufflé	eûtes soufflé
souffla	soufflèrent	eut soufflé	eurent soufflé

4 futur		11 futur antérieur	
soufflerai	soufflerons	aurai soufflé	aurons soufflé
souffleras	soufflerez	auras soufflé	aurez soufflé
soufflera	souffleront	aura soufflé	auront soufflé

5 conditionnel		12 conditionnel passé	
soufflerais	soufflerions	aurais soufflé	aurions soufflé
soufflerais	souffleriez	aurais soufflé	auriez soufflé
soufflerait	souffleraient	aurait soufflé	auraient soufflé

6 présent du subjonctif		13 passé du subjonctif	
souffle	soufflions	aie soufflé	ayons soufflé
souffles	souffliez	aies soufflé	ayez soufflé
souffle	soufflent	ait soufflé	aient soufflé

7 imparfait du subjonctif		14 plus-que-parfait du subjonctif	
soufflasse	soufflassions	eusse soufflé	eussions soufflé
soufflasses	soufflassiez	eusses soufflé	eussiez soufflé
soufflât	soufflassent	eût soufflé	eussent soufflé

S

Impératif
souffle
soufflons
soufflez

Words and expressions related to this verb

le souffle breath, breathing
à bout de souffle out of breath
retenir son souffle to hold one's breath
couper le souffle à qqn to take someone's
    breath away
un soufflé au fromage cheese soufflé
souffler le verre to blow glass

le souffle cardiaque heart murmur
une souffleuse snowblower

Syn.: **exhaler** to exhale (498); **expirer** to
exhale (466); **gonfler** to inflate (445); **haleter**
to pant, to gasp (17) (aspirate *h*; no liaison)
Ant.: **aspirer** to inhale (21)

The subject pronouns are found on page 103.   **599**

souffrir (446)

to suffer, to endure

Part. pr **souffrant**   Part. passé **souffert**

Irregular verb

The Seven Simple Tenses		The Seven Compound Tenses	
Singular	Plural	Singular	Plural

1 présent de l'indicatif		8 passé composé	
souffre	**souffrons**	**ai souffert**	**avons souffert**
souffres	**souffrez**	**as souffert**	**avez souffert**
souffre	**souffrent**	**a souffert**	**ont souffert**

2 imparfait de l'indicatif		9 plus-que-parfait de l'indicatif	
souffrais	**souffrions**	**avais souffert**	**avions souffert**
souffrais	**souffriez**	**avais souffert**	**aviez souffert**
souffrait	**souffraient**	**avait souffert**	**avaient souffert**

3 passé simple		10 passé antérieur	
souffris	**souffrîmes**	**eus souffert**	**eûmes souffert**
souffris	**souffrîtes**	**eus souffert**	**eûtes souffert**
souffrit	**souffrirent**	**eut souffert**	**eurent souffert**

4 futur		11 futur antérieur	
souffrirai	**souffrirons**	**aurai souffert**	**aurons souffert**
souffriras	**souffrirez**	**auras souffert**	**aurez souffert**
souffrira	**souffriront**	**aura souffert**	**auront souffert**

5 conditionnel		12 conditionnel passé	
souffrirais	**souffririons**	**aurais souffert**	**aurions souffert**
souffrirais	**souffririez**	**aurais souffert**	**auriez souffert**
souffrirait	**souffriraient**	**aurait souffert**	**auraient souffert**

6 présent du subjonctif		13 passé du subjonctif	
souffre	**souffrions**	**aie souffert**	**ayons souffert**
souffres	**souffriez**	**aies souffert**	**ayez souffert**
souffre	**souffrent**	**ait souffert**	**aient souffert**

7 imparfait du subjonctif		14 plus-que-parfait du subjonctif	
souffrisse	**souffrissions**	**eusse souffert**	**eussions souffert**
souffrisses	**souffrissiez**	**eusses souffert**	**eussiez souffert**
souffrît	**souffrissent**	**eût souffert**	**eussent souffert**

Impératif
souffre
souffrons
souffrez

Words and expressions related to this verb

la souffrance suffering
souffrant, souffrante ailing, sick
souffreteux, souffreteuse sickly, feeble
souffrir le froid to endure the cold
souffrir du froid to suffer from the cold
Cela me fait souffrir. That hurts me.

Syn.: **endurer** to endure (54); **languir** to languish (229); **subir** to undergo, to suffer (95); **supporter** to endure, to tolerate
Ant.: **bénéficier de** to profit from/by (389)

600

The Seven Simple Tenses		The Seven Compound Tenses	
Singular	Plural	Singular	Plural
1 présent de l'indicatif		**8 passé composé**	
souhaite	souhaitons	ai souhaité	avons souhaité
souhaites	souhaitez	as souhaité	avez souhaité
souhaite	souhaitent	a souhaité	ont souhaité
2 imparfait de l'indicatif		**9 plus-que-parfait de l'indicatif**	
souhaitais	souhaitions	avais souhaité	avions souhaité
souhaitais	souhaitiez	avais souhaité	aviez souhaité
souhaitait	souhaitaient	avait souhaité	avaient souhaité
3 passé simple		**10 passé antérieur**	
souhaitai	souhaitâmes	eus souhaité	eûmes souhaité
souhaitas	souhaitâtes	eus souhaité	eûtes souhaité
souhaita	souhaitèrent	eut souhaité	eurent souhaité
4 futur		**11 futur antérieur**	
souhaiterai	souhaiterons	aurai souhaité	aurons souhaité
souhaiteras	souhaiterez	auras souhaité	aurez souhaité
souhaitera	souhaiteront	aura souhaité	auront souhaité
5 conditionnel		**12 conditionnel passé**	
souhaiterais	souhaiterions	aurais souhaité	aurions souhaité
souhaiterais	souhaiteriez	aurais souhaité	auriez souhaité
souhaiterait	souhaiteraient	aurait souhaité	auraient souhaité
6 présent du subjonctif		**13 passé du subjonctif**	
souhaite	souhaitions	aie souhaité	ayons souhaité
souhaites	souhaitiez	aies souhaité	ayez souhaité
souhaite	souhaitent	ait souhaité	aient souhaité
7 imparfait du subjonctif		**14 plus-que-parfait du subjonctif**	
souhaitasse	souhaitassions	eusse souhaité	eussions souhaité
souhaitasses	souhaitassiez	eusses souhaité	eussiez souhaité
souhaitât	souhaitassent	eût souhaité	eussent souhaité

S

Impératif
souhaite
souhaitons
souhaitez

Words and expressions related to this verb

un souhait a wish
à souhait to one's liking
souhaits de bonne année New Year's greetings
souhaiter bon voyage à qqn to wish someone
   a good trip
souhaiter la bienvenue à qqn to welcome
   someone

souhaiter le bonjour à qqn to greet someone
souhaitable desirable

Syn.: **avoir envie de** to have a desire to, to
feel like (conjugate **avoir**); **convoiter** to covet
(447); **désirer** to desire; **vouloir** to want
Ant.: **craindre** to fear; **regretter** to regret

The subject pronouns are found on page 103.
                                                                                                        601

to dirty, to muddy, to soil

Regular **-er** verb

The Seven Simple Tenses		The Seven Compound Tenses	
Singular	Plural	Singular	Plural
1 présent de l'indicatif		**8 passé composé**	
souille	souillons	ai souillé	avons souillé
souilles	souillez	as souillé	avez souillé
souille	souillent	a souillé	ont souillé
2 imparfait de l'indicatif		**9 plus-que-parfait de l'indicatif**	
souillais	souillions	avais souillé	avions souillé
souillais	souilliez	avais souillé	aviez souillé
souillait	souillaient	avait souillé	avaient souillé
3 passé simple		**10 passé antérieur**	
souillai	souillâmes	eus souillé	eûmes souillé
souillas	souillâtes	eus souillé	eûtes souillé
souilla	souillèrent	eut souillé	eurent souillé
4 futur		**11 futur antérieur**	
souillerai	souillerons	aurai souillé	aurons souillé
souilleras	souillerez	auras souillé	aurez souillé
souillera	souilleront	aura souillé	auront souillé
5 conditionnel		**12 conditionnel passé**	
souillerais	souillerions	aurais souillé	aurions souillé
souillerais	souilleriez	aurais souillé	auriez souillé
souillerait	souilleraient	aurait souillé	auraient souillé
6 présent du subjonctif		**13 passé du subjonctif**	
souille	souillions	aie souillé	ayons souillé
souilles	souilliez	aies souillé	ayez souillé
souille	souillent	ait souillé	aient souillé
7 imparfait du subjonctif		**14 plus-que-parfait du subjonctif**	
souillasse	souillassions	eusse souillé	eussions souillé
souillasses	souillassiez	eusses souillé	eussiez souillé
souillât	souillassent	eût souillé	eussent souillé

Impératif
souille
souillons
souillez

Sentences using this verb and words related to it

Antoine avait les chaussures souillées quand il est entré dans la maison. Anthony had dirty shoes when he entered the house.

Ses parents n'étaient pas contents parce qu'il avait souillé la moquette. His parents weren't happy because he had soiled the carpet.

souillé, souillée dirty, soiled
un, une souillon filthy slob
une souillure spot, stain

Syn.: **contaminer** to contaminate (329); **éclabousser** to splash (79); **maculer** to stain, to spatter (81); **profaner** to profane (27); **salir** to soil, to dirty; **tacher** to stain (82)
Ant.: **désinfecter** to disinfect (160); **laver** to wash; **nettoyer** to clean; **purifier** to purify (212)

The Seven Simple Tenses		The Seven Compound Tenses	
Singular	Plural	Singular	Plural

1 présent de l'indicatif

soumets	soumettons		
soumets	soumettez		
soumet	soumettent		

8 passé composé

ai soumis	avons soumis
as soumis	avez soumis
a soumis	ont soumis

2 imparfait de l'indicatif

soumettais	soumettions
soumettais	soumettiez
soumettait	soumettaient

9 plus-que-parfait de l'indicatif

avais soumis	avions soumis
avais soumis	aviez soumis
avait soumis	avaient soumis

3 passé simple

soumis	soumîmes
soumis	soumîtes
soumit	soumirent

10 passé antérieur

eus soumis	eûmes soumis
eus soumis	eûtes soumis
eut soumis	eurent soumis

4 futur

soumettrai	soumettrons
soumettras	soumettrez
soumettra	soumettront

11 futur antérieur

aurai soumis	aurons soumis
auras soumis	aurez soumis
aura soumis	auront soumis

5 conditionnel

soumettrais	soumettrions
soumettrais	soumettriez
soumettrait	soumettraient

12 conditionnel passé

aurais soumis	aurions soumis
aurais soumis	auriez soumis
aurait soumis	auraient soumis

6 présent du subjonctif

soumette	soumettions
soumettes	soumettiez
soumette	soumettent

13 passé du subjonctif

aie soumis	ayons soumis
aies soumis	ayez soumis
ait soumis	aient soumis

7 imparfait du subjonctif

soumisse	soumissions
soumisses	soumissiez
soumît	soumissent

14 plus-que-parfait du subjonctif

eusse soumis	eussions soumis
eusses soumis	eussiez soumis
eût soumis	eussent soumis

S

Impératif
soumets
soumettons
soumettez

Words and expressions related to this verb
se **soumettre** à to give in to, to comply with
se **soumettre** à une décision to comply with a
    decision
la **soumission** submission

See also **commettre, mettre, se mettre,
permettre, promettre, remettre,** and
transmettre.

Syn.: **dominer** to control, to dominate (329);
proposer to propose (350); **subjuguer** to
subjugate (307)
Ant.: **affranchir** to set free (72); **émanciper**
to emancipate, to liberate (251)

The Seven Simple Tenses		The Seven Compound Tenses	
Singular	Plural	Singular	Plural

1 présent de l'indicatif

souris	sourions		
souris	souriez		
sourit	sourient		

8 passé composé

ai souri	avons souri
as souri	avez souri
a souri	ont souri

2 imparfait de l'indicatif

souriais	souriions
souriais	souriiez
souriait	souriaient

9 plus-que-parfait de l'indicatif

avais souri	avions souri
avais souri	aviez souri
avait souri	avaient souri

3 passé simple

souris	sourîmes
souris	sourîtes
sourit	sourirent

10 passé antérieur

eus souri	eûmes souri
eus souri	eûtes souri
eut souri	eurent souri

4 futur

sourirai	sourirons
souriras	sourirez
sourira	souriront

11 futur antérieur

aurai souri	aurons souri
auras souri	aurez souri
aura souri	auront souri

5 conditionnel

sourirais	souririons
sourirais	souririez
sourirait	souriraient

12 conditionnel passé

aurais souri	aurions souri
aurais souri	auriez souri
aurait souri	auraient souri

6 présent du subjonctif

sourie	souriions
souries	souriiez
sourie	sourient

13 passé du subjonctif

aie souri	ayons souri
aies souri	ayez souri
ait souri	aient souri

7 imparfait du subjonctif

sourisse	sourissions
sourisses	sourissiez
sourît	sourissent

14 plus-que-parfait du subjonctif

eusse souri	eussions souri
eusses souri	eussiez souri
eût souri	eussent souri

Impératif
souris
sourions
souriez

Words and expressions related to this verb

un sourire a smile
Gardez le sourire! Keep smiling!
un large sourire a broad smile
le rire laughter
sourire à to favor, to be favorable to, to smile on; **Claudine est heureuse; la vie lui sourit.**
faire un sourire à qqn to give someone a smile

Souris à la vie, et la vie te sourira. Smile at life and life will smile at you.

See also **rire**.

Syn.: **s'amuser** to have a good time; **plaisanter** to joke; **rire** to laugh
Ant.: **pleurer** to cry

to remember, to recall

The Seven Simple Tenses		The Seven Compound Tenses	
Singular	Plural	Singular	Plural
1 présent de l'indicatif		**8 passé composé**	
me souviens	nous souvenons	me suis souvenu(e)	nous sommes souvenu(e)s
te souviens	vous souvenez	t'es souvenu(e)	vous êtes souvenu(e)(s)
se souvient	se souviennent	s'est souvenu(e)	se sont souvenu(e)s
2 imparfait de l'indicatif		**9 plus-que-parfait de l'indicatif**	
me souvenais	nous souvenions	m'étais souvenu(e)	nous étions souvenu(e)s
te souvenais	vous souveniez	t'étais souvenu(e)	vous étiez souvenu(e)(s)
se souvenait	se souvenaient	s'était souvenu(e)	s'étaient souvenu(e)s
3 passé simple		**10 passé antérieur**	
me souvins	nous souvînmes	me fus souvenu(e)	nous fûmes souvenu(e)s
te souvins	vous souvîntes	te fus souvenu(e)	vous fûtes souvenu(e)(s)
se souvint	se souvinrent	se fut souvenu(e)	se furent souvenu(e)s
4 futur		**11 futur antérieur**	
me souviendrai	nous souviendrons	me serai souvenu(e)	nous serons souvenu(e)s
te souviendras	vous souviendrez	te seras souvenu(e)	vous serez souvenu(e)(s)
se souviendra	se souviendront	se sera souvenu(e)	se seront souvenu(e)s
5 conditionnel		**12 conditionnel passé**	
me souviendrais	nous souviendrions	me serais souvenu(e)	nous serions souvenu(e)s
te souviendrais	vous souviendriez	te serais souvenu(e)	vous seriez souvenu(e)(s)
se souviendrait	se souviendraient	se serait souvenu(e)	se seraient souvenu(e)s
6 présent du subjonctif		**13 passé du subjonctif**	
me souvienne	nous souvenions	me sois souvenu(e)	nous soyons souvenu(e)s
te souviennes	vous souveniez	te sois souvenu(e)	vous soyez souvenu(e)(s)
se souvienne	se souviennent	se soit souvenu(e)	se soient souvenu(e)s
7 imparfait du subjonctif		**14 plus-que-parfait du subjonctif**	
me souvinsse	nous souvinssions	me fusse souvenu(e)	nous fussions souvenu(e)s
te souvinsses	vous souvinssiez	te fusses souvenu(e)	vous fussiez souvenu(e)(s)
se souvînt	se souvinssent	se fût souvenu(e)	se fussent souvenu(e)s

Impératif
souviens-toi; ne te souviens pas
souvenons-nous; ne nous souvenons pas
souvenez-vous; ne vous souvenez pas

Words and expressions related to this verb

un souvenir souvenir, remembrance
Je m'en souviendrai! I'll remember that!
I won't forget that!
se souvenir de qqn ou de qqch to remember
someone or something
conserver le souvenir de qqch to retain the
memory of something
raconter des souvenirs d'enfance to recount
memories of one's childhood

les souvenirs memoirs
en souvenir de in remembrance of
Je me souviens. I remember. (Motto of the
Province of Québec, Canada)

See also **convenir, devenir, prévenir, revenir,**
and **venir.**

Syn.: **se rappeler** to remember, to recall;
retenir to remember, to retain
Ant.: **omettre** to omit; **oublier** to forget

The subject pronouns are found on page 103.

to suck

Regular **-er** verb endings; spelling change:
c changes to **ç** before **a** or **o** to keep **s** sound

The Seven Simple Tenses		The Seven Compound Tenses	
Singular	Plural	Singular	Plural
1 présent de l'indicatif		**8 passé composé**	
suce	suçons	ai sucé	avons sucé
suces	sucez	as sucé	avez sucé
suce	sucent	a sucé	ont sucé
2 imparfait de l'indicatif		**9 plus-que-parfait de l'indicatif**	
suçais	sucions	avais sucé	avions sucé
suçais	suciez	avais sucé	aviez sucé
suçait	suçaient	avait sucé	avaient sucé
3 passé simple		**10 passé antérieur**	
suçai	suçâmes	eus sucé	eûmes sucé
suças	suçâtes	eus sucé	eûtes sucé
suça	sucèrent	eut sucé	eurent sucé
4 futur		**11 futur antérieur**	
sucerai	sucerons	aurai sucé	aurons sucé
suceras	sucerez	auras sucé	aurez sucé
sucera	suceront	aura sucé	auront sucé
5 conditionnel		**12 conditionnel passé**	
sucerais	sucerions	aurais sucé	aurions sucé
sucerais	suceriez	aurais sucé	auriez sucé
sucerait	suceraient	aurait sucé	auraient sucé
6 présent du subjonctif		**13 passé du subjonctif**	
suce	sucions	aie sucé	ayons sucé
suces	suciez	aies sucé	ayez sucé
suce	sucent	ait sucé	aient sucé
7 imparfait du subjonctif		**14 plus-que-parfait du subjonctif**	
suçasse	suçassions	eusse sucé	eussions sucé
suçasses	suçassiez	eusses sucé	eussiez sucé
suçât	suçassent	eût sucé	eussent sucé

Impératif
suce
suçons
sucez

Words and expressions related to this verb

une sucette lollipop; **une sucette de bébé** teething ring
sucer le jus d'une orange to suck the juice of an orange
un suceur, une suceuse sucker; **suceur de sang** bloodsucker

suçoter to suck away on a candy; **toujours à sucer des bonbons** always sucking candies
un suçon hickey

Syn.: **extraire** to extract (474); **suçoter** to suck (96); **téter** to nurse a baby (87)

The Seven Simple Tenses		The Seven Compound Tenses	
Singular	Plural	Singular	Plural
1 présent de l'indicatif		**8 passé composé**	
suis	suivons	ai suivi	avons suivi
suis	suivez	as suivi	avez suivi
suit	suivent	a suivi	ont suivi
2 imparfait de l'indicatif		**9 plus-que-parfait de l'indicatif**	
suivais	suivions	avais suivi	avions suivi
suivais	suiviez	avais suivi	aviez suivi
suivait	suivaient	avait suivi	avaient suivi
3 passé simple		**10 passe antérieur**	
suivis	suivîmes	eus suivi	eûmes suivi
suivis	suivîtes	eus suivi	eûtes suivi
suivit	suivirent	eut suivi	eurent suivi
4 futur		**11 futur antérieur**	
suivrai	suivrons	aurai suivi	aurons suivi
suivras	suivrez	auras suivi	aurez suivi
suivra	suivront	aura suivi	auront suivi
5 conditionnel		**12 conditionnel passé**	
suivrais	suivrions	aurais suivi	aurions suivi
suivrais	suivriez	aurais suivi	auriez suivi
suivrait	suivraient	aurait suivi	auraient suivi
6 présent du subjonctif		**13 passé du subjonctif**	
suive	suivions	aie suivi	ayons suivi
suives	suiviez	aies suivi	ayez suivi
suive	suivent	ait suivi	aient suivi
7 imparfait du subjonctif		**14 plus-que-parfait du subjonctif**	
suivisse	suivissions	eusse suivi	eussions suivi
suivisses	suivissiez	eusses suivi	eussiez suivi
suivît	suivissent	eût suivi	eussent suivi

Impératif
suis
suivons
suivez

S

Words and expressions related to this verb

suivant according to
suivant que . . . according as . . .
la suite continuation
à la suite de coming after
de suite in succession, right away
à suivre to be continued
Je vais suivre un cours de français cet été.
   I'm going to take a course in French this
   summer.
Pourquoi me suivez-vous? Why are you
   following me?

le jour suivant on the following day
les questions suivantes the following questions
tout de suite immediately
suivre un cours to take a course
suivre un régime to be on a diet

See also **poursuivre**.

Syn.: **se conformer à** to conform to (122,
227); **filer** to tail (27); **parcourir** to travel
through (125); **poursuivre** to pursue
Ant.: **devancer** to precede (61); **fuir** to flee;
précéder to precede (87)

The subject pronouns are found on page 103.

supplier (454)

Part. pr. suppliant **Part. passé supplié**

to beg, to beseech, to implore, to supplicate

The Seven Simple Tenses		The Seven Compound Tenses	
Singular	Plural	Singular	Plural

1 présent de l'indicatif

		8 passé composé	
supplie	supplions	ai supplié	avons supplié
supplies	suppliez	as supplié	avez supplié
supplie	supplient	a supplié	ont supplié

2 imparfait de l'indicatif

		9 plus-que-parfait de l'indicatif	
suppliais	suppliions	avais supplié	avions supplié
suppliais	suppliiez	avais supplié	aviez supplié
suppliait	suppliaient	avait supplié	avaient supplié

3 passé simple

		10 passé antérieur	
suppliai	suppliâmes	eus supplié	eûmes supplié
supplias	suppliâtes	eus supplié	eûtes supplié
supplia	supplièrent	eut supplié	eurent supplié

4 futur

		11 futur antérieur	
supplierai	supplierons	aurai supplié	aurons supplié
supplieras	supplierez	auras supplié	aurez supplié
suppliera	supplieront	aura supplié	auront supplié

5 conditionnel

		12 conditionnel passé	
supplierais	supplierions	aurais supplié	aurions supplié
supplierais	supplieriez	aurais supplié	auriez supplié
supplierait	supplieraient	aurait supplié	auraient supplié

6 présent du subjonctif

		13 passé du subjonctif	
supplie	suppliions	aie supplié	ayons supplié
supplies	suppliiez	aies supplié	ayez supplié
supplie	supplient	ait supplié	aient supplié

7 imparfait du subjonctif

		14 plus-que-parfait du subjonctif	
suppliasse	suppliassions	eusse supplié	eussions supplié
suppliasses	suppliassiez	eusses supplié	eussiez supplié
suppliât	suppliassent	eût supplié	eussent supplié

Impératif
supplie
supplions
suppliez

Words and expressions related to this verb

une supplique request, petition
suppliant, suppliante imploring, supplicating
supplicier to torture
un supplice torture
une supplication supplication, plea
supplier qqn à genoux to beg someone on
  hands and knees

Syn.: **demander** to request, to ask for;
implorer to implore (22); **prier** to beg, to
request
Ant.: **ordonner** to order (171)

Regular **-er** verb   to hold up, to prop up, to support, to endure, to tolerate

The Seven Simple Tenses		The Seven Compound Tenses	
Singular	Plural	Singular	Plural

1 présent de l'indicatif

		8 passé composé	
supporte	supportons	ai supporté	avons supporté
supportes	supportez	as supporté	avez supporté
supporte	supportent	a supporté	ont supporté

2 imparfait de l'indicatif   **9 plus-que-parfait de l'indicatif**

supportais	supportions	avais supporté	avions supporté
supportais	supportiez	avais supporté	aviez supporté
supportait	supportaient	avait supporté	avaient supporté

3 passé simple   **10 passé antérieur**

supportai	supportâmes	eus supporté	eûmes supporté
supportas	supportâtes	eus supporté	eûtes supporté
supporta	supportèrent	eut supporté	eurent supporté

4 futur   **11 futur antérieur**

supporterai	supporterons	aurai supporté	aurons supporté
supporteras	supporterez	auras supporté	aurez supporté
supportera	supporteront	aura supporté	auront supporté

5 conditionnel   **12 conditionnel passé**

supporterais	supporterions	aurais supporté	aurions supporté
supporterais	supporteriez	aurais supporté	auriez supporté
supporterait	supporteraient	aurait supporté	auraient supporté

6 présent du subjonctif   **13 passé du subjonctif**

supporte	supportions	aie supporté	ayons supporté
supportes	supportiez	aies supporté	ayez supporté
supporte	supportent	ait supporté	aient supporté

7 imparfait du subjonctif   **14 plus-que-parfait du subjonctif**

supportasse	supportassions	eusse supporté	eussions supporté
supportasses	supportassiez	eusses supporté	eussiez supporté
supportât	supportassent	eût supporté	eussent supporté

Impératif
supporte
supportons
supportez

Words and expressions related to this verb

supportable endurable, bearable, supportable
porter to carry
insupportable unbearable, insufferable
un support support, prop
un support-chaussette elastic band support
(for socks) (**des supports-chaussettes**)

See also **apporter** and **porter.**

Syn.: **appuyer** to support (192); **endurer** to
endure (54); **éprouver** to experience; **souffrir**
to suffer, to endure; **soutenir** to support
(463); **tolérer** to tolerate (356)
Ant.: **céder** to yield; **succomber** to succumb
(240)

The subject pronouns are found on page 103.   **609**

surprendre (456)

to surprise

Part. pr. surprenant   **Part. passé surpris**

Irregular verb

The Seven Simple Tenses		The Seven Compound Tenses	
Singular	Plural	Singular	Plural

1 présent de l'indicatif

surprends	surprenons	
surprends	surprenez	
surprend	surprennent	

8 passé composé

ai surpris	avons surpris
as surpris	avez surpris
a surpris	ont surpris

2 imparfait de l'indicatif

surprenais	surprenions
surprenais	surpreniez
surprenait	surprenaient

9 plus-que-parfait de l'indicatif

avais surpris	avions surpris
avais surpris	aviez surpris
avait surpris	avaient surpris

3 passé simple

surpris	surprîmes
surpris	surprîtes
surprit	surprirent

10 passé antérieur

eus surpris	eûmes surpris
eus surpris	eûtes surpris
eut surpris	eurent surpris

4 futur

surprendrai	surprendrons
surprendras	surprendrez
surprendra	surprendront

11 futur antérieur

aurai surpris	aurons surpris
auras surpris	aurez surpris
aura surpris	auront surpris

5 conditionnel

surprendrais	surprendrions
surprendrais	surprendriez
surprendrait	surprendraient

12 conditionnel passé

aurais surpris	aurions aurpris
aurais surpris	auriez surpris
aurait surpris	auraient surpris

6 présent du subjonctif

surprenne	surprenions
surprennes	surpreniez
surprenne	surprennent

13 passé du subjonctif

aie surpris	ayons surpris
aies surpirs	ayez surpris
ait surpris	aient surpris

7 imparfait du subjonctif

surprisse	surprissions
surprisses	surprissiez
surprît	surprissent

14 plus-que-parfait du subjonctif

eusse surpris	eussions surpris
eusses surpris	eussiez surpris
eût surpris	eussent surpris

Impératif
surprends
surprenons
surprenez

Words and expressions related to this verb

surprendre qqn chez soi to surprise someone at home
une surprise surprise
surprenant, surprenante surprising
une boîte à surprise jack-in-the-box
surpris par qqn surprised by someone
surpris par qqch surprised by something
par surprise by surprise
à ma grande surprise to my great surprise

une surprise partie (une surprise-party) urprise party; **des surprises-parties**

See also **apprendre, comprendre, entreprendre, se méprendre, prendre,** and **reprendre.**

Syn.: **étonner** to surprise, to astonish; **prendre par surprise** to take by surprise (conjugate **prendre**)
Ant.: **avertir de** to warn about (229); **aviser** to notify (32); **prévenir** to warn

The Seven Simple Tenses		The Seven Compound Tenses	
Singular	Plural	Singular	Plural
1 présent de l'indicatif		**8 passé composé**	
survis	survivons	ai survécu	avons survécu
survis	survivez	as survécu	avez survécu
survit	survivent	a survécu	ont survécu
2 imparfait de l'indicatif		**9 plus-que-parfait de l'indicatif**	
survivais	survivions	avais survécu	avions survécu
survivais	surviviez	avais survécu	aviez survécu
survivait	survivaient	avait survécu	avaient survécu
3 passé simple		**10 passé antérieur**	
survécus	survécûmes	eus survécu	eûmes survécu
survécus	survécûtes	eus survécu	eûtes survécu
survécut	survécurent	eut survécu	eurent survécu
4 futur		**11 futur antérieur**	
survivrai	survivrons	aurai survécu	aurons survécu
survivras	survivrez	auras survécu	aurez survécu
survivra	survivront	aura survécu	auront survécu
5 conditionnel		**12 conditionnel passé**	
survivrais	survivrions	aurais survécu	aurions survécu
survivrais	survivriez	aurais survécu	auriez survécu
survivrait	survivraient	aurait survécu	auraient survécu
6 présent du subjonctif		**13 passé du subjonctif**	
survive	survivions	aie survécu	ayons survécu
survives	surviviez	aies survécu	ayez survécu
survive	survivent	ait survécu	aient survécu
7 imparfait du subjonctif		**14 plus-que-parfait du subjonctif**	
survécusse	survécussions	eusse survécu	eussions survécu
survécusses	survécussiez	eusses survécu	eussiez survécu
survécût	survécussent	eût survécu	eussent survécu

S

Impératif
survis
survivons
survivez

Words and expressions related to this verb

survivre à qqn to survive someone
survivant, survivante surviving; survivor
la survivance survival
se survivre to live on
survivre à l'humiliation to survive humiliation
la survie survival

See also **vivre**.

Syn.: **continuer** to continue; **persister** to persist (259)
Ant.: **cesser** to cease; **disparaître** to disappear

The subject pronouns are found on page 103.
                                          611

suspendre (458)

Part. pr. **suspendant**   Part. passé **suspendu**

to suspend, to hang up, to postpone

Regular **-re** verb

The Seven Simple Tenses		The Seven Compound Tenses	
Singular	Plural	Singular	Plural
1 présent de l'indicatif		**8 passé composé**	
suspends	suspendons	ai suspendu	avons suspendu
suspends	suspendez	as suspendu	avez suspendu
suspend	suspendent	a suspendu	ont suspendu
2 imparfait de l'indicatif		**9 plus-que-parfait de l'indicatif**	
suspendais	suspendions	avais suspendu	avions suspendu
suspendais	suspendiez	avais suspendu	aviez suspendu
suspendait	suspendaient	avait suspendu	avaient suspendu
3 passé simple		**10 passé antérieur**	
suspendis	suspendîmes	eus suspendu	eûmes suspendu
suspendis	suspendîtes	eus suspendu	eûtes suspendu
suspendit	suspendirent	eut suspendu	eurent suspendu
4 futur		**11 futur antérieur**	
suspendrai	suspendrons	aurai suspendu	aurons suspendu
suspendras	suspendrez	auras suspendu	aurez suspendu
suspendra	suspendront	aura suspendu	auront suspendu
5 conditionnel		**12 conditionnel passé**	
suspendrais	suspendrions	aurais suspendu	aurions suspendu
suspendrais	suspendriez	aurais suspendu	auriez suspendu
suspendrait	suspendraient	aurait suspendu	auraient suspendu
6 présent du subjonctif		**13 passé du subjonctif**	
suspende	suspendions	aie suspendu	ayons suspendu
suspendes	suspendiez	aies suspendu	ayez suspendu
suspende	suspendent	ait suspendu	aient suspendu
7 imparfait du subjonctif		**14 plus-que-parfait du subjonctif**	
suspendisse	suspendissions	eusse suspendu	eussions suspendu
suspendisses	suspendissiez	eusses suspendu	eussiez suspendu
suspendît	suspendissent	eût suspendu	eussent suspendu

Impératif
suspends
suspendons
suspendez

Words and expressions related to this verb

le suspense suspense
la suspension hanging (of something),
    suspension
en suspens in abeyance
en suspension hanging
se suspendre à to hang from
un pont suspendu suspension bridge

Syn.: **accrocher** to hang up; **ajourner** to postpone (433); **interrompre** to interrupt; **pendre** to hang, to suspend; **remettre** to put back, to postpone
Ant.: **décrocher** to unhook (13); **dépendre** to take down (something that is hanging); **continuer** to continue; **reprendre** to resume

612

Reflexive irregular verb

to be silent, to be quiet, not to speak

The Seven Simple Tenses		The Seven Compound Tenses	
Singular	Plural	Singular	Plural
1 présent de l'indicatif		**8 passé composé**	
me tais	**nous taisons**	**me suis tu(e)**	**nous sommes tu(e)s**
te tais	**vous taisez**	**t'es tu(e)**	**vous êtes tu(e)(s)**
se tait	**se taisent**	**s'est tu(e)**	**se sont tu(e)s**
2 imparfait de l'indicatif		**9 plus-que-parfait de l'indicatif**	
me taisais	**nous taisions**	**m'étais tu(e)**	**nous étions tu(e)s**
te taisais	**vous taisiez**	**t'étais tu(e)**	**vous étiez tu(e)(s)**
se taisait	**se taisaient**	**s'était tu(e)**	**s'étaient tu(e)s**
3 passé simple		**10 passé antérieur**	
me tus	**nous tûmes**	**me fus tu(e)**	**nous fûmes tu(e)s**
te tus	**vous tûtes**	**te fus tu(e)**	**vous fûtes tu(e)(s)**
se tut	**se turent**	**se fut tu(e)**	**se furent tu(e)s**
4 futur		**11 futur antérieur**	
me tairai	**nous tairons**	**me serai tu(e)**	**nous serons tu(e)s**
te tairas	**vous tairez**	**te seras tu(e)**	**vous serez tu(e)(s)**
se taira	**se tairont**	**se sera tu(e)**	**se seront tu(e)s**
5 conditionnel		**12 conditionnel passé**	
me tairais	**nous tairions**	**me serais tu(e)**	**nous serions tu(e)s**
te tairais	**vous tairiez**	**te serais tu(e)**	**vous seriez tu(e)(s)**
se tairait	**se tairaient**	**se serait tu(e)**	**se seraient tu(e)s**
6 présent du subjonctif		**13 passé du subjonctif**	
me taise	**nous taisions**	**me sois tu(e)**	**nous soyons tu(e)s**
te taises	**vous taisiez**	**te sois tu(e)**	**vous soyez tu(e)(s)**
se taise	**se taisent**	**se soit tu(e)**	**se soient tu(e)s**
7 imparfait du subjonctif		**14 plus-que-parfait du subjonctif**	
me tusse	**nous tussions**	**me fusse tu(e)**	**nous fussions tu(e)s**
te tusses	**vous tussiez**	**te fusses tu(e)**	**vous fussiez tu(e)(s)**
se tût	**se tussent**	**se fût tu(e)**	**se fussent tu(e)s**

Impératif
tais-toi; ne te tais pas
taisons-nous; ne nous taisons pas
taisez-vous; ne vous taisez pas

T

Sentences using this verb

Tais-toi! or **Taisez-vous!** Be quiet!
taire to conceal, to keep silent
faire taire qqn to silence, to make someone
  keep quiet
Il est bon de parler et meilleur de se taire.
  Speech is silver, silence is golden.

Syn.: **fermer la bouche** to shut up (conjugate
fermer); **garder le silence** to keep silent
(conjugate **garder**)
Ant.: **bavarder** to chat, to gossip; **confesser**
to confess (73); **dire** to say, to tell; **divulguer**
to divulge (307); **parler** to talk, to speak

The subject pronouns are found on page 103.

to dye

The Seven Simple Tenses		The Seven Compound Tenses	
Singular	Plural	Singular	Plural
1 présent de l'indicatif		**8 passé composé**	
teins	teignons	ai teint	avons teint
teins	teignez	as teint	avez teint
teint	teignent	a teint	ont teint
2 imparfait de l'indicatif		**9 plus-que-parfait de l'indicatif**	
teignais	teignions	avais teint	avions teint
teignais	teigniez	avais teint	aviez teint
teignait	teignaient	avait teint	avaient teint
3 passé simple		**10 passé antérieur**	
teignis	teignîmes	eus teint	eûmes teint
teignis	teignîtes	eus teint	eûtes teint
teignit	teignirent	eut teint	eurent teint
4 futur		**11 futur antérieur**	
teindrai	teindrons	aurai teint	aurons teint
teindras	teindrez	auras teint	aurez teint
teindra	teindront	aura teint	auront teint
5 conditionnel		**12 conditionnel passé**	
teindrais	teindrions	aurais teint	aurions teint
teindrais	teindriez	aurais teint	auriez teint
teindrait	teindraient	aurait teint	auraient teint
6 présent du subjonctif		**13 passé du subjonctif**	
teigne	teignions	aie teint	ayons teint
teignes	teigniez	aies teint	ayez teint
teigne	teignent	ait teint	aient teint
7 imparfait du subjonctif		**14 plus-que-parfait du subjonctif**	
teignisse	teignissions	eusse teint	eussions teint
teignisses	teignissiez	eusses teint	eussiez teint
teignît	teignissent	eût teint	eussent teint

Impératif
teins
teignons
teignez

Words and expressions related to this verb

déteindre to fade, to lose color, to remove the color
faire teindre qqch to have something dyed
la teinture dyeing
un teinturier, une teinturière dyer
des cheveux teints dyed hair
teindre en noir to dye black

le teint color, dye; complexion
teinter to tint
la teinturerie cleaning and dyeing
des lunettes à verres teintés tinted eyeglasses
se teindre les cheveux to dye one's hair

Syn.: **colorer** to color (22)
Ant.: **décolorer** to decolorize, to bleach (22)

Regular **-er** verb   to telephone

The Seven Simple Tenses		The Seven Compound Tenses	
Singular	Plural	Singular	Plural
1 présent de l'indicatif		8 passé composé	
téléphone	**téléphonons**	**ai téléphoné**	**avons téléphoné**
téléphones	**téléphonez**	**as téléphoné**	**avez téléphoné**
téléphone	**téléphonent**	**a téléphoné**	**ont téléphoné**
2 imparfait de l'indicatif		9 plus-que-parfait de l'indicatif	
téléphonais	**téléphonions**	**avais téléphoné**	**avions téléphoné**
téléphonais	**téléphoniez**	**avais téléphoné**	**aviez téléphoné**
téléphonait	**téléphonaient**	**avait téléphoné**	**avaient téléphoné**
3 passé simple		10 passé antérieur	
téléphonai	**téléphonâmes**	**eus téléphoné**	**eûmes téléphoné**
téléphonas	**téléphonâtes**	**eus téléphoné**	**eûtes téléphoné**
téléphona	**téléphonèrent**	**eut téléphoné**	**eurent téléphoné**
4 futur		11 futur antérieur	
téléphonerai	**téléphonerons**	**aurai téléphoné**	**aurons téléphoné**
téléphoneras	**téléphonerez**	**auras téléphoné**	**aurez téléphoné**
téléphonera	**téléphoneront**	**aura téléphoné**	**auront téléphoné**
5 conditionnel		12 conditionnel passé	
téléphonerais	**téléphonerions**	**aurais téléphoné**	**aurions téléphoné**
téléphonerais	**téléphoneriez**	**aurais téléphoné**	**auriez téléphoné**
téléphonerait	**téléphoneraient**	**aurait téléphoné**	**auraient téléphoné**
6 présent du subjonctif		13 passé du subjonctif	
téléphone	**téléphonions**	**aie téléphoné**	**ayons téléphoné**
téléphones	**téléphoniez**	**aies téléphoné**	**ayez téléphoné**
téléphone	**téléphonent**	**ait téléphoné**	**aient téléphoné**
7 imparfait du subjonctif		14 plus-que-parfait du subjonctif	
téléphonasse	**téléphonassions**	**eusse téléphoné**	**eussions téléphoné**
téléphonasses	**téléphonassiez**	**eusses téléphoné**	**eussiez téléphoné**
téléphonât	**téléphonassent**	**eût téléphoné**	**eussent téléphoné**

Impératif
téléphone
téléphonons
téléphonez

T

Words and expressions related to this verb

le téléphone telephone
téléphonique telephonic
téléphoniquement telephonically (by telephone)
un, une téléphoniste telephone operator
téléphoner à qqn to telephone someone
Marie? Je lui ai téléphoné hier. Mary?
  I telephoned her yesterday.

le téléphone rouge hot line
un téléphone cellulaire, un téléphone portable cell phone
faire un appel téléphonique to make a telephone call

Syn.: **appeler** to call; **donner un coup de fil**, **un coup de téléphone** to make a (phone) call

The subject pronouns are found on page 103.
                                                                    615

tendre (462)

Part. pr. tendant   **Part. passé tendu**

to strain, to stretch, to tighten, to tend

Regular **-re** verb

The Seven Simple Tenses		The Seven Compound Tenses	
Singular	Plural	Singular	Plural
1 présent de l'indicatif		**8 passé composé**	
tends	tendons	ai tendu	avons tendu
tends	tendez	as tendu	avez tendu
tend	tendent	a tendu	ont tendu
2 imparfait de l'indicatif		**9 plus-que-parfait de l'indicatif**	
tendais	tendions	avais tendu	avions tendu
tendais	tendiez	avais tendu	aviez tendu
tendait	tendaient	avait tendu	avaient tendu
3 passé simple		**10 passé antérieur**	
tendis	tendîmes	eus tendu	eûmes tendu
tendis	tendîtes	eus tendu	eûtes tendu
tendit	tendirent	eut tendu	eurent tendu
4 futur		**11 futur antérieur**	
tendrai	tendrons	aurai tendu	aurons tendu
tendras	tendrez	auras tendu	aurez tendu
tendra	tendront	aura tendu	auront tendu
5 conditionnel		**12 conditionnel passé**	
tendrais	tendrions	aurais tendu	aurions tendu
tendrais	tendriez	aurais tendu	auriez tendu
tendrait	tendraient	aurait tendu	auraient tendu
6 présent du subjonctif		**13 passé du subjonctif**	
tende	tendions	aie tendu	ayons tendu
tendes	tendiez	aies tendu	ayez tendu
tende	tendent	ait tendu	aient tendu
7 imparfait du subjonctif		**14 plus-que-parfait du subjonctif**	
tendisse	tendissions	eusse tendu	eussions tendu
tendisses	tendissiez	eusses tendu	eussiez tendu
tendît	tendissent	eût tendu	eussent tendu

Impératif
tends
tendons
tendez

Words and expressions related to this verb

tendre la main à qqn to hold out one's hand to someone
attendre to wait (for)
détendre to slacken
se détendre to bend, to relax
étendre to extend, to spread
une détente relaxing, slackening, release of tension
s'attendre à to expect
entendre to hear, to understand

s'entendre avec qqn to get along with someone, to understand each other, to agree
s'étendre to stretch out, to lie down
tendre l'autre joue to turn the other cheek
tendre l'oreille to prick up one's ears
tendre un piège to set a trap

Syn.: **allonger** to stretch out (442); **étendre** to spread out (462); **étirer** to stretch (466)
Ant.: **détendre** to loosen, to slacken (462)

The Seven Simple Tenses		The Seven Compound Tenses	
Singular	Plural	Singular	Plural
1 présent de l'indicatif		**8 passé composé**	
tiens	tenons	ai tenu	avons tenu
tiens	tenez	as tenu	avez tenu
tient	tiennent	a tenu	ont tenu
2 imparfait de l'indicatif		**9 plus-que-parfait de l'indicatif**	
tenais	tenions	avais tenu	avions tenu
tenais	teniez	avais tenu	aviez tenu
tenait	tenaient	avait tenu	avaient tenu
3 passé simple		**10 passé antérieur**	
tins	tînmes	eus tenu	eûmes tenu
tins	tîntes	eus tenu	eûtes tenu
tint	tinrent	eut tenu	eurent tenu
4 futur		**11 futur antérieur**	
tiendrai	tiendrons	aurai tenu	aurons tenu
tiendras	tiendrez	auras tenu	aurez tenu
tiendra	tiendront	aura tenu	auront tenu
5 conditionnel		**12 conditionnel passé**	
tiendrais	tiendrions	aurais tenu	aurions tenu
tiendrais	tiendriez	aurais tenu	auriez tenu
tiendrait	tiendraient	aurait tenu	auraient tenu
6 présent du subjonctif		**13 passé du subjonctif**	
tienne	tenions	aie tenu	ayons tenu
tiennes	teniez	aies tenu	ayez tenu
tienne	tiennent	ait tenu	aient tenu
7 imparfait du subjonctif		**14 plus-que-parfait du subjonctif**	
tinsse	tinssions	eusse tenu	eussions tenu
tinsses	tinssiez	eusses tenu	eussiez tenu
tînt	tinssent	eût tenu	eussent tenu

Impératif
tiens
tenons
tenez

T

AN ESSENTIAL
55 VERB

AN ESSENTIAL 55 VERB

Tenir is an essential verb for beginning students because it is used in many idiomatic expressions and because there are several useful verbs that are conjugated like it.

Sentences using tenir

Robert tient de son père. Robert takes after his father.

Cette maîtresse tient bien sa classe. This teacher controls her class well.

Tiens! Voilà Bob! Look! There's Bob!

Ma nouvelle voiture a une excellente tenue de route. My new car holds the road very well.

Tenez votre droite. Keep to your right.

Proverb

Il vaut mieux "je tiens" que "je tiendrai." It's better to say "I hold" than "I will hold." (Similar to: A bird in the hand is worth two in the bush.)

If you can conjugate tenir you can also conjugate these verbs:

entretenir **to maintain**

s'entretenir avec **to talk with (Use** être **as auxiliary)**

maintenir **to keep, to maintain**

soutenir **to support**

Words and expressions related to this verb

tenir bon **to hold out**

tenir de qqn **to take after (to favor) someone**

tenir de bonne source **to have on good authority**

tenir à qqch **to cherish something**

tenir qqn au courant **to keep someone informed**

tenir sa promesse **to keep one's promise**

tenir le pari **to take on the bet**

tenir les bras levés **to keep one's arms up**

tenir les yeux fermés **to keep one's eyes closed**

tenir un chien en laisse **to keep a dog on a leash**

la tenue **behavior, attitude, uniform**

bien tenu, bien tenue **well-kept**

Tiens, tiens! **Well, well! Fancy that!**

Syn.: avoir to have; durer to last (272); garder to keep; maintenir to maintain (463); prendre to take; saisir to grasp
Ant.: abandonner to abandon (171); céder to cede, to yield; lâcher to loosen, to let go (82)

The Seven Simple Tenses		The Seven Compound Tenses	
Singular	Plural	Singular	Plural

1 présent de l'indicatif

		8 passé composé	
tente	tentons	ai tenté	avons tenté
tentes	tentez	as tenté	avez tenté
tente	tentent	a tenté	ont tenté

2 imparfait de l'indicatif

		9 plus-que-parfait de l'indicatif	
tentais	tentions	avais tenté	avions tenté
tentais	tentiez	avais tenté	aviez tenté
tentait	tentaient	avait tenté	avaient tenté

3 passé simple

		10 passé antérieur	
tentai	tentâmes	eus tenté	eûmes tenté
tentas	tentâtes	eus tenté	eûtes tenté
tenta	tentèrent	eut tenté	eurent tenté

4 futur

		11 futur antérieur	
tenterai	tenterons	aurai tenté	aurons tenté
tenteras	tenterez	auras tenté	aurez tenté
tentera	tenteront	aura tenté	auront tenté

5 conditionnel

		12 conditionnel passé	
tenterais	tenterions	aurais tenté	aurions tenté
tenterais	tenteriez	aurais tenté	auriez tenté
tenterait	tenteraient	aurait tenté	auraient tenté

6 présent du subjonctif

		13 passé du subjonctif	
tente	tentions	aie tenté	ayons tenté
tentes	tentiez	aies tenté	ayez tenté
tente	tentent	ait tenté	aient tenté

7 imparfait du subjonctif

		14 plus-que-parfait du subjonctif	
tentasse	tentassions	eusse tenté	eussions tenté
tentasses	tentassiez	eusses tenté	eussiez tenté
tentât	tentassent	eût tenté	eussent tenté

Impératif
tente
tentons
tentez

T

Words and expressions related to this verb

se laisser tenter to allow oneself to be tempted
une tentative attempt
tenter sa chance to try one's luck
un tentateur, une tentatrice tempter, temptress
tenter de faire qqch to try, to attempt to do
    something
tentant, tentante tempting, inviting

Tongue twister:
**Tas de riz, tas de rats. Tas de riz tentant,
    tas de rats tentés.** Pile of rice, pile of rats.
    Tempting pile of rice, pile of tempted rats.

Syn.: **entreprendre** to undertake; **essayer**
to try; **oser** to dare; **risquer** to risk (219);
séduire to seduce
Ant.: **hésiter** to hesitate; **repousser** to push
away (353); **réussir** to succeed

The subject pronouns are found on page 103.

terminer (465)

Part. pr. terminant **Part. passé terminé**

to terminate, to finish, to end

Regular **-er** verb

The Seven Simple Tenses		The Seven Compound Tenses	
Singular	Plural	Singular	Plural

1 présent de l'indicatif

		8 passé composé	
termine	terminons	ai terminé	avons terminé
termines	terminez	as terminé	avez terminé
termine	terminent	a terminé	ont terminé

2 imparfait de l'indicatif

		9 plus-que-parfait de l'indicatif	
terminais	terminions	avais terminé	avions terminé
terminais	terminiez	avais terminé	aviez terminé
terminait	terminaient	avait terminé	avaient terminé

3 passé simple

		10 passé antérieur	
terminai	terminâmes	eus terminé	eûmes terminé
terminas	terminâtes	eus terminé	eûtes terminé
termina	terminèrent	eut terminé	eurent terminé

4 futur

		11 futur antérieur	
terminerai	terminerons	aurai terminé	aurons terminé
termineras	terminerez	auras terminé	aurez terminé
terminera	termineront	aura terminé	auront terminé

5 conditionnel

		12 conditionnel passé	
terminerais	terminerions	aurais terminé	aurions terminé
terminerais	termineriez	aurais terminé	auriez terminé
terminerait	termineraient	aurait terminé	auraient terminé

6 présent du subjonctif

		13 passé du subjonctif	
termine	terminions	aie terminé	ayons terminé
termines	terminiez	aies terminé	ayez terminé
termine	terminent	ait terminé	aient terminé

7 imparfait du subjonctif

		14 plus-que-parfait du subjonctif	
terminasse	terminassions	eusse terminé	eussions terminé
terminasses	terminassiez	eusses terminé	eussiez terminé
terminât	terminassent	eût terminé	eussent terminé

Impératif
termine
terminons
terminez

Words and expressions related to this verb

terminal, terminale terminal
la terminaison ending, termination
terminable terminable
interminable interminable, endless
exterminer to exterminate
terminer la journée chez un ami to end the
day at a friend's house
terminer une session to log off (computer)
J'attends qu'elle termine le travail. I'm
waiting for her to finish the work.

Les vacances de Noël se terminent demain.
Christmas vacation ends tomorrow.
se terminer to end (itself)
se terminer en to end in; **un verbe qui se**
termine en *er* . . . a verb that ends in *er* . . .
terminer un repas to finish a meal

Syn.: **achever** to achieve, to finish; **cesser** to
cease; **conclure** to conclude; **finir** to finish, to
terminate; **mourir** to die
Ant.: **commencer** to begin, to commence;
continuer to continue; **débuter** to begin
(173); **durer** to last (272)

Regular **-er** verb   to draw out, to shoot, to pull

The Seven Simple Tenses		The Seven Compound Tenses	
Singular	Plural	Singular	Plural
1 présent de l'indicatif		**8 passé composé**	
tire	**tirons**	**ai tiré**	**avons tiré**
tires	**tirez**	**as tiré**	**avez tiré**
tire	**tirent**	**a tiré**	**ont tiré**
2 imparfait de l'indicatif		**9 plus-que-parfait de l'indicatif**	
tirais	**tirions**	**avais tiré**	**avions tiré**
tirais	**tiriez**	**avais tiré**	**aviez tiré**
tirait	**tiraient**	**avait tiré**	**avaient tiré**
3 passé simple		**10 passé antérieur**	
tirai	**tirâmes**	**eus tiré**	**eûmes tiré**
tiras	**tirâtes**	**eus tiré**	**eûtes tiré**
tira	**tirèrent**	**eut tiré**	**eurent tiré**
4 futur		**11 futur antérieur**	
tirerai	**tirerons**	**aurai tiré**	**aurons tiré**
tireras	**tirerez**	**auras tiré**	**aurez tiré**
tirera	**tireront**	**aura tiré**	**auront tiré**
5 conditionnel		**12 conditionnel passé**	
tirerais	**tirerions**	**aurais tiré**	**aurions tiré**
tirerais	**tireriez**	**aurais tiré**	**auriez tiré**
tirerait	**tireraient**	**aurait tiré**	**auraient tiré**
6 présent du subjonctif		**13 passé du subjonctif**	
tire	**tirions**	**aie tiré**	**ayons tiré**
tires	**tiriez**	**aies tiré**	**ayez tiré**
tire	**tirent**	**ait tiré**	**aient tiré**
7 imparfait du subjonctif		**14 plus-que-parfait du subjonctif**	
tirasse	**tirassions**	**eusse tiré**	**eussions tiré**
tirasses	**tirassiez**	**eusses tiré**	**eussiez tiré**
tirât	**tirassent**	**eût tiré**	**eussent tiré**

Impératif
tire
tirons
tirez

T

Words and expressions related to this verb

tirer une affaire au clair to clear up a matter
tirer parti de to take advantage of, to make the
  best of
un tireur, une tireuse marksman, markswoman
un tire-bouchon corkscrew (**des tire-bouchons**)
Tirez la langue. Stick out your tongue.
s'en tirer to pull through
s'en tirer bien to get off well, to come through
  well
tirer sur to fire (shoot) at
un tiroir drawer (of a desk, etc.)

se tirer d'affaire to get out of a jam
un tire-clou nail puller (**des tire-clous**)

See also **attirer**, **retirer**, and **se retirer**.

Syn.: **enlever** to remove; **étirer** to stretch
(466); **extraire** to extract (474); **lancer**
to hurl, to throw; **ôter** to remove (498);
remorquer to tow (284); **sortir** to take out
(aux. **avoir** with direct object)
Ant.: **éloigner** to take away (194); **pousser** to
push; **repousser** to push away (353)

The subject pronouns are found on page 103.

tomber (467)

to fall

Part. pr. tombant **Part. passé tombé(e)(s)**

Regular **-er** verb

The Seven Simple Tenses		The Seven Compound Tenses	
Singular	Plural	Singular	Plural

1 présent de l'indicatif

		8 passé composé	
tombe	tombons	suis tombé(e)	sommes tombé(e)s
tombes	tombez	es tombé(e)	êtes tombé(e)(s)
tombe	tombent	est tombé(e)	sont tombé(e)s

2 imparfait de l'indicatif

		9 plus-que-parfait de l'indicatif	
tombais	tombions	étais tombé(e)	étions tombé(e)s
tombais	tombiez	étais tombé(e)	étiez tombé(e)(s)
tombait	tombaient	était tombé(e)	étaient tombé(e)s

3 passé simple

		10 passé antérieur	
tombai	tombâmes	fus tombé(e)	fûmes tombé(e)s
tombas	tombâtes	fus tombé(e)	fûtes tombé(e)(s)
tomba	tombèrent	fut tombé(e)	furent tombé(e)s

4 futur

		11 futur antérieur	
tomberai	tomberons	serai tombé(e)	serons tombé(e)s
tomberas	tomberez	seras tombé(e)	serez tombé(e)(s)
tombera	tomberont	sera tombé(e)	seront tombé(e)s

5 conditionnel

		12 conditionnel passé	
tomberais	tomberions	serais tombé(e)	serions tombé(e)s
tomberais	tomberiez	serais tombé(e)	seriez tombé(e)(s)
tomberait	tomberaient	serait tombé(e)	seraient tombé(e)s

6 présent du subjonctif

		13 passé du subjonctif	
tombe	tombions	sois tombé(e)	soyons tombé(e)s
tombes	tombiez	sois tombé(e)	soyez tombé(e)(s)
tombe	tombent	soit tombé(e)	soient tombé(e)s

7 imparfait du subjonctif

		14 plus-que-parfait du subjonctif	
tombasse	tombassions	fusse tombé(e)	fussions tombé(e)s
tombasses	tombassiez	fusses tombé(e)	fussiez tombé(e)(s)
tombât	tombassent	fût tombé(e)	fussent tombé(e)s

Impératif
tombe
tombons
tombez

AN ESSENTIAL
55 VERB

AN ESSENTIAL 55 VERB

Tomber

Tomber is a very useful verb for a beginning French student. Note that it is one of the nonreflexive verbs that take **être** as an auxiliary in the compound tenses (see page 6).

Sentences using tomber

Oups! J'ai laissé tomber mes clés. Oops! I dropped my keys.

David est tombé de l'échelle et il s'est cassé le bras. David fell from the ladder and broke his arm.

Cela tombe bien. That's fortunate.

Nous nous sommes pressés pour arriver avant la tombée du jour. We hurried to arrive before nightfall.

Il tombe des clous. It's raining cats and dogs. (Literally: Nails are falling.)

Syn.: **abattre** to cut down, to knock down; **baisser** to lower; **choir** to fall (Def. and Imp.); **descendre** to bring down, to take down (aux. **avoir** with direct object); **diminuer** to diminish, to lessen; **mourir** to die; **périr** to perish Ant.: **accroître** to increase; **s'élever** to go up, to rise up (279); **monter** to go up (aux. **avoir** with direct object)

Words and expressions related to this verb

tomber amoureux (amoureuse) de qqn **to fall in love with someone**

tomber sur **to run into, to come across**

laisser tomber **to drop**

tomber malade **to fall sick**

faire tomber **to knock down**

tomber en panne **to break down, to crash (computer)**

tomber dans les pommes **to pass out, to faint**

tomber à la renverse **to fall backward**

tomber à pic **to fall/come at the right time**

retomber **to fall again**

la tombée du jour **nightfall**

T

Can't find the verb you're looking for? Check the back pages of this book for a list of over 2,700 additional verbs!

tordre (468)

to twist

The Seven Simple Tenses		The Seven Compound Tenses	
Singular	Plural	Singular	Plural
1 présent de l'indicatif		**8 passé composé**	
tords	tordons	ai tordu	avons tordu
tords	tordez	as tordu	avez tordu
tord	tordent	a tordu	ont tordu
2 imparfait de l'indicatif		**9 plus-que-parfait de l'indicatif**	
tordais	tordions	avais tordu	avions tordu
tordais	tordiez	avais tordu	aviez tordu
tordait	tordaient	avait tordu	avaient tordu
3 passé simple		**10 passé antérieur**	
tordis	tordîmes	eus tordu	eûmes tordu
tordis	tordîtes	eus tordu	eûtes tordu
tordit	tordirent	eut tordu	eurent tordu
4 futur		**11 futur antérieur**	
tordrai	tordrons	aurai tordu	aurons tordu
tordras	tordrez	auras tordu	aurez tordu
tordra	tordront	aura tordu	auront tordu
5 conditionnel		**12 conditionnel passé**	
tordrais	tordrions	aurais tordu	aurions tordu
tordrais	tordriez	aurais tordu	auriez tordu
tordrait	tordraient	aurait tordu	auraient tordu
6 présent du subjonctif		**13 passé du subjonctif**	
torde	tordions	aie tordu	ayons tordu
tordes	tordiez	aies tordu	ayez tordu
torde	tordent	ait tordu	aient tordu
7 imparfait du subjonctif		**14 plus-que-parfait du subjonctif**	
tordisse	tordissions	eusse tordu	eussions tordu
tordisses	tordissiez	eusses tordu	eussiez tordu
tordît	tordissent	eût tordu	eussent tordu

Impératif
tords
tordons
tordez

Words and expressions related to this verb

tordre le cou à qqn to twist someone's neck
tordu, tordue twisted
tortueux twisting
être tordu (tordue) to be crazy
une rue tortueuse winding street
se tordre les mains to wring one's hands
se tordre de rire to split one's sides laughing

avoir la gueule tordue to have an ugly puss (face)
avoir l'esprit tordu to have a twisted mind

Syn.: **enrouler** to wind (421); **entortiller** to twist (477); **plier** to bend, to fold; **tourner** to turn
Ant.: **détortiller** to untwist (477)

Regular **-er** verb   to touch, to affect

The Seven Simple Tenses		The Seven Compound Tenses	
Singular	Plural	Singular	Plural
1 présent de l'indicatif		**8 passé composé**	
touche	touchons	ai touché	avons touché
touches	touchez	as touché	avez touché
touche	touchent	a touché	ont touché
2 imparfait de l'indicatif		**9 plus-que-parfait de l'indicatif**	
touchais	touchions	avais touché	avions touché
touchais	touchiez	avais touché	aviez touché
touchait	touchaient	avait touché	avaient touché
3 passé simple		**10 passé antérieur**	
touchai	touchâmes	eus touché	eûmes touché
touchas	touchâtes	eus touché	eûtes touché
toucha	touchèrent	eut touché	eurent touché
4 futur		**11 futur antérieur**	
toucherai	toucherons	aurai touché	aurons touché
toucheras	toucherez	auras touché	aurez touché
touchera	toucheront	aura touché	auront touché
5 conditionnel		**12 conditionnel passé**	
toucherais	toucherions	aurais touché	aurions touché
toucherais	toucheriez	aurais touché	auriez touché
toucherait	toucheraient	aurait touché	auraient touché
6 présent du subjonctif		**13 passé du subjonctif**	
touche	touchions	aie touché	ayons touché
touches	touchiez	aies touché	ayez touché
touche	touchent	ait touché	aient touché
7 imparfait du subjonctif		**14 plus-que-parfait du subjonctif**	
touchasse	touchassions	eusse touché	eussions touché
touchasses	touchassiez	eusses touché	eussiez touché
touchât	touchassent	eût touché	eussent touché

Impératif
touche
touchons
touchez

T

Words and expressions related to this verb

une personne qui touche à tout a meddlesome person
Touchez là! Put it there! Shake!
toucher à qqch to touch something
N'y touchez pas! Don't touch!
retoucher to touch up
le toucher touch, feeling, sense of touch
toucher de l'argent to get some money
toucher un chèque to cash a check

Cela me touche profondément. That touches me deeply.
un, une touche-à-tout meddler

Syn.: **caresser** to caress (353); **émouvoir** to move, to touch, to arouse; **frapper** to hit; **tâter** to feel by touching (241)
Ant.: **s'éloigner** to move away, to withdraw; **reculer** to step back (81)

tourner (470)

to turn

Part. pr. tournant   **Part. passé tourné**

Regular **-er** verb

The Seven Simple Tenses		The Seven Compound Tenses	
Singular	Plural	Singular	Plural
1 présent de l'indicatif		**8 passé composé**	
tourne	tournons	ai tourné	avons tourné
tournes	tournez	as tourné	avez tourné
tourne	tournent	a tourné	ont tourné
2 imparfait de l'indicatif		**9 plus-que-parfait de l'indicatif**	
tournais	tournions	avais tourné	avions tourné
tournais	tourniez	avais tourné	aviez tourné
tournait	tournaient	avait tourné	avaient tourné
3 passé simple		**10 passé antérieur**	
tournai	tournâmes	eus tourné	eûmes tourné
tournas	tournâtes	eus tourné	eûtes tourné
tourna	tournèrent	eut tourné	eurent tourné
4 futur		**11 futur antérieur**	
tournerai	tournerons	aurai tourné	aurons tourné
tourneras	tournerez	auras tourné	aurez tourné
tournera	tourneront	aura tourné	auront tourné
5 conditionnel		**12 conditionnel passé**	
tournerais	tournerions	aurais tourné	aurions tourné
tournerais	tourneriez	aurais tourné	auriez tourné
tournerait	tourneraient	aurait tourné	auraient tourné
6 présent du subjonctif		**13 passé du subjonctif**	
tourne	tournions	aie tourné	ayons tourné
tournes	tourniez	aies tourné	ayez tourné
tourne	tournent	ait tourné	aient tourné
7 imparfait du subjonctif		**14 plus-que-parfait du subjonctif**	
tournasse	tournassions	eusse tourné	eussions tourné
tournasses	tournassiez	eusses tourné	eussiez tourné
tournât	tournassent	eût tourné	eussent tourné

Impératif
tourne
tournons
tournez

Words and expressions related to this verb

se **tourner** to turn around
tourner qqn en ridicule to ridicule someone
un tourne-disque record player (**des tourne-disques**)
un tournevis screwdriver
retourner to return

tourner l'estomac à qqn to turn someone's stomach
faire une tournée to go on a tour
tourner autour du pot to beat around the bush
tourner sept fois sa langue dans sa bouche to bite one's tongue, to think before speaking
tourner un film to shoot a movie

See also **détourner** and **retourner**.

If you don't know the French verb for an English verb you have in mind, try the index in the Appendixes.

Syn.: **pivoter** to pivot, to revolve (96); **tordre** to twist; **tournoyer** to whirl (308); **virer** to turn (21)
Ant.: **détourner** to divert (470)

The Seven Simple Tenses		The Seven Compound Tenses	
Singular	Plural	Singular	Plural
1 présent de l'indicatif		**8 passé composé**	
tousse	**toussons**	**ai toussé**	**avons toussé**
tousses	**toussez**	**as toussé**	**avez toussé**
tousse	**toussent**	**a toussé**	**ont toussé**
2 imparfait de l'indicatif		**9 plus-que-parfait de l'indicatif**	
toussais	**toussions**	**avais toussé**	**avions toussé**
toussais	**toussiez**	**avais toussé**	**aviez toussé**
toussait	**toussaient**	**avait toussé**	**avaient toussé**
3 passé simple		**10 passé antérieur**	
toussai	**toussâmes**	**eus toussé**	**eûmes toussé**
toussas	**toussâtes**	**eus toussé**	**eûtes toussé**
toussa	**toussèrent**	**eut toussé**	**eurent toussé**
4 futur		**11 futur antérieur**	
tousserai	**tousserons**	**aurai toussé**	**aurons toussé**
tousseras	**tousserez**	**auras toussé**	**aurez toussé**
toussera	**tousseront**	**aura toussé**	**auront toussé**
5 conditionnel		**12 conditionnel passé**	
tousserais	**tousserions**	**aurais toussé**	**aurions toussé**
tousserais	**tousseriez**	**aurais toussé**	**auriez toussé**
tousserait	**tousseraient**	**aurait toussé**	**auraient toussé**
6 présent du subjonctif		**13 passé du subjonctif**	
tousse	**toussions**	**aie toussé**	**ayons toussé**
tousses	**toussiez**	**aies toussé**	**ayez toussé**
tousse	**toussent**	**ait toussé**	**aient toussé**
7 imparfait du subjonctif		**14 plus-que-parfait du subjonctif**	
toussasse	**toussassions**	**eusse toussé**	**eussions toussé**
toussasses	**toussassiez**	**eusses toussé**	**eussiez toussé**
toussât	**toussassent**	**eût toussé**	**eussent toussé**

Impératif
tousse
toussons
toussez

Words and expressions related to this verb

une toux cough; **une toux grasse** crackling cough, heavy cough; **une toux sèche** dry cough
une toux nerveuse nervous cough
toussoter to have a minor, slight cough
un tousseur, une tousseuse cougher
un toussotement slight cough

Je voudrais acheter des pastilles contre la toux. I would like to buy some cough drops.

Syn.: **toussailler** to have a slight persistent cough (477); **toussoter** to have a slight cough (96)

traduire (472)

to translate

The Seven Simple Tenses		The Seven Compound Tenses	
Singular	Plural	Singular	Plural
1 présent de l'indicatif		**8 passé composé**	
traduis	traduisons	ai traduit	avons traduit
traduis	traduisez	as traduit	avez traduit
traduit	traduisent	a traduit	ont traduit
2 imparfait de l'indicatif		**9 plus-que-parfait de l'indicatif**	
traduisais	traduisions	avais traduit	avions traduit
traduisais	traduisiez	avais traduit	aviez traduit
traduisait	traduisaient	avait traduit	avaient traduit
3 passé simple		**10 passé antérieur**	
traduisis	traduisîmes	eus traduit	eûmes traduit
traduisis	traduisîtes	eus traduit	eûtes traduit
traduisit	traduisirent	eut traduit	eurent traduit
4 futur		**11 futur antérieur**	
traduirai	traduirons	aurai traduit	aurons traduit
traduiras	traduirez	auras traduit	aurez traduit
traduira	traduiront	aura traduit	auront traduit
5 conditionnel		**12 conditionnel passé**	
traduirais	traduirions	aurais traduit	aurions traduit
traduirais	traduiriez	aurais traduit	auriez traduit
traduirait	traduiraient	aurait traduit	auraient traduit
6 présent du subjonctif		**13 passé du subjonctif**	
traduise	traduisions	aie traduit	ayons traduit
traduises	traduisiez	aies traduit	ayez traduit
traduise	traduisent	ait traduit	aient traduit
7 imparfait du subjonctif		**14 plus-que-parfait du subjonctif**	
traduisisse	traduisissions	eusse traduit	eussions traduit
traduisisses	traduisissiez	eusses traduit	eussiez traduit
traduisît	traduisissent	eût traduit	eussent traduit

Impératif
traduis
traduisons
traduisez

Words and expressions related to this verb

un **traducteur, une traductrice** translator
une **traduction** a translation
traduisible translatable
une **traduction littérale** a literal translation
une **traduction libre** a free translation
traduire du français en anglais to translate
　　from French to English
se **traduire** to be translated; **Cette phrase se
　　traduit facilement.** This sentence is easily
　　translated.

une **traduction fidèle** a faithful translation
traduire de l'anglais en français to translate
　　from English to French

See also **conduire, déduire, introduire,
produire, réduire, reproduire,** and **séduire.**

Syn.: **interpréter** to interpret (87); **rendre**
to render; **transférer** to transfer (356);
transposer to transpose (350)

The Seven Simple Tenses		The Seven Compound Tenses	
Singular	Plural	Singular	Plural
1 présent de l'indicatif		**8 passé composé**	
trahis	**trahissons**	**ai trahi**	**avons trahi**
trahis	**trahissez**	**as trahi**	**avez trahi**
trahit	**trahissent**	**a trahi**	**ont trahi**
2 imparfait de l'indicatif		**9 plus-que-parfait de l'indicatif**	
trahissais	**trahissions**	**avais trahi**	**avions trahi**
trahissais	**trahissiez**	**avais trahi**	**aviez trahi**
trahissait	**trahissaient**	**avait trahi**	**avaient trahi**
3 passé simple		**10 passé antérieur**	
trahis	**trahîmes**	**eus trahi**	**eûmes trahi**
trahis	**trahîtes**	**eus trahi**	**eûtes trahi**
trahit	**trahirent**	**eut trahi**	**eurent trahi**
4 futur		**11 futur antérieur**	
trahirai	**trahirons**	**aurai trahi**	**aurons trahi**
trahiras	**trahirez**	**auras trahi**	**aurez trahi**
trahira	**trahiront**	**aura trahi**	**auront trahi**
5 conditionnel		**12 conditionnel passé**	
trahirais	**trahirions**	**aurais trahi**	**aurions trahi**
trahirais	**trahiriez**	**aurais trahi**	**auriez trahi**
trahirait	**trahiraient**	**aurait trahi**	**auraient trahi**
6 présent du subjonctif		**13 passé du subjonctif**	
trahisse	**trahissions**	**aie trahi**	**ayons trahi**
trahisses	**trahissiez**	**aies trahi**	**ayez trahi**
trahisse	**trahissent**	**ait trahi**	**aient trahi**
7 imparfait du subjonctif		**14 plus-que-parfait du subjonctif**	
trahisse	**trahissions**	**eusse trahi**	**eussions trahi**
trahisses	**trahissiez**	**eusses trahi**	**eussiez trahi**
trahît	**trahissent**	**eût trahi**	**eussent trahi**

Impératif
trahis
trahissons
trahissez

Words and expressions related to this verb

se trahir to give oneself away, to betray each other, to deceive each other
traîtreusement treacherously
la trahison betrayal, treason
la haute trahison high treason
un traître traitor, betrayer
une traîtresse traitress, betrayer

Syn.: **abandonner** to abandon (171);
décevoir to deceive; **révéler** to reveal (356);
tromper to deceive (247) (See 480)
Ant.: **aider** to help; **défendre** to defend;
protéger to protect (52); **soutenir** to support (463)

T

The subject pronouns are found on page 103.

traire (474)

to milk, to draw (milk)

Irregular verb

The Seven Simple Tenses		The Seven Compound Tenses	
Singular	Plural	Singular	Plural
1 présent de l'indicatif		**8 passé composé**	
trais	trayons	ai trait	avons trait
trais	trayez	as trait	avez trait
trait	traient	a trait	ont trait
2 imparfait de l'indicatif		**9 plus-que-parfait de l'indicatif**	
trayais	trayions	avais trait	avions trait
trayais	trayiez	avais trait	aviez trait
trayait	trayaient	avait trait	avaient trait
3 passé simple		**10 passé antérieur**	
—		eus trait	eûmes trait
—		eus trait	eûtes trait
		eut trait	eurent trait
4 futur			
trairai	trairons	**11 futur antérieur**	
trairas	trairez	aurai trait	aurons trait
traira	trairont	auras trait	aurez trait
		aura trait	auront trait
5 conditionnel			
trairais	trairions	**12 conditionnel passé**	
trairais	trairiez	aurais trait	aurions trait
trairait	trairaient	aurais trait	auriez trait
		aurait trait	auraient trait
6 présent du subjonctif			
traie	trayions	**13 passé du subjonctif**	
traies	trayiez	aie trait	ayons trait
traie	traient	aies trait	ayez trait
		ait trait	aient trait
7 imparfait du subjonctif			
—		**14 plus-que-parfait du subjonctif**	
—		eusse trait	eussions trait
		eusses trait	eussiez trait
		eût trait	eussent trait

Impératif
trais
trayons
trayez

Sentences using this verb and words related to it

M. Verjean se lève tôt pour traire les vaches. Mr. Verjean gets up early to milk the cows.

Le trayeur trait les vaches deux fois par jour. The milker milks the cows twice a day.

Words and expressions related to this verb

traire les vaches, traire les chèvres to milk the cows, milk the goats

une trayeuse, une machine à traire milking machine

un trayeur milker, milkman
une trayeuse milker, milkwoman
le laitier milkman (delivery)
la laitière milkwoman (delivery)
la traite milking
la laiterie dairy
un tabouret à traire milking stool

Syn.: **extraire** to extract (474); **tirer** to draw out

The Seven Simple Tenses		The Seven Compound Tenses	
Singular	Plural	Singular	Plural
1 présent de l'indicatif		**8 passé composé**	
traite	traitons	ai traité	avons traité
traites	traitez	as traité	avez traité
traite	traitent	a traité	ont traité
2 imparfait de l'indicatif		**9 plus-que-parfait de l'indicatif**	
traitais	traitions	avais traité	avions traité
traitais	traitiez	avais traité	aviez traité
traitait	traitaient	avait traité	avaient traité
3 passé simple		**10 passé antérieur**	
traitai	traitâmes	eus traité	eûmes traité
traitas	traitâtes	eus traité	eûtes traité
traita	traitèrent	eut traité	eurent traité
4 futur		**11 futur antérieur**	
traiterai	traiterons	aurai traité	aurons traité
traiteras	traiterez	auras traité	aurez traité
traitera	traiteront	aura traité	auront traité
5 conditionnel		**12 conditionnel passé**	
traiterais	traiterions	aurais traité	aurions traité
traiterais	traiteriez	aurais traité	auriez traité
traiterait	traiteraient	aurait traité	auraient traité
6 présent du subjonctif		**13 passé du subjonctif**	
traite	traitions	aie traité	ayons traité
traites	traitiez	aies traité	ayez traité
traite	traitent	ait traité	aient traité
7 imparfait du subjonctif		**14 plus-que-parfait du subjonctif**	
traitasse	traitassions	eusse traité	eussions traité
traitasses	traitassiez	eusses traité	eussiez traité
traitât	traitassent	eût traité	eussent traité

Impératif
traite
traitons
traitez

Words and expressions related to this verb

traiter qqn mal to treat someone badly; **traiter qqn bien** to treat someone well

maltraiter to maltreat, to mistreat; **traiter de** to deal with

traiter qqn de qqch to call someone something; **traiter qqn de menteur** to call someone a liar

un traitement treatment; salary

un traité treatise; treaty

boire d'une seule traite to drink in one gulp

le traitement de texte word processing

le traiteur caterer

Syn.: **discuter** to discuss; **examiner** to examine (465); **manipuler** to manipulate (81); **négocier** to negotiate (389)
Ant.: **éviter** to avoid; **maltraiter** to misuse, to mistreat (475)

The subject pronouns are found on page 103.   **631**

transmettre (476)

Part. pr. transmettant   **Part. passé transmis**

to transmit, to transfer

The Seven Simple Tenses		The Seven Compound Tenses	
Singular	Plural	Singular	Plural

1 présent de l'indicatif

		8 passé composé	
transmets	transmettons	ai transmis	avons transmis
transmets	transmettez	as transmis	avez transmis
transmet	transmettent	a transmis	ont transmis

2 imparfait de l'indicatif

		9 plus-que-parfait de l'indicatif	
transmettais	transmettions	avais transmis	avions transmis
transmettais	transmettiez	avais transmis	aviez transmis
transmettait	transmettaient	avait transmis	avaient transmis

3 passé simple

		10 passé antérieur	
transmis	transmîmes	eus transmis	eûmes transmis
transmis	transmîtes	eus transmis	eûtes transmis
transmit	transmirent	eut transmis	eurent transmis

4 futur

		11 futur antérieur	
transmettrai	transmettrons	aurai transmis	aurons transmis
transmettras	transmettrez	auras transmis	aurez transmis
transmettra	transmettront	aura transmis	auront transmis

5 conditionnel

		12 conditionnel passé	
transmettrais	transmettrions	aurais transmis	aurions transmis
transmettrais	transmettriez	aurais transmis	auriez transmis
transmettrait	transmettraient	aurait transmis	auraient transmis

6 présent du subjonctif

		13 passé du subjonctif	
transmette	transmettions	aie transmis	ayons transmis
transmettes	transmettiez	aies transmis	ayez transmis
transmette	transmettent	ait transmis	aient transmis

7 imparfait du subjonctif

		14 plus-que-parfait du subjonctif	
transmisse	transmissions	eusse transmis	eussions transmis
transmisses	transmissiez	eusses transmis	eussiez transmis
transmît	transmissent	eût transmis	eussent transmis

Impératif
transmets
transmettons
transmettez

Words and expressions related to this verb

transmettre une maladie to transmit an illness
transmettre un message to relay, to transmit a message
transmettre son autorité to transfer one's authority
transmettre une lettre to forward a letter
une transmission transmission
transmissible transmissible, communicable
une maladie transmissible contagious disease

Le SIDA est une maladie transmissible. AIDS is a communicable disease.

See also **commettre, mettre, se mettre, omettre, permettre, promettre, remettre,** and **soumettre.**

Syn.: **céder** to cede; **expédier** to send (212); **léguer** to bequeath (87, 307); **transférer** to transfer (356)
Ant.: **conserver** to preserve (27); **garder** to keep; **hériter** to inherit (293); **retenir** to retain, to keep

The Seven Simple Tenses		The Seven Compound Tenses	
Singular	Plural	Singular	Plural
1 présent de l'indicatif		**8 passé composé**	
travaille	**travaillons**	**ai travaillé**	**avons travaillé**
travailles	**travaillez**	**as travaillé**	**avez travaillé**
travaille	**travaillent**	**a travaillé**	**ont travaillé**
2 imparfait de l'indicatif		**9 plus-que-parfait de l'indicatif**	
travaillais	**travaillions**	**avais travaillé**	**avions travaillé**
travaillais	**travailliez**	**avais travaillé**	**aviez travaillé**
travaillait	**travaillaient**	**avait travaillé**	**avaient travaillé**
3 passé simple		**10 passé antérieur**	
travaillai	**travaillâmes**	**eus travaillé**	**eûmes travaillé**
travaillas	**travaillâtes**	**eus travaillé**	**eûtes travaillé**
travailla	**travaillèrent**	**eut travaillé**	**eurent travaillé**
4 futur		**11 futur antérieur**	
travaillerai	**travaillerons**	**aurai travaillé**	**aurons travaillé**
travailleras	**travaillerez**	**auras travaillé**	**aurez travaillé**
travaillera	**travailleront**	**aura travaillé**	**auront travaillé**
5 conditionnel		**12 conditionnel passé**	
travaillerais	**travaillerions**	**aurais travaillé**	**aurions travaillé**
travaillerais	**travailleriez**	**aurais travaillé**	**auriez travaillé**
travaillerait	**travailleraient**	**aurait travaillé**	**auraient travaillé**
6 présent du subjonctif		**13 passé du subjonctif**	
travaille	**travaillions**	**aie travaillé**	**ayons travaillé**
travailles	**travailliez**	**aies travaillé**	**ayez travaillé**
travaille	**travaillent**	**ait travaillé**	**aient travaillé**
7 imparfait du subjonctif		**14 plus-que-parfait du subjonctif**	
travaillasse	**travaillassions**	**eusse travaillé**	**eussions travaillé**
travaillasses	**travaillassiez**	**eusses travaillé**	**eussiez travaillé**
travaillât	**travaillassent**	**eût travaillé**	**eussent travaillé**

Impératif
travaille
travaillons
travaillez

Words and expressions related to this verb

travailleur, travailleuse industrious, worker
être sans travail to be out of work
faire travailler son argent to put one's money
to work (to earn interest)
**Madame Reed fait travailler ses élèves dans
la classe de français.** Mrs. Reed makes her
students work in French class.
le **travail** work, labor, travail (les **travaux**)

Consult the entry *causative* **faire** (page 37) in
the section on definitions of basic grammatical
terms.

les travaux publics public works
les vêtements de travail work clothes

Proverb: **Choisissez un travail que vous aimez
et vous n'aurez pas à travailler un seul jour
de votre vie.** Choose a job you love and you
will never have to work a day in your life.
(Confucius)

Syn.: **faire** to do, to make; **oeuvrer** to work
(27); **tâcher de** to try to (82)
Ant.: **s'amuser** to enjoy oneself; **se détendre**
to relax (394); **se reposer** to rest

The subject pronouns are found on page 103.

traverser (478)

Part. pr. traversant   **Part. passé traversé**

to traverse, to cross

Regular **-er** verb

The Seven Simple Tenses		The Seven Compound Tenses	
Singular	Plural	Singular	Plural
1 présent de l'indicatif		**8 passé composé**	
traverse	traversons	ai traversé	avons traversé
traverses	traversez	as traversé	avez traversé
traverse	traversent	a traversé	ont traversé
2 imparfait de l'indicatif		**9 plus-que-parfait de l'indicatif**	
traversais	traversions	avais traversé	avions traversé
traversais	traversiez	avais traversé	aviez traversé
traversait	traversaient	avait traversé	avaient traversé
3 passé simple		**10 passé antérieur**	
traversai	traversâmes	eus traversé	eûmes traversé
traversas	traversâtes	eus traversé	eûtes traversé
traversa	traversèrent	eut traversé	eurent traversé
4 futur		**11 futur antérieur**	
traverserai	traverserons	aurai traversé	aurons traversé
traverseras	traverserez	auras traversé	aurez traversé
traversera	traverseront	aura traversé	auront traversé
5 conditionnel		**12 conditionnel passé**	
traverserais	traverserions	aurais traversé	aurions traversé
traverserais	traverseriez	aurais traversé	auriez traversé
traverserait	traverseraient	aurait traversé	auraient traversé
6 présent du subjonctif		**13 passé du subjonctif**	
traverse	traversions	aie traversé	ayons traversé
traverses	traversiez	aies traversé	ayez traversé
traverse	traversent	ait traversé	aient traversé
7 imparfait du subjonctif		**14 plus-que-parfait du subjonctif**	
traversasse	traversassions	eusse traversé	eussions traversé
traversasses	traversassiez	eusses traversé	eussiez traversé
traversât	traversassent	eût traversé	eussent traversé

Impératif
traverse
traversons
traversez

Words and expressions related to this verb

la traversée the crossing
à travers through
de travers askew, awry, crooked
une traversée de voie railroad crossing
marcher de travers to stagger

Syn.: **croiser** to cross (86); **franchir** to clear, to cross (383); **passer** to pass; **pénétrer** to penetrate (356); **transpercer** to pierce (342)
Ant.: **rester** to remain, to stay

The Seven Simple Tenses

The Seven Compound Tenses

Singular	Plural	Singular	Plural
1 présent de l'indicatif		**8 passé composé**	
triche	**trichons**	**ai triché**	**avons triché**
triches	**trichez**	**as triché**	**avez triché**
triche	**trichent**	**a triché**	**ont triché**
2 imparfait de l'indicatif		**9 plus-que-parfait de l'indicatif**	
trichais	**trichions**	**avais triché**	**avions triché**
trichais	**trichiez**	**avais triché**	**aviez triché**
trichait	**trichaient**	**avait triché**	**avaient triché**
3 passé simple		**10 passé antérieur**	
trichai	**trichâmes**	**eus triché**	**eûmes triché**
trichas	**trichâtes**	**eus triché**	**eûtes triché**
tricha	**trichèrent**	**eut triché**	**eurent triché**
4 futur		**11 futur antérieur**	
tricherai	**tricherons**	**aurai triché**	**aurons triché**
tricheras	**tricherez**	**auras triché**	**aurez triché**
trichera	**tricheront**	**aura triché**	**auront triché**
5 conditionnel		**12 conditionnel passé**	
tricherais	**tricherions**	**aurais triché**	**aurions triché**
tricherais	**tricheriez**	**aurais triché**	**auriez triché**
tricherait	**tricheraient**	**aurait triché**	**auraient triché**
6 présent du subjonctif		**13 passé du subjonctif**	
triche	**trichions**	**aie triché**	**ayons triché**
triches	**trichiez**	**aies triché**	**ayez triché**
triche	**trichent**	**ait triché**	**aient triché**
7 imparfait du subjonctif		**14 plus-que-parfait du subjonctif**	
trichasse	**trichassions**	**eusse triché**	**eussions triché**
trichasses	**trichassiez**	**eusses triché**	**eussiez triché**
trichât	**trichassent**	**eût triché**	**eussent triché**

Impératif
triche
trichons
trichez

Words and expressions related to this verb

une tricherie cheating
gagner par tricherie to win by cheating
une triche cheating
un tricheur, une tricheuse cheater
tricher aux cartes to cheat at cards

Syn.: **duper** to dupe, to trick (317); **frauder** to defraud, to cheat (27); **mentir** to lie; **trahir** to betray; **tromper** to deceive (247) (See 480); **voler** to steal
Ant.: **défendre** to defend; **détromper** to free from misconception (317) (See 480); **favoriser** to favor (486)

se tromper (480)

Part. pr. se trompant   **Part. passé trompé(e)(s)**

to be mistaken, to be wrong (about something)   Reflexive regular **-er** verb

The Seven Simple Tenses		The Seven Compound Tenses	
Singular	Plural	Singular	Plural
1 présent de l'indicatif		**8 passé composé**	
me trompe	nous trompons	me suis trompé(e)	nous sommes trompé(e)s
te trompes	vous trompez	t'es trompé(e)	vous êtes trompé(e)(s)
se trompe	se trompent	s'est trompé(e)	se sont trompé(e)s
2 imparfait de l'indicatif		**9 plus-que-parfait de l'indicatif**	
me trompais	nous trompions	m'étais trompé(e)	nous étions trompé(e)s
te trompais	vous trompiez	t'étais trompé(e)	vous étiez trompé(e)(s)
se trompait	se trompaient	s'était trompé(e)	s'étaient trompé(e)s
3 passé simple		**10 passé antérieur**	
me trompai	nous trompâmes	me fus trompé(e)	nous fûmes trompé(e)s
te trompas	vous trompâtes	te fus trompé(e)	vous fûtes trompé(e)(s)
se trompa	se trompèrent	se fut trompé(e)	se furent trompé(e)s
4 futur		**11 futur antérieur**	
me tromperai	nous tromperons	me serai trompé(e)	nous serons trompé(e)s
te tromperas	vous tromperez	te seras trompé(e)	vous serez trompé(e)(s)
se trompera	se tromperont	se sera trompé(e)	se seront trompé(e)s
5 conditionnel		**12 conditionnel passé**	
me tromperais	nous tromperions	me serais trompé(e)	nous serions trompé(e)s
te tromperais	vous tromperiez	te serais trompé(e)	vous seriez trompé(e)(s)
se tromperait	se tromperaient	se serait trompé(e)	se seraient trompé(e)s
6 présent du subjonctif		**13 passé du subjonctif**	
me trompe	nous trompions	me sois trompé(e)	nous soyons trompé(e)s
te trompes	vous trompiez	te sois trompé(e)	vous soyez trompé(e)(s)
se trompe	se trompent	se soit trompé(e)	se soient trompé(e)s
7 imparfait du subjonctif		**14 plus-que-parfait du subjonctif**	
me trompasse	nous trompassions	me fusse trompé(e)	nous fussions trompé(e)s
te trompasses	vous trompassiez	te fusses trompé(e)	vous fussiez trompé(e)(s)
se trompât	se trompassent	se fût trompé(e)	se fussent trompé(e)s

Impératif
trompe-toi; ne te trompe pas
trompons-nous; ne nous trompons pas
trompez-vous; ne vous trompez pas

Words and expressions related to this verb

tromper to cheat, to deceive
détromper to free from deception, to set a
matter straight
se laisser tromper to be taken in (fooled,
deceived)
un trompeur, une trompeuse deceiver
se détromper to see the truth about a matter

se tromper de chemin to take the wrong route
une tromperie deceit, deception

Syn.: **avoir tort** to be wrong; **se méprendre**
to be mistaken
Ant.: **avoir raison** to be right

Regular **-er** verb   to find

The Seven Simple Tenses		The Seven Compound Tenses	
Singular	Plural	Singular	Plural

1 présent de l'indicatif		8 passé composé	
trouve	**trouvons**	**ai trouvé**	**avons trouvé**
trouves	**trouvez**	**as trouvé**	**avez trouvé**
trouve	**trouvent**	**a trouvé**	**ont trouvé**

2 imparfait de l'indicatif		9 plus-que-parfait de l'indicatif	
trouvais	**trouvions**	**avais trouvé**	**avions trouvé**
trouvais	**trouviez**	**avais trouvé**	**aviez trouvé**
trouvait	**trouvaient**	**avait trouvé**	**avaient trouvé**

3 passé simple		10 passé antérieur	
trouvai	**trouvâmes**	**eus trouvé**	**eûmes trouvé**
trouvas	**trouvâtes**	**eus trouvé**	**eûtes trouvé**
trouva	**trouvèrent**	**eut trouvé**	**eurent trouvé**

4 futur		11 futur antérieur	
trouverai	**trouverons**	**aurai trouvé**	**aurons trouvé**
trouveras	**trouverez**	**auras trouvé**	**aurez trouvé**
trouvera	**trouveront**	**aura trouvé**	**auront trouvé**

5 conditionnel		12 conditionnel passé	
trouverais	**trouverions**	**aurais trouvé**	**aurions trouvé**
trouverais	**trouveriez**	**aurais trouvé**	**auriez trouvé**
trouverait	**trouveraient**	**aurait trouvé**	**auraient trouvé**

6 présent du subjonctif		13 passé du subjonctif	
trouve	**trouvions**	**aie trouvé**	**ayons trouvé**
trouves	**trouviez**	**aies trouvé**	**ayez trouvé**
trouve	**trouvent**	**ait trouvé**	**aient trouvé**

7 imparfait du subjonctif		14 plus-que-parfait du subjonctif	
trouvasse	**trouvassions**	**eusse trouvé**	**eussions trouvé**
trouvasses	**trouvassiez**	**eusses trouvé**	**eussiez trouvé**
trouvât	**trouvassent**	**eût trouvé**	**eussent trouvé**

	Impératif
	trouve
	trouvons
	trouvez

T

Words and expressions related to this verb

J'ai une nouvelle voiture; comment la trouvez-vous? I have a new car; how do you like it?

trouver un emploi to find a job

trouver bon de faire qqch to think fit to do something

retrouver to find again, to recover, to retrieve

trouver porte close, trouver visage de bois not to find anyone answering the door after knocking

une trouvaille a discovery, a find
les retrouvailles *f.* reunion, rediscovery
le bureau d'objets trouvés lost and found

See also **se trouver.**

Syn.: **découvrir** to discover; **détecter** to detect (160); **élucider** to elucidate (26); **tomber sur** to run into, to come across
Ant.: **chercher** to look for; **oublier** to forget; **perdre** to lose

---

The subject pronouns are found on page 103.   **637**

se trouver (482)

Part. pr. se trouvant **Part. passé trouvé(e)(s)**

to be located, to be situated

Reflexive regular **-er** verb

The Seven Simple Tenses		The Seven Compound Tenses	
Singular	Plural	Singular	Plural
1 présent de l'indicatif		8 passé composé	
me trouve	nous trouvons	me suis trouvé(e)	nous sommes trouvé(e)s
te trouves	vous trouvez	t'es trouvé(e)	vous êtes trouvé(e)(s)
se trouve	se trouvent	s'est trouvé(e)	se sont trouvé(e)s
2 imparfait de l'indicatif		9 plus-que-parfait de l'indicatif	
me trouvais	nous trouvions	m'étais trouvé(e)	nous étions trouvé(e)s
te trouvais	vous trouviez	t'étais trouvé(e)	vous étiez trouvé(e)(s)
se trouvait	se trouvaient	s'était trouvé(e)	s'étaient trouvé(e)s
3 passé simple		10 passé antérieur	
me trouvai	nous trouvâmes	me fus trouvé(e)	nous fûmes trouvé(e)s
te trouvas	vous trouvâtes	te fus trouvé(e)	vous fûtes trouvé(e)(s)
se trouva	se trouvèrent	se fut trouvé(e)	se furent trouvé(e)s
4 futur		11 futur antérieur	
me trouverai	nous trouverons	me serai trouvé(e)	nous serons trouvé(e)s
te trouveras	vous trouverez	te seras trouvé(e)	vous serez trouvé(e)(s)
se trouvera	se trouveront	se sera trouvé(e)	se seront trouvé(e)s
5 conditionnel		12 conditionnel passé	
me trouverais	nous trouverions	me serais trouvé(e)	nous serions trouvé(e)s
te trouverais	vous trouveriez	te serais trouvé(e)	vous seriez trouvé(e)(s)
se trouverait	se trouveraient	se serait trouvé(e)	se seraient trouvé(e)s
6 présent du subjonctif		13 passé du subjonctif	
me trouve	nous trouvions	me sois trouvé(e)	nous soyons trouvé(e)s
te trouves	vous trouviez	te sois trouvé(e)	vous soyez trouvé(e)(s)
se trouve	se trouvent	se soit trouvé(e)	se soient trouvé(e)s
7 imparfait du subjonctif		14 plus-que-parfait du subjonctif	
me trouvasse	nous trouvassions	me fusse trouvé(e)	nous fussions trouvé(e)s
te trouvasses	vous trouvassiez	te fusses trouvé(e)	vous fussiez trouvé(e)(s)
se trouvât	se trouvassent	se fût trouvé(e)	se fussent trouvé(e)s

Impératif
trouve-toi; ne te trouve pas
trouvons-nous; ne nous trouvons pas
trouvez-vous; ne vous trouvez pas

Words and expressions related to this verb

Où se trouve le bureau de poste? Where is the post office located?

Pouvez-vous me dire où se trouvent les toilettes? Can you tell me where the rest rooms are located?

Trouve-toi dans ce café à huit heures ce soir. Be in this café at 8 o'clock tonight.

Vous avez été malade; allez-vous mieux maintenant?—Oui, je me trouve mieux, merci! You have been sick; are you feeling better now?—Yes, I'm feeling better, thank you!

See also **trouver**.

Syn.: **être** to be; **siéger à** to be headquartered in (52); **demeurer** to reside, to stay

Regular **-er** verb   to kill

The Seven Simple Tenses		The Seven Compound Tenses	
Singular	Plural	Singular	Plural
1 présent de l'indicatif		**8 passé composé**	
tue	**tuons**	**ai tué**	**avons tué**
tues	**tuez**	**as tué**	**avez tué**
tue	**tuent**	**a tué**	**ont tué**
2 imparfait de l'indicatif		**9 plus-que-parfait de l'indicatif**	
tuais	**tuions**	**avais tué**	**avions tué**
tuais	**tuiez**	**avais tué**	**aviez tué**
tuait	**tuaient**	**avait tué**	**avaient tué**
3 passé simple		**10 passé antérieur**	
tuai	**tuâmes**	**eus tué**	**eûmes tué**
tuas	**tuâtes**	**eus tué**	**eûtes tué**
tua	**tuèrent**	**eut tué**	**eurent tué**
4 futur		**11 futur antérieur**	
tuerai	**tuerons**	**aurai tué**	**aurons tué**
tueras	**tuerez**	**auras tué**	**aurez tué**
tuera	**tueront**	**aura tué**	**auront tué**
5 conditionnel		**12 conditionnel passé**	
tuerais	**tuerions**	**aurais tué**	**aurions tué**
tuerais	**tueriez**	**aurais tué**	**auriez tué**
tuerait	**tueraient**	**aurait tué**	**auraient tué**
6 présent du subjonctif		**13 passé du subjonctif**	
tue	**tuions**	**aie tué**	**ayons tué**
tues	**tuiez**	**aies tué**	**ayez tué**
tue	**tuent**	**ait tué**	**aient tué**
7 imparfait du subjonctif		**14 plus-que-parfait du subjonctif**	
tuasse	**tuassions**	**eusse tué**	**eussions tué**
tuasses	**tuassiez**	**eusses tué**	**eussiez tué**
tuât	**tuassent**	**eût tué**	**eussent tué**

Impératif
tue
tuons
tuez

T

Words and expressions related to this verb

tuer le temps to kill time
Ce travail me tue! This work is killing me!
se tuer to kill oneself; to get killed
un tueur, une tueuse killer
une tuerie slaughter
La drogue tue. Drugs kill.
un tue-mouche fly swatter (**des tue-mouches**)
crier à tue-tête to shout at the top of one's voice.
chanter à tue-tête to sing at the top of one's voice

French Proverb: **Il ne faut pas vendre la peau de l'ours avant de l'avoir tué.** Don't count your chickens before they're hatched. (Lit.: Don't sell the bear's pelt before you've killed it.)

Syn.: **abattre** to slaughter, to strike down; **assassiner** to murder, to assassinate (159); **détruire** to destroy; **massacrer** to massacre (299); **noyer** to drown (187) (See 312) Ant.: **aider** to help; **épargner** to spare (10); **sauver** to rescue, to save

The subject pronouns are found on page 103.

| to use **tu** when speaking, to be on familiar terms with someone | Regular **-er** verb endings; spelling change: **-oyer** verbs must change **y** to **i** in front of a mute **e** |

| The Seven Simple Tenses | The Seven Compound Tenses |

Singular	Plural	Singular	Plural
1 présent de l'indicatif		**8 passé composé**	
tutoie	tutoyons	ai tutoyé	avons tutoyé
tutoies	tutoyez	as tutoyé	avez tutoyé
tutoie	tutoient	a tutoyé	ont tutoyé
2 imparfait de l'indicatif		**9 plus-que-parfait de l'indicatif**	
tutoyais	tutoyions	avais tutoyé	avions tutoyé
tutoyais	tutoyiez	avais tutoyé	aviez tutoyé
tutoyait	tutoyaient	avait tutoyé	avaient tutoyé
3 passé simple		**10 passé antérieur**	
tutoyai	tutoyâmes	eus tutoyé	eûmes tutoyé
tutoyas	tutoyâtes	eus tutoyé	eûtes tutoyé
tutoya	tutoyèrent	eut tutoyé	eurent tutoyé
4 futur		**11 futur antérieur**	
tutoierai	tutoierons	aurai tutoyé	aurons tutoyé
tutoieras	tutoierez	auras tutoyé	aurez tutoyé
tutoiera	tutoieront	aura tutoyé	auront tutoyé
5 conditionnel		**12 conditionnel passé**	
tutoierais	tutoierions	aurais tutoyé	aurions tutoyé
tutoierais	tutoieriez	aurais tutoyé	auriez tutoyé
tutoierait	tutoieraient	aurait tutoyé	auraient tutoyé
6 présent du subjonctif		**13 passé du subjonctif**	
tutoie	tutoyions	aie tutoyé	ayons tutoyé
tutoies	tutoyiez	aies tutoyé	ayez tutoyé
tutoie	tutoient	ait tutoyé	aient tutoyé
7 imparfait du subjonctif		**14 plus-que-parfait du subjonctif**	
tutoyasse	tutoyassions	eusse tutoyé	eussions tutoyé
tutoyasses	tutoyassiez	eusses tutoyé	eussiez tutoyé
tutoyât	tutoyassent	eût tutoyé	eussent tutoyé

Impératif
tutoie
tutoyons
tutoyez

Sentences using this verb and words related to it	Words and expressions related to this verb
Est-ce que cela vous dérangerait si on se tutoyait? (Cela vous dérange si on se tutoie?) Would it bother you if we used **tu** with each other?	**le tutoiement** use of **tu** when speaking with someone **se tutoyer** to use **tu** with each other See **vouvoyer**.

In French, **tu** is used when you are speaking to a member of your family, a close friend, a classmate, or someone younger than you. **Tu** is also used when speaking to an animal. **Vous** is the polite form of *you* and is used at all other times. **Vous** is also the plural of **tu**; when you are speaking to two or more strangers, two or more members of your family at the same time, or two or more close friends at the same time, use **vous**. If you're not sure, use **vous** until someone tells you otherwise!

The Seven Simple Tenses		The Seven Compound Tenses	
Singular	Plural	Singular	Plural

1 présent de l'indicatif		8 passé composé	
unis	**unissons**	**ai uni**	**avons uni**
unis	**unissez**	**as uni**	**avez uni**
unit	**unissent**	**a uni**	**ont uni**

2 imparfait de l'indicatif		9 plus-que-parfait de l'indicatif	
unissais	**unissions**	**avais uni**	**avions uni**
unissais	**unissiez**	**avais uni**	**aviez uni**
unissait	**unissaient**	**avait uni**	**avaient uni**

3 passé simple		10 passé antérieur	
unis	**unîmes**	**eus uni**	**eûmes uni**
unis	**unîtes**	**eus uni**	**eûtes uni**
unit	**unirent**	**eut uni**	**eurent uni**

4 futur		11 futur antérieur	
unirai	**unirons**	**aurai uni**	**aurons uni**
uniras	**unirez**	**auras uni**	**aurez uni**
unira	**uniront**	**aura uni**	**auront uni**

5 conditionnel		12 conditionnel passé	
unirais	**unirions**	**aurais uni**	**aurions uni**
unirais	**uniriez**	**aurais uni**	**auriez uni**
unirait	**uniraient**	**aurait uni**	**auraient uni**

6 présent du subjonctif		13 passé du subjonctif	
unisse	**unissions**	**aie uni**	**ayons uni**
unisses	**unissiez**	**aies uni**	**ayez uni**
unisse	**unissent**	**ait uni**	**aient uni**

7 imparfait du subjonctif		14 plus-que-parfait du subjonctif	
unisse	**unissions**	**eusse uni**	**eussions uni**
unisses	**unissiez**	**eusses uni**	**eussiez uni**
unît	**unissent**	**eût uni**	**eussent uni**

Impératif
unis
unissons
unissez

U

Words and expressions related to this verb

s'**unir** to join together, to marry
réunir to reunite; se réunir to meet together
les Etats-Unis the United States
les Nations-Unies (l'ONU) the United Nations
une union union, alliance
un trait d'union hyphen
unisexe unisex

unir ses forces to combine one's forces
chanter à l'unisson to sing in unison

Syn.: assembler to assemble (407); joindre
to join; lier to connect (129)
Ant.: désunir to split up (229); disjoindre to
separate (268); diviser en to divide into (32);
séparer to separate

The subject pronouns are found on page 103.   **641**

to utilize, to use, to make use of, to put to use

The Seven Simple Tenses		The Seven Compound Tenses	
Singular	Plural	Singular	Plural
1 présent de l'indicatif		**8 passé composé**	
utilise	utilisons	ai utilisé	avons utilisé
utilises	utilisez	as utilisé	avez utilisé
utilise	utilisent	a utilisé	ont utilisé
2 imparfait de l'indicatif		**9 plus-que-parfait de l'indicatif**	
utilisais	utilisions	avais utilisé	avions utilisé
utilisais	utilisiez	avais utilisé	aviez utilisé
utilisait	utilisaient	avait utilisé	avaient utilisé
3 passé simple		**10 passé antérieur**	
utilisai	utilisâmes	eus utilisé	eûmes utilisé
utilisas	utilisâtes	eus utilisé	eûtes utilisé
utilisa	utilisèrent	eut utilisé	eurent utilisé
4 futur		**11 futur antérieur**	
utiliserai	utiliserons	aurai utilisé	aurons utilisé
utiliseras	utiliserez	auras utilisé	aurez utilisé
utilisera	utiliseront	aura utilisé	auront utilisé
5 conditionnel		**12 conditionnel passé**	
utiliserais	utiliserions	aurais utilisé	aurions utilisé
utiliserais	utiliseriez	aurais utilisé	auriez utilisé
utiliserait	utiliseraient	aurait utilisé	auraient utilisé
6 présent du subjonctif		**13 passé du subjonctif**	
utilise	utilisions	aie utilisé	ayons utilisé
utilises	utilisiez	aies utilisé	ayez utilisé
utilise	utilisent	ait utilisé	aient utilisé
7 imparfait du subjonctif		**14 plus-que-parfait du subjonctif**	
utilisasse	utilisassions	eusse utilisé	eussions utilisé
utilisasses	utilisassiez	eusses utilisé	eussiez utilisé
utilisât	utilisassent	eût utilisé	eussent utilisé

Impératif
utilise
utilisons
utilisez

Words and expressions related to this verb

utile useful
inutile useless
une utilité utility, usefulness
un utilisateur, une utilisatrice user
utilitaire utilitarian
une utilisation utilization

Il est utile de + inf. It is useful + inf.
utilement usefully

Syn.: **employer** to use, to employ; **exploiter** to exploit (251); **se servir de qqch** to use something, to make use of; **user de** to use (32)

The Seven Simple Tenses		The Seven Compound Tenses	
Singular	Plural	Singular	Plural

1 présent de l'indicatif

		8 passé composé	
vaincs	**vainquons**	**ai vaincu**	**avons vaincu**
vaincs	**vainquez**	**as vaincu**	**avez vaincu**
vainc	**vainquent**	**a vaincu**	**ont vaincu**

2 imparfait de l'indicatif   **9 plus-que-parfait de l'indicatif**

vainquais	**vainquions**	**avais vaincu**	**avions vaincu**
vainquais	**vainquiez**	**avais vaincu**	**aviez vaincu**
vainquait	**vainquaient**	**avait vaincu**	**avaient vaincu**

3 passé simple   **10 passé antérieur**

vainquis	**vainquîmes**	**eus vaincu**	**eûmes vaincu**
vainquis	**vainquîtes**	**eus vaincu**	**eûtes vaincu**
vainquit	**vainquirent**	**eut vaincu**	**eurent vaincu**

4 futur   **11 futur antérieur**

vaincrai	**vaincrons**	**aurai vaincu**	**aurons vaincu**
vaincras	**vaincrez**	**auras vaincu**	**aurez vaincu**
vaincra	**vaincront**	**aura vaincu**	**auront vaincu**

5 conditionnel   **12 conditionnel passé**

vaincrais	**vaincrions**	**aurais vaincu**	**aurions vaincu**
vaincrais	**vaincriez**	**aurais vaincu**	**auriez vaincu**
vaincrait	**vaincraient**	**aurait vaincu**	**auraient vaincu**

6 présent du subjonctif   **13 passé du subjonctif**

vainque	**vainquions**	**aie vaincu**	**ayons vaincu**
vainques	**vainquiez**	**aies vaincu**	**ayez vaincu**
vainque	**vainquent**	**ait vaincu**	**aient vaincu**

7 imparfait du subjonctif   **14 plus-que-parfait du subjonctif**

vainquisse	**vainquissions**	**eusse vaincu**	**eussions vaincu**
vainquisses	**vainquissiez**	**eusses vaincu**	**eussiez vaincu**
vainquît	**vainquissent**	**eût vaincu**	**eussent vaincu**

Impératif
vaincs
vainquons
vainquez

Words and expressions related to this verb

convaincre qqn de qqch to convince, to
     persuade someone of something
vainqueur victor, victorious; conqueror,
     conquering
convaincant, convaincante convincing
vaincu defeated

See also **convaincre**.

Syn.: **battre** to beat; **conquérir** to conquer;
dompter to tame (107); **gagner** to win;
triompher to triumph (27)
Ant.: **capituler** to capitulate, to surrender
(81); **céder** to yield, to cede; **perdre** to lose

valoir (488)

to be worth, to be as good as, to deserve,
to merit, to be equal to

The Seven Simple Tenses		The Seven Compound Tenses	
Singular	Plural	Singular	Plural
1 présent de l'indicatif		**8 passé composé**	
vaux	valons	ai valu	avons valu
vaux	valez	as valu	avez valu
vaut	valent	a valu	ont valu
2 imparfait de l'indicatif		**9 plus-que-parfait de l'indicatif**	
valais	valions	avais valu	avions valu
valais	valiez	avais valu	aviez valu
valait	valaient	avait valu	avaient valu
3 passé simple		**10 passé antérieur**	
valus	valûmes	eus valu	eûmes valu
valus	valûtes	eus valu	eûtes valu
valut	valurent	eut valu	eurent valu
4 futur		**11 futur antérieur**	
vaudrai	vaudrons	aurai valu	aurons valu
vaudras	vaudrez	auras valu	aurez valu
vaudra	vaudront	aura valu	auront valu
5 conditionnel		**12 conditionnel passé**	
vaudrais	vaudrions	aurais valu	aurions valu
vaudrais	vaudriez	aurais valu	auriez valu
vaudrait	vaudraient	aurait valu	auraient valu
6 présent du subjonctif		**13 passé du subjonctif**	
vaille	valions	aie valu	ayons valu
vailles	valiez	aies valu	ayez valu
vaille	vaillent	ait valu	aient valu
7 imparfait du subjonctif		**14 plus-que-parfait du subjonctif**	
valusse	valussions	eusse valu	eussions valu
valusses	valussiez	eusses valu	eussiez valu
valût	valussent	eût valu	eussent valu

Impératif
vaux
valons
valez

Words and expressions related to this verb

la valeur value, worth
valeureusement valorously
valeureux, valeureuse valorous
la validation validation
valide valid
Mieux vaut tard que jamais. Better late than never.
Cela vaut la peine. It's worth the trouble.

faire valoir to make the most of, to invest one's money
valoir cher to be worth a lot
valoir de l'argent to be worth money

Syn.: **coûter** to cost (Def. and Imp.); **égaler** to equal (326); **équivaloir** à to be equivalent to (488); **mériter** to merit, to deserve
Ant.: **déprécier** to depreciate (41); **discréditer** to discredit (215)

The Seven Simple Tenses		The Seven Compound Tenses	
Singular	Plural	Singular	Plural
1 présent de l'indicatif		**8 passé composé**	
vends	**vendons**	**ai vendu**	**avons vendu**
vends	**vendez**	**as vendu**	**avez vendu**
vend	**vendent**	**a vendu**	**ont vendu**
2 imparfait de l'indicatif		**9 plus-que-parfait de l'indicatif**	
vendais	**vendions**	**avais vendu**	**avions vendu**
vendais	**vendiez**	**avais vendu**	**aviez vendu**
vendait	**vendaient**	**avait vendu**	**avaient vendu**
3 passé simple		**10 passé antérieur**	
vendis	**vendîmes**	**eus vendu**	**eûmes vendu**
vendis	**vendîtes**	**eus vendu**	**eûtes vendu**
vendit	**vendirent**	**eut vendu**	**eurent vendu**
4 futur		**11 futur antérieur**	
vendrai	**vendrons**	**aurai vendu**	**aurons vendu**
vendras	**vendrez**	**auras vendu**	**aurez vendu**
vendra	**vendront**	**aura vendu**	**auront vendu**
5 conditionnel		**12 conditionnel passé**	
vendrais	**vendrions**	**aurais vendu**	**aurions vendu**
vendrais	**vendriez**	**aurais vendu**	**auriez vendu**
vendrait	**vendraient**	**aurait vendu**	**auraient vendu**
6 présent du subjonctif		**13 passé du subjonctif**	
vende	**vendions**	**aie vendu**	**ayons vendu**
vendes	**vendiez**	**aies vendu**	**ayez vendu**
vende	**vendent**	**ait vendu**	**aient vendu**
7 imparfait du subjonctif		**14 plus-que-parfait du subjonctif**	
vendisse	**vendissions**	**eusse vendu**	**eussions vendu**
vendisses	**vendissiez**	**eusses vendu**	**eussiez vendu**
vendît	**vendissent**	**eût vendu**	**eussent vendu**

V

Impératif
vends
vendons
vendez

AN ESSENTIAL 55 VERB

Vendre

Vendre is an important verb because of its usefulness in many idiomatic expressions and everyday situations. **Vendre** is a regular -re verb, so many verbs are conjugated like it.

Sentences using vendre

Ce comédien a commencé sa carrière comme vendeur de chaussures. This actor began his career as a shoe salesman.

On vend des livres ici. Books are sold here.

Proverb

Il ne faut pas vendre la peau de l'ours avant de l'avoir tué. **Don't count your chickens before they're hatched.** (Literally: Don't sell the bear's pelt before you've killed it.)

À Vendre
Ordinateur portable, 512 Mo, 80 Gig, graveur CD, 700€.

For Sale
Laptop computer, 512 Meg, 80 Gig, CD burner, 700€.

Syn.: **commercer avec** to trade with (99); **débiter** to sell retail, to debit (251); **liquider** to liquidate (251); **marchander** to haggle, to bargain over (147); **solder** to put on sale (27) Ant.: **acheter** to buy; **acquérir** to acquire; **garder** to keep; **payer** to pay; **racheter** to buy back (17)

Words and expressions related to this verb

un vendeur, une vendeuse **salesperson**

une vente **sale**

en vente **on sale**

maison à vendre **house for sale**

une salle de ventes **salesroom**

vendre à bon marché **to sell at a reasonably low price (a good buy)**

une vente aux enchères **auction**

vendre au rabais **to sell at a discount**

vendre à la sauvette **to peddle on the streets**

une vente à la sauvette **street peddling**

la mévente **a drop in sales, a sale at a loss**

If you can conjugate **vendre** you can also conjugate the following verbs (as well as other regular -re verbs):

fendre **to split**

revendre **to resell**

suspendre **to hang**

Regular **-er** verb endings; spelling change: retain the   to avenge
ge before **a** or **o** to keep the soft **g** sound of the verb

The Seven Simple Tenses		The Seven Compound Tenses	
Singular	Plural	Singular	Plural
1 présent de l'indicatif		**8 passé composé**	
venge	vengeons	ai vengé	avons vengé
venges	vengez	as vengé	avez vengé
venge	vengent	a vengé	ont vengé
2 imparfait de l'indicatif		**9 plus-que-parfait de l'indicatif**	
vengeais	vengions	avais vengé	avions vengé
vengeais	vengiez	avais vengé	aviez vengé
vengeait	vengeaient	avait vengé	avaient vengé
3 passé simple		**10 passé antérieur**	
vengeai	vengeâmes	eus vengé	eûmes vengé
vengeas	vengeâtes	eus vengé	eûtes vengé
vengea	vengèrent	eut vengé	eurent vengé
4 futur		**11 futur antérieur**	
vengerai	vengerons	aurai vengé	aurons vengé
vengeras	vengerez	auras vengé	aurez vengé
vengera	vengeront	aura vengé	auront vengé
5 conditionnel		**12 conditionnel passé**	
vengerais	vengerions	aurais vengé	aurions vengé
vengerais	vengeriez	aurais vengé	auriez vengé
vengerait	vengeraient	aurait vengé	auraient vengé
6 présent du subjonctif		**13 passé du subjonctif**	
venge	vengions	aie vengé	ayons vengé
venges	vengiez	aies vengé	ayez vengé
venge	vengent	ait vengé	aient vengé
7 imparfait du subjonctif		**14 plus-que-parfait du subjonctif**	
vengeasse	vengeassions	eusse vengé	eussions vengé
vengeasses	vengeassiez	eusses vengé	eussiez vengé
vengeât	vengeassent	eût vengé	eussent vengé

Impératif
venge
vengeons
vengez

V

Words and expressions related to this verb

se venger to avenge oneself
venger son honneur to avenge one's honor
par vengeance out of revenge
un vengeur, une vengeresse avenger
se venger de to avenge oneself for
la vengeance vengeance, revenge
la vengeance divine divine vengeance

Syn.: **corriger** to correct; **dédommager** to compensate, to make up for (305); **punir** to punish
Ant.: **absoudre** to absolve; **pardonner** to pardon, to forgive

venir (491)

to come

The Seven Simple Tenses		The Seven Compound Tenses	
Singular	Plural	Singular	Plural
1 présent de l'indicatif		**8 passé composé**	
viens	venons	suis venu(e)	sommes venu(e)s
viens	venez	es venu(e)	êtes venu(e)(s)
vient	viennent	est venu(e)	sont venu(e)s
2 imparfait de l'indicatif		**9 plus-que-parfait de l'indicatif**	
venais	venions	étais venu(e)	étions venu(e)s
venais	veniez	étais venu(e)	étiez venu(e)(s)
venait	venaient	était venu(e)	étaient venu(e)s
3 passé simple		**10 passé antérieur**	
vins	vînmes	fus venu(e)	fûmes venu(e)s
vins	vîntes	fus venu(e)	fûtes venu(e)(s)
vint	vinrent	fut venu(e)	furent venu(e)s
4 futur		**11 futur antérieur**	
viendrai	viendrons	serai venu(e)	serons venu(e)s
viendras	viendrez	seras venu(e)	serez venu(e)(s)
viendra	viendront	sera venu(e)	seront venu(e)s
5 conditionnel		**12 conditionnel passé**	
viendrais	viendrions	serais venu(e)	serions venu(e)s
viendrais	viendriez	serais venu(e)	seriez venu(e)(s)
viendrait	viendraient	serait venu(e)	seraient venu(e)s
6 présent du subjonctif		**13 passé du subjonctif**	
vienne	venions	sois venu(e)	soyons venu(e)s
viennes	veniez	sois venu(e)	soyez venu(e)(s)
vienne	viennent	soit venu(e)	soient venu(e)s
7 imparfait du subjonctif		**14 plus-que-parfait du subjonctif**	
vinsse	vinssions	fusse venu(e)	fussions venu(e)s
vinsses	vinssiez	fusses venu(e)	fussiez venu(e)(s)
vînt	vinssent	fût venu(e)	fussent venu(e)s

Impératif
viens
venons
venez

Venir is an important verb for a beginning student because it is used in numerous situations and idiomatic expressions. There are also many useful verbs that are conjugated like **venir**. Note that the auxiliary of **venir** is **être** (see page 6).

Sentences using venir

Je viens de manger. I have just eaten.

D'où vient cela? Where does that come from?

Venons-en au fait. Let's get to the point.

Si nous venons à nous voir en ville, nous pouvons prendre un café ensemble. If we happen to see each other downtown, we can have coffee together.

Tina venait de sortir avec Alexandre quand le téléphone a sonné. Tina had just gone out with Alexander when the telephone rang.

Tu viens avec moi? Are you coming with me?

Proverbs

Tout vient à temps (à point) à qui sait attendre. Everything comes to him who waits.

L'appétit vient en mangeant. The more you have, the more you want. (Literally: Appetite comes while eating.)

If you can conjugate **venir** you can also conjugate the following verbs:

intervenir **to intervene**

parvenir à **to reach, succeed**

survenir **to occur, arise**

Words and expressions related to this verb

venir de faire qqch **to have just done something**

venir à + inf. **to happen to;** Si je viens à devenir riche . . . **If I happen to become rich . . .**

venir à bout de + inf. **to manage, to succeed + inf.**

s'en venir **to come**

faire venir **to send for**

venir chercher **to call for, to come to get**

le va et vient **coming and going (of people, cars, etc.)**

V

Note: If you want to tell someone that you're on the way, say "J'arrive!" (I'm on the way! I'm coming!)

Syn.: arriver **to arrive**
Ant.: s'enfuir **to flee, to run away;** partir **to leave, to depart;** quitter **to leave**

verser (492)

to pour, to pay

Regular **-er** verb

The Seven Simple Tenses		The Seven Compound Tenses	
Singular	Plural	Singular	Plural
1 présent de l'indicatif		**8 passé composé**	
verse	versons	ai versé	avons versé
verses	versez	as versé	avez versé
verse	versent	a versé	ont versé
2 imparfait de l'indicatif		**9 plus-que-parfait de l'indicatif**	
versais	versions	avais versé	avions versé
versais	versiez	avais versé	aviez versé
versait	versaient	avait versé	avaient versé
3 passé simple		**10 passé antérieur**	
versai	versâmes	eus versé	eûmes versé
versas	versâtes	eus versé	eûtes versé
versa	versèrent	eut versé	eurent versé
4 futur		**11 futur antérieur**	
verserai	verserons	aurai versé	aurons versé
verseras	verserez	auras versé	aurez versé
versera	verseront	aura versé	auront versé
5 conditionnel		**12 conditionnel passé**	
verserais	verserions	aurais versé	aurions versé
verserais	verseriez	aurais versé	auriez versé
verserait	verseraient	aurait versé	auraient versé
6 présent du subjonctif		**13 passé du subjonctif**	
verse	versions	aie versé	ayons versé
verses	versiez	aies versé	ayez versé
verse	versent	ait versé	aient versé
7 imparfait du subjonctif		**14 plus-que-parfait du subjonctif**	
versasse	versassions	eusse versé	eussions versé
versasses	versassiez	eusses versé	eussiez versé
versât	versassent	eût versé	eussent versé

Impératif
verse
versons
versez

Common idiomatic expressions using this verb and words related to it

verser des larmes to shed tears
verser de l'argent to deposit money
verser des fonds to invest capital
un versement deposit, payment
verser du sang to shed blood
verser à boire à qqn to pour someone a drink
pleuvoir à verse to rain hard

Syn.: **dépenser** to spend money; **faire couler** to run (water), to make something flow (conjugate **faire**); **payer** to pay
Ant.: **encaisser** to cash (274); **éponger** to sponge (283)

The Seven Simple Tenses		The Seven Compound Tenses	
Singular	Plural	Singular	Plural

1 présent de l'indicatif		8 passé composé	
vêts	**vêtons**	**ai vêtu**	**avons vêtu**
vêts	**vêtez**	**as vêtu**	**avez vêtu**
vêt	**vêtent**	**a vêtu**	**ont vêtu**

2 imparfait de l'indicatif		9 plus-que-parfait de l'indicatif	
vêtais	**vêtions**	**avais vêtu**	**avions vêtu**
vêtais	**vêtiez**	**avais vêtu**	**aviez vêtu**
vêtait	**vêtaient**	**avait vêtu**	**avaient vêtu**

3 passé simple		10 passé antérieur	
vêtis	**vêtîmes**	**eus vêtu**	**eûmes vêtu**
vêtis	**vêtîtes**	**eus vêtu**	**eûtes vêtu**
vêtit	**vêtirent**	**eut vêtu**	**eurent vêtu**

4 futur		11 futur antérieur	
vêtirai	**vêtirons**	**aurai vêtu**	**aurons vêtu**
vêtiras	**vêtirez**	**auras vêtu**	**aurez vêtu**
vêtira	**vêtiront**	**aura vêtu**	**auront vêtu**

5 conditionnel		12 conditionnel passé	
vêtirais	**vêtirions**	**aurais vêtu**	**aurions vêtu**
vêtirais	**vêtiriez**	**aurais vêtu**	**auriez vêtu**
vêtirait	**vêtiraient**	**aurait vêtu**	**auraient vêtu**

6 présent du subjonctif		13 passé du subjonctif	
vête	**vêtions**	**aie vêtu**	**ayons vêtu**
vêtes	**vêtiez**	**aies vêtu**	**ayez vêtu**
vête	**vêtent**	**ait vêtu**	**aient vêtu**

7 imparfait du subjonctif		14 plus-que-parfait du subjonctif	
vêtisse	**vêtissions**	**eusse vêtu**	**eussions vêtu**
vêtisses	**vêtissiez**	**eusses vêtu**	**eussiez vêtu**
vêtît	**vêtissent**	**eût vêtu**	**eussent vêtu**

Impératif
vêts
vêtons
vêtez

Words and expressions related to this verb

un vêtement garment, wearing apparel;
  des vêtements clothes
les vêtements de dessus outerwear
les sous-vêtements underwear
vêtir un enfant to dress a child
mettre sur soi un vêtement to put on clothing
les vêtements de deuil mourning clothes
le vestiaire coatroom
les vêtements de travail work clothes
se vêtir to dress oneself

se dévêtir to undress oneself
être bien vêtu (vêtue) to be well dressed; **mal
vêtu** badly dressed; **à demi-vêtu** half dressed

See also **s'habiller.**

Syn.: **couvrir** to cover; **habiller qqn, qqch**
to dress someone, something (477) (See 250;
aux. **avoir**); **mettre** to put on clothing, to put;
revêtir to put on (clothing) (493)
Ant.: **dépouiller** to strip (233); **déshabiller** to
undress (477); **dévêtir** to undress (493)

The subject pronouns are found on page 103.

vieillir (494)

to grow old, to become old, to age

Part. pr. **vieillissant**   Part. passé **vieilli**

Regular **-ir** verb

The Seven Simple Tenses		The Seven Compound Tenses	
Singular	Plural	Singular	Plural
1 présent de l'indicatif		**8 passé composé**	
vieillis	**vieillissons**	**ai vieilli**	**avons vieilli**
vieillis	**vieillissez**	**as vieilli**	**avez vieilli**
vieillit	**vieillissent**	**a vieilli**	**ont vieilli**
2 imparfait de l'indicatif		**9 plus-que-parfait de l'indicatif**	
vieillissais	**vieillissions**	**avais vieilli**	**avions vieilli**
vieillissais	**vieillissiez**	**avais vieilli**	**aviez vieilli**
vieillissait	**vieillissaient**	**avait vieilli**	**avaient vieilli**
3 passé simple		**10 passé antérieur**	
vieillis	**vieillîmes**	**eus vieilli**	**eûmes vieilli**
vieillis	**vieillîtes**	**eus vieilli**	**eûtes vieilli**
vieillit	**vieillirent**	**eut vieilli**	**eurent vieilli**
4 futur		**11 futur antérieur**	
vieillirai	**vieillirons**	**aurai vieilli**	**aurons vieilli**
vieilliras	**vieillirez**	**auras vieilli**	**aurez vieilli**
vieillira	**vieilliront**	**aura vieilli**	**auront vieilli**
5 conditionnel		**12 conditionnel passé**	
vieillirais	**vieillirions**	**aurais vieilli**	**aurions vieilli**
vieillirais	**vieilliriez**	**aurais vieilli**	**auriez vieilli**
vieillirait	**vieilliraient**	**aurait vieilli**	**auraient vieilli**
6 présent du subjonctif		**13 passé du subjonctif**	
vieillisse	**vieillissions**	**aie vieilli**	**ayons vieilli**
vieillisses	**vieillissiez**	**aies vieilli**	**ayez vieilli**
vieillisse	**vieillissent**	**ait vieilli**	**aient vieilli**
7 imparfait du subjonctif		**14 plus-que-parfait du subjonctif**	
vieillisse	**vieillissions**	**eusse vieilli**	**eussions vieilli**
vieillisses	**vieillissiez**	**eusses vieilli**	**eussiez vieilli**
vieillît	**vieillissent**	**eût vieilli**	**eussent vieilli**

Impératif
vieillis
vieillissons
vieillissez

Words related to this verb

vieux, vieil, vieille old
  un vieux chapeau an old hat
  un vieil arbre an old tree
  un vieil homme an old man
  deux vieux hommes two old men
  une vieille dame an old lady
  la vieillesse old age
  un vieillard old man

une vieille old woman
vieillissant, vieillissante *adj.* aging
le vieillissement aging, growing old

Syn.: **décliner** to decline (465); **se faner** to fade, to wither (122); **mûrir** to ripen (249)
Ant.: **rafraîchir** to refresh (383); **rajeunir** to rejuvenate (229)

The Seven Simple Tenses		The Seven Compound Tenses	
Singular	Plural	Singular	Plural
1 présent de l'indicatif		**8 passé composé**	
visite	visitons	ai visité	avons visité
visites	visitez	as visité	avez visité
visite	visitent	a visité	ont visité
2 imparfait de l'indicatif		**9 plus-que-parfait de l'indicatif**	
visitais	visitions	avais visité	avions visité
visitais	visitiez	avais visité	aviez visité
visitait	visitaient	avait visité	avaient visité
3 passé simple		**10 passé antérieur**	
visitai	visitâmes	eus visité	eûmes visité
visitas	visitâtes	eus visité	eûtes visité
visita	visitèrent	eut visité	eurent visité
4 futur		**11 futur antérieur**	
visiterai	visiterons	aurai visité	aurons visité
visiteras	visiterez	auras visité	aurez visité
visitera	visiteront	aura visité	auront visité
5 conditionnel		**12 conditionnel passé**	
visiterais	visiterions	aurais visité	aurions visité
visiterais	visiteriez	aurais visité	auriez visité
visiterait	visiteraient	aurait visité	auraient visité
6 présent du subjonctif		**13 passé du subjonctif**	
visite	visitions	aie visité	ayons visité
visites	visitiez	aies visité	ayez visité
visite	visitent	ait visité	aient visité
7 imparfait du subjonctif		**14 plus-que-parfait du subjonctif**	
visitasse	visitassions	eusse visité	eussions visité
visitasses	visitassiez	eusses visité	eussiez visité
visitât	visitassent	eût visité	eussent visité

Impératif
visite
visitons
visitez

V

Words and expressions related to this verb

rendre visite à qqn to visit someone, to pay a call
un visiteur, une visiteuse visitor, caller
une visite guidée a guided tour
L'été dernier, nous avons visité le Louvre.
    Last summer, we visited the Louvre.
rendre une visite à qqn to return a visit

les heures de visite visiting hours
une visitation visitation

Syn.: **aller voir** to visit (conjugate **aller**);
fréquenter to frequent (425)

vivre (496)

to live

The Seven Simple Tenses		The Seven Compound Tenses	
Singular	Plural	Singular	Plural
1 présent de l'indicatif		**8 passé composé**	
vis	vivons	ai vécu	avons vécu
vis	vivez	as vécu	avez vécu
vit	vivent	a vécu	ont vécu
2 imparfait de l'indicatif		**9 plus-que-parfait de l'indicatif**	
vivais	vivions	avais vécu	avions vécu
vivais	viviez	avais vécu	aviez vécu
vivait	vivaient	avait vécu	avaient vécu
3 passé simple		**10 passé antérieur**	
vécus	vécûmes	eus vécu	eûmes vécu
vécus	vécûtes	eus vécu	eûtes vécu
vécut	vécurent	eut vécu	eurent vécu
4 futur		**11 futur antérieur**	
vivrai	vivrons	aurai vécu	aurons vécu
vivras	vivrez	auras vécu	aurez vécu
vivra	vivront	aura vécu	auront vécu
5 conditionnel		**12 conditionnel passé**	
vivrais	vivrions	aurais vécu	aurions vécu
vivrais	vivriez	aurais vécu	auriez vécu
vivrait	vivraient	aurait vécu	auraient vécu
6 présent du subjonctif		**13 passé du subjonctif**	
vive	vivions	aie vécu	ayons vécu
vives	viviez	aies vécu	ayez vécu
vive	vivent	ait vécu	aient vécu
7 imparfait du subjonctif		**14 plus-que-parfait du subjonctif**	
vécusse	vécussions	eusse vécu	eussions vécu
vécusses	vécussiez	eusses vécu	eussiez vécu
vécût	vécussent	eût vécu	eussent vécu

Impératif
vis
vivons
vivez

Words and expressions related to this verb

revivre to relive, to revive
survivre à to survive
Vive la France! Long live France!
avoir de quoi vivre to have enough to live on
vivre de to subsist on
avoir du savoir-vivre to be well-mannered
Qui vivra verra. Time will tell.
Vivent les Etats-Unis! Long live the
    United States!
le vivre et le couvert room and board

vivre largement to live well
Nous vivons des temps troublés. We are living
    in troubled times.

See also survivre.

Syn.: demeurer to live, to reside; éprouver
to experience; être to be; exister to exist
(349); habiter to live (in); résider to reside
(251)
Ant.: disparaître to disappear, to die; mourir
to die

Irregular verb   to see

The Seven Simple Tenses		The Seven Compound Tenses	
Singular	Plural	Singular	Plural
1 présent de l'indicatif		**8 passé composé**	
vois	**voyons**	**ai vu**	**avons vu**
vois	**voyez**	**as vu**	**avez vu**
voit	**voient**	**a vu**	**ont vu**
2 imparfait de l'indicatif		**9 plus-que-parfait de l'indicatif**	
voyais	**voyions**	**avais vu**	**avions vu**
voyais	**voyiez**	**avais vu**	**aviez vu**
voyait	**voyaient**	**avait vu**	**avaient vu**
3 passé simple		**10 passé antérieur**	
vis	**vîmes**	**eus vu**	**eûmes vu**
vis	**vîtes**	**eus vu**	**eûtes vu**
vit	**virent**	**eut vu**	**eurent vu**
4 futur		**11 futur antérieur**	
verrai	**verrons**	**aurai vu**	**aurons vu**
verras	**verrez**	**auras vu**	**aurez vu**
verra	**verront**	**aura vu**	**auront vu**
5 conditionnel		**12 conditionnel passé**	
verrais	**verrions**	**aurais vu**	**aurions vu**
verrais	**verriez**	**aurais vu**	**auriez vu**
verrait	**verraient**	**aurait vu**	**auraient vu**
6 présent du subjonctif		**13 passé du subjonctif**	
voie	**voyions**	**aie vu**	**ayons vu**
voies	**voyiez**	**aies vu**	**ayez vu**
voie	**voient**	**ait vu**	**aient vu**
7 imparfait du subjonctif		**14 plus-que-parfait du subjonctif**	
visse	**vissions**	**eusse vu**	**eussions vu**
visses	**vissiez**	**eusses vu**	**eussiez vu**
vît	**vissent**	**eût vu**	**eussent vu**

	Impératif
	vois
	voyons
	voyez

AN ESSENTIAL
55 VERB

Voir

Voir is an important verb for a beginning French student to learn because it is used in many everyday situations and idiomatic expressions.

Sentences using voir

Cela se voit. That's obvious.

Voyez vous-même! See for yourself!

C'est à voir. It remains to be seen.

Voir c'est croire. Seeing is believing

Il m'a frappé si fort que j'ai vu trente-six chandelles. He hit me so hard I saw stars.

Édith a tendance à voir la vie en rose. Edith tends to see life through rose-colored glasses.

Voyons! See here now!

Qu'est-ce que tu caches dans ton sac-à-dos? Fais voir. What are you hiding in your backpack? Show me.

Words and expressions related to this verb

à vue d'oeil **visibly**

voir de loin **to be farsighted**

faire voir **to show**

voir la vie en rose **to see the bright side of life, to see life through rose-colored glasses**

voir tout en rose **to see the bright side of things, to be optimistic**

voir le jour **to be born**

If you can conjugate **voir** you can also conjugate the following verbs:

entrevoir **to glimpse, to catch a glimpse**

prévoir **to foresee (Note: The future and conditional stem is** prévoir-**)**

revoir **to see again**

Syn.: **discerner** to discern, to distinguish (27); **distinguer** to distinguish (307); **observer** to observe (481); **regarder** to look at; **repérer** to locate, to discover (203)
Ant.: **aveugler** to blind (27); **négliger** to neglect (119)

Regular **-er** verb

to fly, to steal

The Seven Simple Tenses		The Seven Compound Tenses	
Singular	Plural	Singular	Plural
1 présent de l'indicatif		8 passé composé	
vole	**volons**	**ai volé**	**avons volé**
voles	**volez**	**as volé**	**avez volé**
vole	**volent**	**a volé**	**ont volé**
2 imparfait de l'indicatif		9 plus-que-parfait de l'indicatif	
volais	**volions**	**avais volé**	**avions volé**
volais	**voliez**	**avais volé**	**aviez volé**
volait	**volaient**	**avait volé**	**avaient volé**
3 passé simple		10 passé antérieur	
volai	**volâmes**	**eus volé**	**eûmes volé**
volas	**volâtes**	**eus volé**	**eûtes volé**
vola	**volèrent**	**eut volé**	**eurent volé**
4 futur		11 futur antérieur	
volerai	**volerons**	**aurai volé**	**aurons volé**
voleras	**volerez**	**auras volé**	**aurez volé**
volera	**voleront**	**aura volé**	**auront volé**
5 conditionnel		12 conditionnel passé	
volerais	**volerions**	**aurais volé**	**aurions volé**
volerais	**voleriez**	**aurais volé**	**auriez volé**
volerait	**voleraient**	**aurait volé**	**auraient volé**
6 présent du subjonctif		13 passé du subjonctif	
vole	**volions**	**aie volé**	**ayons volé**
voles	**voliez**	**aies volé**	**ayez volé**
vole	**volent**	**ait volé**	**aient volé**
7 imparfait du subjonctif		14 plus-que-parfait du subjonctif	
volasse	**volassions**	**eusse volé**	**eussions volé**
volasses	**volassiez**	**eusses volé**	**eussiez volé**
volât	**volassent**	**eût volé**	**eussent volé**

Impératif
vole
volons
volez

V

Words and expressions related to this verb

un **vol** flight, theft
le **voleur** thief; **Au voleur!** Stop thief!
à **vol d'oiseau** as the crow flies
vol de nuit night flying (airplane), night flight
New York à vol d'oiseau bird's eye view of
   New York
survoler to fly over
le **volant** steering wheel
se **mettre au volant** to take the (steering) wheel
voler un baiser à qqn to steal a kiss from
   someone

voler dans les bras de qqn to fly into
   someone's arms

See also **s'envoler.**

Syn.: **cambrioler** to break into (26); **dérober**
to steal (498); **enlever** to take away; **piquer** to
steal (219); **prendre** to take; **s'envoler** to take
off, to fly away; **planer sur** to hover over (71)
Ant.: **donner** to give; **remettre** to put back;
rendre to return; **restituer** to return (483);
atterrir to land (29)

The subject pronouns are found on page 103.

Part. pr. **voulant**   Part. passé **voulu**

Irregular verb

The Seven Simple Tenses		The Seven Compound Tenses	
Singular	Plural	Singular	Plural
1 présent de l'indicatif		**8 passé composé**	
veux	voulons	ai voulu	avons voulu
veux	voulez	as voulu	avez voulu
veut	veulent	a voulu	ont voulu
2 imparfait de l'indicatif		**9 plus-que-parfait de l'indicatif**	
voulais	voulions	avais voulu	avions voulu
voulais	vouliez	avais voulu	aviez voulu
voulait	voulaient	avait voulu	avaient voulu
3 passé simple		**10 passé antérieur**	
voulus	voulûmes	eus voulu	eûmes voulu
voulus	voulûtes	eus voulu	eûtes voulu
voulut	voulurent	eut voulu	eurent voulu
4 futur		**11 futur antérieur**	
voudrai	voudrons	aurai voulu	aurons voulu
voudras	voudrez	auras voulu	aurez voulu
voudra	voudront	aura voulu	auront voulu
5 conditionnel		**12 conditionnel passé**	
voudrais	voudrions	aurais voulu	aurions voulu
voudrais	voudriez	aurais voulu	auriez voulu
voudrait	voudraient	aurait voulu	auraient voulu
6 présent du subjonctif		**13 passé du subjonctif**	
veuille	voulions	aie voulu	ayons voulu
veuilles	vouliez	aies voulu	ayez voulu
veuille	veuillent	ait voulu	aient voulu
7 imparfait du subjonctif		**14 plus-que-parfait du subjonctif**	
voulusse	voulussions	eusse voulu	eussions voulu
voulusses	voulussiez	eusses voulu	eussiez voulu
voulût	voulussent	eût voulu	eussent voulu

Impératif
veuille
veuillons
veuillez

AN ESSENTIAL 55 VERB

Vouloir is an important verb for beginning students because it is used in many everyday situations and idiomatic expressions.

Sentences using vouloir

Que voulez-vous dire par là? What do you mean by that remark?

Vouloir c'est pouvoir. Where there's a will there's a way.

Pourriez-vous m'aider? Je voudrais installer ce logiciel. Could you please help me? I would like to install this software.

—Est-ce que tu veux m'accompagner?
—Oui, je veux bien!

—Do you want to accompany me?
—Yes, I'd really like to!

Que voulez-vous? What do you expect?

Qu'est-ce que cela veut dire? What does that mean?

Veuillez éteindre vos téléphones cellulaires. Please turn off your cell phones.

Veuillez agréer, Monsieur (Madame), mes sincères salutations. Please be good enough, Sir (Madam) to accept my sincere greetings. (This is one of many possible closing statements in correspondence. Of course, in English we simply say: Sincerely.)

Je voudrais un café et un croissant. I would like a coffee and a croissant.

Ce n'était pas voulu. It wasn't intentional.

Words and expressions related to this verb

vouloir dire **to mean**

Que veut dire . . .? **What does . . . mean?**

voulu **desired, intentional**

un voeu **wish**

meilleurs voeux **best wishes**

vouloir bien faire qqch **to be willing to do something**

sans le vouloir **without meaning to, unintentionally**

en temps voulu **in due time**

en vouloir à qqn **to bear a grudge against someone**

vouloir du bien à qqn **to wish someone well**

V

Syn.: **avoir envie** de to feel like; **convoiter** to covet (447); **désirer** to desire; **souhaiter** to wish; **tenir à qqch** to cherish something
Ant.: **refuser** to refuse; **rejeter** to reject

Can't remember the French verb you need? Check the back pages of this book for the English-French verb index!

The subject pronouns are found on page 103.

vouvoyer (500)

Part. pr. vouvoyant **Part. passé vouvoyé**

to use **vous** when speaking, to be on formal or polite terms with someone

Regular **-er** verb endings; spelling change: **-oyer** verbs must change **y** to **i** before a mute **e**

The Seven Simple Tenses		The Seven Compound Tenses	
Singular	Plural	Singular	Plural
1 présent de l'indicatif		**8 passé composé**	
vouvoie	vouvoyons	ai vouvoyé	avons vouvoyé
vouvoies	vouvoyez	as vouvoyé	avez vouvoyé
vouvoie	vouvoient	a vouvoyé	ont vouvoyé
2 imparfait de l'indicatif		**9 plus-que-parfait de l'indicatif**	
vouvoyais	vouvoyions	avais vouvoyé	avions vouvoyé
vouvoyais	vouvoyiez	avais vouvoyé	aviez vouvoyé
vouvoyait	vouvoyaient	avait vouvoyé	avaient vouvoyé
3 passé simple		**10 passé antérieur**	
vouvoyai	vouvoyâmes	eus vouvoyé	eûmes vouvoyé
vouvoyas	vouvoyâtes	eus vouvoyé	eûtes vouvoyé
vouvoya	vouvoyèrent	eut vouvoyé	eurent vouvoyé
4 futur		**11 futur antérieur**	
vouvoierai	vouvoierons	aurai vouvoyé	aurons vouvoyé
vouvoieras	vouvoierez	auras vouvoyé	aurez vouvoyé
vouvoiera	vouvoieront	aura vouvoyé	auront vouvoyé
5 conditionnel		**12 conditionnel passé**	
vouvoierais	vouvoierions	aurais vouvoyé	aurions vouvoyé
vouvoierais	vouvoieriez	aurais vouvoyé	auriez vouvoyé
vouvoierait	vouvoieraient	aurait vouvoyé	auraient vouvoyé
6 présent du subjonctif		**13 passé du subjonctif**	
vouvoie	vouvoyions	aie vouvoyé	ayons vouvoyé
vouvoies	vouvoyiez	aies vouvoyé	ayez vouvoyé
vouvoie	vouvoient	ait vouvoyé	aient vouvoyé
7 imparfait du subjonctif		**14 plus-que-parfait du subjonctif**	
vouvoyasse	vouvoyassions	eusse vouvoyé	eussions vouvoyé
vouvoyasses	vouvoyassiez	eusses vouvoyé	eussiez vouvoyé
vouvoyât	vouvoyassent	eût vouvoyé	eussent vouvoyé

Impératif
vouvoie
vouvoyons
vouvoyez

Sentences using this verb and words related to it

Quand je l'ai connu on se vouvoyait, mais maintenant je le tutoie. When I met him we used **vous**, but now I use **tu** with him.

Words and expressions related to this verb

le vouvoiement use of **vous** when speaking with someone

se vouvoyer to use **vous** with each other

See **tutoyer**.

In French, **tu** is used when you are speaking to a member of your family, a close friend, a classmate, or someone younger than you. **Tu** is also used when speaking to an animal. **Vous** is the polite form of *you* and is used at all other times. **Vous** is also the plural of **tu**; when you are speaking to two or more strangers, two or more members of your family at the same time, or two or more close friends at the same time, use **vous**. If you're not sure, use **vous** until someone tells you otherwise!.

Regular **-er** verb endings; spelling change: retain the   to travel
ge before **a** or **o** to keep the soft **g** sound of the verb

The Seven Simple Tenses		The Seven Compound Tenses	
Singular	Plural	Singular	Plural
1 présent de l'indicatif		**8 passé composé**	
voyage	voyageons	ai voyagé	avons voyagé
voyages	voyagez	as voyagé	avez voyagé
voyage	voyagent	a voyagé	ont voyagé
2 imparfait de l'indicatif		**9 plus-que-parfait de l'indicatif**	
voyageais	voyagions	avais voyagé	avions voyagé
voyageais	voyagiez	avais voyagé	aviez voyagé
voyageait	voyageaient	avait voyagé	avaient voyagé
3 passé simple		**10 passé antérieur**	
voyageai	voyageâmes	eus voyagé	eûmes voyagé
voyageas	voyageâtes	eus voyagé	eûtes voyagé
voyagea	voyagèrent	eut voyagé	eurent voyagé
4 futur		**11 futur antérieur**	
voyagerai	voyagerons	aurai voyagé	aurons voyagé
voyageras	voyagerez	auras voyagé	aurez voyagé
voyagera	voyageront	aura voyagé	auront voyagé
5 conditionnel		**12 conditionnel passé**	
voyagerais	voyagerions	aurais voyagé	aurions voyagé
voyagerais	voyageriez	aurais voyagé	auriez voyagé
voyagerait	voyageraient	aurait voyagé	auraient voyagé
6 présent du subjonctif		**13 passé du subjonctif**	
voyage	voyagions	aie voyagé	ayons voyagé
voyages	voyagiez	aies voyagé	ayez voyagé
voyage	voyagent	ait voyagé	aient voyagé
7 imparfait du subjonctif		**14 plus-que-parfait du subjonctif**	
voyageasse	voyageassions	eusse voyagé	eussions voyagé
voyageasses	voyageassiez	eusses voyagé	eussiez voyagé
voyageât	voyageassent	eût voyagé	eussent voyagé

Impératif
voyage
voyageons
voyagez

Words and expressions related to this verb

un voyage a trip
faire un voyage to take a trip
un voyageur, une voyageuse traveler
une agence de voyages tourist agency
Bon voyage! Have a good trip!
Bon voyage et bon retour! Have a good trip
  and a safe return!
Les Voyages de Gulliver *Gulliver's Travels*
les frais de voyage travel expenses

un voyage d'affaires business trip
un voyage d'agrément pleasure trip
**Quand je fais un voyage, j'envoie des cartes
  postales à mes amis.** When I take a trip,
  I send postcards to my friends.

Syn.: **aller** to go; **marcher** to walk; **naviguer**
to navigate; **vagabonder** to wander (248)
Ant.: **demeurer** to remain, to stay; **rester** to
remain, to stay

Appendixes

Defective and impersonal verbs

Part. pr. **advenant**	Part. passé **advenu**

advenir

Irregular verb

to happen, to occur, to come to pass

The Seven Simple Tenses	The Seven Compound Tenses
Singular Plural	Singular Plural
1 présent de l'indicatif **il advient**	8 passé composé **il est advenu**
2 imparfait de l'indicatif **il advenait**	9 plus-que-parfait de l'indicatif **il était advenu**
3 passé simple **il advint**	10 passé antérieur **il fut advenu**
4 futur **il adviendra**	11 futur antérieur **il sera advenu**
5 conditionnel **il adviendrait**	12 conditionnel passé **il serait advenu**
6 présent du subjonctif **qu'il advienne**	13 passé du subjonctif **qu'il soit advenu**
7 imparfait du subjonctif **qu'il advînt**	14 plus-que-parfait du subjonctif **qu'il fût advenu**

Impératif
Qu'il advienne!
Let it come to pass!

Words and expressions related to this verb

Il advint que . . . It came to pass that . . .
Advienne que pourra . . . Come what may . . .
Voilà ce qu'il advint. That's what happened.
quoiqu'il advienne whatever may happen

Syn.: **arriver** to happen; **résulter de** to result from (27); **surgir** to spring up (229); **survenir** to arise, to occur (491)

This is an impersonal verb used in the third person singular only.

s'agir

Part. pr. s'agissant **Part. passé agi**

to be the matter, to be a question of

Reflexive regular *-ir* verb

The Seven Simple Tenses	The Seven Compound Tenses
Singular Plural	Singular Plural
1 présent de l'indicatif **il s'agit**	8 passé composé **il s'est agi**
2 imparfait de l'indicatif **il s'agissait**	9 plus-que-parfait de l'indicatif **il s'était agi**
3 passé simple **il s'agit**	10 passé antérieur **il se fut agi**
4 futur **il s'agira**	11 futur antérieur **il se sera agi**
5 conditionnel **il s'agirait**	12 conditionnel passé **il se serait agi**
6 présent du subjonctif **qu'il s'agisse**	13 passé du subjonctif **qu'il se soit agi**
7 imparfait du subjonctif **qu'il s'agît**	14 plus-que-parfait du subjonctif **qu'il se fût agi**

Impératif
[not in use]

Common idiomatic expressions using this verb

s'agir de to have to do with, to be a matter of
De quoi s'agit-il? What's the matter?
What's up?
Voici ce dont il s'agit. This is what it's about.
Il s'agit de mon vélo. It's about my bike.

Syn.: **concerner** to concern (27; 3rd person sing. and pl. only); **relever de** to fall under, to be a matter for (278)
Ant.: **négliger** to neglect (119)

Note that this verb is impersonal and is used primarily in the tenses given above.

The Seven Simple Tenses		The Seven Compound Tenses	
Singular	Plural	Singular	Plural
1 présent de l'indicatif		8 passé composé	
il choit	**ils choient**	**ai chu**	**avons chu**
		as chu	**avez chu**
		a chu	**ont chu**
		9 plus-que-parfait de l'indicatif	
		avais chu	**avions chu**
		avais chu	**aviez chu**
		avait chu	**avaient chu**
3 passé simple		10 passé antérieur	
il chut	**ils churent**	**eus chu**	**eûmes chu**
		eus chu	**eûtes chu**
		eut chu	**eurent chu**
		11 futur antérieur	
		aurai chu	**aurons chu**
		auras chu	**aurez chu**
		aura chu	**auront chu**
		12 conditionnel passé	
		aurais chu	**aurions chu**
		aurais chu	**auriez chu**
		aurait chu	**auraient chu**

Syn.: **dégringoler** to tumble (498); **tomber** to fall
Ant.: **élever** to raise; **se lever** to get up; **rehausser** to raise (353); **se relever** to get up again (279)

This is a defective verb. It is generally used in the above tenses.

to close, to shut

The Seven Simple Tenses		The Seven Compound Tenses	
Singular	Plural	Singular	Plural
1 présent de l'indicatif		**8 passé composé**	
clos	—	ai clos	avons clos
clos	—	as clos	avez clos
clôt	closent	a clos	ont clos
		9 plus-que-parfait de l'indicatif	
		avais clos	avions clos
		avais clos	aviez clos
		avait clos	avaient clos
		10 passé antérieur	
		eus clos	eûmes clos
		eus clos	eûtes clos
		eut clos	eurent clos
4 futur		**11 futur antérieur**	
clorai	clorons	aurai clos	aurons clos
cloras	clorez	auras clos	aurez clos
clora	cloront	aura clos	auront clos
5 conditionnel		**12 conditionnel passé**	
clorais	clorions	aurais clos	aurions clos
clorais	cloriez	aurais clos	auriez clos
clorait	cloraient	aurait clos	auraient clos
6 présent du subjonctif		**13 passé du subjonctif**	
close	closions	aie clos	ayons clos
closes	closiez	aies clos	ayez clos
close	closent	ait clos	aient clos
		14 plus-que-parfait du subjonctif	
		eusse clos	eussions clos
		eusses clos	eussiez clos
		eût clos	eussent clos

Impératif
clos

Quand j'ai déménagé, j'ai clos mon compte bancaire. When I moved, I closed my bank account.

Syn.: **arrêter** to stop; **enfermer** to lock up, to shut away (227); **fermer** to close; **finir** to finish; **terminer** to terminate, to end
Ant.: **commencer** to begin; **déboucher** to unclog (285); **ouvrir** to open

---

This is a defective verb. It is generally used in the above tenses.

The Seven Simple Tenses		The Seven Compound Tenses	
Singular	Plural	Singular	Plural
1 présent de l'indicatif		8 passé composé	
il coûte	**ils coûtent**	**il a coûté**	**ils ont coûté**
2 imparfait de l'indicatif		9 plus-que-parfait de l'indicatif	
il coûtait	**ils coûtaient**	**il avait coûté**	**ils avaient coûté**
3 passé simple		10 passé antérieur	
il coûta	**ils coûtèrent**	**il eut coûté**	**ils eurent coûté**
4 futur		11 futur antérieur	
il coûtera	**ils coûteront**	**il aura coûté**	**ils auront coûté**
5 conditionnel		12 conditionnel passé	
il coûterait	**ils coûteraient**	**il aurait coûté**	**ils auraient coûté**
6 présent du subjonctif		13 passé du subjonctif	
qu'il coûte	**qu'ils coûtent**	**qu'il ait coûté**	**qu'ils aient coûté**
7 imparfait du subjonctif		14 plus-que-parfait du subjonctif	
qu'il coûtât	**qu'ils coûtassent**	**qu'il eût coûté**	**qu'ils eussent coûté**

Impératif
[not in use]

Sentences using this verb and words related to it

—**Combien coûte cette table?** How much does this table cost?
—**Elle coûte mille euros.** It costs one thousand euros.
—**Mille euros! Elle coûte vachement cher!** One thousand euros! It's really expensive!
coûteusement   expensively, dearly
coûte que coûte   at any cost
coûteux, coûteuse   costly, expensive
Cela coûte joliment cher.   That costs a pretty penny.

coûter cher, coûter peu   to be expensive, inexpensive
coûter à qqn   to cost someone;
  Cela lui en a coûté la vie.   That cost him his life.
coûter les yeux de la tête   to be very expensive
le coût de la vie   the cost of living

Syn.: **revenir** à to come to, to total; **valoir** to be worth

This verb is generally regarded as impersonal and is used primarily in the third person singular and plural.

échoir

Part. pr. échéant   **Part. passé échu**

to fall due

The Seven Simple Tenses		The Seven Compound Tenses	
Singular	Plural	Singular	Plural
1 présent de l'indicatif		8 passé composé	
échoit	**échoient**	**est échu**	**sont échus**
2 imparfait de l'indicatif		9 plus-que-parfait de l'indicatif	
échoyait	**échoyaient**	**était échu**	**étaient échus**
3 passé simple		10 passé antérieur	
échut	**échurent**	**fut échu**	**furent échus**
4 futur		11 futur antérieur	
échoira	**échoiront**	**sera échu**	**seront échus**
5 conditionnel		12 conditionnel passé	
échoirait	**échoiraient**	**serait échu**	**seraient échus**
6 présent du subjonctif		13 passé du subjonctif	
échoie	**échoient**	**soit échu**	**soient échus**
7 imparfait du subjonctif		14 plus-que-parfait du subjonctif	
échût	**échussent**	**fût échu**	**fussent échus**

Expressions related to this verb

échoir à   to fall to
l'échéance *f.* due date

Syn.: **venir à échéance** to fall due; **revenir à**
to come to, to total

This verb is used only in the third person singular and plural.

to be necessary, must, to be lacking to (à), to need

The Seven Simple Tenses		The Seven Compound Tenses	
Singular	Plural	Singular	Plural
1 présent de l'indicatif **il faut**		8 passé composé **il a fallu**	
2 imparfait de l'indicatif **il fallait**		9 plus-que-parfait de l'indicatif **il avait fallu**	
3 passé simple **il fallut**		10 passé antérieur **il eut fallu**	
4 futur **il faudra**		11 futur antérieur **il aura fallu**	
5 conditionnel **il faudrait**		12 conditionnel passé **il aurait fallu**	
6 présent du subjonctif **qu'il faille**		13 passé du subjonctif **qu'il ait fallu**	
7 imparfait du subjonctif **qu'il fallût**		14 plus-que-parfait du subjonctif **qu'il eût fallu**	

Impératif
[not in use]

Common idiomatic expressions using this verb
comme il faut   as is proper
agir comme il faut   to behave properly
Il me faut de l'argent.   I need some money.
Il faut manger pour vivre.   It is necessary to eat in order to live.
Il ne faut pas parler sans politesse.   One must not talk impolitely.
Il faut . . .   It is necessary; one must

Il ne faut pas . . .   One must not . . .
Peu s'en faut . . .   It takes only a little . . .
s'en falloir   to be lacking
Il s'en faut de beaucoup . . .   It takes a lot . . .

Syn.: **devoir** to have to, must; **exiger** to demand, to require; **manquer** to lack, to miss; **nécessiter** to require (251)

This is an impersonal verb and it is used in the tenses given above with the subject *il*.

to fry

The Seven Simple Tenses		The Seven Compound Tenses	
Singular	Plural	Singular	Plural
1 présent de l'indicatif		8 passé composé	
fris		**ai frit**	**avons frit**
fris		**as frit**	**avez frit**
frit		**a frit**	**ont frit**
		9 plus-que-parfait de l'indicatif	
		avais frit	**avions frit**
		avais frit	**aviez frit**
		avait frit	**avaient frit**
		10 passé antérieur	
		eus frit	**eûmes frit**
		eus frit	**eûtes frit**
		eut frit	**eurent frit**
4 futur		11 futur antérieur	
frirai	**frirons**	**aurai frit**	**aurons frit**
friras	**frirez**	**auras frit**	**aurez frit**
frira	**friront**	**aura frit**	**auront frit**
5 conditionnel		12 conditionnel passé	
frirais	**fririons**	**aurais frit**	**aurions frit**
frirais	**fririez**	**aurais frit**	**auriez frit**
frirait	**friraient**	**aurait frit**	**auraient frit**
		13 passé du subjonctif	
		aie frit	**ayons frit**
		aies frit	**ayez frit**
		ait frit	**aient frit**
		14 plus-que-parfait du subjonctif	
		eusse frit	**eussions frit**
		eusses frit	**eussiez frit**
		eût frit	**eussent frit**

Impératif
fris
faisons frire
faites frire

Words and expressions related to this verb

faire frire   to fry (see note below)
pommes frites   French fries
une friteuse   frying basket
la friture   frying

des pommes de terre frites   fried potatoes
(French style)
un bifteck-frites, un steak-frites   steak with
French fries

Syn.: **cuire** to cook; **cuisiner** to cook (159)

This verb is generally used only in the persons and tenses given above. To supply the forms
that are lacking, use the appropriate form of **faire** plus the infinitive **frire**, *e.g.*, the plural of the
present indicative is: **nous faisons frire, vous faites frire, ils font frire**.

to lie down, to be lying down

The Seven Simple Tenses		The Seven Compound Tenses	
Singular	Plural	Singular	Plural

1 présent de l'indicatif

gis	**gisons**
gis	**gisez**
gît	**gisent**

2 imparfait de l'indicatif

gisais	**gisions**
gisais	**gisiez**
gisait	**gisaient**

Words and expressions related to this verb

un gisement   layer, deposit
un gisement de charbon   coal field
Ci-gît . . .   Here lies . . .
Ci-gisent . . .   Here lie . . .
gisant, gisante   lying, fallen, felled
un gîte   lodging, refuge, shelter
gîter   to lodge

Syn.: **s'allonger** to stretch oneself out (442, 2); **se coucher** to lie down, to go to bed; **être couché(e)(s)** to be lying down
Ant.: **se dresser** to stand up (23, 122); **se lever** to get up

---

This is a defective verb. It is generally used only in the above tenses. **Gésir** is used primarily in reference to the dead, to sick persons lying down, and to inanimate objects that have been felled.

grêler

Part. pr. grêlant　　**Part. passé grêlé**

to hail (weather)

The Seven Simple Tenses		The Seven Compound Tenses	
Singular	Plural	Singular	Plural
1　présent de l'indicatif **il grêle**		8　passé composé **il a grêlé**	
2　imparfait de l'indicatif **il grêlait**		9　plus-que-parfait de l'indicatif **il avait grêlé**	
3　passé simple **il grêla**		10　passé antérieur **il eut grêlé**	
4　futur **il grêlera**		11　futur antérieur **il aura grêlé**	
5　conditionnel **il grêlerait**		12　conditionnel passé **il aurait grêlé**	
6　présent du subjonctif **qu'il grêle**		13　passé du subjonctif **qu'il ait grêlé**	
7　imparfait du subjonctif **qu'il grêlât**		14　plus-que-parfait du subjonctif **qu'il eût grêlé**	

Impératif
Qu'il grêle!　Let it hail!

Words and expressions related to this verb

la grêle　hail (weather)
une averse de grêle　hail storm
un grêlon　hailstone
grêle *adj.*　thin, slender, slim; **un bras
grêle**　thin arm; **une voix grêle**　shrill voice

to shine, to gleam, to glisten

The Seven Simple Tenses		The Seven Compound Tenses	
Singular	Plural	Singular	Plural
1 présent de l'indicatif **il luit**		8 passé composé **il a lui**	
2 imparfait de l'indicatif **il luisait**		9 plus-que-parfait de l'indicatif **il avait lui**	
3 passé simple **il luisit**		10 passé antérieur **il eut lui**	
4 futur **il luira**		11 futur antérieur **il aura lui**	
5 conditionnel **il luirait**		12 conditionnel passé **il aurait lui**	
6 présent du subjonctif **qu'il luise**		13 passé du subjonctif **qu'il ait lui**	
7 imparfait du subjonctif **qu'il luisît**		14 plus-que-parfait du subjonctif **qu'il eût lui**	

Impératif
Qu'il luise!   Let it shine!

Words and expressions related to this verb

la lueur   glimmer, gleam, glow
luisant, luisante   shining
à la lueur d'une bougie   by candlelight
l'espoir luit encore   there is still a glimmer of
    hope
le lac luisait au soleil du matin   the lake
    glistened in the morning sunlight
Le soleil luit.   The sun is shining.
J'ai le nez qui luit.   My nose is shiny.
une lueur d'espoir   a glimmer of hope

Syn.: **briller** to shine (477); **éclairer** to light
(21); **irradier** to radiate (389); **rayonner** to
shine, to be radiant (171); **reluire** to glisten
(Conjugate as **luire**.)
Ant.: **s'obscurcir** to darken (229, 214); **pâlir**
to turn pale (423); **se ternir** to become tarnished (229) (aux. **être**)

messeoir (à)

Part. pr. **messéant**   Part. passé [not in use]

to be unbecoming to

The Seven Simple Tenses		The Seven Compound Tenses	
Singular	Plural	Singular	Plural

1 présent de l'indicatif

messied   **messiéent**

2 imparfait de l'indicatif

messeyait   **messeyaient**

4 futur

messiéra   **messiéront**

5 conditionnel

messiérait   **messiéraient**

6 présent du subjonctif

messiée   **messiéent**

Syn.: **ne pas aller** not to suit (Ex.: **Ce complet ne te va pas.** This suit doesn't suit you.)
Ant.: **aller** to suit; **convenir à** to suit; **seoir** to be becoming, to suit (Def. and Imp.)

This verb is defective and it is only used in the third person singular and plural.

Defective and impersonal verbs

The Seven Simple Tenses	The Seven Compound Tenses
Singular Plural	Singular Plural
1 présent de l'indicatif **il neige**	8 passé composé **il a neigé**
2 imparfait de l'indicatif **il neigeait**	9 plus-que-parfait de l'indicatif **il avait neigé**
3 passé simple **il neigea**	10 passé antérieur **il eut neigé**
4 futur **il neigera**	11 futur antérieur **il aura neigé**
5 conditionnel **il neigerait**	12 conditionnel passé **il aurait neigé**
6 présent du subjonctif **qu'il neige**	13 passé du subjonctif **qu'il ait neigé**
7 imparfait du subjonctif **qu'il neigeât**	14 plus-que-parfait du subjonctif **qu'il eût neigé**

Impératif
Qu'il neige!   Let it snow!

Words and expressions related to this verb

la neige   snow
un bonhomme de neige   a snowman
neige fondue   slush
neigeux, neigeuse   snowy
Blanche-Neige   Snow White
une boule de neige   snowball
lancer des boules de neige   to throw snowballs
une chute de neige   snowfall
déneiger   to clear the snow
la neige artificielle   artificial snow
la neige poudreuse   dusting of snow

la bataille de boules de neige   snowball fight
être submergé de travail   to be snowed under with work
les conditions d'enneigement   snow conditions
le bulletin d'enneigement   snow report
un chasse-neige   snowplow

Mais où sont les neiges d'antan? But where are the snows of yesteryear? (François Villon, 15th-century French poet)

Defective and impersonal verbs   677

paître

Part. pr. **paissant**   Part. passé [not in use]

to graze, to feed

The Seven Simple Tenses		The Seven Compound Tenses	
Singular	Plural	Singular	Plural

1   présent de l'indicatif

pais	paissons
pais	paissez
paît	paissent

2   imparfait de l'indicatif

paissais	paissions
paissais	paissiez
paissait	paissaient

4   futur

paîtrai	paîtrons
paîtras	paîtrez
paîtra	paîtront

5   conditionnel

paîtrais	paîtrions
paîtrais	paîtriez
paîtrait	paîtraient

6   présent du subjonctif

paisse	paissions
paisses	paissiez
paisse	paissent

Impératif
pais
paissons
paissez

Syn.: **brouter** to graze (28); **manger** to eat;
pâturer to graze (54)

This verb is used only in the above tenses.

to happen, to take place

The Seven Simple Tenses	The Seven Compound Tenses
Singular Plural	Singular Plural

<table>
<tr><td>1 présent de l'indicatif
il se passe</td><td>8 passé composé
il s'est passé</td></tr>
<tr><td>2 imparfait de l'indicatif
il se passait</td><td>9 plus-que-parfait de l'indicatif
il s'était passé</td></tr>
<tr><td>3 passé simple
il se passa</td><td>10 passé antérieur
il se fut passé</td></tr>
<tr><td>4 futur
il se passera</td><td>11 futur antérieur
il se sera passé</td></tr>
<tr><td>5 conditionnel
il se passerait</td><td>12 conditionnel passé
il se serait passé</td></tr>
<tr><td>6 présent du subjonctif
qu'il se passe</td><td>13 passé du subjonctif
qu'il se soit passé</td></tr>
<tr><td>7 imparfait du subjonctif
qu'il se passât</td><td>14 plus-que-parfait du subjonctif
qu'il se fût passé</td></tr>
</table>

Impératif
Qu'il se passe!   Let it happen!

Words and expressions related to this verb

Que se passe-t-il?   What's going on? What's happening?
Qu'est-ce qui se passe?   What's going on? What's happening?
Qu'est-ce qui s'est passé?   What happened?
se passer de qqch   to do without something
Je peux me passer de fumer.   I can do without smoking.

See also **passer** and **repasser**.

Syn.: **advenir** to happen, to occur (Def. and Imp.); **arriver** to happen, to arrive; **avoir lieu** to take place; **se produire** to happen, to occur (367, 122)
Ant.: **s'arrêter** to stop, to pause

This verb is impersonal and is generally used in the third person singular only.

pleuvoir

to rain

The Seven Simple Tenses	The Seven Compound Tenses
Singular Plural	Singular Plural
1 présent de l'indicatif **il pleut**	8 passé composé **il a plu**
2 imparfait de l'indicatif **il pleuvait**	9 plus-que-parfait de l'indicatif **il avait plu**
3 passé simple **il plut**	10 passé antérieur **il eut plu**
4 futur **il pleuvra**	11 futur antérieur **il aura plu**
5 conditionnel **il pleuvrait**	12 conditionnel passé **il aurait plu**
6 présent du subjonctif **qu'il pleuve**	13 passé du subjonctif **qu'il ait plu**
7 imparfait du subjonctif **qu'il plût**	14 plus-que-parfait du subjonctif **qu'il eût plu**

Impératif
Qu'il pleuve! Let it rain!

Sentences using this verb and words related to it

Hier il a plu, il pleut maintenant, et je suis certain qu'il pleuvra demain.
la pluie   the rain
pluvieux, pluvieuse   rainy
un parapluie   umbrella
Il pleut à seaux.   It's raining buckets.
Il pleut à verse.   It's raining hard.

Il a beaucoup plu hier et cela m'a beaucoup plu.   It rained a lot yesterday and that pleased me a great deal. (See **plaire**)

Syn.: **bruiner** to drizzle (27); **pleuvasser** to drizzle (84); **pleuviner** to drizzle (465); **pleuvoter** to drizzle (96); **tomber de l'eau, de la pluie** to rain
Note: These synonyms are used in the same tenses and moods as **pleuvoir**.

Do not confuse the past part. of this verb with the past part. of **plaire**, which is identical.

The Seven Simple Tenses

Singular	Plural

1 présent de l'indicatif

pue	**puons**
pues	**puez**
pue	**puent**

2 imparfait de l'indicatif

puais	**puions**
puais	**puiez**
puait	**puaient**

4 futur

puerai	**puerons**
pueras	**puerez**
puera	**pueront**

5 conditionnel

puerais	**puerions**
puerais	**pueriez**
puerait	**pueraient**

Words and expressions related to this verb

puant, puante stinking; conceited
la puanteur stink, foul smell
Robert est un type puant. Robert is a stinker.
Cet ivrogne pue l'alcool; je me bouche le nez. This drunkard stinks of alcohol; I'm plugging my nose.

Joseph, ta chambre pue la porcherie. Joseph, your room smells like a pigsty.

Syn.: **empester** to stink, to stink of (160); **empuantir** to smell, to stink up (210); **sentir** to smell
Ant.: **parfumer** to perfume (238)

This verb is used mainly in the above tenses.

If you have the need to use this verb in all the 14 tenses and the imperative, the forms are the same as for the verb **tuer** among the 501 verbs. Just replace the letter **t** with the letter **p**.

sembler

Part. pr. [not in use]   **Part. passé semblé**

to seem

The Seven Simple Tenses		The Seven Compound Tenses	
Singular	Plural	Singular	Plural
1 présent de l'indicatif **il semble**		8 passé composé **il a semblé**	
2 imparfait de l'indicatif **il semblait**		9 plus-que-parfait de l'indicatif **il avait semblé**	
3 passé simple **il sembla**		10 passé antérieur **il eut semblé**	
4 futur **il semblera**		11 futur antérieur **il aura semblé**	
5 conditionnel **il semblerait**		12 conditionnel passé **il aurait semblé**	
6 présent du subjonctif **qu'il semble**		13 passé du subjonctif **qu'il ait semblé**	
7 imparfait du subjonctif **qu'il semblât**		14 plus-que-parfait du subjonctif **qu'il eût semblé**	

Impératif
[not in use]

Words and expressions related to this verb

Il me semble difficile.   It seems difficult to me.
Il me semble que ...   It seems to me that ...
Il semble bon   It seems good.
Il semble inutile.   It seems useless.
à ce qu'il me semble ...   to my mind ...
C'est ce qui me semble.   That's what it looks like to me.

Syn.: **apparaître** to appear; **avoir l'air + adj.** to seem, to appear + adj.; **paraître** to appear, to seem; **ressembler à** to resemble

This verb has regular forms in all the tenses (like **ressembler** among the 501 verbs in this book) but much of the time it is used impersonally in the forms given above with **il** (*it*) as the subject.

to be becoming, to suit

The Seven Simple Tenses

Singular   Plural

1   présent de l'indicatif
il sied   **ils siéent**

2   imparfait de l'indicatif
il seyait   **ils seyaient**

4   futur
il siéra   **ils siéront**

5   conditionnel
il siérait   **ils siéraient**

6   présent du subjonctif
qu'il siée   **qu'ils siéent**

This verb is defective and it is generally used only in the above persons and tenses.

Cela vous sied.   That suits you well.
Ce chapeau te sied si bien!   That hat looks so good on you!
Connaissez-vous la pièce *Le Deuil sied à Electre* **d'Eugene O'Neill?**   Do you know the play *Mourning Becomes Electra* by Eugene O'Neill?
seoir à   to be becoming to

See also **s'asseoir.**

Syn.: **aller** to suit (**Ça te va bien.** That suits you well.); **convenir à** to suit
Ant.: **ne pas aller** not to suit; **messeoir à** to be unbecoming to (Def. and Imp.)

The form **séant** is used as an adj.: **Il n'est pas séant de faire cela.**   It's unbecoming to do that.

Defective and impersonal verbs   683

suffire

Part. pr. suffisant   **Part. passé suffi**

to suffice, to be sufficient, to be enough

The Seven Simple Tenses	The Seven Compound Tenses
Singular Plural	Singular Plural
1 présent de l'indicatif **il suffit**	8 passé composé **il a suffi**
2 imparfait de l'indicatif **il suffisait**	9 plus-que-parfait de l'indicatif **il avait suffi**
3 passé simple **il suffit**	10 passé antérieur **il eut suffi**
4 futur **il suffira**	11 futur antérieur **il aura suffi**
5 conditionnel **il suffirait**	12 conditionnel passé **il aurait suffi**
6 présent du subjonctif **qu'il suffise**	13 passé du subjonctif **qu'il ait suffi**
7 imparfait du subjonctif **qu'il suffît**	14 plus-que-parfait du subjonctif **qu'il eût suffi**

Impératif
Qu'il suffise!

Words and expressions related to this verb

la suffisance   sufficiency
suffisamment   sufficiently
Cela suffit!   That's quite enough!
Suffit!   Enough! Stop it!
Ma famille suffit à mon bonheur.   My family
  is enough for my happiness.
Ça ne te suffit pas?   That's not enough for
  you?

Y a-t-il suffisamment à manger?   Is there enough to eat?

Syn.: **contenter** to content (464); **satisfaire** to satisfy
Ant.: **manquer (de) + inf.** to fail to do something; **rater** to miss, to fail (241)

This verb is generally impersonal and is used in the third person singular as given in the above tenses.

The Seven Simple Tenses	The Seven Compound Tenses
Singular Plural	Singular Plural
1 présent de l'indicatif **il tonne**	8 passé composé **il a tonné**
2 imparfait de l'indicatif **il tonnait**	9 plus-que-parfait de l'indicatif **il avait tonné**
3 passé simple **il tonna**	10 passé antérieur **il eut tonné**
4 futur **il tonnera**	11 futur antérieur **il aura tonné**
5 conditionnel **il tonnerait**	12 conditionnel passé **il aurait tonné**
6 présent du subjonctif **qu'il tonne**	13 passé du subjonctif **qu'il ait tonné**
7 imparfait du subjonctif **qu'il tonnât**	14 plus-que-parfait du subjonctif **qu'il eût tonné**

Impératif
Qu'il tonne!   Let it thunder!

Common idiomatic expressions using this verb
and words related to it

le tonnerre   thunder
Tonnerre!   By thunder!
C'est du tonnerre!   That's terrific!
un coup de tonnerre   a clap of thunder
un tonnerre d'acclamations   thundering
   applause

Syn.: **éclater** to burst (176); **fulminer** to
fulminate, to thunder (465)
Ant.: **chuchoter** to whisper

This verb is impersonal and is used in the third person singular.

Guide to French pronunciation

The purpose of the guide on the next page is to help you pronounce French words as correctly as possible. However, the best way to improve your pronunciation is to imitate spoken French that you hear from speakers who pronounce French accurately. To accomplish this, you may want to consult the Barron's book *Pronounce It Perfectly in French*, which comes with three CDs that give you practice, during pauses, in imitating French spoken by French speakers.

In French there are several spellings for the same sound; for example, the following spellings are all pronounced **ay**, as in the English word *say*.

et (j')ai (parl)é (av)ez (all)er (l)es

Consonant sounds are approximately the same in French and English. When speaking French, you must raise your voice slightly on the last sound when there is more than one in a group; for example, in pronouncing **s'il vous plaît** (please), raise your voice slightly on *plaît*.

There are only four nasal vowel sounds in French. They are expressed in the following catchy phrase, which means "a good white wine."

un bon vin blanc

How do you nasalize a vowel in French? Instead of letting breath (air) out your mouth, you must push it up your nose so that it does not come out your mouth.

Now, become familiar with the guide to French pronunciation. Practice pronouncing each sound first and then try it out by reading aloud some of the words and expressions on the pages that follow.

Approximate pronunciation

IPA Phonetic Symbol	English Word	French Word
[a]	something like the vowel sound in T**o**m	l**a**
[ɑ]	**ah**!	p**a**s
[e]	s**ay**	**ai**
[ə]	th**e**	l**e**
[i]	s**ee**	**i**c**i**
[ɛ]	**e**gg	m**è**re
[y]	(not an English sound, but close to the sound of f**ew** without pronouncing the **y** sound that comes before the **u** sound or the **w** that comes after it)	l**u**
[ɥ]	(not an English sound, but close to "**you + ee**" without the **y** sound)	h**ui**t
[ɲ]	can**y**on	monta**gne**
[o]	als**o**	h**ô**tel
[ɔ]	d**o**ne	d**o**nne
[u]	t**oo**	**ou**
[ʃ]	**sh**ip	**ch**ose
[s]	ki**ss**	ce**ss**e
[ø]	(not an English sound, but close to p**u**dding)	p**eu**x
[œ]	(not an English sound, but close to p**u**rr)	h**eu**re
[j]	**y**es	jo**y**eux
[z]	**z**ero	**z**éro
[ʒ]	mea**s**ure	**j**e

Nasal Vowels

[œ̃]	(not an English sound, but close to s**u**ng)	**un**
[ɔ̃]	(not an English sound, but close to s**o**ng)	b**on**
[ɛ̃]	(not an English sound, but close to s**a**ng)	v**in**
[ɑ̃]	(not an English sound, but close to thr**o**ng)	bl**anc**

Verbs used in weather expressions

Quel temps fait-il? / What's the weather like?

(a) With **Il fait** . . .

Il fait beau / The weather is fine; The weather is beautiful.
Il fait beau temps / The weather is beautiful.
Il fait bon / It's nice; It's good.
Il fait brumeux / It's misty.
Il fait chaud / It's warm.
Il fait clair / It is clear.
Il fait de l'orage / It's storming; there is a thunderstorm.
Il fait des éclairs / There's lightning.
Il fait doux / It's mild.
Il fait du soleil / It's sunny.
Il fait du tonnerre / It's thundering. (You can also say: **Il tonne.**)
Il fait du vent / It's windy.
Il fait frais / It is cool.
Il fait froid / It's cold.
Il fait glissant / It is slippery.
Il fait humide / It's humid.
Il fait jour / It is daylight.
Il fait lourd / The weather is sultry.
Il fait mauvais / The weather is bad.
Il fait nuit / It is dark.
Il fait sec / It's dry.
Il fait une chaleur épouvantable / It's awfully (frightfully) hot.

(b) With **Il fait un temps** . . .

Il fait un temps affreux / The weather is frightful.
Il fait un temps calme / The weather is calm.
Il fait un temps couvert / The weather is cloudy.
Il fait un temps de saison / The weather is seasonal.
Il fait un temps épouvantable / The weather is frightful.
Il fait un temps lourd / It's muggy.
Il fait un temps magnifique / The weather is magnificent.
Il fait un temps pourri / The weather is rotten.
Il fait un temps serein / The weather is serene.
Il fait un temps superbe / The weather is superb.

(c) With **Le temps + verb** . . .

Le temps menace / The weather is threatening.
Le temps s'éclaircit / The weather is clearing up.
Le temps se couvre / The sky is overcast.
Le temps se gâte / The weather is getting bad.
Le temps se met au beau / The weather is getting beautiful.
Le temps se met au froid / It's getting cold.
Le temps se radoucit / The weather is getting nice again.

Le temps se rafraîchit / The weather is getting cold.
Le temps se remet / The weather is clearing up.

(d) With Le ciel est . . .

Le ciel est bleu / The sky is blue.
Le ciel est calme / The sky is calm.
Le ciel est couvert / The sky is cloudy.
Le ciel est gris / The sky is gray.
Le ciel est serein / The sky is serene.

(e) With other verbs

Il gèle / It's freezing.
Il grêle / It's hailing.
Il neige / It's snowing.
Il pleut / It's raining.
Il pleut à verse / It's raining hard.
Il tombe de la grêle / It's hailing.
Il va grêler / It's going to hail.
Il tonne / It's thundering.
Je sors par tous les temps / I go out in all kinds of weather.
Quelle est la prévision du temps? Quelle est la météo? / What is the weather forecast?

Verbs with prepositions

French verbs are used with certain prepositions or no preposition at all. At times, the preposition used with a particular verb changes the meaning entirely, *e.g.*, **se passer** means *to happen* and **se passer de** means *to do without*.

When you look up a verb among the 501 to find its verb forms (or in the section of over 2,700 verbs), also consult the following categories so that you will learn what preposition that verb requires, if any.

Consult all the categories that are given below; *e.g.*, verbs that take **à** + noun, verbs that take **à** + inf., verbs that take **de** + noun, verbs that take **de** + inf., verbs that take **à** + noun + **de** + inf., verbs that take prepositions other than **à** or **de**, verbs that require no preposition, and verbs that do not require any preposition in French whereas in English a preposition is used.

The following are used frequently in French readings and in conversation.

A. *The following verbs take* à + *noun*

assister à qqch (à une assemblée, à une réunion, à un spectacle, *etc.***)** to attend a gathering, a meeting, a theatrical presentation, *etc.*, or to be present at: **Allez-vous assister à la conférence du professeur Godard?** Are you going to attend (to be present at) Prof. Godard's lecture? **Oui, je vais y assister.** Yes, I am going to attend it.

convenir à qqn ou à qqch to please (to be pleasing to), to suit (to be suitable to): **Cette robe ne convient pas à la circonstance.** This dress does not suit the occasion. **Cela ne convient pas à mon père.** That is not suitable to my father.

demander à qqn to ask someone: **Demandez à la dame où s'arrête l'autobus.** Ask the lady where the bus stops.

déplaire à qqn to displease someone, to be displeasing to someone: **Cet homme-là déplaît à ma soeur.** That man is displeasing to my sister. **Cet homme-là lui déplaît.** That man is displeasing to her.

désobéir à qqn to disobey someone: **Ce chien ne désobéit jamais à son maître.** This dog never disobeys his master. **Il ne lui désobéit jamais.** He never disobeys him.

être à qqn to belong to someone: **Ce livre est à Victor.** This book belongs to Victor. [Note this special possessive meaning when you use **être** + **à**.]

faire attention à qqn ou à qqch to pay attention to someone or to something: **Faites attention au professeur.** Pay attention to the professor. **Faites attention aux marches.** Pay attention to the steps.

se fier à qqn to trust someone: **Je me fie à mes parents.** I trust my parents. **Je me fie à eux.** I trust them.

goûter à qqch   to taste a little, to sample a little something: **Goûtez à ce gâteau; il est délicieux et vous m'en direz des nouvelles.**   Taste a little of this cake; it is delicious and you will rave about it.   **Goûtez-y!**   Taste it!

s'habituer à qqn ou à qqch   to get used to someone or something: **Je m'habitue à mon nouveau professeur.**   I am getting used to my new teacher.   **Je m'habitue à lui.**   I am getting used to him.   **Je m'habitue à ce travail.**   I am getting used to this work.   **Je m'y habitue.**   I am getting used to it.

s'intéresser à qqn ou à qqch   to be interested in someone or something: **Je m'intéresse aux sports.**   I am interested in sports.

jouer à   to play (a game or sport):   **Il aime bien jouer à la balle.**   He likes to play ball.   **Elle aime bien jouer au tennis.**   She likes to play tennis.

manquer à qqn   to miss someone (because of an absence):   **Vous me manquez.**   I miss you.   **Ses enfants lui manquent.**   He (or She) misses his (or her) children.

se mêler à qqch   to mingle with, to mix with, to join in: **Il se mêle à tous les groupes à l'école.**   He mixes with all the groups at school.

nuire à qqn ou à qqch   to harm someone or something: **Ce que vous faites peut nuire à la réputation de votre famille.**   What you are doing may harm the reputation of your family.

obéir à qqn   to obey someone: **Une personne honorable obéit à ses parents.**   An honorable person obeys his (her) parents.

s'opposer à qqn ou à qqch   to oppose someone or something: **Je m'oppose aux idées du président.**   I am opposed to the president's ideas.

penser à qqn ou à qqch   to think of (about) someone or something: **Je pense à mes amis.**   I am thinking of my friends.   **Je pense à eux.**   I am thinking of them.   **Je pense à mon travail.**   I am thinking about my work.   **J'y pense.**   I am thinking about it. BUT: **Que pensez-vous de cela?**   What do you think of that?

plaire à qqn   to please, to be pleasing to someone: **Mon mariage plaît à ma famille.**   My marriage pleases my family.   **Mon mariage leur plaît.**   My marriage pleases them (is pleasing to them).

réfléchir à qqch   to think over something: **Il faut que j'y réfléchisse.**   I must think it over.

répondre à qqn ou à qqch   to answer someone or something: **J'ai répondu au professeur.**   I answered the teacher.   **Je lui ai répondu.**   I answered him.   **J'ai répondu à la lettre.**   I answered the letter.   **J'y ai répondu.**   I answered it.

résister à qqn ou à qqch   to resist someone or something: **Le criminel a résisté à l'agent de police.**   The criminal resisted the police officer.

ressembler à qqn   to resemble someone: **Il ressemble beaucoup à sa mère.**   He resembles his mother a lot.

réussir à qqch   to succeed in something.   réussir à un examen   to pass an examination: Il a réussi à l'examen.   He passed the exam.

serrer la main à qqn   to shake hands with someone: Bobby, va serrer la main à la dame.   Bobby, go shake hands with the lady.

songer à qqn ou à qqch   to dream (to think) of someone or something: Je songe aux grandes vacances.   I'm dreaming of the summer vacation.

survivre à qqn ou à qqch   to survive someone or something: Il a survécu à l'ouragan.   He survived the hurricane.

téléphoner à qqn   to telephone someone: Marie a téléphoné à Paul.   Marie telephoned Paul.   Elle lui a téléphoné.   She telephoned him.

B. *The following verbs take* à + *inf.*

aider à   to help: Roger aide son petit frère à faire sa leçon de mathématiques.   Roger is helping his little brother do the math lesson.

aimer à   to like: J'aime à lire.   I like to read. [Note that aimer à + inf. is used primarily in literary style; ordinarily, use aimer + inf.]

s'amuser à   to amuse oneself, to enjoy, to have fun: Il y a des élèves qui s'amusent à mettre le professeur en colère.   There are pupils who have fun making the teacher angry.

apprendre à   to learn: J'apprends à lire.   I am learning to read.

s'apprêter à   to get ready: Je m'apprête à aller au bal.   I am getting ready to go to the dance.

arriver à   to succeed in: Jacques arrive à comprendre le subjonctif.   Jack is succeeding in learning the subjunctive.

s'attendre à   to expect: Je m'attendais à trouver une salle de classe vide.   I was expecting to find an empty classroom.

autoriser à   to authorize, to allow: Je vous autorise à quitter cette salle de classe tout de suite.   I authorize you to leave this classroom immediately.

avoir à   to have, to be obliged (to do something):   J'ai à faire mes devoirs ce soir.   I have to do my homework tonight.

commencer à   to begin: Il commence à pleuvoir.   It is beginning to rain. [Note that commencer de + inf. is also correct.]

consentir à   to consent: Je consens à venir chez vous après le dîner.   I consent (agree) to come to your house after dinner.

continuer à   to continue: Je continue à étudier le français.   I am continuing to study French. [Note that continuer de + inf. is also correct.]

décider qqn à to persuade someone: **J'ai décidé mon père à me prêter quelques euros.** I persuaded my father to lend me a few euros.

se décider à to make up one's mind: **Il s'est décidé à l'épouser.** He made up his mind to marry her.

demander à to ask, to request: **Elle demande à parler.** She asks to speak. [Note that here the subjects are the same—she is the one who is asking to speak. If the subjects are different, use **demander de: Je vous demande de parler.** I am asking you to talk.]

encourager à to encourage: **Je l'ai encouragé à suivre un cours de français.** I encouraged him to take a course in French.

s'engager à to get oneself around (to doing something): **Je ne peux pas m'engager à accepter ses idées frivoles.** I can't get myself around to accepting his (her) frivolous ideas.

enseigner à to teach: **Je vous enseigne à lire en français.** I am teaching you to read in French.

s'habituer à to get used (to): **Je m'habitue à parler français couramment.** I am getting used to speaking French fluently.

hésiter à to hesitate: **J'hésite à répondre à sa lettre.** I hesitate to reply to her (his) letter.

inviter à to invite: **Monsieur et Madame Boivin ont invité les Béry à dîner chez eux.** Mr. and Mrs. Boivin invited the Bérys to have dinner at their house.

se mettre à to begin: **L'enfant se met à rire.** The child is beginning to laugh.

parvenir à to succeed: **Elle est parvenue à devenir docteur.** She succeeded in becoming a doctor.

persister à to persist: **Je persiste à croire que cet homme est innocent.** I persist in believing that this man is innocent.

se plaire à to take pleasure in: **Il se plaît à taquiner ses amis.** He takes pleasure in teasing his friends.

recommencer à to begin again: **Il recommence à pleuvoir.** It is beginning to rain again.

résister à to resist: **Je résiste à croire qu'il est malhonnête.** I resist believing that he is dishonest.

réussir à to succeed in: **Henri a réussi à me convaincre.** Henry succeeded in convincing me.

songer à to dream, to think: **Elle songe à trouver un millionnaire.** She is dreaming of finding a millionaire.

tarder à to delay: **Mes amis tardent à venir.** My friends are late in coming.

tenir à   to insist, to be anxious: **Je tiens absolument à voir mon enfant cet instant.**   I am very anxious to see my child this instant.

venir à   to happen (to):   **Si je viens à voir mes amis en ville, je vous le dirai.**   If I happen to see my friends downtown, I will tell you (so).

C. *The following verbs take* de + *noun*

s'agir de   to be a question of, to be a matter of: **Il s'agit de l'amour.**   It is a matter of love.

s'approcher de   to approach: **La dame s'approche de la porte et elle l'ouvre.**   The lady approaches the door and opens it.

changer de   to change: **Je dois changer de train à Paris.**   I have to change trains in Paris.

dépendre de   to depend on: **Je veux sortir avec toi mais cela dépend des circon-stances.**   I want to go out with you but that depends on the circumstances.

douter de   to doubt: **Je doute de la véracité de ce que vous dites.**   I doubt the veracity of what you are saying.

se douter de   to suspect: **Je me doute de ses actions.**   I suspect his (her) actions.

féliciter de   to congratulate on: **Je vous félicite de vos progrès.**   I congratulate you on your progress.

jouer de   to play (a musical instrument):   **Je sais jouer du piano.**   I know how to play the piano.

jouir de   to enjoy: **Mon père jouit d'une bonne santé.**   My father enjoys good health.

manquer de   to lack: **Cette personne manque de politesse.**   This person lacks courtesy.   **Mon frère manque de bon sens.**   My brother lacks common sense.

se méfier de   to distrust, to mistrust, to beware of: **Je me méfie des personnes que je ne connais pas.**   I distrust persons whom I do not know.

se moquer de   to make fun of: **Les enfants aiment se moquer d'un singe.**   Children like to make fun of a monkey.

s'occuper de   to be busy with: **Madame Boulanger s'occupe de son mari infirme.**   Mrs. Boulanger is busy with her disabled husband.   **Je m'occupe de mes affaires.**   I mind my own business.   **Occupez-vous de vos affaires!**   Mind your own business!

partir de   to leave: **Il est parti de la maison à 8 h.**   He left the house at 8 o'clock.

se passer de   to do without: **Je me passe de sel.**   I do without salt.

se plaindre de   to complain about: **Il se plaint toujours de son travail.**   He always complains about his work.

remercier de to thank: **Je vous remercie de votre bonté.** I thank you for your kindness. [Use **remercier de +** an abstract noun or **+ inf.**; Use **remercier pour +** a concrete object; *e.g.*, **Je vous remercie pour le cadeau.** I thank you for the present.]

se rendre compte de to realize: **Je me rends compte de la condition de cette personne.** I realize the condition of this person.

rire de to laugh at; **Tout le monde rit de cette personne.** Everybody laughs at this person.

se servir de to employ, to use, to make use of: **Je me sers d'un stylo quand j'écris une lettre.** I use a pen when I write a letter.

se soucier de to care about, to be concerned about: **Marc se soucie de ses amis.** Marc cares about his friends.

se souvenir de to remember: **Oui, je me souviens de Gervaise.** Yes, I remember Gervaise. **Je me souviens de lui.** I remember him. **Je me souviens d'elle.** I remember her. **Je me souviens de l'été passé.** I remember last summer. **Je m'en souviens.** I remember it.

tenir de to take after (to resemble): **Julie tient de sa mère.** Julie takes after her mother.

D. *The following verbs take* **de** + *inf.*

---

s'agir de to be a question of, to be a matter of: **Il s'agit de faire les devoirs tous les jours.** It is a matter of doing the homework every day.

avoir peur de to be afraid of: **Le petit garçon a peur de traverser la rue seul.** The little boy is afraid of crossing the street alone.

cesser de to stop, to cease: **Il a cessé de pleuvoir.** It has stopped raining.

commencer de to begin: **Il a commencé de pleuvoir.** It has started to rain. [Note that **commencer à + inf.** is also correct.]

continuer de to continue: **Il continue de pleuvoir.** It's still raining OR It's continuing to rain. [Note that **continuer à + inf.** is also correct.]

convenir de faire qqch to agree to do something: **Nous avons convenu de venir chez vous.** We agreed to coming to your place.

craindre de to be afraid of, to fear: **La petite fille craint de traverser la rue seule.** The little girl is afraid of crossing the street alone.

décider de to decide: **J'ai décidé de partir tout de suite.** I decided to leave immediately. **Il a décidé d'acheter la maison.** He decided to buy the house.

demander de to ask, to request: **Je vous demande de parler.** I am asking you to speak. [Note that here the subjects are different: I am asking you to speak; whereas, when the subjects are the same, use damander à: Elle demande à parler.   She is asking to speak.   Je demande à parler.   I am asking to speak.]

se dépêcher de   to hurry: Je me suis dépêché de venir chez vous pour vous dire quelque chose.   I hurried to come to your place in order to tell you something.

empêcher de   to keep from, to prevent: Je vous empêche de sortir.   I prevent you from going out.

s'empresser de   to hurry: Je m'empresse de venir chez toi.   I am hurrying to come to your place.

essayer de   to try: J'essaye d'ouvrir la porte mais je ne peux pas.   I'm trying to open the door but I can't.

féliciter de   to congratulate: On m'a félicité d'avoir gagné le prix.   I was congratulated on having won the prize.

finir de   to finish: J'ai fini de travailler sur cette composition.   I have finished working on this composition.

gronder de   to scold: La maîtresse a grondé l'élève d'avoir fait beaucoup de fautes dans le devoir.   The teacher scolded the pupil for having made many errors in the homework.

se hâter de   to hurry: Je me hâte de venir chez toi.   I am hurrying to come to your house.

manquer de   to neglect to, to fail to, to forget to: Guy a manqué de compléter sa leçon de français.   Guy neglected to complete his French lesson.

offrir de   to offer: J'ai offert d'écrire une lettre pour elle.   I offered to write a letter for her.

oublier de   to forget: J'ai oublié de vous donner la monnaie.   I forgot to give you the change.

persuader de   to persuade: J'ai persuadé mon père de me prêter quelques euros.   I persuaded my father to lend me a few euros.

prendre garde de   to take care not to: Prenez garde de tomber.   Be careful not to fall.

prendre le parti de faire qqch   to decide to do something: Théodore n'a pas hésité à prendre le parti de voter pour elle.   Theodore did not hesitate to decide to vote for her.

prier de   to beg: Je vous prie d'arrêter.   I beg you to stop.

promettre de   to promise: J'ai promis de venir chez toi à 8 h.   I promised to come to your place at 8 o'clock.

refuser de   to refuse: Je refuse de le croire.   I refuse to believe it.

regretter de   to regret, to be sorry: Je regrette d'être obligé de vous dire cela. I am sorry to be obliged to tell you that.

remercier de   to thank: **Je vous remercie d'être venu si vite.**   I thank you for coming (having come) so quickly. [Use **remercier de** + inf. or + abstract noun. Use **remercier pour** + concrete object.]

se souvenir de   to remember: **Tu vois? Je me suis souvenu de venir chez toi.**   You see? I remembered to come to your house.

tâcher de   to try: **Tâche de finir tes devoirs avant de sortir.**   Try to finish your homework before going out.

venir de   to have just (done something):   **Je viens de manger.**   I have just eaten *or* I just ate.

E. *The following verbs commonly take* à + *noun* + de + *inf.*

The model to follow is: **J'ai conseillé à Robert de suivre un cours de français.**
I advised Robert to take a course in French.

conseiller à   to advise: **J'ai conseillé à Jeanne de se marier.**   I advised Joan to get married.

défendre à   to forbid: **Mon père défend à mon frère de fumer.**   My father forbids my brother to smoke.

demander à   to ask, to request: **J'ai demandé à Marie de venir.**   I asked Mary to come.

dire à   to say, to tell: **J'ai dit à Charles de venir.**   I told Charles to come.

interdire à   to forbid: **Mon père interdit à mon frère de fumer.**   My father forbids my brother to smoke.

ordonner à   to order: **J'ai ordonné au chauffeur de ralentir.**   I ordered the driver to slow down.

permettre à   to permit: **J'ai permis à l'étudiant de partir quelques minutes avant la fin de la classe.**   I permitted the student to leave a few minutes before the end of class.

promettre à   to promise: **J'ai promis à mon ami d'arriver à l'heure.**   I promised my friend to arrive on time.

téléphoner à   to telephone: **J'ai téléphoné à Marcel de venir me voir.**   I phoned Marcel to come to see me.

F. *The following verbs take prepositions other than* à *or* de

commencer par + inf.   to begin by + present participle: **La présidente a commencé par discuter les problèmes de la société.**   The president began by discussing the problems in society.

continuer par + inf.   to continue by + pres. part.:   **La maîtresse a continué la conférence par lire un poème.**   The teacher continued the lecture by reading a poem.

entrer dans + noun   to enter, to go in: **Elle est entrée dans le restaurant.**   She went in the restaurant.

être en colère contre qqn   to be angry with someone: **Monsieur Laroche est toujours en colère contre ses voisins.**   Mr. Laroche is always angry with his neighbors.

finir par + inf.   to end up by + pres. part.:   **Clément a fini par épouser une femme plus âgée que lui.**   Clement ended up marrying a woman older than he.

s'incliner devant qqn   to bow to someone: **La princesse s'incline devant la reine.**   The princess is bowing to the queen.

insister pour + inf.   to insist on, upon: **J'insiste pour obtenir tous mes droits.**   I insist on obtaining all my rights.

se marier avec qqn   to marry someone: **Elle va se marier avec lui.**   She is going to marry him.

se mettre en colère   to become angry, upset: **Monsieur Leduc se met en colère facilement.**   Mr. Leduc gets angry easily.

se mettre en route   to start out, to set out: **Ils se sont mis en route dès l'aube.**   They started out at dawn.

remercier pour + a concrete noun   to thank for: **Je vous remercie pour le joli cadeau.**   I thank you for the pretty present. [Remember to use **remercier pour + a concrete object**; use **remercier de + an abstract noun or + inf.**   **Je vous remercie de votre bonté.**   I thank you for your kindness.   **Je vous remercie d'être venue si vite.**   I thank you for coming so quickly.]

G. *The following verbs require no preposition before the infinitive*

---

adorer + inf.   to adore, to love: **Madame Morin adore mettre tous ses bijoux avant de sortir.**   Mrs. Morin loves to put on all her jewelry before going out.

aimer + inf.   to like: **J'aime lire.**   I like to read. [You may also say: **J'aime à lire,** but **aimer + à + inf.** is used primarily in literary style.]

aimer mieux + inf.   to prefer: **J'aime mieux rester ici.**   I prefer to stay here.

aller + inf.   to go: **Je vais faire mes devoirs maintenant.**   I am going to do my homework now.

apercevoir + inf.   to perceive: **J'aperçois avancer l'ouragan.**   I notice the hurricane advancing. [This is a verb of perception. You may also say: **J'aperçois l'ouragan qui s'avance.**]

compter + inf.   to intend: **Je compte aller en France l'été prochain.**   I intend to go to France next summer.

croire + inf. to believe: **Il croit être innocent.** He believes he is innocent.

désirer + inf. to desire, to wish: **Je désire prendre une tasse de café.** I desire to have a cup of coffee.

devoir + inf. to have to, ought to: **Je dois faire mes devoirs avant de sortir.** I have to do my homework before going out.

écouter + inf. to listen to: **J'écoute chanter les enfants.** I am listening to the children singing. [This is a verb of perception. You may also say: **J'écoute les enfants qui chantent.**]

entendre + inf. to hear: **J'entends chanter les enfants.** I hear the children singing. [This is a verb of perception. You may also say: **J'entends les enfants qui chantent.**]

espérer + inf. to hope: **J'espère aller en France.** I hope to go to France.

faire + inf. to cause, to make, to have something done by someone: **Le professeur fait travailler les élèves dans la salle de classe.** The teacher has the pupils work in the classroom. (See causative faire, page 676.)

falloir + inf. to be necessary: **Il faut être honnête.** One must be honest.

laisser + inf. to let, to allow: **Je vous laisse partir.** I am letting you go.

oser + inf. to dare: **Ce garçon ose dire n'importe quoi.** This boy dares to say anything.

paraître + inf. to appear, to seem: **Elle paraît être capable.** She appears to be capable.

penser + inf. to think, to plan, to intend: **Je pense aller à Paris.** I intend to go to Paris.

pouvoir + inf. to be able, can: **Je peux marcher mieux maintenant après l'accident.** I can walk better now after the accident.

préférer + inf. to prefer: **Je préfère manger maintenant.** I prefer to eat now.

regarder + inf. to look at: **Je regarde voler les oiseaux.** I am looking at the birds flying. [This is a verb of perception. You may also say: **Je regarde les oiseaux qui volent.**]

savoir + inf. to know, to know how: **Je sais nager.** I know how to swim.

sentir + inf. to feel: **Je sens s'approcher l'ouragan.** I feel the hurricane approaching. [This is a verb of perception. You can also say: **Je sens l'ouragan qui s'approche.**]

sentir + inf. to smell: **Je sens venir une odeur agréable du jardin.** I smell a pleasant fragrance coming from the garden. [This is another verb of perception. You may also say: **Je sens une odeur agréable qui vient du jardin.**]

valoir mieux + inf. to be better: **Il vaut mieux être honnête.** It is better to be honest.

venir + inf. to come: **Gérard vient voir ma nouvelle voiture.** Gerard is coming to see my new car.

voir + inf. to see: **Je vois courir les enfants.** I see the children running. [This is another verb of perception. You may also say: **Je vois les enfants qui courent.**]

vouloir + inf. to want: **Je veux venir chez vous.** I want to come to your house.

H. *The following verbs do not require a preposition, whereas in English a preposition is used*

approuver to approve of: **J'approuve votre décision.** I approve of your decision.

attendre to wait for: **J'attends l'autobus depuis vingt minutes.** I have been waiting for the bus for twenty minutes.

chercher to look for: **Je cherche mon livre.** I'm looking for my book.

demander to ask for: **Je demande une réponse.** I am asking for a reply

écouter to listen to: **J'écoute la musique.** I am listening to the music. **J'écoute le professeur.** I am listening to the teacher.

envoyer chercher to send for: **J'ai envoyé chercher le docteur.** I sent for the doctor.

essayer to try on: **Elle a essayé une jolie robe.** She tried on a pretty dress.

habiter to live in: **J'habite cette maison.** I live in this house.

ignorer to be unaware of: **J'ignore ce fait.** I am unaware of this fact.

mettre to put on: **Elle a mis la robe rouge.** She put on the red dress.

payer to pay for: **J'ai payé le dîner.** I paid for the dinner.

pleurer to cry about, to cry over: **Elle pleure la perte de son petit chien.** She is crying over the loss of her little dog.

prier to pray to: **Elle prie le ciel.** She is praying to the heavens. **Elle prie la Vierge.** She is praying to the Holy Mother.

puer to stink of: **Cet ivrogne pue l'alcool.** This drunkard stinks of alcohol.

regarder to look at: **Je regarde le ciel.** I am looking at the sky.

sentir to smell of: **Robert, ta chambre sent la porcherie.** Robert, your room smells like a pigsty (pigpen).

soigner to take care of: **Cette personne soigne les pauvres.** This person takes care of (cares for) poor people.

Index of common irregular French verb forms identified by infinitive

The purpose of this index is to help you identify those verb forms that cannot be readily identified because they are irregular in some way. For example, if you come across the verb form *fut* (which is very common) in your French readings, this index will tell you that *fut* is a form of être. Then you look up être in this book and you will find that verb form on the page where all the forms of être are given.

Verb forms whose first few letters are the same as the infinitive have not been included because they can easily be identified by referring to the alphabetical listing of the 501 verbs in this book.

After you find the verb of an irregular verb form, if it is not among the 501 verbs, consult the list of over 2,700 French verbs conjugated like model verbs.

A

a   avoir
ai   avoir
aie   avoir
aient   avoir
aies   avoir
aille   aller
ait   avoir
as   avoir
asseyais, *etc.*   asseoir
assieds   asseoir
assiérai, *etc.*   asseoir
assis   asseoir
assoie   asseoir
assoirai, *etc.*   asseoir
assoyais, *etc.*   asseoir
aurai, *etc.*   avoir
avaient   avoir
avais   avoir
avait   avoir
avez   avoir
aviez   avoir
avions   avoir
avons   avoir
ayant   avoir
ayons, *etc.*   avoir

B

bats   battre
bois   boire

boivent   boire
bu   boire
bûmes   boire
burent   boire
bus, bût   boire
busse, *etc.*   boire
but   boire
bûtes   boire
buvant   boire
buvez   boire
buvons   boire

C

connu   connaître
craignis, *etc.*   craindre
crois   croire
croîs   croître
croissais, *etc.*   croître
croit   croire
croît   croître
croyais, *etc.*   croire
cru   croire
crû, crue   croître
crûmes   croire, croître
crurent   croire
crûrent   croître
crus   croire
crûs   croître
crûsse, *etc.*   croître
crût   croire, croître

D

devais, *etc.* devoir
dîmes dire
dis, disais, *etc.* dire
disse, *etc.* dire
dit, dît dire
dois, *etc.* devoir
doive, *etc.* devoir
dors, *etc.* dormir
dû, due devoir
dûmes devoir
dus, dussent devoir
dut, dût, dûtes devoir

E

es être
est être
étais, *etc.* être
été être
êtes être
étiez être
eu avoir
eûmes avoir
eurent avoir
eus avoir
eusse, *etc.* avoir
eut, eût avoir
eûtes avoir

F

faille faillir, falloir (Def. and Imp.)
fais, *etc.* faire
fallut, *etc.* falloir (Def. and Imp.)
fasse, *etc.* faire
faudra faillir, falloir (Def. and Imp.)
faudrait faillir, falloir (Def. and Imp.)
faut faillir, falloir (Def. and Imp.)
faux faillir
ferai, *etc.* faire
fîmes faire
firent faire
fis, *etc.* faire
font faire
fûmes être
furent être

fus, *etc.* être
fut, fût être
fuyais, *etc.* fuir

G

gis, gisons, *etc.* gésir (Def. and Imp.)
gît gésir (Def. and Imp.)

I

ira, irai, iras, *etc.* aller

L

lis, *etc.* lire
lu lire
lus, *etc.* lire

M

mens mentir
mets mettre
meure, *etc.* mourir
meus, *etc.* mouvoir
mîmes mettre
mirent mettre, mirer
mis mettre
misses, *etc.* mettre
mit mettre
mort mourir
moulons, *etc.* moudre
moulu moudre
mû, mue mouvoir
mussent mouvoir
mut mouvoir

N

nais, *etc.* naître
naquîmes, *etc.* naître
né naître
nuis, nuit, *etc.* nuire

O

offert   offrir
omis   omettre
ont   avoir

P

paie (paye)   payer
pars   partir
paru, *etc.*   paraître
peignis, *etc.*   peindre
peins, *etc.*   peindre
pendant   pendre
peut, *etc.*   pouvoir
peuvent   pouvoir
plaigne, *etc.*   plaindre
plu   plaire, pleuvoir (Def. and Imp.)
plurent   plaire
plut, plût, *etc.*   plaire, pleuvoir
    (Def. and Imp.)
plûtes   plaire
pourrai, *etc.*   pouvoir
prenne, *etc.*   prendre
prîmes   prendre
prirent   prendre
pris   prendre
prisse, *etc.*   prendre
pu   pouvoir
puis   pouvoir
puisse, *etc.*   pouvoir
pûmes, *etc.*   pouvoir
purent   pouvoir
pus   pouvoir
pusse   pouvoir
put, pût   pouvoir

R

reçois, *etc.*   recevoir
reçûmes, *etc.*   recevoir
relu   relire
résolu, *etc.*   résoudre
reviens, *etc.*   revenir
revins, *etc.*   revenir
ri, rie, riant, *etc.*   rire
riiez   rire
ris, *etc.*   rire

S

sache, *etc.*   savoir
sais, *etc.*   savoir
saurai, *etc.*   savoir
séant   seoir (Def. and Imp.)
sens, *etc.*   sentir
serai, *etc.*   être
sers, *etc.*   servir
seyant   seoir (Def. and Imp.)
sied   seoir (Def. and Imp.)
siéent   seoir (Def. and Imp.)
siéra, *etc.*   seoir (Def. and Imp.)
sois, *etc.*   être
sommes   être
sont   être
sors, *etc.*   sortir
soyez   être
soyons   être
su   savoir
suis   être, suivre
suit   suivre
sûmes   savoir
surent   savoir
survécu   survivre
sus, susse, *etc.*   savoir
sut, sût   savoir

T

tais, *etc.*   se taire
teigne, *etc.*   teindre
tiendrai, *etc.*   tenir
tienne, *etc.*   tenir
tînmes   tenir
tins, *etc.*   tenir
trayant   traire
tu   se taire
tûmes   se taire
turent   se taire
tus   se taire
tusse, *etc.*   se taire
tut, tût   se taire

V

va **aller**
vaille **valoir**
vainque, *etc.* **vaincre**
vais **aller**
vas **aller**
vaudrai, *etc.* **valoir**
vaux, *etc.* **valoir**
vécu, *etc.* **vivre**
vécûmes, *etc.* **vivre**
verrai, *etc.* **voir**
veuille, *etc.* **vouloir**
veulent **vouloir**
veut, *etc.* **vouloir**
viendrai, *etc.* **venir**
vienne, *etc.* **venir**

viens, *etc.* **venir**
vîmes **voir**
vînmes **venir**
vinrent **venir**
vins, *etc.* **venir**
virent **voir**
vis **vivre, voir**
visse, *etc.* **voir**
vit **vivre, voir**
vît **voir**
vîtes **voir**
voie, *etc.* **voir**
vont **aller**
voudrai, *etc.* **vouloir**
voulu, *etc.* **vouloir**
voyais, *etc.* **voir**
vu **voir**

The purpose of this index is to give you instantly the French verb for the English verb you have in mind to use. We have listed the most common definition to save you time if you do not have at your fingertips a standard English-French dictionary.

If the French verb you want is reflexive (*e.g.*, s'appeler or se lever), you will find it listed alphabetically under the first letter of the verb and not under the reflexive pronoun *s'* or *se*.

When you find the French verb you need, look up the form of the model verb that has a similar conjugation (*e.g.*, bark is aboyer, which is conjugated like verb 187, which is envoyer). If there is no verb number listed (*e.g.*, amuser) that means that the French verb is one of the 501 model verbs.

Note: The mark * in front of the letter *h* in a French verb denotes that it is aspirate; make no liaison and use *je* instead of *j'*; *me* instead of *m'*.

A

abandon abandonner (171)
abandon, quit délaisser (274)
abdicate abdiquer (219)
abhor exécrer (203)
abhor abhorrer (27)
abjure abjurer (148)
able, to be pouvoir
abolish abolir
abominate abominer (465)
abort avorter (27)
abound affluer (114)
abound foisonner (171)
abound surabonder (27)
abound in abonder en (26)
abound in regorger de (283)
abrade abraser (27)
abridge abréger (52)
absent oneself from
s'absenter de (26)
absolve absoudre
absorb absorber (385)
absorb résorber (240)
abstain s'abstenir
abstract abstraire (474) (no
passé simple or imp. subj.)
abuse injurier (389)
abuse abuser de qqch (32)
abuse maltraiter (475)
accelerate accélérer (356)
accentuate, stress accentuer
(483)

accept agréer (128)
accept accepter
accessorize accessoiriser
(486)
acclaim acclamer
acclimate acclimater (27)
accommodate accommoder
(147)
accompany accompagner
accomplish accomplir (392)
accord accorder
accost accoster (160)
accost aborder (26)
accredit accréditer (251)
accrue s'accroître (14) (aux.
être)
acculturate acculturer (27)
accumulate accumuler (81)
accuse accuser
accuse oneself s'accuser (16,
33)
accustom habituer (483)
accustom oneself s'habituer
(33, 483)
achieve achever
acquire aquérir
acquit acquitter (de) (374)
act agir
activate actionner (171)
activist/militant, to be an
militer (251)
adapt to adapter à (8)

add ajouter; additionner
(171)
add a sound track sonoriser
(486)
add more rajouter (28)
add up additionner (171)
address adresser
address someone s'adresser à
qqn (33, 79)
adhere to adhérer à (87)
adjust ajuster (28)
adjust rajuster (28)
administer administrer (26)
admire admirer
admit avouer (269)
admit admettre
admonish admonester
(27)
adopt adopter (8)
adore adorer
adorn parer (435)
adulate aduler (81)
advance avancer
advance (oneself)
s'avancer (33, 61)
advise conseiller
advise against
déconseiller (109)
advocate préconiser
(486)
advocate prôner (27)
aerate aérer (87)

affiliate to s'affilier à (33, 41)

affirm affirmer (227)

affix apposer (350)

afflict with affliger de (119)

age vieillir

agglutinate agglutiner (329)

aggravate exacerber (27)

aggravate aggraver (276)

agree s'accorder (11) (aux. être)

agree consentir

agree acquiescer (342)

agree with concorder avec (11)

aid aider

aim at viser à (486)

aim, point braquer (284)

air aérer (87)

air condition climatiser (486)

alarm alarmer (310)

alarm effarer (22)

alarmed, to get s'alarmer (310, 33)

alienate aliéner (87)

alight se poser (350, 83)

align aligner (26)

alleviate pallier (212)

allocate allouer (281)

allow laisser

allow permettre

ally allier (41)

almost (do something) faillir

alter altérer (87)

alternate alterner (27)

amass amasser (92)

amass amonceler (38)

amaze épater (241)

ambush s'embusquer (33, 284)

amend amender (27)

Americanize américaniser (32)

amplify with/by amplifier de (322)

amputate amputer (251)

amuse amuser

amuse divertir (210)

amuse récréer (128)

amuse oneself s'amuser; se distraire (474) (aux. être); se récréer (83, 128)

analyze analyser (32)

anchor ancrer (27)

anger courroucer (342)

anger someone fâcher qqn (82) (See 216; aux. avoir)

anglicize angliciser (23)

angry, to become se fâcher

anguish, to cause angoisser (27)

animate animer (27)

annex annexer (27)

annihilate anéantir (229)

annihilate annihiler (27)

announce annoncer

annoy agacer

annoy enquiquiner (329)

annoy contrarier (41)

annoy embêter (47)

annoy énerver (276)

annoy vexer (27)

annoyed, to become s'énerver (33, 276); s'irriter (266, 33)

annul annuler (81)

anoint oindre (268)

answer répondre

antedate antidater (28)

anticipate anticiper (329)

ape singer (283)

apologize s'excuser

appall consterner (27)

appear apparaître

appear se manifester (83)

appear paraître

appear before court comparaître (324)

applaud for applaudir de (229)

apply appliquer (219)

apply for (a position) postuler (81)

apply makeup to one's own face se farder (83, 240)

apply makeup to someone's face farder (240)

apply oneself s'appliquer (219, 2)

appoint mandater (241)

appoint to préposer à (350)

appreciate apprécier

apprehend (legal term) appréhender (27)

approach approcher

approach s'approcher (33, 43)

appropriate s'approprier (83, 212)

approve homologuer (307)

approve (of) approuver

arabize arabiser (486)

arbitrate arbitrer (27)

arch cambrer (27)

arch arquer (284)

arch cintrer (27)

archive archiver (27)

argue bagarrer (435)

arise survenir (491)

arise procéder de (87)

arm armer (238)

arrange disposer (350)

arrange arranger

arrange agencer (342)

arrange ordonner (171)

arrest arrêter

arrive arriver

arrive ahead of devancer (61)

articulate articuler (81)

ascend monter

ask (for) demander

ask again redemander (147)

ask for réclamer (71)

asphyxiate asphyxier (41)

aspire to ambitionner de (171); aspirer à (21)

assail assaillir

assassinate assassiner (159)

assemble assembler (407)

assemble rassembler (407)

assign assigner (441)

assimilate assimiler (27)

assist seconder (240)

associate (something with) associer (qqch à) (41)

associate (with) adjoindre à (268)

assume assumer (27)

assure assurer

astonish étonner

astound ahurir (229)

atomize atomiser (486)

atone se racheter (17, 122)

attach attacher (82)

attach again rattacher (82)

attack agresser (23)

attack attaquer (219)

attack assaillir

attain **atteindre**
attain **accéder à** (87)
attend **assister (à)**
attract **attirer**
attribute to **attribuer à** (114)
augur **augurer** (272)
authorize **autoriser** (16)
authorize **habiliter** (251)
automate **automatiser** (486)
avenge **venger**
avenge oneself **se venger** (490)
  (aux. être)
avoid **esquiver** (276)
avoid **éviter**
awaken **éveiller** (109)
award **adjuger** (283)
award **décerner** (470)

B

back, to give **rendre**
backdate **antidater** (28)
badger, pester someone **tanner**
  qqn (171)
balance **équilibrer** (158)
balance **pondérer** (203)
balance **balancer**
ban **proscrire** (177)
bandage **panser** (134)
bandage **bander** (27)
bang **claquer** (284)
banish from **bannir de** (229)
banter **marivauder** (27)
banter, to exchange **badiner**
  (167)
baptize **baptiser** (32)
bar **barrer** (21)
bark **aboyer** (187)
base upon **baser sur** (32)
bathe **baigner** (10)
battle **batailler** (477)
bawl, cry **brailler** (477)
be **être**
be green **verdoyer** (187)
bead **perler** (326)
beat **battre**
beat up **rouer (de coups)** (269)
beat with a stick **bâtonner**
  (171)
beautify **embellir** (229)
become **devenir**
become again **redevenir** (164)

becoming, to be **seoir** (Def.
  and Imp.)
bed, to confine/put to bed
  aliter (251)
bed, to go back to **se**
  recoucher (122)
bed, to go to **se coucher**
bed, to put to **coucher**
bed, to take oneself to **s'aliter**
  (251) (aux. être)
beg **mendier** (212)
beg **prier**
beg **supplier**
begin **débuter** (173)
begin **commencer**
begin **se mettre**
begin **entamer** (71)
begin again **recommencer** (99)
behave **se comporter** (80, 349)
belch **éructer** (28)
believe **croire**
belong **appartenir**
bend **courber** (481)
bend **recourber** (240)
bend **plier**
bend **fléchir** (383)
bend **ployer** (187)
bequeath **léguer** (87, 307)
beseech **conjurer** (54)
besiege **assiéger**
bet **miser** (486)
bet **gager** (305)
bet on **parier sur** (129)
betray **trahir**
beware **se méfier**
bewitch **ensorceler** (38)
bid, to increase **renchérir** (94)
bifurcate **bifurquer** (284)
bill **facturer** (54)
billet **cantonner** (171)
bite **mordre**
bivouac **bivouaquer** (219)
black, to stain **mâchurer** (54)
blacken **noircir** (229)
blame **blâmer**
blame **reprocher qqch à qqn**
  (43)
blaspheme **blasphémer** (356)
blaze **flamboyer** (187)
bleach **javelliser** (486)
bleach hair **blondir** (210)
bleed **saigner** (441)

blend **malaxer** (27)
bless **bénir**
blind **aveugler** (27)
blindfold **bander** (27)
blink **cligner** (10)
blink **clignoter** (27)
bloat **boursoufler** (445)
block **enrayer** (330)
block **obstruer** (114)
block **obturer** (54)
block up **bloquer** (219)
block up **boucher** (469)
blog **bloguer** (307)
blond, to become **blondir**
  (210)
bloody **ensanglanter** (90)
bloom **s'épanouir** (214)
blow **souffler**
blow away (slang) **flinguer**
  (307)
blow one's nose **se moucher**
  (122)
blow up **péter** (87)
bluff **bluffer** (26)
blur **estomper** (247)
blur **brouiller** (233)
blush **rougir**
boast **se targuer de** (122, 307)
boil **bouillir**
bold, to make **enhardir** (210)
bombard **bombarder** (385)
bone (remove bones) **désosser**
  (79)
boo ***huer** (483)
boot (computer)
  démarrer (27)
boot (computer)
  amorcer (342)
border **border** (248)
bore **barber** (27)
bore **ennuyer**
bored, to be **s'embêter**
  (33, 47); **s'ennuyer**
  (55, 192)
bored, to be **s'ennuyer**
born, to be **naître**
borrow **emprunter**
borrow again
  remprunter (188)
botch **torchonner** (171)
botch up **bâcler** (445)
bother **contrarier** (41)

bother embêter (47)
bother gêner
bother emmerder (240)
bother incommoder (96)
bother tracasser (84)
bow down before s'incliner devant (33, 329)
box boxer (26)
boycott boycotter (373)
brag se vanter (90, 122)
braid tresser (73)
braid natter (246)
braise braiser (486)
brake freiner (329)
brandish brandir (210)
bread paner (27)
break casser
break rompre
break briser (32)
break se briser (32, 85)
break se rompre (419) (aux. être)
break (body part) se casser
break (wave) déferler (326)
break in (mechanical) roder (96)
break one's pledge se parjurer (122, 272)
break through poindre (268)
breakfast, to have déjeuner
breast-feed allaiter (27)
breathe respirer (466)
brew brasser (79)
bridle brider (329)
brighten with sunlight ensoleiller (109)
bring amener
bring apporter
bring back ramener (31)
bring back rapporter (40)
bring back remmener (290)
bring closer to rapprocher de (43)
bring up to date actualiser (16)
bristle se *hérisser (122, 486)
broadcast retransmettre (294)
broadcast diffuser (32)
broadcast radiodiffuser (32)
bronze bronzer (134)
brown brunir (229)
brown rissoler (498)

browse books bouquiner (329)
bruise contusionner (171)
bruise meurtrir (249)
brush brosser
brush effleurer (466)
brush against frôler (498)
brush oneself se brosser
brutalize, bully brutaliser (486)
bubble bouillonner (171)
bubble pétiller (477)
buckle boucler (469)
bud bourgeonner (171)
build bâtir
build construire
build édifier (41)
build (with masonry) maçonner (171)
bully brimer (27)
bump into someone croiser (86)
bump off zigouiller (233)
burden encombrer (22)
burglarize cambrioler (26)
burn flamber (240)
burn brûler
burn oneself se brûler (81, 80)
burn up consumer (32)
burn up carboniser (486)
burp éructer (28)
burp roter (96)
burst forth fuser (32)
burst into éclater en (176)
burst with crever de (278)
bury enfouir (270)
bury ensevelir (229)
bury inhumer (238)
bury enterrer
busy, to be s'occuper
butter beurrer (26)
button boutonner (171)
buy acheter
buy back racheter (17)
buzz bourdonner (171)
by, to get se débrouiller
bypass contourner (470)

C

cackle caqueter (267)
cajole enjôler (498)

cajole cajoler (27)
calcify calcifier (41)
calculate calculer (81)
calibrate calibrer (27)
call appeler
call again rappeler
call onself s'appeler; se nommer (310, 83)
calligraphy, to write calligraphier (212)
calm calmer (27)
calm down se calmer (27, 122)
calm down, pacify apaiser (27)
camouflage camoufler (445)
camp camper (235)
can pouvoir
cancel annuler (81)
cancel an order décommander (98)
canonize canoniser (486)
capitalize capitaliser (486)
capitulate capituler (81)
capsize chavirer (27)
captivate captiver (167)
capture capturer (27)
capture accaparer (27)
carbonate gazéifier (212)
care about se soucier de (41 (aux. être))
caress caresser (353)
caricature caricaturer (21)
carry porter
carry away emporter (349)
carry away entraîner (27)
carry forward reporter (349)
carry out réaliser (486)
cart (something) around trimbaler (326)
cash encaisser (274)
castrate castrer (27)
catalog cataloguer (307)
catch (a ball) réceptionner (443)
catch a cold s'enrhumer (33, 238)
catch a glimpse entrevoir (497)
catch on piger (218)
catch up rattraper (59)
catechize catéchiser (486)
cause occasionner (171)
cause causer

communion, to receive communier (389)

commute (legal term) commuer (114)

commute (mathematics) commuter (173)

compare comparer

compare someone/something to assimiler qqn/qqch à (27)

compensate compenser (336)

compensate dédommager (305)

compete concurrencer (342)

compete with concourir avec (125)

compile compiler (251)

complain rouspéter (87)

complain se plaindre

complete compléter (87)

complicate compliquer (219)

complicate embrouiller (233)

compliment complimenter (60)

comply with obtempérer à (203)

compose composer (350)

compress comprimer (220)

comprise comporter (349)

compromise compromettre (294)

compromise transiger (218)

computerize informatiser (486)

conceal celer (297)

conceal dissimuler (81)

conceal taire (345)

concede concéder (87)

conceive concevoir

concentrate (oneself) on se concentrer sur (80, 299)

concentrate on concentrer sur (299)

concern concerner (27, 3rd person s. and pl. only)

conclude conclure

concoct concocter (349)

condemn condamner (98)

condescend to condescendre à (394)

condition conditionner (171)

conduct conduire

confer conférer (356)

confess confesser (73)

configure configurer (27)

confine confiner (329)

confirm confirmer (227)

confiscate confisquer (219)

conflict s'opposer (350) (aux. être)

conform to se conformer à (122, 227)

confound confondre (231)

confront affronter (113)

confront confronter (113)

confuse tournebouler (421)

confuse troubler (407)

congratulate féliciter (251)

conjecture conjecturer (54)

conjugate conjuguer (307)

connect connecter (349)

connect brancher

connect (Internet) se connecter à (122, 349)

connect lier (129)

connect to raccorder à (11)

conquer conquérir

conquer vaincre

consecrate consacrer (54)

consecrate sacrer (22)

consent consentir

consider considérer (87)

consist of consister en (215)

console consoler (27)

consolidate consolider (329)

conspire conspirer (21)

constitute constituer (483)

constrain contraindre

construct bâtir

construct construire

consult compulser (32)

consult consulter (375)

consume consommer (310)

contact contacter (28)

contain contenir

contaminate contaminer (329)

contemplate contempler (407)

content contenter (464)

content onself with se contenter de (464, 277)

continue continuer

contradict contredire

contrast with contraster avec (160)

contribute contribuer (114)

contribute cotiser (32)

control contrôler (498)

control by radio téléguider (27)

convene convoquer (219)

converge converger (283)

converge confluer (114)

converse converser (492)

converse dialoguer (307)

convert convertir (229)

convince convaincre

convulse convulser (336)

coo roucouler (421)

cook cuisiner (159)

cook cuire

cool refroidir (229)

cooler, to get fraîchir (383)

cooperate coopérer (356)

coordinate coordonner (171)

cope se débrouiller (122, 233)

copy copier (212)

copy exactly calquer (219)

corner somebody acculer (81)

correct amender (27)

correct corriger

correspond correspondre (401)

correspond (with) cadrer (27)

corroborate corroborer (27)

corrupt corrompre

corset corseter (297)

cost coûter (Def. and Imp.)

cough tousser

cough, to have a slight toussoter (96)

cough, to have a slight toussailler (477)

counsel conseiller

count dénombrer (407)

count nombrer (22)

count compter

count again recompter (103)

count on tabler sur (407)

counterfeit contrefaire (223)

couple accoupler (27)

couple coupler (421)

couple jumeler (38)

cover couvrir

cover again recouvrir (126)

cover in sand ensabler (407)

covet convoiter (447)

crack craquer (219)

crack fendiller (477)

crack crevasser (84)

crackle pétiller (477)

crackle (object) craqueler (38)

crackle (sound) crépiter (215)

cram (for a test) potasser (84)

cram for an exam bachoter (96)

cram, shove in fourrer (22)

crawl ramper (247)

crazy about, to be raffoler de (498)

creak, grind grincer (99)

crease froisser (353)

crease plisser (73)

creases, to remove défriper (235)

create créer

create an uproar chahuter (8)

credit with créditer de (251)

crisscross quadriller (477)

crisscross (when traveling) sillonner (171)

criticize critiquer (219)

crochet crocheter (17)

cross traverser

cross croiser (86)

cross off (a list) radier (212)

cross out biffer (439)

cross out raturer (54)

cross out rayer (330)

crossbreed métisser (274)

crouch se tapir (66) (aux. être)

crown couronner (171)

crucify crucifier (212)

crumple chiffonner (171)

crumple froisser (353)

crunch croquer (219)

crush concasser (84)

crush écrabouiller (233)

crush écraser (183)

crush broyer (187)

cry chialer (421)

cry pleurer

cry out s'écrier (33, 41)

cry out s'exclamer (9)

cry out crier

crystallize cristalliser (486)

cuddle se blottir (214, 229)

cuddle câliner (329)

culminate culminer (329)

cultivate cultiver (329)

curl friser (486)

curl up se recroqueviller (414)

curse pester (27)

curse maudire

curve arquer (284)

curve cintrer (27)

cushion amortir (229)

cut couper

cut tailler (477)

cut again recouper (124)

cut down trees (Can.) bûcher (285)

cut into sections tronçonner (483)

cut the head off of something étêter (47)

cut the throat of égorger (283)

cut to pieces déchiqueter (267)

cut up découper (124)

D

damage endommager (305)

damage accidenter (27)

damage abîmer (27)

damn damner (239)

dance danser

dare oser

darken assombrir (229)

darken foncer (371)

darken obscurcir (229)

darken s'obscurcir (229, 214)

darn, to not give a se ficher de (83) (aux. être; past part. fichu)

date from dater de (241)

daub (with) barbouiller (de) (233)

dawdle lambiner (329)

dawdle s'attarder (33)

daydream rêvasser (84)

dazzle éblouir (229)

deafen assourdir (229)

debit débiter (251)

debug (computer) déboguer (307)

decalcify décalcifier (41)

decamp décamper (27)

decant soutirer (466)

decapitate décapiter (251)

deceive leurrer (22)

deceive tromper (247) (See 480)

deceive décevoir

decide décider

decimate décimer (27)

decipher déchiffrer (27)

declaim déclamer (71)

declare déclarer (69)

decline décliner (465)

decolorize décolorer (22)

decompose décomposer (350)

decongest décongestionner (171)

deconstruct déconstruire (133)

decorate with décorer de (22)

decorate with orner de (470)

decrease décroître

decrease diminuer

decree décréter (87)

decry décrier (129)

dedicate (a book) dédicacer à (342)

dedicate to dédier à (212)

deduce déduire

deduct déduire

deepen approfondir (229)

defame diffamer (71)

defend défendre

defend oneself se défendre (144) (aux. être)

defer to déférer à (356)

define définir (229)

deflate dégonfler (498)

deforest déboiser (486)

deform déformer (227)

defraud frauder (27)

defrost dégivrer (27)

defuse désamorcer (342)

defy braver (276)

degrade dégrader (27)

degrade avilir (423)

dehydrate déshydrater (241)

deign daigner (10)

delay attarder (240)

delay retarder (240)

delay tarder (240)

delay temporiser (486)

delegate déléguer (87, 307)

deliberate délibérer (356)

delight ravir (422)

delight réjouir (270)

delighted, to be se réjouir (270) (aux. être)

delist (Internet) délister (160)

deliver to livrer à (27)

demand revendiquer (256)

demand ransom rançonner (443)

demobilize démobiliser (486)

democratize démocratiser (486)

demolish démolir

demonstrate démontrer (299)

demote destituer (483)

denationalize dénationaliser (486)

denigrate dénigrer (21)

denote dénoter (498)

denounce dénoncer (34)

dent cabosser (79)

deny démentir (291)

deny nier

deny oneself se refuser (384, 122)

depart partir

depart from se départir de (434)

depend (on) dépendre

depend on se fier

depict dépeindre

depilate épiler (329)

deplore déplorer (22)

deploy déployer (187)

depoliticize dépolitiser (486)

depopulate dépeupler (326)

deport déporter (349)

deposit consigner (441)

deposit déposer (350)

deprave dépraver (276)

depreciate déprécier (41)

depress déprimer (220)

deprive démunir (229)

deprive priver (276)

derive from dériver de (329)

desalinate dessaler (326)

descend descendre

describe décrire

desert déserter (40)

deserve mériter

designate désigner (441)

desire désirer

despair désespérer (203)

despise mépriser (486)

destabilize déstabiliser (486)

destine/intend for destiner à (329)

destroy détruire

detach détacher (82)

detail détailler (477)

detain détenir (463)

detect détecter (160)

deteriorate détériorer (27)

determine déterminer (329)

detest détester

detonate détoner (461)

detoxify désintoxiquer (219)

devalue dévaluer (114)

devastate dévaster (259)

devastate saccager (305)

develop évoluer (213)

develop développer

deviate dévier (41)

devote dévouer (269)

devote oneself to se consacrer à (54, 122)

devour dévorer (27)

diagnose diagnostiquer (219)

dial (a number) composer (350)

dictate dicter (253)

die crever (278)

die s'éteindre (207) (aux. être)

die mourir

die périr

differ différer (203)

dig creuser (32)

dig again recreuser (32)

dig out/up bêcher (285)

dig up déterrer (196)

dig, study hard piocher (82)

digest digérer (203)

digitize numériser (486)

dilate se dilater (74, 241)

diminish s'amoindrir (229) (aux. être)

dine dîner

direct diriger (119)

direct toward acheminer (465)

dirty encrasser (84)

dirty souiller

disabuse of détromper de (317) (See 480)

disadvantage défavoriser (486)

disadvantage désavantager (305)

disappear disparaître

disappoint décevoir; désappointer (464)

disapprove of désapprouver (44)

disarm désarmer (238)

disavow désavouer (269)

discern discerner (27)

disconcert déconcerter (160)

disconnect déconnecter (27)

disconnect débrancher (78)

discontinue discontinuer (114)

discount (financial) escompter (103)

discourage from décourager de (305)

discover découvrir

discover, reveal déceler (297)

discredit déconsidérer (356)

discredit discréditer (215)

discriminate discriminer (465)

discuss débattre (67)

discuss discuter

disdain dédaigner (10)

disembark from débarquer de (219)

disentangle débrouiller (233)

disfigure déparer (27)

disguise déguiser (486)

disguise oneself se déguiser (122, 486)

disgust dégoûter (244)

disgust écoeurer

dishevel écheveler (38)

dishonor déshonorer (22)

disillusioned, to become déchanter (90)

disinfect désinfecter (160)

disintegrate désintégrer (356)

disjoint désarticuler (81)

dislocate démettre (294)

dislodge déloger (305)

dismantle something démonter qqch (298) (aux. avoir)

dismay consterner (27)

dismiss congédier (212)

disobey désobéir à (314)

disorganize désorganiser (486)

disorient déboussoler (498); désorienter (113)

disorient dépayser (486)

dispatch dépêcher (27)

disperse disperser (478)

displace déplacer (342)

display afficher (94)

displease déplaire

displease mécontenter (464)

dispossess déposséder (87)

dispute contester (160)

dispute something disputer de qqch (425)

disrupt perturber (385)

disqualify disqualifier (212)

dissect disséquer (87, 284)

disseminate disséminer (465)

dissipate dissiper (251)

dissociate dissocier (41)

dissolve dissoudre (6)

dissuade from dissuader de (340)

distinguish discriminer (465)

distinguish distinguer (307)

distort fausser (353)

distract distraire (474)

distress navrer (27)

distress chagriner (329)

distribute distribuer (114)

disturb déranger

disturb dérégler (87)

disturb troubler (407)

diverge diverger (283)

diversify diversifier (41)

divert dériver (329)

divert détourner (470)

divide into diviser en (32)

divide up lotir (66)

divide up répartir (229)

divide up into pieces morceler (38)

divorce divorcer (342) (aux. avoir or être)

divulge divulguer (307)

divulge a secret ébruiter (215)

do faire

do one's own hair se coiffer (122)

do someone's hair coiffer qqn (443)

do without something se priver de qqch (276)

document documenter (425)

dog someone s'acharner contre qqn (27, 33)

domesticate domestiquer (219)

dominant over, to be primer sur (220)

dominate dominer (329)

don (clothing) affubler (407)

doodle, scribble crayonner (171)

dose, to measure doser (321)

double doubler (481)

doubt douter

down, to go descendre

down, to go back redescendre (157)

down, to take descendre

download télécharger (91)

doze sommeiller (109)

doze somnoler (498)

drag traîner (167)

drain drainer (27)

drain égoutter (374)

drain, dry assécher (429)

draw dessiner

draw again retirer

draw from puiser (486)

draw up, erect dresser (23)

draw/incite a crowd ameuter (374)

dread, fear redouter de (173)

dream rêver

dream songer

dredge draguer (307)

dress (someone) vêtir

dress again rhabiller (477)

dress someone, something habiller qqn, qqch (477) (See 250; aux. avoir)

dressed, to get se vêtir (493) (aux. être)

dressed again, to get se rhabiller (250)

dressed, to get s'habiller

divulge a secret ébruiter (215)

dribble (sports) dribbler (326)

drink boire

drip dégoutter (244)

drive away bouter (28)

drivel radoter (96)

drizzle bruiner (27)

drone ânonner (171)

drool baver (276)

drown se noyer

drown (someone) noyer (187) (See 312)

drug droguer (307)

drum tambouriner (329)

drunk, to get se soûler (122, 421)

dry sécher

dry out dessécher (87)

dry out essorer (22)

dry up tarir (249)

dub (audio) doubler (481)

dull, to make affadir (229)

dupe duper (317)

duplicate dupliquer (219)

dust (off) dépoussiérer (356)

dust épousseter (267)

dusty, to make empoussiérer (356)

dye teindre

dynamite dynamiter (251)

E

earn gagner

ease alléger (52)

eat manger

economize économiser (486)

edit éditer (251)

educate éduquer (219)

effect effectuer (483)

effort, to make an s'appliquer (219, 2)

egosurf egosurfer (27)

elect élire

electrify électriser (486)

elide élider (251)

eliminate éliminer (465)

elucidate élucider (26)

elude éluder (32)

emanate from émaner de (27)

emancipate émanciper (251)

emasculate émasculer (81)

embalm embaumer (27)

embark embarquer (219)

embarrass embarrasser (84)

embellish with agrémenter de (425)

embroider broder (96)

emigrate émigrer (21)

emit émettre (294)

emit dégager

empty vidanger (283)

empty vider (251)

empty out dévaliser (486)

enchant enchanter (90)

encircle encercler (27)

encircle with ceindre de (334)

encircle with cercler de (27)

enclose enclaver (276)

enclose renfermer (227)

encompass englober (27)

encourage encourager

encrust encroûter (244)

encumber encombrer (22)

end terminer

end up in aboutir à/dans (229)

endorse endosser (79)

endow douer (269)

endure endurer (54)

engage engager (305)

engaged, to get se fiancer (122, 342)

engrave buriner (465)

engrave graver (276)

engulf engloutir (66)

enjoy déguster (53)

enjoy jouir

enjoy savourer (272)

enjoy oneself s'amuser

enlarge agrandir (245)

enlarge élargir (229)

enlighten éclairer (21)

enliven aviver (486)

ennoble anoblir (423)

enough, to be suffire

enraged, to be enrager (305)

enrich enrichir (229)

entangle s'empêtrer (33, 299)

enter entrer

entertain divertir (210)

entertain récréer (128)

entertain égayer

enthrall subjuguer (307)

enthuse enthousiasmer (27)

entice aguicher (285)

entrust confier (212)

entwine enlacer (342)

enumerate énumérer (356)

envelope envelopper (235)

envisage envisager (305)

envy envier (212)

equal égaler (326)

equalize égaliser (486)

equip with équiper de (215)

equip with tools outiller (477)

equivalent (to), to be équivaloir (à) (488)

eradicate éradiquer (219)

erase effacer (342)

erase gommer (310)

erect ériger (119)

erode s'effriter (33, 215)

erode éroder (96)

err errer (27)

escape s'échapper (27, 33)

escape échapper

escape s'enfuir

escape se sauver

escape from s'évader de (26, 33)

escort escorter (349)

establish établir

establish fonder

esteem estimer (27)

estimate estimer (27)

evacuate évacuer (114)

evade escamoter (96)

evaluate évaluer

evaporate s'évaporer (22, 33)

evoke évoquer (219)

exaggerate exagérer (356)

exalt exalter (28)

examine examiner (465)

exasperate exaspérer (203)

exceed excéder (87)

exceed dépasser

exceed outrepasser (150)

excel exceller (326)

except excepter (8)

exchange échanger (89)

excite exciter (251)

exclude exclure (105)

excommunicate excommunier (309)

excuse excuser

excuse oneself s'excuser

execute exécuter (169)

exempt dispenser (336)

exempt exempter (8)

exercise exercer (342)

exert exercer (342)

exhale exhaler (498)

exhale expirer (466)

exhaust abrutir (229)

exhaust épuiser (486)

exhaust éreinter (90)

exhaust *harasser (183)

exhibit exhiber (251)

exhume exhumer (238)

exist exister (349)

exonerate disculper (27)

exonerate exonérer (203)

expand se dilater (74, 241)

expect s'attendre à (208)

expect to compter

expel expulser (336)

experience éprouver

expire expirer (466)

expire se périmer (122, 220)

explain éclairer (21)

explain expliquer

explode exploser (321)

exploit exploiter (251)

explore explorer (22)

export exporter (349)

expose exposer (350)

express exprimer

express oneself s'exprimer (220) (aux. être)

expropriate exproprier (41)

exterminate exterminer (465)

extinguish éteindre

extract extraire (474)

extricate dépêtrer (349)

eye lorgner (441)

eye (someone) zieuter (27)

F

fabricate fabuler (81)

facilitate faciliter (225)

fact, to make a statement of constater (241)

fade se faner (122)

fade flétrir (383)

fade away s'effacer (342, 33)

fail recaler (326)

fail échouer

fail faillir

faint s'évanouir
fake truquer (219)
fall choir (Def. and Imp.)
fall tomber
fall chuter (28)
fall again retomber (467)
fall asleep s'endormir (172, 257)
fall asleep again se rendormir (172) (aux. être)
fall for someone s'éprendre de (357)
falsify falsifier (212)
familiarize familiariser (486)
fan éventer (90)
fascinate fasciner (329)
fascinate passionner (171)
fashion façonner (171)
fast jeûner (146)
fasten fixer (27)
fat, to remove/trim dégraisser (274)
fatten engraisser (274)
favor avantager (305)
favor favoriser (486)
favor privilégier (41)
fax télécopier (212)
fear craindre
federate fédérer (203)
feed nourrir
feed oneself s'alimenter (60) (aux. être)
feed oneself se nourrir (311) (aux. être)
feed with alimenter de (60)
feel sentir
feel ressentir (434)
feel an itch démanger (283)
feel by touching tâter (241)
feel sorry for s'apitoyer de (187) (aux. être)
feel well/unwell se porter (122, 349)
feign feindre
ferment (wine) cuver (32)
ferret out fureter (17)
fertilize fertiliser (486)
fiddle with tripoter (96)
fight se battre
fight combattre
file limer (220)
fill emplir (392)

fill remplir
fill (a place) with smoke enfumer (238)
fill up with combler de (407)
filling, to put in a plomber (240)
film filmer (227)
filter filtrer (299)
filter épurer (54)
finance commanditer (215)
find trouver
find (again) retrouver (481)
finish achever
finish finir
fire licencier (41)
fire sacquer (284)
fire débaucher (285)
fire, to set enflammer (310)
fish pêcher
fish out repêcher (332)
fit (something) in caser (32)
fit together emboîter (251)
fix fixer (27)
flabbergast époustoufler (445)
flame (Internet) flinguer (307)
flash clignoter (27)
flatten aplatir (229)
flatter flatter (27)
fleck tacheter (267)
flee fuir
fleece entôler (498)
flex fléchir (383)
flex ployer (187)
flicker out s'éteindre (207) (aux. être)
fling flanquer (284)
flirt flirter (425)
float flotter (79)
flood inonder (336)
flourish fleurir (249)
flow couler (421)
flower again refleurir (249)
flutter voleter (267)
flutter voltiger (218)
flutter around papillonner (171)
fly voler
fly away s'envoler
fly over survoler (498)
foam écumer (27)
foil déjouer (269)
fold plier

fold again replier (129)
fold up replier (129)
follow s'ensuivre (453) (3d p. sing. and pl.)
follow suivre
follow from (usually impers.) découler de (421)
follow on someone's heels talonner (171)
forage fourrager (305)
forbid interdire
force forcer
force oneself s'efforcer (33, 342)
forecast pronostiquer (219)
foresee prévoir
foretell augurer (272)
foretell prophétiser (486)
forge forger (283)
forget oublier
fork bifurquer (284)
form former (227)
formalize formaliser (486)
format (computer) formater (176)
formulate formuler (32)
fortify fortifier (212)
found instaurer (54)
found fonder
fragment fragmenter (464)
frame encadrer (299)
fraternize fraterniser (486)
free from libérer de (203)
free up décoincer (342)
freelance piger (218)
freeze congeler (242)
freeze glacer (342)
freeze surgeler (242)
freeze geler
freeze again regeler (242)
freeze up se figer (119)
French, to make franciser (486)
frequent fréquenter (425)
frighten apeurer (347)
frighten effrayer
frost givrer (466)
froth mousser (353)
frown se renfrogner (122, 441)

frustrate **frustrer** (22)
fry **frire** (Def. and Imp.)
fun time, to have a **se marrer** (122)
fun, to have **se divertir** (210, 214)
fun, to make **se moquer**
function **fonctionner** (171)
furnish **fournir**
furnish with **meubler de** (27)
furrow **sillonner** (171)

G

gab **papoter** (96)
gag **bâillonner** (171)
gallicize **franciser** (486)
gallop **galoper** (163)
garden **jardiner** (167)
gargle **se gargariser** (85, 486)
garnish **garnir de** (229)
gather **cueillir**
gather **recueillir**
gauge **jauger** (76)
generate **engendrer** (299)
gesticulate **gesticuler** (32)
get alarmed **s'alarmer** (310, 33)
get along (with) **s'entendre (avec)** (195) (aux. **être**)
get bigger **grossir** (282)
get by **se débrouiller** (122, 233)
get on well with **sympathiser avec** (486)
get up again **se relever** (279)
get something for someone **procurer qqch à qqn** (54)
giggle **ricaner** (27)
gild **dorer** (22)
give **donner**
give a first name **prénommer** (310)
give a nickname **surnommer** (310)
give again **redonner** (171)
give back **redonner** (171)
give back **rendre**
give birth to **accoucher de** (121)

give someone responsibility **responsabiliser** (486)
gleam **rutiler** (27)
glean **glaner** (27)
glisten **reluire** (See **luire**) (Def. and Imp.)
glisten **luire** (Def. and Imp.)
glisten **chatoyer** (187)
glorify **glorifier** (212)
glorify **magnifier** (212)
glorify in **se glorifier de** (212, 33)
gnaw **ronger** (442)
go **aller**
go along **longer** (283)
go away **s'en aller**
go boating **canoter** (26)
go out **sortir**
go out again **ressortir** (444)
go past, beyond **dépasser** (328)
go up **s'élever** (279)
go up again **remonter** (298)
goad **aiguillonner** (171)
gobble up **bouffer** (235)
gossip **potiner** (329)
gossip about **babiller sur** (27)
govern **gouverner** (167)
grab **agripper** (163); **empoigner** (441)
grab by the collar **colleter** (267)
graft **greffer** (439)
grant **octroyer** (187)
grant **accorder**
grasp **serrer**
grasp **tenir**
grate **râper** (59)
graze **brouter** (28)
graze **pâturer** (54)
greet **saluer** (114)
grill (meat, fish), toast (bread) **griller** (477)
grimace (one's face) **grimacer** (342)
grind **piler** (27)
grind **moudre**
grip **agripper** (163)
groan **gémir** (229)
groan **geindre** (334)
groom **toiletter** (246)
grope **tâtonner** (171)

group **grouper** (124)
group together **regrouper** (59)
grow **croître**
grow **grandir**
grumble **grogner** (10)
grumble **bougonner** (171)
grumble **rechigner** (441)
guarantee **cautionner** (171)
guarantee **garantir** (229)
guard against **prémunir contre** (229)
guess **deviner** (329)
guide **guider** (26)
guillotine **guillotiner** (329)
gush forth **jaillir** (423)
gut **étriper** (215)
guzzle **bâfrer** (82)

H

habitual offender, to be an **récidiver** (276)
hack (computer) **pirater** (241)
haggle **marchander** (147)
haggle, quibble **chicaner** (147)
hail **grêler** (Def. and Imp.)
hail, call to ***héler** (87)
hallucinate **halluciner** (329)
hammer **marteler** (297)
handicap ***handicaper** (59)
handle **manier** (212)
handle roughly **maltraiter** (475)
handle roughly **malmener** (290)
hang **pendre**
hang (up) **accrocher**
hang around **poireauter** (27)
hang on **se cramponner** (122, 171)
hang on **s'accrocher** (13)
hang up **raccrocher** (469)
happen **advenir** (Def. and Imp.)
happen **se passer** (Def. and Imp.)
happen **se produire** (367, 122)
harass ***harceler** (297)
harden **durcir** (95)
harden, toughen **endurcir** (95)
harm **nuire**
harm **léser** (87)

harness (horses) **atteler** (38)

harp on, repeat over and over **rabâcher** (82)

harvest (grapes) **vendanger** (283)

harvest, gather **récolter** (27)

hassle someone **emmerder** (240)

hasten **s'empresser de** (361)

hatch **éclore** (See **clore**) (Def. and Imp.)

hatch (with hatch marks) ***hachurer** (54)

hate **détester**

hate **haïr**

haunt ***hanter** (90)

have **avoir**

have a slimming effect **amincir** (296)

have to **devoir**

hazard ***hasarder** (240)

headquartered in, to be **siéger à** (52)

heal **guérir**

healthier, to make **assainir** (229)

hear **entendre**

heat **échauffer** (171)

heat up **chauffer** (235)

hebraize **hébraïser** (486)

help **aider**

help **secourir**

help each other **s'entraider** (26, 122)

help oneself **se servir**

help out **dépanner** (171)

hem **ourler** (326)

hesitate **hésiter**

hesitate **tergiverser** (492)

hide **cacher**

hide away **se tapir** (66) (aux. **être**)

hide (something) **planquer** (284)

hide oneself **se cacher**

hierarchize ***hiérarchiser** (486)

hinder **entraver** (276)

hinder **empêcher**

hire **engager** (305)

hire **embaucher** (285)

hit **cogner** (10)

hit **frapper**

hit ***heurter** (246)

hoist ***hisser** (84)

hoist oneself **se *hisser** (83)

hold **tenir**

hold **receler** (297)

hold back **endiguer** (307)

hold up **supporter**

hole, to make a **trouer** (269)

honor **honorer** (22)

hoot ***hululer, ululer** (81)

hoot, toot, sound a horn **klaxonner** (171)

hope **espérer**

horn, to remove a **décorner** (470)

horn, to sound a **corner** (349)

horrify **horrifier** (212)

hospitalize **hospitaliser** (486)

host (Internet) **héberger** (283)

hover over **planer sur** (71)

howl ***hurler** (326)

hug **étreindre** (334)

hum **fredonner** (171)

hum, buzz **vrombir** (229)

humble oneself **s'abaisser; s'humilier** (212, 2)

humiliate **humilier** (212)

hunt **chasser**

hurry **se dépêcher**

hurry oneself **se *hâter** (74, 241)

hurry, to be in a **se presser**

hurt onself **se blesser**

hyperlink (Internet) **hyperlier** (454)

hypertrophy **s'hypertrophier** (212) (aux. **être**)

hypnotize **hypnotiser** (486)

I

idealize **idéaliser** (486)

identify **identifier** (212)

idolize **idolâtrer** (299)

ignore **ignorer** (22)

illuminate **illuminer** (465)

illustrate **illustrer** (299)

imagine **imaginer** (329)

imitate **imiter** (251)

immerse **immerger** (91)

immigrate **immigrer** (93)

immobilize **immobiliser** (486)

immolate **immoler** (498)

immortalize **immortaliser** (486)

immunize **immuniser** (486)

impatient, to get **s'impatienter** (33, 464)

implicate **impliquer** (219)

implore **implorer** (22)

implore **supplier**

implore **adjurer** (272)

imply **impliquer** (219)

import **importer** (349)

importune **importuner** (32)

impose **imposer** (350)

impoverish **appauvrir** (229)

impress **impressionner** (171)

imprison **incarcérer** (203)

improve **bonifier** (41)

improve **améliorer** (22)

improvise **improviser** (486)

improvise **se débrouiller**

inaugurate **inaugurer** (54)

incinerate **incinérer** (356)

incite **inciter** (251)

incline **incliner** (329)

include **inclure**

incorporate in **incorporer à** (22)

increase **accroître; s'accroître** (14, aux. **être**)

increase **augmenter**

increase **croître**

increase **redoubler** (407)

increase the value **valoriser** (486)

incur **encourir** (125)

indicate **indiquer**

indifferent to, to become **se blaser de** (33, 122)

indignant, to become **s'indigner** (33, 441)

indoctrinate **endoctriner** (329)

induce (to) **induire (à)** (106)

industrialize **industrialiser** (486)

infect with **infecter de** (113)

infer from **inférer de** (356)

infest with **infester de** (259)

infiltrate **s'infiltrer dans** (299, 262)

inflate **gonfler** (445)

inflict on **infliger à** (218)

influence **influencer** (99)

influence on, to have an **influer sur** (114, 122)

inform **informer** (227)

inform **renseigner** (194)

inform oneself **s'informer**

information, to get se **renseigner** (194) (aux. être)

infringe **enfreindre** (334)

infuse **infuser** (32)

ingest **ingérer** (203)

inhale **aspirer** (21)

inhale **inspirer** (466)

inherit **hériter** (293)

inhibit **inhiber** (215)

initiate into **initier à** (389)

inject **injecter** (8)

injure **blesser**

injure oneself **se blesser**

innovate **innover** (481)

inoculate **inoculer** (81)

inquire about **s'enquérir de** (19) (aux. être); se **renseigner** (194) (aux. être)

inscribe **inscrire** (177)

insert **insérer** (203)

insert **intercaler** (326)

insinuate **insinuer** (114)

insist **insister**

inspect **inspecter** (113)

inspire **inspirer** (466)

install **installer** (27)

install glass **vitrer** (22)

install signals **signaliser** (486)

institute **instituer** (483)

instruct **instruire**

insulate **isoler** (498)

insult **insulter** (176)

integrate **intégrer** (203)

intensify **s'intensifier** (212) (aux. être)

intercede **intercéder** (87)

intercept **intercepter** (8)

interest, to lose se **désintéresser** (262, 122)

interest someone in something **intéresser qqn à qqch** (88)

interested, to be **s'intéresser**

interfere **interférer** (356)

interfere in **s'ingérer dans** (33, 203)

intermingle **entremêler** (82)

interpolate **interpoler** (498)

interpose between **interposer entre** (350)

interpret **interpréter** (87)

interrogate **interroger**

interrupt **interrompre**

intersperse with **entrecouper de** (124)

intertwine **entrelacer** (342)

intervene **intervenir** (491)

intervene **s'entremettre** (295)

interview **interviewer** (27)

intimidate by **intimider par** (266)

intoxicate **griser** (486)

intoxicated, to become **s'enivrer** (33)

introduce **introduire**

invade **envahir** (229)

invalidate **invalider** (266)

invent **inventer** (90)

inventory **recenser** (27)

invert **invertir** (66)

invest **investir** (66)

investigate **enquêter (sur)** (47)

invite **convier** (41)

invite **inviter**

invoke, call upon **invoquer** (219)

iron **repasser**

ironic, to be **ironiser** (486)

irradiate, radiate **irradier** (389)

irritate **irriter** (266)

irritate, tingle **picoter** (96)

isolate **isoler** (498)

isolate (from) **isoler (de)** (498)

italianize **italianiser** (486)

J

jabber **jacter** (8)

jabber **jargonner** (171)

jabber **baragouiner** (329)

jam **coincer** (342)

join **joindre**

join **unir**

join (member) **adhérer** (87)

join in marriage **conjoindre** (268)

join tip to tip, end to end **abouter** (173)

joke **blaguer** (307)

joke **plaisanter**

joke **rigoler** (498)

jolt **cahoter** (28)

jolt, bounce around **ballotter** (171)

judge **juger**

juggle **jongler** (326)

jump **sauter**

jump **tressaillir** (50)

jump **sursauter** (425)

justify **justifier** (389)

jut out **saillir** (50) (3d pers.); (229) (if **saillir** means "mate," 3d pers.)

K

keep **garder**

keep away from **éloigner de** (194)

kidnap **kidnapper** (235)

kill **tuer**

kill each other **s'entretuer** (33, 483)

kiss **embrasser**

knead **pétrir** (249)

kneel **s'agenouiller** (233)

knit **tricoter** (96)

knit (brow) **froncer** (34)

knock **toquer** (219)

knock down **abattre**

knock down **défoncer** (371)

knock out **assommer** (310)

know **connaître**

know (how) **savoir**

L

label **étiqueter** (267)

lace **lacer** (342)

lacerate **lacérer** (356)

lag behind **traîner** (167)

laicize **laïciser** (486)

lament **se lamenter sur qqch** (425) (aux. être)

land **atterrir** (229)

land se poser (350, 83)
land on the moon alunir (229)
languish languir (229)
lapidate lapider (251)
last durer (272)
lather mousser (353)
latinize latiniser (486)
laugh rire
launch lancer
lay (eggs) pondre (394)
lay off débaucher (285)
lead conduire
lead emmener
lead mener
lead away emmener
leaf through feuilleter (267)
lean against adosser (79)
lean against s'arc-bouter à (33)
lean one's elbow on s'accouder sur (33, 421)
lean over se pencher (122)
leap bondir (229)
leap about gambader (26)
learn apprendre
learn again rapprendre, réapprendre (42)
lease affermer (227)
leave laisser
leave partir
leave quitter
leave sortir
leave again repartir (327) (aux. être)
legislate légiférer (356)
lend prêter
lengthen rallonger (442)
lessen amoindrir (229)
let out larguer (307)
level niveler (38)
level, to make aplanir (229)
liberate émanciper (251)
liberate libérer (203)
lick lécher (87)
lie mentir
lie down se coucher
lie down gésir (Def. and Imp.)
lie low se terrer (122, 196)
life to, to give vivifier (212)
lift lever
light éclairer (21)
light again rallumer (238)

light, turn on allumer (238)
liking for, to have a affectionner (171)
limit borner (27)
limit limiter (251)
limp boiter (26)
link together rattacher (82)
liquefy liquéfier (41)
liquidate liquider (251)
lisp zézayer (330)
list lister (27)
listen (to) écouter
listen to someone's chest ausculter (28)
live vivre
live (in) habiter
live again, come alive again revivre (496)
live in loger dans (263)
live on subsister de (53)
live temporarily séjourner
live with loger chez (263)
liven up corser (336); animer (27)
load charger
locate localiser (486)
locate repérer (203)
located, to be se situer (122, 483)
located, to be se trouver
lock verrouiller (233)
lock up enfermer (227)
lodge héberger (283)
look (at) regarder
look for chercher
loom up surgir (229)
loosen lâcher (82)
loosen desserrer (436); détendre (462)
lose paumer (27)
lose perdre
lose interest se désintéresser (262, 122)
lost, to get se perdre (122, 337)
lost, to get s'égarer (33, 101)
love aimer
low beugler (27)
lower rebaisser (63)
lower surbaisser (63)
lower abaisser
lower baisser

lukewarm (hotter or colder), to become tiédir (210)
lukewarm, to make attiédir (229)
lunch déjeuner
lynch lyncher (78)

M

machinate machiner (329)
machine-gun mitrailler (477)
magnetize aimanter (90)
magnetize magnétiser (486)
mail poster (27)
mail, to return/forward réexpédier (212)
maintain maintenir (463)
maintain entretenir (463)
make confectionner (171)
make faire
make up se réconcilier (212, 122)
manage se débrouiller (122, 233)
manage gérer (203)
manage se débrouiller
maneuver manoeuvrer (26)
manipulate manipuler (81)
manufacture fabriquer (219)
manufacture manufacturer (54)
maraud marauder (27)
marginalize marginaliser (486)
mark a path baliser (486)
mark off jalonner (171)
mark with marquer de (219)
married to someone, to get se marier à/avec qqn (122)
marry épouser
marry (someone to someone) marier (389)
martyr martyriser (486)
mask masquer à (219)
massacre massacrer (299)
massage masser (84)
master maîtriser (486)
match assortir (229)
matter, to be the s'agir (Def. and Imp.)

matter of, to be a **relever de** (278)

maximize **maximaliser/ maximiser** (486)

mean **signifier** (212)

meander **serpenter** (425)

measure **mesurer** (54)

measure time **minuter** (32)

mechanize **mécaniser** (486)

meddle in **se mêler de** (83)

meddle with **se mêler à** (83)

meditate **méditer** (251)

meet **rencontrer**

meet **se réunir** (485) (aux. être)

meet with **se retrouver** (122, 481)

melt **fondre**

membership, to renew one's **se réabonner** (122, 171)

memorize **mémoriser** (486)

mend **raccommoder** (147)

mention **mentionner** (171)

merit **mériter**

migrate **migrer** (22)

milder, to get **radoucir** (95)

milk **traire**

mime **mimer** (220)

mine **miner** (465)

minimize **minimaliser/ minimiser** (486)

mint **monnayer** (330)

mirror **mirer** (27)

misjudge **méconnaître**

mislead **fourvoyer** (187)

misrepresent **travestir** (66)

miss **manquer**

miss **louper** (124)

miss **rater** (241)

mist up **embuer** (114)

mistaken, to be **se méprendre**

mistaken, to be **se tromper**

mistreat **maltraiter** (475)

misuse **abuser de qqch** (32)

misuse **maltraiter** (475)

mix **mélanger** (283)

mix up **brouiller** (233)

mix with **mêler à/avec** (82)

mixed up, to get **cafouiller** (233)

moan **râler** (498)

mobilize **mobiliser** (486)

mock **se gausser** (122, 353)

mock **railler** (477)

mock **persifler** (439)

model **modeler**

moderate **modérer** (203)

modernize **moderniser** (486)

modify **modifier** (389)

modulate **moduler** (81)

moisten **humecter** (425)

moisturize **hydrater** (241)

mold **mouler** (421)

moldy, to make/go **moisir** (95)

molest **molester** (160)

molt **muer** (483)

monopolize **monopoliser** (486)

monopolize (manipulate the market) **truster** (27)

moo **meugler** (326)

moor **amarrer** (27)

moralize **moraliser** (486)

mortgage **hypothéquer** (87, 219)

mortify **mortifier** (389)

motivate **motiver** (26)

mount **enfourcher** (285)

move **bouger**

move **se déplacer** (342, 122)

move **mouvoir**

move **se mouvoir** (304, 122)

move (emotionally) **émouvoir**

move away **s'écarter** (69) (aux. être); **s'éloigner**

move away (something, D.O.) **éloigner** (194)

move back **reculer** (81)

move belongings from one residence to another **déménager** (305)

move closer **se rapprocher** (43, 33)

move in **emménager** (305)

move out of line **décaler** (326)

move over (Qué.) **se tasser** (84, 122)

multiply **multiplier** (454)

mumble **bredouiller** (233)

mumble **marmonner** (171)

mummify **momifier** (212)

murmur **murmurer** (54)

must **devoir**

mutilate **mutiler** (27)

mutiny **se mutiner** (329)

muzzle **museler** (38)

mystify **mystifier** (129)

N

nail **clouer** (269)

name **citer** (251)

name **dénommer** (310)

name **nommer**

named, to be **s'appeler**

nap, to take a **roupiller** (477)

narrate **narrer** (22)

narrate **conter**

navigate **naviguer**

necessary, to be **falloir** (Def. and Imp.)

neglect **négliger** (119)

negotiate **négocier** (389)

neutralize **neutraliser** (486)

next to, to be **côtoyer** (187)

nibble at; snack **grignoter** (96)

nod (one's head) *hocher** (82)

nod off **s'assoupir** (229)

normalize **normaliser** (486)

note **noter** (176)

notice **s'aviser** (32, 33)

notice **constater** (241)

notice **percevoir** (35)

notice **remarquer**

notify **aviser** (32)

notify **notifier** (322)

nuance **nuancer**

numb **engourdir** (210)

number **chiffrer** (27)

number **numéroter** (96)

nurse (baby) **téter** (87)

nurse (infant) **allaiter** (27)

O

obey **obéir**

objectify **objectiver** (276)

objection, to make an **objecter** (160)

oblige **obliger**

obliterate **oblitérer** (356)

observe **observer** (481)

obsess **obséder** (87)

obstruct **obstruer** (114)

obtain **obtenir**

obtain **se procurer** (122, 54)

occupy **occuper**

occur **se produire** (367, 122)

offend **offenser** (336)
offend **offusquer** (219)
offer **offrir**
oil **huiler** (27)
old, to grow **vieillir**
omit **omettre**
ooze **suinter** (464)
open **ouvrir**
open halfway **entrouvrir** (323)
open halfway **entrebâiller** (477)
operate **opérer** (356)
operate by remote control **télécommander** (98)
oppose **opposer** (350)
oppress **opprimer** (220)
opt for **opter pour** (113)
orchestrate **orchestrer** (22)
order **commander**
order, to put in **ranger**
organize **ordonner** (171)
organize **organiser** (486)
orient toward **s'orienter vers** (113)
orient, steer **aiguiller** (477)
oscillate **osciller** (477)
outdistance **distancer** (342)
outrage **outrer** (22)
outrage **outrager** (305)
overestimate **surestimer** (220)
overexpose **surexposer** (350)
overflow **déborder** (26)
overhang **surplomber** (240)
overlap **s'imbriquer** (33, 219)
overload **surcharger** (283)
overpay **surpayer** (17)
overquip **suréquiper** (215)
overtax **surimposer** (350)
overturn **renverser** (492)
overvalue **surévaluer** (213)
overwhelm **accabler** (407)
overwhelm **bouleverser** (492)
overwork **surmener** (290)
own **posséder**

P

pacify **pacifier** (389)
package **empaqueter** (267)
pact, to make a **pactiser** (486)
pad **matelasser** (274)
paint **peindre**

paint **peinturer** (Qc.) (272)
palatalize **palataliser** (486)
pale, to become **blêmir** (229)
palpitate **palpiter** (251)
pamper **choyer** (187)
pamper **dorloter** (96)
panic **s'affoler** (33, 421)
panic **paniquer** (219)
pant, gasp *haleter** (17)
parachute **parachuter** (425)
paralyze **paralyser** (32)
pardon **pardonner**
park **garer** (435)
park **stationner** (171)
park; confine **parquer** (284)
parody **parodier** (212)
participate in **participer à** (251)
partition **cloisonner** (171)
pass **dépasser**
pass **passer**
pass (auto) **doubler** (481)
pass again **repasser**
pass away **décéder** (87)
pass away **trépasser** (84) (aux. **être** or **avoir**)
pass on to **répercuter sur** (169)
pass through **transiter** (251)
patch up **rafistoler** (498)
patient, to be **patienter** (26)
patrol **patrouiller** (233)
patronize **patronner** (171)
pauperize **paupériser** (486)
pave **paver** (276)
pave **revêtir** (493)
pay **rétribuer** (114)
pay (for) **payer**
pay a bill **acquitter (de)** (374)
pay by money order **mandater** (241)
pay off (duty) **s'acquitter de** (33, 374)
peak **plafonner** (171)
peck **becqueter** (267)
pedal **pédaler** (326)
peddle **colporter** (349)
peel **éplucher** (82)
peel **peler** (297)
penetrate **pénétrer** (356)
pep up **activer** (26)
pepper **poivrer** (466)

perceive **percevoir** (35)
perceive **apercevoir**
perch **percher** (93)
perch on **jucher sur** (469)
perfect **parfaire** (223)
perfect **perfectionner** (171)
perforate **perforer** (22)
perfume **parfumer** (238)
perish **périr**
perk up **ragaillardir** (210)
permeate **imprégner** (87, 441)
permit **permettre**
permutate, swap **permuter** (32)
perpetrate **perpétrer** (356)
persecute **persécuter** (32)
persevere **persévérer** (356)
persist **persister** (259)
persist in **s'obstiner à** (318, 329)
persist in **s'entêter** (33, 47)
personalize **personnaliser** (486)
personify **personnifier** (389)
personify **incarner** (27)
persuade **persuader**
pervert **pervertir** (66)
pet (an animal) **flatter** (27)
petrify **pétrifier** (212)
philosophize **philosopher** (27)
phish **hameçonner** (171)
photocopy **photocopier** (212)
photograph **photographier** (212)
phrase (in music) **phraser** (32)
pick **cueillir**
pick someone up (fig.) **draguer** (307)
pick up **ramasser** (92)
pierce **percer** (275)
pierce **transpercer** (342)
pile up **amasser** (92)
pile up **amonceler** (38)
pile up **empiler** (329)
pilfer **chaparder** (27)
pillage **piller** (477)
pilot **piloter** (96)
pin **épingler** (326)
pinch **pincer** (99)
pirate **pirater** (241)
pity **plaindre**

pity, to inspire **apitoyer** (187)
pity, to inspire **attendrir** (229)
pivot **pivoter** (96)
place **mettre**
place **placer**
place **poser**
plagiarize **plagier** (389)
plan **planifier** (212)
plan **programmer**
plane **raboter** (96)
plant **planter** (90)
plaster **plâtrer** (22)
plaster, to remove **déplâtrer** (349)
play **jouer**
play the piano **pianoter** (96)
plead **plaider** (26)
please **plaire**
pleat **plisser** (73)
plot **comploter** (349)
plot **manigancer** (342)
plot **tramer** (71)
plow **labourer** (481)
plug **tamponner** (171)
plug in **brancher**
plug up **colmater** (28)
plumb **plomber** (240)
plunge **plonger** (442)
plunge in, smash down **enfoncer** (371)
poach (cooking) **pocher** (82)
poach (hunting) **braconner** (171)
pocket **empocher** (285)
pocket again **rempocher** (82)
point **pointer** (464)
poison **empoisonner** (171)
poison **intoxiquer** (219)
poison **envenimer** (27)
polish **dégrossir** (282)
polish **polir** (423)
polish **fignoler** (498)
polish **peaufiner** (329)
politicize **politiser** (486)
poll **sonder** (27)
pollute with **polluer de** (114)
pomade, to put on **pommader** (240)
pontificate **pontifier** (212)
populate **peupler** (326)
position **positionner** (171)
possess **posséder**

postpone **reporter** (349)
postpone **ajourner** (433)
pour **verser**
pour again **reverser** (492)
pour out **épancher** (78)
pour out **déverser** (492)
powder **poudrer** (299)
practice **pratiquer** (219)
praise **louanger** (283)
praise **louer**
pray **prier**
preach **prêcher** (332)
precede **précéder** (87)
predestine **prédestiner** (329)
predict **présager** (305)
predict **prédire**
predispose **prédisposer** (350)
preexist **préexister à** (27)
preface **préfacer** (342)
prefer **préférer**
prejudge **préjuger** (271)
premeditate **préméditer** (251)
preoccupy **préoccuper** (317)
prepare **apprêter** (363)
prepare **préparer**
prescribe **prescrire** (177)
prescribe (medical) **ordonner** (171)
present **présenter**
preserve **conserver** (27)
preserve from **préserver de** (426)
preside (over) **présider** (251)
press **appuyer** (192)
press **presser**
press **pressurer** (54)
presume **présumer** (238)
presuppose **présupposer** (350)
pretend **prétendre**
pretend to **affecter de** (8)
prevail over **prédominer sur** (465)
prevail over **prévaloir sur** (488)
prick **piquer** (219)
print **imprimer** (220)
privatize **privatiser** (486)
probe **sonder** (27)
proceed from **procéder** (87)
proclaim **proclamer** (71)
proclaim **clamer** (9)
produce **produire**

profane **profaner** (27)
profess **professer** (73)
profile **profiler** (27)
profit from **profiter de** (251)
profit from/by **bénéficier de** (389)
profitable, to make **rentabiliser** (486)
program **programmer**
progress **progresser** (73)
prohibit **prohiber** (251)
prohibit **défendre**
project **projeter** (267)
prolong by **prolonger de** (442)
promise **promettre**
promote **promouvoir** (304) (*part. passé* promu, promue)
promulgate **promulguer** (307)
pronounce **prononcer**
prop up **étayer** (330)
propagate **propager** (305)
proportionate, to make **proportionner** (171)
propose **proposer** (350)
proscribe **proscrire** (177)
prosper **prospérer** (203)
prostitute oneself **se prostituer** (122, 483)
protect **protéger** (52)
protect oneself **se protéger** (52, 55)
protest **protester** (160)
proud of (something), to be **enorgueillir de** (229)
prove **prouver**
prove/turn out be **s'avérer** (33, 87)
provide **pourvoir** (497) (except Tenses 4 & 5, stem: pourvoir-; Tense 3 pourvus, pourvus, pourvut...; Tense 7 pourvusse, pourvusses, pourvût...)
provide **nantir** (66)
provide for **subvenir à** (491)
provoke **provoquer** (219)
prowl **rôder** (96)
prune **émonder** (240)
psychoanalyze **psychanalyser** (32)
publish **publier** (212)
publish **éditer** (251)

reduce **rabaisser** (63)
redye **reteindre** (334)
reeducate **rééduquer** (219)
reelect **réélire** (280)
reembark **rembarquer** (284)
reemerge **ressurgir/resurgir** (229)
reestablish **rétablir** (206)
reexamine **réexaminer** (465)
refer to **se référer à** (122, 356)
referee **arbitrer** (27)
refine **raffiner** (329)
reflect **refléter** (87)
reflect (thought) **réfléchir**
refract **réfracter** (27)
refresh **rafraîchir** (383)
refresh **désaltérer** (356)
refrigerate **réfrigérer** (203)
refund **ristourner** (27)
refuse **refuser**
refute **démentir** (291)
refute **réfuter** (425)
regain **regagner** (239)
regenerate **régénérer** (356)
register **s'inscrire** (177) (aux. être)
register **enregistrer** (393)
register **immatriculer** (81)
regret **regretter**
regulate **régulariser** (486)
regulate **régler** (87)
rehabilitate **réhabiliter** (251)
rehearse **répéter**
reheat **réchauffer** (235)
reign **régner** (87)
reimburse **rembourser** (27)
reimprison **réincarcérer** (356)
reincarnated, to be **se réincarner** (122)
reinforce **renforcer** (342)
reinstall **réinstaller** (326)
reinstate **réintégrer** (356)
reinvent **réinventer** (464)
reiterate **réitérer** (356)
reject **rejeter** (267)
rejoin **rejoindre** (268)
rejuvenate **rajeunir** (229)
relapse **rechuter** (32)
relate **relater** (241)
relativize **relativiser** (486)
relaunch **relancer** (342)
relax **délasser** (79)

relax **desserrer** (436)
relax **se détendre** (394)
relax **relaxer** (27)
relay **relayer** (330)
relearn **rapprendre, réapprendre** (42)
release **lâcher** (82); **larguer** (307)
relet **relouer** (269)
relieve **atténuer** (114)
relieve of **soulager de** (305)
reload **recharger** (91)
remain **rester**
remark **remarquer**
remedy **remédier à** (212)
remelt, recast **refondre** (394)
remember **se remémorer** (22, 122)
remember **se rappeler**
remember **se souvenir**
remodel **refaçonner** (443)
remove **enlever**
remove **retrancher** (78)
remove bandages **débander** (27)
remove creases **défriper** (235)
remove one's makeup **se démaquiller** (477)
remunerate **rémunérer** (203)
renew **renouveler** (38)
renounce **renier** (309)
renounce, give up **renoncer** (371)
renovate **rénover** (276)
rent **louer**
reopen **rouvrir** (323)
repaint **repeindre** (334)
repair **réparer**
repatriate **rapatrier** (212)
repave **repaver** (276)
repeat **répéter**
repel **rebuter** (32)
repent **se repentir**
replace **suppléer** (128)
replace **remettre**
replace **replacer** (342)
replay **rejouer** (269)
reply **répliquer** (219)
repolish **repolir** (229)
repopulate **repeupler** (326)
report **rapporter** (40)
represent **figurer** (54)

represent **représenter** (60)
repress **réprimer** (220)
reprimand *****houspiller** (477)
reprimand **réprimander**
reprint **réimprimer** (220)
reproach someone for something **reprocher qqch à qqn** (43)
reproduce **reproduire**
reprogram **reprogrammer** (368)
reprove **réprouver** (481)
republish **rééditer** (215)
repudiate **désavouer** (269); **répudier** (212)
request **demander**
require **nécessiter** (251)
require **exiger**
require, demand **requérir** (19)
requisition **réquisitionner** (171)
reread **relire**
reroute **dérouter** (28)
resell **revendre** (489)
resemble **ressembler**
reserve **réserver** (276)
resheath **rengainer** (329)
reside **résider** (251)
reside **demeurer**
resign from **démissionner de** (171)
resign oneself to **se résigner à** (122, 441)
resist **résister** (259)
resoak **retremper** (247)
resolder **ressouder** (27)
resolve **résoudre**
resonate **résonner** (443)
resort to something **recourir à qqch** (125)
respect **respecter** (8)
respond **répondre**
respond **riposter** (27)
rest **se reposer**
restick **recoller** (326)
restock **regarnir** (229)
restore **restaurer** (347)
restrict **restreindre** (334)
restricted to, to be **se limiter à** (83)
restring **recorder** (27)
result from **provenir de** (491)

result from résulter de (27)
retain retenir
retie renouer (269)
retighten resserrer (22)
retighten retendre (394)
retire se retirer
retort rétorquer (284)
retouch retoucher (469)
retract rétracter (425)
retranscribe retranscrire (177)
retread (tire) rechaper (59)
return rentrer
return retourner
return, restore restituer (483)
retype retaper (59)
reunify réunifier (212)
reunite with réunir à (485)
reuse réemployer/remployer (187)
reuse réutiliser (486)
revalue revaloriser (486)
reveal révéler (356)
reverberate réverbérer (203)
revere révérer (203)
reverse inverser (492)
revise remanier (309)
revise réviser (486)
revitalize revitaliser (486)
revive ranimer (220)
revive raviver (276)
revoke révoquer (219)
revolt révolter (27)
revolutionize révolutionner (171)
reward récompenser (336)
rewind rembobiner (329)
rewrap remballer (326)
rewrite récrire (177)
rewrite réécrire (177)
rhyme rimer (220)
ricochet ricocher (82)
rid of, to get se débarrasser de (79, 122)
ridicule ridiculiser (486)
rifle through trifouiller dans (233)
ring carillonner (171)
ring retentir (66)
ring tinter (464)
ring sonner
rinse rincer (99)
ripen mûrir (249)

rise up s'élever (279)
rise up against s'insurger contre (33, 283)
risk risquer (219)
rival rivaliser (486)
rivet river (276)
roam around vadrouiller (233)
roam, wander vaguer (307)
roar mugir (229)
roar rugir (229)
roar with laughter se bidonner (122, 171)
roast rôtir (229)
rock bercer (99)
rock climb varapper (235)
roll bouler (421)
roll rouler
roll up enrouler (421)
romanize romaniser (486)
round (off) arrondir (229)
row ramer (27)
rub frotter (79)
rub elbows with coudoyer (187)
rubberize caoutchouter (28)
ruin bousiller (477)
ruin délabrer (407)
ruin ruiner (329)
ruin, smash up esquinter (90)
rule over régenter (464)
run courir
run away déguerpir (95)
run away fuguer (307)
run away se sauver
run off filer (27)
run out of breath s'essouffler (122, 445)
run to accourir
rush se précipiter (122, 251)
rush brusquer (219)
rush forward s'élancer (33, 342)
rush toward se ruer sur/vers (114, 122)
rust rouiller (233)

S

sabotage saboter (96)
sacrifice sacrifier (212)
sadden attrister (28)
sadden désoler (421)

saddened, to be s'attrister (28, 48)
saddle seller (326)
safeguard sauvegarder (240)
sail bourlinguer (307)
sail naviguer
sail, drift voguer (307)
sale, to put on solder (27)
salivate saliver (426)
salt saler (326)
salvage récupérer (203)
sample échantillonner (171)
sanctify sanctifier (212)
sanction (law) sanctionner (443)
sand poncer (342)
sand, to get buried in s'ensabler (33, 407)
sarcastic, to be ironiser (486)
satisfy satisfaire
satisfy (appetite, desire) rassasier (212)
saturate saturer (54)
save sauver
save épargner (10)
save (computer) sauvegarder (240)
savor déguster (53)
savor savourer (272)
saw scier (41)
say dire
say again redire (168)
scaffolding, to put up échafauder (447)
scale escalader (26)
scan (image) scanner (171)
scan (verse) scander (240)
scandalize scandaliser (486)
scare away effaroucher (285)
scatter éparpiller (477)
scatter parsemer (341)
schematize schématiser (486)
school scolariser (486)
scoff at narguer (307)
scold quereller (477)
scold gronder
scold engueuler (421)

scorn bafouer qqn (269)
scrape racler (326)
scratch égratigner (441)
scratch érafler (439)
scratch griffer (439)
scratch gratter
screen (medical) dépister (215)
screw on visser (486)
scribble griffonner (171)
scrub briquer (219)
scrub frotter (79)
scrub récurer (54)
scrutinize scruter (32)
sculpt sculpter (8)
scuttle saborder (27)
seal cacheter (267)
search fureter (17)
search perquisitionner (171)
search fouiller
search rechercher (93)
season assaisonner (171)
season (soldiers) aguerrir (229)
secrete sécréter (87)
seduce séduire
see voir
see again revoir
see someone home reconduire (106)
see someone off, home raccompagner (10)
seek chercher
seek after quêter (47)
seem sembler (Def. and Imp.)
seem paraître
seem sembler (Def. and Imp.)
segment segmenter (425)
seize s'emparer de (33, 101)
seize saisir
seize pogner (441)
select sélectionner (171)
sell vendre
sell out of écouler (421)
send expédier (212)
send envoyer
send back renvoyer (200)
sense pressentir (434)
sensitize sensibiliser (486)
separate disjoindre (268)
separate séparer

separate in two dédoubler (407)
sermonize sermonner (171)
serve servir
serve again resservir (437)
serve oneself se servir
session, to be in siéger (52)
set fixer (27)
set free délivrer (21)
set free affranchir (72)
set on fire incendier (212)
set up aménager (305)
settle (debt) s'acquitter de (33, 374)
settle down, subside; se tasser (84, 122)
settle in s'implanter (33, 90)
sew coudre
sew up again recoudre (123)
sextuple sextupler (326)
shade ombrager (189)
shade ombrer (22)
shake ébranler (326)
shake secouer
shake branler (498)
shake agiter (251)
share partager (501)
sharpen affûter (173)
sharpen aiguiser (486)
shave raser (86)
shave oneself se raser (86, 122)
shear tondre (394)
sheath gainer (329)
shell (military) canonner (171)
shell (remove a shell) décortiquer (219)
shelter from abriter de/contre (251)
shield blinder (27)
shift ahead/back (hour) décaler (326)
shine briller (477)
shine resplendir (229)
shine rayonner (171)
shine luire (Def. and Imp.)
shiny, to make lustrer (299)
shiver frissonner (171)
shiver grelotter (79)
shock choquer (284)
shock estomaquer (219)

shoes, to put back on se rechausser (85)
shoes, to put on chausser (79)
shoot fusiller (477)
shop magasiner (159)
shopping (online), to go magasiner en ligne
short-circuit court-circuiter (215)
shorten écourter (160)
shorten raccourcir (95); se raccourcir (95) (aux. être)
shoulder épauler (421)
shout crier
shove, bump bousculer (81)
shovel pelleter (267)
show montrer
show manifester (299)
show again remontrer (299)
show oneself se montrer (299, 83)
show someone out reconduire (106)
shred déchiqueter (267)
shrink rétrécir (95)
shrink se ratatiner (122, 329)
shrivel up se rabougrir (214, 249)
shudder frémir
sift cribler (326)
sift tamiser (486)
sigh soupirer (21)
sign signer
signal signaler
signify signifier (212)
silent, to be se taire
silhouette silhouetter (386)
simmer mijoter (96)
simplify simplifier (212)
simulate simuler (81)
sin pécher
sing chanter
sing oneself chantonner (171)
sink s'affaisser (33, 274)
sink couler (421)
sink sombrer (22)
sip siroter (96)
sit down s'asseoir
sit down again se rasseoir (51) (aux. être; part. passé rassis, rassise)

sit down at a table (for a meal) s'attabler (33)
sit on (eggs) couver (28)
situate situer (483)
skate patiner
sketch ébaucher (469)
sketch esquisser (183)
ski skier (129)
skid déraper (59)
skim (reading) parcourir (125)
skim off écrémer (87)
skimp mégoter (96)
skimp on lésiner sur (159)
skip sautiller (477)
slalom slalomer (71)
slander diffamer (71)
slander médire
slander calomnier (212)
slap gifler (439)
slash balafrer (27)
slash sabrer (22)
slash taillader (27)
slaughter abattre
sled luger (271)
sleep dormir
slice trancher (78)
slide glisser (73)
slip déraper (59)
slow down ralentir (95)
smaller, to make/get rapetisser (486)
smash in (car, train) téléscoper (163)
smash into percuter (169)
smash, shatter fracasser (84)
smear enduire (133)
smell flairer (22)
smell sentir
smell up empuantir (210)
smile sourire
smoke fumer
smoke a cigarette (slang) griller (477)
smooth défriper (235)
smooth lisser (73)
snake, meander serpenter (425)
sneak in without paying resquiller (477)
sneak through se faufiler (27, 122)

sneeze éternuer (114)
sniffle renifler (439)
snore ronfler (445)
snow neiger (Def. and Imp.)
snub snober (27)
soak détremper (464)
soak imbiber (215)
soak tremper (247)
sob sangloter (96)
sober up dégriser (486)
socialize socialiser (486)
soften amollir (229)
soften assouplir (423)
soften mollir (229)
soften se velouter (28, 122)
soften adoucir (229)
soften ramollir (229)
soil entacher (82)
soil salir
soil souiller
sojourn séjourner
solder souder (27)
solicit solliciter (251)
solidify solidifier (212)
solubilize solubiliser (486)
solve résoudre
solve solutionner (171)
somersault culbuter (28)
sorry for, to feel s'apitoyer de (187) (aux. être)
sort trier (129)
sound sonder (27)
soundproof insonoriser (486)
sour aigrir (229)
sow semer (341)
space échelonner (171)
sparing in the use of, to be ménager (305)
sparkle scintiller (477)
spatialize spatialiser (486)
speak parler
speak patois patoiser (486)
speak with a nasal twang nasiller (477)
specialize se spécialiser (486)
specify préciser (486)
specify spécifier (212)
speculate spéculer (81)
spell épeler (38)
spell orthographier (212)
spend (money) débourser (27); dépenser

spend (time) passer
spend the night away from one's house découcher (121)
spice up épicer (342)
spin vriller (477)
spin around virevolter (27)
spiritualize spiritualiser (486)
spit cracher (82)
splash éclabousser (79)
split scinder (240)
split fendre
split up désunir (229)
split up sectionner (171)
spoil gâcher (82)
spoil gâter
spoil pourrir (249)
sponge éponger (283)
spool embobiner (329)
spool bobiner (329)
spray vaporiser (486)
spread répandre
spread (butter, pâté) tartiner (329)
spread apart écarter (69)
spread out étendre (462)
spread out, display étaler (326)
sprinkle asperger (283)
sprinkle saupoudrer (299)
sprint sprinter (464)
spurt gicler (326)
spurt up rejaillir (423)
spy on épier (212)
spy on espionner (171)
squat s'accroupir (214)
squeeze serrer
squint loucher (469)
stab zigouiller (233)
stab poignarder (240)
stabilize stabiliser (486)
stack superposer (350)
stagger chanceler (38)
stagger tituber (32)
stagnate croupir (229)
stagnate stagner (441)
stagnate vivoter (96)
stain maculer (81)
stain (with) tacher (de) (82)
stall caler (27)
stammer bafouiller (233)

stammer balbutier (212)

stammer bégayer (179)

stamp estamper (247)

stamp timbrer (466)

stand around piétiner (329)

stand someone up plaquer (219)

stand up se dresser (23, 122)

staple agrafer (27)

staple (Can.) brocher (285)

starch amidonner (171)

stare at someone dévisager (305)

start commencer

start amorcer (342)

start again redémarrer (22)

start again repartir (327) (aux. être)

start out démarrer (27)

starve affamer (71)

state énoncer (371)

stay demeurer

stay rester

stay up veiller (109)

steal choper (163)

steal faucher (82)

steal chiper (251)

steal dérober (498)

steal subtiliser (486)

steal voler

steep macérer (203)

step over enjamber (240)

sterilize stériliser (486)

stick to coller à (445)

stick together agglutiner (329)

stiffen raidir (229)

stigmatize stigmatiser (486)

stimulate stimuler (81)

stimulate someone's appetite allécher (87)

stink puer (Def. and Imp.)

stink (of) empester (160)

stipulate stipuler (81)

stir remuer (483)

stitch brocher (285)

stock stocker (27)

stockpile emmagasiner (159)

stone lapider (251)

stop stopper (163)

stop arrêter

stop (oneself) s'arrêter; s'immobiliser (486, 33)

store in a warehouse entreposer (350)

storm tempêter (47)

straddle, ride chevaucher (285)

straighten up (out) redresser (353)

strain peiner (329)

strangle étrangler (326)

stratify stratifier (212)

stream ruisseler (38)

strengthen affermir (229)

strengthen raffermir (229)

stress stresser (353)

stretch étirer (466)

stretch tendre

stretch one's legs se dégourdir (210, 214)

stretch oneself s'étirer (182, 466)

stretch oneself s'étendre

stretch oneself out s'allonger (442) (aux. être)

stretch out allonger (442)

strew something with joncher qqch de (93)

striate strier (129)

strike (lightning) foudroyer (187)

strike down terrasser (84)

strip dépouiller (233)

strip (paint, wood) décaper (235)

stripe with zébrer de (356)

stroll se balader (26, 122)

stroll déambuler (81)

stroll flâner (443)

structure structurer (54)

struggle se démener (122, 290)

struggle lutter (425)

struggle vasouiller (233)

strut around se pavaner (122)

stubborn, to be s'opiniâtrer (33)

stuck, to get s'enliser (33, 486)

study étudier

study hard bûcher (285)

stuff bourrer (22)

stuff oneself s'empiffrer (33, 466)

stuff with (cooking), cram with farcir de (229)

stumble, trip trébucher (82)

stun ébahir (95)

stun sidérer (203)

stun abasoudir

stun étourdir

stupefy abasourdir

stupefy stupéfier (212)

style, to go out of se démoder (27)

stylize styliser (486)

subjugate asservir (229)

subjugate subjuguer (307)

sublimate sublimer (220)

submerge submerger (283)

submit soumettre

submit to se soumettre à (449) (aux. être)

subordinate subordonner (171)

subscribe for someone to abonner à (171)

subscribe to s'abonner à (83, 171)

subscribe to souscrire à (177)

subsidize subventionner (171)

substitute for substituer à (483)

subtract soustraire (474) (no passé simple or imp. subj.)

subvert subvertir (229)

succeed succéder à (87)

succeed réussir

succumb succomber (240)

suck suçoter (96)

suck sucer

suckle (animal) allaiter (27)

suffer souffrir

suffer subir (95)

suffice suffire (Def. and Imp.)

suffocate asphyxier (41)

suffocate s'asphyxier (41, 48)

suffocate étouffer (353)

suffocate suffoquer (de) (219)

suggest suggérer (356)

suit convenir

suit seoir (Def. and Imp.)

sulk bouder (240)

summarize résumer (238)

summon sommer (310)

supervise superviser (486)

supper, to have **souper** (124)
supply **approvisionner** (171)
supply **ravitailler** (477)
supply with **munir de** (229)
support **appuyer** (192)
support **soutenir** (463)
suppose **supposer** (350)
suppress **supprimer** (220)
surcharge **surtaxer** (27)
sure, to make **s'assurer**
surf (Internet) **naviguer**
surf, netsurf (Internet) **surfer**
(27)
surmount **surmonter** (298)
(aux. avoir)
surpass **surpasser** (150)
surprise **surprendre**
surrender **capituler** (81)
surrender **se rendre** (394)
(aux. être)
surround **environner** (171)
surround with **entourer de**
(21)
surround, define **cerner** (27)
survey (land) **arpenter** (28)
survive **survivre**
suspect **se douter** (122, 173)
suspect of **soupçonner de**
(443)
suspect of **suspecter de** (113)
suspend **suspendre**
suture **suturer** (54)
swaddle **langer** (283)
swallow **avaler** (27)
swallow **gober** (27)
swallow up **engouffrer** (445)
swap **troquer** (219)
swarm **grouiller** (233)
swarm **fourmiller** (477)
swear **jurer**
swear in **assermenter** (374)
sweat **suer** (483)
sweat **transpirer** (466)
sweep **balayer**
sweep a chimney **ramoner**
(461)
sweeten **édulcorer** (22)
sweeten **sucrer** (21)
sweet-talk **baratiner** (329)
swell **s'enfler** (361, 445)
swell up **se tuméfier** (212
(aux. être))

swim **nager**
swimming, to go **se baigner**
(10, 74)
swipe **rafler** (439)
swirl **tourbillonner** (171)
switch off **couper**
swoon **se pâmer** (71, 122)
symbolize **symboliser** (486)
sympathize **compatir** (95)
synchronize **synchroniser**
(486)
synthesize **synthétiser** (486)
systematize **systématiser** (486)

T

tail someone **filer** (27)
take **prendre**
take a sample **prélever** (278)
take again **reprendre**
take away decorations
dégarnir (229)
take back **reprendre**
take back **remporter** (349)
take back **remmener** (290)
take back, resume **reprendre**
(357)
take care of, look after
someone **soigner qqn** (10)
take for a walk **balader** (26)
take for a walk **promener**
(290)
take off **ôter** (498)
take off (airplane) **décoller**
(385)
take off one's shoes **se**
déchausser (80, 122)
take out the color **déteindre**
(207)
take place **se passer** (Def. and
Imp.)
take place **se dérouler** (421)
take root **s'enraciner** (33, 329)
take shelter (from) **s'abriter**
de (122, 251)
take shorthand **sténographier**
(212)
take the place of honor **trôner**
(27)
talk **parler**
talk at length **discourir sur**
(125)
talks, to hold **conférer** (356)

tame **apprivoiser** (486)
tame **dompter** (107)
tame **dresser** (23)
tamp down, pack down **tasser**
(84)
tamper with **tripatouiller**
(233)
tan (leather) **tanner** (171)
tangle **enchevêtrer** (299)
tangle up **embrouiller** (233)
tangled up, to get **s'emmêler**
(33)
tap **tapoter** (96)
tap **taper** (235)
target **cibler** (27)
tarnish **galvauder** (26)
tarnish **ternir** (229)
tarnished, to become **se ternir**
(229) (aux. être)
taste **goûter**
taste, sample food **déguster**
(53)
tattoo **tatouer** (175)
tax **taxer** (27)
teach **enseigner**
teach oneself **s'instruire** (260,
262)
teach someone to read and
write **alphabétiser** (486)
tear **déchirer**
tear pieces **écharper** (59)
tease **taquiner** (329)
telegraph **télégraphier** (212)
telephone **téléphoner**
televise **télédiffuser** (32)
televise **téléviser** (486)
tell (a story) **raconter**
temper **tempérer** (203)
temper, to be in a bad
décolérer (356)
tempt **tenter**
tense **crisper** (27)
tenure, to give
titulariser (486)
terminate **terminer**
terrify **épouvanter** (90)
terrify **terrifier** (212)
terrorize **terroriser** (486)
test **expérimenter** (464)
test **éprouver**
test **tester** (160)
testify **attester** (160)

testify témoigner (10)

thank remercier

thaw dégeler (242)

theorize théoriser (486)

thicken épaissir (95)

thin, to make amaigrir (282)

think penser

think réfléchir

thinner, to get mincir

thirst, to quench one's se désaltérer (356, 122)

thread enfiler (329)

threaten with menacer de (342)

throw jeter

throw lancer

throw up vomir (229)

thunder fulminer (465)

thunder tonner (Def. and Imp.)

tickle chatouiller (233)

tidy up ranger

tie lier (129)

tie nouer (269)

tie down arrimer (27)

tie up attacher (82)

tie up ligoter (96)

tile carreler (38)

tilt pencher (93)

time chronométrer (87)

tinker bricoler (32)

tint teinter (464)

tintinnabulate tintinnabuler (81)

tip off tuyauter (27)

tip off rancarder (27)

tire fatiguer (307)

tired, to get se lasser (84, 122)

title titrer (466)

toast (drink) trinquer (284)

tolerate tolérer (356)

tolerate supporter

tone up tonifier (212)

tonsure tonsurer (54)

topple over basculer (81)

torment tenailler (477)

torment tourmenter (425)

torpedo torpiller (477)

torture supplicier (41)

torture torturer (54)

toss around tanguer (307)

total totaliser (486)

touch toucher

tousle someone's hair ébouriffer (215)

tousle someone's hair décoiffer qqn (443)

tow remorquer (284)

tow tracter (425)

trace tracer (342)

track traquer (219)

track pister (27)

trade with commercer avec (99)

traffic trafiquer (219)

train former (227)

trample piétiner (329)

trample on fouler (421)

transcribe transcrire (177)

transfer transborder

transfer transférer (356)

transfer (funds) virer (21)

transform métamorphoser (321)

transform into transformer en (227)

transfuse transfuser (32)

transgress transgresser (353)

translate traduire

translate literally calquer (219)

transmit transmettre

transmute transmuer (483)

transplant transhumer (238)

transplant transplanter (90)

transport transporter (349)

transport véhiculer (81)

transpose transposer (350)

trap piéger (52)

traumatize traumatiser (486)

travel se déplacer (342, 122)

travel voyager

travel through parcourir (125)

traverse traverser

treat traiter

tremble trembloter (96)

tremble with trembler de (407)

trick tricher

trickle down dégouliner (329)

trigger déclencher (285)

trim tailler (477)

trim rogner (441)

trip buter (173)

triple tripler (326)

triumph triompher (27)

trivialize banaliser (486)

trot trotter (246)

trot along trottiner (329)

trouble troubler (407)

trumpet trompeter (267)

truncate tronquer (284)

truth about a matter, to see the se détromper (480)

try tâcher (82)

try essayer

try tenter

try again réessayer (204)

try one's best s'ingénier à (309) (aux. être)

try to please complaire à (345)

tu, to use tutoyer

tumble dégringoler (498)

tumble down dévaler (27)

turn tourner

turn aside détourner

turn back rebrousser (353)

turn blue bleuir (229)

turn brown roussir (95)

turn green again reverdir

turn oneself away from se détourner (122, 161)

turn over, collapse capoter

turn pale pâlir (423)

turn pink rosir (95)

turn up retrousser (353)

twist entortiller (477)

twist tordre

type taper (235)

type dactylographier (366)

tyrannize tyranniser (486)

U

ugly, to make enlaidir (210)

ulcerate ulcérer (203)

unaware of, to be ignorer (22)

unblock dégorger (283)

unblock débloquer (219)

unbolt déboulonner (171)

unbridle débrider (251)

unbuckle déboucler (326)

unbutton déboutonner (171)

unchain déchaîner (329)

unclench décontracter (160)

unclog déboucher (285)

uncross (arms, legs) **décroiser** (486)

underestimate **mésestimer** (27)

underestimate **sousestimer** (27)

undergo **subir** (95)

underline **souligner** (10)

undermine **saper** (59)

understand **comprendre**

undertake **entreprendre**

undo **défaire**

undress **déshabiller** (477)

undress **dévêtir** (493)

undress oneself se **déshabiller** (250)

undress oneself se **dévêtir** (493) (aux. être)

undulate **ondoyer** (187)

undulate **onduler** (81)

unearth **déterrer** (196)

unearth **dénicher** (285)

unemployed, to be **chômer** (27)

unfasten **dégrafer** (27)

unfold **déplier** (389)

unhook **décrocher** (82)

uniform, to make **uniformiser** (486)

unify **unifier** (212)

unionize **syndicaliser** (486)

unionize **syndiquer** (219)

unite **unir**

unlace **délacer** (342)

unlearn **désapprendre** (42)

unload **décharger** (91)

unlock **déverrouiller** (233)

unpack **déballer** (498)

unplug **débrancher** (78)

unroll **dérouler** (421)

unscrew **dévisser** (486)

unseal **décacheter** (267)

unstick **décoller** (385)

unstitch **découdre** (123)

untangle **démêler** (82)

untie **délier** (389)

untie **dénouer** (269)

untie **détacher** (82)

untwist **détortiller** (477)

unveil **dévoiler** (498)

unwind se **défouler** (122, 421)

unwind **dévider** (251)

unworthy of, to show oneself **démériter de** (293)

up, to get se **lever**

up again, to get se **relever** (279)

up, to go **monter**

up, to take **monter**

upload **télécharger vers le serveur** (91)

uproot **déraciner** (159)

uproot **arracher**

upset **vexer** (27)

upset, to be s'**inquiéter**

upset, to get se **vexer** (27) (aux. être)

urbanize **urbaniser** (486)

urinate **uriner** (465)

use **employer**

use **utiliser**

use **user de** (32)

use trickery **ruser** (32)

use up **user** (32)

used again, to become se **réhabituer** (33, 483)

used to, to get s'**habituer** (33, 483)

used to, to get **accoutumer** (238)

usurp **usurper** (59)

utilize **utiliser**

V

vaccinate against **vacciner contre** (329)

vacillate **vaciller** (477)

validate **valider** (251)

value **priser** (486)

vanquish **vaincre**

vaporize **vaporiser** (486)

varnish **vernir** (229)

vary **varier** (129)

vaunt, praise **vanter** (90)

vegetate **végéter** (356)

veil **voiler** (27)

venerate **vénérer** (356)

ventilate **ventiler** (266)

venture **aventurer** (148)

verbalize **verbaliser** (486)

verify **vérifier** (212)

versify **versifier** (41)

vibrate **vibrer** (22)

view, look at **visionner** (171)

violate, rape **violer** (498)

visit **visiter**

visualize **visualiser** (486)

vituperate **vitupérer** (203)

vocalize **vocaliser** (486)

vomit **vomir** (229)

vote again **revoter** (96)

vote for/against **voter pour/ contre** (96)

vous, to use **vouvoyer**

vow **vouer** à (269)

vulgarize, popularize **vulgariser** (486)

W

waddle like a duck se **dandiner** (122, 329)

wade **patauger** (305)

wait **attendre**

wake up s'**éveiller** (257, 109)

wake up se **réveiller**

wake up (someone who's asleep) **réveiller** (109) (See 414)

walk **marcher**

walk along **cheminer** (465)

walk, to take a se **promener**

wall in **emmurer** (32)

wall in/up **murer** (54)

wallow se **vautrer** (122)

waltz **valser** (492)

wander **déambuler** (81)

wander **errer** (27)

wander **vagabonder** (248)

want **vouloir**

warm oneself up se **chauffer** (122, 235)

warm up se **réchauffer** (85)

warn **prévenir**

warn about **alerter de** (173)

warn about **avertir de** (229)

wash **laver**

wash one's face (w/ washcloth) se **débarbouiller** (33, 233)

wash oneself se **laver**

waste dilapider (215)
waste gaspiller (477)
watch (out for) guetter (386)
watch regarder
watch surveiller (109)
water arroser (79)
water (animals) abreuver (26)
water (eye) larmoyer (187)
water down délayer (330)
waterproof, to make étancher (78)
wax cirer (466)
weaken affaiblir (229)
weaken faiblir (392)
weaken défaillir (222)
wear porter
wear down vanner (171)
wear thin élimer (27)
weave tisser (73)
weed désherber (27)
weigh peser
weigh down alourdir de (229)
weigh down appesantir (229)
weigh down oppresser (360)
weight, to lose maigrir
weight, to put back on regrossir (282)
weight, to put on grossir (282)
welcome accueillir
westernize occidentaliser (486)
wet mouiller (233)
wet, to get oneself se mouiller (83, 233)
whimper pleurnicher (285)

whinny, bray *hennir (229)
whip flageller (326)
whip fouetter (447)
whirl tournoyer (308)
whisper susurrer (22)
whisper chuchoter
whistle siffloter (96)
whistle siffler
whiten blanchir
wiggle tortiller (477)
wiggle frétiller (477)
will, to make out a (legal term) tester (160)
win remporter (349)
win gagner
wipe torcher (285)
wipe essuyer
wish souhaiter
withdraw se retirer
withdraw (in someone's favor) se désister de (en faveur de qqn) (53)
wobble flageoler (498)
wonder se demander (122, 147)
word libeller (27)
work oeuvrer (27)
work travailler
work hard besogner (441)
work hard bosser (79)
worry s'inquiéter
worry about se préoccuper de (317, 83)
worry someone inquiéter qqn (87) (See 258)

worsen empirer (466)
worth, to be valoir
wrap emballer (421)
wriggle gigoter (96)
wrinkle rider (27)
write écrire
write rédiger (218)
write about disserter sur (160)
write badly écrivasser (84)
wrong, to be clocher (285)
wrong, to be se tromper

X

x-ray radiographier (212)

Y

yap, yelp japper (235)
yawn bâiller (477)
yell gueuler (421)
yell vociférer (356)
yell at the top of one's lungs s'époumoner (461)
yellow, turn yellow jaunir (229)
yield céder
yodel yodler (326)

Z

zigzag zigzaguer (307)
zip up zipper (235)
zone zoner (461)
zoom in, zoom out zoomer (71)

Index of over 2,700 additional verbs keyed to listing of 501 French verbs

The number after each verb is the number of the fully conjugated model verb in the main section. If the French verb you want is reflexive (for example, s'appeler or se lever), you will find it listed alphabetically under the first letter of the verb. The reflexive pronoun s' or se is given in parentheses after the verb: appeler (s'), lever (se). Sometimes two verb numbers are listed for a reflexive verb. For example, s'abonner is keyed to verb 171 (donner) and to verb 83 (se cacher) because it is a reflexive regular -er verb. If a verb is in the Defective and Impersonal verb section it will be marked Def. and Imp. Several verbs in this list are keyed to two verbs because you need to make two spelling changes.

Note: The English definitions are a guide to the most common meanings. In some cases we have also included a preposition when it is likely that you will use it along with the verb. There are obviously many more definitions for the verbs in this list. Think of the definitions as a way to make sure you're looking up the right word!

A

abandonner to abandon (171)
abdiquer to abdicate (219)
abhorrer to abhor, loathe (27)
abîmer to damage, spoil (27)
abjurer to abjure, renounce (148)
abominer to abominate, loathe (465)
abonder en to abound in, be plentiful (26)
abonner (s') à to subscribe to (83, 171)
abonner à to subscribe for someone to (171)
aborder to accost, approach (26)
abouter to join tip to tip, end to end (173)
aboutir à/dans to succeed, end up in (229)
aboyer to bark (187)
abraser to abrade (27)
abréger to shorten, abridge (52)
abreuver to water (animals) (26)
abriter de/contre to shelter from (251)

abriter (s') de to take shelter (from) (122, 251)
abroger to repeal (263)
abrutir to exhaust (229)
absenter (s') de to absent oneself from (26)
absorber to absorb (385)
abstraire to abstract, isolate (474) (no *passé simple* or imp. subj.)
abuser de qqch to abuse, misuse (32)
accabler to overwhelm (407)
accaparer to capture, monopolize (27)
accéder à to get to, attain (87)
accélérer to accelerate (356)
accentuer to accentuate, stress (483)
accessoiriser to accessorize (486)
accidenter to damage, injure (27)
acclimater to acclimate (27)
accommoder to accommodate (147)
accomplir to accomplish (392)
accorder (s') to come to terms, agree (11) (aux. être)

accoster to accost (160)
accoucher de to give birth to (121)
accouder (s') sur to lean one's elbow on (33, 421)
accoupler to couple (27)
accoutumer to get used to (238)
accréditer to accredit (251)
accrocher (s') to hang on, collide (13)
accroître (s') to accrue, increase (14) (aux. être)
accroupir (s') to squat, crouch (214)
aculer to corner somebody (81)
acculturer to acculturate (27)
accumuler to accumulate (81)
accuser (s') to accuse oneself (16, 33)
acharner (s') contre qqn to dog someone (27, 33)
acheminer to direct toward (465)

acquiescer to agree, approve (342)

acquitter (de) to acquit, release (from), to pay a bill (374)

acquitter (s') de to pay off (duty), settle (debt) (33, 374)

actionner to activate (171)

activer to speed up, pep up (26)

actualiser to bring up to date (16)

adapter à to fit, adapt to (8)

additionner to add, to add up (171)

adhérer to join, be a member (87)

adhérer à to adhere to (87)

adjoindre à to associate (with) (268)

adjuger to award (283)

adjurer to implore, beg (272)

administrer to administer (26)

admonester to admonish (27)

adopter to adopt (8)

adosser to lean against (79)

adoucir to soften, sweeten (229)

adresser (s') à qqn to speak to someone, address someone (33, 79)

aduler to adulate, flatter (81)

advenir to happen, occur, come to pass (Def. and Imp.)

aérer to air, aerate (87)

affadir to make (something) dull (229)

affaiblir to weaken (229)

affaisser (s') to collapse, sink (33, 274)

affamer to starve (71)

affecter de to pretend to (8)

affectionner to have a liking for (171)

affermer to lease, rent (227)

affermir to strengthen (229)

afficher to display (94)

affilier (s') à to affiliate to (33, 41)

affirmer to affirm (227)

affliger de to afflict with (119)

affluer to abound (114)

affoler (s') to panic (33, 421)

affranchir to set free; to stamp (frank) (72)

affréter to charter (boat, plane) (87)

affronter to confront (113)

affubler to don (clothing) (407)

affûter to hone, sharpen (173)

agencer to arrange, combine (342)

agenouiller (s') to kneel (233)

agglutiner to agglutinate, stick together (329)

aggraver to aggravate, make worse (276)

agiter to wag, wave, shake (251)

agrafer to staple, fasten (27)

agrandir to enlarge (245)

agréer to accept (128)

agrémenter de to embellish with (425)

agresser to attack (23)

agripper to grab, grip (163)

aguerrir to harden, season (soldiers) (229)

aguicher to entice, seduce (285)

aiguiser to sharpen (486)

ahurir to astound, stun (229)

aigrir to sour (229)

aiguiller to orient, steer (477)

aiguillonner to goad (171)

aimanter to magnetize (90)

ajourner to postpone (433)

ajuster to adjust (28)

alarmer to alarm (310)

alarmer (s') to get alarmed (310, 33)

alerter de to warn about (173)

aliéner to alienate (87)

aligner to align (26)

alimenter de to feed with (60)

alimenter (s') to feed oneself (60) (aux. être)

aliter to confine to bed, put to bed (251)

aliter (s') to take oneself to bed (251) (aux. être)

allaiter to breast-feed, nurse (infant), suckle (animal) (27)

allécher to stimulate someone's appetite (87)

alléger to ease, lighten (52)

allier to ally, tie together (41)

allonger to stretch out (442)

allonger (s') to stretch oneself out (442) (aux. être)

allouer to allocate, grant (281)

allumer to light, turn on (238)

alourdir de to weigh down (229)

alphabétiser to teach someone to read and write (486)

altérer to alter, spoil (87)

alterner to alternate (27)

alunir to land on the moon (229)

amadouer to coax (269)

amaigrir to make thin (282)

amarrer to moor, tie down (27)

amasser to amass, pile up (92)

ambitionner de to aspire to (171)

améliorer to improve, ameliorate (22)

aménager to set up, install (305)

amender to amend, correct (27)

américaniser to Americanize (32)

ameuter to draw/incite a crowd (374)

amidonner to starch (171)

amincir to have a slimming effect (296)

amoindrir to lessen (229)

amoindrir (s') to diminish, weaken (229) (aux. être)

amollir to soften (229)

amonceler to amass, pile up (38)

amorcer to start, boot (computer) (342)

amortir to cushion, soften (229)

amplifier de to amplify with/ by (322)

amputer to amputate (251)

analyser to analyze (32)

ancrer to anchor (27)

anéantir to annihilate (229)

angliciser to anglicize (23)

angoisser to cause anguish, distress (27)

animer to animate, liven up (27)

annexer to annex (27)

annihiler to annihilate (27)

annuler to annul, cancel (81)

anoblir to ennoble (423)

ânonner to drone, stumble through a public reading (171)

anticiper to anticipate (329)

antidater to antedate, backdate (28)

apaiser to calm down, pacify (27)

apeurer to frighten (347)

apitoyer to inspire pity (187)

apitoyer (s') de to feel sorry for (187) (aux. être)

aplanir to make level, smooth (229)

aplatir to flatten (229)

appauvrir to impoverish (229)

appesantir to weigh down (229)

applaudir de to applaud for (229)

appliquer to apply (219)

appliquer (s') to apply oneself, make an effort (219, 2)

apposer to affix (350)

appréhender to fear, grasp, apprehend (legal term) (27)

apprêter (s') à qqch to get oneself ready for (48, 363)

apprêter to get ready, prepare (363)

apprivoiser to tame (486)

approcher (s') to approach, come near (33, 43)

approfondir to deepen (229)

approprier (s') to appropriate (83, 212)

approvisionner to supply (171)

appuyer to lean, press, support (192)

arabiser to arabize (486)

arbitrer to arbitrate, referee (27)

arc-bouter (s') à to lean against (33)

archiver to archive (27)

armer to arm (238)

arnaquer to cheat, swindle (284)

arpenter to pace, survey (land) (28)

arquer to arch, curve (284)

arranger (s') to come to an agreement (33, 46)

arrimer to secure, tie down (27)

arroger (s') to claim falsely (33, 305)

arrondir to round (off) (229)

arroser to water (79)

articuler to articulate (81)

asperger to spray, sprinkle (283)

asphyxier to asphyxiate, suffocate (41)

asphyxier (s') to suffocate (41, 48)

aspirer to inhale; aspirer à to aspire to (21)

assainir to clean, make healthier (229)

assaisonner to season (171)

assassiner to murder, assassinate (159)

assécher to drain, dry (429)

assembler to assemble (407)

assermenter to swear in (374)

asservir to subjugate (229)

assigner to assign (441)

assimiler to assimilate, take in (27)

assimiler qqn/qqch à to compare someone/something to (27)

associer (qqch à) to link (something with), associate (41)

assombrir to darken (229)

assommer to knock out, stun (310)

assortir to match (229)

assoupir (s') to nod off (229)

assouplir to soften (423)

assourdir to deafen (229)

assumer to assume, accept (27)

atomiser to atomize (486)

attabler (s') to sit down at a table (for a meal) (33)

attacher to tie up, attach (82)

attaquer to attack (219)

attarder to delay (240)

attarder (s') to dawdle, fall behind schedule (33)

atteler to harness (horses) (38)

attendre (s') à to expect (208)

attendrir to inspire pity, tenderize (meat) (229)

atténuer to relieve, lighten, ease (114)

atterrir to land (229)

attester to testify (160)

attiédir to make lukewarm (229)

attribuer à to attribute to (114)

attrister to sadden (28)

attrister (s') to be saddened (28, 48)

augurer to augur, foretell (272)

ausculter to auscultate, listen to someone's chest (28)

automatiser to automate (486)

autoriser to authorize (16)

avaler to swallow (27)

avancer (s') to advance (oneself) (33, 61)

avantager to favor (305)

aventurer to venture (148)

avérer (s') to prove/turn out to be (33, 87)

avertir de to warn about (229)

aveugler to blind (27)

avilir to degrade, depreciate (423)

aviser to notify (32)

aviser (s') to notice, become aware (32, 33)

aviver to enliven, excite (486)

avoisiner to be close to, border (159)

avorter to abort (27)

avouer to admit (269)

B

babiller sur to gossip about (27)

bachoter to cram for an exam (96)

bâcler to botch up (445)

badiner to exchange banter, jest (167)

bafouer qqn to flout, scorn (269)

bafouiller to stammer (233)

bâfrer to guzzle, eat like a pig (82)

bagarrer to argue, wrangle (435)

baigner to bathe (10)

baigner (se) to go swimming (10, 74)

bâiller to yawn (477)

bâillonner to gag, muzzle (171)

baiser to kiss, have intercourse (Watch out! Unless you're kissing someone's cheek or hand, avoid *baiser*!) (27)

balader to take for a walk (26)

balader (se) to stroll (26, 122)

balafrer to slash (27)

balbutier to stammer (212)

baliser to mark a path, mark off (486)

ballotter to jolt, bounce around (171)

banaliser to make commonplace, trivialize (486)

bander to bandage, blindfold (27)

bannir de to banish from (229)

baptiser to baptize (32)

baragouiner to jabber, speak badly (329)

baratiner to sweet-talk (329)

barber to bore (27)

barbouiller (de) to daub (with) (233)

barrer to bar (21)

basculer to topple over (81)

baser sur to base upon (32)

batailler to battle (477)

bâtonner to beat with a stick (171)

baver to drool, dribble (276)

bêcher to dig out/up (285)

becqueter to peck (267)

bégayer to stammer (179)

bénéficier de to profit from/ by (389)

bercer to rock (99)

besogner to drudge, work hard (441)

beugler to low, bellow (27)

beurrer to butter (26)

bidonner (se) to roar with laughter (122, 171)

biffer to cross out (439)

bifurquer to bifurcate, fork (284)

bivouaquer to bivouac (219)

blaguer to joke (307)

blaser (se) de to become indifferent to (33, 122)

blasphémer to blaspheme (356)

blêmir to become pale (229)

bleuir to turn blue (229)

blinder to shield, armor (27)

bloguer to blog (307)

blondir to become blond, bleach hair (210)

bloquer to block up (219)

blottir (se) to cuddle (214, 229)

bluffer to bluff (26)

bobiner to wind, spool (329)

boiter to limp (26)

bombarder to bombard (385)

bondir to leap (229)

bonifier to improve (41)

border to border (248)

borner to limit (27)

bosser to work hard (79)

boucher to block up (469)

boucler to buckle (469)

bouder to sulk (240)

bouffer to gobble up (235)

bougonner to grumble (171)

bouillonner to bubble (171)

bouler to roll (421)

bouleverser to overwhelm (492)

bouquiner to read (329)

bourdonner to buzz (171)

bourgeonner to bud (171)

bourlinguer to sail (307)

bourrer to stuff (22)

boursoufler to bloat, puff up (445)

bousculer to shove, bump (81)

bousiller to ruin (477)

bouter to drive away (28)

boutonner to button (171)

boxer to box (26)

boycotter to boycott (373)

braconner to poach (hunting) (171)

brailler to bawl, cry (477)

braiser to braise (486)

brandir to brandish (210)

branler to shake (Watch out! Avoid using this verb pronominally!) (498)

braquer to aim, point (284)

brasser to brew, stir (79)

braver to defy (276)

bredouiller to mumble (233)

bricoler to tinker, fix (32)

brider to bridle, restrain (329)

briller to shine (477)

brimer to bully (27)

briquer to scrub (219)

briser to break, smash (32)

briser (se) to break (32, 85)

brocher to stitch, staple (Qué.) (285)

broder to embroider (96)

bronzer to bronze, tan (134)

brouiller to blur, mix up (233)

brouter to graze (28)

broyer to crush, grind (187)

bruiner to drizzle (27)

brûler (se) to burn oneself (81, 80)

brunir to brown (229)

brusquer to rush, hasten (219)

brutaliser to brutalize, bully (486)

bûcher to study hard, cut down trees (Can.) (285)

buriner to engrave (465)
buter to trip (173)

C

cabosser to dent (79)
cabrer to rear up (27)
cacheter to seal (267)
cadrer to correspond (with) (27)
cafouiller to get mixed up (233)
cahoter to jolt (28)
cajoler to cajole, coax (27)
calcifier to calcify (41)
calciner to char (329)
calculer to calculate (81)
caler to stall, wedge (27)
calibrer to calibrate (27)
câliner to cuddle (329)
calligraphier to write calligraphy (212)
calmer to calm (27)
calmer (se) to calm down (27, 122)
calomnier to slander, libel (in writing) (212)
calquer to copy (exactly), translate literally (219)
cambrer to arch (27)
cambrioler to break into, burglarize (26)
camoufler to camouflage (445)
camper to camp (235)
canaliser to channel, funnel (26)
canoniser to canonize (486)
canonner to shell (military) (171)
canoter to go boating, rowing (26)
cantonner to station, billet (171)
caoutchouter to rubberize (28)
capitaliser to capitalize (486)
capoter to turn over, collapse, go crazy (Can.)
capituler to capitulate, surrender (81)
captiver to captivate (167)
capturer to capture (27)

caqueter to cackle, gossip (267)
caractériser to characterize (486)
carboniser to carbonize, burn up (486)
caresser to caress (353)
caricaturer to caricature (21)
carillonner to ring (171)
carnavaler to celebrate at a carnival (Can.) (27)
carreler to tile (38)
caser to fit (something) in (32)
castrer to castrate (27)
cataloguer to catalog (307)
catéchiser to catechize (486)
cautionner to guarantee (171)
caviarder to censor (27)
ceindre de to encircle with (334)
célébrer to celebrate (356)
celer to conceal (297)
censurer to censure (54)
centraliser to centralize (486)
cercler de to encircle with (27)
cerner to surround, define (27)
certifier to certify (212)
chagriner to grieve, distress (329)
chahuter to create an uproar (8)
chaîner to chain (167)
chanceler to stagger (38)
chantonner to sing to oneself (171)
chaparder to pilfer, swipe (27)
chaperonner to chaperone (171)
charmer to charm (238)
châtier to punish (212)
chatouiller to tickle (233)
chatoyer to glisten, glimmer (187)
chauffer to warm up, heat up (235)
chauffer (se) to warm oneself up (122, 235)
chausser to put on shoes (79)
chavirer to capsize (27)
cheminer to walk along (465)

chevaucher to straddle, ride (285)
chialer to bawl (421)
chicaner to haggle, quibble (147)
chiffonner to crumple (171)
chiffrer to number (27)
chiper to steal (251)
choir to fall (Def. and Imp.)
choper to catch, snatch, steal (163)
chloroformer to chloroform (227)
chômer to be unemployed (27)
choquer to shock (284)
choyer to pamper (187)
chronométrer to time (87)
chuter to fall, flop (28)
cibler to target (27)
cimenter to cement (464)
cintrer to arch, curve
circonscrire to circumscribe, delimit, set limits (177)
circonvenir to circumvent (491)
circuler to circulate (81)
cirer to wax (466)
ciseler to chisel, engrave (297)
citer to quote, to name (251)
civiliser to civilize (486)
clamer to proclaim, clamor (9)
clapper (de la langue) to click (one's tongue) (235)
claquer to bang, click (one's tongue) (284)
clarifier to clarify (212)
classer to classify (84)
classifier to classify (212)
clavarder to chat (Internet) (69)
cligner to blink (10)
clignoter to blink, flash, twinkle (27)
climatiser to air condition (486)
cliquer to click (219)
clocher to be wrong (285)
cloisonner to partition (171)

Index of over 2,700 additional verbs

cloner to clone (461)

clore to close (Def. and Imp.)

clouer to nail, tack down (269)

coaguler to coagulate (81)

cocher to check off (121)

coder to code (26)

codifier to codify (41)

coexister to coexist (259)

cogiter to cogitate, ponder (215)

cogner to hit (10)

coiffer qqn to do someone's hair (443)

coiffer (se) to do one's own hair (122)

coincer to jam, corner (342)

collaborer to collaborate (22)

collationner to collate (171)

collectionner to collect (171)

coller à to stick to (445)

colleter to grab by the collar (267)

colmater to plug up (28)

coloniser to colonize, settle (486)

colorer to color (22)

colorier to color (in) (212)

colporter to peddle (349)

combiner to combine (329)

combler de to fill up with (407)

commanditer to finance (215)

commémorer to commemorate (22)

commercer avec to trade with (99)

commercialiser to commercialize (486)

commuer to commute (legal term) (114)

communier to receive communion (389)

communiquer to communicate (219)

commuter to commute (mathematics) (173)

comparaître to appear before court (324)

compatir to sympathize (95)

compenser to compensate, make up for (336)

compiler to compile (251)

complaire à to try to please (345)

compléter to complete (87)

complimenter to compliment (60)

compliquer to complicate (219)

comploter to plot (349)

comporter to comprise (349)

comporter (se) to behave (80, 349)

composer to compose, dial (a number) (350)

composter to punch (a ticket) (349)

comprimer to compress (220)

compromettre to compromise (294)

compulser to consult (32)

concasser to crush (84)

concéder to concede (87)

concentrer sur to concentrate on (299)

concentrer (se) sur to concentrate (oneself) on (80, 299)

concerner to concern (27, 3rd person s. and pl. only)

concilier to reconcile (212)

concocter to concoct (349)

concorder avec to agree with (11)

concourir avec to compete with (125)

concurrencer to compete (342)

condamner to condemn (98)

condescendre à to condescend to (394)

conditionner to condition (171)

confectionner to make (171)

conférer to confer, bestow on, to hold talks (356)

confesser to confess (73)

confier to entrust (212)

configurer to configure (27)

confiner to confine (329)

confirmer to confirm (227)

confisquer to confiscate (219)

confluer to converge, flow together (114)

confondre to confound (231)

conformer (se) à to conform to (122, 227)

confronter to confront (113)

congédier to dismiss (212)

congeler to freeze (242)

conjecturer to conjecture, speculate (54)

conjuguer to conjugate (307)

conjurer to beseech (54)

connecter to connect (349)

connecter (se) à to connect to (Internet) (122, 349)

consacrer to consecrate, devote (54)

consacrer (se) à to devote oneself to (54, 122)

conserver to preserve (27)

considérer to consider (87)

consigner to deposit (441)

consister en to consist of (215)

consoler to console (27)

consolider to consolidate (329)

consommer to consume, use up (310)

conspirer to conspire (21)

constater to make a statement of fact, to notice (241)

consterner to appall, dismay (27)

constituer to constitute, make up (483)

consulter to consult (375)

consumer to burn up (32)

contacter to contact (28)

contaminer to contaminate (329)

contempler to contemplate (407)

contenter to content (464)

contenter (se) de to content oneself with (464, 277)

contester to dispute (160)

contourner to bypass, circumvent (470)

contrarier to annoy, bother, frustrate (41)

contraster avec to contrast with (160)

contrefaire to counterfeit (223)

contribuer to contribute (114)

contrôler to control (498)

contusionner to bruise (171)

converger to converge (283)

converser to converse (492)

convertir to convert (229)

convier to invite (41)

convoiter to covet (447)

convoquer to convene, summon (219)

convulser to convulse (336)

coopérer to cooperate (356)

coordonner to coordinate (171)

copier to copy (212)

corner to sound a horn, turn down the corner of a page (349)

correspondre to correspond (401)

corroborer to corroborate (27)

corser to liven up, spice up (336)

corseter to corset, constrict (297)

cotiser to contribute (32)

côtoyer to be next to, mix with (187)

coudoyer to rub elbows with, mix with (187)

couler to flow, to sink (421)

coupler to couple (421)

courber to bend (481)

couronner to crown (171)

courroucer to anger (342)

court-circuiter to shortcircuit (215)

coûter to cost (Def. and Imp.)

couver to sit on (eggs), to plot (28)

cracher to spit (82)

cramponner (se) to cling to, hang on (122, 171)

craqueler to crack, crackle (object) (38)

craquer to crack (219)

crayonner to doodle, scribble (171)

créditer de to credit with (251)

crépiter to crackle (sound), sputter (215)

creuser to dig (32)

crevasser to crack, chap (skin) (84)

crever to burst, puncture (tire), to die (278)

crever de to burst with (278)

cribler to screen, sift, riddle (with bullets) (326)

crisper to flex, tense (27)

cristalliser to crystallize (486)

critiquer to criticize (219)

crocheter to pick, to crochet (17)

croiser to cross, to bump into someone (86)

croquer to crunch (219)

crouler to collapse, crumble (421)

croupir to stagnate (229)

crucifier to crucify (212)

cuisiner to cook (159)

culbuter to somersault, tumble (28)

culminer to culminate, peak (329)

cultiver to cultivate (329)

curer to clean (ears, nails, teeth) by scraping (32)

cuver to ferment (wine) (32)

D

dactylographier to type (366)

daigner to deign, condescend (10)

damner to damn (239)

dandiner (se) to waddle like a duck (122, 329)

dater de to date from (241)

déambuler to stroll, wander (81)

déballer to unpack (498)

débander to remove bandages (27)

débarbouiller (se) to wash one's face (usually w/ washcloth) (33, 233)

débarquer de to disembark from (219)

débarrasser to clear off (183)

débarrasser (se) de to get rid of (79, 122)

débattre to discuss (67)

débaucher to fire, lay off (285)

débiter to debit, to sell retail (251)

déblatérer to rant and rave (356)

déblayer to clear off (snow, dirt) (330)

débloquer to unblock (219)

déboguer to debug (computer) (307)

déboiser to deforest (486)

déborder to overflow (26)

déboucher to uncork, unclog (285)

déboucler to unbuckle (326)

déboulonner to unbolt (171)

débourser to spend (27)

déboussoler to disorient (498)

déboutonner to unbutton (171)

débrancher to disconnect, unplug (78)

débrayer to disengage the clutch, declutch (330)

débrider to unbridle (251)

débrouiller to disentangle (233)

débuter to begin (173)

décacheter to unseal (267)

décalcifier to decalcify, delime (41)

décaler to move out of line, to shift ahead/back (hour) (326)

décamper to decamp, run away (27)

décaper to strip (paint, wood) (235)

décapiter to decapitate (251)

décéder to pass away (87)

déceler to discover, reveal (297)

décerner to award (470)

déchaîner to unchain (329)

déchanter to become disillusioned (90)

décharger to unload (91)

déchausser (se) to take off one's shoes (80, 122)

déchiffrer to decipher (27)

déchiqueter to cut to pieces, to shred (267)

décimer to decimate (27)

déclamer to declaim (71)

déclarer to declare (69)

déclencher to trigger, set off (285)

décliner to decline (465)

décoiffer qqn to tousle, mess up someone's hair (443)

décoincer to free up, loosen (342)

décolérer to be in a (bad) temper (356)

décoller to unstick, take off (airplane) (385)

décolorer to decolorize, to bleach (22)

décommander to cancel an order (98)

décomposer to decompose (350)

déconcerter to disconcert (160)

décongestionner to decongest, relieve congestion (traffic) (171)

déconnecter to disconnect (27)

déconseiller to advise against (109)

déconsidérer to discredit (356)

déconstruire to deconstruct (133)

décontracter to unclench, relax (160)

décorer de to decorate with (22)

décorner to remove a horn, smooth out (paper) (470)

décortiquer to shell (remove a shell), analyze (219)

découcher to spend the night away from one's house (121)

découdre to unstitch (123)

découler de to follow from (usually impers.) (421)

découper to cut up (124)

décourager de to discourage from (305)

décrasser to clean, scrub (79)

décréter to decree (87)

décrier to decry (129)

décroiser to uncross (arms, legs) (486)

décrocher to unhook; to get; to drop out of school (82)

décrotter to clean mud off (163)

dédaigner to disdain (10)

dédicacer à to dedicate to (a book) (342)

dédier à to dedicate to (212)

dédommager to compensate, make up for (305)

dédoubler to separate in two (407)

défaillir to weaken, faint (222)

défaire to undo

défavoriser to disadvantage (486)

défendre (se) to defend oneself (144) (aux. être)

déférer à to defer to (356)

déferler to break (wave), unfurl (326)

défier to challenge (212) (See 228)

définir to define (229)

défoncer to push the bottom out, knock down (371)

déformer to deform (227)

défouler (se) to unwind (122, 421)

défricher to clear (land) (285)

défriper to smooth, remove creases (235)

dégarnir to empty, take away objects/decorations (229)

dégeler to thaw (242)

dégivrer to defrost, deice (27)

dégonfler to deflate, reduce swelling (498)

dégorger to disgorge, unblock (283)

dégouliner to drip, trickle down (329)

dégourdir (se) to stretch one's legs, relieve stiffness (210, 214)

dégoûter to disgust (244)

dégoutter to drip (244)

dégrader to damage, degrade (27)

dégrafer to unfasten, unstaple (27)

dégraisser to remove/trim fat (274)

dégringoler to tumble (498)

dégriser to sober up (486)

dégrossir to polish (282)

déguerpir to run away (95)

déguiser to disguise (486)

déguiser (se) to disguise oneself (122, 486)

déguster to taste, sample food, to savor, enjoy (53)

déjouer to foil, thwart (269)

délabrer to ruin (407)

délacer to unlace (342)

délaisser to abandon, quit (274)

délasser to relax (79)

délayer to mix, water down (330)

déléguer to delegate (87, 307)

délibérer to deliberate (356)

délier to untie (389)

délister to delist (Internet) (160)

délivrer to set free (21)

déloger to dislodge, move out (305)

demander (se) to wonder (122, 147)

démanger to feel an itch (283)

démaquiller (se) to remove one's makeup (477)

démarrer to start out, to boot (computer) (27)

démêler to untangle (82)

démêler (se) to comb out (82, 122)

déménager to move belongings from one residence to another (305)

démener (se) to struggle (122, 290)

démentir to deny, refute (291)

démériter de to show oneself unworthy of (293)

démettre to dislocate (294)

démissionner de to resign from (171)

démobiliser to demobilize, demotivate (486)

démocratiser to democratize (486)

démoder (se) to go out of style (27)

démonter qqch to dismantle something (298) (aux. avoir)

démontrer to demonstrate (299)

démunir to deprive (229)

dénationaliser to denationalize (486)

dénicher to unearth, spot (285)

dénigrer to denigrate (21)

dénombrer to count (407)

dénommer to name (310)

dénoncer to denounce (34)

dénoter to denote (498)

dénouer to untie (269)

dépanner to fix, help out (171)

déparer to spoil, disfigure (27)

départir de (se) to depart from, stray from (434)

dépasser to go past, beyond (328)

dépayser to make a change of scenery, to disorient (486)

dépêcher to dispatch (27)

dépêtrer to extricate, free someone (349)

dépeupler to depopulate (326)

dépister to track down, screen (medical) (215)

déplacer to move, shift, displace (342)

déplacer (se) to move, travel (342, 122)

déplâtrer to remove plaster, remove a cast (medical) (349)

déplier to unfold (389)

déplorer to deplore (22)

déployer to deploy, spread out, exhibit (187)

dépolitiser to depoliticize (486)

déporter to deport (349)

déposer to put down, set down, deposit (350)

déposséder to dispossess, deprive (87)

dépouiller to strip, skim, despoil (233)

dépoussiérer to dust (off) (356)

dépraver to corrupt, deprave (276)

déprécier to depreciate (41)

déprimer to depress (220)

déraciner to uproot (159)

déraper to skid, slip (59)

dérégler to disturb, throw out of whack (87)

dériver to divert (329)

dériver de to derive from (329)

dérober to steal (498)

dérouler to unwind, roll out, unroll (421)

dérouler (se) to unwind, take place (421)

dérouter to reroute, disconcert (28)

désaltérer to refresh, slake/quench thirst (356)

désaltérer (se) to quench one's thirst (356, 122)

désamorcer to defuse (342)

désappointer to disappoint (464)

désapprendre to unlearn, forget (42)

désapprouver to disapprove of (44)

désarmer to disarm (238)

désarticuler to disjoint (81)

désavantager to disadvantage (305)

désavouer to disavow, repudiate (269)

déserter to desert, abandon (40)

désespérer to despair (203)

déshabiller to undress (477)

déshabiller (se) to undress oneself (250)

désherber to weed (27)

déshonorer to dishonor (22)

déshydrater to dehydrate (241)

désigner to designate, point out (441)

désinfecter to disinfect (160)

désintégrer to disintegrate (356)

désintéresser (se) to lose interest (262, 122)

désintoxiquer to detoxify (219)

désister (se) de (en faveur de qqn) to withdraw (in someone's favor) (53)

désobéir à to disobey (314)

désoler to sadden (421)

désorganiser to disorganize (486)

désorienter to disorientate (113)

désosser to bone (remove bones) (79)

dessaler to desalinate (326)

dessécher to dry out (87)

desserrer to loosen, relax (436)

desservir to clear away (la table/the table); to provide a service (437)

déstabiliser to destabilize (486)

destiner à to destine/intend for (329)

destituer to dismiss, demote (483)

désunir to split up (229)

détacher to untie, detach (82)

détailler to detail, sell retail (477)

détecter to detect (160)

déteindre to take out the color (207)

détendre to loosen, slacken (462)

détendre (se) to relax (394)

détenir to detain, hold (463)

détériorer to deteriorate (27)

déterminer to determine (329)

déterrer to dig up, unearth (196)

détoner to detonate (461)

détortiller to untwist (477)

détourner to divert (470)

détourner (se) to turn oneself away from (122, 161)

détraquer to put out of order (219)

détremper to soak (464)

détromper (se) to see the truth about a matter (480)

détromper de to disabuse of, free someone from a misconception (317) (See 480)

dévaler to tumble down (27)

dévaliser to rob, empty out (486)

dévaluer to devalue (114)

devancer to arrive ahead of, precede, anticipate (61)

dévaster to devastate (259)

déverrouiller to unlock, unbolt (233)

déverser to pour, pour out (492)

dévêtir to undress (493)

dévêtir (se) to undress oneself (493) (aux. **être**)

dévider to unwind, reel off (251)

dévier to deviate (41)

deviner to guess (329)

dévisager to stare at someone (305)

dévisser to unscrew (486)

dévoiler to unveil (498)

dévorer to devour (27)

dévouer to devote (269)

diagnostiquer to diagnose (219)

dialoguer (avec un ordinateur) to converse; to interact with a computer (307)

dicter to dictate (253)

diffamer to defame, slander (71)

différer to differ, defer (203)

diffuser to broadcast, diffuse (32)

digérer to digest (203)

dilapider to waste (215)

dilater (se) to dilate, expand (74, 241)

diriger to direct (119)

discerner to discern, distinguish (27)

discontinuer to discontinue (114)

discourir sur to expatiate on, talk at length (125)

discréditer to discredit (215)

discriminer to discriminate, distinguish (465)

disculper to exonerate (27)

disjoindre to separate (268)

dispenser to exempt, excuse (336)

disperser to disperse (478)

disposer to arrange (350)

disputer de qqch to dispute something (425)

disqualifier to disqualify (212)

disséminer to disseminate, scatter (465)

disséquer to dissect, analyze (87, 284)

disserter sur to write about (160)

dissimuler to conceal, hide (81)

dissiper to dissipate, disperse (251)

dissocier to separate, dissociate (41)

dissoudre to dissolve (6)

dissuader de to dissuade from (340)

distancer to outdistance (342)

distraire to distract, entertain (474)

distraire (se) to amuse oneself (474) (aux. **être**)

distinguer to distinguish (307)

distribuer to distribute (114)

diverger to diverge (283)

diversifier to diversify (41)

divertir to amuse, entertain (210)

divertir (se) to have fun (210, 214)

diviser en to divide into (32)

divorcer to divorce, to get divorced (342) (aux. **avoir** or **être**)

divulguer to divulge (307)

documenter to document (425)

domestiquer to domesticate (219)

dominer to control, dominate (329)

dompter to tame (107)

dorer to gild (22)

dorloter to pamper (96)

doser to measure/determine a dose (321)

doubler to double, to pass (auto), to dub (audio) (481)

douer to endow (269)

douter (se) to suspect (122, 173)

draguer to dredge (literal), to try to pick someone up (figurative) (307)

drainer to drain (27)

dresser to draw up, erect, to tame (23)

dresser (se) to stand up (23, 122)

dribbler to dribble (sports) (326)

droguer to drug (307)

duper to dupe, trick (317)

dupliquer to duplicate (219)

durcir to harden (95)

durer to last (272)

dynamiter dynamite (251)

E

ébahir to stun (95)

ébaucher to sketch (469)

éblouir to dazzle (229)

ébouriffer to tousle someone's hair, stun (215)

ébranler to shake (326)

ébruiter to divulge a secret (215)

écarter to separate, spread apart (69)

écarter (s') to move away (69) (aux. être)

échafauder to build up, put up scaffolding (447)

échanger to exchange (89)

échantillonner to sample (171)

échapper (s') to escape (27, 33)

écharper to tear to pieces (59)

échauffer to heat, overheat (171)

échelonner to space, spread out at even intervals (171)

écheveler to dishevel (38)

éclabousser to splash (79)

éclaircir to clear up, clarify (229)

éclairer to light, explain, enlighten (21)

éclater en to burst into (176)

éclore to hatch (See clore) (Def. and Imp.)

écoeurer to disgust, make someone sick (466)

économiser to save, economize (486)

écouler to sell out of (421)

écourter to shorten (160)

écrabouiller to crush (233)

écraser to crush (183)

écrémer to skim off (87)

écrier (s') to cry out (33, 41)

écrivasser to write badly (84)

écrouler (s') to collapse (33, 421)

écumer to foam, lather, skim off (27)

édifier to build, edify (41)

éditer to publish, edit (251)

édulcorer to sweeten (22)

éduquer to educate (219)

effacer to efface, erase (342)

effacer (s') to fade away (342, 33)

effarer to alarm (22)

effaroucher to scare away (285)

effectuer to effect, bring about (483)

effeuiller to pull off leaves, petals (477)

effleurer to brush, touch lightly (466)

efforcer (s') to force oneself, try (33, 342)

effriter (s') to erode (33, 215)

égaler to equal (326)

égaliser to equalize (486)

égarer (s') to get lost, wander (33, 101)

égorger to cut the throat of (283)

egosurfer to egosurf (27)

égoutter to drain (374)

égratigner to scratch (441)

élancer (s') to rush forward (33, 342)

élargir to enlarge, widen (229)

électriser to electrify (486)

élever (s') to go up, rise up (279)

élider to elide (251)

élimer to wear out, wear thin (27)

éliminer to eliminate (465)

éloigner to take away, move away (194)

éloigner de to move, keep away from (194)

élucider to elucidate (26)

éluder to elude (32)

émanciper to emancipate, liberate (251)

émaner de to emanate from (27)

émasculer to emasculate (81)

emballer to pack, wrap (421)

embarquer to embark (219)

embarrasser to embarrass, clutter, hinder (84)

embaucher to hire (285)

embaumer to embalm, make fragrant (27)

embellir to beautify, embellish (229)

embêter to annoy, bother, worry (47)

embêter (s') to be bored (33, 47)

embobiner to spool, wind, wrap someone around one's finger (329)

emboîter to fit together (251)

embrayer to engage the clutch (330)

embrouiller to complicate, tangle up (233)

embuer to mist up (114)

embusquer (s') to ambush (33, 284)

émettre to emit (294)

émigrer to emigrate (21)

emmagasiner to store, stockpile (159)

emmêler (s') to get tangled up (33)

emménager to move in (305)

emmerder to bother, hassle someone (240)

emmurer to wall in (32)

émonder to prune (240)

empaqueter to wrap up, package (267)

emparer (s') de to seize (33, 101)

empester to stink (of) (160)

empêtrer (s') to trap, entangle (33, 299)

empiffrer (s') to stuff oneself, make a pig of oneself (33, 466)

empiler to pile up (329)

empirer to worsen (466)

emplir to fill (392)

empocher to pocket (285)

empoigner to grab (441)

empoisonner to poison (171)

emporter to carry away (349)

empoussiérer to make something dusty (356)

empresser (s') de to make haste, hasten (361)

empuantir to smell/stink up (210)

encadrer to frame (299)

encaisser to cash (274)

encercler to encircle (27)

enchaîner to put in chains, to link/string together (167)

enchanter to enchant (90)

enchevêtrer to tangle, confuse (299)

enclaver to enclose (276)

encombrer to burden, encumber (22)

encourir to incur (125)

encrasser to dirty (84)

encroûter to encrust (244)

endiguer to hold back (307)

endoctriner to indoctrinate (329)

endommager to damage (305)

endormir (s') to fall asleep (172, 257)

endosser to put on, endorse (79)

enduire to smear (133)

endurcir to harden, toughen (95)

endurer to endure (54)

énerver to annoy (276)

énerver (s') to become annoyed (33, 276)

enfermer to shut away, lock up (227)

enfiler to thread, put on (329)

enflammer to set fire to (310)

enfler (s') to swell (361, 445)

enfoncer to plunge in, smash down (371)

enfouir to bury (270)

enfourcher to mount, straddle (285)

enfreindre to infringe (334)

enfumer to fill (a place) with smoke (238)

engager (s') to commit oneself to do (305, 318)

engager to engage, start up, to hire (305)

engendrer to generate, beget (299)

englober to encompass, include (27)

engloutir to engulf, swallow up (66)

engouffrer to swallow up (445)

engourdir to numb (210)

engraisser to fatten (274)

engueuler to scold, chew someone out (421)

enhardir to make bold (210)

enivrer (s') to become intoxicated (33)

enjamber to stride, step over (240)

enjoindre à qqn de faire to charge someone to do (268)

enjôler to cajole (498)

enlacer to entwine, embrace (342)

enlaidir to make ugly (210)

enliser (s') to get stuck, bogged down (33, 486)

ennuyer (s') to be bored (55, 192)

énoncer to state, express (371)

enorgueillir de to be proud of (something) (229)

enquérir (s') de to inquire about (19) (aux. être)

enquêter (sur) to investigate (47)

enquiquiner to annoy, bore (329)

enraciner (s') to take root (33, 329)

enrager to be enraged, furious (305)

enrayer to block, curb (330)

enregistrer to record, register (393)

enrhumer (s') to catch a cold (33, 238)

enrichir to enrich (229)

enrouler to wind, roll up (421)

ensabler to cover in sand (407)

ensabler (s') to get stuck, buried in sand (33, 407)

ensanglanter to bloody (90)

ensevelir to bury (229)

ensoleiller to brighten with sunlight (109)

ensorceler to bewitch (38)

ensuivre (s') to follow (453) (3d pers. sing. and pl.)

entacher to soil (82)

entamer to begin, start (71)

entendre (s') (avec) to get along (with) (195) (aux. être)

entériner to ratify (329)

entêter (s') to persist in, be stubborn (33, 47)

enthousiasmer to enthuse (27)

entôler to fleece (498)

entortiller to twist (477)

entourer de to surround with (21)

entraider (s') to help each other (26, 122)

entraîner to carry away (27)

entraver to hinder (276)

entrebâiller to open halfway (477)

entrecouper de to intersperse, interrupt with (124)

entrelacer to intertwine, interlace (342)

entremêler to intermingle (82)

entremettre (s') to intervene, meddle (295)

entreposer to store in a warehouse (350)

entretenir to maintain, support (463)

entretuer (s') to kill each other (33, 483)

entrevoir to catch a glimpse (497)

entrouvrir to half open, open halfway (323)

énumérer to enumerate (356)

envahir to invade (229)

envelopper to envelope, wrap up (235)

envenimer to poison, inflame (27)

envier to envy (212)

environner to surround (171)

envisager to envisage, contemplate (305)

épaissir to thicken (95)

épancher to pour out, vent (78)

épanouir (s') to bloom, blossom (214)

épargner to save, economize, spare (10)

éparpiller to scatter (477)

épater to amaze, shock (241)

épauler to shoulder, support (421)

épeler to spell (38)

épicer to spice up (342)

épier to spy on (212)

épiler to depilate, remove unwanted hair (329)

épingler to pin (326)

éplucher to peel (82)

éponger to sponge (283)

époumoner (s') to yell at the top of one's lungs (461)

épousseter to dust (267)

époustoufler to flabbergast, stun (445)

épouvanter to terrify (90)

éprendre de (s') to fall for someone (357)

épuiser to exhaust (486)

épurer to filter, refine (54)

équilibrer to balance (158)

équiper de to equip with (215)

équivaloir (à) to be equivalent (to) (488)

éradiquer to eradicate (219)

érafler to scratch (439)

éreinter to exhaust (90)

ergoter to quibble (96)

ériger to erect (119)

éroder to erode (96)

errer to wander, to err (27)

éructer to belch, burp (28)

escalader to climb, to scale (26)

escamoter to evade, dodge (96)

escompter to discount (financial), to count on (103)

escorter to escort (349)

escroquer to cheat (219)

espionner to spy on (171)

esquinter to ruin, smash up (90)

esquisser to sketch (183)

esquiver to avoid (276)

essorer dry out (22)

essouffler (s') to run out of breath (122, 445)

estamper to stamp (247)

estimer to esteem, estimate (27)

estomaquer to shock (219)

estomper to blur (247)

étaler to spread out, display (326)

étancher to make something waterproof, watertight ; étancher sa soif to quench one's thirst (78)

étayer to prop up (330)

éteindre (s') to die, flicker out (207) (aux. être)

étendre to roll out, spread out (462)

éternuer to sneeze (114)

étêter to cut the head off of something (47)

étiqueter to label (267)

étirer to stretch (466)

étirer (s') to stretch oneself (182, 466)

étouffer to suffocate (353)

étrangler to strangle (326)

étreindre to embrace, hug (334)

étriper to gut (215)

évacuer to evacuate (114)

évader (s') de to escape from (26, 33)

évaporer (s') to evaporate (22, 33)

éveiller to awaken (109)

éveiller (s') to wake up (257, 109)

éventer to fan (90)

évoluer to develop (213)

évoquer to evoke (219)

exacerber to aggravate, exacerbate (27)

exagérer to exaggerate (356)

exalter to exalt, excite (28)

examiner to examine (465)

exaspérer to exasperate (203)

excéder to exceed (87)

exceller to excel (326)

excepter to except (8)

exciter to excite (251)

exclamer (s') to cry out (9)

exclure to exclude (105)

excommunier to excommunicate (309)

exécrer to abhor, detest (203)

exécuter to execute, carry out (169)

exempter to exempt (8)

exercer to exercise, exert (342)

exhaler to exhale (498)

exhausser to raise (353)

exhiber to exhibit (251)

exhumer to exhume (238)

exister to exist (349)

exonérer to exonerate, exempt (203)

expédier to send (212)

expérimenter test (464)

expirer to exhale; to expire, die (466)

exploiter to exploit (251)

explorer to explore (22)

exploser to explode (321)

exporter to export (349)

exposer to expose (350)

exprimer (s') to express oneself (220) (aux. être)

exproprier to expropriate (41)

expulser to expel (336)

exterminer to exterminate (465)

extraire to extract (474)

F

fabriquer to manufacture (219)

fabuler to fabricate, make up stories (81)

fâcher qqn to annoy, offend, anger someone (82) (See 216; aux. avoir)

faciliter to facilitate (225)

façonner to shape, fashion (171)

facturer to bill (54)

faiblir to weaken (392)

falloir to be necessary, must, to be lacking (à), to need (Def. and Imp.)

falsifier to falsify (212)

familiariser to familiarize (486)

faner (se) to fade, wither (122)

farcir de to stuff with (cooking), cram with (229)

farder to apply makeup to someone's face (240)

farder (se) to apply makeup to one's own face (83, 240)

fasciner to fascinate (329)

fatiguer to tire, get weary (307)

faucher to reap, mow; to steal (82)

faufiler (se) to sneak through, slip through (27, 122)

fausser to distort, twist (353)

favoriser to favor (486)

fédérer to federate (203)

féliciter to congratulate (251)

fendiller to crack (477)

fertiliser to fertilize (486)

feuilleter to leaf through (267)

fiancer (se) to get engaged (122, 342)

ficher (se) de not to give a darn (83) (aux. être; past part. fichu)

figer (se) to coagulate, freeze up (119)

fignoler to polish, perfect (498)

figurer to represent (54)

filer to spin, dash off, run off, to tail someone (27)

filmer to film (227)

filtrer to filter (299)

finir to finish (363)

fixer to fix, fasten, set, arrange (27)

flageller whip (326)

flageoler to wobble (498)

flairer to smell (22)

flamber to burn (240)

flamboyer to blaze (187)

flâner to stroll (443)

flanquer to fling (284)

flatter to flatter, to stroke/pet (an animal) (27)

fléchir to bend, flex (383)

flétrir to fade, wither (383)

fleurir to flourish (249)

flinguer to blow away (slang), to flame (Internet) (307)

flirter to flirt (425)

flotter to float (79)

foisonner to abound (171)

foncer to dash along, run along, to darken (371)

fonctionner to function, work (171)

forger to forge (283)

formaliser to formalize (486)

formater to format (computer) (176)

former to form, to train (227)

formuler to formulate (32)

fortifier to fortify (212)

foudroyer to strike (lightning), strike down (187)

fouetter to whip (447)

fouler to press, trample on (421)

fourmiller to swarm, tingle (477)

fourrager to forage, rummage (305)

fourrer to cram, shove in (22)

fourvoyer to mislead (187)

fracasser to smash, shatter (84)

fragmenter to fragment, split (464)

fraîchir to get cooler (383)

franchir to clear, cross (383)

franciser to gallicize, make French (486)

fraterniser to fraternize (486)

frauder to defraud, cheat (27)

frayer to clear (330)

fredonner to hum (171)

freiner to brake, slow down (329)

fréquenter to frequent (425)

frétiller to wiggle (477)

friser to curl (486)

frissonner to shiver (171)

froisser to crumple, crease (353)

frôler to brush against, come close to (498)

froncer to knit (brow), wrinkle (nose) (34)

frotter to rub, scrub (79)

frustrer to frustrate (22)

fuguer to run away (307)

fulminer to fulminate, thunder (465)

fureter to ferret out, pry into, snoop, search (17)

fuser to burst forth, melt (32)

fusiller to shoot (477)

G

gâcher to spoil (82)

gager to bet, wager (305)

gainer to sheath (329)

galoper to gallop (163)

galvauder to tarnish (26)

gambader to leap about, gambol (26)

garantir to guarantee (229)

garer to park (435)

gargariser (se) to gargle (85, 486)

garnir de to garnish, provide with (229)

gaspiller to waste (477)

gausser (se) to mock (122, 353)

gazéifier to carbonate, aerate (212)

gazouiller to chirp, warble (233)

geindre to groan, moan (334)

gémir to groan (229)

gercer to chap (342)

gérer to manage (203)

gesticuler to gesticulate, make gestures while talking (32)

gicler to spurt (326)

gifler to slap (439)

gigoter to wriggle (96)

givrer to frost (466)

glacer to freeze (342)

glaner to glean (27)

glisser to glide, slide (73)

glorifier to glorify (212)

glorifier (se) de to glorify in (212, 33)

glousser to cluck (353)

gober to swallow (27)

gommer to erase; to gum (310)

gonfler to inflate (445)

gouverner to govern (167)

graver to engrave (276)

gravir to climb (95)

greffer to graft (439)

grelotter to shiver (79)

griffer to scratch (439)

griffonner to scribble (171)

grignoter to nibble at, to snack (96)

griller to grill (meat, fish), toast (bread), to smoke a cigarette (slang) (477)

grimacer to grimace (one's face) (342)

grincer to creak, grind (99)

griser to intoxicate, make tipsy (486)

grogner to growl, grumble (10)

grossir to get bigger, put on weight (282)

grouiller to swarm (233)

grouper to group (124)

guetter to watch (out for) (386)

gueuler to yell (421)

guider to guide (26)

guillotiner to guillotine (329)

H

NOTE: The mark * in front of the letter *h* denotes that it is aspirate; make no liaison and use *je* instead of *j'*; *me* instead of *m'*.

habiliter to authorize (251)

habiller qqn, qqch to dress someone, something (477) (See 250; aux. avoir)

habituer (s') to accustom oneself, get used to (33, 483)

habituer to accustom (483)

*hacher to chop up (285)

*hachurer to hatch (with hatch marks) (54)

*haleter to pant, gasp (17)

halluciner to hallucinate (329)

hameçonner to phish (171)

*handicaper to handicap (59)

*hanter to haunt (90)

*harasser to exhaust (183)

*harceler to harass (297)

*hasarder to hazard, risk (240)

*hâter (se) to hurry oneself (74, 241)

*hausser to raise (92)

héberger to lodge; to host (Internet) (283)

hébraïser to hebraize (486)

*héler to hail, call to (87)

*hennir to whinny, to bray (229)

*hérisser (se) to bristle, become annoyed (122, 486)

hériter to inherit (293)

*heurter to hit, bump (246)

*hiérarchiser to hierarchize, classify in a hierarchy (486)

*hisser to hoist (84)

*hisser (se) to hoist oneself (83)

*hocher to nod (one's head) (82)

homologuer to approve, ratify (307)

honorer to honor (22)

horrifier to horrify (212)

hospitaliser to hospitalize (486)

*houspiller to reprimand (477)

*housser to put a slipcover on (353)

*huer to boo (483)

huiler to oil (27)

*hululer, ululer to hoot, screech (81)

humecter to moisten, dampen (425)

humilier to humiliate (212)

humilier (s') to humble oneself (212, 2)

*hurler to howl, yell (326)

hydrater to moisturize, hydrate (241)

hyperlier to hyperlink (Internet) (454)

hypertrophier (s') to hypertrophy, develop excessively (212) (aux. être)

hypnotiser to hypnotize (486)

hypothéquer to mortgage (87, 219)

I

idéaliser to idealize (486)

identifier to identify (212)

idolâtrer to idolize (299)

ignorer to be unaware of, not to know, to ignore (22)

illuminer to illuminate (465)

illustrer to illustrate (299)

imaginer to imagine (329)

imbiber to soak (215)

imbriquer (s') to overlap, imbricate (33, 219)

imiter to imitate (251)

immatriculer to register (81)

immerger to immerse (91)

immigrer to immigrate (93)

immobiliser to immobilize (486)

immobiliser (s') to stop oneself (486, 33)

immoler to immolate (498)

immortaliser to immortalize (486)

immuniser to immunize (486)

impatienter (s') to get impatient (33, 464)

implanter (s') to settle in, be located (33, 90)

impliquer to imply, implicate (219)

implorer to implore (22)

importer to import, to matter (349)

importuner to importune, bother (32)

imposer to impose (350)

imprégner to permeate (87, 441)

impressionner to impress (171)

imprimer to print (220)

improviser to improvise (486)

inaugurer to inaugurate, initiate (54)

incarcérer to imprison (203)

incarner to personify, embody (27)

incendier to set on fire (212)

incinérer to incinerate (356)

inciter to incite (251)

incliner to incline (329)

incliner (s') devant to bow down before (33, 329)

incommoder to bother, inconvenience (96)

incorporer à to incorporate in (22)

inculper (de) to charge (with) (27)

indigner (s') to become indignant (33, 441)

induire (à) to induce (to) (106)

industrialiser to industrialize (486)

infecter de to infect with (113)

inférer de to infer from (356)

infester de to infest with (259)

infiltrer (s') dans to infiltrate, filter into (299, 262)

infliger à to inflict on (218)

influencer to influence (99)

influer sur to have an influence on (114, 122)

informatiser to computerize (486)

informer to inform (227)

infuser to infuse (32)

ingénier (s') à to try one's best, use one's ingenuity (309) (aux. être)

ingérer to ingest (203)

ingérer (s') dans to interfere in (33, 203)

inhiber to inhibit (215)

inhumer to bury (238)

initier à to initiate into (389)

injecter to inject (8)

injurier to abuse (389)

innocenter to clear (of) (90)

innover to innovate (481)

inoculer to inoculate (81)

inonder to flood (336)

inquiéter qqn to worry, disturb someone (87) (See 258)

inscrire to inscribe, write down (177)

inscrire (s') to join, register (177) (aux. être)

insérer to insert (203)

insinuer to insinuate (114)

insonoriser to soundproof (486)

inspecter to inspect (113)

inspirer to inspire, to inhale (466)

installer to install (27)

instaurer to found (54)

instituer to institute (483)

instruire (s') to teach oneself (260, 262)

insulter to insult (176)

insurger (s') contre to rise up against (33, 283)

intégrer to integrate, assimilate (203)

intensifier (s') to intensify (212) (aux. être)

intercaler to insert, intercalate (326)

intercéder to intercede (87)

intercepter to intercept (8)

intéresser qqn à qqch to interest someone in something (88)

interférer to interfere (356)

interpeller to hail, to question (police) (27)

interpoler to interpolate (498)

interposer entre to interpose between (350)

interpréter to interpret (87)

intervenir to intervene (491)

interviewer to interview (27)

intimider par to intimidate by (266)

intoxiquer to poison (219)

invalider to invalidate (266)

inventer to invent (90)

inverser to reverse (492)

invertir to invert (66)

investir to invest (66)

invoquer to invoke, call upon (219)

ironiser to be ironic, sarcastic (486)

irradier to irradiate, radiate (389)

irriter to irritate (266)

irriter (s') to get annoyed, irritated (266, 33)

isoler to isolate, insulate (498)

isoler (de) to isolate (from) (498)

italianiser to italianize (486)

J

jacasser to chatter, jabber (84)

jacter to jabber (8)

jaillir to gush forth, spurt out (423)

jalonner to mark off (171)

japper to yap, yelp (235)

jardiner to garden (167)

jargonner to jabber (171)

jaser to chatter, prattle (84)

jauger to gauge, size up (76)

jaunir to yellow, turn yellow (229)

javelliser to bleach, chlorinate (486)

jeûner to fast, go without food (146)

joindre (se) to come together again (268) (aux. être)

joncher qqch de to strew something with (93)

jongler to juggle (326)

jucher sur to perch on (469)

jumeler to twin, couple (38)

justifier to justify (389)

K

kidnapper to kidnap (235)

klaxonner to hoot, toot, sound a horn (171)

L

labourer to plow (481)

lacer to lace (342)

lacérer to lacerate (356)

lâcher to loosen, let go, release (82)

laïciser to laicize, secularize (486)

lambiner to dawdle, dillydally (329)

lamenter (se) sur qqch to lament, moan over something (425) (aux. être)

langer to swaddle (283)

languir to languish (229)

lapider to lapidate, stone (251)

larguer to release, let out (307)

larmoyer to water (eye), to whimper (187)

lasser (se) to get tired (84, 122)

latiniser to latinize (486)

lécher to lick (87)

légiférer to legislate (356)

léguer to bequeath (87, 307)

léser to harm, injure (87)

lésiner sur to skimp on (159)

leurrer to deceive (22)

libeller to word, draw up, make out a check (27)

libérer to liberate, to move out (203)

libérer de to free from (203)

licencier to fire (41)

lier to connect, to tie (129)

lifter to put topspin on a ball (27)

ligoter to tie up (96)

limer to file (220)

limiter to limit (251)

limiter (se) à to be restricted to (83)

liquéfier to liquefy (41)

liquider to liquidate (251)

lisser to smooth (73)

lister to list (27)

livrer à to deliver to (27)

localiser to locate (486)

loger chez to live with (263)

loger dans to live in (263)

longer to go/run along, border (283)

lorgner to eye (441)

lotir to divide up (66)

louanger to praise (283)

loucher to squint (469)

louper to miss, fail (124)

luger to sled, toboggan (271)

luire to shine, gleam, glisten (Def. and Imp.)

lustrer to shine, make shiny (299)

lutter to struggle (425)

lyncher to lynch (78)

M

macérer to steep (203)

mâcher to chew (82)

machiner to machinate, plot (329)

mâchonner to chew (171)

mâchurer to stain black, blacken, blur (54)

maçonner to build (with masonry) (171)

maculer to stain, spatter (81)

magasiner (en ligne) to shop, go shopping (online) (159)

magnétiser to magnetize, hypnotize (486)

magnifier to glorify, magnify (exalt) (212)

maintenir to maintain (463)

maîtriser to control, master (486)

malaxer to blend, knead (27)

malmener to handle roughly (290)

maltraiter to abuse, misuse, handle roughly, mistreat (475)

mandater to appoint; to pay by money order (241)

mander to command, summon (147)

manier to handle (212)

manifester to show, demonstrate (299)

manifester (se) to appear (83)

manigancer to plot (342)

manipuler to manipulate (81)

manoeuvrer to maneuver, operate a machine, manipulate a person (26)

manufacturer to manufacture (54)

maquiller (se) to put makeup on one's face (122)

marauder to maraud, prowl, cruise (27)

marchander to haggle, bargain over (147)

marginaliser to marginalize (486)

marier to marry (someone to someone) (389)

marier (se) à/avec qqn to get married to someone (122)

marivauder to banter (27)

marmonner to mumble (171)

marquer de to mark with (219)

marrer (se) to have a fun time, good time (122)

marteler to hammer (297)

martyriser to martyr, mistreat (486)

masquer à to mask, conceal from (219)

massacrer to massacre (299)

masser to massage, gather together (84)

mastiquer to chew (219)

matelasser to pad (274)

mater to checkmate, curb (241)

matraquer to club (219)

maximaliser/maximiser to maximize (486)

mécaniser to mechanize (486)

mécontenter to displease (464)

méditer to meditate (251)

mégoter to skimp (96)

mélanger to mix

mêler à/avec to mix with (82)

mêler (se) à to join in, meddle with, get mixed up in (83)

mêler (se) de to meddle in (83)

mémoriser to memorize (486)

menacer de to threaten with (342)

ménager to be sparing in the use of (305)

mendier to beg (212)

mentionner to mention (171)

mépriser to despise, scorn (486)

mésestimer to underestimate (27)

mesurer to measure (54)

métamorphoser to transform (321)

métisser to crossbreed (274)

meubler de to furnish with (27)

meugler to moo (326)

meurtrir to bruise (249)

migrer to migrate (22)

mijoter to simmer (96)

militer to be an activist/militant (251)

mimer to mime (220)

miner to mine, undermine, erode (465)

minimaliser/minimiser to minimize (486)

minuter to measure time (32)

mirer to mirror (27)

miser to bet (486)

mitrailler to machine-gun (477)

mobiliser to mobilize (486)

modérer to moderate, reduce (203)

moderniser to modernize (486)

modifier to modify (389)

moduler to modulate (81)

moisir to make moldy; to go moldy (95)

molester to molest (160)

mollir to soften (229)

momifier to mummify (212)

monnayer to mint, sell (330)

monopoliser to monopolize (486)

montrer (se) to show oneself, to appear (299, 83)

moraliser to moralize (486)

morceler to divide up into pieces (38)

mortifier to mortify (389)

motiver to motivate (26)

moucher (se) to blow one's nose (122)

mouiller (se) to get oneself wet (83, 233)

mouiller to wet (233)

mouler to mold, make a cast (421)

mousser to bubble, lather, froth (353)

mouvoir (se) to move (304, 122)

muer to molt; to have a change of voice (483)

mugir to moo, roar (229)

multiplier to multiply (454)

munir de to supply with (229)

murer to wall in/up (54)

mûrir to ripen (249)

murmurer to murmur (54)

museler to muzzle (38)

mutiler to mutilate (27)

mutiner (se) to mutiny (329)

mystifier to deceive, mystify (129)

N

nantir to provide, supply (66)

napper de to coat, top with (59)

narguer to scoff at (307)

narrer to narrate (22)

nasiller to speak with a nasal twang; to quack (477)

natter to braid, interweave (246)

navrer to distress (27)

nécessiter to require (251)

négliger to neglect (119)

négocier to negotiate (389)

neiger to snow (Def. and Imp.)

neutraliser to neutralize (486)

niveler to level (38)

noircir to blacken (229)

noliser to charter (boat, plane) (486)

nombrer to count (22)

nommer (se) to be called (310, 83)

normaliser to normalize, standardize (486)

noter to note (176)

notifier to notify (322)

nouer to tie (269)

nourrir (se) to feed oneself (311) (aux. être)

noyer to drown (187) (See 312)

nuancer to nuance (342)

numériser to digitize (486)

numéroter to number, paginate (96)

O

objecter to make an objection (160)

objectiver to objectify (276)

oblitérer to obliterate (356)

obscurcir to darken, make obscure (229)

obscurcir (s') to darken (229, 214)

obséder to obsess (87)

observer to observe (481)

obstiner (s') à to persist in (318, 329)

obstruer to obstruct, to block (114)

obtempérer à to comply with (203)

obturer to block (54)

occasionner to cause (171)

occidentaliser to westernize (486)

octroyer to grant (187)

oeuvrer to work (27)

offenser to offend (336)

offusquer to offend (219)

oindre to anoint, rub with oil (268)

ombrager to shade (189)

ombrer to shade (22)

ondoyer to undulate (187)

onduler to undulate (81)

opérer to operate (356)

opiniâtrer (s') to be stubborn, persist in (33)

opposer to oppose (350)

opposer (s') to clash, conflict (350) (aux. être)

oppresser to weigh down, suffocate (360)

opprimer to oppress (220)

opter pour to opt for (113)

orchestrer to orchestrate (22)

ordonner to arrange, organize, order, to prescribe (medical) (171)

organiser to organize (486)

orienter (s') vers to orient, direct toward (113)

orner de to decorate with (470)

orthographier to spell (212)

osciller to oscillate (477)

ôter to take off, remove (498)

ourler to hem (326)

outiller to equip with tools (477)

outrager to outrage (305)

ployer to bend, flex (187)

pocher to poach (cooking) (82)

pogner to take, seize, understand (Can.) (441)

poignarder to stab (240)

poinçonner to punch (ticket) (171)

poindre to dawn, break through (268)

pointer to point (464)

poireauter to hang around (27)

poivrer to pepper (466)

polir to polish (423)

politiser to politicize (486)

polluer de to pollute with (114)

pommader to put on pomade, ointment (240)

pomper to pump (59)

poncer to sand (342)

ponctionner to puncture (171)

ponctuer to punctuate (483)

pondérer to balance (203)

pondre to lay (eggs), produce (394)

pontifier to pontificate (212)

porter (se) to feel well/unwell (122, 349)

poser (se) to alight, land (350, 83)

positionner to position (171)

poster to mail (27)

postuler to apply for (a position), postulate (81)

potasser to cram (for a test) (84)

potiner to gossip (329)

poudrer to powder (299)

pourchasser to pursue (92)

pourrir to spoil, rot (249)

pourvoir to provide (497) (except Tenses 4 & 5, stem: pourvoir-; Tense 3 pourvus, pourvus, pourvut...; Tense 7 pourvusse, pourvusses, pourvût...)

pratiquer to practice, drill (a hole) (219)

précéder to precede (87)

prêcher to preach (332)

précipiter (se) to rush (122, 251)

préciser to specify (486)

préconiser to advocate (486)

prédestiner to predestine (329)

prédisposer to predispose (350)

prédominer sur to prevail over (465)

préexister à to preexist, come before (27)

préfacer to preface (342)

préjuger to prejudge (271)

prélever to take a sample (278)

préméditer to premeditate (251)

prémunir contre to guard against (229)

prénommer to give a first name (310)

préoccuper to preoccupy, worry (317)

préoccuper (se) de to worry about, care about (317, 83)

préposer à to appoint to (350)

présager to predict (305)

prescrire to prescribe (177)

préserver de to preserve from (426)

présider to preside (over) (251)

pressentir to sense (434)

pressurer to press (54)

présumer to presume (238)

présupposer to presuppose (350)

prévaloir sur to prevail over (488)

primer sur to be dominant over (220)

priser to value (486)

privatiser to privatize (486)

priver to deprive (276)

priver de (se) qqch to do without something (276)

privilégier to favor, give an advantage to (41)

procéder de to arise, proceed from (87)

proclamer to proclaim (71)

procurer qqch à qqn to get something for someone (54)

procurer (se) to obtain (122, 54)

produire (se) to happen, to occur (367, 122)

profaner to profane (27)

professer to profess (73)

profiler to profile, outline (27)

profiter de to profit from, enjoy (251)

progresser to progress (73)

prohiber to prohibit (251)

projeter to project (267)

prolonger de to prolong by (442)

promener to take for a walk (290)

promouvoir to promote (304) (part. passé promu, promue)

promulguer to promulgate (307)

prôner to advocate (27)

pronostiquer to forecast (219)

propager to propagate, spread (305)

prophétiser to foretell (486)

proportionner to make something match/be proportionate (171)

proposer to propose (350)

proscrire to proscribe, ban, outlaw (177)

prospérer to prosper (203)

prostituer (se) to prostitute oneself (122, 483)

protéger to protect (52)

protéger (se) to protect oneself (52, 55)

protester to protest (160)

provenir de to result from (491)

provoquer to provoke (219)

psalmodier to chant (212)

psychanalyser to psychoanalyze (32)

publier to publish (212)

puer to stink (Def. and Imp.)

puiser to draw from (486)

pulvériser to pulverize (486)

purger to purge (283)

purifier to purify (212)

putréfier to putrefy (212)

Q

quadriller to crisscross (477)

quadrupler to quadruple (326)

qualifier to qualify, consider, describe as (212)

quantifier to quantify (212)

québéciser to quebecize, make Québécois (486)

quereller (se) to quarrel with each other (122, 477)

quereller to scold (477)

questionner to question (171)

quêter to collect (money); to seek after (47)

quintupler to quintuple (326)

R

rabâcher to harp on, repeat over and over (82)

rabaisser to reduce, decrease, devalue (63)

rabattre to pull down (67)

rabibocher to reconcile (with) (285)

raboter to plane (96)

rabougrir (se) to shrivel up (214, 249)

raccommoder to mend (147)

raccompagner to see someone off, home (10)

raccorder à to connect to, link up (11)

raccourcir to shorten (95)

raccourcir (se) to shorten (95) (aux. être)

raccrocher to hang up (469)

racheter to buy back (17)

racheter (se) to redeem oneself (17, 122)

racler to scrape (326)

radicaliser to radicalize (486)

radier to cross off (a list) (212)

radiodiffuser to broadcast, radiocast (32)

radiographier to x-ray (212)

radoter to drivel (96)

radoucir to soften, get milder (95)

raffermir to strengthen, tone up (229)

raffiner to refine (329)

raffoler de to be crazy about (498)

rafistoler to patch up (498)

rafler to swipe (439)

rafraîchir to cool, refresh (383)

ragaillardir to perk up (210)

rager to rage, be infuriated (305)

raidir to stiffen (229)

railler to mock, jeer at (477)

raisonner to reason (443)

rajeunir to rejuvenate (229)

rajouter to add more (28)

rajuster to adjust (28)

ralentir to slow down (95)

râler to moan (498)

rallier to rally (212)

rallonger to lengthen (442)

rallumer to light again (238)

ramasser to pick up (92)

ramener to bring back (31)

ramer to row (27)

ramifier (se) to ramify, split (212) (aux. être)

ramollir to soften, weaken (229)

ramoner to sweep a chimney (461)

ramper to crawl (247)

rancarder to tip off, arrange a meeting with (27)

rancir to get stale/rancid (95)

rançonner to demand ransom (443)

ranimer to revive (220)

rapatrier to repatriate (212)

râper to grate (59)

rapetisser to make/get smaller (486)

rappliquer to come back (219)

rapporter to bring back, to report (40)

rapprendre, réapprendre to learn again, relearn (42)

rapprocher de to bring closer to (43)

rapprocher (se) to move closer (43, 33)

raréfier to rarefy (212)

raser to shave, to raze (86)

raser (se) to shave oneself (86, 122)

rassasier to satisfy (appetite, desire) (212)

rassembler to assemble (407)

rasseoir (se) to take one's seat again, sit down again (51) (aux. être; *part. passé* rassis, rassise)

rassurer to reassure (54)

rassurer (se) to reassure oneself (54) (aux. être)

ratatiner (se) to shrink, shrivel (122, 329)

rater to miss, fail (241)

ratifier to ratify (212)

ratiociner to quibble (329)

rationner to ration

ratisser to rake (486)

rattacher to attach again, link together (82)

rattraper to catch up (59)

raturer to cross out (54)

ravager to ravage (305)

ravaler to clean; to swallow (326)

ravir to delight (422)

raviser (se) to change one's mind (122, 486)

ravitailler to supply (477)

raviver to revive (276)

rayer to cross out (330)

rayonner to shine, be radiant (171)

réabonner (se) to renew one's membership/subscription (122, 171)

réaccoutumer to reaccustom (238)

réadapter to readjust (8)

réadmettre to readmit (294)

réagir to react (25)

réaliser to carry out, realize (486)

réapparaître to reappear (324)

réapprendre, rapprendre to learn again, relearn (42)

réarmer to rearm (227)

rebaisser to lower (63)

rebeller (se) to rebel (122)

rebrousser to turn back; to brush the wrong way (353)

rebuter to repel, put off (32)

recaler to fail (326)

receler to hold, receive, harbor (someone) (297)

recenser to inventory, take a census (27)

réceptionner to catch, trap (a ball) (443)

rechaper to retread (tire) (59)

recharger to reload, refill (91)

réchauffer to reheat (235)

réchauffer (se) to warm up (85)

rechausser (se) to put one's shoes back on (85)

rechercher to search, hunt for (93)

réciter to recite (251)

rechigner to grumble, frown (441)

rechuter to relapse (32)

récidiver to be an habitual offender/recidivist (276)

réclamer to ask for, reclaim (71)

reclasser to reclassify (84)

recoller to restick (326)

récolter to harvest, gather (27)

recommander to recommend; to register (a letter) (98)

recommencer to begin again (99)

récompenser to reward (336)

recomposer to reconstruct, to redial a number (350)

recompter to recount, count again (103)

réconcilier to reconcile (212)

réconcilier (se) to make up (212, 122)

reconduire to see someone home, escort, to show someone out (106)

réconforter to comfort (349)

reconquérir to reconquer (19)

reconsidérer to reconsider (203)

reconstituer to rebuild, reconstruct (483)

reconstruire to reconstruct (111)

reconvertir to reconvert (229)

recorder to restring (27)

recorriger to recorrect (218)

recoucher (se) to go back to bed (122)

recoudre to sew up again (123)

recouper to cut again (124)

recourber to bend (240)

recourir à qqn/qqch to turn to someone, resort to something (125)

recouvrer to recover (466)

recouvrir to cover, cover again (126)

recréer to recreate (128)

récréer to amuse, entertain (128)

récréer (se) to amuse oneself (83, 128)

recreuser to dig again (32)

récrire to rewrite (177)

recroqueviller (se) to curl up (414)

recruter to recruit (32)

rectifier to rectify, correct (389)

reculer to step back, move back (81)

récupérer to salvage, recover (203)

récurer to scrub (54)

recycler to recycle (326)

redécouvrir to rediscover (139)

redéfinir to redefine (229)

redemander to ask again (147)

redémarrer to start again (22)

redescendre to go back down (157)

redevenir to become again (164)

rediffuser to rebroadcast (32)

rédiger to write, compose (218)

redire to say again (168)

redonner to give again, give back (171)

redoubler to increase (407)

redouter de to dread, fear (173)

redresser to straighten up, out (353)

réécrire to rewrite (177)

rééditer to republish (215)

rééduquer to reeducate (219)

réélire to reelect (280)

réemployer/remployer to reuse (187)

réessayer to try again (204)

réexaminer to reexamine (465)

réexpédier to return/forward mail (212)

refaçonner to remodel (443)

refaire to redo (223)

référer (se) à to refer to, consult (122, 356)

refléter to reflect (87)

refleurir to flower again (249)

refondre to remelt, recast (394)

refouler to push back, force back (421)

réfracter to refract (27)

réfrigérer to refrigerate (203)

refroidir to cool (229)

refuser (se) to deny oneself (384, 122)

réfuter to refute (425)

regagner to regain, win back, get back (239)

regarnir to restock (229)

regeler to freeze again, refreeze (242)

régénérer to regenerate (356)

régenter to rule over (464)

regimber to rear up, rebel (240)

régler to regulate, settle (87)

régner to reign, rule (87)

regorger de to abound in, overflow with (283)

regrossir to put weight back on (282)

regrouper to group together (59)

régulariser to regulate (486)

Index of over 2,700 additional verbs

responsabiliser to give someone responsibility (486)

resquiller to sneak in without paying (477)

ressentir to feel, experience (434)

resserrer to retighten (22)

resservir to serve again (437)

ressortir to go out again, take out again (444)

ressouder to resolder (27)

ressurgir/resurgir to reemerge, reappear (229)

restaurer to restore (347)

restituer to return, restore (483)

restreindre to restrict (334)

résulter de to result from (27)

résumer to summarize (238)

resurgir/ressurgir to reemerge, reappear (229)

rétablir to reestablish (206)

rétablir (se) to recover (206, 122)

retaper to retype, fix up (59)

retarder to delay (240)

reteindre to redye (334)

retendre to retighten (394)

retentir to ring (66)

retomber to fall again (467)

rétorquer to retort (284)

retoucher to retouch (469)

retracer to recount (342)

rétracter to retract (425)

retrancher to remove, deduct (78)

retranscrire to retranscribe (177)

retransmettre to broadcast (294)

retraverser to recross (492)

rétrécir to shrink (95)

retremper to resoak (247)

rétribuer to pay (114)

retrousser to roll up, turn up (353)

retrouver to find (again) (481)

retrouver (se) to meet with, get together (122, 481)

réunifier to reunify (212)

réunir à to reunite with (485)

réunir (se) to join, to meet (485) (aux. être)

réutiliser to reuse (486)

revaloriser to revalue (486)

rêvasser to daydream (84)

réveiller to wake up (someone who's asleep) (109) (See 414)

réveillonner to celebrate on Christmas Eve or New Year's Eve (171)

révéler to reveal (356)

revendiquer to claim, demand (256)

revendre to resell (489)

réverbérer to reverberate, reflect (203)

reverdir to turn green again (229)

révérer to revere (203)

reverser to pour again, pour back (492)

revêtir to pave, take on a certain appearance, to put on clothing (493)

réviser to revise (486)

revitaliser to revitalize (486)

revivre to live again, come alive again (496)

révolter to revolt (27)

révolutionner to revolutionize (171)

révoquer to revoke (219)

revoter to vote again (96)

rhabiller to dress again (477)

rhabiller (se) to get dressed again (250)

ricaner to giggle (27)

ricocher to ricochet (82)

rider to wrinkle (27)

ridiculiser to ridicule (486)

rigoler to laugh, joke (498)

rimer to rhyme, create poetry (220)

rincer to rinse (99)

riposter to respond, answer (27)

risquer to risk (219)

rissoler to brown (498)

ristourner to refund (27)

rivaliser to rival (486)

river to rivet (276)

roder to break in (mechanical) (96)

rôder to prowl (96)

rogner to trim (441)

romaniser to romanize (486)

rompre (se) to break (419) (aux. être)

ronfler to snore (445)

ronger to gnaw (442)

rosir to turn pink (95)

roter to burp (96)

rôtir to roast (229)

roucouler to coo (421)

rouer (de coups) to beat up (269)

rougeoyer to redden (187)

rouiller to rust (233)

roupiller to take a nap, sleep (477)

rouspéter to complain (87)

roussir to turn brown (95)

rouvrir to reopen (323)

ruer (se) sur/vers to rush toward (114, 122)

rugir to roar (229)

ruiner to ruin (329)

ruisseler to stream (38)

ruser to use trickery (32)

rutiler to gleam (27)

S

saborder to scuttle (27)

saboter to sabotage (96)

sabrer to slash (22)

saccager to devastate (305)

sacquer to fire, flunk (284)

sacrer to consecrate, swear (22)

sacrifier to sacrifice (212)

saigner to bleed (441)

saillir to jut out (50) (3d pers.); (229) (if **saillir**, means "to mate," 3d pers.)

saler to salt (326)

saliver to salivate (426)

saluer to greet, salute (114)

sanctifier to sanctify (212)

sanctionner to punish, to sanction (law) (443)

sangloter to sob (96)

saper to undermine (59)

saturer to saturate (54)
saupoudrer to sprinkle (299)
sautiller to skip (477)
sauvegarder to safeguard, to save (computer) (240)
savourer to savor, enjoy (272)
scandaliser to scandalize (486)
scander to scan (verse) (240)
scanner to scan (image) (171)
schématiser to schematize (486)
scier to saw (41)
scinder to split (240)
scintiller to sparkle (477)
scolariser to school, educate (486)
scruter to scrutinize (32)
sculpter to sculpt (8)
seconder to assist (240)
sécréter to secrete (87)
sectionner to split up (171)
sécuriser to reassure (486)
segmenter to segment (425)
sélectionner to select (171)
seller to saddle (326)
sembler to seem (Def. and Imp.)
semer to sow (341)
sensibiliser to sensitize, make aware (486)
seoir to be becoming, suit (Def. and Imp.)
sermonner to sermonize (171)
serpenter to snake, meander (425)
sextupler to sextuple (326)
sidérer to stun (203)
siéger to be in session; siéger à to be headquartered in (52)
siffloter to whistle (96)
signaliser to install signals/markings (486)
signifier to mean, signify (212)
silhouetter to silhouette (386)
sillonner to furrow, crisscross (travel) (171)
simplifier to simplify (212)
simuler to simulate (81)
singer to ape (283)
siroter to sip (96)
situer to situate, locate (483)

situer (se) to be located (122, 483)
skier to ski (129)
slalomer to slalom (71)
snober to snub (27)
socialiser to socialize, collectivize (486)
soigner qqn to take care of, look after someone (10)
solder to settle a debt, put on sale (27)
solidifier to solidify (212)
solliciter to solicit (251)
solubiliser to solubilize (486)
solutionner to solve (171)
sombrer to sink (22)
sommeiller to doze (109)
sommer to summon (310)
somnoler to doze (498)
sonder to poll, to sound, probe (27)
sonoriser to add a sound track (486)
soucier (se) de to care about (41) (aux. être)
souder to solder (27)
soulager de to relieve of (305)
soûler (se) to get drunk (122, 421)
soulever to raise (278)
souligner to underline (10)
soumettre (se) à to submit to (449) (aux. être)
soupçonner de to suspect of (443)
souper to have supper (124)
soupirer to sigh (21)
souscrire à to subscribe to (177)
sousestimer to underestimate (27)
soustraire to subtract (474) (no *passé simple* or imp. subj.)
soutenir to support (463)
soutirer to decant (466)
spatialiser to spatialize (486)
spécialiser (se) to specialize (486)
spécifier to specify (212)
spéculer to speculate

spiritualiser to spiritualize (486)
sprinter to sprint (464)
stabiliser to stabilize (486)
stagner to stagnate (441)
stationner to park (171)
sténographier to take shorthand (212)
stériliser to sterilize (486)
stigmatiser to stigmatize (486)
stimuler to stimulate (81)
stipuler to stipulate (81)
stocker to stock (27)
stopper to stop (163)
stratifier to stratify (212)
stresser to stress (353)
strier to striate (129)
structurer to structure (54)
stupéfier to stupefy, stun (212)
styliser to stylize (486)
subir to undergo, to suffer (95)
subjuguer to subjugate, enthrall (307)
sublimer to sublimate (220)
submerger to submerge (283)
subordonner to subordinate (171)
subsister de to live on (53)
subtiliser to steal (486)
substituer à to substitute for (483)
subvenir à to provide for (491)
subventionner to subsidize (171)
subvertir to subvert, overthrow (229)
succéder à to succeed (87)
succomber to succumb (240)
suçoter to suck (96)
sucrer to sweeten (21)
suer to sweat (483)
suffire to suffice, be sufficient, be enough (Def. and Imp.)
suffoquer (de) to suffocate, choke (with) (219)
suggérer to suggest (356)

suinter to ooze (464)

superposer to stack, superimpose (350)

superviser to supervise (486)

suppléer to replace (128)

supplicier to torture (41)

supposer to suppose (350)

supprimer to suppress (220)

surabonder to abound (27)

surbaisser to lower (63)

surcharger to overload (283)

surélever to raise (278)

surenchérir to raise a bid (94)

suréquiper to overquip (215)

surestimer to overestimate (220)

surévaluer to overvalue (213)

surexposer to overexpose (350)

surfer to surf, netsurf (Internet) (27)

surgeler to freeze (242)

surgir to loom up, spring up (229)

surimposer to overtax (350)

surmener to overwork (290)

surmonter to overcome, surmount (298) (aux. **avoir**)

surnommer to give a nickname (310)

surpasser to surpass (150)

surpayer to overpay (17)

surplomber to overhang (240)

sursauter to jump, give a start (425)

surtaxer to surcharge (27)

surveiller to watch (109)

survenir to arise, occur (491)

survoler to fly over (498)

suspecter de to suspect of (113)

susurrer to whisper (22)

suturer to suture (54)

symboliser to symbolize (486)

sympathiser avec to get on well with (486)

synchroniser to synchronize (486)

syndicaliser to unionize (486)

syndiquer to unionize (219)

synthétiser to synthesize (486)

systématiser to systematize (486)

T

tabler sur to count on (407)

tacher (de) to stain (with) (82)

tâcher (de) to try (to) (82)

tacheter to fleck (267)

taillader to slash (27)

tailler to cut, sharpen, trim (477)

taire to conceal, keep quiet about (345)

talonner to tail, follow on someone's heels (171)

tambouriner to drum (329)

tamiser to sift (486)

tamponner to dab, mop up, plug (171)

tanguer to toss around, rock (the boat) (307)

tanner to tan (leather) (171)

tanner qqn to badger, pester someone (171)

taper to tap, type, strike, slap (235)

tapir (se) to crouch, hunker down, to hide away (66) (aux. être)

tapoter to tap, pat (96)

taquiner to tease (329)

tarder to delay (240)

targuer (se) de to boast (122, 307)

tarir to dry up (249)

tartiner to spread (butter, pâté) (329)

tasser to tamp down, pack down (84)

tasser (se) to settle down, subside; to move over, step aside (Can.) (84, 122)

tâter to feel by touching (241)

tâtonner to grope (171)

tatouer to tattoo (175)

taxer to tax (27)

teinter to tint (464)

télécharger to download (91)

télécharger vers le serveur to upload (91)

télécommander to operate by remote control (98)

télécopier to fax (212)

télédiffuser to televise (32)

télégraphier to telegraph (212)

téléguider to control by radio (27)

téléscoper to smash into (car, train) (163)

téléviser to televise (486)

témoigner to testify, show (10)

tempérer to temper (203)

tempêter to rant, storm (47)

temporiser to delay (486)

tenailler to torment (477)

tergiverser to procrastinate, hesitate (492)

ternir to tarnish (229)

ternir (se) to become tarnished (229) (aux. être)

terrasser to strike down (84)

terrer (se) to lie low, hide (122, 196)

terrifier to terrify (212)

terroriser to terrorize (486)

tester to test, make out a will (legal term) (160)

téter to nurse (baby) (87)

théoriser to theorize (486)

tiédir to become lukewarm (hotter or colder) (210)

timbrer to stamp (466)

tinter to ring (464)

tintinnabuler to tintinnabulate, jingle (81)

tirailler to pull on (477)

tisser to weave (73)

titrer to title, entitle, titrate (466)

tituber to stagger (32)

titulariser to give tenure, a contract (486)

toiletter to groom (246)

tolérer to tolerate (356)

tondre to mow, shear (394)

tonifier to tone up (212)

tonsurer to tonsure (54)

toquer to knock, rap, tap (219)

torcher to wipe (Watch out! se torcher = to wipe one's bottom) (285)

torchonner to botch (171)

torpiller to torpedo (477)

tortiller to twiddle, wiggle (477)

Index of over 2,700 additional verbs

vêtir (se) to get dressed (493) (aux. être)

vexer to annoy, offend, upset (27)

vexer (se) to get upset (27) (aux. être)

vibrer to vibrate (22)

vidanger to empty (283)

vider to empty (251)

violacer (se) to become purple (342)

violer to violate, rape (498)

virer to turn, transfer (funds) (21)

virevolter to spin around (27)

viser à to aim at (486)

visionner to view, look at (171)

visser to screw on (486)

visualiser to visualize (486)

vitrer to install glass (22)

vitupérer to vituperate (203)

vivifier to give/bring life to (212)

vivoter to stagnate, barely get by (96)

vocaliser to vocalize (486)

vociférer to yell (356)

voguer to sail, drift (307)

voiler to veil (27)

voisiner to be close to (159)

voleter to flutter (267)

voltiger to flutter (218)

vomir to vomit, throw up (229)

voter pour/contre to vote for/ against (96)

vouer à to dedicate to, to vow (269)

vriller to spin, whirl (477)

vrombir to hum, buzz (229)

vulgariser to vulgarize, popularize (486)

Y

yodler to yodel (326)

Z

zapper to zap, change channels (235)

zébrer de to streak, stripe with (356)

zézayer to lisp (330)

zieuter to eye (someone) (27)

zigouiller to bump off, stab (233)

zigzaguer to zigzag (307)

zipper to zip up (235)

zoner to zone (461)

zoomer to zoom in, zoom out (71)

501 French Verbs Audio CD Track Titles

Track 1: Introduction
Track 2: Subject Pronouns
Track 3: Tense Number 1
Track 4: Tense Number 2
Track 5: Tense Number 3
Track 6: Tense Number 4
Track 7: Tense Number 5
Track 8: Present Participles
Track 9: Tense Number 6
Track 10: Avoir and Être
Track 11: Past Participles
Track 12: Tense Number 8
Track 13: Helping Verbs
Track 14: Tense Number 9
Track 15: Tense Number 11

Track 16: Tense Number 12
Track 17: The Imperative
Track 18: Reflexive Verbs
Track 19: Marcher
Track 20: Choisir
Track 21: Vendre
Track 22: Faire
Track 23: Aller
Track 24: Venir
Track 25: Prendre
Track 26: Écrire
Track 27: Sortir
Track 28: Mettre
Track 29: Se Lever
Track 30: Vouloir

Minimum Systems Requirement for the Flash Standalone Executable

Windows
- 2.33GHz or faster ✕86-compatible processor, or Intel® Atom™ 1.6GHz or faster processor for netbooks
- Microsoft® Windows® XP (32-bit), Windows Server® 2003 (32-bit), Windows Server 2008 (32-bit), Windows Vista® (32-bit), Windows 7 (32-bit and 64-bit)
- 512MB of RAM (1GB of RAM recommended for notebooks); 128MB of graphics memory
- CD-ROM drive
- 1024 ✕ 768 color display

Mac OS
- Intel Core™ Duo 1.33GHz or faster processor
- Mac OS X 10.4 or higher
- 128 MB recommended
- CD-ROM drive
- 1024 ✕ 768 color display

Launching Instructions for the PC

Windows Users:
Insert the CD-ROM into your CD-ROM drive. The application should start in a few moments. If it doesn't, follow the steps below.

1. Click on the Start button on the Desktop and select Run.
2. Type "D:/501Verbs" (where D is the letter of your CD-ROM drive).
3. Click OK.

Launching Instructions for the Mac

Mac Users:
The CD will open to the desktop automatically when inserted into the CD drive. Double click the 501 Verbs Flash icon to launch the program.